DER JUGENDBROCKHAUS

Band 3

DER **JUGEND**BROCKHAUS

4., völlig neu bearbeitete Auflage

Dritter Band PIC–Z

F. A. BROCKHAUS Leipzig · Mannheim

Redaktionelle Leitung
Marianne Strzysch-Siebeck

Redaktionelle Bearbeitung
Dr. Stephan Ballenweg
Ursula Butzek
Dr. Dieter Geiß
Dr. Gernot Gruber
Hildegard Hogen M. A.
Jürgen Hotz M. A.
Dr. Renate Schmitt-Fiack
Birgit Staude M. A.
Johannes Ulrich Wening

Freie Mitarbeit
Dr. Katja Profes, Mainz

Typografisches Konzept
Iris Farnschläder, Hamburg

Umschlaggestaltung
Hans Helfersdorfer, Heidelberg

Herstellung
Nicole Rieser

Die Deutsche Bibliothek – CIP-Einheitsaufnahme
Ein **Titeldatensatz** für diese Publikation ist bei der Deutschen Bibliothek erhältlich.

Das Werk wurde in neuer Rechtschreibung verfasst.

Satz Bibliographisches Institut & F. A. Brockhaus Setzerei GmbH (PageOne, alfa Media Partner GmbH), Mannheim
Druck und Bindearbeit Franz Spiegel Buch GmbH, Ulm-Jungingen
Printed in Germany

Gesamtwerk ISBN 3-7653-2304-7
Band 3 ISBN 3-7653-2334-9

P

■ **Picạsso,** Pablo, spanischer Maler, Grafiker und Bildhauer, *Málaga 25. Oktober 1881, †Mougins (bei Cannes) 8. April 1973. Picasso ist der wohl bedeutendste Wegbereiter und Vertreter der modernen Kunst. Er lebte seit 1904 fast ständig in Paris, seit 1946 in Südfrankreich. In seinem vielseitigen Werk treten viele Stilrichtungen des 20. Jahrh. auf, ohne dass er jemals völlig gegenstandslose Bilder gemalt hätte. In Auseinandersetzung mit afrikanischer Kunst und dem Werk Cézannes schuf Picasso um 1907 nach der impressionistisch beeinflussten »blauen« (1901–04) und der »rosa Periode« (1904–06) die für sein späteres Schaffen grundlegende Stilrichtung des →Kubismus (zusammen mit seinem Freund Georges Braque, 1882–1963). Das Schlüsselbild hierzu sind die »Jungen Frauen von Avignon« (1906/07); herausragend ist auch das Antikriegsbild »Guernica« (1937) über den Luftangriff deutscher Bomber (»Legion Condor«) auf das gleichnamige baskische Städtchen.

■ **Piccard** [pikar], Auguste, schweizerischer Physiker, *Basel 28. Januar 1884, †Lausanne 25. März 1962. Er lieferte wertvolle Beiträge zur Erforschung der Stratosphäre und der Tiefsee. 1932 erreichte er mit einem Freiballon die Höhe von 16 940 m, 1953 mit einem selbst konstruierten Tiefseetauchgerät (»Bathyskaph«) eine Tiefe von 3 150 m.

■ **Pidgin** [pịdsch'n; engl.] *das* (Pidginenglisch), Verkehrs- und Handelssprache mit (stark reduziertem) englischem Grundwortschatz und vereinfachter Struktur sowie Elementen einheimischer Sprachen, z. B. in Melanesien und Westafrika.

■ **Piercing** [engl.] *das*, das Durchstechen der Haut (z. B. Lippen, Nase, Brustwarze) zum Anbringen von Schmuck. Dabei muss darauf geachtet werden, dass diese Schmuckgegenstände kein Nickel enthalten, da dieses schwere Allergien hervorruft. Außerdem sollte Schmuck nie in Hautfalten angebracht werden, da sich dort häufig Bakterien halten, die Entzündungen hervorrufen.

Pablo Picasso

Gegen die Schrecken des Krieges schuf **Pablo Picasso** im Jahr 1937 für den spanischen Pavillon der Weltausstellung in Paris das etwa 3,5 m hohe und 8 m breite Monumentalwerk »Guernica«; von 1940 bis 1944, in der Zeit der deutschen Besatzung, erhielt der Künstler Ausstellungsverbot, was ihn nicht daran hinderte, gerade an deutsche Besucher »Guernica« – Reproduktionen zu verteilen

■ **Pieta** [pi-etạ; italienisch] *die,* Darstellung der trauernden Maria mit dem Leichnam Jesu auf dem Schoß.

■ **Pietät** [pi-e...; lat.] *die,* Ehrfurcht (vor dem Heiligen), Achtung (besonders vor den Toten).

■ **Pietịsmus** [pi-e...; lat. pietas, = Frömmigkeit] *der,* eine religiöse Erneuerungsbewegung innerhalb des Protestantismus im 17. und 18. Jahrhundert. Als Gegenbewegung zur Aufklärung betonte der Pietismus das Ideal eines an der Bibel orientierten praktischen Christentums und strebte eine gefühlsbetonte persönliche Frömmigkeit an, die sich in Gebet und tätiger Nächstenliebe äußert.

■ **Piezoelektrizität** [pi-e...; griech.], das Auftreten elektrischer Ladungen an den Oberflächen von Ionenkristallen (z. B. Quarz- oder Turmalinkristalle) infolge einer mechanischen Verformung durch Druck, Zug oder Torsion (Verdrehung).
In der Technik wird vor allem die Umkehrung des piezoelektrischen Effekts, die Änderung der äußeren Abmessungen eines Körpers beim Anlegen eines elektrischen Feldes, ausgenutzt **(Elektrostriktion).** Ein Quarzkristall kann durch Anlegen eines Hochfrequenzfeldes Eigenschwingungen einer bestimmten, sehr konstanten Frequenz ausführen. Die hohe Frequenzstabilität wird u. a. zur Steuerung von Quarzuhren verwendet. Die Elektrostriktion wird u. a. auch für die Flüssigkeitszerstäubung bei Tintenstrahldruckern oder zur Ultraschallerzeugung ausgenutzt.

Der **Pillendreher,** auch Heiliger Pillendreher genannt, rollt die Dungkugel kopfstehend mit den Hinterbeinen

■ **Pigmẹnte** [lat.], **1)** *Biologie:* alle in Pflanzen oder Tieren vorkommenden farbgebenden Substanzen; im engern Sinn die in bestimmten Zellen (Zellbestandteilen) abgelagerten Farbstoffe. Die wichtigsten pflanzlichen Pigmente sind Chlorophyll, Carotinoide, Anthocyane und Flavone; tierische Pigmente sind vor allem Melanine, Carotinoide, Guanin und Gallenfarbstoffe. Beim Menschen verursachen Pigmente die Hautfarbe, die Augenfarbe und die Haarfarbe.
2) *Chemie:* Farbmittel, die im Gegensatz zu den →Farbstoffen nicht löslich sind. Man verwendet Weiß-, Schwarz- und Buntpigmente für die Färbung von Papier, Gummi, Kunststoffen usw. Natürliche anorganische Pigmente sind z. B. der schon in der Urzeit zu Höhlenzeichnungen verwendete Rötelfarbstoff, die Schlämmkreide und der Graphit. Synthetische anorganische Pigmente sind meist durch einfache chemische Prozesse zu gewinnen, z. B. Kobaltblau und Bleirot (Mennige).

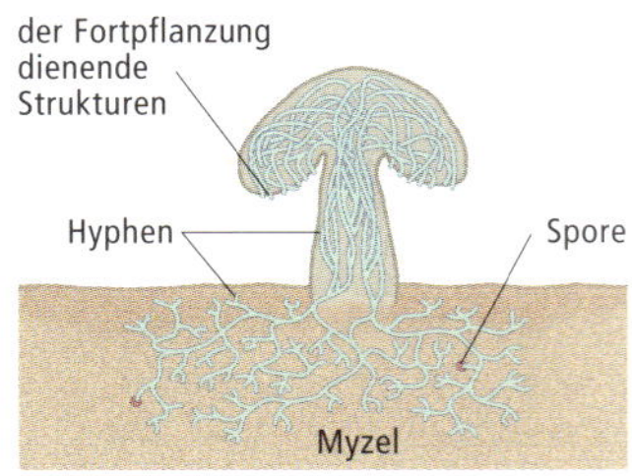

Die Zeichnung zeigt den Aufbau eines **Pilzes:** der Nahrung aufnehmende Teil, das von den Hyphen gebildete Myzel, lebt im Boden; für das Auge sichtbar ist der Fruchtkörper, der durch Bildung von Sporen der Fortpflanzung dient

■ **Pịkkoloflöte** [italienisch piccolo, = klein], eine →Querflöte, die nur halb so groß wie diese ist und eine Oktave höher klingt.

■ **Piktogrạmm** [lat.-griech.] *das,* ein bildhaftes Zeichen (Symbol), dessen Bedeutung international verstanden wird. Piktogramme werden z. B. als Hinweisschilder auf Bahnhöfen oder Flugplätzen oder zur Wanung vor bestimmten Gefahren verwendet.

■ **Pilạster** [frz.] *der,* ein flach aus der Wand heraustretender Wandpfeiler, der nach Art der →Säule gegliedert ist. Pilaster dienen zur Verstärkung der Wand oder als Wandgliederung sowie zur Rahmung von Fenstern und Türen.

■ **Pilạtus,** Pontius, römischer Statthalter von Judäa (26–36 n. Chr.). Er verurteilte Jesus zum Tode. Seine strenge und vielfach judenfeindliche Amtsführung rief mehrfach Unruhen hervor. Nach christlicher Überlieferung soll er 39 n. Chr. in Rom Selbstmord begangen haben.

■ **Pịlgerväter** (engl. Pilgrim Fathers), englische →Puritaner, die 1620 auf der »Mayflower« als erste englische Siedler nach Nordamerika kamen und dort die Kolonie Plymouth gründeten.

■ **Pịllendreher,** eine Gattung der Mistkäfer, die hauptsächlich im Mittelmeergebiet und im südlichen Russland verbreitet ist. Pillendreher sind schwarz, 2–3 cm groß und bilden aus dem Kot von Huftieren mehrere Zentimeter große Kugeln für die eigene Ernährung oder Brutpillen für die Ernährung der Larven. – auch →Skarabäus.

■ **Pilot** [italienisch] *der,* Flugzeugführer; auch Rennfahrer (im Motorsport).

■ **Pilsen** (tschechisch Plzeň), Stadt in Westböhmen, Tschechische Republik, mit 168 400 Einwohnern. Weltbekannt ist das hier gebraute **Pilsener Bier.** Sehenswert sind die spätgotische Bartholomäuskirche, die Klosterkirche aus dem 13. Jahrh. und mehrere Renaissancebauten (z. B. das Rathaus).

■ **Pilze,** eine Organismengruppe mit über 100 000 Arten, die neben Tieren und Pflanzen ein eigenes Reich (Fungi) bilden. Sie entziehen die Nährstoffe dem Boden oder Wirtspflanzen. Die niederen Pilze, die zu den Einzellern gezählt werden, schmarotzen auch auf und in Tieren oder Menschen. Viele Pilze leben in Symbiose mit Pflanzen (z. B. Birkenpilze). – Die Zellwände der Pilze bestehen meist aus Chitin. Pilze bilden Zellfäden (Hyphen), die zusammen ein dichtes Geflecht (Myzel) ergeben. Aus den Zellfäden entsteht der Fruchtkörper, der die Fortpflanzungsorgane trägt.

Die Pilze gliedern sich in die **Schleimpilze** und die **Echten Pilze,** zu denen mit den Algenpilzen, Jochenpilzen, Schlauchpilzen und Ständerpilzen 99 % aller Arten gehören. Unter den Schlauch- und v. a. den Ständerpilzen gibt es zahlreiche essbare Arten

> **Pilze**
>
> Der *größte Pilz* wurde 1992 in Michigan (USA) entdeckt. Er durchzog 150 000 m^2 Waldboden und hatte ein Gesamtgewicht von 100 Tonnen.
>
> Der *giftigste Pilz* ist der auch in unseren heimischen Wäldern vorkommende Amanita phalloides, auch als Grüner Knollenblätterpilz bekannt. Bereits 5 mg der in ihm enthaltenen Amatoxine können tödlich sein.

(**Speisepilze**), z. B. Champignon, Steinpilze und Trüffel. Ihr Nährwert ist gering, ihr Vitamin- und Mineralstoffgehalt entspricht jedoch etwa dem der Pflanzen.

Giftpilze (vor allem Knollenblätterpilz, einige rote und gelbe Täublinge, Frühlingslorchel, Giftreizger, Fliegenpilz, Satanspilz) enthalten bestimmte Substanzen als Stoffwechselbestandteile in so hohen Anteilen, dass nach ihrem Verzehr Vergiftungserscheinungen auftreten. Viele Pilze sind Krankheitserreger bei Pflanzen und verursachen z. B. Fruchtfäule, Mehltau oder Schorf, andere (z. B. Hefepilze) werden gezüchtet und etwa in der Medizin zur Gewinnung von Antibiotika und Enzymen verwendet.

■ **Pinakothek** [griech.] *die,* Gemäldesammlung; berühmt sind die Alte und die Neue Pinakothek in München.

> **Pinguine**
>
> Überraschende Beobachtungen konnten Wissenschaftler machen, nachdem sie junge Kaiserpinguine mit Minisendern ausgerüstet hatten. Sie stellten nämlich fest, dass die kälte-, eis- und schneefesten Vögel im Alter von sechs Monaten ihre Eltern verlassen und erst nach fünf Jahren in die heimatlichen Gefilde zurückkehren. In der Zwischenzeit tummeln sie sich bis weit in den Norden. Einer dieser jungen Pinguine befand sich nach drei Monaten schon 2 845 km von zu Hause weg in einem eisfreien Meeresgebiet. Er musste ständig schwimmen, denn weit und breit gab es keine Eisscholle, auf der er landen konnte.

■ **Pinguine** [von lat. pinguis, = fett, plump], eine Familie flugunfähiger Vögel mit 16 Arten in der Antarktis und auf der übrigen Südhalbkugel entlang der kalten Meeresströmungen. Pinguine sind 40–122 cm große, sehr gut ans Wasserleben angepasste Meerestiere. Ihr Körper trägt kurze, zu Flossen umgewandelte Flügel und schuppenartige Federn. An Land stehen Pinguine aufrecht, wobei sie die steifen Schwanzfedern als Stütze benutzen. Sie ernähren sich von Fischen, Weichtieren und Krebsen. Meist brüten sie in großen Kolonien auf Inseln. In der Antarktis leben u. a. der etwa 1 m große **Königspinguin** mit orangegelben Hals- und Kopfseitenpartien und der bis 1,2 m große **Kaiserpinguin.** – Bild S. 8

■ **Pinie** [...ni^{e}; lat.] *die,* Kiefernart mit charakteristischer schirmartiger Krone. Die Pinie ist ein in den Mittelmeerländern weit verbreiteter, 15–25 m hoher Baum. Ihre Nadeln sind 10–15 cm lang. Die Samen sind ölhaltig und essbar.

■ **Pinscher,** eine Hunderasse mit Stehohren, kupiertem, kurzem Schwanz und meist kurzem, glatt anliegendem Haarkleid. Pinscher sind aufmerksame, kluge Haus- und Begleithunde.

■ **Pionier** [frz., = Fußgänger, Fußsoldat] *der,* **1)** *allgemein:* Wegbereiter, Vorkämpfer.

Pirol

2) *Militärwesen:* unterster Mannschaftsdienstgrad bei der **Pioniertruppe** der Bundeswehr, einer Truppengattung des Heeres, die auf technische Aufgaben spezialisiert ist.

■ **Pipeline** [paiplain; engl.] *die,* Rohrleitung, durch die Flüssigkeiten (z. B. Erdöl), Gas (z. B. Erdgas) oder (in Wasser) feinkörnige Feststoffe (z. B. Kohle) über größere Entfernung gepumpt werden.

■ **Pippin der Jüngere,** fränkischer Hausmeier (Pippin III., seit 741) und König der Franken (Pippin I., seit 751), *714, † Saint-Denis 24. September 768; Sohn Karl Martells, Vater Karls des Großen. Er vereinigte 747 das ganze Frankenreich und ließ sich zum König wählen. 754 und 756 unternahm er zur Unterstützung von Papst Stephan II. Feldzüge nach Italien gegen die →Langobarden und zwang diese zur Abtretung von Gebieten, die er dem Papst übertrug **(Pippinsche Schenkung);** damit entstand der →Kirchenstaat.

■ **Piranha** [...nja; indianisch] (Piraya) *der,* ein bis 35 cm langer Fisch im östlichen Brasilien. Er ist ein Raubfisch mit sehr scharfen Zähnen. Der hohe Rücken und die Seiten sind mit silberglänzenden Schuppen bedeckt, der Bauch ist rot. Die Piranhas leben in Schwärmen; sie fressen meist Fische, aber auch andere Wirbeltiere. Ihre Gefährlichkeit für Menschen ist nicht erwiesen.

■ **Pirat** [italienisch] *der,* Seeräuber.

■ **Piräus,** griechische Hafenstadt am Saronischen Golf, mit 182 700 Einwohnern, heute Teil des Ballungsraumes Groß-Athen. – Der Hafen wurde 493 v. Chr. von Themistokles ausgebaut und 461–456 v. Chr. durch die »Langen Mauern« mit Athen verbunden.

■ **Pirol** *der* (Goldamsel), ein etwa amselgroßer, scheuer Singvogel in Parkanlagen und Laubwäldern des gemäßigten Eurasien. Das Männchen ist leuchtend gelb gefärbt, Flügel und Schwanz sind schwarz. Das Weibchen hat eine graugrüne Färbung. Der Pirol ist ein Zugvogel.

■ **Pirouette** [...ru...; frz.] *die,* Kreiselbewegung: im Ballett Drehung auf halber oder ganzer Spitze; im Roll- und Eiskunstlauf eine schnelle Drehung auf dem Standbein um die eigene Achse (Stand-, Sitz-, Waage-Pirouette); im Kunstflug Figur, bei der sich die Maschine im Steig- oder Sturzflug um die Längsachse dreht; beim Dressurreiten Wendung des Pferdes um 360° im versammelten Galopp; im Turnen ganze Drehung um die Längsachse des im Sprung oder Flug befindlichen Körpers.

■ **Pisa,** Stadt in Italien, am unteren Arno, mit 92 500 Einwohnern und einer alten Universität (1343 gegründet). Zu den bedeutenden Bauten aus der Blütezeit der Stadt im Mittelalter gehört der romanische Dom (1118 geweiht, im 12. Jahrh. erweitert), dessen runder, 55 m hoher Kampanile als **Schiefer Turm von Pisa** berühmt wurde. Schon während des Baues neigte sich der Turm durch Bodensenkung des Baugrundes, noch heute verstärkt er seine Neigung (in 20 Jahren etwa 1 cm). Hier soll

Jedes Jahr im März begeben sich die hier abgebildeten Kaiserpinguine zu Tausenden auf eine recht anstrengende Fußwanderung über das Schelfeis zu ihren Brutstätten mitten auf dem Meereis; hier setzen die **Pinguine** ihre Jungen in die Welt – die Weibchen legen jeweils nur ein einziges Ei; den mit einer Bruttasche versehenen Männchen fällt das Ausbrüten zu, das gut 60 Tage dauert

Galilei Versuche zu seinen Fallgesetzen unternommen haben.

■ **Pistazie** [...ziᵉ; griech.] *die,* ein Anakardiengewächs mit etwa zehn Arten, vor allem im Mittelmeergebiet. Die haselnussgroßen Steinfrüchte der Echten Pistazie enthalten je einen grünlichen, ölhaltigen, aromatisch schmeckenden Samen (Pistazie). Diese Pistazien werden gesalzen oder geröstet gegessen und in Konditorei- und Wurstwaren verarbeitet.

■ **Piste** [frz.] *die,* Skirennstrecke, Bob- und Rodelbahn, Rennbahn im Rad- und Motorsport; im weiteren Sinne jede abgesteckte Strecke für Wettläufe und -rennen.

■ **Pistole** [tschechisch] *die,* kleine Handfeuerwaffe (Faustfeuerwaffe), die als Nahkampfmittel und zur Selbstverteidigung bei Militär und Polizei, daneben aber auch als Sportgerät (meist als Luftpistole) verwendet wird. Früher einschüssige Vorderlader, sind Pistolen heute fast ausnahmslos mehrschüssige Hinterlader mit einem mehrere Patronen enthaltenden Magazin, die sich nach jedem Schuss automatisch wieder selbst laden.

■ **Pitcairn** [pịtkäʳn], Vulkaninsel im südlichen Pazifik, mit 4,6 km² und etwa 50 Einwohnern; einzige Siedlung ist Adamstown. – Die Insel wurde 1767 entdeckt. 1790 siedelten sich hier die meuternde Besatzung der »Bounty« und Tahitier an. Seit 1898 ist Pitcairn britische Kolonie.

■ **Pittsburgh** [pịtsböʳg], Industriestadt in Pennsylvania, USA, am oberen Ohio, mit 350 400 Einwohnern. Der Raum Pittsburgh entwickelte sich wegen Steinkohlen- und Eisenerzvorkommen zu einem der größten Schwerindustriebezirke der Erde. – Das 1754 errichtete französische Fort Duquesne wurde 1758 zerstört und 1759–61 von den Engländern als **Fort Pitt** neu aufgebaut.

■ **Pixel** [aus engl. picture element, = Bildelement] *das,* bei der gerasterten, digitalisierten Bilddarstellung (z. B. Fernseher, Computerbildschirm, Grafikdrucker) das kleinste darstellbare und adressierbare Element eines Bildes **(Bildpunkt),** dem genau ein Grauwert oder eine Farbe zugeordnet ist.

■ **Pizarro,** Francisco, spanischer Konquistador, *Trujillo (Provinz Cáceres) 1478, †(ermordet) Ciudad de los Reyes (heute zu Lima) 26. Juni 1541. Pizarro ging 1502 nach Westindien und eroberte 1532 von Panama aus mit einer kleinen Söldnerschar das Reich der Inka, wo er in die Hauptstadt Cuzco einzog. Den Inkaherrscher, Atahualpa, ließ er 1533 töten, obwohl für ihn ein hohes Lösegeld bezahlt worden war. 1535 gründete er Lima.

■ **Pjöngjang** (P'yŏngyang), Hauptstadt von Nord-Korea (seit 1948), am Taedonggang, Stadtprovinz mit 1 800 km² und 2,74 Mio. Einwohnern; eine der ältesten Städte Koreas.

■ **Pkw,** Abkürzung für Personenkraftwagen (→Kraftwagen).

■ **Placebo** [lat., = ich werde gefallen] *das,* Präparat, das einem Arzneimittel nachgebildet ist, jedoch keine Wirkstoffe enthält. Durch Anwendung von Placebos kann die subjektiv-psychische von der objektiv-pharmakologischen Wirkung eines Arzneimittels unterschieden werden.

Der berühmteste Kirchturm Italiens, der Schiefe Turm des Doms von **Pisa,** musste 1990 wegen Einsturzgefahr geschlossen werden; inzwischen ist der Turm mit Stahlseilen und Bleigewichten abgesichert und kann seit Juni 2001 wieder bestiegen werden

■ **Plädoyer** [...doajẹ; frz.] *das,* der zusammenfassende Schlussvortrag vor Gericht, besonders von Staatsanwalt und Rechtsanwalt im Strafprozess.

■ **Plagiat** [lat.] *das,* der Diebstahl geistigen Eigentums; durch unrechtmäßiges Nachahmen entstandenes künstlerisches oder wissenschaftliches Werk.

■ **Planck,** Max, deutscher Physiker, *Kiel 23. April 1858, †Göttingen 4. Oktober 1947. Planck befasste sich vor allem mit der Wärmestrahlung und stellte ein nach ihm benanntes Strahlungsgesetz auf, das den Anstoß für die Entwicklung der Quantentheorie gab. Das von ihm eingeführte **plancksche Wirkungsquantum** ist eine wichtige Naturkonstante. 1918 erhielt Planck den Nobelpreis für Physik. – Bild S. 11

■ **Planetarium** [griech.-lat.] *das,* optisches Gerät zur naturgetreuen Projektion des Sternenhimmels, der scheinbaren Bahnen von Sonne, Mond und Planeten und vieler Vorgänge aus Astronomie und Raumfahrt. Die Gestirne werden in einem kuppelförmigen Raum an die Innenseite einer Kuppel (Durchmesser um 20 m) projiziert. Großplanetarien befinden sich u. a. in Berlin, Bochum, Hamburg,

Jena, Mannheim, München, Nürnberg und Stuttgart.

■ **Planeten** [griech., = die Umherschweifenden] (früher Wandelsterne), Himmelskörper, die einen Zentralstern umlaufen und durch Reflexion des von diesem ausgestrahlten Lichts leuchten. Die neun Planeten unseres Sonnensystems sind (nach wachsender Entfernung von der Sonne): Merkur, Venus, Erde, Mars, Jupiter, Saturn, Uranus, Neptun, Pluto. Mit bloßem Auge sichtbar sind Merkur, Venus, Mars, Jupiter und Saturn. Die Existenz anderer Planetensysteme gilt aufgrund neuester Beobachtungen als nachgewiesen. Bislang sind 30 Planeten bekannt, die nicht zum Sonnensystem gehören. Ihre Größen liegen etwa zwischen denjenigen von Saturn und Jupiter.

■ **Planetoiden** [griech.] (Asteroiden), kleine Himmelskörper, die planetenähnlich die Sonne umkreisen, ganz überwiegend zwischen Mars und Jupiter; mit gesicherten Bahnen sind zurzeit etwa 6 000 erfasst. Die Gesamtzahl der Planetoiden mit einem Durchmesser über 1 km wird auf 1 Mio. geschätzt. Die Bahnen einiger Planetoiden verlaufen bei größter Sonnennähe innerhalb der Venusbahn.

Die Grafik gibt eine maßstabsgerechte Abbildung der neun bekannten Planeten des Sonnensystems mit Sonne und dem Plutonmond Charon wieder; auch die Größen der Planetenbahnen sind maßstabsgerecht angedeutet

■ **Plankton** [griech.] *das,* die Gesamtheit der im Wasser schwebenden tierischen und pflanzlichen Kleinstlebewesen. Sie haben keine oder nur schwache Eigenbewegungen und werden durch den Wasserstrom verbreitet. Plankton reichert das Wasser mit Sauerstoff an; es ist für viele Wassertiere als Nahrung unentbehrlich und steht am Anfang vieler →Nahrungsketten.

Das pflanzliche Plankton **(Phytoplankton)** besteht überwiegend aus winzigen Algen, das tierische **(Zooplankton)** aus kleinsten Krebsen, Geißeltierchen, Muschel-, Wurm- und Fischlarven sowie winzigen Quallen.

Planeten

Von der Erde spricht man als von dem »blauen Planeten«. Das kommt daher, dass – vom Weltraum aus gesehen – die Sauerstoffschicht, die die Erde umgibt, unserem Planeten einen blauen »Mantel« verleiht. Dieser Sauerstoffmantel ist es, der das Leben auf der Erde erst möglich macht und dafür sorgt, dass Himmel und Meere blau erscheinen.

■ **Plantage** [...tasch^{e}; frz.] *die,* landwirtschaftlicher Großbetrieb in tropischen Ländern. Meist wird nur eine Pflanzenart angebaut, vor allem Baumwolle, Zuckerrohr, Kaffee, Tee, Kakao und Kautschuk.

■ **Planwirtschaft** (Zentralverwaltungswirtschaft), Wirtschaftsordnung, in der eine zentrale Planungsbehörde entsprechend den allgemeinen Zielvorgaben der Staatsführung Volkswirtschaftspläne (vor allem für Produktion und Investitionen) erstellt und in Einzelpläne aufschlüsselt, die dann von nachgeordneten Stellen (Fachministerien, Betrieben) weiter ausgearbeitet werden. Produktion, Verkehr, Handel und Verbrauch werden somit von staatlichen Stellen geplant, Preise und Löhne festgesetzt. Dabei hat der Preis nicht die Aufgabe, Güterangebot und -nachfrage zum Ausgleich zu bringen, sondern wird vom Staat als Bewertungsmaßstab festgelegt. Das Übergewicht der Verwaltung, Fehlplanungen, zu langsame Anpassung an sich verändernde Bedürfnisse und Bedingungen hemmen allerdings die wirtschaftliche Entwicklung. Nach dem Zusammenbruch der kommunistischen Regierungssysteme in Mittel-, Ost- und Südosteuropa (seit 1989) findet dort ein mit schwerwiegenden wirtschaftlichen Problemen verbundener Übergangsprozess von der Planwirtschaft zur →Marktwirtschaft statt.

■ **Plasma** [griech.] *das,* **1)** *Biologie:* Kurzform von Protoplasma (→Zelle).

2) *Physik:* Gemisch aus positiven Ionen, freien Elektronen, neutralen Atomen und Molekülen, ein elektrisch leitendes, im Allgemeinen sehr heißes Gas. Der Plasmazustand wird auch als 4. Aggregatzu-

stand bezeichnet. Plasmen kommen z. B. in Sternen und bei Kernexplosionen von Atombomben vor.
3) *Physiologie:* der flüssige Bestandteil des →Blutes.

■ **Plastik** [engl.] *das,* allgemeinsprachliche Bezeichnung für Kunststoff.

■ **Plastik** [griech.] *die,* die →Bildhauerkunst, auch das einzelne Werk dieser Kunst.

■ **plastisch** [griech.], die →Plastik betreffend; körperlich (nicht flächenhaft); verformbar; anschaulich, bildhaft.

■ **Platane** [griech.] *die,* ein 30–40 m hoher, sommergrüner Laubbaum in Nordamerika, Südosteuropa und Südasien bis zum Himalaja. Platanen sind meist hohe Park- und Alleebäume mit hängenden, kugeligen Blüten- und Fruchtständen. Bei uns findet man die **Amerikanische Platane** mit meist dreilappigen Blättern und kleinschuppiger Rinde, die **Orientalische Platane** mit meist fünf- bis siebenlappigen Blättern und großschuppiger Rinde und die **Ahornblättrige Platane,** eine Kreuzung der genannten Arten.

■ **Plateau** [...to; frz.] *das,* Hochebene.

■ **Platin** [spanisch] *das,* chemisches Element, ein sehr edles und teures Schwermetall. In der Natur kommt Platin meist gediegen vor. Es wird, teilweise auch in Legierungen, zur Herstellung von chemischen Geräten, elektrischen Schaltkontakten und auch von Schmuck verwendet. Platin ist der katalytisch wirkende Bestandteil im Abgaskatalysator von Kraftfahrzeugen.

Max Planck, der Pionier der theoretischen Physik, war in seinem Privatleben ein passionierter Musiker – auch das verbindet ihn mit seinem jüngeren Kollegen Albert Einstein, den er entdeckte und förderte und mit dem er in seinem Berliner Haus in der Besetzung Planck (Klavier), Einstein (Geige) und Sohn Ernst Planck (Cello) Klaviertrios spielte

Platin
chemisches Symbol: Pt
Ordnungszahl: 78
relative Atommasse: 195,08
Dichte: 21,45 g/cm^3
Schmelzpunkt: 1 768 °C
Siedepunkt: 3 825 °C

■ **Platine** [frz.] *die,* eine →gedruckte Schaltung.

■ **Platon,** griechischer Philosoph, *Athen 427 v. Chr., †ebenda 348/347 v. Chr. Als Schüler des Sokrates entwickelte Platon dessen Lehre weiter. Nahe bei Athen begründete er die →Akademie.
Die Grundlage seiner Philosophie ist die **Ideenlehre:** Danach existieren außerhalb der sichtbaren, sinnlich erfassbaren Welt Ideen – ewige und unveränderliche Urbilder – als eigentliches Sein. Alle sichtbaren Dinge sind nur unvollkommene und vergängliche Abbilder der Ideen. Gleichzeitig haben aber auf diese Weise die sichtbaren Dinge Anteil an der Welt des Ewigen und Vollkommenen (z. B. ein guter Mensch an der Idee des Guten, die bei Platon auch »Gott« genannt wird). Platons Idealstaat sollte von Philosophen regiert, von Kriegern und Beamten bewacht und vom dritten Stand (den Bauern, Handwerkern und Kaufleuten) ernährt werden; Privateigentum sollte verboten sein.
Die Werke Platons (u. a. »Das Gastmahl«, »Der Staat«) sind meist als kunstvolle Dialoge (Zwiegespräche) abgefasst, in denen Sokrates als der wichtigste Gesprächspartner auftritt. Platons Lehre hat nachhaltig auf die abendländische Philosophie gewirkt. Besonders stark war ihr Einfluss auf die frühen christlichen Denker, zur Zeit der Renaissance und im deutschen →Idealismus. – Infokasten S. 12

■ **platonische Liebe,** geistige, nicht sinnliche Liebe.

■ **Plattdeutsch** →Niederdeutsch.

■ **Plattensee** (ungar. Balaton), lang gestreckter, flacher See in Westungarn. Er ist mit 591 km^2 etwas größer als der Bodensee, im Durchschnitt aber nur 2 m tief (an der tiefsten Stelle 11 m). An den Ufern liegen zahlreiche Badeorte, in seiner Umgebung wird Wein angebaut.

■ **Plattenspieler,** elektroakustisches Wiedergabegerät, mit dem die auf Schallplatten gespeicherten Schallaufzeichnungen in modulierte Wechselspannungen umgewandelt und dann mittels Ver-

Die Früchte der auch im Großstadtklima gedeihenden Ahornblättrigen Platane hängen zu zweien, dreien oder mehreren an einem langen Stiel herab

stärker und Lautsprecher hörbar gemacht werden. Ein Plattenspieler besteht aus dem von einem Elektromotor angetriebenen Laufwerk, das den Plattenteller antreibt, und dem über dem Plattenteller schwenkbaren oder tangential geführten Tonarm mit einem elektrischenTonabnehmer. Dieser tastet mit seiner Abtastnadel (Saphir oder Diamant) die Rillen der auf dem Plattenteller liegenden Schallplatte ab. Der Plattenteller dreht sich mit 33 oder 45 Umdrehungen je Minute.

■ **Plattwürmer,** mit über 16 000 Arten weltweit verbreiteter Stamm etwa 0,5–150 mm langer, wirbelloser Tiere. Der Körper ist wurmförmig und meist von oben nach unten abgeplattet. Blutgefäßsystem und Atmungsorgane sind nicht entwickelt. Die Plattwürmer leben teils im Meer, teils im Süßwasser, wenige an Land. Einige Plattwürmer wie die Saug- und Bandwürmer leben parasitisch.

■ **Play-back** [plẹ'bäk; engl.] *das,* ein tontechnisches Verfahren bei Film- und Fernsehaufnahmen (vor allem Fernsehshows): Im Tonstudio störungsfrei aufgenommene Musik- und Sprachaufzeichnungen werden während der Bildaufzeichnung über Lautsprecher wiedergegeben (»zugespielt«). Die Schauspieler richten sich bei der Darstellung durch entsprechende Mundbewegungen nach der Lautsprecherwiedergabe.

■ **Plazẹnta** (Mutterkuchen) →Schwangerschaft.

■ **Plebẹjer** [lat.], im alten Rom die Angehörigen der nicht adligen breiten Volksschicht, der **Plebs.** – auch →Patrizier.

■ **Plebiszit** →Volksentscheid.

■ **Pleistozän** →geologisches System (Übersicht).

■ **Plejaden** [griech.] (Siebengestirn), mit bloßem Auge sichtbarer offener Sternhaufen im Sternbild Stier; er besteht wahrscheinlich aus über 300 Sternen.

■ **Plẹktron** [griech.] *das,* Stäbchen oder Plättchen, mit dem die Saiten mancher Zupfinstrumente angerissen werden.

■ **Plenarsitzung,** Sitzung des ganzen Parlaments im Unterschied zu Ausschusssitzungen.

■ **Plẹnum** [lat., = voll] *das,* die Vollversamm-

Platon

Neben seinem Sonnen- und seinem Liniengleichnis wurde Platons Höhlengleichnis zum wohl berühmtesten Gleichnis der Philosophiegeschichte. Es befasst sich mit der Frage, ob und wie der Mensch sich aus der Welt der Abbilder und des Scheins befreien und mit dem wahren Sein vertraut machen kann: Platon beschreibt den Menschen als einen Gefangenen, der in einer Höhle gefesselt ist, sodass er immer nur auf eine dem Höhleneingang gegenüber liegende Wand sehen kann. Er nimmt daher immer nur die Schatten der Personen und Gegenstände außerhalb der Höhle wahr und hält, da er nichts anderes kennt, diese für die Wirklichkeit. Könnte er sich umdrehen, wäre er erstaunt über die neue Wirklichkeit, die der Realität näher ist als der Schein der Schatten. Und könnte er erst aus der Höhle heraustreten und die realen Menschen und Gegenstände sehen, dann wäre er wohl geblendet und sehnte sich nach der Welt der Schatten zurück, die ihm geläufig ist. Dennoch fordert Platon die Menschen auf, aus ihrer Höhle herauszutreten, um die wahre Wirklichkeit zu erfassen, und darüber hinaus durch diese hindurch in die Welt der Ideen einzudringen.

► Zu Beginn des 16. Jahrhunderts malte der italienische Maler Raffael ein Fresko, das später den Titel »Schule von Athen« bekam; der hier abgebildete Ausschnitt, der das Zentrum des Freskos bildet, zeigt den betagten Platon in Begleitung des jüngeren Aristoteles

lung einer politischen Institution, z.B. des Parlaments.

■ **Pleonasmus** [griech.-lat.] *der,* eine (überflüssige) Häufung sinnähnlicher Wörter, z.B. »kleiner Zwerg«, »alter Greis«. Pleonasmen können auch bewusst als Stilmittel eingesetzt werden.

■ **Pleuelstange,** Maschinenteil, das eine Hin- und Herbewegung in eine kreisförmige Bewegung umformt. Bei der Dampfmaschine und beim Ottomotor setzt die Pleuelstange die hin- und hergehende Bewegung des Kolbens in die kreisförmige Bewegung der Kurbelwelle um.

■ **Plexiglas®,** Handelsname für harte, biegsame, glasartig durchsichtige oder eingefärbte Kunststoffe aus Polymethacrylaten (Acrylglas). Plexiglas splittert nicht und ist weitgehend witterungs- und korrosionsbeständig.

■ **Plinius,** zwei römische Schriftsteller, **1)** Plinius der Ältere, Gaius Plinius Secundus, *Comum (heute Como) 23 oder 24 n. Chr., †Stabiae (heute Castellamare di Stabia) 79 beim Vesuvausbruch; Onkel und Adoptivvater von 2). Er schrieb als Erster ein umfassendes Werk über die Natur (»Naturgeschichte«, 37 Bücher).

2) Plinius der Jüngere, Gaius P.plinius Caecilius Secundus, *Comum (heute Como) 61 oder 62 n. Chr., †um 113; Neffe und Adoptivsohn von 1). Seine in neun Büchern veröffentlichten Briefe (97–109) geben ein anschauliches Bild der zeitgenössischen römischen Gesellschaft.

■ **PLO** →Palästinensische Befreiungsbewegung.

■ **Plombe** [frz.] *die,* **1)** Metallsiegel, mit dem Türen oder Geräteteile versiegelt werden, um den Zugriff Unbefugter zu verhindern.

2) *Medizin:* Zahnfüllung aus Metall, Kunststoff oder Porzellan.

■ **Plotter** [engl., = Zeichner] *der,* an einen Computer angeschlossenes Ausgabegerät zur grafischen Darstellung von Kurven, Schriften u.a. Plotter werden als **Tischplotter** gebaut, mit beweglich angeordneten verschiedenfarbigen Zeichenstiften und einem fest eingespannten Zeichenblatt, oder als **Trommelplotter**, bei dem sich der Stift in Querrichtung zur rotierenden Trommel bewegt, auf der sich das Zeichenblatt befindet. – auch →Drucker.

■ **Plural** [lat.] *der,* Mehrzahl (→Numerus 2).

■ **Pluralismus** [lat.] *der,* das vielfältige Nebeneinander von verschiedenen Ideologien, Religionen und Weltanschauungen innerhalb einer Gesellschaft. Demokratien sind im Unterschied zu Diktaturen **pluralistisch,** da sie die freie Entfaltung unterschiedlicher Lebensformen und Meinungen zulassen.

■ **plus** [lat., = mehr], Zeichen +, das Rechenzeichen für die →Addition; Gegensatz: minus.

■ **Plusquamperfekt** (vollendete Vergangenheit) →Verb.

Der Plejaden genannte Sternhaufen ist nach dem Sammelnamen der sieben Töchter des Atlas aus der griechischen Mythologie benannt

■ **Pluto** [griech.] *der,* der sonnenfernste der bekannten Planeten. Seine Bahn liegt teilweise innerhalb der Bahn des Neptun; diesen Bahnbereich durchlief er in den Jahren 1979 bis 1999. Pluto wurde erst 1930 entdeckt; 1978 wurde die Existenz seines Mondes Charon nachgewiesen.

■ **Plutokratie** [griech., = Herrschaft der Reichen] *die,* Geldherrschaft; eine Staatsform, in der vor allem der Besitz politische Macht garantiert.

■ **Pluton** (lat. Pluto), in der griechischen Mythologie ursprünglich der Gott des Reichtums, der nach der Gleichsetzung mit →Hades zum Herrscher über die Unterwelt und die Verstorbenen wurde.

Plutonium
chemisches Symbol: Pu
Ordnungszahl: 94
relative Nuklidmasse: 244
Dichte: 19,7 g/cm³
Schmelzpunkt: 640 °C
Siedepunkt: 3 228 °C

■ **Plutonium** [griech.] *das,* ein radioaktives chemisches Element aus der Gruppe der →Transurane. Es gibt verschiedene Isotope von ^{232}Pu bis ^{246}Pu mit Halbwertszeiten von 26 Minuten bis 82,6 Mio. Jahren. Das silberweiße Schwermetall wird in Leichtwasserreaktoren gebildet und in Wiederaufarbeitungsanlagen aus abgebrannten Brennelementen

Viele Erzählungen von **Edgar Allan Poe** sind in zahlreichen Varianten auch ins Kino gebracht worden; die Detektivgeschichte »Der Goldkäfer« hat zu Lebzeiten des Schriftstellers als meistgelesene Erzählung Furore gemacht

gewonnen. In so genannten schnellen Brütern wird Plutonium in größeren Mengen gewonnen. ^{239}Pu kann wieder als Kernbrennstoff in Reaktoren und zur Herstellung von Atombomben verwendet werden. – auch →Kernenergie.

■ **Plymouth** [plịməθ], Hafenstadt in Südwestengland, am Plymouth Sound, einer Bucht des Ärmelkanals, mit 255 800 Einwohnern. – Von Plymouth brachen 1620 die Pilgerväter auf der »Mayflower« nach Neuengland auf.

■ **Pneumatik** [griech.] *die,* ein Teilgebiet der Technik, das sich allgemein mit dem Verhalten der Gase, im engeren Sinn mit der Anwendung von Druck- und Saugluft als Energieträger für Arbeitsprozesse, Steuerungen und Regelungen befasst.

■ **Po** *der,* größter Fluss Italiens, 652 km lang. Er entspringt in den Westalpen nahe der französischen Grenze, durchfließt eine breite Ebene (Poebene) und mündet mit einem Delta in die Adria. Bei Hochwasser (im Mai und November) sind vor allem die Gebiete am Unterlauf von Überschwemmungen bedroht. Die **Poebene** zwischen Alpen, Apennin und Adria ist die am dichtesten besiedelte und wirtschaftlich führende Landschaft Italiens; Zentren sind Mailand und Turin.

Nebenflüsse des **Po:**
von den Alpen:
Dora Baltea (160 km)
Dora Riparia (125 km)
Tessin (248 km)
Adda (310 km)
Oglio (280 km)
Mincio (66 km)
vom Apennin:
Tanaro (276 km)
Trebbia (115 km)

■ **Pocahontas,** Tochter des Indianerhäuptlings Powhatan, *um 1595, †Gravesend (England) 11. April 1617. Sie vermittelte im heutigen Virginia, USA, Frieden zwischen Indianern und englischen Siedlern. 1613 heiratete sie den englischen Siedler John Rolfe. Mit ihm reiste sie 1616 nach England, wo sie große Aufmerksamkeit am Königshof erfuhr, aber schon ein Jahr darauf an einer Krankheit starb.

■ **Pocken** (Blattern), eine hochansteckende, akute, meldepflichtige Infektionskrankheit. Sie beginnt mit Schüttelfrost und hohem Fieber. Rötlicher Ausschlag wird später eitrig und heilt unter Narbenbildung ab. Der Erreger ist ein Virus. Für Nichtgeimpfte war eine Pockeninfektion fast immer tödlich. Die Impfung geht auf den englischen Arzt Edward Jenner (1749–1823) zurück.

■ **Podiumsgespräch,** öffentliche Diskussion vor Publikum, bei der die Gesprächspartner (z. B. Politiker, Schriftsteller, Journalisten) auf einem Podium (erhöhte Plattform) versammelt sind.

■ **Poe** [pọu], Edgar Allan, amerikanischer Schriftsteller, *Boston (Massachusetts) 19. Januar 1809, †Baltimore (Maryland) 7. Oktober 1849. Poe ist der bedeutendste amerikanische Romantiker; er gilt als Meister der Kurzgeschichte, die er zur Kunstform erhob. Neben zahlreichen fantastisch-unheimlichen Kurzgeschichten (»Der Untergang des Hauses Usher«, 1839) schrieb er Gedichte sowie Abenteuer- und Kriminalerzählungen (»Der Doppelmord in der Rue Morgue«, 1841). Er beeinflusste damit die Literatur des 19. und 20. Jahrh. nachhaltig.

■ **Poesie** [po-e...; griech.] *die,* Dichtkunst, Dichtung; im engeren Sinne die in Versen geschriebene Dichtung im Gegensatz zur Prosa.

Pocken

Die Schutzkraft der auch auf den Menschen übertragbaren, aber für ihn ungefährlichen Kuhpocken ist seit dem 18. Jahrh. bekannt. Um 1790 hatte der deutsche Schullehrer Plett zahlreiche Kinder mit Kuhpocken geimpft. Als wissenschaftlich abgesichertes Heilverfahren wurde die Kuhpockenimpfung jedoch erst durch den englischen Landarzt Edward Jenner eingeführt. Nach jahrzehntelangen Beobachtungen impfte Jenner am 14. Mai 1796 den achtjährigen Knaben James Phipps mit Kuhpocken; 1798 veröffentlichte er die ersten Ergebnisse. Die allgemeine Schutzimpfung setzte sich gleichwohl nur zögernd durch. Erst 1874 wurde in Deutschland ein Impfgesetz erlassen, das die Zwangsimpfung einführte. Dieses Gesetz wurde 1976 aufgehoben, da ein Erkrankungsrisiko nicht mehr bestand.

■ **Poetik** [griech.] *die,* die Lehre vom Wesen, von den Gattungen und den Formen der Dichtung als praktische Anweisung und als Dichtungstheorie.

■ **Pogrom** [russisch] *der,* auch *das,* ursprünglich Bezeichnung für mit Plünderungen und Mord verbundene Judenverfolgungen im zaristischen Russland, später allgemein für Ausschreitungen gegen nationale, religiöse oder rassische Minderheiten (z. B. →Reichspogromnacht).

Dieses Gemälde zeigt die Indianerhäuptlingstochter **Pocahontas** ein Jahr vor ihrem frühen Tod

■ **Pointe** [poängtᵉ; frz., = Spitze] *die,* geistreiche, überraschende Schlusswendung eines Witzes oder einer Anekdote.

■ **Pointillismus** [poᵃng...; frz.] (Neoimpressionismus) →Impressionismus.

■ **Poker** [engl.] *das,* aus Amerika stammendes Glücksspiel mit Karten.

■ **Pol** [griech.] *der,* **1)** *Astronomie* und *Geographie:* Punkt auf der Erdoberfläche, in dem die Erdachse (das heißt die Gerade, um die sich die Erde dreht) die Erdoberfläche schneidet: **Nordpol** und **Südpol**. Auch bei anderen Himmelskörpern bezeichnet man die entsprechenden Punkte als Pole. Die Punkte, in denen die verlängerte Erdachse das Himmelsgewölbe (scheinbar) schneidet, nennt man **Himmelspole**.

2) *Elektrotechnik:* Anschlussstelle für die Stromzuführung oder -ableitung an einem elektrischen Gerät, z. B. einer Batterie. Bei Gleichstrom unterscheidet man den Pluspol und den Minuspol.

3) *Physik:* Bezeichnung für die Stellen an einem →Magneten, von denen die magnetischen Kraftlinien ausgehen oder an denen sie enden (Magnetpole); man bezeichnet sie auch als magnetischen Nordpol und magnetischen Südpol. Die Erde besitzt ebenfalls zwei Magnetpole, die nicht mit den geographischen Polen übereinstimmen.

■ **Polanski,** Roman, polnisch-französischer Filmregisseur und -schauspieler, *Paris 18. August 1933. Er drehte international erfolgreiche, zum Teil surrealistisch beeinflusste Filme (u. a. »Tanz der Vampire«, 1966; »Rosemaries Baby«, 1968).

■ **Polargebiete,** die Gebiete der →Arktis und →Antarktis.

■ **Polarkreise,** die von beiden Erdpolen um $23^1/_2$° entfernten Parallelkreise (nördlicher und südlicher Polarkreis). Die Polarkreise trennen die Polarzonen (arktische und antarktische Zone) von den gemäßigten Zonen. – auch →Polarnacht.

■ **Polarlicht,** eine nächtlich zu beobachtende Leuchterscheinung vor allem in den polaren Gebieten der Nord- **(Nordlicht)** und Südhalbkugel **(Südlicht)**. Die Polarlichter entstehen dadurch, dass von der Sonne ausgehende, elektrisch geladene Teilchen in der hohen Erdatmosphäre (meist in 100 km Höhe) auf Luftmoleküle treffen und sie zum Leuchten bringen. – Bild S. 17

Poker

Grundformen des Pokerspiels gab es schon vor 3000 Jahren in Persien. Bei seinem Vorläufer namens »As« gab es bereits Paar, Drilling, Full House und Vierling – und geblufft wurde auch.

Die Kreuzfahrer brachten das Spiel dann nach Europa, wo es vor allem in Italien (»Primiera«) und Frankreich (»Bouillotte« und »Brelan«) weiterentwickelt wurde. Mit französischen Pflanzern gelangte es später nach Louisiana, von wo es sich mit der Eroberung des nordamerikanischen Westens in seiner heutigen Form verbreitete.

■ **Polarnacht,** die Zeit, in der die Sonne ständig unter dem Horizont bleibt, das heißt nicht sichtbar ist. Die Dauer der Polarnacht nimmt von den Polarkreisen aus mit der geographischen Breite zu und beträgt an den Polen fast ein halbes Jahr. Während auf einer Erdhalbkugel Polarnacht herrscht, ist auf der anderen **Polartag,** das heißt die Zeit, in der die Sonne für einen Ort der Polarzone über dem Horizont bleibt (auch →Mitternachtssonne).

■ **Polarstern,** ein Stern im Sternbild →Kleiner Bär.

■ **Polder** [niederländisch] *der,* eingedeichtes

Polen
Fläche 312 685 km²
Einwohner 38,61 Mio.
Hauptstadt Warschau
Amtssprache Polnisch
Nationalfeiertag 3. 5.
Währung 1 Złoty (Zł) = 100 Groszy (Gr)
Zeitzone MEZ

Neuland, besonders an der Nordseeküste der Niederlande. In Norddeutschland ist die Bezeichnung **Koog** gebräuchlich. – auch →Neulandgewinnung.

■ **Polemik** [von griech. pólemos, = Krieg] *die,* literarische oder wissenschaftliche Auseinandersetzung; auch unsachliche Kritik, Angriff.

■ **Polen,** Republik im östlichen Mitteleuropa. Das ausgedehnte Tiefland mit seinen Moränengebieten und Urstromtälern ist durch die Eiszeiten geprägt; besonders viele Seen finden sich im südlichen Teil Ostpreußens. An der Südgrenze hat Polen Anteil an den Karpaten (in der Hohen Tatra 2 499 m hoch) und an den Sudeten (im Riesengebirge 1 602 m hoch). Nördlich der Karpaten erstrecken sich Berg- und Hügelländer.

Weit mehr als die Hälfte des Landes wird landwirtschaftlich genutzt. Hauptanbaupflanzen sind Kartoffeln, Getreide und Zuckerrüben. Daneben spielt die Viehzucht (Rinder, Schweine, Schafe) eine große Rolle. Polen besitzt reiche Steinkohlenvorkommen (in Schlesien und bei Lublin), ferner Braunkohle, Kupfer-, Eisen-, Blei- und Zinkerze, Schwefel, Erdöl und Erdgas. Gut ausgebaut sind die Hüttenindustrie, der Schiff-, Maschinen- und Fahrzeugbau sowie die chemische Industrie. Wichtige Ostseehäfen sind Stettin und Danzig.

Die vorwiegend katholische Bevölkerung besteht in erster Linie aus Polen; daneben gibt es Minderheiten von Deutschen, Weißrussen, Ukrainern, Slowaken und Litauern.

Geschichte: Erster historisch fassbarer Herrscher eines polnischen Staates war Herzog Mieszko I. (um 960–992) aus dem Geschlecht der Piasten. Sein Reich umfasste vor allem den Raum um die mittlere Warthe (Großpolen) und die mittlere Weichsel (Masowien). 966 trat er zum lateinischen Christentum über. Sein Sohn Bolesław I. Chrobry (992–1025) gewann Kleinpolen (um Krakau), Schlesien, vorüber-

Polen

Flagge

Wappen

Polen

Mit dem inzwischen geflügelten Wort »Jeszcze Polska nie zginęła«, zu deutsch »Noch ist Polen nicht verloren«, brachte der Publizist Józef Wybicki (1747–1822) im Jahr 1797 die ungebrochene Freiheitssehnsucht seines Volkes zum Ausdruck, dessen Heimatland 1795 – nach zwei vorausgegangenen Teilungen in den Jahren 1772 und 1793 – zwischen Russland, Preußen und Österreich aufgeteilt und von der Landkarte getilgt worden war. Das dem Rhythmus des polnischen Mazurka-Tanzes nachempfundene Lied schürte vor allem bei der Jugend die Begeisterung für den unerschrockenen Einsatz der Vaterlandsverteidiger. Das Lied wurde einem Freiheitskämpfer, dem General Jan Henryk Dąbrowski (1755–1818), zugeeignet. Der »Masurek-Dąbrowskiego« ist nach dem Ersten Weltkrieg von der neu gegründeten Republik Polen zur Nationalhymne erklärt worden.

► Das Gemälde eines französischen Malers hält die Erinnerung an die mehrfach niedergeschlagenen Aufstände der Polen wach: siegesmächtig sitzt der russische Zarenadler auf der Brust seines ermordeten Opfers

Diese Fotografie eines **Polarlichts** zeigt ein Nordlicht in Norwegen, das mit einem Weitwinkel aufgenommen worden ist

gehend Mähren, die Westslowakei, Pommern und die Lausitz und stieß 1018 bis nach Kiew vor. 1025 ließ er sich zum König krönen.

Im 12. Jahrh. zerfiel das Land in Teilfürstentümer. Pommern schied aus der losen Abhängigkeit aus, während Schlesien eine Sonderentwicklung nahm und sich um 1300 der böhmischen Lehnshoheit unterstellte. Seit dem 12. Jahrh. versuchten Fürsten und kirchliche Institutionen, neue Siedler ins Land zu holen; die deutschen Neusiedler prägten vor allem das Bild der Städte. Zur Abwehr der heidnischen Prußen rief Konrad I. von Masowien 1226 den Deutschen Orden ins Land. Die Auseinandersetzung mit ihm und das Erstarken der Bürgerschaft und des Adels bestimmten die Entwicklung im 14. und 15. Jahrh. maßgeblich.

Herzog Wladislaw I. Łokietek errang zu Anfang des 14. Jahrh. die Oberherrschaft über ganz Polen und ließ sich 1320 in Krakau zum König krönen. Sein Sohn Kasimir III., der Große (1333–70), der letzte der Piasten auf dem polnischen Thron, verzichtete zugunsten des Deutschen Ordens auf Pommerellen (Westpreußen) und dehnte das Reich nach Südosten (Galizien, Wolhynien, Podolien) aus.

Durch die Heirat des Großfürsten Jagiełło von Litauen (als König von Polen Wladislaw II., 1386–1434) mit der polnischen Königin Hedwig (Jadwiga) bestand zeitweise eine Personalunion zwischen Polen und Litauen, die 1569 in eine Realunion (eine Vereinigung beider Länder) umgewandelt wurde. Der Übermacht des Doppelreichs unterlag 1410 der Deutsche Orden bei Tannenberg und musste nach 13-jährigem Krieg 1466 Westpreußen mit dem Ermland an Polen abtreten und für das ihm verbliebene Ostpreußen die polnische Lehnshoheit anerkennen.

Nach dem Aussterben der Jagiellonen 1572 folgte bis 1795 die Periode des Wahlkönigtums, in der der König von den Adligen gewählt wurde. Die dadurch entstandene Rivalität zwischen einzelnen Fürsten führte zu einer Schwächung des Königtums, die mit den drei **Polnischen Teilungen** von 1772, 1793 und 1795 endete, bei denen das Staatsgebiet zwischen Preußen, Österreich und Russland aufgeteilt wurde. Das durch Napoleon I. 1807 errichtete Herzogtum Warschau wurde auf dem Wiener Kongress verkleinert und als Kongresspolen in Personalunion mit Russland vereinigt. Aufstände zur Errichtung eines polnischen Nationalstaates wurden 1830, 1846, 1848 und 1863/64 blutig niedergeschlagen.

Nach dem Ersten Weltkrieg wurde 1918 die Republik Polen ausgerufen, deren Grenzen im Versailler Vertrag festgelegt wurden. 1926 errichtete Józef Piłsudski (1867–1935) ein autoritäres Regime. Der Zweite Weltkrieg, der mit dem deutschen Angriff auf Polen begann, brachte die erneute Aufteilung Polens zwischen Deutschland und der Sowjetunion.

Nach dem Zweiten Weltkrieg wurde die Republik wiederhergestellt. Polen musste seine Ostgebiete an die Sowjetunion abtreten und wurde mit dem überwiegenden Teil der deutschen Gebiete östlich der →Oder-Neiße-Linie und mit Danzig entschädigt. Die Volksrepublik Polen (1952–89) stand unter dem politischen und wirtschaftlichen Einfluss der Sowjetunion.
Im Zuge der Umwälzungen, die 1989 die Ostblockstaaten erfassten, endete auch in Polen die Alleinherrschaft der kommunistischen Partei; Wortführerin der Freiheitsbewegung war die 1980 gegründete und dann verbotene unabhängige Gewerkschaft »Solidarität« um Lech →Wałęsa. 1989 wurde Tadeusz Mazowiecki (*1927) zum ersten nichtkommunistischen Ministerpräsidenten des Landes gewählt, 1990 Wałęsa zum Staatspräsidenten. In diesem Amt folgte ihm 1995 Aleksander Kwaśniewski (*1954).

■ **Polier** [frz.] *der,* Bauführer; besonders ausgebildeter Geselle oder Facharbeiter im Baugewerbe.

■ **Polis** *die,* altgriechischer Stadtstaat, der durch Selbstverwaltung mit festgelegten politischen Rechten und Pflichten für den einzelnen Bürger gekennzeichnet war.

■ **Political Correctness** [politikl kerektnis; engl., = politische Korrektheit] *die,* Abkürzung **PC,** Anfang der 1990er-Jahre an den Universitäten der USA geprägter, umstrittener Begriff für eine »richtige« Einstellung, die alle Handlungen und Ausdrucksweisen ablehnt, die Personen aufgrund ihrer Rasse, ihres Geschlechts, ihrer Zugehörigkeit zu einer bestimmten sozialen Schicht, ihrer körperlichen oder geistigen Behinderung oder ihrer sexuellen Neigung diskriminieren. – Im Hinblick auf die Unschärfe des Begriffs und seiner Inhalte wird PC von Kritikern als Mittel gesellschaftlicher Zensur abgelehnt.

■ **Politik** [griech.] *die,* auf die Durchsetzung bestimmter Ziele (vor allem im staatlichen Bereich) und auf die Gestaltung des öffentlichen Lebens gerichtetes Verhalten und Handeln von Einzelpersonen, Gruppen, Parteien, Parlamenten und Regierungen. Politik wird sowohl von den Interessen ihrer Träger als auch von Wertvorstellungen über die bestehende gesellschaftliche Ordnung geprägt. Sie vollzieht sich in allen Bereichen (z.B. Außen-, Innenpolitik), die durch Gesetze (u.a. Völkerrecht, Menschenrechte) festgelegt sind.

■ **Polizei** [von griech. politeia, = Staatsverwaltung] *die,* im weiteren Sinne die gesamte Tätigkeit von Verwaltungsbehörden und Vollzugsorganen zur Abwehr von Gefahren für die öffentliche Sicherheit und Ordnung sowie zur Beseitigung bereits aufgetretener Störungen; im engeren Sinne die im Vollzugsdienst tätigen Dienstkräfte (uniformierte Schutz- und Bereitschaftspolizei, Kriminalpolizei, Wasserschutzpolizei).
Zu den Aufgaben der Polizei gehören die Ordnung des Straßenverkehrs, die Ermittlung von Ordnungswidrigkeiten und die Verfolgung strafbarer Handlungen. Träger der Polizei in der Bundesrepublik Deutschland sind grundsätzlich die Länder, die Teile der polizeilichen Aufgaben auf die Gemeinden übertragen haben; Polizeibehörden des Bundes sind z.B. der Bundesgrenzschutz und das Bundeskriminalamt.

■ **Polka** [tschechisch] *die,* beliebter Gesellschaftstanz des 19. Jahrhunderts. Er stammt aus Böhmen und ist ein Paartanz in lebhaftem Zweivierteltakt. Die Polka war im 19. Jahrh. neben dem Walzer einer der beliebtesten Gesellschaftstänze.

■ **Pollen** [lat.] *der* (Blütenstaub), die Gesamtheit der **Pollenkörner** einer Blüte. Die 0,0025-0,25 mm großen Pollenkörner sind die männlichen Fortpflanzungszellen der Samenpflanzen und werden in den Staubblättern gebildet. Nach der Bestäubung der Narbe dringt ein **Pollenschlauch** zur Samenanlage vor und befruchtet dort die weibliche Eizelle.

■ **Pollution** [lat.] *die,* ein spontaner, meist nächtlicher Samenerguss, der oft mit sexuellen Träumen verknüpft ist. Er tritt in der Zeit der Pubertät häufiger auf als später. Allerdings gibt es Jungen und Männer, die nie eine Pollution erleben, auch nicht nach langer Enthaltsamkeit. Beim Jungen kann die erste Pollution, die **Polluarche,** als das eindeutige Zeichen der Zeugungsreife angesehen werden, ähnlich wie die erste Monatsblutung beim Mädchen.

■ **Polo,** Marco, venezianischer Kaufmann und Asienreisender, *Venedig (?) 1254, †ebenda 8. Januar 1324. Er begleitete 1271–75 seinen Vater und einen Onkel auf einer Reise nach Mittelasien und China. Dort erwarb er sich das Vertrauen des Mongolenherrschers Kubilai, der ihn mit Aufträgen in verschiedene Gegenden seines Reiches sandte. Die Rückreise (1292–95) führte ihn über Vorderindien, Persien und Konstantinopel; berühmt ist sein Bericht über diese Reise.

■ **Polo** [engl.] *das,* Treibballspiel für zwei Mannschaften zu je vier Spielern, meist als Pferdepolo, daneben aber auch als Rad- und Wasserpolo.
Beim **Pferdepolo** versuchen die Reiter, einen rund 130 g schweren Ball aus Bambusholz mit der Breitseite des holzhammerähnlichen Schlägers (Länge 1,2–1,4 m) in das 7,3 m breite, nach oben offene geg-

nerische Tor zu treiben. Das Spiel ist in vier bis acht Abschnitte von je 7,5 Minuten Spieldauer eingeteilt.

■ **Polonaise** [...näs[e]; frz.] *die,* ursprünglich ein Schreittanz, seit dem 18. Jahrh. auch ein eigenständiges Instrumentalstück.

Polonium
chemisches Symbol: Po
Ordnungszahl: 84
relative Atommasse: 209
Dichte (α-Polonium): 9,32 g/cm³
Schmelzpunkt: 254 °C
Siedepunkt: 962 °C

■ **Polonium** [nach Polonia, dem neulateinischen Namen Polens, der Heimat der Entdeckerin Marie Curie] *das,* ein radioaktives, metallisches chemisches Element. Es wird in der Strahlenchemie und -biologie als Alphastrahler und als Neutronenquelle genutzt.

■ **poly..., Poly...** [griech.], Bestimmungswort von Zusammensetzungen mit der Bedeutung »mehr«, » viel«, z. B. polyglott (mehr-, vielsprachig), Polyphonie (Mehrstimmigkeit).

■ **Polyeder** [griech.] *der* (Vielflach), ein aus Vielecken zusammengesetzte geschlossene Fläche oder der von ihr begrenzte Körper, z. B. Würfel oder Pyramide.

Ein **regelmäßiger Polyeder** wird von regelmäßigen Vielecken begrenzt. Das **Tetraeder** hat 4 gleichseitige Dreiecksflächen, 6 Kanten und 4 Ecken, der **Würfel (Hexaeder)** hat 6 quadratische Seitenflächen, 12 Kanten und 8 Ecken, das **Oktaeder** hat 8 gleichseitige Dreiecksflächen, 12 Kanten und 6 Ecken, das **Dodekaeder** hat 12 regelmäßige Fünfecke als Seitenflächen, 30 Kanten und 20 Ecken und das **Ikosaeder** hat 20 gleichseitige Dreiecksflächen, 30 Kanten und 12 Ecken.

■ **Polygamie** → Ehe.

■ **Polygon** [griech.] *das,* ein Vieleck mit mindestens vier Seiten.

■ **Polyklet,** griechischer Bildhauer, der etwa 450–410 v. Chr. tätig war. Er gilt neben Phidias als der bedeutendste griechische Bildhauer. Von seinen in römischen Marmorkopien überlieferten Bronzestandbildern weist der Doryphoros (»Speerträger«) am deutlichsten die von Polyklet in seiner Schrift »Kanon« dargelegten ausgewogenen Maßverhältnisse auf.

■ **Polymerisation** [griech.] *die,* die Reaktion von niedermolekularen Verbindungen (z. B. Styrol oder Vinylchlorid) zu hochmolekularen Verbindungen (Makromolekülen), z. B. Polystyrol oder Polyvinylchlorid.

Als **Polykondensation** bezeichnet man dagegen die stufenweise Bildung von Makromolekülen aus zwei verschiedenen größeren Molekülen unter Abspaltung von kleinen Molekülen (z. B. bei der Bildung von Perlon).

Weiter gibt es die **Polyaddition,** bei der sich ebenfalls zwei verschiedene größere Moleküle verbinden, doch spalten sich keine kleinen Moleküle ab (z. B. Polyurethane).

Die Produkte von Polymerisationen, Polykondensationen und Polyadditionen werden **Polymere** genannt.

■ **Polynesien,** zusammenfassende Bezeichnung für die weit auseinander liegenden kleinen und kleinsten Vulkan- und Koralleninseln im Pazifischen Ozean. Zu Polynesien gehören vor allem die Hawaii-, Tokelau-, Samoa-, Tonga-, Gesellschafts- und Tuamotuinseln sowie die Osterinsel.

■ **Polyp** [griech.] *der,* **1)** *Medizin:* eine gutartige Geschwulst der Schleimhaut, z. B. im Magen, in der Gebärmutter, in der Nase oder im Darm.

2) *Zoologie:* die festsitzende Form der → Nesseltiere (mit Ausnahme der Staatsquallen), die sich in der Regel durch (ungeschlechtliche) Knospung und Teilung fortpflanzen. Im Meer lebende Polypen sind die Seerosen und Korallen. In klaren Süßgewässern kann man an Wasserpflanzen den etwa 1 cm langen **Grünen Süßwasserpolypen** finden, in dessen Körper Grünalgen leben. Seine Fangarme tragen Nesselkapseln.

■ **Polyphonie** [griech.] *die,* die Mehrstimmigkeit einer musikalischen Komposition, bei der jeder Stimme eine selbstständige melodische Bedeutung zukommt; Gegensatz: Homophonie.

■ **Polytheismus** [griech.] *der,* die Verehrung mehrerer (männlicher und weiblicher) Gottheiten. Polytheistisch waren beispielsweise die Religionen der alten Ägypter und Griechen; Gegensatz: Monotheismus.

■ **Pomeranze** [italienisch] *die* (Bitterorange), eine Unterart der Orange, die im Mittelmeergebiet und in Indien angebaut wird. Die Fruchtschale schmeckt bitter, das Fruchtfleisch sauer. Die Früchte werden vor allem zur Herstellung von Marmeladen und Likören verwendet.

■ **Pommern,** seen- und waldreiche Landschaft entlang der Ostseeküste; westlich der Oder liegt Vorpommern (heute Teil des Bundeslandes Mecklenburg-Vorpommern), östlich der Oder Hinterpommern, das seit 1945 zu Polen gehört.

Geschichte: Das ursprünglich von Germanen bewohnte Gebiet wurde ab dem 7. Jahrh. von Slawen besiedelt, die es »Pomorje« (Küstenland) nannten. Im 12. und 13. Jahrh. entstanden im Osten Pommerellen (später Teil von Westpreußen), im Westen das Herrschaftsgebiet des slawischen Fürstenhauses der Greifen. 1181 wurde der Herzog von Pommern deutscher Reichsfürst. 1637 erwarb Brandenburg im Westfälischen Frieden 1648 Hinterpommern, während Vorpommern an Schweden fiel. 1815 vereinigte Preußen alle Pommerschen Länder zur Provinz Pommern.

■ **Pompeji** (italienisch Pompei), Stadt und antike Ruinenstätte in Kampanien, Italien, am Südostfuß des Vesuvs, mit 26 200 Einwohnern. – Die antike Stadt, die 79 n. Chr. bei einem Vesuvausbruch unter einer bis zu 5 m dicken Schicht aus Bimsstein und Asche begraben wurde, wurde seit dem 18. Jahrh. ausgegraben. Die Straßen, Tempel, Amtsgebäude und vor allem die gut erhaltenen Wohn- und Geschäftshäuser vermitteln ein anschauliches Bild vom Alltag der alten Römer.

■ **Ponys** [engl.], kleine Hauspferderasse mit einer Schulterhöhe von maximal 1,48 m, lang- oder kurzhaarig, häufig mit üppigem Schweif und üppiger Mähne. Ponys sind robust und genügsam; sie eignen sich zum Reiten, zum Lastenziehen und zur Feldarbeit.

■ **Poolbillard** [pul...; engl.] *das,* Spielform des Billards mit einer Anstoß- und 15 weiteren durchnummerierten, farbigen Kugeln. Der rechteckige, von einer Bande umgebene Spieltisch hat an den vier Ecken und in der Mitte der beiden Längsseiten Löcher, in die die Kugeln gestoßen werden müssen.

■ **Pop-Art** [engl., von popular art, = volkstümliche Kunst] *die,* Strömung der modernen Kunst, die um 1950 in den USA und England als Bewegung gegen die gegenstandslose (abstrakte) Kunst entstand. Sie reflektiert in ihren Motiven und künstlerischen Verfahren die moderne Industriegesellschaft, Konsum, Massenproduktion und Reklame. Charakteristisch sind große Formate und grelle Farben (»Popfarben«); die persönliche »Handschrift« des Künstlers wird aufgehoben, die Grenze zwischen Kunst und Alltag verwischt. Ihren Höhepunkt hatte die Pop-Art in den 1960er-Jahren, u. a. mit Robert Rauschenberg, George Segal (*1924), Jasper Johns (*1930), Andy Warhol, Roy Lichtenstein und Claes Oldenburg (*1919).

■ **Pope** [russisch] *der,* Bezeichnung und Titel für einen orthodoxen Geistlichen; heute meist abwertend gebraucht.

■ **Popmusik** →Rock- und Popmusik.

■ **Popocatépetl** *der,* 5 452 m hoher Vulkan in Mexiko, südöstlich der Hauptstadt.

■ **Popper,** Sir Karl R. (Raimund) österreichisch-britischer Philosoph, *Wien 28. Juli 1902. Er gilt als Begründer des kritischen Rationalismus, dessen Hauptthese die Unbeweisbarkeit der Wahrheit einer Erkenntnis ist (lediglich die Falschheit eines Gedankenmodells lässt sich erweisen)

■ **populär** [lat.], volkstümlich, beliebt, allbekannt.

■ **Population** [lat.] *die,* die Gesamtheit aller Individuen (pflanzlich oder tierisch) einer Art oder Rasse in einem begrenzten Lebensraum (Biotop), wobei alle Einzelindividuen untereinander fortpflanzungsfähig sind.

■ **Populismus** [von lat. populus, = Volk] *der,* Schlagwort für eine »volksnahe« Politik, die Stimmungen der Unzufriedenheit und akute Konfliktla-

Die Aufnahme zeigt eine Basilika in **Pompeji,** die Ende des 2. Jahrhunderts v. Chr. für Handel und Geldgeschäfte gebaut worden war

gen aufgreift, um dadurch die Gunst der Massen (im Hinblick auf Wahlen) zu gewinnen.

■ **Pore** [griech.] *die,* kleine Öffnung in der tierischen und menschlichen Haut, in der die Ausfuhrkanäle der Schweißdrüsen münden.

Pop-Art: das Porträt von Marilyn Monroe stammt von Andy Warhol, der 1967 in einer Serie von Siebdrucken das Gesicht des Filmstars in verschiedenen krassen Farbvariationen ausleuchtete

■ **Pornographie** [griech.] *die,* Darstellung (in Wort und Bild) sexueller Handlungen, die ausschließlich auf die Vermarktung ausgerichtet ist, im Unterschied zu erotischer Kunst und Literatur.

■ **Porphyr** [griech.] *der,* Sammelbezeichnung für vulkanische Gesteine, in deren dichte, feinkörnige Grundmasse größere Einsprenglinge (z.B. Quarz, Feldspat und Glimmer) eingestreut sind.

■ **Porsche,** Ferdinand, österreichisch-deutscher Ingenieur, *Maffersdorf (Böhmen) 3. September 1875, †Stuttgart 30. Januar 1951. Er konstruierte u.a. Kompressorrennwagen, den ersten Volkswagen (»Käfer«) und die Porsche-Sportwagen.

■ **Portal** [lat.] *das,* monumental gestalteter Eingang, z.B. bei Kirchen und Palästen.

■ **Porta Nigra** [lat., = schwarzes Tor] *die,* monumentales römisches Stadttor aus dem 2. Jahrh. n. Chr. in Trier. Im 11. Jahrh. wurde das Tor zur Kirche ausgebaut. Auf Befehl Napoleons I. wurden die mittelalterlichen Anbauten entfernt; Teile des Chors sind erhalten geblieben.

■ **Porta Westfalica** → Westfälische Pforte.

■ **Portikus** [lat.] *der,* Säulenhalle als Vorbau an der Haupteingangsseite eines Gebäudes, vor allem im Klassizismus.

■ **Porto** [italienisch] *das,* Gebühr für die Beförderung von Postsendungen.

■ **Porto,** Stadt in Nordportugal, am Douro, etwa 5 km oberhalb seiner Mündung in den Atlantischen Ozean, wichtige Hafenstadt, mit 309 500 Einwohnern. Sehenswert sind vor allem die Kathedrale (12. Jahrh.), der barocke Bischofspalast und die Kirche São Pedro dos Clérigos (1732-50) mit frei stehendem, 75 m hohen Glockenturm, dem Wahrzeichen der Stadt. – Porto ist »Kulturstadt Europas 2001«.

■ **Porträt** […trä; frz.] *das,* die künstlerische Darstellung eines Menschen, meist Brust- oder Kopfbild (in Malerei, Plastik, Grafik, Fotografie). Porträts lassen die Ähnlichkeit mit einem bestimmten Menschen erkennen, müssen aber nicht naturalistisch sein. Deshalb entstanden nur in realistischen Kunstepochen wie der römischen Antike und der europäischen Kunst seit dem ausgehenden Mittelalter Porträts im eigentlichen Sinn. Zu anderen Zeiten, etwa in der frühen griechischen Kunst und im frühen und hohen Mittelalter, entstanden eher Idealbildnisse, die auf Ähnlichkeit verzichteten und den Dargestelllten z.B. durch Inschrift oder Wappen kennzeichneten. Nach der Anzahl der dargestellten Personen unterscheidet man das Einzel-, Doppel- und Gruppenporträt; ferner gibt es das Selbstporträt.

■ **Port Said,** Hafenstadt in Ägypten, an der Nordeinfahrt zum Suezkanal, mit 469 000 Einwohnern. Die Stadt wurde bei den Auseinandersetzungen um den Suezkanal (1956, 1967) stark zerstört.

Ferdinand Porsche

Ferdinand Porsche

Der Porsche 356 Speedster war das erste Modell Ferdinand Porsches, das seinen Namen als Markenzeichen trug. Er hatte ihn zusammen mit seinem Sohn Ferry Porsche (1909-98) zum Teil aus Karosserieteilen des VW Käfers, wie z.B. den runden Scheinwerfern, entwickelt. Von 1948 bis 1965 wurden 80 000 Exemplare des 356ers, der als »James-Dean-Porsche« in die Geschichte eingegangen ist, produziert. Seit 1963 trat dann der Porsche 911 die Nachfolge an.

■ **Portugal,** Republik im Westen der Iberischen Halbinsel. Die Bevölkerung, fast ausschließlich Portugiesen, ist überwiegend katholisch. Portugal grenzt im Westen und Süden an den Atlantischen Ozean, im Norden und Osten an Spanien. Zu Portugal gehören die Azoren und Madeira.

Das größtenteils gebirgige Land ist im Norden, wo die Gebirge Höhen von fast 2 000 m erreichen, dünn besiedelt und verkehrstechnisch wenig erschlossen. Nach Süden hin überwiegt das Flachland, durchzo-

Portugal

Flagge

Wappen

Portugal
Fläche 92 389 km²
Einwohner 9,798 Mio.
Hauptstadt Lissabon
Amtssprache Portugiesisch
Nationalfeiertage 10. 6. und 5. 10.
Währung 1 Escudo (Esc) = 100 Centavos (ctvs)
Zeitzone MEZ – 1 Std.

gen von einzelnen Mittelgebirgen. Entlang der Küste ziehen sich schmale, nach Süden breiter werdende Flachlandstreifen. Portugal hat maritimes bis subtropisches Klima; besonders im Norden fällt reichlich Niederschlag.
Die Landwirtschaft nutzt knapp 50 % der Staatsfläche; angebaut werden Weizen, Mais, Roggen, Wein, Oliven, Zitrusfrüchte, Feigen und Reis; außerdem gibt es Schaf-, Schweine- und Rinderzucht. In den Wäldern wird vor allem Kork gewonnen. Große Bedeutung besitzen auch Fischfang und Fischverarbeitung (besonders Sardinen). Wichtigster Industriezweig ist die Textil- und Lederindustrie. Eine bedeutende Einnahmequelle ist der Tourismus.
Geschichte: Die Iberische Halbinsel war seit der Altsteinzeit besiedelt. Die wichtigste Kultur der Jungsteinzeit war die Glockenbecherkultur, die sich von hier über Mittel- und Westeuropa ausbreitete. Unter Augustus wurde die römische Kolonisation abgeschlossen (26–19 v. Chr.). Seit dem 5. Jahrh. n. Chr. herrschten germanische Stämme, zu Beginn des 8. Jahrh. fiel Portugal an die Araber. Die Rückeroberung begann unter Ferdinand I. von Kastilien-León in der ersten Hälfte des 11. Jahrh.; Alfons III. (1245–79) beendete die Herrschaft der Mauren in Portugal.
Seit Beginn des 15. Jahrh. unternahmen die Portugiesen Entdeckungsfahrten zur afrikanischen Küste, nach Indien und China. Portugal wurde zur bedeutenden Kolonialmacht. Das Aussterben des portugiesischen Königshauses Avis führte 1581 zur Personalunion mit Spanien. Erst nach einem Volksaufstand (1640) wurde Portugal wieder selbstständiges Königreich.
Innere Unruhen, Partei- und Verfassungskämpfe erschütterten im 19. Jahrh. das Land. 1910 wurde die Republik ausgerufen, die wiederum durch soziale Auseinandersetzungen, Finanz- und Regierungskrisen gefährdet war. Nach einem militärischen Staatsstreich enstand 1926 eine Diktatur; die Macht lag jahrzehntelang in den Händen von General Oscar Antonio de Fragoso Carmona als Staatspräsident (1928–52) und António de Oliveira Salazar als Ministerpräsident (1932–68), die eine autoritäre Herrschaft nach faschistischem Muster errichteten. 1974 wurde das Regime in der »Nelkenrevolution« gestürzt, Portugal wurde nun eine Demokratie. In den Folgejahren entließ es seine Kolonien in Afrika in die Unabhängigkeit.

■ **Porzellan** [italienisch] *das,* ein feinkeramisches Erzeugnis aus Kaolin, Quarz und Feldspat. Die Porzellanmischung wird durch Drehen (z. B. bei Tellern) oder Gießen (z. B. bei Figuren) geformt, dann getrocknet, darauf bei etwa 1 000 °C erstmals gebrannt, glasiert und bei etwa 1 400 °C nochmals gebrannt. Vor dem Glasieren werden die Unterglasurfarben aufgetragen. Besonders farbenfreudige Muster werden mit Aufglasurfarben erreicht, die in einem dritten Brand bei 800–900 C eingebrannt werden.
Je nach der Brenntemperatur unterscheidet man **Hartporzellan** (im Allgemeinen das europäische Porzellan) und **Weichporzellan** mit niedriger Brenntemperatur (mit wenigen Ausnahmen u. a. das ostasiatische Porzellan). Sanitärporzellan hat einen erhöhten Feldspatgehalt, der Kaolin ist ganz oder teilweise durch Tone ersetzt.
Geschichte: Das Ursprungsland des Porzellans ist China, wo es vermutlich seit dem 7. Jahrh. n. Chr. hergestellt wurde. Seit Ende des 13. Jahrh. gelangten Einzelstücke nach Europa. In Deutschland gelang nach Experimenten des Naturforschers Ehrenfried Walter Graf von Tschirnhaus (1651–1708) und des Alchimisten Johann Friedrich Böttger (1682–1719) zunächst die Herstellung roten Steinzeugs (Böttgersteinzeug), um 1708/09 die Herstellung von weißem Hartporzellan. 1710 wurde in Meißen die erste deutsche Porzellanmanufaktur gegründet.

■ **Posaune** [frz.] *die,* Blechblasinstrument mit Kesselmundstück und zwei u-förmigen, ineinander verschiebbaren Röhren. Hauptformen sind die **Tenorposaune** in B, die **Tenorbassposaune,** eine Tenorposaune, bei der die Stimmung durch ein Ventil auf F gesenkt werden kann, und die **Kontra-**

bassposaune in F, bei der die Stimmung auf Es, C und gegebenenfalls auf As gesenkt werden kann.

■ **Poseidon,** in der griechischen Mythologie der Gott des Meeres, Bruder des Zeus. Mit seinem dreizinkigen Stab (Dreizack) lässt er Meer und Erde erbeben. Ihm entspricht der römische Gott Neptun.

■ **positiv** [lat.], **1)** *allgemein:* bejahend, zustimmend; günstig; sicher, tatsächlich; Gegensatz: negativ.

2) *Mathematik:* größer als Null (Zeichen: +).

■ **Positiv** [lat.] *das,* **1)** *Fotografie* und *Druck:* in den Helligkeitswerten und in der Farbe (im Gegensatz zum Negativ) dem Original entsprechend.

2) *Sprachwissenschaft:* →Adjektiv.

■ **Positivismus** [lat.] *der,* eine von dem französischen Philosophen Auguste Comte (1798–1857) begründete Richtung der Philosophie, die nur in dem erfahrungsmäßig Gegebenen (dem Positiven, der Tatsache) eine sichere Grundlage des Erkennens sieht und Metaphysik ablehnt.

■ **Positron**[lat.] *das,* Symbol **e⁺**, ein Elementarteilchen aus der Gruppe der →Leptonen mit gleicher Masse und dem Betrag nach gleicher Ladung wie das Elektron, jedoch mit positivem Vorzeichen der Ladung. Das Positron ist das Antiteilchen (→Antimaterie) des Elektrons.

■ **Posse** [frz.] *die,* volkstümliche Komödie mit derber, oft übertreibender Handlung. Träger der Posse sind z.B. der betrogene Betrüger, der bestohlene Geizhals.

■ **Possessivpronomen** (besitzanzeigendes Fürwort) →Pronomen.

■ **Post** [lat.] *die,* Dienstleistungssektor, der den Nachrichten-, Personen-, Güter- und Zahlungsverkehr ganz oder teilweise umfassen kann. Kernbereiche der Post sind der Brief- und Paketdienst sowie die →Telekommunikation. In vielen Ländern ist die Post ein staatliches Unternehmen mit Monopolstellung, Annahmezwang, Tarif- und Betriebspflicht.

In der Bundesrepublik Deutschland wurde das Monopol der Post aufgelöst, die Deutsche Bundespost 1989 in drei selbstständige, 1995 privatisierte Unternehmensbereiche gegliedert: die **Deutsche Post AG** (»gelbe Post« für Briefe, Pakete usw.), die **Deutsche Postbank AG** (für den Geldverkehr) und die **Deutsche Telekom AG** (für den Bereich Telefon, Telefax usw.).

Geschichte: Ende des 15. Jahrh. begann der Aufbau des Postwesens im heute üblichen Sinne. Die Familie Taxis, später das Haus Thurn und Taxis, übernahm die Trägerschaft des Nachrichtenwesens in weiten Teilen Deutschlands und Mitteleuropas. Im 17. und 18. Jahrh. wurden die Postlinien in Deutschland zu einem zusammenhängenden Netz ausgebaut, das, zusammen mit eigenständigen Verbindungen verschiedener Städte und Fürstentümer, bald nach der deutschen Reichsgründung 1871 einem Reichspostamt (ab 1919 Reichspostministerium) unterstellt wurde. In der Bundesrepublik Deutschland gab es seit 1950 das Bundesministerium für das Post- und Fernmeldewesen, das 1988 in Bundesministerium für Post und Telekommunikation umbenannt und 1997 aufgelöst wurde.

■ **post Christum (natum)** [lat.], Abkürzung **p. Chr. (n.),** nach Christi Geburt.

■ **Poster** [engl. poᵘstᵉ] *das,* auch *der,* Variante des Plakats ohne direkte Information; Druck (mit Motiven aus Kunst oder Fotografie), vorwiegend als Dekorationselement bestimmt, auch als Anschlag, wobei das Poster dem Werbeplakat ähnlich sein kann.

■ **postlagernd,** Vermerk für Briefsendungen, die nicht zugestellt, sondern beim Zustellpostamt des Bestimmungsorts vom Empfänger (innerhalb einer festgelegten Frist) abgeholt werden.

■ **Postleitzahl,** Zahlensystem der Post zur ziffermäßigen Bezeichnung aller Postorte, das die Verteilung der Post erleichtert (z.B. aufgrund der dadurch möglichen automatischen Sortierung) und die Zustellzeit verkürzt. Seit 1. Juli 1993 gibt es in Deutschland fünfstellige Postleitzahlen.

■ **Postmoderne** [lat.] *die,* umstrittener Begriff für eine Vielfalt zeitgenössischer Kulturerscheinungen, die sich als Überwindung oder Fortentwicklung der Moderne verstehen. Am deutlichsten zu fassen ist der Begriff in der Architekturtheorie, wo er sich gegen die alleinige Ausrichtung am Prinzip des Funktionalismus und die Vernachlässigung historischer Formen sowie lokaler und regionaler Identität wendet. Zu nennen sind die Architekten Hans Hollein (*1934), Aldo Rossi (*1931) und James Stirling (1926–92).

■ **Potenz** [lat.] *die,* **1)** *Mathematik:* das Produkt aus gleichen Faktoren. Man schreibt: $5 \cdot 5 \cdot 5 = 5^3$ (lies: 5 hoch 3) = 125, allgemein: $a^b = c$ (a heißt Grundzahl oder Basis, b heißt Hochzahl oder Exponent und c Potenzwert). Der Exponent einer Potenz gibt also an, wievielmal die Basis als Faktor gesetzt werden soll. Durch entsprechende Festlegungen wird der Potenzbegriff auch auf negative und gebrochene Exponenten erweitert.

2) *Sexualwissenschaft:* das Vermögen des Mannes, mithilfe seines erigierten (versteiften) Penis den Geschlechtsverkehr auszuüben. Darüber hinaus gilt Potenz auch als die Fähigkeit, zum Orgasmus zu gelangen.

■ **Potenzial** [lat.] *das,* Leistungsfähigkeit, z.B. Kriegs-, Industriepotenzial.

■ **Potpourri** [pọtpuri; frz.] *das* (Medley), Zusammenstellung verschiedener, durch Übergänge verbundener (meist populärer) Melodien.

■ **Potsdam,** Landeshauptstadt von Brandenburg, an der Havel, mit 129 500 Einwohnern; im Stadtteil Babelsberg befinden sich die Hochschule für Film und Fernsehen sowie Filmstudios. – Potsdam war seit 1660 (neben Berlin zweite) Residenz der Kurfürsten, seit 1701 der Könige in Preußen und wurde im Zweiten Weltkrieg stark zerstört. Berühmt sind Park und Schloss →Sanssouci.

Der mit Albert Einstein befreundete Architekt Erich Mendelsohn baute Anfang der 1920er-Jahre im Potsdamer Stadtteil Babelsberg das Astrophysikalische Observatorium, den »Einsteinturm«; wie Einstein und unzählige andere Geistesarbeiter musste auch Mendelsohn Deutschland verlassen; ab 1933 lebte er in London, ab 1939 in Haifa und ab 1941 in den USA, wo er unter anderem mehrere Synagogen errichten ließ

■ **Potsdamer Abkommen,** die am 2. August 1945 auf der Potsdamer Konferenz von den Regierungschefs der USA (Harry S. Truman), der Sowjetunion (Josef Stalin) und Großbritanniens (Winston Churchill, später Clement Attlee) gefassten Grundsätze über die politische und wirtschaftliche Behandlung des besiegten Deutschen Reiches, denen Frankreich später mit Vorbehalten zustimmte.
Das Potsdamer Abkommen enthält im Wesentlichen folgende Punkte: Bestätigung der Einteilung Deutschlands in vier Besatzungszonen, völlige Abrüstung und Entmilitarisierung Deutschlands, Bestrafung der Kriegsverbrecher, Kriegsentschädigungen an die Siegermächte und die Unterstellung der deutschen Gebiete östlich der Oder-Neiße-Linie unter polnische sowie des Nordteils von Ostpreußen unter sowjetische Verwaltung bis zum Abschluss eines Friedensvertrages.

■ **Pottwal** →Wale.

■ **prä..., Prä...** [lat.], Bestimmungswort von Zusammensetzungen mit der Bedeutung »vor, voran, voraus«, z. B. präsentieren (vorzeigen).

■ **Präambel** [lat.] *die,* feierliche Erklärung, die vor allem Urkunden und Verträgen als Einleitung vorangesetzt wird.

■ **Prädestination** [lat.] *die,* die Vorherbestimmung des Schicksals. In vielen Religionen gibt es den Glauben an die Prädestination. Im Christentum hat vor allem →Calvin die Lehre von der Prädestination geprägt.

■ **Prädikat** (Satzaussage) →Satz.

■ **Präfix** →Vorsilbe.

■ **Prag** (tschechisch Praha), Hauptstadt der Tschechischen Republik, an der Moldau, mit 1,193 Mio. Einwohnern. Die Stadt, die neben der Karls-Universität (gegründet 1348 als erste deutsche Universität) noch andere Hochschulen hat, ist Wirtschafts-, Handels- und Kulturzentrum. Das Stadtbild ist besonders durch die spätgotischen Bauten aus der Zeit Karls IV. und Bauten der Barockzeit geprägt. Die zahlreichen Kirchen aus den verschiedensten Jahrhunderten brachten der Stadt den Namen »hunderttürmiges Prag« ein. Wahrzeichen der Stadt ist die Burg (seit 1918 Sitz des Staatspräsidenten) auf dem (Burgberg) **Hradschin** mit dem gotischen Sankt-Veits-Dom (1344–85). Zentrum der Stadt ist der Wenzelsplatz mit dem Standbild des heiligen Wenzel.
Prag erlangte als Bischofssitz (973) und Handelsplatz Bedeutung. Unter Kaiser Karl IV., der hier seit 1348 residierte, erlebte die Stadt eine kulturelle und wirtschaftliche Blütezeit.

■ **pragmatisch** [griech.], sachbezogen, sachlich, auf Tatsachen beruhend.

■ **Pragmatische Sanktion,** das Hausgesetz Kaiser Karls VI. von 1713, das die Unteilbarkeit der habsburgischen Länder festlegte und die weibliche Erbfolge zuließ.

■ **prähistorisch,** vorgeschichtlich.

■ **Prälat** [lat.] *der,* in der katholischen Kirche Bezeichnung für leitende Personen (vor allem Bischöfe, Äbte) oder die Inhaber bestimmter Ehrenämter am päpstlichen Hof. – In manchen evangelischen Landeskirchen Amtstitel der Leiter von Kirchenbezirken sowie Bezeichnung für den Vertreter der Evangelischen Kirche in Deutschland bei der Bundesregierung.

■ **Präludium** [lat.] *das,* in der Musik ein instrumentales Vorspiel, auch der Einleitungssatz einer Suite, bei Johann Sebastian Bach oft der Fuge vorangestellt. Das Präludium kann auch ein selbstständiges Instrumentalstück sein.

■ **Prämie** [lat.] *die,* **1)** Vergütung für besondere Leistungen.
2) Versicherungsbeitrag.

■ **pränatal** [lat.], der Geburt vorausgehend.

■ **Pranger,** ein Schandpfahl, an dem vom Mittelalter bis zum 19. Jahrh. Verurteilte öffentlich zur Schau gestellt wurden.

■ **Präposition** [lat.] *die* (Verhältniswort), ein Wort zur Bezeichnung des Verhältnisses, das zwischen Dingen, Personen oder Ereignissen besteht, z. B. die Lampe *über,* die Vase *auf,* der Stuhl *neben,* der Teppich *unter* dem Tisch.

■ **Prärie** [lat.] *die,* großes Steppengebiet in Nordamerika, das von den Waldgebieten im Osten und den Rocky Mountains im Westen begrenzt wird. Der östliche Teil ist das wichtigste Getreideanbaugebiet (Weizen, Mais, Baumwolle) der Erde; im trockeneren Westteil ist Ackerbau nur mit Bewässerung möglich.

■ **Präriehunde,** in Nordamerika lebende Nagetiergattung (Erdhörnchen) mit fünf Arten. Präriehunde legen ein weitläufiges Netz unterirdischer Gänge an. Sie ähneln den Murmeltieren, sind jedoch nur halb so groß (Körperlänge 30 bis 35 cm). Ihren Namen verdanken sie ihrem hundeartigen Bellen.

■ **Präriewolf** (Kojote), in der Prärie und den Wäldern Nord- und Mittelamerikas weit verbreitetes, etwa 80–95 cm langes Raubtier mit buschigem, herabhängendem Schwanz. Der meist nachtaktive Prärierwolf ernährt sich überwiegend von Kleintieren. Er gibt hohe Heultöne von sich.

■ **Präsens** (Gegenwart) → Verb.

Praseodym
chemisches Symbol: Pr
Ordnungszahl: 59
relative Atommasse: 140,91
Dichte: 6,77 g/cm³
Schmelzpunkt: 931 °C
Siedepunkt: 3 510 °C

■ **Praseodym** [griech.] *das,* ein chemisches Element aus der Gruppe der Lanthanoide. Die Verbindungen des silbrig glänzenden Metalls finden als Katalysatoren und, in hohem Reinheitsgrad, als Farbstoffe Verwendung.

■ **Präservativ** → Kondom.

■ **Präsident** [lat.] *der,* der Vorsitzende oder Leiter einer Versammlung, einer Behörde oder einer Organisation. In Republiken ist Präsident meist der Titel des Staatsoberhauptes.

■ **Präteritum** (Imperfekt, Vergangenheit) → Verb.

■ **präventiv** [lat.], einer unerwünschten Entwicklung zuvorkommend, vorbeugend, verhütend.

■ **Präzedenzfall,** im Recht Bezeichnung für einen Fall, dessen Beurteilung für zukünftige, ähnlich gelagerte Fälle richtungweisend ist.

■ **Präzision** [lat.] *die,* Genauigkeit.

■ **Preiselbeere,** Heidekrautgewächs in Wäldern und auf Heiden, ein etwa 15 cm hoher, immergrüner, kriechender Strauch mit lederartigen Blättern. Die scharlachroten, glänzenden, erbsengroßen Beerenfrüchte schmecken herbsauer.

■ **Premiere** [frz.] *die,* die Erst- oder Uraufführung etwa eines Theaterstücks oder einer Oper; auch die erste Aufführung einer Neuinszenierung.

■ **Premierminister** [prᵊmje...; frz.], Kurzform **Premier**, Regierungschef, z. B. in Frankreich und Großbritannien.

■ **Presbyter** [griech., = der Ältere] *der,* in evangelischen Kirchen Bezeichnung für gewählte Vertreter im Gemeindekirchenrat (Presbyterium); ihre Aufgabe ist die Leitung der Gemeinde.

■ **Presbyterianer** [griech.], eine im 16. Jahrh. in Schottland von dem Reformator John Knox (1505–72) begründete reformierte (kalvinistische) kirchliche Gemeinschaft. Die Presbyterianer verbreiteten sich von Schottland aus vor allem nach England, Wales, Nordirland und den USA.

■ **Presley** [prẹsli], Elvis, amerikanischer Sänger und Gitarrist, *East Tupelo (Mississippi) 8. Januar 1935, †Memphis (Tennessee) 16. August 1977. Als »König des Rock'n' Roll« wurde er besonders in den 1950er- und frühen 1960er-Jahren für seine Rock 'n' Roll-Songs (u. a. »Jailhouse Rock«) und seine Balladen (u. a. »Heartbreak Hotel«, »Love me tender«) gefeiert. Presley, der mit seiner weichen, vibratoreichen Stimme und einer sinnlich-lasziven Manier als Idol der Teenager die Massen faszinieren konnte, gehörte zu den kommerziell erfolgreichsten amerikanischen Show- und Plattenstars. Er trat auch in über 30 Filmen auf. – Bild S. 26

■ **Preßburg** (slowakisch Bratislava), Hauptstadt der Slowakischen Republik, an der Donau, mit 451 400 Einwohnern, einer Universität und mehreren Hochschulen. Preßburg hat einen Donauhafen.

Sehenswert sind das Alte Rathaus (15. Jahrh.), der gotische Martinsdom, der Primaspalast (18. Jahrh.) und die zahlreichen Renaissance- und Barockhäuser. – Preßburg wurde 907 erstmals urkundlich genannt, 1217 zur Stadt erhoben und war 1526–1784 Haupt- und Krönungsstadt Ungarns.

■ **Presse** [frz.] *die,* **1)** *Publizistik:* im weiteren Sinne Bezeichnung für alle Druckerzeugnisse wie Flugblätter, Plakate, Bücher, Zeitungen und Zeitschriften, im engeren Sinne nur Bezeichnung für Zeitungen und Zeitschriften. Merkmal (und Aufgabe) der Presse sind Aktualität und Vielseitigkeit des Inhalts sowie das regelmäßige Erscheinen. Die Presse ist ein wichtiges Instrument der Meinungsbildung (→öffentliche Meinung, →Massenmedien). **2)** *Technik:* eine Vorrichtung (u. a. Hebelpresse, hydraulische Presse) zum Zusammendrücken, Formen oder Entwässern von Stoffen.

■ **Pressefreiheit,** ein wichtiges demokratisches Grundrecht, das nicht nur das Recht der freien Meinungsverbreitung durch Presse, Rundfunk und Film garantiert, sondern auch die Presse als Einrichtung schützt. Im Grundgesetz der Bundesrepublik Deutschland ist die Pressefreiheit im Artikel 5 verankert. Sie umfasst die Freiheit der Berichterstattung, das Verbreitungs- und das Informationsrecht sowie den Anspruch der Presse auf Auskunfterteilung durch die Behörden.

■ **Pressluft** (Druckluft), in einem Kompressor verdichtete Luft, die als Betriebsmittel für Druckluftwerkzeuge (z. B. Presslufthammer), Druckluftgeräte (z. B. Sandstrahlgebläse) u. a. dient.

■ **Prestige** [...isch^e; frz.] *das,* Ansehen, Geltung.

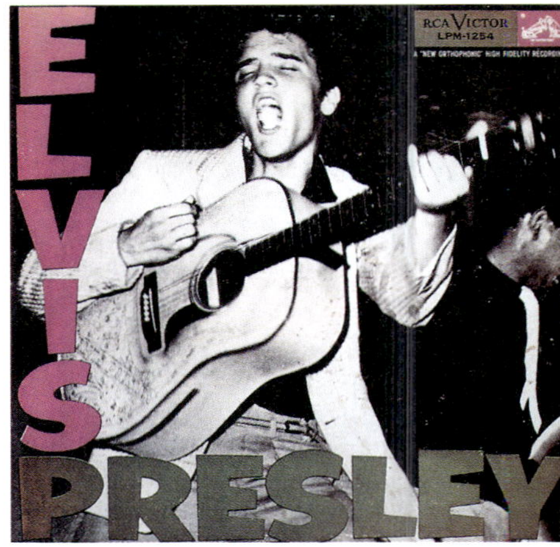

Der »König des Rock 'n' Roll«; der Lastwagenfahrer **Elvis Presley** schaffte den Sprung zum Superstar, der seinesgleichen sucht; angefangen hatte der spätere Bürgerschreck mit einem Geburtstagsgeschenk für seine Mutter, für die er 1953 auf eigene Kosten seine erste Schallplatte aufnahm; sein erster Film trägt den Titel des wohl bekanntesten Songs »Love me tender«

■ **presto** [italienisch], musikalische Tempobezeichnung: sehr schnell.

■ **Pretoria,** Hauptstadt (Regierungssitz) der Republik Südafrika, mit 525 600 Einwohnern. – Die 1855 gegründete Stadt wurde mit schachbrettartigem Grundriss als Gartenstadt angelegt.

■ **Preußen,** bis 1945 der größte Teilstaat des Deutschen Reiches. Preußen hatte bis 1939 eine Fläche von 293 938 km^2 und war damit größer als die Bundesrepublik Deutschland in den Grenzen bis 1990, aber mit 41,47 Mio. Einwohnern dünner besiedelt. Im Einzelnen bestand Preußen aus den Provinzen Ostpreußen, Grenzmark Posen-Westpreußen, Pommern, Brandenburg, Berlin, Niederschlesien, Oberschlesien, Sachsen, Schleswig-Holstein, Hannover, Westfalen, Hessen-Nassau, Rheinprovinz, Hohenzollern.

Geschichte: Die Geschichte Preußens ist eng verknüpft mit dem Herrschergeschlecht der Hohenzollern, die seit 1415 Kurfürsten von →Brandenburg waren und 1618 das Herzogtum Preußen erwarben, das 1525 aus dem Ordensstaat (→Deutscher Orden) hervorgegangen war. Der »Große Kurfürst« Friedrich Wilhelm (1640–88) konnte Preußen aus der Lehnsabhängigkeit von Polen lösen. Sein Sohn Friedrich III. krönte sich 1701 in Königsberg als Friedrich I. zum König »in Preußen« (das bedeutete ursprünglich nur in dem außerhalb der Reichsgrenzen liegenden Gebiet des ehemaligen Herzogtums). Unter dem »Soldatenkönig« Friedrich Wilhelm I. (1713–40) wuchsen Preußen und Brandenburg zusammen. Er schuf das preußische Heer und das Beamtentum, die von nun an Träger der Macht waren. Friedrich II., der Große (1740–86), der sich als Erster König »von Preußen« (also des Gesamtstaats) nannte, erhob Preußen zur europäischen Großmacht. Er eroberte in den drei Schlesischen Kriegen ab 1740 das bisher österreichische Schlesien und verteidigte den Besitz im Siebenjährigen Krieg (1756–63). Er gewährte allen Bürgern Glaubensfreiheit, betrieb eine großzügige Erschließung unterentwickelter Gebiete und schuf das Preußische Allgemeine Landrecht, einen Vorläufer des Bürgerlichen Gesetzbuches. Durch die Polnischen Teilungen erhielt Preußen Westpreußen mit dem Ermland und dem heutigen Netzegebiet sowie weitere Gebiete des heutigen Polen.

Nach dem totalen Zusammenbruch im Krieg gegen Napoleon I. verlor Preußen 1807 die Hälfte seines Staatsgebiets. Danach betrieben Karl Freiherr vom Stein, Karl August Fürst von Hardenberg und Gerhard von Scharnhorst eine Politik der Reformen (Bauernbefreiung, Selbstverwaltung der Städte, allgemeine Wehrpflicht, Judenemanzipation). Durch den Wiener Kongress (1814/15) erhielt Preußen die Provinz Posen, den Rest Vorpommerns, die nördliche Hälfte des Königreichs Sachsen, Westfalen und die Provinz Rheinland.

Nach dem kurzen Sieg des bürgerlichen Liberalismus in der Märzrevolution von 1848 folgte eine konservative Verfassung (1850) mit der Einführung des →Dreiklassenwahlrechts. Unter der Regierung Wilhelms I. (1861–88) kam es 1866 zum Krieg zwischen Österreich und Preußen um die Vormachtstellung in Deutschland, aus dem Preußen als Sieger hervorging. 1867 gründete es den Norddeutschen Bund und schließlich entstand nach dem Sieg über Frankreich (1870/71) das Deutsche Reich. Eine wesentliche Rolle spielte dabei der preußische Ministerpräsident Otto von Bismarck. Am 18. Januar 1871 wurde Wilhelm I. in Versailles zum deutschen Kaiser ausgerufen. Im Deutschen Reich hatte nun Preußen die führende Rolle.

Nach der Abdankung des letzten Deutschen Kaisers Wilhelm II. 1918 wurde Preußen Republik. Als ehemaliges Land des Deutschen Reiches (seit 1920 Freistaat mit demokratisch-parlamentarischer Verfassung) wurde Preußen, das 1933 unter Ministerpräsident Hermann Göring gleichgeschaltet worden war, am 25. Februar 1947 vom Alliierten Kontrollrat staatsrechtlich aufgelöst.

■ **Priel** [niederdeutsch] *der,* schmale Wasserrinne im Wattengebiet der Nordsee.

■ **Priester** [griech.] *der,* in der Religionsgeschichte der Mittler zwischen göttlichen Mächten und den Menschen (z. B. durch Opfer oder Gottesdienst). In der katholischen Kirche ist der Priester ein Geistlicher, der die Priesterweihe empfangen hat. Während die Ostkirchen und die katholische Kirche ein Amtspriestertum (→Hierarchie) entwickelt haben, betonen die Protestanten das »allgemeine Priestertum aller Gläubigen«.

■ **Prim** [lat.] *die,* Intervall zwischen zwei gleichen Tönen (z. B. c–c).

■ **Prima** [lat., = die Erste] *die,* früher Bezeichnung für die oberste Klasse des Gymnasiums, die später in die Unter- und Oberprima (entspricht dem 12. und 13. Schuljahr) aufgeteilt wurde.

■ **primär,** ursprünglich, anfänglich; vordringlich, wesentlich.

■ **Primarstufe,** Bezeichnung für die für alle Kinder gemeinsame Grundschule von der 1. bis zur 4. bzw. 6. Klasse.

Luftaufnahme eines **Priels** bei Ebbe

■ **Primat** [lat.] *der* oder *das,* Vorrang, bevorzugte Stellung; **Primat des Papstes,** in der katholischen Kirche die absolut vorrangige Stellung des Papstes unter Berufung auf die Nachfolge des Apostels Petrus.

■ **Primaten** [lat.] (Herrentiere), eine Ordnung der Säugetiere mit rund 170 Arten in den Unterordnungen →Halbaffen und →Affen, zu denen im zoologischen System auch der →Mensch gestellt wird. Mit Ausnahme des Menschen sind die Primaten überwiegend in den subtropischen und tropischen Gebieten der Erde (außer Australien und Ozeanien) verbreitet.

Charakteristische Merkmale der eichhörnchen- bis gorillagroßen Primaten sind vor allem bei den höhe-

ren Primaten die hohe Entwicklungsstufe des Gehirns, die von der Seite nach vorn verlagerten Augen, die ein räumliches Sehen ermöglichen, und ein eher schwach entwickelter Geruchssinn. Mit ihren Händen und Füßen können sie in Anpassung an das Baumleben greifen; Daumen und Großzehe können gegenüber gestellt werden.
Primaten leben meist gesellig, in kleinen Familiengruppen oder größeren Herden. Sie gebären meistens nur ein Junges. Die Ernährung ist überwiegend pflanzlich.

■ **Primelgewächse,** eine Pflanzenfamilie mit etwa 800 meist krautigen Arten in den gemäßigten Zonen. Viele sind bekannte Zierpflanzen, z. B. die **Hohe Schlüsselblume** mit meist geruchlosen Blüten und die **Frühlingsschlüsselblume** auf sonnigen Wiesen und an Waldrändern.

■ **primitiv** [lat.], ursprünglich, auf niedriger Entwicklungsstufe stehend; von niedrigem Niveau; einfach, dürftig.

■ **Primzahlen,** natürliche Zahlen, die nur durch sich selbst und durch 1 teilbar sind. Es gibt unendlich viele Primzahlen; die ersten zehn sind: 2, 3, 5, 7, 11, 13, 17, 19, 23, 29. Jede natürliche Zahl, die nicht Primzahl ist, lässt sich als Produkt von Primzahlen schreiben (Zerlegung in Primfaktoren), z. B.:
$136 = 2 \cdot 2 \cdot 2 \cdot 17 = 2^3 \cdot 17$.
Die Ermittlung immer größerer Primzahlen wird heute von Hochleistungscomputern übernommen.

■ **Prince** [prinß], eigenlich Prince Roger Nelson, amerikanischer Rocksänger und Schauspieler, *Minneapolis (Minnesota) 7. Juni 1958. Prince wurde mit dem Album »Purple Rain« (1984) und durch die Hauptrolle des gleichnamigen Films international bekannt. Er tritt heute nicht mehr unter dem Namen Prince auf, sondern nennt sich nach einem nicht auszusprechenden Zeichen »Symbol«.

■ **Prinz** [lat.] *der,* Titel der nicht regierenden Mitglieder von Fürstenhäusern; die weibliche Form ist **Prinzessin**.

■ **Prinzip** [lat.] *das,* Grundsatz, Grundregel.

■ **Prior** [lat.] *der,* der Stellvertreter eines Abts, auch der Obere in einem selbstständigen Kloster, das nicht Abtei ist **(Priorat);** in entsprechenden Fauenklöstern die **Priorin**.

■ **Priorität** [lat.] *die,* Vorrang, Vorrecht, Erstrecht; zeitliches Vorhergehen.

■ **Prisma** [griech.] *das,* **1)** *Geometrie:* ein geometrischer Körper, dessen Grund- und Deckflächen parallel liegende, deckungsgleiche Vielecke sind. Daraus ergibt sich, dass die Seitenflächen Parallelogramme sind. Stehen die Seitenflächen senkrecht zur Grundfläche, dann spricht man von einem geraden Prisma, anderenfalls von einem schiefen Prisma. Der Rauminhalt V eines Prismas ergibt sich aus der Beziehung:

$$V = G \cdot h$$

(G = Flächeninhalt der Grundfläche, h = Höhe = Abstand zwischen Grund- und Deckfläche).
Ein spezielles Prisma ist der **Quader,** ein gerades Prisma mit Rechtecken als Grund- und Deckfläche.
2) *Optik:* ein durchsichtiger Körper aus Glas, Kristall oder Kunststoff, der die Form eines dreiseitigen Prismas hat (Grund- und Deckflächen sind Dreiecke). Beim Durchgang durch ein Prisma wird ein Lichtstrahl aus seiner ursprünglichen Richtung abgelenkt. Weißes Licht wird dabei in seine farbigen Bestandteile aufgefächert, es entsteht ein →Spektrum. Prismen werden auch zur Umlenkung von Lichtstrahlen, z. B. in Fernrohren (Prismenfernrohr), verwendet.

Primzahlen: die Sieben

Die Sieben gilt seit alters als heilige Zahl. Sie kann auch doppelte Züge aufweisen wie in Josephs Traum von den sieben fetten und sieben mageren Kühen.
Bekannt sind auch die sieben Weltwunder, die sieben Weisen und die sieben Tore Thebens. Die jüdische Religion kennt sieben Schöpfungstage – den siebenten Tag als geheiligten Tag der Gottesruhe –, die in den Sprüchen Salomons gepriesenen »sieben Säulen der Weisheit« und den siebenarmigen Leuchter.
Im christlichen Glauben bewahrte die Sieben als Zahl der Vollständigkeit und Vollkommenheit ihre Bedeutung, so die sieben Gaben des Heiligen Geistes, die sieben Tugenden und sieben Todsünden sowie »die sieben letzten Worte unseres Erlösers am Kreuze«. Die Offenbarung des Johannes spricht von dem »Buch des Lebens« als dem »Buch mit sieben Siegeln«. Nach islamischer Vorstellung ist der Siebente Himmel der oberste von mehreren Himmeln, in dem die Engel das Lob Allahs singen. Bedeutung erlangte die Sieben auch im Märchen: die sieben Raben, die sieben Geißlein und die sieben Zwerge.

■ **Privatschulen,** Schulen in der Trägerschaft von Kirchen, Stiftungen, Vereinigungen oder Privatpersonen. Man unterscheidet zwischen Privatschulen, die nicht als Ersatz für öffentliche Schulen gelten (Ergänzungsschulen), und Privatschulen, die den öffentlichen Schulen vergleichbar und genehmigungspflichtig sind (Ersatzschulen). Diesen wird größere Freiheit gewährt, um neue pädagogische Entwicklungen im Bereich der Lehrpläne, des Schullebens oder der Unterrichtsgestaltung einzuleiten, z. B. die →Waldorfschulen.

■ **Privileg** [lat.] *das,* Vorrecht, Sonderrecht.

■ **Prodi,** Romano, italienischer Politiker, *Scandiano (Provinz Reggio nell'Emilia 9. August 1939. Prodi war 1996-98 Ministerpräsident Italiens. 1999 übernahm er das Amt des Präsidenten der Europäischen Kommission.

■ **Produkt** [lat.] *das,* **1)** *allgemein:* Erzeugnis.
2) *Mathematik:* das Ergebnis der Multiplikation von Faktoren, z. B. $3 \cdot 7 = 21$; hier ist das Produkt 21.

■ **Produktion** [lat.] *die,* Herstellung, Erzeugung von Waren und Gütern.

■ **Produktionsfaktoren,** alle Güter und Leistungen, die zur Erzeugung anderer Güter und Leistungen eingesetzt werden. Die Volkswirtschaftslehre unterscheidet die Produktionsfaktoren **Boden, Arbeit** und **Kapital.**

■ **Produktionsgenossenschaften,** gewerbliche oder landwirtschaftliche →Genossenschaften zur gemeinsamen Herstellung von Gütern.

■ **profan** [lat.], weltlich, nicht geweiht (Gegensatz: sakral); alltäglich.

■ **Professor** [lat.] *der,* Dienstbezeichnung von Lehrern an Universitäten, Hochschulen, Akademien, Fachhochschulen und Studienseminaren; in einigen Ländern (z. B. Frankreich, Österreich) auch Bezeichnung von Lehrern an höheren Schulen.

■ **Profi** [lat.] *der,* jemand, der eine Tätigkeit professionell, das heißt beruflich ausübt; Gegensatz: Amateur.

■ **Profil** [italienisch] *das,* **1)** *allgemein:* Seitenansicht, besonders des menschlichen Gesichts; Erscheinungs- oder Persönlichkeitsbild.
2) *Geologie:* ein zeichnerisch dargestellter senkrechter Schnitt durch ein Stück der Erdkruste. Das Profil dient zur Veranschaulichung der Lagerungsverhältnisse der Gesteine.

■ **Prognose** [griech.] *die,* die wissenschaftlich begründete Voraussage zukünftiger Entwicklungen.

■ **Programm** [griech.] *das,* **1)** *allgemein:* Plan, Darlegung von Grundsätzen, z. B. Regierungsprogramm, Parteiprogramm; vorgesehener Ablauf, Spielfolge, z. B. Theater-, Fernsehprogramm.
2) *Datenverarbeitung:* in einer →Programmiersprache geschriebene Folge von Anweisungen für eine elektronische Datenverarbeitungsanlage zur Lösung einer bestimmten Aufgabe. Programme regeln die Datenein- und -ausgabe sowie die Ausführung der erforderlichen Arbeitsanweisungen.
Die auf einem Rechner benutzten Programme (Software) werden in **Systemprogramme** (→Betriebssystem) und **Anwendungsprogramme** eingeteilt. Je nach Art der für die Programmierung verwendeten Programmiersprachen werden die in einer maschinenfernen, meist höheren Sprache verfassten **Quellprogramme** durch ein **Übersetzungsprogramm** (→Compiler) in ein **Maschinenprogramm** (→Maschinensprache) übersetzt.

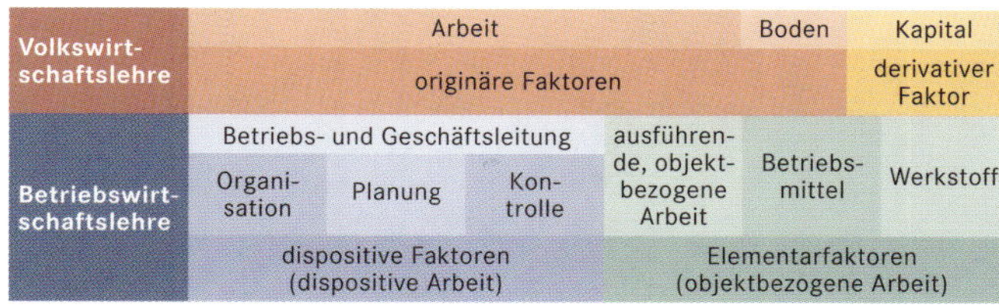

Produktionsfaktoren in der Betriebs- und Volkswirtschaftslehre

■ **Programmiersprachen,** Sprachen zur Erstellung von Programmen, das heißt zur Definition von Datenstrukturen und zur Formulierung von Rechenvorschriften, die von einem →Computer ausgeführt werden können. Für jede Programmiersprache gibt es genaue und eindeutige Regeln, welche Zeichenfolgen zulässig sind (Syntax) und was sie bei einer bestimmten Rechenoperation bewirken sollen (Semantik).
Je nach dem Grad, mit dem die Hardware bei der Programmierung berücksichtigt werden muss, klassifiziert man Programmiersprachen in niedere, maschinenorientierte Programmiersprachen (Assembler-Sprachen) und höhere, problemorientierte Programmiersprachen (z. B. BASIC, COBOL, C++, PASCAL), deren Programme mithilfe von →Compilern in niedere Programmiersprachen übersetzt werden können.

■ **Programmmusik,** Bezeichnung für Instrumentalstücke, die einen außermusikalischen Inhalt erkennen lassen. Vorlagen können Gedichte, Bilder, Begebenheiten, Ideen oder Gestalten aus Dichtung, Sage oder Geschichte sein. Berühmt ist der Konzertzyklus »Die vier Jahreszeiten« von Antonio Vivaldi. Höhepunkte der Programmmusik im 19. Jahrh. sind die Orchesterwerke von Hector Berlioz (»Symphonie fantastique«, 1830) und die sinfonischen Dichtungen von Franz Liszt.

progressiv [lat.], stufenweise fortschreitend; fortschrittlich.

Prohibition [lat.] *die,* das staatliche Verbot von Herstellung, Transport und Verkauf alkoholischer Getränke (Alkoholverbot); in den USA 1920–33 in Kraft.

Projekt [lat.] *das,* Plan, Entwurf, Vorhaben.

Projektion [lat.] *die,* die Abbildung von Körpern durch Strahlen auf einer Ebene (Zeichenebene). Bei der **Zentralprojektion** gehen die Strahlen von einem in nächster Nähe gelegenen Punkt, dem Zentrum, aus, während bei der **Parallelprojektion** das Projektionszentrum unendlich weit weg ist, sodass die Projektionsstrahlen parallel verlaufen.
Die Darstellung räumlicher Gebilde auf einer ebenen Zeichenfläche durch Zentralprojektion nennt man **Zentralperspektive,** durch eine Parallelprojektion **Parallelperspektive** (→Perspektive).
In der darstellenden Geometrie gewinnt man durch Parallelprojektion auf drei zueinander senkrechten Ebenen den Grund-, Auf- und Seitenriss räumlicher Gebilde.

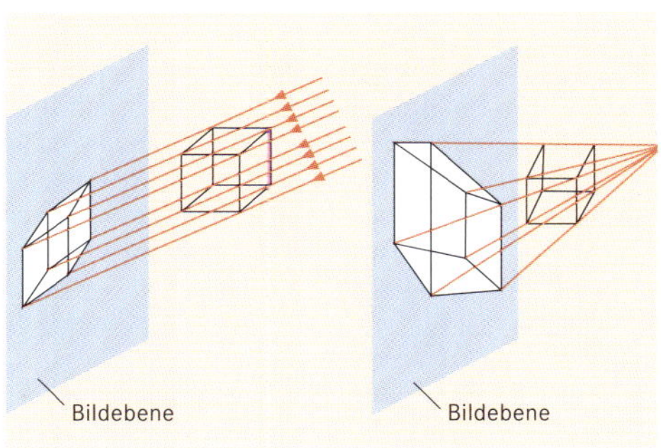

Projektion eines Würfels auf eine Bildebene als Parallelprojektion und rechts daneben als Zentralprojektion

Projektor [lat.] *der,* ein optisches Gerät, mit dessen Hilfe (meist vergrößerte) Abbildungen auf einer Bildwand wiedergegeben werden. Hierzu gehört der **Diaprojektor,** mit dem ein Filmbild, das **Diapositiv,** übertragen wird. Das **Episkop** dient zum Projizieren von undurchsichtigen Abbildungen, flachen Gegenständen oder Buchseiten. Das **Epidiaskop** ist eine Kombination aus Episkop und Diaprojektor. Mit dem **Overheadprojektor** können transparente (auf Folien festgehaltene) Vorlagen, z. B. Zeichnungen oder Diagramme, auf einer horizontalen, von unten beleuchteten Glasfläche während der Projektion ergänzt oder umgestaltet werden. **Filmprojektoren** enthalten zusätzlich eine Vorrichtung zum Filmtransport sowie ein Tonlaufwerk.

Prokaryonten [griech.] (Prokaryoten), alle Organismen ohne echten Zellkern: die →Archaebakterien und die →Bakterien einschließlich der Cyanobakterien (Blaualgen).

Proklamation [lat.] *die,* Bekanntmachung, Aufruf; Verkündung, z. B. einer Verfassung; gemeinsame öffentliche Erklärung mehrerer Staaten.

Prokofjew, Sergei Sergejewitsch, russischer Komponist, *Gut Sonzowka (Ukraine) 23. April 1891, †Moskau 5. März 1953. Prokofjew schrieb Opern, Sinfonien, Ballette, Kammer- und Klaviermusik sowie das musikalische Märchen »Peter und der Wolf« (1936). In seinem Werk verbinden sich gesangliche Melodik, Virtuosität und klassizistische Haltung zu einem gemäßigt modernen Stil.

Prokura [italienisch] *die,* Vollmacht, die der Inhaber eines Handelsgeschäfts (oder dessen gesetzlicher Vertreter) einem Mitarbeiter durch eine ausdrückliche Erklärung erteilt hat. Der Inhaber der Vollmacht, der **Prokurist,** ist berechtigt, alle Arten von Geschäften und Rechtshandlungen vorzunehmen, die der Betrieb eines Handelsgewerbes mit sich bringt. Prokura kann einem einzelnen Mitarbeiter oder mehreren gemeinsam erteilt werden. Sie muss ins Handelsregister (beim Amtsgericht) eingetragen werden. Unterschriften eines Prokuristen müssen mit dem Zusatz **ppa.** oder **pp.** (= per procura) versehen sein.

Proletariat [lat.] *das,* vor allem im Marxismus Bezeichnung für die soziale Klasse der vom Kapital abhängigen Lohnarbeiter (Proletarier), die Arbeiterschaft.

Prolog [griech.] *der,* der einleitende Teil eines Dramas, meist in Form eines Vorspruchs oder einer Vorrede. Mit dem Prolog wird das Publikum begrüßt und auf den äußeren Anlass der Aufführung hingewiesen, oder es werden Hinweise zum Verständnis des Stückes gegeben.

Prometheus, Gestalt der griechischen Mythologie: Prometheus bringt den Menschen gegen den Willen des Zeus das Feuer. Zur Strafe lässt Zeus ihn an einen Felsen schmieden. Ein Adler frisst täglich an seiner Leber, die nachts wieder nachwächst. – Das Schicksal des Prometheus wurde in Literatur und Musik häufig behandelt (z. B. von Aischylos, Voltaire, Goethe, Lord Byron, Camus; Beethoven, Orff).

Promethium [benannt nach Prometheus] *das,* ein radioaktives chemisches Element aus der

Promethium
chemisches Symbol: Pm
Ordnungszahl: 61
relative Nukleonmasse: 145
Dichte (bei 25 °C): 7,26 g/cm³
Schmelzpunkt: 1042 °C
Siedepunkt: 3000 °C

Gruppe der Lanthanoide. Es wird als Betastrahler und in Radionuklidbatterien genutzt.

■ **pro mille** [lat.], Abkürzung **p. m.,** Zeichen ‰, vom Tausend; **Promille,** Tausendstel.

■ **prominent** [lat.], bedeutend, berühmt.

■ **Promotion** [lat.] *die,* **1)** *allgemein:* die Verleihung der akademischen Würde eines →Doktors).
2) [promo^u sch^e n; engl.] (Salespromotion), *Marketing:* Verkaufsförderung durch Werbemaßnahmen aller Art.

■ **Pronomen** [lat.] *das* (Fürwort), Wortart, die ein Nomen (Substantiv) vertritt oder begleitet, z. B. *Er* (= der Mann) arbeitet; *mein* Mann. Man unterscheidet:
Personalpronomen (persönliches Fürwort), z. B. *ich, du, wir;*
Possessivpronomen (besitzanzeigendes Fürwort), z. B. *mein* Buch, *unser* Haus;
Demonstrativpronomen (hinweisendes Fürwort), z. B. *dieser, jener;*
Relativpronomen (bezügliches Fürwort), z. B. derjenige, *welcher, der;*
Interrogativpronomen (fragendes Fürwort), z. B. *wer?;*
Indefinitpronomen (unbestimmtes Fürwort), z. B. *irgendeiner.*

■ **Propaganda** [lat.] *die,* systematische Verbreitung politischer, weltanschaulicher oder religiöser Ideen und Meinungen, oft mit massivem Einsatz von Presse, Rundfunk, Film u. a., mit dem Ziel, das allgemeine (politische) Bewusstsein in bestimmter Weise zu beeinflussen.

■ **Propan** [griech.] *das,* ein gasförmiger Kohlenwasserstoff (C_3H_8), der infolge seines hohen Brennwertes als Brennstoff für Gaskocher verwendet wird. Zu diesem Zweck wird Propan meistens unter hohem Druck verflüssigt und in Stahlflaschen transportiert. Propan wird auch zusammen mit Butan (C_4H_{10}) als Treibmittel für Sprays (Ersatz für →Fluorchlorkohlenwasserstoffe) benutzt.

■ **Propeller** [lat.] *der,* eine Antriebsschraube für Wasser- und Luftfahrzeuge (Schiffsschraube, Luftschraube). Die Wirkungsweise des Propellers besteht darin, dass er Wasser oder Luft ansaugt und nach hinten wegschleudert. Dadurch erfolgt ein Vortrieb.

■ **Prophet** [griech.] *der,* religiöse Autorität, die den göttlichen Willen verkündet, Kritik an der Vergangenheit und Gegenwart übt und dabei auch in die Zukunft weist. Das Alte Testament kennt vier große Propheten und zwölf »Kleine Propheten«. Das Neue Testament sieht in der Prophetie eine Gabe des Heiligen Geistes.
Der Islam sieht in Mohammed den zu den Arabern gesandten letzten Propheten (»das Siegel der Propheten«).

■ **Prophylaxe** [griech.] *die,* alle vorbeugenden Maßnahmen zur Verhütung von Krankheiten. Dazu zählen Hygiene (Sauberhaltung von Körper, Kleidung, Nahrung und Wohnung), Sport (Stärkung des Körpers und der Abwehrkräfte), die Einnahme vorbeugender Medikamente (z. B. Fluortabletten gegen Karies) und Schutzimpfungen (z. B. gegen Kinderlähmung).

■ **Proportion** [lat.] *die,* **1)** *allgemein:* Größenverhältnis; rechtes Maß; Ebenmaß, Gleichmaß.
2) *Mathematik:* eine Verhältnisgleichung, das heißt eine Gleichung der Form

$$a : b = c : d.$$

Die **Außenglieder** *a* und *d* und die **Innenglieder** *b* und *c* dürfen unter sich vertauscht werden. Es gilt also auch:

$$d : b = c : a$$

und

$$a : c = b : d.$$

Das Produkt der Innenglieder einer Proportion ist gleich dem Produkt der Außenglieder:

$$a \cdot d = b \cdot c.$$

■ **Propst** [lat.] *der,* in der katholischen Kirche der erste Würdenträger in Dom- und Stiftskapiteln; in einigen evangelischen Kirchen höherer Geistlicher.

■ **Propyläen** [griech.], monumentaler Torbau von griechischen Heiligtümern, Palästen oder öffentlichen Gebäuden. Am berühmtesten sind die Propyläen der Akropolis von Athen (438–432 v. Chr. erbaut).

■ **Prosa** [lat.] *die,* die freie, nicht durch Reim, Verse oder Rhythmus gebundene Sprache. Sie dient als Sprache des Alltags den Zwecken des täglichen Lebens (daher prosaisch = nüchtern, poesielos). Als literarische Darstellungsform in der Kunstdichtung erscheint die Prosa erst nach der versgebundenen

Prophet
Die vier großen Propheten:
Jesaja
Jeremia
Hesekiel
Daniel
Die zwölf »Kleinen Propheten«:
Hosea
Joel
Amos
Obadja
Jona
Micha
Nahum
Habakuk
Zephanja
Haggai
Sacharja
Maleachi

Aussageweise. In der Neuzeit tritt die erzählende und die essayistische Prosa (Roman, Novelle, Erzählung, Essay) in den Vordergrund; auch das Drama geht mehr und mehr zur Prosaform über. Mittel künstlerischer Prosa sind Wortwahl, Satzbau, Vergleich, Bild und sonstige Stilfiguren.

■ **Prostata** [griech.] *die* (Vorsteherdrüse), die kastaniengroße Geschlechtsdrüse des Mannes. Die Prostata umfasst ringförmig die Harnröhre unmittelbar unter der Harnblase. Sie produziert ein milchiges Sekret, das mit den Spermien vor und während der →Ejakulation vermischt wird und diese beweglich macht. Die Prostata hat weiterhin die Aufgabe, während des Geschlechtsverkehrs die Harnblase zu verschließen, sodass kein Urin fließen kann. – auch →Geschlechtsorgane.

■ **Prostitution** [lat.] *die,* eine Form des sexuellen Verkehrs, bei der eine Person ihren Körper Personen zu deren sexueller Befriedigung gegen materielle Entlohnung darbietet.

Prostitution als anerkanntes Gewerbe gab es schon bei den Kulturvölkern des Altertums. In Griechenland richtete Solon 594 v. Chr. Staatsbordelle ein, in denen Sklavinnen für einen Einheitspreis von einem Obolus ihre Dienste anboten. Für die oberen Gesellschaftsschichten gab es die angesehenen Hetären, die mit ihren Gästen vor allem gebildete Gespräche führten. Typische Einrichtungen im Mittelalter waren die Frauenhäuser, deren Gewinne in die Kassen der Stadt und der Kirche flossen.

■ **Protactinium** [griech.] *das,* ein radioaktives, metallisches chemisches Element. Es wird als Betastrahler in Markierungsexperimenten verwendet.

■ **Proteine** [griech.] (Eiweiße), aus Aminosäuren zusammengesetzte Makromoleküle mit vielfältigen Funktionen in allen Organismen. Sie sind im Wesentlichen aus 20 Aminosäuren aufgebaut und über so genannte Peptidbindungen miteinander verknüpft. Die Proteine unterscheiden sich in ihrer Länge und der Reihenfolge (Sequenz) der Aminosäuren. Die Aminosäuresequenz wird als **Primärstruktur** bezeichnet. Durch Bindungen zwischen einzelnen Kettenabschnitten **(Sekundärstruktur)** und weiteren Faltungen kommt es zu räumlichen Gebilden **(Tertiärstruktur)**, die im Wesentlichen die Eigenschaften der Proteine bestimmen. So sind z. B. die →Enzyme häufig kleine, kugelige Gebilde (globuläre Proteine), die in der Zellflüssigkeit leicht umherschwimmen können. Mehrere Proteine können sich verbinden **(Quartärstruktur)** oder zusätzlich einen Nichtproteinanteil **(prosthetische Gruppe)** binden, z. B. Metallionen, Kohlenhydrate oder Fette.

Die Ketten der Muskelproteine und der Haare sind wie Spiralfedern (Helices) gebaut. In den Sehnen und im Bindegewebe finden sich mehrfach ineinander verdrehte Helices, die eine hohe Elastizität und Reißfestigkeit bewirken. Von wenigen Ausnahmen abgesehen, sind Proteine hitzeempfindlich und verlieren ab etwa 60 °C ihre natürliche Struktur und damit auch ihre besonderen Eigenschaften. Ebenso verhalten sie sich in Anwesenheit von Säuren.

Proteine werden durch die Verknüpfung von Aminosäuren an der →Ribonukleinsäure mithilfe der Ribosomen hergestellt **(Proteinbiosynthese)**. Die Information für die Reihenfolge der Aminosäuren ist in der →Desoxyribonukleinsäure festgeschrieben, die vor der Proteinsynthese noch in Form der Ribonukleinsäure kopiert wird.

Proteine sind als Enzyme und als →Hormone an der Steuerung der Stoffwechselprozesse beteiligt, als Muskelproteine ermöglichen sie Bewegungen und in den Biomembranen übernehmen sie Transportfunktionen. So genannte Gerüstproteine als Hauptbestandteile des Bindegewebes und der Sehnen stabilisieren den Körper.

Da Proteine zu einem beträchtlichen Teil aus essenziellen Aminosäuren bestehen, die nur von grünen Pflanzen aufgebaut werden können, müssen Tier und Mensch Proteine mit der Nahrung aufnehmen, um körpereigene Proteine aufbauen zu können.

■ **Protektion** [lat.] *die,* Förderung, Gönnerschaft, Schutz. Unter **Protektionismus** versteht man wirtschaftspolitische Maßnahmen einer Regierung, die durch Schutzzölle und Ähnliches die inländische Wirtschaft gegen die ausländische Konkurrenz zu schützen sucht.

■ **Protektorat** [lat.] *das,* Schutzherrschaft eines Staates über ein fremdes Gebiet, auch dieses Gebiet selbst (Schutzgebiet).

■ **Proterozoikum** →geologisches System (Übersicht).

■ **Protestantismus** [lat.] *der,* die Gesamtheit der aus der →Reformation hervorgegangenen christlichen Kirchen und deren theologisches Selbstverständnis. Auf dem Reichstag zu Speyer im Jahre 1529 erhoben die protestantischen Stände feierlichen Einspruch (»protestatio«) gegen den Beschluss der katholischen Mehrheit, die alle Neuerungen auf kirchlichem Gebiet verbieten wollte.

Zu den protestantischen Kirchen zählen die evangelischen und die reformierten Kirchen, die anglikanische Kirche sowie eine Reihe von Freikirchen (u. a. Baptisten, Mennoniten, Methodisten, Quäker). Gemeinsam ist ihnen die Lehre von der Rechtfertigung, die Vorstellung vom Priestertum aller Gläubigen, die Betonung der Gewissensfreiheit des Einzelnen und die hohe Bewertung der Schrift (Bibel), die als Gottes Wort einzige Quelle des christlichen Glaubens ist. Die zum Teil in Lehre, Gottesdienst und Kirchenverfassung unterschiedlichen Kirchen streben in der ökumenischen Bewegung nach größerer Einheit.

■ **Prothese** [griech.] *die,* ein künstlicher Ersatz eines fehlenden oder unvollständig ausgebildeten Körperteils, z. B. Arm-, Bein- und Zahnprothesen.

■ **Protokoll** [griech.] *das,* **1)** *allgemein:* Niederschrift, die Verlauf und Ergebnisse einer Verhandlung, Sitzung oder Prüfung zusammenfasst.

2) im *diplomatischen Verkehr* die festgelegten Regeln der Höflichkeit und Form (z. B. beim Empfang eines Staatsoberhauptes); verantwortlich ist der **Chef des Protokolls.**

Das beherrschende Thema der Romane von **Marcel Proust** ist, wie der Titel seines Hauptwerks »Die Suche nach der verlorenen Zeit« verrät, das Sicherinnern an die »verlorene« Zeit der Vergangenheit und die dichterische Verarbeitung dieser Erinnerung; einige Teile des weltberühmten Romans sind erst Jahre nach dem Tod des Schriftstellers veröffentlicht worden

■ **Proton** [griech.] *das,* Symbol **p**, mit einer →Elementarladung elektrisch positiv geladenes, stabiles Elementarteilchen, der Atomkern des leichten Wasserstoffatoms, sonst neben dem Neutron Baustein der Atomkerne (→Atom). Seine Masse beträgt $1{,}673 \cdot 10^{-27}$ kg; sie ist nahezu gleich groß wie die des Neutrons.

■ **Protoplasma** →Zelle.

■ **Prototyp** [griech.] *der,* Urbild, Muster, Inbegriff. In der Technik bezeichnet man z. B. das erste betriebsfertige Modell eines Autos, Flugzeugs oder dergleichen, nach dessen Erprobung dann gegebenenfalls die Serienfertigung beginnt, als Prototyp.

■ **Protozoen** [griech.] (Urtierchen), ein Unterreich der Tiere (tierische Einzeller) mit rund 27 000 bekannten Arten, die etwa 1 μm bis 2 mm groß sind; fossile Formen (z. B. Nummuliten) sind bis 10 cm groß.

Protozoen vermehren sich in der Regel ungeschlechtlich durch Teilung oder Knospung, manche auch geschlechtlich durch Konjugation (dabei legen sich zwei Partner vorübergehend zusammen und tauschen über eine Plasmabrücke Wanderkerne aus).

Zu den Protozoen gehören Geißeltierchen, Wurzelfüßer, Sporen- und Wimpertierchen. Viele von ihnen sind Krankheitserreger, z. B. eine Amöbenart als Verursacherin der Amöbenruhr.

■ **Protuberanzen** [lat.], Gasausbrüche der →Sonne.

■ **Proust** [prust], Marcel, französischer Schriftsteller, *Paris 10. Juli 1871, †ebenda 18. November 1922. Sein Hauptwerk ist der siebenteilige Roman »Auf der Suche nach der verlorenen Zeit« (1913–27), in dem er Erinnerung und aktuelle Gedanken unmittelbar miteinander verband. Er übte damit großen Einfluss auf die Literatur der europäischen Moderne aus.

■ **Provence** [prowangs; frz.] *die,* Landschaft im Südosten Frankreichs zwischen der unteren Rhone, den Meeralpen und dem Mittelmeer. In dem sehr milden Klima gedeihen Wein, Oliven, Südfrüchte und Reis sowie Blumen für die Parfümindustrie. An der Côte d'Azur liegen bekannte Seebäder.

Die Provence war Teil der »Provincia Gallia Narbonensis«, der ersten römischen Provinz Galliens. Aus dieser Zeit sind in vielen Städten noch Bauten erhalten.

■ **Provider** [pr^{e}waid^{er}; engl., = Anbieter] *der,* Dienstleister, der Anbietern den Zugang zum Internet ermöglicht. Provider nehmen die gleichen Grundfunktionen wahr, verzichten aber auf weitere, breit angelegte Dienstleistungen.

■ **Provinz** [lat.] *die,* **1)** im *alten Rom* ein erobertes Gebiet außerhalb Italiens, das von einem römischen Statthalter verwaltet wurde.

2) *Staats- und Kirchenrecht:* ein größeres staatliches oder kirchliches Verwaltungsgebiet.

■ **Provision** [lat.] *die,* vor allem im Handel übliche Form der erfolgsabhängigen Vergütung, die meist in Prozenten vom Umsatz berechnet wird; Vermittlungsgebühr.

■ **Provokation** [lat.] *die,* Herausforderung, Aufreizung.

■ **Prozent** [italienisch] *das,* Abkürzung **p. c.**, Zeichen **%,** Bedeutung: von Hundert (Abkürzung v. H.), Hundertstel.

■ **Prozess** [lat.] *der,* **1)** *allgemein:* Verlauf, Ablauf, Entwicklung eines Vorgangs, z. B. Heilungsprozess.

2) *Datenverarbeitung:* die Gesamtheit der Vorgänge, die an der jeweiligen Ausführung eines →Programms oder eines Programmteils durch einen →Prozessor beteiligt sind.

3) *Recht:* gerichtliches Verfahren zur Entscheidung von Rechtsstreitigkeiten.

Als Symbol der **Psychoanalyse** hat diese Couch Berühmtheit erlangt; sie diente der Entspannung der Menschen, die bei Sigmund Freud Hilfe suchten; heute ist dieser freundliche stumme Zeuge der seelischen Nöte im Freud-Museum in London zu bewundern

■ **Prozession** [lat.] *die,* in der katholischen Kirche ein feierlicher Umzug als gottesdienstliche Feier oder Bittgang, z. B. die Fronleichnamsprozession.

■ **Prozessor** [lat.] *der,* die Funktionseinheit einer Rechenanlage, in der mindestens das Steuerwerk, das Rechenwerk und die zugehörigen Register zusammengefasst sind. Der Prozessor ist ein Element der Zentraleinheit (→CPU).

■ **Prozessrechner,** eine elektronische Datenverarbeitungsanlage, die über spezielle Peripheriegeräte an einen Prozess gekoppelt ist und diesen steuert. Der Datenverkehr zwischen Computer und Prozess läuft unter Echtzeitbedingungen ab. Prozessrechner übernehmen u. a. Aufgaben aus der konventionellen Mess- und Regelungstechnik, z. B. steuern sie Hochöfen.

■ **PS,** Einheitenzeichen für →Pferdestärke.

■ **Psalmen** [griech.], religiöse Lieder des Alten Testaments (150 Hymnen, Klagelieder, Dank- und Bittlieder). Seit dem 16. Jahrh. gibt es mehrstimmige Vertonungen.

■ **pseud[o]..., Pseud[o]...** [griech.], Bestimmungswort von Zusammensetzungen mit der Bedeutung »falsch, unecht, vorgetäuscht«, z. B. Pseudomorphose (Auftreten eines Minerals in der Kristallform eines anderen Minerals).

■ **Pseudonym** [griech.] *das,* Deckname, Künstlername.

■ **Psi, Ψ, ψ,** der vorletzte Buchstabe des griechischen Alphabets; als Anfangsbuchstabe des griechischen Wortes »psyche« (= Seele) auch Symbol für übersinnliche Vorgänge. – auch →Parapsychologie.

■ **Psyche** [griech.] *die,* allgemein gleichbedeutend mit Seele. In der Psychologie ist die Psyche das seelisch-geistige Leben des Menschen im Gegensatz zum Körper.

■ **Psychiatrie** [griech.] *die,* ein Teilgebiet der Medizin, das sich mit der Diagnose, Erforschung und Behandlung psychischer Störungen (Neurosen, Psychopathien, Psychosen u. a. seelische Krankheiten) befasst.

■ **psychisch** [griech.], seelisch.

■ **Psychoanalyse** [griech.] *die* von Sigmund →Freud begründete Methode zur Untersuchung und Behandlung seelischer Krankheiten. Ihr Ziel ist es, unbewusste psychische Prozesse aufzudecken. Um dies zu erreichen, erzählt der Patient, ohne bewusste Auswahl, von seinen Vorstellungen und Erinnerungen. Der Analytiker soll frei von eigenen Neigungen zuhören und die unbewussten Fantasien, die sich hinter dem Mitgeteilten verbergen, ausfindig machen. Eine wesentliche Grundlage der Psychoanalyse Freuds ist die Annahme, dass der Mensch durch zwei Hauptantriebe geleitet wird: den Sexualtrieb und den Destruktionstrieb, der sich als zerstörerische Aggression äußert.

■ **Psychologie** [griech.] *die,* die Wissenschaft von den bewussten und unbewussten seelischen Vorgängen, vom Verhalten und Erleben des Menschen. Die Erforschung der psychischen Erscheinungen mit dem Ziel ihrer Beschreibung oder Erklärung ist der Inhalt der psychologischen Grundlagenfächer, zu denen u. a. die Gedächtnisforschung, die Wahrnehmungspsychologie, die Motivationspsychologie, die Entwicklungspsychologie, die Persönlichkeitsforschung und die Sozialpsychologie gehören.

Auf deren Grundlagenforschungen baut die **angewandte Psychologie** auf. Ihr geht es um Methoden zur Beschreibung und Veränderung des menschlichen Verhaltens und Erlebens, z. B. auf dem Gebiet der Arbeitspsychologie, der Organisationspsychologie, der pädagogischen Psychologie oder der Werbepsychologie.

■ **Psychopath** [griech.] *der,* ein Mensch mit seelischen Leiden, die sich in Affekt- und Verhaltensstörungen äußern.

■ **Psychosen** [griech.], verschiedenartige Krankheitszustände, die mit erheblichen Störungen psychischer Funktionen einhergehen, wobei meist Fehleinschätzungen der Realität und unbegründet erscheinende Verhaltensänderungen auftreten. Der an einer Psychose Erkrankte, der **Psychotiker,** ist sich, im Unterschied zum Neurotiker, seiner Fehleinschätzungen nicht bewusst.

■ **Psychosomatik** [griech.] *die* (psychosomatische Medizin), eine Richtung der Medizin, die bei ganzheitlicher Betrachtungsweise davon ausgeht, dass zwischen psychischen Vorgängen und körperlichen (somatischen) Erscheinungen ein enger Zusammenhang besteht. Nicht bewältigte psychische Konflikte können demnach zu Krankheiten führen, z. B. Magen- und Darmgeschwüren, Durchfall, Verstopfung, Kreislauf- und Menstruationsstörungen, Asthma oder Migräne.

■ **Psychotherapie** [griech.] *die* auf der Grundlage der Psychologie entwickelte Verfahren zur Heilung seelischer Krankheiten. Psychoanalyse, Gestalt- und Gruppentherapie sind nur einige der vielen Formen der Psychotherapie, die alle versuchen, durch Gespräche, Erinnerungsarbeit oder schöpferisches Gestalten die vorhandenen Störungen aufzuspüren und zu heilen.

■ **Ptolemäer,** ägyptisches Königsgeschlecht griechischer Herkunft, das von 323 v. Chr. bis 30 v. Chr. in Ägypten herrschte. Der Begründer der Dynastie war **Ptolemaios (Ptolemäus) I. Soter** (367/366–283 v. Chr.), der als Heerführer Alexanders des Großen nach Ägypten kam und sich nach Kämpfen mit den anderen →Diadochen 305 v. Chr. zum König krönte. Die letzte Ptolemäerin war Kleopatra VII.

■ **Ptolemäus,** Claudius, griechischer Astronom, Mathematiker und Geograph, *Ptolemais (Oberägypten) um 100, †vermutlich Canopus (bei Alexandria) um 160. Aus seinem Leben sind keine Einzelheiten bekannt. Er wirkte in Alexandria und verfasste ein astronomisches Handbuch, das über Jahrhunderte maßgeblich blieb. In ihm wird das **ptolemäische Weltsystem** beschrieben, das die Erde als Zentrum der Welt ansieht, um das sich alle übrigen Himmelskörper drehen (geozentrisches Weltsystem). Diese Lehre wurde erst durch Kopernikus und Galilei und endgültig durch Kepler widerlegt.

■ **Pubertät** [lat.] *die,* eine Entwicklungsphase des Menschen zwischen Kindheit und Erwachsensein. Unter dem Einfluss von Hormonen der Hirnanhangdrüse tritt zwischen dem 11. und 15. Lebensjahr die Geschlechtsreife ein. In dieser Zeit bilden sich die äußeren (sekundären) Geschlechtsmerkmale aus wie Scham- und Achselbehaarung; beim Mädchen entwickelt sich die Brust, beim Jungen setzen Bartwuchs und Stimmbruch ein. Weiterhin kommt es zur Ausreifung der inneren Geschlechtsorgane, was beim Mädchen zur ersten Regelblutung (→Menstruation), beim Jungen zur Bildung von Samenzellen (→Sperma) führt. – auch →Sexualität.

■ **Publicity** [pablißiti; engl.] *die,* das Bekanntsein in der Öffentlichkeit; Reklame, Propaganda, um Aufsehen zu erregen.

■ **Public Relations** [pablik rileischens; engl., = öffentliche Beziehungen], Abkürzung **PR** (Öffentlichkeitsarbeit), die Kommunikationsbeziehungen zwischen öffentlichen oder privaten Institutionen und der Öffentlichkeit. Hauptaufgabe der Public Relations ist Imagepflege und Vertrauensbildung, wobei Massenmedien und verschiedene Werbemittel eingesetzt werden.

■ **publik** [lat.], öffentlich.

■ **Publikation** [lat.] *die,* Veröffentlichung eines wissenschaftlichen oder literarischen Werkes; gedrucktes Werk.

■ **Publizistik** [lat.] *die,* die Gesamtheit der am öffentlichen Informations- und Meinungsbildungsprozess beteiligten →Massenmedien (z. B. Zeitungen, Zeitschriften, Film, Hörfunk, Fernsehen, Bü-

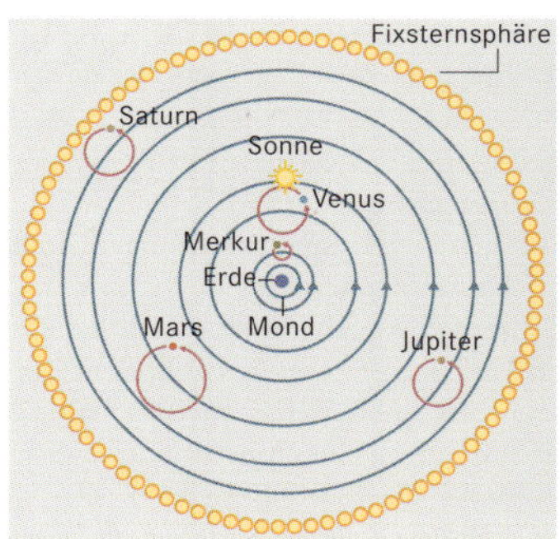

Die Grafik demonstriert das **ptolemäische Weltsystem** mit der im Mittelpunkt ruhenden Erde, um die sich alle übrigen Himmelskörper samt Sonne bewegen; die geschnitzte Figur des **Claudius Ptolemäus** befindet sich im Chorgestühl des Ulmer Münsters

Die im geheimnisvollen Fernen Osten spielende Oper »Madame Butterfly« war die erste Oper von **Giacomo Puccini,** die im Jahr 1904 mit der Uraufführung an der berühmten Mailänder Scala geehrt wurde

cher), die von ihnen verbreiteten Aussagen sowie die an diesem Prozess beteiligten Personen.

■ **Puccini** [putschini], Giacomo, italienischer Komponist, *Lucca 22. Dezember 1858, †Brüssel 29. November 1924; der bedeutendste Vertreter der italienischen Oper nach Giuseppe Verdi. Seine bekanntesten Opern sind »La Bohème« (1896), »Tosca« (1900), »Madame Butterfly« (1900, erweitert 1904) und »Turandot« (1926; unvollendet).

■ **Pudel,** eine Haushunderasse mit gekräuselter Behaarung. Pudel sind lebhaft, anhänglich und gelten als sehr gelehrig. Sie werden meist schwarz, silber, weiß oder braun gezüchtet und nach der Größe als Groß- (Widerristhöhe 45–58 cm), Klein- (Widerristhöhe 35–45 cm) oder Zwergpudel (Widerristhöhe 28–35 cm) bezeichnet.

■ **Puerto Rico,** mit den USA assoziierter Staat im Bereich der Westindischen Inseln. Er umfasst die Hauptinsel Puerto Rico, die östlichste Insel der Großen Antillen, und einige kleinere Inseln, mit insgesamt 8 595 km^2 und 3,888 Mio. Einwohnern. Die Hauptstadt ist San Juan. Die Puertoricaner sind eine relativ einheitliche Mischlingsbevölkerung, Nachkommen vor allem von Spaniern und afrikanischen Sklaven; Amtssprachen sind Spanisch und Englisch.

Die gebirgige Insel hat tropisches Klima, das den Anbau von Zuckerrohr, Kaffee, Bananen, Ananas und Zitrusfrüchten ermöglicht. Wichtiger sind aber heute Industrie (vor allem Maschinen- und elektronische Industrie) und Fremdenverkehr.

Geschichte: Puerto Rico wurde 1493 von Kolumbus entdeckt und seit 1508 von Spaniern kolonisiert. 1898 musste Spanien es an die USA abgetreten. Seit 1952 besitzt der Inselstaat volle innere Autonomie. Seine Bürger haben zwar die US-Staatsbürgerschaft, nehmen aber nicht an Wahlen in den USA teil.

■ **Pulpa** [lat.] *die* (Zahnpulpa, Zahnmark), netzartiges Bindegewebe mit Nerven und Blutgefäßen, das die Pulpahöhle im Zahn ausfüllt.

■ **Pulque** [pulk^e; spanisch] → Agave.

■ **Puls** [lat.] *der,* spürbare, rhythmische Bewegungen an den Wänden der an der Oberfläche liegenden Blutgefäße (vorwiegend Schlagadern). Der Puls wird durch die vom Herzschlag fortgeleitete Blutwelle erzeugt. Er wird meist an der Speichenschlagader am Handgelenk ertastet (»gefühlt«).

Puls

Nur fünf- bis siebenmal in der Minute schlägt das Herz der Käferschnecken, die es in allen Brandungszonen der Meere gibt. Einen heftigeren Puls als diese Schnecken haben z. B. Kanarienvögel mit einer Frequenz von 1 000 Schlägen pro Minute. Das langsamste Herz unter den Säugern hat der Elefant mit einer Pulsfrequenz von 25 Schlägen pro Minute. Sie ist nur etwas geringer als die des Fahrradchampions Miguel Indurain (* 1964), dessen trainiertes Herz im Ruhezustand gerade mal 32 Schläge in der Minute vollführt.

Die exakte Messung der Pulsfrequenz ist durch die Erfindungen der Pendeluhr und der Unruhfeder möglich geworden, denn erst seitdem konnten Uhren die Zeit auf die Minute genau abmessen. 1707 erfand der englische Arzt John Floyer (1649–1734) eine Pulsmessuhr, die nach dem Aufziehen exakt eine Minute lang lief. Sie ist als das erste medizinische Präzisionsinstrument überhaupt anzusehen.

Im Durchschnitt und bei Ruhe beträgt der Puls pro Minute bei Neugeborenen 130 Schläge, bei Zehnjährigen 90 Schläge, bei Erwachsenen 60–80 Schläge. Das Herz von Sportlern schlägt langsamer.

■ **Pulsare** [lat.], kosmische Quellen elektromagnetischer Strahlung, die regelmäßig Strahlungspulse von sehr kurzer Dauer (etwa zwischen dem

Millisekunden- und dem Sekundenbereich) ausstrahlen.

■ **Puma** [indianisch] *der* (Silberlöwe, Berglöwe), eine bis 1,8 m lange, dämmerungs- und nachtaktive, einzelgängerische Raubkatze mit einfarbig braunem bis silbergrauem Fell. Auffallend sind der kleine Kopf und der lange Schwanz. Pumas sind im südlichen Nordamerika und in Südamerika verbreitet.

Dieser graue Pudel gehört zu den Zwergpudeln

■ **Pumpe,** eine Arbeitsmaschine zum Heben und Fördern von Flüssigkeiten oder zum Zusammenpressen (z. B. Luftpumpe) oder Verdünnen von Gasen (z. B. Vakuumpumpe).
Bei der **Kolbenpumpe** saugt ein hin- und hergehender Kolben die Flüssigkeit oder das Gas an und befördert es dann durch Druck weiter.
Während die Kolbenpumpe stoßweise arbeitet, fördert die **Kreiselpumpe** stetig. Kreiselpumpen besitzen ein sich rasch drehendes Flügelrad, das das Fördergut infolge der Fliehkraft nach außen wegschleudert und dabei gleichzeitig neues Fördergut ansaugt.
Bei **Strahlpumpen** wird durch einen aus einer Düse austretenden Luft-, Dampf- oder Wasserstrahl ein Unterdruck erzeugt, durch den das Fördergut angesaugt wird, um dann vom Strahl mitgerissen zu werden.

■ **Punier** lat.], die →Phöniker Nordafrikas, besonders die Karthager.

■ **Punische Kriege,** drei Kriege Roms gegen die Karthager um die Vorherrschaft im westlichen Mittelmeer:
Der **1. Punische Krieg** (264–241 v. Chr.) war ein Kampf um Sizilien, das 241 (mit Ausnahme von Syrakus) an Rom fiel und 227 als erste römische Provinz eingerichtet wurde.
Der **2. Punische Krieg** (218–201 v. Chr.) begann mit dem Angriff Hannibals auf Rom von Spanien aus (Zug über die Alpen 218 v. Chr.) und mit Siegen der Karthager in Italien (217 am Trasimenischen See, 216 bei Cannae), ohne dass die Herrschaft der Römer über Italien ernsthaft gefährdet wurde. Nach Eroberungen und Siegen der Römer in Spanien (209 bei Neukarthago, heute Cartagena) und Italien (207 bei Sena Gallica, heute Senigallia) setzten diese unter ihrem Feldherrn Scipio dem Älteren nach Afrika über, wo sie die Karthager bei Zama (202 v. Chr.) vernichtend schlugen. Karthago wurde 201 politisch und militärisch entmachtet.
Der **3. Punische Krieg** (149–146 v. Chr.) endete mit der Zerstörung Karthagos durch Scipio den Jüngeren und der Vorherrschaft Roms im westlichen Mittelmeer. – Karte S. 38

■ **Punk** [pangk; engl., = Abfall, Mist] *der,* seit Ende der 1970er-Jahre in westlichen Industriegesellschaften auftretende Form einer jugendlichen Subkultur, die sich zumeist unter arbeitslosen, deklassierten, großstädtischen Jugendlichen **(Punks, Punker)** bildete. Sie brachten durch auffallende Aufmachung (grellbunte Haare, Irokesenschnitte, Metallketten) und eine, die etablierte Pop- und Rockmusik ablehnende Musik (→Punkrock) ihre Einstellung gegen die bürgerliche Gesellschaft zum Ausdruck.

■ **Punkrock** [pangk...; engl.] *der,* ursprünglich abwertende Bezeichnung für grob aggressive und dilettantisch wirkende Rockmusik. Seit dem Auftreten der englischen Gruppe Sex Pistols (Album »Anarchy in the UK«, 1977) steht der Punkrock für den Beginn einer weit über die Musik hinausgehenden Punkwelle. Charakteristisch für den Punkrock

Der stolze Puma ist ein nachtaktives Tier; durch Ansprung und Nackenbiss erbeutet er auch Säugetiere, die die Größe eines Hirsches haben können

Das berühmteste deutsche **Puppenspiel,** die Augsburger Puppenkiste, feierte 1998 seinen 50. Geburtstag; die hier abgebildeten Figuren, Kasperle und Kater Mikesch, gehören zu den ältesten Stars der Puppenbühne, die auch über das Fernsehen berühmt wurde

sind durch verzerrende Rückkopplungs- und Übersteuerungseffekte der Elektrogitarre hervorgerufene übermäßige Lautstärkepegel, rasende Tempi und zynisch-resignative Texte.

Zum Image des Punkrocks gehört eine bewusst hässliche, zum Teil Selbstverstümmelung einschließende Aufmachung von Musikern und Fans. Mit seiner feindlichen Haltung gegenüber der gesteigerten Kommerzialisierung und dem Starkult innerhalb der Rockmusik der 1970er-Jahre hatte der Punkrock großen Einfluss auf die Entwicklung des →New Wave.

■ **Punkt** [lat.] *der,* **1)** *Mathematik:* Grundelement der Geometrie, ein ausdehnungsloses Gebilde.

2) *Rechtschreibung:* →Satzzeichen (Übersicht).

■ **Pupille** [lat.] *die,* das Sehloch im →Auge.

■ **Puppe** [lat.], in der Zoologie ein Entwicklungsstadium der →Insekten zwischen Larve und Vollinsekt.

■ **Puppenspiel,** beliebte Form des volkstümlichen Theaters, vor allem des Kindertheaters. Die Puppen werden entweder von den Händen der Spielleute bewegt (Handpuppen) oder sind auf Stäbe aufgesetzt (Stab- oder Stockpuppen). Eine besondere Art des Puppenspiels ist das Marionettentheater.

■ **Puritaner** [engl.], die Anhänger einer reformerischen Richtung des Protestantismus, die im 16. Jahrh. in England entstand. Sie wandten sich gegen den Prunk der anglikanischen Kirche und strebten die Reinheit (lat. puritas) der Kirche und ein einfaches, sittenstrenges Leben an, dessen Erfüllung Arbeit und Beruf war.

Viele Puritaner wanderten seit 1620 nach Amerika aus (→Pilgerväter) und gründeten dort Kolonien. Der **Puritanismus**, aus dem u. a. die Baptisten und

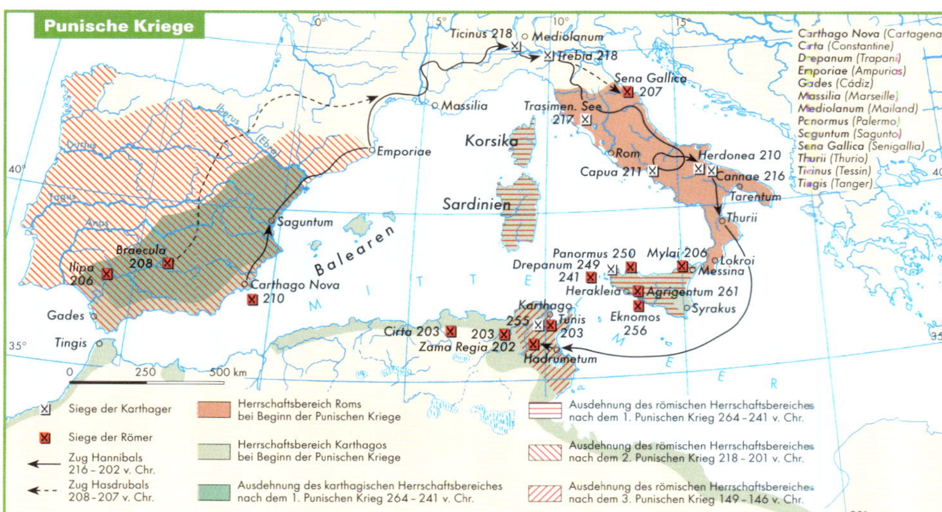

Quäker hervorgingen, war lange Zeit vor allem in England und den USA sehr einflussreich.

■ **Purpur** [griech.] *der,* ein rotviolettes Farbstoffgemisch, das im Altertum aus **Purpurschnecken** gewonnen wurde. Der kostbare Purpur (10 000 Schnecken ergaben nur 1,2 g) wurde zum Einfärben u. a. von Gewändern verwendet und galt als Zeichen der Herrscherwürde. Heute wird Purpur künstlich hergestellt.

Das Porträt zeigt **Alexandr Puschkin** im Jahr 1827; in seinem Roman »Der Mohr Peters des Großen« hat Puschkin 1827 ein Stück Familiengeschichte verarbeitet: sein Urgroßvater mütterlicherseits war ein abessinischer Fürstensohn, der dem Zaren von einem Sultan als Geschenk vermacht worden war

■ **Puschkin,** Alexandr Sergejewitsch, russischer Dichter, *Moskau 6. Juni 1799, †Sankt Petersburg 10. Februar 1837. Er gilt als Schöpfer der russischen Literatursprache. Neben zahlreichen Gedichten schrieb Puschkin, der unter der direkten Zensur des Zaren stand, Verserzählungen, Versromane (vor allem »Eugen Onegin«, 1833) und Dramen (u. a. die historische Tragödie »Boris Godunow«, 1825, gedruckt 1831). Nach 1830 folgte vor allem Prosaliteratur (»Die Hauptmannstochter«, 1836; »Der Mohr Peters des Großen«, 1837). Puschkin starb an den Folgen einer Verletzung im Duell.

■ **Puszta** [pusta; ungarisch] *die,* baumlose, steppenartige Ebene in Süd- und Ostungarn. Die Puszta wurde früher fast ausschließlich als Weideland (für Rinder, Pferde und Schafe) genutzt; heute ist sie zum großen Teil wieder in Ackerland umgewandelt.

■ **Putin,** Wladimir Wladimirowitsch, russischer Politiker, *Leningrad 7. Oktober 1952. Putin wirkte 1975–91 im Geheimdienst KGB (u. a. in der DDR) und war 1998/99 Chef des russischen Inlandsgeheimdienstes FSB. 1999 ernannte ihn Präsident Boris Jelzin zum Ministerpräsidenten; nach dem Rücktritt Jelzins folgte Putin diesem im Amt nach und gewann im März 2000 die Präsidentschaftswahlen.

Der frühere Geheimdienstpolitiker **Wladimir Putin** übernahm nach dem Rücktritt von Boris Jelzin das Amt des Staatspräsidenten; auch die offiziellen Präsidentschaftswahlen am 26. März 2000 konnte er für sich entscheiden

■ **Putsch,** Umsturz oder Umsturzversuch zur Übernahme der Staatsgewalt von Gruppen, die (anders als beim → Staatsstreich) vorher nicht Teilhaber an der Staatsgewalt waren.

■ **Putten** [italienisch], kleine, nackte, oft geflügelt dargestellte und als Engel gedeutete Knabengestalten in der Malerei und Bildhauerkunst vor allem der Renaissance und des Barock.

■ **PVC,** Abkürzung für Polyvinylchlorid, durch Polymerisation von Vinylchlorid (CH_2CHCl) herstellbarer, gegen Chemikalien beständiger Kunststoff, der u. a. für Folien, Rohre und Fußbodenbeläge verwendet wird.

■ **Pygmäen** [griech.], kleinwüchsige Menschen (1,30–1,50 m groß) in den Regenwäldern Zentralafrikas. Die Pygmäen sind Jäger und Sammler.

■ **Pyramide** [griech.] *die,* **1)** *Architektur:* Grab- und Tempelform verschiedener Kulturen; im alten Ägypten vom 3. Jahrtausend bis ins 16. Jahrh. v. Chr. das Königsgrab. Im Innern befinden sich die Grabkammern. Zur gesamten Grabanlage, deren Mittelpunkt die Pyramide ist, gehören der Taltempel (nur für die Beisetzungsfeierlichkeiten) und der Totentempel (für die regelmäßige Verehrung des Verstorbenen).

Am berühmtesten sind die Pyramiden der Könige Cheops, Chephren und Mykerinos (etwa aus der Zeit zwischen 2600 und 2500 v. Chr.) bei Giseh. Die größte von ihnen, die Cheopspyramide, war ursprünglich 146,6 m hoch (heute 137 m), ihre Seitenlänge betrug 230,38 m (heute 227,5 m).

Stufenpyramiden erbauten u. a. die Kulturvölker Altamerikas (Maya, Azteken, Inka u. a.); diese Pyramiden dienten als Unterbauten für Tempel, bargen teilweise jedoch auch Gräber. – Bild S. 40

2) *Mathematik:* ein geometrischer Körper, der von einem ebenen Vieleck als Grundfläche und in einem Punkt S zusammenstoßenden Dreiecken begrenzt wird. Der Punkt S heißt Spitze der Pyramide. Das Lot vom Punkt S auf die Grundfläche heißt Höhe der Pyramide.

Den Rauminhalt V der Pyramide erhält man aus der Beziehung:

$$V = \tfrac{1}{3} G \cdot h$$

(G = Grundfläche, h = Höhe).

Die im Mittelmeer heimische **Purpurschnecke** bildet ein zunächst farbloses Sekret, das sich im Sonnenlicht leuchtend rot bis purpurviolett verfärbt

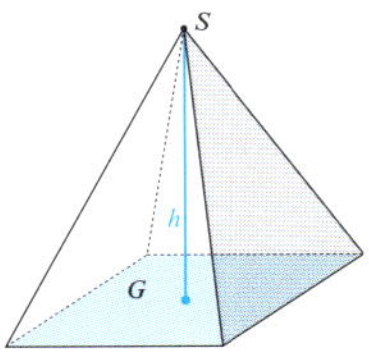

Die **Pyramide** in der Mathematik

■ **Pyrenäen,** Gebirge in Frankreich, Spanien und Andorra. Die Pyrenäen erstrecken sich rund 440 km vom Mittelmeer bis zum Golf von Biscaya (Atlantischer Ozean) und erreichen im Pico de Aneto eine Höhe von 3 404 m. Im Gegensatz zu dem trockenen und flacheren Südabfall sind die steilen Nordhänge des Gebirges stark bewaldet. Auf französischer Seite wird Bauxit abgebaut. Neben Heilbädern gibt es in den Pyrenäen auch einige Wintersportorte. Am Nordrand liegt Lourdes. Die Autobahnen nach Spanien queren die Pyrenäen am Ostrand über den Col du Perthus (ein 271 m hoher Pass) und am Westrand an der Atlantikküste.

■ **Pyrenäenhalbinsel** → Iberische Halbinsel.

■ **Pyrit** [griech.] *der* (Eisenkies, Schwefelkies), ein metallisch glänzendes, hellgelbes bis messingfarbenes Mineral aus Eisen und Schwefel (Eisensulfid, FeS_2).

■ **Pyrolyse** [griech.] *die,* die thermische Zersetzung von Stoffen bei hohen Temperaturen. Technisch wichtig ist das → Cracken (Pyrolysebenzin) von höheren Kohlenwasserstoffen und die Pyrolyse von Kunststoffabfällen und Altreifen.

■ **Pyrrhos I.** (lat. Pyrrhus), König der Molosser und Herrscher in Epirus im nordwestlichen Griechenland, * 319 v. Chr., † 272 v. Chr. Er siegte 280 und 279 v. Chr. in Unteritalien über die Römer. Seine Verluste waren jedoch so hoch, dass er ausrief: »Noch ein solcher Sieg, und wir sind verloren«. Seitdem nennt man einen Sieg, der durch zu große Opfer erkauft wurde, einen **Pyrrhussieg**.

Die in der Nähe von Giseh liegende **Pyramide** des ägyptischen Königs Chephren ist mit einer Höhe von gut 136 m das zweitgrößte altägyptische Grabmal

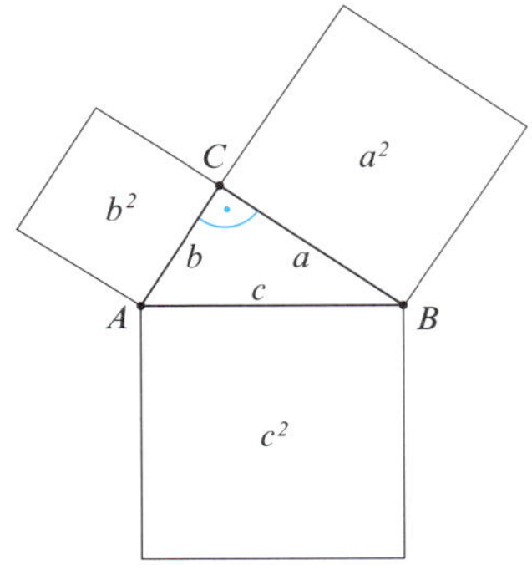

Der pythagoreische Lehrsatz gehört nicht zu den Entdeckungen des **Pythagoras;** er wurde schon bei den Babyloniern und den Ägyptern angewendet

■ **Pythagoras,** griechischer Philosoph, * Samos um 570 v. Chr., † Metapont (?) um 500 v. Chr. Seine Schüler, die Pythagoreer (auch → Euklid), überlieferten seine Lehre: Die Zahl gilt als das einzig Feststehend-Gültige im Fluss des Werdens und Vergehens; die in Harmonie geordneten Zahlenverhältnisse bestimmen den Kosmos wie auch den Menschen (Mikrokosmos). Der dem Pythagoras zugeschriebene **pythagoreische Lehrsatz** (Satz des Pythagoras) war in Babylonien schon 1 700 v. Chr. bekannt. Er besagt:

In einem rechtwinkligen Dreieck ist die Summe der Quadrate über den Katheten *a* und *b* gleich dem Quadrat über der Hypotenuse *c*:

$$a^2+b^2=c^2.$$

■ **Pythia,** Priesterin des griechischen Gottes Apoll in dessen Heiligtum in Delphi. Wenn sie weissagte, saß sie auf einem Dreifuß über einer Erdspalte, aus der Dämpfe aufstiegen. Sie verkündete dann vieldeutige Orakelsprüche.

■ **Pythonschlangen,** eine Unterfamilie der Riesenschlangen mit etwa 21 Arten in Afrika, Indien, Südostasien und Australien. Pythonschlangen sind vorwiegend dämmerungs- und nachtaktiv; ihre Nahrung besteht vor allem aus Säugetieren und Vögeln, die sie durch Umschlingen töten. Der **Netzpython (Gitterschlange)** in Südostasien wird bis 9 m, der **Tigerpython** in Südasien 8 m, der **Felspython** in Afrika 7 m und der **Rautenpython** in Australien und Neuguinea bis 3,7 m lang. Da die Haut der Pythonschlangen schön gezeichnet ist, sind sie begehrte Schlangenlederlieferanten.

Q

Q, der 17. Buchstabe des Alphabets, ein Konsonant.

Quader →Prisma.

Quadrat [lat.] *das,* ein Viereck mit vier gleich langen Seiten und vier rechten Winkeln. Das Quadrat weist vier Symmetrieachsen auf: die beiden Diagonalen und und die beiden Mittellinien. Die Diagonalen des Quadrates sind gleich lang; sie stehen senkrecht aufeinander und halbieren einander und die Quadratwinkel. – Bild S. 42

Den **Flächeninhalt** F des Quadrates erhält man aus der Beziehung (s = Seitenlänge):

$$F = s^2.$$

Quadratwurzel →Wurzel.

Quadriga [lat.] *die,* offener, zweirädriger Streitwagen, der von vier nebeneinander gespannten Pferden gezogen wird. Als Kunstwerk, meist aus Bronze, wurde sie in der Antike oft auf einem Triumphbogen aufgestellt. Diese Tradition zitiert die klassizistische Quadriga auf dem Brandenburger Tor in Berlin von Gottfried Schadow (1794; im Zweiten Weltkrieg zerstört, heute in einer Kopie).

Quadrille [kadrij; frz.] *die,* aus Frankreich stammender, vor allem im 19. Jahrh. beliebter Gesellschaftstanz, der von vier Paaren im Karree getanz wird.

Quäker [engl., = Zitterer] (engl. Quakers), Anhänger einer von George Fox (1624–91) in England begründeten religiösen Gemeinschaft. Sie selbst nannten sich »Gesellschaft der Freunde« (der Name Quäker war ursprünglich ein Spottname). Die Quäker lehnen eine organisierte Kirche, Sakramente, Priestertum und festgelegte Glaubenssätze ab. Da sie in England verfolgt wurden, wanderten viele nach Nordamerika aus, wo der Quäker William Penn (1644–1718) 1681 den Staat Pennsylvania gründete.

Die Quäker beziehen sich in ihrem Glauben auf das »innere Licht« des Heiligen Geistes, das nach ihrer Lehre in jedem Menschen leuchtet. Aus diesem Grunde lehnen sie Wehrdienst und Eid ab und waren Vorkämpfer der Sklavenbefreiung. Sie zeichnen sich durch ihre umfangreiche soziale Hilfstätigkeit aus; 1947 erhielt ein englisch-amerikanischer Quäkerverband dafür den Friedensnobelpreis. Von den zurzeit rund 200 000 Quäkern leben die meisten in den USA und in England.

Qualität [lat.] *die,* Beschaffenheit, Güte, Wert im Gegensatz zur Quantität (Menge).

Quallen (Medusen), freischwimmende Geschlechtsgeneration der →Nesseltiere mit glocken- oder schirmförmiger Gestalt, die im Meer (selten auch in Süßwasser) leben. Ihr bis 1 m großer Körper besteht aus gallertartiger bis knorpeliger Substanz. Ein nach unten hängender Magenstiel mit einer Mundöffnung am Ende stellt den Hauptteil des Verdauungsraumes dar. Am Schirmrand sitzen die Fangarme (Tentakeln) mit Nesselkapseln, deren Be-

Darstellung einer **Quadriga** auf einer altgriechischen Vase

Von der im Zweiten Weltkrieg stark beschädigten **Quadriga** auf dem Brandenburger Tor in Berlin wurde im Jahr 1958 eine Kopie nach dem Original gefertigt und diese Kopie wiederum wurde im Jahr 1991 restauriert

Wörter, die man unter Q vermisst, suche man unter K

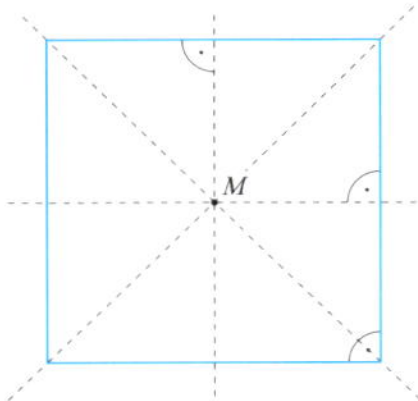

Symmetrieachsen eines **Quadrats**

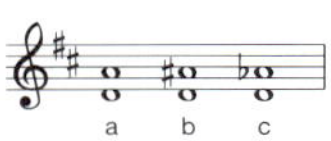

a reine, b übermäßige, c verminderte **Quarte**

rührung beim Menschen zu einem stark juckenden Ausschlag führen kann.

■ **Quant** [lat.] *Physik:* allgemein Bezeichnung für die jeweils kleinste, unteilbare Menge einer physikalischen Größe, verwendet insbesondere in zusammengesetzten Wörtern; im engern Sinn die Bezeichnung der jeweils kleinstmöglichen Energie (Energiequant) für einen Übergang von einem diskreten Energieniveau zu einem andern (Quantensprung) in einem →Atom und des kleinstmöglichen Energiebetrags einer elektromagnetischen Strahlung oder von Licht (Strahlungsquant, Lichtquant). Ein Strahlungs- oder Lichtquant ist ein →Photon.
Quantenvorgänge sind Gegenstand der **Quantentheorie** oder genauer der verschiedenen Quantentheorien, zu denen auch die **Quantenmechanik** gehört, die Theorie für die Beschreibung der Atome. Ursprünglich war »Quantentheorie« die Bezeichnung für die auf Niels Bohr zurückgehende ältere Theorie des Atoms. Die Quantenmechanik eignet sich auch für die Beschreibung anderer mikrophysikalischer Systeme, solange deren Teilchen nicht Geschwindigkeiten haben, die an die Lichtgeschwindigkeit heranreichen, und die Wechselwirkungsenergien sehr viel kleiner bleiben als das Energieäquivalent der Massen (→Relativitätstheorie) der beteiligten Teilchen.

> **Quant**
>
> Der Begriff **Quantensprung** hat eine bemerkenswerte Karriere gemacht. Erfunden wurde er in der Physik als Notbehelf, um etwas zu beschreiben, was man nicht verstand, nämlich die Veränderung stabiler Zustände in Atomen. Die Physiker haben allerdings die atomaren Zustände und Veränderungen bald verstanden und verwendeten die Bezeichnung Quantensprung immer seltener. Es dauerte über 80 Jahre, bis der Begriff Eingang in die Alltagssprache fand. Hier bezeichnet er, analog zu zu seiner ursprünglichen Bedeutung, einen mehr oder weniger plötzlichen, unvorhergesehenen Übergang in einen neuen Zustand. Diejenigen Politiker, die ihn heute verwenden, scheinen seinen Ursprung nicht zu kennen, wenn sie den Begriff für große, bedeutende Umwälzungen gebrauchen.

■ **Quantität** [lat.] *die,* Menge, Masse, Anzahl; Ausmaß, Umfang.

■ **Quantum** [lat., = wie viel?] *das,* angemessene Menge, Anteil.

> **Quarantäne**
>
> Das französische Wort »quarantaine« entstammt dem italienischen »quarantino« = etwa vierzig. Die Frist einer vierzigtägigen Isolierung zum Schutz vor Ansteckung entstand in den italienischen Häfen im 14. Jahrh., als man, um ein Ausbrechen der Pest zu verhindern, den Besatzungen von Schiffen, die aus Seuchengebieten kamen, eine Hafensperre auferlegte. Die 40-Tage-Frist leitete man von der Dauer der biblischen Sintflut ab. Es gibt auch kaum Krankheiten, die eine längere Inkubationszeit haben.

■ **Quarantäne** [kar...; frz.] *die,* die befristete räumliche Absonderung von Personen oder Tieren, die eine ansteckende Krankheit oder die Erreger einer solchen Krankheit übertragen könnten. Das Wort stammt aus dem Französischen und bedeutet »Zeitraum von 40 Tagen«, das war die Zeit, für die früher den Schiffen, die aus einem Seuchengebiet kamen, eine Hafensperre auferlegt wurde.

■ **Quark** [slawisch] *der,* ein geronnener, weiß ausgeflockter Käsestoff (Kasein) der Kuhmilch. Er wird durch Sauerwerden der Milch (Sauermilchquark) oder durch Zugeben eines Enzyms (Lab) zur Milch hergestellt. Quark ist leicht verdaulich; er enthält etwa 14–17 % Eiweiß.

■ **Quarks** [kwåks; engl.], Gruppe von sechs →Elementarteilchen (und deren Antiteilchen). Sie sind neben den →Leptonen die fundamentalen Bausteine der Materie.

■ **Quarta** [lat., = die Vierte] *die,* früher die 3. Klasse eines Gymnasiums (von der Prima heruntergezählt ursprünglich die viertletzte Klasse); sie entspricht dem heutigen 7. Schuljahr.

■ **Quartal** [lat.] *das,* Vierteljahr.

■ **Quartär** →geologisches System (Übersicht).

■ **Quarte** [lat.] *die,* Intervall aus vier diatonischen Stufen, z. B. c–f.

■ **Quartett** [italienisch] *das,* **1)** *Musik:* Komposition für vier Singstimmen oder für vier Instrumente; auch die vier Instrumentalisten oder Sänger, die diese Komposition ausführen, werden als Quartett bezeichnet.
2) *Spiele:* Kartenspiel, bei dem je vier thematisch zusammengehörende Karten (ein Quartett) vom Spieler gesammelt werden müssen

■ **Quarz** *der,* kristallisiertes Siliciumdioxid (SiO_2). Je nach seiner kristallinen Ausbildung und seinen färbenden Beimengungen kennt man Quarz in Form von Sand, Kies und Schmucksteinen (z. B. Bergkristall, Amethyst).

■ **Quarzuhr** →Uhr.

■ **Quasare** (**Quas**istell**are** Objekte, Abkürzung QSO), Galaxien an der Obergrenze der überhaupt möglichen Energieproduktion. Sie besitzen einen äußerst kompakten Kern, von dem nahezu die gesamte Strahlung ausgeht.

■ **Quebec** [kwibẹk] (frz. Québec), Stadt in Kanada, am Mündungstrichter des Sankt-Lorenz-Stroms gelegen, mit 167 500 Einwohnern, Hauptstadt der gleichnamigen Provinz (1 540 680 km^2; 7,4 Mio. Einwohner). Die Stadt ist das geistige Zentrum der Frankokanadier (Kanadier mit französischer Muttersprache).
Die im Stil der französischen Städte des 18. Jahrh. erbaute Stadt wurde 1608 von Franzosen gegründet; das historische Stadtzentrum zählt zum Weltkulturerbe der UNESCO.

Quecksilber
chemisches Symbol: Hg (von griech.-lat. Hydrargyrum »silbernes Wasser«)
Ordnungszahl: 80
relative Atommasse: 200,59
Dichte: 13,53 g/cm^3
Schmelzpunkt: −38,83 °C
Siedepunkt: 356,73 °C

■ **Quecksilber,** chemisches Element, ein grau glänzende Schwermetall. Es ist das einzige Metall und neben Brom das einzige Element, das bei Zimmertemperatur flüssig ist. Es schmilzt bei −38,87 °C und siedet bei 356,58 °C. Am bekanntesten ist die Verwendung von Quecksilber als Thermometerfüllung. – auch →Amalgam.

■ **Quedlinburg,** Stadt in Sachsen-Anhalt, mit 25 000 Einwohnern, im nördlichen Harzvorland, an der Bode gelegen. Quedlinburg hat eine historische Altstadt mit Fachwerkhäusern. Auf dem Burgberg liegen das Schloss und die Stiftskirche aus dem 12. Jahrh., in der sich die Gräber König Heinrichs I. und seiner Gemahlin Mathilde befinden. Altstadt und Stiftskirche gehören zum Weltkulturerbe der UNESCO.

■ **Queen** [kwin; engl.] *die,* Königin.

■ **Queen** [kwin], 1970 gegründete britische Rockgruppe, u. a. von dem Sänger Freddie Mercury (1946–91). Ihr vielfältiges Repertoire reichte von Hardrock bis zu Pop und sanften Balladen, mit aufwendigen Bühnenshows (»Bohemian rhapsody«, »We are the champions«).

■ **Quelle, 1)** *Geowissenschaft:* natürlicher Austritt von Grundwasser an der Erdoberfläche. Besondere Arten von Quellen sind die →artesischen Brunnen und die →Geysire.
2) *Geschichts-* und *Literaturwissenschaft:* Bezeichnung für alle Zeugnisse, die in Form von Texten oder Gegenständen Aufschluss über geschichtliche Daten und Zusammenhänge geben oder zum Auslegen einer Dichtung von Nutzen sind. Hierzu zählen z. B. Akten, Urkunden, Zeitungen, Briefe, aber auch Inschriften und gegenständliche Überreste wie z. B. Münzen.

■ **Querflöte,** Flöte mit dreiteiliger zylindrischer Röhre und Klappen, die quer zur Körperachse gehalten wird. Am gebräuchlichsten ist die Flöte in C (Umfang c^1 bis d^4), die auch als **Große Flöte** bezeichnet wird. Daneben gibt es die **Altflöte** in G, die **Bassflöte** in C und als kleinste Querflöte die **Pikkoloflöte** in C oder Des (Umfang in C: d^2–b^4).

■ **Querschnittlähmung,** die Unterbrechung der Leitungsbahnen des Rückenmarks infolge von Verletzungen (vor allem Brüchen) der Wirbelsäule, Tumoren, Entzündungen oder anderen Erkrankungen. Die Körperregion unterhalb der Schädigung bleibt oft dauerhaft gelähmt, zum Teil können aber noch Empfindungen wahrgenommen werden.

■ **Quersumme,** die aus den einzelnen Ziffern einer natürlichen Zahl gebildete Summe. Die Quersumme von 375 604 beträgt somit 3+7+5+6+4 = 25. Wenn die Quersumme einer Zahl durch 3 oder 9 teilbar ist, dann ist auch die Zahl selbst durch 3 oder 9 teilbar.

Quedlinburg
Seit September 1993 ist der einzige vollständig erhaltene deutsche Kirchenschatz wieder in der Schatzkammer der Stiftskirche St. Servatius in Quedlinburg zu besichtigen. Die bedeutenden mittelalterlichen Kunstschätze, die von einzigartigem historischen Wert sind, waren 1945 von einem amerikanischen Offizier nach Texas entführt und fast alle Gegenstände ab 1990 durch die Kulturstiftung der Länder für etwa 6 Millionen DM zurückgekauft worden. Den Mittelpunkt des Domschatzes bildet das Quedlinburger Evangeliar, eine wertvolle Handschrift aus der Zeit Karls des Großen.

Quarze in verschiedenen Schmucksteinvarianten: Bergkristall, Rosenquarz und Amethyst

■ **Quinta** [lat., = die Fünfte] *die,* früher die 2. Klasse des Gymnasiums (von der Prima heruntergezählt ursprünglich die fünftletze Klasse); sie entspricht dem 6. Schuljahr.

■ **Quinte** [lat.] *die,* Intervall aus fünf diatonischen Stufen (z. B. c–g).

■ **Quintenzirkel,** die Anordnung der Dur- und Molltonarten nach Art und Zahl der Vorzeichen in einem Kreis (Zirkel). Der Abstand der Grundtöne beträgt jeweils eine Quinte. In aufsteigender Richtung (rechtsherum) befinden sich die ♯-Tonarten, in absteigender (linksherum) die ♭-Tonarten. Dabei treffen sich in Dur die Quintenfolgen C-G-D-A-E-H und C-F-B-Es-As-Des in Fis = Ges (»enharmonische Verwechslung«), die entsprechenden Reihen in Moll bei dis = es.

Die **Quitte,** hier ein blühender Zweig und die Frucht der Birnenquitte, war schon den Griechen und Römern bekannt; seit dem 9. Jahrhundert wurde sie auch nördlich der Alpen angepflanzt

■ **Quintett** [italienisch] *das,* Musikstück für fünf Instrumente oder für fünf Singstimmen; auch die entsprechende Gruppe von fünf Instrumentalisten oder Sängern.

■ **Quipu** [kipu; Ketschua] *der* (Kipu), im alten Peru eine wollene Knotenschnur, mit der man zählte; ihr lag ein Dezimalsystem zugrunde. Die Kopfschnur konnte bis zu 100 Nebenschnüre haben, die je nach Farbe und Anzahl der Knoten verschiedene Bedeutungen vermittelten. Quipus waren aus sich selbst heraus nicht verständlich und mussten erläutert werden. Bei den Inka gab es dafür sogar ein eigenes Amt.

■ **Quirinal** *der,* der nördlichste der sieben Hügel Roms. Auf dem Quirinal wurde der **Palazzo del Quirinale** (16.–18. Jahrh.) als Sommerresidenz der Päpste errichtet; er war 1870–1946 königlicher Palast und ist heute Sitz des italienischen Staatspräsidenten (daher auch übertragen für die italienische Regierung gebraucht).

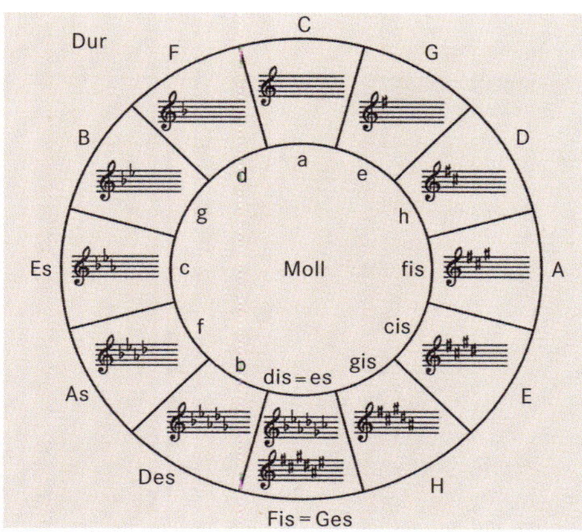

Der **Quintenzirkel** umfasst 24 Tonarten: 12 Dur- und 12 Molltonarten

■ **Quito** [kito], Hauptstadt von Ecuador, mit 1,1 Mio. Einwohnern. Die Stadt liegt 2850 m über dem Meeresspiegel in einem Hochtal der Anden. Die Altstadt mit ihren vielen prunkvoll ausgestatteten Kirchen, Klöstern und Palästen stammt aus der Kolonialzeit; sie gehört zum Weltkulturerbe der UNESCO.

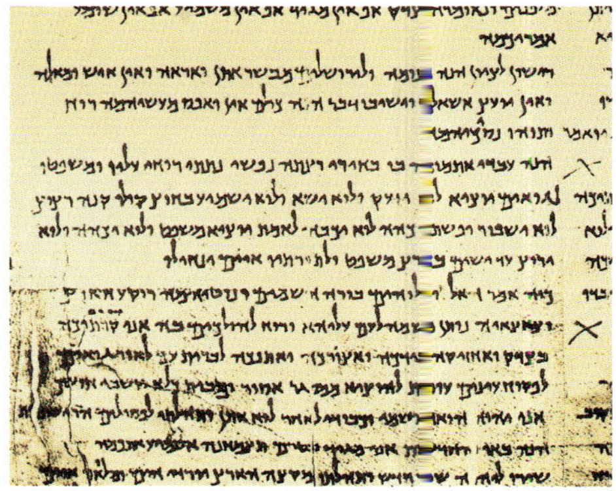

Dieser Text aus **Qumran** stammt aus einer fast vollständig erhaltenen Rolle des Buches Jesaja

■ **Quitte** [griech.] *die,* ein Rosengewächs aus Vorderasien. Die Quitte ist ein bis 8 m hoher Baum mit rötlich weißen Blüten. Nach der Form der Früchte, die zu Gelee oder Mus verarbeitet werden, unterscheidet man Apfel- und Birnenquitten.

■ **Quittung** [frz.] *die,* schriftliche Bestätigung über den Empfang von Geld oder Waren. Jede Quittung muss mit einer Orts- und Zeitangabe versehen und vom Empfänger unterschrieben sein.

■ **Qumran** [k...], Ruinenstätte einer klosterähnlichen Anlage am Nordwestufer des Toten Meeres. Hier lebten von 130 v. Chr. bis zur Zerstörung 68 n. Chr. verschiedene jüdische Reformgruppen außerhalb der hellenistisch-römischen Stadtkultur, um zu den Quellen jüdischen Lebens zurückzukehren (→Essener). – Bei Ausgrabungen wurde in den 1960er-Jahren zahlreiche Schriftrollen entdeckt, die 1000 Jahre älter sind als alle bis dahin bekannten Textzeugen des Alten Testaments.

■ **Quote** [lat.] *die,* Anteil, der bei der Aufteilung eines Ganzen auf den Einzelnen oder eine Einheit entfällt.

■ **Quotient** [lat.] *der,* das Ergebnis einer Division (Teilung), z. B. 24 : 3 = 8 (8 ist der Quotient). Auch ein aus Zähler und Nenner bestehender Zahlenausdruck wird als Quotient bezeichnet, z. B. $^3/_4$.

R

■ **R,** der 18. Buchstabe des deutschen Alphabets, ein Konsonant.

■ **Ra** →Re.

■ **Raabe,** Wilhelm, deutscher Schriftsteller, *Eschershausen 8. September 1831, †Braunschweig 15. November 1910. Er schildert realistisch das Leben der deutschen Kleinstadt im 19. Jahrh. Die Helden seiner Romane und Erzählungen sind oft Sonderlinge. Sie gewinnen innere Würde, während sie von außen betrachtet in einer feindseligen Umwelt scheitern. Die bekanntesten Werke des Dichters sind »Die Chronik der Sperlingsgasse« (1857), »Der Hungerpastor« (1864), »Die schwarze Galeere« (1861) und »Die Akten des Vogelsangs« (1896).

■ **Rabat,** Hauptstadt von Marokko, mit 799 400 Einwohnern, am Atlantischen Ozean gelegen. Rabat bildet mit dem gegenüberliegenden **Salé** eine Doppelstadt (1,4 Mio. Einwohner). Es ist Residenz des Königs und Sitz der Regierung. In der historischen Altstadt befinden sich u. a. das Minarett und die Ruinen der Hasan-Moschee (12. Jahrhundert.).

■ **Rabatt** [italienisch] *der,* Preisnachlass, der

Wilhelm Raabes Romane bieten den Muggels seiner Zeit die Stirn; so wissen die Nichtmuggels in der »Chronik der Sperlingsgasse«, dass »das Ungewohnte und Ungewöhnliche am meisten Glück« macht

Wilhelm Raabes wahre Märchen

So vielgesichtig und verschlungen wie dieser Buchumschlag ist das Leben in Wilhelm Raabes Roman »Die Chronik der Sperlingsgasse«. Raabe, der sein erstes Buch unter dem latinisierten Namen Jacobus Corvinus veröffentlicht hat, lässt in dieser Großstadtgeschichte ein halbes Jahrhundert Berlin aus der Sicht der Sperlingsgasse, die es heute noch gibt, vorüberziehen. Als Chronist fungiert der Gelehrte Johannes Wacholder, der die Geschichte auf den Tag genau zwischen dem 15. November und dem 1. Mai aufschreibt. Im »Haus Nr. Sieben« und im »Haus Nr. Elf« konzentriert sich das Leben der wichtigsten Romanfiguren: da wirkt der Redakteur Heinrich Theobald Wimmer – dieser Zeitungsmann leidet an einem »fatalen politischen Husten« und wird vom Polizeikommissar Stulpnase aus Berlin ausgewiesen. An seine Stelle tritt der Zerrbildzeichner Ulrich Georg Strobel, der eines Tages auch wieder in die Ferne zieht. Eine geheimnisvolle Geschichte rankt sich um den Maler Franz Ralff, seine Frau Marie und deren Tochter Elise, die später mit einem Künstler nach Italien zieht. Den freisinnigen Lehrer Otto Roder haben die Berliner Behörden 1849 »nach Amerika gejagt«, und die Armut treibt auch eine ganze Familie aus der Sperlingsgasse in das Einwandererland. Wilhelm Raabe stellt seine Geschichte als »wahres Märchen« vor und darin entfaltet auch ein »welt- und kinderbekanntes Werk«, so Raabe, seine Wirkung: der »Don Quijote«.

meist in Prozent vom Kaufpreis ausgedrückt wird. Er wird aus verschiedenen Gründen gewährt, z. B. beim Kauf größerer Mengen einer Ware als Mengenrabatt. – auch →Skonto.

■ **Rabbiner** [hebräisch] *der,* Titel der jüdischen Schriftgelehrten. Die Rabbiner sind in den jüdischen Gemeinden vor allem als Religionslehrer, Prediger, Seelsorger und Gutachter in religionsgesetzlichen Fragen tätig.

■ **Rabelais** [rab'lä], François, französischer Dichter, *La Devinière (bei Chinon) um 1494, †Paris 9. April 1553. In seinem berühmten Romanzyklus »Gargantua und Pantagruel« (1532–48) erzählt mit unbändiger Lust die unglaublichsten fantastischen Geschichten, deren Spott vor allem dem astrologischen, medizinischen und philosophischen Weltbild seiner Zeit gilt.

■ **Raben,** große, kräftige, meist schwarze Rabenvögel. In Europa lebt der über 60 cm große **Kolkrabe**.

In Scharen sucht der hier abgebildete **Kolkrabe** mit seinem krächzend rauen Gesang das Stadtleben

■ **Rabenvögel,** eine Familie drossel- bis bussardgroßer Singvögel. Zu ihnen gehören z. B. Dohlen, Elstern, Krähen und Raben.

■ **Rachen,** ein erweiterter Raum des Schlundes bei Säugetieren, der hinter der Mundhöhle liegt. An der Decke des Rachens liegt beim Menschen die Rachenmandel, an seinen beiden Seiten liegen die Gaumenmandeln.

■ **Rachitis** [griech.] *die* (englische Krankheit), eine Stoffwechselkrankheit im Säuglings- oder Kindesalter. Kennzeichen sind u. a. deformierte Knochen der Beine (O-Beine), des Brustkorbes (Trichterbrust) und des Rückens (Sitzbuckel). Ursache ist ein Mangel an Vitamin D, das während des Wachstums besonders durch Calciumeinlagerung zur Knochenerhärtung beiträgt. So bleiben die Knochen weich und verformen sich. Die Behandlung besteht in hoch dosierter Gabe von Vitamin D (Tabletten) oder UV-Bestrahlung (Sonnenlicht) der Haut, wobei auch Vitamin D erzeugt wird. – Rachitis trat zuerst im 19. Jahrh. in den europäischen Industriegebieten als Folge von Mangelernährung auf.

■ **Racine** [raßịn], Jean, französischer Dichter, getauft La Ferté-Milon (bei Soissons, Département Aisne) 22. Dezember 1639, †Paris 21. April 1699. Er gilt neben Corneille als der Vollender des klassischen französischen Dramas. Seine in Versen geschriebenen Tragödien zeigen – eingeteilt in fünf Akte – seelische Konfliktsituationen, die durch leidenschaftliche Liebe heraufbeschworen werden. Im Alter wandte sich Racine religiösen und biblischen Stoffen zu. Zu seinen bekannten Dramen gehören »Iphigenie« (1675), »Phädra« (1677) und »Esther« (1689).

■ **Rad,** Rollkörper, bestehend aus dem Radkranz (Felge), der durch Speichen (Speichenrad) oder eine Scheibe (Scheibenrad) mit der auf der Drehachse sitzenden Nabe verbunden ist. Im Getriebe werden Räder zur Kraftübertragung benutzt. Sie wirken dabei wie Hebel. Der Radius des Rades entspricht der Länge des Hebelarms. – auch →Zahnrad.

Das Rad ist eine der wichtigsten Erfindungen der Menschheit. Mit seiner Hilfe lässt sich die sehr große Gleitreibung in die wesentlich kleinere Rollreibung umsetzen. Dadurch wird der Transport schwerer Gegenstände ermöglicht.

■ **Radar** *der* oder *das,* Kurzwort aus **Ra**dio **d**etecting **a**nd **r**anging [engl., = Funkermittlung und -entfernungsmessung], eine Funkmesstechnik, mit deren Hilfe man Gegenstände wie Schiffe, Flugzeuge oder Raketen orten und ihre Entfernung vom Beobachter messen kann. Ein Radar arbeitet ähnlich einem →Echolot, nur dass statt Schallwellen elektromagnetische Wellen (Funkwellen) von sehr kurzer Wellenlänge benutzt werden (Funkecho).

Die in einem Sender erzeugten elektromagnetischen Wellen werden von einer Richtstrahlantenne (Antenne mit Parabolspiegel) als kurzzeitige Impulse gebündelt ausgesendet. Beim Auftreffen auf ein Hindernis werden sie reflektiert (zurückgeworfen), von derselben Antenne wieder empfangen und einem Empfangs- und Anzeigegerät zugeführt. Aus der Zeit, die zwischen Senden und Empfangen vergeht, kann die Entfernung des betreffenden Gegenstandes bestimmt werden. Zur fortlaufenden Überwachung eines größeren Gebietes, beispielsweise eines Hafens oder des Luftraumes über einem Flughafen, werden drehbare Radarantennen verwendet. Das Funkecho wird auf eine Bildröhre geleitet, auf der sich die erfassten Gegenstände als leuchtende Punkte zeigen.

In dem weltberühmten Roman »Gargantua und Pantagruel« erzählt **François Rabelais** zuerst die Kindheitsgeschichte des riesenhaften Pantagruel, im zweiten Buch folgt dann erst die Vorgeschichte seines Vaters Gargantua; die hier abgebildete Illustration zeigt die Ausmaße des Kindriesen Pantagruel, für den die Milch von 4600 Kühen gerade mal ausreichend war

■ **Rädertiere,** eine Klasse der Schlauchwürmer; meist 0,1–1 mm große Tiere, die im Süßwasser, aber auch im Moosrasen und selten im Meer leben. An ihrem Vorderende besitzen sie ein Räderorgan (radartig geformte Wimperkränze), mit dem sie sich fortbewegen und Nahrung herbeistrudeln.

■ **Radiant** →Winkel.

■ **Radierung** [zu lat. radere, = kratzen, schaben] *die,* künstlerische Technik, bei der mit einer stählernen Radiernadel in die Wachs-Harz-Schicht auf einer Kupfer- oder Zinkplatte eine Zeichnung eingeritzt wird. Dann wird die Platte in eine Säure getaucht, die Kupfer angreift. Die Teile, von denen der schützende Ätzgrund abgehoben worden ist, bilden in der Säure Vertiefungen. So wird die Zeichnung auf die Kupferplatte übertragen, und es können Abzüge im Tiefdruckverfahren (→Drucken) hergestellt werden. Wird die Zeichnung ohne Ätzung direkt in das Kupfer eingeritzt, nennt man das Verfahren **Kaltnadelradierung.**

Die Technik der Radierung wurde zuerst im frühen 16. Jahrh. angewandt. Zu den bedeutendsten Meistern gehören u. a. Rembrandt und Goya.

■ **Radikal** [lat.] *das,* ein Atom oder Molekül mit einem ungepaarten Elektron (gekennzeichnet durch einen Punkt), das sehr reaktionsfreudig ist. Radikale können unter Einwirkung von UV-Licht oder Wärme gebildet werden.

■ **Radioaktivität** [lat.] *die,* die Eigenschaft der Kerne bestimmter Atomarten **(Radionuklide),** sich unter Aussendung energiereicher **radioaktiver Strahlung** in andere Atomkerne umzuwandeln. Man spricht dabei vom **radioaktiven Zerfall.** Zerfallen die Kerne von selbst, so spricht man von natürlicher Radioaktivität; erfolgt der Zerfall erst nach dem Beschuss mit geeigneten Elementarteilchen (vor allem Neutronen), dann liegt künstliche Radioaktivität vor. Natürliche Radioaktivität tritt bei allen Atomen auf, deren Kernladungszahl (Ordnungszahl) größer ist als 80, sowie auch bei einigen Atomarten mit kleinerer Ordnungszahl. Mit den Sinnesorganen kann radioaktive Strahlung nicht wahrgenommen werden. Gemessen wird sie z. B. mit dem Geiger-Müller-Zählrohr.

Es gibt drei Arten radioaktiver Strahlung: Alpha-, Beta- und Gammastrahlung. Die **Gammastrahlung** ist eine sehr kurzwellige und energiereiche elektromagnetische Strahlung. Alpha- und Betastrahlung sind Teilchenstrahlungen. Die Strahlungsteilchen der **Alphastrahlung** bestehen aus Alphateilchen, das heißt Atomkernen von Heliumatomen, die ihrerseits aus je zwei Protonen und zwei Neutronen bestehen, also doppelt positiv geladen sind. Wenn ein Atomkern ein Alphateilchen aussendet, nimmt seine Massenzahl um vier, seine Kernladungszahl um zwei ab. Der neu entstandene Atomkern ist ein Nuklid, das im →Periodensystem der chemischen Elemente zwei Stellen vor dem Ausgangsnuklid steht.

Die Strahlungsteilchen der **Betastrahlung** sind negativ geladene Elektronen. Wenn ein Atomkern ein Elektron aussendet, nimmt seine Kernladungszahl um eins zu, seine Massenzahl dagegen bleibt gleich. Der so entstehende Atomkern ist ein Nuklid, das im Periodensystem eine Stelle nach dem Ausgangsnuklid steht.

Innerhalb eines bestimmten Zeitraums zerfällt jeweils der gleiche Bruchteil der noch vorhandenen radioaktiven Kerne. Die Zeit, in der dabei die Hälfte der Kerne zerfällt, heißt **Halbwertszeit.** Sie ist für verschiedene radioaktive Elemente und Radionuklide sehr verschieden und beträgt beispielsweise für das Uranisotop ^{238}U 4,5 Milliarden Jahre, für das Poloniumisotop ^{212}Po aber nur 0,000 000 3 Sekunden. Da die beim radioaktiven Zerfall entstehenden Atomkerne in der Regel ebenfalls radioaktiv sind

und weiter zerfallen, ergeben sich **radioaktive Zerfallsreihen.**
In der Natur kommen drei solcher Reihen vor, die Uran-Radium-Reihe (Ausgangsnuklid ^{238}U), die Uran-Actinium-Reihe (Ausgangsnuklid ^{235}U) und die Thoriumreihe (Ausgangsnuklid ^{232}Th). Jede endet beim Blei, dem letzten Element im Periodensystem mit stabilen Nukliden.
Radioaktive Strahlung ist äußerst gefährlich, insbesondere, wenn die radioaktiven Stoffe in den Organismus gelangen. Zur Abschirmung der Gammastrahlung müssen radioaktive Stoffe in dicken Bleibehältern aufbewahrt werden, da Blei die Strahlung gut absorbiert (»verschluckt«). In geringen Dosen (Mengen) wird die Strahlung vor allem von künstlich hergestellten Radionukliden u.a. zur Krebsbehandlung verwendet. Die Kenntnis radioaktiver Nuklide, ihrer Halbwertszeiten und Zerfallsprodukte ermöglicht recht genaue Altersbestimmungen.

■ **Radionuklide,** Sammelbezeichnung für natürliche und künstliche Atomarten (Isotope), die sich durch ihre Radioaktivität von stabilen Atomarten unterscheiden. Radionuklide lassen sich von allen Elementen künstlich herstellen.

■ **Radiosonde** (Aerosonde), ein in der Wetterkunde verwendetes Messgerät zur Feststellung von Temperatur, Luftdruck und Luftfeuchtigkeit in verschiedenen Höhenlagen. Die Radiosonde steigt an einem Ballon bis in Höhen zwischen 30 und 50 km auf und sendet die gemessenen Werte durch Funk zur Erde. Nach den Messungen schwebt sie an einem Fallschirm zur Erde zurück.

■ **Radioteleskope,** astronomische Geräte für die Messung und Aufzeichnung elektromagnetischer Strahlung im Bereich der Radiowellen (typischerweise bei Frequenzen von etwa 10 MHz bis 100 GHz), die von kosmischen Strahlungsquellen ausgeht. Wesentliche Bestandteile der Radioteleskope sind Antennen mit ausgeprägter Richtwirkung und zugehörige Empfänger. Die Ausgangssignale der Empfänger können entweder direkt in ein Betrachtungsgerät eingespeist oder für spätere Verwendung aufgezeichnet werden (z.B. auf Magnetband). Zur Vergrößerung der Richtwirkung und der Empfangsfläche sind die Antennen mit Reflektoren ausgestattet, die – ähnlich einem →Parabolspiegel – meist die Form von paraboloidförmigen Schalen haben. Ihre Funktion gleicht derjenigen der Primärspiegel in →Spiegelteleskopen. Der Reflektor des größten Radioteleskops überhaupt hat einen Durchmesser von 304 m, während voll bewegliche Radioteleskope Reflektordurchmesser bis 100 m haben.

Radium
chemisches Symbol: Ra
Ordnungszahl: 88
relative Atommasse: 226,02
Dichte: 6 g/cm³
Schmelzpunkt: 700 °C
Siedepunkt: > 1 140 °C

■ **Radium** [lat.] *das,* ein radioaktives, metallisches chemisches Element. Das weiß glänzende Metall verhält sich chemisch wie Barium. Die Halbwertszeit des langlebigsten Radiumisotops ^{226}Ra beträgt 1 600 Jahre. Radium kommt in Uranlagerstätten vor und wird in Kernreaktoren künstlich hergestellt.

■ **Radius** [lat.] (Halbmesser) *der,* Formelzeichen *r,* die Entfernung vom Kreismittelpunkt bis zur Kreislinie oder vom Kugelmittelpunkt bis zur Kugeloberfläche (→Kreis, →Kugel). Der Radius entspricht der Hälfte des Durchmessers.

■ **Radon** *das,* ein radioaktives chemisches Element aus der Gruppe der Edelgase. Es entsteht als kurzlebiges Zwischenprodukt beim radioaktiven Zerfall von Uran, Thorium und Actinium. Verwendung finden Radon enthaltende Gase bei der Therapie von Rheuma, Gicht und Asthma.

Radon
chemisches Symbol: Rn
Ordnungszahl: 86
relative Atommasse: 222
Dichte: 9,73 g/cm³
Schmelzpunkt: −71 °C
Siedepunkt: −61,8 °C

■ **Radsport,** zusammenfassende Bezeichnung für alle sportlichen Wettbewerbe auf Fahrrädern:
Zu den **Straßenrennen** gehören Etappenrennen wie die →Tour de France, Rundstrecken-, Berg- und Querfeldeinrennen, bei denen auch weglose Streckenteile (teilweise laufend) zu überwinden sind.
Bahnrennen auf speziellen Radrennbahnen umfassen Tandemrennen, Verfolgungs- und Zeitfahren sowie Steherrennen hinter Motorrädern. Zu den bekanntesten Hallenbahnrennen zählen die Sechstagerennen.
Während der Radrennsport vor allem Kraft und Ausdauer erfordert, verlangt der **Hallenradsport** mit Radball und Kunstradfahren besonders die artistische Beherrschung des Fahrrades.

■ **RAF** →Rote-Armee-Fraktion.

■ **Raffael** [...fa-el], eigentlich Raffaello Santi, italienischer Maler und Baumeister, *Urbino (Mittelitalien) vermutlich 6. April 1483, †Rom 6. April 1520. Er wurde 1508 von Papst Julius II. an den päpstlichen Hof nach Rom berufen und hatte seit 1514 die Bauleitung der Peterskirche inne; von seinen Plänen wurde allerdings nur wenig ausgeführt. Zu seinen Hauptwerken zählen die Fresken (u.a. die so genannte »Disputa« und »Die Schule von Athen«) in den Prunkgemächern des Vatikans (Stanzen), die Fresken in der Villa Farnesina (u.a. »Triumph der Galatea«), die »Sixtinische Madonna« (heute in Dresden, Gemäldegalerie) und andere Madonnenbilder sowie Porträts. Raffael stellt den Menschen in harmonischer Schönheit dar (klassisches Ideal). Mit Michelangelo und Leonardo da Vinci zählt er zu den größten Künstlern der Renaissance.

■ **Raffinerie** [frz.] *die*, eine technische Anlage, in der chemische Produkte (z.B. Erdöl) oder Nahrungsmittel (z.B. Zucker) gereinigt bzw. veredelt werden. In der Zuckerraffinerie wird aus dem braungelben Rohzucker weißer Zucker (Zuckerraffinade) hergestellt. In der Erdölraffinerie wird das Rohöl durch fraktionierte Destillation in seine Bestandteile wie Benzin, Heizöl oder Schmieröl zerlegt und anschließend gereinigt.

■ **Rafting** [engl., = flößen] *das*, Wildwasserfahren in großen Schlauchbooten mit bis zu 30 Personen. Eine Wintersportvariante des Rafting ist das **Snow-Rafting**, bei dem maximal zwölf Personen auf Schneeflößen mit Geschwindigkeiten bis zu 100 km/h die Skipisten hinuntergleiten. Beide Disziplinen zählen zu den →Extremsportarten.

■ **Raga** [Sanskrit] *der*, Melodiemodell in der indischen Musik. Nach vorgegebenen Regeln werden melodische Gestalten auf der Sitar improvisiert, die bestimmten Gefühlen und Bedeutungen (z.B. Trauer, Freude, Tages-, Jahreszeiten) zugeordnet sind. Die westliche Rockmusik hat Elemente der indischen Musik im **Raga-Rock** aufgenommen.

■ **Ragtime** [rägtaim; amerikanisch, = zerrissener Takt] *der*, ein im Mittelwesten der USA entstandener Klaviermusikstil. Er verdankt seinen Namen der rhythmischen Verschiebung gegenüber der regulären Taktordnung (Synkope). Der Ragtime wurde von schwarzen Musikern um 1870 entwickelt, seine Blütezeit lag zwischen 1890 und 1915. Er gilt als einer der Vorläufer des Jazz. Ein Hauptvertreter der Stilrichtung war der Komponist und Pianist Scott Joplin (1868–1917).

■ **Rahmenerzählung**, eine Erzählung, die wie ein »Rahmen« um eine oder mehrere Erzählungen gelegt ist und Anlass oder Quelle dieser »Binnenerzählung(en)« schildert. Eine bedeutende Rahmenerzählung ist aus Boccaccios »Decamerone« bekannt, wo berichtet wird, wie eine Gruppe junger Adliger vor der Pest aufs Land flieht. Um sich die Zeit zu vertreiben, erzählen sie sich zehn Tage lang Geschichten.

Von den zahlreichen Madonnendarstellungen **Raffaels** wird die hier abgebildete »Sixtinische Madonna« als eine besonders klare Verkörperung der Renaissancemalerei bewundert

■ **Rakete** [italienisch] *die*, ein unabhängig von der Lufthülle der Erde durch →Rückstoß angetriebener Flugkörper. Die Rakete führt alle für ihren Antrieb notwendigen Stoffe mit sich (im Gegensatz zum Flugzeug, das den Luftsauerstoff der Umgebung für die Verbrennung des mitgeführten Treibstoffs benötigt). Raketen sind die einzigen Mittel zur Fortbewegung in der →Raumfahrt. Eine Rakete besteht aus dem Antriebssystem einschließlich der Schubdüsen, dem Steuersystem und der im Raketenkopf untergebrachten Nutzlast (z.B. Satellit, Raumkapsel). Die Strahlmasse des Antriebs wird im Allgemeinen durch chemische Reaktion der Treibstoffkomponenten erzeugt und beschleunigt und tritt durch die Schubdüse als gerichteter Strahl mit großer Geschwindigkeit aus; die Rakete erhält da-

Die mit schriftstellerischem Anspruch verfassten Bücher von **Leopold von Ranke** zählen zu den Klassikern der Geschichtsschreibung, die beim Lesen auch noch Vergnügen bereiten

durch einen Schub in entgegengesetzter Richtung und wird so beschleunigt.
Bei **Flüssigkeitsraketen** besteht der Treibstoff aus zwei flüssigen Komponenten, die in getrennten Behältern transportiert werden: die eine Komponente ist der Brennstoff, z. B. Wasserstoff, Alkohole oder Kerosin, die andere das Oxidationsmittel, z. B. Sauerstoff, Fluor oder Salpetersäure. Beim Zusammentreffen in der Brennkammer reagieren beide Komponenten miteinander. Bei **Feststoffraketen** wird der Treibstoff als gepresster Block in die Brennkammer eingeschoben. Die großen Trägerraketen sind meist Flüssigkeitsraketen; Signal- und Feuerwerksraketen sowie die Triebwerke der Raketenwaffen sind Feststoffraketen.
Neben diesen chemothermischen Raketentriebwerken gibt es nukleare und elektrische Triebwerke, die sich jedoch noch im Entwicklungsstadium befinden. Hohe Endgeschwindigkeiten der Nutzlasten werden technisch und ökonomisch am günstigsten durch Verwendung mehrerer Raketenstufen mit jeweils eigenem Antrieb erzielt. Die Stufe, deren Treibstoff verbraucht ist, wird bei ihnen abgetrennt und die nächste Stufe gezündet. Ein Beispiel für diese Bauart ist die Saturn-Rakete für das Apollo-Programm, mit deren Hilfe die erste Landung von Menschen auf dem Mond gelang.
Im militärischen Bereich werden mit Sprengköpfen versehene Raketen zur Panzerabwehr und (vom Boden oder von Kriegsschiffen aus) zur Flugabwehr verwendet. Kampfflugzeuge verfügen über Luft-Luft- und Luft-Boden-Raketen, Kriegsschiffe über Seezielraketen. Die mit nuklearen Sprengköpfen ausgestatteten Raketen werden je nach Reichweite als Mittelstreckenraketen (bis zu 5 500 km) oder als ballistische oder Interkontinentalraketen bezeichnet.

■ **Raleigh** [rali], (Ralegh), Sir Walter, englischer Seefahrer und Entdecker, *Hayes Barton (County Devon, Südwestengland) 1554 (?), †(hingerichtet) London 29. Oktober 1618. Als Günstling Königin Elisabeths I. unternahm er in ihrem Auftrag Raub- und Entdeckungsfahrten nach Übersee, besonders in die amerikanischen Kolonien der damals führenden Seemacht Spanien. Sein Versuch, in Virginia erste englische Niederlassungen zu gründen, schlug fehl. Raleigh wurde zum Vorkämpfer für die spätere britische Seeherrschaft und das britische Weltreich. Unter König Jakob I. wurde er 1603 wegen Hochverrats zum Tode verurteilt und im Tower eingekerkert. 1616 wurde er für eine Expedition nach Guayana freigelassen, aber nicht begnadigt. Nachdem es in Übersee zu Kämpfen mit Spaniern gekommen war, wurde Raleigh nach seiner Rückkehr nach England im Interesse der spanienfreundlichen Politik Jakobs I. hingerichtet.

■ **Rallye** [rali, auch: räli; frz.] *die,* Automobilwettbewerb in einer oder mehreren Etappen. Auf (abgesperrten) Straßen und Wegen erfolgen Sonderprüfungen nach Best- und Sollzeit, auf Verbindungsstrecken sind u. a. bestimmte Geschwindigkeiten einzuhalten. Zu den bekanntesten Rallyes gehören die Rallye Monte Carlo und die Rallye Paris–Dakar.

■ **RAM,** Abkürzung für random-access memory [engl., = Direktzugriffsspeicher], in der Datenverarbeitung ein Halbleiterspeicher (→Speicher) mit wahlfreiem, direktem Zugriff über →Adressen. Dieser Speicher erlaubt sowohl Dateien zu lesen als auch zu schreiben im Gegensatz zum →ROM. RAM werden u. a. als Arbeitsspeicher in Rechnersystemen und bei Prozesssteueranlagen angewendet.

■ **Ramadan** [arabisch, = der heiße Monat] *der,* islamischer Fastenmonat, der neunte Monat des islamischen Mondjahres. Von Morgengrauen bis Sonnenuntergang sind Essen, Trinken und Rauchen verboten. In der Nacht ist alles erlaubt, was nicht Sünde ist; es werden oft Feste gefeiert und religiöse Übungen veranstaltet. Den Abschluss des Ramadan bildet das Fest des Fastenbrechens (Bairam).

■ **Ramses,** Name von elf altägyptischen Königen der 19. und 20. Dynastie (1290–1224 v. Chr.).

Ramses

Aus einer altägyptischen Papyrusrolle, die heute in Turin zu besichtigen ist, geht hervor, dass um 1150 v. Chr. ein Dieb versucht hat, das Grab Ramses' II. und die gegenüberliegende Grabstätte auszurauben. Die Gräber befinden sich im Tal der Könige, der Begräbnisstätte der Pharaonen bei Theben in Oberägypten, in der Wüste westlich des Nils.
In jenem »Grab gegenüber« hatte 1820 ein Engländer nur drei leere Kammern gefunden. Im Jahr 1995 grub der amerikanische Archäologe Kent Weeks weiter und entdeckte das größte Grab Ägyptens: Darin waren viele der 52 Söhne Ramses' II. bestattet. Weeks nimmt an, dass das Mausoleum mehr als 100 in den Felsen gehauene Räume hat. Die bisher gefundenen Kammern sind allerdings von Zunftgenossen des in der Papyrusrolle erwähnten Diebes ausgeräumt worden.

Ramses II. (1279–1212 v. Chr.) und **Ramses III.** (etwa 1184–1153 v. Chr.) wurden besonders bekannt durch ihre Feldzüge gegen die Hethiter und die »Seevölker« (u. a. Griechen) sowie durch mehrere gewaltige Tempelbauten (u. a. in Luxor und Abu Simbel).

■ **Ranch** [ränsch; engl.] *die,* größerer landwirtschaftlicher Betrieb mit Viehwirtschaft in Nordamerika.

■ **Rangordnung,** Begriff der Verhaltensforschung. In Tiergesellschaften, in denen sich die Mitglieder individuell kennen (z. B. im Rudel), bildet sich eine Rangordnung durch ritualisierte Kämpfe untereinander, deren Ausgang jedem Tier einen bestimmten Platz (»Rang«) innerhalb der Gruppe zuweist. So kommt es zu einer Rangfolge vom stärksten Rudelführer (Alpha-Tier) bis zum Schwächsten (Omega-Tier). Dadurch unterbleiben ständige Streitigkeiten (z. B. um Futter), was einen Überlebensvorteil verschafft – auch →Hackordnung.

■ **Rangun,** Hauptstadt von Birma, am Ostrand des Irawadideltas gelegen, mit 2,5 Mio. Einwohnern. Rangun ist das wichtigste Industriezentrum und der größte Ausfuhrhafen Birmas. In Rangun befindet sich das höchste buddhistische Heiligtum des Landes, die vergoldete Shwe-Dagon-Pagode.

■ **Ranke,** Leopold von, deutscher Historiker, *Wiehe (bei Artern/Unstrut) 21. Dezember 1795, †Berlin 23. Mai 1886. Ranke, der als Professor der Geschichte in Berlin lehrte, gilt als einer der Begründer der modernen Geschichtswissenschaft. Er forderte vom Historiker strenge Sachlichkeit und Unparteilichkeit und verlangte von ihm, sich auf unvoreingenommenes Studium der Quellen zu stützen. Zu seinen bedeutendsten Werken gehören »Deutsche Geschichte im Zeitalter der Reformation« (1839–47) und »Weltgeschichte« (ab 1881).

■ **Ranken,** fadenförmig oder schnurartig verlängerte Klammerorgane von Pflanzen.

■ **Rap** [räp; von dem amerikanischen Slangausdruck to rap = quatschen] *der,* eine Ende der 1970er-Jahre von New Yorker Diskjockeys entwickelte Ansagetechnik, die vor allem zum Tanzen animieren soll. Dabei wird in Kombination mit schnell gesprochenen Wort- oder Satzfetzen eine Schallplatte mit den Fingern rhythmisch hin und her gerückt (Scratching), sodass im Wechsel mit Musik rhythmisch prägnante Geräusche entstehen. Der hieraus entwickelte soulartige Musikstil basiert auf einem rhythmischen Sprechgesang, begleitet von Schlagzeug, einem Funkbass und Bläserphrasen.
Bekannte Vertreter des R. sind der Discjockey Africa Bambaata (*1960), Run DMC und MC Hammer. Mitte der 1990er-Jahre wurden Rapelemente auch von europäischen Bands aufgenommen. In Deutschland sind Bands wie die Fantastischen 4, Massive Töne oder Absolute Beginners erfolgreich. Die Rapmusik wird u. a. zur Begleitung des →Breakdance verwendet.

■ **Rappe,** ein schwarzes Pferd.

■ **Rappen** *der,* schweizerische Münze (100 Rappen = 1 Schweizer Franken).

■ **Raps,** ein 60–120 cm hoher Kreuzblütler mit gelben, in Trauben angeordneten Blüten und blaugrünen Blättern. Raps gibt es als einjährigen **Som-**

Die vielseitig nutzbare **Rapspflanze** enthält etwa 40 Prozent Öl

Raps

Der leuchtend gelb blühende Raps wird nicht nur als Nutzpflanze zur Gewinnung von Speiseöl, sondern – in Deutschland auf einer Fläche von rund 200 000 ha – auch zur Herstellung von Biokraftstoffen, Schmierstoffen und Lösungsmitteln angebaut. Die Vorteile des Biodiesels sind vor allem ökologischer Natur: Er gibt weniger Ruß ab, enthält keinen Schwefel und verhält sich weitgehend kohlendioxidneutral. Biodiesel, dessen Herstellung allerdings sehr teuer ist, kann in einem auf Pflanzenölbetrieb umgestellten Verbrennungsmotor (Elsbett-Motor) eingesetzt werden. Als Rapsmethylester (durch Zusatz von Methanol gewonnen) eignet er sich auch für normale Dieselmotoren. In Deutschland gibt es schon über 700 Tankstellen für Biodiesel.

▶ Bei uns kennt man den großflächigen Anbau von Raps seit dem 17. Jahrhundert

merraps und als zweijährigen **Winterraps**. Raps ist eine vielseitige Nutzpflanze, aus der vor allem Öl gewonnen wird.

■ **Rapunzel** →Teufelskralle.

■ **Rasse,** bei Tieren und Pflanzen die sich weitgehend gleichenden Mitglieder einer Art in einem bestimmten Lebensraum, die sich von den Lebewesen derselben Art in einem anderen Lebensraum jedoch unterscheiden. Diese Rassen werden auch Unterarten einer Art genannt.

■ **Rassismus,** eine menschenfeindliche Ideologie, die die Überlegenheit beziehungsweise Unterlegenheit einer menschlichen Rasse gegenüber einer anderen behauptet. Der Rassismus liefert die Begründung für Benachteiligung, Unterdrückung, Verfolgung und Vernichtung von Menschen, Menschengruppen (meist Minderheiten) und auch ganzer Völker. Die Verschmelzung von Nationalismus und Rassismus machte das 20. Jahrhundert zu einem Katastrophenjahrhundert des Völkermords.

■ **Raster** [lat.] *der,* ein System von (sich kreuzenden) Linien bzw. das dadurch gebildete System schmaler Streifen oder kleiner Flächen (Rasterpunkte). In der grafischen Technik werden Raster (meist Kreuzraster) vor allem zur Zerlegung von Halbtonbildern (Fotografien) verwendet.

■ **Rastermikroskope,** Geräte, bei denen die Oberfläche eines Objekts zeilenweise Punkt für Punkt mit einer feinen Sonde abgetastet oder abgerastert wird und ein dabei entstehendes Messsignal in stark vergrößertem Maßstab als Helligkeits- oder Farbverteilung auf einer Bildröhre (dem Monitor eines Computers) wiedergegeben wird. Nach der Art der bildgebenden Sonde unterscheidet man u. a. das **Laserscanning-Mikroskop** mit einem fokussierten Laserstrahl, das **Rasterelektronenmikroskop** (Abkürzung **REM**) mit einem Elektronenstrahl als Sonde und das **Rastertunnelmikroskop** mit einer feinen Metallspitze als Tunnelkontakt. Neben der Strukturanalyse von Oberflächen ist das Rastertunnelmikroskop zur Manipulation einzelner Atome auf Kristalloberflächen und zur Erzeugung kleinster Strukturen geeignet, wodurch eine neue Speichertechnologie im atomaren Maßstab möglich wird.

■ **Rat der Volksbeauftragten,** die nach der Novemberrevolution gebildete vorläufige deutschen Regierung vom 9. November 1918 bis zum 10. Februar 1919.

■ **Ratenkauf** →Abzahlungsgeschäft.

■ **Räterepublik** →Rätesystem.

■ **Rätesystem** (Rätedemokratie), eine Regierungsform. In der Wählervollversammlung (auf Wohn-, Verwaltungs-, Betriebsebene) werden Vertreter gewählt, die an ihr Mandat und den Willen der Wähler gebunden sind. Die Räte besitzen uneingeschränkte gesetzgebende, ausführende und richterliche Gewalt, können aber jederzeit abberufen werden. Die Räte der Basiseinheiten wählen ihrerseits Vertreter zu einem Rat auf höherer Ebene, bis zum Zentralrat in einem Staat.

Räterepubliken gab es 1870/71 in der Pariser Kommune und in Russland nach der Revolution von 1917 (russisch sowjet = Rat). In Deutschland bildeten sich während der Novemberrevolution 1918 Arbeiter-und-Soldaten-Räte.

In Erinnerung an einen herausragenden Repräsentanten der Weimarer Republik: das Bronzebildnis **Walther Rathenaus** stammt aus dem Jahr 1923

■ **Rat für gegenseitige Wirtschaftshilfe,** Abkürzung **RGW** (engl. Council for Mutual Economic Assistance, Abkürzung **COMECON**), 1949 in Moskau gegründete Organisation mit dem Ziel der wirtschaftlichen Integration der Mitgliedsländer. Gründungsmitglieder waren die Sowjetunion, Polen, die Tschechoslowakei, Ungarn, Rumänien und Bulgarien. Später wurden Albanien (1949, seit 1962 keine Teilnahme an Tagungen), die DDR (1950), die Mongolische Volksrepublik (1962), Kuba (1972), Vietnam (1978) und Jugoslawien als assoziierte Mitglieder (1964) aufgenommen.

Der RGW wurde unter dem Eindruck der ersten Erfolge des Marshallplans als Gegenstück zur →OEEC gegründet mit dem Ziel der verstärkten wirtschaftlichen Zusammenarbeit auf allen Gebieten, des Austauschs wirtschaftlicher Erfahrungen, gegenseitiger technischer Hilfe und gemeinsamer wirtschaftlicher Planung. Nach den politischen und wirtschaftlichen Veränderungen in Mittel- und Osteuropa beschloss der RGW seine Auflösung und stellte 1991 seine Tätigkeit ein.

■ **Rathenau,** Walther, deutscher Politiker, *Berlin 29. September 1867, †(ermordet) ebenda 24. Juni 1922. Er wurde 1921 Wiederaufbau-, 1922 Außenminister des Deutschen Reiches. In diesem Amt trat er für die Erfüllung des Vertrags von Versailles ein. Er schloss mit der Sowjetunion den Vertrag von Rapallo ab, in dem die Aufnahme diplomatischer und wirtschaftlicher Beziehungen vereinbart wurde. Wegen seiner jüdischen Abstammung und seiner so genannten Erfüllungspolitik wurde Rathenau, der auch schriftstellerisch tätig war, von der antisemitischen »Organisation Consul« ermordet.

■ **Rätien** (lat. Raetia), im Altertum Bezeichnung für das Gebiet vom Alpennordrand zwischen Bodensee und Inn bis zu den oberitalienischen Seen und etwa vom Sankt Gotthard im Westen bis zum Brenner im Osten.
Im Jahre 15 v. Chr. wurde Rätien von Rom unterworfen; es wurde, nach Norden bis zur oberen Donau ausgedehnt, zur römischen Provinz Raetia et Vindelicia mit der Hauptstadt Augusta Vindelicorum, dem heutigen Augsburg. Diokletian (um 245–313 n. Chr.) teilte Rätien in die Provinzen Raetia prima (Hauptsitz Chur) und Raetia secunda (Hauptsitz Augsburg).

■ **Ratifikation** [lat.] (Ratifizierung) *die,* Bestätigung eines völkerrechtlichen Vertrags, der von der Regierung eines Staates abgeschlossen wurde, durch das Parlament oder das Staatsoberhaupt. Der Vertrag tritt nach Austausch der Ratifikationsurkunden in Kraft.

■ **Ratio** [lat.] *die,* Vernunft, Verstand, auch das vernunftgemäße Denken; **rational,** vernünftig, von der Vernunft bestimmt; Gegensatz: irrational.

■ **rationale Zahlen** →Zahl.

■ **Rationalisierung** [lat.] *die,* die zweckmäßige (»rationale«) Gestaltung von Arbeitsabläufen in Wirtschaft und Verwaltung mit dem Ziel, den Erfolg zu steigern oder den Aufwand zu mindern. Stetige Rationalisierung sichert die Konkurrenzfähigkeit von Unternehmen und kann Lebens- und Arbeitsbedingungen verbessern. Rationalisierungsschübe, meist ausgelöst durch umfassende technische Neuerungen (z. B. die mithilfe von Mikroprozessoren gesteuerten Industrieroboter), bergen jedoch die Gefahr, dass ganze Berufsgruppen überflüssig werden und damit zahlreiche Arbeitsplätze verloren gehen.

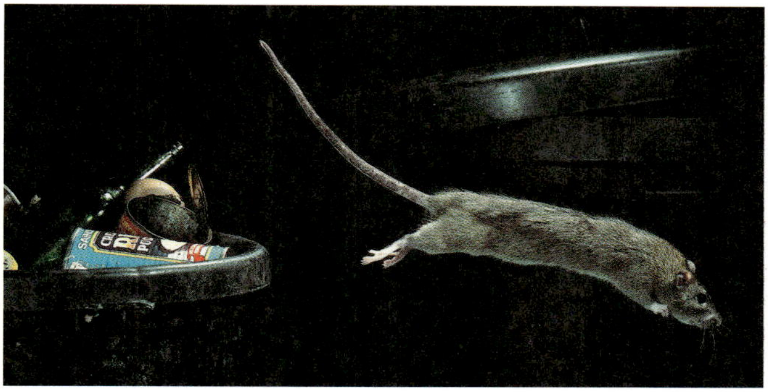

Eine **Ratte** verlässt ihren Fressplatz; das Bild zeigt eine Wanderratte

■ **Rationalismus** [lat.] *der,* eine philosophische Lehre, die davon ausgeht, dass die Welt nach vernunftgemäßen Kriterien (lat. ratio = Vernunft), das heißt logisch-gesetzmäßig beschaffen ist. Anders als der →Empirismus, der alle Erkenntnis letztlich durch menschliche Sinneserfahrung begründet sieht, nimmt der Rationalismus an, dass es von der Erfahrung unabhänge Vernunftwahrheiten gibt. Außerdem unterstellt der Rationalismus, dass das sittliche Handeln des Menschen von seiner Vernunft geleitet ist; darum bedürfe es nur der vernunftgemäßen Schulung, um die Menschen mündig zu machen und moralisch zu bessern. Zu den Hauptvertretern des Rationalismus, der vor allem im 17. und 18. Jahrh. gelehrt wurde, gehören René Descartes, Gottfried Wilhelm Leibniz und Christian Wolff (1679–1754).

■ **Rätoromanen** [lat.], Bezeichnung für die **Rätoromanisch** sprechenden Bevölkerungsgruppen im Alpenraum. Es gibt drei Gruppen: die Bündner Rätoromanen im schweizerischen Graubünden, die Ladiner Rätoromanen in den Dolomiten und die Friauler Rätoromanen in Norditalien.

■ **Ratten,** eine weltweit verbreitete Gattung der Mäuse. Gefährlich sind die 10–30 cm langen Tiere als Vorratsschädlinge und als Überträger zahlreicher Krankheiten, wie z. B. der Pest. Einheimische Arten sind die Haus- und die Wanderratte.

■ **Rattenfänger von Hameln,** eine mittelalterliche Sagengestalt: Er befreit Hameln von der Rattenplage, indem er die Ratten durch sein Flötenspiel anlockt und in einem Fluss ertränkt. Als er um seinen Lohn betrogen wird, entführt er die Kinder der Stadt auf dieselbe Weise in einen Berg.

■ **Rau,** Johannes, deutscher Politiker, *Wuppertal 16. Januar 1931. Rau schloss sich 1952 der Gesamtdeutschen Volkspartei (GVP) an und trat 1957

Im Februar des Jahres 2000 wurde **Johannes Rau** als erster deutscher Bundespräsident zu einer Rede vor dem israelischen Parlament eingeladen

mit Gustav Heinemann zur SPD über. 1969–70 war er Oberbürgermeister von Wuppertal, 1978–98 Ministerpräsident von Nordrhein-Westfalen. 1999 wurde Rau zum Bundespräsidenten gewählt.

■ **Raubfische,** Fische, die sich hauptsächlich von anderen Fischen, zum Teil auch von kleinen Vögeln und Säugetieren, ernähren, z.B. Hecht, Flussbarsch, Raubwels oder viele Haie.

■ **Raubtiere,** eine fast weltweit verbreitete Ordnung der Säugetiere. Ihr Gebiss hat kräftig entwickelte, spitze Eckzähne und scharfe Reißzähne. Ihre Sinnesorgane, vor allem das Gehirn, sind hoch entwickelt. Ihre Jungen werden als Nesthocker geboren. Sie ernähren sich hauptsächlich von frisch gerissenen Tieren, aber auch von Aas und zum Teil von Pflanzen. Zu den Raubtieren gehören u. a. Hundeartige (Füchse, Hunde), Bären, Marder, Schleichkatzen, Hyänen und Katzen. Zuweilen werden auch die Robben zu ihnen gerechnet.

■ **Raubvögel,** veraltete Bezeichnung für →Greifvögel und →Eulen.

■ **Rauchgasreinigung,** bei Großfeuerungsanlagen heute vorgeschriebenes Verfahren zur Verminderung von Schwefeldioxid-(SO_2), Stickstoffoxid- (NO_x) und Staubemissionen.

■ **Rauchwaren** →Pelze.

■ **Räude** (Krätze, Grind), durch Milben hervorgerufene Hautkrankheit der Tiere. Anzeichen sind Juckreiz, Haar- oder Federausfall und krustige Hautveränderungen. Räude wird mit speziellen Bädern und Puder behandelt.

■ **Raum,** in Geometrie und Physik ein Begriff, der die Ausdehnung nach den drei Dimensionen Länge, Breite und Höhe beschreibt. In der Natur wird der Raum von materiellen Dingen erfüllt, deren Lage und Abstände mit geeigneten Längemaßstäben gemessen werden können. Die Aufeinanderfolge und Dauer von Vorgängen im Raum drückt sich in der →Zeit aus. Die Idealvorstellung eines vollständig leeren Raums bezeichnet man als vollkommenes →Vakuum.

■ **Raumfahrt** (Weltraumfahrt, Astronautik, Kosmonautik), der Vorstoß des Menschen in den Weltraum, den Raum außerhalb der Lufthülle der Erde, mithilfe von Raumfluggeräten. Diese werden als allgemein Raumflugkörper bezeichnet, speziell als Raumfahrzeuge dann, wenn sie für eine mehrköpfige Besatzung sowie Raumflüge langer Dauer und die Bewältigung komplizierter Flugmanöver ausgelegt sind. Raumfahrzeuge in diesem Sinn sind z.B. Raumtransporter und Raumstationen (wie Spaceshuttle, Skylab, Mir); Raumflugkörper sind unbemannte künstliche Satelliten (Sputnik, Explorer, Meteosat) und Raumsonden (Mondsonden, Planetensonden).

Ziele: Die ersten großen Anstrengungen der Raumfahrttechnik und insbesondere der Raketentechnik unternahm nahezu ausschließlich das Militär. Bald jedoch kamen wissenschaftliche, vor allem astrophysikalische (etwa der Start von Sputnik 1 am 4. Oktober 1957) und kommerzielle Zwecke hinzu. Heute gehören zu den Zielen der Raumfahrt die Erkundung und Überwachung der Erde, die Erforschung des Wetters, der Magnetfelder und Strahlungsgürtel der Erde, des Erdmonds, der Planeten sowie des gesamten Sonnensystems einschließlich der Sonne. Daneben bleiben die Bestrebungen stark auf die militärische und wirtschaftliche Nutzung des Weltraums gerichtet. Eine große Zahl von Erdsatelliten dient der Übermittlung von Hörfunk- und Fernsehsendungen, Nachrichten, Daten und Telefongesprächen (mit Nachrichtensatelliten) sowie der Navigation.

Technik: Um den Weltraum zu erreichen und sich in ihm zu bewegen, sind als Antrieb →Raketen erforderlich. Für den Start von der Erde werden derzeit ausschließlich chemothermische Raketenantriebe mit flüssigen oder festen Treibstoffen benutzt, für Einsätze mit großen Nutzlasten und hohen Endgeschwindigkeiten nur mehrstufige Raketen. Zum Umkreisen der Erde muss ein Raumfahrzeug mindestens die »erste kosmische Geschwindigkeit« von 7,9 km/s (Kreisbahngeschwindigkeit in Höhe der Erdoberfläche) erreichen. Um den Anziehungsbereich der Erde verlassen zu können, ist die »zweite kosmische Geschwindigkeit« von 11,2 km/s (Fluchtgeschwindigkeit) erforderlich. Dazu wird die letzte Raketenstufe mit der Nutzlast zunächst in eine Erdumlaufbahn (Parkbahn) gebracht, und zu einem bestimmten Zeitpunkt wird das Triebwerk wieder gezündet, um die Nutzlast auf Fluchtgeschwindigkeit zu beschleunigen.

Der Einschusskorridor für eine gewünschte Flugbahn liegt zeitlich und räumlich fest, er ist u. a. bestimmend für den oder die möglichen Starttage. Für interplanetare Raumflüge werden Bahnen gewählt, die einen möglichst geringen Energieaufwand erfordern. Der Startzeitpunkt eines solchen Fluges wird so festgelegt, dass der Zielplanet zum Zeitpunkt des Eintreffens der Raumsonde ihrer Flugbahn möglichst nahe ist. Bei der Rückkehr eines Raumfluggeräts zur Erde (z.B. bei bemannten Missionen) muss dessen hohe Geschwindigkeit abgebremst werden. Das kann durch Ausnutzung des Luftwiderstands oder durch Bremstriebwerke erfolgen; das Durchqueren der unteren, dichten Luft-

schichten lässt sich mit Fallschirmen abbremsen oder, wie beim Raumtransporter, mit Tragflächen.
Die Überwachung und Steuerung der Flugbahnen, das Erreichen eines vorgegebenen Ziels mit einem Raumflugkörper von der Erde aus ist Aufgabe der Raumflugnavigation. Zu ihr gehören das Flugprogramm, die Ortung, die Fluglageregelung und die Lenkung. Die Istwerte der augenblicklichen Bahn werden jeweils automatisch oder per Abruf von der Bodenstation mit den Sollwerten verglichen. Daraus werden eventuelle Bahnkorrekturen errechnet, die durch Zündung entsprechender Manövriertriebwerke automatisch oder – bei bemannten Raumfahrzeugen – auch manuell durchgeführt werden. Die Lageregelung eines Raumfahrzeugs (Halten oder Verändern der Ausrichtung in Bezug auf die Erde, die Sonne oder den Fixsternhimmel) ist die Voraussetzung für seine Lenkung (Anpassung seiner Istbahn an die Sollbahn). Für die Lageregelung (Nicken, Rollen, Gieren) werden (schwächere) Steuertriebwerke oder, wenn sie sehr präzise sein muss, auch Trägheitsräder eingesetzt; für Lenkmanöver dienen die Haupttriebwerke.

Geschichte: Voraussetzung für die Raumfahrt war die Entwicklung der Raketentechnik, die Ende des 19. Jahrh. einsetzte. Ein entscheidender Schritt war die Konstruktion von Raketenwaffen während des Zweiten Weltkriegs, u. a. durch Wernher von Braun in Deutschland. Nach 1945 begannen die USA und die UdSSR auf diesen Grundlagen mit eigenen Raketenprogrammen.
Die ersten Satelliten in einer erdnahen Umlaufbahn waren der 83,5 kg schwere Sputnik 1 (UdSSR, 1957), der die Erde 92 Tage umkreiste und der den Beginn der eigentlichen Raumfahrt markiert, und der 14 kg schwere Explorer 1 (USA, 1958). Mit dem Start von unbemannten Raumsonden begann bald darauf die Erforschung der weiteren Umgebung der Erde. Darunter waren die sowjetischen Programme Luna (24 Mondsonden, von denen drei mit Mondproben zur Erde zurückkehrten), Venera (Venus) und Mars sowie die amerikanischen Programme Explorer, Mariner (Merkur), Viking (Mars), Pioneer, Voyager (Jupiter, Saturn) und Pioneer-Venus (Venus).
Die bemannte Raumfahrt begann mit dem Russen Juri Gagarin (1934–68) mit Wostok 1 am 12. April 1961, gefolgt von dem Amerikaner John Glenn (*1921), der mit Mercury 6 am 20. Februar 1962 dreimal die Erde umkreiste. Der einzige Himmelskörper, den je ein Mensch betrat, ist der Mond. Der erste Mensch auf dem Mond war – am 21. Juli 1969 – der Amerikaner Neil Armstrong (*1930).
Die erste experimentelle Raumstation, Saljut 1 (für drei Kosmonauten), richtete 1971 die UdSSR ein. Das erste wieder verwendbare Raumfahrzeug ist der Orbiter des amerikanischen Raumtransporters

Name	Zyklon	Atlas 2A	Delta	Sojus	Zenit 3	Ariane 44L	Proton K	Ariane 5	Titan 4
Land	RUS	USA	USA	RUS	RUS/UA	EU	RUS	EU	USA
Nutzlast im LEO	3600 kg	6420 kg	3100 kg	7500 kg	11 500 kg	7000 kg	20 000 kg	18 000 kg	14 900 kg
Nutzlast im GTO	-	3160 kg	1270 kg	-	?	4223 kg	4600 kg	5970 kg	4545 kg
Startmasse	185 t	188 t	189 t	310 t	459 t	420 t	680 t	710 t	867 t

Raumfahrt: Die Grafik gibt einen Überblick über russische (RUS), amerikanische (USA), russisch-ukrainische (RUS/UA) und europäische (EU) Trägerraketen; LEO = niedere Umlaufbahn, GTO = Geotransferumlaufbahn

Spaceshuttle, der mithilfe des aerodynamischen Auftriebs landen kann (1981). Die ersten Deutschen im Weltraum waren Sigmund Jähn (DDR, 1978) und Ulf Merbold (Bundesrepublik Deutschland, 1983). 1986 startete die UdSSR mit Mir eine ständig bemannte Raumstation. Die europäische Weltraumbehörde (ESA) erkundete 1986 mit der Sonde Giotto den Halleyschen Kometen und entwickelte die Trägerrakete Ariane sowie das Raumlabor Spacelab. 1989 wurde die Raumsonde Galileo (zur Untersuchung des Jupiter), 1990 der Röntgensatellit ROSAT, 1999 das Röntgenobservatorium XMM ausgesetzt.

■ **Raumsonde,** unbemannter Raumflugkörper mit wissenschaftlichen Messinstrumenten zur Erforschung des interplanetaren Raums, der Planeten und der Sonne. Raumsonden entfernen sich im Allgemeinen von der Erde, im Gegensatz zu →Satelliten, die meist auf erdnahen Bahnen um die Erde kreisen.

■ **Raumstation** (Weltraumstation, Orbitalstation), mit mehreren Personen bemanntes Raumflugsystem in einer Erdumlaufbahn, das der Besatzung langfristige Raumaufenthaltsmöglichkeit für die Durchführung wissenschaftlicher, kommerzieller oder militärischer Aufgaben bietet. Beispiele

Raumfahrt: Geschichte[1] (Auswahl)

4. 10. 1957	erster künstlicher Erdsatellit (Sputnik 1, UdSSR)
1. 2. 1958	Entdeckung des Van-Allen-Strahlengürtels durch Explorer 1 (USA)
12. 9. 1959	Mondaufschlag von Lunik 2 (UdSSR)
10. 8. 1960	erste wiedergewonnene Bergungskapsel (militärischer Satellit), Discoverer 13 (USA)
12. 4. 1961	erster bemannter Raumflug (Juri Gagarin), Wostok 1 (UdSSR)
27. 8. 1962	Mariner 2 passiert Venus in 34 830 km Abstand (USA)
28. 11. 1964	Mariner 4 passiert Mars in 9 844 km Entfernung, erste Nahaufnahmen (USA)
18. 3. 1965	erster »Weltraumspaziergang« durch Alexej Leonow während der Mission Woschod 2 (UdSSR)
31. 1. 1966	erste weiche Mondlandung (Luna 9, UdSSR)
16. 7. 1969	erste bemannte Mondlandung (Apollo 11, USA)
17. 8. 1970	erste weiche Venuslandung (Venera 7, UdSSR)
19. 4. 1971	erste Raumstation (Saljut 1, UdSSR)
3. 3. 1972	erster Raumflugkörper, der das Sonnensystem verlässt (Pioneer 10, USA)
14. 5. 1973	erste US-Raumstation (Skylab 1)
10. 12. 1974	Erkundung des sonnennahen interplanetaren Raums, Helios 1 (Rakete USA, Sonde Bundesrepublik Deutschland)
15. 7. 1975	erstes Apollo-Sojus-Kopplungsmanöver in der Erdumlaufbahn (USA, UdSSR)
20. 8. 1975	erste Marslandung (Viking 1, USA)
20. 8. 1977	Voyager 2, Vorbeiflug an den großen Planeten (Jupiter, Saturn, Uranus) des Sonnensystems (USA)
12. 4. 1981	Erstflug des wieder verwendbaren Raumtransporters (Spaceshuttle) Columbia (USA)
28. 11. 1983	amerikanisch-europäische Mission Spacelab-1 (ESA, USA)
2. 7. 1985	Untersuchung des Halleyschen Kometen durch die Kometensonde Giotto (ESA)
31. 10. 1985	erste Spacelab-Mission (D-1) unter westdeutscher Leitung (BRD, ESA, USA)
20. 2. 1986	Inbetriebnahme der permanent bemannten Raumstation Mir (UdSSR)
18. 10. 1989	Raumsonde Galileo zur Untersuchung des Planeten Jupiter (USA, BRD)
24. 4. 1990	Hubble Space Telescope (USA, ESA)
26. 4. 1993	zweite Spacelab-Mission (D-2) unter deutscher Leitung (Deutschland, ESA, USA)
4. 10. 1994	russisch-europäische Mission Euromir `94 (ESA, Russland)
29. 6. 1995	erstes Andockmanöver eines amerikanischen Spaceshuttle (Atlantis) an Mir (USA, Russland)
3. 9. 1995	zweite russisch-europäische Mission Euromir `95 (ESA, Russland)
4. 12. 1996	Marssonde Pathfinder (USA)
15. 10. 1997	Saturnsonde Cassini (USA)
20. 11. 1998	erstes Modul der Internationalen Raumstation ISS in der Umlaufbahn (ESA, USA, Russland u. a.)

1) die angegebenen Daten sind die Starttermine der jeweiligen Raumfahrtunternehmungen

sind Spacelab, Mir und Internationale Raumstation.

■ **Raumtransporter** (engl. Spaceshuttle), teilweise wieder verwendbares zweistufiges Raketenfahrzeug, das in den USA entwickelt wurde und erstmals 1981 startete. Der Raumtransporter besteht aus einer flugzeugähnlichen Transporteinheit (Orbiter), an die beim Start ein großer Außentank mit Flüssigtreibstoff (Wasserstoff und Sauerstoff) und zwei zusätzliche bergungsfähige Starthilfsraketen angekoppelt werden. Die Hilfsraketen kehren nach dem Start an Fallschirmen zur Erde zurück, der Außentank geht verloren. Der Orbiter wird in eine Erdumlaufbahn gebracht und kehrt – da er mit Tragflächen ausgerüstet ist – wie ein Flugzeug durch die Atmosphäre zur Erde zurück. Eine wichtige Nutzlast der ersten Jahre war das europäische Raumlabor →Spacelab.

■ **Raumzahl,** der in Kubikmetern (m^3) angegebene Rauminhalt eines Schiffs; man unterscheidet die Bruttoraumzahl (BRZ) für den gesamten Raum und die Nettoraumzahl (NRZ) für den Laderaum.

■ **Raupe,** die Larve von Schmetterlingen, die unter mehrfacher Häutung heranwächst und sich zuletzt in die →Puppe verwandelt, aus der mit einer weiteren Häutung der Schmetterling wird. Ihre Haut ist mit Haaren und Borsten besetzt, die zum Teil Gifte enthalten. Sie ernährt sich hauptsächlich von Blättern.

■ **Rauschenberg,** Robert, amerikanischer Maler und Grafiker, *Port Arthur (Texas) 22. Oktober 1925. Er bezog reale Gegenstände, meist Abfallprodukte, in seine Malerei ein und leistete damit Bahnbrechendes für die Pop-Art. Rauschenberg gestaltete in den 1950er- und 60er-Jahren auch Multimediashows und schuf u. a. Collagen und Objekte.

■ **Rauschgifte** →Drogen.

■ **Raute,** auf der Spitze stehender →Rhombus.

■ **Ravel,** Maurice, französischer Komponist, *Ciboure (Département Pyrénées-Atlantiques) 7. März 1875, †Paris 28. Dezember 1937. Er gilt neben Debussy als führender Vertreter der impressionistischen Musik in Frankreich. Sein Werk wurde u. a. von der spanischen Volksmusik und vom Jazz beeinflusst. Er schrieb Orchester-, Kammer-, Klaviermusik, Opern und Lieder. Eines seiner bekanntesten Werke ist der »Boléro« (1928).

■ **Ravenna,** Stadt in Oberitalien, nahe dem Adriatischen Meer, mit 138 100 Einwohnern. In Ravenna gibt es zahlreiche frühchristliche Baudenkmäler. Von besonderer Bedeutung sind das so genannte Mausoleum der Galla Placidia (um 450) sowie die Kirchen San Vitale (527–547) und Sant' Apollinare in Classe (geweiht 549) aufgrund ihrer Mosaiken. Am Nordrand der Stadt befindet sich das Grabmal des Ostgotenkönigs Theoderich.
Ravenna wurde von den Römern unter Kaiser Augustus zur bedeutenden Hafenstadt ausgebaut. Als zu Beginn des 4. Jahrh. n. Chr. die Residenz der römischen Kaiser nach Ravenna verlegt wurde, begann die Blüte der Stadt. – Bild S. 58

Zukunftsmusik: der hier abgebildete, nach dem Raketenpionier Eugen Sänger benannte **Raumtransporter** ist noch nicht gebaut; es handelt sich im Entwurf um ein neues Hyperschallverkehrsflugzeug, das mit 400 Tonnen Startgewicht die Größenordnung eines Jumbojets erreicht, aber wesentlich schlanker und strömungsgünstiger sein muss

■ **Razzia** [arabisch] *die,* groß angelegte Fahndungsaktion der Polizei, die meistens überraschend vorgenommen wird.

■ **Re** (Ra), altägyptischer Sonnengott, der hauptsächlich in Heliopolis (beim heutigen Kairo) verehrt wurde. Er war neben Amun und Ptah der Hauptgott Ägyptens. – auch →Obelisk. – Bild S. 59

■ **Reagan** [re͜ig^{e}n], Ronald Wilson, 40. Präsident der USA (1981–89), *Tampico (Illinois) 6. Februar 1911. Zunächst Filmschauspieler, trat Reagan 1962 der Republikanischen Partei bei. 1967–75 war er Gouverneur von Kalifornien, 1980 wurde er zum Präsidenten der USA gewählt. Ziel seines politischen Programms war es, den internationalen wirtschaftlichen und militärischen Führungsanspruch der USA zu erneuern. Die von ihm eingeleitete drastische Erhöhung der Rüstungsausgaben und seine angebotsorientierte Wirtschaftspolitik (bei Steuersenkungen und Abbau der Sozialausgaben) führten zu einem gigantischen Haushaltsdefizit. Nach seiner Wiederwahl 1984 suchte er den Ausgleich mit der Sowjetunion.

■ **Reagenz** [lat.] (Reagens) *das,* ein chemischer Stoff, der mit einem anderen eine bestimmte chemi-

Eine märchenhafte Zauberwelt hat **Maurice Ravel** speziell für Kinder in zwei Werken zum tönen und klingen gebracht: in der Oper »Das Kind und der Zauberspuk« sowie in einer Sammlung von Ballettstückchen mit dem Titel »Meine Mutter Gans« in der auch der Kleine Däumling auftritt

sche Reaktion herbeiführt und ihn so kenntlich macht.

■ **Reaktion** [lat.] *die,* **1)** *allgemein:* die durch das Wirken einer Person oder Sache hervorgerufene Gegenwirkung.

2) *Chemie:* ein chemischer Vorgang, der unter stofflichen Veränderungen abläuft. Verantwortlich dafür sind Veränderungen der Elektronenhülle der Atome, im Gegensatz zu Kernreaktionen.

3) *Politik:* Bezeichnung für diejenigen politischen Kräfte, die an überholten Zuständen und Ideen festhalten und diesen wieder Geltung verschaffen wollen.

Ravenna kann man in einem Atemzug mit der Kunst des Mosaiklegens nennen; hier eine Darstellung des Apostels Paulus im so genannten Mausoleum der Galla Placidia, die prachtvoll mit den vermutlich ältesten Mosaiken Ravennas ausgestattet ist

■ **Reaktor** →Kernreaktor.

■ **Realismus** [lat.] *der,* **1)** *allgemein:* praktischer Wirklichkeitssinn, nüchterne Einstellung gegenüber der Wirklichkeit.

2) *bildende Kunst* und *Literatur:* eine Stilrichtung, die ein Abbild der Wirklichkeit (u.a. ohne Idealisierung) zu schaffen versucht.

Die bildende Kunst wendet sich der Freilichtmalerei und Themen wie arbeitenden Menschen oder Industrieanlagen zu. Das gilt beispielsweise für die Realisten Honoré Daumier (1808–79), Gustave Courbet (1819–77) und Wilhelm Leibl (1844–1900). Für die »Wirklichkeitsnachbildung« in der europäischen Literatur, die besonders zwischen 1830 und 1880 vom Realismus geprägt war, stehen z.B. die Werke von Charles Dickens, Gustave Flaubert, Lew Nikolajewitsch Tolstoi, im deutschen Sprachgebiet u.a. von Gottfried Keller, Theodor Storm, Theodor Fontane und Wilhelm Raabe. – auch →sozialistischer Realismus.

3) *Philosophie:* die Weltanschauung und philosophische Lehre, nach der die Wirklichkeit außerhalb des menschlichen Bewusstsein besteht und von diesem unabhängig ist.

■ **Reality-TV** [riäliti tiwi; engl. reality, = Realität] *das,* Fernsehsendungen, die mit nachgestellten Aufnahmen oder mittels Polizei- und Augenzeugenberichten sowie Amateurvideos tatsächliche spektakuläre Ereignisse (z.B. Unfälle, Brände, Geiselnahmen) direkt vom Ort der Handlung vermitteln. Sie setzen u.a. auf Sensation und Spannung und erzielen damit hohe Einschaltquoten.

■ **Realschule** (früher und in Sachsen heute: Mittelschule), in Deutschland eine weiterführende, allgemein bildende Schule, die auf der Grundschule aufbaut und mit der 10. Klasse abschließt. Der Realschulabschluss (auch →mittlerer Bildungsabschluss) ist u.a. Voraussetzung für den Besuch der Fachoberschule. Unter bestimmten Voraussetzungen ermöglicht er die Aufnahme in die gymnasiale Oberstufe. In einigen Bundesländern ist die Realschule durch integrierte Klassen abgelöst. – auch →Gesamtschule.

■ **Realunion** →Personalunion.

■ **Reanimation** [lat.] *die* (Wiederbelebung), alle Maßnahmen, um nach Unfällen, Vergiftungen oder im krankheitsbedingten Schock Atmung und Kreislauf wieder herzustellen. Dazu gehören vor allem das Freimachen der Atemwege (durch Überstrecken des Kopfes und Anheben des Kinns), Herzmassage, künstliche Atmung und eine Bluttransfusion.

Eine Reanimation hat nur Aussicht auf Erfolg, wenn keine dauerhaften Organschädigungen infolge eines Sauerstoffmangels eingetreten sind. Das Gehirn wird schon nach 4–6 Minuten ohne Sauerstoff geschädigt, das Herz nach 15–30 Minuten.

■ **Réaumur-Skala** [reomür...; nach dem französischen Naturwissenschaftler René-Antoine Ferchault de Réaumur, 1683-1757], eine Temperaturskala, bei der der Bereich zwischen Gefrierpunkt und Siedepunkt des Wassers in 80 gleiche Teilabschnitte zerlegt wird. Der Gefrierpunkt des Wassers beträgt dabei 0 °R (sprich: 0 Grad Réaumur), der Siedepunkt 80 °R. – auch →Celsius, →Kelvin.

■ **Rebhuhn,** ein etwa 30 cm großer Vogel auf Feldern und Wiesen. Die Flügel sind kurz und breit, der ebenfalls kurze Schwanz ist rotbraun gefärbt. Seine Oberseite ist dunkelbraun, das Gesicht ist rostfarben, die Brust hat außerdem einen großen braunen Fleck.

Re, der altägyptische Gott der Sonne und des Schöpfertums, wird oft in Menschengestalt mit Sonnenscheibe dargestellt; wenn er, wie hier, mit Falkenkopf und Sonnenscheibe auftritt, hat er sich mit dem Lichtgott Horus verbunden, dessen Augen Sonne und Mond sind; in dieser Gestalt, die sich vor allem dem Schutz der Kinder verbunden fühlt trägt er den Namen Re-Harachte

■ **Reblaus,** eine bis etwa 1,4 mm lange, gelbe bis bräunliche Zwerglaus, die im 19. Jahrh. aus Nordamerika nach Europa eingeschleppt wurde und in allen Weinanbaugebieten große Schäden angerichtet hat. Die Reblaus saugt an Blättern und Wurzeln, an denen dadurch Gallen entstehen.

■ **Receiver** [rißiwᵉr; engl., = Empfänger] *der,* ein kombiniertes Gerät aus einem →Tuner (Empfangsteil) und einem Verstärker, z. B. als Teil einer Hi-Fi-Musikanlage oder einer Empfangsanlage für Satellitenfernsehen.

■ **Rechenmaschine,** Maschine, mit der Rechenoperationen auf mechanischem, elektrischem oder elektronischem Wege ausgeführt werden können. Die mechanischen Rechenmaschinen (mit Antrieb durch Handkurbel) und die elektrischen Rechenmaschinen (mit Antrieb durch Elektromotor) wurden durch elektronische Rechenmaschinen verdrängt, die man meist als Rechner (z. B. Taschenrechner), Rechenanlagen oder →Computer bezeichnet.

■ **Rechenschieber** (Rechenstab), stabförmiges Rechengerät, mit dessen Hilfe man unter Anwendung der Logarithmengesetze (→Logarithmus) u. a. multiplizieren und dividieren kann. Der Rechenschieber ist heute durch den Taschenrechner verdrängt.

■ **Rechenzentrum,** mit Datenverarbeitungsanlagen ausgerüstete oder an ein Datennetz angeschlossene Organisationseinheit zur Verarbeitung umfangreicher Datenmengen, die im kaufmännischen, technischen und wissenschaftlichen Bereich anfallen.

■ **Recht,** im weiteren Sinn jede Handlungsregel, die zwischen »richtigem« (gebotenem, erlaubten) und »unrechtem« (verbotenem) Verhalten unterscheidet; im engeren Sinn ein System von Normen, deren Befolgung durch unmittelbaren Zwang durchgesetzt werden kann (z. B. Bestrafung von Verstößen mit Geldbußen), im Unterschied zu anderen Verhaltensregeln wie Moral oder Brauch. Quellen des Rechts sind u. a. die Überlieferung und die förmliche Rechtsetzung (→Verfassung, Gesetz, Verordnung).

Ziel des Rechts ist es nicht nur, die Beilegung entstandener Konflikte zu regeln (Rechtsweg), sondern im Idealfall das Aufkommen von Auseinandersetzungen zu verhindern, indem es die Rechte und Pflichten jedes Einzelnen festlegt (Rechtssicherheit). Das Recht soll den Frieden in der Gesellschaft gewährleisten. Voraussetzung dafür ist, dass allein der Staat Zwang bei der Durchsetzung des Rechts ausüben darf (Gewaltmonopol des Staats). Um den einzelnen Bürger vor Übergriffen der Staatsgewalt zu schützen, unterliegt sie in einem →Rechtsstaat ihrerseits Regeln (z. B. Schutz der →Menschenrechte). Der Friedenssicherung zwischen den Staaten dient das →Völkerrecht.

Unterschieden werden u. a. das **öffentliche Recht,** das das Handeln des Staates regelt (z. B. Verfassungsrecht, Verwaltungsrecht, Strafrecht) und das **Privatrecht,** das Normen für die Beziehungen der Bürger untereinander festlegt (z. B. bürgerliches Recht, Handelsrecht, Arbeitsrecht). Besondere Rechte und Pflichten von Kindern und Jugendlichen schreibt u. a. das →Jugendrecht fest. – Tabelle S. 60/61

■ **Rechteck,** ein Viereck mit vier rechten Winkeln. Ein Sonderfall ist das Quadrat. Das Rechteck stellt also ein spezielles →Parallelogramm dar. Die Diagonalen des Rechtecks sind gleich lang und halbieren einander. Jede von ihnen zerlegt das Rechteck in zwei deckungsgleiche rechtwinklige Dreiecke. Der Flächeninhalt F ist:

$$F = a \cdot b,$$

wobei a und b die beiden verschieden langen Rechteckseiten sind.

Das **Rebhuhn** lebt in kleinen Gruppen; die Jungen sind Nestflüchter

Recht: die Rechte nach dem Lebensalter

Deutschland

Vor der Geburt: Recht auf Leben nach der Einnistung der befruchteten Eizelle in die Gebärmutterschleimhaut (Nidation).

Geburt: Rechtsfähigkeit (Fähigkeit, Rechte und Pflichten zu tragen), Parteifähigkeit (Fähigkeit, Prozesse zu führen), die stellvertretend durch Eltern oder Erziehungsberechtigte ausgeübt wird.

1.–6. Lebensjahr: Volle Geschäfts- und Schuldunfähigkeit, d. h. keine persönliche Haftung für allgemeine Rechtsgeschäfte, Schäden oder strafbare Handlungen.

6. Lebensjahr: Schulpflichtbeginn; Kinobesuch erlaubt, wenn Film ab 6 Jahren freigegeben.

7. Lebensjahr: Beschränkte Geschäftsfähigkeit, beschränkte Deliktsfähigkeit (Verantwortlichkeit für unerlaubte Handlungen) nach bürgerlichem Recht, d. h., Minderjährige haften gesetzlich nicht; hatten sie aber schon die Einsicht, Unrecht zu tun, sind sie verantwortlich.

10. Lebensjahr: Recht auf Anhörung bei Wechsel des religiösen Bekenntnisses; Kinder und Jugendliche vom 10. bis zum 16. Lebensjahr können einen Kinderausweis (mit Bild) als Passersatz bekommen; Kinder, die eine weiterführende Schule besuchen (z. B. ein Gymnasium) und deren Eltern nicht genügend Geld für die Ausbildung haben, können unter Umständen Sozialhilfe erhalten.

12. Lebensjahr: Kein Religionswechsel gegen den Willen des Kinds; Kinobesuch erlaubt, wenn der Film für Kinder ab dem 12. Lebensjahr freigegeben ist und die Vorstellung vor 20.00 Uhr endet; Kinder dürfen im Auto vorn sitzen (unter 12 Jahren aus Sicherheitsgründen auf dem Rücksitz).

14. Lebensjahr: Mitspracherecht hinsichtlich der elterlichen Sorge nach Ehescheidung der Eltern; religiöses Selbstbestimmungsrecht, bedingte Verantwortlichkeit für Straftaten. Kinobesuch bis 22.00 Uhr (Vorstellungsende).

15. Lebensjahr: Recht, selbstständig Sozialleistungen zu beantragen und zu empfangen. Mindestalter für das Führen erlaubnisfreier Kfz.

16. Lebensjahr: Eidesfähigkeit vor Gericht; Mindestalter für ↑ Führerschein der Klassen A 1, L, M, T; Pflicht zum Besitz des Personalausweises; Möglichkeit, vor einem Notar ein Testament zu machen; beschränkte Ehefähigkeit (einer der Verlobten muss mindestens 18, der andere mindestens 16 Jahre alt sein); Erlaubnis, in der Öffentlichkeit zu rauchen und leichte alkoholische Getränke (kein Branntwein) zu sich zu nehmen, bis 24.00 Uhr Gaststätten und Tanzveranstaltungen aufzusuchen; Kinobesuch erlaubt, wenn der Film ab 16 Jahren freigegeben ist und die Vorstellung vor 24.00 Uhr endet.

17. Lebensjahr: Mindestalter für:
- ein freiwilliges soziales Jahr,
- Mitgliedschaft in der freiwilligen Feuerwehr,
- Eintritt in die Bundeswehr (als freiwilliger Soldat auf Zeit),
- Segelflugführerschein,
- Fallschirmspringerschein.

18. Lebensjahr: Volljährigkeit, volle Geschäfts-, Testier-, Ehe- und Deliktsfähigkeit nach bürgerlichem Recht, strafrechtliche Verantwortlichkeit als Heranwachsender, aktives und passives Wahlrecht, Beginn der Wehrpflicht, Mindestalter für den Erwerb des Führerscheins der Klassen A bei stufenweisem Zugang B, C, C 1, BE, CE, C 1 E, Ende der Schulpflicht.

21. Lebensjahr: Volle strafrechtliche Verantwortung, Mindestalter für Führerschein der Klassen D, D 1, DE, D 1 E.

25. Lebensjahr: Mindestalter, um Adoptionen vorzunehmen und das Schöffenamt zu bekleiden; Mindestalter für den direkten Erwerb des Führerscheins der unbeschränkten Klasse A oder des Stufenführerscheins nach 2-jährigen Frist.

27. Lebensjahr: Mindestalter für die Ernennung zum Lebenszeitbeamten.

40. Lebensjahr: Wählbarkeit zum Bundespräsidenten.

45. Lebensjahr: Ende der Wehrpflicht für Mannschaften im Frieden.

53. Lebensjahr: Beginn der besonderen Altersgrenze für Berufssoldaten.

60. Lebensjahr: Ende der Wehrpflicht für Offiziere und Unteroffiziere im Frieden, allgemeine Altersgrenze für Berufssoldaten und Polizeivollzugsbeamte, vorzeitiges Altersruhegeld für Frauen und allgemein bei einjähriger vorangegangener Arbeitslosigkeit.

61. Lebensjahr: Rentenversicherungsansprüche für Schwerbehinderte.

65. Lebensjahr: Altersgrenze für Beamte und Richter (Eintritt in den Ruhestand ab 63. Lebensjahr möglich), Steuervergünstigungen (Altersfreibetrag – zum Teil nach Vollendung des 50., 60. und 64. Lebensjahres).

68. Lebensjahr: Altersgrenze für Richter an oberen Bundesgerichten und für Hochschullehrer.

70. Lebensjahr: Altersgrenze für das Schöffenamt.

■ **Rẹchtsanwalt,** Jurist, der nach seiner Zulassung durch die jeweilige Justizverwaltung seinen Mandanten (»Kunden«) freiberuflich gegen Honorar in Rechtsangelegenheiten berät und gerichtlich oder außergerichtlich vertritt. Ein Rechtsanwalt kann z. B. als Strafverteidiger oder als Berater in Vertragsfragen tätig sein.

■ **Rẹchtschreibung** (Orthographie), die Festlegung der Schreibweise einer Sprache nach allgemein verbindlichen Regeln. Eine einheitliche Rechtschreibung wurde in Deutschland erst 1902 verbindlich. Dies ist auch ein Verdienst von Konrad Duden (1829–1911), dessen »Vollständiges Orthographisches Wörterbuch der deutschen Sprache« (1880), später einfach »Duden« genannt, im deutschen Sprachraum für die Rechtschreibung maßgebend wurde. 1998 wurde eine neue amtliche Rechtschreibung eingeführt, jedoch gelten bis 2005 die Schreibungen nach den alten Regeln nicht als Fehler.

■ **Rẹchtspflege,** Bezeichnung für die den Gerichten zugewiesene Tätigkeit, vor allem die Rechtsprechung, auch für die Tätigkeit der Staatsanwaltschaft, der Rechtsanwälte und Notare.

■ **Rẹchtsstaat,** staatliche Organisationsform nach den Ideen der Freiheit und Rechtssicherheit, in der Recht und Gesetz (und nicht die Willkür bestimmter Personen) herrschen. Das staatliche Handeln ist einerseits an das geltende Recht gebunden und wird durch unabhängige Gerichte kontrolliert (z. B. in der Bundesrepublik Deutschland die Übereinstimmung eines Gesetzes mit der Verfassung durch das Bundesverfassungsgericht). Andererseits ist die Staatstätigkeit darauf ausgerichtet, Recht zu verwirklichen (z. B. Gesetze durchzusetzen und Rechtsbruch zu bestrafen).

■ **Reconquista** [...kịsta; spanisch] *die,* die »Rückeroberung« der ab 711 von den Mauren besetzten Iberischen Halbinsel durch christliche Heere. – auch →Spanien (Geschichte).

■ **Recycling** [rissaik...; engl.] *das,* die Wiederverwendung von Abfällen, Nebenprodukten oder unbrauchbar gewordenen Produkten der Konsumgüterindustrie als Rohstoff für die Herstellung neuer Produkte. Man unterscheidet verschiedene Arten des Recyclings: Wiederverwendung, das heißt wiederholte Benutzung (z. B. bei Pfandflaschen), Weiterverwendung in einem neuen Anwendungsbereich (z. B. Altpapier als Dämmmaterial), Wiederverwertung, das heißt Rückführung in die Produktion (z. B. hochwertige Kunststoffe zu niederwertigen Kunststoffen, Flaschen zu Altglas), und Weiterverwertung in einem anderen Produktionsprozess (z. B. Stahl aus Schrott). Ziel des Recyclings ist es, den Rohstoffverbrauch und die zu entsorgenden Abfallmengen zu reduzieren. Dabei ist in den letzten Jahren neben dem Recycling von Industrieabfällen auch das Recycling von Hausmüll zunehmend in den Mittelpunkt gerückt. – Bild S. 62

Recht: die Rechte nach dem Lebensalter (Fortsetzung)

Österreich

Vor der Geburt: Recht auf Leben nach der Nidation.

6. Lebensjahr: Beginn der Schulpflicht.

10. Lebensjahr: Anhörungsrecht zum Bekenntniswechsel.

12. Lebensjahr: Zustimmungsrecht zum Bekenntniswechsel, Mindestalter für Fahrradfahren im öffentlichen Verkehr.

14. Lebensjahr: Religiöses Selbstbestimmungsrecht, verwaltungsstrafrechtliche Deliktsfähigkeit, beschränkte strafrechtliche Deliktsfähigkeit, erweiterte Geschäftsfähigkeit, beschränkte Testierfähigkeit.

16. Lebensjahr: Ehefähigkeit der Frau, Ende der Schulpflicht, Rauchen und Alkoholgenuss in der Öffentlichkeit ist möglich, Mindestalter für Führerschein Gruppe A (Kleinmotorräder).

18. Lebensjahr: Möglichkeit der Testamentserrichtung, Beginn der Wehrpflicht, volle Strafmündigkeit, Besuchsrecht für Veranstaltungen aller Art, Mindestalter für Führerschein der Gruppen A, B, C, F, G.

19. Lebensjahr: Volljährigkeit, aktives Wahlrecht, Gewerbeantrittsberechtigung, Ehefähigkeit des Mannes.

21. Lebensjahr: Passives Wahlrecht zu Parlamenten.

24. Lebensjahr: Mindestalter für Führerschein Gruppe D (Lastkraftwagen).

30. Lebensjahr: Mindestalter, um Adoptionen vorzunehmen.

35. Lebensjahr: Wählbarkeit zum Bundespräsidenten.

51. Lebensjahr: Ende der Wehrpflicht.

55. Lebensjahr: Vorzeitiges Pensionsalter für Frauen.

60. Lebensjahr: Pensionsalter für Frauen, vorzeitiges Pensionsalter für Männer, dauernder Ruhestand für Richter.

65. Lebensjahr: Pensionsalter für Männer.

Schweiz

Vor der Geburt: Recht auf Leben nach der Nidation.

6. Lebensjahr: Schulpflichtbeginn.

7. Lebensjahr: Bedingte strafrechtliche Verantwortlichkeit.

14. Lebensjahr: Mindestalter für Motorfahrräder, Führerschein Kategorie G.

15. Lebensjahr: Ende der Schulpflicht.

16. Lebensjahr: Religiöse Bekenntnisfreiheit, Führerschein Kategorie F.

18. Lebensjahr: Möglichkeit der Testamentserrichtung und der Wahrung höchstpersönlicher Rechte (z. B. auf Anfechtung einer Ehe), aktives und passives Wahlrecht, Ehefähigkeit der Frau, Führerschein Kategorie A 1, B, C und C 1.

20. Lebensjahr: Volljährigkeit, Wehrpflicht, Ehefähgikeit des Mannes.

21. Lebensjahr: Führerschein Kategorie D.

35. Lebensjahr: Mindestalter, um Adoptionen vorzunehmen.

50. Lebensjahr: Ende der Wehrpflicht für Mannschaften.

55. Lebensjahr: Ende der Wehrpflicht für Offiziere.

62. Lebensjahr: Altersrente für Frauen.

65. Lebensjahr: Altersrente für Männer.

Die alten Autos enthalten beim **Recycling** eine nahezu vergleichbare Eisenmenge wie die zu ihrer Herstellung benötigte

■ **Redakteur** [...tör; frz.] *der,* Mitarbeiter vor allem in Verlagen und Rundfunkanstalten, der Texte oder Fotos (Bildredakteur) und Filme für die Veröffentlichung in Zeitungen, Zeitschriften, Sammelwerken und Lexika, für Hörfunk- oder Fernsehsendungen beschafft, auswählt und bearbeitet oder eigene Arbeiten im Rahmen seines Ressorts verfasst.

■ **Reduktion** [lat., = Zurückführung] *die,* **1)** *allgemein:* Verminderung, Verkleinerung; Herabsetzung; Zurückführung auf Einfacheres.

2) *Chemie:* ein chemischer Vorgang, bei dem ein Stoff (Reduktionsmittel) Elektronen an einen anderen Stoff (Oxidationsmittel) abgibt. Eine Reduktion ist in Redoxreaktionen immer mit dem Vorgang der →Oxidation verknüpft.

Reflex

In einem berühmten Versuch mit einem Hund wies der russische Verhaltensforscher Iwan Pawlow (1849–1936) nach, dass es neben den unwillkürlichen Reizreflexen auch bedingte Reflexe gibt, die antrainiert werden können.
Regelmäßig klingelte Pawlow, bevor er seinen Versuchshund fütterte. Schon bald hatte der Hund »gelernt«, dass das Klingelzeichen baldiges Futter bedeutete. Wenn er nun das Klingelzeichen hörte, »lief ihm das Wasser im Mund zusammen«, das heißt, sein Speichelfluss steigerte sich als Reflex auf die Erwartung des Futters.

■ **Reede** *die,* geschützter Ankerplatz an einer Küste, z. B. in einer Bucht oder Flussmündung. Als **Reeder** bezeichnet man den Eigentümer eines Schiffes, als **Reederei** ein Schifffahrtsunternehmen.

■ **reelle Zahlen** →Zahl.

■ **Referat** [lat.] *das,* **1)** *allgemein:* schriftliche oder mündliche Abhandlung (Vortrag) über ein bestimmtes Thema.

2) *Verwaltung:* Abteilung einer Behörde.

■ **Referendar** [lat.] *der,* Dienstbezeichnung für Anwärter auf die höhere Beamtenlaufbahn in Schul- und Rechtswesen, Verwaltung und Forstdienst. Ein Referendar leistet nach dem mit der ersten Staatsprüfung abgeschlossenen Studium einen praxisorientierten Vorbereitungsdienst (Referendariat), der mit der zweiten Staatsprüfung abschließt.

■ **Referendum** →Volksentscheid.

■ **Referent** [lat.] *der,* **1)** *allgemein:* Berichterstatter; Gutachter; jemand, der ein →Referat hält.

2) *Verwaltung:* Sachbearbeiter in einer Dienststelle, dem Referat.

■ **reflektieren** [lat.], zurückstrahlen, spiegeln (z. B. in der Physik).

■ **Reflektor** [lat.] *der,* **1)** *Astronomie* und *Nachrichtentechnik:* Bezeichnung für →Spiegelteleskope und denjenigen Teil einer Antenne (vor allem von →Radioteleskopen), der die einfallende Strahlung sammelt und bündelt.

2) *Lichttechnik:* Vorrichtung, mit der die von einer Lichtquelle nach allen Seiten sich ausbreitende Lichtstrahlung in eine bestimmte Richtung gelenkt wird, z. B. Parabolspiegel in Scheinwerfern und Taschenlampen; allgemein jeder Spiegel (→Reflexion).

■ **Reflex** [lat.] *der,* **1)** *Optik:* der von einem spiegelnden Körper zurückgeworfene Widerschein.

2) *Physiologie:* eine unwillkürliche, nicht durch den Willen beeinflusste Bewegung bei Mensch und Tier, die durch einen Reiz ausgelöst wird, z. B. das Schließen der Augen bei plötzlichem Licht oder der Kniesehnenreflex. Der Weg, den die Erregung beim Ablauf eines Reflexes von der Einwirkungsstelle eines Reizes (dem Rezeptor) bis zum Erfolgsorgan (dem Effektor) unter vorgegebenen Bahnen im Zentralnervensystem zurücklegt, ist der **Reflexbogen.** Reflexe ermöglichen dem Organismus, sich rasch und sicher auf Veränderungen der Umweltbedingungen einzustellen sowie alle Körperteile zu koordinieren. **Unbedingte Reflexe** sind angeboren, **bedingte Reflexe** können durch Gewöhnung und Dressur ausgelöst werden.

■ **Reflexion** [aus lat. reflexio, = das Zurückbeugen] *die,* **1)** *allgemein:* Nachdenken, Überlegung, das prüfende und vergleichende Denken.

2) *Physik:* das Zurückwerfen von Licht, Schallwellen und anderen Arten von Strahlung an Grenzflächen zwischen zwei verschiedenen Medien. Bei der **regelmäßigen Reflexion** an einer spiegelnden

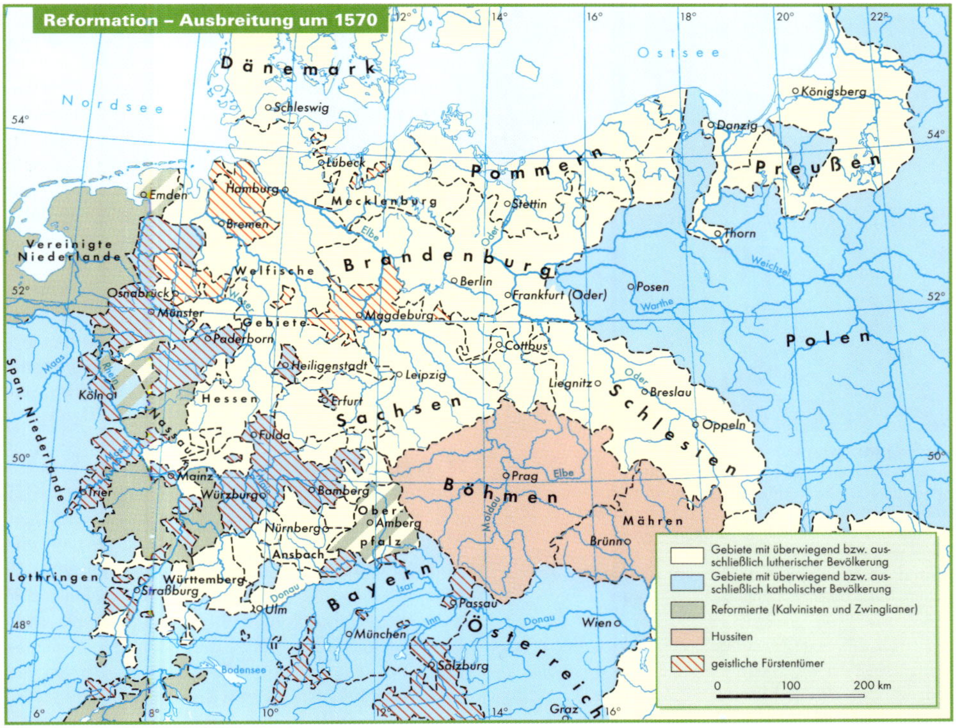

Reformation – Ausbreitung um 1570

Fläche ist der Einfallswinkel eines Strahls immer gleich seinem Ausfallwinkel (Reflexionsgesetz).

■ **reflexiv,** zurückwirkend, rückbezüglich (→Verb).

■ **Reform** [lat.] *die,* Umgestaltung, Neuordnung, mit dem Ziel, das Bestehende zu verbessern.

■ **Reformation** [lat.], die von Luther begründete religiöse Reformbewegung, die eine Erneuerung der Kirche anstrebte und später zur Bildung der protestantischen Kirchen führte. Die Reformation wandte sich zuerst gegen innerkirchliche Missstände (z. B. den Ablasshandel). Sie strebte nach einer dem Evangelium gemäßen Kirche und erkannte in der göttlichen Gnade, wie sie die Bibel bezeugt, die einzige Möglichkeit der Rechtfertigung des Menschen vor Gott.
Beeinflusst und in ihrer Ausbreitung gefördert wurde die Reformation durch den europäischen Humanismus, den Niedergang des päpstlichen Ansehens und die Bestrebungen deutschen Fürsten, eigene Landeskirchen aufzubauen, um von Papst und Kaiser unabhängiger zu werden. Die Erfindung des Buchdrucks beschleunigte die Verbreitung der neuen Gedanken (Bibeldrucke, Flugschriften) und soziale Bewegungen (Bauernkrieg) nährten sich aus reformatorischem Gedankengut.
Auf dem Augsburger Reichstag 1530 begründeten die protestantischen Städte und Fürsten ihren neuen Glauben und grenzten ihn gegen die römische Kirche ab (Augsburger Bekenntnis). Gegen die ablehnende Religionspolitik Kaiser Karls V. schlossen sich die Protestanten zum Schmalkaldischen Bund zusammen, erlitten aber 1547 bei Mühlberg an der Elbe eine schwere Niederlage gegen die kaiserlichen Truppen. Trotzdem musste der Kaiser im Augsburger Religionsfrieden 1555 das Augsburger Bekenntnis anerkennen und den Landesfürsten die freie Religionswahl zugestehen, was zur konfessionellen Spaltung Deutschlands führte. Im 16. Jahrh. breitete sich die Reformation in ganz Europa, insbesondere in Skandinavien, schnell aus. Reformatoren der Schweiz waren Ulrich Zwingli und Johannes Calvin.

■ **reformierte Kirchen,** Sammelname für die protestantischen Kirchen, deren Lehre u. a. auf die Reformatoren Ulrich →Zwingli (Zürich) und Johan-

Der **Regenbogen** entsteht durch Brechung und Reflexion der einzelnen Sonnenstrahlen in den Regentropfen, beim Hauptregenbogen einmalig, beim Nebenregenbogen zweimalig; der gemeinsame Mittelpunkt liegt auf der Verlängerung der Geraden, die die Sonne mit dem Auge des Beobachters verbindet; beim Hauptregenbogen liegt Violett innen und Rot außen, beim Nebenregenbogen umgekehrt

nes →Calvin (Genf) zurückgeht. Reformierte Kirchen bildeten sich vor allem in der Schweiz, in Frankreich, Deutschland, den Niederlanden, England, Ungarn, Schottland und den USA. In Deutschland sind sie zum Teil heute mit den Lutheranern in den Kirchen der Union zusammengeschlossen.
Die reformierten Kirchen betonen (im Gegensatz zu Luther) die Lehre von der göttlichen Vorherbestimmung der einzelnen Menschen zum Glauben oder Unglauben (Prädestinationslehre); auch die Abendmahlslehre unterscheidet sich von der Luthers. Die gottesdienstlichen Räume sind bewusst einfach und nüchtern gehalten (ohne Bilder und figürliche Darstellungen).

Dieser **Regenpfeifer,** der schwarzbehaubte Kiebitz, baut muldenförmige Bodennester; die Jungen sind Nestflüchter

■ **Refrain** [r^efräng; lat.] *der,* in gleichmäßigen Abständen wiederkehrende Wortfolge oder Wort- und Tonfolge in Gedichten und Liedern.

■ **Refraktion** →Brechung.

■ **Refraktor** [lat.] *der,* ein →Fernrohr, bei dem das Licht sammelnde optische Element aus Linsen besteht (Objektiv).

■ **Regatta** [italienisch] *die,* sportlicher Wettbewerb besonders für Segel-, Ruder- und Motorboote.

■ **Regelunterhalt,** der Mindestbetrag, den ein minderjähriges Kind (gleichgültig ob ehelich oder nichtehelich) von einem Elternteil, mit dem es nicht im Haushalt lebt, als Unterhalt verlangen kann. Die Regelbeiträge werden von der Bundesregierung gestaffelt nach dem Alter des Kindes festgesetzt und in regelmäßigen Zeiträumen angepasst. Der unterhaltspflichtige Elternteil kann entsprechend seiner Leistungsfähigkeit auch zu höheren Unterhaltsleistungen und über das 18. Lebensjahr des Kindes hinaus verpflichtet werden.

■ **Regen,** Niederschlag in Form von Wassertröpfchen, deren Durchmesser zwischen 0,5 mm (Sprühregen) und 7 mm (Wolkenbruch) liegt. Wie jede Art von Niederschlag entsteht auch der Regen immer dann, wenn Luft, die mit Wasserdampf gesättigt ist, sich abkühlt und dabei ein Teil des Wasserdampfes zu Wasser kondensiert. Das kann geschehen, wenn die feuchte Luft aufsteigt und in größerer Höhe abgekühlt wird (z. B. bei »Steigungsregen« vor Gebirgen) oder wenn eine Kaltluftfront auf warme, feuchte Luftmassen trifft. – auch →Luftfeuchtigkeit.

■ **Regenbogen,** leuchtender farbiger Kreisbogen, der an dem der Sonne entgegengesetzten Teil des Himmelsgewölbes wahrgenommen wird. Sein Mittelpunkt liegt auf der Geraden, die von der Sonne aus durch das Auge des Betrachters geht. Er kommt zustande, wenn die Sonnenstrahlen in Regentropfen gebrochen, dadurch in ihre Spektralfarben zerlegt und reflektiert werden. Seine Farben sind die des optischen →Spektrums. Zwischen den sprichwörtlichen »Regenbogenfarben« – von außen nach innen: Rot, Orange, Gelb, Grün, Blau, Violett – liegen ohne scharfe Grenzen alle Zwischenfarben, sodass eine genaue Zahl für die Farben des Regenbogens nicht angegeben werden kann. Außer dem Hauptregenbogen ist oft auch ein Nebenregenbogen zu sehen, dessen Mittelpunkt mit dem des Hauptregenbogens übereinstimmt. Die Reihenfolge der Farben ist beim Nebenregenbogen umgekehrt. Regenbogenähnliche Erscheinungen können häufig an Wasserfällen und Springbrunnen beobachtet werden.

■ **Regenbogenhaut** (Iris), die zweite Schicht des Auges, die hinter der Hornhaut liegt. Sie enthält Farbstoffe und bestimmt damit die Augenfarbe. – auch →Auge.

■ **Regeneration** [aus lat. regeneratio, = Wiedergeburt] *die,* Erneuerung, Wiederherstellung.

■ **Regenpfeifer,** eine Familie lerchen- bis taubengroßer, kräftiger Watvögel mit kurzem Schnabel. Meist sind sie auffällig weiß und schwarz gezeichnet. Sie leben auf Wiesen, Hochmooren und an sandigen Ufern, z. B. der Kiebitz.

■ **Regensburg,** Stadt in Bayern, an der Mündung des Regen und der Naab in die Donau, mit 125 200 Einwohnern. Bedeutende Bauwerke sind

u. a. der Dom (um 1250 begonnen), die romanische Kirche Sankt Emmeram, die Steinerne Brücke (1146 vollendet), der Herzogshof (12. und 13. Jahrh.), das Alte (14. bis 18. Jahrh.) und das Neue Rathaus (im 17. Jahrh. umgebaut). – Regensburg wurde im 2. Jahrh. n. Chr. als römisches Legionslager gegründet (Castra Regina). 1663–1806 tagte in Regensburg der Immerwährende →Reichstag.

■ **Regent** [lat.] *der,* Staatsoberhaupt in einer Monarchie, entweder der Monarch (König, Fürst) selbst oder ein Stellvertreter, falls der Monarch z. B. minderjährig oder regierungsunfähig ist.

■ **Regenwald,** ein immergrüner Wald in ganzjährig feuchten Tropen, Subtropen und frostfreien Außentropen. Man unterscheidet zwischen dem **tropischen Tieflandregenwald** mit meist drei Baumstockwerken und 50–60 m hohen Bäumen (Stratum 5), dem etwas artenärmeren **tropischen Gebirgsregenwald** in 1000–2000 m Höhe mit zwei Stockwerken und etwa 25 m hohen Bäumen (Stratum 4), dem **subtropischen Regenwald,** in dem auch Nadelhölzer auftreten, und dem **temperierten Regenwald,** den nur noch wenige Arten bilden und der häufig von Eukalyptusbäumen überragt wird (Stratum 3, 2, 1).

Im tropischen Regenwald leben 50 % aller auf der Erde vorkommenden Pflanzen- und Tierarten. Auch begrenzte Eingriffe führen zu dauernden Veränderungen der Vegetation. Die extrem mineralstoffarmen Böden werden bei Wegfall der Vegetation sofort abgeschwemmt. Nach Rodung (vor allem Brandrodung) werden die Böden nach zwei bis vier Jahren unfruchtbar und neues Land muss gerodet werden. Von globaler Bedeutung ist der Regenwald als Kohlendioxidsenke, das heißt, Kohlendioxid wird hier von den Pflanzen in großen Mengen aufgenommen und entsprechend viel Sauerstoff wird abgegeben. Die Vernichtung des Regenwaldes trägt zum Anstieg des Kohlendioxidgehalts der Erdatmosphäre bei und damit zum Temperaturanstieg auf der Erde (Treibhauseffekt, →Klima).

■ **Regenwürmer,** bis 30 cm lange, meist rotbraun gefärbte Ringelwürmer, die in feuchter Erde leben und verwesende pflanzliche Stoffe fressen. Durch ihre Grabtätigkeit und ihre Ausscheidungen sind sie wichtige Bodenverbesserer.

■ **Reggae** [rege^i; amerikanisch] *der,* Mitte der 1960er-Jahre entstandene Stilrichtung innerhalb der Rockmusik, bei der Elemente der volkstümlichen Tanzmusik Jamaikas (z. B. Calypso, Mento) mit Rhythm and Blues und Soul verbunden wurden. Charakteristisch für den Reggae sind die Widerholung fast gleich bleibender Melodiephrasen sowie ein komplexer Rhythmus vor allem mit Betonung der schwachen Taktteile.

Seit Mitte der 1970er-Jahre ist der Reggae vor allem in Europa eng mit dem Namen Bob Marley (1942–81) verknüpft. Mit sozialkritisch engagierten Texten und musikalischer Ursprünglichkeit ver-

Der **Regenwald** hat eine typische Stockwerkbildung; die verschiedenen Stockwerke fördern die Artenvielfalt, da recht unterschiedliche Bedingungen hinsichtlich der Luftfeuchtigkeit, Temperatur und Lichtintensität gegeben sind

suchte er, der eher kommerziellen Orientierung des Reggae-Booms entgegenzuwirken. Reggae ist eine der wichtigsten Ausdrucksformen des Rastafari, einer afroamerikanischen Religion.

Die meist in kleinen Gruppen nicht unbedingt scheu lebenden **Rehe** fressen Gras, Kräuter, Eicheln, Pilze und Laub sowie auch Knospen von Gehölzen; das kleine Geweih des Rehmannes zählt höchsten sechs Enden

■ **Regie** [reschi; frz.] *die,* die verantwortliche Führung, (künstlerische) Leitung bei der Gestaltung einer Aufführung, eines Spielgeschehens, eines bestimmten Vorhabens. Der **Regisseur** (Spielleiter) leitet u.a. bei Theater, Film, Fernsehen und Hörfunk die Einstudierung eines (dramatischen) Werkes und sorgt für das Zusammenspiel der Mitwirkenden, besonders der Schauspieler, Bühnenbildner und Beleuchter. Ausschlaggebend ist dabei die Deutung des Werks durch den Regisseur, die bis zur völligen Neuinterpretation eines Stücks reichen kann (Regietheater). Der Filmregisseur ist zudem für die Kameraeinstellungen und oft auch für den Schnitt verantwortlich.

■ **Regierung** [lat.] *die,* das Organ eines Staates, das die Politik eines (Staats-) Gebiets leitet und ihr die Richtung vorgibt; auch die Personen, die diese Herrschaftsgewalt ausüben.

■ **Regime** [reschim; frz.] *das,* Herrschaft; (totalitäre) Regierungsform.

■ **Region** [lat.] *die,* ein durch bestimmte Merkmale gekennzeichnetes, größeres Gebiet.

■ **Regisseur** [reschissör; frz.] *der,* →Regie.

■ **Register** [zu lat. regerere, = eintragen] *das,* **1)** *allgemein:* alphabetische Zusammenstellung (auch Index genannt) von Personennamen, Ortsnamen und Sachbegriffen, meist als Anhang eines Buches mit Angabe der Seiten, auf denen sie im Buch vorkommen.

2) *Recht:* amtliches Verzeichnis über rechtlich wichtige Verhältnisse, z.B. →Bundeszentralregister oder →Handelsregister.

3) *Musik:* bei Tasteninstrumenten die Gruppen von Klangerzeugern (z.B. Pfeifen einer Orgel) gleicher oder ähnlicher Klangfärbung und unterschiedlicher Tonhöhe.

■ **Regler,** eine Vorrichtung, durch die eine bestimmte Größe (z.B. die Drehzahl eines Motors, die Temperatur in einem Raum oder die elektrische Spannung in einem Stromkreis) auf einem bestimmten Wert gehalten wird (Sollwert). Außer mechanischen Reglern gibt es elektrische und elektronische. Regler beruhen auf dem Prinzip der Rückkopplung und spielen eine wichtige Rolle bei automatischen Produktionsabläufen.

■ **Reh,** ein 60–90 cm schulterhohes und 100–140 cm körperlanges Huftier mit schlankem Körperbau aus der Gattung der Trughirsche, mit rotbraunem Sommer- und graubraunem Winterkleid. Das Fell des jungen Rehes (Kitz) trägt kleine, helle Flecken. Das männliche Tier besitzt ein Geweih.

■ **Rehabilitation** [lat.] *die,* **1)** *allgemein:* die Wiederherstellung des Ansehens einer Person oder Personengruppe, die Wiedereinsetzung in frühere (Ehren-)Rechte.

2) *Recht:* die förmliche Beseitigung des ehrenrührigen Vorwurfs, eine Straftat begangen zu haben; dies geschieht durch Freispruch, je nach Lage des Falles aber auch durch die Bekanntgabe der Verurteilung des wirklichen Täters. In den neuen Bundesländern ist Rehabilitation durch Aufhebung von rechtsstaatswidrigen Strafurteilen aus der Zeit von 1945 bis 1990 und die Gewährung von sozialen Ausgleichsleistungen vorgesehen.

3) *Sozialmedizin* und *Sozialpolitik:* (Wiedereingliederung), die Wiederherstellung der köperlichen, geistigen und beruflichen Fähigkeiten eines z.B. durch Krankheit oder Unfall geschädigten Menschen, die es ihm ermöglichen soll, wieder sinnvoll am gesellschaftlichen Leben teilzunehmen. Entsprechende Maßnahmen des (Sozial-)Staats oder privater Institutionen können auch der gesellschaftlichen (Wieder-)Eingliederung von körperlich oder geistig Behinderten, von Straffälligen oder Drogenabhängigen dienen.

■ **Reibung,** diejenige hemmende Kraft, die ein Körper erfährt, wenn er auf einem anderen Körper gleitet (Gleitreibung) oder abrollt (Rollreibung). Hervorgerufen wird die Reibung durch die Unebenheiten der aufeinander gleitenden oder aneinander

abrollenden Flächen. Von dieser **äußeren Reibung** unterscheidet man die **innere Reibung,** die immer dann auftritt, wenn Teile desselben Körpers sich gegeneinander bewegen (vor allem in Flüssigkeiten und Gasen).
Die Reibungskraft ist stets der Bewegungsrichtung entgegengesetzt, sie wirkt der Bewegung entgegen. Die Größe der Reibung ist abhängig von der Oberflächenbeschaffenheit und von der Kraft, mit der die aufeinander gleitenden oder aneinander abrollenden Körper aufeinander lasten. Da die Gleitreibung stets größer ist als die Rollreibung, versucht man, jede Art von Gleitreibung in Rollreibung umzusetzen. Das geschieht mithilfe von Rädern, Rollen und Kugellagern und durch Schmiermittel wie Öl und Fett. Ganz ausschalten lässt sie sich allerdings nicht.
Bisweilen ist die Reibung auch erwünscht: So würden beispielsweise ohne eine Reibung zwischen Autoreifen und Straße die Räder beim Anfahren »durchdrehen«. Ebenso könnte das fahrende Auto nicht bremsen, da die fest stehenden Räder ungehindert auf der Straße gleiten würden. Mit der Reibung ist immer die Entstehung von Wärme (Reibungswärme) verbunden.

■ **Reich,** *Biologie:* →System.

■ **Reichenau,** Insel im Bodensee (Untersee), mit 4 km² und 4800 Einwohnern, die durch einen 1 km langen Damm mit dem Festland verbunden ist. – Im Jahre 724 wurde hier eine Benediktinerabtei gegründet, die ein Mittelpunkt frühmittelalterlicher Kultur war und besonders durch ihre Buchmalerei berühmt wurde. Hervorragende Bauwerke sind das Münster (im Wesentlichen 9.–11. Jahrh.), die Peter-und-Pauls-Basilika (11./12. Jahrh.) und die Stiftskirche Sankt Georg (9./10. Jahrh.).

■ **Reichsdeputationshauptschluss,** der Beschluss der letzten außerordentlichen Reichsdeputation (Ausschuss der Reichsstände) vom 25. Februar 1803 über die Entschädigung der von der Abtretung des linken Rheinufers an Frankreich (1801) betroffenen weltlichen Fürsten. Fast alle geistlichen Fürstentümer und Reichsstädte wurden der Landeshoheit unterworfen (→Mediatisierung). Der Reichsdeputationshauptschluss beseitigte die Zersplitterung des deutschen Reichsgebiets und führte zu einer starken Gebietsvergrößerung der mittel- und süddeutschen Staaten sowie Preußens.

■ **Reichsinsignien,** Herrschaftszeichen, die die Könige und Kaiser (bis 1806) des Heiligen Römischen Reiches bei der Krönung trugen, vor allem Reichskrone, Reichsapfel, Reichszepter und Reichsschwert.

■ **Reichskanzler,** im Deutschen Reich 1870–1918 höchster, vom Kaiser ernannter Reichsbeamter; der durch Gegenzeichnung der kaiserlichen Regierungsakte einzige verantwortliche Minister des Reiches. In der Weimarer Republik (1919–33) leitete der Reichskanzler die Reichsregierung, verantwortlich gegenüber dem Reichstag, ernannt und entlassen durch den Reichspräsidenten.

■ **Reichskristallnacht,** von den Nationalsozialisten geprägte Bezeichnung für die →Reichspogromnacht (vermutlich wegen der vielen zertrümmerten Fensterscheiben).

■ **Reichsmark** →DM.

■ **Reichspogromnacht** (im nationalsozialistischen Deutschland offiziell Reichskristallnacht, auch Kristallnacht), Bezeichnung für die Nacht vom 9. zum 10. November 1938, in der im Gebiet des Deutschen Reiches 91 Juden ermordet, mehr als 30000 Menschen verhaftet und viele von ihnen in Konzentrationslager verschleppt, fast alle Synagogen und mehr als 7000 jüdische Wohn- und Geschäftshäuser zerstört wurden. Als Anlass für die Ausschreitungen galt die Ermordung des deutschen Botschaftssekretärs in Paris, Ernst Eduard vom Rath, durch den polnischen Juden Herschel Grynszpan am 7. November 1938. Die Reichspogromnacht ging auf eine Initiative von Joseph Goebbels zurück und leitete eine neue Phase der Umsetzung des antisemitischen Programms der NSDAP ein.

■ **Reichspräsident,** das Staatsoberhaupt des Deutschen Reiches 1919–34. Der Reichspräsident wurde für sieben Jahre direkt vom Volk gewählt und war dadurch ein zweites demokratisch legitimiertes Staatsorgan neben dem Reichstag. Der Reichspräsident hatte das Recht zur Auflösung des Reichstags, zur Ernennung und Entlassung des Reichskanzlers und zur Verhängung des Ausnahmezustands sowie den Oberbefehl über die Reichswehr. Amtsinhaber waren Friedrich →Ebert und Paul von →Hindenburg. 1934 vereinigte Hitler das Amt des Reichspräsidenten mit dem des Reichskanzlers (»Führer und Reichskanzler«).

■ **Reichsstädte,** im Heiligen Römischen Reich die bis 1806 nur der Hoheit des deutschen Königs unterstellten (»reichsunmittelbaren«) Städte.

■ **Reichsstände,** im Heiligen Römischen Reich bis 1806 dessen reichsunmittelbare Glieder, soweit sie das Recht auf Sitz und Stimme im Reichstag besaßen. Man unterscheidet geistliche Reichsstände (geistliche Kurfürsten, Erzbischöfe, Bischöfe, Reichsäbte und Reichsäbtissinnen) und weltliche Reichsstände (weltliche Kurfürsten, Her-

Reichsstädte
(Auswahl):
Aachen
Bad Wimpfen
Boppard
Colmar
Frankfurt am Main
Goslar
Kaiserslautern
Kempten
Lausanne
Mühlhausen/Thüringen
Nürnberg
Sankt Gallen
Speyer
Ulm
Wetzlar
Worms
Zürich

züge, Markgrafen, gefürstete Grafen und Freiherren sowie die Reichsstädte).

■ **Reichstag,** im Heiligen Römischen Reich bis 1806 die Vertretung der Reichsstände gegenüber dem Kaiser. Die Kompetenzen des Reichstags betrafen die Rechtspflege, Vertragsabschlüsse, Steuererhebung und Entscheidung über Krieg und Frieden. Zunächst wurde der Reichstag nur zu Einzelsitzungen an jeweils verschiedenen Orten einberufen, 1663–1806 tagte er als permanenter Gesandtenkongress (»Immerwährender Reichstag«) in Regensburg. Im Deutschen Reich von 1871–1918 war der Reichstag die gesetzmäßige Vertretung des Volkes, hatte aber nahezu keinen Einfluss auf die Regierungsbildung und nur geringe parlamentarische Vorrechte. Erst in der Weimarer Republik (1919–33) wurde der Reichstag als Parlament zum Träger der Reichsgewalt, er gewann entscheidenden Einfluss auf die Bildung der Regierung, die von seinem Vertrauen abhängig war. Nach 1933 wurde der Reichstag von den Nationalsozialisten seiner Funktion beraubt, blieb jedoch formal erhalten.

■ **Reif,** eine kristalline Eisablagerung, die sich bei Temperaturen unter 0 °C aus dem Wasserdampf in der Luft auf festen Körpern bildet (gefrorener →Tau).

■ **Reifen,** in der Fahrzeugtechnik der die Radfelge umspannende Teil eines Fahrzeugrades, der meist abnehmbar ist. Es gibt Reifen aus Metall (z. B. auf Holzrädern) und Gummi, Letztere entweder als Vollgummi- oder als Luftreifen. Autoreifen sind meist schlauchlos; ihre Decke wird am Felgenrand abgedichtet. Der Luftreifen (Pneu), vorwiegend bei Straßen- und landwirtschaftlichen Fahrzeugen und Flugzeugen eingesetzt, enthält unter Überdruck stehende Luft.

Ein **Fischreiher,** auch Graureiher genannt, hat einen Barsch erbeutet

■ **Reifeteilung** →Zellteilung

■ **Reiher,** eine Familie der Schreitvögel mit langem Hals, kräftigem Schnabel und langen Beinen. In Mitteleuropa brüten regelmäßig der **Fisch-** oder **Graureiher** und zwei Arten der →Rohrdommeln. Der Fischreiher ist aufgerichtet nahezu 1 m hoch. Sein Gefieder ist oben grau und unten weiß, der weiße Kopf trägt seitlich schwarze Streifen; der weiße Hals ist vorn fleckig schwarz gestreift. Er nistet gesellig an Süßgewässern (seltener an Meeresküsten) auf Bäumen. Zuweilen treten auch der **Silberreiher** mit graubraunen Füßen und der **Seidenreiher** mit schwarzen Läufen und gelben Füßen auf.

■ **Reim,** der Gleichklang von Wörtern in einer oder in mehreren Silben. Man unterscheidet die verschiedenen Formen nach dem Versausgang (Kadenz) oder der Zahl der Silben, die durch den Reim gebunden werden. Die antike und die germanische Versdichtung kannten keinen Endreim. Er verbreitete sich erst seit dem 9. Jahrh. auf dem Weg über die mittellateinische christliche Hymnendichtung in der deutschen Literatur. – Tabelle S. 70

■ **Reims** [rängß; frz.], Stadt in Frankreich, nordöstlich von Paris, mit 180 600 Einwohnern. Die Stadt ist ein Hauptort der Champagne und Zentrum des Champagnerhandels. Das bekannteste Bauwerk der Stadt ist die gotische Kathedrale (1211 begonnen; Glasfenster heute zum Teil von Marc Chagall). – Reims war seit 1179 die Krönungsstadt der französischen Könige.

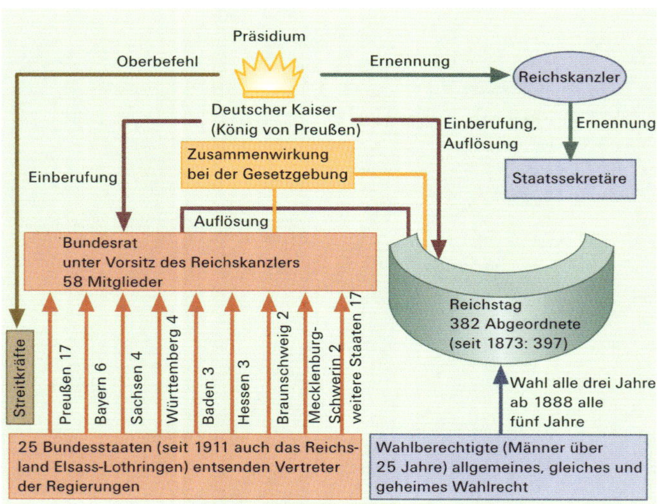

Dieses Schaubild zeigt den Stellenwert des **Reichstags** in der Verfassung des Deutschen Kaiserreiches in den Jahren 1871 bis 1918

■ **Reinkarnation** [re-in...; von lat. incarnatio = Fleischwerdung] (Wiedergeburt) *die,* die Vorstellung, dass die Seele nach dem Tod in ein neues Leben zurückkehrt. Eine große Rolle spielt sie im Hinduismus und im Buddhismus. Hiernach durchlaufen die Seelen eine Reihe von Reinkarnationen (Wiederverkörperungen), das heißt Kreisläufe von Geburt (Verkörperung), Tod, Wiedergeburt und viele Existenzen in Tieren, Menschen, manchmal auch Göttern, bis sie zu ihrem endgültigen Ziel der Befreiung gelangen. Ähnliche Anschauungen haben über die asiatischen Länder hinaus Verbreitung gefunden, u.a. in der Anthroposophie, der Esoterik oder der New-Age-Bewegung.

Reim

Ein Wiesel
saß auf einem Kiesel
inmitten Bachgeriesel.
Wißt ihr
weshalb?
Das Mondkalb
verriet es mir
im Stillen:
Das raffinierte
Tier
tat's um des Reimes willen.
(Christian Morgenstern)

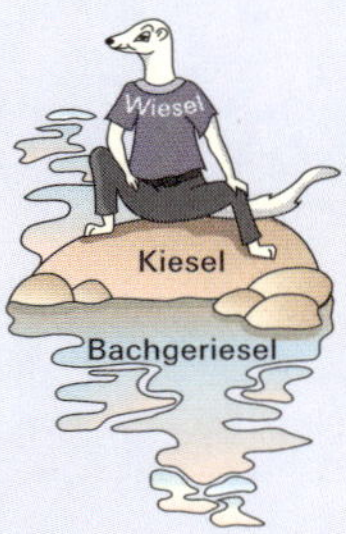

■ **Reis,** eine alte südostasiatische Kulturpflanze aus der Familie der Süßgräser, die meist in bewässerten Feldern oder Terrassen angebaut wird. Neben Mais und Sorghumhirse ist Reis die wichtigste Getreidepflanze der Tropen und zum Teil auch der Subtropen, für mehr als die Hälfte der Menschen ist er (obwohl nicht backfähig) das Hauptnahrungsmittel. Die Reiskörner enthalten neben 75 % Stärke, 7 % Eiweiß und 2 % Fett in dem oft dunkel gefärbten Silberhäutchen u.a. noch Vitamin B_1.
Poliertem Reis hat man das Vitamin B_1 entfernt, dem ernährungsphysiologisch wertvolleren **Naturreis** dagegen nicht. **Parboiled Reis** wurde vor dem Schleif- und Polierprozess mit warmem Wasser vorbehandelt, um einen Teil der Vitamine aus den äußeren Schichten des Korns in das Innere zu bringen. Die Hauptanbaugebiete für Reis liegen in den tropischen und subtropischen Gebieten Asiens, Afrikas und Amerikas sowie in geringem Umfang in den Mittelmeergebieten. – Nicht direkt mit Reis verwandt ist der **Wasserreis,** dessen lange, schwarze Körner bei uns als **Wildreis** in den Handel kommen.

■ **Reißbrett,** ein rechtwinkliges Zeichenbrett, auf dem technische Zeichnungen angefertigt werden. Mithilfe eines Lineals mit senkrechter Querleiste, das an die Reißbrettkante angelegt wird (Reißschiene), lassen sich senkrechte und waagrechte Linien sowie parallele Geraden zeichnen.

■ **Reitsport** →Pferdesport.

■ **Reiz,** jede Veränderung außerhalb oder innerhalb eines Organismus, die eine Erregung auslöst, das heißt eine Empfindung oder eine Reaktion (z.B. einen →Reflex) verursacht. Der Reiz kann physikalischer oder chemischer Natur sein und muss, um wirksam zu sein, eine bestimmte minimale Intensität und Dauer haben **(Reizschwelle).**
Für die Reizaufnahme existieren spezielle Strukturen, die **Rezeptoren.** Für jeden Rezeptor gibt es einen passenden (adäquaten) und einen nicht passenden (inadäquaten) Reiz. So ist das sichtbare Licht der adäquate Reiz für die Photorezeptoren in der Netzhaut des menschlichen Auges, ein Schlag aufs Auge (mit den sprichwörtlichen Sternen als Folge) dagegen der inadäquate Reiz.

■ **Reklame** [frz.] *die,* Anpreisung (von Waren und Dienstleistungen zum Verkauf), →Werbung.

■ **Rekonstruktion** [lat.] *die,* Wiederherstellung, Nachbildung; detaillierte Wiedergabe eines Vorgangs oder Erlebnisses im Bericht.

■ **Rekorder** [engl., = Aufzeichner], ein Gerät zur magnetischen Aufzeichnung (häufig auch zur Wiedergabe) von Sprache, Musik, Bildern, Daten oder sonstigen Informationen auf Bändern oder Platten, z.B. →Camcorder, →Kassettenrekorder, →Tonbandgerät und →Videorekorder.

■ **Rekrut** [frz.] *der,* heute nur noch selten verwendete Bezeichnung für den Soldaten in den ersten Ausbildungsmonaten.

■ **Rektor** [lat.] *der,* **1)** *Bildungswesen:* Leiter einer Grund- oder Haupt-, zum Teil auch einer, Real- oder Sonderschule.

2) *Hochschulwesen:* Leiter einer wissenschaftlichen →Hochschule im Rahmen der Selbstverwaltung.

■ **Relais** [r^{e}lä; frz.] *das,* ein Schalter, der durch einen schwachen elektrischen Strom, den Steuerstrom, betätigt wird und dabei einen Stromkreis mit einem viel stärkeren Strom, dem Arbeitsstrom, öffnet oder schließt.
Beim **elektromagnetischen Relais** zieht ein vom Steuerstrom erregter Elektromagnet einen beweglich gelagerten Anker an, der durch seine Bewegung einen oder mehrere Kontakte öffnet und/oder schließt. Relais werden vor allem dann benutzt, wenn der Arbeitsstromkreis über weite Entfernun-

Der weiße **Silberreiher** lebt in schilfreichen Landschaften; im Winter ist sein Schnabel gelb und im Sommer zeigt er einen schwarzen Schnabel

Reis mit erntereifen Rispen; die Rispe trägt an den Seitenzweigen drei bis elf kurzgestielte Ährchen

gen hinweg geschaltet werden soll. Durch die Schaltleitung fließt nur ein geringer Strom, die Drähte können also dünn sein.

■ **Relation** [lat.] *die,* Beziehung, Verhältnis.

■ **relativ** [lat.], auf etwas bezogen, verhältnismäßig; Gegensatz: absolut.

■ **Relativitätstheorie,** von Albert Einstein ab 1905 geschaffene physikalische Theorie, durch die die Vorstellungen über Raum und Zeit einschneidend verändert wurden.

Die **spezielle Relativitätstheorie** liefert Aussagen über Körper, die sich relativistisch, das heißt mit Geschwindigkeiten nahe der Lichtgeschwindigkeit, bewegen. Die eine ihrer zwei Grundannahmen ist die Konstanz der Lichtgeschwindigkeit: Im Vakuum hat die Geschwindigkeit des Lichts für alle Beobachter den gleichen Wert, unabhängig von deren jeweiliger Bewegung. Die zweite Grundannahme ist, dass alle mit konstanter Geschwindigkeit gegeneinander bewegten Bezugssysteme für die Naturbeschreibung gleichberechtigt sind. Aus diesen Grundannahmen folgen wichtige Aussagen wie beispielsweise, dass die Masse eines Körpers mit der Geschwindigkeit zunimmt, dass Masse und Energie zueinander äquivalent sind und dass kein Körper auf eine höhere Geschwindigkeit als die Lichtgeschwindigkeit beschleunigt werden kann.

Die **allgemeine Relativitätstheorie** ist eine Theorie der Gravitation und der Geometrie des Weltraums. Sie hat grundlegend zur Entwicklung der modernen →Kosmologie beigetragen. Viele ihrer Vorhersagen sind heute experimentell überprüfbar, z. B. die Ablenkung von Radarsignalen im Schwerefeld der Sonne.

■ **Relativpronomen** (bezügliches Fürwort) →Pronomen.

■ **Relativsatz,** Nebensatz, der durch ein Relativpronomen oder ein bezügliches Adverb (da, wann, wo, so) eingeleitet wird, z. B.: »Es ist Sigrid, *die ich so sehr liebe.*«

■ **Relevanz** [lat.] *die,* Wichtigkeit, Bedeutsamkeit, Erheblichkeit.

■ **Relief** [frz., = das Hervorgehobene] *das,* **1)** *Bildhauerkunst:* ein Werk, dessen Figuren nicht frei im Raum stehen, sondern an eine Fläche (einen Hintergrund) gebunden sind, aus der sie erhaben hervortreten. Nach dem Grad der Erhebung über den Grund – dem Reliefgrad – unterscheidet man das Hoch- vom Flachrelief. Das Relief hat eine Mittelstellung zwischen Plastik und Malerei.

2) *Geographie:* Geländeoberfläche oder deren plastische Nachbildung.

■ **Religion** [von lat. religio, = Gottesfurcht] *die,* die Ausrichtung des Menschen auf ein absolutes »Überweltliches«, das als Person (Gott, Gottheiten) oder abstrakt (das Göttliche) vorgestellt wird und von dem her der Mensch die Welt sowie sich selbst und sein Verhalten versteht und bestimmt. Religöses Erleben äußert sich u. a. in Gebet, Gottesdienst und einer entsprechenden Lebensführung. Im

Reim: die bekanntesten Formen

Name	Beschreibung	Beispiel
männlicher (einsilbiger, stumpfer) Reim	fällt auf eine einzige und betonte Silbe	Jahr – Gefahr; Mut – Blut
weiblicher (zweisilbiger, klingender) Reim	fällt auf zwei Silben	Jahren – Gefahren; Leben – Reben
reicher (dreisilbiger, gleitender) Reim	fällt auf drei oder mehr Silben	Bilderwand – Schilderrand; mein Weg – dein Steg
Anfangsreim	fällt auf die Anfangswörter zweier Verse	Krieg! ist das Losungswort / Sieg! und so klingt es fort
Endreim	fällt auf die letzten Wörter zweier Verse (die häufigste Form des Reims)	Der Nebel drückt die Dächer schwer, / Und durch die Stille braust das Meer
Binnenreim	fällt auf zwei Wörter innerhalb einer Verszeile	Schnaube, Winterwind, entlaube
reiner Reim	ungerundeter Vokal fällt auf ungerundeten Vokal, gerundeter auf gerundeten	gießen – fließen, süßen – grüßen
unreiner Reim	ungerundeter Vokal fällt auf gerundeten (oder umgekehrt)	siegen – lügen
rührender Reim	die reimenden Wörter sind völlig gleich, haben aber verschiedene Bedeutung	klingen – Klingen
Stabreim (Anlautreim, Alliteration)	Anlaute mehrerer aufeinander folgender Wörter gleichen einander	Stock und Stein
Schüttelreim	vertauscht die anlautenden Konsonanten reimender Silben oder Wörter	Wenn der Wind in Wipfeln geht, Trost dir von den Gipfeln weht

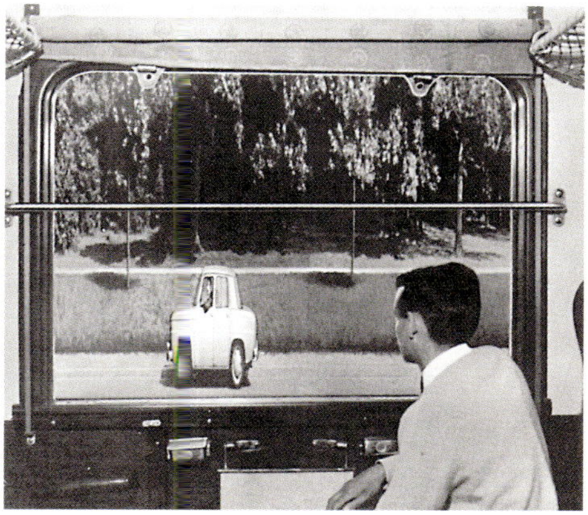

Eine Entdeckung der **Relativitätstheorie** ist die der Längenkontraktion: die Länge einer Strecke verkürzt sich, wenn diese in einem System gemessen wird, das sich längs der Strecke mit einer bestimmten Geschwindigkeit bewegt; dieser Effekt lässt sich auf dieser Fotografie nachvollziehen – von einem rollenden Zug aus wird ein fahrendes Auto in seiner Längenstreckung verkürzt gesehen

Laufe der Zeit sind zahlreiche Religionen entstanden. – auch →Weltreligionen, →neue Religionen.

■ **Religionsfreiheit,** im Grundgesetz verankertes Grundrecht, das jedem Bürger die freie Wahl und Ausübung einer Religion zusichert.

■ **religionsmündig,** rechtlich befähigt, die Zugehörigkeit zu einer Religion selbst zu bestimmen (→Recht).

■ **Reliquie** [lat., = Zurückgelassenes], die Asche oder Gebeine von Heiligen oder Märtyrern oder Teile von Gegenständen aus ihrem Besitz (z. B. Kleidung). Reliquien werden in vielen Kirchen, so z. B. in der katholischen und der orthodoxen Kirche, verehrt.

■ **Rembrandt,** eigentlich R. Harmensz. van Rijn, niederländischer Maler, Zeichner und Radierer, *Leiden 15. Juli 1606, †Amsterdam 4. Oktober 1669. Er ist der Hauptmeister der niederländischen Barockmalerei und einer der bedeutendsten Künstler seiner Zeit. Kennzeichnend für seine Arbeiten sind der Gegensatz von Licht und Schatten, durch den eine Person oder ein Vorgang verstärkte Betonung erhält, eine erdige Farben und im Spätstil eine lockere, fast fahrige Pinselführung. Bevorzugten Bildthemen Rembrandts waren das Bildnis (Einzel- und Gruppenbild; über 100 Selbstbildnisse) und biblische Motive.

Untersuchungen zum Umfang seines Werks sind noch nicht abgeschlossen, denn es ist schwierig, die Arbeiten Rembrandts von denen der Schüler seiner Werkstatt zu unterscheiden. Nach Forschungen der letzten Jahre gelten zahlreiche Arbeiten nicht mehr als eigenhändig (z. B. »Der Mann mit dem Goldhelm«). Berühmte Werke Rembrandts sind u. a. »Die Anatomie des Dr. Tulp« (1632), »Die Blendung Simsons« (1636), die »Schützenkompanie des Hauptmanns Frans Banning Cocq« (1642, bekannt als »Die Nachtwache«) oder »Die Rückkehr des verlorenen Sohnes« (1669).

■ **remis** [r^{e}mi; frz.], unentschieden, vor allem bei sportlichen Wettkämpfen.

■ **Ren** [ren, ren] →Rentier.

■ **Renaissance** [r^{e}nässangß; frz., = Wiedergeburt] *die,* kulturgeschichtliche Epoche von etwa 1350 bis Anfang des 16. Jahrhunderts. Unterstützt durch den →Humanismus, brachte sie die Lösung des Menschen aus der mittelalterlichen Ordnung: Der Mensch begann sich als Individuum zu fühlen, auf sich selbst gestellt, für sich selbst verantwortlich. Gleichzeitig regte sich ein neues staatspolitisches Denken, das sich z. B. in den Schriften Niccolò →Machiavellis ausdrückte.

Aus kunst- und literaturgeschichtlicher Sicht ist die Renaissance die Epoche der »Wiedergeburt« oder Wiedererweckung der Kunst und Kultur der klassi-

Die wandelnde Kraft des Älterwerdens hat auf **Rembrandt** ganz offensichtlich eine besondere Faszination ausgeübt: in zahlreichen Selbstbildnissen hat er die verschiedenen Abschnitte seines Lebens festgehalten; die hier abgebildeten Porträts zeigen den Künstler einmal als jungen Mann von etwa 33 Jahren, das zweite Bildnis trägt das Datum seines Todesjahrs

schen Antike, vor allem in Italien. Sie steht als Stilrichtung zwischen →Gotik und →Barock. Um 1500 wurde die **Frührenaissance** von der **Hochrenaissance** abgelöst. Zwischen 1520 und 1530 kann man den Beginn der **Spätrenaissance** (→Manierismus) ansetzen. Erst nach 1500 setzte sich der Einfluss der italienischen Renaissance in Deutschland durch (u. a. im Werk Dürers).

In der *Baukunst* der Renaissance wurden die antiken Säulenordnungen übernommen, der gotische Spitzbogen wurde durch den Rundbogen oder das gerade Gebälk verdrängt und das Tonnengewölbe oder die flache, geschmückte Decke traten an die Stelle des Kreuzgewölbes. Zu den bedeutenden Baumeistern der Zeit gehören Filippo Brunelleschi (1377–1446) und Bramante (1444–1514).

Die *Bildhauerkunst* (vor allem Donatello, Michelangelo) nahm antike Formen wieder auf, so die Porträtbüste und das Reiterstandbild; ferner entstanden Rundfiguren mit anschaubarer Seiten- und Rückenansicht.

In der *Malerei* der Renaissance wurde mithilfe der mathematischen Konstruktion der Zentralperspektive räumliche Tiefe erzielt. In Übereinstimmung mit dem neuen Verständnis des Menschen entwickelte sich die neue Vorstellung vom Porträt als Darstellung eines bestimmten, unverwechselbaren Menschen. Außerdem führte ein neues Naturgefühl zur Landschaftsmalerei. In Italien zählen Masaccio (1401–29), Botticelli, Leonardo da Vinci, Raffael und Michelangelo zu den Hauptvertretern der Renaissance-Malerei.

Die Regelmäßigkeit, mit der die **Rentiere** von Jahr zu Jahr immer wieder zu gleichen Zeiten die gleichen Wege benutzen, bestimmt den Lebensrhythmus der Nordvölker

In der *Literatur* der Renaissance wurden antike Formen wie Epos, Satire und Epigramm erneuert. Als Neuschöpfungen der Italiener kamen Novelle und Sonett hinzu. Berühmte Dichter waren u. a. Petrarca und Giovanni Boccaccio in Italien und William Shakespeare in England.

■ **Rendezvous** [rangdewu; frz.] *das,* **1)** *allgemein:* Verabredung, Stelldichein.
2) *Raumfahrt:* die gezielte Annäherung eines bemannten Raumfahrzeugs an ein anderes.

■ **Rendite** [italienisch] *die,* jährlicher Ertrag einer Kapitalanlage, z. B. bei der Anlage in Aktien. Die Rendite wird meist in Prozent des angelegten Kapitals ausgedrückt.

■ **Renoir** [r^e^noar], Auguste, französischer Maler, *Limoges 25. Februar 1841, †Cagnes-sur-Mer (Département Alpes-Maritimes) 3. Dezember 1919. Er wurde vor allem durch seine Figurenbilder (anmutige, heitere junge Frauen; weibliche Akte), lichterfüllte Landschaften in blühenden Farben und Porträts bekannt. Renoir ist einer der Hauptvertreter des Impressionismus.

■ **Rente** [frz.] *die,* regelmäßige Zahlung einer bestimmten Summe in festgelegten Zeitabschnitten (z. B. Jahr oder Monat). Eine Rente steht z. B. den Arbeitnehmern im Rahmen ihrer Sozialversicherung zu (u. a. Altersrente).

■ **Rentier** [ren..., ren...] (Ren), eine Art der Trughirsche, deren verschiedene Unterarten in Nordeuropa, Nordasien und Nordamerika leben. Das dichte Fell der bis 2 m langen und bis 1,2 m hohen Tiere ist dunkelbraun bis graubraun, gelblich weiß oder gescheckt. Beide Geschlechter tragen ein Geweih. Das heute halbzahme, in Herden lebende **Nordeuropäische Ren** führt jährlich weite Wanderungen durch. Es dient den nordischen Nomaden als Zug- und Tragtier, daneben liefert es Milch und Fleisch. Im nördlichen Kanada und in Alaska lebt das **Karibu**.

■ **Reparationen** [lat.], Kriegsentschädigungen, Wiedergutmachungsleistungen (Geld- und Sachleistungen), die von besiegten Staaten an die Siegermächte entrichtet werden müssen.

■ **Replikation** [lat.] *die,* die Verdopplung der →Desoxyribonukleinsäure. Sie ist der molekulare Mechanismus für die vollständige Weitergabe der Erbinformation von Generation zu Generation.

■ **Reportage** [...tasch^e^; frz., = Berichterstattung] *die,* ein meist kurzer, sachlicher Augenzeugenbericht, der unmittelbar aus der Situation erwächst und die Atmosphäre des Ereignisses festhält. **Reporter** berichten in Wort- und Bildreportagen für Zeitungen, Zeitschriften, Hörfunk und Fernsehen.

Repräsentantenhaus, die zweite Kammer (Abgeordnetenhaus) des Kongresses in den USA und einigen anderen Staaten (z. B. Australien und Neuseeland). Sie hat gesetzgeberische Funktion.

Repressalien [lat.], Druckmittel, Vergeltungsmaßnahmen.

Reproduktion [lat.] *die,* Nachbildung, Wiedergabe; Vervielfältigung einer Vorlage, z. B. von Bildern, Schriften, Noten mithilfe der Fotografie.

Reptilien [lat.] (Kriechtiere), heute mit über 6000 Arten weltweit verbreitete Klasse 4 cm bis 10 m langer wechselwarmer Wirbeltiere. Reptilien atmen durch Lungen und legen meistens Eier. Harnleiter, Darm und Eileiter münden gemeinsam in der Kloake. Der Körper trägt Hornschuppen oder Knochenplatten, Ohrmuscheln fehlen, das Auge besitzt außer den beiden Lidern (wie bei den Vögeln) eine Nickhaut. Reptilien leben hauptsächlich auf dem Land, seltener im Meer oder Süßwasser. Zu ihnen gehören Schildkröten, Krokodile, Echsen und Schlangen.

Republik [frz., von lat. res publica = Gemeinwesen] *die,* idealtypisch jeder Staat, in dem im Gegensatz zur Monarchie das Staatsvolk als Träger der Staatsgewalt gesehen wird. In der politischen Realität ist Republik ein Begriff, der sowohl Demokratien als auch Diktaturen umfasst.
In der Antike gab es Republiken aristokratischer und demokratischer Prägung. Im Mittelalter waren aristokratische Republiken mit feudal-adeligen oder bürgerlich-patrizischen Regime weit verbreitet (Venedig, die Niederlande in der Zeit der Generalstaaten, die Kantone der Schweiz bis 1798). Neben den verschiedenen Formen der parlamentarisch-demokratischen Republik bildete sich im 20. Jahrh. auch der Typus der Räterepublik (→Rätesystem) und der Volksrepublik heraus.

Requiem [...i-em; lat.] *das,* die katholische Messe für Verstorbene (Toten-, Seelenmesse). Die Bezeichnung leitet sich her vom Anfang des lateinischen Textes: »Requiem aeternam dona eis, Domine« (»Herr, gib ihnen die ewige Ruhe«). Berühmte Vertonungen stammen von Mozart, Berlioz und Verdi. Das »Deutsche Requiem« von Brahms ist eine Vertonung von frei zusammengestellten Bibeltexten.

Reservate [lat.], Gebiete, in denen bestimmte Tier- und/oder Pflanzenarten vor der Ausrottung durch den Menschen geschützt sind (z. B. Nationalparks).

Reservationen [lat.], fest umgrenzte Landesteile, die bestimmten Bevölkerungsgruppen als Siedlungsgebiet zugewiesen sind, vor allem die Indianerreservationen in Nordamerika und die Reservationen für die Ureinwohner (»Aborigines«) in Australien.

Reserve [lat.] *die,* **1)** *allgemein:* Rücklage, Vorrat; Verschlossenheit, Zurückhaltung.
2) *Militärwesen:* die Gesamtheit der aus dem aktiven Wehrdienst ausgeschiedenen Wehrpflichtigen.

Residenz [lat.] *die,* Wohnsitz eines Staatsoberhaupts, eines Fürsten oder eines hohen Geistlichen; auch die Hauptstadt eines Territoriums, das von einem Fürsten regiert wird.

Résistance [resistangß; frz.] *die,* die französische Widerstandsbewegung gegen die deutsche Besatzungsmacht sowie gegen die Politik von Philippe Pétain (1856–1951), der mit den Deutschen zusammenarbeitete (Kollaboration). Kleine, voneinander unabhängige Widerstandsgruppen formten die Résistance, die sich bis 1943 unter Führung von Charles de Gaulle vereinigten.

Resistenz [lat.] *die,* im Unterschied zur erworbenen Immunität die angeborene Widerstandsfähigkeit eines Organismus gegen schädliche äußere Einwirkungen, z. B. Parasiten, Krankheitserreger oder Umweltfaktoren wie Hitze, Kälte oder Trockenheit. Bei Bakterien bezeichnet Resistenz die Widerstandsfähigkeit gegenüber Antibiotika und Chemotherapeutika. Sie entwickelt sich bei zu geringer Dosierung oder längerer Anwendung dieser Mittel.

Resolution [lat.] *die,* Beschluss, Entschließung; vor allem die abschließend formulierte Erklärung von Versammlungen, Ausschüssen usw., mit der Einfluss auf die öffentliche Meinung in bestimmten Fragen genommen werden soll.

Resonanz [lat] *die,* in der Physik der Sonderfall einer erzwungenen →Schwingung. Resonanz liegt vor, wenn ein schwingungsfähiges Gebilde durch eine periodisch wirkende äußere Kraft zu Schwingungen erregt wird und die Frequenz der äußeren Kraft mit der Eigenfrequenz des schwingungsfähigen Gebildes übereinstimmt. Die Amplitude (Schwingungsweite) der erzwungenen Schwingung erreicht dabei einen größtmöglichen Wert. Anschaulich zeigen lässt sich die Resonanz an zwei gleich gestimmten Stimmgabeln. Schlägt man eine von ihnen an, beginnt die zweite nach kurzer Zeit ebenfalls zu schwingen und zu tönen.

Resorption [lat.] *die,* die Aufnahme gelöster Substanzen durch die Zellmembran in das Zellinnere. Im engeren Sinne bezeichnet Resorption die Aufnahme von organischen Nahrungsstoffen (Proteine, Fette, Kohlenhydrate, Vitamine), von anorganischen Stoffen (z. B. Natrium, Kalium, Eisen, Kupfer oder Mangan) und von Wasser durch die Darmschleimhaut. Im Inneren des Darms oder im Kontakt mit der Schleimhaut werden die großen organischen Stoffe mithilfe von Enzymen zu kleinen, resorbierbaren Molekülgrößen gespalten. Die resorbierten Moleküle werden in der Darmwand oder in der Leber zu körpereigenen Proteinen, Fetten und Kohlenhydraten (Glykogen) umgebaut.

■ **Ressort** [ressor; frz.] *das,* Geschäfts- oder Amtsbereich; Arbeitsgebiet.

■ **Ressourcen** [ressurß^{e}n; frz.], Hilfsmittel, Reserven; vor allem die natürlich vorhandenen Rohstoffe, landwirtschaftlichen Nutzflächen und Arbeitskräfte, die für die wirtschaftliche Produktion heute und in Zukunft benötigt werden.

■ **Restauration** [lat.] *die,* die Wiederherstellung einer alten Ordnung, insbesondere einer politischen und sozialen Ordnung nach einem Umsturz. Im engeren Sinne bezeichnet Restauration die Zeit zwischen 1814/15 und 1830 bzw. 1848, in der man in fast allen europäischen Staaten den Zustand der Zeit vor der Französischen Revolution wieder herzustellen suchte.

■ **Restaurierung** [lat.] *die,* Wiederherstellung, Ausbesserung eines Kunstgegenstandes, Möbelstücks oder Gebäudes.

■ **Retorte** [frz.] *die,* früher in Laboratorien verwendetes, rundes Destillationsgefäß, das heute durch geeignetere Apparaturen verdrängt ist. – Die noch gebrauchte Redewendung, eine Verbindung oder ein Stoff könne »in der Retorte« hergestellt werden, besagt, man könne die Verbindung oder den Stoff künstlich (synthetisch) herstellen.

■ **Retortenbaby,** umgangssprachliche Bezeichnung für ein Baby, das sich aus einer außerhalb des Mutterleibs befruchteten und dann in die Gebärmutter eingebrachten Eizelle entwickelt hat (→In-vitro-Fertilisation).

■ **Rettungsschwimmen,** Übungen im Wasser, wie z. B. Streckentauchen, Kleiderschwimmen, Befreiungs- und Transportgriffe, Ziehen oder Schieben eines Verunglückten, sowie Wiederbelebungsmethoden, die der Rettung von Menschen vor dem Ertrinken dienen. – auch →Deutsche Lebens-Rettungs-Gesellschaft e. V..

■ **Retusche** [frz.] *die,* Bearbeitung einer Bildvorlage (Negativ oder Positiv) vor der →Reproduktion. Dabei werden Fehler beseitigt, die Bildwirkung wird allgemein verbessert. Es besteht auch die Möglichkeit der Fälschung von Fotodokumenten, z. B. indem eine abgebildete Person auf dem Bild entfernt wird.

■ **Réunion** [reünjong] (La Réunion), Insel der Maskarenen und französisches Überseedépartement im Indischen Ozean, mit 2512 km^2 und 682 000 Einwohnern; die Hauptstadt ist Saint-Denis. Réunion ist vulkanischen Ursprungs, mit tätigem Vulkan (Piton de la Forunaise, 2631 m ü. d. M.). Auf 70 % der landwirtschaftlichen Flächen werden Exportkulturen (Zuckerrohr, Vanille, Tabak u. a.) angebaut, sodass Grundnahrungsmittel eingeführt werden müssen. Von zunehmender Bedeutung ist der Fremdenverkehr.
1513 von Portugiesen entdeckt, wurde die Insel 1638 als Île Bourbon von Frankreich in Besitz genommen. 1793 erhielt sie den Namen Réunion und den Status eines französischen Départements. 1810–16 war Réunion britisch besetzt. 1945 wurde es französisches Überseedépartement.

■ **Reuse,** ein Fischfanggerät, bestehend aus einem kasten- oder zylinderförmig aufgespannten Netz, in das die Fische durch eine kegelförmige Öffnung zwar hinein-, aus dem sie aber nicht wieder herausschwimmen können.

■ **Reval** (estnisch Tallinn), Hauptstadt von Estland und wichtiger (eisfreier) Ostseehafen am Finnischen Meerbusen, mit 415 300 Einwohnern. Im Zweiten Weltkrieg wurde Reval stark zerstört; die Straßenzüge wurden nach Plänen aus dem 18. Jahrh. rekonstruiert. Bedeutende Baudenkmäler sind u. a. Dom, Rathaus, Haus der Großen Gilde und die hochtürmige Olaikirche. Im Ostteil der Stadt liegt das ehemalige Schloss Katharinental (1718–23 für Peter I. erbaut).

■ **Revanche** [rewangsch^e; frz.] *die,* Vergeltung, Rache; im Sport die Gelegenheit, eine Niederlage durch einen Sieg auszugleichen.

■ **Revanchismus** [rewangschismus; frz.] *der,* Schlagwort für eine auf Revanche (vor allem auf die Rückgewinnung verlorener Gebiete) gerichtete Politik.

■ **Revision** [lat.] *die,* die Nachprüfung (z. B. in der Buchhaltung oder im Bankwesen). In der Rechtsprechung bezeichnet man als Revision die Überprüfung eines Urteils durch ein übergeordnetes Gericht, bevor das Urteil rechtskräftig wird. Zu untersuchen ist jedoch nur, ob das Gesetz richtig angewendet worden ist oder ob bei der Gerichtsverhandlung Verfahrensmängel vorgekommen sind; nicht mehr untersucht werden die Tatsachen (im Gegensatz zur **Berufung,** bei der sowohl die Tatsachen als auch die rechtliche Beurteilung überprüft werden).

■ **Revolte** [frz.] *die,* Aufstand, Aufruhr.

■ **Revolution** [lat.] *die,* eine tief greifende, gewaltsame Änderung der politischen und sozialen

Ordnung, die in der Regel von benachteiligten Bevölkerungsteilen ausgeht, wenngleich ihre Wortführer oft Angehörige der Oberschicht sind. Revolutionen wurden oft zu gestaltenden Kräften in der Geschichte; dies gilt z. B. für die Französische Revolution (1789) oder die Oktoberrevolution in Russland (1917).
Im weiteren Sinne bezeichnet man auch Entwicklungen, z. B. in Wissenschaft und Technik, die eine weit reichende Veränderung der Gesellschaft zur Folge haben, als Revolution (z. B. →industrielle Revolution).

■ **Revolver** [engl.] *der,* kleine Handfeuerwaffe (Faustfeuerwaffe), bei der sich im Gegensatz zur →Pistole die Patronen nicht in einem Magazin, sondern in einer drehbaren Trommel mit meist 6–8 Patronenkammern befinden. Nach jedem Schuss dreht sich die Trommel so weit, dass die nächste Kammer hinter dem Lauf zu liegen kommt. – Ein bekanntes Revolvermodell ist der 1835 von Samuel Colt (1814–52) konstruierte →Colt.

■ **Revue** [rewü; frz.] *die,* eine lose verbundene Programmfolge von gesprochenen Texten, tänzerischen, akrobatischen und musikalischen Darbietungen.

■ **Reykjavík** [rejkjawik; isländisch, = Rauchbucht], Hauptstadt und wichtigster Hafen Islands, mit 108 400 Einwohnern, an der stets eisfreien Faxabucht im Westen der Insel gelegen. Reykjavík ist das Wirtschafts- und Kulturzentrum des Landes. Eine Besonderheit der Stadt ist, dass sie mit natürlichem Heißwasser beheizt wird, das zum Teil unmittelbar bei Reykjavík erbohrt ist (seit 1930/43; heute über 300 Brunnen).

■ **Rezension** [lat.] *die,* kritische Besprechung von Büchern, Filmen, Theateraufführungen u. a. (durch einen Rezensenten), insbesondere in Zeitschriften oder Zeitungen.

■ **Rezession** [engl., von lat. recessio, = das Zurückgehen] *die,* in der Wirtschaft eine Verminderung der Wachstumsgeschwindigkeit, Rückgang der →Konjunktur.

■ **rezessiv** [lat.], *Genetik:* im Erbgang von anderen Erbanlagen unterdrückt, überdeckt. Gegensatz: dominant.

■ **reziproker Wert** →Kehrwert.

■ **Rezitation** [lat.] *die,* kunstvoller Vortrag vor allem von Dichtungen (durch einen Rezitator).

■ **Rezitativ** [lat.] *das,* eine Form des Gesangs in Oper, Oratorium und Kantate, die in Tonfall und Rhythmus dem gewöhnlichen Sprechen angepasst ist. Dieser »Sprechgesang« wird von einem Solisten vorgetragen und von Instrumenten begleitet.

■ **RGW,** Abkürzung für →Rat für gegenseitige Wirtschaftshilfe.

■ **Rhabarber** [italienisch] *der,* eine Gattung der Knöterichgewächse mit rund 50 Arten. Die meist sehr großen Blätter enthalten die für den Menschen giftige Oxalsäure. Die Blattstiele der in Mitteleuropa angebauten Arten werden als Kompott zubereitet.

■ **Rhapsodie** [griech.] *die,* ein Vokal- oder Instrumentalwerk in freier, balladenhaft erzählender Form (Johannes Brahms); Fantasiestück über Volksweisen (z. B. die »Ungarischen Rhapsodien« von Franz Liszt).

■ **Rhein** *der,* europäischer Strom von 1 320 km Länge (deutscher Anteil: 865 km). Der Rhein ist eine der wichtigsten Binnenwasserstraßen Europas. Anliegerstaaten sind die Schweiz, Liechtenstein, Österreich, Deutschland, Frankreich und die Niederlande. Die Quellflüsse des Rheins, Vorderrhein und Hinterrhein, entspringen in der Schweiz. Man unterscheidet den **Alpenrhein** (vom Zusammenfluss des Vorder- und des Hinterrheins bis zum Bodensee), den **Hochrhein** (vom Bodensee bis Basel, mit dem 150 m breiten und rund 20 m hohen Rheinfall bei Schaffhausen), den Oberrhein (von Basel durch das Oberrheinische Tiefland bis Bingen), den **Mittelrhein** (von Bingen durch das Rheinische Schiefergebirge bis Bonn) und den **Niederrhein** (von Bonn durch das Niederrheinische Tiefland bis zum Beginn des Deltas).
Das verzweigte Delta in den Niederlanden umfasst auch den Unterlauf der Maas und heißt deshalb Rhein-Maas-Delta. Es beginnt nahe der deutschen Grenze, wo sich der Rhein in den Neder-Rijn (seine Fortsetzungen heißen Lek und dann Neue Maas) und in die Waal gabelt. Die Flussarme des Deltas münden in die Nordsee.
Der Rhein ist die Hauptader eines ausgedehnten mitteleuropäischen Wasserstraßennetzes (Binnenwasserstraße ab Rheinfelden). Es bestehen Kanalverbindungen zu Rhone, Marne, Ems, Weser, Elbe und Donau. Die wichtigsten Binnenhäfen (von Süden nach Norden) sind Basel, Straßburg, Ludwigshafen am Rhein, Mannheim, Köln und Duisburg; Mündungshafen ist Rotterdam.
Das Gefälle des Flusses wird durch zahlreiche Staustufen zur Energiegewinnung genutzt. Sein ökologisches Gleichgewicht allerdings wird durch Abwässereinleitung, Betriebswasserentnahme sowie Trinkwassergewinnung (etwa 5 Mio. m^3 pro Tag) belastet. Eine Verbesserung der Wasserqualität brachte u. a. das 1987 beschlossene »Aktionsprogramm Rhein«.

Nebenflüsse des **Rheins:**

Alpenrhein
von rechts:
Plessur (26 km)
Landquart (43 km)
Ill (75 km)
von links:
Tamina (26 km)

Hochrhein
von rechts:
Wutach (112 km)
von links:
Thur (125 km)
Aare (295 km)
Birs (73 km)

Oberrhein
von rechts:
Wiee (82 km)
Elz (90 km)
Kinzig (82 km)
Rench (54 km)
Murg (96 km)
Neckar (367 km)
Weschnitz (60 km)
Main (524 km)
von links:
Ill (208 km)
Lauter (82 km)
Queich (50 km)

Mittelrhein
von rechts:
Lahn (245 km)
Sieg (130 km)
von links:
Nahe (116 km)
Mosel (545 km)
Ahr (89 km)

Niederrhein
von rechts:
Wupper (124 km)
Ruhr (214 km)
Emscher (78 km)
Lippe (228 km)
von links:
Erft (113 km)
Maas (950 km)

■ **Rheinbund,** Bezeichnung für zwei Zusammenschlüsse west- und süddeutscher Staaten unter französischer Führung: 1658–68 bildeten deutsche Staaten, Schweden und Frankreich die »Rheinische Allianz« gegen Österreich und Brandenburg/Preußen. – 1806 gründete Napoleon I. zur Festigung der französischen Vormacht in Mitteleuropa einen Zusammenschluss von zunächst 16 Fürsten. Die Rheinbundstaaten traten 1806 aus dem Heiligen Römischen Reich aus, das nach der Niederlegung der Kaiserwürde durch Franz II. aufgelöst wurde. Bis 1811 schlossen sich 20 weitere deutsche Staaten dem Rheinbund an. 1813 löste sich der Rheinbund nach der Niederlage Napoleons in der Völkerschlacht bei Leipzig auf.

■ **Rheingau,** das vom westlichen Taunus zum Rhein zwischen Wiesbaden und Rüdesheim abfallende Hügelland. Der Rheingau ist klimatisch begünstigt und ein bedeutendes Wein- und Obstbaugebiet.

■ **Rheinisches Schiefergebirge,** deutsches Mittelgebirge beiderseits des Rheins, durchschnittlich zwischen 500 und 650 m hoch. Es ist gegliedert in Hunsrück, Eifel, Hohes Venn und die anschließenden Ardennen (linksrheinisch) sowie Taunus (bis 880 m hoch), Westerwald mit Siebengebirge, Bergisches Land, Sauerland mit Rothaargebirge und Kellerwald (rechtsrheinisch).

■ **Rheinland-Pfalz,** Bundesland der Bundesrepublik Deutschland, mit 19 847 km² und 4,027 Mio. Einwohnern. Die Hauptstadt ist Mainz. Das Land ist größtenteils gebirgig (Eifel, Westerwald, Hunsrück, Pfälzer Wald u. a.); außerdem gehört ein Teil des Oberrheinischen Tieflandes zu Rheinland-Pfalz Von besonderer Bedeutung ist der Weinbau (an der Ahr, an Mosel-Saar-Ruwer, am Mittelrhein, an der Nahe, in Rheinhessen und in der Pfalz) mit fast 70 % der deutschen Weinmosternte. Außerdem werden vor allem Frühkartoffeln, Obst, Gemüse und Tabak angebaut. Bedeutendste Industriestadt ist Ludwigshafen am Rhein (chemische Industrie), ein Zentrum der deutschen Schuhindustrie ist Pirmasens. Die größten Bimssteinvorkommen Deutschlands finden sich in der Eifel.

Geschichte: Das Land Rheinland-Pfalz wurde 1946 durch die Zusammenlegung der bayerischen Pfalz, der hessischen Provinz Rheinhessen sowie der preußischen Regierungsbezirke Koblenz, Trier (Rheinprovinz) und von vier Kreisen der preußischen Provinz Hessen-Nassau gebildet. Ministerpräsident ist (seit 1995) Kurt Beck (* 1949, SPD).

■ **Rhein-Main-Donau-Großschifffahrtsweg** (Europakanal), 1992 eröffnete Binnenwasserstraße, die die Nordsee mit dem Schwarzen Meer (rund 3 500 km) verbindet. Das Kernstück liegt in Bayern und umfasst den kanalisierten Main von Aschaffenburg bis Bamberg, den Main-Donau-Kanal (zwischen Bamberg und Kelheim) und die kanalisierte Donau zwischen Kelheim und Passau.

Rhenium
chemisches Symbol: Re
Ordnungszahl: 75
relative Atommasse: 186,21
Dichte (bei 25 °C): 20,8 g/cm³
Schmelzpunkt: 3 186 °C
Siedepunkt: 5 596 °C

■ **Rhenium** [nach Rhenus, dem lateineischen Namen des Rheins] *das,* ein metallisches chemisches Element. Es wird als Legierungsbestandteil in der Raumfahrt, seine Verbindungen als Katalysatoren verwendet.

■ **Rhesusfaktor** (Rh-Faktor, Abkürzung Rh), erbliches, antigenes Merkmal der roten Blutkörperchen, das 1940 entdeckt wurde. – →Blutgruppen.

■ **Rhetorik** [griech.] *die,* die Kunst der öffentlichen Rede, die darin besteht, einen Gedanken überzeugend zu vertreten und so Denken und Handeln anderer zu beeinflussen. Die Theorie dieser Kunst wird ebenfalls als Rhetorik bezeichnet.

■ **Rheumatismus** [griech.] *der* (Rheuma), Sammelbezeichnung für schmerzhafte Erkrankungen der Muskeln und des Skelettapparats mit verschiedener Ursache.

■ **Rhinozerosse** →Nashörner.

■ **Rhodesien** →Simbabwe.

Rhodium
chemisches Symbol: Rh
Ordnungszahl: 45
relative Atommasse: 102,91
Dichte (bei 25 °C): 12,41 g/cm³
Schmelzpunkt: 1 966 °C
Siedepunkt: 3 695 °C

■ **Rhodium** [griech.] *das,* ein chemisches Element. Das Edelmetall wird als Katalysator (z. B. bei der Salpetersäureherstellung aus Ammoniak) und für harte, beständige Oberflächenüberzüge, auch für dekorative Zwecke in der Schmuckindustrie, verwendet.

■ **Rhododendron** [griech.] *der* (Alpenrose), eine Gattung der Heidekrautgewächse mit etwa

1300 Arten; Sträucher oder Bäume mit ungeteilten, meist immergrünen Blättern und rötlichen, gelben oder weißen Blüten. Bekannte Arten der Alpen sind die **Behaarte Alpenrose,** die vor allem auf Kalkböden lebt, und die **Rostrote Alpenrose,** die auf kalkarmen Böden gedeiht. Viele Arten aus den Gebirgen Zentral- und Ostasiens werden als Zierpflanzen kultiviert.

■ **Rhodos,** griechische Insel vor der türkischen Küste, mit 1398 km² und 87800 Einwohnern. Die gebirgige Insel ist wald- und wasserreich. Auf Rhodos werden Zitrusfrüchte, Wein und Oliven angebaut. Bedeutend für die Wirtschaft ist der Fremdenverkehr. Bedeutende Ruinenstätten sind Lindos und Kameiros.
Rhodos erlebte als griechische See- und Handelsmacht seine Blütezeit im 3. und 2. Jahrh. v. Chr. 1309–1523 befand sich die Insel im Besitz des →Johanniterordens; danach bis 1912 in türkischem, anschließend bis 1947 in italienischem und seither in griechischem Besitz.

■ **Rhomboid** [griech.] *das,* ein schiefwinkliges Parallelogramm mit zwei verschieden langen Seitenpaaren im Gegensatz zu speziellen Parallelogrammen wie →Rhombus und →Rechteck.

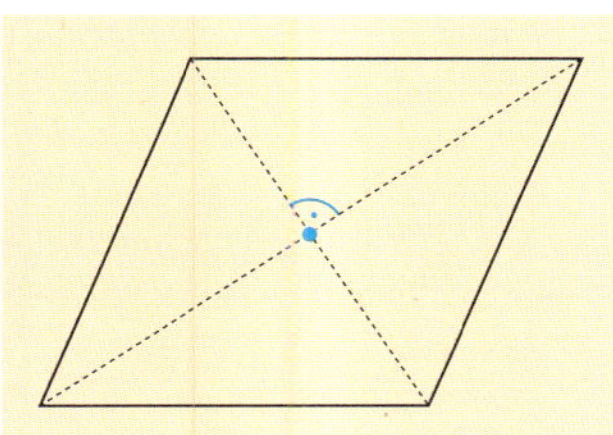
Rhombus

■ **Rhombus** [griech.] *der* (Raute), ein schiefwinkliges →Parallelogramm mit vier gleich langen Seiten. Im Rhombus stehen die Diagonalen senkrecht aufeinander.

■ **Rhön** *die,* Gebirge in Deutschland (in Hessen, Bayern und Thüringen), zwischen oberer Fulda, mittlerer Werra und Fränkischer Saale gelegen. Die Rhön ist aus Buntsandstein, Muschelkalk und aus vulkanischem Gestein (Basalt) aufgebaut und mit Matten (Mähweiden), Mooren und Wald bedeckt. Sie ist Quellgebiet vieler Wasserläufe, u. a. der Fulda, die bei der **Wasserkuppe** (950 m), der höchsten Erhebung der Rhön, entspringt. 1991 wurde ein Gebiet von 1350 km² von der UNESCO als Biosphärenreservat ausgewiesen.

■ **Rhone** *die* (frz. Rhône), Fluss in der Schweiz und in Südfrankreich, 812 km lang. Die Rhone entsteht aus dem Rhonegletscher (am Dammastock in den Berner Alpen), durchfließt das Wallis (im Oberlauf Rotten genannt) und den Genfer See, ab Lyon den Rhonegraben und mündet mit breitem Delta westlich von Marseille ins Mittelmeer; schiffbar ist sie ab Lyon. An der Rhone stehen zahlreiche Wasserkraftwerke.

■ **Rhythm and Blues** [rithm änd blus; engl.] *der,* Abkürzung **R &B,** in den 1940er-Jahren entstandener Stil der afroamerikanischen Populärmusik, der an Elemente sowohl des Blues als auch des Jazz anknüpft. Kennzeichnend für den R&B sind sein stark betonter Rhythmus (Beat), vor allem von Bläsern getragene Einlagen und blueshafte Melodik. Zum zentralen Soloinstrument wurde erstmals im R&B die elektrisch verstärkte Gitarre. Wichtige Vertreter waren u. a. B. B. King (*1925) und Ray Charles (*1930). Als breite Strömung bereitete der R&B durch Musiker wie Fats Domino (*1928) und Chuck Berry (*1926) den Rock 'n' Roll vor und wurde damit ausschlaggebend für die gesamte Entwicklung der Rockmusik. – auch →Rock- und Popmusik.

■ **rhythmische Sportgymnastik,** von Damen wettkampfmäßig betriebene Form der Gymnastik. Auf einer 12 × 12 m großen Fläche werden Übungen, die aus Pflicht und Kür bestehen, zu einer den Bewegungsfluss bestimmenden Musikbegleitung vorgetragen. Als Übungsgeräte dienen Reifen, Keule, Seil, Ball und Band, von denen im international üblichen Vierkampf wahlweise auf eins verzichtet wird.

■ **Rhythmus** [griech.] *der,* gleichmäßig gegliederte Bewegung, z. B. die Wiederkehr von Naturvorgängen in regelmäßigen Abständen (Jahreszeiten, Ebbe und Flut); die gegliederte Abfolge unterschiedlich langer Töne in der Musik; der freie oder harmonische Wechsel von betonten und nicht betonten Silben im Vers.

■ **Riad** (Ar-Rijad), Hauptstadt von Saudi-Arabien, im Zentrum der Arabischen Halbinsel gelegen, mit 1,8 Mio. Einwohnern. – Seit dem 19. Jahrh. als Oasenstadt bedeutsam, wurde Riad 1932 zur Hauptstadt des Königreichs Saudi-Arabien erklärt und entwickelte sich seit etwa 1950 zu einer Großstadt nach westlichem Vorbild.

■ **Ribonukleinsäure,** Abkürzung **RNS**, auch **RNA** (engl. Ribonucleic acid), ein aus →Nukleinsäuren aufgebautes Riesenmolekül. Die Ribonukleinsäure ist eine Kopie der im Zellkern befindlichen →Desoxyribonukleinsäure, die in der Abfolge der Nukleotide (→genetischer Code) die Information

Richard Löwenherz

Sein Abenteuerdrang trug dem englischen König Richard I. den Beinamen Lionheart, zu deutsch Löwenherz, französisch Cœur de lion ein; die hier abgebildete Miniatur erinnert an den Kampf zwischen dem von links reitenden Kreuzritter Richard Löwenherz und dem muslimischen Sultan von Ägypten und Syrien, Saladin, der Jahre zuvor Jerusalem erobert hatte und mit dem Richard Löwenherz im Jahr 1191 einen Waffenstillstand aushandeln konnte. Beide Kämpfer haben auch ihren Platz in der Dichtung gefunden, Richard unter anderem in dem Roman »Ivanhoe« von Walter Scott, und die ritterliche Persönlichkeit des Sultans Saladin ist eine feinsinnige Hauptfigur in dem weltbekannten Drama »Nathan der Weise« von Gotthold Ephraim Lessing.

für die verschiedenen →Gene gespeichert hat. Die in der Ribonukleinsäure enthaltene Information dient der Synthese der →Proteine.

■ **Ribosomen,** aus zwei Untereinheiten bestehende, nur im Elektronenmikroskop sichtbare Körnchen mit einem Durchmesser von 15–20 Nanometer, die aus Ribonukleinsäure und Proteinen aufgebaut sind und vor allem im Zytoplasma der Zellen vorkommen. Die Ribosomen sind der Ort der Proteinbiosynthese (→Proteine).

■ **Richard I. Löwenherz,** König von England (seit 1189), *Oxford 8. September 1157, †Châlus (bei Limoges, Frankreich) 6. April 1199. Er beteiligte sich 1190–92 am 3. Kreuzzug; auf dem Rückweg wurde er von Herzog Leopold V. von Österreich, den er beleidigt hatte, auf der Burg Dürnstein gefangen gesetzt und an Kaiser Heinrich VI. ausgeliefert, der ihn auf der Burg Trifels festhielt und schließlich gegen ein hohes Lösegeld und Leistung des Lehnseides freiließ. Richard I. Löwenherz war weniger ein zielstrebiger Herrscher als ein abenteuernder Ritter und ist als solcher in Dichtung und Sage eingegangen.

■ **Richelieu** [rischeljö], Armand-Jean du Plessis, Herzog von, französischer Kardinal (seit 1622) und Staatsmann, *Paris 9. September 1585, †ebenda 4. Dezember 1642. Seit 1624 leitender Minister König Ludwigs XIII., stärkte Richelieu die Autorität des Königs, indem er den Hugenotten ihre politische und militärische Macht nahm und die wichtigsten Adelsämter auflöste. Sein außenpolitisches Ziel war es, Frankreich aus der Umklammerung durch die Habsburger (in Deutschland und Spanien) zu befreien und die habsburgische Macht zu zerschlagen. Er griff auf protestantischer Seite in den Dreißigjährigen Krieg ein und erklärte 1635 Spanien den Krieg. Richelieu trug zur französischen Vorrangstellung in Europa auch in kultureller Hinsicht bei. 1635 gründete er die Académie française, in der bis heute ein ausgewählter Personenkreis die französische Sprache und Literatur pflegt.

■ **Richter,** Ludwig, deutscher Maler und Zeichner, *Dresden 28. September 1803, †ebenda 19. Juni 1884. Er ist ein Vertreter der Spätromantik. Zu seinen bekanntesten Werken zählen seine idyllischen Darstellungen des deutschen Volks- und Familienlebens. Außerdem illustrierte Richter rund 150 Bücher mit über 2000 Holzschnitten (vor allem zu Sagen und Märchen).

■ **Richter,** Juristen, denen die Rechtsprechung der Gerichte anvertraut ist. Sie hören z. B. im Strafprozess den Angeklagten, die Zeugen, den Staatsanwalt und den Verteidiger und fällen das Urteil nach den geltenden Gesetzen. In einem parlamentarischen Rechtsstaat sind sie nur den Gesetzen unterworfen und nicht an Weisungen gebunden. Richter sind keine Beamten, werden aber wie diese meist auf Lebenszeit ernannt. Ehrenamtliche Richter sind die →Schöffen.

■ **Richter-Skala** →Erdbeben.

■ **Richtfunk,** funktechnische Nachrichtenübermittlung mithilfe von →Antennen mit besonderer Richtwirkung. Verwendet dafür werden elektromagnetische Wellen kurzer bis sehr kurzer Wellenlänge (etwa 10 m bis 2 cm, entsprechend einem Frequenzbereich von 30 MHz bis 15 GHz). Über Richtfunkverbindungen werden Leitungen z. B. für Telefongespräche und Fernsehprogramme geschaltet.

■ **Ried,** Rohr oder Schilf; auch feuchtes, mooriges Gebiet.

■ **Riemen,** fälschlich als »Ruder« bezeichneter, einseitig über die Bordwand ragender, mit beiden Händen zu bewegender Holm mit Ruderblatt. **Skulls** hängen zu beiden Seiten über die Bordwand hinaus und werden einhändig bewegt.

■ **Riemenschneider,** Tilman, deutscher Bildhauer und Bildschnitzer, *Heiligenstadt (Eichsfeld, Thüringen) um 1460, †Würzburg 7. Juli 1531. Er war 1520/21 Bürgermeister in Würzburg und wurde im Bauernkrieg wegen seiner Parteinahme für die aufständischen Bauern festgenommen und gefoltert. Kennzeichnend für seine Kunst der Spätgotik sind seine feingliedrigen, vergeistigten Figuren. Riemenschneiders Verzicht auf eine Bemalung der Figuren unterstreicht die Könnerschaft seiner Schnitztechnik. Höhepunkte seines Schaffens sind die Schnitzaltäre in Creglingen (um 1502–05) und Rothenburg ob der Tauber (in Sankt Jakob, 1501–04); ferner schuf er Arbeiten in Stein (u. a. »Adam und Eva«, 1491–93; Grabdenkmäler).

■ **Ries,** Adam, fälschlich A. Riese, *Staffelstein (am Fuß der Fränkischen Alb, Bayern) 1492, †Annaberg (heute zu Annaberg-Buchholz, Sachsen) 30. März 1559, deutscher Rechenmeister. Er verfasste Lehrbücher des praktischen Rechnens, die lange Zeit Einfluss auf den Unterricht an deutschen Schulen hatten. Auf ihn bezieht sich die sprichwörtliche Wendung »nach Adam Riese«.

■ **Riesengebirge,** der höchste Teil der Sudeten. Auf dem Kamm, dessen Höhe bei 1 300 m liegt, verläuft die Grenze zwischen Polen (Schlesien) und der Tschechischen Republik. Höchste Erhebung ist die **Schneekoppe** (1 602 m), ebenfalls ein Grenzberg. Das Riesengebirge ist teilweise stark bewaldet und ein beliebtes Wander- und Wintersportgebiet. Auf tschechischer Seite liegt das Quellgebiet der Elbe.

■ **Riesenschlangen,** eine Familie bis 9 m langer, ungiftiger Schlangen in tropischen und subtropischen Gebieten. Sie töten ihre Beute durch Umschlingen und Ersticken. Zu den Riesenschlangen gehören u. a. →Boaschlangen und →Pythonschlangen.

■ **Riesenslalom,** Disziplin des alpinen Skisports, eine Zwischenform zwischen Abfahrtslauf und Slalom. In möglichst kurzer Zeit ist eine Strecke mit mindestens 30 Toren (Stangenpaare im Abstand von 4–8 m) und einem Höhenunterschied von 250–400 m (Herren) und 250–350 m (Damen) zu durchfahren.

■ **Riesensterne** (Riesen), Klasse von Sternen mit sehr großem Durchmesser und großer Leuchtkraft. Nach der Leuchtkraft unterscheidet man zwischen Überriesen, hellen Riesen, normalen Riesen und Unterriesen, nach der Oberflächentemperatur zwischen Weißen Riesen, Gelben Riesen und Roten Riesen. Riesensterne sind →Sterne in einer späten Phase ihrer Entwicklung.

Tilman Riemenschneider – ein Meister der bildhauerischen Dynamik; der hier abgebildete durchfensterte Mittelschrein des Heiligblutaltars in der Rothenburger Jakobskirche stellt die zwölf Apostel beim Abendmahl dar; im Zentrum des Geschehens steht die Figur des Judas; das Engagement des Künstlers für die rebellierenden Bauern ließ ihn für 300 Jahre in Vergessenheit geraten

Riff, eine meist längliche, schmale Untiefe, die nur knapp unter dem Wasserspiegel liegt oder ihn gering überragt. An Flachküsten sind Riffs aus Sand, ansonsten aus Fels oder Korallenkalk.

Riga, Hauptstadt von Lettland und bedeutende Hafenstadt an der Düna, nahe ihrer Mündung in die Rigaer Bucht (Ostsee), mit 806 000 Einwohnern. Der Stadtkern rechts der Düna wurde im Zweiten Weltkrieg stark zerstört; inzwischen wurde er weitgehend wieder aufgebaut und gehört heute zum UNESCO-Weltkulturerbe. Zu den bedeutenden Baudenkmälern gehören u. a. die Dom- oder Marienkirche (1215 begonnen, 1595 nach Brand wieder hergestellt), die Sankt-Petri-Kirche (13. Jahrh., im 15. Jahrh. umgebaut) und das »Schwarzhäupterhaus« (1330 erbaut, im 17. Jahrh. im Renaissancestil umgebaut). – Riga, 1201 von deutschen Kaufleuten gegründet, wurde 1282 Mitglied der Hanse.

Im Jahr 1919 gab sich der lyrische Satiriker – hier eine Karikatur des österreichischen Zeichners Benedikt Dolbin – den sprechenden Namen **Ringelnatz;** besonders bekannt wurden seine unter »Kuttel Daddeldu« veröffentlichten Verse; im Jahr 1933 traf ihn das Auftrittsverbot durch die nationalsozialistischen Machthaber

Rikscha [japanisch] *die,* in Ostasien ein leichter zweirädriger Wagen zur Personenbeförderung; früher wurde er von einem zwischen den Deichseln laufenden Mann, dem Rikschakuli, gezogen, heute meist mithilfe eines Fahrrads oder Motorrads.

Rilke, Rainer Maria, österreichischer Dichter, * Prag 4. Dezember 1875, † Val-Mont (heute zu Montreux, Schweiz) 29. Dezember 1926. Rilke führte ein unstetes Wanderleben (Aufenthalte u. a. in Russland, Worpswede, Paris, in Italien, in der Schweiz). Unter dem Einfluss des Bildhauers Auguste Rodin, als dessen Sekretär Rilke zeitweise arbeitete, entwickelte er einen plastisch-sachlichen Stil in der Lyrik (Dinggedichte), z. B. »Das Buch der Bilder« (1902, erweitert 1906). Seine »Duineser Elegien« (1923 vollendet) greifen die antike Versform auf, thematisieren aber das Verzweifeln am Menschen und seiner Situation in der Welt. »Die Aufzeichnungen des Malte Laurids Brigge« (1910) sind der einzige Roman Rilkes, der auch meisterhafte Übersetzungen, vor allem aus dem Französischen, schuf.

Rinder, eine weltweit verbreitete Unterfamilie der Horntiere (wiederkäuende Paarhufer). Zu ihr gehören u. a. Büffel, Bison, Jak und das Hausrind, dessen Stammform der Auerochse ist. Das Hausrind ist zur Fleisch-, Milch- und Ledergewinnung von großer wirtschaftlicher Bedeutung.

Rinderwahnsinn → BSE.

Ringelnatter, eine bis 1 m lange, einheimische, harmlose, graue bis graugrünliche Natter. Ihr Rücken zeigt manchmal eine dunklere Zeichnung. Ein charakteristisches Merkmal ist ein halbmondförmiger, gelber Fleck beiderseits des Hinterkopfes. In Deutschland ist der Bestand stark gefährdet.

Das Sehenlernen ist das Thema von **Rainer Maria Rilkes** Tagebuchroman »Die Aufzeichnungen des Malte Laurids Brigge«; im zweiten Teil des Romans richtet der Tagebuchschreiber Malte den »Scheinwerfer seines Herzens« ganz nach innen; im Jahr 1906 hat die mit Rilke befreundete Malerin Paula Modersohn-Becker in seinem Porträt wohl diesen Blick nach innen festgehalten

Ringelnatz, Joachim, eigentlich Hans Bötticher, deutscher Schriftsteller und Maler, * Wurzen (bei Leipzig) 7. August 1883, † Berlin 17. November 1934. Ringelnatz, der ein unstetes Leben führte (u. a. als Matrose und Schauspieler), wurde durch seine Gedichte bekannt, die hintergründigen Humor und antibürgerlichen Sarkasmus verbinden.

Ringelwürmer (Gliederwürmer), ein Stamm der Gliedertiere mit rund 17 000 Arten. Der Körper der bis 3 m (meist unter 10 cm) langen Würmer, besteht aus wenigen bis zahlreichen, annähernd glei-

Die **Ringelnatter** schwimmt und taucht gut; sie ernährt sich von Lurchen und Fischen; fühlt sie sich angegriffen, entleert sie ihre Stinkdrüsen

chen Abschnitten (Segmenten), die äußerlich meist als Ringe erkennbar sind. Die Ringelwürmer leben im Boden oder im Wasser, manche in selbst gebauten Röhren. Bekannt sind die →Regenwürmer und die →Blutegel.

■ **Ringen,** überwiegend von Männern ausgeübte Zweikampfsportart, die auf Körpergriffe beschränkt ist. Ziel ist es, den Gegner durch Griffe und Schwünge auf beide Schultern zu zwingen und ihn dort mindestens eine Sekunde lang zu halten (in diesem Fall ist der Kampf vorzeitig beendet) oder nach Punkten zu besiegen. Die Kampfzeit beträgt 3×3 Minuten. Gerungen wird auf einer runden Matte von 12 m Durchmesser (Kampffläche 9 m^2) im **griechisch-römischen Stil** (hier sind Griffe bis zur Gürtellinie erlaubt) oder im **Freistil,** bei dem auch Griffe an die Beine erlaubt sind. Zur Gewährleistung der Chancengleichheit sind die Ringer in →Gewichtsklassen eingeteilt.

■ **Ringwall,** heute als Stein- und Erdwall teilweise noch sichtbarer Rest einer vor- oder frühgeschichtlichen Befestigungsmauer, in der Regel um eine Anhöhe oder einen Berggipfel herum.

■ **Rio de Janeiro** [...schanero], brasilianische Hafenstadt an der Baía de Guanabara (Bucht des Atlantiks), mit 5,55 Mio. Einwohnern. Nach São Paulo ist Rio de Janeiro das bedeutendste Wirtschaftszentrum Brasiliens. Die Stadt wird von mehreren Bergen überragt, darunter von dem 395 m hohen **Zuckerhut,** dem Wahrzeichen der Stadt, und dem 704 m hohen **Corcovado,** der mit einer 38 m hohen Christusstatue (aus Beton) gekrönt ist. Rio de Janeiro zählt zu den schönsten Städten der Erde und zieht viele Fremde aus aller Welt an; berühmt sind der Badestrand von **Copacabana** und der alljährliche Straßenkarneval. Zum Stadtbild gehören aber auch die Elendsviertel (Favelas) an den Steilhängen. – Die Stadt wurde 1565 gegründet. 1822–1960 war sie die Hauptstadt Brasiliens.

■ **Río de la Plata** [spanisch, = Silberstrom] *der,* Mündungstrichter von Paraná und Uruguay zwischen den Staaten Argentinien und Uruguay. Der Río de la Plata ist überwiegend 3–4 m tief und an der Mündung 200 km breit. Für die Schifffahrt müssen die Fahrrinnen ständig ausgebaggert werden. Die bedeutendsten Häfen sind Buenos Aires und Montevideo.

■ **Rippen,** knorpelige bis knöcherne, spangenartige Gebilde in der Brustgegend. Sie gehen von der Wirbelsäule aus und setzen am Brustbein an (echte Rippen) oder enden frei in der Brusthöhle (falsche Rippen). Der Mensch besitzt insgesamt zwölf paarige Rippen, die den Brustkorb bilden.

Rikscha

Rikscha ist ein japanisches Wort und bedeutet wörtlich übersetzt »Mensch-Kraft-Fahrzeug«. Die erste Rikscha ließ der amerikanische Baptistenpfarrer Jonathan Scobie 1869 bauen, um seine kranke Frau durch die japanische Hafenstadt Yokohama bewegen zu können. Das wohlwollende Interesse des Publikums ermunterte den Geistlichen dazu, das Produkt in Serie gehen zu lassen, was sich als geglückte Arbeitsbeschaffungsmaßnahme für seine Gemeindeschäfchen erwies. Schon bald darauf verbreitete sich der pferdlose Einspänner im ganzen Fernen Osten.

■ **Rippenfell,** der Teil des Brustfells, der über den Rippen liegt.

■ **Rispe** →Blütenstand.

■ **Ritter** [mittelhochdeutsch, = Reiter], im Mittelalter zunächst die freien, zu Pferd kämpfenden Krieger, dann auch →Ministerialen im Waffendienst. Um den Kriegerstand wirtschaftlich abzusichern, überließ der König jedem Ritter Grundbesitz als Lehen. Knaben aus ritterlichem Geschlecht traten mit 7 Jahren bei der Frau eines Ritters in den Pagendienst, mit 14 Jahren wurden sie Knappen, mit 21 Jahren erhielten sie den **Ritterschlag** (Schwertleite), durch den sie wehrhaft und mündig (volljährig) wurden. Als ritterliche Ideale galten kriegeri-

Die Jungtiere der Rinder gehören zu den »Laufjungen«: ein neugeborenes Kalb kann gleich nach der Geburt aufstehen und am Euter der Mutter saugen

sche Tüchtigkeit, Treue zum Lehnsherrn, Schutz der Kirche und der Schwachen und Verehrung der Frauen (Minne). Unehrenhaftes Verhalten führte zum Verlust der Ritterehre.

Mit der Erfindung der Feuerwaffen, dem Aufkommen der Söldnerheere und dem Erstarken des Bürgerstandes verloren die Ritter im Spätmittelalter ihre militärische und gesellschaftliche Bedeutung. Als Folge des sozialen Niedergangs und wirtschaftlicher Not entstand das Raubrittertum. Als grundbesitzender Adelsstand, nur dem König untertan (»Reichsritterschaft«), konnte sich das Rittertum in veränderter Form bis 1806 behaupten.

Darstellung eines **Ritters** auf einem kolorierten Holzschnitt aus dem 16. Jahrhundert

■ **Ritterorden,** während der Kreuzzüge entstandene Vereinigungen christlicher Ritter, deren Mitglieder die Mönchsgelübde ablegten. Sie entstanden, um die Pilger zu schützen (auch Armen- und Krankenpflege); ihre übergeordneten Ziele waren die Bekämpfung der Glaubensfeinde und die Ausbreitung des christlichen Glaubens. Die bedeutendsten Ritterorden waren der →Deutsche Orden, der →Johanniterorden und der →Templerorden.

■ **Rittersporn** *der,* eine Gattung der Hahnenfußgewächse mit rund 250 Arten. Die in Trauben stehenden gespornten Blüten haben einen blumenblattartig gefärbten Kelch.

Diese einheimische Art des **Rittersporns**, der Feldrittersporn, wächst vorzugsweise wild auf kalkhaltigen Böden

■ **Ritual** [lat.] *das,* gleich bleibendes, regelmäßiges Vorgehen nach einer festgelegten Ordnung, das meist an bestimmte Anlässe gebunden ist (z. B. das Ritual eines Kindes vor dem Schlafengehe).

■ **Ritus** [lat.] *der,* religiöser Brauch, kultischer Handlungsablauf (Worte, Gesten, Handlungen); das Vorgehen nach festgelegter Ordnung, Zeremoniell.

■ **Riviera** [italienisch, = Küstenland] *die,* schmaler Küstensaum mit Steilküsten, malerischen Buchten und mildem, sonnenreichen Klima am Mittelmeer, zwischen Marseille und La Spezia. Der Westteil in Frankreich heißt **Côte d'Azur,** hier liegen u. a. Cannes, Nizza und Monte Carlo. An der östlich anschließenden **Italienischen Riviera** liegen u. a. Genua und die Seebäder San Remo und Rapallo. Die dicht besiedelte Riviera ist ein bedeutendes Fremdenverkehrsgebiet.

■ **Rizinus** [lat.] *der,* ein tropisches Gewächs aus der Gattung der Wolfsmilchgewächse, das vor allem durch das aus seinem Samen gewonnene **Rizinusöl** bekannt ist. Dieses wird als Abführmittel sowie als Schmiermittel verwendet.

■ **RNA,** Abkürzung für engl. Ribonucleic acid, →Ribonukleinsäure.

■ **RNS,** Abkürzung für →Ribonukleinsäure.

■ **Robben** (Flossenfüßer), eine Ordnung etwa 1,4 bis 6,5 m langer Säugetiere mit rund 30 Arten, die überwiegend in kalten Meeren leben. Ihr Körper ist stromlinienförmig, die Gliedmaßen sind zu Flossen umgewandelt. Nasen- und Ohröffnungen können verschlossen werden. Eine dicke Speckschicht schützt sie vor Kälte. Robben sind hervorragende Schwimmer und Taucher. Ihre Nahrung besteht aus Fischen, Krebsen und Tintenfischen. Sie leben meist in großen Herden. Wegen der begehrten Pelze ist der Bestand zahlreicher Arten bedroht. Zu den Robben gehören →Seehunde, →Ohrenrobben und →Walrosse.

Hartmann von Aue war Dienstmann der Herren von Aue, deren adlerköpfige Fahne der ritterliche Dichter hier auf dem Bild aus einer mittelalterlichen Handschrift mit sich führt; die blühende Rosenranke weist auf ein anderes, für ihn noch wichtigeres Dienstverhältnis: den Minnedienst; in einer Selbstdarstellung weist der **Ritter** ausdrücklich auf seine besondere Stellung hin: »Ein Ritter so geleret was, daz er an den buochen las, swaz er dar an geschriben vant: der was Hartman genant…«

■ **Robespierre** [robäspjär], Maximilien de, französischer Politiker, *Arras (Département Pas-de-Calais) 6. Mai 1758, †Paris 28. Juli 1794 (hingerichtet). Der Führer der radikalen Partei (Jakobiner) in der →Französischen Revolution errang mit dem Vorsitz im Wohlfahrtsausschuss (seit 27. Juli 1793) die uneingeschränkte Macht. Damit begann die jakobinische Schreckensherrschaft (Aburteilung der politischen Gegner, Hinrichtung aller »Verdächtigen«). Robespierre wurde nach der Verschärfung des Terrors 1794 durch eine Verschwörung gestürzt und hingerichtet.

■ **Robin Hood** [robin hud], Held der englischen

Diese Wedellrobbe scheint ihr Leben in der Antarktis auch im Schlaf in vollen Zügen zu genießen – zum Schlafen verlassen die **Robben** nicht immer das Wasser

Sage, ein edelmütiger Räuber und Helfer der Armen.

■ **Robinie** →Akazien.

■ **Robinson Crusoe** [- kruso^u], der Held des gleichnamigen Abenteuerromans von Daniel Defoe. Robinson Crusoe verbringt nach einem Schiffsuntergang 28 Jahre auf einer Insel; in Freitag, einem »edlen Wilden«, findet er einen getreuen Gehilfen. Vorbild für die Gestalt des Robinson Crusoe war der schottische Matrose Alexander Selkirk (†1721), der 1704–09 auf der menschenleeren Juan-Fernández-Insel Más a Tierra (heute Róbinson Crusoe) vor der Küste Chiles gelebt hat.

■ **Roboter** [tschechisch] *der,* eine Maschine, die Funktionen, die der Mensch ausführt, scheinbar selbstständig nachahmt. Roboter sind programmgesteuerte →Automaten; Roboter neuerer Generation besitzen jedoch zusätzlich Sensoren für Tast- und Sehfunktionen und können so mit ihrer Umwelt in Kontakt treten. Sie werden vor allem in gefährlichen und gesundheitsschädlichen Bereichen eingesetzt (z. B. bei explosiven, radioaktiven Prozessen), aber auch in Bereichen, wo Menschen nicht mehr mit ausreichender Genauigkeit arbeiten können (z. B. Chipherstellung). Die **Robotik** ist ein Forschungsgebiet der →künstlichen Intelligenz. – Bild S. 84

■ **Rochen,** eine Ordnung bis 10 m langer Knorpelfische mit scheibenförmig abgeflachtem Körper und einem schlanken Schwanz. Die Brustflossen sind stark verbreitert. Mund, Nasenöffnungen und Kiemenspalten liegen auf der Unterseite, die Spritzlöcher an der Kopfoberseite hinter den Augen. Der **Stechrochen** besitzt in seinem peitschenartigen Schwanz einen Giftstachel. Der **Zitterrochen** betäubt seine Opfer durch elektrische Schläge, die er in einem Organ zwischen Brustflosse und Kopf erzeugt. Der im Ostatlantik und im Mittelmeer beheimatete **Manta-** oder **Teufelsrochen** wird etwa 5 m breit. – Bild S. 85

■ **Rocker** [engl.], Angehörige einer ursprünglich von Jugendlichen getragenen Protestbewegung gegen die Erwachsenengeneration. Die Rocker traten in den 1950er-Jahren mit einem provozierenden Lebensstil (Rock 'n' Roll, Lederkleidung, Motorräder, mitunter gewalttätig) in Erscheinung. Heute ist die Bewegung etabliert und organisiert (u. a. Motorrad-Freundeskreise, Musikklubs; auch Vermarktung von Musik und spezieller Kleidung).

■ **Rock 'n' Roll** [roknro^ul; engl. rock and roll = wiegen und rollen] *der,* **1)** *Musik:* in den 1950er-Jahren in den USA aus dem (schwarzen) →Rhythm and Blues und der (weißen) Countrymusik entstandener Musikstil mit schnellem Tempo und typischem

Auf der einsamen Insel rettet **Robinson Crusoe,** der »nicht wie alle seine Gefährten ertrunken ist«, Leben und damit auch sein Leben: zuerst rettet er einem Menschen, der vor Menschenfressern fliehen konnte, das Leben – er nennt ihn Freitag ..., in dessen Gesellschaft gelingen ihm weitere Rettungsaktionen und er kann nach achtundzwanzig Jahren, zwei Monaten und neunzehn Tagen die Insel verlassen; das obere Bild zeigt das Titelblatt der ersten 1719 erschienenen Ausgabe, die Illustration darunter stammt aus dem 19. Jahrhundert, sie zeigt den Titelhelden mit seinem Gehilfen Freitag

Rhythmus. Der Rock 'n' Roll war Ausgangspunkt für die Entwicklung der →Rock- und Popmusik. In ihm äußerten sich die Emanzipationsbestrebungen der jugendlichen Protestkultur (z.B. der Rocker), die sich gleichzeitig entwickelte. Stilprägende Interpreten waren u.a. Elvis →Presley, Bill Haley (1927–1981) und Chuck Berry (*1926).

2) *Tanzsport:* akrobatischer Turniertanz im $^4/_4$-Takt, der sich aus dem Boogie-Woogie entwickelt hat.

■ **Rock- und Popmusik,** Sammelnamen für die unterschiedlichen Erscheinungsformen der Populärmusik, wie sie sich im 20. Jahrh. in den westlichen Industriegesellschaften entfaltet hat.

Zwischen der Rock- und der Popmusik kam es im Verlauf ihrer Entwicklung immer wieder zu musikalisch-stilistischen Überschneidungen, wobei der Übergang oft fließend war. Die Popmusik orientierte sich in der Regel aber an den kreativeren, häufig von »unten« (in so genannten Subkulturen) entstandenen Strömungen der Rockmusik. Der Begriff **Popmusik** bezeichnete zu Beginn der 1950er-Jahre sentimental arrangierte Schlager im Swingstil (z.B. von Frank Sinatra, Bing Crosby). Heute versteht man darunter vor allem die Musik, die Stilmittel und Soundformen der Rockmusik übernimmt, umarrangiert und glättet.

Die Wurzeln der **Rockmusik** liegen in Nordamerika in der afroamerikanischen (Volks-)Musik einschließlich des →Jazz. Hier kam es um 1950 zu einer Verschmelzung der populären, von den Weißen als »race music« (Rassenmusik) diffamierten Musik der Schwarzen, dem →Rhythm and Blues, mit der Musik der Weißen, vor allem der Countrymusik.

Das Ergebnis war ein paar Jahre später der **Rock 'n' Roll,** der bald auch nach Europa gelangte und hier vor allem durch Bill Haley and the Comets (»Rock around the clock«) für Aufsehen sorgte. Erster Superstar der Rockmusik wurde der Sänger und Gitarrist Elvis Presley. Der Rock 'n' Roll fand in Europa viele Nachahmer, in der Bundesrepublik Deutschland u.a. Ted Herold und Peter Kraus.

War der Rock 'n' Roll selbst noch die musikalische Vorstufe der Rockmusik, so begann deren eigentliche Ära mit der Entwicklung der **Beatmusik** in England Anfang der 1960er-Jahre: mit den Beatles und den Rolling Stones. Hier entstand jenes musikalische Erscheinungsbild, das für den Rock bis heute prägend ist: eine Grundbesetzung aus Sänger, Solo-, Rhythmus- und Bassgitarre sowie Schlagzeug, der vom Rhythm and Blues entlehnte und betont durchgeschlagene, meist vierzeitige Fundamentalrhythmus (Beat), Bluesdiktion in vokaler wie instrumentaler Melodik, einfache Akkordfortschreitungen sowie die elektroakustische Aufbereitung und Verstärkung von Instrumenten (vor allem Elektrogitarren) und Gesang.

Im Gefolge der Beatmusik bildeten sich rasch neue, häufig kurzlebige Stilarten (Psychedelic Rock, Latin Rock, Jazzrock) aus. Der antibürgerliche Musiker wurde zum Leitbild rebellischer Jugendlicher. Offen traten Musiker und Fans für den Gebrauch von Drogen wie Haschisch und LSD ein. In den USA entzündete sich der Protest vor allem am Vietnamkrieg und an der Rassendiskriminierung. Memphis-Sound und **Soul** wurden zu einem wichtigen Sprachrohr der Bürgerrechtsbewegung (z.B. bei Otis Redding, James Brown, Aretha Franklin, Stevie Wonder). Höhepunkt war das Woodstock-Festival im August 1969 mit etwa 500 000 Zuschauern und 32 Bands und Interpreten (u.a. Jimi Hendrix, Bing Crosby, Stills, Nash & Young, Janis Joplin, Joe Cocker).

Mit der Schallplatte »Sgt. Pepper« leiteten die Beatles 1967 eine neue Phase ein. Zunehmend wurde die Rockmusik experimentierfreudiger und differenzierter, klassisch geschulte Musiker sowie herausragende Instrumentalisten (Eric Clapton) traten auf und befreiten die Rockmusik von ihrer Amateurhaftigkeit. Der **Electronic Rock** suchte mit immer größeren Verstärkeranlagen und immer raffinierteren Synthesizern die Klangwelt des Rock zu bereichern (z.B. Pink Floyd, Emerson, Lake & Palmer, Yes). Es entstanden groß angelegte sinfonische Rockversionen klassischer Instrumentalwerke

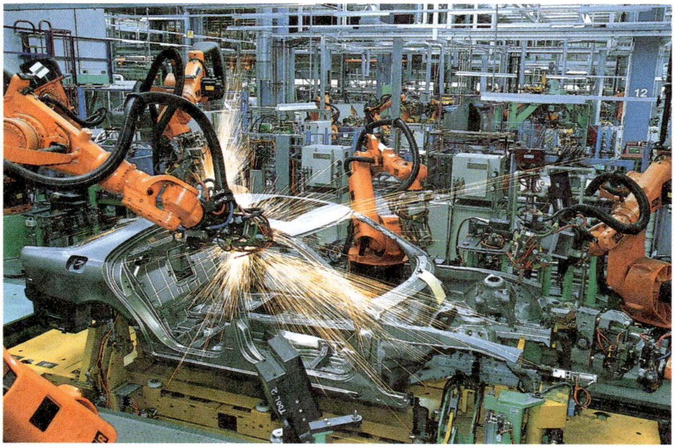

Roboter und numerisch gesteuerte Werkzeugmaschinen sind heute auch in der Autoindustrie selbstverständlich; die Aufnahme zeigt die S-Klasse-Produktion bei Daimler-Chrysler

Von gefährlicher Schönheit ist dieser **Rochen,** der zur Familie der Stechrochen gehört; tagsüber gräbt sich der in den Flachwassergebieten aller Meere lebende Blaufleckenstechrochen in den Boden ein, nachts wird er aktiv und kann mit seinem peitschenartigen Giftstachelschwanz auch für Menschen gefährlich werden

(u.a. von The Nice, Deep Purple, Procol Harum). Der **Folkrock** (u.a. von Bob Dylan, The Byrds, Simon & Garfunkel) wirkte stilbildend auf den internationalen Protestsong und die Liedermacherszene.

Eine besondere Rolle für die Rockmusik spielte seit jeher der Jazz. In der ersten Hälfte der 1970er-Jahre kam es zwischen beiden Lagern mit dem **Jazzrock** (Chicago, Blood, Sweat & Tears) und dem **Rockjazz** (Miles Davis, John McLaughlin, Weather Report) zu einem fruchtbaren Austausch.

Zur konstantesten Erscheinung in der Geschichte der Rockmusik wurde seit Beginn der 1970er-Jahre der **Hardrock.** Bis heute vertritt er das Ideal des geradlinigen, harten Rock; zu den ersten erfolgreichen Bands zählten u.a. Black Sabbath, Led Zeppelin und AC/DC. Seit den 1980er-Jahren entwickelt sich der Hard-Rock zum aggressiveren **Heavy Metal** weiter (u.a. mit den Varianten Speed Metal, Thrash Metal), vertreten z.B. durch Iron Maiden, Metallica, Guns 'n' Roses und Scorpions.

In der zweiten Hälfte der 1970er-Jahre erhielt die Pop- und Rockszene mit dem **Discosound** (Kool & The Gang) und dem aggressiven **Punkrock** (vor allem der Sex Pistols) vorübergehend eine international gleichartige Prägung, die durch die komplexe Weiterentwicklung zum **New Wave** ab 1978 allmählich wieder verloren ging. In bewusster Distanz zu dem gesteigerten künstlerischen und technischen Anspruch zahlreicher Rockgruppen der 1970er-Jahre orientierte sich der New Wave (u.a. bei Patti Smith, The Clash, The Police, Talking Heads) wieder mehr an der Beatmusik der frühen 1960er-Jahre: Elektronischer Klangzauber war verpönt, die Strukturen waren meist rockig einfach.

Parallel dazu entstand auch in Deutschland eine Punk- oder New-Wave-Szene, aus der um 1980 die **Neue Deutsche Welle** hervorging (u.a. mit den Gruppen Ideal, Extrabreit, Deutsch-Amerikanische Freundschaft, Fehlfarben). Von Vorläufern (z.B. Tangerine Dream, Udo Lindenberg) abgesehen, kam es mit ihr erstmals zu einer Emanzipation der deutschsprachigen Rockmusik u.a. Marius Müller-Westernhagen, BAP, Herbert Grönemeyer und Die Toten Hosen.

Frische Impulse gaben Anfang der 1980er-Jahre afroamerikanische Musikformen wie **Reggae** (Bob Marley), **Funk** (Crusaiders, Level 42), **Rap** (Ice T.) und **Hip-Hop** (Arrested Development). Zahlreiche schwarze Musiker (u.a. Michael Jackson, Prince) verbanden Elemente von Funk, Hip-Hop und Rap zu äußerst populären Musikstücken. Hip-Hop und Rap sind bis in die Gegenwart die dominierenden Musikstile der schwarzen Popmusik.

Mit **Techno** und seinen vielen Unterkategorien wie Trance, Jungle, Tekkno oder Ambient breitete sich Ende der 1980er-Jahre international wieder eine Discowelle aus, die die internationale Musik der 1990er-Jahre stark beeinflusste. Erstmals produzierte nicht die Band auf der Bühne die Musik sondern der Discjockey am Synthesizer und Computerbildschirm.

■ **Rocky Mountains** [- mauntins] (Felsengebirge), die vielfach gegliederte Hauptkette der nordamerikanischen →Kordilleren, ein Faltengebirge, das sich von Nordalaska bis New Mexico (im Süden der USA) erstreckt. Höchste Erhebung ist der Mount Elbert (4399 m). Im Norden sind die Rocky Mountains stark bewaldet und zum Teil vergletschert, im Süden steppenhaft. Die Rocky Mountains sind reich an Bodenschätzen und ein bedeutendes Fremdenverkehrsgebiet. Es wurden zahlreiche Nationalparks (z.B. Yellowstone National Park) eingerichtet.

■ **Rodelsport** (Rennrodeln), Wintersportart, bei der mit einem Spezialschlitten (Rennrodel) ein meist künstlich angelegter kurvenreicher Eiskanal (Mindestlänge 800 m, Maximalgefälle 12%) möglichst schnell durchfahren wird. Gesteuert wird der Schlitten von dem auf dem Rücken liegenden Fahrer durch Gewichtsverlagerung und mithilfe eines

Roggen

Wenn Gefahr droht, nimmt die **Rohrdommel** eine stolz anmutende aufrechte Haltung an

Die **Rohrsänger,** hier ein Teichrohrsänger, bauen napfförmige Nester, die sie an Schilfhalme hängen

Lenkriemens. Wettbewerbe werden im Einzel- und Doppelsitzer für Damen und Herren ausgetragen.

■ **Rodeo** [engl.] *der* oder *das,* Wettkampf, der aus der Tätigkeit der Cowboys in den USA abgeleitet wurde. Es gilt z.B. sich auf einem wilden Pferd oder Stier eine bestimmte Zeit zu halten.

■ **Rodin** [rodą̃ng], Auguste, französischer Bildhauer, *Paris 12. November 1840, †Meudon (Département Hauts-de-Seine) 17. November 1917. Seine Skulpturen zeichnet ein bis dahin unbekannter Realismus in der Darstellung aus. Außerdem gehört die zerklüftete Oberfläche mit ihrem Spiel von Licht und Schatten zu den Hauptmerkmalen seines Stils. Oft verzichtete Rodin bewusst auf Vollständigkeit in der Gestaltung. Berühmt sind »Die Bürger von Calais« (1884–86), ein Denkmal, das auf heldenhafte Verklärung der Dargestellten verzichtet. Rodin war einer der Wegbereiter der modernen Plastik.

■ **Rogen,** die Eier der Fische. Der Rogen des Störs liefert echten →Kaviar.

■ **Roggen,** in verschiedenen Zuchtformen angebautes, ziemlich kälteresistentes Süßgras, das entweder als **Winterroggen** im September oder als **Sommerroggen** im Frühjahr ausgesät wird. Das Roggenkorn enthält etwa 60% Stärke, 11% Eiweiß und 2% Fett.

■ **Rohrdommel,** in Schilfdickichten brütender Reihervogel. Charakteristisch ist die Pfahlstellung, die bei Gefahr eingenommen wird. Dabei werden Schnabel, Hals und Körper möglichst senkrecht nach oben aufgerichtet.

■ **Rohrsänger,** eine Gattung bis 20cm großer Grasmücken, die in Schilfdickichten, seltener in Getreidefeldern leben. Die unauffällig gefärbten Vögel geschickt klettern.

■ **Rohrzucker** (Saccharose), süß schmeckendes, wasserlösliches, bräunliches oder weißes, kristallines Kohlenhydrat, das aus Zuckerrohr oder Zuckerrüben gewonnen wird.

■ **Rohstoffe,** im weitesten Sinne alle Ausgangsmaterialien (sowohl im Urzustand als auch bearbeitet), die in einem Fertigungsprozess in die Zwischen- oder Endprodukte eingehen. Typische Rohstoffe sind Erze: Aus ihnen werden reine Metalle gewonnen, die später ihrerseits als Rohstoffe weiterverarbeitet werden.

■ **Rokoko** [frz.] *das,* eine Stilrichtung der Kunst am Ausgang des →Barock (etwa zwischen 1720 und 1780), die in Frankreich entstand. Das Rokoko ist im Wesentlichen ein Dekorationsstil. In der Gestaltung des Innenraums fand es seine höchste Vollendung in Decken- und Wandgemälden, umrahmt von anmutigen Stuckornamenten, kostbar verzierten Möbeln in geschwungenen Formen und Gobelins. Lackmöbel, Porzellanfiguren, -vasen, -lampen sowie die Musterung der Textilien verraten die Vorliebe des Rokoko für ostasiatische Kultur.

Ein berühmtes Beispiel für den Rokokostil ist die Amalienburg in Nymphenburg (München); in der bildenden Kunst gefielen Giovanni Battista Tiepolo (1696–1770; Fresken im Würzburger Schloss) oder die galanten Entwürfe der französischen Maler Jean-Antoine Watteau (1684–1721), François Boucher (1703–70) und Jean Honoré Fragonard (1732–1806).

In der *Literatur* des Rokoko stehen verspielte Dichtungsformen im Vordergrund, die den Lebensgenuss, die Liebe und den Wein preisen (besonders beliebt ist die – unwirkliche – Welt zärtlich tändelnder und verliebter Schäfer und Schäferinnen). Auch ernstere Themen werden heiter-ironisch abgehandelt. Hauptvertreter des deutschen Rokoko (das literarische Kurzformen pflegt) sind Christoph Martin Wieland, der frühe Goethe (in seiner Leipziger Zeit) und der frühe Lessing.

»I can't get no satisfaction« – Mick Jagger und der Gitarrist Keith Richards auf einer Deutschlandtournee der **Rolling Stones** im Jahr 1995

■ **Roland** (Hruodlandus, italienisch Orlando), Markgraf der Bretonischen Mark, †bei Roncesvalles 15. August 778; der Sage nach ein Neffe Karls des Großen und einer seiner zwölf Palladine; er fiel

Rom

Nach der Legende wurde die Stadt Rom am 21. April 753 v. Chr. gegründet. Dieses Datum wurde im 1. Jahrh. v. Chr. von dem Gelehrten Varro errechnet. Dem römischen Gründungsmythos zufolge landete der aus dem brennenden Troja geflohene Äneas in Latium. Von ihm sollen die Zwillingssöhne des Gottes Mars und einer Priesterin der Göttin Vesta, Romulus und Remus, abstammen, die – folgt man weiter der Legende – als Säuglinge ausgesetzt, von einer Wölfin gesäugt und von einem Hirten aufgezogen wurden. Sie waren die Gründer der Stadt Rom. Romulus wurde, nachdem er seinen Bruder im Streit erschlagen hatte, ihr erster König.

▶ Die Bronzestatue der Wölfin mit Romulus und Remus ist das Wahrzeichen Roms

er im Kampf auf dem Rückzug aus Spanien. Roland ist der Held des altfranzösischen **Rolandslieds** (um 1100 entstanden) und anderer Dichtungen.
In vielen deutschen Städten wurden im Mittelalter **Rolandssäulen** aufgestellt, überlebensgroße Standbilder in Gestalt eines Ritters mit bloßem Schwert (z. B. der steinerne Roland am Bremer Rathaus von 1404); es ist nicht sicher, ob sie Symbol der hohen Gerichtsbarkeit oder der städtischen Rechte und Freiheiten sind.

■ **Rolling Stones** [roᵘling stoᵘns], 1962 gegründete englische Rockgruppe, die besonders durch **Mick Jagger** (*1943, Gesang) und **Keith Richards** (*1943, Gitarre) geprägt worden ist. Weitere Mitglieder der Gruppe sind Charlie Watts (*1941, Schlagzeug) und Bill Wyman (*1941, Bass); als Gitarrist gehörte zunächst Brian Jones (1942–69) den Rolling Stones an, ab 1969 Mick Taylor (*1949) und seit 1975 Ron Wood (*1947). Bis Mitte der 1960er-Jahre entwickelten Jagger und Richards den bis heute typischen Stil der Rolling Stones, eine Mischung von Rhythm and Blues, Rock 'n' Roll und Blues. Ihr erster Welthit »I can't get no satisfaction« (1965) machte sie zum Leitbild rebellischer Jugendlicher, indem sie sich gegen die bürgerliche Ordnung stellten.

■ **Rollschuhe,** vierrädrige Spezialschuhe mit Rollen aus Kunststoff, die in Präzisionskugellagern ruhen. **Rollerskates** verfügen zusätzlich über kippbare Achsen und einen (höhenverstellbaren) Stopper; eine neuere Entwicklung sind die →Inlineskates. Im Rollsport werden folgende Wettbewerbe auf Beton- u. a. Laufflächen ausgetragen: Rollschnelllauf (über Strecken von 300 bis 10 000 m), Rollkunstlauf und Rollhockey.

■ **Rom** (italienisch Roma), Hauptstadt Italiens, am unteren Tiber, mit 2,646 Mio. Einwohnern. Innerhalb des Stadtgebietes befindet sich die →Vatikanstadt. Rom, die »Ewige Stadt«, ist kultureller Mittelpunkt Italiens mit Universitäten, wissenschaftlichen Instituten und berühmten Museen.
Rom entstand um 650 v. Chr. aus Einzelsiedlungen, die Gründung durch Romulus ist legendär. Die sieben Hügel wurden ab 378 v. Chr. durch die Servianische Mauer befestigt. In der Antike wurden u. a. das Forum Romanum (der altrömische Marktplatz), das →Kolosseum (ein riesiges Amphitheater), das →Pantheon, das Kapitol und die Engelsburg erbaut. Aus der Zeit des frühen Christentums sind zahlreiche Basiliken und Baptisterien erhalten. Das Stadtbild wird auch von zahlreichen Bauten aus der Renaissance und dem Barock geprägt, so vor allem die Peterskirche (Neubau seit dem 15. Jahrh.) und die 1568 begonnene Jesuitenkirche Il Gesù. Eindrucksvoll sind auch moderne Anlagen wie das Olympiagelände (1960).
Geschichte: Die Geschichte des antiken Rom ist untrennbar mit der Geschichte des Römischen Reiches (→römische Geschichte) verbunden. Nach der Verlegung der Hauptstadt nach Konstantinopel 330 und der Teilung des Römischen Reiches 395 verlor Rom (bis ins 16. Jahrh.) stark an Bedeutung. Im 5. Jahrh. wurde es von Westgoten und Wandalen geplündert und teilweise zerstört, im 8. Jahrh. durch die Pippinsche Schenkung (→Pippin der Jüngere) zum Mittelpunkt des Kirchenstaates erhoben. Nach der Zerstörung des Lateranpalastes (1308) wurde der ständige Wohnsitz der aus dem Exil in Avignon (1309–76) nach Rom zurückkehrenden Päpste in den Vatikan verlegt. 800–1452 wurden in Rom die

Kaiser des Heiligen Römischen Reiches gekrönt. Seit 1871 ist Rom die Hauptstadt Italiens.

■ **ROM,** Abkürzung für Read-only memory [engl., = Nurlesespeicher], in der Datenverarbeitung der Festwertspeicher eines Computers, dessen Informationsgehalt schon bei der Herstellung entsprechend der späteren Anwendung fest eingeschrieben wird. ROM ist wie →RAM frei adressierbar, die Daten können beliebig oft ausgelesen werden. Sie können jedoch nicht gelöscht oder überschrieben werden und bleiben nach Abschalten des Computers erhalten. So sind z. B. Teile des Betriebssystems, Compiler oder feste Tabellen in solchen ROM-Chips abgelegt. – auch →Speicher.

Stadtbaukunst in **Rom:** die Luftaufnahme zeigt die klar abgesteckten Proportionen zwischen Peterskirche, Petersplatz und der am Tiber gelegenen Engelsburg

■ **Roma** →Sinti und Roma. – auch →Zigeuner.

■ **Roman** [frz.] *der,* ein größeres erzählendes Prosawerk. Von der Novelle oder der Erzählung unterscheidet sich der Roman durch seinen größeren Umfang, vor allem aber durch die Vielschichtigkeit der Form und des Inhalts. Der Roman gestaltet keine Einzelereignisse, sondern Zusammenhänge, meist breite Ausschnitte aus dem Leben einer oder mehrerer Personen; oft umspannt er einen ganzen Lebenslauf oder sogar das Leben mehrerer Generationen. Neben den Personen und ihren Erlebnissen wird dabei meistens auch deren Umfeld geschildert. Es gibt zahlreiche Möglichkeiten der Einordnung von Romanen, z. B. nach Stoffen (Abenteuer-, Ritter-, Schelmen-, Kriminalroman), nach der Problematik (Erziehungs-, Entwicklungs-, Staatsroman), nach dem Erzählverfahren (Ich-Roman, Briefroman), nach den Adressaten (Frauenroman) und nach dem Anspruch (Trivialroman, Problemroman).

■ **Romanen** [lat.], die Völker mit romanischer Sprache, das heißt einer Sprache, die auf das Lateinische zurückgeht (Portugiesen, Spanier, Katalanen, Franzosen, Italiener, Rätoromanen, Rumänen, u. a.).

■ **Romanik** [von lat. romanus = römisch] *die,* Epoche der Kunst des frühen europäischen Mittelalters (um 1000–1250), die von der Gotik abgelöst wird. Die Bezeichnung Romanik verweist darauf, dass römisch-antike Elemente in die Kunst dieser Zeit übernommen worden sind. Daneben liegen die Wurzeln der regional sehr unterschiedlichen Strömungen im byzantinisch-syrischen und im islamischen Bereich.

In der *Architektur* überwiegt eine »bauklotzartige«, an römischen Vorbildern orientierte Anordnung der Bauglieder, die die Wandfläche betonen. Unter dem Ostchor der Kirchen ist eine Krypta angelegt worden; im späten 11. Jahrh. setzte sich die Wölbung der Decke (als Tonne oder als Kreuzgrat) durch. Es entwickelten sich umlaufende Galerien, ein Stützenwechsel zwischen Säule und Pfeiler und schlichte Formen der Wandgliederung (u. a. bei den »Kaiserdomen« zu Worms, Speyer und Mainz).

Der *Bildhauerkunst* gelang der Durchbruch zur monumentalen Vollfigur, die jedoch noch an die Architektur (vor allem Kirchenportale) gebunden blieb (z. B. an der »Goldenen Pforte« zu Freiberg, um 1230, oder in Bamberg). Strenge und Unnahbarkeit des Ausdrucks (anstatt lebensnaher Körperdarstellungen) sind charakteristisch für die Wand- und

Buchmalerei der Romanik; von der bedeutenden Glasmalerei sind nur wenige Beispiele erhalten (u.a. die Prophetenfenster im Augsburger Dom, 1. Hälfte des 12. Jahrh.).

■ **romanische Sprachen,** Gruppe von Sprachen, die sich auf dem europäischen Gebiet des Römischen Reiches aus dem gesprochenen Latein (Vulgärlatein) entwickelt haben, u.a. Portugiesisch, Katalanisch, Spanisch, Französisch, Italienisch und Rumänisch.

■ **Romanistik** [lat.] *die,* Wissenschaft von den romanischen Sprachen, Literaturen und Kulturen.

■ **Romantik** [frz.] *die,* allgemein eine zum Gefühlvollen und Fantastischen neigende Weltauffassung oder -darstellung. Im engeren Sinn bezeichnet Romantik eine vielschichtige geistige und künstlerische Strömung zwischen 1789 und 1848, die vor allem das Leben in Europa maßgeblich bestimmte. Eines ihrer Zentren war Deutschland.

Die Romantik war gegen die strenge Vernunftausrichtung von Aufklärung und Klassizismus gerichtet. Sie betonte Fantasie und Gefühl sowie die Sehnsucht nach dem Unendlichen. Die Romantiker entwickelten ein Bewusstsein für die Vergangenheit des eigenen Volkes. Neben der Rückbesinnung auf alte Volkslieder, Sagen und Märchen (Brüder Grimm) wandten sie sich deshalb verstärkt der Geschichte zu, besonders dem Mittelalter, das als Epoche der Einheit von Leben und christlichem Glauben verherrlicht wurde. In Märchen und Erzählungen mischen sich Fantasie, Spuk und Wirklichkeit. Die bildende Kunst, vor allem die Malerei der Romantik, suchte die innige Beziehung von Mensch und Natur auszudrücken; in der Architektur äußerte sich die Romantik in neugotischen Bauten und der Wiederentdeckung und -errichtung mittelalterlicher Denkmäler. Die Musik verleiht Naturstimmungen (z.B. Gewitter) oder Gefühlen (Trauer, Übermut, Freude, Frohsinn) Ausdruck.

Die Betonung des Nationalen offenbart sich besonders in Carl Maria von Webers Oper »Der Freischütz«. Kennzeichnend für die Musik der Romantik ist daneben u.a. das Werk Robert Schumanns. Namhafte Dichter der Romantik waren Ludwig Tieck, Novalis, Achim von Arnim, Clemens Brentano, E. T. A. Hoffmann, Joseph von Eichendorff. Eine Nachblüte der Romantik war die Schwäbische Romantik, der Ludwig Uhland, Wilhelm Hauff u.a. zugerechnet werden. Bekannte deutsche Maler der Romantik waren u.a. Caspar David Friedrich und Ludwig Richter.

■ **Romanze** [frz.] *die,* **1)** *Literatur:* ein erzählendes volkstümliches Gedicht (nach spanisch-portugiesischem Vorbild), ähnlich der →Ballade.
2) *Musik:* ein liedartiges Musikstück.

■ **Romeo und Julia,** Tragödie von William Shakespeare (1597). Sie schildert die Liebe von Romeo und Julia, die zwei verfeindeten Familien angehören. Die Feindschaft zwischen den Montagues und den Capulets treibt sie schließlich gemeinsam in den Tod. – Die Geschichte von Romeo und Julia wurde in den meisten europäischen Literaturen behandelt.

■ **römische Geschichte,** die Geschichte der antiken Stadt Rom und des von ihr begründeten Staatswesens.

Romanik pur: dieser Blick in die Kirche Sankt Michael in Hildesheim vermittelt die Dimensionen der reinen klassischen Romanik

Das Gebiet der späteren Stadt Rom war seit dem 10./9. Jahrh. v. Chr. kontinuierlich besiedelt; die Gründung durch Romulus ist legendär. Um 575 gerieten die Hügelsiedlungen unter etruskische Herrschaft, die sie zu einem Gemeinwesen verbanden und Rom zum bedeutendsten Ort Latiums machten. Nach dem Sturz des letzten Königs, Tarquinius Superbus, 509 v. Chr. entstand die römische Republik: Die römischen Patrizier (Adel) wählten aus ihrer Mitte zwei Jahresbeamte (Prätoren, später Konsuln genannt); höchstes politisches Organ war der Senat. Die Masse des Volkes (Plebejer) kämpfte um Gleichstellung, die sie allmählich bis 287 v. Chr. errang.

Außenpolitisch konnte Rom seine Macht ausdehnen. Im 3. Punischen Krieg (149–146 v. Chr.) wurde Karthago endgültig besiegt; Rom herrschte über Korsika, Spanien, die Balearen und Nordafrika, Makedonien, Griechenland und Spanien, 133 v. Chr. kam die Provinz Asia hinzu.

Damit umfasste das **Römische Reich** den gesamten Mittelmeerraum. Der rapide Aufstieg zur Weltmacht hatte jedoch schwere Krisen im Innern hervorgerufen (z. B. große Verluste und Verarmung der italischen Bauern, die den Kern des Milizheeres bildeten). Die sozialen Gegensätze konnten auch durch die Reformen der Gracchen (133 und 121 v. Chr.) nicht überwunden werden, sodass sich die Spannungen erst langsam, zum Teil in Bürgerkriegen, entluden. Die zahlreichen Kriege und Aufstände stärkten die Stellung der Feldherren. 60 v. Chr. schlossen Cäsar, Pompeius und Crassus das so genannte 1. Triumvirat (Dreibund). Schließlich errang Cäsar die Alleinherrschaft und wurde 44 v. Chr. Diktator auf Lebenszeit; diese Machtstellung lieferte den Anlass für seine Ermordung (15. März 44 v. Chr.), die einen heftigen Kampf um die Nachfolge auslöste. Antonius, Octavianus (Augustus) und Lepidus bildeten 43 v. Chr. das 2. Triumvirat, das 42 v. Chr. bei Philippi über die Attentäter siegte. Aus den Kämpfen zwischen den Triumvirn ging Octavianus, der spätere Kaiser Augustus, als Alleinherrscher hervor. Mit seiner Herrschaft begann die römische Kaiserzeit (27 v. Chr. Verleihung des Titels »Augustus«).

Unter Kaiser Trajan (98–117 n. Chr.) erreichte das Römische Reich seine größte Ausdehnung (u. a. Gewinnung der Provinzen Dakien, Arabien, Armenien und Mesopotamien). Die folgenden Kaiser richteten ihre Politik hauptsächlich auf die Sicherung der Grenzen aus (→Limes). Mark Aurel hatte u. a. gegen Markomannen und Parther zu kämpfen.

Im 3. Jahrh. geriet das Reich unter den vom Heer erhobenen »Soldatenkaisern« u. a. durch außenpolitische Niederlagen, Hungersnöte und wirtschaftlichen Niedergang an den Rand des Abgrunds. Die Rückbesinnung auf die alten Götter ließ Kaiser Decius (249–251) die erste systematische reichsweite Christenverfolgung anordnen. Erst die Reichsreform Kaiser Diokletians (284–305) konnte das Reich wieder festigen. Der Kampf um die Nachfolge brachte Konstantin I., den Großen, an die Macht (ab 324 Alleinherrscher). Er erkannte 313 das Christentum als der alten Religion rechtlich gleichgestellt an und gründete die neue Hauptstadt Konstantinopel (330 eingeweiht). Unter den Söhnen des Kaisers Theodosius I. wurde das Reich geteilt: Arcadius (395–408) erhielt den Osten (Oströmisches Reich, →Byzantinisches Reich), Honorius (395–423) den Westen. Den Stürmen der Völkerwanderung zeigte sich das durch Thronwirren geschwächte Westrom nicht mehr gewachsen. 476 entthronte Odoaker den letzten weströmischen Kaiser Romulus Augustulus. Das Oströmische Reich bestand bis 1453 weiter.

römische Geschichte

die legendären sieben Könige Roms:	
Romulus – Numa Pompilius – Tullus Hostilius – Ancus Marcius – Tarquinius Priscus – Servius Tullius – Tarquinius Superbus	
die wichtigsten römischen Kaiser aus dem Julisch-Claudischen Haus:	
27 v. Chr.–14 n. Chr.	Augustus
14–37	Tiberius
37–41	Caligula
41–54	Claudius
54–68	Nero
aus der Dynastie der Flavier:	
69–79	Vespasian
79–81	Titus
81–96	Domitian
aus der Reihe der »Adoptivkaiser«:	
98–117	Trajan
117–138	Hadrian
161–180	Mark Aurel
aus der Severischen Dynastie:	
198–217	Caracalla
aus der Reihe der »Soldatenkaiser«:	
253–260	Valerian
aus der Spätzeit des Römischen Reiches:	
284–305	Diokletian
306–337	Konstantin der Große
379–395	Theodosius der Große

■ **rö̱mische Ku̱nst,** die Kunst im antiken Rom und im römischen Weltreich. Sie ist erwachsen auf

Römische Geschichte – Das römische Weltreich unter Augustus und den Kaisern des 1./2. Jh. n. Chr.

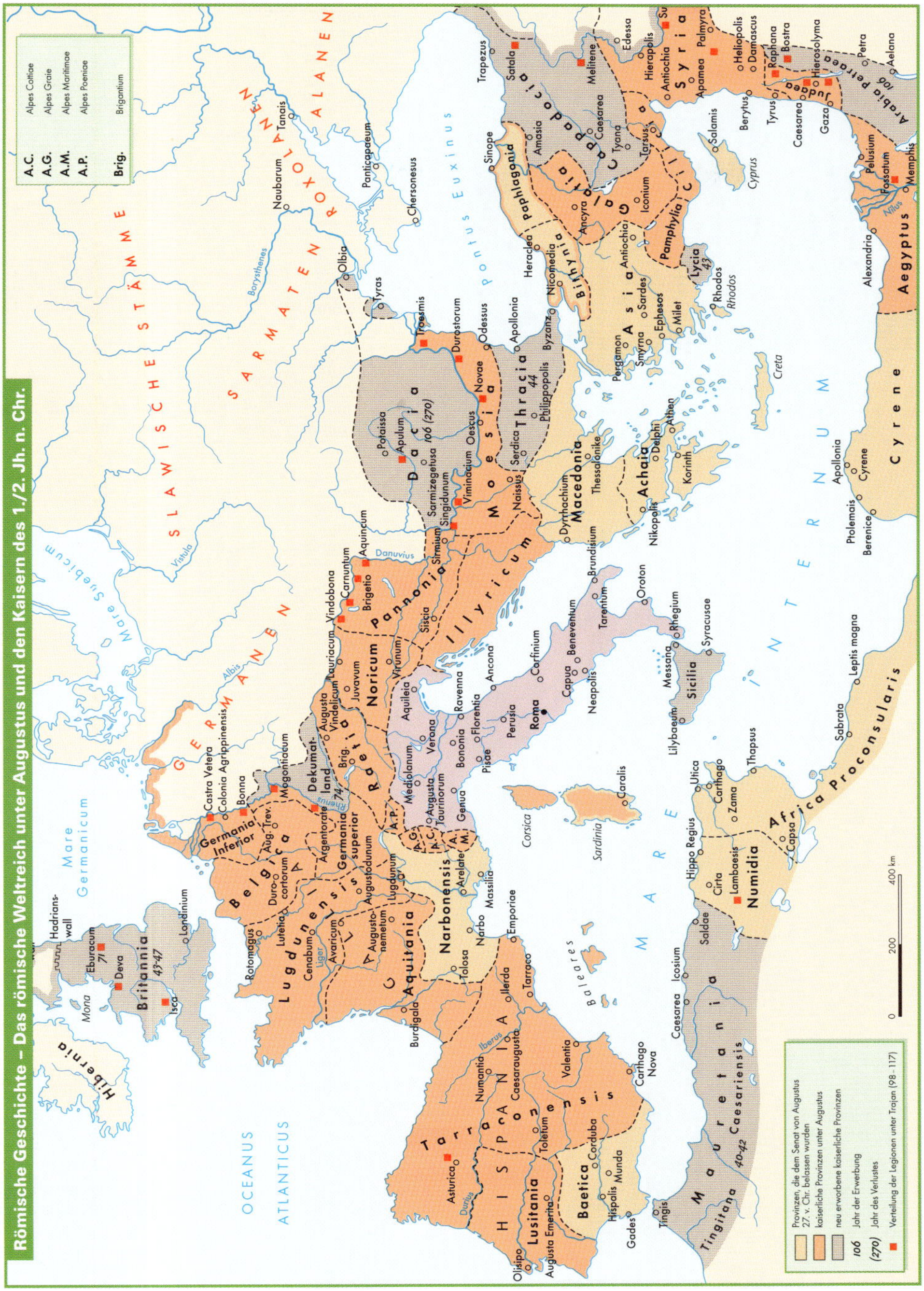

Römische Kunst in Nîmes: der heute »Maison Carrée« genannte Tempel mit korinthischer Säulenordnung wurde laut Inschrift zwischen 20 und 12 v. Chr. erbaut; seit 1816 beherbergt die Maison Carrée ein Antikenmuseum

der Grundlage der italischen und etruskischen Kunst unter starker Einwirkung der hellenistischen Kunst (→griechische Kunst). Die Baukunst, das Porträt und das historische Relief (Relief mit historischer Darstellung) standen in allen Epochen der römischen Kunst im Vordergrund. In der Baukunst sind die wichtigsten Elemente der Bogen, die Wölbung und die Kuppel. Mit ihnen verbinden sich – als griechisches Erbe – die Säulenordnungen. Die römische Tempelform ist der Podiumtempel (Tempel auf einem hohen Unterbau) mit Betonung der Frontseite (Eingang, zu dem eine Freitreppe hinaufführt), daneben auch der Rundtempel. Das Bild der römischen Stadt wurde durch große, meist in Marmor ausgeführte Staatsbauten bestimmt: Tempel, Basilika (Markt- und Gerichtshalle), Theater, Thermen, Triumphbögen, Ehrensäulen, Stadttore, Aquädukte. Bedeutende Beispiele römischer Baukunst sind vor allem in Rom entstanden, aber auch in den Provinzen (in Split der Palast des Diokletian, in Trier, Nîmes oder Arles). In Malerei und Plastik (Porträtbüsten, Reliefs) herrschte abwechselnd ein nüchtern-trockener Realismus und ein die Wirklichkeit täuschend nachahmender Stil vor. Mit der Wandmalerei in Pompeji sind bedeutende Werke der römischen Malerei überliefert.

römische Ziffern

I	1
II	2
III	3
IV	4
V	5
VI	6
VII	7
VIII	8
IX	9
X	10
XI	11
usw.	
XX	20
XXI	21
usw.	
XXIX	29
XXX	30
XL	40
L	50
LX	60
LXX	70
LXXX	80
XC	90
C	100
CC	200
CCC	300
CD	400
D	500
DC	600
M	1 000
MCM	1 900

■ **römische Religion,** Glaube und Kult der Römer der Antike. In der ältesten Zeit war die römische Religion eine bäuerliche Religion, deren Vegetationskulte vom Familienvater (Pater familias) vollzogen wurden. Unter etruskischem Einfluss (seit dem 7. Jahrh. v. Chr.) wurde die Dreiheit der obersten Götter Jupiter–Mars–Quirinus abgelöst von der Götterdreiheit Jupiter–Juno–Minerva. Später wurden die etruskisch-römischen Gottheiten den griechischen Göttern angeglichen (→griechische Mythologie und Religion), ohne dass die Vorstellung der olympischen Götterfamilie übernommen worden wäre. Jupiter entsprach nun Zeus, seine Gemahlin Juno der Hera, Minerva der Athene und der alte Gott Mars wurde mit Ares gleichgesetzt und zum Kriegsgott. Sehr beliebt war der griechische Apoll, der als Gott der Weisheit verehrt wurde. Keine griechische Parallele hat →Janus.
Neben diesen großen Göttern gab es viele lokale Gottheiten. Ebenfalls als Götter verehrt wurden das glückliche Geschick (Fortuna), der Sieg (Victoria) und die Eintracht (Concordia). Kollektive Gottheiten des Hauses waren die Penaten und die Laren. Wie sie waren auch die Geister der Verstorbenen, die Manen, den Menschen wohlgesinnt. Mit der Herrschaft des Augustus ergänzte der Kaiserkult die alte Religion. Der Kaiser war der höchste Priester des Staates (Pontifex maximus). Seit dem 2. Jahrh. v. Chr. drangen östliche Kulte nach Rom vor, besonders der Kult der Kybele, einer kleinasiatischen Fruchtbarkeitsgöttin, seit dem 3. Jahrh. n. Chr. der Kult des →Mithras und das Christentum, das 380 zur römischen Staatsreligion erklärt wurde.

■ **Römischer König,** im Heiligen Römischen Reich (bis 1806) seit 1125 der Titel des noch nicht zum Kaiser gekrönten deutschen Königs, seit 1508 des zu Lebzeiten eines Kaisers gewählten Nachfolgers.

■ **Römisches Reich** (lat. Imperium Romanum), das in der Antike von Rom aus beherrschte Reich (→römische Geschichte).

■ **römische Ziffern,** Zahlzeichen der Römer: I = 1, V = 5, X = 10, L = 50, C = 100, D = 500, M = 1 000. Durch Zusammensetzung dieser Zeichen werden sämtliche Zahlen gebildet. Keine Ziffer wird öfter als dreimal hintereinander gesetzt, z. B. III (3), IV (5–1 [I vor die V gesetzt] = 4), IX (10–1), MCMXCIV (1994).

■ **römisch-katholisch,** Abkürzung **röm.-kath.**, zur →katholischen Kirche gehörend. Die Bezeichnung weist auf die Leitung der katholischen Kirche durch den Papst in Rom hin.

■ **Romulus und Remus,** Zwillingspaar, das nach der Sage die Stadt Rom (753 v. Chr.) gegründet hat. Als Neugeborene ausgesetzt, soll eine Wölfin (das Wappentier der Stadt Rom) sie gesäugt haben. – Infokasten S. 87

■ **Rondo** [italienisch] *das,* musikalische Form, bei der das Hauptthema nach mehreren Zwischenspielteilen (Couplets) stets wiederkehrt (Refrain). Das Rondo, meist heiter und anmutig, kommt häufig als Schlusssatz von Sonaten, Sinfonien und Konzerten vor.

■ **Röntgen,** Wilhelm Conrad, deutscher Physiker, *Lennep (heute zu Remscheid) 27. März 1845, †München 10. Februar 1923. Er entdeckte 1895 die nach ihm benannten Röntgenstrahlen (von Röntgen selbst X-Strahlen genannt); 1901 erhielt er den ersten Nobelpreis für Physik.

■ **Röntgenröhre** [nach Wilhelm Conrad Röntgen], eine geschlossene Glasröhre, in der Elektronenstrahlen durch Aufprallen auf Metall eine →Röntgenstrahlung auslösen. Die heute verwendete Coolidge-Röhre (nach dem amerikanischen Physiker William David Coolidge, 1873–1975) besteht aus einem hochevakuierten Glaskolben mit einer elektrisch heizbaren Glühkathode als Elektronenquelle. Ein Wehnelt-Zylinder (nach dem deutschen Physiker Arthur Rudolph Wehnelt, 1871–1944) fokussiert die Elektronenstrahlen, die stark beschleunigt auf eine zwecks Kühlung drehbar angeordnete Anode treffen und dort die Atome des Anodenmaterials zur Röntgenstrahlung anregen.

■ **Röntgenstrahlung** [nach Wilhelm Conrad Röntgen], energiereiche elektromagnetische Strahlung, die entsteht, wenn schnelle Elektronen stark beschleunigt (oder abgebremst) werden, z. B. in einer →Röntgenröhre (Bremsstrahlung). Sie durchdringt Stoffe, die aus leichten Atomen bestehen (z. B. Muskeln) leichter als Stoffe, die aus schweren Atomen bestehen (z. B. Knochen) und schwärzt fotografische Filme auch dann, wenn sie lichtdicht verpackt sind. Auf einem Röntgenbild sind durch die Schwärzung die Strukturen des »durchleuchteten« Gegenstands zu erkennen. Ein Arzt kann anhand einer Röntgenaufnahme eine Diagnose stellen (z. B. Knochenbruch). Die Bestrahlung mit Röntgenstrahlung stellt eine Strahlenbelastung dar und ist daher potenziell gefährlich. – auch →Computertomographie.

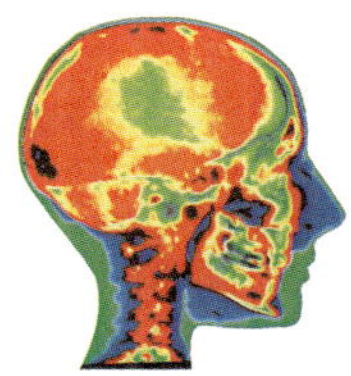

■ **Roosevelt** [rusᵉwelt], Franklin Delano, 32. Präsident der USA (1933–45), *Hyde Park (New York) 30. Januar 1882, †Warm Springs (Georgia) 12. April 1945. Roosevelt war durch eine Kinderlähmung 1921 schwer gehbehindert. 1928 wurde er Gouverneur von New York. Als Präsident führte er die USA aus der schweren Wirtschaftskrise und verwirklichte ein wirtschafts- und sozialpolitisches Reformprogramm (New Deal), das erstmals sozialstaatliche Ansätze in den USA verwirklichte. Unter seiner Leitung traten die USA in den Zweiten Weltkrieg ein. Roosevelt hat erheblichen Anteil an der Gründung der UN. – Bild S. 94

■ **Rosen,** eine Gattung der Rosengewächse mit über 100 Arten und zahllosen Gartenformen. Es sind Sträucher mit gefiederten Blättern, meist haben die Zweige Stacheln. Die Sammel- und Scheinfrüchte heißen Hagebutten. Aus Wildformen, die in China und Kleinasien vorkommen, sind die zahlreichen Kultursorten gezüchtet worden.

■ **Rosenkranz,** in der katholischen Kirche ein betrachtendes Gebet zu Ehren Marias, bestehend aus einer Reihe von Einzelgebeten, die als »Kranz geistlicher Rosen« aufgefasst werden; auch die dabei verwendete Perlenschnur, mit deren Hilfe die Gebete abgezählt werden, nennt man Rosenkranz.

■ **Rosenkriege,** die Kriege (1455–85) zwischen den beiden Herrscherhäusern Lancaster (rote Rose im Wappen) und York (weiße Rose im Wap-

Röntgen

Wilhelm Conrad Röntgen, der Entdecker der Röntgenstrahlen, flog kurz vor dem Abitur von der Schule, weil er eine Karikatur eines seiner Lehrer an die Tafel gezeichnet hatte. Er wurde dann zu einem externen Abitur vor einer Prüfungskommission zugelassen, deren Vorsitzender sich durch eben jenen Lehrer vertreten ließ, den Röntgen in der Schule an die Tafel gemalt hatte .... und der ließ den jungen Mann durchfallen! Aber Röntgen hatte nicht nur Verstand, sondern auch Glück: Damals nahm das Zürcher Polytechnikum Studenten mit entsprechendem Vorwissen auch ohne Abitur auf. 1901 erhielt der abiturlose Wissenschaftler den ersten Nobelpreis für Physik.

Der Präsident des »New Deal« – mit **Franklin D. Roosevelt** begann nach der Weltwirtschaftskrise eine neue politische Ära; das Foto zeigt ihn auf der Terrasse seines Privathauses

pen) um die englische Krone. Mit Heinrich VII. (1457–1509) setzte sich der Erbe des Hauses Lancaster durch, der nach seiner Heirat mit Elisabeth die Ansprüche beider Häuser vereinte und die Dynastie der Tudor begründete.

■ **Rosinen** [frz.], in der Sonne südlicher Länder getrocknete Weinbeeren. Je nach der Art der Weinbeeren spricht man von **Sultaninen** (groß, rötlich gelb, kernlos) und **Korinthen** (klein, dunkelviolett bis fast schwarz).

■ **Rosmarin** [lat.] *der,* ein im gesamten Mittelmeergebiet vorkommender Strauch. Seine Blätter dienen als Küchengewürz und aus den Blättern, Blüten und Zweigen wird ein gelbliches, wohlriechendes Gemisch flüchtiger Öle gewonnen, das bei der Herstellung von Parfüms und Seifen verwendet wird.

■ **Rossbreiten,** die windschwache Zonen nördlich und südlich des Äquators, jeweils etwa zwischen dem 25. und dem 35. Breitengrad. Die Bezeichnung soll auf die Zeit der Segelschifffahrt zurückgehen, als fehlende Winde die Fahrt nach Südamerika stark verzögerten und viele Pferde auf dem Transport wegen Futtermangels eingingen.

■ **Rossini,** Gioacchino, italienischer Komponist, *Pesaro 29. Februar 1792, †Paris 13. November 1868. Er ist einer der letzten und bedeutendsten Meister der Opera buffa mit ausgeprägtem Sinn für die musikalische Darstellung komischer Charaktere und Situationen. Rossini schuf rund 40 Opern, u. a. »Der Barbier von Sevilla« (1816) und »Wilhelm Tell« (1829), außerdem Kirchenmusik (»Stabat mater«, 1842) und Kammermusik.

■ **Rost,** eine gelb- bis braunrote, poröse, lockere und leicht abbröckelnde Schicht von wasserhaltigen Eisenoxiden und -hydroxiden, die sich auf Eisen oder Stahl an feuchter Luft und im Wasser bilden. Da die entstehende Rostschicht keine undurchlässige Schutzschicht bildet, setzt sich der Prozess des Rostens bis zur völligen Zerstörung des betreffenden Eisenteils fort.

■ **Rostock** (Hansestadt Rostock), Stadt in Mecklenburg-Vorpommern, an der unteren Warnow, mit 203 300 Einwohnern. Die 1419 gegründete Universität ist die älteste Norddeutschlands. Im Stadtteil **Warnemünde**, der auch als Ostseebad bekannt ist, befindet sich der Überseehafen der Stadt. Sehenswert sind die Bauten der Backsteingotik, u. a. die Marienkirche (13. Jahrh.), sowie die mittelalterlichen Stadttore. – Rostock, nach 1160 gegründet, war im 14. und 15. Jahrh. eine führende Hansestadt.

■ **Rotation** [lat.] *die,* die Drehbewegung eines

Der furiose »Babier von Sevilla« war für **Gioacchino Rossini** der Beginn einer Welterfolgskarriere; umjubelt von »Rossinisten«, sorgte der noch nicht Vierzigjährige nach seinem »Wilhelm Tell« abrupt für einen romanhaften Ausstieg aus dem Musikleben: er führte ein genießerisches Leben als Koch und Schweinezüchter und hinterließ auf unseren Speisenkarten die »Tournedos à la Rossini«

Körpers um eine Achse (Drehachse, Rotationsachse) oder einen Punkt.

■ **Rote-Armee-Fraktion,** Abkürzung **RAF,** linksextremistische terroristische Vereinigung, die von Andreas Baader (1943–1977), Gudrun Ensslin (1940–1977) und Ulrike Meinhof (1934–1976) gegründet wurde (daher auch **Baader-Meinhof-Gruppe** genannt). Die RAF verübte Attentate gegen Personen und Einrichtungen, die für sie die »kapitalistische«, »imperialistische« Gesellschaftsordnung repräsentierten. Sie ermordete u.a. Hanns-Martin Schleyer (1915–1977) und Alfred Herrhausen (1930–1989) und versuchte 1977, inhaftierte Gesinnungsgenossen durch die Entführung einer Lufthansamaschine nach Mogadischu freizupressen.
Einige Mitglieder der RAF konnten mithilfe der DDR-Führung untertauchen. Nach dem Zusammenbruch der DDR wurden dort 1990 RAF-Terroristen verhaftet und später verurteilt. 1998 gab die RAF ihre Selbstauflösung bekannt.

■ **Rote Liste,** eine Zusammenstellung gefährdeter Pflanzen- und Tierarten, für Deutschland die »Rote Liste der gefährdeten Tiere und Pflanzen in der Bundesrepublik Deutschland« (1. Aufl. 1977). Die Rote Liste enthält nach Gefährdungsgraden fünf Kategorien:
0 = ausgestorbene oder verschollene Arten,
1 = vom Aussterben bedrohte Arten,
2 = stark gefährdete Arten,
3 = gefährdete Arten,
4 = potenziell gefährdete Arten.

■ **Röteln,** eine ansteckende, von Hautausschlägen und geschwollenen Lymphdrüsen begleitete Virusinfektion, die vor allem im Kindesalter auftritt. Die Übertragung erfolgt durch Tröpfcheninfektion. Röteln können in den ersten drei Monaten einer Schwangerschaft zu schweren Schäden am Embryo führen. Für Mädchen ist daher eine Impfung ab dem 12. Lebensjahr empfehlenswert.

■ **Rote Rübe** (Rote Bete), ein Gänsefußgewächs, das bereits im Altertum angebaut wurde. Die Rübe ist weichfleischig und tief rot gefärbt; sie wird meist als Salat gegessen.

■ **Rotes Kreuz,** ein internationales Hilfswerk, das die Beschlüsse der →Genfer Konvention zu verwirklichen sucht. Die Organisation entstand 1863 in Genf auf Anregung von Henri Dunant. Das Internationale Komitee vom Roten Kreuz (gegründet 1863, dreimal mit dem Friedensnobelpreis ausgezeichnet), die Liga der Rotkreuz-Gesellschaften (gegründet 1919) und die Gesellschaften der einzelnen Länder bilden zusammen das **Internationale Rote**

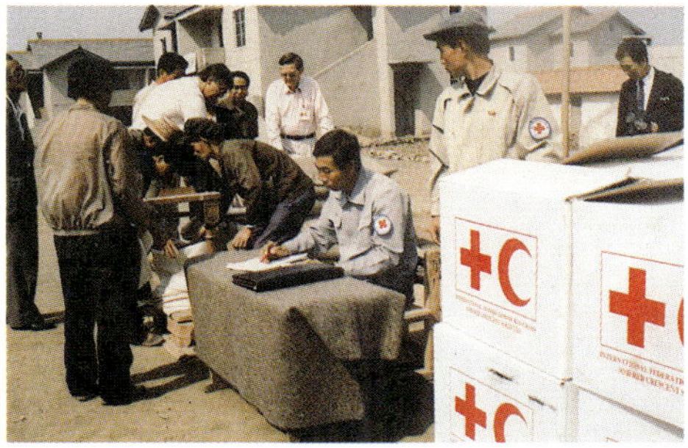

Das **Rote Kreuz** ist in den islamischen Staaten durch das Symbol, des **Roten Halbmonds** ersetzt; seit 1986 sind die Rothalbmondgesellschaften gleichberechtigte Partner der Liga

Kreuz (IRK). Das Schutzzeichen, ein rotes Balkenkreuz auf weißem Feld, ist in manchen Ländern durch andere Symbole ersetzt: z.B. in den islamischen Ländern durch den roten Halbmond (in Iran durch den roten Löwen), in Israel durch den roten Davidstern oder in Japan durch die rote Sonne.
Das **Deutsche Rote Kreuz** (DRK) der Bundesrepublik Deutschland hat seinen Sitz in Bonn. Seine Mitglieder leisten erste Hilfe und betätigen sich u.a. im Rettungsdienst, in der Krankenpflege, im Suchdienst, beim Blutspendedienst und in der Wohlfahrtspflege. Jugendliche werden im **Jugendrotkreuz** an die Aufgaben der Gesellschaft herangeführt.

■ **Rotes Meer,** ein lang gestrecktes Binnenmeer des Indischen Ozeans zwischen der Arabischen Halbinsel und dem afrikanischen Kontinent, mit dem Mittelmeer durch den Suezkanal verbunden. Das Rote Meer ist 440000 km² groß, bis 2920 m tief und eines der wärmsten Meere (Oberflächentemperatur bis 35°C).

Rotes Meer

Die Wasserfarbe des Roten Meeres ist normalerweise tiefblau. Der Name kommt von einer Algenart, die rote Pigmente enthält. Durch diese Pigmente bekommt das Oberflächenwasser des Roten Meeres gelegentlich eine rote Färbung.

■ **Roth,** Joseph, österreichischer Schriftsteller, *Brody (bei Lemberg, Ukraine) 2. September 1894, †Paris 27. Mai 1939. Selbst Jude, machte Roth in seinen Romanen die Welt des Judentums und den Untergang der Donaumonarchie zum Thema, z.B. in

Joanne K. Rowling bietet mit Harry Potter allen Muggels dieser Welt die Stirn

»Radetzkymarsch« (1932) und »Die Kapuzinergruft« (1938).

■ **Rothenburg ob der Tauber,** Stadt in Mittelfranken, Bayern, am Nordwestfuß der Frankenhöhe, mit 11 800 Einwohnern. Sie ist berühmt wegen ihres malerischen mittelalterlichen Stadtbildes (mit erhaltener Stadtmauer). – An die Belagerung durch kaiserliche Truppen (1631) unter Tilly erinnert das Festspiel »Der Meistertrunk«.

■ **Rotkehlchen,** ein etwa 14 cm langer Singvogel, der in unterholzreichen Wäldern, Parkanlagen und Gärten lebt. Die Oberseite ist braun, Brust und Kehle sind orangerot, der Bauch ist weißlich gefärbt.

■ **Rotor** [lat.] *der,* in verschiedenen Bereichen der Technik Bezeichnung für laufende (rotierende) Bauteile: Bei elektrischen und Strömungsmaschinen der Läufer, im Flugzeugbau der Drehflügel eines Hubschraubers.

■ **Rotschwänzchen,** eine Gattung der Drosseln mit rostrotem Schwanz.

■ **Rotterdam,** niederländische Hafenstadt im Rheinmündungsgebiet an der Neuen Maas, mit 590 500 Einwohnern. Die 1940 weitgehend zerstörte Innenstadt wurde wieder aufgebaut. Rotterdam ist eine wichtige Industriestadt und der bedeutendste Seehafen und Güterumschlagplatz der Erde. Mit der Nordsee ist die Stadt durch den **Nieuwe Waterweg** verbunden, einen 33 km langen, schleusenlosen Kanal (erbaut 1866–72), an dessen Mündung sich die neuen Hafenanlagen **Europoort** und **Maasvlakte** befinden. Vom Vorhafen **Hoek van Holland** aus verkehren Fährschiffe nach Großbritannien. – Rotterdam ist »Kulturstadt Europas 2001«.

Die jungen **Rotkehlchen** sind in einem gut versteckten Bodennest zu Hause

■ **Rotverschiebung,** *Astronomie:* ein optisches Phänomen, → Doppler-Effekt.

Unverkennbar: das ist der von **Joanne K. Rowling** erfundene Zauberjunge Harry Potter; so im Bild festgehalten hat ihn die Zeichnerin Sabine Wilharm, die alle in deutscher Sprache erschienenen »Potter-Romane« mit ihren Bildern begleitet

■ **Rotwild,** weidmännische Bezeichnung für den Rothirsch. Das männliche Tier heißt Hirsch, das weibliche Tier Rottier, das Kalb Hirschkalb oder Edelkalb.

■ **Rouen** [r^{u}ang], Stadt in Frankreich, an der unteren Seine, mit 103 000 Einwohnern; kultureller Mittelpunkt der Normandie und Vorhafen von Paris. Zu den vielen historischen Bauten gehört eine gotische Kathedrale (13.–16. Jahrhundert).

■ **Roulette** [rulet; frz.] *das,* ein Glücksspiel, bei dem die Teilnehmer durch Setzen auf bestimmte Felder des Spielplans (von der Spielbank ausgeschüttete) Gewinne erzielen können, wenn eine Kugel, die in eine sich drehende, in Fächer unterteilte Scheibe geworfen wird, die entsprechenden Felder anzeigt.

■ **Rousseau** [russo], Jean-Jacques, französischer Schriftsteller und Kulturphilosoph schweizerischer Herkunft, *Genf 28. Juni 1712, †Ermenonville (bei Senlis, nördlich von Paris) 2. Juli 1778. Aufsehen erregte er mit der Behauptung, der kulturelle, wissenschaftliche und gesellschaftliche Fortschritt habe den glücklichen, natürlichen Urzustand der Menschen verdorben; die Menschen müssten wieder zu Freiheit, Unschuld und natürlicher Sittlichkeit zurückfinden. Mit seiner Forderung, die natürliche Rechtsgleichheit aller Menschen wieder herzustellen, wurde er zu einem Wegbereiter der Französischen Revolution. Sein vielseitiges Werk (»Der Gesellschaftsvertrag«, 1762; »Émile, oder über die Erziehung«, 1762; die umfangreiche Autobiografie »Bekenntnisse«, 1764–70; Musikbesprechungen) beeinflusste nachhaltig die gesamte Geistesgeschichte Europas sowie vor allem die Lehre vom Staat und die Pädagogik.

■ **Routine** [ru…; frz.] *die,* durch Übung erlangte Fertigkeit, Gewandtheit.

■ **Rowling** [ro^{u}ling], Joanne Kathleen, englische Schriftstellerin, *Chipping Sodbury (bei Bristol) 31. Juli 1965. Sie war ursprünglich Lehrerin. Ihre Harry-Potter-Geschichten wurden zu einem sensationellen Erfolg: »Harry Potter und der Stein des Weisen« (1997), »Harry Potter und die Kammer des Schreckens« (1998), »Harry Potter und der Gefangene von Askaban« (1999) und »Harry Potter und der Feuerkelch« (2000). Jedes der Bücher, von denen sieben geplant sind, behandelt ein Jahr im Leben des jungen Zauberers Harry Potter und seiner Freunde aus der Zauberschule Hogwarts.

■ **Ruanda** (Rwanda), Republik in Ostafrika. 1990 gehörten etwa 90% der Bevölkerung zu den Ackerbau treibenden Hutu (Bantu) und 9% zu den Vieh züchtenden Tutsi. Angebaut werden Süßkartoffeln, Maniok, Hirse, Bohnen, Mehlbananen. Wichtigste Exportprodukte sind Kaffee und Tee. An Bodenschätzen gibt es Zinn, Beryllium, Gold und Wolfram. Die wenigen Industriebetriebe verarbeiten landwirtschaftliche und bergbauliche Produkte.

Geschichte: Ruanda war früher ein Teil von Ruanda-Urundi, 1962 wurde es selbstständig. Seit 1990 entluden sich, vor dem Hintergrund alter Spannungen zwischen Hutu und Tutsi, politische Konflikte in einem grausamen Bürgerkrieg (1994 in wenigen Monaten 0,5 bis 1 Mio. Tote, meist Tutsi und oppositionelle Hutu, und 3 bis 4 Mio. Flüchtlinge). Der staatliche Neuanfang (1995 neue Verfassung) wurde überschattet von den weiter bestehenden Spannungen sowie Problemen mit den zurückkehrenden Flüchtlingen, die abermals zu gewalttätigen Konflikten führten.

■ **Ruanda-Urundi,** ehemaliges belgisches Mandatsgebiet in Ostafrika, das 1962 in →Burundi und →Ruanda geteilt wurde.

■ **Rubel** *der,* Währungseinheit in Russland und einigen anderen Nachfolgestaaten der früheren Sowjetunion (1 Rubel = 100 Kopeken).

■ **Rüben,** fleischig verdickte Speicherorgane bei Pflanzen.

■ **Rubens,** Peter Paul, flämischer Maler, *Siegen 28. Juni 1577, †Antwerpen 30. Mai 1640. Er unterhielt nach seiner Rückkehr aus Italien in Antwerpen einen großen Werkstattbetrieb, aus dem etwa 3000 Arbeiten hervorgingen. Von seiner eigenen Hand stammen etwa 600 Gemälde. Das Werk von Rubens ist äußerst vielseitig: Der Hauptmeister der flämischen Barockmalerei stellte Themen aus Religion, Geschichte und Mythologie dar, schuf Bildnisse, Landschaften, Tier- und Jagdstücke; bedeutend sind auch seine Zeichnungen. Zu seinen berühmtesten Werken gehören das Ehe-Selbstbildnis in der »Geißblattlaube« (um 1610), der Kreuzabnahmealtar (1612–14), der Medici-Zyklus (1622–25) und der Ildefonso-Altar (um 1630–32). Kennzeichnend für die Malweise sind höchste Pracht und sinnliche Fülle. – Bild S. 98

■ **Rübezahl,** schlesische Sagengestalt, der Berggeist des Riesengebirges, der in unterschiedlicher Gestalt Armen und Bedrängten hilft, aber auch Wanderer neckt und vom Weg abführt.

■ **Rubidium** [lat.] *das,* ein chemisches Element aus der Gruppe der Alkalimetalle. Das an frischen Schnittflächen silberglänzende Metall ähnelt in seinem Verhalten dem Kalium und dem Cäsium. Es entzündet sich sofort bei Kontakt mit Luftsauerstoff und reagiert mit Wasser explosionsartig. Es kann deshalb nur unter Ausschluss von Luft und Feuchtigkeit, z. B. in Petroleum, aufbewahrt wer-

Ruanda
Fläche 26 338 km^2
Einwohner 6,528 Mio.
Hauptstadt Kigali
Amtssprachen Französisch, Kinyaruanda und Englisch
Nationalfeiertag 1. 7.
Währung 1 Ruanda-Franc (F.Rw) = 100 Centimes
Zeitzone MEZ +1 Std.

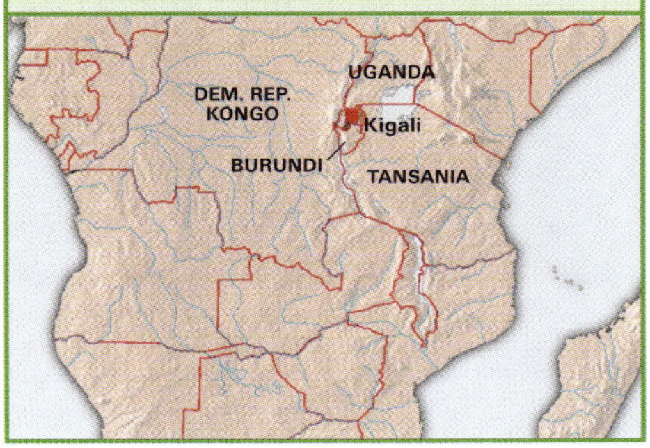

Ruanda

Flagge

Wappen

Rubidium
chemisches Symbol: Rb
Ordnungszahl: 37
relative Atommasse: 85,47
Dichte: 1,53 g/cm³
Schmelzpunkt: 39 °C
Siedepunkt: 688 °C

den. Rubidium wird u. a. zur Herstellung von Photozellen (Alkalizellen) verwendet.

■ **Rubin** [mittellateinisch] *der,* ein roter Schmuckstein, der chemisch gesehen ein durch Chromoxid gefärbter →Korund ist. Kleine, weniger wertvolle Rubine werden in der Uhrenindustrie als Lagersteine verwendet. Rubine können auch synthetisch hergestellt werden.

■ **Rückenmark,** bei allen Wirbeltieren vorkommender, vom Gehirn ausgehender runder oder ovaler Strang, der im Wirbelkanal in der Körperlängsrichtung verläuft. Im Inneren des Rückenmarks liegt die von den Nervenzellen gebildete graue Substanz, außen die weiße Substanz, die aus Nervenfasern (den Leitungsbahnen der Nervenzellen) besteht. Das Rückenmark ist die Verbindung und Umschaltstelle für Reize, die von außen kommend auf Empfindungsbahnen zum Gehirn verlaufen (z. B. Tast- oder Schmerzempfindungen) und über die Bewegungsbahnen zurück zum Muskel gehen.

■ **Rückgrat** →Wirbelsäule.

■ **Rückkopplung,** Beeinflussung eines Geschehens durch die Rückwirkung seiner Folgen auf den eigenen weiteren Verlauf. Das Prinzip der Rückkopplung ist Grundlage der Theorie der Regelvorgänge (→Kybernetik) in Technik und Wissenschaft (Biologie, Medizin, Kommunikations- und Informationstheorie). Man kann sich dieses Prinzip anhand des Beispiels einer Heizungsanlage mit Temperaturregler veranschaulichen: Sie wird so lange geheizt, bis die am Thermostat eingestellte Temperatur erreicht ist; dann wird die Heizung abgeschaltet. Der Raum kühlt daraufhin ab, bis die Heizung beim Unterschreiten der voreingestellten Temperatur automatisch wieder anspringt. Eine unerwünschte Form einer Rückkopplung ist die bekannte akustische Rückkopplung zwischen Mikrofon und Lautsprecher, die sich durch einen schrillen Pfeifton bemerkbar macht.

Eindrucksvoll stellt **Peter Paul Rubens** die Schrecken des Dreißigjährigen Krieges dar; auf dem Gemälde aus dem Jahr 1638 zeigt der Maler links die klagende Europa mit der Liebesgöttin Venus, die den Kriegsgott Mars vergeblich zurückzuhalten sucht

■ **Rückstoß,** *Physik:* die Kraft, die auf einen Körper wirkt, wenn von ihm eine Masse mit einer bestimmten Geschwindigkeit ab- oder ausgestoßen und ihm dadurch ein bestimmter →Impuls verliehen wird, z. B. der Rückstoß auf eine Rakete beim Ausströmen der Brenngase. Der Rückstoß beruht auf dem Impulssatz.

■ **Rüde,** das männliche Tier u. a. bei Mardern, Hunden und Wölfen.

■ **Ruder, 1)** *Sport:* fälschliche Bezeichnung für →Riemen und Skulls.

2) *Technik:* Steuerungsvorrichtung an Schiffen und Flugzeugen. Sie besteht aus einer drehbaren Fläche. Das Schiff benötigt nur ein Ruder, und zwar für die seitliche Richtungsänderung. Das Flugzeug hingegen braucht drei Ruder: das Höhen-, das Seiten- und das Querruder.

■ **Rudersport,** zusammenfassende Bezeichnung für die mit Ruderbooten ausgetragenen wassersportlichen Wettbewerbe. Die Boote werden von den Ruderern, die mit dem Rücken zur Fahrtrichtung sitzen, mit →Riemen oder Skulls vorwärts bewegt.

Je nach Besetzung der Boote unterscheidet man Einer, Doppelzweier (beides Skullboote), Zweier und Vierer (beides Riemenboote) ohne Steuermann sowie Zweier, Vierer und Achter (alles Riemenboote) und Doppelvierer (Skullboot) mit Steuermann. Die Renndistanz beträgt bei Meisterschaften 2 000 m.

■ **Rudiment** [lat.] *das,* Rest, Überbleibsel; **rudimentär:** unvollständig, verkümmert.

■ **Rudolf I.,** Graf von Habsburg, deutscher König (seit 1273), *Schloss Limburg (heute zu Sasbach, Kreis Emmendingen) 1. Mai 1218, †Speyer 15. Juli 1291. Er erweiterte als Graf die habsburgischen Besitzungen durch Erbschaft, Heirat und zahlreiche

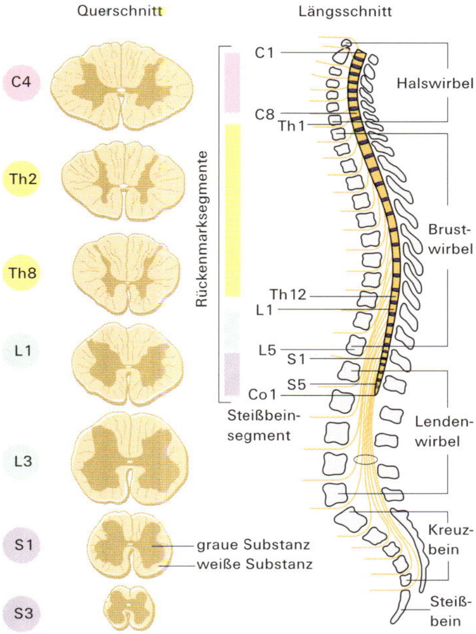

Das **Rückenmark** besteht aus 31 Segmenten; genau wie die Wirbelsäule unterteilt es sich in Halssegmente (acht, C1–C8), Brustsegmente (zwölf, Th1–Th12), Lendensegmente (fünf, L1-L5), Kreuzbein- (fünf, S1-S5) und Steißbeinsegmente (bis zu drei); da das Rückenmark nicht bis zum Ende der Wirbelsäule verläuft, liegen dessen 31 Segmente nicht auf derselben Höhe wie die gleichnamigen Wirbel

Fehden; seine Wahl zum deutschen König beendete das →Interregnum. Rudolf siegte 1278 gegen Ottokar II. von Böhmen, belehnte seine Söhne mit Österreich, Steiermark und Krain und begründete damit die Hausmacht der →Habsburger.

■ **Rugby** [rạgbi; engl., nach der englischen Stadt Rugby, wo 1823 die heutige Spielform entstand] *das,* Ballspiel für zwei Mannschaften zu je 15 Spielern über 2×40 Minuten. Ziel ist es, einen ovalen Ball ins Malfeld hinter der gegnerischen Mallinie niederzulegen (der gelungene Versuch zählt fünf Punkte) oder über die Querstange und zwischen die beiden Stangen des torähnlichen Mals zu treten (zählt zwei oder drei Punkte). Der Ballträger darf vom Gegner durch Fassen zu Fall gebracht werden, er muss dann den Ball sofort freigeben und ihn zur Seite oder nach hinten abspielen. Bei Regelverstößen verhängt der Schiedsrichter Straftritt oder Gedränge. Hierbei stellen sich die Stürmer beider Mannschaften in drei Reihen hintereinander so auf, dass der Ball zwischen sie geworfen werden kann. Die Spieler drängen gegeneinander an und versuchen, den Ball durch Hakeln mit den Füßen in den Besitz ihres Teams zu bringen.

■ **Rụ̈gen,** Ostseeinsel in Mecklenburg-Vorpommern, mit 926 km² größte deutsche Insel. Rügen hat 78 000 Einwohner und ist durch den 2,45 km langen **Rügendamm** mit Stralsund verbunden. Die Küste ist stark gegliedert; eindrucksvoll sind die Kreidesteilküsten im Norden (Arkona) und Osten (Stubbenkammer). Erwerbsquellen sind Landwirtschaft, Viehzucht, Fischfang, Kreideabbau, vor allem aber Fremdenverkehr. An der Ostküste liegen beliebte Seebäder, u. a. Sassnitz, Binz und Sellin.

■ **Rụhr** *die,* rechter Nebenfluss des Rheins, mit einer Länge von 214 km. Ihr Mittellauf bildet die Südgrenze des →Ruhrgebietes, eines Teils des Rheinisch-Westfälischen Industriegebietes.

■ **Rụhrgebiet,** bedeutender deutscher und europäischer Industriebezirk mit 4433 km² und 5,5 Mio. Einwohnern. Sein Kerngebiet erstreckt sich als breites Band aneinander gereihter Städte vom linksrheinischen Teil Duisburgs bis Dortmund, mit Randgebieten reicht das Ruhrgebiet von nahe der niederländischen Grenze bis Hamm, im Norden über die Lippe, im Süden zum Teil über die Ruhr hinaus. Seine wirtschaftliche Bedeutung gründete in den Steinkohlenvorkommen (»Kohlenpott«). An den Bergbau schlossen sich Eisen- und Stahlindustrie sowie chemische Industrie an. Die Krise der Montanindustrie erforderte einen Strukturwandel; seit den 1970er-Jahren siedelten sich zahlreiche Werke anderer Branchen (Automobilbau, Elektro-

nik u. a.) und Einrichtungen des Dienstleistungsbereichs im Ruhrgebiet an.

■ **Ruin** [lat.] *der,* Zusammenbruch, Untergang.

■ **Ruine** [lat.] *die,* Reste eines durch natürlichen Verfall oder durch eine Katastrophe zerstörten Bauwerks.

Rumänien
Fläche 238 391 km²
Einwohner 22,334 Mio.
Hauptstadt Bukarest
Amtssprache Rumänisch
Nationalfeiertag 1. 12.
Währung 1 Leu (l) = 100 Bani
Zeitzone MEZ +1 Std.

Rumänien

Flagge

Wappen

■ **Rumänien,** Republik in Südosteuropa. In einem weiten Bogen durchziehen die Ost- und Südkarpaten (→Karpaten) das Land. Innerhalb des Karpatenbogens liegt das Siebenbürgische Hochland. Im Westen öffnet sich Rumänien zum Großen Ungarischen Tiefland. Zwischen Südkarpaten und Donau liegt die Walachei, zwischen Ostkarpaten und Pruth das Hügelland der Moldau. – Die Bevölkerung besteht überwiegend aus Rumänen, daneben gibt es 8 % Ungarn und zahlreiche Minderheiten.
In den Agrarzentren Donau- und Theißtiefland, Siebenbürgen, Moldauhochland und Dobrudscha werden Mais, Weizen, Zuckerrüben, Gemüse und Kartoffeln angebaut. Neben Obst- und Weinbau (im südlichen Karpatenvorland und in Siebenbürgen) ist auch die Viehzucht von Bedeutung. Wichtige Bodenschätze sind Erdöl und Erdgas, daneben werden Kohle, Eisenerz und Buntmetallerze gefördert. Schwerindustrie und Maschinenbau dominieren im Industriebereich. Fremdenverkehr findet sich vor allem in den Schwarzmeerbädern sowie in den Heilbädern und Wintersportorten der Karpaten.
Geschichte: Seit dem 2. Jahrtausend v. Chr. waren die Thraker im Gebiet des heutigen Rumänien ansässig, seit dem 7./6. Jahrh. hatte Rumänien Anteil an der griechischen und seit dem 1. Jahrh. n. Chr. an der römischen Geschichte. Vom 3. bis 11. Jahrh. war Rumänien von zahlreichen Wandervölkern beherrscht. Im 10./11. Jahrh. folgte die Landnahme der Magyaren. Im 14. Jahrh. bildeten sich die rumänischen Donaufürstentümer Walachei und Moldau, die im 15. und 16. Jahrh. unter türkische Oberhoheit gerieten. 1859 wurde Oberst Cuza (1820–73) zum Fürsten von Moldau und Walachei gewählt, er rief 1862 die Vereinigung der beiden Fürstentümer unter dem Namen Rumänien aus.
Nach dem Ersten Weltkrieg erhielt Rumänien die westlich angrenzenden Gebiete. 1941 trat das Land auf deutscher Seite in den Zweiten Weltkrieg ein. Nach dem Sturz der Regierung kapitulierte Rumänien 1944 bedingungslos. In der neu gebildeten Regierung erlangten die Kommunisten immer stärkeren Einfluss, 1947 musste König Michael (1927–30 und seit 1940 auf dem Thron) abdanken. Rumänien geriet nun in den Einflussbereich der Sowjetunion.
Im Dezember 1989 beendete ein Volksaufstand die kommunistische Herrschaft. Nicolae Ceaușescu, seit 1965 Parteichef, seit 1974 Staatspräsident, wurde gestürzt und hingerichtet, die kommunistische Partei verboten. Mit der 1991 in Kraft getretenen Verfassung wurde Rumänien eine Republik. Nach dem Abbruch der Reformen 1992 sucht die Regierung seit 1998 den wirtschaftlichen und politischen Rückstand gegenüber anderen ehemaligen Ostblockländern abzubauen. Rumänien stellte 1995 den formellen Antrag zur Aufnahme in die EU.

■ **Run** [rạn; engl.] *der,* Ansturm (auf bestimmte

Dieser im schwedischen Uppland gefundene Runenstein zeigt eine mit **Runen** beschriftete Kombination von germanischer Schlangenornamentik und christlichem Kreuz

Waren oder auf Kassen und Banken), Andrang, Zulauf.

■ **Rụndfunk,** die Verbreitung von Darbietungen in Ton **(Hörfunk)** oder in Bild und Ton (→Fernsehen) über Funk, über Kabel oder durch Satellitenverbindungen. Darbietungen werden beim Hörfunk durch ein Mikrofon, beim Fernsehen durch eine Fernsehkamera in elektrische Signale umgewandelt und durch →Modulation hochfrequenten Trägerwellen aufgeprägt, die bei der drahtlosen Übertragung über eine Sendeantenne (→Antenne) abgestrahlt werden. Die Wellen breiten sich mit Lichtgeschwindigkeit aus und erzeugen in einer Empfangsantenne eine hochfrequente Wechselspannung, die dem Empfänger über die Antennenleitung zugeführt wird. Der Empfänger trennt die Signale der einzelnen Sender voneinander, verstärkt die schwachen Eingangssignale und trennt die der Darbietung entsprechenden Schwingungen von der Trägerwelle durch Demodulation. Das Ton- oder Bildsignal wird verstärkt (früher mit Elektronenröhren, heute mit Transistoren und Halbleiterdioden) und den Lautsprechern oder der Bildröhre zugeführt. Beim Hörfunk wird über Langwellen (LW), Mittelwellen (MW), Kurzwellen (KW) und Ultrakurzwellen (UKW) gesendet.
Geschichte: Der Nachweis elektromagnetischer Wellen gelang 1888 dem Physiker Heinrich Hertz. 1920 fand das erste »drahtlose«, also über Funkwellen übertragene Instrumentalkonzert auf Langwelle statt. Die Wiedergabequalität wurde mit Einführung des dynamischen →Lautsprechers wesentlich erhöht. 1950 wurden Rundfunksendungen erstmals in Deutschland über UKW gesendet, 1961 erstmals in Stereo. Seit 1993 laufen Pilotversuche zur Nutzung von digitalem Hörfunk.

■ **Ru̲nen,** Schriftzeichen der germanischsprachigen Stämme; die Runen wurden in Holz, Erz oder Stein eingeritzt (als Inschriften, Symbole und Zauber). Ursprünglich bestand eine Runenreihe aus 24 Zeichen; im 7./8. Jahrh. n. Chr. entwickelten sich Runenreihen von 16 Zeichen.

■ **Rụß,** feinverteilter Kohlenstoff, der sich z. B. infolge Sauerstoffmangels bei nicht vollständiger Verbrennung kohlenstoffreicher Verbindungen (z. B. von Kohlenwasserstoffen) bildet und sich an den kälteren Stellen des Verbrennungsraumes (z. B. in Schornsteinen) ablagert. Ruß wird technisch in verschiedenen Korngrößen und Zubereitungen hergestellt (Industrieruße). Ruße sind wichtige →Pigmente und werden vor allem für die Reifenherstellung und technische Gummiartikel sowie für Druckfarben und Lacke verwendet.

■ **Russell** [rạs^{e}l], Bertrand, 3. Earl Russell, britischer Mathematiker, Philosoph und Schriftsteller, *Trelleck (Monmouthshire) 18. Mai 1872, †Plas Penrhyn 2. Februar 1970. Russell, der im Ersten Weltkrieg wegen Aufforderung zur Kriegsdienstverweigerung inhaftiert war, trat für Pazifismus, Frauenstimmrecht, freie Sexualmoral und gegen jegliche Art von Unterdrückung ein. 1927–32 betrieb er zusammen mit seiner Frau die antiautoritäre Schule Beacon Hill. Für sein Buch »Ehe und Moral« (1929) erhielt er 1950 den Nobelpreis für Literatur.

Russland
Fläche 17 075 400 km²
Einwohner 146,394 Mio.
Hauptstadt Moskau
Amtssprache Russisch
Nationalfeiertag 7. 11.
Währung 1 Rubel (Rbl) = 100 Kopeken
Zeitzone MEZ (von W nach O) +2 bis +11 Std.

■ **Rụssland** (Russische Föderation), Republik in Osteuropa und Nordasien. Von der *Bevölkerung* sind 83 % Russen, daneben gibt es über 100 nationale Minderheiten.
Landesnatur: Russland erstreckt sich von der Danziger Bucht im Westen bis an die Beringstraße im Osten, zwischen dem Nordpolarmeer im Norden und den Bergländern Südsibiriens und dem Großen Kaukasus im Süden. Der Ural trennt die Osteuropäische Ebene und das Westsibirische Tiefland mit den Hauptströmen Ob und Irtysch. An die von der Wolga durchflossene Osteuropäische Ebene schließen sich im Norden der Baltische Schild und im Süden Nordkaukasien bis zum Kaukasuskamm (Elbrus mit 5642 m höchster Berg Russlands) an. Östlich des Jenissej folgt bis zur Lena das Mittelsibirische Bergland, östlich der Lena gliedern sich die Gebirge Ostsibiriens (u. a. Werchojansker, Kolyma- und Tscherske Gebirge) an. Am Pazifischen Ozean

Russland

Flagge

Wappen

bilden die Halbinsel Kamtschatka und die Inselkette der Kurilen den Abschluss des Landes.
Klima: Russland hat in Nordsibirien arktisches Klima (mit den Kältepolen der Erde bei Ojmjakon und Werchojansk) und an der Schwarzmeerküste subtropisches Klima. Der größte Teil des Landes gehört zur gemäßigten Zone und ist ausgesprochen kontinental. Die arktischen Inselgruppen zählen zum Gürtel der polaren Kältewüsten. Es folgt die Tundrenzone (in Europa 50 km, in Asien bis 300 km breit), daran schließt die Taiga an, die mehr als die Hälfte der Gesamtfläche aller Nadelwälder der Erde umfasst. Weiter nach Süden folgt der Übergang zu Misch- und Laubwaldgürteln sowie zu Steppengebieten.
Wirtschaft: Klimatisch bedingt können nur 13% der Landesfläche landwirtschaftlich genutzt werden. Hierbei hat die Viehzucht größere Bedeutung als der Pflanzenbau. Im Ackerbau dominiert das Getreide vor Futterpflanzen und anderen Kulturen (z.B. Zuckerrüben und Sonnenblumen). Russland besitzt enorme Bodenschätze, darunter etwa 20% aller Gold- und 50% aller Kohle-, Gas- und Erdölvorkommen der Erde. Neben der Eisen- und Nichteisenerzverhüttung finden sich Maschinen-, Fahrzeug- und Gerätebau (vor allem im Wolgagebiet, im Nordwesten, im Ural und in Moskau). Chemische und Erdöl verarbeitende Industrie gibt es im zentraleuropäischen und nordwestlichen Teil, im Wolgagebiet und im Ural. Holzindustrie ist in den nördlichen und östlichen Landesteilen, Textilindustrie im zentralen und europäischen Teil vertreten.
Das *Verkehrsnetz* nimmt in seiner Dichte nach Osten hin ab und ist östlich des Urals sehr weitmaschig. Durch Sibirien verläuft die Transsibirische Eisenbahn sowie weiter südlich die Baikal-Amur-Magistrale. Große Bedeutung hat in Sibirien und im Fernen Osten der Flugverkehr. Die Schifffahrt ist durch die lange Vereisungszeit der Flüsse behindert. Wichtigste Seehäfen sind Nachodka, Wladiwostok, Sankt Petersburg, Murmansk, Archangelsk, Noworossijsk und Astrachan.
Geschichte: Die Entstehung des Russischen Reiches geht auf Normannen (Waräger) zurück, die im 9. Jahrh. Herrschaften in Nowgorod und Kiew errichteten, die dann im Kiewer Reich zusammengeschlossen wurden. Dieses bald slawisierte und seit dem 10. Jahrh. christliche (orthodoxe) Reich erlebte seine Blütezeit im 11. Jahrh.; dann zerfiel es in Teilreiche, die den Mongoleneinfällen des 13. Jahrh. erlagen. Das politische Schwergewicht verlagerte sich nach Moskau. Iwan III. (Großfürst von Moskau 1462–1505) befreite Russland von der Mongolenherrschaft und machte es zu einem Einheitsstaat, in dem er als »Selbstherrscher« unumschränkt herrschte. Der 1547 zum ersten »Zaren von ganz Russland« gekrönte Iwan IV., der Schreckliche, befestigte die Zentralgewalt und dehnte die Herrschaft Moskaus bis zum Kaspischen Meer aus. Der Druck der Grundherren lastete besonders auf den Bauern. Ab 1582 wurde Sibirien erschlossen. Mit dem Tod des Zaren Boris Godunow 1605 begann die »Zeit der Wirren«; verschiedene Betrüger, die sich als Thronfolger Dmitri (der unter ungeklärten Umständen ums Leben gekommene Sohn Iwans IV.)

Russland: Verwaltungsgliederung

Verwaltungseinheit	Fläche in 1 000 km²	Ew. in 1 000	Ew. je km²	Hauptstadt/ Verwaltungssitz
Republiken				
Adygien	7,6	449	59	Maikop
Altai	92,6	203	2,2	Gorno-Altaisk
Baschkortostan	143,6	4 110	29	Ufa
Burjatien	351,3	1 038	3,0	Ulan-Ude
Chakassien	61,9	581	9,4	Abakan
Dagestan	50,3	2 120	42	Machatschkala
Inguschien	3,2	317	99	Magas
Jakutien (Sacha)	3 103,2	1 001	0,3	Jakutsk
Kabardino-Balkarien	12,5	786	63	Naltschik
Kalmückien	76,1	316	4,2	Elista
Karatschai-Tscherkessien	14,1	433	31	Tscherkessk
Karelien	172,4	771	4,5	Petrosawodsk
Komi	415,9	1 152	2,8	Syktywkar
Mari El	23,2	761	33	Joschkar-Ola
Mordwinien	26,2	937	36	Saransk
Nordossetien (Alanija)	8,0	663	83	Wladikawkas
Tatarstan	68,0	3 784	56	Kasan
Tschetschenien	16,0	781	49	Grosny
Tschuwaschien	18,3	1 362	74	Tscheboksary
Tuwinien	170,5	311	1,8	Kysyl
Udmurtien	42,1	1 633	39	Ischewsk
Regionen				
Altai	169,1	2 665	16	Barnaul
Chabarowsk	788,6	1 523	1,9	Chabarowsk
Krasnodar	76,0	5 010	66	Krasnodar
Krasnojarsk	2 339,7	3 076	1,3	Krasnojarsk
darin: Autonomer Kreis Taimyr der Dolganen und Nenzen	862,1	44	0,05	Dudinka
Autonomer Kreis der Ewenken	767,6	19	0,02	Tura
Primorje	165,9	2 194	13	Wladiwostok
Stawropol	66,5	2 660	40	Stawropol
autonomes Gebiet				
Jüdisches AG	36,0	201	5,6	Birobidschan

Russland – Föderative Gliederung

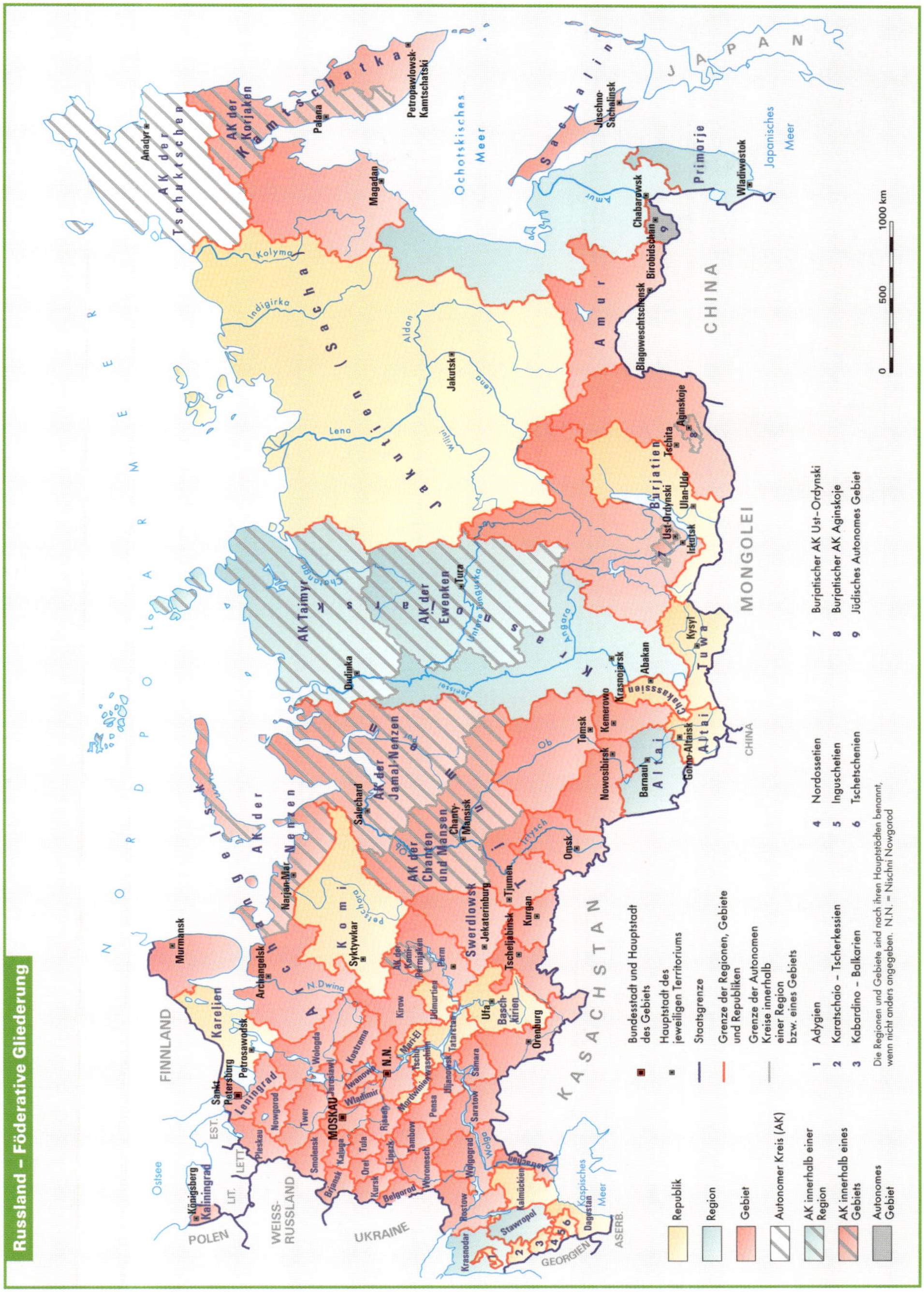

In der Sage gehört der Kampf gegen einen Drachen zur Bewährungsprobe des Ritters; die Illustration aus dem 15. Jahrhundert zeigt einen Krieger, der in voller **Rüstung** und mit geschlossenem Visier einen solchen Kampf ausficht

ausgaben, versuchten die Herrschaft an sich zu reißen.
Ab 1613 regierte das Haus Romanow, das Russische Reich festigte sich wieder. 1654 kam die Ukraine unter russische Oberhoheit, die weitere Eroberungspolitik richtete sich gegen die Türkei. Peter I., der Große, der 1682/89 bis 1725 regierte, suchte die westeuropäische Lebensweise an seinem Hof und für sein Land durchzusetzen; er gründete 1703 Sankt Petersburg als neue Hauptstadt und nahm 1721 den Kaisertitel an. Im Nordischen Krieg gegen Schweden erwarb er die Ostseeprovinzen, Russland wurde nun europäische Großmacht. Katharina II., die Große (Kaiserin 1762–96), gewann die Schwarzmeerküste, die bis dahin zum Osmanischen Reich gehört hatte, und in den Polnischen Teilungen (1772, 1793, 1795) Litauen, Kurland, Weißrussland sowie Teile der Westukraine.
Im Kampf gegen Napoleon I., der 1812 einen erfolglosen und verlustreichen Feldzug gegen Russland unternahm, stärkte Russland seine europäische Stellung; Bessarabien und das Königreich Polen wurden russisch. Mit dem Kaiser von Österreich und dem König von Preußen schloss Alexander I. (Kaiser 1801–25) 1815 die →Heilige Allianz. Die Zaren des 19. Jahrh. unterdrückten mehrfach Freiheitsbewegungen im eigenen Land oder in anderen Ländern. Die sozialen Spannungen in Russland wurden trotz innerer Reformen nicht gelöst, auch nicht durch die →Bauernbefreiung von 1861, die die Leibeigenschaft aufhob. Außenpolitisch war das 19. Jahrh. durch Eroberungsstreben bestimmt sowie durch eine Politik, die alle slawischen Völker einigen sollte (Panslawismus). Auf dem Balkan (Krimkrieg 1853–56, Russisch-Türkischer Krieg 1877/78) geriet Russland dadurch in Gegensatz zu Österreich-Ungarn.
Als Russland im Krieg gegen Japan (1904–05) eine vernichtende Niederlage erlitt, kam es zu einer Revolution, die den Zaren zu – letztlich nicht ausreichenden – Zugeständnissen an die bürgerliche Opposition zwang. Nach schweren Niederlagen im Ersten Weltkrieg, der eine seiner Ursachen in den Spannungen zwischen Russland und Österreich-Ungarn auf dem Balkan hatte und an dem Russland als Gegner Deutschlands und Österreich-Ungarns teilnahm, brach im März 1917 eine Revolution aus, durch die Nikolaus II. (Kaiser seit 1894) gestürzt wurde. In Russland wurde die Republik ausgerufen, die durch die bolschewistische →Oktoberrevolution desselben Jahres beseitigt wurde. Im März 1918 wurde der Friede von Brest-Litowsk (Weißrussland) mit den Mittelmächten geschlossen, am 7. Juli 1918 die Verfassung der Russischen Sozialistischen Föderativen Sowjetrepublik (RSFSR) angenommen, im Dezember 1922 dann durch Zusammenschluss der einzelnen Sowjetrepubliken die Union der Sozialistischen Sowjetrepubliken (UdSSR, →Sowjetunion) gegründet.
Nach deren Zusammenbruch (1991) gehörte Russland zu den Gründungsmitgliedern der →GUS, als deren Führungsmacht es sich etablieren konnte. Unter Boris Jelzin (Staatspräsident 1991–99) kam es zunächst zu zaghaften gesellschaftlichen und ökonomischen Reformen sowie zu einer vorsichtigen Annäherung Russlands an die westlichen Länder. Der Machtkampf zwischen Präsident und Parlament, ausgelöst und befördert durch einen zunehmend autoritären Regierungsstil Jelzins, durch häufig wechselnde Regierungen und die kritische wirtschaftliche Situation des Landes, gipfelte 1993 in bürgerkriegsähnlichen Auseinandersetzungen. Eigenständigkeitsbestrebungen einzelner Teilrepubliken der Russischen Föderation unterdrückte Russland mit militärischer Gewalt, zuletzt 1999 in Tschetschenien. Zum neuen Staatspräsidenten wurde 2000 Wladimir Putin gewählt.

■ **Rüstung,** die Schutzkleidung des Kriegers im Altertum und im Mittelalter, zunächst Panzer, Beinschienen und Helm umfassend. Der den Ober-

körper deckende Panzer bestand entweder aus eng anliegenden, der Körperform angepassten Metallplatten jeweils für Brust und Rücken (Vollpanzer) oder aus vielen kleinen, miteinander verbundenen Metallstücken (Panzerhemd). Im Spätmittelalter kam schließlich der **Harnisch** auf, eine den gesamten Körper deckende Vollrüstung aus mithilfe von Scharnieren und Riemen beweglich miteinander verbundenen Eisenplatten.
Als Rüstung bezeichnet man auch die Herstellung von militärischen Gütern.

■ **Ruthenium** [nach Ruthenia, dem alten Namen der Ukraine] *das,* ein metallisches chemisches Element. Es wird vor allem als Katalysator und als Bestandteil von Platin- und Palladiumlegierungen eingesetzt sowie in Form von Rutheniumdioxid als Katalysator für bestimmte chemische Reaktionen.

Ruthenium
chemisches Symbol: Ru
Ordnungszahl: 44
relative Atommasse: 101,07
Dichte: 12,41 g/cm^3
Schmelzpunkt: 2 334 °C
Siedepunkt: 4 150 °C

■ **Rutherford** [rạdh^{e}rf^{e}rd], Ernest, Lord R. of Nelson, *bei Nelson (Neuseeland) 30. August 1871, †Cambridge 19. Oktober 1937, britischer Physiker. Er arbeitete vor allem auf dem Gebiet der Radioaktivität und der Kernphysik und schuf mit dem nach ihm benannten Modell des →Atoms die Grundlage der modernen Atomphysik. 1919 gelang ihm die erste künstliche Kernumwandlung (durch Beschuss von Stickstoffatomen mit Alphateilchen). Im Jahr 1908 erhielt er den Nobelpreis für Chemie.

Rutherfordium
chemisches Symbol: Rf
Ordnungszahl: 104

■ **Rutherfọrdium** [rạs^{e}r...; nach Ernest Rutherford], ein künstliches radioaktives chemisches Element aus der Gruppe der →Transurane. Es wurde 1964 von sowjetischen Wissenschaftlern entdeckt.

■ **Rütli** [schweizerisch, = Kleine Rodung] *das,* Bergwiese über dem Urner See im schweizerischen Kanton Uri. Nach der geschichtlich nicht gesicherten Überlieferung wurde hier durch den **Rütlischwur** 1291 ein »ewiges Bündnis« der Urkantone Uri, Schwyz und Unterwalden geschlossen. Damit wurde die Schweizerische Eidgenossenschaft begründet.

S

■ **S, 1)** der 19. Buchstabe des deutschen Alphabets, ein Konsonant.
2) Abkürzung für Süden.
3) chemisches Symbol für Schwefel (lat. Sulfur).

■ **s,** Einheitenzeichen für →Sekunde.

■ **SA** *die,* Abkürzung für Sturmabteilung, die 1921 gegründete, terroristische Kampftruppe der NSDAP (→Nationalsozialismus).

■ **Saalburg,** römisches Kastell am obergermanischen →Limes, im Taunus bei Bad Homburg vor der Höhe gelegen. Das Kastell wurde auf Veranlassung des römischen Kaisers Domitian um 90 n. Chr. angelegt. Auf Veranlassung Kaiser Wilhelms II. wurde es in der 2. Hälfte des 19. Jahrh. ausgegraben und zwischen 1898 und 1907 aufgrund der gefundenen Grundmauern nachgebaut.

■ **Saale** *die,* linker Nebenfluss der Elbe, 427 km lang. Die Saale entspringt im Fichtelgebirge und mündet südlich von Magdeburg in die Elbe.

■ **Saar** (frz. Sarre) *die,* rechter Nebenfluss der Mosel, 246 km lang. Die S. entspringt in den nördlichen Vogesen und mündet bei Konz, südwestlich von Trier.

■ **Saarbrụcken,** Hauptstadt des Saarlandes, 184 300 Einwohner, an der Saar gelegen, mit Universität und vielseitiger Industrie. Saarbrücken besitzt mehrere gotische Kirchen. Schloss und Rathaus stammen aus dem 18. Jahrhundert.

Wörter, die man unter S vermisst, suche man unter Sch oder Z

■ **Saarland,** Bundesland der Bundesrepublik Deutschland, mit 2 570 km^2 und 1,072 Mio. Einwohnern. Die Landeshauptstadt ist Saarbrücken. Das Saarland liegt beiderseits der Saar. Es ist in Stufen gegliedert und stark bewaldet. Seine Wirtschaft baut auf dem Vorkommen von Steinkohle auf, die Förderung ist jedoch rückläufig. Neben der überregional bedeutenden Glas- und Keramikindustrie gibt es Metallverarbeitung, chemische, Kunststoff-, Elektro- und Textilindustrie sowie Fahrzeugbau.
Geschichte: Nach dem Ersten Weltkrieg wurde das Saargebiet für die Dauer von 15 Jahren der Verwaltung des Völkerbunds unterstellt und kam nach einer Volksabstimmung am 13. Januar 1935 wieder zum Deutschen Reich. Nach dem Zweiten Weltkriegs wurde das Saarland wirtschaftlich an Frankreich angeschlossen. Nach einer Volksabstimmung (1955) wurde es am 1. Januar 1957 Bundesland der Bundesrepublik Deutschland. Ministerpräsident ist seit 1999 der CDU-Politiker Peter Müller (*1955).

■ **Sabah** →Malaysia.

■ **Saba, Königin von,** im Alten Testament eine unermesslich reiche Frau (vielleicht eine Priesterin), die Salomos Weisheit durch Rätsel prüfte. Sie stammte vielleicht aus dem altsüdarabischen Reich der Sabäer im heutigen Jemen, war nach anderer Auffassung aber eine Äthiopierin. Die christlichen Kaiser von Äthiopien, wo es eine Provinz Saba gab, führten ihren Stammbaum auf die Königin von Saba und Salomo zurück, deren gemeinsamer Sohn das (bis 1974 regierende) äthiopische Herrscherhaus begründet haben soll.

■ **Sabbat** [hebräisch] *der,* im Judentum der siebente Tag der Woche (von Freitagabend bis Samstagabend), Ruhe- und Feiertag, an dem durch das Gesetz jegliche Arbeit verboten ist. Der Sabbat wird auch von nichtjüdischen Religionsgemeinschaften gefeiert, z. B. von den Adventisten.

■ **Säbel,** ursprünglich aus dem Orient stammende Hiebwaffe mit gekrümmter, einschneidiger Klinge; als Sportwaffe beim →Fechten mit gerader Klinge.

■ **Sabotage** [...tasch^{e}; frz.] *die,* die planmäßige Beeinträchtigung militärischer oder politischer Aktionen oder wirtschaftlicher Produktionsabläufe durch (passiven) Widerstand oder durch Beschädigung oder Zerstörung wichtiger Anlagen und Einrichtungen.

■ **Saccharin** [griech.] *das,* künstlich hergestellter kalorienfreier Zuckerersatz, seine Süßkraft ist 550-mal größer als die von Zucker (Saccharose).

■ **Sachalin,** russische Insel vor der Ostküste Sibiriens, zwischen Ochotskischem und Japanischem Meer, mit 76 400 km^2 und rund 680 000 Einwohnern. Die waldreiche Insel verfügt über Kohle- und Erdölvorkommen. Außerdem gibt es dort Holz- und Papierindustrie sowie Fischfang und Fischverarbeitung. – Der Südteil der Insel gehörte bis 1945 zu Japan.

■ **Sachs, 1)** Hans, deutscher Meistersinger, *Nürnberg 5. November 1494, †ebenda 19. Januar 1576. Der Schuhmachermeister war zugleich Dichter und wurde der berühmteste deutsche Meistersinger. Er nahm früh für Luther Partei und hatte das Ziel, auch den niederen Volksschichten Bildung nahe zu bringen. Er schuf über 4 000 geistliche und weltliche Lieder, daneben Spruchgedichte, Schauspiele und Fastnachtsspiele.

Nach dem Holocaust: »Und niemand weiß weiter«, heißt ein Gedichtband von **Nelly Sachs,** die von Schweden aus mit dem Freund Paul Celan im Gespräch blieb; das Porträt wurde um das Jahr 1965 aufgenommen

2) Nelly, Lyrikerin, *Berlin 10. Dezember 1891, †Stockholm 12. Mai 1970. Sie stammte aus einer jüdischen Familie und floh 1940 nach Schweden. Ausgangspunkt ihres lyrischen Werks (u. a. »In den Wohnungen des Todes«, 1947) ist der Untergang des europäischen Judentums, der ihr zum Zeichen für den auf der Flucht befindlichen Menschen überhaupt wurde. 1966 erhielt sie zusammen mit dem israelischen Schriftsteller Schmuel Agnon (1888 bis 1970) den Nobelpreis für Literatur.

■ **Sachsen,** Name von Volksstämmen, **1)** germanischer Stamm, der im 2. Jahrh. nördlich der Elbe in Holstein siedelte und sich im 3.–6. Jahrh. über

Nordwestdeutschland ausbreitete. Ein Teil zog mit den Angeln und Jüten im 5. Jahrh. nach Britannien und begründete dort die angelsächsischen Reiche. Das altsächsische Stammesgebiet umfasste Westfalen, Engern, Ostfalen und Nordalbingien (Holstein). Karl der Große unterwarf die von Widukind geführten Sachsen (772–804) und zwang sie, das Christentum anzunehmen. Das altsächsische Geschlecht der Liudolfinger (Ottonen) stellte 919–1024 die ersten Herrscher im »Reich der Deutschen«.

Im 10. Jahrh. entstand an der unteren Elbe (Grenzmark) das sächsische Stammesherzogtum. Es wurde 1180 zerschlagen. Die Herzogswürde ging auf eine Linie der Askanier über, die um Lauenburg und Wittenberg saßen; das Herzogtum **Sachsen-Wittenberg,** das auch Kurfürstentum wurde, fiel 1423 an die wettinischen Markgrafen von Meißen.

2) deutscher Neustamm zwischen mittlerer Elbe, Erzgebirge und Saale, zur Unterscheidung von den Niedersachsen auch als **Obersachsen** bezeichnet. Er entstand im Verlauf der deutschen Ostsiedlung seit etwa 1100 durch Vermischung zugewanderter Gruppen und eingesessener slawischer Bevölkerung (Sorben) in der Mark Meißen, dem späteren Kurfürstentum Sachsen.

■ **Sachsen** (Freistaat Sachsen), Bundesland der Bundesrepublik Deutschland, mit 18 412 km² und 4,476 Mio. Einwohnern. Die Landeshauptstadt ist Dresden.

Sachsen liegt zwischen der Weißen Elster und der Lausitzer Neiße und erstreckt sich vom Norddeutschen Tiefland bis zum Elster-, Erz- und Elbsandsteingebirge. Der Norden ist ein bedeutendes Landwirtschaftsgebiet (Roggen, Kartoffeln, Futterpflanzen und Viehzucht). Die Leipziger Tieflandsbucht erlaubt den Anbau von Weizen, Zuckerrüben und Gemüse, nördlich von Dresden gibt es Weinbau. Sachsen ist ein bedeutendes Industrieland mit Braunkohleindustrie, Maschinenbau, elektrotechnischer, Textil- und Lebensmittelindustrie. Bekannt sind Spielwaren und Schnitzkunst aus dem Erzgebirge sowie keramische Produkte aus Meißen.

Geschichte: Historisches Kernland des heutigen Sachsen war die Mark Meißen, deren Markgrafen aus dem Hause Wettin 1423 das Kurfürstentum Sachsen-Wittenberg (→Sachsen, germanischer Stamm) erwarben. Durch die Landesteilung unter den Brüdern Ernst und Albrecht entstanden 1485 die Ernestinische und die Albertinische Linie der Wettiner. Letztere erwarb 1635 die Lausitz und erlangte mit August dem Starken 1697 für einige Zeit die polnische Königskrone.

1806 wurde Sachsen Königreich. Auf dem Wiener Kongress musste es die Hälfte seines Besitzes an Preußen abtreten (daraus entstand die preußische Provinz Sachsen).

1918 wurde Sachsen Republik (seit 1920 Freistaat). 1952 entstanden aus Sachsen die DDR-Bezirke Leipzig, Karl-Marx-Stadt (Chemnitz) und Dresden. 1990 wurde aus diesen Bezirken sowie den Kreisen Hoyerswerda und Weißwasser das Bundesland Sachsen gebildet. Ministerpräsident ist seit 1990 der CDU-Politiker Kurt Biedenkopf (*1930).

■ **Sachsen-Anhalt,** Bundesland der Bundesrepublik Deutschland mit 20 447 km² und 2,664 Mio. Einwohnern. Die Landeshauptstadt ist Magdeburg.

Sachsen-Anhalt umfasst im Norden die Altmark, reicht im Mittelteil vom Harz bis zum Fläming und hat im Süden Anteil an der Leipziger Tieflandsbucht. Die Landwirtschaft dominiert in der Magdeburger Börde mit Weizen-, Zuckerrüben- und Gemüseanbau sowie Rinder- und Schweinemast. Die leichten Böden im Norden und Osten ermöglichen Roggen- und Kartoffelanbau, das Saale-Unstrut-Tal zählt zu den nördlichsten Weinbaugebieten Europas. Die Industrie hat ihre Schwerpunkte im mittleren und südlichen Landesteil. Größte Bedeutung hat die chemische Industrie, daneben gibt es Schwermaschinenbau, Lebensmittel-, Schuh- und Bauindustrie.

Geschichte: 1945 vereinigte die Sowjetische Militäradministration in Deutschland die preußischen Provinzen Anhalt und Sachsen zur Provinz Sachsen-Anhalt. 1952 wurde das Land in die DDR-Bezirke Magdeburg und Halle geteilt, die wieder vereint seit 1990 Bundesland der Bundesrepublik Deutschland sind. Ministerpräsident ist seit 1994 der SPD-Politiker Reinhard Höppner (*1948).

■ **Sachsenspiegel,** das älteste und bedeutendste Rechtsbuch des deutschen Mittelalters, um 1224/25 von dem sächsischen Ritter Eike von Repgow nach einer lateinischen Urfassung in mittelniederdeutscher Sprache verfasst. Es fasste die im sächsischen Gebiet geltenden gewohnheitsrechtlichen Regeln des Landrechts und des Lehnsrechts zusammen.

■ **Sächsische Schweiz** →Elbsandsteingebirge.

■ **Sackpfeife** →Dudelsack.

■ **Sadat,** Mohammed Anwar as-, ägyptischer Politiker, *Mit Abul Kom (Nildelta) 25. Dezember 1918, †(ermordet) Kairo 6. Oktober 1981. Sadat wurde 1970 als Nachfolger Nassers Staatspräsident. Für seine Politik des friedlichen Ausgleichs, die

Safran

Für ein Kilo Safran müssen etwa 150 000 Krokusblüten verarbeitet werden. Deshalb ist Safran extrem teuer und wird häufig gefälscht. Aber Safran galt auch immer schon, abgesehen von seinen Geschmacksqualitäten, als potentes Heilmittel, das seiner krampf- und schmerzlösenden sowie seiner anregenden Wirkung wegen früher oft mit dem Opium verglichen wurde. Schon zu Zeiten der Römer, die ihn als Parfüm schätzten, wurde der Safran allerdings mit Bleiglanz und Säften schwerer gemacht, und im 15. Jahrh. griff das Fälschen des Gewürzes so um sich, dass sogar die Todesstrafe darauf stand. Noch 1551 sah sich der Reichstag zu Augsburg veranlasst, ein Gesetz gegen »geschmierten Safran« zu erlassen.

1979 zu einem Friedensvertrag mit Israel führte, erhielt er zusammen mit dem israelischen Ministerpräsidenten Menachem Begin (1913–92) 1978 den Friedensnobelpreis.

■ **Sadịsmus** [nach dem französischen Schriftsteller Donatien Alphonse François Marquis de Sade, 1740–1814] *der,* sexuelle Orientierungen, bei denen Lust durch das Verfügen über einen sich hingebenden Sexualpartner und dessen Reaktionen hervorgerufen wird. Sadistische Machtausübung kann sich z. B. in Schlägen, Fesselungen oder im Hervorrufen unangenehmer Gefühle und Sinneswahrnehmungen äußern. Sadismus kommt bei Männern und Frauen jeder sexuellen Orientierung vor. – auch →Masochismus, →Sadomasochismus.

■ **Sadomasochịsmus,** die Orientierung von Menschen, die sowohl eine sadistische als auch eine masochistische Sexualität haben. Beide Vorlieben können gleich oder unterschiedlich stark ausgeprägt sein. Gehen zwei Menschen gemeinsam ihrer sadomasochistischen Sexualität nach, lebt ein Partner seine masochistischen Neigungen und der andere seine sadistischen Neigungen (→Sadismus, →Masochismus) aus.

■ **Safa̲ri** [arabisch] *die,* Überlandmarsch mit Trägern oder Lasttieren; heute auch Gesellschaftsreise zur Jagd oder Tierbeobachtung (Fotosafari).

■ **Safe** [ße̲ⁱf; engl., = sicher] *der,* besonders gesicherter Stahlbehälter zur Aufbewahrung von Wertsachen und Geld.

■ **Sạfran** [arabisch] *der,* aus den 2–3 cm langen Narben des in Südfrankreich und Spanien wachsenden **Echten Safrans** (einer Krokusart) gewonnenes gelbes Pulver, das als Gewürz und Lebensmittelfarbstoff (Gebäck, Käse) dient.

■ **Sạga** [isländisch, = Bericht] *die,* skandinavische, insbesondere isländische Prosaerzählungen

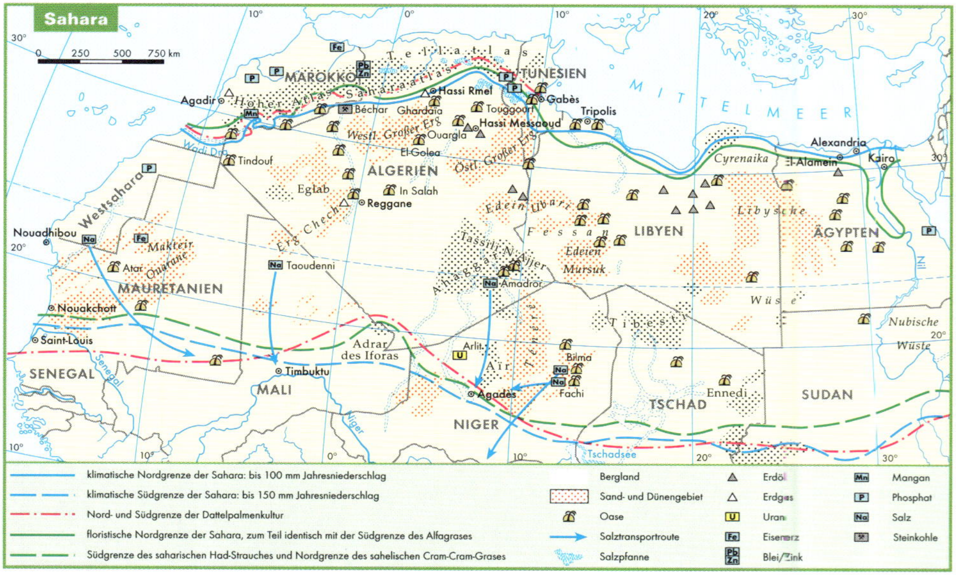

»Der Kleine Prinz« kann die Sterne bereisen; für das spielechte Märchen über den Wert der Freundschaft hat der fliegende Schriftsteller **Antoine de Saint-Exupéry** auch die Bilder gezeichnet

des Mittelalters (12.–14. Jahrh.). Die Sagas behandeln Ereignisse aus der Geschichte sowie Familien- und Heldenschicksale.

■ **Sage,** Erzählung, die mündlich überliefert und erst später schriftlich aufgezeichnet wurde. Im Unterschied zum frei erfundenen Märchen geht die Sage von wahren Begebenheiten aus, die fantasievoll ausgeschmückt werden. Von den stilistisch einfachen Volkssagen müssen die literarisch gestalteten Helden- und Göttersagen unterschieden werden.

■ **Sägefisch,** ein bis 6 m langer, schlanker Rochen der tropischen und subtropischen Meere, der einen lang ausgezogenen, seitlich mit 20–32 Paar Zähnen besetzten Kopffortsatz (etwa ein Drittel der Gesamtlänge) aufweist. Diesen benutzt der Sägefisch sowohl zum Durchstöbern des Bodens als auch zum Töten seiner Beute.

■ **Sahara** [auch: sahara] *die,* größte Wüste der Erde (rund 9 Mio. km^2). Die Sahara liegt in Nordafrika, ist fast so groß wie Europa und erstreckt sich vom Atlantischen Ozean bis zum Roten Meer. Sie umfasst Kies-, Fels- und Sandwüste sowie mächtige Gebirgsmassive (Ahaggar, bis 3 000 m hoch, und Tibesti, bis 3 415 m hoch). Vor allem an den Rändern der Sahara gibt es Oasen; eine große Flussoase ist das Niltal in Ägypten.
Die Sahara gehört zu den heißesten Gebieten der Erde (bis über 50 °C); die Temperaturunterschiede zwischen Tag und Nacht sowie zwischen Sommer und Winter sind sehr groß.
In neuerer Zeit gewinnt die Sahara an wirtschaftlicher Bedeutung, da man reichliche Vorkommen an Erdöl, Erdgas, Eisen, Phosphat und Uran entdeckt hat. Die Ausdehnung der Sahara in die Sahelzone (→Desertifikation) ist weitgehend auf den Eingriff des Menschen zurückzuführen.

■ **Sahel** [arabisch, = Küste] *der,* Übergangszone vom eigentlichen Wüstengebiet der Sahara zur Dornstrauchsavanne. Bei einer wachsenden Bevölkerung und einer größeren Anzahl von Viehherden zogen die dort üblicherweise auftretenden Dürren ab 1968 eine Hungersnot nie gekannten Ausmaßes nach sich. Mit dem Wiederbeginn der Niederschläge 1974 wurde der Notstand jedoch nicht beendet, da während der Dürre die Bäume und Sträucher durch Viehverbiss und Abholzen vernichtet und die dünne Humusschicht zerstört worden war.

■ **Saint Christopher und Nevis** [ß^{e}ntkrịstof^{e} - nịwis] →Saint Kitts und Nevis.

■ **Saint-Exupéry** [ßãngtegsüperị], Antoine de, eigentlich Antoine-Marie Roger Graf von S.-E., französischer Schriftsteller, *Lyon 29. Juni 1900, †(bei einem Aufklärungsflug im Zweiten Weltkrieg über dem Mittelmeer abgeschossen) †31. Juli 1944. Saint-Exupéry war militärischer und ziviler Pilot; als Schriftsteller hinterließ er die Romane »Nachtflug« (1931) und »Wind, Sand und Sterne« (1939) sowie das weltberühmte Märchen »Der kleine Prinz« (1943).

Antoine de Saint-Exupéry

■ **Saint Helens, Mount** [maunt ß^{e}nthẹlins], aktiver Vulkan in der Cascade Range, im Nordwesten der USA (Staat Washington). Bei dem Vulkanausbruch von 1980 rutschte die Nordseite des Berges ab. Der ursprünglich 2 948 m hohe Berg ist heute rund 400 m niedriger.

■ **Saint Kitts und Nevis** [ß^{e}ntkịts - nịwis], Staat (konstitutionelle Monarchie) im Bereich der Westindischen Inseln, der die Inseln Saint Kitts (früher Saint Christopher) und Nevis der Kleinen Antillen umfasst. Die überwiegend negride Bevölkerung gehört vorwiegend der protestantischen und anglikanischen Kirche an. Haupterwerbsquelle ist die Landwirtschaft; angebaut werden Zuckerrohr (Zucker ist Hauptexportprodukt), auf Nevis Baumwolle, Kokospalmen und Erdnüsse. Seit 1961 wurde vor allem auf Saint Kitts, wo sich auch die Hauptstadt befindet, der Fremdenverkehr entwickelt.

Geschichte: Saint Kitts und Nevis erlangte 1983

Saint Kitts und Nevis

Flagge

Wappen

Saint Kitts und Nevis
Fläche 262 km^2
Einwohner 43 000
Hauptstadt Basseterre
Amtssprache Englisch
Nationalfeiertag 19. 9.
Währung 1 Ostkaribischer Dollar (EC$) = 100 Cents
Zeitzone MEZ –5 Std.

seine Unabhängigkeit im Rahmen des Commonwealth. Staatsoberhaupt ist der britische Monarch, vertreten durch einen Generalgouverneur.

■ **Saint Lucia** [ß^{e}ntlusch^{e}], Inselstaat (konstitutionelle Monarchie) in Mittelamerika, im Bereich der Westindischen Inseln, der die gleichnamige Insel der Kleinen Antillen umfasst. Sie ist vulkanischen Ursprungs und stark zerschnitten. Die Bewohner, Nachkommen afrikanischer Sklaven, sind überwiegend Schwarze und Mulatten, meist Katholiken. Haupterzeugnisse der Landwirtschaft sind Bananen, Kakao, Kokosnüsse (Kopra und Kokosöl) und Zitrusfrüchte, der Zuckerrohranbau wurde 1963 aufgegeben; Viehzucht und Milchwirtschaft. Der Tourismus wurde zum wichtigsten Devisenbringer.

Saint Lucia

Flagge

Wappen

Saint Lucia
Fläche 616 km^2
Einwohner 154 000
Hauptstadt Castries
Amtssprache Englisch
Nationalfeiertage 22. 2. und 13. 12.
Währung 1 Ostkaribischer Dollar (EC$) = 100 Cents
Zeitzone MEZ –5 Std.

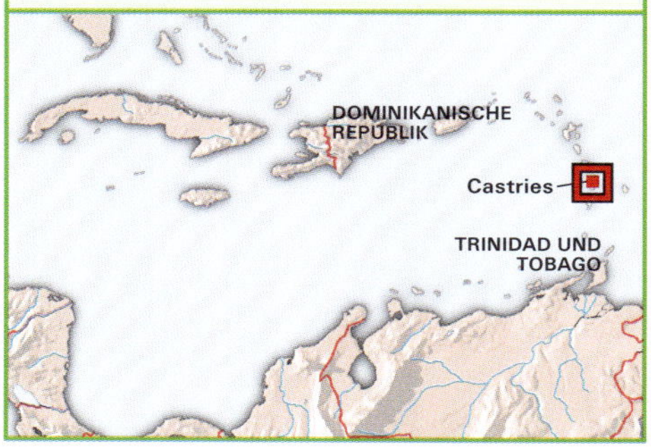

Geschichte: Die ehemalige britische Kolonie wurde 1979 unabhängig und Mitglied des Commonwealth. Staatsoberhaupt ist der britische Monarch, vertreten durch einen Generalgouverneur.

■ **Saint-Pierre-et-Miquelon** [ßä~~ng~~pjär e miklo~~ng~~], französisches Überseedépartement (acht Inseln) in Nordamerika, südlich von Neufundland, 242 km^2 mit 6 900 Einwohnern; Hauptstadt ist Saint-Pierre auf der gleichnamigen Insel. Die Bewohner treiben Kabeljaufischerei sowie Pelztierzucht und Handel.

■ **Saint Vincent and the Grenadines** [ß^{e}ntwins^{e}nt ^{e}nd ~~dh~~^{e} grän^{e}dins], Staat (konstitutionelle Monarchie) in Mittelamerika, im Bereich der Westindischen Inseln, mit der Insel Saint Vincent der Kleinen Antillen und den nördlichen Grenadinen. Saint Vincent ist gebirgig (im Vulkan Soufrière 1 234 m hoch; schwere Ausbrüche 1821 und 1902; zuletzt 1979); das Bergland ist dicht bewaldet. 85 % der Bevölkerung sind Nachkommen afrikanischer Sklaven. Die Landwirtschaft erbringt mit Bananen, Kokosnüssen und Gewürzen den größten Teil der Ausfuhrerlöse. Eine traditionelle Kultur ist Pfeilwurz (weltweit wichtigster Erzeuger für Marantastärke). Der Fremdenverkehr gewinnt zunehmend an Bedeutung, vor allem auf den Grenadinen. Haupthafen und -flughafen ist Kingstown.

Geschichte: Die ehemals britischen Inseln sind seit 1979 unabhängig und Mitglied des Commonwealth. Staatsoberhaupt ist der britische Monarch, vertreten durch einen Generalgouverneur.

■ **Saite,** dünner, elastischer Faden aus Darm, Kunststoff (Nylon), Metall oder Seide, der zur Bespannung von Streich- und Zupfinstrumenten verwendet wird.

■ **Saiteninstrumente,** Musikinstrumente, bei denen Saiten als Tonerzeuger dienen, und zwar durch Streichen mit einem Bogen (**Streichinstrumente,** z. B. Violine, Bratsche, Cello, Kontrabass), durch Zupfen (z. B. Banjo, Gitarre, Harfe, Laute, Mandoline und Cembalo) oder durch Anschlagen mit Hämmern (z. B. Klavier).

■ **sakral** [lat.], heilig, geweiht; zur Religion oder zum Gottesdienst gehörend (Gegensatz: profan).

Als **sakrale Kunst** bezeichnet man Kunstwerke, die religiösen Charakter haben, als **Sakralbauten** Bauwerke, die einem Kult dienen (z. B. Kirchen).

■ **Sakrament** [lat.] *das,* äußeres Zeichen der Gnade Gottes. Die katholische und die orthodoxe Kirche kennen sieben Sakramente (Taufe, Firmung, Eucharistie, Buße, Krankensalbung, Ordination und Ehe). Die evangelischen Kirchen kennen zwei Sakramente (Taufe und Abendmahl).

■ **Sakrileg** [lat.] *das,* unwürdige Behandlung von geweihten Personen, Sachen oder Orten (z. B. Kirchenraub, Gotteslästerung).

■ **Säkularisation** [lat.] *die,* die Einziehung kirchlicher Güter und Ländereien durch den Staat ohne die Zustimmung der Kirche. Das geschah in Deutschland besonders während der Reformation, nach dem Dreißigjährigen Krieg und durch den Reichsdeputationshauptschluss von 1803, in Frankreich im Gefolge der Französischen Revolution.

Saint Vincent and the Grenadines
Fläche 389 km²
Einwohner 120 000
Hauptstadt Kingstown
Amtssprache Englisch
Nationalfeiertag 27. 10.
Währung 1 Ostkaribischer Dollar (EC$) = 100 Cents
Zeitzone MEZ –5 Std.

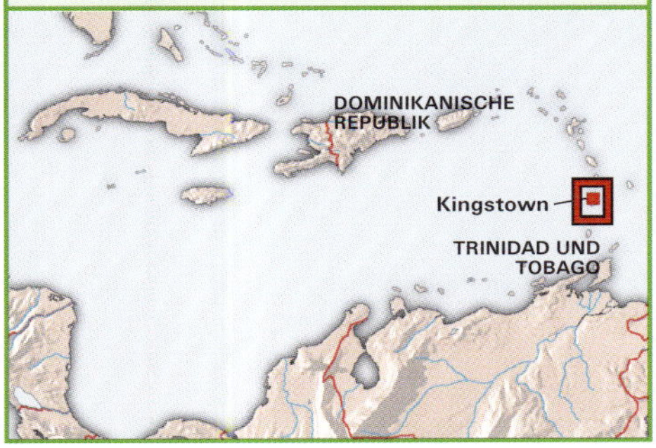

■ **Säkularisierung** [lat.] *die,* die Loslösung einzelner Menschen oder von Gesellschaft und Staat aus den Bindungen an eine Religion oder Kirche. Besonders seit der Aufklärung, verstärkt seit dem Zweiten Weltkrieg, ist der politische und moralische Einfluss der christlichen Kirchen in den westlichen Ländern erheblich gesunken.

■ **Säkulum** [lat.] *das,* Jahrhundert.

■ **Salamanca,** Stadt im Westen Spaniens, mit 158 500 Einwohnern. Ihre Universität (1218 gegründet) war bis in das 16. Jahrh. eine der bedeutendsten Ausbildungsstätten des Abendlandes. Salamanca hat eine Alte Kathedrale (11.–13. Jahrh.) und eine Neue Kathedrale (16.–18. Jahrh.) sowie alte Adelspaläste. Die Plaza Mayor gilt als der schönste Platz Spaniens. – Im Spanischen Bürgerkrieg war Salamanca Sitz General Francos.

■ **Salamander** → Molche und Salamander.

■ **Salamis,** griechische Insel westlich von Athen, im Saronischen Golf. In den Perserkriegen siegte 480 v. Chr. im Sund zwischen Salamis und dem attischen Festland die griechische über die persische Flotte.

■ **Salbei** [lat.] *der,* eine Gattung der Lippenblütler, die in warmen und gemäßigten Gebieten als Kräuter, Halbsträucher oder Sträucher wachsen. Der **Gartensalbei** mit immergrünen Blättern und violetten Blüten wird als Heil- und Gewürzpflanze angebaut.

■ **Saldo** [italienisch] *der,* in der Buchhaltung der Unterschiedsbetrag zwischen der Soll- und der Habenseite eines Kontos.

■ **Salicylsäure,** eine ursprünglich aus der Rinde von Weiden gewonnene, heute synthetisch hergestellte organische Säure. Sie wird u. a. als Zwischenprodukt für pharmazeutische Produkte und Farbstoffe sowie bei der Herstellung von Pflegemitteln, Kosmetika und Riechstoffen verwendet.
Die aus Salicylsäure hergestellte **Acetylsalicylsäure** (z. B. in Aspirin®) lindert Schmerzen, wirkt fiebersenkend und verbessert die Durchblutung.

■ **Salier, 1)** eine Stammesgruppe der → Franken, die im 4. Jahrh. am Niederrhein und in Nordgallien siedelte.
2) fränkisches Adelsgeschlecht, das ursprünglich vor allem im Gebiet von Speyer und Worms Besitzungen hatte. Die Salier stellten 1024–1125 die deutschen Könige und Kaiser: Konrad II., Heinrich III., Heinrich IV. und Heinrich V.

■ **Saline** [zu lat. sal = Salz] *die,* eine Anlage zur Gewinnung von Kochsalz aus dessen hochkonzentrierten Lösungen (Sole). In Meeressalinen (Salzgärten) wird das Salz durch Verdunstung von Strandwasser auskristallisiert. Bei modernen Salinen werden Siedepfannen, Zentrifugen und Verdampfungsanlagen verwendet. – Bild S. 112

■ **Salmiak** [mittellateinisch] *der* (Ammoniumchlorid), weißes, kristallines Salz, gebildet aus Ammoniak und Salzsäure. Salmiak wird vor allem für Trockenbatterien als Elektrolyt sowie beim Löten, Beizen, Verzinken und Verzinnen von Metallen verwendet.
Salmiakpastillen sind Lakritzpastillen, denen

Mit seinen blauen Blüten und den runzeligen Blättern bevorzugt der wild wachsende **Salbei** vor allem die Wiesen in Süddeutschland

Saint Vincent and the Grenadines

Flagge

Wappen

etwas Salmiak beigemischt ist; sie werden als schleimlösendes Hustenmittel verwendet.

■ **Salmiakgeist,** wässrige Lösung von →Ammoniak.

■ **Salmonellen,** stäbchenförmige Bakterien, die, mit Wasser oder Lebensmitteln (Eiern, Obst) aufgenommen, bei Tier und Mensch verschiedene Darmkrankheiten (u.a. die bakterielle Lebensmittelvergiftung) sowie Typhus und Paratyphus hervorrufen.

■ **Salome,** Gestalt des Neuen Testaments. Nachdem Salome ihren Stiefvater durch einen Tanz erfreut hatte, verlangte sie als Belohnung den Tod Johannes des Täufers; Herodes ließ ihn töten und ihr den blutigen Kopf in einer Schüssel überreichen.

■ **Salomo** (Salomon), König von Juda und Israel (etwa 965–926 v.Chr.); Sohn Davids. Salomo ließ den Tempel in Jerusalem errichten und die Stadt zur Residenz ausbauen. Er knüpfte gute Beziehungen zu den Herrschern der Nachbarländer an, baute die Handelsbeziehungen aus und führte Israel zu einer kulturellen Hochblüte. Er gilt als Idealbild des weisen Herrschers. Einzelne Psalmen und Sprüche des Alten Testaments werden ihm zugeschrieben.

■ **Salomoninseln,** Staat (parlamentarische Monarchie) im westlichen Pazifik. Er umfasst die nordöstlich von Australien gelegenen Salomoninseln (außer den beiden nördlichen Inseln Bougainville und Buka, die zu Papua-Neuguinea gehören) und einige andere Inseln. Die Hauptstadt Honiara liegt auf der größten Insel Guadalcanal. 93% der Bewohner sind Melanesier. Wichtigste Wirtschaftsprodukte sind Kopra und Holz.

Salomoninseln

Flagge

Wappen

Salomoninseln
Fläche 28 370 km²
Einwohner 417 000
Hauptstadt Honiara
Amtssprache Englisch
Nationalfeiertage 7. 7. und 1. 10.
Währung 1 Salomonen-Dollar (SI$) = 100 Cents (¢)
Zeitzone MEZ +10 Std.

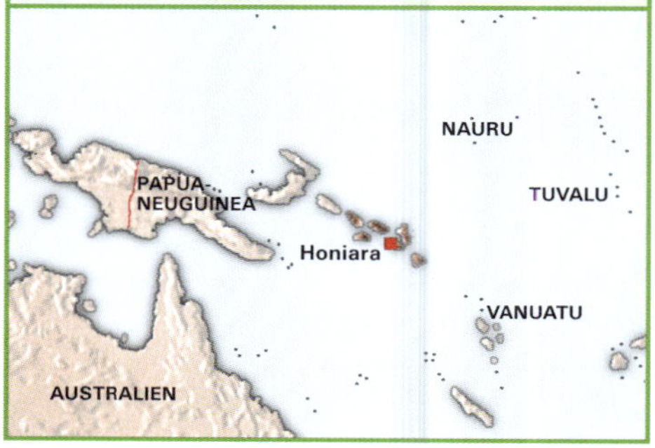

Saline in der südfranzösischen Camargue

Geschichte: Die ehemals britischen Inseln wurden im Juli 1978 unabhängig. Sie sind Mitglied des Commonwealth. Staatsoberhaupt ist der britische Monarch, vertreten durch einen Generalgouverneur.

■ **Saloniki** (griech. Thessaloniki), Hafenstadt in Nordgriechenland, mit 384 000 Einwohnern. Die Stadt besitzt zahlreiche Bauwerke aus römischer, byzantinischer und türkischer Zeit sowie bedeutende frühchristliche und byzantinische Kirchen und Klöster, die zum Weltkulturerbe der UNESCO gehören.

■ **Salpeter** [lat.] *der,* alte Bezeichnung für die Salze der →Salpetersäure (Nitrate). Sie finden vielfältige Verwendung, hauptsächlich als künstliche oder auch natürlich vorkommende Düngemittel (Guano) und als Sprengstoff in Form des Ammonsalpeters (Ammoniumnitrats NH_4NO_3).

■ **Salpetersäure,** HNO_3, neben Salzsäure und Schwefelsäure die in der chemischen Industrie am meisten verwendete, starke anorganische Säure. Sie ist in reinem Zustand eine farblose Flüssigkeit, die sich aber bereits bei Zimmertemperatur und Lichteinwirkung unter Abgabe von Stickstoffoxiden zersetzt und sich dabei mehr oder minder stark gelblich färbt.

Man unterscheidet **rote rauchende Salpetersäure** mit mindestens 90% Gehalt an HNO_3 und **konzentrierte Salpetersäure** mit 69,2% HNO_3. Die 50-prozentige Salpetersäure wird als »Scheidewasser« bezeichnet, weil mit ihr Silber und Gold getrennt werden können. Die Mischung von konzentrierter Salpetersäure und konzentrierter Salzsäure wird als »Königswasser« bezeichnet, weil es auch Gold auflöst. Die Salze der Salpetersäure sind die Nitrate (→Salpeter). Die Salpetersäureester (→Nitroglycerin, →Nitrocellulose) und die echten Nitroverbindungen (Trinitrotoluol, TNT) sind wichtige Sprengstoffe.

■ **SALT** →Abrüstung.

■ **Salto** [italienisch] *der,* freier Überschlag um die Breitenachse des Körpers, u. a. im Kunstturnen sowie im Trampolin- und Wasserspringen.

■ **Salvador, El** →El Salvador.

■ **Salz** (Kochsalz), umgangssprachliche Bezeichnung für **Natriumchlorid** (NaCl). Es kommt in der Natur in fester Form als Steinsalz vor, das bergmännisch abgebaut oder ausgespült wird, und in gelöster Form im Meer, wo es in Salinen durch Verdunstung des Wassers gewonnen wird. Natriumchlorid hat eine große Bedeutung in der chemischen Industrie für die Herstellung von Natronlauge, Wasserstoff und Chlor (→Elektrolyse) und von Soda (Natriumcarbonat). Weiterhin wird es als Auftausalz, Pökelsalz für die Konservierung von Fleisch und als Speise- oder Tafelsalz zum Würzen von Speisen verwendet.

Salz ist für den menschlichen und tierischen Organismus lebensnotwendig, in höheren Mengen genossen jedoch gesundheitsschädlich. Der Bedarf des Menschen hängt von den Ausscheidungen (Schweiß, Harn) ab. – auch →Salze.

■ **Salzach** *die,* rechter Nebenfluss des Inn, 225 km lang. Er entspringt in den Kitzbüheler Alpen in Österreich, durchfließt Salzburg und mündet in Oberbayern.

■ **Salzburg, 1)** Bundesland Österreichs, das sich zu beiden Seiten der Salzach erstreckt, mit 7 154 km² und 513 900 Einwohnern; die Hauptstadt ist Salzburg 2). Im Land gibt es zahlreiche Wasserkraftwerke. Erwerbsquellen der Bevölkerung sind die Vieh- und Holzwirtschaft, der Salz- und Kupfererzbergbau sowie der Fremdenverkehr.

2) Hauptstadt von 1), mit 144 000 Einwohnern. Die von der Salzach durchflossene Stadt liegt zwischen dem Mönchsberg (mit der Festung Hohensalzburg) und dem Kapuzinerberg. Sie besitzt eine Universität, eine Hochschule für Musik und darstellende Kunst (»Mozarteum«) sowie zahlreiche Kirchen, darunter die Stiftskirche Sankt Peter (1130–43) und den Dom (1614–28). Zum barocken Stadtbild tragen Schloss Mirabell (1721–27) und die fürsterzbischöfliche Residenz (1595–1792) bei. Seit 1920 finden im Sommer die Salzburger Festspiele statt.

Salzburg wurde im 1. Jahrh. von den Römern gegründet und 774 erstmals als Stadt (Kaufmannssiedlung) erwähnt. Seit 798 ist es Sitz eines Erzbischofs; Schenkungen Kaiser Ottos II. (977) legten den Grund für das spätere geistliche Fürstentum. 1816 kam die Stadt an Österreich.

Salz

In der Altsteinzeit nahm der Mensch als Jäger und Sammler mit dem Fleisch seiner Beute noch genügend Salz auf. Als jedoch seit der Jungsteinzeit – nach der Umstellung auf den Ackerbau – seine Nahrung vorwiegend aus Pflanzenkost bestand, musste er künstliches Salz zu sich nehmen. Da Salz selten war, diente es als Zahlungsmittel und der Besitz von Solequellen wie auch die Kontrolle des Salzhandels waren eine Quelle von Macht und Reichtum.

Auf Salzquellen weisen viele geographische Namen hin, z. B. Salzkammergut, Salzburg, Salzach, Bad Salzuflen, Salzgitter. Und wenn man weiß, dass das mittelhochdeutsche Wort für Salzquelle oder Salzwerk *hal* hieß, fallen einem sogar noch mehr ein: Halle, Bad Reichenhall, Schwäbisch Hall, Hallstatt.

■ **Salze,** Verbindungen, die aus Kationen (Metall- oder Ammoniumionen, aber keine Wasserstoffionen) und Anionen (meist Nichtmetall- oder Säureanionen) bestehen. Salze können u. a. aus Säuren und Basen hergestellt werden, z. B. Salzsäure + Natronlauge →Natriumchlorid und Wasser ($HCl + NaOH \rightarrow 8\,NaCl + H_2O$). Salze bilden in festem Zustand ein Ionengitter. In Schmelzen und Lösungen sind die Ionen beweglich (→Elektrolyse). Den Lösungsvorgang von Salzen bezeichnet man allgemein als Solvatisierung, beim Lösungsmittel Wasser als Hydratisierung. Beim Lösen werden die Ionen jeweils mit einer Hülle des Lösungsmittels umgeben. Die am häufigsten vorkommenden Salze sind die Chloride (aus der Salzsäure, HCl), die Sulfate (aus der Schwefelsäure, H_2SO_4), die Nitrate (aus der Salpetersäure, HNO_3) und die Phosphate (aus der Phosphorsäure, H_3PO_4). Die Anzahl der vorstellbaren und zum größten Teil auch herstellbaren Salze ist nahezu beliebig groß, da jede anorganische oder organische Säure mit jeder anorganischen oder organischen Base ein Salz bilden kann.

Salzkammergut, Landschaft in den österreichischen Alpen mit zahlreichen Seen (Wolfgangsee, Mond-, Atter-, Traunsee, Hallstätter See u.a.) und stark verkarsteten Gebirgen (Dachstein, Totes Gebirge, Höllengebirge). Durch seinen Reichtum an Naturschönheiten ist das Salzkammergut ein bedeutendes Fremdenverkehrsgebiet.

Salzsäure (Chlorwasserstoffsäure), die wässrige Lösung des Chlorwasserstoffs (HCl). Da sie stark ätzend wirkt, sollte beim Hantieren mit Salzsäure die Berührung mit der Haut und das Einatmen der Dämpfe vermieden werden. Verdünnte Salzsäure spielt als Magensäure eine wichtige Rolle beim Verdauungsprozess. Die Salze der Salzsäure sind die Chloride, deren bekannteste das Natriumchlorid (→Salz) und das Ammoniumchlorid (→Salmiak) sind. Die größte Menge Chlorwasserstoff für die Herstellung von Salzsäure fällt als Nebenprodukt von Chlorierungsprozessen an, daneben wird er aus Wasserstoff und Chlor gewonnen.

Salzseen, meist abflusslose Seen in heißen Trockengebieten, die infolge der starken Verdunstung einen sehr hohen Salzgehalt haben. Die bekanntesten Salzseen sind das Tote Meer und der Große Salzsee in Utah (USA).

Samariter (Samaritaner), eine jüdische Sondergruppe, die seit dem 5. Jahrh. v. Chr. eine eigene Gemeinde bildete. Im Anschluss an das biblische Gleichnis vom »Barmherzigen Samariter« Bezeichnung für freiwillige Krankenpfleger und Sanitäter.

Samarium *das,* ein metallisches chemisches Element aus der Gruppe der Lanthanoide. Es wird in Dauermagnetlegierungen, in der Lasertechnik und als Neutronenabsorber in Kernreaktoren verwendet.

Samarium
chemisches Symbol: Sm
Ordnungszahl: 62
relative Atommasse: 150,36
Dichte: 7,52 g/cm³
Schmelzpunkt: 1 072 °C
Siedepunkt: 1 790 °C

Sambesi *der,* größter Fluss im südlichen Afrika, 2 736 km lang. Er entspringt im äußersten Norden von Sambia, hat viele Stromschnellen und Wasserfälle (am bekanntesten sind die →Victoriafälle) und mündet in Moçambique mit breitem Delta in den Indischen Ozean. Am Karibadamm stehen die beiden Kraftwerke von Sambia und Simbabwe, am Cabora-Bassa-Staudamm in Moçambique steht ein weiteres großes Kraftwerk. – David Livingstone erforschte 1851–56 den Mittellauf des Sambesi.

Sambia

Flagge

Wappen

Sambia
Fläche 752 614 km²
Einwohner 8,69 Mio.
Hauptstadt Lusaka
Amtssprache Englisch
Nationalfeiertag 24. 10.
Währung 1 Kwacha (K) = 100 Ngwee (N)
Zeitzone MEZ +1 Std.

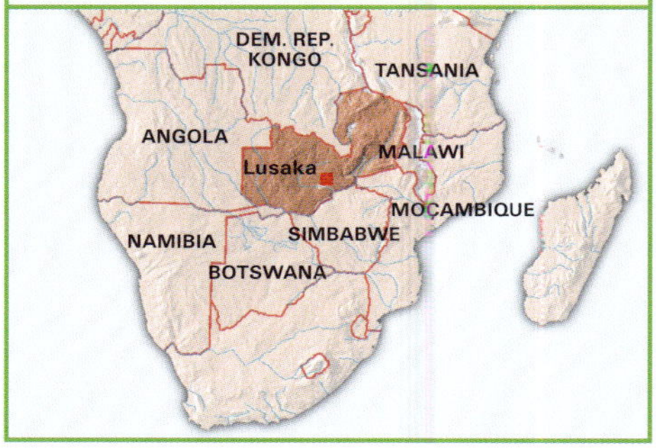

Sambia, Republik im südlichen Afrika, am Sambesi. Die Bevölkerung besteht aus über 90 ethnischen Gruppen; zu den wichtigsten zählen Bantustämme. Das Agrarland bietet als wichtigste Marktprodukte Tabak, Erdnüsse und Baumwolle. Wirtschaftliche Grundlage des Landes ist jedoch der Kupferbergbau. – Sambia kam im späten 19. Jahrh. unter britischen Einfluss, 1964 wurde es unabhängig.

Samen, 1) *Botanik:* bei Samenpflanzen ein aus der befruchteten Eizelle durch Zellteilung hervorgegangenes, vielzelliges Gebilde, das der Vermehrung dient. Der Samen enthält in einer mehrschichtigen Hülle (Samenschale) einen vorübergehend ruhenden Embryo, der bei geeigneten Bedingungen zu wachsen beginnt und die Samenschale sprengt (Keimung des Samens).
2) *Zoologie:* →Sperma.

Samenpflanzen, eine Abteilung des Pflanzenreiches. Die Samenpflanzen bilden Blüten, in denen sich die Befruchtung und die Bildung des Samens vollzieht. Man unterscheidet nach der Lage der Samenanlage Bedeckt- und Nacktsamer.
Bei den **Bedecktsamern** ist die Samenanlage stets im Fruchtknoten eingeschlossen, der sich nach der Samenreife zur Frucht wandelt. Man unterteilt die

Bedecktsamer in Einkeimblättrige und Zweikeimblättrige.
Bei den **Nacktsamern** liegt die Samenanlage »nackt« auf dem Fruchtblatt; die Samen reifen meist in Zapfen.

■ **Samland,** Halbinsel zwischen dem Frischen Haff und dem Kurischen Haff in Ostpreußen, mit einer bis 60 m hohen Steilküste (Bernsteinvorkommen) im Westen.

■ **Samoa** (bis 1997 Westsamoa), Staat (parlamentarische Monarchie) im südlichen Pazifischen Ozean, nordöstlich von Neuseeland. Er umfasst den westlichen Teil der Samoainseln. Die Hauptinseln sind Savaii und Upolu. Die Bevölkerung (überwiegend Polynesier christlicher Konfessionen) betreibt Landwirtschaft und Fischerei. Exportiert werden Kokoserzeugnisse, Kakao und Bananen.
Geschichte: Die Inseln waren ab 1899 in deutschem Besitz, standen ab 1920 unter neuseeländischer Verwaltung und erlangten 1962 die Unabhängigkeit.

Samoa
Fläche 2 831 km²
Einwohner 171 000
Hauptstadt Apia (auf Upolu)
Amtssprache Samoanisch und Englisch
Nationalfeiertag 1. 1.
Währung 1 Tala (WS$) = 100 Sene (s)
Zeitzone MEZ +12 Std.

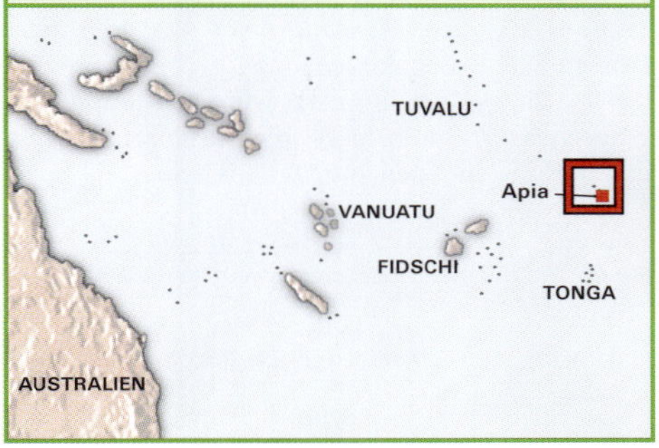

Samoa

Flagge

Wappen

■ **Samoainseln,** Inselgruppe im südlichen Pazifischen Ozean. Die Samoainseln haben tropisches Regenklima und werden von Polynesiern bewohnt. Die westlichen Inseln bilden den Staat → Samoa (bis 1997 Westsamoa); die östlichen Inseln gehören als **Amerikanisch-Samoa** (199 km², rund 63 000 Einwohner; Hauptstadt: Pago Pago) zu den USA.

■ **Samos,** griechische Insel im Ägäischen Meer vor der türkischen Küste, 476 km² mit 33 000 Einwohnern. Die Insel ist gebirgig, es werden Wein (Samoswein), Oliven, Zitrusfrüchte und Tabak angebaut.

■ **Samowar** [russisch, = Selbstkocher] *der,* vor allem in Russland verwendeter Wassererhitzer, aus dem das Wasser zur Teeaufbereitung über einen Auslaufhahn entnommen wird. Der Samowar hält durch ein Holzkohlefeuer oder durch elektrische Heizung das Teewasser ständig warm.

■ **Samurai** [japanisch, = Dienender] *der,* im alten Japan das bewaffnete Begleitpersonal des Adels, später die Angehörigen des Kriegerstandes; seit dem 17. Jahrh. die oberste Klasse, aus der sich u. a. Militär, Beamte und Klerus rekrutierten. Die Samurai hatten einen strengen Ehrenkodex; ihr äußeres Zeichen waren die zwei Schwerter. Während der 1870er-Jahre büßten sie ihre Privilegien ein.

■ **Sanddorn,** ein dorniger, bis 6 m hoher Strauch (Ölweidengewächs) mit schmalen, unten silbrig glänzenden Blättern, der auf mageren Sandböden gedeiht. Die orangegelben Beeren enthalten viel Vitamin C; sie werden zu Mus oder Saft verarbeitet.

■ **Sandstein,** aus Sand bestehendes Sedimentgestein, das durch kalkiges, kieseliges oder toniges Bindemittel verfestigt ist. Nach dem Hauptbestandteil werden Quarz- und Kalksandstein, nach den Nebenbestandteil Arkose (mit Feldspat) und Grauwacke (mit Feldspat und Gesteinstrümmer) unterschieden. Sandstein wird als Bau- und Werkstein verwendet. Dank seiner Durchlässigkeit ist er ein guter Grundwasserleiter und ein wichtiges Erdgas- und Erdölspeichergestein.

■ **Sanduhr,** eines der ältesten Zeitmessgeräte. Die Sanduhr besteht aus zwei durch eine enge Öffnung miteinander verbundenen bauchigen Glasgefäßen, gefüllt mit feinem Sand. Die Sandmenge, die vom oberen ins untere Gefäß strömt, ist ein Maß für die verflossene Zeit.

Diese kostbare **Sanduhr** aus dem 16. Jahrhundert wird in der Schatzkammer der Münchner Residenz aufbewahrt

■ **Sandwich** [säntwitsch; engl.] *das,* zwei Brotschnitten (meist Weißbrot), zwischen die Fleisch, Schinken, Käse, Salatblätter u. a. gelegt werden. Die Bezeichnung geht angeblich auf den Engländer John Montagu, 4. Earl of Sandwich (1718–1792) zurück, der als leidenschaftlicher Spieler am Spieltisch belegte Brote aß, um das Spiel nicht unterbrechen zu müssen.

■ **San Francisco,** Stadt in Kalifornien, USA, mit 735 300 Einwohnern. Die Stadt liegt auf einer Halbinsel zwischen dem Pazifischen Ozean und der Bucht von San Francisco südlich der Meeresstraße → Golden Gate. Der Hafen ist der bedeutendste der USA an der Pazifikküste und besonders für den Ostasienhandel wichtig. Die seit 1873 eingesetzte Cable

Car, eine seilgezogene Straßenbahn, überwindet Steigungen bis 21 %.

San Francisco wurde 1776 als Missionsstation der Franziskaner gegründet. Die Stadt erlebte durch die Entdeckung von Goldvorkommen in der Mitte des 19. Jahrh. eine wirtschaftliche Blüte. 1906 wurde sie durch ein Erdbeben größtenteils zerstört. In San Francisco wurden 1945 die UN begründet.

■ **Sänfte,** von Menschen oder Lasttieren getragenes Gestell zum Transport von Personen oder Lasten. Schon Babylonier und Ägypter benutzten die Sänfte; bei den Römern wurde sie durch den Wagen ersetzt. In Europa war sie bis zum 18. Jahrh. in Gebrauch, in Asien zum Teil bis heute.

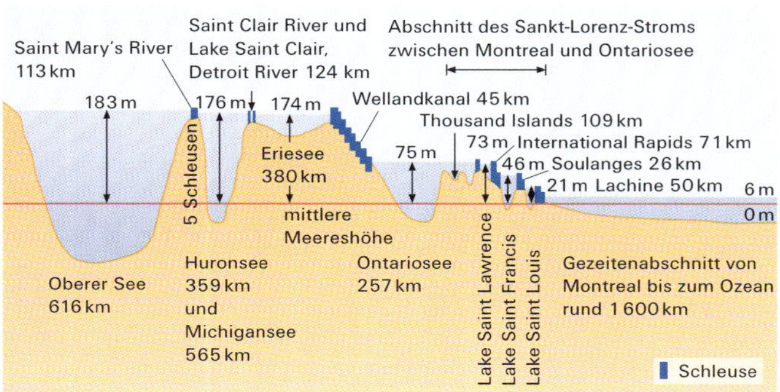

Der **Sankt-Lorenz-Strom** bildet bis oberhalb von Montreal die Grenze zwischen den USA und Kanada und fließt dann auf kanadischem Boden; die Grafik demonstriert den Verlauf des Sankt-Lorenz-Seeweges

■ **Sanguiniker** [lat.], heiterer und umgänglicher Mensch mit einem sonnigen Gemüt. – auch →Temperament.

■ **Sanierung** [lat.] *die,* **1)** *Betriebswirtschaft:* alle organisatorischen und finanziellen Maßnahmen, die der Gesundung eines in Schwierigkeiten geratenen Unternehmens dienen, z. B. die Zuführung neuer Geldmittel, Rationalisierungsmaßnahmen, Änderung der Betriebspolitik.

2) *Städtebau:* Maßnahmen, die darauf abzielen, in einem verwohnten Gebäude oder heruntergekommenen Wohnviertel wieder gesunde Wohn- und Lebensverhältnisse zu schaffen. Zur Sanierung gehört vor allem die Modernisierung von Wohnungen; bei der Sanierung von Wohnvierteln werden oft auch Häuser ganz abgerissen und neu aufgebaut. Darüber hinaus wird meist die Verbesserung der Verkehrsverhältnisse sowie die Anlage von Grünanlagen und Spielplätzen angestrebt.

■ **sanitär** [lat.], das Gesundheitswesen, die Hygiene betreffend; sanitäre Anlagen sind vor allem Toiletten und Waschräume.

■ **San José** [sangchose], Hauptstadt von Costa Rica, 1 160 m hoch gelegen, mit 329 200 Einwohnern; wichtigstes Handels- und Industriezentrum des Landes.

■ **Sankt** [lat.], Abkürzung meist **St.**, heilig. Das Wort wird den Namen von Heiligen vorangestellt, z. B. Sankt Nikolaus.

■ **Sankt Bernhard,** zwei Pässe in den Westalpen:

1) Großer Sankt Bernhard, 2 472 m hoch, führt vom Aostatal in Italien ins Wallis in der Schweiz. Ein 5,8 km langer Straßentunnel führt durch den Berg. Auf dem Pass befindet sich das Hospiz (eine Herberge) der Augustinermönche, die hier auch die Hunderasse Bernhardiner züchten;

2) Kleiner Sankt Bernhard, 2 188 m hoch, führt vom Tal der Isère in Frankreich ins Aostatal in Italien.

■ **Sankt Gallen, 1)** Kanton in der nordöstlichen Schweiz, mit 2 026 km² und 444 900 Einwohnern; die Hauptstadt ist Sankt Gallen 2). Der Kanton ist ein Zentrum der schweizerischen Textilindustrie und hat auch Textilmaschinenbau; vorherrschend sind aber die Alm- und Holzwirtschaft sowie der Weinbau im Rheintal, außerdem Fremdenverkehr. – Der Kanton wurde 1803 errichtet.

2) Hauptstadt von 1), mit 69 700 Einwohnern und zwei Hochschulen. Berühmt ist die ehemalige Benediktinerabtei (UNESCO-Weltkulturerbe) mit barocker Stiftskirche und der Stiftsbibliothek mit einer bedeutenden Sammlung mittelalterlicher Handschriften, früher Drucke und Elfenbeinarbeiten. Sank Gallen ist Mittelpunkt der Herstellung von »Sankt Galler Spitzen« und von Stickereiwaren. – Die Stadt entstand in Anlehnung an das Kloster, das auf die Gründung einer Mönchszelle durch den heiligen Gallus (frühes 7. Jahrh.) zurückgeht.

■ **Sankt Gotthard** →Gotthardgruppe.

■ **Sankt Helena,** britische Vulkaninsel im südlichen Atlantischen Ozean, 122 km² mit 6 500 Einwohnern; Hauptort und Hafen ist Jamestown. – 1815–21 lebte hier Napoleon I. als Verbannter.

■ **Sanktion** [lat., = feierliche Bestätigung] *die,* Zwangsmaßnahme, die gegen einen Staat, der das Völkerrecht verletzt hat, verhängt wird; auch: gesellschaftliche Maßnahme, mit der das Verhalten von Mitgliedern der Gesellschaft belohnt oder bestraft wird, um sie zur Einhaltung gesellschaftlicher Normen zu zwingen.

■ **Sankt-Lorenz-Strom,** 1 287 km langer

San Marino
Fläche 61,2 km²
Einwohner 26 000
Hauptstadt San Marino
Amtssprache Italienisch
Nationalfeiertag 3. 9.
Währung Italienische Lira
Zeitzone MEZ

Fluss in Nordamerika, zugleich Grenzfluss zwischen den USA und Kanada. Er entfließt dem Ontariosee und mündet in einem langen Trichter in den **Sankt-Lorenz-Golf** des Atlantischen Ozeans. Der Fluss ist eine der wichtigsten Wasserstraßen der Erde. Er ist ein Teil des **Sankt-Lorenz-Seeweges,** auf dem Seeschiffe bis 3 770 km ins Innere des Erdteils fahren können (bis zum →Oberen See).

■ **Sankt Petersburg,** russische Hafenstadt am Finnischen Meerbusen (Ostsee), im Mündungsdelta der Newa, mit 4,728 Mio. Einwohnern die zweitgrößte Stadt Russlands. Sie besitzt eine Universität, Bibliotheken, Theater, eine Oper, Akademien und Hochschulen. Der Hafen ist der wichtigste russische Überseehafen. Das barock-klassizistische Stadtbild gilt als das schönste Russlands. – Die Stadt wurde 1703 von Zar Peter dem Großen gegründet. 1712–1917 war Sankt Petersburg Hauptstadt Russlands; 1917 brach hier die Oktoberrevolution aus. Zwischen 1914 und 1924 hieß die Stadt Petrograd, anschließend bis 1991 **Leningrad.**

■ **San Marino,** Hauptstadt der gleichnamigen Republik, mit 4 400 Einwohnern. Die ummauerte Stadt hat mit ihren engen, steilen Gassen und zum Teil in Fels gehauenen Treppen ein mittelalterliches Gepräge.

■ **San Marino,** kleiner Staat (Republik) am nordöstlichen Fuß des Apennin innerhalb Italiens, durchzogen vom Rücken des bis zu 756 m hohen Monte Titano. An dessen Gipfel liegen alte Befestigungsanlagen und daran anschließend die Hauptstadt. Die Bewohner sind italienischen Ursprungs. Sie leben von Schafzucht, Getreideanbau, Weinbau, etwas Industrie und besonders vom Fremdenverkehr.

Geschichte: San Marino wurde der Überlieferung nach Anfang des 4. Jahrh. vom heiligen Marinus gegründet und ist seit dem 13. Jahrh. unabhängig.

■ **San Salvador,** Hauptstadt von El Salvador mit 610 700 Einwohnern. – Die Stadt wurde 1524 von Spaniern gegründet. Sie wurde mehrfach durch Erdbeben zerstört.

■ **Sansibar** [auch: ...bar], **1)** zu Tansania gehörende Insel im Indischen Ozean vor der Ostküste Afrikas, mit 1 660 km² und 456 900 Einwohnern. Sie besteht aus Korallenkalk, der im Westen von fruchtbaren Lehmböden bedeckt ist.
2) Hauptort von 1), an der Westküste der Insel, mit 157 600 Einwohnern; bedeutend als Handelszentrum und Hafenstadt. – Die Stadt war im 18./19. Jahrh. Zentrum des Elfenbein- und Sklavenhandels.

■ **Sanskrit** [altindisch, = geregelt] *das,* die klassische Form der altindischen Schriftsprache, die etwa um 500 v. Chr. aufgezeichnet wurde. Sie ist zugleich die älteste bekannte indogermanische Sprache. Das klassische Sanskrit galt bis ins 20. Jahrh. in Indien als Gelehrten- und Literatursprache (ähnlich wie früher Latein im Abendland).

■ **Sanssouci** [sangßußi; frz., = sorgenfrei], Sommerschloss (mit ausgedehnten Parkanlagen)

San Marino

Flagge

Wappen

In **Sanssouci,** dem »Lusthaus auf dem Weinberg«, umgab sich Friedrich der Große nur mit ausgewählten Freunden, die er zu Gesprächen über Literatur und Philosophie zur »Tafelrunde« lud; der prominenteste Gast dieser Männergesellschaft – Frauen blieben ausgeschlossen – war der französische Schriftsteller Voltaire

Friedrichs II., des Großen, in Potsdam, das sein Lieblingsaufenthalt war; auf der Gartenterrasse befindet sich seit 1991 sein Grab. Das 1745–47 von Georg Wenzeslaus von Knobelsdorff (zum Teil nach Skizzen Friedrichs II.) erbaute Schloss gehört zu den Hauptwerken des deutschen Rokoko.

■ **Santiago de Chile** [- - tschile], Hauptstadt von Chile, mit 4,61 Mio. Einwohnern. Die Stadt ist das geistige und wirtschaftliche Zentrum des Landes. Sie hat eine barocke Kathedrale sowie mehrere Universitäten und Museen. – Santiago de Chile wurde 1541 gegründet und im Kolonialstil schachbrettartig angelegt.

■ **Santiago de Compostela,** Stadt im Nordwesten Spaniens, in Galicien, mit 94 100 Einwohnern. Die Kathedrale wurde nach kirchlicher Überlieferung über dem (813 aufgefundenen) Grab des Apostels Jakobus des Älteren erbaut (1075–1211; im Barock umgestaltet). Der bedeutende Wallfahrtsort ist der Endpunkt des von der UNESCO zum Weltkulturerbe erklärten **Jakobsweges** (Pilgerstraßen durch Frankreich und Spanien).

■ **Säntis** *der,* 2 503 m hoher Berg in den Appenzeller Alpen im Nordosten der Schweiz. Auf den Säntis führt eine Schwebebahn. Es gibt dort eine Wetterwarte sowie Radio- und Fernsehsender.

■ **Santo Domingo,** Hauptstadt der Dominikanischen Republik, an der Südküste gelegen, mit 2,14 Mio. Einwohnern. Die 1538 gegründete Universität ist die älteste Amerikas. – Die Stadt wurde 1496 gegründet und ist damit die erste dauernd bewohnte Siedlung auf amerikanischem Boden; die Altstadt hat ihren kolonialzeitlichen Charakter bewahrt.

■ **Saône** [ßon[e]] *die,* rechter Nebenfluss der Rhone in Frankreich, 482 km lang. Er entspringt in den Monts Faucilles (westlich der Südvogesen) und mündet bei Lyon. Durch Kanäle ist er mit Rhein, Mosel, Maas, Marne, Seine und Loire verbunden.

■ **São Paulo** [ßau paulu], Hauptstadt des gleichnamigen Bundesstaats von Brasilien, mit 9,84 Mio. Einwohnern (im städtischen Ballungsraum 16,58 Mio.); das wichtigste Industriezentrum Brasiliens. – São Paulo wurde 1554 von Jesuiten gegründet. Am 7. September 1822 wurde hier die Unabhängigkeit Brasiliens ausgerufen.

Santiago de Compostela

Santiago de Compostella war im Mittelalter neben Jerusalem und Rom der bekannteste Wallfahrtsort der Christenheit, und entlang der Pilgerwege, die durch Frankreich über die Pyrenäen zum Grab des Apostels Jakobus nach Santiago führen, errichtete man neben Herbergen und Hospitälern monumentale Kirchen, so in Tours, Limoges und Toulouse. Das Abzeichen des Jakobspilgers war die Muschel.

São Tomé und Príncipe

Flagge

Wappen

São Tomé und Príncipe
Fläche 964 km^2
Einwohner 141 000
Hauptstadt São Tomé
Amtssprache Portugiesisch
Nationalfeiertag 12. 7.
Währung 1 Dobra (Db) = 100 Céntimos
Zeitzone MEZ

■ **São Tomé und Príncipe** [ßau tumä - pringßip[i]], Republik in Westafrika, die die im Golf von Guinea gelegenen Inseln São Tomé und Príncipe sowie kleinere Felsinseln umfasst. Die Bevölkerung besteht überwiegend aus Bantu und Mischlingen. In Plantagen werden Kakao, Kaffee und Kokospalmen angebaut. – Die ehemals portugiesische Kolonie wurde 1975 unabhängig.

■ **Saphir** [auch: ...fir; griech.] *der,* eine in mehreren Blautönen vorkommende Abart des → Korunds. Seine blaue Farbe verdankt er geringen Beimengungen an Eisen und Titanoxid. Saphire sind kostbare Schmucksteine.

■ **Sappho** [sapfo], griechische Dichterin, die um 600 v. Chr. auf der Insel Lesbos lebte. Sie sammelte im Kult der Aphrodite und im Dienst der Musen einen Kreis junger Mädchen aus vornehmen Familien um sich. Sappho, die bedeutendste Lyrikerin der Antike, schrieb Götterhymnen, Hochzeitslieder und Liebeslyrik in formvollendeter Sprache.

■ **Sarabande** [spanisch] *die,* ursprünglich ein spanischer Tanz im Dreiertakt. In der Instrumentalmusik ein langsamer Tanz im $^2/_3$- oder $^3/_4$-Takt; er gehörte zum festen Bestandteil der Suite.

■ **Saragossa** (Zaragoza), Stadt in Spanien, am

mittleren Ebro, mit 603400 Einwohnern. Die alte Universitätsstadt besitzt bedeutende Kirchen und Paläste sowie eine siebenbogige Brücke über den Ebro aus dem 15. Jahrhundert.

Die silbrig glänzende **Sardelle** ernährt sich vorwiegend von tierischem Plankton

■ **Sarajevo,** Hauptstadt der Republik Bosnien und Herzegowina, mit 360000 Einwohnern. Die Stadt hat eine Universität und eine islamische Hochschule. Moscheen, Basare und enge Gassen geben der Stadt ein orientalisches Gepräge.
Sarajevo wurde 1415 erstmals genannt. Die Ermordung des Erzherzogs Franz Ferdinand am 28. Juni 1914 im damals österreichischen Sarajevo löste den Ersten Weltkrieg aus. Im jugoslawischen Bürgerkrieg 1992–95 wurde Sarajevo von serbischen Truppen belagert und erlitt durch Beschuss schwere Schäden.

■ **Sarawak,** Gliedstaat von → Malaysia.

■ **Sarazenen,** im Altertum Name der im nordwestlichen Arabien und auf dem Sinai lebenden Araber. Im Mittelalter wurden zunächst alle Araber, dann auch alle Muslime der Mittelmeerwelt als Sarazenen bezeichnet.

■ **Sardelle** [italienisch] *die,* in tropischen und gemäßigten Meeren lebender, bis 20 cm langer Schwarmfisch aus der Familie der Heringsartigen. Sardellen werden vor allem in Salz, Marinade oder Kräuter eingelegt gegessen.

■ **Sardine** [italienisch] *die,* in den west- und südwesteuropäischen Meeren heimische, bis 25 cm lange Heringsart. Die Sardine kommt vor allem in Öl eingelegt als Ölsardine in den Handel.

■ **Sardinien** (italienisch Sardegna), zweitgrößte italienische Insel im Westen des Tyrrhenischen Meeres, 23813 km², mit Nebeninseln (als autonome Region) 24090 km² mit 1,655 Mio. Einwohnern. Die Hauptstadt ist Cagliari. Das grasreiche Inselinnere ist gebirgig, bis zu 1834 m hoch (Punta La Marmora). In den Gebirgsgegenden überwiegt Schaf- und Ziegenhaltung, während in den teils sehr fruchtbaren Ebenen Getreide, Obst, Wein, Oliven und Korkeichen angebaut werden. Es gibt auch Erzbergbau (Eisen, Blei, Antimon) sowie Steinbrüche. In der Nähe der Hauptstadt wird aus Salzseen Meersalz gewonnen. Der Fremdenverkehr hat an der Nordküste größere Bedeutung.

Die bläulich silbern schillernde **Sardine** lebt vor allem an den europäischen Küsten des Atlantiks; zu Winterbeginn zieht sie zum Ablaichen ins offene Meer

Geschichte: Im 6. Jahrtausend v. Chr. von Korsika aus besiedelt, entwickelte sich im 2. Jahrtausend die für Sardinien typische Kultur mit den Nuraghen genannten Festungsbauten. Im 9. Jahrh. v. Chr. war Sardinien von den Phönikern besiedelt, später karthagische Niederlassung, seit 238/237 römisch. Nach wechselnden Besetzungen in der Völkerwanderungszeit wurde es ab 711 wiederholt von den Sarazenen überrannt, geriet im Abwehrkampf gegen diese in Abhängigkeit von Pisa und später von Genua und gehörte seit 1297 rund 400 Jahre lang zu Aragonien. 1713 fiel Sardinien an die österreichischen Habsburger, 1720 im Tausch gegen Sizilien an die Herzöge von Savoyen, die den Titel »König von Sardinien« annahmen. Das **Königreich Sardinien** (Sardinien-Piemont) ging nach der italienischen Einigung 1859/61 im neuen Königreich Italien auf.

■ **Sargassosee** (Sargassomeer), Teil des westlichen Atlantischen Ozeans, südlich der Bermudainseln; Laichgebiet der Flussaale.

Der Europäische Flussaal ist lebenslang auf großer Tour: der Wanderfisch zieht im Herbst vom Süßwasser ins Salzwasser; erst zu dieser Zeit kommt er in das Alter, um sich fortpflanzen zu können und zum Laichen strebt er dann der 3 000 bis 5 000 km entfernten **Sargassosee** zu, in der er von März bis April ablaicht; die Larven der nächsten Generation kehren innerhalb von drei Jahren nach Europa zurück

Sarkasmus [griech.] *der,* beißender, verletzender Spott.

Sarkom → Krebs.

Sarkophag [griech., = Fleischfresser] *der,* meist verzierter, oft monumentaler Sarg aus Stein, Holz oder Metall, der in einer Grabkammer aufgestellt wird.

Seine Kindheitserinnerungen veröffentlichte **Jean-Paul Sartre** im Jahr 1964 unter dem Titel »Die Wörter«; das Foto zeigt den Philosophen im Alter von etwa 70 Jahren

Sartre [ßartr^e], Jean-Paul, französischer Philosoph und Schriftsteller, *Paris 21. Juni 1905, †ebenda 15. April 1980; Vertreter des ↑Existenzialismus. Sartres philosophisches Hauptwerk ist »Das Sein und das Nichts« (1943). Er schrieb auch Dramen (u.a. »Die Fliegen«, 1943; »Die schmutzigen Hände«, 1948), den Roman »Der Ekel« (1938), literaturkritische Werke und Essays. Sartre trat für einen undogmatischen Sozialismus ein. Er lehnte 1964 die Annahme des Nobelpreises für Literatur ab.

Satan [hebräisch, = Widersacher] *der,* im Alten Testament Widersacher Gottes, Verführer und Ankläger vor Gott; im Neuen Testament ein gefallener Engel, der Feind Gottes. – auch → Teufel.

Satanismus *der,* ursprünglich Bezeichnung für die literarische Beschäftigung mit dem Bösen in der englischen und französischen Literatur des 19. Jahrh.; dann die rituelle Verehrung und Verherrlichung des Bösen, personifiziert als (»Gott«) Satan, verbunden mit einer Umwertung geltender ethischer Prinzipien. Im christlich geprägten Kulturkreis findet der Satanismus seinen Ausdruck u.a. in der Pervertierung der Liturgie zur »schwarzen Messe« (Teufelsmesse). In stark kommerzialisierter Form beeinflusst der Satanismus den Lebensstil Jugendlicher (»Gruftis«, »schwarze Szene«), die Musik (Heavy Metal) und hat auch seinen Ausdruck in Film und Literatur gefunden.

Satellit [lat., = Leibwächter] *der,* **1)** *Astronomie:* Himmelskörper, der einen anderen Himmelskörper umkreist, insbesondere der Mond eines Planeten.

2) *Raumfahrt:* Raumflugkörper, der in eine Umlaufbahn um einen Planeten, insbesondere die Erde, gebracht worden ist. Solche künstlichen Satelliten umkreisen den jeweiligen Planeten – ebenso wie natürliche Satelliten – ohne Antrieb. Sie dienen der Wissenschaft (z.B. als → Wettersatelliten), der Telekommunikation (→ Nachrichtensatelliten) oder militärischen Zwecken (z.B. als Aufklärungssatelliten). Seit dem Start des ersten Satelliten 1957 (→ Sputnik) sind über 5000 Satelliten mit Trägerraketen, seit 1982 auch von den amerikanischen Raumtransportern (Spaceshuttles) aus, gestartet worden.

Satellitenfernsehen → Fernsehen.

Satellitenstadt → Trabantenstadt.

Satire [lat.] *die,* literarische Form, die durch Spott, Ironie und Übertreibung Kritik an Personen, Ereignissen oder Zuständen übt und sie lächerlich macht.

Satrap [griech.] *der,* Statthalter einer Provinz **(Satrapie)** in Persien zur Zeit der Achaimeniden.

Saturn, 1) *der, Astronomie:* der zweitgrößte Planet im Sonnensystem, von der Sonne aus gezählt der sechste. Er ist von 24 Monden umgeben und besitzt ein aus mehreren Tausend Ringen bestehendes Ringsystem. Bislang haben drei Raumsonden den Saturn erforscht: Pioneer 11 (1979), Voyager 1 (1980) und Voyager 2 (1981).

2) *Mythologie:* (lat. Saturnus), römischer Gott der Saaten und der Fruchtbarkeit, schon früh dem griechischen Kronos gleichgesetzt.

3) *die, Raumfahrt:* (Saturn 5), für das amerikanische Apollo-Programm entwickelte dreistufige Rakete, die mit 111 m Starthöhe und etwa 2900 t Startmasse sowie 34000 kN Startschub die größte Rakete ist, die je gestartet wurde.

Satyrn, Gestalten der griechischen Mythologie; Feld-, Wald- und Fruchtbarkeitsdämonen, die zechend und berauscht durch die Natur streifen und den Nymphen nachstellen.

Satz, sinnvolle sprachliche Einheit, die in sich

abgeschlossen und nach den Regeln der Grammatik, Intonation, Stilistik und Logik im Allgemeinen aus mehreren Wörtern zusammengefügt ist. Man unterscheidet vier Satzarten:

1. **Aussagesatz** (»Er hilft dem Verletzten.«),
2. **Aufforderungssatz** (»Hilf dem Verletzten!«),
3. **Ausrufesatz** (»Wenn doch bald Hilfe käme!«),
4. **Fragesatz** (»Hilft niemand dem Verletzten?«).

Man kann jeden Satz in seine grammatischen Glieder zerlegen. Die **Satzglieder** sind Subjekt (Satzgegenstand), Prädikat (Satzaussage), Objekt (Satzergänzung) und adverbiale Bestimmung (Umstandsbestimmung). Zwar hat jeder vollständige Hauptsatz mindestens Subjekt und Prädikat, nicht jeder Satz aber muss alle Satzgliedformen enthalten.
Im Deutschen wird der Satz gegründet und zusammengehalten durch das **Prädikat,** das in der Regel ein einfaches oder zusammengesetztes Verb ist (»Er *bittet* um Hilfe«; »er *will kommen*«) oder aus einer Kopula (der flektierten Form von »sein« oder »werden«) und dem Prädikatsnomen (Substantiv oder Adjektiv) besteht (»Er *wird Arzt*«; »Hans *ist frech*«). Nur ausnahmsweise kann das Prädikat fehlen, z.B. im Einwortsatz (»Hilfe!«) oder im Telegrammstil (»Der Bundeskanzler in Bedrängnis«). Alle Satzglieder werden vom Prädikat bestimmt.
Auch das **Objekt** wird vom Prädikat gesteuert und kann im Akkusativ (Wenfall) stehen (Akkusativobjekt: »Der Arzt untersucht *den Verletzten.*«), im Dativ (Wemfall; Dativobjekt: »Er hilft *dem Verletzten.*«) oder im Genitiv (Wesfall; Genitivobjekt: Er nimmt sich *des Verletzten* an.«).

Saturn

Zeichen: ♄
Äquatordurchmesser: 120 984 km
Poldurchmesser: 107 400 km
mittlere Entfernung von der Sonne: 1 428 Mio. km
Dauer eines Umlaufs um die Sonne: 29,42 Jahre
Rotationsdauer (in Äquatornähe): 10 Stunden 14 Minuten
Masse: $5{,}7 \cdot 10^{26}$ kg (etwa 95 Erdmassen)
mittlere Dichte: 0,70 g/cm^3
größter Mond: Titan

Der größte Mond, der um den Saturn kreist, ist Titan – hier im Vordergrund des Bildes

Das **Subjekt** gibt an, von wem etwas ausgesagt wird. Es ist der Wortart nach immer ein Substantiv oder Pronomen ist. Es steht immer im Nominativ (Werfall) und ist mit der Satzaussage auf zweifache Weise verbunden, nämlich durch Zahl und Person (»Der *Junge* lacht. Die *Jungen* lachen. *Ich* lache auch.«).
Der genaueren Angabe von Umständen dienen die **adverbialen Bestimmungen** (Umstandsbestimmungen). Sie gliedern sich in Umstandsbestimmungen des Ortes (»Er kam spät *nach Hause.*«), der Zeit (»Er kam *spät* nach Hause.«), der Art und Weise (»Er kam *flink* nach Hause.«) und der Begründung (»*Deshalb* kam er flink nach Hause.«).
Schließlich gehören zum Satz die **Attribute** (Beifügungen), durch die Substantive, Adjektive oder Adverbien näher bestimmt werden (»Der *geschickte* Helfer verbindet *sehr* behutsam den Arm *des Verletzten.*«).
Eine **Satzverbindung** besteht aus zwei oder mehreren Hauptsätzen, die nebengeordnet sind, z.B. »Ich bestelle einen Krankenwagen (Hauptsatz), [denn] der Verletzte muss sofort ins Krankenhaus gebracht werden (Hauptsatz).«
Dagegen besteht das **Satzgefüge** aus einem Hauptsatz und einem oder mehreren Nebensätzen (Gliedsätzen), die dem Hauptsatz untergeordnet sind, z.B. »Ich bestelle einen Krankenwagen (Hauptsatz), damit der Verletzte sofort ins Krankenhaus gebracht wird (Nebensatz).«

■ **Satzlehre** →Syntax.

Saudi-Arabien
Fläche 2 150 000 km²
Einwohner 20,207 Mio.
Hauptstadt Riad
Amtssprache Arabisch
Nationalfeiertag 23. 9.
Währung 1 Saudi Riyal (S.Rl.) = 20 Qirshes = 100 Hallalas
Zeitzone MEZ + 2 Std.

Saudi-Arabien

Flagge

Wappen

■ **Satzzeichen,** schriftliche Zeichen, die zur Verdeutlichung der syntaktischen Struktur dienen (Übersicht).

■ **Saudi-Arabien,** Königreich in Vorderasien, das den größten Teil der Arabischen Halbinsel einnimmt. Weite Gebiete sind Sand- und Steinwüsten. Die Randgebirge im Westen, die Höhen über 3000 m erreichen, fallen steil zum Roten Meer ab. Über 10% der muslimischen Bevölkerung sind nichtsesshafte Beduinen, die übrigen Bewohner leben in Oasen und in Städten. Wichtigste Einnahmequelle ist das Erdöl, das im Osten des Landes und im Persischen Golf gefördert wird. Saudi-Arabien besitzt die größten Erdölvorräte der Erde. Neben großen Erdölraffinerien hat es u. a. auch chemische Industrie. Im Persischen Golf wird Perlen- und Korallenfischerei betrieben. Es gibt im Landesinnern kaum ausgebaute Straßen, sodass der Verkehr hauptsächlich von Flugzeugen bewältigt wird. Bedeutende Pilgerstädte sind Medina und Mekka (Zentrum des Islam).

Geschichte: Das Gebiet des heutigen Saudi-Arabien standen vom 16. Jahrh. bis zum Ende des Ersten Weltkriegs unter türkischer Herrschaft. Danach wurden sie unabhängig. 1926 ließ sich Ibn Saud (1880–1953) zum König des Nedschd (zentrale Landschaft um Riad) und Hedschas ausrufen. 1932 wurde das Land in Königreich Saudi-Arabien umbenannt. Auch unter König Fahd (* um 1920, seit 1982 auf dem Thron) öffnete sich das Land westlichen Einflüssen, ohne die autokratische Herrschaftsform zu lockern.

■ **Sauerampfer,** ein Knöterichgewächs, dessen pfeilförmige Blätter giftige Oxalsäure enthalten. Als Viehfutter sind sie deshalb schädlich; für Menschen sind sie nur in großen Mengen ungesund (man isst Sauerampfer als Salat und Gemüse).

■ **Sauerland,** waldreicher, gebirgiger Teil Westfalens im Nordosten des Rheinischen Schiefergebirges. Der Fremdenverkehr umfasst u. a. Wassersport (an den Talsperren) und Wintersport (Kahler Asten, Winterberg).

■ **Sauerstoff,** ein gasförmiges chemisches Element. Sauerstoff ist bei Normaltemperatur farb- und geruchlos; flüssiger und fester Sauerstoff sind hellblau gefärbt. Sauerstoff reagiert mit allen Elementen außer den Edelgasen. Die entstehenden Verbindungen heißen **Oxide**. Die wichtigste Verbindung ist das Wasser (Wasserstoffoxid, H_2O).

Sauerstoff
chemisches Symbol: O (von lat. Oxygenium)
Ordnungszahl: 8
relative Atommasse: 16
Dichte: 1,43 g/cm³
Schmelzpunkt: −218,79 °C
Siedepunkt: −182,95 °C

Sauerstoff ist in der Lufthülle, dem Wasser und in der Erdkruste mit insgesamt 49,5 Gewichtsprozent das häufigste Element. Die Luft enthält 20,95 Volumenprozent. Sauerstoff ist lebensnotwendig für fast alle Lebewesen (Atmung). Neben dem Sauerstoffmolekül O_2 gibt es das aus drei O-Atomen bestehende →Ozon (O_3).

■ **Säugetiere,** weltweit verbreitete, höchstentwickelte Klasse der Wirbeltiere mit mehr als 4500

Sauerstoff: Verbrauch einiger Organismen (in mg je kg Körpergewicht und Stunde)

Maus (laufend)	28 000
Maus (Ruhe)	3 500
Mensch (arbeitend)	5 600
Mensch (Ruhe)	280
Huhn	945
Pantoffeltierchen	700
Tintenfische	460
Krebse	160
Frösche	60
Muscheln	14

Arten. Mit Ausnahme der Eier legenden Kloakentiere sind sie lebend gebärend. Die Jungen werden von der Mutter aus Milchdrüsen genährt. Die größtenteils behaarte Haut besitzt Schweiß- und Talgdrüsen. Alle Säugetiere sind Warmblüter und atmen durch Lungen. Sie besitzen ein (mit Vorkammern) vierkammriges Herz, dessen Scheidewand arterielles von venösem Blut trennt. Fast alle Säugetiere haben zwei Extremitätenpaare (mit Ausnahme der Wale und Seekühe). Die Vordergliedmaßen können zu Flossen (Robben, Wale, Delphine) oder zu Flugorganen (Flughunde, Fledermäuse) umgestaltet sein.

Die weiblichen Geschlechtsorgane und die von ihnen abhängige Form der Keimesentwicklung und Brutpflege sind Grundlage der systematischen Einteilung der Säugetiere in die zwei Unterklassen **Prototheria** (Eier legende Säugetiere: einzige Ordnung Kloakentiere) und **Theria** mit den beiden so genannten Teilklassen der **Metatheria** (→Beuteltiere, sieben Ordnungen) und der **Eutheria** (Plazentatiere) mit den Ordnungen Insektenfresser, Rüsselspringer, Fledertiere, Riesengleiter, Spitzhörnchen, Primaten, Nebengelenktiere, Schuppentiere, Nagetiere, Raubtiere, Hasentiere, Wale, Röhrchenzähner, Rüsseltiere, Seekühe, Schliefer, Unpaarhufer und Paarhufer.

Die Säugetiere haben sich aus den »säugetierähnli-

Satzzeichen: die wichtigsten Regeln

Der **Punkt** (.) steht
- am Ende des Aussagesatzes: *Es ist kalt.*
- nach Zahlen, um sie als Ordnungszahlen zu kennzeichnen: *am 1. April, Otto I.*
- bei Abkürzungen, die im vollen Wortlaut gesprochen werden: *z. B., z. T., dgl., usw.*

Das **Semikolon** (;) steht
- anstelle eines Punktes zwischen selbstständigen Sätzen, die gedanklich eng verbunden sind: *Es war so lustig; wir haben Tränen gelacht.*
- statt des Kommas zwischen nebengeordneten Sätzen einer Satzverbindung: *Die Angelegenheit ist erledigt; darum wollen wir nicht mehr davon sprechen.*
- bei längeren Aufzählungen, um Gruppen abzugliedern: *alle jagdbaren Tiere des Waldes und Feldes; Hirsche, Rehe, Wildschweine; Hasen, Fasane, Rebhühner.*

Das **Komma** (,)
- steht innerhalb eines Satzes bei Aufzählungen (sofern sie nicht durch »und« bzw. »oder« verbunden sind), herausgehobenen Satzteilen sowie Einschüben und Zusätzen: *Alles lacht, singt, tanzt. Hier gedeihen Weizen, Mais, Gemüse und Wein. Ludwig XIV., König von Frankreich, ließ sich Versailles als Residenz ausbauen. Wir müssen gehen, und zwar sofort.*
- steht bei Datumsangaben: *Leipzig, den 1. 1. 1998.*
- steht zwischen Satzteilen, die durch anreihende Konjunktionen verbunden sind: *Sie ist nicht nur ein intelligentes, sondern auch ein liebenswürdiges Mädchen.*
- steht vor entgegensetzenden Konjunktionen: *erledigt, aber unbefriedigend.*
- dient der Abtrennung des erweiterten Infinitivs:*) *Er hatte keine Möglichkeit, den Artikel zu lesen.*
- trennt nebengeordnete selbstständige Sätze:*) *Kommst du mit, oder musst du noch arbeiten?*
- trennt Haupt- und Nebensatz (Gliedsatz): *Als er eintrat, verstummten alle. Ich bin sehr froh, dass sie wieder gesund ist.*
- trennt Nebensätze (Gliedsätze) verschiedenen Grades: *Er glaubt nicht, dass er das Buch, das man ihm empfohlen hatte, lesen müsste.*

Das **Fragezeichen** (?) steht nach einem Fragewort oder am Ende eines direkten Fragesatzes: *Wie? Was wünschen Sie?*

Das **Ausrufezeichen** (!) steht nach einem Ausruf sowie am Ende eines Ausrufe-, Aufforderungs- oder Wunschsatzes: *Herein! Komm doch! O wären wir doch schon zu Hause!* Auch um einem Satz Nachdruck zu verleihen: *Ich sage es dir nicht noch einmal!*

Der **Gedankenstrich** (–)
- steht vor und nach eingeschobenen Satzstücken und Sätzen, die das Gesagte ergänzen: *Dieses Stück – das letzte des Meisters – wird selten gespielt.*
- bezeichnet eine Pause: *Plötzlich – ein Schrei.*
- steht anstelle eines Kommas bei besonderer Betonung des Gegensatzes: *Wir versuchten alles – leider ohne Erfolg.*

Der **Doppelpunkt** (:) steht
- vor der wörtlich angeführten Rede: *Er sagte: »Ich gehe jetzt«.*
- vor angekündigten Aufzählungen: *Die Woche hat sieben Tage: Montag, Dienstag, Mittwoch ...*
- vor angekündigten Satzstücken, vor einer Zusammenfassung oder Folgerung: *Das Ende war vorauszusehen: Er verlor alles, was er hatte.*

Anführungszeichen (»...«)
- stehen vor und hinter der wörtlich angeführten Rede: *»Ich bin«, sagte sie, »in wenigen Tagen zurück«.*
- dienen der Kennzeichnung eines Buchtitels, einer Überschrift, einer wörtlich angeführten Textstelle: *Goethes »Faust«. So ein »Geklingel«, wie er das nannte.* Auch wenn Wörter einen ironischen Sinn erhalten sollen: *Das sind »bessere« Leute.*

*) nach der neuen amtlichen Rechtschreibung *kann* hier das Komma entfallen

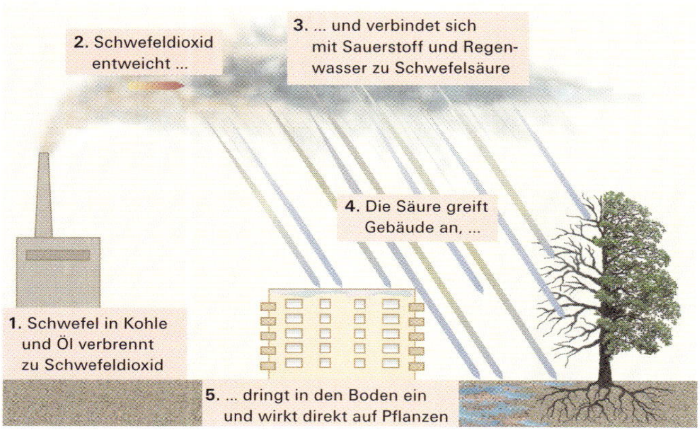

Die Grafik zeigt die Hauptwege des **sauren Regens**

che Reptilien« (Therapsida) entwickelt. Die ältesten Funde von Säugetieren sind etwa 220 Mio. Jahre alt (Trias): kleine, meist mausgroße Tiere, die sich wahrscheinlich von Insekten, aber auch kleinen Amphibien und Reptilien oder Pflanzen ernährten. Die schnelle weitere Entfaltung der Säugetiere setzte erst vor 65 Mio. Jahren (Wende Kreide/Tertiär) nach dem Aussterben der großen Reptilien (Dinosaurier) ein.

■ **Säugling,** das Kind im 1. Lebensjahr. In dieser Zeit wächst die Körperlänge auf das Eineinhalbfache, das Gewicht auf das Dreifache.

Säugetiere

Das kleinste Säugetier der Erde wurde erst im Oktober 1973 entdeckt: Die Hummelfledermaus. Sie hat eine Gesamtlänge von etwa 3 cm und ein Gewicht von etwa 2 Gramm. Sie jagt in den Wäldern Mittel- und Nordthailands nach millimetergroßen Wespen, Läusen und Fliegen.

■ **Saul** [hebräisch, = der Erbetene], erster König von Israel (um 1020–1004 v. Chr.). Nach dem Alten Testament wurde er vom ganzen Volk zum König erhoben und machte das Königtum zur festen Institution. Nach einer Niederlage gegen die Philister nahm er sich das Leben.

■ **Saul,** jüdischer Name des Apostels →Paulus.

■ **Säule,** eine senkrechte Stütze von kreisrundem Querschnitt (rechteckige Stützen heißen Pfeiler), die sich nach oben meist verjüngt. Sie gliedert sich in Basis (Fuß), Schaft und Kapitell (Kopf).
Seit der griechischen Antike bestehen die drei klassischen **Säulenordnungen: dorisch** (Fehlen der Basis, deutliche Schwellung des Schaftes), **ionisch** (Kapitell mit schneckenförmig eingerollten Enden) und **korinthisch** (Kapitell in Form von Blättern).

■ **Säuren,** nach der Definition der Chemiker Johannes Nicolaus Brønsted (1879–1947) und Martin Lowry (1874–1936) Stoffe, die Protonen abgeben (Protonendonatoren). Sie bilden neben den →Basen und →Salzen eine wichtige Gruppe chemischer Verbindungen.
Je nach der Anzahl der Wasserstoffatome, die als Protonen abgegeben werden können, unterscheidet man einbasige (z. B. Salzsäure HCl und Salpetersäure HNO_3), zweibasige (z. B. Schwefelsäure H_2SO_4), dreibasige (z. B. Phosphorsäure H_3PO_4) usw. Säuren. Neben den genannten anorganischen Säuren gibt es eine Vielzahl organischer Säuren, z. B. die Ameisensäure (HCOOH) und die Essigsäure (CH_3COOH).

■ **saurer Regen,** Bezeichnung für Niederschläge mit einem pH-Wert, der kleiner ist als 5,7. Regen ist von Natur aus durch gelöstes Kohlendioxid schwach sauer, durch die Verbrennungsprozesse in Heizungen, Kraftwerken und Motoren gelangen u. a. Schwefel- und Stickstoffoxide in die Luft, die mit Wasser Säuren bilden und den pH-Wert stark erniedrigen. Der saure Regen führt zur Versauerung und Entkalkung des Bodens und gilt als eine Ursache für das Waldsterben sowie für die Schäden an Bauwerken und für andere Korrosionsvorgänge.

■ **Saurier** [griech.], vor etwa 65 Mio. Jahren ausgestorbene, größere bis sehr große Reptilien hauptsächlich der Jura- und Kreidezeit. Sie lebten als Pflanzenfresser oder Raubtiere, waren Land- oder Wasserbewohner (z. B. die lebend gebärenden Fischsaurier der Gattung Ichthyosaurus) oder konnten fliegen (z. B. das Pteranodon mit einer Flügelspannweite bis 15 m). Die größten Saurier, die →Dinosaurier, waren bis 35 m lang und bis 12 m hoch.

■ **Savanne** [spanisch] *die,* Vegetationsformation der wechselfeuchten Tropen, bei der Grasfluren von einzelnen Bäumen oder Baumgruppen durchsetzt sind.

■ **Save** *die,* rechter Nebenfluss der Donau auf der Balkanhalbinsel, 945 km lang. Die Save entspringt in Slowenien in den Julischen Alpen, mündet bei Belgrad und ist auf einer Strecke von 583 km für Schiffe befahrbar.

■ **Savoyen** [ßawoj^{e}n], historisches Gebiet in den französischen Alpen südlich des Genfer Sees. – 1416 wurde Savoyen Herzogtum, dessen Schwerpunkt in

Piemont lag. Das 1713 gewonnene Königreich Sizilien wurde 1720, unter Beibehaltung des Königstitels, gegen Sardinien eingetauscht. Das neue Königreich Sardinien (Sardinien-Piemont) wurde zum Kern des Königreichs Italien. Das Haus Savoyen stellte ab 1861 dessen Könige, hatte aber 1860 das Kernland Savoyen und die Grafschaft Nizza an Frankreich abtreten müssen.

■ **Saxophon** [nach dem Erfinder Adolphe Sax, 1814–94] *das,* ein Blasinstrument aus Metall mit Schnabelmundstück, einfachem Rohrblatt und einem der Oboe ähnlichen Klappensystem. Es wurde früher hauptsächlich in der Militärmusik verwendet. Seit etwa 1920 ist es ein wichtiges Instrument im Jazz, wo es anfangs solistisch gespielt wurde. Man unterscheidet u.a. Sopran-, Alt-, Tenor- und Baritonsaxophon.

■ **SBZ,** Abkürzung für Sowjetische Besatzungszone, der Teil Deutschlands, der 1945 nach alliierten Vereinbarungen von sowjetischen Truppen besetzt wurde und von 1949 bis 1990 die Deutsche Demokratische Republik bildete.

Scandium
chemisches Symbol: Sc
Ordnungszahl: 21
relative Atommasse: 44,96
Dichte: 2,99 g/cm^3
Schmelzpunkt: 1 541 °C
Siedepunkt: 2 830 °C

■ **Scandium** *das,* chemisches Element, ein silberweißes, unedles Leichtmetall. Es hat bisher keine größere technische Bedeutung gewonnen.

■ **Scanner** [skän^{e}r; engl.] *der,* **1)** *Datenverarbeitung:* Sammelbezeichnung für Eingabegeräte zum optischen Abtasten von Bildern (z.B. auch Strichcodes) oder anderen Objekten mithilfe eines Lichtablenkers und zur rasterförmigen Auflösung der vorliegenden Information in Bildpunkte (Pixel) unter Umwandlung der registrierten Schwarz-, Weiß-, Grau- oder Farbwerte in entsprechende Bitmuster.
2) *Medizin:* Bezeichnung für diagnostische Geräte, die vor allem in der Ultraschalldiagnostik, der Computertomographie und der Szintigraphie mithilfe einer Abtasteinrichtung (Detektor, Schallkopf) und einem bildgebenden Empfangsteil (Drucker, Bildschirm) Gewebs- und Organstrukturen darstellen können.

■ **Schaben,** eine zur Gruppe der Geradflügler gehörende, weltweit verbreitete Insektenordnung mit etwa 3500 Arten. Die dämmerungsaktiven, Wärme liebenden Allesfresser haben einen flachen Körper; die Weibchen tragen nur Flügelstummel. Die bei uns heimische 2–3 cm große, braune **Küchenschabe (Kakerlak)** ist ein Vorratsschädling.

Schaben

Wissenschaftler der niederländischen Universität Nimwegen haben herausgefunden, dass Schaben Methangas produzieren. Diese Eigenschaft teilen sie mit Krebsen, Tausendfüßlern, Termiten und anderen Gliederfüßlern. Die Schaben leben, besonders in den Tropen, gern in Symbiose mit Methan bildenden Bakterien. Wissenschaftler schätzen die weltweite Produktion auf 10 bis 300 Millionen Tonnen jährlich.

■ **Schach** [arabisch] *das,* auf dem Schachbrett mit 8×8 Feldern ausgetragenes Kombinationsspiel für zwei Personen; einziges Brettspiel, das international dem Sport zugeordnet wird. Gespielt wird mit 16 weißen und 16 schwarzen Schachfiguren; der Spieler mit den weißen Figuren beginnt das Spiel mit dem ersten Zug.
Die Figuren einer Partei gliedern sich in acht Offiziere (König, Dame, je zwei Türme, Läufer und Springer) sowie acht Bauern, die in unterschiedlicher Art auf dem Brett bewegt werden und gegnerische Figuren schlagen können. Ziel ist es, den gegnerischen König durch Zusammenwirken eigener Figuren matt zu setzen; dies ist erreicht, wenn der direkt bedrohte König auf die gegnerische Anzeige »Schach dem König« kein Feld mehr findet, das nicht von einer Figur des Gegners bedroht ist. Kann ein Spieler keinen Zug mehr machen, ohne seinen König ins Schach zu bringen, ist das Spiel »Patt« und gilt als unentschieden (»remis«) beendet. Sieht keiner der Spieler mehr eine Chance, den gegnerischen König matt zu setzen, können sie sich ebenfalls auf Remis einigen. – Bild S. 126

■ **Schachtelhalme,** eine zur Abteilung der Farnpflanzen gehörende Klasse der Pflanzen, die nur aus der Gattung **Schachtelhalm** mit etwa 30 Arten besteht. Wie alle Farnpflanzen haben die Schachtelhalme einen Generationswechsel: An den Enden der Frühjahrstriebe (ungeschlechtliche Generation) entstehen in Sporenkapseln weibliche und männliche Sporen, die sich nach dem Verbreiten zu weiblichen und männlichen Vorkeimen entwickeln (geschlechtliche Generation) und Geschlechtszellen ausbilden. Nach der Befruchtung gehen daraus die grünen Sommertriebe hervor. Einheimische Arten sind der **Ackerschachtelhalm**

Der in den hohen Lagen durchdringende, in den Tiefen etwas scharrende Klang des **Saxophons** prädestiniert es für die rhythmische und thematische Erregtheit der Jazzmusik; das hier abgebildete Tenorsaxophon wird bevorzugt eingesetzt

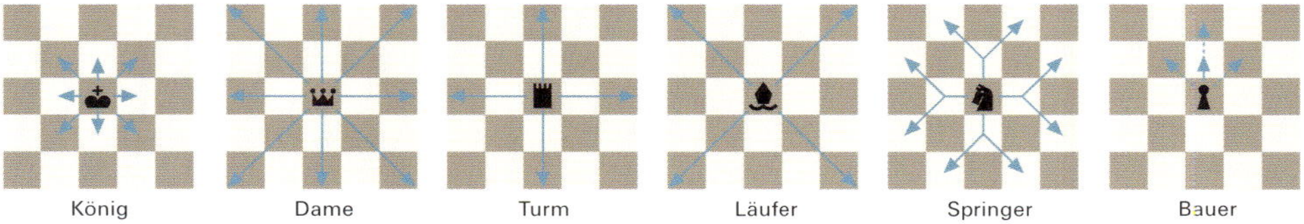

Gangarten der Figuren des **Schachs**

sowie der **Wald-** und **Sumpfschachtelhalm**. Schachtelhalme wurden im Karbon, also vor etwa 360 Mio. Jahren, bis 30 m hoch. Sie waren wichtige Steinkohlebildner.

■ **Schädel,** das Kopfskelett der Wirbeltiere und des Menschen, das aus zwei Hauptteilen besteht. Der **Hirnschädel** umschließt als knorpelige oder knöcherne Kapsel das Gehirn und bildet Höhlen für Augen, Nase und Ohren. Der **Gesichtsschädel** besteht aus den Knochen von Mundregion, Rachen und Nase; der einzige bewegliche Knochen ist der Unterkiefer.

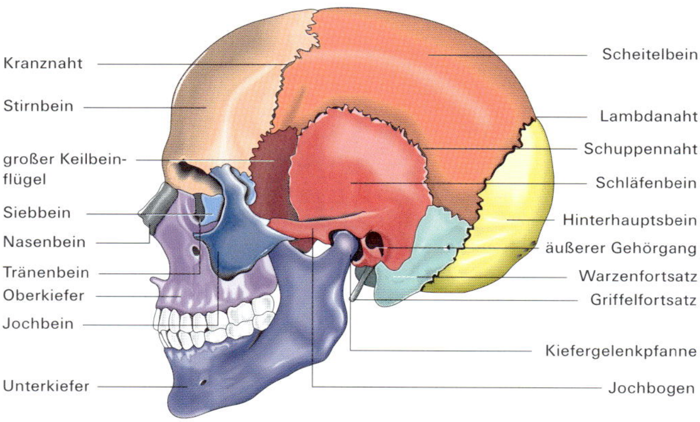

Die Grafik zeigt die Knochen des **Hirnschädels** von der Seite gesehen

■ **Schädlinge,** Lebewesen tierischer u. pflanzlicher Art, die auf fast alle Bereiche menschlichen Lebens schädigend einwirken. S. werden nach ihren Wirkungsbereichen eingeteilt, z. B. Garten-, Feld-, Forst-, Vorrats- u. Hausschädlinge. Lebewesen werden erst durch massenhaftes Auftreten zu Schädlingen. Ursache ist meist das überreiche Angebot an Nahrung, wie es z. B. beim Anbau von Nutzpflanzen in großflächigen Monokulturen (Anbau nur einer Pflanzensorte) vorkommt.

■ **Schädlingsbekämpfung,** die Bekämpfung von Schädlingen mit dem Ziel, Schäden von Pflanzen, Tieren oder Menschen, von Nahrungsmitteln, Vorräten und sonstigen Materialien abzuwenden oder zu begrenzen.

Neben den mechanischen Mitteln, z B. Fallen, Schreckschüsse und Absammeln, spielte in den letzten Jahrzehnten die **chemische Schädlingsbekämpfung** eine wichtige Rolle. Fungizide werden zur Bekämpfung von Schadpilzen eingesetzt, Herbizide zur Unkrautvernichtung und Insektizide zur Bekämpfung von Schadinsekten. Da aber chemische Mittel auch für andere Organismen schädlich sind und Schädlinge gegen die Gifte resistent werden, geht man immer mehr zu umweltverträglicheren Bekämpfungsmethoden über.

Bei der **biologischen Schädlingsbekämpfung** wird mit natürlichen Feinden gearbeitet, z. B. parasitischen Nützlingen wie der Schlupfwespe, die Eier in Schädlinge legt, aus denen Larven schlüpfen, die den Schädling von innen auffressen. Auch werden spezielle Krankheitserreger (z. B. Bakterien) eingesetzt, die nur ganz bestimmte Schädlinge vernichten.

Eine Möglichkeit der **ökologischen Schädlingsbekämpfung** ist das Anlegen von Mischkulturen, in denen verschiedene, aufeinander abgestimmte Pflanzenarten gegenseitig die Schädlinge fern halten, wobei die Schaffung von Nistgelegenheiten für Insekten fressende Vögel (z. B. durch Hecken) eine sinnvolle Unterstützung sein kann. Mithilfe der →Gentechnologie ist inzwischen die Züchtung von schädlingsresistenten Pflanzensorten möglich.

■ **Schafe,** zur Gattung der Böcke gehörende, vor allem in den Gebirgen Südeuropas, Asiens und Nordamerikas lebende Wiederkäuer mit den Arten **Wildschaf** (mit dem **Mufflon** als Unterart) und **Dickhornschaf**. Die Schulterhöhe beträgt 65–125 cm. Die männlichen Tiere (Widder) tragen seitlich eingerollte, geringelte Hörner. Schafe in verschiedenen Zuchtformen liefern seit Jahrtausenden dem Menschen Fleisch, Fett, Milch, Käse, Wolle und Pelz.

■ **Schäferhunde,** verschiedene Rassen und Schläge des Haushundes. Sie wurden ursprünglich nur als Hütehunde eingesetzt, später auch als

Wörter, die man unter Sch vermisst, suche man unter Sh

Schutz- und Begleithunde, z. B. Deutscher Schäferhund, Bobtail und Collie.

■ **Schaffhausen, 1)** schweizerischer Kanton westlich des Bodensees, mit 299 km² und 73 700 Einwohnern; Hauptstadt ist Schaffhausen 2). Es herrschen Obst- und Ackerbau sowie Holzwirtschaft vor. – Der Kanton entstand 1803 aus den nach 1415 von der Stadt erworbenen Gebieten.
2) Hauptstadt von 1), mit 33 800 Einwohnern. Die Stadt liegt oberhalb des Rheinfalls (→Rhein). Sie hat ein romanisches Münster (zur ehemaligen Benediktinerabtei gehörend), zahlreiche Renaissance- und Barockbauten und wird von der Festung Munot (16. Jahrh.) überragt.

■ **Schafgarbe,** eine Korbblütlergattung mit etwa 85 Arten. Die Blütenköpfchen bestehen aus weißen, weiblichen Randblüten und gelblichen, zwittrigen Röhrenblüten. Die Blütenköpfe werden als Tee gegen Verdauungsbeschwerden verwendet.

■ **Schah** [persisch] *der,* persischer Herrschertitel, der etwa dem Titel König entspricht; **Schahinschah** (»König der Könige«) war der Titel des früheren Kaisers von Persien.

■ **Schakale** [türkisch], kräftige, fuchsähnliche, zu den Hundeartigen gehörende Tiere mit drei Arten, die in Rudeln jagen, aber auch Aas fressen. Schakale haben eine Körperlänge von bis zu 90 cm, leben in trockenen Gebieten Südosteuropas, Asiens und Afrikas.

Der nachtaktive **Schakal** gehört zu den eher scheuen Tieren; die Fotografie zeigt einen afrikanischen Goldschakal, der wolfsähnlich heult und deshalb auch Wolfsschakal genannt wird

Schallmauer

Fliegt ein Flugzeug genau mit Schallgeschwindigkeit, so addiert sich zum Schall, den es jeden Augenblick erzeugt, der Schall, den es früher erzeugt hat, weil sich dieser mit gleicher Geschwindigkeit wie das Flugzeug fortbewegt. Dadurch entsteht vor dem Flugzeug eine verstärkte Druckwelle, die Schallmauer.
Bei der Annäherung an die Schallgeschwindigkeit nimmt der Luftwiderstand stark zu. Überschreitet das Flugzeug nun die Schallgeschwindigkeit (1193 km pro Stunde bei einer Temperatur von 0 °C), so bildet sich ein Schallkegel, der »machsche Kegel«. Im Inneren dieses Kegels löschen sich die Schallwellen gegenseitig aus. Doch auf dem Mantel entsteht eine sehr starke Stoßwelle – auf der Erde hören wir sie als Überschallknall. Es war ein Pilot der US Air Force, der am 14. Oktober 1947 als erster Mensch die Schallmauer für 20 Sekunden durchbrach. Die Geschichte des zivilen Überschallflugs begann, als 1968 die sowjetische Tupolev Tu-144 zum Erstflug startete; 1969 folgte die britisch-französische Concorde.

■ **Schalenwild,** Bezeichnung für die wiederkäuenden Wildarten (z. B. Hirsch, Reh, Elch, Rentier, Gämse, Steinbock) und Wildschweine, deren Hufe oder Klauen als **Schalen** bezeichnet werden.

■ **Schall,** mechanische Wellen (Schallwellen) eines elastischen Mediums, insbesondere jene, die im Hörbereich des menschlichen Ohrs liegen (Hörschall, Frequenzbereich zwischen 16 Hz und 20 000 Hz). Frequenzen unter 16 Hz werden als Infraschall, über 20 000 Hz als Ultraschall bezeichnet. Der einfachste Schall ist der **Ton**. Die Tonhöhe entspricht dabei der Frequenz, die Tonstärke der Schwingungsweite (Amplitude). Als **Klang** bezeichnet man ein Gemisch aus Tönen, deren Frequenzen ganzzahlige Vielfache der Frequenz des tiefsten vorhandenen Tones (Grundtones) sind. Ein **Geräusch** setzt sich aus zahlreichen Tönen rasch wechselnder Frequenzen und Stärke zusammen, während ein **Knall** ein Schall ist, der durch eine kurzzeitige Schwingung hervorgerufen wird.
Die Schallgeschwindigkeit beträgt in der Luft etwa 331 m/s, in Wasser 1464 m/s, in Eisen 5170 m/s und in Tannenholz 5260 m/s.

■ **Schallmauer,** bildhafte Bezeichnung für den plötzlichen starken Anstieg des Luftwiderstands, der auftritt, wenn ein Flugzeug die Schallgeschwindigkeit erreicht oder überschreitet. Dabei treten sich fortlaufend wiederholende Luftdruckerhöhungen auf, die am Erdboden als Knall wahrgenommen werden. Man spricht dann vom »Durchbrechen der Schallmauer«.

■ **Schallplatte,** ein scheibenförmiger Tonträger, auf dem nicht löschbare Schallaufzeichnungen

Die **Schafgarbe** wächst an Wegrändern, auf Wiesen und Ödland; die hier abgebildete Gemeine Schafgarbe erkennt man an ihren rosaweißlichen Blüten und den mehrfach gefiederten Blättern

gespeichert sind, die mithilfe eines Plattenspielers wiedergegeben werden können. Jede Plattenseite besitzt eine Rille, die von außen nach innen spiralförmig verläuft. Eine Weiterentwicklung der Schallplatte ist die →Compact Disc.

Ohne **Schallplatte** gäbe es keine Überlieferung der Jazzmusik, die ja als improvisierte Musik nur selten in Notenschrift, geschweige denn in Form einer Partitur festgehalten ist; im Jahr 1917 erschien die erste Jazzschallplatte mit der »Original Dixieland Jazz Band«

■ **Schaltjahr** →Kalender.

■ **Schamane** [tungusisch] *der,* Zauberpriester besonders ost- und zentralasiatischer Völker, der in Trance Verbindung mit Geistern und Verstorbenen aufnimmt.

■ **Schamlippen,** zwei zu den äußeren weiblichen →Geschlechtsorganen gehörende Hautfalten (große und kleine Schamlippen) rund um die weibliche Geschlechtsöffnung. Im oberen (vorderen) Bereich der Harnröhrenmündung liegt die Klitoris, die sich wie die Schamlippen bei geschlechtlicher Erregung vergrößert.

■ **Schanghai** [auch: schanghai] (amtlich Shanghai), Stadt in Ostchina, als regierungsunmittelbar verwaltetes Stadtgebiet 6300 km² mit 14,57 Mio. Einwohnern (davon in der Stadt Schanghai 13 Mio.). Die Stadt liegt im Mündungsgebiet des Jangtsekiang und hat den größten Hafen Chinas. – Schanghai ist seit dem 12. Jahrh. eine bedeutende Handelsstadt. Im Opiumkrieg wurde sie 1842 von den Briten erobert und für den ausländischen Handel geöffnet.

■ **Schärenküste,** eine vom Meer überflutete Rundhöckerlandschaft; die Rundhöcker ragen mit ihrem oberen Teil in großer Zahl aus dem Wasser hervor (vor allem vor Schweden und Finnland in der Ostsee).

■ **Scharia** [arabisch] *die,* das auf Offenbarung zurückgeführte Recht des Islam, das die kultischen Pflichten (Gebet, Fasten, Almosen, Pilgerfahrt nach Mekka), die ethischen Normen sowie die Rechtsgrundsätze für alle Lebensbereiche umfasst. Die Scharia beruht auf dem Koran und wird durch die Sunna, das als Richtschnur geltende Handeln des Propheten Mohammed, ergänzt.

■ **Scharlach,** eine Infektionskrankheit, an der vor allem Kinder (selten Erwachsene) erkranken. Die Übertragung erfolgt u. a. durch Tröpfcheninfektion. Sie beginnt mit Fieber, Kopf- und Halsschmerzen; Mandeln und Rachen werden »scharlachrot«, die zunächst weiß belegte Zunge färbt sich nach einigen Tagen tiefrot (»Himbeerzunge«). Es folgt ein Hautausschlag; in der 2. bis 4. Woche löst sich die Haut ab. Häufig treten Nachkrankheiten auf. Die Behandlung erfordert Bettruhe und die Einnahme von Antibiotika.

■ **Scharnhorst,** Gerhard von, preußischer General, *Bordenau (heute Neustadt am Rübenberge, bei Hannover) 12. November 1755, †Prag 28. Juni 1813. Scharnhorst hat sich durch seine Heeresreformen (u. a. Einführung der allgemeinen Wehrpflicht) einen Namen gemacht. Als Generalstabschef von Feldmarschall Blücher in den Befreiungskriegen wurde Scharnhorst bei Großgörschen (Sachsen-Anhalt) schwer verletzt und starb bald darauf.

■ **Scharnier** [frz.] *das,* ein Gelenk, mit dem zwei Teile, z. B. Tür und Türrahmen oder Fenster und Fensterrahmen, drehbar miteinander verbunden werden.

■ **Scharping,** Rudolf, deutscher Politiker (SPD),

Schattenriss

Das französische Wort für Schattenriss, »Silhouette«, das auch im Deutschen gebräuchlich ist, verdankt seine Übernahme in den allgemeinen Sprachgebrauch einer Boshaftigkeit.
Étienne de Silhouette (1709–67), Finanzminister des französischen Königs Ludwig XV., machte sich durch seine rigorosen Sparpläne, durch die er die Privilegien des französischen Adels beschnitt, äußerst unbeliebt. Um als Vorbild zu dienen, ließ er in seinem Schloss die Ölbilder abhängen und ersetzte sie durch selbst gefertigte Scherenschnitte. Daraufhin suchte man ihn lächerlich zu machen, indem man alles Billige, also auch Umrissportraits, als »à la Silhouette« bezeichnete.

*Niederelbert (bei Montabaur) 2. Dezember 1947. Scharping war 1991–94 Ministerpräsident von Rheinland-Pfalz und 1993–95 Bundesvorsitzender seiner Partei. Seit 1998 ist er Bundesverteidigungsminister.

■ **Schatt el-Arab** *der,* der gemeinsame Mündungsstrom von Euphrat und Tigris. Er mündet in den Persischen Golf. Die bedeutende Schifffahrtsstraße ermöglicht Seeschiffen die Zufahrt zu den Häfen von Basra (Irak) sowie Abadan und Khorramshar.

■ **Schattenriss** (Schattenbild), Wiedergabe einer Person, eines Gegenstands oder auch einer Bildszene als einfarbige (schwarze) Fläche mit genauen Konturen. Schattenrisse waren vom 17. Jahrh. bis zum Aufkommen der Fotografie sehr beliebt.

■ **Schattenspiel,** eine Art des →Puppenspiels. Die Figuren sind Schattenbilder von Puppen, die zwischen einem durchscheinenden, von hinten angeleuchteten Schirm und der Lichtquelle bewegt werden. Der Ursprung des Schattenspiels dürfte in China liegen; in Europa ist es seit dem 18. Jahrh. bekannt.

■ **Schaumburg-Lippe,** historisches Territorium zwischen Bückebergen (Weserbergland) und Steinhuder Meer; bis 1918 Fürstentum, dann Freistaat, ab 1946 Teil Niedersachsens.

■ **Schaumstoffe,** Werkstoffe, die durch Schäumen der Gerüstsubstanz (meist Kunststoffe, aber auch anorganische Stoffe, z. B. beim Schaum- oder Gasbeton) eine niedrigere Dichte erreichen. Problematisch ist das Schäumen von Kunststoffen durch →Fluorchlorkohlenwasserstoffe (FCKW). Harte und weiche Schaumkunststoffe werden vor allem in der Wärme- und Schallisolierung und als Verpackungsmaterial verwendet.

■ **Schauspiel,** zum Teil als Oberbegriff für Komödie und Tragödie gebraucht. Im engeren Sinn ist Schauspiel die Bezeichnung für ein Drama, dessen Handlung zu tragischen Situationen führt, die jedoch überwunden werden.

■ **Scheck** [engl.] *der,* eine Zahlungsanweisung, in der ein Bankkunde seine Bank beauftragt, dem Überbringer einen bestimmten Betrag aus seinem Konto auszuzahlen **(Barscheck)** oder dessen Konto gutzuschreiben **(Verrechnungsscheck).** Der **Euroscheck** (internationale Schreibung auf den Formularen: eurocheque) ist ein Scheck, der bis zu einem Betrag von 400,– DM aufgrund einer Bankverpflichtung, die der Bankkunde mit seiner Scheckkarte dokumentiert, in allen europäischen Staaten (in der jeweiligen Landeswährung) eingelöst werden kann.

■ **Scheherazade** [...sadᵉ] →Tausendundeine Nacht.

■ **Scheibenbremse,** eine zangenförmige Bremsvorrichtung, bei der zwei Bremsbacken von beiden Seiten auf eine sich drehende Bremsscheibe drücken. Da die Bremsscheibe dabei zum Teil außerhalb der Bremsbacken läuft, wird die beim Bremsen entstehende Wärme rasch abgeführt.

Szene aus einem javanischen Schattenspiel

■ **Scheibenhantel,** ein Sportgerät, das beim →Gewichtheben verwendet wird. An einer Stange sind an beiden Enden auswechselbare scheibenförmige Gewichte angebracht.

■ **Scheich** [arabisch, = Ältester] *der,* Ehrentitel für führende Persönlichkeiten der traditionellen islamischen Gesellschaft (vor allem Geistliche, Dorfälteste, Lehrer, Ordensmeister der Derwische). Auch die Oberhäupter eines islamischen Herrschaftsgebietes **(Scheichtum)** und die Angehörigen der regierenden Dynastien in den Emiraten am Persischen Golf führen den Titel Scheich.

■ **Scheide** (Vagina), weibliches, von der Gebärmutter nach außen führendes →Geschlechtsorgan.

■ **Scheidung** (Ehescheidung) →Ehe.

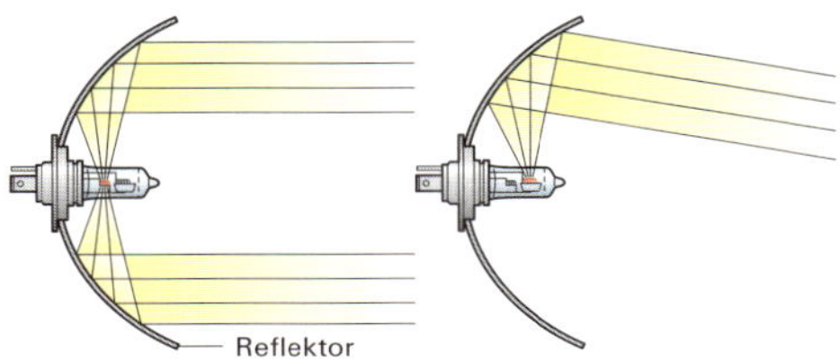

Funktionsschema des Halogenfernlichts und Halogenabblendlichts eines Scheinwerfers

■ **Scheinwerfer,** eine Leuchte, mit der Licht scharf gebündelt in eine bestimmte Richtung abgestrahlt werden kann. Der Scheinwerfer besteht im

Wesentlichen aus einem Parabolspiegel (Reflektor), in dessen Brennpunkt sich eine Lichtquelle (z. B. Halogenglühlampe oder Xenonhochdrucklampe) befindet, die nach vorn meist abgedeckt ist. Das Licht fällt auf den Parabolspiegel, von dem es reflektiert wird, sodass ein paralleles Strahlenbündel entsteht (→ Hohlspiegel).

■ **Schelde** *die* (frz. Escaut), ein 430 km langer Fluss, der im Nordosten Frankreichs entspringt. Die Schelde durchfließt Belgien und mündet in den Niederlanden als **Westerschelde** (so heißt der 76 km lange Mündungstrichter) in die Nordsee.

■ **Schelf** [engl.] *der* oder *das* (Festlandsockel), unter dem Meeresspiegel liegender Randbereich der Kontinente, der sich von der Küste bis zum Kontinentalabhang erstreckt (bis etwa 200 m Tiefe). Das Meer über dem Schelf heißt **Schelfmeer** (z. B. die Nordsee und die Ostsee). In den Polargebieten, besonders in der Antarktis, schwimmen auf dem Schelf große, dicke (200–300 m, zur Küste hin bis 1 000 m) Eisplatten, das **Schelfeis**.

■ **Schellack** [niederländisch], ein Ausscheidungsprodukt der Lackschildlaus. Schellack wurde früher zur Herstellung von Schallplatten verwendet, heute vor allem zum Beschichten von Pharmazeutika und Lebensmitteln sowie für die Herstellung von Kosmetika, Klebstoffen, Holz- und Papierlacken.

Der schwarze Fleck über der Brustflosse identifiziert dieses Familienmitglied der Dorsche ganz eindeutig als Schellfisch

■ **Schellfisch,** ein bis 1 m langer graubrauner Knochenfisch der Familie Dorsche, der in den Schelfregionen des europäischen und nordamerikanischen Nordatlantiks lebt. Er nährt sich von Muscheln, kleinen Krebsen und Stachelhäutern. Kennzeichnend ist ein schwarzer Fleck über der Brustflosse. Der Schellfisch ist ein beliebter Speisefisch.

■ **Schelling,** Friedrich Wilhelm Joseph von, deutscher Philosoph, *Leonberg 27. Januar 1775, †Bad Ragaz (Kanton Sankt Gallen, Schweiz) 20. August 1854. Er war einer der bedeutendsten Vertreter des deutschen → Idealismus.

■ **Schema** [griech.] *das*, anschauliche (grafische) Darstellung; auch vereinfachendes Muster, durch das wesentliche Züge (die Grundform oder -struktur) deutlich gemacht werden.

■ **Schengener Abkommen,** Bezeichnung für zwei nach dem luxemburgischen Ort Schengen benannte Abkommen zwischen Belgien, Deutschland, Frankreich, Luxemburg und den Niederlanden. Beschlossen wurde, die Personenkontrollen an den Grenzen bestimmter europäischer Staaten zu erleichtern (Schengen I; 1985) und später ganz abzuschaffen (Schengen II; 1990). Das Schengener Abkommen trat am 26. März 1995 in Kraft. Inzwischen haben auch Italien, Portugal, Spanien, Griechenland, Österreich und Schweden das Abkommen unterzeichnet.

■ **Schenkel,** in der Geometrie → Winkel.

■ **Scherbengericht** (griech. Ostrakismos), eine in Athen vermutlich von Kleisthenes eingeführte, zuerst 487 v. Chr. angewendete Maßregel, durch die das Volk die Verbannung einzelner Bürger auf zehn Jahre (ohne Verlust des Bürgerrechts und des Vermögens) aussprechen konnte. Die Bürger mussten den Namen des zu Verbannenden auf Tonscherben (Ostraka) schreiben. Das Scherbengericht war ursprünglich als Instrument gegen die Tyrannis gedacht, diente später aber der Ausschaltung missliebiger Politiker. Das letzte Scherbengericht fand 416 v. Chr. statt.

■ **Scherenschnitt,** Umrissbild aus Papier oder Stoff, schwarz oder farbig, das (im Unterschied zum Schattenriss) auf dem Bild auch zeichnerische Elemente enthält.

■ **Scherzo** [sk...; italienisch] *das*, Musikstück mit heiterem Charakter im $^3/_4$- oder $^3/_8$-Takt. Als Satz der Sinfonie oder Sonate (meist der 3. Satz) gibt es seit Beethoven auch Scherzi, die dramatischen Charakter haben.

■ **Schia** [arabisch, = Partei] *die*, die Partei des vierten Kalifen Ali (Schiat Ali), die → Schiiten.

■ **Schichtstufe,** eine Landstufe, die aus einer harten Gesteinsschicht besteht. Die weichere Schicht unter der Stufe ist weiträumig abgetragen.

■ **Schicksal,** die Vorstellung von einer nicht näher bestimmten Macht, die das Leben des Menschen entscheidend mitbestimmt, die sich nicht berechnen oder beeinflussen lässt und der sich der Mensch nicht entziehen kann. Dieser Vorstellung entgegengesetzt ist die Idee von der Freiheit menschlichen Handelns.

■ **schiefe Ebene** (unexakte Bezeichnung für geneigte Ebene), eine gegen die Waagerechte um einen bestimmten Winkel α geneigte Ebene. Ein Körper, der sich auf der schiefen Ebene befindet, erfährt in Richtung der schiefen Ebene schräg nach unten eine Kraft F_t (Hangabtriebskraft), die kleiner ist als sein Gewicht. Die Kraft ist umso kleiner, je kleiner der Neigungswinkel der schiefen Ebene gegen die Waagerechte ist. Für ihre Größe gilt:

$$F_t = G \cdot \sin \alpha.$$

Die vertikal nach unten gerichtete Gewichtskraft G ist das Produkt aus der Masse des Körpers m und der Fallbeschleunigung g:

$$G = m \cdot g;$$

$\sin \alpha$ berechnet sich aus dem Verhältnis der Höhe h und der Länge der schiefen Ebene l:

$$\sin \alpha = h/l.$$

Ein Körper lässt sich auf einer schiefen Ebene leichter in eine bestimmte Höhe bringen, als wenn man ihn senkrecht hochhebt. Mithilfe der schiefen Ebene lässt sich also Kraft auf Kosten des Weges einsparen. Schiefe Ebenen werden z. B. zum Verladen von Bierfässern verwendet; Schrauben stellen aufgewickelte schiefe Ebenen dar.

■ **Schiefer,** Gesteine, die durch Gebirgsdruck in dünne Platten zerlegt wurden (z. B. Dachschiefer), oder solche, deren blättrige Minerale, z. B. Glimmer, parallel zur Richtung des Gebirgsdrucks ausgerichtet sind, z. B. Glimmerschiefer.

■ **Schielen,** das Abweichen der Augenachsen von der normalen Parallelstellung beim Blick in die Ferne. Am häufigsten ist das Einwärtsschielen, das meist mit Übersichtigkeit verbunden ist. Es kommt bei etwa 2 % aller Kinder vor. Die Übersichtigkeit wird durch Brillengläser korrigiert, zur Korrektur des Schielens kommt eine Übungsbehandlung und eventuell eine Operation infrage.

■ **Schienbein,** der dreikantige, vom Kniegelenk zum inneren Fußknöchel führende Knochen im Unterschenkel. Das Schienbein überträgt den gesamten Druck, der auf dem Bein liegt, vom Oberschenkel auf den Fuß.

■ **Schiene,** Vorrichtung, mit der ein sich bewegender Körper auf einer bestimmten Bahn geführt wird, z. B. Gardinenschienen, Straßenbahnschienen, Eisenbahnschienen. Die Eisenbahnschiene hat einen pilzförmigen Querschnitt, sie besteht aus Kopf, Steg und Fuß; Eisenbahnschienen werden paarweise auf Schwellen befestigt. – auch →Eisenbahn.

■ **Schierling,** eine Gattung der Doldenblütler. Die einzige europäische Art ist der durch das Coniin giftige **Gefleckte Schierling,** ein 0,8–1,8 m hohes, unangenehm riechendes zweijähriges Kraut. Die Stängel sind bläulich bereift und wie die Blattstiele an der Basis rot gefleckt.

Im antiken Athen wurde u. a. →Sokrates zur Selbsttötung mit einem Schierlingsaft enthaltenden Trank (»Schierlingsbecher«) veranlasst.

■ **Schießpulver,** alter Explosionsstoff zum Sprengen oder Verfeuern von Geschossen, der nach einer Zündung unter Gasentwicklung und ohne zusätzlichen Sauerstoff raucharm verbrennt.

Schießpulver diente schon im 8./9. Jahrh. in China für Feuerwerkskörper, in Europa wurde es um 1300 bekannt, vor allem das von dem deutschen Mönch Berthold Schwarz erfundene und nach ihm benannte **Schwarzpulver** aus Holzkohle (15 %), Schwefel (10 %) und Kalisalpeter (75 %).

■ **Schießsport,** zusammenfassende Bezeichnung für alle wettkampfsportlich betriebenen Arten des Schießens mit Waffen auf feste oder bewegliche Ziele. Wettbewerbe werden auf speziellen Schießanlagen meist mit Kleinkaliber- und Luftdruckwaffen (Gewehre und Pistolen) auf Entfernungen von 10–50 m sowie mit Schrotgewehren (Wurfscheibenschießen mit den Disziplinen Skeet und Trap) ausgetragen. Im weiteren Sinne zählen zum Schießsport auch das Armbrust- und das Bogenschießen; schießsportliche Disziplinen sind auch Teil des Biathlons und des modernen Fünfkampfs.

■ **Schiff,** ein größeres Wasserfahrzeug (im Gegensatz zum kleineren Boot). Die Schwimmfähigkeit eines Schiffes beruht auf den beiden Gleichgewichtsbedingungen des Schwimmens: Ein Schiff erhält durch die Wasserverdrängung einen →Auftrieb, und außerdem müssen Gewichts- und Auftriebsschwerpunkt übereinander liegen.

Die linke Schiffsseite heißt **Backbord**, die rechte **Steuerbord**; vorn befindet sich der **Bug**, hinten das **Heck**. Der **Kiel** ist der unterste, in Längsrichtung mittschiffs verlaufende Träger.

Schiffe wurden früher ausschließlich durch Ruder und Segel fortbewegt. Durch Dampfmaschinen angetriebene Dampfer sind selten geworden. Die meisten Schiffe werden heute durch Dieselmotoren mit Schiffsschrauben angetrieben. Einen Dampfturbinenantrieb findet man auf größeren Kriegsschiffen (z. B. Flugzeugträgern), deren Dampferzeuger durch Kernreaktoren beheizt werden. Gesteuert werden Schiffe in der Regel durch Ruder am Hinterschiff. Diese werden durch eine elektrische Rudermaschine bedient. Die Geschwindigkeit (die »Fahrt«) eines Schiffes wird mit der Fahrtmessanlage relativ zum umgebenden Wasser bestimmt.

Geschichte: Der Urtyp des Schiffes ist der Einbaum. Erste Ruderschiffe gab es bereits im 3. Jahrtausend v. Chr. in China. Im Mittelmeer wurden in der Antike geruderte Galeeren eingesetzt. In Nord- und West-Europa entstanden die Segelboote, die sich im 18. Jahrh. zu großen Segelschiffen entwickelten. Die Anfänge des Dampfschiffes reichen bis zum Ende des 18. Jahrh. Die Schiffsschraube wurde am Anfang des 19. Jahrh. erfunden. Die Dampfmaschine wurde seit der Jahrhundertwende durch die Dampfturbine, ab 1910 durch den Dieselmotor abgelöst. Das erste Handelsschiff mit Gasturbinenantrieb wurde 1966 gebaut, die erste Schiffsantriebsanlage mit Kernenergie arbeitete 1954 auf dem amerikanischen U-Boot »Nautilus«.

Das **Schiff** blickt auf eine lange Geschichte zurück; dieses Bild zeigt die Jungfernfahrt des von einem amerikanischen Ingenieur erbauten ersten funktionsfähigen Dampfschiffs: die »Clermont« fuhr am 17. August 1807 auf dem Hudson River von New York nach Albany

Schiff

Die Anfang des 19. Jahrh. erfundene Schiffsschraube ersetzte bald den Schaufelradantrieb. Die Verfechter des Schaufelrades hatten das Nachsehen, als im April 1845 mitten in der Nordsee zwei gleich starke britische Schiffe am Heck mit Tauen aneinander gebunden wurden: die »Rattler«, das erste schraubengetriebene Schiff der Royal Navy, und die schaufelradgetriebene »Alecto«. Auf ein Startsignal hin starteten die beiden Schiffe mit ihren 200-PS-Dampfmaschinen in entgegengesetzte Richtung. Die Entscheidung für die Schiffsschraube und gegen das Schaufelrad ließ nicht auf sich warten: die »Rattler« zog die »Alecto« mit sage und schreibe 2,8 Knoten (5,2 km/h) hinter sich her.

■ **Schifferklavier,** volkstümliche Bezeichnung für das →Akkordeon.

■ **Schiiten** [arabisch], die kleinere (etwa 10%) der beiden Hauptrichtungen des →Islam, die nur die Nachkommen des vierten Kalifen Ali (Ali Ibn Abi Talib, †661 n. Chr.) und seiner Gemahlin Fatima (†632), der Tochter des Propheten Mohammed, als rechtmäßige Nachfolger des Propheten anerkennt und die Führerschaft der sunnitischen Kalifen ablehnt (→Sunniten). Die Schiiten sind heute hauptsächlich in Iran und Irak vertreten. Sie sind vielfach gespalten; die Hauptgruppe bilden die **Imamiten** (auch **Zwölferschiiten** genannt, nach der Zahl ihrer Imame, der von Gott inspirierten Leiter der islamischen Gemeinde).

■ **Schild,** aus Holz, Leder oder Metall hergestellte Schutzwaffe gegen die Einwirkung von Angriffswaffen.

■ **Schildbürger,** die Bürger der erfundenen Stadt Schilda (der heutigen sächsischen Stadt Schildau zugeschrieben), von denen im Volksbuch »Die Schiltbürger« (1598) viele törichte Streiche berichtet werden. Beim Bau eines Rathauses sollen sie z. B. die Fensteröffnungen vergessen und danach beschlossen haben, Licht in Säcke zu füllen und diese ins Rathaus zu tragen.

■ **Schilddrüse,** halbmondförmige, mit etwa 20–60 g größte Hormondrüse des Menschen, die im Bereich des Kehlkopfs liegt. In ihr werden die jodhaltigen Schilddrüsenhormone Thyroxin und Trijodthyronin gebildet, die die Steuerung des Stoffwechsels beeinflussen. Eine krankhafte Überfunktion (Hyperthyreose) der Schilddrüse ist mit Nervosität und Schlaflosigkeit verbunden, eine Unterfunktion (Hypothyreose) führt zu Müdigkeit und Lethargie (→Kropf).

■ **Schildkröten,** eine Ordnung der Reptilien mit etwa 200 Arten, die in tropischen und gemäßigten Gebieten an Land, in Süßwasser und in Meeren leben. Charakteristisch ist der Knochenpanzer, der sich aus einem gewölbten Rückenpanzer und einem flachen Bauchpanzer zusammensetzt und untrennbarer Bestandteil des Skeletts ist. Von außen ist der Panzer meist von Hornplatten, seltener von lederartiger Haut bedeckt. Kopf, Hals, Extremitäten und der kurze Schwanz können sie zumeist vollständig in den Panzer zurückziehen. Die landbewohnenden Arten ernähren sich vorwiegend von Pflanzen, wasserbewohnende Arten sind häufiger Fleischfresser. Unter den Pflanzen fressenden **Landschildkröten** gibt es Riesenformen, die mehrere Zentner wiegen und einige hundert Jahre alt werden können. Die Vorderbeine der **Seeschildkröten** sind flossenartig. Schildkröten pflanzen sich durch Eier fort, die sie stets an Land in selbst gegrabene Gruben ablegen und verscharren.

■ **Schildläuse,** eine Unterordnung der Pflanzenläuse mit rund 4000 Arten. Es sind meist Pflanzensaft saugende Schädlinge mit Rückenschilden, die den ganzen Körper bedecken. Die **San-José-Schildlaus** wurde von Kalifornien aus weltweit verbreitet (1927 erstmals in Europa); sie kann ganze Obstkulturen vernichten.

■ **Schildpatt,** Hornplatte des Panzers mehrerer Schildkrötenarten. Aus Schildplatt werden (heute selten) u. a. wertvolle Kämme, Knöpfe und Brillengestelle hergestellt. In Deutschland ist die Einfuhr von Schildplatt wegen des Artenschutzes verboten.

■ **Schilfrohr,** eine weltweit verbreitete Gattung ausdauernder Gräser mit drei formenreichen Arten. In Deutschland wächst vor allem das bis 4 m hohe **Gemeine Schilfrohr** mit langen scharfrandigen Blättern und ästiger Rispe aus rotbraunen Ährchen. Die Halme werden u. a. zur Herstellung von Matten und zum Dachdecken (Reet) verwendet.

■ **Schiller,** Friedrich von (geadelt 1802), deutscher Dichter, *Marbach am Neckar 10. November 1759, †Weimar 9. Mai 1805. Als Sohn eines Offiziers in württembergischen Diensten wurde Schiller auf Weisung des Herzogs Karl Eugen zur Ausbildung an der Karlsschule in Stuttgart gezwungen, wo er zuerst Jura, dann Medizin studierte, sich aber gegen die militärisch strenge Zucht der Schule auflehnte und sich zeitweise mehr dem Studium der Literatur als den geforderten Studienfächern hingab. 1780 wurde er Regimentsarzt in Stuttgart. Nach der Uraufführung seines Dramas »Die Räuber« 1782 in Mannheim erhielt er eine Gefängnisstrafe und Schreibverbot. Nach seiner Flucht gelangte er 1783 als Theaterdichter an das Mannheimer Nationaltheater. 1785–88 hielt er sich in Leipzig, Dresden und Weimar auf, wo er Kontakte zu bedeutenden Persönlichkeiten (Herder, Goethe) anknüpfte. 1789 lehrte er vorübergehend als Geschichtsprofessor in Jena. 1799 übersiedelte er nach Weimar, wo er enge Beziehungen zu Goethe pflegte. 1805 starb er an Tuberkulose.

Schiller galt besonders im 19. Jahrh. als der bedeutendste Dichter des deutschen Bürgertums. Sein Werk umfasst historische Arbeiten sowie ästhetisch-philosophische Schriften (»Über naive und sentimentalische Dichtung«, 1795), philosophische Gedichte (»Der Spaziergang«, »Die Götter Griechenlands«), satirische Gedichte (gemeinsam mit Goethe die »Xenien«, 1796), das »Lied von der Glocke« (1799), zahlreiche Balladen (u. a. »Der Tau-

Die Suppenschildkröte gehört zur Familie der **Seeschildkröten;** sie ernährt sich hauptsächlich von Tang, Seegras und Algen

Die **Europäische Sumpfschildkröte** lebt an und in Süßgewässern

Schildkröten

In der antiken Mythologie ist die Schildkröte wegen ihrer Fruchtbarkeit der Aphrodite zugeordnet, und aufgrund ihres langen Lebens ist sie mit dem Heilgott Äskulap (Asklepios) verbunden. Auch Japaner und Chinesen verehren die Schildkröte als Symbol für langes Leben. In vielen Kulturen, z. B. in China, war sie Symbol des Kosmos, wobei der nach oben gewölbte Schildbuckel – Himmel – und ihre flache Unterseite – Erd(scheibe) – diese Vorstellung hervorgerufen haben dürften. In China und in Indien wurde die Schildkröte mit der Erschaffung der Welt in Verbindung gebracht. Im alten China diente die Unterseite des Panzers der Schildkröte der Wahrsagung. Oft notierte man auf ihr den Anlass einer Befragung, etwa die Klärung von Schuld oder Unschuld eines Menschen, und archivierte anschließend den Panzer. Diese Notizen sind

die frühesten chinesischen Schriftzeugnisse. Im Hinduismus ist die Fähigkeit des Tieres, sich ganz in seinen Panzer zurückzuziehen, Symbol vollkommener Meditation. Im alten Amerika wurde die Erde nach dem Glauben vieler Völker der nordöstlichen Kontinenthälfte auf dem Rücken einer im Urmeer schwimmenden Schildkröte geschaffen.

cher«, »Die Kraniche des Ibykus«, »Die Bürgschaft«), Erzählungen (»Der Verbrecher aus verlorener Ehre«, 1786), Übersetzungen und Dramen.
Schiller wurde bekannt mit dem revolutionären Drama »Die Räuber« (1777–80) und »Luise Millerin« (1784; von dem Regisseur und Schauspieler August Wilhelm Iffland in »Kabale und Liebe« umbenannt). Diesen frühen Dramen, die dem Sturm und Drang zugehören, folgte das republikanische Trauerspiel »Die Verschwörung des Fiesko zu Genua« (1783), dann als erstes klassisches Drama »Don Carlos, Infant von Spanien« (1787).
Ab 1800 verfasste er die großen klassischen Dramen, zuerst die Wallenstein-Trilogie (1800), dann »Maria Stuart« (1801), »Die Jungfrau von Orleans« (1801), »Die Braut von Messina« (1803), »Wilhelm Tell« (1804); »Demetrius« (begonnen 1805) blieb unvollendet. Gemeinsam ist ihnen die Kunst des Dramatikers, in packenden, ausgewogenen Dialogen mit spannungsvollen Höhepunkten lebendige Charaktere zu gestalten, die sein Ideal von Wahrhaftigkeit und Sittlichkeit verkörpern.
In Schillers Geburtsort befindet sich das Schiller-Nationalmuseum, das, verbunden mit dem Deutschen Literaturarchiv, eine der bedeutendsten Sammelstellen der deutschsprachigen Literatur darstellt.

■ **Schilling** *der,* Währungseinheit und Münzbezeichnung. Der Schilling (Solidus) diente zunächst nur als Rechengröße, als Karl der Große um 790 das Karolingische Pfund einführte: 1 Pfund = 20 Schillinge = 240 Pfennige (Denare). Schillingmünzen wurden erstmals 1266 unter Ludwig IX. in Frankreich geprägt.
Großbritannien hatte den **Shilling** seit etwa 1550 als Silbermünze; hier galt bis 1971: 1 Shilling = 12 Pence, 20 Shilling = 1 Pound (Pfund).
Auch die Währungseinheit in Österreich heißt seit 1924 (mit Unterbrechung 1938–45) Schilling (1 Schilling = 100 Groschen).

■ **Schimmelpilze,** mikroskopisch kleine Pilze verschiedener systematischer Gruppen, die tote oder lebende Tiere und Pflanzen oder sonstige organische Materialien mit einem staub- oder mehlartigen, meist weißen oder bläulichen bis grünlichen Belag **(Schimmel)** überziehen. Viele Schimmelpilze sind Vorratsschädlinge und Krankheitserreger, andere sind für den Menschen nützlich, da sie Antibiotika oder Enzyme produzieren oder für die Käsereifung sorgen (Camembert, Roquefort).

■ **Schimpansen** [afrikanisch], eine Gattung der Menschenaffen mit zwei Arten, dem eigentlichen Schimpansen und dem →Bonobo. Die Schimpansen haben ein flaches Gesicht, ihre Nase ist breit

Schiller, die Revolution und die Kunst

Am 26. August 1792 hatte die französische Nationalversammlung einem »M. Gille«, gemeint war Friedrich Schiller, das französische Bürgerrecht erteilt. Die Urkunde trug unter anderem die Unterschrift des französischen Revolutionärs Danton.
Nur kurze Zeit später zog der Bürger Schiller in seiner 1795 veröffentlichten Schrift »Über die ästhetische Erziehung des Menschen« die Konsequenz aus dem Verlauf der Französischen Revolution. Seine anfängliche Begeisterung war angesichts der Schreckensherrschaft verflogen. Die »Zeitumstände« drängten den historisch gebildeten Dichter dazu, »sich mit dem vollkommensten aller Kunstwerke, mit dem Bau einer wahren politischen Freiheit zu beschäftigen«.
Was Aufklärung und Revolution nicht zu leisten vermocht haben, wird, so lautet Schillers Diagnose, zur Aufgabe der Kunst – den sich selbst bestimmenden, freien Menschen zu schaffen: »Weil es die Schönheit ist, durch welche man zur Freiheit wandert«.

▶ Dieses Porträt des Dichters Friedrich Schiller stammt aus dem Jahr 1793

und springt wenig vor, ihre Ohren sind groß und abstehend. Der **Schimpanse** wird bis 1,70 m groß, der **Bonobo** nur bis 90 cm. Schimpansen leben meist in kleinen Gruppen von 30–60 sich persönlich kennenden Tieren. Es herrscht eine Rangordnung, an deren Spitze ein kräftiges Männchen steht. Schimpansen ernähren sich meistens von Früchten und Kleingetier, jagen gelegentlich aber auch andere Affenarten.

■ **Schinderhannes,** eigentlich Johann Bückler, Räuberhauptmann, *Miehlen (Rhein-Lahn-Kreis) 25. Mai 1783 (1777?), †(hingerichtet) Mainz 21. November 1803. Er führte seit 1800 eine Straßenräuberbande im Hunsrück und im Taunus an. Carl Zuckmayer schrieb über ihn ein Drama (1927).

■ **Schinkel,** Karl Friedrich, deutscher Architekt und Maler, *Neuruppin (Brandenburg) 13. März 1781, †Berlin 9. Oktober 1841. Seine Hauptwerke sind Höhepunkte des Klassizismus, in Berlin u. a. die Neue Wache (1816–18; seit 1993 Zentrale Gedenkstätte der Bundesrepublik Deutschland) und das Alte Museum (1822–30). – Bild S. 136

■ **Schintoismus** [shintō, = Weg der Götter] *der* (Shintoismus, Shintō), die einheimische Religion Japans nach Einführung des Buddhismus (552 n. Chr.). Die Schintoisten verehren eine Vielzahl von Göttern, beseelt gedachte Naturkräfte, heilige Berge sowie ihre verstorbenen Ahnen. Sie feiern ihre Götter in festgelegten Gebeten und durch Reis- und Sakeopfer (Sake = Reiswein) privat oder in öffentlichen Schintoschreinen (Tempeln).
An der Spitze der Götter steht die Sonnengöttin Amaterasu, von der sich auch das bis heute regierende Herrscherhaus und der jeweilige Kaiser (Tenno) herleiten. Daher war der Schintoismus bis zur Niederlage Japans am Ende des Zweiten Weltkriegs der nationale Staatskult.

■ **Schirokko** [arabisch-italienisch] *der,* heißer, staubbeladener Südwind in den Mittelmeerländern. Der Schirokko kommt zunächst heiß und trocken aus der Sahara, nimmt dann über dem Mittelmeer Feuchtigkeit auf und ist nördlich des Mittelmeers oft schwül.

■ **Schisma** [griech.] *das,* Spaltung, besonders Kirchenspaltung. In der Kirchengeschichte bedeutsame Schismen waren das **Morgenländische Schisma** (1054 Loslösung der orthodoxen Kirchen von der westlichen Kirche) und das während des Konstanzer Konzils beendete **Abendländische Schisma** (1378 bis 1417, entstanden aus der Frage nach dem rechtmäßigen Papst, da nach der Doppelpapstwahl von 1378 zwei, seit 1409 drei Päpste die höchste kirchliche Gewalt beanspruchten).

Auf der Suche nach Nahrung hantieren **Schimpansen** fantasievoll mit allerlei Werkzeug; der hier abgebildete, noch junge Menschenaffe angelt mit einem entsprechend zubereiteten Stock nach Termiten: die Beute beißt sich an dem Angelgerät fest und kann dann bequem abgeschleckt werden

■ **Schiwa** [Sanskrit, = der Gütige] (Shiva), eine der Hauptgottheiten des Hinduismus. Schiwa verkörpert den Aspekt der Auflösung und Zerstörung und trägt sowohl Furcht erregende als auch freundliche Züge. – Bild S. 136

■ **Schizophrenie** [griech.] *die,* eine schwere Geisteskrankheit, bei der bestimmte Persönlichkeitsbereiche gestört sind. So werden z. B. eigene Gefühle und Gedanken als fremd, von außen gesteuert erlebt. Das Denken ist unscharf und sprunghaft, die Beziehungen zur Umwelt (Mimik, Gefühlsäußerung) sind herabgesetzt oder unangemessen. Häufig zieht sich der Kranke vollkommen in sich zurück.

■ **Schlacke, 1)** *Geologie:* unregelmäßig geformte, blasig-poröse Lavabrocken. Sie entstanden als vulkanisches Auswurfprodukt **(Wurfschlacken)** oder an der Unter- oder Oberseite eines Lavastroms.

2) *Technik:* bei der Metallgewinnung (z. B. beim Hochofenprozess) für die Eisenherstellung aus Gangart (Beimengen des Erzes) gebildete Verbindungen (vor allem Calciumaluminiumsilikate), die wegen ihrer geringen Dichte auf der metallischen Phase schwimmen und nach dem Abkühlen glasig erstarren. Schlacke wird als Splitt oder Schotter im Straßenbau und bei der Zementherstellung verwendet.

■ **Schlaf,** ein in regelmäßigen Abständen auftretender Zustand veränderten (verringerten) Be-

Die Mimik der **Schimpansen** lässt an Deutlichkeit nichts zu wünschen übrig

wusstseins. Reflexbewegungen und bestimmte vegetative Vorgänge (Herzschlag, Verdauung) werden weiterhin ausgeführt, Körpertemperatur und Muskelspannung sind herabgesetzt. Mithilfe von Hirnstrombildern (→EEG) lassen sich der REM-Schlaf (benannt nach den in dieser Phase auftretenden schnellen Augenbewegungen, engl. **r**apid **e**ye **m**ovements) und vier verschiedenen Phasen (entspanntes, Wachsein, Einschlafen, mitteltiefer Schlaf und Tiefschlaf), in denen sich die Augen nicht bewegen, unterscheiden. Während aus dem REM-Schlaf gefühlsbetonte bildhafte Träume erinnert werden, sind es in den Träumen aus den anderen Phasen eher vergangene Tagesereignisse. Das Schlafbedürfnis beträgt beim Kind 10–14 Stunden, beim Erwachsenen 7–8 Stunden, im Alter etwa 6 Stunden.

■ **Schlafkrankheit,** vor allem in Äquatorialafrika auftretende, durch die →Tsetsefliege übertragene Infektionskrankheit, die mit zeitweisem Fieber sowie Beteiligung des Zentralnervensystems (wechselnde Schlaflosigkeit und -sucht) einhergeht und unbehandelt nach 2–6 Jahren zum Tod führt.

■ **Schlafmäuse** (Schläfer, Bilche), tagsüber auf Bäumen schlafende, bis 20 cm große Nagetiere. Der schmale Kopf mit spitzer Schnauze trägt große Augen und Ohren. Vertreter sind Siebenschläfer, Baumschläfer, Gartenschläfer und Haselmaus.

Zahlreiche Darstellungen des Schiwa zeigen den Gott mit seinem Reittier, einem Zebu namens Nandi; die Fotografie zeigt eine geschmückte Statue des Nandi, dem in der südindischen Stadt Mysore Opfer dargebracht werden

Den Namen Karl Friedrich Schinkel verbindet man mit Bauwerken, die als Musterbeispiel des Klassizismus dastehen; weniger bekannt ist der Architekt als Maler, der sich mit Gemälden wie dem »Gotischen Dom am Wasser« scheinbar von einer ganz anderen, nämlich romantischen Seite zeigt – bei näherer Betrachtung der klaren Konturen mag die Trennung zwischen dem klassizistischen Architekten und dem romantischen Maler wohl eher hinfällig werden

■ **Schlafwandeln** (Nachtwandeln), Handlungen wie Aufstehen und Umhergehen während des Schlafs, ohne dass der Betroffene sich nach dem Aufwachen daran erinnert. Schlafwandeln beruht im Wesentlichen auf einer gestörten Weckreaktion infolge nicht abgestimmter Schlaf- und Wachzustände. Ein häufig angenommener Einfluss des Mondes (Mondsüchtigkeit) ist nicht nachweisbar.

■ **Schlagader** (Arterie), vom Herzen wegführendes Blutgefäß. – auch →Blutkreislauf, →Puls.

■ **Schlaganfall,** plötzlich auftretende, meist mit Bewusstseinsstörungen und Lähmungen, oft mit Sprachverlust verbundene Ausschaltung von Hirnteilen, ausgelöst durch Durchblutungsstörungen, Blutgefäßverstopfungen oder Risse von Blutgefäßen im Gehirn (erhöhter Blutdruck, plötzliches Absinken des Blutdrucks).

■ **schlagende Wetter** (Schlagwetter), Explosionen in Bergwerken durch Zündung von Gemischen aus Luft und Methan (Grubengas). Verhindern lassen sich Schlagwetterexplosionen durch eine gute Be- und Entlüftung (Wetterführung) der Grube und durch die Vermeidung von Zündmöglichkeiten.

■ **Schlager,** in der Unterhaltungsmusik ein Lied, das durch Eingängigkeit von Melodie und Rhythmus sehr rasch, aber meist nur für kurze Zeit, Verbreitung findet.

■ **Schlagzeug,** zusammenfassende Bezeichnung für die Rhythmus- und Geräuschgruppe eines Orchesters. Außer den **Schlaginstrumenten** (u. a. Becken, Gong, Triangel, große und kleine Trommel, Pauke, Glockenspiel, Xylophon, Celesta), bei denen der Ton durch Schlag mit einem Klöppel, Hammer, Metallstab, Metallbesen oder Ähnlichem erzeugt wird, gehören hierzu auch Rumbakugeln, Ratsche u. a. Geräuschinstrumente.

■ **Schlangen,** eine Unterordnung der Schuppenkriechtiere mit rund 2 800 etwa 15 cm bis 9 m langen Arten. Schlangen haben lange ungegliederte Körper. Die Augenlider sind unbeweglich. Das Maul ist weit dehnbar, da die Kiefer durch elastische Bänder verbunden sind. Da die äußeren Ohren rückgebildet sind und Trommelfell und Mittelohr fehlen, sind Schlangen taub und können lediglich Bodenerschütterungen wahrnehmen. Geruchsstoffe nehmen sie durch »Züngeln« mit ihrer vorn gespaltenen Zunge auf und leiten sie zu einem Geruchsorgan im Mund weiter. Fast alle Schlangen legen Eier, nur wenige sind lebend gebärend (z. B. Boaschlange und Kreuzotter). Die Haut ist trocken, mit hornigen Schuppen besetzt und wird bei der Häutung als Ganzes (»Natternhemd«) abgeworfen. →Giftschlangen besitzen im Oberkiefer beiderseits je einen Giftzahn. Die ungiftigen Würgeschlangen, darunter Anakonda und Boaschlangen, töten ihre Beute meist, indem sie eng deren Brustkorb umschlingen und sie so ersticken.

■ **Schlangengift,** in den Giftdrüsen der Giftschlangen erzeugte Flüssigkeit. In das Blut gelangt, rufen Schlangengifte, bei denen man Nerven- und Blutgifte unterscheidet, schon in kleinsten Mengen Ohnmacht, Krämpfe und Herzlähmung hervor.

Schlangen

Etwa 40 000 Menschen sterben jährlich an Schlangenbissen, 75 % davon in Indien. Dort ist die gefährlichste Schlange die Königskobra. Nach ihrem Biss hat das Opfer noch eine Viertelstunde zu leben. Tatsächlich aber kommen die giftigsten Schlangen in Australien vor. Hier sollte man sich vor allem vor der Tigerotter (eigentlich eine Natter) und der armdicken Taipanschlange im Nordosten des Kontinents in Acht nehmen. Selbst die sofortige Behandlung mit einem Serum bietet da keine Überlebensgarantie. Dennoch sterben in Australien jährlich nur sechs Menschen durch Schlangenbiss.

■ **Schlaraffenland,** ein märchenhaftes Land, in dem Milch und Honig fließen, in dem Faulheit verdienstvoll und Fleiß ein Laster ist.

■ **Schlauchpilze,** eine Klasse der höheren Pilze mit rund 30 000 Arten. Die Sporen werden zu je acht im Innern schlauchartiger Zellen erzeugt. Zu den Schlauchpilzen gehören u. a. Morchel, Lorchel, Trüffel, Mutterkorn, Mehltau, Schimmelpilze, Schorf, Obstbaumkrebs und Hefepilze. – Bild S. 138

■ **Schlegel, 1)** August Wilhelm von, deutscher Dichter und Literaturwissenschaftler, *Hannover 5. September 1767, †Bonn 12. Mai 1845; Bruder von 2); einer der anerkanntesten Übersetzer seiner Zeit. Als seine wichtigste Leistung gilt die bis heute bedeutende Shakespeare-Übersetzung. Er begründete die altindische Philologie.

2) Friedrich von, Dichter der Romantik, *Hannover 10. März 1772, †Dresden 12. Januar 1829; Bruder von 1); führender Literaturtheoretiker und Kritiker seiner Zeit. Bedeutend sind seine geistvollen Aphorismen sowie kritische und historische Abhandlungen. Er begründete die vergleichende Sprachwissenschaft.

Diese **Schlange** häutet sich, das heißt, sie wirft gerade ihr »Natternhemd« ab

■ **Schlehdorn** (Schwarzdorn), ein 2 bis 3 m hoher Strauch mit dornigen Ästen und schwarzer Rinde. Die weißen, duftenden Blüten erscheinen vor den Blättern. Die blauschwarzen, herben Steinfrüchte **(Schlehen)** sind erst nach einem Frost genießbar.

■ **Schleie** *die* (Schlei), bis 50 cm langer Karpfenfisch mit auffallend kleinen Schuppen. An der Mundöffnung sitzen zwei Barteln (Bartfäden). Schleien sind beliebte Speisefische.

■ **Schleiereule,** ein fast weltweit verbreiteter,

25–45 cm langer Eulenvogel mit unterseits hellem, oberseits gelbgrauem, mit Perlenflecken gezeichnetem Gefieder. Der meist in der Dämmerung oder nachts jagende Vogel frisst vorwiegend Kleinsäugetiere.

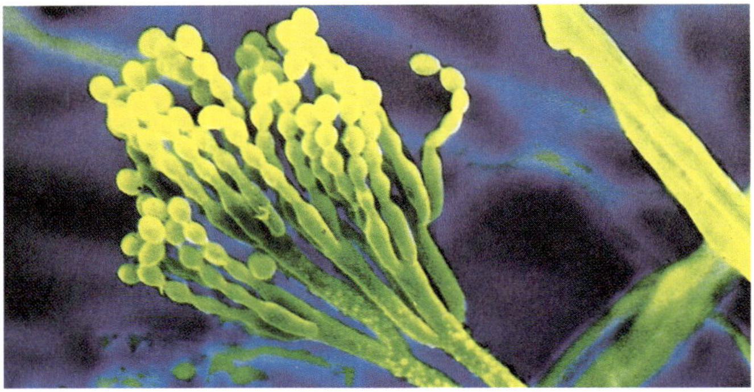

Unter einem Elektronenmikroskop entstand die Aufnahme des zur Gattung der **Schlauchpilze** gehörenden Penicilliums, aus dem das Antibiotikum Penicillin gewonnen wird

■ **Schleimhäute,** gefäßreiche, Schleim absondernde Auskleidung von Hohlorganen (Nase, Mund, Darm u. a.).

Geheimnisvoll wirkt das mit feinen Federchen zart konturierte Gesicht der **Schleiereule**

■ **Schlesien,** historisches Gebiet in Mitteleuropa, in Polen, Sachsen und der Tschechischen Republik. Schlesien liegt beiderseits der mittleren Oder; es umfasst die Flussebenen der Schlesischen Bucht (hier liegt Breslau) und erstreckt sich über das hügelige Vorland der Sudeten und der westlichen Beskiden bis auf die Höhen des Riesengebirges und des Glatzer Berglandes. Gegliedert wird Schlesien in **Niederschlesien** (im Nordwesten) und **Oberschlesien** (im Südosten). Im Zentrum Oberschlesiens befinden sich reiche Steinkohlenvorkommen; hier entwickelte sich das oberschlesische Industriegebiet um Kattowitz und Beuthen.
Geschichte: Schlesien erhielt seinen Namen von den Silingen, einem Teilstamm der Wandalen, die etwa seit dem 1. Jahrh. v. Chr. in dieser Gegend siedelten. In der Völkerwanderungszeit drangen slawische Stämme nach Schlesien ein, das im 10.–12. Jahrh. zwischen Böhmen und Polen umstritten war. 1327/29 ging die Lehnshoheit über Schlesien von Polen an Böhmen über, 1526 fiel das Land an die österreichischen Habsburger. Durch die Schlesischen Kriege (1740–42; 1744/45; 1756–63, Teil des Siebenjährigen Krieges) zwischen Österreich und Preußen kam der größte Teil Schlesiens an Preußen. 1807 wurde die preußische Provinz Schlesien gebildet und 1815 um große Teile der sächsischen Oberlausitz erweitert. 1919 entstanden die Provinzen Niederschlesien (Hauptstadt: Breslau) und Oberschlesien (Hauptstadt: Oppeln), die 1938–41 wieder zusammengefasst wurden.
Die im 18. Jahrh. habsburgisch gebliebenen südlichen Teile Oberschlesiens bildeten bis 1918 das Kronland Österreichisch-Schlesien und kamen nach dem Ersten Weltkrieg größtenteils an die Tschechoslowakei. Nach 1945 kam das preußische Schlesien mit Ausnahme eines kleinen Gebiets westlich der Lausitzer Neiße (das heute zu Sachsen gehört) unter polnische Verwaltung, 1991 endgültig zu Polen.

■ **Schlesische Kriege,** die drei Kriege Friedrichs des Großen gegen Maria Theresia, die für Österreich mit dem Verlust, für Preußen mit dem Gewinn Schlesiens endeten: **1. Schlesischer Krieg** (1740–42); **2. Schlesischer Krieg** (1744/45); **3. Schlesischer Krieg** (1756-63, Teil des Siebenjährigen Krieges).

■ **Schleswig-Holstein,** das nördlichste Bundesland der Bundesrepublik Deutschland, 15 770 km² mit 2,772 Mio. Einwohnern. Die Landeshauptstadt ist Kiel. Im Westen erstrecken sich ein Saum von Marschen sowie das Wattenmeer und die Nordfriesischen Inseln, in der Mitte ein Geest- und Heidestreifen, im Osten an der hafenreichen Fördenküste (Flensburg, Eckernförde, Kiel, Lübeck) ein seen- und waldreicher Moränengürtel mit der Holsteinischen Schweiz. Es wird vor allem Landwirtschaft betrieben, daneben Fischerei. Der Schiffbau hat eine rückläufige Bedeutung. In Schleswig-Holstein wird Erdöl gefördert, neben petrochemischer Industrie gibt es Maschinenbau, Textil-, Nahrungs- und Genussmittelindustrie. Bedeutender Wirtschaftsfaktor ist der Fremdenverkehr (Seebäder). Zu Schleswig-Holstein gehört die Insel Helgoland.
Geschichte: 1386 erhielten die in **Holstein** herrschenden Schauenburger Grafen das nördlich der Eider gelegene Herzogtum **Schleswig** als dänisches Lehen. Nach ihrem Aussterben wurde 1460 der dänische König Christian Landesherr, der im Ripener Freiheitsbrief gelobte, dass Schleswig und Holstein »ewig ungeteilt« bleiben sollten. Dennoch kam es im 15. und 16. Jahrh. zu Landesteilungen. Erst 1773 waren die beiden Länder wieder unter der dänischen Krone vereint. 1815 wurde Holstein Teil des Deutschen Bundes, nicht aber Schleswig. Dänemark war bestrebt, Schleswig von Holstein zu lösen und Dänemark einzugliedern. Nach den deutsch-dänischen Kriegen 1848–50 und 1864 musste Dänemark Schleswig-Holstein und Lauenburg an Preu-

ßen und Österreich abtreten. Bis 1866 wurde Schleswig-Holstein von Preußen und Österreich gemeinsam verwaltet, dann wurde es mit Lauenburg preußische Provinz. 1920 fiel Nordschleswig an Dänemark, 1946 wurde aus der preußischen Provinz das Land Schleswig-Holstein gebildet. Ministerpräsidentin ist seit 1993 die SPD-Politikerin Heide Simonis (*1943).

■ **Schleudersitz,** ein Rettungsgerät für die Besatzung von Kampf- oder Testflugzeugen, das mit der darauf sitzenden Person im Gefahrenfall von einem Pulvertreibsatz nach Absprengen des Kabinendachs aus dem Flugzeug katapultiert wird. Etwa 0,6 Sekunden nach Verlassen des Flugzeugs wird die Sitzwanne von der Person getrennt und der Rettungsfallschirm automatisch geöffnet.

■ **Schleuse, 1)** *Technik:* eine Kammer mit zwei gasdicht verschließbaren Eingängen zur Überwindung von Druckunterschieden zwischen zwei Räumen (z. B. Luftschleuse, Schleuse bei Raumfahrzeugen) oder für den Übergang zwischen Räumen mit unterschiedlicher Luftbeschaffenheit (Vorraum zu strahlungsgefährdeten Räumen oder Reinräumen).

2) *Wasserbau:* (Schiffsschleuse), eine Vorrichtung in Kanälen und schiffbaren Flüssen, mit deren Hilfe Schiffe von einem Gewässerabschnitt mit niedrigerem Wasserspiegel (Unterwasser) auf einen Gewässerabschnitt mit höherem Wasserspiegel (Oberwasser) gehoben (und umgekehrt gesenkt) werden können.

Die Schleuse besteht aus einer Schleusenkammer, die durch zwei Tore abgeschlossen ist. Kommt das Schiff vom Unterwasser her, wird das entsprechende Tor geöffnet. Der Wasserspiegel der Schleusenkammer entspricht dann dem des Unterwassers. Das Schiff fährt in die Schleusenkammer und das Tor wird geschlossen. Anschließend fließt Wasser durch ein geöffnetes Ventil aus dem Oberwasser in die Schleusenkammer bis der Wasserspiegel der Schleusenkammer mit dem des Oberwassers übereinstimmt. Das Tor zum Oberwasser kann jetzt geöffnet werden. Bei der Talfahrt verläuft der Vorgang umgekehrt. Größere Höhenunterschiede ab etwa 30 m Stufenhöhe werden durch mehrere hintereinander liegende Schleusen (Schleusentreppen) oder durch Schiffshebewerke überwunden.

■ **Schliemann,** Heinrich, deutscher Altertumsforscher, *Neubukow (Kreis Bad Doberan) 6. Januar 1822, †Neapel 26. Dezember 1890. Als Kaufmann erwarb er ein großes Vermögen, mit dem er später Ausgrabungen finanzierte. Durch die »Ilias« angeregt, suchte und entdeckte er →Troja. Auch in Griechenland (Mykene, Orchomenos und Tiryns) waren seine Ausgrabungen erfolgreich. Wegweisend und bis heute gültig wurde seine archäologische Methode, die nicht bloßer Schatzsuche, sondern wissenschaftlicher Klärung diente.

Heinrich Schliemann, dem Entdecker von Troja, war die damalige Fachwelt gar nicht wohlgesonnen

■ **Schlingpflanzen** (Windepflanzen), Pflanzen, die an anderen Pflanzen (oder Gerüsten) emporklettern. Der schraubige Wuchs kommt durch eine den Schlingpflanzen eigene kreisende Wachstumsbewegung (nicht durch Berührung wie bei Ranken) zustande. Durch starkes Umwinden können die Schlingpflanzen andere Pflanzen ersticken (»Baumwürger«). Eine einheimische Schlingpflanze ist z. B. das Geißblatt.

■ **Schlöndorff,** Volker, deutscher Filmregisseur, *Wiesbaden 31. März 1939. Er erregte vor allem mit seinen Literaturverfilmungen Aufsehen, z. B. »Der junge Törleß« (1965), »Die Blechtrommel« (1979), »Homo Faber« (1991), »Palmetto« (1998).

■ **Schloss, 1)** *Baukunst:* prunkvoller Wohnsitz des Adels, der im Unterschied zur Burg nicht befestigt ist. – Bild S. 140

2) *Technik:* eine Vorrichtung zur Herstellung einer festen, jedoch lösbaren Verbindung (Verriegelung) zwischen einem meist festen und einem beweglichen Teil, vor allem für Türen, die mithilfe eines Schlüssels, durch Einstellen bestimmter Buchstaben- oder Zahlenkombinationen an verstellbaren Ringen **(Kombinationsschloss)** u. a. geöffnet werden sollen.

Bei Türschlössern unterscheidet man nach der Art der Anbringung das **Kastenschloss** (Anbau-, Aufsetzschloss), bei dem das den Verriegelungsmechanismus enthaltende Gehäuse auf der einen Seite der Tür aufgeschraubt wird, und das **Einsteck-**

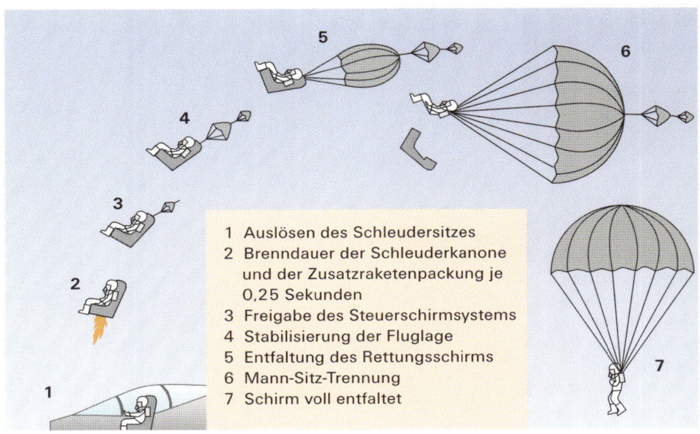

Schleudersitz

schloss, das in die Stirnseite des Türblattes eingelassen wird. Das **Chubb-Schloss** besitzt mehrere Zuhaltungen; der Bart des dazugehörigen Schlüssels ist entsprechend gezahnt oder gestuft. Kernstück des Sicherheitsschlosses **(Zylinderschloss)** ist ein drehbar im Gehäuse gelagerter Zylinder. In geschlossenem Zustand sperren mehrere Stifte (Gehäuse- und Kernstifte) die Trennlinie zwischen Zylinder und Gehäuse. In Schließzylindern für Hauptschlüsselanlagen sind diese Stifte weiter unterteilt.

Als Vertilgerin von Schadinsekten ist die **Schlupfwespe** für die Land- und Forstwirtschaft ein nützliches Insekt

■ **Schluckimpfung,** Immunisierung durch die Einnahme von abgeschwächtem Lebendimpfstoff. Am bekanntesten ist die von dem amerikanischen Forscher Albert Bruce Sabin (1906–93) entwickelte Schluckimpfung gegen Kinderlähmung.

■ **Schlupfwespen,** eine Familie der Hautflügler mit mehr als 30 000 bekannten 4–50 mm langen Arten. Das Weibchen besitzt einen Legebohrer, mit dem es die Eier meist in Insektenlarven, besonders in Schmetterlingsraupen, ablegt. Die beinlosen Larven der Schlupfwespen fressen den Körper der Wirtslarve aus und verpuppen sich darin oder daran.

Die **Schlüsselblume** blüht im April und Mai auf Wiesen und in lichten Wäldern

■ **Schlüssel** (Notenschlüssel), ein stilisierter Tonbuchstabe, der die Tonhöhen von Noten (innerhalb eines Liniensystems) fixiert. Am gebräuchlichsten sind der **Violin-** und der **Bassschlüssel** (G- und F-Schlüssel). Für einige Instrumente sind noch die **C-Schlüssel** (Sopranschlüssel, Alt- oder Bratschenschlüssel sowie Tenorschlüssel) gebräuchlich.

■ **Schlüsselbein,** ein Knochen des Schultergürtels. Er verbindet das Schulterblatt mit dem Brustbein. An beiden Knochen setzt das Schlüsselbein gelenkig an, sodass die Schulter bewegt werden kann.

■ **Schlüsselblume** (Frühlingsschlüsselblume), Frühjahrsblüher mit Wurzelstock, ein →Primelgewächs. Die eiförmigen Blätter bilden eine Rosette. Die gelben Blüten sind meist zu einer Dolde auf langem, blattlosem, behaartem Stiel vereinigt. Die Kelch- und Blumenblätter der fünfzähligen Blüte sind verwachsen. Die Schlüsselblume steht unter Naturschutz.

Max Schmeling ist auch nach seiner Boxerlaufbahn ein Idol geblieben; mit seinem sportlichen Gegner, dem »Braunen Bomber« Joe Louis, verband ihn eine enge Freundschaft

■ **Schlüter,** Andreas, deutscher Baumeister und Bildhauer, *Danzig (?) um 1660, †Sankt Petersburg vor dem 23. Juni 1714. Er war 1694–1713 Hofbildhauer und teilweise auch Baumeister in Berlin, wo er am Umbau des Berliner Schlosses beteiligt war und u. a. 22 Masken sterbender Krieger am Zeughaus, das Reiterdenkmal des Großen Kurfürsten (Friedrich Wilhelm von Brandenburg) und prunkvolle Sarkophage im Berliner Dom schuf. 1713 rief ihn der russische Zar Peter I., der Große, an seinen Hof. Schlüter entwickelte einen eigenen klassizistisch-barocken Baustil. Seine Werke verherrlichten das absolutistische Herrschaftsideal.

Dieses wirkliche **Schloss** verdanken wir einem Märchen: im Jahr 1826 veröffentlichte der Erfinder von »Zwerg Nase«, »Kalif Storch« und dem »Kleinen Muck«, Wilhelm Hauff, den romantischen Roman »Lichtenstein«; keine zwanzig Jahre später wurde an dem Ort des Geschehens südlich von Reutlingen über den Resten einer mittelalterlichen Burg das Schloss Lichtenstein erbaut

■ **Schmalkaldischer Bund,** der in Schmalkalden (Thüringen) am 27. Februar 1531 von protestantischen Fürsten und Städten zur Verteidigung des evangelischen Bekenntnisses gegründete Bund. Hauptleute des Bundes waren Kurfürst Johann Friedrich I. von Sachsen und Landgraf Philipp I. von Hessen. Der Schmalkaldische Bund richtete sich gegen die Religionspolitik Kaiser Karls V. und wurde bald zum Mittelpunkt aller antihabsburgischen Kräfte in Europa; weitere deutschen Fürsten und Städte schlossen sich an. Im **Schmalkaldischen Krieg** (1546/47) unterlag der Bund 1547 bei Mühlberg/Elbe den Truppen Karls V. und zerfiel.

■ **Schmarotzer** →Parasiten.

■ **Schmeling,** Max, deutscher Boxer, *Klein-Luckow (heute Kreis Uecker-Randow, Mecklenburg-Vorpommern) 28. September 1905. Schmeling war 1930–32 der bisher einzige deutsche Weltmeister im Schwergewicht. 1936 schlug er in einem Kampf, der nicht um den Weltmeistertitel ging, den bis dahin unbesiegten Amerikaner Joe Louis

(1914–81), gegen den er dann aber 1938 im Kampf um den Weltmeistertitel unterlag.

■ **Schmelzen,** der Übergang eines Stoffes vom festen in den flüssigen → Aggregatzustand. Den umgekehrten Vorgang bezeichnet man als **Erstarren**.

■ **Schmelzpunkt** (Schmelztemperatur), diejenige Temperatur, bei der eine Substanz gleichzeitig in fester und in flüssiger Form vorliegt. So hat z. B. ein mit kaltem Wasser und Eisbrocken gefüllter Behälter genau den Schmelzpunkt des Wassers (0 °C). Der Schmelzpunkt ist mit dem Erstarrungspunkt (Gefrierpunkt) identisch.
Mischungen aus zwei Stoffen haben meist einen niedrigeren Schmelzpunkt als die reinen Bestandteile. Diese auch »Gefrierpunktserniedrigung« genannte Eigenschaft wird z. B. ausgenutzt, wenn Straßen zur Vermeidung von Eisbildung mit Viehsalz gestreut werden.
Wenn Substanzen beim Schmelzen chemische Veränderungen erfahren, spricht man nicht vom Schmelzpunkt, sondern vom Zersetzungspunkt. Glasartige Stoffe haben keinen scharfen Schmelzpunkt, sie werden allmählich biegsam, knetbar, zähflüssig und schließlich flüssig.

■ **Schmerz,** durch bestimmte äußere oder innere Reize ausgelöste unangenehme Empfindung. Schmerz informiert vor allem über Bedrohungen des Organismus, indem er auf gewebsschädigende Reize anspricht. Als Oberflächenschmerz geht er von der Haut (in der etwa drei bis vier Millionen Schmerzpunkte liegen), als Tiefenschmerz von Muskeln, Knochen oder Gelenken aus. Der Schmerz kann durch örtliche Betäubung (Beeinflussung der Schmerzpunkte) und Narkose (Beeinflussung der Gehirnzentren) ausgeschaltet werden.

Ein Beispiel für die unglaublich farbintensive und zeichnungsreiche Artenvielfalt der Schmetterlingswelt ist der zu den Tagfaltern gehörende Schwalbenschwanz; der **Schmetterling** sitzt auf einem Zweig, an dem noch die Puppenhülle hängt

■ **Schmerzensgeld,** Entschädigung in Geld für einen immateriellen Schaden im Falle der Verletzung des Körpers, der Gesundheit oder bei Freiheitsentziehung.

■ **schmerzstillende Medikamente** (Schmerzmittel), Arzneimittel, die durch Beeinflussung der Großhirnrinde Schmerzempfindungen abschwächen oder aufheben, ohne andere Funktionen des Zentralnervensystems oder des übrigen Organismus zu beeinträchtigen. Zu den stark wirksamen Schmerzmitteln gehören neben Morphin verschiedene morphinähnlich wirkende Arzneimittel. Schwach wirksame Schmerzmittel sind z. B. Acetylsalicylsäure und Paracetamol. Diese haben außer der schmerzstillenden auch eine fiebersenkende und meist auch eine entzündungshemmende Wirkung.

■ **Schmetterlinge,** eine Ordnung der Insekten mit mehr als 160 000 Arten. Die Körperlänge beträgt 1–60 mm, die Flügelspannweite 2 mm bis 32 cm. Schmetterlinge haben (mit einigen Ausnahmen) vier mit Schuppen bedeckte Flügel, drei verwachsene Brustringe und einen aus den Unterkiefern gebildeten, in Ruhe aufgerollten Saugrüssel sowie meist große Facettenaugen. Die Larven (→ Raupen) besitzen drei Paar Beine und zwei bis fünf Paar Bauchfüße sowie beißende Mundwerkzeuge.
Tagfalter: Der Leib ist schlank, die Fühler sind am Ende verdickt. Die Flügel sind breit und in Ruhestellung nach oben zusammengelegt; ihre Oberseite ist kräftig gefärbt, die Unterseite unscheinbar. Die Raupen sind wenig behaart oder glatt.
Schwärmer: In der Dämmerung oder bei Nacht fliegende Schmetterlinge mit kräftigem Körper. Die langen, schmalen Vorderflügel bedecken in Ruhestellung die Hinterflügel und die Seiten des Rumpfes dachartig. Die auffallend gefärbten Raupen sind unbehaart und tragen am Körperende ein Horn. Die Puppen überwintern in der Erde.
Spinner: Nachtschmetterlinge mit plumpem, behaartem Körper und kammartigen Fühlern. Die behaarten Raupen umgeben sich mit einem Gespinst.
Spanner: Kleine Schmetterlinge, die den Tagfaltern in der Gestalt ähneln. Die unbehaarten Raupen besitzen außer den Brustbeinen nur ein Paar Bauchfüße.
Eulenfalter: Nachtschmetterlinge mit starker Be-

Ein **Schmetterling** schlüpft aus seiner Puppe

Der leuchtend gelbe **Schmetterling** mit den orangeroten vier kleinen Tupfen auf den Flügelpaaren ist uns allen als Zitronenfalter bekannt

Der **Schmetterling** mit der tigerähnlichen Zeichnung trägt den Namen Segelfalter; der tagaktive Falter ist bei uns nicht allzu zahlreich im Mai und Juli zu bewundern

haarung an Kopf und Brust. In Ruhe legen sie die Flügel wie die Schwärmer dachförmig an. Die Raupen sind meist nackt.

■ **Schmetterlingsblütler,** eine Pflanzenfamilie mit zweiseitigen, einem Schmetterling ähnelnden Blüten. Der Kelch endet in fünf Zipfeln. Das obere Blumenblatt (Fahne) ist meist größer als die anderen Blütenblätter. Die beiden seitlichen (Flügel) sind kleiner, die beiden unteren, schmalen, zum Schiffchen verwachsenen umschließen die Staubgefäße und den Blütenstiel. Die Frucht, eine Hülse, entsteht aus einem langen Fruchtblatt, das in der Mittelrippe gefaltet und an den Rändern verwachsen ist. An diesen sitzen in je einer Reihe die Samen. Stickstoff bindende Bakterien veranlassen die Schmetterlingsblütler, knollige Wucherungen an den Wurzeln zu bilden. In den Tropen kommen Schmetterlingsblütler meist als Sträucher oder Bäume vor, außerhalb der Tropen dagegen in der Regel als Kräuter.
Bekannte Vertreter der Schmetterlingsblütler, die als Futterpflanzen und auch zur Gründüngung verwendet werden, sind z. B. Klee, Luzerne und Lupine. Nahrungsmittel liefern u. a. Erbse, Linse, Gartenbohne, Sojabohne und Erdnuss. Als Gehölz und Ziersträucher werden u. a. Robinie, Goldregen und Ginster angepflanzt. Als Heilpflanzen werden u. a. Besenginster, Hauhechel und Bockshornklee verwendet.

Helmut Schmidt, der Nachfolger des 1974 zurückgetretenen Bundeskanzlers Willy Brandt, wurde am 1. Oktober 1982 als bisher einziger Bundeskanzler im Rahmen eines konstruktiven Misstrauensvotums vom Deutschen Bundestag abgelöst; sein Nachfolger wurde der damalige CDU-Vorsitzende Helmut Kohl

■ **Schmidt,** Helmut, deutscher Politiker, *Hamburg 23. Dezember 1918; Volkswirt. Er war 1961–65 Hamburger Innensenator und wurde 1967 Fraktionsvorsitzender der SPD im Bundestag. 1969 übernahm er das Amt des Verteidigungsministers, im Juli 1972 das des Wirtschafts- und Finanzministers, im Dezember 1972 das des Finanzministers. Nach dem Rücktritt von Willy Brandt wurde er 1974 Bundeskanzler. Schmidt erwarb sich vor allem als Wirtschafts- und Finanzpolitiker hohes Ansehen. In der Außenpolitik setzte er die Bemühungen Brandts um Entspannung im Ost-West-Konflikt fort. Am 1. Oktober 1982 wurde er durch ein konstruktives Misstrauensvotum gestürzt.

■ **Schmidt-Rottluff,** Karl, deutscher Maler und Grafiker, *Rottluff (heute zu Chemnitz) 1. Dezember 1884, †Berlin (West) 10. August 1976; einer der Gründer der Künstlervereinigung →Brücke. Charakteristisch für seine Bilder sind die starke Aussagekraft der Farbe und die Vereinfachung der Formen. Die Diffamierung durch die Nationalsozialisten (1941 Malverbot) hinterließ tiefe Spuren in seinem Schaffen.

■ **Schmieden,** das Verformen meist bis zum Glühen erhitzter Metalle oder Metalllegierungen durch Bearbeitung mit einem Hammer oder durch Drücken in der so genannten Schmiedepresse. Voraussetzung ist eine gewisse Dehnbarkeit des Werkstoffs, z. B. Stahl, Messing oder Aluminium. Spröde Metalle lassen sich nicht schmieden.
Die Schmiedekunst ist bereits aus der Bronzezeit überliefert; der Beruf des Schmieds kann als der älteste des Metallhandwerks gelten.

Die Kraft der tiefen Farbe und die Kraft der klaren Formen bestimmen das Gemälde von **Karl Schmitt-Rottluff;** auch dieser Maler war der Kunst verpflichtet, Unsichtbares sichtbar zu machen: das Bild heißt »Gespräch vom Tode«; auch dieses Werk verschwand in den 12 Jahren des »Tausendjährigen Reichs« in den dunklen Keller der Kunstvernichter und über dessen Schöpfer wurde ein Malverbot verhängt

■ **Schmucksteine,** Bezeichnung für alle natürlich vorkommenden oder heute zum Teil auch künstlich hergestellten Minerale, aber auch Abarten von Marmor und Gips sowie Materialien organischen Ursprungs (z. B. Bernstein, Korallen), die wegen ihrer Schönheit zu Schmuck und Schmuckgegenständen verarbeitet werden. Besonders wertvolle Schmucksteine sind die durchsichtigen und harten Minerale mit hochwertigen optischen Eigenschaften (oft als **Edelsteine** bezeichnet): Diamant, Rubin, Saphir, Topas, Smaragd und Aquamarin. Vielfach undurchsichtig, weniger widerstandsfähig und wertvoll sind die **Halbedelsteine,** z. B. Amethyst, Granat, Lapislazuli und Achat.

■ **Schmuggel** (Schleichhandel), das Verbringen von Sachen über die Grenze unter Verletzung von Zollvorschriften, z.B. Zollhinterziehung und Bannbruch (die verbotswidrige Ein-, Aus- und Durchfuhr von Gegenständen ohne Meldung bei den Zollbehörden).

■ **Schnabeltier,** ein Eier legendes Säugetier aus der Ordnung der Kloakentiere, das nur noch in Südaustralien vorkommt. Das rund 60 cm lange Schnabeltier besitzt einen walzenförmigen Körper, einen abgeplatteten Schwanz, Schwimmhäute zwischen den Zehen und Grabkrallen an den Vorderfüßen. Die Nahrung besteht aus Muscheln, Schnecken und Krebsen. Das weibliche Schnabeltier legt in einer Uferhöhle zwei pergamentschalige Eier und brütet sie aus.

■ **Schnaken, 1)** 10–45 mm lange, langbeinige, nicht stechende Mücken. Sie ernähren sich von Pflanzensäften (z. B. Nektar). Einige der rund 13 000 Arten sind Schädlinge (z. B. die Kohlschnake).
2) besonders in Süddeutschland gebräuchliche Bezeichnung für →Stechmücken.

■ **Schnarchen,** ein Geräusch, das im Schlaf beim Atmen mit offenem Mund auftritt. Es entsteht durch das Schwingen des erschlafften Gaumensegels und durch die beim Schlaf zurückgesunkene Zunge. Das Schnarchen wird durch eine behinderte Nasenatmung oder vergrößerte →Mandeln begünstigt.

■ **Schnauzer,** draht- oder zottelhaarige Hunde mit einer Widerristhöhe von 35–70 cm und kräftigem Schnauzbart. Die Augenbrauen sind struppig. Die Farbe des Fells ist meist grau oder schwarz, die Rute (Schwanz) hoch angesetzt.

■ **Schnecken,** eine Klasse im Meer, Süßwasser und auf dem Land verbreiteter Weichtiere (etwa 110 000 Arten), deren Weichkörper in Kopf, Kriechsohle (Fuß), Mantel und Eingeweidesack gegliedert ist. Der Mantelrand scheidet den Kalk für das meist spiralig gedrehte Gehäuse ab, das bei den Nacktschnecken stark rückgebildet ist oder ganz fehlt.
Die meisten Schnecken sind Zwitter. Der Kopf, der wie der Fuß in die Schale zurückgezogen werden kann, trägt zwei einziehbare Fühlerpaare; auf dem längeren sitzen die Augen. Vom auf der Rückenseite gelegenen Herzen, das aus einem Vorhof und einer Herzkammer besteht, geht das offene Blutgefäßsystem aus. Bei **Lungenschnecken** dient die von Blutgefäßen reich durchzogene Haut der Mantelhöhle als »Lunge«, bei **Kiemenschnecken** ragen dagegen die vor oder hinter dem Herzen liegenden Kiemen in die Mantelhöhle hinein. – Bilder S. 144

■ **Schnee,** Niederschlag in Form von meist verzweigten kleinen Eiskristallen. Die Kristallform hängt von der Temperatur ab. Trockener, feinkörniger Schnee wird als Pulverschnee bezeichnet. Der bei Temperaturen um 0 °C auftretende Pappschnee dagegen ist grobkörnig und nass. Da Schnee ein schlechter Wärmeleiter ist, schützt die winterliche Schneedecke den Boden und die darin befindlichen Pflanzen und Tiere vor Frost.
Die **Schneegrenze** markiert die Linie zwischen

Die ledrige Haut, die den Schnabel des **Schnabeltiers** überzieht, hat es in sich: sie enthält empfindliche Elektrorezeptoren, die dem gewandt schwimmenden und tauchenden Säugetier elektrische Ströme signalisieren, die durch Muskelaktivitäten seiner Beutetiere erzeugt werden; diese Fähigkeit ist keinem anderen Säugetier eigen

Der schottische Ingenieur und Maschinenfabrikant James Nasmyth entwickelte in den 1840er-Jahren den Dampfhammer; das Gemälde aus dem Jahr 1894 zeigt das **Schmieden** einer Schiffskurbelwelle mit dem Dampfhammer

Das **Schneeglöckchen** findet man nur noch vereinzelt im Wildwuchs; das zarte Gartenpflänzchen war als »Marienblume« schon im Mittelalter als Zierpflanze beliebt

schneebedecktem und schneefreiem Gelände; oberhalb dieser Linie fällt mehr Schnee als abtauen kann.

■ **Schneeglöckchen,** eine Gattung der Amaryllisgewächse mit zwölf Arten in Europa und Westasien. Die Höhe beträgt 10–20 cm, die Blüten stehen meist einzeln, die äußere Blütenhülle besteht aus drei Blütenblättern. Bereits im Herbst tritt aus der Zwiebel der Spross hervor. Er durchbricht die Erdoberfläche im zeitigen Frühjahr.

■ **Schneekoppe,** mit 1 602 m der höchste Berg des Riesengebirges. Über dem Gipfel verläuft die Genze zwischen Polen und der Tschechischen Republik.

Der lange, gerade Schnabel der **Schnepfe** ist überraschend biegsam und in der Spitze besonders sensibel, damit kann der Vogel Würmer und Insekten im Boden ertasten; die hier abgebildete nachtaktive Waldschnepfe ist die einzige bei uns heimische Art, in der Winterzeit zieht sie in die Länder des Mittelmeers und Südasiens

Auch die Schneckenwelt birgt mit über 100 000 Arten einen unermesslichen Formenreichtum; die Große Strandschnecke bevölkert die europäischen Küsten, die darunter abgebildete süßwasserbewohnende **Schnecke** ist unter dem Namen Stumpfe Sumpfdeckelschnecke bekannt

■ **Schneemensch** →Yeti.

■ **schneller Brüter** →Brutreaktor.

■ **Schnepfen,** über 40 cm lange Sumpfvögel, die mit ihrem langen, schmalen Schnabel den weichen Boden nach Würmern durchsuchen. Meist sind Schnepfen Bodenbrüter und Zugvögel. In Mitteleuropa brütet nur die **Waldschnepfe,** ein bis 35 cm langer, dämmerungs- und nachtaktiver Vogel.

■ **Schnittstelle** (Interface), in einem Computer der Übergang zwischen Peripheriegerät und Zentraleinheit (CPU) zum Austausch von Daten. Es handelt sich dabei meist um eine Steckkarte, die intern mit dem →Bus verbunden ist und extern eine Anschlussmöglichkeit eines Bildschirmgerätes, Druckers, Plotters oder einer Maus über einen genormten Stecker zur Verfügung stellt (z. B. Grafikkarte).

■ **Schnorchel, 1)** *Militärwesen:* bei Unterseebooten ein ausfahrbares Rohr, durch das Frischluft angesaugt und Abgase abgeleitet werden können. Ein Kugelventil verhindert das Eindringen von Wasser.

2) *Wassersport:* ein etwa 30 cm langes Rohr mit Ventil, mit dem ein dicht unter der Wasseroberfläche tauchender Schwimmer Atemluft ansaugen kann. Ist der Schnorchel länger als 40 cm, atmet der Taucher seine eben ausgeatmete Luft wieder ein.

■ **Schnupfen,** durch Viren hervorgerufene Entzündung der Nasenschleimhäute, die stark anschwellen. Die Schleimdrüsen sondern ein Sekret ab.

■ **Schoah** (Shoa) →Holocaust.

■ **Schock, 1)** (Kreislaufschock), ein akutes, lebensbedrohliches Kreislaufversagen mit ungenügender Sauerstoffversorgung, verminderter Durchblutung und fortschreitender Übersäuerung in den Geweben. Schließlich kann es zum Zusammenbruch der Organsysteme kommen. Symptome des Schocks sind blasse, feuchtkühle Haut, weicher, schneller Puls, abfallender Blutdruck und Bewusstseinsstörung.

2) (Nervenschock), ein außergewöhnlicher körperlicher und seelischer Zustand, der bei plötzlich auftretenden, unerwarteten und katastrophenartigen Ereignissen auftreten kann und mit Orientierungsverlust, Fassungslosigkeit, starker Erregung oder Erstarrung einhergeht.

■ **Schöffe,** ehrenamtlicher Richter in der Strafgerichtsbarkeit. Schöffen wirken in Strafverfahren bei den Amtsgerichten und den Kammern der Landgerichte (auch bei den Schwurgerichten, wo sie bis 1972 Geschworene hießen) in der Hauptverhandlung mit, in den Jugendgerichten als Jugendschöffen. Sie haben volle richterliche Unabhängigkeit und gleiches Stimmrecht wie die Berufsrichter. Sie werden aufgrund von Vorschlagslisten der Gemeinden (bei Jugendschöffen des Jugendwohlfahrtsausschusses) auf vier Jahre vom Schöffenwahlausschuss der Amtsgerichte gewählt. Das Amt des Schöffen ist ein Ehrenamt, das nur von Deutschen versehen werden kann und angenommen werden muss, falls keine Hinderungs- und Ablehnungsgründe vorliegen.

■ **Schogun** (Shōgun) [japanisch] *der,* erblicher Titel des Kronfeldherrn in Japan, der von 1192 bis 1867 anstelle des machtlosen Kaisers die Regierung **(Schogunat)** leitete.

■ **Schokolade,** ein Nahrungs- und Genussmittel, das aus Kakaomasse (nicht bei weißer Schokolade), Zucker, Kakaobutter, Milchprodukten sowie

Aromastoffen besteht. Häufig werden Nüsse, Rosinen u.a. zugesetzt oder sie enthält Füllungen.
Für die Herstellung von Schokolade werden die gemahlenen Kakaobohnen mit den übrigen Zutaten vermischt. Anschließend lässt man die Masse etwa 24 Stunden bei 25–50 °C reifen, wobei sie eine teigige Konsistenz erhält. Sie lässt sich danach direkt für einfache Schokolade-Erzeugnisse und als Kochschokolade verwenden. Die für Schmelzschokolade vorgesehenen Massen werden dagegen durch Knet- und/oder Rotationsapparate für mindestens 24 Stunden bei 60–85 °C vermischt und emulgiert. Zuletzt wird die Schokoladenmasse auf 27–29 °C temperiert und zu Tafeln vergossen.

■ **Scholastik** [griech.] *die,* die im Mittelalter an akademischen Schulen betriebene Philosophie und Theologie. Ziel der Scholastik war nicht Wahrheitsfindung, sondern die rationale Begründung, Deutung, Systematisierung und Verteidigung der Glaubenswahrheit unter Berufung auf maßgebliche Lehrmeinungen (Aristoteles, Augustinus). Bedeutende Scholastiker waren Albertus Magnus und sein Schüler Thomas von Aquin.

■ **Scholl, 1)** Hans, deutscher Widerstandskämpfer, *Ingersheim (heute zu Crailsheim) 22. September 1918, † (hingerichtet) München 22. Februar 1943. Er gründete als Medizinstudent (seit 1939) an der Münchner Universität die Widerstandsgruppe **»Weiße Rose«,** die sich gegen die nationalsozialistische Gewaltherrschaft wandte. Bei einer Flugblattaktion mit seiner Schwester Sophie wurde er am 18. Februar 1943 verhaftet und am 22. Februar vom Volksgerichtshof zum Tode verurteilt.

2) Sophie, deutsche Widerstandskämpferin, *Forchtenberg (Hohenlohekreis) 9. Mai 1921, † (hingerichtet) München 22. Februar 1943; Schwester von 1). Sie schloss sich als Studentin der Biologie und Philosophie (seit 1942) in München der von ihrem Bruder gegründeten Widerstandgruppe »Weiße Rose« an.

■ **Schollen,** eine Familie meerbewohnender Knochenfische mit zahlreichen Arten von etwa 25 cm bis über 2 m Länge. Die aus den Eiern hervorgegangenen kleinen Fische verändern während ihrer Entwicklung allmählich ihre Körperlage, indem sie sich mehr und mehr mit einer Körperseite zum Boden fortbewegen. Gleichzeitig wandern Augen und Nasenlöcher in die Mitte der nach oben gekehrten Seite, und die Oberseite nimmt nun Tarnfärbung an. Schollen ernähren sich von Muscheln, Würmern und kleinen Krebsen. Als Speisefisch werden neben dem **Goldbutt** (Scholle im engeren Sinn; Länge 25–40 cm) auch die bis etwa 45 cm lange **Flunder** und die **Seezunge** geschätzt. Bis über 4 m Länge und 300 kg Gewicht erreicht der **Heilbutt**.

■ **Schönberg,** Arnold, österreichischer Komponist, *Wien 13. September 1874, † Los Angeles 13. Juli 1951. Er wirkte in Wien, Berlin und (nach 1933) in den USA als eine der führenden Musikpersönlichkeiten im 20. Jahrhundert. Schönberg komponierte nach spätromantischen Anfängen seit 1909 im freien atonalen Stil und seit 1920 in der von ihm entwickelten →Zwölftontechnik. Er schrieb Opern, Melodramen, Chor-, Orchester-, Klavierwerke und Kammermusik. Seine bedeutendsten Schüler waren Alban Berg und Anton von Webern. – Bild S. 146

■ **Schongauer,** Martin, deutscher Kupferstecher und Maler der Spätgotik, *Colmar um 1450, † ebenda 2. Februar 1491. Neben den wenigen erhaltenen Gemälden (darunter das in den 1930er-Jahren aufgedeckte Wandbild des Jüngsten Gerichts im Breisacher Münster und die »Maria im Rosenhag« in Sankt Martin in Colmar) sind vor allem seine rund 100 kleinformatigen, häufig als Vorlagen benutzten Kupferstiche (z.B. »Die große Kreuztragung«) von höchstem künstlerischen Rang.

■ **Schonung,** meist durch Umzäunung gegen Wildverbiss, Weidevieh, Betreten durch Menschen

Sie wurden am 22. Februar 1943 hingerichtet: **Hans Scholl** (in Uniform), seine Schwester **Sophie Scholl** und der Medizinstudent Christoph Probst; das Flugblatt vom 18. Februar 1943 beginnt mit dem Appell »Wollen wir den niedrigen Machtinstinkten einer Parteiclique den Rest der deutschen Jugend opfern? Nimmer mehr! Der Tag der Abrechnung ist gekommen, der Abrechnung der deutschen Jugend mit der verabscheuungswürdigsten Tyrannis, die unser Volk je erduldet hat.«

Arnold Schönberg, der sich der Musik von Johann Sebastian Bach bis Gustav Mahlers verpflichtet fühlte, führte mit einem Verfahren, das mit nur zwölf aufeinander bezogenen Tönen arbeitet, eine Wendung in der Musik ein, die man Zwölftonmusik nennt; der 1933 aus Deutschland vertriebene, später als amerikanischer Staatsbürger lebende Komponist verstand das Malen als Musikmachen mit Farben; hier ein Selbstporträt aus dem Jahr 1910, etwa um die gleiche Zeit porträtierte er auch seinen Schüler Alban Berg

und Befahren geschützte Anpflanzung junger Waldbäume.

Schonzeit, Zeitraum, in dem die jagdbaren Tiere (auch Fische) nicht gejagt oder gefangen werden dürfen. Im Bundesjagdgesetz sind bestimmte Zeiten festgesetzt, in denen Jagd und Fischerei verboten sind. Schonzeit bei jagdbaren Tieren ist oft die Zeit der Jungtiere, die Paarungszeit und die winterliche Notzeit, bei Fischen die Laichzeit.

Schopenhauer, Arthur, deutscher Philosoph, *Danzig 22. Februar 1788, †Frankfurt am Main 21. September 1860. Seine Philosophie knüpft an Platon, Kant und den Buddhismus an und ist von Pessimismus geprägt. Sein Hauptwerk ist »Die Welt als Wille und Vorstellung« (1819). Nach Schopenhauers Auffassung existiert die Welt, wie wir sie erleben, nur in unserer Vorstellung; gleichzeitig aber sind wir und die Welt die Produkte eines blinden göttlichen Willens. So hat die Weltgeschichte keinerlei Sinn, und auch das Leid der Menschen kann nur in einem Zustand der Bewusstlosigkeit, ähnlich dem Nirwana des Buddhismus, aufgehoben werden.

Schorf, **1)** *Botanik:* durch verschiedene Pilze verursachte Pflanzenkrankheiten, wobei die befallenen Teile raue, dunkle Flecken aufweisen. Die Früchte bleiben klein und werden rissig.
2) *Medizin:* (Borke, Grind, Kruste), durch Blutbeimengung und Wundsekret unterschiedlich gefärbter Wundbelag.

Schostakowitsch, Dmitri Dmitrijewitsch, russischer Komponist, *Sankt Petersburg 25. September 1906, †Moskau 9. August 1975. Er schrieb u.a. Opern, Ballette, 15 Sinfonien und 14 Streichquartette. Trotz starken politischen Drucks gelang es Schostakowitsch, vor allem in der Orchester- und Kammermusik eine persönliche und zugleich weithin anerkannte musikalische Sprache zu entwickeln.

Schote, aus zwei Fruchtblättern hervorgegangene längliche Kapselfrucht, die sich mit zwei von der Scheidewand ablösenden Klappen öffnet. Häufig sind Schoten bei Kreuzblütlern, z. B. bei Senf und Rettich.

Schotten [niederdeutsch], wasserdichte Querwände in Schiffen, die den Schiffskörper in Abschnitte unterteilen. Bei Wassereinbruch werden alle Schotttüren von der Kommandobrücke aus ge-

Der von den Verhältnissen in der Sowjetunion bedrängte Komponist Dimitri Schostakowitsch – hier auf einem aussagekräftigen Porträt eines Landsmannes – musste schwierige Gratwanderungen bestehen; dass Schostakowitsch die Welt der Musik mit ganz außergewöhnlichen Werken bereichert hat, steht inzwischen außer Frage

Schraube

Auch wenn ihm die reine Mathematik das Liebste war, befasste sich der griechische Mathematiker und Physiker Archimedes mit deren praktischer Anwendung und machte viele mechanische Gesetze ausfindig. So auch die Kraft einer Schraube zum Fördern von Wasser. Noch heute benutzen ägyptische Bauern zur Bewässerung ihrer Felder die hier abgebildete archimedische Schraube: In einem großen Holzzylinder dreht sich eine hölzerne Schraube, die mit dem unteren Ende im Wasser liegt und durch die Drehbewegung Wasser innerhalb ihres Gewindes nach oben fördert.

Von diesem Prinzip machen wir seit Archimedes' Zeiten regen Gebrauch. Es ist also durchaus treffend, die Schraube als kleine Maschine zu bezeichnen: sie steckt in

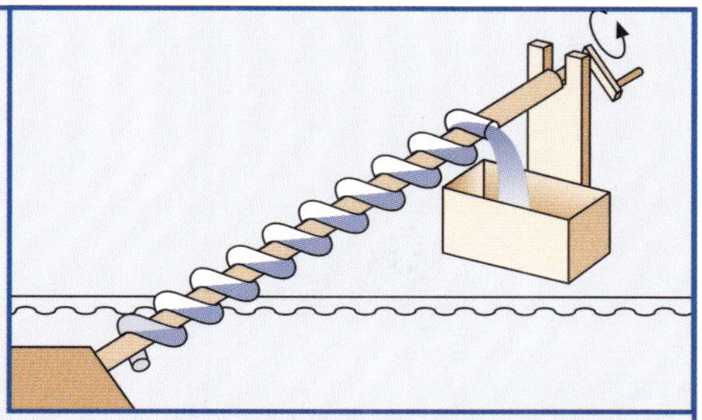

zahlreichen Geräten als treibende Kraft. Beim Mikrometer etwa entspricht jede Umdrehung einer bestimmten Strecke: so kann man kleine Abstände sehr genau messen. Wagenheber und Schraubzwinge funktionieren ebenfalls nach dem Prinzip des Archimedes. Und auch die Entfernungseinstellung in Fotoapparaten arbeitet mit einem Schraubgewinde.

schlossen, sodass das Wasser nicht in alle Räume eindringen kann.

■ **Schottland,** Landesteil von Großbritannien und Nordirland, der den Nordteil der britischen Hauptinsel, einschließlich der Hebriden, Orkney- und Shetlandinseln, umfasst, mit 79 826 km² (davon sind 1 692 km² Binnengewässer) und 5,12 Mio. Einwohnern. Die Hauptstadt ist Edinburgh, die größte Stadt Glasgow. Schottland ist im Wesentlichen Gebirgsland. Der Norden besteht hauptsächlich aus den unwirtlichen, von Moor und Heide bedeckten Highlands (Hochländer), an die sich südlich die dicht besiedelten Lowlands (Tiefländer) anschließen, wo es Steinkohlenbergbau, Hüttenwerke sowie bedeutenden Schiff- und Maschinenbau gibt. Von den Bohrstellen in der Nordsee werden Erdöl und Erdgas durch Pipelines zu den Orkney- und Shetlandinseln sowie zum Festland gepumpt.

Geschichte: Im Altertum war Schottland von einem (vorkeltischen oder keltischen) Volk bewohnt, das die Römer, die Britannien erobert hatten, Pikten (= die Bemalten) nannten und gegen das sie zwei Schutzwälle errichteten, den Hadrianswall und den Antoninuswall (Piktenwall). Im 5./6. Jahrh. n. Chr. wanderten die Skoten, die dem Land den Namen gaben, aus Irland ein und gründeten das Königreich Dalriada, zu dem außer Teilen Nordirlands auch Nordwestschottland und die benachbarten Inseln gehörten. Im 9. Jahrh. wurden Dalriada und das Reich der Pikten zu einem Königreich vereinigt, das seine Unabhängigkeit gegenüber England erfolgreich verteidigte. Im 16. Jahrh. setzte sich die Reformation in Schottland durch. Die katholische Königin Maria Stuart wurde gestürzt, doch ihr Sohn wurde 1603 als Jakob I. König von England und Schottland; 1707 wurde Schottland endgültig mit England (und Wales) zum Königreich Großbritannien vereinigt. 1999 wurde das schottische Parlament mit begrenzten Autonomierechten wieder errichtet.

■ **Schraube,** ein zylindrischer Metallbolzen, in den ein Gewinde geschnitten ist. Schrauben werden zur lösbaren Verbindung zweier Teile verwendet. Die Kopfform der Schraube ist je nach Verwendungszweck verschieden (Sechskantschrauben, Innensechskantschrauben, Senkkopfschraube mit Schlitz u. a.). Stiftschrauben haben keinen Kopf. Auf den Schraubenbolzen wird die Mutter mit einem entsprechenden Innengewinde geschraubt. Holzschrauben haben einen kegelförmigen Schraubenbolzen mit scharfkantigem Gewinde. Sie werden direkt in das Holz geschraubt. Schrauben werden mit dem **Schraubenzieher** oder dem **Schraubenschlüssel** festgedreht und gelöst.

■ **Schredder** (engl. Shredder) *der,* eine Anlage, mit der Autowracks und andere sperrige Blech- oder Metallgegenstände zerkleinert werden. Kunststoff-, Textil- und andere Teile werden abgesaugt, in einer Magnetanlage wird Eisenschrott von Nichteisenmetallen getrennt. Aluminium und Magnesium werden in der Schwimm-Sink-Anlage herausssortiert.

■ **Schreibmaschine,** eine Büromaschine für maschinelle Schreibarbeiten, bei der durch Tasten-

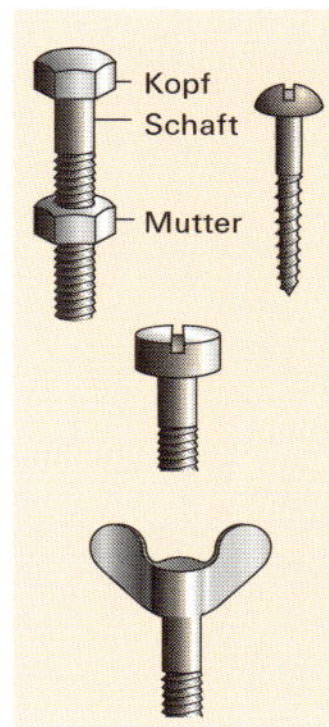

Von den zahlreichen Formen einer **Schraube** hier vier Beispiele: Maschinenschraube und Holzschraube, darunter eine Zylinderkopfschraube und eine Flügelkopfschraube

Wörter, die man unter Sch vermisst, suche man unter Sh

druck Buchstaben, Ziffern, Satzzeichen sowie Sonderzeichen (Typen) auf eingespanntes Papier »gedruckt« werden. Man unterscheidet nach der Arbeitsweise mechanische, elektrische und elektronische Schreibmaschinen. Als Schreibwerk besitzen mechanische Schreibmaschinen Typenhebel, elektrische Typenhebel oder einen Kugelkopf, elektronische ein Typenrad. Speicherschreibmaschinen mit Display und Speicher können an Computer u. a. angeschlossen werden.

■ **Schreitvögel,** meist große, an Ufern und in Sümpfen lebende hochbeinige Vögel, die einen langen Hals und einen langen, schmalen Schnabel besitzen. Sie leben teilweise in Kolonien. Zu den Schreitvögel gehören Störche, Ibisse, Löffler und Reiher. Reiher fliegen mit eingezogenem, die anderen mit gestrecktem Hals.

■ **Schrift,** nach bestimmten Regeln aneinander gefügte Wort- oder Lautzeichen. Die älteste Form ist die **Bilderschrift,** bei der einzelne Wörter durch vereinfachte und einheitlich gemalte oder in Stein

In der abendländischen Kultur legte man seit der Zeit der Karolinger Wert auf die korrekte Überlieferung einer **Schrift:** um Fehler zu korrigieren, verglich man penibel genau die verschiedenen Abschriften einer Handschrift; das Bild zeigt einen Magister der Universität Bologna bei seiner Arbeit, die man in der Fachsprache mit dem Wort »Kollationieren« bezeichnet

Bundestagswahl 1998: mit doppeltem Victory-Zeichen feiert **Gerhard Schröder** am 27. September in der Bonner SPD-Zentrale den Wahlsieg seiner Partei der neuen Mitte

gehauene Bilder wiedergegeben werden, die durch Aneinanderreihen in einen größeren Zusammenhang gestellt werden können. Eine solche Schrift entwickelten die Sumerer bereits um 3100 v. Chr.; auch die altägyptischen und hethitischen →Hieroglyphen und die chinesische Schrift sind Formen der Bilderschrift.

Eine Weiterentwicklung dieser Schriftart ist die **Keilschrift,** die einzelne Silben wiedergibt; sie wurde von den Völkern des Alten Orients (Babylonier, Assyrer, Sumerer) verwendet. Der entscheidende Schritt zur modernen Schrift war die von semitischen Völkern (Phönikern) um 1200 v. Chr. entwickelte, nur in Konsonanten (Mitlauten) geschriebene **Buchstabenschrift,** die im 11. Jahrh. v. Chr. von den Griechen entlehnt und, um die Vokale (Selbstlaute) erweitert, zum griechischen Alphabet (9. Jahrh. v. Chr.) umgeformt und ausgebaut wurde. Diese Schrift war der Ausgangspunkt für die Entwicklung der europäischen Schriftformen; die Slawen entwickelten daraus die →kyrillische Schrift, die italischen Völker (Etrusker und Latiner) die **lateinische Majuskelschrift,** die wiederum die Wurzel unseres Alphabets wurde.

1941 wurde in Deutschland als Schreibschrift die Deutsche Normalschrift eingeführt, die an die Stelle der Deutschen Schreibschrift (Sütterlinschrift) trat und im Wesentlichen dem lateinischen Alphabet entspricht.

■ **Schriftsprache** →Sprache

■ **Schröder,** Gerhard, deutscher Politiker (SPD), * Mossenberg (heute zu Blomberg, Kreis Lippe) 7. 4. 1944; Jurist. Er war 1978–80 Vorsitzender der Jungsozialisten (Jusos), 1980–86 und wieder seit 1998 Mitglied des Bundestages und 1990–98 Ministerpräsident von Niedersachsen. Als Bundeskanzler (seit 1998) bemüht er sich um innenpolitische, vor allem sozialpolitische Reformen. 1999 wurde er auch Bundesvorsitzender der SPD.

■ **Schrot,** aus Jagdflinten pro Schuss in großer Menge zu verschießende Bleikügelchen von 2,5–4 mm Durchmesser. Die Gesamtheit der in der Patronenhülse befindlichen Kügelchen wird als »Schrotladung« bezeichnet.

■ **Schub** (Schubkraft), die Vortriebskraft einer in entgegengesetzter Richtung beschleunigten Masse, durch die Raketen, Schiffe und Flugzeuge vorwärts bewegt werden (durch Strahl- oder Propelleranttrieb). Die Einheit des Schubs ist das Newton.

■ **Schubert,** Franz, österreichischer Komponist, *Lichtental (heute zu Wien) 31. Januar 1797, † Wien 19. November 1828. Seine Werke knüpfen an die Wiener Klassik an, tragen jedoch schon romantische Züge. Im Mittelpunkt seines Schaffens steht das Lied, das er zu höchster Vollendung führte. Seine Lieder zeichnen sich durch schlichte Melodieführung und kunstvolle Begleitmusik aus. Neben rund 630 Liedern schrieb Schubert auch bedeutende Kammermusik, Klavierwerke und neun Sinfonien. Bekannte Werke sind u. a. die Liederzyklen »Die schöne Müllerin« (1824) und »Die Winterreise« (1827), das Streichquartett »Der Tod und das Mädchen« (1817), das »Forellenquintett« (1819) und die »Unvollendete« (1822; Sinfonie in h-Moll).

■ **Schublehre** (Schieblehre), ein Gerät zur Längen- und Dickenmessung. Der zu messende Gegenstand wird zwischen zwei parallele Schneiden gebracht, von denen die eine fest steht, die andere verschiebbar ist. Auf einer Skala kann der Abstand der Messschneiden und damit die Länge oder Dicke des dazwischen liegenden Gegenstandes abgelesen werden. Für kleine Abmessungen verwendet man das **Mikrometer**.

■ **Schüchternheit,** die Hemmung, auf jemanden zuzugehen, ihn anzusprechen, bestimmte Forderungen zu stellen oder sich durchzusetzen, vor allem dann, wenn man die Aufmerksamkeit anderer Personen auf sich gerichtet fühlt. Schüchternheit ist meist ein Zeichen geringen Selbstwertgefühls und wird häufig von starker nervlicher Erregung, unwillkürlichem Erröten und anderen körperlichen Symptomen begleitet.
Massive Schüchternheit kann unterschiedliche seelische Ursachen haben und in manchen Fällen nur durch eine psychotherapeutische Behandlung überwunden werden.

■ **Schuldunfähigkeit,** die mangelnde Fähigkeit, das Unrecht einer Tat einzusehen und nach dieser Einsicht zu handeln. Schuldunfähig sind Kinder (unter 14 Jahren), Jugendliche (zwischen 14 und 18 Jahren), wenn das Gericht die Schuldunfähigkeit festgestellt hat, sowie Personen über 18 Jahren, deren Einsichts- und/oder Steuerungsfähigkeit bei der Tat aufgehoben war. Die Schuldunfähigkeit hat zur Folge, dass der Täter strafrechtlich nicht zur Verantwortung gezogen werden kann.

Für **Franz Schubert,** der von der Hand in den Mund lebte, spielte sein Verehrerkreis eine wichtige Rolle; in diesem Kreis erklangen seine Werke, für die sich zu Lebzeiten des Komponisten kein Verlag finden ließ; die regelmäßig stattfindenden geselligen Veranstaltungen, die »Schubertiaden«, waren beim Wiener Publikum heiß begehrt; das Gemälde gibt die Stimmung einer solchen Schubertiade wieder

Allein von Goethe hat **Franz Schubert** rund 80 Gedichte vertont; die Lyrik Goethes war es auch, die den jungen Schubert zu ersten Meisterstücken seiner Liedkunst inspiriert hat: den »Erlkönig« komponierte er im Alter von 18 Jahren, das »Gretchen am Spinnrad« ein Jahr zuvor

■ **Schule,** Institution, in der in der Regel Kinder und Jugendliche, seltener auch Erwachsene gemeinsam an planmäßigem Unterricht durch Lehrer teilnehmen.
Nach Schulstufen gliedert sich das Schulwesen in die Primarstufe (1.–4. Schuljahr), die Sekundarstufe I (5.–10. Schuljahr) und die Sekundarstufe II (11.–13. Schuljahr).
Nach Schultypen unterscheidet man allgemein bildende und berufsbildende Schulen. Die **allgemein bildenden Schulen** gliedern sich in Grundschule (1.–4. Schuljahr), Hauptschule (5.–9. bzw. 10. Schuljahr), Realschule (5.–10. Schuljahr), Gesamtschule (5.–10. bzw. 13. Schuljahr) und Gymnasium (5.–13. Schuljahr). Der mindestens neunjährige Besuch allgemein bildender Schulen ist in Deutschland, Österreich und in der Schweiz Pflicht.
Das **berufsbildende Schulwesen** umfasst z. B. Berufsschule, Berufsfachschule, Fachoberschule, Fachgymnasium und Fachschule.
Für behinderte Kinder und Jugendliche steht ein differenziertes System von Sonderschulen zur Verfügung.
Schulen können unter öffentlicher (staatlicher) oder privater (z. B. kirchlicher) Trägerschaft stehen.

Aufgrund der Kulturhoheit der Länder ist das Schulwesen in Deutschland Sache der Bundesländer, eingeschränkt lediglich durch die Aufsicht des Staates über das gesamte Schulwesen sowie das Elternrecht, das den Eltern beispielsweise die freie Wahl zwischen den verschiedenen Bildungswegen garantiert.

■ **Schüleraustausch,** Begegnungen zwischen Schülern verschiedener Nationen, die sich gegenseitig einladen. Der Schüleraustausch soll dem internationalen Kennenlernen, dem Erlernen von Fremdsprachen und dem Verständnis des fremden und eigenen Kulturkreises dienen.

■ **Schülermitverwaltung,** die Beteiligung der Schüler an der Gestaltung des Schullebens im Sinne einer Demokratisierung und der praktischen Einübung in gemeinschaftsbezogenes und verantwortliches Denken und Handeln. Mitwirkungsorgane der Schüler sind z. B. die Ämter des Klassen- und Schulsprechers, Schülerversammlungen, Schülerrat und Schulkonferenz. Sie haben meist mitwirkende Funktionen auf verschiedenen Ebenen (z. B. Klasse, Kurs, Jahrgang, Schule, Kreis, Bezirk, Land), die in den einzelnen Bundesländern unterschiedlich geregelt sind.

Ein Bild aus längst vergangenen Zeiten der **Schule:** die Schiefertafel

Dieses Gemälde eines schweizerischen Malers gibt die Stimmung in einer **Schule** gegen Ende des 19. Jahrhunderts wieder

■ **Schulfähigkeit** (Schulreife), der körperliche, geistig-seelische und soziale Entwicklungsstand eines Kindes, der als Voraussetzung für das Erreichen der Unterrichtsziele im ersten Schulabschnitt erforderlich ist.

■ **Schulfernsehen,** die von den öffentlichen Rundfunkanstalten übertragenen, für den Schulunterricht geeigneten Fernsehsendungen, die durch den Lehrer (wie andere Unterrichtsfilme auch) in seinen Unterricht einbezogen werden können. Dabei wird oft, wie beim auf die Bedürfnisse des zweiten Bildungsweges zugeschnittenen Telekolleg, entsprechendes Begleitmaterial mitgeliefert.

■ **Schulfunk,** die von öffentlichen Rundfunkanstalten ausgestrahlten Hörfunkangebote, die in erster Linie der Ergänzung und Vertiefung des Schulunterrichts dienen sollen. Die Programme werden altersentsprechend und mit den charakteristischen Mitteln des Hörfunks (Interview, Reportage, Hörspiel, Musik) gestaltet und durch Beihefte mit zusätzlichen Informationen ergänzt.

■ **Schuljahr,** ein in Deutschland einheitlich vom 1. August bis 31. Juli des folgenden Jahres reichender Schulabschnitt, in dem der im Jahresstoffplan beschriebene Unterrichtsstoff vermittelt wird und die Leistungen des Schülers abschließend bewertet werden.

■ **Schullandheime,** Einrichtungen in ländlichen Regionen, die als mehrtägige oder mehrwöchige Aufenthaltsorte von Schulklassen unter Begleitung ihrer Lehrer genutzt werden. Zu den pädagogischen Zielen gehören neben der Förderung des Gemeinschaftserlebnisses auch die Erkundung der neuen Umgebung. Methodisch stehen Arbeits- und Gruppenunterricht sowie Projektarbeit im Vordergrund.

■ **Schulpflicht,** die in den Schulgesetzen der Bundesrepublik Deutschland geregelte Pflicht zu einem Mindestschulbesuch. Die Schulpflicht ist an einer öffentlichen Schule oder einer anerkannten Privatschule zu erfüllen. Die allgemeine Schulpflicht beginnt mit der Vollendung des 6. Lebensjahres zum 1. August desselben Jahres und erstreckt sich auf mindestens neun Jahre. Es schließt sich eine dreijährige Berufsschulpflicht an, die mit der Vollendung des 18. Lebensjahres endet, falls kein Ausbildungsverhältnis besteht. Für die Erfüllung der Schulpflicht sind die Erziehungsberechtigten verantwortlich. Bei Nichteinhaltung der Schulpflicht ist der Staat berechtigt, schulpflichtige Kinder und Jugendliche der Schule zwangsweise zuzuführen.

■ **Schumacher, 1)** Kurt, deutscher Politiker (SPD), *Culm (heute Woiwodschaft Thorn, Polen) 13. Oktober 1895, †Bonn 20. August 1952. Schumacher, der im Zweiten Weltkrieg schwer verwundet worden war, wurde 1930 in den Deutschen Reichstag gewählt. Während des Nationalsozialismus war er von 1933 an interniert, 1935–43 im Konzentrationslager Dachau. 1946 wurde er Vorsitzender der SPD der Westzonen und setzte sich erfolgreich gegen eine Verschmelzung von SPD und KPD ein. Seit 1949

Eine einmalige Verbindung: das Künstlerehepaar **Clara Schumann** und **Robert Schumann**; die Lithographie entstand um das Jahr 1850

war er Vorsitzender der SPD-Bundestagsfraktion und entschiedener Gegner der Politik Adenauers.

2) Michael, deutscher Automobilrennfahrer, *Hürth 3. Januar 1969, Schumacher fährt seit 1991 in der Formel 1; hier war er 1994 und 1995 Weltmeister auf Benetton-Ford sowie 2000 und 2001 auf Ferrari. 1995 wurde er zum Deutschen Sportler des Jahres gewählt.

■ **Schumann, 1)** Clara, geborene Wieck, deutsche Pianistin, , *Leipzig 13. 9. 1819, †Frankfurt am Main 20. 5. 1896; Frau von 2). Als Klavierschülerin ihres Vaters Friedrich Wieck unternahm sie ab 1830 internationale Konzertreisen. Sie war eine hervorragende Interpretin Beethovens, Chopins und Robert Schumanns sowie des gemeinsamen Freundes Brahms. Ihre Komponistentätigkeit beendete sie nach dem Tod ihres Mannes.

2) Robert, deutscher Komponist, *Zwickau 8. Juni 1810, †Endenich (heute zu Bonn) 29. Juli 1856; Mann von 1). Schumann war einer der bedeutendsten Vertreter der musikalischen Romantik. Im Mittelpunkt seines Schaffens stehen Lieder und Klavierwerke (»Phantasiestücke«, 1837; »Kinderszenen«, 1838; »Kreisleriana«, 1838). Daneben komponierte er u. a. vier Sinfonien, Kammermusik, Instrumentalkonzerte (u. a. Klavierkonzert in a-Moll, Cellokonzert in a-Moll).

■ **Schumanplan,** von dem französischen Außenminister Robert Schuman (1886–1963) am 9. Mai 1950 vorgelegter Plan einer westeuropäischen Gemeinschaft für Kohle und Stahl, der später in der Montanunion verwirklicht wurde.

■ **Schuppen,** dachziegelartige Plättchen auf der Haut mancher Tiere. Sie bestehen bei Fischen aus Knochen, bei den Reptilien aus Horn und dienen als Schutz vor Verletzungen (Fische) und vor dem Austrocknen (Reptilien). Schmetterlinge haben auf den Flügeln Schuppen aus Chitin, die oft in vielen Farben schillern. Aus den Schuppen der Reptilien haben sich im Verlauf der Stammesgeschichte die →Haare der Säugetiere und die →Federn der Vögel entwickelt. – Bild S. 152

■ **Schüttelfrost,** starkes Kältegefühl mit heftigem Muskelzittern (besonders der Arme und Beine) und eventuell auch Zähneklappern, das häufig zu Beginn von schnell ansteigendem →Fieber auftritt. Dem Schüttelfrost folgt ein starkes Hitzegefühl, da durch das Muskelzittern Wärme entsteht. Später kommt es zu Schweißausbruch mit einem Abfall der Körpertemperatur.

■ **Schütz,** Heinrich, deutscher Komponist, *Köstritz 14. Oktober 1585, †Dresden 6. November 1672. Schütz war der bedeutendste Meister vokaler protestantischer Kirchenmusik vor Johann Sebastian Bach. Er schrieb u. a. Motetten, Passionen und Sologesänge.

■ **Schutzimpfung,** zum Schutz gegen bestimmte Infektionskrankheiten vorgenommene Immunisierung (→Impfung). Schutzimpfungen können beim Auftreten von Epidemien angeordnet werden; beim Einreisen in bestimmte Länder sind Schutzimpfungen oft Pflicht oder empfehlenswert.

■ **Schwaben,** von den →Sweben abgeleiteter, ursprünglich für die Bevölkerung des alten Herzogtums Schwaben verwendeter Volksname, der ab etwa 900 die alte Stammesbezeichnung Alemannen verdrängte. Heute versteht man unter Schwaben nur noch die schwäbisch sprechenden Bewohner Altwürttembergs, Oberschwabens und des bayerischen Schwaben (bis zum Lech).

■ **Schwaben,** ehemaliges deutsches Herzogtum, das im frühen 10. Jahrh. entstand und das Elsass, den westlichen Bodenseeraum, die Baar sowie das Gebiet der oberen Donau und des oberen Neckars umfasste. 1079 kam das Herzogtum an die Staufer; nach deren Aussterben (1268) zerfiel es in mehrere Territorien.

■ **Schwäbische Alb,** Mittelgebirge in Süd-

Kurt Schumacher, der lange Jahre im Konzentrationslager Dachau zubringen musste, war in den Jahren 1949–52 der erste Oppositionsführer im Deutschen Bundestag; Adenauers Politik der Westbindung lehnte er ab, weil sie die Chancen einer baldigen Wiedervereinigung Deutschlands zunichte machte, und er trat auch gegen die Wiederherstellung eines privatkapitalistischen Wirtschaftssystems an; beide Positionen wurden von der SPD 1959/60 aufgegeben

westdeutschland, das sich vom Hochrhein nach Nordosten bis zum Nördlinger Ries erstreckt. Höchste Erhebung ist mit 1015 m der Lemberg.

■ **Schwalben,** gesellig lebende, 10–23 cm lange Singvögel, die im September nach Afrika ziehen und Anfang April zurückkehren. Mit ihren langen, schmalen Flügeln und dem gegabelten Schwanz sind die Schwalben sehr schnelle und gewandte Flieger. Ihre Nahrung (Fliegen und Mücken) erbeuten sie fliegend. Zwei- bis dreimal im Jahr ziehen die Schwalben vier bis fünf Junge auf.

Eine besondere Schwalbe ist die Uferschwalbe mit ihrem oberseits braunen, unterseits von einem braunen Brustband unterbrochenen weißen Gefieder; in Scharen gräbt der Vogel zum Nisten röhrenförmige Gänge in senkrechte Erdwände an Flussufern und Küsten

■ **Schwämme,** ein Stamm der Wirbellosen mit fast 5000 Arten, unter 1 cm bis über 2 m groß. Schwämme leben meist im Meer; sie sitzen fest an einer Stelle und sind oft leuchtend gefärbt. Sie haben keine Nerven, keine Muskeln und keine Organe. Das Wasser spült ihre Nahrung (Einzeller) durch Poren ins Innere. Meist haben Schwämme ein Skelett aus Kalk und Kieselsäure. Sie vermehren sich teils geschlechtlich, teils ungeschlechtlich (durch Knospung).

■ **Schwäne,** weltweit (mit Ausnahme von Afrika) verbreitete, bis fast 1,8 m lange Zugvögel, die zu den Gänsen gezählt werden. Sie fliegen stets mit horizontal ausgestrecktem Hals und lassen (je nach Art) trompetentonartige Rufe ertönen. In Deutschland hat sich der weiße **Höckerschwan** mit orangefarbenem Schnabel, der oben einen schwarzen Höcker hat, eingebürgert. Die Männchen sind besonders in der Brutzeit (von April bis Juni) leicht reizbar und angriffslustig. In einem aus Schilfhalmen errichteten Bodennest werden fünf bis sieben Eier ausgebrütet.

Schwämme bestehen aus einer vielzelligen Körperhülle; der hier abgebildete Schwamm lebt in einem Korallenriff

Mit prachtvollen Schuppen zeigt sich das in Afrika südlich der Sahara und in Südasien lebende Schuppentier; das auch Tannenzapfentier genannte Säugetier mit dem auffällig kleinen Kopf und der langen Zunge ernährt sich von Ameisen und Termiten, deren Bauten es mit den Grabklauen der Vorderfüße aufbricht

■ **Schwangerschaft,** die Zeitspanne, in der eine befruchtete Eizelle im Körper einer Frau bis zur →Geburt eines Kindes heranwächst. Voraussetzung einer Schwangerschaft ist die →Befruchtung einer Eizelle.

Die Schwangerschaft ist mit erheblichen körperlichen Veränderungen bei der Frau verbunden und dauert durchschnittlich 280 Tage (40 Wochen oder neun Kalendermonate). Erstes Anzeichen ist das Ausbleiben der →Menstruation. Es gibt verschiedene Testmethoden, in denen durch Untersuchung des Urins der Frau schon in den ersten Wochen festgestellt werden kann, ob eine Schwangerschaft besteht. Sichere Zeichen sind die Feststellung der kindlichen Herztöne, das Tasten von kindlichen Körperteilen oder Bewegungen oder der Nachweis der Frucht in der Gebärmutter mithilfe von Ultraschall.

Etwa am sechsten Tag nach der Befruchtung nistet sich der Keim in der Schleimhaut der Gebärmutter ein. Die befruchtete Eizelle hat sich auf ihrem Weg hierher schon mehrfach geteilt. An der Einnistungsstelle entsteht der **Mutterkuchen** (Plazenta), der dem Stoffaustausch zwischen mütterlichem und kindlichem Blut dient. Die Verbindung zwischen Mutterkuchen und Kind ist die **Nabelschnur**. Nach der Geburt wird sie durchtrennt; ihre Ansatzstelle bleibt als Nabel sichtbar.

Die ersten Schwangerschaftsmonate, in denen der Keimling **Embryo** genannt wird, sind entscheidend für die Ausbildung der Organe. Die Herztöne sind mithilfe des Ultraschall-Echoverfahrens ab der achten Woche zu hören. Am Ende der zwölften Woche sind sämtliche Organe angelegt, und der Embryo (von nun an **Fötus** genannt) ist etwa 9 cm lang. In

den folgenden Monaten nehmen vor allem Größe und Gewicht des Kindes zu.
Während der Schwangerschaft schwimmt der Keimling im Fruchtwasser in der Fruchtblase. Er wird dadurch vor Stoß und Druck geschützt und kann sich bewegen. Im fünften Monat der Schwangerschaft kann die Frau die Bewegungen des Fötus deutlich spüren. Dem Wachstum des Kindes entsprechend vergrößert sich auch die Gebärmutter der Schwangeren und verdrängt andere Organe (besonders Darm, Blase). Am Ende des neunten Monats wird das Kind geboren. Ein gesundes Neugeborenes wiegt etwa 3200 g und ist etwa 50 cm lang.

■ **Schwạngerschaftsabbruch** (Abtreibung), die vorzeitige, künstlich herbeigeführte Beendigung einer intakten →Schwangerschaft. Der mit Einwilligung der Schwangeren von einem Arzt vorgenommene Schwangerschaftsabbruch erfolgt bis zum 3. Schwangerschaftsmonat durch Absaugen des Gebärmutterinhalts oder durch Ausschabung, danach durch die Einnahme wehenauslösender Hormone.
In Deutschland ist der Schwangerschaftsabbruch zwar grundsätzlich rechtswidrig; ein innerhalb von zwölf Wochen nach Beginn der Schwangerschaft vorgenommener Schwangerschaftsabbruch bleibt jedoch straffrei, wenn sich die Schwangere mindestens drei Tage vor dem Eingriff bei einer anerkannten Beratungsstelle hat beraten lassen, wenn die Schwangerschaft auf einer Vergewaltigung beruht, wenn sich durch die Schwangerschaft nicht anders abwendbare Gefahren für das Leben oder den körperlichen und seelischen Gesundheitszustand der Schwangeren ergeben oder wenn die Gefahr einer schwerwiegenden, nicht behebbaren Gesundheitsschädigung des Kindes während der Schwangerschaft besteht.

Wie alle **Schwäne** lebt der hier abgebildete Höckerschwan in strenger Einehe; das mit dem Weibchen übereinstimmend gefärbte Männchen erkennt man, wenn es in Angriffsstimmung ist, an den segelartig über dem Rücken aufgestellten Flügeln

■ **Schwạnk,** scherzhafte Erzählung in Vers oder Prosa, in der meist eine Person eine andere überlistet. Schwänke waren im Mittelalter und besonders im 16. Jahrh. beliebt und verbreitet. Die bekannteste Gestalt einer alten Schwanksammlung ist Till Eulenspiegel. Seit dem 19. Jahrh. ist Schwank auch Bezeichnung für ein lustiges Schauspiel.

■ **Schwạ̈rmer,** eine Familie der →Schmetterlinge.

■ **Schwạrzarbeit,** Sammelbezeichnung für verschiedene gesetzeswidrige Sachverhalte. Zu ihnen gehört z. B. die Tätigkeit oder Beschäftigung nicht deutscher Personen ohne Arbeitserlaubnis, die Beschäftigung von nicht bei der Sozialversicherung gemeldeten Arbeitnehmern sowie Ohne-Rechnung-Geschäfte selbstständiger Gewerbetreibender, die auf diese Art Steuern sparen.

■ **Schwạrze Lọ̈cher,** *Astronomie:* Bezeichnung für Masseverteilungen, deren Dichte und die daraus entstehende Gravitationskraft so groß ist, dass die zugehörige Entweichgeschwindigkeit größer als die Lichtgeschwindigkeit sein müsste. Aus Schwarzen Löchern kann nichts entweichen, nicht einmal Licht. Daher sind sie buchstäblich schwarz. Sie können als Endstadien massereicher Sterne entstehen, deren Masse größer ist als etwa 3,2 Sonnenmassen.

Der mit Ausnahme einer weißen Handschwinge schwarz gefiederte **Schwan** heißt Trauerschwan; er lebt in Australien und auf Tasmanien

■ **schwạrze Mẹsse** (Teufelsmesse), Feier, bei der der Teufel oder eine Hexe verehrt wird, mit Opfern und obszönen Ritualen als Verhöhnung der christlichen Messe.

■ **schwạrzer Freitag,** Bezeichnung für einen Kurszusammenbruch an der Börse. Der Name verbindet sich vor allem mit dem 25. Oktober 1929, einem Freitag, an dem die Aktienkurse an der Börse von New York stürzten und damit die Weltwirtschaftskrise ausgelöst wurde.

■ **Schwạrzes Meer,** Nebenmeer des Mittelmeeres, das im Süden an die Türkei, im Westen an Bulgarien und Rumänien und im Norden und Osten an die Ukraine, Russland und Georgien grenzt. Es ist 420 000 km² groß und bis zu 2 245 m tief; der Salzgehalt beträgt 1,5–1,8 % und ist somit geringer als der des Mittelmeeres (3,7 %), mit dem es durch den Bosporus, das Marmarameer und die Dardanellen verbunden ist. Der Fischfang beschränkt sich weitgehend auf Störe. Die größten Flüsse, die in das Schwarze Meer münden, sind Donau, Dnjepr und Don; bedeutende Häfen sind Odessa und Sewastopol (Ukraine), Konstanza Rumämien) und Warna (Bulgarien).

■ **Schwarzwald,** Mittelgebirge in Baden-Württemberg, am Südostrand des Oberrheinischen Tieflandes, zwischen dem Hochrhein und dem Kraichgau gelegen. Der Schwarzwald ist rund 160 km lang und 22–60 km breit; nach Westen fällt er steil ab, während er sich nach Osten allmählich abdacht. Die höchste Erhebung im Norden ist die Hornisgrinde (1163 m), im Süden (Hochschwarzwald) der Feldberg (1493 m). Das regenreiche Gebirge wird von zahlreichen Flüssen entwässert (u.a. von der Kinzig, der Murg, der Enz, den Donauquellflüssen und der Wutach) und ist zu rund 60 % bewaldet (hauptsächlich Nadelwald). Neben der feinmechanischen Industrie (Schwarzwälder Uhren) sind die Holz- und Papierindustrie von Bedeutung. Der Schwarzwald ist ein beliebtes Fremdenverkehrsgebiet mit zahlreichen Kurorten, Heilbädern und Wintersportplätzen.

■ **Schwarzwild,** in der Jägersprache Bezeichnung für das Wildschwein. Das Muttertier heißt Bache, das männliche Tier Keiler, die Jungtiere nennt man Frischlinge.

■ **Schwebebahn,** ein Beförderungsmittel mit Fahrzeugen, die an Seilen (→Seilbahn) oder einem festen Tragwerk hängend verkehren. Dazu gehören Kabinenbahnen wie die Hängebahn. Die 13,3 km lange **Wuppertaler Schwebebahn,** die auf einer Strecke von 10 km über der Wupper verläuft, verbindet die Stadtteile Barmen, Elberfeld und Vohwinkel für den öffentlichen Personennahverkehr.

Schweden

Flagge

Wappen

■ **Schweden,** Königreich in Nordeuropa, im Osten der Skandinavischen Halbinsel. Die Bevölkerung besteht überwiegend aus Schweden; nur im dünn besiedelten Norden leben Lappen und Finnen. Schweden ist zu 57 % bewaldet; das Klima zeichnet sich bei gemäßigten Sommern durch lange und strenge Winter aus. Etwa 6,6 % der Gesamtfläche werden durch Landwirtschaft genutzt. An Bodenschätzen werden hochwertige Eisenerze (vor allem aus Kiruna und Gällivare), ferner Gold-, Silber-, Blei-, Kupfer-, Zink-, Wolframerze und Pyrit abgebaut. Besonders entwickelt sind Hüttenwerke, Maschinen-, Schiff- und Fahrzeugbau sowie Holz- und Papierindustrie. Wichtige Häfen sind Göteborg, Stockholm und Malmö.

Schweden
Fläche 449 964 km²
Einwohner 8,863 Mio.
Hauptstadt Stockholm
Amtssprache Schwedisch
Nationalfeiertag 6. 6.
Währung 1 Schwedische Krone (skr) = 100 Öre
Zeitzone MEZ

Geschichte: Um 300 n. Chr. traten mit den Svear und Gauten (Göten) die ersten geschichtlich fassbaren Stämme in Mittelschweden auf. Das Königsgeschlecht der Ynglinger wird durch große Grabhügel, Kult- und Herrscherstätten und Schiffsbeisetzungen dokumentiert.

Im 10. Jahrh. bildete sich unter König Olaf III. Skötkonung (etwa 995–1022) ein Wahlkönigreich mit dem Mittelpunkt (Alt-)Uppsala. Im 11./12. Jahrh. christianisiert, wurde Schweden mit Norwegen und Dänemark vereint und erst im 16. Jahrh. unter König Gustav I. (1523–1560) aus dem Hause Wasa wieder selbstständig. Während seiner Regierungszeit wurde in Schweden die Reformation eingeführt.

Im 17. Jahrh. stieg Schweden zur Großmacht auf, besonders durch die Erfolge Gustavs II. Adolf (1611–32) im Dreißigjährigen Krieg. Seine Vormachtstellung verlor Schweden jedoch wieder im 2. Nordischen Krieg. 1809 musste Schweden Finnland an Russland abtreten. 1814 gewann es Norwegen, mit dem es bis 1904 verbunden blieb. Das jetzige Königshaus wurde begründet vom französischen Marschall Graf Bernadotte, der ab 1818 als König Karl XIV. Johann regierte (bis 1844).

Ein Kennzeichen der Politik Schwedens ist seine militärische Neutralität, die es auch im Ersten und Zweiten Weltkrieg bewahrte. In den Nachkriegsjahrzehnten wurde Schweden zum Musterland des modernen Wohlfahrtsstaats unter sozialdemokratischer Führung. König ist (seit 1973) Karl XVI. Gustav.

■ **Schwefel,** ein nicht metallisches chemisches Elemen. Es kommt zwar in mehreren Formen (Modifikationen) vor, jedoch ist die unter normalen Bedingungen beständige Modifikation des Schwefels

eine gelbe, rhombisch kristallisierende, in Wasser unlösliche Substanz (α-Schwefel). Schwefel steht in der Reihe der Häufigkeitsliste der chemischen Elemente auf der Erde an 15. Stelle (noch vor dem Kohlenstoff). In der Natur kommt Schwefel sowohl gediegen (in Sizilien und im Süden der USA) als auch in Form von mineralischen Sulfiden oder Sulfaten vor. Zu den mineralischen Sulfiden gehören die so genannten Glanze, Kiese und Blenden (z. B. Bleiglanz PbS, Kupferkies $CuFeS_2$ und Zinkblende ZnS). Wchtige mineralische Sulfate sind der Anhydrit (Calciumsulfat $CaSO_4$), Gips ($CaSO_4 \cdot 2H_2O$) und Baryt (Bariumsulfat $BaSO_4$). Darüber hinaus kommt Schwefel auch in der Form des (sehr giftigen) Schwefelwasserstoffs H_2S und Schwefeldioxids, vor allem in vulkanischen Gasen und Erdgasen, vor. Den größten Teil des Schwefels gewinnt man heute durch die Entschwefelung von Erdöl und Erdgas.
Schwefel ist die Grundsubstanz für viele in der chemischen Technik unentbehrliche Verbindungen. Aus nahezu 90% des Schwefels wird →Schwefelsäure hergestellt. Ferner findet Schwefel Verwendung bei der Vulkanisierung von Gummi, in der Kunststoffindustrie, bei der Herstellung von Schießpulver, zur Ausschwefelung von Weinfässern und in der Medizin zur Bekämpfung von Krätze und anderen Hautkrankheiten sowie im Weinbau zur Bekämpfung des Mehltaus bei Reben und Rosen. Viele organische Farbstoffe enthalten Schwefelverbindungen. Als Bestandteil von Aminosäuren und Vitaminen ist Schwefel im Pflanzen- und Tierreich weit verbreitet.

Schwefel
chemisches Symbol: S (von lat. Sulfur)
Ordnungszahl: 16
relative Atommasse: 32,06
Dichte (bei 20 °C; α-Schwefel): 2,07 g/cm³
Schmelzpunkt (α-Schwefel): 112,8 °C
Siedepunkt: 444,6 °C

■ **Schwefelsäure,** eine der wichtigsten und stärksten Säuren, H_2SO_4. Hoch konzentrierte Schwefelsäure ist eine ölige, farblose Flüssigkeit. Beim Vermischen mit Wasser kommt es zu einer Wärmeentwicklung. Daher darf man die konzentrierte Schwefelsäure nur vorsichtig in Wasser gießen (und nicht umgekehrt), weil es sonst zu einem Verspritzen der stark ätzenden Säure und damit zu unter Umständen schweren Verletzungen kommt.
Bei der Herstellung der Schwefelsäure wird Schwefeldioxid (SO_2) katalytisch zu Schwefeltrioxid (SO_3) oxidiert, das in Schwefelsäure aufgelöst wird. Durch Verdünnen dieser Lösung werden Schwefelsäuren mit verschiedener Konzentration hergestellt.
Schwefelsäure ist eine wichtige Grundchemikalie für die chemische Industrie. Sie dient u. a. zur Herstellung von Düngemitteln, Kunststoffen, Waschmitteln, Farbstoffen und für die Gewinnung von Weißpigment (Titandioxid). Aus ökologischen Gründen wird ein großer Teil der Abfallsäuren wieder zurückgewonnen. Die Salze der Schwefelsäure sind die Sulfate.

Schweine: Wie alle Säugetiere genießen diese Ferkel eines Hausschweins das Saugen an den Milchdrüsen ihrer Mutter

■ **Schwefelwasserstoff,** ein farbloses, brennbares, wie faule Eier riechendes, sehr giftiges Gas, chemische Formel H_2S. Schwefelwasserstoff kommt in Vulkan- und in Erdgasen vor. Auch bei der Verwesung von Proteinen wird er gebildet. Aus dem natürlich oder technisch anfallenden Schwefelwasserstoff wird hauptsächlich Schwefel oder Schwefeldioxid gewonnen.

■ **Schweine,** eine weltweit verbreitete Familie nicht wiederkäuender Paarhufer mit neun Arten. Das **Fluss-** oder **Buschschwein** bewohnt Afrika südlich der Sahara sowie Madagaskar. Das **Warzenschwein** lebt in afrikanischen Savannen. Der breite Kopf trägt 3–4 Paar Hauthöcker. Das **Riesenwaldschwein** Zentralafrikas ist mit einer Rückenhöhe bis 110 cm eines der größten Schweine.
Aus dem **Europäischen Wildschwein** (→Wildschwein) ging das **Hausschwein** mit seinen vielen Rassen hervor. Es ist etwa 50–180 cm lang, trägt auf kurzen Beinen einen plumpen Körper mit kurzem Kopf und kleinem, geringeltem Schwanz. Die Haut

In dem 1931 erschienenen Buch »Aus meinem Leben und Denken« erklärt **Albert Schweitzer** den Leitsatz seines Lebens: »Ehrfurcht vor dem Leben«; das Foto zeigt den in einem elsässischen Dorf aufgewachsenen Urwaldarzt gegen Ende seines neunzigjährigen Lebens

ist nur wenig behaart (Borsten). Der Rüssel endet in einer beweglichen, knorpeligen Scheibe; Gehör-, Geruchs- und Tastsinn sind sehr gut entwickelt. Das Hausschwein tritt mit der dritten und vierten Zehe auf. Ein- bis zweimal jährlich wirft es sechs bis zwölf Ferkel. Es ist wirtschaftlich überaus wichtig (Lieferant von Fleisch, Fett, Leder und Borsten).

■ **Schweiß,** die zu 99 % aus Wasser bestehende Absonderung der **Schweißdrüsen**. Der Schweiß enthält neben Wasser Mineralsalze (vor allem Kochsalz) sowie geringe Mengen organischer Verbindungen (u. a. Harnstoff). Die Schweißdrüsen sind über die ganze Haut des Menschen verbreitet, an einigen Körperstellen sind sie gehäuft. Sie entlasten die Nieren bei der Ausscheidung. In erster Linie jedoch dient das Schwitzen der Regulierung der Körpertemperatur (Verdunstungskälte).

■ **Schweißen,** das Verbinden metallischer Werkstoffe sowie thermoplastischer Kunststoffe durch Wärme (Schmelzschweißen) oder Wärme und Druck (Pressschweißen).

Beim **Pressschweißen** werden die beiden zu verbindenden Teile an der Verbindungsstelle so stark erhitzt, dass sie teigig werden und unter starkem Druck zusammengepresst werden können. Nach der Abkühlung sind sie fest miteinander verbunden. Beim **Schmelzschweißen** werden die beiden zu verbindenden Teile an der Verbindungsstelle so stark erhitzt, dass sie flüssig werden. Sie fließen ineinander, wobei meist noch ein Zusatzstoff (Schweißdraht) mit eingeschmolzen wird.

Das Erhitzen der Schweißstelle erfolgt entweder durch eine Gasflamme (autogenes Schweißen) oder durch elektrischen Strom (Widerstandsschweißen, Lichtbogenschweißen).

■ **Schweißhunde,** Hunde, die darauf abgerichtet sind, den Schweiß (das heißt das Blut) von angeschossenem Wild aufzuspüren.

■ **Schweitzer,** Albert, elsässischer evangelischer Theologe, Musiker, Arzt und Philosoph, * Kaysersberg (bei Colmar) 14. Januar 1875, † Lambarene (Gabun) 4. September 1965. Schweitzer studierte zuerst Theologie, dann Medizin und ging 1913 als Missionsarzt nach **Lambarene,** wo er ein großes Tropenkrankenhaus mit einer Leprastation aufbaute. Um die Geldmittel dafür zu beschaffen, unternahm er Vortragsreisen, gab Orgelkonzerte und machte so auf seine Arbeit und die Not der Eingeborenen aufmerksam. Auch als Theologe war Schweitzer von Bedeutung. Er lehrte und lebte einen »christlichen Humanismus«, der sich auf die »Ehrfurcht vor dem Leben« gründete. Als Musiker zeichnete er sich durch die Herausgabe und Interpretation der Orgelwerke Johann Sebastian Bachs aus. 1952 erhielt Schweitzer den Friedensnobelpreis.

■ **Schweiz** (Schweizerische Eidgenossenschaft), Bundesstaat in Mitteleuropa. 65 % der Be-

Schweiz
Fläche 41 285 km²
Einwohner 7,124 Mio.
Hauptstadt Bern
Amtssprache Deutsch, Französisch, Italienisch, Rumantsch Grischun (Bündnerromanisch)
Nationalfeiertag 1. 8.
Währung 1 Schweizer Franken (sfr) = 100 Rappen (Rp)/Centimes (c)
Zeitzone MEZ

Schweiß

Ein erwachsener Mensch hat über 2 Mio. Schweißdrüsen. Bei trockener Haut beträgt die Schweißdrüsenabsonderung eines erwachsenen Menschen täglich etwa 0,1 l, bei starker körperlicher Arbeit oder Hitze bis zu 5 l, in den Tropen können es sogar bis zu 15 l werden, weshalb man dort enorm viel trinken muss. Übrigens sondern Männer mehr Schweiß ab als Frauen.

völkerung sprechen Deutsch, 18,4 % Französisch und 9,8 % Italienisch, 0,8 % Bündnerromanisch (Rätoromanisch). Die Schweiz hat Anteil an drei *Großlandschaften:* den Alpen, dem Schweizer Mittelland und dem Jura.

Die **Schweizer Alpen** werden durch eine von oberer Rhone (Rotten) und Vorderrhein durchflossene Längsfurche in eine nördliche Zone mit den Berner Alpen, den Glarner Alpen, den Thuralpen und der Finsteraarhorngruppe sowie in eine südliche Zone mit den Walliser Alpen, den Tessiner Alpen, der Gotthardgruppe und der Adula gegliedert. In den Walliser Alpen findet sich auch der höchste Gipfel der Schweizer Alpen mit der 4 637 m hohen Dufourspitze des Monte Rosa.

Das **Schweizer Mittelland** ist eine in der Eiszeit umgestaltete Hügellandschaft aus Abtragungsmaterial der Alpen.

Der **Schweizer Jura** ist im zentralen und südwestlichen Teil gefaltet (Faltenjura), im nördlichen Teil ein zerschnittenes Tafelland (Tafeljura). Das Land ist reich an Seen (u. a. Zürichsee, Genfer und Vierwaldstätter See).

Klima: Während der Alpennordrand kühlgemäßigte Klimaeinflüsse zeigt, sind die nach Süden geöffneten Täler des Tessins und Graubündens bereits mediterran beeinflusst. Die Schneegrenze verläuft an der Nordseite bei 2 800 m und im inneralpinen Bereich in 3 300 m Höhe.

Wirtschaft: Anbauschwerpunkte für Brotgetreide liegen im Schweizer Mittelland und den Talböden des Wallis sowie des Rhein- und Tessintales. Gartenbau wird im Rhonetal und im Tessin betrieben, der Weinbau bevorzugt die nach Süden gerichteten Hänge der Kantone Wallis, Genf, Waadt, Neuenburg, Bern, Zürich und Tessin. Die Viehwirtschaft in den Bergregionen (Jura, Alpen) bildet die Grundlage einer bedeutenden Milch verarbeitenden Industrie.

Die Schweiz hat kaum Bodenschätze, wichtigste Energiequelle ist die Wasserkraft. Bei der Industrie dominiert der Maschinenbau, im Nordosten ist die Textilindustrie stark verbreitet. Der am stärksten exportorientierte Industriezweig ist die feinmechanische Industrie mit der Uhrenherstellung. Basel bildet das Zentrum der chemischen und pharmazeutischen Industrie. Neben dem bedeutenden Bankgewerbe ist der Fremdenverkehr ein wesentlicher Wirtschaftsfaktor.

Der *Verkehr* ist durch die zentrale Lage des Landes in Europa bestimmt. Bedeutende Alpenpässe und -tunnel führen von Norden nach Italien (vor allem Sankt Gotthard, Sankt Bernhard, Simplon). Wichtigster Wasserweg ist der Rhein. Internationale Flughäfen befinden sich in Zürich, Basel und Genf.

Geschichte: Das Gebiet der Schweiz kam nach der Unterwerfung der Helvetier (58 v. Chr.) und Räter (15 v. Chr.) unter die Herrschaft der Römer. In der Völkerwanderungszeit drangen Burgunder und Alemannen in das Gebiet ein, das bis zum 8. Jahrh. in das Fränkische Reich eingegliedert wurde. Nach den fränkischen Reichsteilungen gehörte es größ-

Schweiz

Flagge

Wappen

Schweiz: Verwaltungsgliederung

Kanton	Hauptort	Fläche in km²	Ew in 1 000
Zürich	Zürich	1 729	1 187,6
Bern	Bern	5 959	941,1
Luzern	Luzern	1 494	343,2
Uri	Altdorf	1 077	35,5
Schwyz	Schwyz	908	126,4
Obwalden	Sarnen	491	32,0
Nidwalden	Stans	276	37,3
Glarus	Glarus	685	38,7
Zug	Zug	239	96,5
Freiburg	Freiburg	1 671	232,1
Solothurn	Solothurn	791	243,4
Basel-Stadt	Basel	37	190,5
Basel-Landschaft	Liestal	518	256,8
Schaffhausen	Schaffhausen	299	73,7
Appenzell Ausserrhoden	Herisau	243	53,8
Appenzell Innerrhoden	Appenzell	173	14,9
Sankt Gallen	Sankt Gallen	2 026	444,9
Graubünden	Chur	7 105	186,1
Aargau	Aarau	1 404	536,5
Thurgau	Frauenfeld	991	226,5
Tessin	Bellinzona	2 812	306,2
Waadt	Lausanne	3 212	611,6
Wallis	Sitten	5 225	274,5
Neuenburg	Neuenburg	803	165,6
Genf	Genf	282	398,9
Jura	Delémont	839	69,0
Schweiz	Bern	41 284	7 123,5

Wörter, die man unter Sch vermisst, suche man unter Sh

tenteils zum Herzogtum Schwaben; die Westschweiz gelangte 1033 mit dem Königreich Burgund ebenfalls zum Heiligen Römischen Reich.
Nachdem Rudolf von Habsburg, dessen Stammburg im Aargau lag, 1273 zum König des Heiligen Römischen Reiches gewählt worden war, beanspruchten die Habsburger die Vorherrschaft im Lande. Zu ihrer Abwehr schlossen Anfang August 1291 (daher ist der 1. August Nationalfeiertag) die reichsunmittelbaren Bauerngemeinden (Talschaften, »Waldstätte«) Uri, Schwyz und Unterwalden (Urkantone) einen »Ewigen Bund«, der sich durch den Beitritt Luzerns (1332), Zürichs (1351), von Glarus und Zug (1352) sowie von Bern (1353) auf die »Eidgenossenschaft der acht Alten Orte« erweiterte und auf den der Name von Schwyz als Gesamtbezeichnung überging.
In den Schlachten am Morgarten 1315, bei Sempach 1386 und Näfels 1388 wehrten die »Eidgenossen« die Angriffe der Habsburger ab. Nach der Aufnahme von Freiburg und Solothurn (1481), von Basel und Schaffhausen (1501) und von Appenzell (1513) in die **Eidgenossenschaft** bestand diese bis 1799 aus 13 ausschließlich deutschsprachigen Orten (»Eidgenossenschaft der 13 Alten Orte«); daneben gab es »zugewandte Orte« (z. B. Biel, Neuenburg, Graubünden oder – außerhalb der heutigen Schweiz – Mülhausen im Elsass oder Rottweil), die ein Vertragsverhältnis mit einem der Orte eingegangen waren. Außerdem vergrößerte sich das Gebiet der Eidgenossenschaft durch den Zugewinn von »Untertanenländern« (Sankt Gallen, Aargau, Thurgau, Tessin, Waadt, Wallis).
1474 wurde der Bund von den Habsburgern anerkannt, die Selbstständigkeit in den Siegen 1476 von Grandson und Murten sowie 1477 bei Nancy über Karl den Kühnen von Burgund verteidigt. Der Schwabenkrieg von 1499 führte zur tatsächlichen Loslösung der Schweiz vom Heiligen Römischen Reich.
Im 16. Jahrh. folgte die Einführung der Reformation (Zwingli in Zürich, Calvin in Genf), die eine dauernde konfessionelle Spaltung des Landes zur Folge hatte. Im Westfälischen Frieden 1648 schied die Schweiz auch völkerrechtlich aus dem Heiligen Römischen Reich aus. 1798 wurde nach der Eroberung durch die Franzosen die Helvetische Republik gebildet, die 1803 in einen Staatenbund von 19 Kantonen

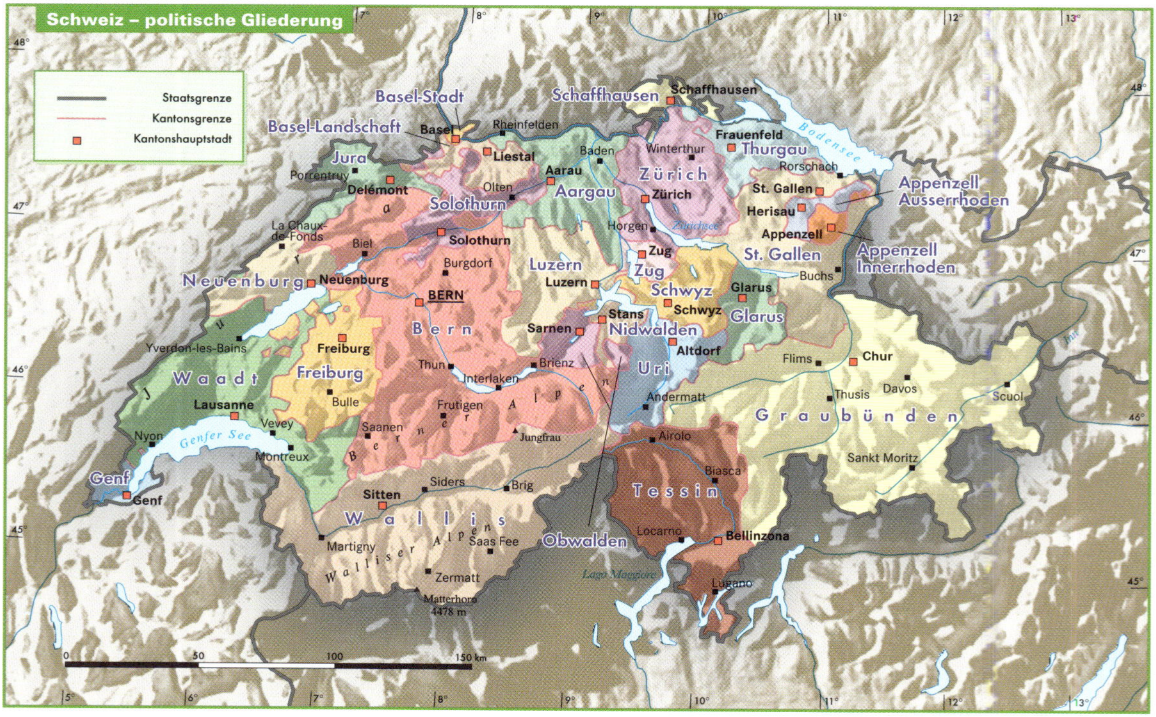

Schweiz – politische Gliederung

umgewandelt wurde. Die »ewige Neutralität« wurde 1815 auf dem Wiener Kongress anerkannt, die Zahl der Kantone auf 22 vermehrt und im Bundesvertrag zusammengeschlossen.
Nach der Pariser Julirevolution von 1830 erhielt die Mehrzahl der Kantone demokratische Verfassungen, sieben Kantone schlossen sich 1845 zum katholischen »Sonderbund« zusammen, der 1847 von den liberalen Kantonen im Sonderbundskrieg niedergeworfen wurde.
1848 wurde eine neue Verfassung (»Tagsatzung«) verabschiedet, die im Wesentlichen heute noch gültig ist. Sie schuf bürgerliche Gleichheit, allgemeines und gleiches Wahlrecht (für Männer; erst seit 1971 auf Bundesebene auch für Frauen) und garantierte die liberalen Bundesrechte; Bern wurde Bundeshauptstadt.
Die Neutralität der Schweiz im Ersten Weltkrieg wurde von den Krieg führenden Mächten respektiert. Auch nach dem Beitritt zum Völkerbund (1920) konnte die Schweiz ihre Neutralität im Zweiten Weltkrieg bewahren. Einen Beitritt zu den UN und zur Europäischen Union lehnt das Land weiterhin ab, unterzeichnete jedoch 1997 das Rahmendokument für die NATO-Partnerschaft für den Frieden. 1979 löste sich der französischsprachige Kanton Jura als 26. Kanton vom Kanton Bern.

■ **Schweizergarde,** die aus Schweizer Söldnern gebildeten Truppen, die in verschiedenen Staaten im 15. Jahrh. mit dem Verfall der Ritterheere aufkamen; heute die 1505 gegründete päpstliche Schweizergarde, die den Wachdienst im Vatikanischen Palast ausübt.

■ **Schwellenland,** Staat der Dritten Welt, dessen Wirtschaft so weit entwickelt ist, dass es an der »Schwelle« zum Industrieland steht.

■ **Schwerelosigkeit,** Zustand, in dem Menschen oder Gegenstände gewichtlos im Raum schweben, z. B. weil die Gewichtkraft durch die Zentrifugalkraft aufgehoben wird. Im Zustand der Schwerelosigkeit gibt es kein Oben oder Unten. Schwerelos sind z. B. Raumflugkörper bei antriebslosem Raumflug. – Infokasten S. 160

■ **schweres Wasser,** Wasser, dessen Moleküle anstelle des gewöhnlichen, leichten →Wasserstoffs Deuterium (D) enthalten (D_2O). Es ist in geringer Menge (zu ungefähr 0,015 %) im natürlichen Wasser enthalten. Schweres Wasser wird in Kernreaktoren (Schwerwasserreaktoren) als Bremssubstanz (Moderator) für die Neutronen verwendet. Als **überschweres Wasser** bezeichnet man Wasser, dessen Moleküle statt Deuterium Tritium enthalten.

■ **Schwerin,** Landeshauptstadt von Mecklenburg-Vorpommern, am Westufer des Schweriner Sees, mit 102 900 Einwohnern. Die Stadt hat einen gotischen Dom und ein Schloss im Stil der Neurenaissance des 19. Jahrhunderts. – Schwerin wurde 1160 von Heinrich dem Löwen gegründet.

■ **Schwerindustrie,** Sammelbezeichnung für alle Betriebe, die sich mit Bergbau, Eisenerzeugung und Eisenverarbeitung befassen.

Schweizergarde

Kein Geringerer als der große Renaissancemaler Raffael hat die Uniform der Schweizergarde im Auftrag des Papstes Julius II. entworfen. Der Papst hatte die Truppe aus Schweizer Söldnern auf der Grundlage eines Vertrages mit Zürich und Luzern aufgestellt. Die Schweizergarde war nie mehr als 200 Mann stark. Heute sind es nur noch 100, die sich für den zweijährigen Wachdienst im Vatikan verpflichten – immer noch so gestylt wie vor fast 500 Jahren! Die neuen Rekruten werden jeweils am 6. Mai vereidigt, dem Jahrestag des Sacco di Roma: Als die Söldner Kaiser Karls V. 1527 wochenlang die Stadt plünderten und brandschatzten, starben 147 Schweizergardisten.

■ **Schwerkraft,** die →Gravitation der Erde.

■ **Schwermetalle,** alle Metalle mit einer Dichte größer als 4,5 g/cm^3. Zu den Schwermetallen (Gegensatz: Leichtmetalle) gehören 65 der 78 Metalle. Die höchste Dichte hat Osmium mit 22,48 g/cm^3. Einige Schwermetalle sind in geringen Konzentrationen lebensnotwendig für Pflanzen und Tiere (Eisen, Kobalt, Nickel, Mangan, Zink, Kupfer und Molybdän), andere dagegen wirken schon in geringer Konzentration giftig (z. B. Quecksilber, Cadmium und Blei).

■ **Schweröle,** natürlich vorkommende Erdöle mit Dichten zwischen 920 und 1000 kg/m^3 sowie hoch siedende (Siedepunkt über 350 °C) oder nicht verdampfbare Produkte der Erdölverarbeitung und Kohlehydrierung. – auch →Leichtöle.

■ **Schwerpunkt, 1)** *Mathematik:* der Schnittpunkt der Seitenhalbierenden (Schwerlinien) eines Dreiecks.
2) *Physik:* derjenige Punkt eines Körpers, den man sich als Angriffspunkt der Schwerkraft vorstellen kann (Massenmittelpunkt). Unterstützt man einen Körper in seinem Schwerpunkt, so befindet er sich im Gleichgewicht. Hängt man einen Körper frei be-

weglich an einem Faden auf, so befindet sich sein Schwerpunkt senkrecht unter dem Aufhängepunkt. Unter Ausnutzung dieser Erscheinung kann man den Schwerpunkt eines Körpers bestimmen, wenn man ihn nacheinander an mindestens zwei verschiedenen Punkten (*A*, *B*) aufhängt. Der Schnittpunkt der so erhaltenen Schwerlinien ist der Schwerpunkt (*S*). Der Schwerpunkt kann auch außerhalb des Körpers liegen (beim Ring z.B. genau im Mittelpunkt, also außerhalb des Ringkörpers).

■ **Schwert,** Handwaffe zum Hauen und Stechen, bestehend aus dem Griff und der ein- oder zweischneidigen, meist geraden und vorn spitz zulaufenden Klinge.

Bereits in der Bronzezeit bekannt, war das Eisenschwert im Altertum bei Griechen, Römern und Germanen eine wichtige Waffe des Fußvolks. Im Mittelalter waren die Ritter mit Schwert und Lanze ausgerüstet. Mit der Entwicklung der Feuerwaffen verlor es im Spätmittelalter zunehmend an Bedeutung; als Nahkampfwaffe traten an seine Stelle der leichtere Degen und der Säbel.

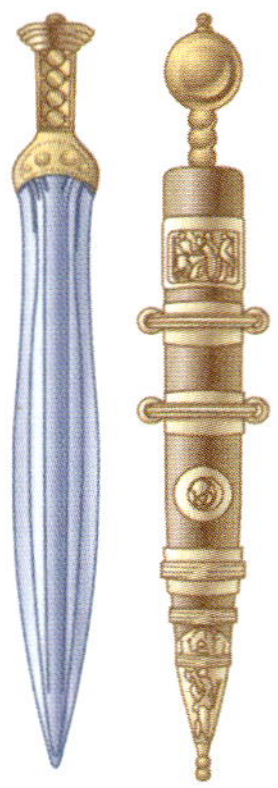

Schwerter aus längst vergangenen Zeiten: ein germanisches Schwert aus der Bronzezeit und daneben ein Schwert, das die römischen Legionäre trugen

■ **Schwertfisch,** ein Knochenfisch, der in tropischen bis gemäßigten Meeren verbreitet ist. Sein Oberkiefer ist schwertartig ausgezogen und macht fast ein Drittel der bis über 5 m betragenden Körperlänge aus.

■ **Schwertlilie** (Iris), eine Gattung der Schwertliliengewächse mit rund 300 Arten. An Teichen und Bächen kommt bei uns die **Sumpfschwertlilie** vor. Weitere Vertreter der Schwertliliengewächse sind Krokus, Freesie, Gladiolen und Montbretien.

■ **Schwimmblase,** ein längliches, gasgefülltes Säckchen bei allen nicht über die Lunge atmenden Knochenfischen. Durch Schlucken von Luft wird die Schwimmblase gefüllt. Mit ihrer Hilfe kann sich der Fisch sein spezifisches Gewicht an die Wassertiefe anpassen. Den Lungenfischen dient die Schwimmblase zeitweise als Atmungsorgan.

■ **Schwimmen,** die Fortbewegung des Menschen im Wasser mithilfe von Arm- und Beinbewegungen ohne Bodenberührung.

Im **Schwimmsport** unterscheidet man verschiedene Stile: Brust-, Kraul-, Rücken- und Schmetterling- oder Delphinschwimmen.

Bei internationalen Meisterschaften ist ein Becken von 20 m Breite und 50 m Länge mit einer gleichmäßigen Wassertiefe von 1,80–2,50 m vorgeschrieben. Die Schwimmbahnen haben eine Breite von 2,50 m. Der Start erfolgt beim Rückenschwimmen im Wasser, ansonsten von einem Startblock aus.

Zum olympischen und Weltmeisterschaftsprogramm zählen folgende Einzelwettbewerbe: Brust-,

Schwerelosigkeit

Schwerelosigkeit herrscht nicht nur im Weltraum, sondern auch in der Erde: Die Schwerkraft wird durch die gegenseitige Massenanziehung hervorgerufen. Auf der Erdoberfläche hat man die gesamte Erde »unter sich«, die Schwerkraft ist maximal. In einer Höhle oder einem Bergwerk dagegen hat man nicht nur Masse unter, sondern auch über sich, die Schwere ist also etwas geringer. Genau im Erdmittelpunkt heben sich die Anziehungskräfte auf, es herrscht Schwerelosigkeit.

Rücken- und Schmetterlingsschwimmen, jeweils über 100 und 200 m, Freistilschwimmen (heute ausschließlich Kraulstil) über 50, 100, 200, 400 m, 800 m (nur Damen) und 1500 m (nur Herren) sowie Lagenschwimmen (alle vier Stilarten in der Reihenfolge Schmetterling-, Rücken-, Brust- und Kraulschwimmen) über 200 und 400 m. Mannschaftswettbewerbe (Staffeln) werden im Kraulschwimmen über 4 × 100 und 4 × 200 m (nur Herren) sowie im Lagenschwimmen über 4 × 100 m ausgetragen.

Zum Schwimmsport zählen auch Kunstschwimmen (→Synchronschwimmen), Wasserball, Wasserspringen, Tauchsport und Rettungsschwimmen. Daneben ist Schwimmen auch Teildisziplin des modernen Fünfkampfs und des Triathlon.

Außerhalb des Wettkampfschwimmens können bei der Deutschen Lebens-Rettungs-Gesellschaft (DLRG) **Schwimmabzeichen** erworben werden. Für das Deutsche Jugendschwimmabzeichen in Bronze (Freischwimmer) sind zu leisten: Sprung vom Beckenrand und 200 m Schwimmen in 8 Minuten oder 15 Minuten Dauerschwimmen; einmal von der Wasseroberfläche etwa 2 m tief tauchen und einen Gegenstand heraufholen; Sprung aus 1 m Höhe oder Startsprung sowie die Kenntnis von Baderegeln.

■ **Schwimmkäfer,** eine Familie flugfähiger Käfer mit flachem, kahnförmigem Körper. Es gibt rund 4000 Arten, die 1,5–46 mm lang sind. Die platten, mit Borsten besetzten Hinterbeine dienen zum Schwimmen. Um Luft zu holen, müssen die Schwimmkäfer öfter ihre Hinterleibsspitze über den Wasserspiegel emporheben. Sie leben räuberisch von kleinen Wassertieren.

■ **Schwindsucht,** frühere Bezeichnung für Lungentuberkulose (→Tuberkulose).

■ **Schwingkreis** (Schwingungskreis), ein elektrischer Stromkreis, der aus einem Kondensator

und einer Spule besteht. Wird der Kondensator aufgeladen, entsteht zwischen seinen Platten ein elektrisches Feld. Der Kondensator entlädt sich nun über die Spule. Während des Stromflusses bildet sich um diese herum ein Magnetfeld aus (→Elektromagnet). Hat sich die Kondensatorspannung ausgeglichen, bricht das Magnetfeld der Spule zusammen, wobei der Stromfluss in gleicher Richtung noch eine Weile aufrechterhalten (→Induktion) bleibt. Der Kondensator lädt sich dadurch umgekehrt auf. Der Vorgang beginnt von vorn, und es bildet sich eine Schwingung heraus. Sie ist im Allgemeinen gedämpft, da sich ein Teil der elektrischen Energie in Wärmeenergie umwandelt.
Will man eine ungedämpfte Schwingung erhalten, muss man dem Schwingkreis jeweils im geeigneten Augenblick neue elektrische Energie zuführen.
Einen offenen Schwingkreis erhält man, wenn man die beiden Kondensatorplatten auseinander zieht. Mithilfe eines offenen Schwingkreises können elektromagnetische Wellen über Antennen ausgesendet werden. Schwingkreise bilden die Grundlage der Funk- und Fernsehtechnik.

■ **Schwịngungen,** Vorgänge, bei denen eine physikalische Größe in gleichen Zeitabschnitten regelmäßig zwischen zwei Werten schwankt.
Einfachstes und anschaulichstes Beispiel einer Schwingung ist die Bewegung eines Pendels. Die physikalische Größe, die sich bei diesem Pendel regelmäßig ändert, ist der Abstand des Körpers am Faden von der Ruhelage.
Eine Schwingung wird beschrieben durch:

1. Elongation, die jeweilige Entfernung des schwingenden Körpers von der Ruhelage.
2. Amplitude, die größtmögliche Schwingungsweite. Sie wird an den beiden Umkehrpunkten der Schwingung erreicht.
3. Schwingungsdauer oder **Periode,** die Zeit, die für eine volle Schwingung, also für einen vollen Hin- und Hergang, benötigt wird.
4. Frequenz oder **Schwingungszahl,** die Anzahl der Schwingungen pro Zeiteinheit. Sie wird gemessen in Hertz (Hz). 1 Hz = 1 Schwingung pro Sekunde.
5. Phase, der jeweilige Schwingungszustand des Körpers, bestimmt durch Elongation und Schwingungsrichtung.

Zwischen Schwingungsdauer T und Frequenz f besteht die Beziehung:

$$T = 1/f \text{ bzw. } f = 1/T.$$

Bei einer **ungedämpften Schwingung** bleibt die Amplitude immer gleich, bei der **gedämpften Schwingung** nimmt die Amplitude dagegen allmählich ab. Wegen der stets auftretenden →Reibung sind alle nach einem erstmaligen Anstoß sich selbst überlassenen Schwingungen gedämpft. Um ungedämpfte Schwingungen zu erhalten, muss ständig mechanische Energie zugeführt werden.
Außer mechanischen Schwingungen, zu denen die hier beschriebenen Schwingungen eines Fadenpendels gehören, treten in der Physik noch zahlreiche anders geartete Schwingungen auf. Von besonderer Bedeutung sind die elektromagnetischen Schwingungen (Licht-, Wärme-, Röntgen- und Funkstrahlung), bei denen sich elektrische und magnetische Felder periodisch ändern.

■ **schwu̲l,** umgangssprachlich für: homosexuell empfindend (auf Männer bezogen).

■ **Schwụngrad,** ein Rad mit sehr großer Masse, die sich vorwiegend im Radkranz befindet. Dadurch hat es ein sehr großes Trägheitsmoment: Einmal in Umdrehung versetzt, kann es nur mit großer Kraftanstrengung abgebremst werden. Wegen dieser Eigenschaft wird es als Speicher für Bewegungsenergie verwendet. Bei Kolbenmaschinen (Dampfmaschine, Verbrennungsmotor) ist die Kraftwirkung nicht gleichmäßig. Da sie beispielsweise an den Umkehrpunkten des Kolbens gleich null ist, sorgt ein Schwungrad für den gleichmäßigen Lauf einer solchen Maschine.

■ **Schwu̲rgericht,** Strafkammer beim Landgericht, die für schwere Delikte, vor allem Tötungsdelikte, zuständig ist. Sie ist mit drei Berufsrichtern und zwei gleichberechtigt entscheidenden →Schöffen besetzt.

■ **Schwyz** [schwi̲z], **1)** schweizerischer Kanton südlich des Zürichsees, mit 908 km² und 126 500 Einwohnern; Hauptstadt ist Schwyz 2). Vorherrschend ist die Weidewirtschaft; daneben gibt es Maschinenbau, Textil- und Nahrungsmittelindustrie. – 1291 schloss sich Schwyz mit den Kantonen Uri und Unterwalden zum »Ewigen Bund« zusammen.
2) Hauptstadt von 1), mit 13 700 Einwohnern. In ihr befindet sich das Bundesarchiv mit bedeutenden geschichtlichen Urkunden, z. B. dem Freiheitsbrief. – Schwyz wurde schon 972 als Suittes erwähnt; es ist das Urzentrum der Eidgenossenschaft.

■ **Science-Fiction** [ßai̲^{e}ns fịksch^{e}n; engl.] *die,* gattungsmäßig an die utopischen Romane anknüpfende Erzählungen, Comics, Hörspiele und Filme, die sich mit zukünftigen Entwicklungen oder Ereignissen befassen, die oft die Grenzen des technisch-naturwissenschaftlich Möglichen überschreiten. Roboter, Reisen in den Kosmos oder der Besuch der

Der **Schwimmkäfer** lebt in stehenden Gewässern und in Gebirgsbächen; die zweigeteilten Augen dieses Käfers besitzen einen Überwasser- und einen Unterwasserteil

Erde durch außerirdische Wesen stehen dabei häufig im Vordergrund.

■ **Scientology** [ßai^{e}ntọlodschi; engl.], um 1950 von dem amerikanischen Science-Fiction-Autor Ron Hubbard (1911–86) gegründete weltanschauliche Bewegung, zugleich eine weltweit verbreitete Organisation, deren deutscher Zweig 1971 als »Scientology® Kirche Deutschland« gegründet wurde.
Nach der Dianetics® genannten Lehre soll der Mensch in ein Stadium des »Clear« (Klaren, Freien) geführt werden. Kritiker werfen der Scientology-Organisation vor, dass sie sich psychologischer Methoden bediene, um Menschen abhängig zu machen und wirtschaftlich auszubeuten.
Scientology ist mit ihren zahlreichen Unterorganisationen und den ihr nahe stehenden selbstständigen Unternehmen eine der umstrittensten weltanschaulichen Organisationen. 1995 hat das Bundesarbeitsgericht entschieden, dass die »Scientology® Kirche Deutschland Hamburg e. V.« keine Religions- und Weltanschauungsgemeinschaft im Sinne des Grundgesetzes (Artikel 4 und 140) ist, u. a. weil ihre Tätigkeit in erheblichem Umfang wirtschaftlich ausgerichtet ist.

»Ivanhoe«, der berühmte Roman von **Walter Scott,** führt in das englische Mittelalter zu den ruhmreichen Taten des schwarzen Ritters Sir Wilfred von Ivanhoe im Kampf für seinen König Richard Löwenherz, der zugleich ein Kampf für die Armen und Unterdrückten ist

■ **Scịpio,** Beiname im altrömischen Patriziergeschlecht der Cornelier: **1)** Publius Cornelius, genannt Africanus maior, deutsch Scipio der Ältere, *um 235 v. Chr., †Liternum (Kampanien, Süditalien) 183 v. Chr.; erfolgreicher Feldherr im 2. Punischen Krieg, der bis 206 die Karthager aus Spanien vertrieb und 202 v. Chr. Hannibal bei Zama im heutigen Tunesien (in Afrika, daher später der Beiname) schlug.
2) Publius Cornelius (Scipio) Aemilianus, genannt Africanus minor, deutsch Scipio der Jüngere, *um 185 v. Chr., †129 v. Chr.; durch Adoption Enkel von 1). Als Oberbefehlshaber im 3. Punischen Krieg eroberte und zerstörte er 146 v. Chr. Karthago.

■ **Scotland Yard** [skọtl^{e}nd ja^{r}d; engl.] *der,* die Kriminalpolizei in London, so genannt nach ihrem früheren Dienstgebäude am Scotland Yard, dem schottischen Residenzhof in London.

■ **Scọtt, 1)** Robert Falcon, britischer Polarforscher, *Devonport (heute Plymouth) 6. Juni 1868, †in der Antarktis 29. (?) März 1912. Er erreichte am 18. Januar 1912, vier Wochen nach Roald Amundsen, den Südpol. Auf dem Rückweg kam er mit seinen Begleitern im Schneesturm um.
2) Sir Walter, schottischer Schriftsteller, *Edinburgh 15. August 1771, †Schloss Abbotsford (Schottland) 21. September 1832; Begründer des historischen Romans. Berühmt sind vor allem »Waverley« (1814), »Quentin Durward« (1821) und »Ivanhoe« (1823).

■ **Seabọrgium** [si...; benannt nach dem amerikanischen Chemiker Glenn Seaborg, *1912] *das,* ein künstliches chemisches Element aus der Gruppe der →Transurane. Es wurde im Juni 1974 von sowjetischen und im September 1974 von amerikanischen Wissenschaftlern entdeckt.

■ **Seal** [si̱l; engl.] *der,* auch *das,* der Pelz der Seebären →Ohrenrobben.

■ **Séance** [seãß; frz.] *die,* eine spiritistische Sitzung (→Spiritismus), bei der mithilfe eines →Mediums Kontakt mit dem Jenseits aufgenommen werden soll.

■ **SED,** Abkürzung für Sozialistische Einheitspartei Deutschlands, bis 1990 die Staatspartei der DDR. Die SED entstand 1946 durch die Zwangsvereinigung von KPD und SPD in der Sowjetischen Besatzungszone (SBZ). Oberste Organe waren der Parteitag und das von ihm gewählte Zentralkomitee (ZK), dessen ständige Organe – Politbüro und Sekretariat mit dem Generalsekretär – die eigentliche Führung in Partei und Staat innehatten. 1990 benannte sich die SED in →PDS um.

■ **Sedimẹntgesteine** →Gesteine.

■ **See,** eine Wasseransammlung in natürlichen Hohlformen (Senken) des Festlandes, die keine direkte Verbindung zum Meer haben. Seen erhalten ihr Wasser durch Niederschläge sowie ober- und unterirdische Zuflüsse und geben es durch Verdunstung und Abflüsse wieder ab.

Science-Fiction

Once upon a time ... lange, lange bevor Russen und Amerikaner Sonden zum Mond schickten, setzte die Einbildungskraft von Dichtern Menschen auf diesen Himmelskörper – so etwa in den »Wahren Geschichten« des griechischen Schriftstellers Lukian (120 – nach 180). In ihnen trägt ein Wirbelsturm eine Barke mit illustrer Gesellschaft während einer Atlantikfahrt zum Mond. Dort herrscht gerade zwischen den Bewohnern von Mond und Sonne ein Krieg von ganz eigener Art: Man verbreitet Knoblauchduft, Bogenschützen reiten Flöhe, zwölfmal so groß wie Elefanten, und eine Spinne webt zwischen Mond und Morgenstern ihr Netz. Zum Glück aber kommt es schließlich zum Waffenstillstand und Lukian kann mit seiner Gesellschaft zur Erde zurückreisen.

■ **Seebeben,** ein →Erdbeben im Meeresbereich.

■ **Seegang,** vom Wind erzeugte Wellenbewegungen an der Meeresoberfläche. Solange der Seegang unter dem direkten Einfluss des erzeugendes Windes steht, wird er **Windsee** genannt. Nach dem Abflauen des Windes bleibt er als Dünung weiter bestehen. Die Höhe und Länge der Wellen und ihre zeitliche Aufeinanderfolge sind abhängig von der Stärke und Dauer des Windes über dem Meer. Dabei erreichen die Wellenberge Höhen von etwa 30 Meter.

■ **Seegras** (Gemeines Seegras), Wasserpflanze, die auf sandigem und schlammigem Boden der Strandzone der Meere wächst. Die bis 1 m langen, riemenförmigen Blätter können mit den Wellen hin- und herfluten. Das Seegras wird getrocknet und u. a. als Füllmaterial für Polster verwendet.

■ **Seehunde,** zur Ordnung der Robben gehörende Unterfamilie der Meeressäugetiere mit acht Arten. Der 1,2 bis über 3 m lange Körper ist dem Leben im Wasser angepasst und hat eine torpedoartige Gestalt, die kurzen Haare liegen an. Eine Fettschicht unter der Haut verhindert einen übermäßigen Wärmeverlust und trägt so zur Konstanthaltung der Körpertemperatur bei. Die Ohren sind, wie auch die Nasenlöcher, verschließbar. Die vorderen und hinteren Gliedmaßen sind stark verkürzt, die Finger und Zehen durch Schwimmhäute verbunden. Seehunde bewegen sich mithilfe der flossenartigen Vorderbeine fort, wobei die parallel nach hinten gerichteten Hinterbeine als Steuerorgane dienen. Ihre Nahrung besteht hauptsächlich aus Fischen. Das Seehundweibchen bringt ein Junges (selten zwei) zur Welt, das sehend und mit einem Wollpelz geboren wird. Einige Arten werden wegen ihrer Felle gejagt.

■ **Seeigel,** in allen Meeren vorkommende, wenige Millimeter bis 32 cm große Stachelhäuter, deren kugelige Körperwandung aus zehn Doppelreihen fest miteinander verwachsener Skelettplatten besteht, die in großer Zahl bewegliche Stacheln sowie Putz-, Greif- und bei einigen Arten Giftorgane tragen. Die Saugfüßchen treten nur aus fünf dieser Reihen aus. An der Unterseite der Seeigel liegt der Kauapparat.

See: die größten Seen der Erde

Name	Fläche in km²
Kaspisches Meer (Westasien)	etwa 400 000
Oberer See (Nordamerika)	82 100
Victoriasee (Ostafrika)	68 000
Huronsee (Nordamerika)	59 596
Michigansee (Nordamerika)	57 800
Aralsee[1] (Mittelasien)	39 500
Tanganjikasee (Ostafrika)	34 000
Baikalsee (Südsibirien)	31 500
Großer Bärensee (Nordamerika)	31 153
Malawisee (Südostafrika)	30 800

1) im Jahr 1991

■ **Seekrankheit,** durch eine Überlastung des Gleichgewichtssinnes (vor allem schaukelnde Bewegungen in mehrere Richtungen) hervorgerufene Krankheit, die sich in Gesichtsblässe, Schwitzen, Schwindel, Übelkeit und Erbrechen zeigt. Man kannn die Seekrankheit verhindern, indem man sich in Fahrtrichtung auf einen Punkt konzentriert oder vorbeugend spezielle Medikamente einnimmt.

Die **Seehunde** bevorzugen Seichtwasserküsten in nördlichen Meeren, die im Winter eisfrei bleiben, dazu gehört zum Beispiel das Wattenmeer der südlichen Nordsee

■ **Seekühe,** meist gesellig im flachen Wasser warmer Meere lebende, bis 4,5 m lange und bis fast 400 kg wiegende Säugetiere. Der massige Körper ist bei erwachsenen Tieren ohne Haarkleid. Die Vorderbeine sind flossenartig verbreitert, Hinterbeine fehlen. Der Schwanz ist ebenfalls flossenartig. Die Seekühe leben von Wasserpflanzen.

■ **Seeland, 1)** (dänisch Sjælland), Hauptinsel Dänemarks, die zwischen dem Großen Belt und dem Sund liegt, mit 7 031 km² und 2,2 Mio. Einwohnern. Im Ostteil liegt Kopenhagen. Die fruchtbare Insel wird intensiv landwirtschaftlich genutzt.

2) (niederländisch Zeeland), niederländische Provinz an der Nordsee im Mündungsgebiet der Schelde.

Die prachtvolle Blüte der **Weißen Seerose** kann einen Durchmesser von 25 cm erreichen

Dieser auch die Nord- und Ostsee bevölkernde **Gemeine Seestern** ist auf Korallen liegend in Indonesien fotografiert worden

■ **Seele,** in der Religionsgeschichte das jedem einzelnen Menschen zugeschriebene geistige, lebenspendende Prinzip. Nach verbreiteter Vorstellung sind in der Seele Gemüt und Geist lokalisiert.

■ **Seelenwanderung** (Sanskrit Samsara), die Vorstellung, dass die Seelen eine Reihe von Wiederverkörperungen (Reinkarnationen), das heißt Kreisläufe von Geburt, Tod, Wiedergeburt und viele Existenzen in Pflanzen, Tieren, Menschen, manchmal auch Göttern, durchlaufen, bis sie zu ihrem endgültigen Ziel der Befreiung (Erlösung) gelangen. Der Glaube an die Seelenwanderung herrscht z. B. im →Hinduismus und im →Buddhismus.

■ **Seemeile** →Meile.

■ **Seepferdchen,** ein Fischchen aus der Familie der Seenadeln, das vor allem in warmen Meeren vorkommt. Das Seepferdchen schwimmt in senkrechter Körperhaltung, wobei der pferdeähnliche Kopf nach vorn abgebogen ist, während der dünne Schwanz als Greiforgan dient. Die im Mittelmeer vorkommenden Arten sind 2–15 cm groß.

■ **Seerose,** eine Gattung der Seerosengewächse mit weltweit rund 40 Arten. Die **Weiße Seerose** kommt in Deutschland in stehenden und langsam fließenden Gewässern vor. Die Blattstiele sind mit Luft gefüllt, ebenso die Blätter. Die Spaltöffnungen finden sich nur auf der Oberseite der Blätter. Die von einer klebrigen, zum Schwimmen dienenden Hülle umgebenen Samen sinken nach Auflösung der Hülle auf den Grund des Gewässers. Die **Glänzende Seerose** hat ebenfalls weiße, jedoch etwas kleinere Blüten. Es gibt neben winterharten Arten viele Sorten, die bei uns nur in Warmwasserbecken gedeihen.

Auch eine Möglichkeit: bei den **Seepferdchen** übernimmt das Männchen eine Aufgabe, die in der Regel dem Weibchen überlassen bleibt: die Brutpflege; das Weibchen vertraut ihre Eier dem Partner an, dessen Körper mit einer Bruttasche ausgestattet ist

Seekühe verlassen im Unterschied zu den Robben nie das Wasser; je nach der Form des Schwanzendes unterscheidet man zwei Familien: im Unterschied zur Familie der Gabelschwanzseekuh gehören die hier abgebildeten Tiere zur Familie der Rundschwanzseekuh, deren originale Körperfarbe meist einfarbig grau bis braun ist

■ **Seeschlangen,** in warmen Meeren lebende, 80 cm bis 3 m lange Giftschlangen (rund 50 Arten), die sich vorwiegend von Fischen ernähren, deren Giftbiss aber auch dem Menschen gefährlich werden kann.

■ **Seeschwalben,** meist grauweiße, 20–60 cm lange Möwenvögel (etwa 40 Arten) mit langen, spitzen Flügeln und gegabeltem Schwanz. Mit dem starken Schnabel fangen die gewandt fliegenden Vögel Fische, Frösche sowie Wasserinsekten.

■ **Seesterne,** flache, etwa 3 cm bis knapp 1 m spannende, meist fünfstrahlige Stachelhäuter (rund 50 Arten). Das Hautskelett besteht aus vielen gegeneinander beweglichen Skelettplättchen. Vom Mund aus verläuft je eine Doppelreihe Saugfüßchen auf der Unterseite der Arme. Die Nahrung (Schnecken, Muscheln) wird mit Armen und Saugfüßchen erfasst, danach tritt der Magen aus dem Mund heraus und stülpt sich über die Beute; größere Tiere werden außerhalb des Körpers verdaut. Die bekannteste Art ist der **Gemeine Seestern,** der auch in der Nord- und Ostsee verbreitet ist.

■ **Seezeichen,** international gültige »Verkehrszeichen« für Schiffe. Sie zeigen die Fahrrinne, Untiefen, Schifffahrtshindernisse und Sperrgebiete an und geben Hilfe bei der →Navigation. Zu den Seezeichen gehört das →Leuchtfeuer, die →Bake sowie die →Boje.

■ **Seezunge** (Europäische Seezunge), ein Plattfisch mit breitem Kopf und gestreckt-ovalem Körper. Sie lebt auf schlammigem Grund von Muscheln,

Krebsen und Würmern. Der bis 60 cm lange, bis 4 kg schwere Fisch ist ein vorzüglicher Speisefisch.

■ **Segel,** aus festem, dichten Baumwollstoff oder aus Kunststoffgewebe hergestellte, gegen den Wind gestellte Tuchfläche, die beim Segeln (sowie beim Eissegeln und beim Windsurfing) den Vortrieb bewirkt. – Bild S. 166

Die über den Gewässern lauernden **Seeschwalben** fangen ihre Beute, indem sie blitzartig unter Wasser tauchen und dann zuschnappen; die an Binnengewässern und Meeresküsten lebende helle Flussseeschwalbe (unten) trägt eine schwarze Schnabelspitze und die zur Brutzeit mit Ausnahme der hellgrauen Flügel schwarz gefiederte Trauerseeschwalbe bevorzugt die Binnengewässer; beide Arten überwintern in den Tropen

■ **Segelflug,** mit →Segelflugzeugen ausgeführte Form des antriebslosen Fliegens unter Nutzung atmosphärischer Luftbewegungen zum Höhengewinn. Der Start erfolgt mit einer Motorwinde oder im Schlepp eines Motorflugzeugs. Bei Geschwindigkeiten bis zu 200 km/h werden Entfernungen von mehr als 2 000 km überwunden, im Höhenflug Höhen von fast 15 000 m erreicht.

Beim **Segelflugsport** gibt es verschiedene Klassen je nach Konstruktion des Flugzeugs: z. B. die offene Klasse (Spannweite um 25 m, ohne konstruktive Beschränkungen), die Renn- und die Standardklasse mit jeweils maximal 15 m Spannweite, letztere jedoch ohne auftriebssteigernde Flügelklappen.

Es werden folgende Wettbewerbe ausgetragen: freier Streckenflug (Landeort beliebig, möglichst weit vom Startort entfernt), Zielstreckenflug (Start und Zielort sind festgelegt), Zielflug mit Rückkehr zum Startort (ein Wendepunkt muss umflogen und fotografiert werden), Dreiecksflug (über zwei Wendepunkte), Höhenflug (gemessen wird der Unterschied zwischen erreichter Flughöhe und Starthöhe) sowie Segelkunstflug.

■ **Segelflugzeug,** motorloses, leicht gebautes Flugzeug mit meist langen, gestreckten Tragflügeln. Segelflugzeuge sind meist Einsitzer, seltener Doppelsitzer. Sie werden in Holz-, seltener Metallbauweise, heute jedoch überwiegend aus faserverstärkten Kunststoffen hergestellt.

■ **Segeln,** allgemein die Vorwärtsbewegung eines Bootes, Schiffes, Surfers (→Segelsurfen), Strand- oder Eisseglers durch Segel. Die Segelboote unterscheiden sich durch Takelung und Konstruktion in Kiel-, Schwert- und Mehrrumpfboot. Hochseetüchtige Boote, die sich für einen längeren Aufenthalt an Bord eignen, sind die Segeljachten.

Im **Sportsegeln** sind die Segelboote nach Bootsklassen eingeteilt. Die wichtigsten sind die derzeit neun **olympischen Klassen**: Europe (Segelfläche 7 m^2), 470er (12,7 m^2) und (beim Segelsurfen) Mistral (Länge des Surfbretts 3,72 m) für Damen sowie Laser (7,06 m^2), Finndingi (10 m^2), Soling (21,7 m^2), Star (27,92 m^2) und Mistral für Herren. Für Damen und Herren offen sind Tornado-Katamaran (21,8 m^2) und, erstmals im Jahr 2000, der 49er (»Fortyniner«).

■ **Segelschiff,** durch Windkraft fortbewegtes →Schiff, heute bis auf wenige Segelschulschiffe und eine Vielzahl von Sportbooten überholt. Der Typ

Die Grafik zeigt die diversen Bootsklassen des olympischen **Segelns**

des Segelschiffs wird durch die Anzahl der Masten sowie die Form und Anordnung der Segel bestimmt.

■ **Segelsurfen** […ßörfen] (Windsurfen), Freizeit- und Wettkampfsport auf Flüssen, Seen und Meeren mit einem Kunststoffbrett (Surfbrett oder -board) mit steuerbarem Segel. Das Allroundbrett besitzt einen 330–370 cm langen und etwa 65 cm breiten Rumpf, ein Schwert, eine Finne sowie einen nach allen Seiten schwenkbaren Mast mit dem zwischen 3 und 8 m² großen Segel. Seit 1988 ist Segelsurfen als Teil des Segelsports olympische Disziplin, zunächst ausgetragen in der Lechner-Klasse, seit 1996 in der Mistralklasse.

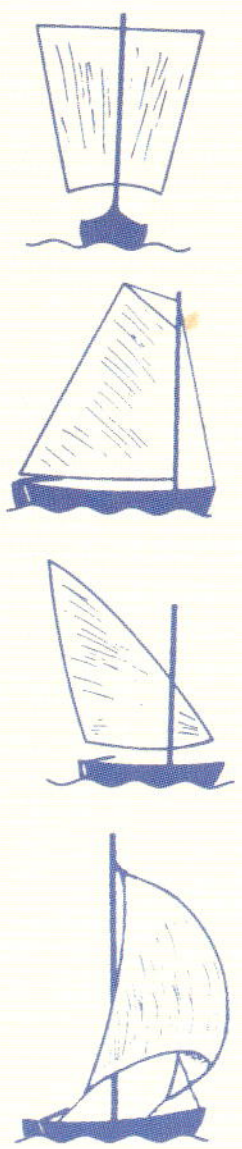

Die **Segel** werden mithilfe bestimmter Vorrichtungen ausgespannt und entsprechend benannt: hier ein Rahsegel, gefolgt von einem Gaffelsegel, sowie Lateinersegel und Ballonsegel

■ **Seghers** [segᵉrs], Anna, eigentlich Netty Radványi, geborene Reiling, deutsche Schriftstellerin, * Mainz 19. November 1900, † Berlin (Ost) 1. Juni 1983. Als Kommunistin musste sie 1933 Deutschland verlassen und lebte anschließend in Frankreich, Spanien und Mexiko; 1947 kehrte sie nach Berlin (Ost) zurück. Zu ihrem erzählerischen Werk, das vor allem Darstellungen sozialrevolutionärer Kämpfe und der Zeit des Nationalsozialismus enthält, gehören die Erzählung »Aufstand der Fischer von St. Barbara« (1928) sowie die Romane »Das siebte Kreuz« (englisch 1942, deutsch 1946) und »Transit« (spanisch 1944, deutsch 1948).

Anna Seghers war von 1958 bis 1978 Präsidentin des Schriftstellerverbands der DDR; ihr im mexikanischen Exil geschriebener Roman über die Nazizeit, »Das siebte Kreuz«, wurde schon 1944 von dem in Wien aufgewachsenen amerikanischen Filmemacher Fred Zinnemann verfilmt

■ **Segler,** schwarze, 10–30 cm lange, höhlenbrütende Vögel mit sensenförmigen Flügeln, größer als Schwalben. Der schwarzbraune **Mauersegler** (mit weißer Kehle) ist nur von Mai bis Ende Juli bei uns anzutreffen. Die Flügel sind so lang, dass sie in Ruhelage über den gegabelten Schwanz hinausragen. Im Flug erreicht der Mauersegler Geschwindigkeiten von bis zu 180 km/h. Gesunde Tiere gehen in der Regel nicht zu Boden, sondern ergreifen Nahrung und Nestmaterial im Flug.

■ **Segment** [lat.] *das,* **1)** *allgemein:* Abschnitt, Teilstück (eines Ganzen).

2) *Geometrie:* beim Kreis ein durch eine Gerade abgeschnittenes Stück der Kreisfläche, ganz allgemein ein von einer gekrümmten Kurve und einer Geraden begrenztes Flächenstück.

Bei einer Kugel bezeichnet Segment das durch eine Ebene abgeschnittene Stück des Kugelvolumens, ganz allgemein jeden von einer gekrümmten Fläche und einer Ebene begrenzten Körper.

■ **Sehne, 1)** *Anatomie:* ein aus Bindegewebe bestehender straffer Strang, der einen Muskel mit dem Knochen, der durch ihn bewegt werden soll, verbindet.

2) *Geometrie:* die gerade Verbindungslinie zweier Punkte einer gekrümmten Linie oder Fläche (auch → Kreis).

■ **Sehwinkel,** der Winkel, unter dem dem Auge ein Gegenstand in seiner Höhe oder Breite erscheint; je größer der Sehwinkel ist, desto größer erscheint ein Gegenstand.

■ **Seide,** ein weicher, glänzender und hochelastischer Faden, der von der Raupe des Seidenspinners beim Verpuppen erzeugt wird. Die mit dem Seidenfaden umsponnenen Raupen (Kokons) werden bei der Seidengewinnung durch trockene Hitze oder Wasserdampf abgetötet, in heißem Wasser eingeweicht und durch Bürsten von der lockeren Außenschicht, der Flockseide, befreit. Danach werden mehrere Kokons gleichzeitig abgehaspelt und die Fäden (1000–3000 m lang) zum Strang gezwirnt.

Das Ursprungsland der Seidengewinnung ist China, wo schon seit rund 4000 Jahren Seidenraupen gezüchtet werden, die Kunst der Seidenraupenzucht aber jahrtausendelang als Geheimnis strengstens gehütet wurde. Von China aus wurde der Seidenstoff auf den **Seidenstraßen** in den Orient und bis nach Europa gebracht. Die Ausfuhr von Seidenspinnern war jedoch bei Todesstrafe verboten. In Europa wurde die Seidenverarbeitung erst im 12. Jahrh. bekannt. – Infokasten S. 168

■ **Seidenspinner** (Maulbeerseidenspinner), ein etwa 5 cm langer, weißer Nachtfalter mit plumpem, behaartem Körper. Den 300–500 Eiern, die ein

Weibchen ablegt, entschlüpfen schwarze, später grauweiße Larven, die **Seidenraupen.** Diese ernähren sich von den Blättern des Maulbeerbaums. – Der Seidenspinner wurde bereits im 3. Jahrtausend v. Chr. in China zur Gewinnung von Seide gezüchtet. – Bild S. 168

■ **Seifen,** wasserlösliche, meist Natrium- oder Kaliumsalze der organischen Fettsäuren (Stearinsäure, Palmitinsäure, Oleinsäure usw.). Seifen haben die Fähigkeit, die Oberflächenspannung des reinen Wassers stark zu verringern und damit dessen Benetzungsvermögen so zu vergrößern, dass die Ablösung von Schmutzteilchen, die an der Oberfläche z. B. der Haut haften, wesentlich erleichtert wird. Der Schmutz wird danach in der Seifenlauge emulgiert. Da Seifen in saurem und hartem (kalkhaltigem) Wasser einen Teil ihrer Waschkraft verlieren, werden sie vor allem in Waschmitteln durch synthetische Seifen **(Tenside)** ersetzt, die aber keine Abkömmlinge von Fettsäuren sind. Tenside besitzen wie die Seifen einen Wasser abstoßenden (hydrophoben) oder Fett liebenden (lipophilen) und einen Wasser anziehenden (hydrophilen) Molekülrest. Anionische (negativ geladene) Tenside sind die wichtigsten Waschmittelrohstoffe, kationische (positiv geladene) Tenside werden als Weichspüler verwendet. Im Sinne der Umweltverträglichkeit sollten moderne Tenside biologisch abbaubar sein.

Die **Segler,** hier ein Mauersegler, haben kräftige, kurze Beine, die das Sichfestkrallen an steilen Wänden ermöglichen

■ **Seifenoper** → Soap-Opera.

■ **Seilbahn** (Drahtseilbahn), eine Transporteinrichtung für Personen oder Güter, bei der die Wagen (Kabinen, Gondeln) keinen eigenen Antriebsmotor besitzen, sondern durch ein Zugseil bewegt werden. Hängen die Transportwagen dabei an einem Tragseil, spricht man von einer Seilschwebebahn. Laufen die Wagen auf Schienen, so handelt es sich um Standseilbahnen. Seilbahnen werden vor allem dort verwendet, wo (in unwegsamem Gelände) große Höhenunterschiede überwunden werden müssen (Bergbahn).

Seifen

Vor etwa 4000 Jahren reinigten die Hethiter in Kleinasien ihre Hände mit der in Wasser gelösten Asche des Seifenkrauts. Die Phöniker kochten Ziegentalg, Wasser und kalihaltige Asche und ließen die Emulsion zu fester Seife eindampfen.

Das Schicksal der Seife war in der Geschichte stark mit den jeweils herrschenden hygienischen und religiösen Vorstellungen verknüpft. Im Mittelalter galt es unter dem Einfluss der katholischen Kirche als unschicklich, den unverhüllten Körper zu waschen, sodass Seife kaum noch hergestellt wurde. Erst als die Wissenschaft den Zusammenhang zwischen Infektionen und mangelnder Reinlichkeit erkannte, nahm die Nachfrage wieder sprunghaft zu.

■ **Seilwinde** → Winde.

■ **Seine** [ßän^e] *die,* Fluss in Frankreich, der auf dem Plateau von Langres entspringt und südlich von Le Havre in den Ärmelkanal mündet. Die Seine ist 776 km lang und hat unterhalb von Paris viele → Mäander 1). Es bestehen Kanalverbindungen zu Schelde, Maas, Rhein, Rhone und Loire. Seeschiffe können bis Rouen fahren.

■ **Seismograph** [griech.] *der,* ein Gerät, mit dem Erdbebenwellen gemessen **(Seismometer)** und aufgezeichnet werden können. Seismographen sind so empfindlich, dass sie selbst Erdbeben, deren Herde Tausende von Kilometern von der Beobachtungsstelle entfernt sind, aufzeichnen. Die von einem Seismographen gezeichneten Kurven heißen **Seismogramme.** Aus ihnen lässt sich die Lage des Erdbebenherdes und die Stärke der Erderschütterungen ablesen.

■ **Seitenstechen,** ein stechender Schmerz unter dem Rippenbogen, meist auf der linken Seite. Betroffen sind vorwiegend Jugendliche bei körperlicher Anstrengung wie schnellem Laufen. Die Schmerzen entstehen vermutlich durch das Zusammenziehen der → Milz, um den größeren Blutbedarf zu decken.

■ **Sekạnte** [lat.] *die,* die Verbindungsgerade zweier Punkte auf einem →Kreis oder einer Kurve.

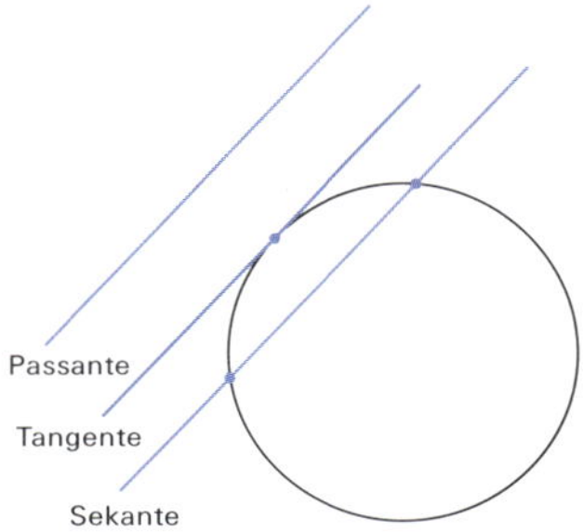

Sekante: hat die Gerade nur einen Punkt mit dem Kreis gemeinsam, ist sie eine Tangente, hat sie keinen Punkt gemeinsam, so ist sie eine Passante

■ **Sekrẹte** [lat.], die bei der Sekretion vor allem von Drüsen oder einzelnen Drüsenzellen (Sekretzellen), aber auch z. B. von Hautzellen oder speziellen Nervenzellen abgesonderten Produkte. Sekrete sind u. a. Hormone, Verdauungsenzyme, Schutz-, Abwehr-, Duft- und Farbstoffe, Schleimstoffe, Nährsubstanzen (z. B. die Milch aus den Milchdrüsen) und der pflanzliche Nektar.

Die Raupen des **Seidenspinners,** hier ein Maulbeerseidenspinner, liefern durch ihre Puppenkokons das Seidenmaterial

■ **Sekretiọn** [lat.] *die,* die Absonderung meist flüssiger →Sekrete.

■ **Sẹkte** [lat.] *die,* kleinere Glaubensgemeinschaft, die sich von einer größeren Religionsgemeinschaft abgespalten und eine eigene Lehre entwickelt hat. Da die Anhänger von Sekten diesen oft freiwillig beitreten (und nicht wie meistens bei den Großkirchen »hineingeboren« sind) und sich häufig für besonders auserwählt halten, zeichnen sie sich meist durch besonderes Engagement (z. B. Einsatz in der Mission oder finanzielle Leistungen für die Sekte) aus.
Da der Begriff »Sekten« meist in abwertendem Sinne benutzt wurde, ersetzt man ihn heute häufig durch Bezeichnungen wie »religiöse Sondergemeinschaften« oder →neue Religionen.

■ **Sektiọn** [lat., = das Schneiden, Abschnitt] *die,* **1)** *allgemein:* Abteilung, Gruppe, vor allem innerhalb einer Behörde oder Institution.
2) *Medizin:* →Obduktion.

■ **Sẹktor** [lat.] *der,* **1)** *allgemein:* Bereich, Sachgebiet, z. B. der gewerbliche oder der kulturelle Sektor.
2) *Geometrie:* ein von zwei Radien und dem dazugehörigen Kreisbogen begrenztes Stück der Kreisfläche. Ganz allgemein bezeichnet man als Sektor jedes von den Schenkeln eines Winkels und einer gekrümmten Kurve begrenzte Flächenstück. Bei einem Raum bezeichnet Sektor den von einem Kegelmantel und einer gekrümmten Fläche begrenzten Körper.
3) *Zeitgeschichte:* Bezeichnung für die vier Besatzungsgebiete von Berlin und Wien nach dem Zweiten Weltkrieg.

■ **Sekụnda** [lat., = die Zweite] *die,* nach der früheren, von der obersten Klasse (Prima) ausgehen-

Seide

Als Erfinderin der Kunst der Seidenraupenzucht, der Verarbeitung der Seide und des Webens gilt Leizu, die Gemahlin des dritten (mythischen) Urkaisers Huangdi (= Gelber Kaiser). Die Seide, deren Gewinnung als Geheimnis streng gehütet wurde, wurde weit exportiert, nach dem Westen vor allem über die Seidenstraße, eine der längsten und ältesten Handelsrouten der Welt. Sie diente jedoch nicht nur dem Handel, sondern auch der Verbindung unterschiedlicher Kulturen. In Europa gab Aristoteles die erste Beschreibung der Seidengewinnung vom Maulbeerspinner. In Byzanz ist Seide seit dem 4. Jahrh. nachweisbar. Die Legende will aber, dass erst um das Jahr 550 Mönche Eier des Seidenspinners nach Konstantinopel schmuggelten. Die Araber brachten Seidengewinnung und -weberei nach Spanien, die Normannen machten sie in Sizilien heimisch. Italien hielt jahrhundertelang die führende Stellung in Europa, bevor es von Frankreich in der zweiten Hälfte des 17. Jahrh. abgelöst wurde. Seit dem 19. Jahrh. ermöglichten Mechanisierung und moderne Veredlungsverfahren die Herstellung billiger Seidenstoffe.

► Das Bild zeigt eine Puppe des Maulbeerspinners im Kokon

den Klassenzählung die 6., nach Unterteilung in Ober- und Untersekunda die 6. und 7. Klasse des Gymnasiums; heute wird ab Einschulung gezählt (also 10. und 11. Klasse).

■ **Sekundarstufe,** die auf der →Primarstufe aufbauenden allgemein bildenden und berufsbezogenen Bildungsgänge. Die Sekundarstufe gliedert sich in die **Sekundarstufe I** (5.–10. Klasse von Haupt-, Real-, Gesamtschule und Gymnasium) und die **Sekundarstufe II** (11.–13. Klasse, die Oberstufe des allgemeinen und beruflichen Bildungswesens).

■ **Sekunde** [lat.] *die,* **1)** *Geometrie:* (Bogensekunde), Einheitenzeichen ″, der 3600. Teil eines Winkelgrades (→Grad).

2) *Musik:* das Intervall (Zwischenraum) zwischen zwei nebeneinander liegenden Tönen einer Tonleiter.

3) *Physik:* Einheitenzeichen **s** (früher auch sec, sek., Sek.), Maßeinheit der Zeit. Die Sekunde wird definiert als das 9192631770fache der Periodendauer einer bestimmten elektromagnetischen Strahlung, die von Atomen des Cäsiumisotops ^{133}Cs abgestrahlt wird **(Atomsekunde)**.

■ **Selbstbefriedigung** →Masturbation.

■ **Selbstbestimmungsrecht,** **1)** *Verfassungsrecht:* in der Bundesrepublik Deutschland das im Grundgesetz (Artikel 2) garantierte Recht des Einzelnen und gesellschaftlicher Gruppen auf frei gewählte, eigenverantwortliche Daseinsgestaltung.

2) *Völkerrecht:* das Recht aller Völker und Nationen, ihre politischen, wirtschaftlichen, sozialen und kulturellen Angelegenheiten frei zu bestimmen. Es schließt die Errichtung eines souveränen und unabhängigen Staates ein, kann jedoch nicht in ein Recht auf Sezession (Abspaltung) münden, solange in einem Vielvölkerstaat das Selbstbestimmungsrecht der Völker gewahrt ist (etwa im Rahmen eines Föderalismus oder regionaler Autonomie). Das Selbstbestimmungsrecht der Völker wurde in die Satzung der UN aufgenommen.

■ **Selbstlaut** (Vokal), Sprachlaut wie a, e, i, o, u, bei dem im Gegensatz zu den →Mitlauten (b, c, d usw.) die Atemluft ungehindert ausströmt.

■ **Selbstmord** (Selbsttötung, Suizid, Freitod), die vorsätzliche Beendigung des eigenen Lebens. Die Gründe für einen Selbstmord liegen häufig in einem für unüberwindbar gehaltenen Gegensatz zwischen dem, was jemand von seinem Leben erwartet, und der Wirklichkeit, in einem subjektiven und/oder objektiven Scheitern oder in einem als unerträglich empfundenen Leidensdruck.

Die Absicht, die mit einem Selbstmord verbunden ist, kann unterschiedlich sein, z.B. der Wunsch nach Ruhe, das Ausweichen vor einer drohenden Katastrophe oder die Rache für eine schwere Kränkung. In unterschiedlichen Anteilen sind am Zustandekommen der Selbstmordhandlung auch ein Hilferuf an die Umwelt, der Wunsch nach einer entlastenden Ruhepause und der Abbau von Aggression beteiligt. So genannte Bilanzselbstmorde, die nach eingehender Abwägung (meist unter geplantem Ausschluss jeglicher Rettungsmöglichkeiten) geschehen, sind relativ selten. Bei den meisten Selbstmorden und Selbstmordversuchen handelt es sich um eine kurzschlussartige Handlung, bei der Rettungsmöglichkeiten offen gelassen werden, sodass die Tat letztlich als Appell um Hilfe verstanden werden kann (bei etwa 90% aller Selbstmordversuche). 10–20% aller Selbstmörder werden jedoch nach erfolgter Rettung rückfällig, besonders, wenn sie nach dem meist kurzen Klinikaufenthalt in ihre alten, unveränderten Lebensverhältnisse zurückkehren. Nachfolgende Selbstmordversuche haben zunehmend ernsthafteren Charakter.

In Deutschland sterben jährlich fast 14000 Menschen durch Selbstmord; um das 10- bis 20fache höher liegt die Zahl der Selbstmordversuche. Ein gesteigertes Selbstmordrisiko besteht bei bestimmten seelischen Erkrankungen (z.B. Psychose oder Depression), unheilbar kranken und sozial isolierten Menschen, Suchtmittelabhängigen, Geschiedenen, Arbeitslosen, aber auch Jugendlichen. In den Altersgruppen zwischen 10 und 25 Jahren ist der Selbstmord die zweithäufigste Todesursache.

■ **Selektion** [lat.] *die,* **1)** *allgemein:* Auswahl, Auslese.

2) *Biologie:* Vorgang, bei dem die Individuen einer Art, die den herrschenden Umweltbedingungen gut angepasst sind, einen höheren Fortpflanzungserfolg haben, als weniger gut angepasste, und somit durch ihre Nachkommen in der folgenden Generation stärker vertreten sind. Dieser Prozess hängt von den unterschiedlich ausgeprägten Merkmalen (Phänotypen) der Individuen ab. Selektion führt über mehrere Generationen hinweg zu Veränderungen von Merkmalen und ist damit ein wichtiger Faktor der →Evolution. Selektion ist sowohl in der Natur als auch in der Tier- und Pflanzenzucht wirksam.

■ **Selen** [griech.] *das,* ein halbmetallisches chemisches Element. Es gibt verschiedene Formen (Modifikationen), die thermodynamisch stabilste ist das graue (metallische) Selen. Die metallischen Modifikationen haben Halbleitereigenschaften und werden vor allem in der Elektrotechnik (Gleichrichter, Photozellen, Belichtungsmesser, Laser u.a.), in der chemischen Industrie (Katalysatoren, Pigmente) und in der Glasindustrie verwendet. Selen ist auch ein unentbehrliches Spurenelement (Knochen- und Muskelwachstum) für Mensch und Tier.

Selen
chemisches Symbol: Se
Ordnungszahl: 34
relative Atommasse: 78,96
Dichte (bei 20 °C; graues Selen): 4,81 g/cm^3
Schmelzpunkt (graues Selen): 221 °C
Siedepunkt (graues Selen): 685 °C

■ **Seleukiden,** Herrscherfamilie des Altertums, die nach dem Tod Alexanders des Großen in Vorderasien ein hellenistisches Reich schuf. Das von Seleukos I. 312 v. Chr. gegründete **Seleukidenreich** erstreckte sich von Syrien über Kleinasien und Persien bis zum Indus. Im 2. Jahrh. v. Chr. zerfiel es in mehrere selbstständige Gebiete. Den Rumpfstaat wandelte Pompeius 64 v. Chr. in die römische Provinz Syria um.

■ **Sellerie** [italienisch] *der* oder *die,* ein wild auf salzhaltigen Wiesen und am Ufer von Gräben und Bächen wachsendes Doldengewächs, das als Küchengewürz angebaut wird. Blätter und Knollen werden auch als Salat und Gemüse geschätzt.

■ **Semantik** [zu griech. sema, = Zeichen] *die,* Teilgebiet der Sprachwissenschaft, das die Bedeutung sprachlicher Einheiten (Wörter, Wortgruppen, Sätze und Texte) umfasst.

■ **Semester** [lat.] *das,* das Studienhalbjahr.

■ **Semikolon** →Satzzeichen (Übersicht).

■ **Seminar** [lat.] *das,* **1)** *christliche Kirchen:* Ausbildungsstätte für geistliche Berufe: in der katholischen Kirche Priesterseminar, in den evangelischen Kirchen Predigerseminar, in den orthodoxen Kirchen geistliches Seminar.

2) *Hochschulwesen:* Lehrveranstaltung, bei der die Teilnehmer mit Referaten und Diskussionen bestimmte Themen unter wissenschaftlicher Anleitung erarbeiten; auch Institut für einen bestimmten Fachbereich an einer Hochschule.

3) *Lehrerbildung:* (Studienseminar), Einrichtung (in Verbindung mit höheren Schulen) für Studienreferendare, die sich auf das zweite Staatsexamen vorbereiten.

■ **Semiotik** [zu griech. sema, = Zeichen] *die,* die Lehre von den Zeichen. Die Schwerpunkte semiotischer Forschung liegen bei der Philosophie und Sprachwissenschaft; im Allgemeinen wird die Semiotik gegliedert in **Syntaktik** (die Beziehungen der Zeichen untereinander), **Semantik** (die Beziehungen zwischen Zeichen und Bezeichnetem) und **Pragmatik** (die Beziehungen zwischen Zeichen, Bezeichnetem und Benutzer).

■ **Semiten,** im 18. Jahrh. eingeführte Bezeichnung für orientalische Völker, die Träger einer gemeinsamen (»semitischen«) Sprache sind. Nach der biblischen »Völkertafel« (1. Buch Mose 10) gingen von Sem, einem der Söhne Noahs, 26 Völker aus, u. a. Elamiter, Assyrer, Babylonier und Aramäer. Da aber nicht alle Söhne Sems »semitischsprachig« sind (so die Elamiter), die semitisch sprechenden Kanaanäer und Araber hingegen zu den Söhnen Hams (Hamiten) gerechnet werden, ist der Begriff völkerkundlich unbrauchbar und zudem durch den wertenden Missbrauch der Rassentheorien des 19. und 20. Jahrh. (→Antisemitismus) diskreditiert.

■ **Senat** [von lat. senatus, = Rat der Alten] *der,* **1)** *Antike:* im alten Rom ein offizielles Beratungsgremium, das die entscheidende politische Macht innehatte, in der Kaiserzeit aber an Bedeutung und Macht verlor.

2) *deutsche Bundesländer:* Name der Landesregierung in den Stadtstaaten Bremen, Hamburg und Berlin.

3) *Hochschulwesen:* zentrales Koordinations- und Entscheidungsgremium einer Hochschule (häufig auch Universitätsparlament oder Konvent genannt); den Vorsitz führt meist der Rektor (oder Präsident).

4) *Justiz:* Name der kollegialen Spruchkörper höherer Gerichte, z. B. beim Bundesverfassungsgericht, den Obersten Gerichtshöfen des Bundes und bei den Oberlandesgerichten.

5) *Politik:* in einigen Staaten mit Zweikammersystem Bezeichnung für die erste Kammer des Parlaments (z. B. Belgien, Frankreich, Italien). In den USA die erste Kammer (neben dem →Repräsentantenhaus) des Kongresses, der gesetzgebenden Körperschaft; jeder Bundesstaat ist im Senat mit zwei Abgeordneten vertreten.

■ **Sender,** Gerät oder Anlage zur Aussendung von Schallwellen, elektrischen Strömen oder elektromagnetischen Wellen zur Nachrichtenübertragung oder Richtungsbestimmung (→Radar). In der Funktechnik (→Rundfunk, →Fernsehen) werden Sender mit Elektronenröhren oder für kleinere Leistungen mit Transistoren betrieben. Die Sendungen werden meist über →Antennen ausgestrahlt.

■ **Seneca,** Lucius Annaeus, römischer Dichter und philosophischer Schriftsteller, *Corduba (heute Córdoba, Spanien) um 4 v. Chr., †(Selbstmord) Rom April 65 n. Chr. Er war Erzieher und (bis 59 n. Chr.) erster Berater des Kaisers Nero. Später fiel er in Ungnade und wurde gezwungen, sich selbst zu töten. Seneca verkündete in allgemein verständlicher Form vor allem die sittlichen Gedanken der Philosophie der Stoa. So lehrte er, dass der Weise im Einklang mit den Gesetzen der Natur leben solle, ohne sich vor den Wechselfällen des Schicksals zu fürchten.

■ **Senegal** *der,* Fluss in Westafrika, 1 430 km lang (zusammen mit dem Quellfluss Bafing). Er entsteht in Mali, bildet zum Teil die Grenze zwischen Mauretanien und der Republik Senegal und mündet in den Atlantik.

Senegal
Fläche 196 722 km²
Einwohner 9 Mio.
Hauptstadt Dakar
Amtssprache Französisch, Wolof ist Nationalsprache
Nationalfeiertag 4. 4.
Währung 1 CFA-Franc = 100 Centimes (c)
1 CFA-Franc = 100 Centimes (c)
Zeitzone MEZ −1 Std.

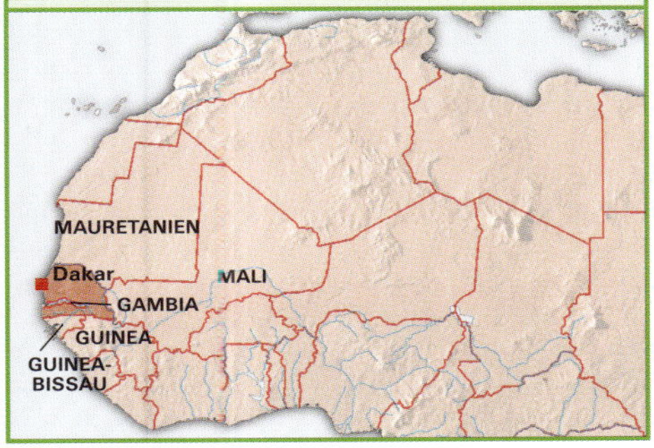

■ **Senegal,** Staat an der westafrikanischen Küste, dessen Staatsgebiet im südlichen Teil den Staat Gambia umgibt. Die Bevölkerung besteht hauptsächlich aus Sudanvölkern (u. a. Wolof, Fulbe, Tukulor). Senegal hat tropisches Klima. Der Norden und Nordosten liegen im Sahel, das übrige Staatsgebiet in der Großlandschaft →Sudan. Haupterwerbszweig ist die Landwirtschaft (Ackerbau, vor allem Erdnüsse und Baumwolle, und Weidewirtschaft). Daneben sind Küstenfischerei und Phosphatbergbau von Bedeutung. An der Küste und in den Nationalparks spielt der Fremdenverkehr eine wichtige Rolle.

Geschichte: An der Senegalmündung gründeten seit 1446 Portugiesen Handelsniederlassungen, im 16. Jahrh. gefolgt von Niederländern. Im 17. Jahrh. ließen sich Franzosen im Gebiet des heutigen Senegal nieder, die 1854 die Kolonie Senegal ausriefen. 1960 wurde Senegal als Republik unabhängig.

■ **Senf,** ein Kreuzblütler mit gelben Blüten. Die Samen (Senfkörner) werden ganz als Gewürz oder gemahlen und mit Essig gemischt als Speisesenf verwendet.

■ **senior** [lat.], Abkürzung sen., der Ältere (hinter dem Namen).

■ **Senkblei** →Lot.

■ **Senkrechtstarter,** ein Flugzeug, das senkrecht starten und landen kann. Wegen der beim Start fehlenden Horizontalbewegung kann der Auftrieb nicht durch starre Tragflächen erzeugt werden. Bei den Drehflügelflugzeugen erfolgt der Auftrieb durch langsam drehende Rotoren großen Durchmessers. Als einziger Senkrechtstarter hat sich der →Hubschrauber durchgesetzt.

■ **sensibel** [lat.], feinfühlig.

■ **Sensor** [lat.] *der* (Messfühler), ein Funktions- oder Bauelement, mit dem physikalische, chemische oder elektrochemische Größen erfasst und anschließend in elektrische Signale umgewandelt werden. Sensoren werden vor allem für die Steuerung und Regelung von elektronischen Geräten eingesetzt, u. a. als Bewegungsmelder zur Überwachung und Sicherheit oder als Temperaturregler in Räumen; auch in komplexen Systemen, Anlagen und Prozessen werden Sensoren eingesetzt, deren Daten in EDV-Anlagen weiterverarbeitet werden.

■ **Sentenz** [lat.] *die,* knapper, treffender Ausspruch; Denkspruch.

■ **sentimental** [engl.], empfindsam, übertrieben gefühlvoll.

■ **Seoul** [seul, engl. so^u^l] (koreanisch Sŏul), Hauptstadt von Süd-Korea, im Rang einer Provinz mit 606 km² und 10,3 Mio. Einwohnern. Mit seinem Hafen und dem Flugplatz ist die Stadt der bedeutendste Verkehrsknotenpunkt des Landes. In Seoul fanden 1988 die Olympischen Sommerspiele statt.

■ **separat** [lat.], abgesondert, einzeln.

■ **Separatismus** [lat.] *der,* Bestrebungen einzelner Gruppen oder bestimmter Gebiete, sich aus einem Staatsverband herauszulösen und einen selbstständigen Staat zu bilden oder sich einem anderen Staat anzuschließen. So versuchten z. B. nach dem Ersten Weltkrieg separatistische Gruppen im Rheinland, eine »Rheinische Republik« auszurufen (1919 und 1923).

■ **Sepsis** →Blutvergiftung.

■ **Septime** [lat.] *die,* die 7. Stufe der diatoni-

Dieser auf Äckern, Schuttplätzen und an Wegrändern mit leuchtend gelben Blüten wachsende **Senf** heißt Ackersenf; er wird allerdings nicht zur Herstellung von Speisesenf verwendet

Senegal

Flagge

Wappen

schen Tonleiter und das Intervall, das sechs diatonische Tonschritte enthält. Man unterscheidet große (z. B. c–h) und kleine (c–b), übermäßige (c–his) und verminderte Septime (cis–b).

■ **Sequenz** [lat. sequentia, = Folge] *die,* in der Musik Bezeichnung für die auf- oder absteigende Wiederholung einer Tonfolge auf einer anderen Tonstufe.

■ **Serbien,** Teilrepublik der Bundesrepublik →Jugoslawien, mit den Provinzen →Kosovo und Wojwodina. Sie umfasst 88 361 km^2 mit 10 Mio. Einwohnern (rund 66 % Serben, 17 % Albaner). Hauptstadt ist Belgrad. Das größtenteils gebirgige Land am Zusammenfluss von Donau, Theiß, Save und Morava ist reich an Bodenschätzen (Kohle, Eisenerz, Kupfer, Zink, Erdöl) und erzeugt vor allem Weizen, Mais, Kartoffeln, Obst und Weintrauben. Die Industrie verarbeitet landwirtschaftliche Erzeugnisse und Bergbauprodukte.

Geschichte: In das Gebiet, das im Altertum von illyrischen, thrakischen und keltischen Stämmen bewohnt war, wanderten vermutlich im 7. Jahrh. die südslawischen Serben ein, die seit dem 8. Jahrh. unter bulgarischer und byzantinischer Oberhoheit standen. 1180 wurde Serbien als Fürstentum unabhängig. Das altserbische Reich, seit 1217 Königreich, geriet nach der Niederlage auf dem Amselfeld 1389 unter türkische Herrschaft.

1830 wurde Serbien nach Freiheitskämpfen (ab 1804) als autonomes Erbfürstentum und 1878 als unabhängiger Staat (seit 1882 Königreich) anerkannt. Der wachsende Gegensatz zu Österreich-Ungarn und großserbische Bestrebungen waren eine der Ursachen für den Ausbruch des Ersten Weltkriegs (Ermordung des österreichischen Thronfolgers Franz Ferdinand durch serbische Nationalisten am 28. Juni 1914, dem Jahrestag der Schlacht auf dem Amselfeld).

1918 wurde das Königreich der Serben, Kroaten und Slowenen gegründet (→Jugoslawien, ehemaliger Staat). 1941–44 stand Serbien unter deutscher Besetzung, 1945/46 wurde es Teilrepublik Jugoslawiens.

Im jugoslawischen Bürgerkrieg suchte Serbien nach 1989 unter Präsident Slobodan Milošević (*1941) mithilfe der jugoslawischen Armee den Zusammenhalt des Gesamtstaats gewaltsam zu erhalten. Als dies misslang (Unabhängigkeitserklärungen in Slowenien und Kroatien 1991), proklamierte Serbien gemeinsam mit Montenegro eine neue Bundesrepublik Jugoslawien (27. April 1992).

Seine Machtstellung in Südosteuropa versuchte Serbien durch blutig geführte Auseinandersetzungen mit Kroatien (1991–95), Bosnien und Herzegowina (1992–95) und der mehrheitlich von Albanern bewohnten Provinz Kosovo (seit 1998) auszubauen. Die Lage im Kosovo eskalierte 1998/99 zu einer internationalen Krise, die schließlich zur NATO-Militäraktion (März bis Juni 1999) gegen Serbien und dem Abzug der serbischen Truppen aus der Provinz führte.

Der an den Fingerhut erinnernde **Sesam** gehört zu den alten Kulturpflanzen; das Sesamöl aus Indien war in der Antike ein Handelsartikel der Römer

■ **Serenade** [frz., zu italienisch sereno, = heiter] *die,* Komposition ständchenhaften Charakters für kleine vokale, instrumentale oder gemischte Besetzung; sie diente häufig als Abend- oder Nachtmusik. Besonders kunstvolle Serenaden schrieb Mozart, z. B. »Haffner-Serenade« (1776) und »Eine kleine Nachtmusik« (1787).

■ **Serengeti** *die,* ebene Trockensavanne im Hochland (bis 1 800 m über dem Meeresspiegel) östlich des Victoriasees, im Norden Tansanias. Die Serengeti ist Kerngebiet des **Serengeti-Nationalparks** (14 503 km^2), eines der wildreichsten Gebiete der Erde (mit Antilopen, Zebras, Giraffen, Löwen, Flusspferden, Nashörnern und anderen Großtieren), das zum Welterbe der UNESCO gehört.

■ **serielle Musik,** eine um 1950 als konsequente Fortsetzung der Zwölftontechnik entwickelte Kompositionstechnik, bei der möglichst alle Strukturelemente durch eine vorher festgelegte Ordnung von Zahlen- oder Proportionsreihen bestimmt werden.

■ **Serienschaltung** (Reihenschaltung, Hintereinanderschaltung), eine elektrische Schaltung, bei der mehrere Schaltelemente, z. B. Widerstände, Glühlampen oder Kondensatoren, so in den Stromkreis geschaltet werden, dass sie alle vom gleichen Strom durchflossen werden. Bei der Serienschaltung gibt es also keine Stromverzweigungspunkte, sodass die Stromstärke überall gleich groß ist.

■ **Serpentine** [lat.] *die,* in Schlangenlinie an- oder absteigende Straße am Berghang; auch die einzelne Kehre einer solchen Straße.

■ **Serum** [lat.] *das,* Kurzwort für Blutserum (→Blutgerinnung).

■ **Server** [ßö^{r}w^{e}r; engl.] *der,* ein Spezialrechner in einem Rechnernetz, der an einer Endbenutzerschnittstelle besondere Dienste zur Verfügung stellt. Der Datenbankserver ermöglicht z. B. den Zugriff auf Informationssysteme, der Dateienserver ist für die Verwaltung von Dateien zuständig.

■ **Sesam** [lat.] *der,* eine krautige Pflanze mit fingerhutähnlichen Blüten, aus deren Samen in vielen Tropengebieten Öl gewonnen wird, besonders in Indien und China. Das Öl dient als Speiseöl und als Rohstoff für Margarine und Feinseife. Aus gemahlenen Samen wird Brot gebacken.

■ **Sẹtter** [engl.], verschiedene mittelgroße (etwa 65 cm schulterhoch), langhaarige Jagdhundrassen. Der **Englische Setter** mit langem Fang (Schnauze) und dicht behaarter Rute (Schwanz) besitzt ein weißes Fell mit schwarzbraunen oder gelben Tupfen. Das glatthaarige, schwarze Fell des **Gordon Setters** ist rot gezeichnet. Der **Irische Setter** hat ein mittellanges, rotbraunes Fell.

■ **Seuche,** eine historische Bezeichnung für eine Infektionskrankheit, die infolge ihrer großen Verbreitung und der Schwere des Verlaufs eine Gefahr für die Allgemeinheit darstellt (z. B. Pest oder Cholera). Nach der Art der zeitlichen und örtlichen Begrenzung unterscheidet man →Epidemie, Endemie und Pandemie. In den meisten Staaten gibt es Gesetze zur Verhütung und Bekämpfung von Seuchen, die u. a. Impfung, Meldepflicht von Erkrankungen, Quarantäne und gegebenenfalls die Schließung öffentlicher Einrichtungen (Schulen, Bäder) regeln.

■ **Sevilla** [sewịlja], Hafenstadt in Andalusien, Spanien, am unteren Guadalquivir, mit 701 900 Einwohnern. Die gotische Kathedrale (15. Jahrh.) ist anstelle einer maurischen Moschee erbaut worden, von der ein hohes Minarett, die »Giralda«, erhalten ist; es ist heute das Wahrzeichen der Stadt. Daneben findet man in Sevilla eine Fülle historischer Bauwerke, die zum Teil aus der maurischen, vor allem aber aus der Renaissancezeit (z. B. das Rathaus) stammen. Berühmt ist der Alkazar (aus maurischer Zeit sowie aus dem 14. und 16. Jahrh.). – Die von Phönikern gegründete Stadt war vom 8. Jahrh. bis zur spanischen Eroberung (1248) ein Zentrum des maurischen Spanien.

■ **Sewastọpol,** bedeutende ukrainische Hafenstadt (Kriegs- und Handelshafen) am Schwarzen Meer, an der Südwestküste der Halbinsel Krim, mit 391 700 Einwohnern. – Die Stadt wurde im Krimkrieg (1853–56) und im Zweiten Weltkrieg heftig umkämpft.

■ **Sẹx** [lat.] *der,* Geschlecht, Geschlechtlichkeit, Geschlechtsverkehr.

■ **Sẹxta** [lat., = die Sechste] *die,* früher die 1. Klasse eines Gymnasiums (von der Prima heruntergezählt ursprünglich die sechste Klasse); jetzt allgemein durch die Bezeichnung 5. Klasse ersetzt.

■ **Sextạnt** [lat.] *der,* ein Winkelmessgerät, mit dessen Hilfe die Höhe eines Gestirns über dem Horizont gemessen werden kann. Sextanten werden zur Ortsbestimmung in der Schifffahrt verwendet.

■ **Sexualität** [lat.] *die,* das geschlechtliche Verhalten bei Menschen und Tieren, das auf die Befriedigung der sexuellen Bedürfnisse gerichtet ist. Während bei den Tieren die Sexualität dem Zweck

Sexualität – Lust auf Leben

Die Kulturen, Religionen, Lebensauffassungen und Gewohnheiten sowie die Hautfarbe können noch so unterschiedlich sein oder gar als unvereinbar erscheinen – Sexualität ist, wie Essen und Trinken, ein Grundbedürfnis, das allen kleinen und großen Menschen zu allen Zeiten eigen war und ist.
Die hier abgebildete Skulptur heißt »Mann und Frau«. Der Künstler mag bei seiner Arbeit an den uralten Mythos der Geschlechtertrennung gedacht haben, den der griechische Philosoph Platon in einem seiner Werke festgehalten hat: der gottähnliche, einst doppelgeschlechtliche Mensch wurde von Zeus, dem olympischen Göttervater, in zwei Hälften geteilt, die fortan auf der Suche nach der verlorenen Vollkommenheit danach streben, sich miteinander zu vereinigen.
Zeus selbst erscheint in den antiken Mythen als Liebhaber ungezählter Frauen, der weder List noch Tücke scheut, um seinen immerwährenden Hunger nach dem Einssein mit der anderen Geschlechtshälfte zu stillen.

der Fortpflanzung dient und oft an bestimmte Zeiten (→Brunst) gebunden ist, ist sie beim Menschen weitgehend losgelöst von ihrer biologischen Funktion.

Der Mensch verfügt in unterschiedlichem Maß über die Fähigkeit zur Kontrolle seines sexuellen Verhaltens, das bis zum Triebverzicht (Keuschheit) reichen, aber auch – in Form der Erotik – eine geistige Steigerung erfahren kann. Hierbei steht nicht die unmittelbare körperliche Bedürfnisbefriedigung im Vordergrund, sondern die gefühlsmäßige: Begehren, Leidenschaft und Versagung, umfassende Bindung an den Partner. Moderne Methoden der →Empfängnisverhütung sowie die Möglichkeit des Schutzes vor →Geschlechtskrankheiten oder →Aids durch Kondome erlauben heute ein angstfreies Ausleben des Geschlechtstriebes.

Ausschlaggebend dafür ist die Möglichkeit der sexuellen Selbstbestimmung: die Entdeckung und Bejahung der eigenen Bedürfnisse frei von überkommenen Moralvorstellungen und Normen. Die Formen der Sexualität (z. B. Stellungen beim →Geschlechtsverkehr, das Berühren der Geschlechtsteile mit den Händen oder mit dem Mund) sollten den individuellen Bedürfnissen des Einzelnen entsprechen ebenso wie die Häufigkeit des Geschlechtsverkehrs. Selbst das Erreichen des sexuellen Höhepunktes, des Orgasmus, ist nicht Bedingung für ein erfülltes Sexualleben. Da die Sexualität in der Regel auf einen Partner bzw. eine Partnerin bezogen ist, spielen dagegen Liebe, Zärtlichkeit und Vertrauen eine große Rolle.

Zur Entdeckung des eigenen Körpers und dessen, was Spaß macht, kann auch die Selbstbefriedigung (Onanie) beitragen, die entgegen manchen Vorurteilen weder körperlichen noch seelischen Schaden anrichtet. Das Streicheln und Reizen der Geschlechtsorgane des anderen mit den Händen (Masturbation), unter der Bezeichnung Petting (ohne Ausübung des Geschlechtsverkehrs) besonders bei Jugendlichen verbreitet, kann als äußerst lustvoll empfunden werden und zum Orgasmus führen, es kann aber auch, als Vorspiel, das Erlebnis des Geschlechtsverkehrs für beide Partner steigern. Obwohl man heute weiß, dass Kinder schon von klein auf sexuell empfinden und handeln, spricht man von Sexualität im engeren Sinn meist erst nach dem Erreichen der Geschlechtsreife und dem Eintritt in die Pubertät. Deren Beginn wird bei Mädchen durch die erste Menstruation (Menarche), bei den Jungen durch die erste Ejakulation definiert.

Homosexualität, also das Verlangen nach sexueller Befriedigung durch gleichgeschlechtliche Partner, wird auch in unserer Gesellschaft oft noch geächtet. Für viele Homosexuelle, besonders für Jugendliche, bedeutet die ständige Verheimlichung ihrer Sexualität und der unter Umständen damit verbundene Verzicht auf eine Partnersuche oft auch die Ablehnung der eigenen Person (auch →Homosexualität). – Das Nebeneinander homo- und heterosexueller Wünsche und vor allem ihr Ausleben wird auch als **Bisexualität** bezeichnet.

Wie in der Gesellschaft generell abweichendes Verhalten meistens abgelehnt wird, so wird auch von der Norm abweichendes Sexualverhalten oft als »Perversion« bezeichnet. Dieser Begriff ist jedoch fragwürdig. Ein von gesellschaftlichen Normen weitgehend unabhängiges Kriterium dafür, ob ein bestimmtes sexuelles Verhalten akzeptiert werden kann, ist die Frage, ob damit die Rechte und Bedürfnisse anderer verletzt werden oder nicht.

Die Sexualität des Menschen ist immer auch von den in seiner Gesellschaft herrschenden Moralvorstellungen beeinflusst, diese jedoch einem starken Wandel unterworfen sind. Während sexuelle Beziehungen zwischen männlichen Erwachsenen und Knaben in der griechischen Antike zum Teil ausdrücklich gebilligt waren, wurde Homosexualität schon in römischer Zeit bestraft. Die offizielle christliche Moral unterstellte seit dem Mittelalter das Sexualleben dem Ideal der Enthaltsamkeit und einer durch strenge Strafen aufrechterhaltenen Kontrolle. Durch das von der Kirche eingeführte und seit dem 16. Jahrh. entschieden durchgesetzte Sakrament der Ehe wandelte sich allmählich das Ausleben der Sexualität: Nicht die Angst vor Strafe, sondern das eigene Gewissen wurde mehr und mehr zur Richtschnur auch für das sexuelle Verhalten.

■ **sexueller Missbrauch,** Sammelbezeichnung für sexuelle Handlungen, die sich gegen Kinder und Jugendliche oder andere in einem Abhängigkeitsverhältnis stehende Personen (Schutzbefohlene, Gefangene, Kranke und Hilfsbedürftige) wenden. Nach Schätzungen des Bundeskriminalamts werden in Deutschland jährlich zwischen 250 000 und 300 000 Kinder, vorwiegend Mädchen, sexuell missbraucht. Viele Opfer sind noch Kleinkinder oder gar Säuglinge. Die meisten Täter stammen aus der unmittelbaren Umgebung der Opfer: Väter, Stiefväter, Großväter, Onkel, Brüder, Lebensgefährten der Mutter, Mütter, Erzieher, Pfarrer und Lehrer. Ganz fremde Personen machen nur einen geringen Prozentsatz der Täter aus. Der sexuelle Missbrauch durch Personen aus der Familie oder dem näheren Umfeld ist besonders bedrohlich, weil

gerade diejenigen Personen, denen ein Kind vertraut und bei denen es Schutz sucht, diese Grundlage zerstören.
Kinder und Jugendliche, die sexuell missbraucht wurden, leiden (auch als Erwachsene noch) unter körperlichen und seelischen Folgen. Ein Abscheu vor allem Sexuellen, Entfremdung des eigenen Körpers, →Essstörungen und andere psychosomatische Erkrankungen, Ängste, Schlafstörungen, mangelnde Selbstsicherheit und Misstrauen auch gegenüber allgemeinen sozialen Kontakten, Drogenabhängigkeit und Selbstmord können mit erlittenem sexuellem Missbrauch zusammenhängen.

Seychellen
Fläche 455 km²
Einwohner 77 000
Hauptstadt Victoria
Amtssprache Kreolisch
Nationalfeiertag 29. 6.
Währung 1 Seychellen-Rupie (SR) = 100 Cents (c)
Zeitzone MEZ +3 Std.

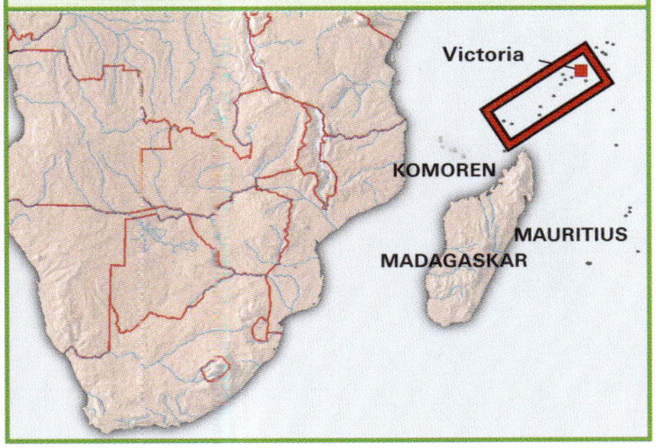

■ **Seychellen** [sesch...] (Seschellen), Inselstaat im Indischen Ozean, der die Inselgruppe der Seychellen (32 Inseln) und weitere Inselgruppen und Inseln nördlich von Madagaskar (insgesamt über 100 Inseln) umfasst. Die Bevölkerung besteht zu 89 % aus Kreolen, Nachkommen von französischen Siedlern, ehemaligen afrikanischen Sklaven, Seeräubern sowie Zuwanderern von Mauritius, aus Indien und China. 80 % der Bevölkerung leben auf Mahé, der größten Insel, auf der auch die Hauptstadt Victoria liegt. Haupterwerbszweig ist der Tourismus, gefolgt von Hochseefischerei und Ackerbau (vor allem Kokospalmen, Tee, Vanille, Zimt).
Geschichte: Die Seychellen wurden Anfang des 16. Jahrh. von portugiesischen Seefahrern entdeckt. Sie waren 1743–1814 in französischem, dann in britischem Besitz. 1976 erlangten sie als Republik die Unabhängigkeit.

■ **Sezession** [lat., = Absonderung, Trennung] *die,* **1)** *Kunst:* die Abspaltung einer Künstlergruppe von einer herkömmlichen, oft offiziellen Künstlervereinigung wie auch der Zusammenschluss von Künstlern mit neuen Zielen. Die wichtigste Sezession wurde die 1897 gegründete »Wiener Sezession«, die dem **Sezessionsstil,** der österreichischen Variante des →Jugendstils, den Namen gab.
2) *Völkerrecht:* die Abtrennung eines Gebietsteiles eines Staates gegen dessen Willen durch die dort ansässige Bevölkerung mit dem Ziel, einen neuen Staat zu bilden oder sich einem bestehenden Staat anzuschließen.

■ **Sezessionskrieg,** der Bürgerkrieg in den USA 1861–65, der durch wirtschaftliche, politische und soziale Gegensätze zwischen Nord- und Südstaaten vor allem in der Sklavenfrage (im Norden war die Sklaverei abgeschafft worden, während die Südstaaten in der Sklavenhaltung die Grundlage ihres Wirtschaftssystems sahen) ausgelöst wurde. Nach der Wahl des Sklavereigegners Lincoln 1860 zum Präsidenten der USA traten die elf Südstaaten aus der Union aus und gründeten 1861 einen eigenen Staatenbund, die **Konföderierten Staaten von Amerika** (Hauptstadt: Richmond, Virginia). Die Nordstaaten führten daraufhin einen verlustreichen Krieg um die Einheit der Nation und besiegten die Südstaaten.

■ **sezieren** [lat.], eine Leichenöffnung (**Sektion** oder →Obduktion) vornehmen.

■ **Sgraffito** →Wandmalerei.

■ **Shaba** [schaba] (früher Katanga), Provinz im Südosten der Demokratischen Republik Kongo, mit 496 877 km² und 5,6 Mio. Einwohnern; die Hauptstadt ist Lubumbashi (früher Elisabethville). In Shaba liegt das Katanga-Revier, eine der reichsten Bergbauregionen der Erde (Kupfer, Uran, Kobalt, Mangan und Zinn). – Mehrmals wurden Bestrebungen, Shaba von Zaire zu trennen und selbstständig zu machen, gewaltsam unterdrückt (1960, zuletzt 1978).

■ **Shakespeare** [scheˈkspir], William, englischer Dramatiker, Schauspieler und Dichter, *Stratford-upon-Avon 23. April (?; getauft 25. April) 1564, †ebenda 23. April 1616. Über seine Herkunft und sein Leben ist nur wenig bekannt. Seit 1589 hat er wohl in London gelebt, wo er als Schauspieler und Theaterdichter wirkte und 1599 Teilhaber am Globe Theatre und 1608 am Blackfriars Theatre wurde. Um 1612 kehrte er nach Stratford zurück.

Seychellen

Flagge

Wappen

Shakespeare zählt zu den bedeutendsten Dramatikern und Dichtern des Abendlandes. Schon zu Lebzeiten genoss er hohes Ansehen. Sein dramatisches Werk umfasst 35 Stücke; daneben schrieb er 154 Sonette und zwei Versepen. Sein Werk wird meist in vier Schaffensperioden eingeteilt:

Die Dramen **Shakespeares** sind von unverwüstlicher Wirkung: es sind Theaterstücke, die Generationen von Zuschauern immer wieder gesehen haben und die weitere Generationen immer wieder sehen werden; auch auf den deutschsprachigen Bühnen ist Shakespeare der meistgespielte Autor

Am Beginn stehen Verserzählungen und frühe historische Dramen (z. B. »Richard III.«, um 1593); auch die »Komödie der Irrungen« (um 1591) entstand in dieser Zeit.

Es folgten in der zweiten Periode weitere historische Dramen (z. B. »Heinrich IV.«, um 1596/97), in denen sich Shakespeare um objektive Darstellung der geschichtlichen Wirklichkeit bemühte. Die Komödien (z. B. »Ein Sommernachtstraum«, 1595, und »Wie es euch gefällt«, um 1599) zeigen tiefsinnigen Humor, der über den Wortwitz der frühen Komödien hinausgeht, und führen zur Darstellung menschlicher Vollkommenheit durch Selbsterkenntnis. Um 1595 entstand die romantische Tragödie »Romeo und Julia«.

Den Übergang zur dritten, der so genannten »dunklen« Periode bildet »Julius Cäsar« (um 1599). Wieder auf geschichtlichem Hintergrund gestaltete Shakespeare Charaktertragödien, in denen das Verhängnis im Charakter des Helden begründet ist (z. B. »Hamlet«, um 1601, »Othello«, 1604, »König Lear«, um 1605, und »Macbeth«, um 1608). Auch die Komödien dieser Zeit (z. B. »Die lustigen Weiber von Windsor«, 1600/01) haben eine pessimistische Grundstimmung.

In seiner letzten Schaffensperiode gestaltete Shakespeare symbolhafte Visionen, so z. B. in den Märchenspielen »Der Sturm« (1611) und »Das Wintermärchen« (1611).

■ **Shanghai** → Schanghai.

■ **Shaw** [schå], George Bernard, irischer Schriftsteller, *Dublin 26. Juli 1856, † Ayot Saint Lawrence (England) 2. November 1950. Shaw begann 1885 in London als Theater- und Musikkritiker. Als Schriftsteller mit fünf Romanen erfolglos, wurde er durch sein umfangreiches Bühnenwerk (rund 70 Schauspiele) bald weltbekannt. 1925 erhielt er den Nobelpreis für Literatur. Sein Werk ist gekennzeichnet durch die Kritik an überkommenen gesellschaftlichen Verhaltensweisen und persönlichen Vorurteilen, durch beißenden Spott und humorvolle Ironie. Zu seinen bekanntesten Stücken gehören: »Frau Warrens Gewerbe« (1898), »Helden« (1898), »Pygmalion« (1912; 1956 zu dem Musical »My Fair

Unter Elisabeth I. war London um die Wende des 16. zum 17. Jahrhundert das führende Theaterzentrum der Welt – deshalb spricht man auch von der Zeit des elisabethanischen Theaters; die Abbildung zeigt die Rekonstruktion des berühmten Globe Theatre, das gut 13 Jahre lang die Wirkungsstätte des Schauspielers und Theatermachers **Shakespeare** war: allein 16 seiner Dramen wurden in diesem Theater, das in täglichen Vorführungen für jedermann bis zu 3 000 Zuschauer anlockte, uraufgeführt

> **Shakespeare**
>
> »Shakespeare und kein Ende« heißt ein Artikel, in dem Johann Wolfgang von Goethe seinen englischen Kollegen als »entschieden modernen Dichter« rühmt. »Shakespeare kennt das innere Menschenkostüm«, sagt Goethe, und er verrät auch zugleich dessen Geheimnis: Shakespeare wirkt »durchs lebendige Wort«, mit anderen Worten: Shakespeares Sprache folgt den Gesetzen der Musik. Sie ist von außergewöhnlicher Anziehungskraft auf Komponisten; rund 200 Opern sind nach Dramen Shakespeares auf die Bühne gebracht worden, darunter »Otello« (1887) und »Falstaff« (1893, nach »Die lustigen Weiber von Windsor«) von Guiseppe Verdi, und, nicht zu vergessen: das Musical »West Side Story« (1957, nach »Romeo und Julia«) von Leonard Bernstein.

Lady« verarbeitet) und »Die heilige Johanna« (1923).

■ **Sheriff** [schẹrif; engl.] *der,* in England der von der Krone ernannte ehrenamtliche Verwaltungsbeamte einer Grafschaft (County); in den USA der auf Zeit gewählte oberste Beamte in einem Verwaltungsbezirk (County) mit polizeilichen und begrenzten richterlichen Aufgaben; dem Sheriff entspricht der **Marshall** für einen Gerichtsbezirk.

■ **Sherlock Holmes** [schö^{u}lok ho^{u}ms], Meisterdetektiv der Kriminalromane von Sir Arthur Conan →Doyle.

■ **Shetlandinseln** [schẹtl^{e}nd...], schottische Inselgruppe nordöstlich der Orkneyinseln. Die etwa 100 Inseln, von denen die meisten unbewohnt sind, bilden das Verwaltungsgebiet Shetland mit 1438 km^2 und 22900 Einwohnern; der Hauptort ist Lerwick. Die Bewohner betreiben hauptsächlich Schaf-, Pferdezucht (Shetlandponys) und Fischerei.

■ **Shiva** [sch...] →Schiwa.

■ **Shoah** [sch...] (Schoa) →Holocaust.

■ **Shogun** [sch...] →Schogun.

■ **Shrimps** [sch...; engl.], Handelsbezeichnung für kleine, unter 5 g wiegende →Garnelen.

■ **Siam,** früherer Name von →Thailand.

■ **siamesische Zwillinge,** ein eineiiges, lebensfähiges Zwillingspaar, das durch Gewebebrücken am Kopf oder Rumpf (Brust, Rücken) miteinander verwachsen ist. Die Bezeichnung geht auf die siamesischen Brüder Chang und Eng Bunkes (1811–74) zurück, die an der Brust miteinander verwachsen waren.

■ **Sibirien,** Großlandschaft in Nordasien, mit rund 10 Mio. km^2 und etwa 24,3 Mio. Einwohnern; sie umfasst den größten nicht europäischen (asiatischen) Teil Russlands und reicht im Südwesten bis in den Nordteil von Kasachstan. Die Städte liegen vor allem im Süden (im Bereich der Transsibirischen Eisenbahn), andere an den großen Flüssen oder vereinzelt in Bergbaugebieten. Zwischen dem Uralgebirge und dem Jenissei erstreckt sich das Westsibirische Tiefland (weithin versumpft). Zwischen Jenissei und Lena liegt das Mittelsibirische Bergland (durchschnittlich 500–700 m hoch). Ostsibirien umfasst das Gebirgsland im Nordosten (bis 3147 m hoch) und im Fernen Osten. Im Norden wird Sibirien vom Nordpolarmeer begrenzt, im Süden von Gebirgen (u. a. vom Altai und den Gebirgen um den Baikalsee).

Das Klima ist kontinental, einige Gebiete haben mehr als neun Monate Frost. Auf die →Tundra im Norden folgt ein breiter Streifen mit →Taiga, im Süden gibt es Waldsteppen. Die Wälder liefern große Mengen an Holz. Im Süden Westsibiriens wird Weizen angebaut. S. besitzt reiche Bodenschätze wie Kohle, Eisen, Gold, Diamanten, Nickel, Kobalt und Kupfer. Im Westsibirischen Tiefland werden über 60 % des russischen Erdöls und über 50 % des Erdgases gefördert.

Geschichte: In Sibirien lassen sich seit etwa 800 v. Chr. Reitervölker nachweisen, deren westliche Teile seit dem 7. Jahrh. v. Chr. von den Skythen beherrscht wurden. Seit dem 3. Jahrh. v. Chr. gehörte Südsibirien zum Einflussbereich des Nomadenreiches der Xiongnu (früher ostasiatische Hunnen genannt). Im 6. Jahrh. n. Chr. siedelten in einigen Ge-

> **Sherlock Holmes**
>
> Arthur Conan Doyle, der Schöpfer von Sherlock Holmes und Doktor Watson, studierte während seiner Ausbildung zum Arzt im schottischen Edinburgh. Einer seiner Lehrer war Dr. Joseph Bell (1837–1911), Chirurg und Medizinischer Rat am dortigen Königlichen Militärhospital. Bell konnte durch logische Schlussfolgerungen auf Anhieb wesentliche Aussagen über den Lebensweg und die Angewohnheiten von ihm völlig fremden Personen machen. Doyle selbst gab später zu, dass er Bells Methoden verwertet und erweitert habe, als er seinen analytisch arbeitenden Detektiv schuf.

Den irischen Theaterautor **George Bernard Shaw** ehrte der Schriftsteller Bertolt Brecht mit den Worten: »Er weiß genau, was für ein Mut dazu gehört, über das Lustige zu lachen, und wieviel Ernst nötig ist, um das Lustige herauszufinden«

bieten Sibiriens Turkvölker, im 13. Jahrh. gehörte ganz Sibirien zum Mongolenreich. Die Eingliederung in das Russische Reich begann im 16. Jahrh. Seit dem 18. Jahrh. wurden Verbrecher, aufsässige Leibeigene, politisch Verfolgte und religiöse Dissidenten nach Sibirien (in Arbeitslager) verbannt.

■ **Sicherheitsrat,** Organ der →UN.

■ **Sicherung,** eine in elektrischen Stromkreisen eingeschaltete Schutzvorrichtung, die den Stromfluss unterbricht, wenn die Stromstärke bei einem Kurzschluss oder bei Überlastung über einen bestimmten Höchstwert ansteigt.

Die **Schmelzsicherung** besteht aus einem dünnen Draht, der sich in einem Porzellanrohr befindet. Sie wird so in den Stromkreis geschaltet, dass der gesamte Strom durch das Drähtchen fließen muss. Dieses schmilzt bei Überschreiten einer bestimmten Stromstärke und unterbricht damit den Stromkreis. Der heute vorwiegend benutzte **Sicherungsautomat** ist ein Schutzschalter, der sich bei Überlastung des Stromkreises selbsttätig ausschaltet.

sieben Weltwunder

Die geläufigste Aufzählung aus römischer Zeit umfasst die folgenden Bauten und Kunstwerke:

1. die ägyptischen Pyramiden von Giseh die Cheops-, Chephren- und Mykerinospyramide (etwa zwischen 2600 und 2500 v. Chr. entstanden);

2. die Hängenden Gärten der Semiramis in Babylon (9./8. Jahrh.?), Terrassengärten, die vielleicht erst von Nebukadnezar II. (605–562 v. Chr.) für seine Gemahlin Amytis angelegt wurden;

3. der Tempel der Artemis in Ephesus (um 650 v. Chr.), der zweimal zerstört und wieder restauriert wurde, mit der Durchsetzung des Christentums aber endgültig zerfiel;

4. das Kultbild des Zeus in Olympia (um 430 v. Chr.), eine 12 m hohe Statue des Bildhauers Phidias;

5. das Grabmonument des Mausolos (Mausoleum) in Halikarnassos (um 350 v. Chr.), ein 40 m hoher Bau, der erst im 12. Jahrh. (vermutlich durch ein Erdbeben) einstürzte

6. der Koloss von Rhodos, die 32 m hohe Bronzestatue (302–290 v. Chr.) an der Hafeneinfahrt von Rhodos, die den griechischen Sonnengott Helios darstellte und im 3. Jahrh. n. Chr. zerfiel;

7. der Leuchtturm der ehemaligen Insel Pharus bei Alexandria (errichtet um 280 v. Chr.), der eine Höhe von über 120 m erreichte.

■ **Siebenbürgen** (rumänisch Transilvania, auch Ardeal), Becken- und Gebirgslandschaft in Rumänien. Siebenbürgen wird vom Karpatenbogen und vom Westsiebenbürgischen Gebirge begrenzt und von der Maros durchflossen. In den fruchtbaren Senken wird Mais, Weizen und Wein angebaut sowie Rinder- und Pferdezucht betrieben; in den Gebirgen wird Gold, Bauxit und Salz abgebaut und Erdgas gewonnen.

Geschichte: Siebenbürgen, seit dem 3. Jahrh. v. Chr. von den thrakischen Dakern bewohnt, war das Kernland der von Kaiser Trajan 106 n. Chr. errichteten römischen Provinz Dakien. Im 9./10. Jahrh. drangen Ungarn vor, die das Land im 11. Jahrh. der ungarischen Krone unterstellten. Nach 1150 wurden deutsche Bauern und Handwerker **(Siebenbürger Sachsen)** angesiedelt. Seit 1526 stand Siebenbürgen unter osmanischer Herrschaft, seit 1541 als weitgehend selbstständiges Fürstentum. 1691 kam es zu Österreich, 1867 zu Ungarn, 1920 zu Rumänien. 1940–47 gehörte Nordsiebenbürgen zu Ungarn.

■ **Siebengebirge,** Berggruppe südöstlich von Bonn, am rechten Rheinufer. Das Siebengebirge ist ein Teil des →Rheinischen Schiefergebirges. Es erhielt seinen Namen nach sieben besonders herausragenden Kuppen.

■ **Siebengestirn** →Plejaden.

■ **Siebenjähriger Krieg,** Bezeichnung für den 3. Schlesischen Krieg zwischen Preußen (Friedrich II., dem Großen) und Österreich (Maria Theresia) und die gleichzeitige Auseinandersetzung zwischen Frankreich und Großbritannien in den Kolonien (1756–63). Preußen, das mit Großbritannien verbündet war, erlitt im Kampf gegen Österreich, das mit Frankreich und Russland verbündet war, nach anfänglichen Siegen (u. a. bei Roßbach und Leuthen) bei Kunersdorf (1759) eine schwere Niederlage, wurde aber durch das Ausscheiden Russlands aus dem Krieg gerettet und im Frieden von Hubertusburg (1763) im Besitz von Schlesien bestätigt.

Frankreich verlor nach bedeutenden englischen Siegen im Pariser Frieden (1763) seine wertvollsten Kolonialgebiete in Nordamerika (Kanada, Louisiana östlich des Mississippi und Florida), in Afrika (Senegal, Gambia) und Indien.

■ **Siebenkampf,** leichtathletischer Mehrkampfwettbewerb der Damen, der an zwei Tagen ausgetragen wird. Die Disziplinen am ersten Tag

Die im »Nibelungenlied« überlieferte Geschichte des sagenhaften **Siegfried** ist eine Geschichte über die mörderische Wirkung des Verrats; die Seite einer Bilderhandschrift aus dem 15. Jahrhundert zeigt den von Brunhild bestellten und von Hagen ausgeführten Meuchelmord an Siegfried inmitten einer Jagdgesellschaft

sind: 100 m Hürdenlauf, Hochsprung, Kugelstoßen, 200-m-Lauf; am zweiten Tag: Weitsprung, Speerwerfen und 800-m-Lauf.

■ **Siebenschläfer,** zu den Schlafmäusen gehörendes Nagetier, das einen 7–9 Monate dauernden Winterschlaf hält. Siebenschläfer leben in Laubwäldern und Obstgärten Europas und Kleinasiens. Die hellgrauen Tiere ähneln durch ihren langen, buschigen Schwanz jungen Eichhörnchen.

■ **sieben Weltwunder,** Bezeichnung für Bauten und Kunstwerke des Altertums, die durch ihre außerordentliche Größe und Pracht besondere Bewunderung erregten. Die Beschränkung auf sieben Werke hängt damit zusammen, dass die Zahl Sieben als vollkommene oder heilige Zahl auch in der Antike eine herausragende Rolle gespielt hat. Die wohl im 3. Jahrh. v. Chr. erstmals zusammengestellte Liste wurde jedoch – der zeittypischen Interessenlage entsprechend – immer wieder geändert.

Siedepunkt

Der Siedepunkt sinkt mit fallendem Luftdruck, und dieser fällt mit zunehmender Höhe. Wasser kocht daher auf dem Mount Everest schon bei 70 °C. Diese Temperatur reicht aber selbst bei einer Kochzeit von einer Stunde nicht aus, um ein Ei weich zu kochen.
Salz erhöht den Siedepunkt des Wassers. Bei der Erhitzung bewegen sich die Wassermoleküle immer schneller, und das Salz verzögert diesen Prozess. Dadurch verdampft das Wasser erst später, also jenseits der 100 °C. Dadurch werden zum Beispiel Kartoffeln und Nudeln eine Spur schneller gar.

■ **Siedepunkt** (Siedetemperatur), die Temperatur, bei der eine Flüssigkeit unter Dampfblasenbildung in den gasförmigen Zustand übergeht. Der Siedepunkt ist vom Druck abhängig. – auch →Verdampfung, →Verdunstung.

Der volkstümliche Name des **Siebenschläfers** bezieht sich auf die Dauer seines Winterschlafs

■ **Siegel** [lat.] *das,* Abdruck eines geprägten oder geschnittenen Stempels in **Siegellack**, eine durch Erwärmung weiche, später erhärtende Masse (früher wurden Siegel auch in Metall, Ton oder Wachs abgedrückt). Das Siegel ist ein Beglaubigungszeichen von hohem rechtlichem Wert (z. B. auf Urkunden).

■ **Siegfried,** Gestalt der germanischen Heldensage. Seine Taten sind in der »Edda« und im »Nibelungenlied« überliefert. Siegried erwirbt den Nibelungenschatz, vermählt sich mit Kriemhild und gewinnt für König Gunther Brunhild durch eine List. Brunhild rächt sich an Siegried und lässt ihn durch Hagen hinterhältig ermorden.

■ **SI-Einheiten** (SI = frz. **S**ystème **I**nternational d'Unités), die international festgelegten und in Deutschland gesetzlich vorgeschriebenen Einheiten physikalischer Größen (→Einheiten).

Im Jahr 1881 setzte der unternehmerische Erfinder **Werner von Siemens** in Berlin die erste elektrische Straßenbahnlinie der Welt auf die Schienen

■ **Siemens,** Werner von, deutscher Ingenieur und Industrieller, * Lenthe (heute Gehrden bei Hannover) 13. Dezember 1816, † Berlin 6. Dezember 1892. Siemens machte grundlegende Erfindungen auf dem Gebiet der Elektrotechnik (z. B. Konstruktion der Dynamomaschine), baute den ersten elektrischen Aufzug und die erste elektrische Straßenbahn und wurde zum Begründer der Starkstromtechnik. 1847 gründete er mit Johann Georg Halske (1814–90) die **Telegraphen Bau-Anstalt von Siemens & Halske,** aus der später die **Siemens AG** hervorging.

■ **Sierra Leone,** Republik in Westafrika. Die Bevölkerung setzt sich aus 17 ethnischen Gruppen zusammen. Das Land gliedert sich in eine feuchte Küstenebene und ein Savannenhochland im Innern. Das Klima ist tropisch mit einer Regenzeit im Sommer. Für den Export werden Kaffee und Kakao angebaut. Obwohl Sierra Leone reiche Bodenschätze, vor allem Diamanten, Rutil (Titandioxid) und Bauxit, besitzt, gehört es infolge des Bürger-

Sierra Leone
Fläche 71 740 km^2
Einwohner 4,577 Mio.
Hauptstadt Freetown
Amtssprache Englisch
Nationalfeiertag 27. 4.
Währung 1 Leone (Le) = 100 Cents (c)
Zeitzone MEZ −1 Std.

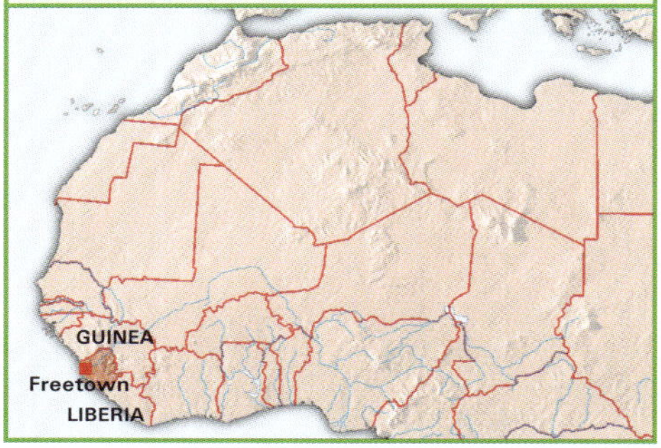

Sierra Leone

Flagge

Wappen

krieges (seit 1991) zu den ärmsten Ländern Afrikas. Haupthäfen sind Freetown und Pepel.

Geschichte: Das Gebiet wurde im 15. Jahrh. von den Portugiesen entdeckt und diente bis ins 18. Jahrh. dem Sklavenhandel. 1787 gründeten Engländer die Kolonie Freetown für befreite Sklaven. 1808 wurde Sierra Leone britische Kronkolonie. 1961 erhielt es die Unabhängigkeit.

■ **Sigel** [lat.] *das,* festgelegtes Abkürzungszeichen für Silben, Wörter oder Wortgruppen, z. B. § = Paragraph.

■ **Sikhs** [Hindi, = Schüler], die Anhänger einer indischen religiösen Reformbewegung. Sie wurde Ende des 15. Jahrh. in Nordindien von dem Wanderlehrer Nanak (1469–1539) gegründet, der Hindus und Muslime im Glauben an einen einzigen Gott zu einigen suchte. Unter seinen neun Nachfolgern, den Gurus (= Lehrern) breitete sich der **Sikhismus** in Nordindien (Pandschab) aus. Hauptheiligtum ist der Goldene Tempel in Amritsar (an der Grenze zu Pakistan).

Der letzte (zehnte) Guru Gobind Singh († 1708) gab den Sikhs eine straffe militärische Organisation und ließ ihrem Namen das Wort Singh (indisch = Löwe) hinzufügen; sie sollten sich als Glieder einer Gemeinschaft fühlen, in der die Kasten keine Bedeutung haben sollten. Seitdem tragen alle männlichen Sikhs ein Schwert und ungeschnittenes Haar unter dem Turban. 1966 wurde für die Sikhs ein eigener Bundesstaat (Pandschab) geschaffen. Die seit den 1970er-Jahren von den Sikhs erhobene Forderung nach einem unabhängigen Sikh-Staat führte mehrmals zu schweren Unruhen zwischen ihnen und den Hindus.

■ **Silber,** chemisches Element, ein weiß glänzendes, spiegelndes Edelmetall, das von allen Elementen die höchste Leitfähigkeit für Wärme und Elektrizität zeigt. In der Natur kommt Silber häufig in Form seiner Sulfide, meist in Begleitung von Kupfer, Zink oder Blei und seltener gediegen (rein) vor. Es wird als Metall oder in Legierungen kaum noch für Münzen, jedoch für Schmuckgegenstände, Bestecke, Spiegel und in der Elektrotechnik verwendet. Die größte Silbermenge wird in Verbindungen (Silberhalogenide: AgCl, AgBr, AgI) in der Fotoindustrie für die Herstellung von Filmen und Bildern verbraucht.

Silber
chemisches Symbol: Ag (von lat. Argentum)
Ordnungszahl: 47
relative Atommasse: 107,87
Dichte (bei 20 °C): 10,5 g/cm^3
Schmelzpunkt: 962 °C
Siedepunkt: 2 162 °C

■ **Silberfischchen,** ein bis 1 cm langes, silbrig beschupptes, flügelloses Urinsekt, das in Ritzen bewohnter Räume lebt.

■ **Silberlöwe** → Puma.

■ **Silhouette** [siluät^e; frz.] *die,* Umriss, → Schattenriss.

■ **Silicium** [lat.] *das,* ein halbmetallisches chemisches Element. Es ist – nach dem Sauerstoff – das auf der Erde am häufigsten vorkommende chemische Element. Sein Anteil an der Erdkruste beträgt ungefähr 26 %. Silicium kommt fast ausschließlich in mineralischer Form als Oxid (Quarz, SiO_2) oder als Silicat vor. In pflanzlichen und tierischen Organismen wird es jedoch nur spurenweise gefunden. In elementarer Form wird Silicium als Desoxidationsmittel, als Legierungsbestandteil und für die Herstellung von Siliciumcarbid verwendet. In der

Silicium
chemisches Symbol: Si
Ordnungszahl: 14
relative Atommasse: 28,08
Dichte (bei 25 °C): 2,33 g/cm^3
Schmelzpunkt: 1 414 °C
Siedepunkt: 2 265 °C

Halbleitertechnik wird dotiertes Silicium für die Herstellung von integrierten Schaltkreisen und Solarzellen genutzt.
Von den Siliciumverbindungen sind vor allem die durch Polymerisation hergestellten Silikone, die eine Zwischenstellung zwischen organischen und anorganischen Stoffen haben, von Bedeutung. Sie werden u. a. als Hydrauliköl, Schmiermittel, Salbengrundlage, Lacke und als Silikonkautschuke verwendet.

■ **Silikate** [lat.], die Salze und Ester bestimmter →Kieselsäuren. Silikatmineralien machen über 90 % der festen Erdkruste aus. Überwiegend Silikate enthalten gebirgsbildende Gesteine wie Granit und Basalt und auch die durch Verwitterung entstandenen Sedimente wie Tone und Lehm.
Die silikatischen Gesteine werden im Straßen- und Gleisbau verwendet. Sie sind auch wichtige Grundstoffe für die Zement-, Keramik- und Glasindustrie. In der Form von Aluminiumsilikaten (→Zeolithe) werden sie als Ionenaustauscher bei der Wasserenthärtung und als Ersatz für die Phosphate in Waschmitteln verwendet.

■ **Silikone,** flüssige und feste chemische Verbindungen aus Silicium und Sauerstoff. Silikonöle sind z. B. in Autopolituren enthalten, werden aber auch in der plastischen Chirurgie verwendet. Silikonharze dienen vor allem als Lacke und Isolierharze in der Elektrotechnik.

■ **Silo** [spanisch] *der,* auch *das,* ein turmartiger Großbehälter zur Speicherung von Schüttgütern wie Getreide, Kohle und Erz oder zur Herstellung und Lagerung von Gärfutter.

■ **Silur** →geologisches System (Übersicht).

■ **Silvester I.,** Papst (314–335) und Heiliger, † Rom 31. Dezember 335. Er taufte nach einer Legende Kaiser Konstantin den Großen und heilte ihn vom Aussatz, worauf er zum Dank weitgehende Rechte erhalten haben soll. Sein Gedenktag heißt nach ihm »Silvester«.

■ **Silvrettagruppe,** Berggruppe in den Zentralalpen an der schweizerisch-österreichischen Grenze nordwestlich vom Unterengadin. Die stark vergletscherten Berge erreichen im **Piz Linard** eine Höhe von 3411 m und werden von der Silvretta-Hochalpenstraße (22,3 km lang) durchzogen.

■ **Simbabwe,** Republik im südlichen Afrika, zwischen den Flüssen Sambesi und Limpopo gelegen. Rund 95 % der Bewohner gehören zu Bantuvölkern (Shona, Ndebele), 2 % sind europäischer Abstammung. Simbabwe ist ein Bergland von 1200–1800 m Höhe, das im Osten zu einem Hochgebirge ansteigt (bis 2593 m). Es ist vorwiegend von Savanne, teilweise von lichten Wäldern bedeckt. Die wichtigsten Anbauprodukte sind Tabak (bedeutendes Ausfuhrgut), Zuckerrohr, Tee, Zitrusfrüchte und Mais. Auf den Hochflächen wird Rinderzucht betrieben. Zu den reichen Bodenschätzen gehören Gold, Asbest, Chrom, Eisen, Kupfer, Uran und Steinkohle. Die Industrie ist gut entwickelt.

Simbabwe
Fläche 390 757 km^2
Einwohner 11,924 Mio.
Hauptstadt Harare
Amtssprache Englisch
Nationalfeiertag 18. 4.
Währung 1 Simbabwe-Dollar (Z.$) = 100 Cents (c)
Zeitzone MEZ +1 Std.

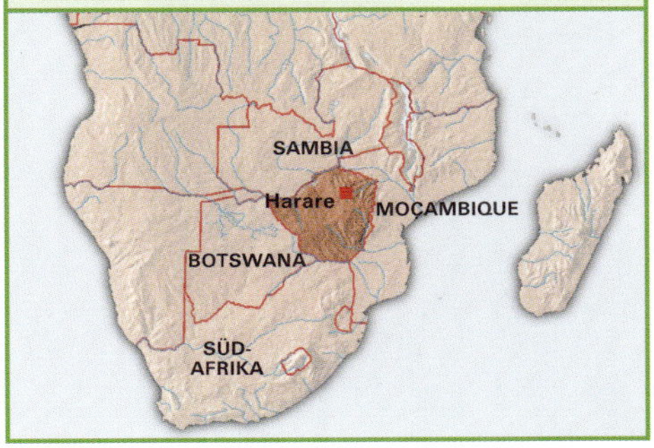

Simbabwe

Flagge

Wappen

Geschichte: Das Shonareich Monomotapa, das seine Blütezeit im 15./16. Jahrh. erlebte, geriet im 17. Jahrh. unter portugiesische Oberhoheit. 1889/90 besetzte die British South Africa Company unter Führung von Cecil Rhodes (1853–1902) das Gebiet zwischen Limpopo und Sambesi, das spätere Südrhodesien, das 1923 britische Kronkolonie mit innerer Selbstverwaltung der weißen Siedler wurde. Das Gebiet nördlich des Sambesi, Nordrhodesien, 1899/1901 von derselben Gesellschaft erworben, wurde 1924 britische Kolonie. 1953 vereinigte Großbritannien Nord- und Südrhodesien sowie Njassaland zur Zentralafrikanischen Föderation, die jedoch 1963 zerbrach. Nordrhodesien und Njassaland wurden 1964 als Sambia und Malawi unabhängig, Südrhodesien bezeichnete sich nun allein als Rhodesien.
1965 erklärte die weiße Minderheitsregierung einseitig die Unabhängigkeit von Großbritannien, die von keinem Staat außer der Republik Südafrika anerkannt wurde. Die Weißen hielten mit Unterdrückung und Terror ihre Herrschaft aufrecht, ge-

gen die sich schwarze Befreiungsbewegungen zur Wehr setzten. 1980 wurde Rhodesien unter dem neuen Namen Simbabwe unabhängig, die Regierung ging in die Hände der Schwarzen über.

■ **Simenon** [ßim^{e}nong], Georges, Pseudonym G. Sim, belgischer Schriftsteller, *Lüttich 13. Februar 1903, †Lausanne 4. September 1989. Er verfasste mehr als 200 Romane, von denen die etwa 100 Kriminalromane um die Gestalt des Kommissars Maigret am bekanntesten sind und zum Teil verfilmt wurden.

Seine Kriminalromane sind weltweit die meistgelesenen: **Georges Simenon** schuf mit der Figur des Kommissars Maigret einen einfühlsamen Kriminalbeamten, der bei der Lösung seiner Fälle auf behutsame Intuition setzt

■ **Similaunmann** →Ötzi.

■ **Simplon** *der,* schweizerischer Pass vom Oberwallis nach Italien (2005 m über dem Meeresspiegel); der 19,8 km lange Simplontunnel (zwei parallel verlaufende Eisenbahntunnel) verläuft nordöstlich vom Simplon.

■ **Simulation** [lat., = Vorspiegelung] *die,* Darstellung oder Nachbildung physikalischer, technischer, biologischer oder ökonomischer Prozesse durch mathematische oder physikalische Modelle. Mithilfe von Computern, die auch größte Datenmengen schnell verarbeiten, können heute sehr komplexe Systeme nachgeahmt werden. So können z. B. in einem von Computern gesteuerten **Flugsimulator** alle Flugbewegungen simuliert und die Reaktion des Piloten getestet werden.

■ **simultan** [lat.], gemeinsam; gleichzeitig (z. B. simultan dolmetschen).

■ **Sinai, Halbinsel** [...a-i], zu Ägypten gehörende Halbinsel im Norden des Roten Meeres, zwischen dem Golf von Suez und dem Golf von Akaba gelegen, als Verwaltungsgebiet 60714 km^{2} mit 254000 Einwohnern; Hauptort ist El-Arisch. Das wüstenhafte Gebiet wird im Süden von dem zerklüfteten Sinaigebirge (bis 2637 m hoch) durchzogen. – Im Alten Testament empfing Moses auf dem **Berg Sinai (Horeb)** von Gott die Zehn Gebote. – Im →Nahostkonflikt war die Halbinsel 1956–57 und 1967–82 von Israel besetzt.

■ **Sinfonie** [italienisch] (Symphonie) *die,* im 18. Jahrh. entstandene Form der repräsentativen Orchesterkomposition, neben Sonate und Streichquartett eine Hauptgattung der Instrumentalmusik. Sie hat in der Regel vier Sätze; der 1. Satz hat meist Sonatensatzform (→Sonate). Die in der Wiener Klassik übliche Satzfolge ist: Allegro, Andante oder Adagio, Scherzo (bei Haydn und Mozart Menuett) mit Trio, Allegro. Bedeutende Sinfonien komponierten u. a. Haydn, Mozart, Beethoven, Schubert, Schumann, Mendelssohn Bartholdy, Brahms, Berlioz, Liszt, Bruckner, Mahler, Smetana, Dvořák, Tschaikowski, Grieg und Sibelius.

■ **Singapur,** Republik in Südostasien. Sie umfasst die gleichnamige Insel und kleine Nachbarinseln vor der Südspitze der Malaiischen Halbinsel. Die Bewohner (77,5 % Chinesen, meist Buddhisten und Taoisten, 14,2 % muslimische Malaien, 7,1 % Inder, vor allem Hindus) leben hauptsächlich in der Hauptstadt Singapur. Sie ist das Bankenzentrum Südostasiens und einer der bedeutendsten Häfen und Umschlagplätze der Erde. Die Industrie hat Schwerpunkte im optischen und elektronischen Bereich, im Schiff-, Maschinen- und Fahrzeugbau sowie bei Erdölraffinerien.

Geschichte: 1824 erwarb die britische Ostindische Kompanie die Insel, auf der Singapur liegt; 1946 wurde Singapur Kronkolonie, 1965 selbstständige Republik.

■ **Singhalesen,** größte Bevölkerungsgruppe in →Sri Lanka, auch auf den Malediven. Die Singhalesen wanderten im 5. Jahrh. v. Chr. aus Nordindien ein und brachten den Reisbau mit. Höchste Stufe des nicht streng ausgebildeten Kastensystems ist die der Landbesitzer. Im 3. Jahrh. v. Chr. übernahmen die Singhalesen den (Hinajana-)Buddhismus.

■ **Single** [ßingg^{e}l; engl.], **1)** *der, allgemein:* ohne festen Partner lebender Mensch.

2) *die, Unterhaltungselektronik:* eine kleine Schallplatte mit nur je einem Titel auf Vorder- und Rückseite.

■ **Singspiel,** ein heiteres Bühnenstück mit Lied- und Musikeinlagen, bei dem (im Gegensatz zur Oper) der Dialog gesprochen wird. Mozart hat in seinen deutschen Opern (»Die Entführung aus dem Serail«, »Die Zauberflöte«) die Gattung Singspiel aufgegriffen und weiterentwickelt.

Singapur
Fläche 648 km²
Einwohner 3,491 Mio.
Hauptstadt Singapur
Amtssprache Englisch, Chinesisch, Malaiisch, Tamil
Nationalfeiertag 9. 8.
Währung 1 Singapur-Dollar (S$) = 100 Cents (c)
Zeitzone MEZ + 6 Std.

■ **Singular** [lat.] *der,* die Einzahl (→Numerus).

■ **Singvögel,** kleine bis mittelgroße Vögel, mit etwa 4000 Arten fast die Hälfte der Vögel umfassend. Sie bauen meist feste Nester in Bäumen und bringen jährlich zwei bis drei Bruten mit je zwei bis fünf Jungvögeln hervor. Die Singvögel besitzen zwei Kehlköpfe, die ihnen das Singen (mitunter nur krächzende Laute) ermöglichen. Die Jungen sind »Nesthocker«, die von den Eltern lange gepflegt werden; sie reißen bei der Nahrungsaufnahme den an den Rändern bunt gefärbten Schnabel weit auf (»sperren«). Viele Singvögel sind als Vertilger schädlicher Insekten nützlich. Einheimische Singvögel sind Drosseln, Schnäpper, Würger, Spötter, Schwalben, Meisen, Finken, Lerchen, Raben und Stare. In den Tropen kommen u. a. Paradiesvögel, Webervögel, Honigfresser und Tangaren hinzu. – Infokasten S. 185

■ **Sinnesorgane,** Organe, die der Aufnahme von Reizen dienen. Sie sind mit Sinnesnerven versehen, die aus Sinneszellen und vielen Hilfszellen bestehen. Durch Nervenbahnen sind die Sinnesorgane mit Wahrnehmungszentren im Gehirn verbunden, wo sich die bewusste Wahrnehmung und die Speicherung der empfangenen Sinneseindrücke vollziehen. Man unterscheidet Gesichtssinn (Augen), Gehör (Ohren), Geruch (Schleimhaut der Nase), Geschmack (Papillen auf der Zunge), Druck-, Schmerz-, Tast- und Temperatursinn (in der Haut) sowie Gleichgewichts- und Lagesinn (Bogengänge des inneren Ohres).

■ **Sintflut,** die im Alten Testament geschilderte Überschwemmungskatastrophe, mit der Gott die sündige Menschheit nahezu vernichtet haben soll. Nur Noah mit seiner Familie und je einem Paar von jedem Tier sei in der Arche gerettet worden. Ähnliche Berichte von großen Überschwemmungen finden sich in den Überlieferungen vieler Völker auf der ganzen Erde.

■ **Sinti und Roma,** vielfach verwendete Eigenbezeichnung der →Zigeuner. Im engeren Sinne wird die Bezeichnung **Sinti** für die mitteleuropäischen Gruppen gebraucht. Die Bezeichnung **Roma** (= Menschen; Einzahl: Rom) ist ein außerhalb des deutschen Sprachraums verwendeter allgemeiner Sammelname, überwiegend für Gruppen südosteuropäischer Herkunft.

■ **Sinus** [lat.] *der,* Funktionszeichen **sin,** eine der →Winkelfunktionen.

■ **Sioux** [siuks, engl. ßu], Gruppe nordamerikanischer Indianerstämme, die zu einer weit verbreiteten indianischen Sprachfamilie gehören. Die Sioux siedelten ursprünglich als sesshafte Bauern, bis sie durch die europäische Kolonisation in den Präriraum abgedrängt wurden und dort von Bison-

Singapur

Flagge

Wappen

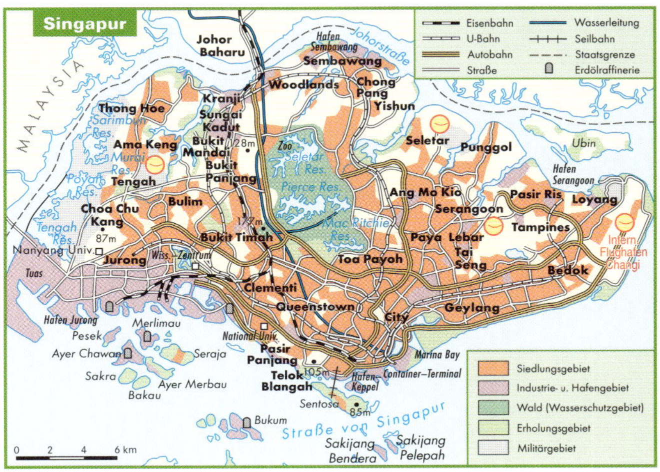

jagd und Feldbau lebten. Ihre größte Gruppe sind die →Dakota.

■ **Sippe,** eine über die Kleinfamilie hinausgehende Lebensgemeinschaft von Blutsverwandten, die auf der Vorstellung gemeinsamer Abstammung beruht, aber auch auf einen mythischen Ahnen zurückgeführt werden kann. Der Begriff wird oft gleichbedeutend mit »Klan« verwendet. Die Abgrenzung zur Großfamilie und zum Stamm ist oft schwierig.

■ **Sir** [ßö^r; engl.], Titel des niederen englischen Adels (Baronet, Knight), der vor dem Vornamen geführt wird (ohne Nennung des Familiennamens); auch englische Anrede: Herr (ohne Hinzufügung des Namens).

■ **Sirene** [griech., nach den Sirenen der griechischen Sage, die durch ihren betörenden Gesang Seefahrer anlocken, um sie zu töten] *die,* Schallquelle, bei der ein Ton dadurch erzeugt wird, dass ein Luftstrom durch eine sich drehende Lochscheibe periodisch unterbrochen wird. Die Tonhöhe ist abhängig von der Anzahl der Löcher und von der Drehgeschwindigkeit der Lochscheibe. Sirenen werden vorwiegend als Signaleinrichtungen verwendet (z. B. als Warnsignal bei Feuer- oder Luftalarm).

■ **Sirius** *der,* hellster Stern am Himmel (im Sternbild Großer Hund).

■ **Sisyphus,** Gestalt der griechischen Sage: Sisyphus wird wegen seines ruchlosen Lebenswandels von den Göttern dazu verurteilt, in der Unterwelt einen Felsblock auf einen Berg zu wälzen, von dem dieser im letzten Augenblick stets wieder hinabrollt. Deshalb bezeichnet man eine mühevolle und sinnlose Tätigkeit als **Sisyphusarbeit.**

Der **Siouxhäuptling** Sitting Bull war 1869 bis 1876 einer der Anführer des letzten Freiheitskampfes der Indianer; danach lebte er bis 1881 in Kanada, stellte sich dann den amerikanischen Behörden und wurde nach erneuten Unruhen bei dem Versuch, einer Festnahme zu entgehen, erschossen

■ **Sitar** [persisch] *der,* Langhalslaute persischen Ursprungs mit birnenförmigem Korpus aus Holz oder Kürbis; die meist drei, vier oder sieben Metallsaiten werden mit einem Plektron angezupft.

■ **Sittiche** [von lat. psittacus, = Papagei], Bezeichnung für alle kleinen bis mittelgroßen Papageien Südasiens, Amerikas und Afrikas, Australiens und der Südsee. Zahlreiche Arten sind als Käfigvögel beliebt, z. B. der →Wellensittich.

■ **Sizilien** (italienisch Sicilia), größte Insel Italiens (und des Mittelmeers), mit 25 426 km^2 und 5,098 Mio. Einwohnern; Hauptstadt ist Palermo. Sizilien liegt südlich der italienischen Halbinsel, von der es durch die Straße von Messina getrennt ist; der höchste Berg ist der Ätna (3 369 m). Auf Sizilien werden Wein, Oliven, Zitrusfrüchte, Weizen und Mais angebaut; während der Schwefelbergbau und die Meersalzgewinnung stark zurückgegangen sind, haben der Asphaltabbau sowie Erdöl- und Erdgasförderung zunehmende Bedeutung. Eine wichtige Einnahmequelle ist der Fremdenverkehr.

Geschichte: Seit Beginn des 1. Jahrtausends v. Chr. wanderten Phöniker, seit Mitte des 8. Jahrh. die Griechen ein. Diese gründeten im Osten und Süden Siziliens Niederlassungen; der Westen mit Panor-

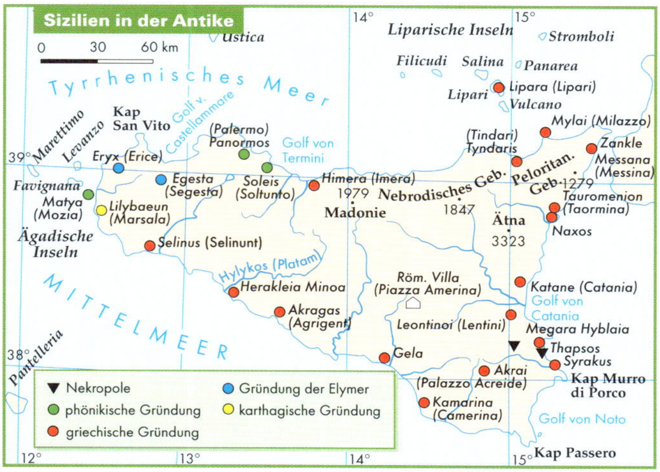

mus (heute Palermo) war in der Hand der Karthager. Im 1. Punischen Krieg (264–241 v. Chr.) eroberten die Römer die Insel, die als Provinz Sicilia zur Kornkammer Roms wurde. Im 5. Jahrh. n. Chr. wurde Sizilien von Wandalen, seit 493 von Ostgoten, seit 535/555 von Byzanz und im 9. Jahrh. von Arabern erobert. Seit dem 11. Jahrh. erlebte Sizilien unter Normannen und Staufern (1130 wurde es Teil des Königreichs Neapel) eine Blütezeit. Danach fiel die Insel an die französischen Anjou, später an Aragonien, 1720 an Österreich, 1735 an die spanischen Bourbonen. Im Oktober 1860 schloss sich Sizilien nach einer Volksabstimmung dem Königreich Italien an.

■ **Skagerrak** *das* oder *der,* Teil der Nordsee zwischen der Südküste Norwegens, der Westküste Schwedens und der Nordküste Jütlands (bis 725 m tief).

■ **Skala** [italienisch] *die,* Maßeinteilung an Messinstrumenten, z. B. die Temperaturskala an Thermometern oder die Skala eines Voltmeters.

■ **Skalden,** norwegische und isländische Hofdichter des 9. bis 13. Jahrh., die in kunstvoll gestalteten Preisliedern **(Skaldendichtung)** u. a. die Heldentaten nordischer Könige besangen.

■ **Skalp** [engl.] *der,* bei den Indianern ein abgezogenes, behaartes Stück Kopfhaut, das dem Gegner als Siegeszeichen abgenommen wurde.

■ **Skalpell** [lat.] *das,* kleines chirurgisches Messer mit fest stehender Klinge.

■ **Skandinavien,** Halbinsel in Nordeuropa, zwischen dem Atlantischen Ozean und der Ostsee; im engeren Sinne besteht Skandinavien aus Norwegen und Schweden, im weiteren Sinne schließt man auch Dänemark und Finnland mit ein.

■ **Skarabäus** [griech.] *der* (Heiliger Skarabäus), Mistkäfer (→Pillendreher), der in den Mittelmeerländern vorkommt und den alten Ägyptern heilig war; auch die altägyptischen Nachbildungen des Tieres werden Skarabäen genannt.

■ **Skateboard** [skeⁱtboʳd; engl.] *das,* ein 75–100 cm langes, 25–30 cm breites, konkav geformtes Brett, zumeist aus Fiberglas, mit vier an zwei Achsen federnd befestigten, kugelgelagerten Kunststoffrollen. Der auf dem Skateboard stehende Läufer steuert es durch Verlagern des Körpergewichts; Schwung holt er durch Abstoß vom Boden mit einem Fuß. Bei sportlichen Wettbewerben werden Slalom, Hochsprung, Freestyle mit Trickvorführungen und Steilwandfahren (Halfpipe) ausgetragen. – Abwandlungen sind das Skateboard mit einem Segel, das zum **Windskating** benutzt wird, sowie das →Snowboard zum Gleiten auf Schnee.

■ **Skeleton** [engl.] *der,* niedriger, schwerer Rennschlitten. Der Fahrer liegt auf dem Bauch und

Singvögel

Dass Komponisten sich vom Gesang der Vögel inspirieren lassen, ist bekannt. Und wer Ohren hat, die hören, staunt umgekehrt über die Fähigkeit von Singvögeln, die es in der Nachahmung von von Menschen hervorgebrachten Geräuschen zu einer gewissen Meisterschaft gebracht haben.

Der britische Vogelschutzbund ließ im Jahr 2001 in einer Londoner Zeitung verlautbaren, dass Stare, Amseln und Drosseln ihren Balzgesang jetzt noch reichhaltiger gestalten, nämlich durch die Imitation des Handygeklingels. Die Vogelkundler erklären dieses Geschehen mit der Vermutung, dass sich Herr Vogel im Liebeswerben um Frau Vogel mit dem Ausprobieren von neuen Klangtönen bessere Chancen verspricht.

In deutschen Städten sind in der Vogelwelt noch keine Handyimitatoren entdeckt worden. Es soll aber Stare geben, die das Klingeln einer Straßenbahn in ihr Repertoire aufgenommen haben.

► Die Fotografie zeigt einen Spötter – dieser Singvogel bereichert seinen Gesang durch die Tonfolgen anderer Artgenossen

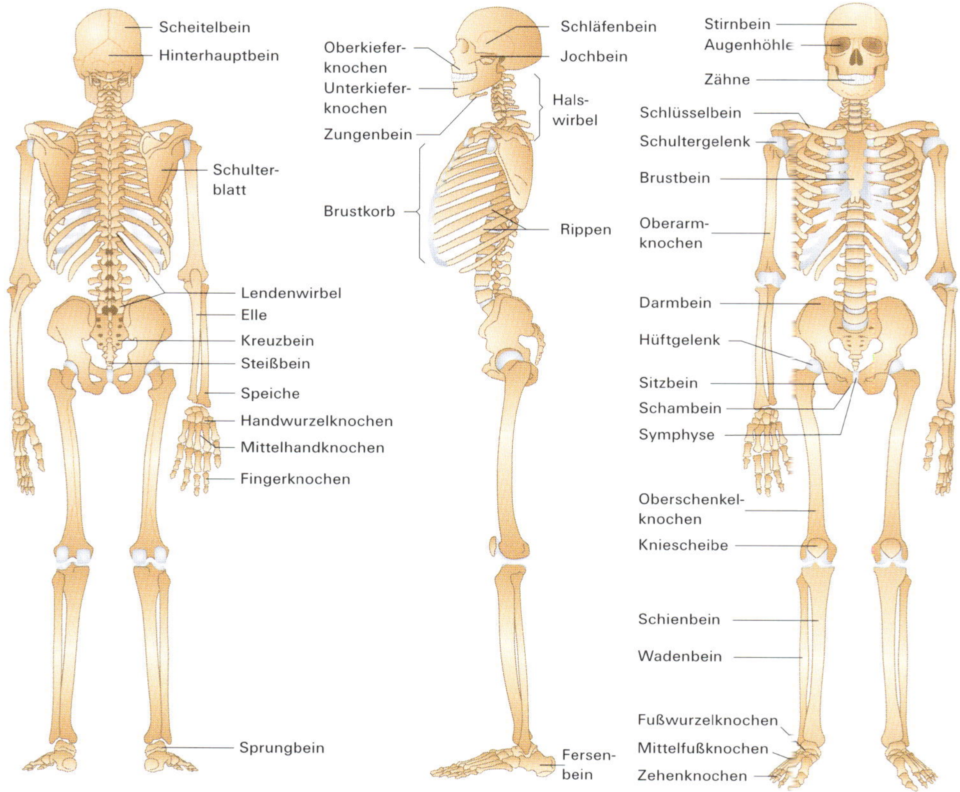

Die Zeichnung erläutert das **Skelett** des Menschen – von hinten, von der Seite und von vorne gesehen

steuert den Schlitten mit Händen und Füßen sowie durch Gewichtsverlagerung des Körpers. Rennen werden auf Kunsteisbahnen (z. B. Bobbahnen) ausgetragen. 1928 und 1948 war das Skeletonfahren olympische Disziplin.

■ **Skelẹtt** [griech.] *das,* das Knochengerüst der Wirbeltiere und des Menschen. Es gibt dem Organismus Halt und schützt die inneren Organe. Am Skelett setzen die Skelettmuskeln an. Zunächst knorpelig, verknöchert es im Laufe der Entwicklung. Das Skelett des Menschen besteht aus 208–214 einzelnen Knochen. – Auch das tragende Grundgerüst bei Bauwerken wird Skelett genannt (Skelettbauweise).

■ **skẹptisch** [griech.], zweiflerisch, misstrauisch; kühl abwägend.

■ **Sketch** [skätsch; engl., = Skizze, Stegreifstudie] *der,* kurze, wirkungsvolle dramatisch-kabarettistische Szene, oft ironisch-witzig, meist bezogen auf gegenwärtige Ereignisse, mit überraschendem Schluss.

■ **Ski** [schi; norwegisch] *der,* aus verschiedenen Materialien gefertigter brettförmiger, sportlicher Schnee(gleit)schuh mit spezieller Bindung. Zur Erhöhung der Griffigkeit (z. B. auf Eis) dienen Stahlkanten. Man unterscheidet Alpin- und Langlaufski für den jeweiligen Freizeit- und Wettkampfsport, Sprungski für Skispringen, Tourenski für Skiwanderungen, Trickski für die Trickskiwettbewerbe sowie Monoski und Skibobs.

■ **Skifliegen** [schi...], aus dem →Skispringen hervorgegangene Skisportart, die auf besonderen Sprungschanzen (Flugschanzen; kritischer Punkt über 120 m) ausgetragen wird. Beim Skifliegen zählt nur die gesprungene Weite, nicht die Haltung.

■ **Skilanglauf** [schi...], Disziplin des nordischen Skisports, bei der entweder auf einer vorgespurten Rundstrecke (Loipe) im so genannten klas-

sischen Stil oder auf einer nicht gespurten, aber präparierten Rundstrecke im freien Stil (Skating) gelaufen wird.
Herren tragen Einzelrennen über 15, 30 und 50 km sowie den Staffelwettkampf über 4 × 10 km aus, Damen bestreiten Einzelrennen über 10, 15 und 30 km sowie die 4 × 5 km-Staffel. Daneben ist Langlauf Teildisziplin der nordischen Kombination und Bestandteil des →Biathlon.

■ **Skinheads** [skinheds; engl., = Hautköpfe], meist jugendliche Angehörige einer Subkultur, die durch kurz geschorene Haare oder Glatze, Kleidung (Stiefel) und militantes Auftreten auffallen. Die Gewaltbereitschaft und Fremdenfeindlichkeit vieler Skinheads wird vor allem als Reaktion auf Chancenlosigkeit und Statusängste gesehen. Viele Skinheads neigen zu rechtsextremen und neofaschistischen Vorstellungen.

■ **Skisport** [schi...], zusammenfassende Bezeichnung für alle wintersportlichen Disziplinen, die auf Skiern ausgeübt werden. Grundsätzlich unterscheidet man die beiden, jeweils mehrere Teildisziplinen umfassenden Gattungen →alpiner Skilauf und →nordischen Skilauf; daneben gibt es den →Biathlon sowie das →Trickskifahren.

■ **Skispringen** [schi...], Disziplin des nordischen Skisports, betrieben auf speziellen Sprunganlagen, den Skisprungschanzen. Wettbewerbe mit zwei Sprüngen pro Sportler werden auf Normalschanzen (Sprünge bis um 70 m) und auf Großschanzen (Sprünge um 95 m) ausgetragen. Bewertet werden Weite und Haltung. Skispringen ist auch Teildisziplin der nordischen Kombination.

■ **Skizze** [italienisch] *die*, erster, flüchtiger Entwurf (als Zeichnung oder Ölskizze); kurze literarische Darstellung.

■ **Sklaverei**, Zustand völliger rechtlicher und wirtschaftlicher Abhängigkeit eines Menschen (Sklave) von einem anderen (Sklavenhalter). Ursprünglich gerieten hauptsächlich Kriegsgefangene in die Sklaverei, die sich später aber auch auf Menschenraub, Schuldknechtschaft, Bestrafung und unfreie Geburt gründete.
Sklaverei bildete im Altertum eine entscheidende Wirtschaftsgrundlage. In Griechenland und im Römischen Reich wurden Massen von Sklaven eingesetzt; sie konnten wie eine Ware verkauft und gekauft werden sowie als Belohnung für Verdienste freigelassen werden. Die Sklaverei hielt sich in den Ländern Nordafrikas und Vorderasiens bis in die Neuzeit.
Einen neuen Höhepunkt erlebte die Sklaverei vom 16. bis 18. Jahrh. durch den transatlantischen Sklavenhandel der europäischen Kolonialmächte nach Amerika. So wurden zwischen 1520 und 1850 insgesamt 8–10 Mio. Schwarzafrikaner nach Amerika verschleppt. In England entstand seit 1765 eine Bewegung gegen die Sklaverei; auf dem Wiener Kongress 1815 wurde der Sklavenhandel verboten. In Amerika untersagte der Kongress 1808 die Einfuhr von Sklaven in die USA; die Sklaverei wurde aber erst nach der Niederlage der Südstaaten im →Sezessionskrieg 1865 abgeschafft.
International wurde die Sklaverei durch die Antisklavereiakte des Völkerbundes 1925 geächtet. In der Menschenrechtskonvention der UN von 1948 wurde die Sklaverei verboten, dennoch gibt es bis heute, vor allem in der Dritten Welt, sklavereiähnliche Formen der Abhängigkeit (Kinderarbeit, Zwangsprostitution).

■ **Skonto** [italienisch] *der* oder *das* (Barzahlungsrabatt), prozentualer Abschlag vom Preis einer Ware oder Dienstleistung (Preisnachlass) bei sofortiger oder kurzfristiger Zahlung.

■ **Skorbut** [mittellateinisch] *der*, schwere Erkrankung infolge Mangels an Vitaminen, besonders an Vitamin C. Einer Hautblässe folgen Mattigkeit, Blutungen, Störung der Herztätigkeit und Zahnausfall. In früheren Zeiten fürchtete man Skorbut besonders auf Seereisen und Expeditionen, weil kaum oder gar kein frisches Obst und Gemüse mitgeführt werden konnte.

■ **Skorpione** [griech.], bis 18 cm lange Spinnentiere mit über 700 Arten. Der Hinterleib besteht aus einem breiten Anfangs- und einem schwanzartigen

Sklaverei

Der nordamerikanische Sklave Josiah Henson (1789–1883) arbeitete sich auf einer Farm in Maryland bis zum Posten des Aufsehers über den Besitz seines Herrn hinauf. Seine Lebensführung war untadelig, er war ein gläubiger Christ. Als Methodistenprediger missionierte er unter seinen heidnischen schwarzen Brüdern. Als er eines Tages dennoch an einen Pflanzer tief im amerikanischen Süden verkauft werden sollte, floh er mit seiner Großfamilie nach Kanada. Als großes Rednertalent trat er für die Befreiung der Sklaven ein und wurde in London sogar von der britischen Königin Victoria empfangen. In Boston interviewte ihn Harriet Beecher Stowe und machte ihn zum Helden ihres weltberühmten Romans »Onkel Toms Hütte«.

Endteil, der einen Giftstachel trägt. Dieser wird beim Angriff über das Kopfbruststück nach vorn gestreckt. Die Skorpione sind zum Teil lebend gebärend; sie leben als nächtliche Räuber vor allem in warmen und heißen Gegenden. Der Stich einiger Arten kann für Menschen tödlich sein.

Skorpione leben als nachtaktive Tiere versteckt in wasserarmen Gebieten wie Sand- und Steinwüsten oder Steppen; mit ihren großen Greifscheren zerquetschen sie ihre Beute, meist Insekten und andere Gliederfüßer, die sie, wenn sie sich zu sehr wehren, auch durch einen Giftstich töten; das Spinnentier dringt auch in Menschenunterkünfte ein, es sticht den Menschen jedoch nur, wenn es in Bedrängnis gerät

■ **Skrjabin,** Alexandr Nikolajewitsch, russischer Komponist, *Moskau 6. Januar 1872, †ebenda 27. April 1915. Mit seinen harmonischen Experimenten und dem Streben nach einer Verbindung von Musik und Farblichtspiel wirkte er anregend auf die Entwicklung der Musik des 20. Jahrhunderts.

■ **Skrupel** [lat.] *der,* Zweifel, moralische Bedenken, Gewissensbisse.

■ **Skull** →Riemen.

■ **Skulptur** →Bildhauerkunst.

■ **Skylla** [griech., = Hündin] *die* (lateinisch Scylla), in der griechischen Mythologie ein in der Höhle einer Felsenklippe gegenüber der Charybdis hausendes sechsköpfiges Ungeheuer, das die Vorüberfahrenden verschlang.

■ **Skysurfing** [skaisö^{r}fing; engl. sky = Himmel] *das,* zu den →Extremsportarten gehörende Mischform aus Fallschirmspringen und Segelsurfen. Nach dem Absprung aus einem Flugzeug in 4000 m Höhe gleitet der Sportler auf einem modifizierten Surfboard durch die Luft, bevor er seinen Fallschirm öffnet. Skysurfing-Wettbewerbe bestehen aus Pflicht und Kür. Bestandteile der Pflicht sind u.a. (gestreckte) Salti, Drehungen und Schrauben.

■ **Skythen,** Nomadenvölker der Steppen Osteuropas und Westasiens im 1. Jahrtausend v. Chr., von denen einige Stämme um 700 v. Chr. nach Südrussland in das Gebiet nördlich des Schwarzen Meeres einwanderten. Diese Skythen trieben Handel mit den Griechen, die an der Schwarzmeerküste Kolonien besaßen. Ihre größte Macht erreichten sie im 5. und 4. Jahrh. v. Chr.; danach wurden sie von anderen Nomadenvölkern, die von Osten vorstießen, verdrängt.

Die Kunst der Skythen ist aus Funden in Hügelgräbern (Kurgane) bekannt; überwiegend wurden technisch vollendete Goldschmiedearbeiten hinterlassen, die stark griechisch beeinflusst sind, aber auch iranische und chinesische Vorbilder erkennen lassen. Hauptthema der skythischen Kunst waren Tiere (Hirsche, Steinböcke, katzenartige Raubtiere), deren Darstellungen meist Waffen und Rüstungen verzierten.

■ **Slalom** [norwegisch] *der,* **1)** allgemein Bezeichnung für s-förmige Vorwärtsbewegungen in verschiedenen Sportarten, z.B. beim Wildwasserkanu und im Motorsport.

2) Disziplin des alpinen Skisports, bei der in zwei Durchgängen auf verschiedenen Pisten eine durch Tore festgelegte Strecke in möglichst kurzer Zeit zu durchfahren ist. Der Höhenunterschied der Strecke beträgt bei den Herren 180–220 m, bei den Damen 130–180 m. Der Läufer muss alle Tore einwandfrei passieren, das heißt, er muss die Linie zwischen den Torstangen mit beiden Füßen überqueren. Das Auslassen eines Tores führt zum Ausscheiden.

■ **Slang** [släng; engl.] →Jargon.

■ **Slawen,** Völkergruppe, die ursprünglich nördlich der Karpaten zwischen Weichsel und Dnjepr beheimatet war. Heute unterscheidet man nach der Sprache **Ostslawen** (Russen, Ukrainer und Weißrussen), **Südslawen** (Slowenen, Kroaten, Serben, Bulgaren und Makedonen) und **Westslawen** (Polen, Tschechen, Slowaken, Kaschuben und Sorben).

■ **Slevogt,** Max, deutscher Maler und Grafiker, *Landshut 8. Oktober 1868, †auf Hof Neukastel (an der Südlichen Weinstraße) 20. September 1932. Er war einer der führenden Vertreter des deutschen →Impressionismus.

■ **Slogan** [slo^{u}g^{e}n; engl.] *der,* Schlagwort, Parole, einprägsamer Werbespruch.

■ **Slowakische Republik** (Kurzform: Slowakei), Republik in Mitteleuropa, mehrheitlich bewohnt von den westslawischen, meist katholischen Slowaken (86%). In dem überwiegend gebirgigen Land werden Holzwirtschaft und Viehzucht betrieben, in den weiten Tälern Weizen, Mais, Zuckerrüben, Wein und Tabak angebaut. An Bodenschätzen werden Kupfer-, Eisen-, Nickelerze und Braunkohle abgebaut sowie Erdöl gefördert. Auf dem Wald-

Slowakische Republik

Flagge

Wappen

Slowakische Republik
Fläche 49 035 km²
Einwohner 5,388 Mio.
Hauptstadt Preßburg (Bratislava)
Amtssprache Slowakisch
Nationalfeiertag 1. 1.
Währung 1 Slowakische Krone (Sk) = 100 Heller (h)
Zeitzone MEZ

reichtum und den Bodenschätzen baut die Industrie auf: Holzverarbeitung, Textil-, Glas-, Keramik- und chemische Industrie.
Geschichte: Das Gebiet der heutigen Slowakischen Republik gehörte seit dem 10. Jahrh. zu Ungarn. Beim Zerfall Österreich-Ungarns 1918 wurde die Slowakei Teil der →Tschechoslowakei. 1939 erklärte sie ihre Unabhängigkeit und wurde ein mit Deutschland eng verbundener »Schutzstaat« mit autoritärer Regierung. 1945 wurde das Land wieder Teil der (ab 1948) kommunistisch regierten Tschechoslowakei und erhielt 1969 als Slowakische Sozialistische Republik formal Autonomie.
Nach dem Zusammenbruch des kommunistischen Systems folgte im Frühjahr 1990 die Umwandlung in eine föderative Republik innerhalb der Tschechischen und Slowakischen Föderativen Republik (ČSFR). Das Parlament der Slowakischen Republik proklamierte im Juli 1992 die Unabhängigkeit des Landes, die mit der Auflösung der ČSFR am 1. Januar 1993 in Kraft trat.

■ **Slowenien** Republik in Mitteleuropa, mehrheitlich bewohnt von den südslawischen, meist katholischen Slowenen (88 %). Das waldreiche Bergland wird von Drau und Save durchflossen. Neben Holzwirtschaft werden Wein- und Ackerbau betrieben. Slowenien ist reich an Bodenschätzen (Braunkohle und Erdöl, Uran-, Eisen-, Blei-, Zink- und Kupfererze). Es gibt Textil-, Elektro- und chemische Industrie. Wichtig ist auch der Tourismus.
Geschichte: Die Slowenen wanderten im 6. Jahrh. in ihr heutiges Siedlungsgebiet ein. 1282 fiel das Gebiet an die Habsburger. 1918 wurde es Teil des neu gegründeten Königreichs der Serben, Kroaten und Slowenen, des späteren →Jugoslawien (ehemaliger Staat). Nach der Aufteilung 1941 unter Deutschland, Italien und Ungarn wurde Slowenien nach dem Zweiten Weltkrieg in vergrößerter Form wieder hergestellt und 1946 eine Teilrepublik Jugoslawiens. 1990 erklärte Slowenien seine Unabhängigkeit.

■ **Slum** [slam; engl.] *der,* Elendsviertel in Großstädten, in dem die untersten Schichten sozialer Minderheiten und benachteiligter Gruppen in oft abbruchreifen oder provisorischen Unterkünften leben.

■ **Smaragd** [griech.] *der,* ein tiefgrün gefärbter, geschliffener →Beryll. Er gehört neben Diamant, Saphir und Rubin zu den besonders wertvollen Schmucksteinen. Smaragde lassen sich heute synthetisch herstellen.

■ **Smetana,** Bedřich (Friedrich), tschechischer Komponist, *Litomyšl (Ostböhmisches Gebiet) 2. März 1824, †Prag 12. Mai 1884. Er verband Elemente der tschechischen Folklore mit neuen Techniken der europäischen Musikkultur. Besonders bekannt wurden die Oper »Die verkaufte Braut« (1866–70) und die sinfonische Dichtung »Die Moldau« (1874) aus dem Zyklus »Mein Vaterland« (1874–79).

■ **Smiley** [smaili; engl.] →Emoticon.

Slowenien
Fläche 20 255 km²
Einwohner 1,971 Mio.
Hauptstadt Ljubljana
Amtssprache Slowenisch
Nationalfeiertage 25. 6. und 26. 12.
Währung 1 Tolar (SIT) = 100 Stotin
Zeitzone MEZ

Der von dem tschechischen Komponisten **Bedřich Smetana** im Laufe von mehreren Jahren zusammengefügte Zyklus »Má vlast – Mein Vaterland« wurde als Ganzes erstmals im November 1882 in Prag in Anwesenheit des vollständig ertaubten Komponisten aufgeführt

Slowenien

Flagge

Wappen

Smog [Kurzwort aus engl. **sm**oke, = Rauch und f**og**, = Nebel] *der,* mit Staub und schädlichen Stoffen (vor allem Schwefeldioxid, Ruß, Kraftfahrzeugabgase) durchsetzte Dunst- oder Nebelschicht über städtischen oder industriellen Ballungsgebieten, die bei bestimmten Witterungsverhältnissen (besonders an nasskalten Herbst- und Wintertagen, aber auch im Sommer; **photochemischer Smog**) auftreten. Um gesundheitsschädigenden Auswirkungen des Smogs zu begegnen, wurden Smogwarn- und Smogalarmpläne entwickelt, die in einzelnen Stufen in Kraft treten, sobald bestimmte Schadstoffkonzentrationen überschritten werden.

Smoking [engl.] *der,* ein meist schwarzer Gesellschaftsanzug, für den seidenbelegte Revers und eine Fliege (Krawattenschleife) charakteristisch sind.

Snob [engl.] *der,* jemand, der sich durch zur Schau getragene Extravaganz den Schein geistiger, kultureller Überlegenheit zu geben sucht.

Snowboard [sno^{u}bo^{r}d; engl., = Schneebrett] *das,* Sportgerät für eine Wintersportart, in der Wettbewerbe ähnlich dem alpinen Skilauf (Abfahrt, Slalom usw.) stattfinden. Das Snowboard ist etwa 1,20–1,80 m breit. Die Bindungen werden in schrägem Winkel zur Längsachse montiert.

Soap-Opera [so^{u}pop^{e}r^{e}; engl., = Seifenoper, wohl weil dieses Genre häufig von Waschmittelherstellern gesponsert wurde] *die,* Rundfunk- oder Fernsehserie mit vielen Folgen, die die alltäglichen Probleme einer meist festen Personengruppe (Familie, Firma, Bewohner einer Straße usw.) schildert.

Soccer [ßok^{e}r; engl., abgeleitet von Association football, = Verbandsfußball] *der,* amerikanische Bezeichnung für Fußball, im Unterschied zum American → Football.

Soda [spanisch] *die* oder *das* (Natriumcarbonat, Na_2CO_3), Natriumsalz der Kohlensäure. Soda wird aus Natriumchlorid großtechnisch hergestellt und kommt in der Natur in so genannten Natronseen vor, aus denen es durch Verdunstung des Wassers gewonnen wird. Soda ist eine wichtige Grundchemikalie und wird vor allem in den Glasfabriken (50 %) sowie in der Seifen- und Waschmittelindustrie verwendet.

Sodbrennen, ein brennendes Gefühl im Bereich der unteren Speiseröhre, das vor allem bei zu reichlichen Mahlzeiten, Übersäuerung des Magens, aber auch bei vermindertem Säuregehalt des Magensaftes durch Rückführung von Magen- und/oder Dünndarminhalt in die Speiseröhre zustande kommt.

In China soll die **Sojabohne** vor etwa 4800 Jahren von dem Kaiser Chen-Nung angeblich eigenhändig angepflanzt worden sein; im übrigen Asien, in Amerika und in Südeuropa breitete sich die Kultur erst gegen Ende des 19. Jahrhunderts aus

Sodomie [neulateinisch, nach der biblischen Stadt Sodom] *die,* Geschlechtsverkehr mit Tieren.

Sofia, Hauptstadt von Bulgarien, mit 1,117 Mio. Einwohnern. Zu den Sehenswürdigkeiten der Stadt gehören die Kirche von Bojana (1259, UNESCO-Kulturerbe), die Sophienkirche (nicht vor 9. Jahrh.) und die Alexander-Newski-Kathedrale (1912 vollendet).

Sofortbildkamera, ein Fotoapparat mit einer speziellen Kassette, die bereits Papiermaterial mit den zur Entwicklung nötigen Chemikalien enthält. Nach der Belichtung wird das Material zur Einleitung der Entwicklung durch ein in der Kamera befindliches Walzenpaar gequetscht. Dabei wird ein an einer Kante des Materials befindlicher Beutel mit Entwicklungspaste aufgebrochen und diese zwischen den Schichten des Materials verteilt. Nach wenigen Sekunden erhält man ein fertiges Bild.

Software [ßoft^{u}ä^{r}; engl.] *die,* im Gegensatz zur → Hardware alle nicht technisch-physikalischen Funktionsbestandteile einer Datenverarbeitungsanlage, z. B. Programme und Daten. Die Software gliedert sich z. B. in System-, Anwender- und Standardsoftware, aber auch andere Einteilungen wie → Compiler, Netzwerk- und Datenbanksoftware sind möglich. – auch → Computer.

Sog, saugende Kraft, die in strömenden Gasen und Flüssigkeiten auftritt, z. B. bei Wirbeln, die sich hinter fahrenden Autos oder Schiffen ausbilden. Der Sog hemmt die Vorwärtsbewegung. Durch eine → Stromlinienform kann die Wirbelbildung erheblich herabgesetzt werden.

Sojabohne, Art der Gattung Glyzine (ein Schmetterlingsblütler), die vor allem in Ostasien, aber auch in allen gemäßigt-warmen Gebieten in vielen Kulturarten angebaut wird. Sie wird 30–100 cm hoch, trägt kleine weißliche oder violette Blüten und etwa 8 cm lange Hülsen mit 8 mm langen Samen (»Sojabohnen«). Die Samen sind wegen ihres Protein- und Fettgehaltes ein hochwertiges Nahrungsmittel. Sie werden u. a. zu Sojamehl, Sojaschrot, Sojamilch und Sojakäse (Tofu) verarbeitet.

Sokrates, griechischer Philosoph, * Athen um 470 v. Chr., † ebenda 399 v. Chr.; verheiratet mit Xanthippe. Sokrates suchte durch geschickte Fragen, oft mit Ironie durchsetzt, bei seinen Gesprächspartnern hohles Scheinwissen zu entlarven. Er lehrte, dass die rechte Einsicht in das sittlich Gute notwendig gutes Handeln nach sich ziehe; Sittlichkeit sei also lehrbar. Böses Tun führte er dagegen auf Unkenntnis des Guten zurück.
Aufgrund von Verleumdungen wurde Sokrates zum Tod durch Gift verurteilt. Er schlug die Fluchtmög-

lichkeit, die ihm geboten wurde, aus und trank den Giftbecher (»Schierlingsbecher«) aus Achtung vor Recht und Gesetz.
Sokrates hinterließ keine schriftlichen Aufzeichnungen. Seine Lehren sind durch seine Schüler, vor allem Platon, überliefert.

Von **Sokrates** gibt es keine Schriften; was wir von ihm wissen, geht auf vier höchst unterschiedliche Überlieferungen durch den Historiker Xenophon, den Philosophen Platon, den Komödiendichter Aristophanes und den Platon-Schüler Aristoteles zurück; auch das hier abgebildete erste Porträt des Philosophen ist nicht zu seinen Lebzeiten entstanden, sondern frühestens zehn Jahre nach seinem Tod

■ **Solarzelle,** Halbleiterelement, mit dem unter Ausnutzung des →Photoeffekts Strahlungsenergie der Sonne direkt in elektrische Energie umgewandelt wird; das entsprechende Gebiet der Energietechnik ist die Photovoltaik. In der technischen Anwendung werden von mehreren hundert bis zu mehreren 10 000 Zellen zu großen Flächen zusammengeschaltet.

■ **Soldat** [italienisch] *der,* jeder im Waffendienst stehende Angehörige der Streitkräfte eines Staates. – In der Bundeswehr wird zwischen Wehrpflichtigen, Soldaten auf Zeit (höchstens 15 Jahre) und Berufssoldaten unterschieden.

■ **Söldner** [lat.] *der,* Soldat, der nicht für sein Land, sondern gegen Bezahlung (Sold) für die Interessen eines Geldgebers (Staat oder Privatperson) kämpft. Das Söldnerwesen, das vom Mittelalter bis zur Französischen Revolution das europäische Militärwesen prägte, verschwand mit der Einführung stehender Heere und der allgemeinen Wehrpflicht. Restformen gibt es noch in der Gegenwart, z. B. die Fremdenlegion.

■ **Sole** *die,* Kochsalz enthaltendes Wasser.

■ **Solidarität** [lat.] *die,* Zusammengehörigkeitsgefühl von Individuen oder Gruppen, das sich in gegenseitiger Hilfe und Unterstützung äußert.

■ **Solist** [lat.] *der,* jemand, der einzeln (solo) singt, tanzt oder spielt.

■ **solo** [italienisch], allein, ohne Begleitung.

■ **Solon,** athenischer Staatsmann, *Athen um 640 v. Chr., †ebenda nach 560 v. Chr.. Als Archon (Inhaber des höchsten Staatsamts) ordnete er seit 594/593 v. Chr. den Staat durch die **solonischen Gesetze** neu: Er hob die Schuldknechtschaft (Knechtschaft für Verschuldete) auf, sorgte für die Aufzeichnung des geltenden Privatrechts und schuf die Einteilung der Bürgerschaft in vier nach dem Einkommen abgestufte Klassen. Außerdem führte er einen Rat (Bule) mit 400 Mitgliedern ein, der die Rechte des Areopags einschränkte. Solon galt später als Begründer der athenischen Demokratie.

■ **Solothurn, 1)** schweizerischer Kanton im Jura und im Mittelland, mit 791 km² und 243 400 Einwohnern. Im Gebirge werden Forst- und Viehwirtschaft betrieben, im Mittelland vorwiegend Ackerbau. Bedeutend sind Uhren-, Maschinen- und Papierindustrie sowie Fremdenverkehr. – Aus den von der Stadt Solothurn vom 14. bis 16. Jahrh. erworbenen Gebieten wurde 1803 der Kanton gebildet.
2) Hauptstadt von 1), an der Aare, mit 15 300 Einwohnern. In Solothurn sind Reste der römischen und der mittelalterlichen Befestigung erhalten. Sehenswert sind auch die zahlreichen Bauten aus der Renaissance und dem Barock.

■ **Solschenizyn,** Alexandr Issajewitsch, russischer Schriftsteller, *Kislowodsk 11. Dezember 1918. Er lebte 1945–53 im Arbeitslager und danach bis 1956 in der Verbannung in Mittelasien. Bekannt wurde er vor allem durch die Erzählung »Ein Tag im Leben des Iwan Denissowitsch« (1962), die Schilderung eines Zwangsarbeiterlagers, sowie die Romane »Krebsstation« (1968) und »Der erste Kreis der Hölle« (1968). Diese stark autobiografisch gefärbten Werke wie auch der dokumentarische Bericht über sowjetische Straflager »Der Archipel GULAG« (1973–75) setzen sich kritisch mit der Stalin-Ära auseinander.
Solschenizyn erhielt 1970 den Nobelpreis für Literatur, den er jedoch nicht persönlich entgegennehmen durfte. 1974 wurde er aus der Sowjetunion ausgewiesen und ging 1976 in die USA. Seit 1994 lebt Solschenizyn wieder in Moskau. – Bild S. 193

■ **Solstitium** →Sonnenwende.

Somalia

Flagge

Wappen

Somalia
Fläche 637 657 km²
Einwohner 10,653 Mio.
Hauptstadt Mogadischu
Amtssprache Somali (und Arabisch)
Nationalfeiertage 26. 6. und 1. 7.
Währung 1 Somalia-Schilling (So.Sh.) = 100 Centesimi (Cnt.)
Zeitzone MEZ + 2 Std.

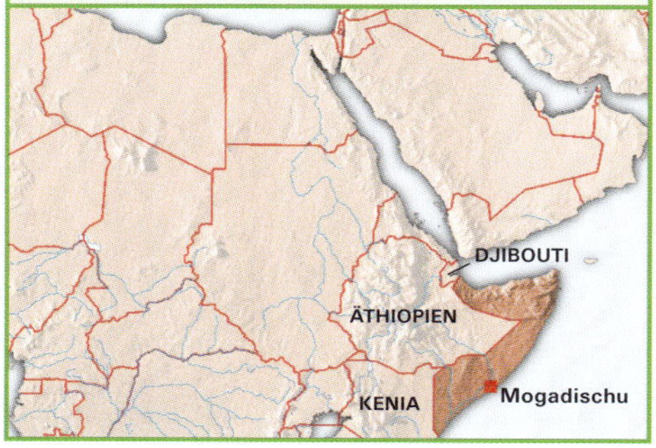

■ **Somalia,** Staat in Ostafrika, der die Somalihalbinsel und die südlich anschließende Küstenebene umfasst. Weite Teile des Landes bestehen aus Busch und Trockensavanne. Die Bevölkerung besteht zu rund 90 % aus muslimischen Somal, die in der Mehrzahl als Nomaden oder Halbnomaden leben. Ihre Viehhaltung (Ziegen, Schafe, Kamele, Rinder) bildet den wichtigsten Zweig der Landwirtschaft. Die Industrie ist kaum entwickelt.

Geschichte: Das Land stand seit dem 9. Jahrh. unter islamisch-arabischem Einfluss. Ende des 19. Jahrh. wurde der Nordteil britisch, der Südteil italienisch. 1960 erhielten beide Teile die Unabhängigkeit und schlossen sich zur Republik Somalia zusammen. Seit Ende der 1980er-Jahre wird das Land durch einen Bürgerkrieg zwischen rivalisierenden Stammesgruppen erschüttert, der auch durch die Anwesenheit von UN-Eingreiftruppen (1992 bis 1994/95) nicht beendet werden konnte. Verschärft wird die Lage durch Dürre, Überschwemmungen (besonders 1997), Hunger, Seuchen und Flüchtlingsströme.

■ **Sombrero** [spanisch] *der,* Strohhut mit breiter Krempe in Mittel- und Südamerika.

■ **Sommer** → Jahreszeiten.

■ **Sommersprossen,** kleine, braune Fleckchen, die durch ungleichmäßige Anreicherung des Hautfarbstoffs besonders auf der dem Licht ausgesetzten Haut des Gesichts, des Halses sowie der Handrücken und Arme auftreten.

■ **Sommerzeit,** die gegenüber der Standardzeit um meist eine Stunde vorverlegte Uhrzeit während der Sommermonate (Ende März bis Ende Oktober), durch die das Tageslicht besser genutzt werden kann. – auch → mitteleuropäische Zeit.

■ **Sonar** *das,* Abkürzung für engl. **so**und **na**vigation **a**nd **r**anging, ein mit Schall oder Ultraschall arbeitendes Navigations- und Entfernungsmessgerät. Mit seiner Hilfe lassen sich u. a. Objekte orten (z. B. U-Boote, Untiefen, Eisberge) und die Geschwindigkeit über Grund bestimmen.

■ **Sonate** [italienisch] *die,* ursprünglich Bezeichnung für Instrumentalstücke verschiedener Art; dann ein drei- oder viersätziges Musikstück für Klavier allein oder für ein anderes Soloinstrument (z. B. Violine, Horn, Cello) mit Klavier. Vor allem für die Wiener Klassik (Haydn, Mozart, Beethoven) ist folgende Reihenfolge der Sätze kennzeichnend: schneller Satz (Allegro), langsamer Satz (Adagio, Andante), Menuett (später Scherzo), schneller Satz (oft in Rondoform).

Meistens ist der erste Satz in **Sonatensatzform** geschrieben; seit Haydn versteht man darunter die Auseinandersetzung zweier Hauptthemen nach folgendem (vereinfachtem) Schema: **Exposition** (Aufstellung der Themen), **Durchführung** (freie Verarbeitung der Themen) und **Reprise** (Wiederaufnahme der Exposition). Dazu kommt oft noch eine **Koda** (Schlussteil). Die Form des Sonatensatzes findet man auch in Sinfonien, Konzerten, Quartetten, bei Ouvertüren u. a. Die **Sonatine** ist eine

Sonar

Mit dem Echolot können die Seefahrer Schiffswracks orten und ganz allgemein die aktuelle Wassertiefe bestimmen. In der Hochseefischerei wird das Sonar aber auch dazu eingesetzt, Fischschwärme aufzuspüren. Das Verfahren ist immer gleich: Kurze Ultraschallimpulse werden ausgesandt, von Hindernissen zurückgeworfen und als Echos wieder aufgefangen. Da man die Geschwindigkeit der Impulse kennt, lässt sich aus deren Laufzeit zwischen Aussenden und Empfangen leicht der Abstand zum Hindernis berechnen.

Übrigens führte eine Katastrophe zu dieser Erfindung: Der Untergang der Titanic im Jahr 1912 regte den französischen Physiker Paul Langevin zur Entwicklung des Sonars an, das dann 1915 das Licht der Technikwelt erblickte.

Die im Januar 1974 aufgenommene Fotografie zeigt den gerade aus der Sowjetunion ausgewiesenen Schriftsteller **Alexandr Solschenizyn** auf einem Spaziergang mit dem Schriftsteller Heinrich Böll, der damals Präsident der internationalen Schriftstellervereinigung P.E.N. war; Solschenizyn ist seit 1991 wieder ein russischer Staatsbürger

kleine, leichter spielbare Sonate (meist nur mit zwei oder drei Sätzen).

■ **Sonde** [frz.] *die,* **1)** *Medizin:* ein stab- oder schlauchförmiges Abtast-, Prüf- oder Untersuchungsgerät, das überall dort eingesetzt wird, wo schwer zugängliche Stellen untersucht werden sollen, so z. B. die Magensonde zur Untersuchung des Magens und zur Entnahme von Magensaft.
2) *Raumfahrt:* (Raumsonde), Raumflugkörper, mit dem Messungen im Weltraum oder auch auf benachbarten Himmelskörpern vorgenommen werden.

■ **Sondermüll,** Abfälle, die sich nicht zusammen mit Hausmüll behandeln und beseitigen lassen. In gezielten Sammelaktionen erfasst (z. B. verbrauchte Batterien oder Medikamente), sollen sie in geeigneten Verfahren abgelagert, verbrannt oder verwertet werden.

■ **Sonderschulen,** allgemein bildende und berufsbildende Pflichtschulen für Kinder und Jugendliche, die in ihrer körperlichen oder geistigen Entwicklung stark beeinträchtigt sind. Entsprechend ihrer Behinderung werden sie in Sonderschulen für Blinde, Sehbehinderte, Gehörlose, Schwerhörige, geistig Behinderte, Körperbehinderte, Lernbehinderte, Sprachbehinderte und Verhaltensgestörte unterrichtet.

■ **Sonett** [italienisch] *das,* Gedichtform italienischer Herkunft. Das Sonett besteht aus 14 Zeilen, die gewöhnlich in zwei vierzeilige (Quartette) und zwei dreizeilige (Terzette) Strophen gegliedert sind. In der deutschen Literatur wird die Sonettform vor allem im 17. Jahrh., in der Romantik und erneut im 20. Jahrh. verwendet.

■ **Song** [engl.] *der,* im englischen und amerikanischen Sprachgebrauch Bezeichnung für Lied (Folksong, Gospelsong), in Deutschland seit Brechts und Weills »Dreigroschenoper« (1928) besonders für das balladenartige, mit Jazzelementen vermischte sozialkritische oder satirische Lied, häufig im Sprechgesang.

■ **Sonne,** der Zentralkörper des Sonnensystems. Durch ihre große Masse (333 000 Erdmassen) hält die Sonne die Planeten (mit deren Monden) sowie zahllose Kleinkörper auf meist fast kreisförmigen Bahnen. Sie ist der erdnächste Stern – der zweitnächste ist 270 000-mal so weit entfernt – und der einzige, der als Scheibe am Himmel erscheint. Ihr Radius beträgt 696 000 km oder 109 Erdradien, und sie hat von der Erde eine mittlere Entfernung von 149,6 Mio. km. Bezogen auf die Fixsterne dreht sie sich in etwa 25 Tagen einmal um ihre eigene Achse. Sie bewegt sich mit einer Geschwindigkeit von 230 km/s in 250 Mio. Jahren einmal um das Zentrum des Milchstraßensystems.

Sonne

Seit ältester Zeit hat die Sonne im Denken der Menschen eine wichtige Rolle gespielt: als beherrschende Naturerscheinung, Erzeugerin des Lichts, Teilerin der Zeit. Man stellte sie sich als Ball, Rad oder Scheibe vor. Vielen Religionen galt die Sonne als Held, der siegreich gegen die Finsternis und ihren Dämonen kämpft. Im alten Ägypten wurde Re als Sonnengott verehrt, in Griechenland Helios, dem der römische Gott Sol entsprach. Im »Götterhimmel« der Inka nahm der Sonnengott Inti den ersten Platz ein. Die Sonnengöttin Amaterasu ist die Hauptgöttin des japanischen Schintoismus.

Im Innern der Sonne, wo eine Temperatur von etwa 15 Mio. K und ein Druck von etwa 200 Milliarden bar herrschen, werden durch →Kernfusion Wasserstoffatome in Heliumatome umgewandelt, wobei Energie frei wird. Diese gelangt zur Oberfläche und wird von dort in einer etwa 400 km dicken Schicht, der **Photosphäre** (Temperatur etwa 6 000 K), abgestrahlt. Die Oberfläche der S. ist nicht gleichmäßig hell, durch **Granulen** (aufsteigende, heißere Gasmassen) wirkt sie vielmehr körnig. Größere fleckige Ge-

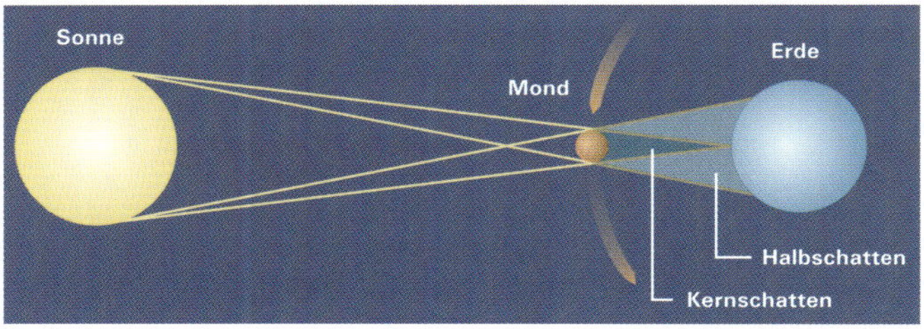

Entgegen dem Anschein sind **Sonnenfinsternisse** häufiger als Mondfinsternisse; Sonnenfinsternisse sind aber im Gegensatz zu Mondfinsternissen nur in der etwa 100 km breiten und meist einige Tausend Kilometer langen Finsterniszone sichtbar, die im Kernschatten des Mondes liegt; in ihr herrscht dann die hier dargestellte totale Sonnenfinsternis

bilde sind die **Sonnenflecken,** in denen Materie nach außen strömt. Die Sonnenflecken bewirken auf der Erde periodisch wiederkehrende meteorologische, magnetische und elektrische Erscheinungen. Große Ausbrüche heißer Gase, wie man sie bei einer Sonnenfinsternis am Rand der verdunkelten Sonnenscheibe beobachten kann, nennt man **Protuberanzen;** durch sie werden Gasmassen bis über 100 000 km hochgeschleudert.

Über der Photosphäre liegt die **Chromosphäre,** eine Schicht von etwa 10 000 km mit einer Temperatur von etwa 4 500 bis 5 000 K. Weiter nach außen steigt die Temperatur an, bis sie in der **Sonnenkorona** rund 1 Mio. K erreicht. Die Korona (Strahlenkranz) ist bei totalen Sonnenfinsternissen sichtbar. Das Alter der S. beträgt 4,6 Milliarden Jahre, ihre Lebenserwartung insgesamt wird auf 10 Milliarden Jahre geschätzt.

Sonne: physikalische und astronomische Daten*)

Radius	$6{,}963 \cdot 10^5$ km (109)
Masse	$1{,}989 \cdot 10^{30}$ kg (333 000)
mittlere Dichte	1,409 g cm^{-3} (0,26)
Schwerebeschleunigung an der Oberfläche	274 m s^{-2} (27,9)
Entweichgeschwindigkeit an der Oberfläche	618 km s^{-1} (55,2)
Rotationsperiode in mittlerer Breite	25, 38 d
Rotationsenergie	$2.4 \cdot 10^{35}$ J
Äquatorneigung gegen die Ekliptikebene	7,13°
effektive Temperatur	5 770 K
spezifische Ausstrahlung der Oberfläche	$6{,}296 \cdot 10^7$ W m^{-2}
Leuchtkraft	$3{,}847 \cdot 10^{26}$ W
absolute visuelle Helligkeit	4,87 mag
scheinbare visuelle Helligkeit	−26,70 mag
mittlere Entfernung von der Erde	$1{,}496 \cdot 10^8$ km = 1 AE
mittlerer scheinbarer Winkeldurchmesser	0,53°

*) gerundete Vielfache der entsprechenden Erdgrößen in Klammern

■ **Sonnenblumen,** eine Gattung der Korbblütler, die ursprünglich in Amerika heimisch sind. In Deutschland wird die **Gemeine Sonnenblume** angebaut. Sie wird über 3 m hoch und hat derbe, herzförmige Blätter. Die großen Blütenköpfe enthalten gelbe Randblüten (Zungenblüten) und eine große Anzahl brauner Scheibenblüten (Röhrenblüten). Die vierkantigen Samen (Sonnenblumenkerne) enthalten ein wertvolles Öl, die Blätter werden als Viehfutter verwendet.

Sonnenfinsternis

Bei Vollmond kann es keine Sonnenfinsternis geben, denn bei Vollmond stehen Sonne und Mond auf entgegengesetzten Seiten der Erde. Bei einer Sonnenfinsternis aber steht der Mond genau zwischen Sonne und Erde und kann so die Sonne verdunkeln. Eine Sonnenfinsternis kann es also entweder zwei Wochen vor oder zwei Wochen nach Vollmond geben.

■ **Sonnenenergie** → Energiequellen.

■ **Sonnenfinsternis,** die völlige (totale) oder teilweise (partielle) Bedeckung der Sonne durch den Mond, von einem irdischen Beobachtungsort aus gesehen. Wenn nahezu Deckungsgleichheit zwischen Sonne und Mond besteht, handelt es sich um eine **totale Sonnenfinsternis** (für die Gebiete der Erde, die im Kernschatten des Mondes liegen). Der Kernschatten des Mondes bewegt sich mit etwa 35 km je Minute in östlicher Richtung über die Erde. Die Totalitätsdauer an einer festen Stelle beträgt bis zu 7,5 min. Bei einer totalen Sonnenfinsternis werden die Protuberanzen und die Korona der Sonne sichtbar. Auf der Erde kann man »fliegende Schatten« beobachten, lang gestreckte Schattenstreifen, die kurz vor und nach der Totalität durch Ungleichmäßigkeiten in der optischen Dichte der Luft entstehen.

Wird die Sonne nur teilweise verdeckt, liegt also der Beobachtungsort außerhalb des Kernschattens des Mondes, so spricht man von **partieller Sonnenfinsternis.**

Steht der Mond zur Sonne so, dass die Spitze seines Kernschattens gerade die Erdoberfläche nicht erreicht (Erdferne), dann ist sein scheinbarer Durchmesser kleiner als derjenige der Sonne, und er lässt dann allseitig den Rand der Sonne frei. In diesem Fall handelt es sich um eine **ringförmige Sonnenfinsternis.**

Im Mittel werden auf der Erde 2–3 Sonnenfinsternisse pro Jahr registriert. Die nächste in Deutschland sichtbare totale Sonnenfinsternis wird am 7.10.2135 eintreten.

■ **Sonnenschutzmittel** (Lichtschutzmittel), Wirkstoffzubereitungen, die menschliche Haut vor den Schäden durch Sonnenstrahlung schützen sollen. Sie sollen vor allem das energiereiche UV-Licht (UV-B und UV-C) absorbieren und das bräunende UV-A-Licht durchlassen. Die Wirkung der Sonnenschutzmittel wird in Licht- oder Sonnenschutzfaktoren angegeben, die je nach Empfindlichkeit der Haut einen unterschiedlich langen Aufenthalt in der Sonne ohne Schädigung erlauben.

■ **Sonnenstich,** durch länger anhaltende starke Sonnenbestrahlung des unbedeckten Kopfes und Nackens hervorgerufene Reizung der Gehirnhäute, die sich in schweren Kopfschmerzen, Schwindel und Übelkeit äußert. In schweren Fällen kommt es zu Bewusstseins-, Herz- und Atemstörungen.

■ **Sonnensystem,** die Sonne und alle Himmelskörper, die ständig deren Anziehungskraft unterliegen. Zum Sonnensystem zählen die Planeten, deren Monde, zahllose kleinere Himmelskörper sowie die gas- und staubförmige interplanetare Materie. Die Sonne stellt die Hauptmasse des Systems dar (750-mal so viel wie die Masse aller übrigen Himmelskörper des Sonnensystems zusammen).
Das Sonnensystem ist 4,6 Milliarden Jahre alt. Wie es entstand, ist im Einzelnen noch nicht geklärt, doch ist anzunehmen, dass es im Wesentlichen aus einer Wolke interstellaren (zwischen den Sternen befindlichen) Gases hervorgegangen ist.

■ **Sonnentau,** auf Moorböden vorkommende Fleisch fressende Pflanze mit weißen Blüten. Auf der Oberseite der Laubblätter befinden sich klebrige Härchen, die Insekten anlocken und sie gefangen halten. Durch Abscheidung von Eiweiß verdauenden Sekreten werden dann die Weichteile des Beutetiers aufgelöst. Auf diese Weise bekommt der Sonnentau stickstoffhaltige Verbindungen, die im Moorboden kaum vorhanden sind.

■ **Sonnenuhr,** ein Zeitmesser, der aus der Lage des Schattens eines von der Sonne beschienenen Stabes die Ortszeit auf einer markierten Fläche erkennen lässt. Dieser Stab (Zeiger) wird so angebracht, dass seine Richtung parallel zur Erdachse verläuft. Der Neigungswinkel des Stabes zur Erdoberfläche ist gleich der geographischen Breite des

Die **Gemeine Sonnenblume** blüht von Juli bis Oktober, wobei sich die Röhrenblüten am Außenrand des Köpfchens zuerst entwickeln

Sonnentau

Der Rundblättrige Sonnentau wächst in Hochmooren und auf feuchten Heiden, deren Boden extrem sauer ist. Was der Boden ihm an Nahrung nicht geben kann, holt er sich aus der Luft.
Die Pflanze verschafft sich die nötigen Nährstoffe durch die Jagd auf Insekten. Dabei sondern ihre rötlichen Drüsenhaare klebrige, glitzernde Tröpfchen ab, die die Insekten anlocken. Weil diese den klebrigen Schleim für Wasser halten, legen sie darin ihre Eier ab. Sobald die Insekten die Tröpfchen berührt haben, können sie sich nicht mehr befreien, denn der Blattrand biegt sich langsam hoch und der Sonnentau umschließt seine Beute mit den »Fangarmen«, den Drüsenhaaren. Danach zersetzt er das Insekt mithilfe von Enzymen, damit die tierischen Nährstoffe in das pflanzliche Stoffwechselsystem aufgenommen werden können. Es dauert etwa 24 Stunden, bis ein solches Insekt verdaut ist. Der Sonnentau benötigt die Insekten aber nicht nur als Nahrung: Seine Beute besorgt auch noch das für die Fortpflanzung wichtige Geschäft des Bestäubens.

Aufstellungsortes. Sonnenuhren werden seit der Antike benutzt.

■ **Sọnnenwende** (Solstitium), jeder der zwei Zeitpunkte, zu denen die Sonne auf ihrer scheinbaren jährlichen Bahn bezüglich der Sterne, der →Ekliptik, den höchsten oder tiefsten Stand erreicht. Auf der Nordhalbkugel fällt der höchste Sonnenstand auf den 21./22. Juni **(Sommersonnenwende)**. An diesem Tag scheint die Sonne am längsten, und es beginnt der Sommer. Die Sonne steht dann senkrecht über dem nördlichen →Wendekreis. Ein halbes Jahr später, am 21./22. Dezember, erreicht die Sonne auf der Nordhalbkugel ihren tiefsten Stand **(Wintersonnenwende)**. An diesem Tag mit der geringsten Sonnenscheindauer beginnt der Winter. Die Sonne steht dann senkrecht über dem südlichen Wendekreis. – Auf der Südhalbkugel vertauschen Sommer und Winter gegenüber der Nordhalbkugel ihre Rollen.

■ **Sọnntag,** im Christentum der 1. Tag der Woche, Feier- und Ruhetag zum Gedenken an die Auferstehung Christi. 1976 wurde in der Bundesrepublik Deutschland der Sonntag (gesetzlich) zum 7. Tag der Woche erklärt.

■ **Sophịsten** [griech., = Weisheitslehrer], Wanderlehrer in Athen (im 5. und 4. Jahrh. v. Chr.). Sie suchten den Menschen durch ihre Lehren eine Bildung zu vermitteln, die sie zu politischem Handeln befähigen sollte.

■ **Sọphokles,** griechischer Tragödiendichter, * Athen um 496 v. Chr., † ebenda um 406 v. Chr. Von seinen 123 Stücken sind sieben erhalten (u. a. »Antigone«, »König Ödipus«, »Elektra«). Die Tragik entwickelt Sophokles aus dem psychologischen Charakter seiner Helden, die in ihrem Bestreben, Unheil zu vermeiden, an den Fügungen höherer Mächte zerbrechen.

■ **Sopran** [italienisch] *der,* die höchste menschliche Stimmlage (bei Frauen und Knaben). Der **Mezzosopran** ist eine etwas tiefere Stimmlage (zwischen Sopran und Alt).

■ **Sọrben** (Wenden), westslawisches Volk in der Ober- und Niederlausitz (Sachsen und Brandenburg), die Nachkommen der slawischen Bevölkerung, die die deutsche Ostsiedlung überdauert hat. Die rund 60 000 Sorben sind eine nationale Minderheit in Deutschland. Sie sprechen eine slawische Sprache (in den Ausprägungen Ober- und Niedersorbisch) und haben in Kunst, Literatur und Brauchtum eine eigenständige Kultur bewahrt.

■ **Sorbonne** [ßorbọn; frz.] *die,* die Pariser Universität, deren Anfänge ins 12. Jahrh. zurückgehen. Ihr Name geht auf das von dem Domherrn Robert de Sorbon 1257 gegründete Kolleg für mittellose Theologiestudenten zurück. 1968 wurde die Sorbonne in 13 selbstständige Universitäten aufgegliedert.

■ **SOS,** internationales Funksignal (im Morsealphabet ausgesendet) von Schiffen, die sich in Not befinden. Das wegen seines eindringlichen Rhythmus (· · · – – – · · ·) gewählte Signal wurde später auch als englisch: save our souls (= Rettet unsere Seelen!) gedeutet.

■ **SOS-Kịnderdörfer** →Kinderdörfer.

■ **Souffleur** [suflör; frz.] *der* (weibliche Form Souffleuse), bei Theateraufführungen die Person, die den Schauspielern oder Sängern ihren Text zuflüstert, wenn sie ihn nicht sicher beherrschen. Der Souffleur sitzt im verdeckten **Souffleurkasten** am vorderen Rand der Bühne.

■ **Soul** [sọ^{u}l; engl., = Seele] *der,* ein afroamerikanischer Musikstil der 1960er-Jahre. Im Soul verbinden sich Elemente des Spirituals und Gospels (starker Ausdruck), des Blues (Ruf-Antwort-Modelle) und des Jazz zu einer vor allem dem Rhythm and Blues verpflichteten Musik. Der Soul hatte großen Einfluss auf die Entwicklung der amerikanischen Popmusik.

Zu den wichtigsten Sängern des Soul gehören u. a. James Brown (* 1928), Aretha Franklin (* 1942), Ray Charles (* 1930), Tina Turner (* 1938) und Stevie Wonder (* 1950).

Stilphasen der Soul-Entwicklung waren Memphis-Sound, Motown-Sound (nach dem Musikkonzern Motown Recording Corp., vor allem während der 1960er-Jahre erfolgreich) und Philly-Sound (nach den Philly Sigma Sound Studios in Philadelphia, Pennsylvania, ab etwa 1972). Die Soulmusik war der Grundstein für den →Diskosound seit Mitte der 1970er-Jahre.

■ **Sound** [ßa^{u}nd; engl.] *der,* kennzeichnender Klang oder kennzeichnende Tonbildung eines Musikers, eines Unterhaltungsorchesters oder einer Jazzband.

■ **Soundtrack** [ßa^{u}ndträk; engl.] *der,* die Musik zu einem Film.

■ **Southampton** [ßauthämp^{e}n], Hafenstadt in Südengland, am Ärmelkanal, mit 214 900 Einwohnern und einer Universität. – Southampton entstand 43 n. Chr. als römische Siedlung Clausentum.

■ **souverän** [suw^{e}...; frz.], unumschränkt herrschend; beherrschend, überlegen. Der **Souverän** ist der unumschränkte Herrscher eines Landes. Unter **Souveränität** versteht man die Hoheitsgewalt eines Staates, das heißt die unabhängige Herrschafts- und Entscheidungsgewalt.

■ **Soweto** [sᵉweᶦtoᵘ; Abkürzung für **So**uth **We**stern **To**wnship, engl. = südwestliche Ortschaft], Stadt für →Bantu in der Republik Südafrika, im Vorortbereich von Johannesburg gelegen. Soweto wurde ab 1967 erbaut und zählt heute etwa 3,5 Mio. Einwohner. Seit 1976 war es mehrfach Schauplatz von Protesten gegen die Apartheidpolitik.

■ **Sowjet** [russisch, = Rat] *der,* Bezeichnung für die Behörden und Organe der Selbstverwaltung in der Sowjetunion. Der **Oberste Sowjet,** der zwei Kammern umfasste, war die oberste Volksvertretung. Ursprünglich (während der russischen Revolutionen von 1905 und 1917) waren die Sowjets Arbeiter-, Bauern- und Soldatenräte. – auch →Rätesystem.

■ **Sowjetunion,** ehemaliger Staat in Osteuropa und Asien, mit 22,4 Mio. km² und (1990) 289 Mio. Einwohnern. Die Hauptstadt war Moskau. Die Sowjetunion war ein Unionsstaat, der aus 15 Unionsrepubliken bestand. Sie verstand sich als Diktatur des Proletariats und wies von Anfang an totalitäre Züge auf. Die führende Rolle der KPdSU (Abkürzung für **K**ommunistische **P**artei **d**er **S**owjet**u**nion) war seit 1936 in der Verfassung verankert. Kollektives Staatsoberhaupt war nach der Verfassung von 1977 das Präsidium des Obersten Sowjets. Tatsächlich galt jedoch der Generalsekretär der Partei als oberster Repräsentant des Staates.

Geschichte: Nach schweren Niederlagen im Ersten Weltkrieg, an dem Russland gegen Deutschland und Österreich teilnahm, kam es im März 1917 zu einer ersten Revolution, in deren Verlauf der Zar abdanken musste. In Russland wurde die Republik ausgerufen, die aber durch die bolschewistische →Oktoberrevolution noch im gleichen Jahr beseitigt wurde. Führender Kopf der Bolschewiki, die sich auf die Lehre von Karl Marx (auch →Marxismus) stützten, war →Lenin. Ihm war es gelungen, neben dem eigentlichen revolutionären Kern von Intellektuellen und Arbeitern die Bauern und Soldaten für die Revolution zu begeistern; Arbeiter-und-Soldaten-Räte wurden gebildet (→Rätesystem), die die »Diktatur des Proletariats« verwirklichen sollten. Im März 1918 schloss Russland mit den Mittelmächten den Frieden von Brest-Litowsk (Weißrussland), am 7. Juli 1918 wurde die Verfassung der Russischen Sozialistischen Föderativen Sowjetrepublik (RSFSR) verabschiedet.

Im Bürgerkrieg (1918–21) behaupteten sich die Sowjets mithilfe der »Roten Armee« gegen antirevolutionäre, monarchistische Kräfte (»Weiße Armee«) und gegen ausländische Eingriffe. Auch in den Randgebieten des ehemaligen Zarenreiches bildeten sich Sozialistische Sowjetrepubliken (Ukraine, Weißrussland, Transkaukasien), die sich im Dezember 1922 mit der RSFSR zur »Union der Sozialistischen Sowjetrepubliken« (UdSSR) vereinigten; 1924 kamen Usbekistan und Turkmenistan, 1929 Tadschikistan hinzu.

Nach Lenins Tod (1924) übernahm →Stalin die Führung der Kommunistischen Partei (KPdSU). Er überführte das Land gewaltsam in Gemeinschaftsbesitz der Bauern (»Kollektivierung der Landwirtschaft«), die sich in →Kolchosen organisierten, und trieb die Industrialisierung voran. Seine politischen Gegner (u. a. Leo Trotzki), auch die innerhalb der eigenen Partei, wurden mundtot gemacht; Höhepunkt waren die politischen »Säuberungen« 1935–39 mit Schauprozessen und zahlreichen Todesurteilen gegen Kritiker seiner Diktatur.

1939 schloss die Sowjetunion im Hitler-Stalin-Pakt mit dem nationalsozialistischen Deutschland einen Nichtangriffspakt; Deutschland sicherte ihr hierfür Ostpolen zu. Nach Ausbruch des Zweiten Weltkriegs marschierte die Sowjetunion in Polen ein, im Winter 1939/40 annektierte sie den bis dahin finnischen Westteil Kareliens, 1940 Litauen, Lettland und Estland. Am 22. Juni 1941 griff Deutschland unter Bruch der vertraglichen Zusicherungen die Sowjetunion an, die sich im »Großen Vaterländischen Krieg« jedoch dank der massiven Unterstützung der westlichen Alliierten durchsetzen konnte.

Am Ende des Zweiten Weltkriegs standen die sowjetischen Truppen in Berlin und an der Elbe. Die Sowjetunion behauptete sich im Besitz von Ostpolen, der Karpato-Ukraine, der Nordbukowina und Bessarabiens; von 1945 an gehörte auch der nördliche Teil von Ostpreußen zur Sowjetunion; die angrenzenden Staaten gerieten unter nachdrücklichen sowjetischen Einfluss; die Sowjetunion schirmte den »Ostblock« durch den »Eisernen Vorhang« vom Westen ab, setzte ihren kommunistischen Führungsanspruch in diesen Staaten durch und suchte ihn in Bündnissen (Warschauer Pakt, Rat für gegenseitige Wirtschaftshilfe) abzusichern.

Das Verhältnis zwischen der Sowjetunion und den westlichen Industrieländern war nach dem Zweiten Weltkrieg von Feindseligkeit und Anspannung gekennzeichnet (→Ost-West-Konflikt). Im März 1953 starb Stalin; sein Nachfolger war einige Monate lang Georgi Malenkow. Ihn verdrängte Nikita Chruschtschow, der 1956 die »Entstalinisierung« verkündete, jedoch 1964 gestürzt wurde.

In den 60er-Jahren bahnte sich durch Auseinandersetzungen zwischen der Sowjetunion und dem maoistischen China eine neue Spannungslinie an.

Gegenüber dem Westen setzte in den 70er-Jahren eine vorsichtige Entspannungspolitik ein, die von den aufeinander folgenden Staatsoberhäuptern Leonid Breschnew, der jedoch gleichzeitig die Vorherrschaft der Sowjetunion im Ostblock betonte (Breschnew-Doktrin), Juri Andropow und Konstantin Tschernenko betrieben wurde. Mit dem militärischen Eingriff der Sowjetunion in Afghanistan (1979–89) erhielt diese Entspannungspolitik einen Rückschlag.

Erst mit dem Amtsantritt von Michail Gorbatschow 1984 begann die tief greifende Reform des politischen und wirtschaftlichen Systems der Sowjetunion; Gorbatschow verfolgte dabei einen Kurs der Umgestaltung (Perestroika) neben dem Prinzip der öffentlichen Information und Diskussion (Glasnost). 1990 wurde der Führungsanspruch der KPdSU aufgegeben und Gorbatschow zum Staatspräsidenten gewählt.

Lange schwelende Nationalitätenkonflikte brachen sich nun in Aserbaidschan, Armenien und Georgien Bahn. Bis Dezember 1990 erklärten alle Unionsrepubliken ihre Souveränität, voran die baltischen Republiken Estland, Lettland und Litauen.

Schwere wirtschaftliche Krisen, der Machtverlust der KPdSU und die Loslösung der Ostblockstaaten von der Sowjetunion, die u.a. auch zur Wiederherstellung der staatlichen Einheit Deutschlands führte, gipfelten im August 1991 in einem Putsch kommunistischer Politiker und Militärs gegen Gorbatschow. Der Staatsstreich konnte jedoch mit Unterstützung Boris Jelzins, des Präsidenten Russlands, rasch niedergeschlagen werden. Nachdem alle Entwürfe für einen neuen Vertrag zur Erhaltung der Union erfolglos geblieben waren und die Mehrzahl der Gliedstaaten der im Dezember 1991 als lockerem Staatenbund gegründeten »Gemeinschaft Unabhängiger Staaten« (→GUS) beigetreten waren, wurde die UdSSR Ende Dezember 1991 aufgelöst.

Zur Geschichte des Russischen Reiches bis zur Gründung der Sowjetunion sowie zur Geschichte Russlands nach deren Auflösung →Russland.

■ **Soyinka** [soʊjinka], Wole, nigerianischer Schriftsteller, *Abeokuta (Südwestnigeria) 13. Juli 1934; zwischen 1967 und 1969 mehrfach in Haft. Er behandelt in seinen Dramen, Romanen (»Zeit der Gesetzlosen«, 1973) und Erzählungen (in englischer Sprache) mit den nigerianischen Verhältnissen zugleich auch existenzielle Fragen des Menschen. Daneben schrieb er Lyrik, Autobiografisches (»Aké. Eine Kindheit«, 1981) und Essays. 1986 erhielt er den Nobelpreis für Literatur.

■ **sozial** [lat.], die Gesellschaft oder die Gemeinschaft betreffend, gesellschaftlich; gemeinnützig, wohltätig.

■ **Sozialdemokratische Partei Deutschlands** →SPD.

■ **soziale Marktwirtschaft** →Marktwirtschaft.

■ **Sozialhilfe,** die Gesamtheit der Hilfen, die einem Menschen, der sich in einer persönlichen Notlage befindet, von öffentlicher Seite gewährt werden. Die staatliche Sozialhilfe setzt dann ein, wenn der Einzelne sich nicht selbst helfen kann und auch durch andere (Verwandte) keine Hilfe erhält. Sie wird sowohl in Form von Geld- oder Sachleistungen als auch in Form persönlicher Betreuung gewährt.

Der große Schriftsteller aus Nigeria lebt im Exil: **Wole Soyinka** schreibt wie sein Landsmann Ken Saro-Wiwa, der 1995 von der Militärdiktatur hingerichtet wurde, gegen die menschenverachtenden Verhältnisse in seiner Heimat an

■ **Sozialismus** [lat.] *der,* eine als Gegenmodell zum →Kapitalismus entwickelte politische Lehre. Ihre wichtigsten Ziele sind soziale Gleichheit und Gerechtigkeit und eine nach diesen Prinzipien organisierte Gesellschaftsordnung. In der marxistischen Theorie ist der Sozialismus das Übergangsstadium von der kapitalistischen zur kommunistischen Gesellschaftsformation.

Der Sozialismus entwickelte sich vor allem seit Beginn des 19. Jahrh. im Zusammenhang mit der Entfaltung der industriellen Produktionsweise und des kapitalistischen Wirtschaftssystems sowie dem immer größer werdenden »Klassengegensatz« zwischen Unternehmern und Arbeitern. Vorformen gab es (vor allem in Frankreich) bereits im 18. Jahrh. **(Frühsozialismus).** Seine wesentliche Ausgestaltung erhielt der Sozialismus jedoch seit 1840 durch Friedrich Engels und Karl Marx (→Marxismus).

Der **real existierende** oder **reale Sozialismus** vor allem nach 1917 (Sowjetunion) sowie nach 1945 (Ost-, Südost- und Mitteleuropa) war gekennzeichnet durch das gesellschaftliche Eigentum an Produktionsmitteln (in der Regel Staatseigentum) sowie das Prinzip der gesamtgesellschaftlichen Planung durch den Staat. Jedoch bestimmte die unumschränkte Herrschaft einer kommunistischen Partei die Wirklichkeit in den sozialistischen Gesellschaften und führte, nicht zuletzt wegen der Entfremdung zwischen Partei und Bevölkerung, seit Ende der 1980er-Jahre zu ihrem zunehmenden Verfall.

In den Demokratien Westeuropas entwickelten die sozialdemokratischen und sozialistischen Parteien Vorstellungen von einem **freiheitlichen** oder **demokratischen Sozialismus.** Ihre Modelle gehen davon aus, dass die Vergesellschaftung von Produktionsmitteln nicht ausreiche, um menschliche und sozial gerechte Verhältnisse zu schaffen. Sie streben deshalb eine Gesellschaft an, die vor allem die freie Entfaltung der Individuen, die Gültigkeit aller Grundrechte und die demokratische Mitwirkung aller Gesellschaftsmitglieder in allen sozialen Bereichen zulässt. Viele Parteien, die früher eine ausgesprochen sozialistische Politik betreiben wollten, haben ihr Ziel der Überwindung des Kapitalismus aufgegeben und wollen lediglich bestimmte Nachteile der ungleichen Eigentums- und Einkommensverteilung aufheben.

■ **sozialistischer Realismus,** staatlicherseits eingeforderte Kunstrichtung (besonders für Literatur und bildende Kunst) in der Sowjetunion und anderen sozialistischen Staaten. Der sozialistische Realismus sollte ein getreues Abbild der Wirklichkeit liefern und gleichzeitig durch deutliche Parteinahme für den Sozialismus, durch Ausblicke auf eine glückliche Zukunft und vorbildliche Gestalten (»positive Helden«) erzieherisch wirken.

■ **Sozialplan,** Vereinbarung zwischen Betriebsleitung und Betriebsrat über Ausgleich oder Milderung wirtschaftlicher Nachteile, die Arbeitnehmern durch Betriebsänderungen (Stilllegung, Verlegung) entstehen. Der Sozialplan kann einmalige oder dauernde finanzielle wie auch nichtfinanzielle Leistungen beinhalten.

■ **Sozialprodukt** (häufig auch als Volkseinkommen bezeichnet), die zusammengefasste Wertsumme der Produktion einer Volkswirtschaft in einem bestimmmten Zeitraum (meist ein Jahr). Das **Bruttosozialprodukt** umfasst den Geldwert für alle von Inländern (auch im Ausland tätigen) in einem Jahr erstellten Güter und Dienstleistungen. Teilt man das Sozialprodukt auf die Zahl der Einwohner auf, so erhält man das **Pro-Kopf-Einkommen.** Dies ist eine Größe, die den Vergleich der wirtschaftlichen Leistungsfähigkeit verschiedener Länder ermöglicht.

■ **Sozialstaat,** ein Staat, der (gemäß seiner Verfassung) soziale Sicherheit (z. B. Alters-, Kranken- und Arbeitslosenversorgung), Chancengleichheit und Gerechtigkeit anstrebt.

■ **Sozialversicherung,** eine gesetzliche Versicherung, die auf dem Gedanken beruht, dass die Allgemeinheit dem Einzelnen im Krankheitsfall, bei Unfall, Arbeitslosigkeit oder im Alter helfen muss. In der Bundesrepublik Deutschland unterscheidet man gesetzliche Krankenversicherung, Pflegeversicherung, Unfallversicherung, Rentenversicherung sowie Arbeitslosenversicherung. Die monatlichen, vom Einkommen abhängigen Beiträge werden in der Regel je zur Hälfte vom Versicherten und vom Arbeitgeber getragen.

■ **Soziolekt** [lat.-griech.] *der,* die einer bestimmten sozialen Gruppe gesprochene Sprache, z. B. Fachsprache, Jugendsprache. – auch →Idiolekt, →Mundart.

■ **Soziologie** [lat.-griech.] *die,* die Wissenschaft, die sich mit dem Ursprung, der Entwicklung und der Struktur der menschlichen Gesellschaft befasst.

■ **Sozius** [lat.] *der,* **1)** Teilhaber (eines Geschäfts oder Unternehmens), Mitgesellschafter.

2) Beifahrer (z. B. auf dem Motorrad).

■ **Spacelab** [spe^{i}ßläb; von engl. space laboratory, = Raumlabor] *das,* wieder verwendbares Weltraumlaboratorium, das, verbunden mit dem →Spaceshuttle, in eine Erdumlaufbahn gebracht wurde (1983–98). Das Spacelab besteht aus bis zu zwei Druckkabinen für bis zu vier Wissenschaftler sowie offenen Paletten für Forschungsgeräte, die nach dem Öffnen der Laderaumtore des Raumtransporters direkt in den Weltraum ausgesetzt werden.

■ **Spaceshuttle** [spe^{i}ßschat^{e}l; engl., = Raumfähre] *der,* amerikanischer →Raumtransporter. – Infokasten S. 201

■ **Spanien,** Königreich auf der Iberischen Halbinsel, den Balearen und den Kanarischen Inseln mit Besitzungen in Nordafrika (Ceuta, Melilla).

Landesnatur: Kerngebiet ist das vom Kastilischen Scheidegebirge durchzogene Hochland (Meseta),

Spanien

Flagge

Wappen

das im Norden, Nordosten und Süden von Gebirgen begrenzt wird. Im Nordosten sind zwischen dem Iberischen Randgebirge und den Pyrenäen die steppenhaften Trockenlandschaften des Ebrobeckens eingesenkt. Im Südwesten öffnet sich das Guadalquivirbecken zum Golf von Cádiz.

Das *Klima* ist im Innern heiß und trocken und im Winter kalt, während das Küstenklima im Westen und Norden feucht und mild und im Süden und Osten mediterran ist.

Wirtschaft: An den Küsten und in den künstlich bewässerten Flusstälern werden Getreide, Hülsen- und Zitrusfrüchte, Olivenöl, Wein, Zuckerrüben, Baumwolle und Tabak angebaut. Der Fischfang spielt ebenfalls eine bedeutende Rolle. Auf den Hochflächen wird Viehzucht betrieben. Spanien ist reich an Rohstoffen (Quecksilber, Eisenerz, Steinkohle, Erdöl). Wichtigste Industriezweige sind Hütten-, Metall-, Auto-, Textil- und Papierindustrie. Große wirtschaftliche Bedeutung hat der Fremdenverkehr.

Die ethnische Herkunft der *Bevölkerung* ist vielfältig. Über 72 % machen den kastilisch sprechenden Anteil aus; es sind vorwiegend Kastilier, Asturier, Aragonier und Andalusier (mit stärkerem afrikanisch-orientalischen Einschlag). Basken (2,3 %), Katalanen (16 %) und in geringerem Maß auch die den

Spanien
Fläche 505 992 km²
Einwohner 39,754 Mio.
Hauptstadt Madrid
Amtssprache Spanisch
Nationalfeiertag 2. 10.
Währung Peseta (Pta)
Zeitzone MEZ

Portugiesen nahe stehenden Galicier (8 %) nehmen in Volkskultur und Sprache eine Sonderstellung ein.

Geschichte: Wahrscheinlich seit der Jungsteinzeit wurde die Iberische Halbinsel von Iberern, seit dem 6. Jahrh. v. Chr. auch von Kelten besiedelt. Seit etwa 1100 v. Chr. entstanden an der Südwestküste phönikische Kolonien, seit dem 7. Jahrh. v. Chr. siedelten hier auch Griechen, später Karthager und Römer, die im Anschluss an den 1. Punischen Krieg das Land allmählich unterwarfen.

Während der Völkerwanderungszeit gründeten die Westgoten in Spanien ein Reich, das 711 n. Chr. den muslimischen Arabern (→Mauren) unterlag. Seit dem frühen 10. Jahrh. erlebte Spanien eine Blütezeit islamisch-maurischer Kultur. Seit dem 11. Jahrh. verzeichneten die seit dem 8./9. Jahrh. im Norden des Landes entstandenen christlichen Reiche Erfolge bei der Zurückdrängung der arabischen Herrschaft (Reconquista, = Rückeroberung), die 1492 mit der Eroberung Granadas abgeschlossen war. 1469 wurden Kastilien und Aragonien vereinigt.

Nach den Entdeckungsfahrten von Kolumbus wuchs Spanien im 16. Jahrh. zur größten europäischen Kolonialmacht heran. Die Ehe zwischen Philipp dem Schönen von Burgund und Johanna der Wahnsinnigen, Erbin von Kastilien, brachte die Vereinigung der spanischen und der habsburgischen Besitzungen. Dieses Weltreich wurde durch die Abdankung Karls V. (König von Spanien 1516–56, seit 1519 auch deutscher König, seit 1530 Kaiser) geteilt in die habsburgischen Erblande einerseits, Spanien

mit seinen burgundischen und italienischen Besitzungen sowie den Kolonien andererseits.
Karls Sohn Philipp II. machte das absolutistisch regierte und streng katholische Spanien zur Vormacht der Gegenreformation in Europa: Die Inquisition wurde eingeführt, der Jesuitenorden gegründet. Zugleich musste Spanien jedoch Einbußen an politischem Einfluss hinnehmen: Die nördlichen Niederlande fielen ab, die spanische Seeflotte (Armada) wurde 1588 von den Engländern vernichtet. Im Krieg gegen Frankreich musste Spanien 1659 den unvorteilhaften Pyrenäenfrieden abschließen.
Nach dem →Spanischen Erbfolgekrieg (1701–14), in dem die österreichischen Habsburger gegen die spanischen Bourbonen um den spanischen Thron kämpften, fielen die südlichen Niederlande und die spanischen Besitzungen in Italien an Österreich, den Thron erhielten die Bourbonen, Gibraltar kam an England.
1808 besetzte Napoleon I. das Land. 1810–25 errangen die lateinamerikanischen Kolonien Spaniens die Unabhängigkeit. Im Innern herrschten im 19. Jahrh. Thronwirren und Bürgerkriege. Durch den Krieg mit den USA (1898) verlor Spanien Kuba, Puerto Rico und die Philippinen.
Im Ersten Weltkrieg blieb Spanien neutral, seine innere Lage jedoch blieb sehr gespannt. Ein Aufstand gegen die gewählte sozialistische Regierung, den das Militär unter General Franco Bahamonde begonnen hatte, stürzte Spanien in einen blutigen Bürgerkrieg (1936–39), der mit dem Sieg Francos endete und dem Land bis 1976 eine autoritär-zentralistische Diktatur brachte. Spanien trat nicht in den Zweiten Weltkrieg ein. Nach dem Tod Francos (1975) kehrte Spanien zur Demokratie zurück; Staatsoberhaupt wurde König Juan Carlos I. Der sozialdemokratische Ministerpräsident Felipe González Márquez führte das zuvor isolierte Land in den 1980er-Jahren an die europäischen Staaten heran. 1986 trat Spanien der EG bei. Ministerpräsident ist seit 1996 José Maria Aznar Lopéz (2000 im Amt bestätigt), der einer rechtskonservativen Regierung vorsteht.

■ **Spanischer Erbfolgekrieg,** der 1701–1713/14 um das Erbe des letzten spanischen Habsburgers Karl II. geführte europäische Krieg. Als der Bourbone Philipp V., ein Enkel des französischen Königs Ludwig XIV., den Thron bestieg, verbanden sich England, die Niederlande und Österreich gegen das mit dieser Erbfolge verbundene französische Übergewicht und stellten Philipp den österreichischen Habsburger Karl (später Kaiser Karl VI.) entgegen. Für den Bourbonen machte sich vor allem Frankreich stark, gegen das Prinz Eugen von Savoyen und der Herzog von Marlborough 1704–09 mehrere bedeutende Siege erfochten. Dann erfolgte ein Umschwung: Marlborough wurde gestürzt, England schloss 1713 den Frieden von Utrecht, dem Österreich im Frieden von Rastatt 1714 beitreten musste. Philipp V. blieb König von Spanien, während die Spanischen Niederlande, Neapel, Mailand, Mantua und Sardinien an Österreich fielen. England erhielt u. a. umfangreichen Kolonialbesitz in Nordamerika sowie Gibraltar.

Spaceshuttle

Am 28. Januar 1986 explodierte die amerikanische Raumfähre Challenger mit fünf Astronauten und zwei Astronautinnen an Bord 73 Sekunden nach dem Abheben von Cape Canaveral (Florida) in 17 km Höhe.
Es war der 10. Start von Challenger und zugleich der 25. eines Raumtransporters überhaupt.
Die Ursache dieses schwersten Unfalls in der Geschichte der Weltraumfahrt war eine durch die niedrigen Außentemperaturen vor dem Start undicht gewordene Abdichtung zwischen zwei Segmenten der rechten Feststoffrakete. Dadurch trat heißes Abgas aus, das eine Halterung beschädigte, sodass die Feststoffrakete in den Tank mit flüssigem Brennstoff einbrach. Durch die Hitze entzündete sich das hochexplosive Gemisch.

■ **Spanner** →Schmetterlinge.

■ **Spannung, 1)** *Elektrizitätslehre:* (elektrische Spannung), Formelzeichen *U*, die Ursache eines elektrischen Stromflusses. Die zwischen zwei Punkten bestehende Spannung ist gleich der Arbeit, die erforderlich ist, um eine Ladungseinheit von

elektrische Spannung in Technik und Natur

Beispiel	Spannung in Volt
Taschenlampenbatterie	1,5
Autobatterie	12
Netzspannung	220
Straßenbahn	500 bis 800
elektrische Bahnen[1)]	15 000
Hochspannungsleitung	380 000
Gewitter	bis 200 Mio.

1) in Deutschland, Österreich und der Schweiz

dem einen Punkt zu dem anderen zu befördern. Gemessen wird die elektrische Spannung in Volt (Einheitenzeichen V):

1 V = 1 Joule/Coulomb. 1 Kilovolt (kV) = 1000 Volt (V).

Akkumulatoren und Batterien liefern Gleichspannungen. Für die elektrische Energieversorgung verwendet man Wechselspannung.

2) *Mechanik:* die Kräfte, mit denen ein fester Körper auf eine Verformung reagiert. Eine gespannte Feder versucht sich wieder zu entspannen; die dabei auftretenden Kräfte können z. B. zum Antrieb eines Uhrwerks verwendet werden.

Die weit verzeigten langen Wurzeln des schon in der Antike bei den Ägyptern, Griechen und Römern äußerst beliebten **Spargels** entwickeln jedes Frühjahr bis zu sechs aufrechte Hauptsprossen, die durch Aufschütten von Erde als Spargelstangen weich und zart bleiben; die scharlachroten Früchte und die grüngelblichen Blüten wachsen an nadelartigen Flachsprossen

■ **Spargel** [griech.-lat.] *der* (Echter Spargel), eine Pflanzengattung aus der Familie der Liliengewächse. Der **Gemüsespargel** wächst auf lockeren Sandböden in den gemäßigten Gebieten. Wegen seiner als Gemüse geschätzten jungen Triebe wird er auf Feldern angebaut. Die Triebe entspringen dem Erdspross, der tief unter der Erdoberfläche liegt und sehr lange Wurzeln aussendet. Die Triebspitzen sind beim Durchbrechen des Bodens durch schuppenförmige Blättchen geschützt. Sobald sie an die Oberfläche zu kommen scheinen, sticht man sie tief im Boden ab (Spargelstangen). Die nicht gestochenen Triebe wachsen zu hohen, verzweigten Stängeln aus. Durch den Einfluss von Licht ergrünte Spargelstangen bezeichnet man als **Grünspargel**. In den grüngelben Blütenglöckchen sind die Staubblätter oder der Stempel verkümmert. Die Früchte sind rote Beeren.

■ **Sparkassen,** meist als Anstalten des öffentlichen Rechts organisierte Kreditinstitute, die insbesondere den Sparverkehr pflegen, aber auch Bankgeschäfte aller Art betreiben.

■ **Sparkonto,** ein bei Banken oder Sparkassen geführtes Konto, das nicht (wie das →Girokonto) dem laufenden Zahlungsverkehr dient. Über die Kontobewegung gibt das **Sparbuch** Auskunft.

■ **Sparta,** griechische Stadt im Süden der Peloponnes, mit 11 900 Einwohnern. Die Stadt wurde von den gegen Ende des 2. Jahrtausends v. Chr. einwandernden Dorern gegründet. Die unterworfene Bauernbevölkerung **(Heloten)** sowie die außerhalb der Stadt wohnenden **Periöken** hatten keine politischen Rechte. Diese waren den **Spartiaten** vorbehalten, die auch die Krieger stellten; Voraussetzung war Landbesitz und das Durchlaufen der staatlich geregelten Erziehung, die mit dem 7. Lebensjahr begann.

An der Spitze des Staates standen ursprünglich zwei Könige, deren Macht jedoch immer mehr an die fünf jährlich gewählten **Ephoren** überging. Um 500 v. Chr. war dieser kleine, straff organisierte Stadtstaat die Hauptmacht Griechenlands. Im Peloponnesischen Krieg 431–404 v. Chr. siegte der Peloponnesische Bund unter Führung Spartas über Athen. Sparta wurde 371 und 362 v. Chr. von Theben besiegt, 222 von Makedonien, 146 v. Chr. von Rom unterworfen.

■ **Spartacus,** römischer Sklave thrakischer Herkunft, † in Lukanien 71 v. Chr. Spartacus entfloh 73 v. Chr. aus der Gladiatorenschule in Capua und sammelte ein Heer von entflohenen Sklaven um sich. Damit besiegte er in Unteritalien mehrmals römische Truppen und drang nach Oberitalien vor. Schließlich wurde er von Marius Licinius →Crassus besiegt, den Rest der Truppen vernichtete Pompeius.

■ **Spartakusbund,** 1917 von der SPD unter Führung von Karl Liebknecht und Rosa Luxemburg abgespaltene Gruppe, aus der 1918/19 die KPD hervorging.

■ **Spätaussiedler** →Vertriebene.

■ **Spatz,** volkstümlicher Name für den Haussperling, →Sperling.

■ **SPD,** Abkürzung für Sozialdemokratische Partei Deutschlands, älteste bestehende politische Partei in Deutschland. Die 1875 durch Zusammenschluss der Sozialdemokratischen Arbeiterpartei (SDAP) August Bebels mit dem Allgemeinen Deutschen Arbeiterverein (ADAV) Ferdinand Lassalles entstandene Sozialistische Arbeiterpartei (SAP) gab sich nach dem Ende der Verfolgung durch die Sozialistengesetze (→Bismarck) 1890 den Namen SPD. 1912 wurde sie stärkste Partei des Reichstags. Die im Ersten Weltkrieg abgespaltene Unabhängige Sozialdemokratische Partei (USPD) ging 1922 wieder in der SPD auf. In der Weimarer Republik war die SPD mehrfach an Koalitionsregierungen beteiligt und stellte mit Friedrich Ebert den ersten Reichspräsidenten. Nach der »Machtergreifung« der Nationalsozialisten wurde die SPD, die als einzige Partei gegen das »Ermächtigungsgesetz« gestimmt hatte, 1933 aufgelöst.

Nach 1945 wieder gegründet, ging sie in der sowjetischen Besatzungszone in der →SED auf, bevor sie dort 1989 wieder als eigenständige Partei entstand. In der Bundesrepublik Deutschland auf Bundesebene nach 1949 meist zweitstärkste Partei, öffnete sie sich mit dem auf dem Parteitag in Bad Godesberg (1959) verabschiedeten Grundsatzprogramm auch bürgerlichen Wählerschichten. 1966–69 bildete sie mit der CDU/CSU, 1969–82 mit der FDP und seit 1998 mit den Grünen eine Koalitionsregierung und stellte die Bundeskanzler Willy Brandt (1969–74), Helmut Schmidt (1974–82) und Gerhard Schröder (seit 1998).

Unter den zahlreichen Arten der **Spechte** erkennt man den leuchtend schwarzweiß gefiederten Buntspecht, hier mit einem aus dem Baumstamm herausgemeißelten Insekt im Schnabel, an der roten Färbung unterseits der Flügelenden; der Hinterkopf des Männchens ist zudem mit einem roten Kopffleck geschmückt

■ **Spechte,** eine Familie 10–55 cm langer Baumvögel mit fast 200 Arten. Der Specht lebt in Wäldern, Parkanlagen und großen Obstgärten. Beim Klettern dient ihm der eng zusammengelegte Schwanz als Stütze. Mit zwei nach vorn und zwei nach hinten stehenden Zehen besitzt der Specht einen ausgesprochenen Kletterfuß. Mit großer Wucht schlägt er den harten, geraden Schnabel an der Brutstätte von Baumschädlingen in die Rinde. Sobald die Beute freigelegt ist, schnellt die spitze und klebrige, mit Widerhaken und Tastorganen versehene Zunge vor. Der Specht baut seine Wohn- und Bruthöhle jährlich neu. Im Winter ernährt er sich von Samen und Früchten (Haselnüsse, Eicheln, Tannensamen), die er in einen Spalt einklemmt und mit dem Schnabel aufmeißelt. Vertreter in Deutschland sind u.a. Bunt-, Schwarz-, Grün- und Grauspecht.

■ **Speckstein** (Steatit), eine besonders dichte, sich fettig anfühlende Art des →Talks. Er wird auf vielfältige Weise im Kunstgewerbe angewendet, zum Teil für Modeschmuck, auch zur Herstellung von Schneiderkreide.

■ **Speer,** einfache Stangenwaffe für Stoß und Wurf, die bereits in der Altsteinzeit bekannt war.

■ **Speerwerfen,** leichtathletische Disziplin, bei der aus dem Anlauf heraus ein Holz- oder Metallspeer in einen festgelegten Wurfsektor so geworfen wird, dass die Spitze zuerst den Boden trifft. Der Speer hat bei den Herren ein Gewicht von 800 g und eine Länge von mindestens 2,6 m, bei den Damen ein Gewicht von 600 g und eine Länge von mindestens 2,4 m.

Speerwerfen wurde bereits im antiken Griechenland bei den Festspielen als sportlicher Wettbewerb betrieben, es war hier Bestandteil des Pentathlon (Fünfkampf).

■ **Speiche, 1)** *Anatomie:* der auf der Seite des Daumens liegende lange Röhrenknochen des Unterarms beim Menschen. Der zweite Unterarmknochen heißt **Elle.**

2) *Fahrzeugtechnik:* bei einem Rad die stabförmige Verbindung zwischen Felge und Nabe.

■ **Speichel,** das Sekret der **Speicheldrüsen,** das die zerkaute Nahrung im Mund einweicht und für das Schlucken gleitfähig macht. Der leicht saure Speichel enthält außer Wasser hauptsächlich das Stärke abbauende Enzym Ptyalin (Amylase), sodass dem Speichel auch vorverdauende Wirkung zukommt. Außerdem wirken Schutzstoffe, die über die Mandeln abgegeben werden, bakterientötend.

■ **Speicher** (Speicherwerk), neben der →CPU sowie dem Ein- und Ausgabeprozessor die dritte und wesentliche Funktionsgruppe von Datenverarbeitungsanlagen. Ein Speicher kann Informationen (Daten und Programme) aufnehmen und auf Anforderung bereitstellen.

Nach der Funktion unterscheidet man zwischen **Nurlesespeicher** (→ROM) und **Schreiblesespeicher** (→RAM). Letztere kann man in flüchtige und nicht flüchtige Speicher unterteilen, je nachdem, ob beim Ausfall der Versorgungsspannung die Information verloren geht oder erhalten bleibt. Programme und Daten können auch auf externe Speicher (→CD-ROM, →Diskette, →Festplatte, →Magnetspeicher) übertragen und dauerhaft gespeichert werden.

■ **Speiseröhre,** ein muskulöser Schlauch, der vom Schlund zum Magen zieht und hinter der Luftröhre liegt. Die Nahrung wird durch Ringmuskeln, die sich hinter dem Bissen zusammenziehen, in den Magen geschoben. Ein von der Wand der Speiseröhre abgeschiedener Schleim erleichtert das Hinabgleiten.

Die mit den unmissverständlich aufgerissenen Schnäbeln aus der Baumwohnung herausdrängenden Köpfe gehören den Jungen eines in Nordamerika ansässigen **Spechts,** der Kupferspecht genannt wird

■ **Spektralklassen,** Klassen, die sich aus der Einteilung der Sterne nach den Eigenschaften ihrer Spektren ergeben. Diese Klassifizierung ist deswegen wichtig, weil man aus den Eigenschaften der Spektren auf Eigenschaften wie Temperatur, Masse oder Größe der Sterne schließen kann.

■ **Spektrum** [lat.] *das,* allgemein jede Häufigkeits- oder Intensitätsverteilung über einer physikalischen Größe wie Frequenz, Energie, Masse, Geschwindigkeit und Impuls (z. B. Energiespektrum, Massenspektrum), im engeren Sinn die Verteilung einer strahlungsphysikalischen Größe (vor allem der Intensität) einer elektromagnetischen Strahlung über der Wellenlänge oder Frequenz.

Ursprünglich war Spektrum die Bezeichnung für das farbige Lichtband, das entsteht, wenn man einen mit weißem Licht beleuchteten Spalt auf einen Schirm abbildet und eine Vorrichtung in den Strahlengang bringt, die das Licht entsprechend seinen verschiedenen Wellenlängen verschieden stark seitlich ablenkt, z. B. ein Prisma.

Beim Durchgang durch ein Prisma wird langwelliges (rotes) Licht am schwächsten, kurzwelliges (violettes) am stärksten gebrochen. Zwischen Rot und Violett liegen die übrigen **Spektralfarben** Orange, Gelb, Grün und Blau samt allen Zwischentönen. Jenseits von Rot und Violett setzt sich das Spektrum zu längeren bzw. kürzeren Wellenlängen hin fort. Dem Rot folgt die unsichtbare Infrarotstrahlung, dem Violett die für Menschen ebenfalls unsichtbare Ultraviolettstrahlung. Außer mit Prismen lassen sich Spektren auch mit Gittern erzeugen (Beugungsgitter). Ein schönes Beispiel für die spektrale Zerlegung des Lichts ist der Regenbogen.

Das gesamte **elektromagnetische Spektrum** umfasst u. a. die im Rundfunk gebräuchlichen Lang-, Mittel-, Kurz- und Ultrakurzwellen, die Infrarotstrahlung, das sichtbare Licht, die Ultraviolettstrahlung, die Röntgenstrahlung und die Gammastrahlung.

Ein Spektrum, bei dem Farben stetig ineinander übergehen, ist ein **kontinuierliches Spektrum.** Glühende feste und flüssige Stoffe senden Licht aus, das sich in ein solches Spektrum zerlegen lässt. Schickt man dagegen das Licht von glühenden Gasen durch ein Prisma, so erhält man **Linienspektren,** die aus diskreten Linien (Spektrallinien) bestehen. Jedes chemische Element liefert ein bestimmtes Linienspektrum, das sozusagen sein Steckbrief ist. Die chemische Zusammensetzung eines Stoffs lässt sich daher aus seinem Linienspektrum ermitteln. Das entsprechende Verfahren heißt **Spektralanalyse.** Mit deren Hilfe kann man beispielsweise auch die chemische Zusammensetzung der Atmosphären von Sternen untersuchen.

Spektrum: weißes Licht wird durch ein Prisma aus Glas zerlegt; der vergrößert dargestellte Spektralbereich zeigt dunkle Absorptionslinien

■ **Spekulation** [lat.] *die,* **1)** *allgemein:* auf bloßen Annahmen beruhende Erwartung, dass etwas eintrifft; über die erfahrbare Wirklichkeit hinausgehende Gedankenführung.

2) *Wirtschaft:* Geschäftsabschluss in Erwartung einer Gewinn bringenden Preisveränderung.

■ **Sperber** →Habichte.

■ **Sperling** (Spatz), eine Gattung aus der Familie Webervögel mit rund 25 Arten. Die Sperlinge stammen ursprünglich aus Afrika und Südasien und sind heute weltweit verbreitet. Die etwa 12 bis 20 cm langen Singvögel bauen ihre Nester u. a. in Baumhöhlen und Gemäuer. Sie ernähren sich vor allem von Samen. Der **Feldsperling** ist etwas kleiner als der **Haussperling** und hat einen schwarzen Fleck auf den weißen Wangen.

Der schwarze Fleck auf den weißen Wangen unterscheidet den in baumbestandenen Feldern lebenden **Feldsperling** von dem Haussperling, dessen Nester in Gebäudenischen untergebracht sind

■ **Sperlingsvögel,** mit über 5000 Arten auf der ganzen Erde verbreitete Ordnung 7–10 cm langer Vögel. Zu ihnen gehören außer den →Singvögeln u. a. auch Leierschwänze, Zehenkoppler und Schreivögel. Die Sperlingsvögel sind gute Flieger, die Jungen schlüpfen blind und sind Nesthocker.

■ **Sperma** [griech.] *das,* die aus den männlichen Geschlechtsdrüsen stammende Samenflüssigkeit, die beim Samenerguss (→Ejakulation) abgegeben wird und die männlichen Keimzellen (Samenzellen oder **Spermien**) enthält. Das **Spermium,** die reife **Samenzelle,** setzt sich aus dem Kopfteil, dem Mittelstück und dem Schwanz zusammen. Im Kopf befindet sich der Zellkern mit dem Erbgut. Mit dem Schwanz kann sich der Samenfaden schlängelnd fortbewegen. Bei der →Befruchtung dringt der Kopf in die Eizelle ein, und beide Zellkerne verschmelzen miteinander. Das menschliche Sperma enthält pro Ejakulation etwa 200–300 Mio. Spermien.

■ **Spesen** [italienisch], Auslagen oder Kosten, die bei der Erledigung eines Geschäfts (z.B. auf einer Geschäftsreise) entstehen.

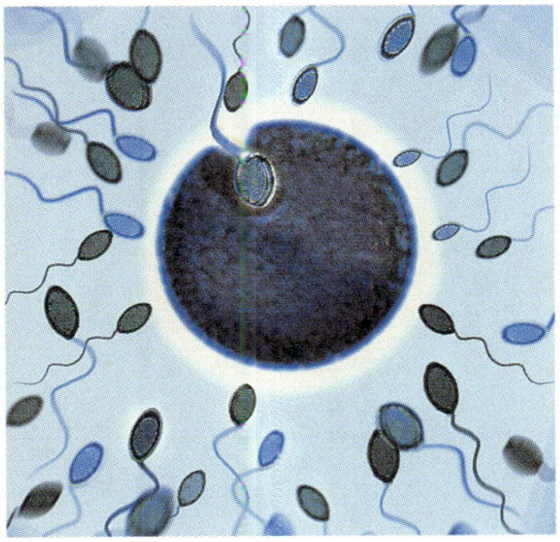

Sperma: Ein Spermium hat es geschafft – es dringt in die Eizelle ein

■ **Spessart** *der,* Bergland im Mainviereck, südlich der Kinzig, gehört zu Bayern und Hessen. Der Spessart ist eine laubwaldreiche, siedlungsarme, wellige Buntsandsteinhochfläche; mehrere Gebiete sind heute Naturpark. Höchster Berg mit 585 m ist der Geiersberg.

■ **Speyer,** Stadt am Oberrhein, Rheinland-Pfalz, mit 49900 Einwohnern. In Speyer gibt es eine Hochschule für Verwaltungswissenschaften. – Berühmt ist der **Kaiserdom** (UNESCO-Weltkulturerbe), der von 1030 bis um 1106 in romanischem Stil erbaut wurde; 1689 ausgebrannt, 1794 verwüstet, wurde er im 18. und 19. Jahrh. wieder aufgebaut. Die Krypta des Doms ist die Grablege der Könige und Kaiser (und ihrer Gemahlinnen) aus dem Geschlecht der Salier. – Speyer war im Mittelalter Schauplatz zahlreicher Reichs- und Hoftage (1529 Protestation der evangelischen Reichsstände).

■ **Spezies** [lat.] *die,* die Art (→System).

■ **spezifisch** [lat.], für eine Sache typisch, kennzeichnend; einer Sache ihrer Eigenart nach zukommend.

■ **spezifisches Gewicht** (Wichte), Formelzeichen **g**, der Quotient aus dem →Gewicht *G* eines Körpers (genauer dem Normgewicht bei Vorliegen der Normalfallbeschleunigung) und seinem Volumen *V*, also:

$$g = G/V,$$

bzw. das Produkt aus der Dichte eines Körpers und der Normalfallbeschleunigung. Die Einheit des spezifischen Gewichts ist 1 N/m³ (→Newton pro Kubikmeter).

■ **Sphäre** [griech.] *die,* **1)** *allgemein:* Gesichts-, Gesellschafts-, Wirkungskreis; (Macht-)Bereich.
2) *Astronomie:* die Himmelskugel (→Himmel).

■ **Sphinx** [sf...; griech.] *die,* auch *der,* Ungeheuer der altorientalischen und griechischen Mythologie. Die griechische Sphinx hat den Rumpf eines geflügelten Löwen, den Kopf und die Brust einer Frau. Die griechische Sage erzählt, dass sie in der Nähe von Theben sitzt und jedem, der vorüberkommt, ein Rätsel aufgibt. Wer es nicht lösen kann, wird von ihr getötet. Ödipus gelingt die Lösung. Daraufhin stürzt sich die Sphinx vom Felsen.
Von der Sphinx gibt es zahlreiche Darstellungen. In der ägyptischen Kunst ist sie meist ein männliches Wesen und symbolisiert die übermenschliche Kraft eines Königs. Besonders berühmt ist der 20 m hohe und 57 m lange, aus dem Felsen gehauene Sphinx in →Giseh (um 2500 v. Chr.).

Dekorative Darstellung einer griechischen **Sphinx**

■ **Spiegel,** eine glatte Fläche, die einen wesentlichen Teil des auffallenden Lichts zurückwirft. Spiegel sind meist aus Metall hergestellt oder aus Glas, das auf der Rückseite mit Silber oder Aluminium versehen und mit einer Schutzschicht überzogen ist.
Betrachtet man sich in einem **ebenen Spiegel (Planspiegel),** so sieht man das eigene Bild seiten-

vertauscht. Ein **Kugelspiegel** ist ein spiegelnd gemachter Teil einer Kugelfläche, ein **Parabolspiegel** eine spiegelnd gemachte Fläche, die bei der Drehung einer Parabel um ihre Symmetrieachse entsteht. Der kleine Spiegel, mit dem der Zahnarzt die Zähne betrachtet, ist so gekrümmt, dass die hohle, verspiegelte Seite zum Betrachter zeigt und ein vergrößertes Bild des betrachteten Gegenstandes erzeugt. Daher heißen diese Spiegel **Hohlspiegel** oder **Konkavspiegel.** Da sphärische und parabolische Hohlspiegel paralleles Licht so zurückwerfen, dass die reflektierten Strahlen alle durch den Brennpunkt *F* des Spiegels laufen, werden große Hohlspiegel in Laboratorien als »Sonnenschmelzöfen« verwendet.

■ **Spiegelreflexkamera** →Fotografie.

■ **Spiegelteleskope,** Bezeichnung für →Fernrohre, die Spiegel statt Linsen als abbildende Elemente verwenden. Ein als Primärspiegel oder Reflektor bezeichneter Hohlspiegel übernimmt bei ihnen die Funktion des Objektivs. Größere Spiegelteleskope werden heute vor allem in der Astronomie verwendet; sie besitzen Spiegeldurchmesser bis etwa zehn Meter. Mit ihnen lässt sich eine Bildhelligkeit erzielen, die aus Stabilitätsgründen mit Linsenfernrohren nicht erreichbar ist. Die zurzeit größten Spiegelteleskope befinden sich auf dem Berg Mauna Kea auf Hawaii.

Spiegel

Wenn man nachts in einem beleuchteten Raum auf die Fensterscheibe schaut, kann man darin sein Spiegelbild erkennen. Tagsüber sieht man es nicht. Warum? Wie jeder Spiegel lässt auch einfaches Fensterglas einen Teil des einfallenden Lichts austreten, einen anderen Teil wirft es zurück. Während der Spiegel aber den Großteil an Lichtstrahlen reflektiert, ist es beim Fensterglas ein wesentlich geringerer Anteil. Aber zumindest nachts reicht es beim Fensterglas für ein Spiegelbild. Am Tag überstrahlt das hellere Tageslicht das reflektierte Licht.

■ **Spielberg,** Steven, amerikanischer Filmregisseur, *Cincinnati (Ohio) 18. Dezember 1947. Seine Filme erzählen in märchenhafter Form von Träumen, Ängsten und Abenteuern, u.a. »Der weiße Hai« (1974), »Jäger des verlorenen Schatzes« (1980), »E.T. – Der Außerirdische« (1982), »Jurassic Park« (1993), »Der Soldat James Ryan« (1998). Mit dem Film »Schindlers Liste« (1993) führt Spielberg in die Zeit des Nationalsozialismus.

■ **Spielkarte,** ein steifes, rechteckiges Kartenblatt, das auf der Vorderseite mit Figuren (Ass, König, Dame, Bube), Zahlen und Zeichen von besonderer Bedeutung bedruckt ist. Die Rückseite zeigt ein gleich bleibendes Muster. **Deutsche Karten** (32 Blatt) haben die »Farben« Eicheln (Kreuz), Grün (Laub, Schippen), Rot (Herz), Schellen; die entsprechenden »Farben« der **französischen Karten** (mit 52 oder 32 Blatt) sind Treff (Kreuz), Pik, Cœur (Herz), Karo.

■ **Spießbürger** (Spießer), im Mittelalter Bezeichnung für den mit Spieß bewaffneten, zu Fuß kämpfenden Stadtbürger; heute in abschätzigem Sinn gebraucht für einen kleinlichen, engstirnigen Menschen.

■ **Spin** [engl.] *der* (Eigendrehimpuls), der Drehimpuls von Elementarteilchen, Atomen und deren Kernen **(Kernspin),** der nicht auf eine Bahnbewegung zurückzuführen ist und eine innere, nur quantenmechanisch beschreibbare Eigenschaft der Teilchen repräsentiert. Anschaulich (nicht real) ist der Spin am ehesten als Drehimpuls einer Eigenrotation der Teilchen vorstellbar.

■ **Spinat** [persisch] *der,* eine Gattung der Gänsefußgewächse. Die Blätter sind stumpf-dreieckig oder spießförmig. Wegen seines Gehalts an Vitamin A, B und C sowie an Mineralsalzen gilt der aus Südwestasien stammende **Gemüsespinat** als wertvolle Salat- und Gemüsepflanze; der Eisengehalt ist allerdings geringer, als man lange Zeit annahm.

■ **Spinett** [italienisch] *das,* ein Tasteninstrument, bei dem die spitzwinklig zur Klaviatur stehenden Saiten wie beim Cembalo mit einem Dorn oder einem Federkiel angerissen werden.

■ **Spinnen,** eine Ordnung fühler- und flügelloser 0,1–9 cm langer Gliederfüßer, die weltweit mit etwa 35 000 Arten verbreitet sind. Der Körper ist äußerlich in das Kopf-Brust-Stück und den Hinterleib gegliedert. Das Kopf-Brust-Stück trägt bis zu acht Punktaugen, zwei Paar Mundwerkzeuge und vier Paar Laufbeine. Die meisten Spinnen besitzen am Hinterleib einen Spinnapparat mit über hundert (bis mehrere Tausend) Spinndrüsen. Die Atmung erfolgt durch →Tracheen. Aus den Eiern entwickeln sich direkt die Jungspinnen, die mehrere Häutungen durchmachen. Die einheimischen Spinnen sind einjährig, doch können andere Arten mehr als zehn Jahre alt werden. Als Beutetiere werden Insekten bevorzugt, die entweder im Netz gefangen oder (bei anderen Arten) im Sprung gepackt werden. Die Giftwirkung des Bisses kann bei wenigen Arten (Giftspinnen) auch für den Menschen gefährlich werden.

■ **Spinner** →Schmetterlinge.

■ **Spionage** [...sch^e] *die,* das Auskundschaften von militärischen, politischen und wirtschaftlichen Geheimnissen, vor allem für einen anderen Staat.

■ **Spirale** [lat.] *die,* **1)** *Mathematik:* eine ebene Kurve, die, von einem Punkt ausgehend, diesen in unendlich vielen, immer größer werdenden Windungen umläuft.
2) *Medizin:* (Intrauterinpessar) →Empfängnisverhütung.

■ **Spirillen** [lat.], im weiteren Sinne Bezeichnung für schraubig gewundene →Bakterien, im engeren Sinne für die Gattung Spirillum. Unter ihnen sind z. B. die Erreger des Rattenbissfiebers.

■ **Spiritismus** [lat. spiritus, = Geist] *der,* Lehre, die sich mit der Beschwörung von Geistern befasst. Der Spiritismus geht davon aus, dass 1. die menschliche Seele den Tod überdauert und dass 2. mithilfe bestimmter Techniken oder Personen (»Medien«) ein Kontakt mit Verstorbenen möglich ist, der sich auch durch Experimente nachweisen lässt. Ziel spiritistischer Praktiken ist es, Erkenntnisse über zukünftige Ereignisse sowie über Geheimnisse des Jenseits zu erlangen. – auch →Okkultismus, →Parapsychologie.

■ **Spiritual** [spiritju^{e}l; engl.] *das* oder *der* (Negro Spiritual), der religiöse Gesang der schwarzen Bevölkerung in den USA, ein Hauptelement des Jazz.

■ **Spiritus** [lat.] *der,* Bezeichnung für durch Vergällungsmittel (z. B. Methanol, Aceton, Benzin, Terpentinöl) ungenießbar gemachten Äthanol.

■ **Spitz,** eine Hunderasse mit kleinen, dreieckig zugespitzten Stehohren und über dem Rücken kreisförmig eingebogener Ringelrute. Spitze sind sehr anhängliche, wachsame Haushunde. Es gibt u. a. die **Deutschen Großspitze** (Schulterhöhe meist um 40 cm) und den **Deutschen Kleinspitz** (Schulterhöhe unter 28 cm), beide weiß, schwarz oder braun.

■ **Spitzbergen,** Inselgruppe im Nordpolarmeer, östlich von Nordgrönland. Sie bildet mit der weiter südlich liegenden Bäreninsel das norwegische Verwaltungsgebiet Svalbard, mit 61 022 km^2 und 3 200 Einwohnern. Bewohnt ist nur Spitzbergen, die größte Insel (37 673 km^2). Der Hauptort ist Longyearbyen (1 600 Einwohner). An der Küste findet man Gletscher, im Innern breitet sich Inlandeis aus. In norwegischen und russischen Gruben wird Kohle gefördert. Der Pelztierfang spielt heute eine untergeordnete Rolle. Auf einigen Inseln gibt es Funkstationen sowie Beobachtungsstationen für Wetter und Nordlicht.
Geschichte: Spitzbergen wurde 1194 erstmals in isländischen Annalen erwähnt. 1596 entdeckte der niederländische Seefahrer Willem Barents die Inselgruppe neu. 1920 wurde sie Norwegen zugesprochen, 1925 diesem eingegliedert. Russland hat das Recht, hier Kohle abzubauen.

Die 5 bis 7 mm lange Fettspinne gehört zu den in Mitteleuropa heimischen **Spinnen**

Diese bei uns häufig zu sehende **Spinne** wird Harlekinspinne genannt; sie gehört zu den Springspinnen, die ihre Beute im Sprung fangen

Spinnen

Die gefährlichste Spinne ist die hier abgebildete Schwarze Witwe, die außer im Mittelmeergebiet in den USA vorkommt. Dort hat man zwischen 1726 und 1943 gerade mal 1 291 Bisse gezählt, bei denen 55 Menschen starben. Der Biss der Schwarzen Witwe soll allerdings unerträgliche Schmerzen auslösen. Eine solche Gefahr besteht bei der amerikanischen Vogelspinne oder der mediterranen Tarantel nicht: Ihr Biss ist nicht schlimmer als ein Bienen- oder Wespenstich.

■ **Spitzweg,** Carl, deutscher Maler und Illustrator, *München 5. Februar 1808, †ebenda 23. September 1885. Ursprünglich Apotheker, bildete sich Spitzweg selbst zum Maler aus. In meist kleinformatigen Bildern schildert er mit Witz und Humor Szenen aus dem Leben von sonderbaren Menschen in der Zeit des →Biedermeier, u. a. »Der arme

Poet«, »Der Liebesbrief«, »Der Schmetterlingsfänger«.

■ **Spoiler** [speul^{e}r; engl.] *der,* bei Autos, besonders Sport- und Rennwagen, das Luftleitblech, das als Heckspoiler den Fahrtwind nach oben ableitet und dadurch einen Abtrieb auf das Auto erzeugt, der die Hinterräder stärker auf die Fahrbahn drückt. Dadurch ergibt sich eine bessere Straßenlage. Frontspoiler dienen zur Verringerung des Luftwiderstandes.

Mit bezaubernder Komik hat **Carl Spitzweg** in dem Bild »Der Schmetterlingsfänger« ein mit allen erdenklichen Jagdutensilien ausgerüstetes Menschlein karikiert, das inmitten einer märchenhaft unwirklichen Umgebung vor der Tücke des Objekts Maulaffen feilhält

■ **Sponsor** [lat.] *der,* Privatperson oder Firma, die vor allem Sportler, Sportveranstaltungen oder Vereine finanziell unterstützt **(Sponsoring).** Im Unterschied zum →Mäzen erwirbt der Sponsor mit der Förderung das Recht, mit den Sportlern oder bei entsprechenden Veranstaltungen Werbung zu betreiben. Ähnliche Unterstützungsmaßnahmen bieten Sponsoren heute oft auch für Projekte der Kunst und Kultur, des Umweltschutzes oder der Sozialarbeit.

■ **spontan** [lat.], aus eigenem plötzlichem Antrieb, unmittelbar.

■ **sporadisch** [frz.], vereinzelt (vorkommend), gelegentlich, selten.

■ **Sporen** [griech.], bei Pilzen, Flechten, Moosen und Farnen die ungeschlechtlichen Fortpflanzungszellen; bei Bakterien die hartwandigen Dauerformen.

■ **Sporentierchen,** eine Klasse der →Protozoen (tierische Einzeller), die bei Mensch und Tier gefährliche Krankheiten erregen können. Sie leben parasitisch und vermehren sich durch Vielfachteilung (z. B. Arten der Gattung Plasmodium als Erreger der Malaria).

■ **Sport,** Sammelbezeichnung für alle als Bewegungs-, Spiel- oder Wettkampfformen gepflegten körperlichen Aktivitäten des Menschen, die der persönlichen Bestätigung sowie der Konkurrenz im Wettkampf dienen.

Je nachdem, wie intensiv Sport ausgeübt wird, unterscheidet man zwischen Breiten- oder Freizeitsport einerseits und Leistungssport andererseits. Die Grenzen sind hierbei jedoch ebenso fließend wie zwischen Amateursport und berufsmäßig betriebenem (Profi-)Sport. Außerdem unterscheidet man zwischen Einzel- und Mannschaftssportarten, wobei aber auch bei den Einzelsportarten (z. B. Skispringen, Langlauf, Schwimmen) die Einzelergebnisse zu einer Mannschaftsgesamtwertung zusammengefasst werden können.

Fast alle traditionellen Sportarten haben sich in den letzten 100 Jahren herausgebildet, einige gehen auf antike Vorbilder zurück (z. B. Diskuswerfen, Boxen, Ringen, Laufen, Weitsprung). Je nachdem, welches gemeinsame Merkmal man Sportarten zugrunde legt, kann man sie in Gruppen zusammenfassen. Entsprechend unterscheidet man z. B. Wintersportarten, Kampfsportarten, Ballspiele, Rückschlagspiele, Schwer- und Leichtathletik, Wassersportarten, Flugsportarten. Auf der Suche nach neuen Herausforderungen wurden in den letzten Jahren die →Extremsportarten entwickelt. Einem ständigen Wechsel unterliegt das Feld der so genannten Trendsportarten. Aus dem Schattendasein herausgetreten ist der →Behindertensport, nicht zuletzt durch die Paralympics.

In Deutschland sind die Sportler vorwiegend in Sportvereinen organisiert, die den jeweiligen Dachorganisationen ihrer Sportart angehören. 2001 sind im Deutschen Sportbund (DSB) rund 86 000 Vereine mit über 25 Mio. Mitgliedern (mehr als ein Viertel der deutschen Bevölkerung) zusammengefasst. Die größten Verbände sind der Deutsche Fußball-Bund mit 6,2 Mio., der Deutsche Turner-Bund mit 4,5 Mio. und der Deutsche Tennis-Bund mit 2,1 Mio. Mitgliedern. Der mitgliederstärkste Sportverein ist mit rund 83 000 Mitgliedern der FC Bayern München.

■ **Sportabzeichen, Deutsches,** für eine sportliche Vielseitigkeitsprüfung verliehene Auszeichnung in drei Stufen (Bronze, Silber, Gold, je nach Alter; Wiederholungen in fünf aufeinander folgenden Kalenderjahren werden mit besonderen Goldabzeichen geehrt). Innerhalb eines Jahres muss aus fünf Sportartgruppen je eine festgelegte Mindestleistung erbracht werden, differenziert nach Alter und Geschlecht. Die seit 1958 als staatliche Ehrenzeichen anerkannten Auszeichnungen verleiht der Deutsche Sportbund. Kinder zwischen acht und zwölf Jahren können das **Deutsche Schülersportabzeichen** erwerben, Jugendliche zwischen zwölf und 18 Jahren das **Deutsche Jugendsportabzeichen.**

■ **Sprache,** die Fähigkeit zu sprechen sowie die Gesamtheit der sprachlichen Ausdrucksmittel, die einer menschlichen Gemeinschaft zur Verfügung stehen. Die Sprache, die ein Mensch zuerst lernt, heißt **Muttersprache.** Die **Standardsprache** (auch **Hochsprache** oder **Schriftsprache**) ist die allgemein gültige Sprache eines Landes, die in Aussprache, Grammatik und Wortschatz als vorbildlich und verbindlich gilt. In der alltäglichen Unterhaltung wird jedoch meist **Umgangssprache** gesprochen, die eine Sprachebene zwischen der Hochsprache und den →Mundarten darstellt.

Sprache bei Tieren

Die Tiersprache besteht aus meist angeborenen Signalzeichen, häufig im Ton von Lock-, Warn- oder Drohrufen. Eine zum Stock zurückkehrende Biene teilt ihren Genossinnen durch einen Schwänzeltanz Entfernung, Richtung und Ergiebigkeit einer Futterquelle mit. Die Forscher gehen davon aus, dass tierische Äußerungen vor allem Reaktionen auf vorgegebene Reize sind. Die mit dem Menschen nahe verwandten Schimpansen entwickeln innerhalb einer Gruppe eine Sprache aus Lauten und Gebärden, die die Artgenossen erlernen können. Versuche hingegen, den Affen das menschliche Sprechen beizubringen, scheiterten daran, dass die Tiere aufgrund ihrer Kehlkopfanatomie nicht in der Lage sind, die dazu notwendigen Laute hervorzubringen.

Als »lebende Sprachen« bezeichnet man Sprachen, die noch gesprochen werden und sich verändern; »tote Sprachen«, z. B. Latein, werden nicht mehr als Muttersprache gesprochen. Die Wissenschaft unterscheidet viele **Sprachstämme,** die sich in **Sprachfamilien** (z. B. die indogermanischen Sprachen) untergliedern.

Sprache dient der menschlichen Kommunikation in drei Funktionen: Mitteilung von Gedanken, Ausdruck von Gefühlen und Durchsetzung von Absichten. – Auch Systeme, mit denen technische Vorgänge gesteuert werden, werden häufig als Sprachen bezeichnet, z. B. Programmier- oder Maschinensprachen, die aus »Code« genannten Verschlüsselungsvorschriften bestehen.

■ **Sprachlabor,** mit Tonbandgeräten u. a. ausgestatteter Raum für den Fremdsprachenunterricht. In den meisten Sprachlabors kann der Schüler unter Anleitung einer Lehrkraft auf Tonbändern aufgenommene Übungsprogramme selbst auswählen, wiederholen und seine Antworten auf Wunsch speichern.

■ **Sprachwissenschaft,** Wissenschaft von der Sprache, die eine oder mehrere Sprachen in Aufbau und Funktion beschreibt und analysiert. – auch →Linguistik.

■ **Spree** *die,* linker Nebenfluss der Havel, 384 km lang. Sie entspringt im Lausitzer Bergland und mündet bei Berlin-Spandau. Im Mittellauf ist die Spree stark verzweigt. Dieses frühere Sumpfwaldgebiet, der **Spreewald,** wird heute vor allem landwirtschaftlich und touristisch genutzt.

■ **Sprengstoffe** (Explosivstoffe), zum Sprengen und für Munition verwendete feste oder flüssige, pastenartige oder gelatinöse Substanzen oder Gemische, die nach Zündung (Funken, Flammen, Reibung, Schlag oder indirekt durch eine Sprengkapsel) rasch große Mengen heißer, komprimierter Gase freisetzen (Explosion). Sprengstoffe werden z. B. in Granaten oder in Bohrlöcher bei Gesteinssprengungen gefüllt. Bekannte Sprengstoffe sind Ammoniumnitrat, Dynamit, Nitroglycerin, Trinitrotoluol (TNT) und das am langsamsten abbrennende →Schießpulver.

■ **Sprichwort,** im Volksmund überlieferter Sinnspruch, der eine Regel des sittlichen Verhaltens oder eine Erfahrung des praktischen Lebens bildhaft, zuweilen ironisch ausdrückt, z. B. »Was du nicht willst, dass man dir tu, das füg auch keinem andern zu«.

■ **Springreiten,** Wettbewerb, bei dem die Pferde auf einem vorgeschriebenen Kurs (Parcours) fehlerfrei verschieden hohe und breite Hindernisse (z. B. Oxer, Mauer, zwei- oder dreifache Kombination) innerhalb einer festgesetzten Zeit zu überspringen haben.

■ **Sprint** [engl.] *der,* Kurzstreckenlauf (→Lauf).

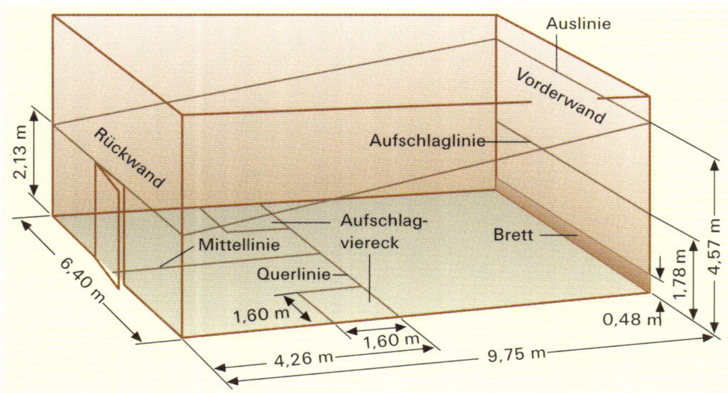

Squash: Spielfeld

■ **Sprosspflanzen,** zusammenfassende Bezeichnung für Farn- und Samenpflanzen. Sprosspflanzen sind deutlich in Wurzel und Spross (bestehend aus Sprossachse und Blättern) gegliedert.

■ **Spulwürmer,** etwa 40 cm lange Fadenwürmer im Dünndarm von Tieren und Menschen. Sie leben von verdauter Nahrung. Wie alle Fadenwürmer besitzen die Spulwürmer weder Ringe noch Borsten. Ein Weibchen bringt Millionen von widerstandsfähigen Eiern hervor, die mit dem Kot abgehen. Die Gefahr einer Übertragung besteht bei Unsauberkeit und beim Genuss schlecht gewaschener Früchte und Salate.

Sri Lanka

Flagge

Wappen

■ **Spurenelemente** (Mikroelemente), eine Reihe von chemischen Elementen, die in kleinsten Mengen (»Spuren«) für die Ernährung von Mensch, Tier und Pflanze unentbehrlich sind. Wichtig für den Menschen sind u. a. Fluor, Eisen, Jod, Kobalt, Kupfer, Mangan und Zink.

■ **Sputnik** [russisch, = Weggefährte] *der,* Name der ersten Reihe von der Sowjetunion gestarteter künstlicher Erdsatelliten. Der Start von Sputnik 1 erfolgte am 4. Oktober 1957 und war der erste gelungene Satellitenstart überhaupt. Vier Wochen später folgte Sputnik 2 mit der Hündin Laika an Bord, dem ersten Lebewesen in einer Erdumlaufbahn.

■ **Spyri** [spiri], Johanna, schweizerische Schriftstellerin, *Hirzel (bei Zürich) 12. Juni 1827, †Zürich 7. Juli 1901. Ihre Geschichten um »Heidi« (1881), die in viele Sprachen übersetzt und mehrmals verfilmt wurden, machten sie zu einer weltweit bekannten Kinderbuchautorin.

■ **Squash** [sk^{u}äsch; engl.] *das,* ein Rückschlagspiel für zwei Spieler. Dabei wird ein 24 g schwerer Weichgummiball mit einem dem Badmintonschläger ähnlichen Gerät aus dem Angaberaum des 9,75 × 6,40 m großen Platzes an die Vorderwand gespielt, wo er oberhalb der 1,83 m vom Boden entfernten Aufschlaglinie aufkommen und in das gegnerische Aufschlagfeld zurückfliegen muss. Vor dem Rückschlag darf der Ball höchstens einmal auf dem Boden aufkommen. Im Spiel darf der Ball alle Wände des Squashcourts berühren, abgesehen von dem mit Blech zur akustischen Trefferanzeige verkleideten 48,3 cm hohen Brett der Vorderwand und der 2,13 m vom Boden entfernten Fehlerlinie auf der Rückwand. Nur der aufschlagende Spieler kann Punkte erzielen. Ein Satz geht über neun Punkte; gespielt werden drei Gewinnsätze.

■ **Squaw** [sk^{u}å] *die,* englische Bezeichnung für die nordamerikanische Indianerfrau.

■ **Sri Lanka** (bis 1972 Ceylon), Inselrepublik im Indischen Ozean, südlich von Indien. Das zentrale Gebirgsland (bis 2 524 m hoch) ist von Hügelländern und Küstenstreifen umgeben. Der Westen und der Süden sind regenreich mit tropischer Vegetation (zum Teil Urwald), im Norden und Osten herrscht die Savanne vor. Die Bevölkerung besteht hauptsächlich aus Singhalesen (Buddhisten, etwa 74 %) und Tamilen (Hindus, rund 13 %). In den Küstenebenen wird Reis angebaut, in den Gebirgen Tee und Kautschukbäume. Die Industrie ist wenig entwickelt. Von Bedeutung ist der Fremdenverkehr.

Geschichte: Die Geschichte Ceylons lässt sich seit dem 3. Jahrh. v. Chr., als der Buddhismus auf die Insel kam, belegen. In den folgenden Jahrhunderten

Sri Lanka
Fläche 65 610 km^2
Einwohner 18,45 Mio.
Hauptstadt Colombo
Amtssprachen Singhalesisch und Tamil
Nationalfeiertag 4. 2.
Währung 1 Sri-Lanka-Rupie (S.L.Re.) = 100 Sri-Lanka-Cents (S.L.Cts.)
Zeitzone MEZ + 4 Std. und 30 Minuten

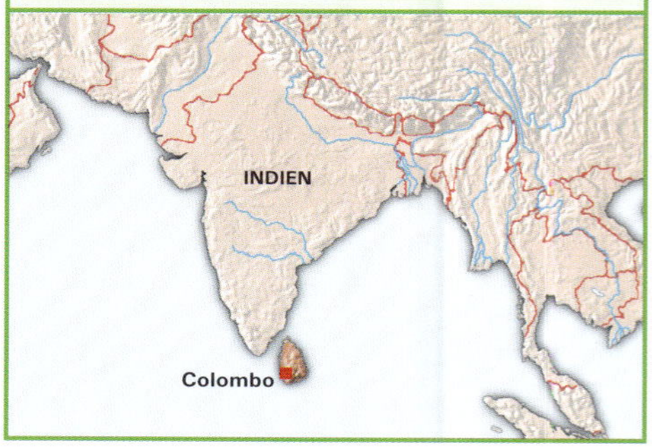

gab es immer wieder südindische Versuche, Ceylon zu erobern. Im 14. Jahrh. bestand ein tamilisches Königsreich; die Küstengebiete der Insel waren in portugiesischem und niederländischem Besitz. Von 1796 bis zu seiner Unabhängigkeit (1948) stand Ceylon unter britischer Herrschaft. 1972 wurde das Land unter dem Namen Sri Lanka Republik. Seit 1983 eskalierten immer wieder die blutigen, bürgerkriegsähnlichen Auseinandersetzungen zwischen Tamilen (Forderung nach einem eigenen Staat) und Singhalesen.

■ **SS,** Abkürzung für **S**chutz**s**taffel, 1925 zum persönlichen Schutz Adolf Hitlers gegründete militärähnliche Organisation der NSDAP. Unter Führung Heinrich Himmlers (seit 1929) wuchs die Zahl ihrer Angehörigen bis 1933 auf 50 000, und die SS entwickelte sich durch ihre enge Verbindung mit der →Gestapo zum Hauptträger des politischen Terrors in Deutschland, nach Ausbruch des Zweiten Weltkriegs auch im besetzten Ausland (ihr oblag z. B. die Überwachung der Konzentrationslager). In den →Nürnberger Prozessen 1946 wurde die SS zur verbrecherischen Organisation erklärt.

■ **Staat** [lat.] *der,* die Vereinigung vieler Menschen innerhalb eines abgegrenzten geographischen Raumes unter einer souveränen Herrschaftsgewalt. Der Begriff erscheint im 15. Jahrh. erstmals bei Machiavelli, seit Ende des 18. Jahrh. ist er auch im deutschen Sprachbereich üblich.

Als **Staatsvolk** begreift man die gesamte Bevölkerung des Staates. Alle Mitglieder des Staatsvolkes sind mit ihrem Staat durch das rechtliche Band der →Staatsangehörigkeit verbunden.

Das **Staatsgebiet** umfasst den geographischen Raum, auf den die Hoheit eines Staates begrenzt ist. Das Küstenmeer gehört im Umkreis von meist drei Seemeilen ebenfalls zum Staatsgebiet, auch der Luftraum über diesen Gebieten wird dazugerechnet.

Das dritte Grundelement, die **Staatsgewalt,** äußert sich darin, dass der Staat »souverän«, also von keiner anderen Macht rechtlich abhängig ist und dass ihm die höchste Herrschafts- und Befehlsgewalt obliegt. Träger der Staatsgewalt können ein Einzelner, eine Gruppe oder das gesamte Staatsvolk sein.

Staatsformen sind die verschiedenen Systeme, in denen die staatliche Herrschaft organisiert (Herrschaftsform) und die Staatsgewalt ausgeübt wird (Regierungsform).

Bei den **Herrschaftsformen** ist seit dem griechischen Altertum die Einteilung in Monarchie (als Herrschaft eines Einzelnen), Aristokratie (als Herrschaft einer herausgehobenen Gruppe) und Demokratie (als Herrschaft des Volkes) üblich. Als Entartungsformen galten dagegen die Tyrannis (als Willkürherrschaft eines Einzelnen), die Oligarchie (Willkürherrschaft einer kleinen Minderheit) und die Ochlokratie (schrankenlose Gewaltherrschaft des Pöbels).

Regierungsformen sind die durch Herkommen, Staatspraxis oder Verfassung festgelegten Methoden, nach denen die Staatsgewalt durch die Staatsorgane ausgeübt wird. Man unterscheidet als Hauptformen u. a. den Absolutismus, den Feudalismus, den Ständestaat, das Präsidialsystem und den Parlamentarismus.

Wichtig ist auch die soziologische Unterscheidung nach den Führungsgruppen (Eliten), die tatsächlich im Besitz der staatlichen Macht sind: eine Priester-, Militär- oder Beamtenkaste; der Grund besitzende Adel; die Inhaber des Finanz- und Industriekapitals (Plutokratie); (in Diktaturen) die Funktionäre des Apparats. Im modernen **Parteienstaat** haben sich anstelle der älteren Führungsgruppen die politischen Parteien als staatstragende Gruppen durchgesetzt, im Einparteienstaat die Führungsoligarchie einer Einheitspartei.

Die Entstehung eines Staates kann zurückgeführt werden auf Vertrag, Herrschaftsakt oder organisches Wachstum. Eine Staatsumwälzung ist die gewaltsame Änderung der Staatsform (etwa durch Revolution oder Staatsstreich). Der Staatsuntergang tritt ein bei Staatsauflösung, Annexion oder Vereinigung mit einem anderen Staat.

Nach dem organisatorischen Aufbau unterscheidet man Einheitsstaaten (mit zentraler Verwaltung) und Staatenverbindungen (→Föderalismus) wie den Staatenbund und den Bundesstaat, in dem eine Aufgabenteilung zwischen den Gliedstaaten (Ländern) und dem Zentralstaat (Bund, Reich) besteht.

■ **Staatenbund** (Konföderation, Föderation), der völkerrechtliche Zusammenschluss souveräner (unabhängiger) Staaten. Sie übertragen einen Teil ihrer Aufgaben gemeinsamen Organen, ohne aber (wie der →Bundesstaat) eine Staatsgewalt anzuerkennen, die über den einzelnen Staaten steht (z. B. der →Deutsche Bund).

■ **Staatenlose,** Personen, die keine Staatsangehörigkeit besitzen.

■ **Staatsangehörigkeit,** die mit Rechten (z. B. Aufenthaltsrecht) und Pflichten (z. B. Wehrpflicht, Steuerpflicht) verbundene Mitgliedschaft einer Einzelperson (Staatsbürger) in einem Staat. In der Bundesrepublik Deutschland, in Österreich und in der Schweiz entscheidet darüber in der Regel die

Wörter, die man unter S vermisst, suche man unter Sch oder Z

Abstammung, das heißt die Staatsbürgerschaft der Eltern, nicht der Geburtsort.

■ **Staatsanwalt,** Justizbeamter, der mithilfe der Polizei Straftaten untersucht und den Täter ermittelt. Bei hinreichendem Tatverdacht erhebt er Anklage, die er vor Gericht vertritt.

■ **Staatsexamen,** nach einem staatlich geregelten Verfahren abgelegte Abschlussprüfung als Voraussetzung für den Eintritt in die Beamtenlaufbahn oder in einen staatlich überwachten Beruf, z. B. Arzt, Lehrer, Krankenschwester.

■ **Staatssicherheitsdienst,** Kurzbezeichnung **Stasi,** das 1950 gegründete, 1989 umgewandelte und 1990 aufgelöste Ministerium für Staatssicherheit (MfS) der DDR. Der Staatssicherheitsdienst war die politische Geheimpolizei der DDR; sie unterstand der SED.

■ **Staatsstreich,** schlagartig und planmäßig vorgenommene gewaltsame Änderung der verfassungsmäßigen Ordnung eines Staates durch eine Personengruppe, die selbst einen Teil der Staatsgewalt innehat (z. B. höhere Offiziere, Minister). Die Gruppe will entweder die gesamte staatliche Macht an sich reißen oder die Teilvollmachten anderer Gewalten zusätzlich übernehmen. Ein →Putsch ist dagegen der Aufstand einer kleineren Gruppe, die nicht Teilhaber der Staatsgewalt ist.

■ **Stabhochsprung,** leichtathletische Disziplin, bei der mit einem Sprungstab aus glasfaserverstärktem Polyesterharz eine zwischen zwei Ständern liegende Sprunglatte in möglichst großer Höhe überquert werden muss. Dabei wirken der schnelle Anlauf, das hohe Greifen des Stabes, das Aufschwingen des Körpers in den Handstand und die Katapultwirkung des Stabes in einem fließenden Bewegungsablauf zusammen.

■ **Stabreim,** eine Reimform (→Reim).

■ **staccato** [italienisch], musikalische Vortragsweise: abgetrennt (das heißt, die Töne sollen deutlich voneinander getrennt werden), in der Notenschrift angezeigt durch einen Punkt über oder unter der Note; Gegensatz: legato.

Blühender Zweig mit den Früchten einer **Stachelbeere**

■ **Stachelbeere,** eine Gattung der Stachelbeergewächse mit rund 15 Arten in der nördlichen gemäßigten Zone und in den Gebirgen Südamerikas. Die Art Stachelbeere ist ein in Eurasien heimischer Strauch, der als Obstpflanze in verschiedenen Sorten kultiviert wurde. Die vitaminreichen Früchte sind derbschalig.

■ **Stachelhäuter,** ein Stamm wirbelloser Meerestiere mit einer Größe von wenigen Millimetern bis über 1 m und Kugel-, Stern- oder Walzenform. In die Körperhaut sind Kalkplättchen eingelagert, sodass ein beweglicher oder starrer Panzer entsteht. Auf ihm erheben sich Stacheln und Greifzangen (Seeigel und Seesterne). Der Fortbewegung dienen Saugfüßchen, die mit dem reich verzweigten Wassergefäßsystem im Inneren des Körpers in Verbindung stehen. Durch Einpressen einer wässrigen Flüssigkeit in die Füßchen werden diese ausgestreckt und an der Unterlage festgedrückt. Sinnesorgane fehlen. Zu den Stachelhäutern gehören Seeigel, See-, Schlangen- und Haarsterne sowie Seegurken

Ein **Stachelschwein** wie es bei Gefahr mit seinen schwarz und weiß geringelten Stacheln leibt und lebt

■ **Stachelschwein,** in Nordafrika, Italien und Südosteuropa vorkommendes, 35–80 cm langes, Pflanzen fressendes, nächtlich lebendes Nagetier. Die schwarz-weiß gebänderten hohlen Stacheln sind bis 40 cm lang und aufrichtbar. Sie können, als Waffe eingesetzt, bösartige Verletzungen hervorrufen. Das Schwanzende ist als Hornrassel ausgebildet.

■ **Stadion** [griech.] *das,* **1)** altgriechisches Längenmaß (meist zwischen 179 m und 213 m, in Olympia 192,25 m).

2) *Sport:* Großanlage für sportliche Wettkämpfe. Das Stadion war bei den Griechen vor allem Laufstätte in der Form eines lang gestreckten Rechtecks (Länge: 1 Stadion), dann mit halbkreisförmigem Abschluss. Heute haben Stadien für internationale Wettbewerbe eine um einen Fußballplatz geführte 400-m-Laufbahn, längsseits und in den frei bleibenden Kurvensektoren Sprung- und Wurfanlagen, vielfach mit Kunststoffbelag. Die teilweise überdachten Zuschauertribünen fassen bis zu 100 000 Personen, einzelne sogar mehr.

■ **Stadium** [griech.-lat.] *das,* Zustand, Entwicklungsstufe; Abschnitt.

■ **Stadt,** eine geschlossene Siedlung, Mittelpunkt von Gewerbe, Handel, Kultur und Verwaltung, mit besonderem Ortsbild (Platz mit Rathaus,

Kirche u. a.) und einer Untergliederung in einzelne Stadtviertel, z. B. Industrie-, Wohnviertel.
Viele deutsche Städte entstanden im Anschluss an römische Gründungen (z. B. Köln, Mainz, Regensburg, Trier), an Marktorten und Bischofssitzen, neben Pfalzen und Burgen. Im ausgehenden Mittelalter, im 13. und 14. Jahrh., wurden viele Städte neu gegründet. Im Gefolge der Entwicklung von Handwerk, Handel und Bankwesen begann sich eine bürgerliche, städtische Kultur zu entwickeln.
Die Städte verfügten über eigene Verwaltung, Gerichtsbarkeit und Marktrecht. Auf die ländliche Bevölkerung übten sie daher eine große Anziehungskraft aus, denn gegenüber den Abhängigkeiten (von den Grundherren) auf dem Land bot die Stadt persönliche Freiheit, Rechtsgleichheit und bessere wirtschaftliche Möglichkeiten (»Stadtluft macht frei«).
Seit dem 19. Jahrh. ist im rechtlichen Sinn jede Stadt eine →Gemeinde, die durch einen Verwaltungsakt (wegen ihrer Größe oder wirtschaftlichen Bedeutung) zur Stadt erhoben worden ist. Man unterscheidet kreisangehörige und kreisfreie Städte, je nachdem, ob die Staatsaufsicht von einer unteren oder einer höheren Verwaltungsbehörde ausgeübt wird, außerdem nach der Größe Kleinstädte (5 000 bis 20 000 Einwohner), Mittelstädte (20 000 bis 100 000 Einwohner) und Großstädte (über 100 000 Einwohner).

Das Foto aus dem Jahr 1920 zeigt den späteren Diktator Stalin als Volkskommissar für Nationalitätenfragen

Stadt

Den Spruch »Stadtluft macht frei« hört man heute noch gelegentlich, um auszudrücken, dass das Leben in der Stadt ungebundener ist als das Leben im Dorf. Tatsächlich handelt es sich aber um einen Rechtsgrundsatz des Mittelalters. Er bezog sich auf vom Land in die Stadt abgewanderte Bauern, die sich – als Unfreie – auf diese Weise ihren Grundherren entzogen. Ihre Leibeigenschaft wurde hinfällig, wenn sie ein Jahr lang in der Stadt gelebt hatten, ohne dass sie von ihrem Grundherren zurückgeholt wurden. Sie wurden damit Freie.

■ **Stadtstaat,** Staat, dessen Gebiet aus einer Stadt und dem sie unmittelbar umgebenden Gebiet besteht, so die Polis der griechischen Antike, im alten Deutschen Reich die Reichsstädte; heute in Deutschland Hamburg, Bremen und Berlin als deutsche Bundesländer.

■ **Stagnation** [lat.] *die,* **1)** *allgemein:* Stockung, Stauung, Stillstand.
2) *Wirtschaft:* im Konjunkturzyklus die Phase des Tiefs mit gleich bleibendem (oder rückläufigem) Sozialprodukt.

■ **Stahl,** Bezeichnung für eine große Gruppe von schmiedbaren Eisenlegierungen, deren Eigenschaften (Festigkeit, Zähigkeit, chemische Beständigkeit) sich durch Änderung der Legierungszusammensetzung und durch Wärmebehandlung in weitem Maß ändern lassen. Das wichtigste Legierungselement des Eisens ist der Kohlenstoff, dessen Gehalt bei Stahl unter 2,1 % liegt.
Bei der Herstellung von Stahl aus dem im Hochofen gewonnenen Roheisen werden die im Roheisen gelösten Begleitelemente des Eisens, insbesondere der Kohlenstoff (3,5–4 %), durch **Frischen** (das heißt durch Oxidieren mit Luft bzw. reinem Sauerstoff) und durch Zugabe von Kalk in Form von Schlacke und gasförmigen Verbindungen entfernt. Durch Abschrecken lässt sich glühender Stahl härten.

■ **Stalagmit** →Tropfsteine.

■ **Stalaktit** →Tropfsteine.

■ **Stalin,** Iossif Wissarionowitsch, eigentlich I. W. Dschugaschwili, sowjetischer Politiker, *Gori (bei Tiflis) 21. Dezember 1879, †Kunzewo (heute zu Moskau) 5. März 1953. Nach der Oktoberrevolution gehörte Stalin 1917–23 als Volkskommissar für Nationalitätenfragen der Regierung unter Lenin an; 1922 wurde er Generalsekretär der Kommunisti-

schen Partei und 1924, nach Lenins Tod, dessen Nachfolger.
Stalin nutzte seine Position als Oberhaupt von Partei und Staat, um mit diktatorischer Härte seine Ideen vom Sozialismus durchzusetzen, die zwar auf Karl Marx zurückgingen, von Stalin aber meist stark vereinfacht wurden. Er erreichte durch Terrormaßnahmen und Morde (»Säuberungen«) die Ausschaltung aller gegnerischen Kräfte, auch die innerhalb seiner Partei. Unter Stalin begann die Industrialisierung der Sowjetunion und der Aufstieg zur Großmacht. Die gesamte Landwirtschaft wurde zwangskollektiviert.
Nach dem deutschen Angriff auf die Sowjetunion (1941) übernahm Stalin die Führung des »Staatskomitees für Verteidigung« und ließ sich 1943 zum Marschall und 1945 zum Generalissimus ernennen. Nach dem Zweiten Weltkrieg schuf er einen Gürtel abhängiger, durch den Eisernen Vorhang nach Westen abgeschirmter Staaten (→Ostblock).

Stalingrad →Wolgograd.

Stamm →System.

Dieser in Afrika lebende **Star** macht mit seinem in verschiedenen Leuchtfarben metallisch glänzenden Gefieder seinem Namen alle Ehre: er heißt Glanzstar

Stare können stimmgewaltig »spotten«, das heißt, sie besitzen eine verblüffende Fähigkeit, artfremde Gesangsmotive oder auch sonstige Laute aus der Menschenwelt nachzuahmen; die Fotografie zeigt einen Gemeinen Star in Aktion

Stammesreligionen, vor allem in Afrika, Südasien und Südamerika verbreitete Religionen, meist auf einen vergleichsweise kleinen Kreis von Anhängern bezogen, die durch gemeinsame Abstammung und Gemeinsamkeiten in Kultur, Brauchtum und Sprache verbunden sind. Die früher übliche Bezeichnung »Naturreligionen« wird wegen ihrer irreführenden Begrifflichkeit (»Natur« im Gegensatz zu »Kultur«) heute nur mit Vorbehalt gebraucht.

Standard [engl.] *der,* allgemeiner Maßstab, Norm, Richtschnur, allgemeines Qualitäts- und Leistungsniveau, z. B. Lebensstandard.

Standardsprache →Sprache.

Stände, die nach ihren Rechten und Pflichten unterschiedlichen Gruppen in einer »ständisch« gegliederten Gesellschaft, z. B. derjenigen des Mittelalters. Die Zuordnung einer Person zu einem Stand ergab sich aus ihrer Herkunft (Geburt), ihrem Beruf oder Besitz. Bis zur Französischen Revolution waren Adel und Geistlichkeit die politisch einflussreichen Stände. Das Bürgertum bezeichnete man damals als »dritten Stand«. Der Begriff »vierter Stand« für die Arbeiterschaft, der im 19. Jahrh. aufkam, setzte sich nicht durch.
Als **Ständestaat** bezeichnet man einen Staat, in dem bestimmte Stände als staatstragende Gruppen verfassungsmäßig anerkannt sind und bei Gesetzgebung und Verwaltung durch ihre Standesvertretungen mitwirken.

Ständerat, die föderative Kammer der schweizerischen Bundesversammlung, das heißt die Kammer, in der die Abgeordneten die →Kantone vertreten. Sie hat 46 Mitglieder.

Standesamt, eine in jeder Gemeinde bestehende Behörde zur Beurkundung von Geburten, Eheschließungen und Todesfällen, also von persönlichen Verhältnissen (»Stand«). Diese werden durch den Standesbeamten in die Personenstandsbücher eingetragen.

Stanley [stänli], Sir Henry Morton, eigentlich John Rowlands, britischer Afrikareisender, *Denbigh (Wales) 28. Januar 1841, †London 10. Mai 1904. Er kam als Journalist nach Afrika und fand 1871 auf einer Suchexpedition den verschollenen Forschungsreisenden David Livingstone. 1874–79 durchquerte Stanley Afrika von Osten über den Victoriasee bis zur Mündung des Kongo; 1879–84 erforschte er im belgischen Auftrag das Kongobecken und schuf damit die Grundlagen für den Kongostaat.

Stanniol [neulateinisch] *das,* dünn ausgewalzte Folie aus Zinn, die zur Verpackung von Nahrungsmitteln und Ähnlichem sowie zur Herstellung von Lametta diente. Seit etwa 1920 ist das Zinn (lat. stannum) durch das billigere Aluminium verdrängt worden. Fälschlicherweise werden auch diese Aluminiumfolien oft als Stanniol bezeichnet.

Star [zu starren], Bezeichnung für verschiedene Augenerkrankungen: **grauer Star,** Trübung der Linse; **grüner Star,** Drucksteigerung im Augeninneren, die die Sehleistung bis zum Erblinden schwächen kann.; **schwarzer Star,** vollständige Blindheit durch Schädigung des Sehnervs infolge Verletzung oder Erkrankung.

■ **Star** [engl., = Stern] *der,* bewunderte Bühnen-, Film- oder Sportgröße.

■ **Stare,** eine Familie der Singvögel mit rund 110 Arten in allen Erdteilen. In Europa brüten drei Arten: Der schwarze, grünlich und violett glänzende **Gemeine Star** brütet in Höhlen und legt 5–6 hellblaue Eier im Jahr. Er ernährt sich von Früchten und Kleininsekten. Bemerkenswert ist seine Fähigkeit, Stimmen und Geräusche nachzuahmen. Im Herbst zieht er vor allem ins Mittelmeergebiet. Ähnlich sieht der schwarze **Einfarbstar** des westlichen Mittelmeergebiets aus. Der **Rosenstar,** oben und unten blassrosa, frisst vor allem Wanderheuschrecken und kommt nur vereinzelt nach Mitteleuropa.

■ **Stärke,** eine chemische Verbindung aus Zuckermolekülen (→Kohlenhydrate), die in Form von Stärkekörnern als erstes sichtbares Produkt der Photosynthese in den Chloroplasten der grünen Pflanzen entsteht. Stärke ist ein Polysaccharid und setzt sich zu 20% aus langen Ketten (Amylose) von bis zu 2000 Glucosemolekülen und zu 80% aus einem verzweigten Anteil (Amylopektin) zusammen. Stärke speichert den energiereichen Stoff Glucose (Traubenzucker) in Form von langkettigen Riesenmolekülen und gibt ihn bei Bedarf durch enzymatischen Abbau wieder frei. Bei Tieren hat →Glykogen, die so genannte tierische Stärke, die gleiche Aufgabe.

■ **START,** Abkürzung für **St**rategic **A**rms **R**eduction **T**alks [engl., = Gespräche über die Verringerung strategischer Waffen], →Abrüstung.

■ **Starter** (früher Anlasser), eine Vorrichtung, um Verbrennungsmotoren oder Gasturbinen auf eine bestimmte Drezahl zu bringen, sodass sie durch eigenen Antrieb weiterlaufen. Bei Pkw und Lkw wird ein kleiner, batteriegespeister Hauptstrommotor (elektrischer Starter) verwendet, bei dem ein Ritzel das Schwungrad des Motortriebwerks antreibt. Wenn der Motor mit eigener Kraft läuft, wird die Verbindung zwischen Starter und Motor selbsttätig gelöst.
Bei kleineren Verbrennungsmotoren wird zum Starten an einer Schnur gezogen und dabei die Kurbelwellen des Motors gedreht und gleichzeitig über eine magnetische Zündung der Verbrennungsvorgang ausgelöst. Kleinmotoren werden durch eine Handstartvorrichtung, kleinere Motorräder mit dem Fuß durch einen **Kickstarter** angeworfen.

■ **Stasi** *die,* Kurzbezeichnung für →Staatssicherheitsdienst.

■ **Statik** [griech.] *die,* ein Teilgebiet der Physik, speziell der Mechanik, das sich mit dem Gleichgewicht der auf einen Körper wirkenden Kräfte sowie mit dem Spannungs- und Verschiebungszustand von Tragwerken befasst.

■ **Statist** [lat.] *der,* im Theater, beim Film und im Fernsehen ein Darsteller kleiner, meist textloser Rollen, besonders in Massenszenen.

■ **Statistik** [lat.] *die,* **1)** meist in Tabellenform zusammengestellte Ergebnisse von zahlenmäßigen Erfassungen bestimmter Sachverhalte (z. B. Bevölkerungs-, Verkehrs- oder Preisstatistik).
2) eine wissenschaftliche Methode zur zahlenmäßigen Erfassung, Untersuchung und Darstellung von Massenerscheinungen. – auch →Hochrechnung.

■ **Statue** [lat.] *die* (Standbild), frei stehende, vollplastisch gestaltete Einzelfigur eines Menschen oder eines Tieres.

■ **Status quo** [lat.] *der,* gegenwärtiger Zustand.

■ **Statut** [lat.] *das,* Satzung, Grundgesetz.

■ **Staubblatt,** ein Teil der →Blüte.

■ **Staufer,** schwäbisches Fürstengeschlecht, benannt nach der Stammburg auf dem →Hohenstaufen (auf der Schwäbischen Alb zwischen Schwäbisch Gmünd und Göppingen). Der Stammvater war Friedrich von Büren († nach 1053), dessen Enkel Friedrich I. (um 1050–1105) von seinem Schwiegervater, Kaiser Heinrich IV., 1079 das Herzogtum Schwaben erhielt. Nach dem Aussterben der →Salier erbten die Staufer deren Hausgüter.
Mit Konrad III., Friedrich I. Barbarossa, Heinrich VI., Philipp von Schwaben, Friedrich II. und Konrad IV. hatten die Staufer 1138–1254 den deutschen Königsthron inne und stellten mit Friedrich I. und Friedrich II. sowie Heinrich VI. drei Kaiser. Mit Konradin, der 1268 in Neapel enthauptet wurde, starb das Geschlecht aus.

■ **Stauffenberg,** Claus Graf Schenk von, deutscher Offizier und Widerstandskämpfer, *Schloss Jettingen (bei Günzburg) 15. November 1907, † (hingerichtet) Berlin 20. Juli 1944. Er wurde während des Zweiten Weltkriegs zum leidenschaftlichen Gegner Hitlers und des Nationalsozialismus. Am 20. Juli 1944 unternahm er ein Attentat auf Hitler in dessen Hauptquartier in Ostpreußen (»Wolfsschanze«). In der Annahme, dass Hitler bei dem Bombenattentat ums Leben gekommen sei, begab er sich nach Berlin und löste dort mit seinen Mitverschworenen den Staatsstreich aus. Von hitlertreuen Offizieren wurde er verhaftet und standrechtlich erschossen. – Bild S. 216

■ **Stausee,** ein durch Stauen eines Flusses (→Talsperre) entstandener See.

■ **Stearin** [griech. stear, = Fett] *das,* ein weißes bis schwach gelbliches Gemisch vorwiegend aus Stearin- und Palmitinsäure, das durch Spaltung von

→Fetten und anschließende Abtrennung der flüssigen Bestandteile Glycerin und Ölsäure gewonnen wird. Stearin dient vor allem zur Herstellung von Kerzen.

■ **Stechapfel,** auf Schutthalden und an Wegen wachsende, zu den Nachtschattengewächsen gehörende Pflanze, deren Stängel sich gabelig verzweigen. Die langen, weißen, röhrenförmigen Blüten öffnen sich gegen Abend und locken mit starkem Duft Nachtfalter an. Blätter und Samen enthalten ein giftiges Alkaloid.

Claus Graf Schenk von Stauffenberg wurde zur Schlüsselfigur des Widerstands gegen das organisierte Verbrechen durch den nationalsozialistischen Staat

■ **Stecheiche** →Stechpalme.

■ **Stechmücken** (Moskitos), eine weltweit verbreitete Familie mittelgroßer, langbeiniger Mücken mit rund 2500 Arten. Der schlanke Körper trägt ein Paar häutige Flügel und drei Paar dünne, lange Beine. Die Männchen leben von Pflanzensäften, die Weibchen saugen mit einem Stechsaugrüssel Blut. Ein Sekret, das die Stechmücken in die kleine Wunde fließen lassen, verhindert das Gerinnen des Blutes. Stechmücken sind gefährliche Krankheitsüberträger (z. B. Malaria oder Gelbfieber). Wichtige einheimische Stechmücken sind die **Aedesmücken** (dazu gehören die Rheinschnaken) und die **Hausmücke.**

■ **Stechpalme** (Ilex), eine Gattung der Stechpalmengewächse mit über 400 Arten, die hauptsächlich in den Tropen und Subtropen Asiens und Amerikas vorkommen. Die bekannteste, auch in Mittel- und Südeuropa heimische Art ist die **Stecheiche,** ein 3–10 m hoher immergrüner Strauch oder kleiner Baum mit ledrigen, glänzenden, dornig gezähnten Blättern. Aus den weißen Blüten entwickeln sich giftige, rote Steinfrüchte.

■ **Steckbrief,** eine aufgrund eines Haft- oder Unterbringungsbefehls erlassene kurze Beschreibung einer verdächtigen Person sowie der Tat, des Tatorts und der Tatzeit.

■ **Stecklinge,** Endtriebe krautiger Pflanzen, die der Vermehrung dienen. Die unterhalb einer Blattknospe abgeschnittenen Stecklinge bilden in feuchter Erde oder in Wasser Wurzeln und entwickeln sich zu neuen selbstständigen Pflanzen.

■ **Steckplatz** (engl. slot), ein leistenähnlicher Einsteckschacht in einem Personalcomputer zur Aufnahme einer Steckkarte (z. B. Grafikkarte).

■ **Steiermark** *die,* österreichisches Bundesland, mit 16 388 km^2 und 1,204 Mio. Einwohnern. Die Hauptstadt ist Graz. Die Steiermark liegt in Mittel- und Südostösterreich und wird durch die Mur-Mürz-Furche in zwei Teile gegliedert: Im Norden liegt die **Obersteiermark** mit den höchsten Gebirgsketten, Teilen der Nördlichen Kalkalpen (Hoher Dachstein 2 995 m) und den durch das Ennstal von ihnen getrennten Niederen Tauern, mit Alm- und Holzwirtschaft, bedeutendem Eisenerzbergbau, Magnesit- und Braunkohlenabbau sowie Hüttenindustrie.

Im Süden liegt die klimatisch mildere **Untersteiermark** mit dem Grazer Feld (Ebene nördlich von Graz), der Gleinalpe und den Fischbacher Alpen. Hier wird vorwiegend Landwirtschaft betrieben. Über die Hälfte der Steiermark ist mit Wald bedeckt. Die Industrie ist hauptsächlich im Mur- und Ennstal ansässig: Eisen- und Stahl-, Maschinen-, Elektro-, Papierindustrie.

Geschichte: Seit der Altsteinzeit besiedelt, gehörte das Gebiet der Steiermark in römischer Zeit zur Provinz Noricum. Seit etwa 500 n. Chr. wanderten die germanischen Baiern (Bajuwaren) ein und um 590 Slowenen. Nachdem die eindringenden Ungarn 955 auf dem Lechfeld endgültig zurückgeschlagen worden waren, kam die Steiermark 976 zum Herzogtum Kärnten; 1180 wurde das Herzogtum Steiermark gebildet, das 1282 an Habsburg fiel. 1919 musste der südliche Teil an Jugoslawien abgetreten werden.

■ **Steigerungsstufe** →Adjektiv.

■ **Stein, 1)** Edith, deutsche Philosophin, *Breslau 12. Oktober 1891, †(ermordet) im KZ Auschwitz vermutlich 9. August 1942; Tochter eines jüdischen Kaufmanns, die nach ihrem Philosophiestudium u. a. als Lehrerin und später als Dozentin für Pädagogik arbeitete. 1922 konvertierte sie zum Katholizismus und wurde 1933 Karmelitin, zuerst in Köln, dann in den Niederlanden, wohin sie 1938 vor den Nationalsozialisten geflohen war; 1942 wurde sie

Eine vielseitige Persönlichkeit: von 1916 bis 1918 war **Edith Stein** Assistentin des Freiburger Philosophen Edmund Husserl, ihr Nachfolger war Martin Heidegger

nach Auschwitz deportiert. In ihrem Werk verband sie das Denken Thomas von Aquins mit der Phänomenologie ihres Lehrers Edmund Husserl (1859–1938). Sie wurde 1987 selig, 1998 heilig gesprochen.

2) Karl Reichsfreiherr vom und zum, deutscher Staatsmann, *Nassau 26. Oktober 1757, †Schloss Cappenberg (Kreis Unna) 29. Juni 1831. Stein befand sich seit 1780 im preußischen Staatsdienst, seit 1804 war er Minister, seit 1807 stand er an der Spitze der preußischen Verwaltung, deren grundlegende Reform er einleitete. Er betrieb die →Bauernbefreiung, regelte in der Städteordnung von 1808 die städtische Selbstverwaltung und wirkte für eine Modernisierung der obersten Staatsverwaltung; auch regte er die Veröffentlichung deutscher Geschichtsquellen an. 1812 war er Berater von Zar Alexander I. Er vermittelte das preußisch-russische Bündnis gegen Napoleon I. und wurde eine der treibenden Kräfte der →Befreiungskriege.

■ **Steinbock,** sehr gewandtes, etwa 1,0–1,7 m langes und bis 1,0 m schulterhohes, in Rudeln lebendes Gebirgstier aus der Gattung der Ziegen. Die über 1 m langen Hörner der Männchen sind rückwärts und nach außen gebogen. Die Bestände des gelbbraunen **Alpensteinbocks,** der in den Alpen fast ausgerottet war, sind heute wieder gesichert.

■ **Steinbrechgewächse,** eine Familie der Zweikeimblättrigen mit rund 1250 Arten, Sträucher und krautige Pflanzen mit fünfzähliger Blüte. Gattungen der Steinbrechgewächse sind u. a. Pfeifenstrauch, Hortensien und Herzblatt.

■ **Stein der Weisen,** Bezeichnung für die wichtigste Substanz der →Alchimie. Man glaubte, dass der Stein der Weisen unedle Metalle in Gold verwandeln könne. Daneben sollte er auch verjüngend wirken und Krankheiten heilen können.

■ **Steingut,** feinkeramisches Erzeugnis mit weißem, porösem Scherben und meist durchsichtiger Glasur. Aus Steingut werden u. a. Haushaltsgeschirr, Wandfliesen und Sanitärwaren hergestellt.

■ **Steinhuder Meer,** See zwischen Weser und Leine in Niedersachsen, nordwestlich von Hannover. Im Steinhuder Meer liegen Insel und Festung Wilhelmstein (18. Jahrh.).

■ **Steinkohle,** harte, schwarze, oft glänzende →Kohle mit einem Kohlenstoffgehalt von mehr als 80 %. Steinkohle ist erdgeschichtlich älter als →Braunkohle und wird meist im Untertagebergbau gewonnen. Die Steinkohlevorkommen in Mitteleuropa verlaufen vor allem in einem breiten Gürtel von England über Nordfrankreich, Belgien und die Niederlande bis ins Ruhrgebiet.

■ **Steinobst,** Obst, bei dem die Samen in einer harten Schale liegen, die von saftigem Fruchtfleisch umgeben ist. Zum Steinobst gehören vor allem Kirschen, Pflaumen, Mirabellen, Aprikosen und Pfirsiche.

■ **Steinpilz,** ein schmackhafter Speisepilz der Laub- und Nadelwälder. Der dickfleischige Pilz hat einen braunen, bis 35 cm breiten Hut und einen knolligen, anfangs netzartig gezeichneten, später bis 30 cm langen Stiel. Die Röhrenschicht (Röhren-

Zwei **Alpensteinböcke** beim Rivalenkampf

Diese besonders zarte Art der **Steinbrechgewächse,** der Körnige Steinbrech, blüht auf sandigen Wiesen nur in der kurzen Zeit von Mai bis Juni

Steinpilz

Stephensons »Locomotion«

In seiner Lokomotivenfabrik baute der britische Ingenieur George Stephenson das hier abgebildete Modell einer Lokomotive, das er »Locomotion« nannte.
Die Locomotion wurde am 27. September 1825 zu ihrer ersten Fahrt auf einer Strecke von 14 km auf die Schienen gesetzt.
Über diese Fahrt wusste eine aktuelle Zeitung Folgendes zu berichten: »Die Maschine startete und zog sechs beladene Waggons, einen Personenwagen und 21 offene, mit Sitzen ausgerüstete Güterwagen. An manchen Stellen wurden volle 20 Stundenkilometer erreicht. Die Zahl der Passagiere belief sich auf 450, was zusammen mit Kohle und anderen Dingen ein Gewicht von beinahe 30 Tonnen ergab. Die Maschine und ihre Ladung benötigten für ihre erste, 14 km lange Reise 65 Minuten.
Die Locomotion war bis 1850 in Betrieb.

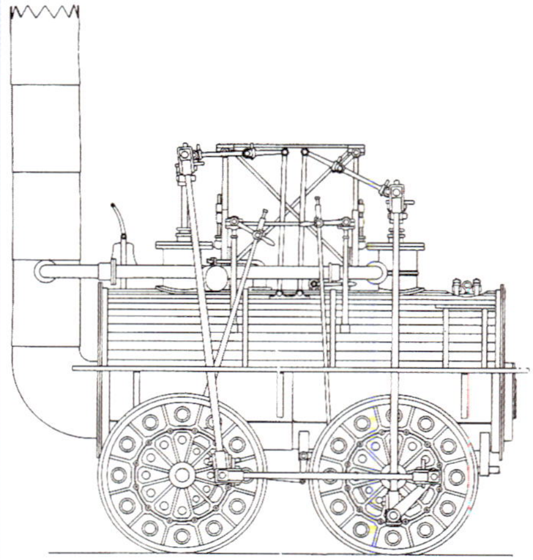

pilz) ist anfangs weiß, später gelblich bis grün. Das feste Fleisch bleibt beim Anschneiden weiß. Eine Verwechslung mit dem ungenießbaren Gallenröhrling oder dem giftigen Satanspilz ist möglich.

■ **Steinschlossgewehr,** vom 17. bis 19. Jahrh. gebräuchliches Gewehr, bei dem der Zündfunke durch Aufschlag des mit einem Feuerstein versehenen Hahns auf einer Metallplatte erzeugt wurde.

■ **Steinzeit,** ein Abschnitt der →Vorgeschichte, der in wenigen abgelegenen, von der Zivilisation unberührten Gebieten noch bis ins 20. Jahrh. dauert. – In der Steinzeit verwendete der Mensch zur Herstellung von Werkzeugen und Waffen neben Knochen, Horn, Holz u.a. erstmals hauptsächlich Stein.
Die Steinzeit gliedert sich in die Altsteinzeit (**Paläolithikum,** vor rund 2 Mio. Jahren bis 40 000 v. Chr.), die Mittelsteinzeit (**Mesolithikum,** 9 000–4 000 v. Chr.) und die Jungsteinzeit (**Neolithikum,** 5 000–1 800 v. Chr.).

■ **Steinzeug,** Sammelbezeichnung für keramische Werkstoffe aus Ton, die durch Sintern eine hohe Dichte und mechanische Festigkeit besitzen. Steinzeug wird vor allem für Haushaltsgeschirr, Sanitärwaren, Isolatoren und Fliesen verwendet.

■ **Steißbein,** der Ausläufer des Rückgrats bei Menschenaffen und Menschen. Er besteht aus drei bis fünf Wirbeln, die miteinander verwachsen sind.

■ **Stelzwurzeln,** Luftwurzeln mancher in Sümpfen wachsender Bäume, besonders des Mangrovebaums. Sie wachsen vom Stamm oberhalb des sumpfigen Grundes bzw. des Wasserspiegels nach unten und verankern so den Baum fest nach allen Seiten.

■ **Stempel, 1)** *Bergbau:* Stütze aus Holz oder Metall, mit der die Decke eines Stollens in Bergwerken abgestützt wird.
2) *Botanik:* das weibliche Organ der Blüte, das aus einem oder mehreren Fruchtblättern gebildet wird. Ein Stempel besteht aus dem Fruchtknoten mit den Samenanlagen, dem Griffel und der mehrlappigen Narbe, die der Aufnahme des Blütenstaubes dient.
3) *grafische Technik:* ein einfaches Gerät zum Drucken oder Prägen.

■ **Stenografie** →Kurzschrift.

■ **Stephenson** [stiw^{e}nß^{e}n], George, britischer Ingenieur, *Wylam (bei Newcastle upon Tyne) 9. Juni 1781, †Chesterfield (County Derbyshire) 12. August 1848. Er baute ab 1813 Dampflokomotiven und (in seiner Lokomotivenfabrik in Newcastle) 1825 die erste Lokomotive für einen Personenzug.

■ **Steppe** [russisch] *die,* überwiegend baumloses Grasland in außertropischen Klimazonen. Es gibt Strauch-, Gras- und Wüstensteppen. Bei der Wüstensteppe ist mehr als die Hälfte der Bodenfläche ohne Pflanzenwuchs. Steppen finden sich in den Subtropen, in den an Wüsten angrenzenden Gebieten und in den kontinentalen Bereichen der gemäßigten Zonen aller Erdteile. – auch →Pampa, →Prärie.

■ **Sterbehilfe** →Euthanasie.

■ **Stereometrie** [griech.] *die,* derjenige Zweig der Geometrie, der sich mit den räumlichen Gebilden (Körper, gekrümmte Flächen) befasst.

■ **Stereophonie** [griech.] *die,* Schallaufnahme- und -wiedergabeverfahren, bei dem ein räumlicher Höreindruck hervorgerufen wird. Der Schall wird mit zwei Mikrofonen aufgenommen und über zwei Übertragungskanäle zwei getrennt stehenden Lautsprechern zugeleitet.

■ **Stereoskop** [griech.] *das,* optisches Gerät zum Betrachten räumlicher Bilder. Solche Bilder werden hergestellt, indem man den abzubildenden Gegenstand mit zwei Kameras oder mit einer Kamera mit zwei Objektiven von zwei verschiedenen Blickpunkten aus fotografiert. Es ergibt sich ein Bildpaar (Raumbild). Betrachtet man es durch ein Stereoskop, so sieht jedes Auge nur eines dieser beiden Bilder. Jedes Auge sieht also den abgebildeten Gegenstand wie beim direkten Betrachten aus einem anderen Blickwinkel. Dadurch entsteht der Eindruck eines räumlichen Sehens.

■ **stereotyp** [frz.], formelhaft, klischeehaft wiederkehrend.

■ **steril** [lat.], keimfrei; unfruchtbar.

■ **Sterilisation** [lat.] *die,* **1)** *Medizin:* ein operativer Eingriff zur Herbeiführung der (dann meist endgültigen) Unfruchtbarkeit: Bei der Frau wird der Eileiter (Tubenligatur), beim Mann werden die Samenstränge (Vasektomie) unterbrochen, ohne dass die Keimdrüsen entfernt werden.

2) *Mikrobiologie:* die Abtötung aller Mikroorganismen einschließlich ihrer Dauerformen (Sporen) durch Erhitzen auf Temperaturen über 100 °C oder Zugabe chemischer Mittel.

■ **Sternbilder,** ursprünglich Gruppen von Sternen, die wegen ihrer Stellung zueinander zu Figuren (»Bildern«) zusammengefasst und mit Namen belegt wurden. Die Namen vor allem der Sternbilder des nördlichen Sternenhimmels stammen meist aus der antiken Mythologie. Heute werden in der Astronomie fest umrissene Sternfelder, die insgesamt lückenlos den ganzen Himmel bedecken, als Sternbilder bezeichnet. – Tabelle S. 221

■ **Sterne,** kompakte, selbstständig leuchtende Himmelsobjekte, die unveränderlich am Himmel zu stehen scheinen, weil sie unvorstellbar weit von uns entfernt sind. Man bezeichnet sie umgangssprachlich wegen ihrer scheinbaren Ortsfestigkeit auch als **Fixsterne** (im Unterschied zu den früher als Wandelsterne bezeichneten →Planeten). Eine Ausnahme bildet die →Sonne, die zwar auch ein Stern ist, aber durch die Sterne des →Tierkreises zu wandern scheint, weil sie viel weniger weit entfernt ist als der nächste Stern.

Die meisten der am Himmel sichtbaren Sterne gehören wie die Sonne zur →Milchstraße. Bei weitem die Mehrzahl von ihnen ist der Sonne in Aufbau, Größe, Masse, Dichte und Energieerzeugung ähnlich (→Zwergsterne). In sonnenähnlichen Sternen wird Energie freigesetzt, indem Wasserstoff durch Kernfusion in Helium umgewandelt wird. Es gibt aber auch Sterne, die viel größer sind, mit Durchmessern bis zum 3 000fachen des Sonnendurchmessers, mit einer Leuchtkraft vom 100 000fachen der Sonne und mit bis zu 600 Sonnenmassen.

Die Entwicklung der Sterne und ihr endgültiges Schicksal, das heißt ihr Endstadium, hängt wesentlich von ihrer Masse ab. Sie enden als Weiße Zwerge oder, über das explosive Stadium der Supernovae, als Neutronensterne oder Schwarze Löcher. Große Sterngruppen (100 Mio. bis 200 Milliarden Sterne) bilden →Sternsysteme.

Sterne

An ihrer unterschiedlichen Farbe kann man mit bloßem Auge die Temperatur von Sternen ungefähr ermessen. Die kühlsten Sterne mit einer Oberflächentemperatur von etwa 3 000 °C sind glühend rot. Die heißesten mit 10 000 °C und mehr strahlen blau.

Die weißgelbe Sonne – für die Astronomen ein »gelber Zwerg« mittlerer Größe – hat in ihrer Photosphäre eine Temperatur von etwa 5 700 °C.

■ **Sterne** [stöʳn], Laurence, englischer Schriftsteller, *Clonmel (Irland) 24. November 1713, †London 18. März 1768. Sein Hauptwerk, der tiefsinnig-heitere Roman »Das Leben und die Ansichten Tristram Shandys« (1759-67) behandelt in der Form der fiktiven Autobiografie in skurriler Weise die Frage der menschlichen Zeiterfahrung. Durch die Betrachtung derselben Ereignisse von verschiedenen Seiten wurde Sterne zum Vorläufer der modernen »Bewusstseinskunst«. – Bild S. 220

■ **Sternschnuppe** →Meteor.

■ **Sternsysteme** (Galaxien), Ansammlungen von vielen Millionen bis zu einigen 100 Milliarden Einzelsternen. Sie besitzen entweder eine Spiralstruktur oder sind von elliptischer Form oder unregelmäßig (irregulär) geformt. Zu den bekanntesten irregulären Sternsystemen gehören die beiden **Magellanschen Wolken.**

Unsere Heimatgalaxie ist das Milchstraßensystem, das auch als Galaxis bezeichnet wird. Der Andromedanebel gehört mit einer Entfernung von etwa 2 Mio. Lichtjahren zu den nähergelegenen Galaxien. – Bilder S. 222

Nicht so wie sie muggelmäßig sein sollten, nein, so wie sie ohne Filter wirklich etwas sehen, fühlen und denken, so lässt **Laurence Sterne** in seinem Buch über den Jungen Tristram Shandy die kleinen und großen Menschen miteinander reden – da werden die Überlegungen und Gedanken, die Zeit und die Zeiten gedreht und gewendet und dabei kommt eine unendliche Kette von verblüffenden, wunderlichen, ja wundersamen Sehweisen ans Licht

■ **Sternwarte** (Observatorium), astronomische Beobachtungsstätte, deren Beobachtungsinstrumente meist unter zu öffnenden Kuppeln untergebracht sind. Da astronomische Beobachtungen durch die Lichterfülle der Großstädte und die industrielle Luftverschmutzung stark beeinträchtigt sind, baut man Sternwarten oft in entlegenen Gebieten der Erde, z. B. die Europäische Südsternwarte in den chilenischen Anden.

■ **Stethoskop** [griech.] *das*, ein Gerät, mit dem der Arzt Körpergeräusche (Herzschlag, Atmung) abhört, um Krankheiten festzustellen. Das Gerät besteht aus einem Rundteil mit Membran (als schallverstärkendes Abtastelement), das auf den Körper aufgedrückt wird, und einem Y-förmigen Schlauch mit kopfhörerähnlichem Ohrteil.

■ **Stettin** (polnisch Szczecin), Hafenstadt in Polen, am westlichen Mündungsarm der Oder ins **Stettiner Haff,** mit 419 000 Einwohnern. Das Renaissanceschloss, die gotische Jakobikirche, die gotische Johanniskirche und das Alte Rathaus wurden nach dem Zweiten Weltkrieg wieder aufgebaut. Stettin ist eine slawische Gründung, die sich vom 11. Jahrh. an zur größten Siedlung Pommerns entwickelte. 1243 erhielt Stettin Stadtrecht, 1278 wurde es Mitglied der Hanse. 1724–40 wurde es zu einer der stärksten preußischen Festungen ausgebaut. Seit 1945 gehört Stettin zu Polen.

■ **Steuerbord** →Backbord.

■ **Steuern,** einmalige oder laufende Geldzahlungen des Bürgers an den Staat ohne Anspruch auf eine unmittelbare staatliche Gegenleistung. Diese Einnahmen verwendet der Staat zur Erfüllung öffentlicher Aufgaben (z. B. Bau von Straßen, Schulen, Krankenhäusern; Aufrechterhaltung der Verwaltung). Man unterscheidet **direkte Steuern,** die vom Steuerpflichtigen unmittelbar gezahlt werden (z. B. Lohnsteuer), und **indirekte Steuern,** die in den Preisen für Güter enthalten sind (z. B. Mehrwertsteuer). Nach dem Empfänger der Steuern unterscheidet man Bundes-, Landes- und Gemeindesteuern.

■ **Stevenson** [stiwᵉnßᵉn], Robert Louis, schottischer Schriftsteller, *Edinburgh 13. November 1850, †Haus Vailima (bei Apia, Westsamoa) 3. Dezember 1894. Er wurde durch die fantasievolle und spannende Abenteuererzählung »Die Schatzinsel« (1883) berühmt. Ein weiterer Erfolg war die Erzählung »Der seltsame Fall des Doktor Jekyll und des Herrn Hyde« (1886), in der Stevenson das Problem der Persönlichkeitsspaltung behandelt.

■ **Steward** [stjuᵉʳt; engl.] *der* (weiblich: Stewardess), Betreuer bzw. Betreuerin der Passagiere, vor allem in Flugzeugen und auf Schiffen.

Auf diesem Bild zeigt sich ein **Dreistachliger Stichling**

■ **Stichlinge,** schuppenlose, 4–20 cm lange Knochenfische in den Gewässern der Nordhalbkugel (u. a. **Großer Stichling, Neunstacheliger Stichling**). Im Frühling färbt sich die Oberseite der Männchen grün, die Unterseite rot. Jetzt sucht sich das männliche Tier ein überdachtes Nest, in das ein

Weibchen 60–120 Eier ablegt. Das Männchen stößt den Samen (Milch) ab und bewacht allein den Laich und die Jungfische.

■ **Stickstoff,** nicht metallisches chemisches Element, ein reaktionsträges, unbrennbares, farbloses Gas, das in Form zweiatomiger Moleküle (N_2) vorliegt. Stickstoff ist mit etwa 78 % der Hauptbestandteil der Luft. In der belebten Natur ist er als

Sternbilder

Name	Abk.	deutsch
Andromeda[1]	And	Andromeda
Antilia	Ant	Luftpumpe
Apus	Aps	Paradiesvogel
Aquarius[2]	Aqr	Wassermann
Aquila[2]	Aql	Adler
Ara	Ara	Altar
Aries[1]	Ari	Widder
Auriga[1]	Aur	Fuhrmann
Bootes[1]	Boo	Bärenhüter
Caelum	Cae	Grabstichel
Camelopardalis[1]	Cam	Giraffe
Cancer[1]	Cnc	Krebs
Canes Venatici[1]	CVn	Jagdhunde
Canis Maior	CMa	Großer Hund
Canis Minor[1]	CMi	Kleiner Hund
Capricornus	Cap	Steinbock
Carina	Car	Kiel des Schiffes
Cassiopeia[1]	Cas	Kassiopeia
Centaurus	Cen	Kentaur
Cepheus[1]	Cep	Kepheus
Cetus[2]	Cet	Walfisch
Chamaeleon	Cha	Chamäleon
Circinus	Cir	Zirkel
Columba	Col	Taube
Coma Berenices	Com	Haar der Berenike
Corona Australis	CrA	Südliche Krone
Corona Borealis	CrB	Nördliche Krone
Corvus	Crv	Rabe
Crater	Crt	Becher
Crux	Cru	Kreuz (des Südens)
Cygnus[1]	Cyg	Schwan
Delphinus[1]	Del	Delphin
Dorado	Dor	Schwertfisch, Goldfisch
Draco[1]	Dra	Drache
Equuleus[1]	Equ	Füllen
Eridanus	Eri	(Fluss) Eridanus
Fornax	For	Chemischer Ofen
Gemini[1]	Gem	Zwillinge
Grus	Gru	Kranich
Hercules[1]	Her	Herkules
Horologium	Hor	Pendeluhr
Hydra[2]	Hya	Nördliche Wasserschlange
Hydrus	Hyi	Südliche Wasserschlange
Indus	Ind	Inder, Indianer
Lacerta[1]	Lac	Eidechse

Name	Abk.	deutsch
Leo[2] (Maior)	Leo	(Großer) Löwe
Leo Minor[1]	LMi	Kleiner Löwe
Lepus	Lep	Hase
Libra	Lib	Waage
Lupus	Lup	Wolf
Lynx[1]	Lyn	Luchs
Lyra[1]	Lyr	Leier
Mensa	Men	Tafelberg
Microscopium	Mic	Mikroskop
Monoceros[2]	Mon	Einhorn
Musca	Mus	Fliege
Norma	Nor	Winkelmaß
Octans	Oct	Oktant
Ophiuchus[2]	Oph	Schlangenträger
Orion[2]	Ori	Orion
Pavo	Pav	Pfau
Pegasus[1]	Peg	Pegasus
Perseus[1]	Per	Perseus
Phoenix	Phe	Phönix
Pictor	Pic	Maler
Pisces[2]	Psc	Fische
Piscis Austrinus	PsA	Südlicher Fisch
Puppis	Pup	Heck des Schiffes
Pyxis	Pyx	Kompass, Schiffskompass
Reticulum	Ret	Netz
Sagitta[1]	Sge	Pfeil
Sagittarius	Sgr	Schütze
Scorpius	Sco	Skorpion
Sculptor	Scl	Bildhauer
Scutum[2]	Sct	(Sobieskischer) Schild
Serpens (Caput)[2]	Ser	(Kopf der) Schlange
Serpens (Cauda)[2]	Ser	(Schwanz der) Schlange
Sextans[2]	Sex	Sextant
Taurus[1]	Tau	Stier
Telescopium	Tel	Fernrohr
Triangulum[1]	Tri	Dreieck
Triangulum Australe	TrA	Südliches Dreieck
Tucana	Tuc	Tukan
Ursa Maior[1]	UMa	Großer Bär
Ursa Minor[1]	UMi	Kleiner Bär
Vela	Vel	Segel des Schiffes
Virgo[2]	Vir	Jungfrau
Volans	Vol	Fliegender Fisch
Vulpecula[1]	Vul	Fuchs

Lage des Sternbildes am Himmel: 1) Befindet sich am nördl. Himmel, 2) Teilweise am nördl. bzw. südl. Himmel; Sternbilder, die unbezeichnet sind, befinden sich am südl. Himmel

Sternsysteme: die links abgebildete Große Magellansche Wolke ist etwa 160 000 Lichtjahre, die Kleine Magellansche Wolke rund 185 000 Lichtjahre von der Erde entfernt

Bestandteil von Aminosäuren, Proteinen und Nukleinsäuren unentbehrlich. Stickstoff wird aus flüssiger Luft gewonnen. Er wird aufgrund seiner Reaktionsträgheit als Schutzgas eingesetzt und zur Fütterung von Glühlampen verwendet; weiter dient er als Treibmittel für Sprays und als Rohstoff für die Herstellung von Stickstoffverbindungen (→Ammoniak, →Salpetersäure).

Stickstoff
chemisches Symbol: N (von lat. Nitrogenium)
Ordnungszahl: 7
relative Atommasse: 14,01
Dichte (bei 0 °C): 1,25 g/l
Schmelzpunkt: −210 °C
Siedepunkt: −195,8 °C

■ **Stiefmütterchen** →Veilchen.

■ **Stieglitz** (Distelfink), etwa 12 cm großer, auffallend bunt gefärbter heimischer Finkenvogel mit schwarz-weiß-rotem Kopf und kegelförmigem Schnabel. Er ernährt sich von Sämereien. Das Weibchen legt im Mai vier bis fünf grünlichweiße, gefleckte Eier.

■ **Stier,** männliches Rind.

■ **Stierkampf,** traditionelles, trotz heftiger Kritik von Tierschutzverbänden weiterhin sehr beliebtes Kampfspiel, bei dem ein Stier gereizt und in der Regel getötet wird. Der Kampf geht nach festen Regeln in der Arena vor sich: Der Stier wird von den Picaderos und Banderilleros gereizt und durch Stiche in den Nacken geschwächt. Auf dem Höhepunkt des Kampfes kämpft der **Torero** (in dieser Phase **Matador** genannt) allein gegen den Stier, reizt ihn mit seiner Muleta (einem roten Tuch) und tötet ihn durch einen Stich mit seinem Degen. Gelingt ihm dies nicht, so tötet der Puntillero den Stier durch den Gnadenstoß. Stierkämpfe finden vor allem in Spanien statt; in Südamerika, Südfrankreich und Portugal wird der Stier nicht getötet.

■ **Stifter,** Adalbert, österreichischer Schriftsteller, *Oberplan (heute Horní Planá, Tschechische Republik) 23. Oktober 1805, †Linz 28. Januar 1868. Stifter war ein Meister der Naturschilderung im Sinne eines »poetischen Realismus«. Seine Natur- und Menschenschilderungen sind durch das Streben nach Humanität, nach Maß und Ordnung geprägt. Neben zwei Romanen (»Der Nachsommer«, 1857; »Witiko«, 1865–67) schrieb er vor allem Novellen und Erzählungen, u. a. »Der Hochwald« (1842), »Bunte Steine« (1853; darin u. a. die Erzählung »Bergkristall«, 1845).

■ **Stil** [lat. stilus, = Griffel] *der,* unverwechselbare Eigenheit im Ausdruck eines Kunstwerks, eines Menschen (Personalstil), einer Gruppe von Menschen oder einer Zeit. Im engeren Sinn wird der Stilbegriff auf Literatur, bildende und darstellende Kunst und auf die Musik angewandt. Grundlegend ist dabei die Annahme eines Entwicklungsprozesses (Entstehung, Blüte, Verfall) sowie die Wiederkehr bestimmter Tendenzen zu verschiedenen Zeiten.

■ **Stiller Ozean** →Pazifischer Ozean.

■ **Stillleben,** in der Malerei die Darstellung unbelebter Gegenstände (z. B. Blumen, Früchte, Wildbret, Krüge, Gläser), die nach bestimmten Gesichtspunkten kunstvoll angeordnet sind. Stillleben kamen zu Beginn des 16. Jahrh. auf und erreichten ihre Blüte im 17. Jahrh., besonders in den Niederlanden.

■ **Stimmbruch,** das Tieferwerden (um etwa eine Oktave) der Stimmlage beim männlichen Jugendlichen in der Pubertät. Der Grund ist das Wachstum des Kehlkopfs und eine Verlängerung der Stimmbänder.

■ **Stimme,** eine Lautäußerung zur Verständigung bei Menschen und Tieren mit bestimmtem Klangcharakter und Signalwert. Durch Schwingungen der Stimmbänder im →Kehlkopf entstehen Töne. Das Anblasen der Stimmbänder erfolgt durch die Ausatmungsluft, während die Stimmbänder durch die Kehlkopfmuskeln einander angenähert werden. Die Tonhöhe kann durch Anspannen der Stimmbänder verändert werden, die Klangfarbe der Laute ist durch die Änderung von Form und Größe der Resonanzhöhlen regulierbar.

■ **Stimmgabel,** ein u-förmig gebogener Stahlstab; er wird durch Schlag oder Reibung zu Querschwingungen erregt, die einen an Obertönen armen Stimmton zum Einstimmen von Musikinstrumenten ergeben (→Kammerton).

■ **Stimmlagen,** die Tonhöhenbereiche der menschlichen Stimme: Sopran, Alt, Tenor, Bariton, Bass.

■ **Sting,** eigentlich Gordon Matthew Sumner, britischer Rockmusiker (Sänger, Gitarrist, Songschreiber) und Schauspieler, *Newcastle upon Tyne 2. Oktober 1951. Sting begann 1977 in der Rockgruppe **The Police** und startete nach deren Auflösung 1985 ein Solokarriere. In seinen Songs mischen sich moderner Jazz und Rockelemente, Funk und Reggae. Erfolgreiche LPs waren u. a. »Dream of the blue turtles« (1985), »Nothing like the sun« (1987) und »The soul cages« (1991).

■ **Stinktiere,** 25–80 cm lange Tiere, die aus einer am After liegenden Drüse eine widerlich riechende, ölige Flüssigkeit spritzen können. In Nordamerika ist der **Skunk** beheimatet, in Südafrika der **Zorilla.** Beide haben ein dunkles Fell mit weißen Streifen, das auch heute noch zu Kragen und Manschetten verarbeitet wird. Als Verwandte des Dachses leben sie räuberisch, ernähren sich von Würmern, Vögeln und Kleinsäugern.

■ **Stipendium** [lat.] *das,* Geldleistungen, die Studenten, Doktoranden und jungen Wissenschaftlern oder Künstlern von staatlichen Institutionen oder Stiftungen gewährt werden für Studium, Promotion, Habilitation, Auslandsaufenthalte, bestimmte Forschungsvorhaben oder künstlerische Projekte.

■ **Stoa** *die,* in der griechischen Baukunst eine Säulenhalle (Portikus). Von einer solchen Halle in Athen ging der Name auf eine Philosophenschule über, deren Anhänger, die **Stoiker,** sich dort versammelten. Sie lehrten ein Leben im Gehorsam gegenüber der vom göttlichen Gesetz und von der Vernunft gebotenen Pflicht. Als Haupttugenden der Stoiker galten Gerechtigkeit, Tapferkeit, Selbstbeherrschung, Gelassenheit und Menschlichkeit.

Stieglitz

Dieses Bild, das der niederländische Maler Balthasar van der Ast um das Jahr 1630 gemalt hat, enthält alles, was ein **Stillleben** ausmacht, und nicht nur das: der ins Auge springende Gegensatz zwischen den leuchtenden und den dunkelgedeckten Farben vor einem unbestimmten Hintergrund lockt in eine geheimnisvolle Welt, die mehr verspricht als die »stillen«, unbeweglichen Früchte, Muscheln, Insekten, das einzelne Kriechtier und die einzelne Nelke auf den ersten Blick ahnen lassen

■ **Stockente** →Enten.

■ **Stockfisch,** getrockneter, ungesalzener Fisch; vor allem Dorschfische werden auf Stöcke aufgezogen und auf Holzgerüsten getrocknet.

■ **Stockhausen,** Karlheinz, deutscher Komponist, *Mödrath (heute zu Kerpen, Erftkreis) 22. August 1928. Stockhausen hat maßgeblich zur Entwicklung der seriellen und der elektronischen Musik beigetragen. Seit den 1960er-Jahren sind an seinen frei konzipierten Produktionen die Ausführenden wesentlich mitbeteiligt.

Ein herrliches **Stinktier:** der Skunk

Stockholm, Hauptstadt von Schweden, zwischen Mälarsee und Ostsee, auf Schären, Inseln und Halbinseln und dem angrenzenden Festland erbaut, mit 743 700 Einwohnern. Stockholm ist der Sitz der wichtigsten Kulturinstitute Schwedens: Universität, Akademien, Nobelstiftung, Museen, Theater und Oper. Die historischen Bauten stammen aus dem 13., 17. und 18. Jahrh.: Riddarholmskirche mit schwedischen Königsgräbern, Große Kirche, Ritterhaus, Königliches Schloss. Aus dem beginnenden 20. Jahrh. stammt das Stadthaus. – Stockholm, 1252 erstmals belegt, wurde als Handelsplatz gegründet. 1634 wurde es Hauptstadt.

Aller Anfang ist schwer: junge **Störche** bei ersten Flugversuchen; doch schon wenige Wochen später brechen sie mit ihren Eltern zur Herbstreise nach Afrika auf; dort verweilen die Jugendlichen länger als die Altstörche, an den Weg zurück »erinnern« sich die Jungstörche instinktsicher ohne Hilfe; einige wenige finden sogar noch ihr altes Dorf, der Rest landet in einem Umkreis von höchstens 25 km

Stoffwechsel (Metabolismus), die Gesamtheit der biochemischen Vorgänge im pflanzlichen, tierischen und menschlichen Organismus, die dem Aufbau, Umbau und der Erhaltung der Körpersubstanz sowie der Aufrechterhaltung der Körperfunktionen dienen.
Der **Betriebsstoffwechsel** entnimmt der Nahrung (Kohlenhydrate, Fette, Proteine) die Energie für die Arbeitsleistung und ersetzt die verbrauchten Stoffe. Beim **Baustoffwechsel** werden die aufgenommenen Stoffe (insbesondere Aminosäuren aus Proteinen der Nahrung) in körpereigene Stoffe (Proteine des Organismus) umgesetzt. Die vom Körper nicht genutzten Stoffe werden ausgeschieden.
Weiter unterscheidet man unter Berücksichtigung der Stoffklassen Fett-, Protein-, Nukleinsäure- und Mineralstoffwechsel.

Stola [lat.] *die,* **1)** *allgemein:* schalartiger Umhang; ursprünglich das Übergewand der Römerin.
2) *christliche Kirchen:* Teil der liturgischen Bekleidung (von Bischof, Priester und Diakon), ein etwa 2,5 m langer, 5–8 cm breiter, um den Kragen gelegter Stoffstreifen.

Stonehenge [sto^{u}nhendsch], vorgeschichtliche Anlage aus großen Steinblöcken bei Salisbury in Südengland. Gut erhalten ist ein Ring aus 16 (ursprünglich 30) durch Decksteine miteinander verbundenen, 4 m hohen Steinpfeilern. Die Anordnung lässt erkennen, dass die Anlage der Beobachtung von Sonnen- und Mondbewegungen sowie damit zusammenhängenden kultischen Zwecken diente.

Stoppuhr, eine Uhr zum Messen kurzer Zeitabschnitte in mechanischer oder elektronischer Ausführung.

Stör, zu den Knochenfischen gehörender Fisch in den Meeren der Nordhalbkugel bis in die Flussoberläufe. Die Körperseiten des bis fast 9 m langen, spindelförmigen Störs sind mit Knochenplatten bedeckt. Das Maul ist schnabelförmig verlängert und trägt vier Bartfäden. Seine Eier gelten gesalzen als Delikatesse (→Kaviar).

Störche

In der Antike glaubte man, dass flügge Jungstörche ihre Eltern ernährten. Dieses Sinnbild kindlicher Dankbarkeit wurde von der frühchristlichen Tradition übernommen. Der Weißstorch (Hausstorch) gilt seit alters als Glücksbringer, dessen alljährliche Ankunft im Frühjahr freudig begrüßt wird. Im Westen Deutschlands ist er heute allerdings nahezu ausgestorben.
Im jüngeren, insbesondere deutschen Volksglauben gilt der Storch auch als Kinderbringer. Zudem glaubte man, dass Störche nur auf Häusern horsten, in denen Frieden herrscht.

Störche, langbeinige und langschnäbelige Stelzvögel. Störche sind bis etwa 1,4 m hoch, meist schwarz und weiß gefiedert. Sie leben vor allem in ebenen, feuchten Gegenden der gemäßigten und warmen Zonen und ernähren sich von Amphibien, Kleinreptilien, Fischen und Insekten. Wegen des starken Rückgangs der Feuchtgebiete in Westdeutschland ist der **Weißstorch** (Länge 1 m, Flügelspannweite 2 m) nur noch in Nord- und Mitteldeutschland als Brutvogel heimisch. Bereits im August zieht er in die wärmeren Gebiete bis in den Süden Afrikas.

Das Porträt zeigt **Theodor Storm** im Alter von 40 Jahren; berühmt sind heute seine Novellen; er selbst schätzte jedoch sein lyrisches Werk höher ein und auch der Zeitgenosse Theodor Fontane zählte Storm als Lyriker zu den »drei, vier Besten, die nach Goethe kommen«

■ **Storm,** Theodor, deutscher Dichter, *Husum 14. September 1817, †Hademarschen (= Hanerau-Hademarschen, Landkreis Rendsburg-Eckernförde) 4. Juli 1888. Neben Lyrik schrieb er vor allem Novellen, darunter »Der kleine Häwelmann« (1851), »Pole Poppenspäler« (1875) und »Der Schimmelreiter« (1888), die dem Realismus verpflichtet sind.

■ **Störtebeker,** Klaus, Freibeuter, †(hingerichtet) Hamburg 1401; einer der Führer der Vitalienbrüder, einer Gruppe mittelalterlicher Freibeuter der Nord- und Ostsee. Er galt als Beschützer der Armen und Schwachen und ist der volkstümliche Held zahlreicher Lieder und Sagen.

■ **Story** [stori; engl.] *die,* Geschichte, Erzählung; **Short Story,** eine Kurzgeschichte vor allem in der amerikanischen Literatur.

■ **Stoß,** Veit, deutscher Bildhauer, *Horb am Neckar (?) um 1447/48, †Nürnberg 22. September 1533; einer der berühmtesten Holzschnitzer der Spätgotik. Er schuf Marienfiguren, Kruzifixe und Altäre, darunter den Hochaltar in der Marienkirche in Krakau (1477–89).

■ **Stoß,** in der Physik der Zusammenprall zweier sich relativ zueinander bewegender Körper. Zwar ändern die beiden Körper beim Stoß ihre Geschwindigkeit nach Größe und Richtung, die Summe ihrer Bewegungsgrößen (→Impulse) bleibt jedoch unverändert. Unverändert bleibt auch der Bewegungszustand ihres gemeinsamen Schwerpunktes (wenn keine von außen wirkenden Kräfte auftreten).

■ **Stoßdämpfer,** bei →Kraftwagen eine Vorrichtung zwischen Rädern (oder Laufwerk) und Aufbau, zur Dämpfung der durch Fahrbahnunebenheiten verursachten Federschwingungen.

■ **Stottern,** eine Sprachstörung, bei der meist am Anfang von Wörtern Silben oder Laute wiederholt werden (bedingt durch nicht aufeinander abgestimmte Bewegungen der Atmungs-, Stimm- und Artikulationsmuskulatur). Stottern ist die häufigste Sprachstörung im Kindesalter, vor allem im 3. und 4. Lebensjahr, wenn die Denkgeschwindigkeit schneller ist als die Entwicklung der Sprechfähigkeit. Durch Sprechbehandlung (Logopädie) kann das Stottern in den meisten Fällen geheilt werden.

■ **Stowe** [sto^{u}], Harriet Beecher, amerikanische Schriftstellerin, *Litchfield (Connecticut) 14. Juni 1811, †Hartford (Connecticut) 1. Juli 1896. Ihr gegen die Sklaverei gerichteter Roman »Onkel Toms Hütte« (1851/52) wurde weltweit bekannt. – auch →Sklaverei (Infokasten)

Mit ihrem Roman »Onkel Toms Hütte« setzte **Harriet Beecher Stowe** ein Fanal gegen die Barbarei des Menschenhandels mit schwarzen Menschen

■ **Stradivari,** Antonio, italienischer Geigenbauer, *Cremona (?) 1644, †ebenda 18. Dezember 1737. Stradivari gilt als der bedeutendste Geigenbauer überhaupt. Er entwickelte das Geigenmodell seines ebenfalls berühmten Lehrers Nicola Amati (1596–1684) zur Vollendung, indem er die Korpuslänge der Instrumente auf etwa 35 cm vergrößerte und die Decke flacher wölbte.

■ **Strafgesetzbuch,** Abkürzung **StGB,** →Strafrecht.

■ **Strafmündigkeit,** die alters- und entwicklungsbedingte Fähigkeit, für das Unrecht einer strafbaren Handlung einzustehen. Strafunmündig sind Kinder bis zum 14. Lebensjahr; bedingt strafmündig sind Jugendliche zwischen dem 14. und 18. Lebensjahr. Die volle Strafmündigkeit beginnt mit dem 18. Lebensjahr.

■ **Strafrecht,** die Gesamtheit der Rechtsnormen, die regeln, welches Verhalten der Gesetzgeber (der Staat) zum Schutz wichtiger Gemeinschaftsgüter und zur Sicherung eines gedeihlichen Zusammenlebens in der staatlichen Gemeinschaft verbietet und welche Strafen für verbotswidriges Verhalten drohen. Im **Strafgesetzbuch (StGB)** sind die Straftatbestände (das heißt Handlungen und Unterlassungen, die strafbar sind) und deren Folgen (die Strafandrohungen) aufgeführt.

■ **Strafregister** →Bundeszentralregister.

■ **Strahlenbelastung** (Strahlenexposition), die Einwirkung von radioaktiver Strahlung auf Menschen, Tiere und Pflanzen. Unterschieden werden die **natürliche Strahlenbelastung** und die **künstliche Strahlenbelastung** aus Strahlenquellen, die der Mensch durch Kontamination von Umwelt und Lebensmitteln selbst verursacht hat.

■ **Strahlenpilze,** zu den Bakterien zählende Lebewesen, die vor allem im Boden leben. Zahlreiche Arten der Strahlenpilze liefern Antibiotika, einige rufen Strahlenpilzerkrankungen (Infektionskrankheiten der Atemwege und Lunge) hervor.

■ **Strahlentierchen,** eine in allen Meeren verbreitete Klasse sehr formenreicher, meist mikroskopisch kleiner Einzeller. Der Zellkörper ist meist kugelig und bildet aus Kieselsäure oder Strontiumsulfat häufig kugel- oder helmförmige Gehäuse, die mit zahlreichen Öffnungen durchsetzt sind. Die Strahlentierchen ernähren sich entweder von Mikroorganismen oder durch Symbiose mit Algen. Die Skelette abgestorbener Strahlentierchen sinken auf den Meeresboden und bilden dort rote, tonige Ablagerungen.

■ **Strahltriebwerk** (Düsentriebwerk), vor allem bei schnellen und leistungsstarken Flugzeugen verwendeter Antriebsmotor (praktisch ausschließlich Gasturbinen), dessen Wirkungsweise auf dem Prinzip des Rückstoßes beruht. Im Strahltriebwerk werden durch Verbrennungsvorgänge heiße Gase erzeugt und beschleunigt, die mit großer Geschwindigkeit aus einer Düse ausströmen. Der dabei auftretende Rückstoß dient als Antriebskraft (→Schub). Seine Größe hängt ab von der pro Zeiteinheit ausströmenden Masse des Gases und von dessen Ausströmgeschwindigkeit. Strahltriebwerke haben dasselbe Wirkprinzip wie →Raketen. Im Unterschied zu diesen benötigen sie jedoch zur Verbrennung des Treibstoffs Umgebungsluft und sind deshalb nur in Höhen bis zu etwa 20 km einsetzbar. Mit Strahltriebwerken ausgerüstete Flugzeuge können Überschallgeschwindigkeit erreichen.

■ **Strahlung,** die Ausbreitung von Energie in Form von Wellen (Wellenstrahlung, z. B. elektromagnetische Strahlung wie Gamma-, Röntgen-, Ultraviolett-, Infrarotstrahlung) oder Teilchen (Teilchen- oder Korpuskularstrahlung, z. B. Alpha-, Betastrahlung). Im Gegensatz zur Teilchenstrahlung erfolgt bei der Wellenstrahlung der Energietransport ohne Materietransport. Alpha-, Beta- und Gammastrahlung bezeichnet man zusammen als radioaktive Strahlung (→Radioaktivität).
Strahlung kann sowohl auf natürlichen als auch auf künstlichen Quellen beruhen. Zur **natürlichen Strahlung** gehören u. a. die kosmische Strahlung, die Ultraviolett-, Licht- und Infrarotstrahlung der Sonne sowie die Strahlung der in der Erde und im Körper des Menschen von Natur aus vorhandenen radioaktiven Stoffe. Zur **künstlichen Strahlung** zählen z. B. Rundfunkwellen, elektromagnetische Strahlung aus bestimmten Geräten und die Radioaktivität aus Kernwaffentests. Energiereiche Strahlung (Ultraviolett-, Röntgen-, radioaktive Strahlung) kann Krebs hervorrufen, sie wird aber auch für Zwecke der Diagnose und der Heilung von Krankheiten verwendet.

Johann Strauß – der »Walzerkönig«; die unwiderstehliche Musiksprache des Walzers »An der schönen blauen Donau« rühmte der Komponist Johannes Brahms mit den Worten »leider nicht von mir«

■ **Stralsund** [auch: ...sụnt], Hafenstadt an der Ostsee, in Mecklenburg-Vorpommern, mit 61 300 Einwohnern. Zur Insel Rügen führt von Stralsund ein Damm. Im Stadtbild überwiegt die Backsteingotik. – Stralsund wurde Ende des 13. Jahrh. Mitglied der Hanse. 1648 kam die Stadt an Schweden, 1815 an Preußen.

■ **Strandhafer,** ein Süßgras, das mit seinen meterlangen, vielfach verzweigten Wurzelstöcken dazu geeignet ist, die lockeren Sandmassen von Dünen sowie Deiche zu befestigen.

■ **Strandläufer,** meisen- bis amselgroße, relativ kurzbeinige Schnepfenvögel, die an nördlichen Meeres- und Süßwasserstränden leben. Im Herbst ziehen die Strandläufer nach Süden bis über den

Äquator; sie legen dabei jährlich 12 000 bis 20 000 km zurück

■ **Straßburg** frz. Strasbourg), Stadt im Unterelsass, Frankreich, an der Mündung der Ill in den Rhein, mit 264 100 Einwohnern. Die Stadt ist Sitz des Europarats und Tagungsort des Europäischen Parlaments. Im Mittelpunkt der historischen Altstadt (UNESCO-Weltkulturerbe) erhebt sich das Straßburger Münster, das in gotischem Stil erbaut wurde; berühmt ist vor allem der Westbau (1399–1419). Die Portale sind mit bedeutenden Skulpturen geschmückt, die Glasfenster stammen aus dem 12.–15. Jahrhundert. Dicht beim Münster befinden sich u.a. das Kammerzellsche Haus (15./16. Jahrh.) und das Schloss Rohan (18. Jahrh.). Straßburg entstand aus einem römischen Legionslager. Seit dem Hochmittelalter war es Reichsstadt; 1681 wurde es von Frankreich erobert. 1871–1918 war Straßburg Hauptstadt des Reichslandes Elsass-Lothringen.

■ **Straßenbahn,** eine elektrisch betriebene Schienenbahn, die vorwiegend der Personenbeförderung in größeren Städten dient. Die Schienen sind dabei so in die Straßenoberfläche eingelassen, dass sie den übrigen Verkehr nicht oder nur wenig behindern. Häufig hat die Straßenbahn auch einen eigenen Gleiskörper in der Mitte oder am Rand der Straße. Die Stromzufuhr erfolgt über eine Oberleitung, an der ein Stromabnehmer gleitet. Der Rückfluss des Stromes erfolgt über die Schienen. Die Betriebsspannung der Straßenbahn beträgt zwischen 600 und 800 V Gleichspannung. Ihre Höchstgeschwindigkeit liegt bei 50–70 km/h.

■ **Straßenkinder,** auf sich selbst gestellte Kinder ohne festen Wohnsitz. Sie müssen ihren Lebensunterhalt durch Kinderarbeit bestreiten, greifen aber oft auch zur Kleinkriminalität als Mittel der Existenzsicherung. Häufig werden sie unter Ausnutzung ihrer Lage als Kinderprostituierte missbraucht.

■ **Stratege** [griech.] *der,* Heerführer, Feldherr.

■ **Strategie** [griech.] *die,* umfassender, grundsätzlicher Plan des eigenen Vorgehens, der dazu dient, ein militärisches, politisches, wirtschaftliches oder anderes Ziel zu erreichen.

■ **Stratosphäre** [griech.] *die,* die etwa zwischen 10 und 50 km Höhe liegende Schicht der → Atmosphäre der Erde.

■ **Strauß, 1)** Botho, deutscher Schriftsteller, *Naumburg (Saale) 2. Dezember 1944. Er ist seit der Mitte der 1970er-Jahre (»Trilogie des Wiedersehens«, 1976) einer der meistgespielten deutschsprachigen Bühnenautoren. Neben den Bühnenwerken entstanden auch Gedichte sowie essayistische und erzählende Prosa (»Paare, Passanten«, 1981; »Der Park«, 1983; »Der junge Mann«, 1984; »Das Gleichgewicht«, 1993; »Wohnen Dämmern Lügen«, 1994).

2) Franz Josef, deutscher Politiker, *München 6. September 1915, †Regensburg 3. Oktober 1988. Strauß war Mitbegründer der CSU, ab 1961 deren Vorsitzender; 1949–78 Mitglied des Bundestages; 1953–55 Bundesminister für besondere Aufgaben, 1955/56 für Atomfragen, 1956–62 Bundesverteidigungsminister (Rücktritt wegen des Vorwurfs, den Bundestag falsch unterrichtet zu haben), 1966–69 Bundesfinanzminister; 1978–88 Ministerpräsident von Bayern.

3) Johann, österreichischer Komponist, *Wien 14. März 1804, †ebenda 25. September 1845; Vater von 3). Er komponierte Walzer und Märsche, die er mit seiner Kapelle bei Unterhaltungskonzerten aufführte.

4) Johann, österreichischer Komponist, *Wien 25. Oktober 1825, †ebenda 3. Juni 1899; Sohn von 3). Er gründete wie sein Vater eine eigene Kapelle, mit der er auf Gastspielreisen und in Wien als »Walzerkönig« gefeiert wurde. Zu seinen berühmtesten Walzern gehören »An der schönen blauen Donau« (1867) und »Wiener Blut« (um 1871). Mit seinen Operetten (u.a. »Die Fledermaus«, 1874; »Eine Nacht in Venedig«, 1883; »Der Zigeunerbaron«, 1885) wurde er zum Schöpfer der Wiener Operette.

■ **Strauß** (Afrikanischer Strauß), ein bis 3 m großer (Scheitelhöhe), flugunfähiger Laufvogel, der die Halbwüsten, Steppen und Savannen Afrikas bewohnt. Der Strauß kann Schritte von 4 m Länge machen und eine Geschwindigkeit von bis zu 50 km/h erreichen. Er hat an jedem Fuß nur zwei Zehen; die Hauptzehe trägt ein kissenartiges Polster, wodurch

Der langhalsige **Strauß** ist ein äußerst geselliger Laufvogel, der in Gemeinschaften lebt, die bis zu 600 Individuen zählen können; hier zeigt sich ein stolzes Straußenpaar beim Spaziergang mit seinen Jungen

Botho Strauß, der einst vielgespielte Bühnenautor, wird heute von »politisch korrekten« Kritikern als nicht genehmer Querdenker angegriffen und damit auch seine Werke, die unter anderem das Treiben einer trostlosen Kulturbetriebsamkeit vor Augen führen

Franz Josef Strauß

das Einsinken im Sand verhindert wird. Die Eier sind 15 cm lang und werden in einer Sandmulde von beiden Eltern abwechselnd bebrütet. Strauße werden in Südafrika gezüchtet. Verwandt sind der kleinere **Nandu,** der südaustralische **Emu** sowie der in den Urwäldern Neuguineas lebende **Helmkasuar** (mit einer hornüberzogenen Knochenwucherung auf dem Kopf).

■ **Strauss,** Richard, deutscher Komponist, *München 11. Juni 1864, †Garmisch-Partenkirchen 8. September 1949. Er komponierte meisterhaft orchestrierte Tondichtungen (»Till Eulenspiegels lustige Streiche«, 1895; »Don Quixote«, 1897), dramatisch und psychologisch aufs genaueste durchgestaltete Opern (»Der Rosenkavalier«, 1911; »Ariadne auf Naxos«, 1912; »Arabella«, 1933) sowie Lieder, Solokonzerte und Kammermusik.

Richard Strauss

■ **Strawinsky,** Igor, russischer Komponist, *Oranienbaum (heute Lomonossow, Gebiet Sankt Petersburg) 17. Juni 1882, †New York 6. April 1971. In seinen Kompositionen zeigen sich neben- und nacheinander verschiedene stilistische Entwicklungen und Prägungen (u. a. Integration von alter Musik, Folklore und Jazz). 1920–39 lebte er in Frankreich, danach in den USA, wo er sich einer der Zwölftontechnik verwandten, auf Reihenstrukturen basierenden Kompositionstechnik zuwandte. Er schrieb Ballette (u. a. »Der Feuervogel«, 1910; »Petruschka«, 1911; »Le sacre du printemps«, 1913), Bühnenwerke (»Die Geschichte vom Soldaten«, 1918), Orchester-, Kammer-, Klavier- und Chormusik sowie Lieder.

Sechs von seinen fünfzehn Opern schuf **Richard Strauss** in Zusammenarbeit mit dem Schriftsteller Hugo von Hofmannsthal: unter anderem »Der Rosenkavalier«, »Ariadne auf Naxos« und »Arabella«; das hier abgebildete Titelblatt eines Notendrucks verweist auf eine Dichtung seines Zeitgenossen Oscar Wilde: mit der Oper »Salome« bereicherte Strauss das Musiktheater um ein weiteres Meisterwerk

■ **Strebewerk,** in der Baukunst die Gesamtheit der Pfeiler und Mauervorlagen, die den Seitenschub der Gewölbe auffangen (in der Gotik reich ausgebildet, z. B. als Strebebogen).

■ **Streetball** [stritbål; engl.] *der,* auf Straßen und Plätzen ausgetragene vereinfachte Form des Basketball, bei der sich drei Spieler je Team gegenüberstehen. Streetball wird nur auf einen Korb gespielt. Jeder erfolgreiche Wurf zählt einen Punkt, Würfe jenseits der 6,25 m vom Korb entfernten Zweipunktlinie zwei Punkte. Ein »Courtbeobachter« zählt die Punkte (gespielt wird bis 16) und entscheidet in Zweifelsfällen.

■ **Streetworker** [stritwörkᵉr; engl., = Straßenarbeiter] *der,* besonders ausgebildeter Sozialarbeiter, der sich um drogenabhängige, gefährdete oder schon straffällig gewordene Jugendliche innerhalb ihres Wohnbereichs oder Milieus kümmert.

■ **Streichinstrumente** →Saiteninstrumente.

■ **Streichquartett,** kammermusikalisches Ensemble aus zwei Violinen, Bratsche und Violoncello; auch Bezeichnung für eine Komposition für diese Besetzung. Das Streichquartett ist eine wichtige Gattung der Instrumentalmusik, vor allem in der Klassik bei Haydn, Mozart und Beethoven.

■ **Streik** [engl.] *der,* die gemeinsame, planmäßige Einstellung der Arbeit durch eine Gruppe von Arbeitnehmern, um den Arbeitgeber zu veranlassen, bestimmten Forderungen (z. B. nach mehr Lohn oder kürzerer Arbeitszeit) nachzugeben. Dabei verhindern häufig **Streikposten,** dass Arbeitswillige ihren Arbeitsplatz erreichen. Die Arbeitgeber können ihrerseits als äußerstes Mittel die **Aussperrung** einsetzen, indem sie den Zugang zum Betrieb vorübergehend schließen.

Die Gewerkschaften organisieren meist dann einen Streik, wenn vorangegangene Verhandlungen ergebnislos geblieben sind und sich in einer Abstimmung der Gewerkschaftsmitglieder **(Urabstimmung)** ein bestimmter Teil für den Streik ausgesprochen hat. Die Arbeitsniederlegung ohne gewerkschaftliche Leitung wird als **wilder Streik** bezeichnet.

Streikende Gewerkschaftsmitglieder erhalten einen Teil ihres Lohnausfalls aus der gewerkschaftlichen Streikkasse ersetzt. Ohne Urabstimmung kann nur ein **Warnstreik** (in der Regel bis zu zwei Stunden) erfolgen. Der **Schwerpunktstreik** beschränkt sich nur auf ausgesuchte Betriebe. Beim **Bummelstreik** werden die Dienstvorschriften so genau befolgt, dass die Arbeit nur schleppend vorangeht. Politische Streiks, z.B. die Lähmung des gesamten Wirtschaftslebens durch einen **Generalstreik,** um bestimmte Entscheidungen staatlicher Organe zu erzwingen, sind in Deutschland nur in Ausübung des Widerstandsrechts (gegen eine verbrecherische Obrigkeit) erlaubt.

Im Oktober 1925: **Gustav Stresemann** (links) mit seinem französichen Kollegen Aristide Briand; zwischen den beiden Friedensnobelpreisträgern sitzt der britische Außenminister Austen Chamberlain

■ **Stresemann,** Gustav, deutscher Politiker, *Berlin 10. Mai 1878, †ebenda 3. Oktober 1929. Während seiner kurzen Amtszeit als Reichskanzler 1923 gelang eine politische und wirtschaftliche Stabilisierung der Weimarer Republik (Einführung der Rentenmark). Als Außenminister (1923–29) versuchte Stresemann unter schwierigen Bedingungen (zum Teil erfolgreich) eine Verständigung mit den Siegermächten, besonders mit Frankreich, zu erreichen und wurde dabei oft als »Erfüllungspolitiker« des Versailler Vertrags angegriffen. Zusammen mit dem französischen Außenminister Aristide Briand erhielt er 1926 den Friedensnobelpreis.

■ **Stress** [engl.] *der,* im eigentlichen Sinn Bezeichnung für die Summe aller Vorgänge im tierischen und menschlichen Körper, die durch Ausschüttung spezieller Stresshormone (z.B. Adrenalin) eine schnelle Reaktion auf eine erhöhte Beanspruchung ermöglichen; im weiteren Sinn jegliche erhöhte Belastung körperlicher und/oder psychischer Art. Beim Menschen kann lang dauernder, starker Stress gesundheitliche Schäden wie Magengeschwüre, Bluthochdruck oder Herzinfarkt verursachen.

■ **Strichcode** (Barcode), aus unterschiedlich starken, parallelen Strichen verschiedener Abstände bestehender Code. Die in einem Strichcode verschlüsselten Informationen können von einem Zeichenleser (z.B. Lichtstift oder Scanner) erfasst und einem Computer zugeleitet werden. Mit ihrer Hilfe können Artikel nummeriert werden oder ein Lager effizienter verwaltet werden.

■ **Strichvögel,** Vögel, die nach der Brutzeit meist schwarmweise in weitem Umkreis umherschweifen, z.B. Goldammer und Stieglitz. – Ihrem Standort treu bleiben die **Standvögel,** z.B. Rebhuhn, Rabe, Elster, Häher, Amsel, Sperling und Eulen. – auch → Zugvögel.

■ **Stromlinienform,** eine Körperform mit geringem Strömungswiderstand und geringer Wirbelbildung. Wird ein stromlinienförmiger Körper von einem Gas oder einer Flüssigkeit umströmt, so treten keine bremsenden Wirbel auf. Zur Erhöhung der Geschwindigkeit und Verminderung des Kraftstoffverbrauches erhalten deshalb z.B. Kraftfahrzeuge, Flugzeuge und Schiffe eine stromlinienförmige Gestalt.

■ **Strömungslehre,** ein Teilgebiet der Physik, das sich mit den Vorgängen in strömenden Gasen und Flüssigkeiten beschäftigt. Dabei werden vor allem die Vorgänge und Kräfte untersucht, die bei der Umströmung von festen Körpern und beim Durchströmen von Röhren und Kanälen auftreten.

Strontium
chemisches Symbol: Sr
Ordnungszahl: 38
relative Atommasse: 87,62
Dichte (bei 25 °C): 2,64 g/cm^3
Schmelzpunkt: 777 °C
Siedepunkt: 1 382 °C

■ **Strontium** [neulateinisch] *das,* ein metallisches chemisches Element. Das silberweiß glänzende Metall lässt sich leicht schneiden, läuft an den frischen Schnittflächen sehr schnell an und verbindet sich mit Sauerstoff zu Strontiumoxid (SrO), das an feuchter Luft in Strontiumhydroxid, $Sr(OH_2)$, übergeht. Viele Strontiumverbindungen verbrennen mit leuchtend karminroter Farbe, was man sich für farbig abbrennende Feuerwerkskörper zunutze macht. Strontium spielt eine Rolle bei der Herstellung von Hochtemperatursupraleitern. Die radioaktiven Isotope werden in der Nuklearmedizin eingesetzt.

Seine Ballettmusik schuf **Igor Strawinsky** in engster Zusammenarbeit mit dem berühmten russischen Ballettmeister Sergei Diaghilew

■ **Strophe** [griech.] *die,* Verbindung mehrerer Verse (Zeilen) zu einer metrischen Einheit, wobei meist auch der →Reim eine wichtige Rolle spielt. Mehrere Strophen können zu einer größeren Einheit, z. B. einem Gedicht, zusammengefasst sein.

■ **Struktur** [lat.] *die,* Aufbau, Gefüge eines gegliederten Ganzen, bei dem jeder Teil eine bestimmte Funktion erfüllt, die nur vom Ganzen her verständlich ist.

■ **Strychnin** [griech.] *das,* ein sehr giftiges Alkaloid aus dem Samen der Brechnuss. Bereits eine Menge von 0,1 bis 0,3 g Strychnin führt bei erwachsenen Menschen zum Tod durch Atemlähmung.

■ **Stuart** [stju^{er}t; engl.], schottische Dynastie, die ab 1371 in Schottland und 1603–49 sowie 1660–1714 in England und Schottland regierte. Bedeutend waren vor allem Jakob I., Karl I., Karl II. und Jakob II.; bekannt wurde auch →Maria Stuart.

■ **Stuck** [italienisch] *der,* rasch erhärtende Masse aus Gips, Kalk, Sand und Wasser, aus der im feuchten Zustand Figuren und Schmuckformen für Wände und Decken hergestellt werden.

■ **Studio** [italienisch] *das,* **1)** Künstlerwerkstatt, Atelier.

2) *Hörfunk, Film, Fernsehen:* Aufnahme- und Proberaum.

■ **Studium** [lat.] *das,* die Ausbildung an einer →Hochschule, →Universität oder →Fachhochschule; auch die wissenschaftliche Beschäftigung mit einem Wissensgebiet.

■ **Stummheit,** eine Form der Sprachstörung, die durch das Unvermögen, Laute hervorzubringen (zu »sprechen«), gekennzeichnet ist. Häufig trifft man sie infolge von Taubheit als →Taubstummheit an oder aufgrund von Erkrankungen der Sprechorgane. Sie kann auch seelisch bedingt sein (Mutismus).

■ **Stunde,** Einheitenzeichen **h** [von lat. **h**ora], bei Angabe der Uhrzeit auch hochgestellt: ^{h}, gesetzliche Einheit der Zeit; das 3 600fache der atomar definierten Sekunde:

$$1\,\mathrm{h} = 60\,\mathrm{min} = 3\,600\,\mathrm{s}.$$

■ **Stundengebet,** in der katholischen Kirche das dem Klerus und den Ordensleuten für bestimmte Tageszeiten (»Stunden«) vorgeschriebene Gebet.

■ **Stundenkilometer,** unkorrekte Bezeichnung für die Geschwindigkeitseinheit Kilometer je Stunde (km/h).

■ **Stuntman** [stantm^{e}n; engl.] *der,* berufsmäßiger Ersatzschauspieler (Double), der auf die Darstellung von gefährlichen oder akrobatischen Szenen spezialisiert ist.

■ **Stupa** [Sanskrit, = Hügel] *der,* ein ursprünglich hügelartiger Kultbau der buddhistischen Architektur, Grab- oder Erinnerungsmal für Buddha oder einen buddhistischen Heiligen. Über einer zylindrischen Sockelzone erhebt sich ein halbkugeliger, massiver Erd- oder Ziegelbau, darüber ein würfelförmiger Aufbau mit der Reliquienurne. Den Abschluss bilden mehrere steinerne »Schirme« (Symbol indischer Herrscher und Götter).

■ **Sturmflut,** durch auflandigen Sturm erzeugter, außergewöhnlich hoher Wasserstand, der in Buchten, Mündungstrichtern der Flüsse und an Flachküsten besonders ausgeprägt ist und oft schwere Verheerungen hervorruft, z. B. die »Marcellusfluten« 1219, 1267 und 1362 an der Nordsee; die große Sturmflut 1634, die die Insel Nordstrand zerstörte; die Neujahrsflut 1855, in der Alt-Wangerooge unterging; zuletzt die Sturmflutkatastrophen 1953 an der niederländischen Küste und 1962 in der Deutschen Bucht, besonders in Hamburg.

■ **Sturm und Drang** (auch Geniezeit genannt), Epoche der deutschen Literatur (Mitte der 1760er- bis Ende der 1780er-Jahre), die nach dem Drama »Sturm und Drang« (ursprünglicher Titel »Wirrwarr«, 1776) von Friedrich Maximilian Klinger (1752–1831) benannt ist und als Gegenbewegung zur →Aufklärung verstanden werden kann. Die jungen Dichter wandten sich gegen das herrschende Ideal des kühlen Verstandesmenschen und die überlieferten Regeln der Dichtung ebenso wie gegen die starren Formen der absolutistischen Gesellschaft. Sie pochten auf die Freiheit und Originalität des Einzelnen, auf Schöpferkraft, Gefühl und Fantasie. Goethe (»Götz von Berlichingen«, 1773) und Schiller (»Die Räuber«, 1781) gehören mit einigen Werken ihrer Frühzeit zu dieser Gruppe.

■ **Sturmvögel,** auf den offenen Meeren der südlichen Halbkugel, weit entfernt von jeder Küste lebende Vögel mit langen, schmalen Flügeln, die sie zu ausdauerndem Segelflug befähigen. Nur einmal im Jahr verlassen sie das Meer, um auf einsamen Felseninseln zu brüten. Albatrosse sind die größten Sturmvögel.

■ **Stute,** das weibliche Pferd.

■ **Stuttgart,** Hauptstadt von Baden-Württemberg, mit 581 000 Einwohnern. Die Stadt liegt in einem weiten Tal am mittleren Neckar und hat zwei Universitäten, Museen, Theater und einen botanisch-zoologischen Garten (»Wilhelma«). Das Alte Schloss (13./14. Jahrh., 1553 umgebaut) und das Neue Schloss (18. Jahrh.) sowie die Stiftskirche

(14.–16. Jahrh.) wurden wiederhergestellt. – Um 1160 wurde Stuttgart erstmals genannt, 1482 wurde es Residenzstadt Württembergs.

■ **Styx** *der*, in der griechischen Mythologie der Fluss der Unterwelt.

■ **Subjekt** (Satzgegenstand) →Satz.

■ **subjektiv** [lat.], von persönlichen Wertungen bestimmt; einseitig, voreingenommen; Gegensatz: objektiv.

■ **Sublimation** →Verdampfung.

■ **Substantiv** [lat.] *das* (Hauptwort, Dingwort), eine Wortart zur Benennung von Lebewesen, Dingen oder Begriffen (Gedachtes). Substantive werden nach den Regeln der deutschen Rechtschreibung mit großen Anfangsbuchstaben geschrieben. Sie gehören zur Kategorie der Nomen.
Mehr als die Hälfte aller Wörter der deutschen Sprache sind Substantive; aufgrund der häufigen Ableitungssilben -ung, -heit, -keit, -ei überwiegt das grammatische weibliche Geschlecht. Die Wörter jeder anderen Wortart können auch substantiviert werden, z. B. das *Tun* und *Lassen*, das große *Aber*, das *Du*, das *Große*, das *Gestern*.
Man unterscheidet beim Substantiv im Deutschen drei grammatische Geschlechter: das männliche (**Maskulinum**, z. B. der Tisch), das weibliche (**Femininum**, z. B. die Tür) und das sächliche (**Neutrum**, z. B. das Fenster).
Die Substantive werden unterteilt in **Konkreta** (Einzahl: Konkretum), Wörter, die sinnlich wahrnehmbare Gegenstände (z. B. *Frau, Haus*) bezeichnen, und **Abstrakta** (Einzahl: Abstraktum), Wörter, die sinnlich nicht Wahrnehmbares, z. B. Eigenschaften *(Fleiß)*, Zustände *(Frieden)*, Beziehungen *(Freundschaft)*, Vorgänge *(Erholung)*, bezeichnen.

■ **Substanz** [lat.] *die*, **1)** *allgemein:* Stoff, Materie, Material; das Vorhandene (Grundstock an Vermögen, verfügbare Kräfte); das Wesentliche, Wichtige, den Wert oder Gehalt Ausmachende.
2) *Philosophie:* das eigentliche Wesen der Dinge, der Begriff zur Bestimmung des Seins des Seienden; etwas, was Träger von Eigenschaften ist und im Wechsel beharrt.

■ **Substitution** [lat.] *die*, das Austauschen von Atomen oder Atomgruppen in einem (meist organischen) Molekül durch gleichwertige andere **Substituenten** unter Erhaltung des gesamten übrigen Atomgerüsts einer chemischen Verbindung.

■ **Subtraktion** [lat.] *die* (Abziehen), eine der vier Grundrechenarten. Bei der Subtraktion wird der Unterschied (Differenz) zwischen zwei Zahlen ermittelt. Die Zahl, von der man abzieht, heißt **Minuend**, die, die abgezogen wird, **Subtrahend**, das Ergebnis **Differenz**. Die Subtraktion stellt die Umkehrung der →Addition dar.

■ **Subtropen**, Klimazone zwischen den Tropen und der gemäßigten Zone der mittleren Breiten. Im jahreszeitlichen Wechsel bestimmen tropische, trockene und heiße Luftmassen im Sommer und milde, meist feuchte Luftmassen im Winter das Wettergeschehen.

■ **Subvention** [lat.] *die*, der Zuschuss, den der Staat einzelnen Unternehmen, Wirtschaftszweigen oder Wirtschaftsgebieten gewährt.

■ **Suchmaschine**, Programmsystem, das die gezielte Suche nach Informationen im Internet ermöglicht.

■ **Sucht**, heute zunehmend durch den Begriff der »Abhängigkeit« (insbesondere Drogenabhängigkeit und Alkoholkrankheit) ersetzte Bezeichnung für einen Zustand der zeitweisen oder ständigen Vergiftung, der durch wiederholten Gebrauch einer natürlichen oder synthetischen →Droge hervorgerufen wird und seelische, körperliche und soziale Probleme zur Folge hat.
Diese Definition für Sucht- und Abhängigkeit der Weltgesundheitsorganisation (WHO) galt lange Zeit nur für Suchtmittel (Rauschgifte). Später wurde der Suchtbegriff auch auf »stoffungebundene« Süchte (vor allem Spielsucht, Arbeitssucht und die verschiedenen Formen der →Essstörungen, z. B. Magersucht, angewendet.
Eine Sucht ist das Ergebnis einer Entwicklung, in der vier Faktoren die Entstehung bestimmen:
1. Die **Droge** selbst, die auf unterschiedliche Weise eingenommen und dosiert werden kann, die bei jedem Menschen früher oder später zu einer Gewöhnung führt und auf die jeder unterschiedlich reagiert.
2. Die **Persönlichkeit** eines Menschen, der Drogen nimmt, ist auch immer in besonderer Weise geprägt. Hier spielen die Lebensumstände in der Kindheit, die sexuelle Entwicklung, eine augenblickliche Stresssituation, eine bestimmte Erwartungshaltung sowie Erbfaktoren eine Rolle.
3. Wichtig ist auch das **Milieu**, in dem ein Mensch lebt, die familiäre Situation, der Beruf, die Wirtschaftslage, der soziale Status und die Religion.
4. Schließlich hat auch der **Markt** einen Einfluss auf die Entwicklung einer Sucht: die Verfügbarkeit einer Droge, Einflüsse von Werbung und Mode sowie allgemeine Konsumgewohnheiten.
Suchtmittel können im lebenden Organismus eine oder mehrere Funktionen ändern, vor allem durch halluzinogene, beruhigende, betäubende oder aufputschende Wirkung auf das Zentralnervensystem.

Eine Sucht ist demnach also eine Abhängigkeitserkrankung und kein schuldhaftes Laster »haltloser« und »willensschwacher« Charaktere. Jeder kann süchtig werden, denn es gibt keinen absoluten und schon gar keinen lebenslangen »Schutz« vor der Sucht. Dabei unterscheidet man zwei Formen der Abhängigkeit:
Seelische (psychische) Abhängigkeit liegt vor, wenn der der Konsument den starken Zwang verspürt, die Droge anzuwenden, um ein scheinbares seelisches Gleichgewicht wieder herzustellen oder einen bestimmten gefühlsmäßigen Zustand (z. B. Freude, Gelassenheit, Entspannung) zu erreichen. **Körperliche (physische) Abhängigkeit** zeigt sich, wenn einem Abhängigen die Droge entzogen wird und der Körper mit »Entzugserscheinungen« (z. B. Gliederschmerzen, erhöhte Pulsfrequenz, Schweißausbrüche, Schüttelfrost) reagiert; diese Entzugserscheinungen sind jedoch bei einer Entziehung (Entgiftung) im Krankenhaus relativ leicht zu beheben.
Neben persönlichen gesundheitsbeeinträchtigenden Folgen hat der Suchtmittelmissbrauch in der Regel auch persönliche soziale Folgen und Auswirkungen auf die gesamte Gesellschaft. So wird in einer marktwirtschaftlich organisierten, konsumorientierten Industriegesellschaft die Entscheidung zum Suchtmittelkonsum als souveräne Entscheidung über den eigenen Körper begriffen, als eine Selbstschädigung, die auch der Staat nicht mit Strafe bedroht (daher ist der *Konsum* illegaler Drogen in Deutschland straflos, nicht jedoch deren *Erwerb* und *Besitz*).
Dieser Respekt des Staates vor dem Individuum belastet bei Abhängigkeitserkrankungen indes objektiv die Gesellschaft, da materiell immense volkswirtschaftliche Schäden zu Buche schlagen. So lagen z. B. in 1997 in Deutschland die Kosten der durch Alkohol verursachten Verkehrsunfälle sowie Unfälle in anderen Bereichen bei rund 40 Milliarden DM. Die jährlichen Schäden, die sich durch das Genussmittel Tabak ergaben, machten rund 80 Milliarden DM aus.

■ **Sucre,** verfassungsmäßige Hauptstadt (nicht Regierungssitz) von Bolivien, mit 131 000 Einwohnern, im Bolivianischen Hochland 2 800 m über dem Meeresspiegel gelegen. Die 1624 gegründete Universität ist eine der ältesten Hochschulen Südamerikas. In der Altstadt sind bedeutende Bauten der Kolonialzeit erhalten (Weltkulturerbe der UNESCO). – Sucre wurde 1538 an der Stelle einer Inkasiedlung gegründet und 1839 zur Hauptstadt erhoben; deren Funktionen gingen jedoch allmählich auf La Paz über.

Südafrika

Flagge

Wappen

Südafrika
Fläche 1 219 090 km²
Einwohner 44,295 Mio.
Hauptstadt Pretoria
Amtssprachen Englisch, Afrikaans und neun Bantusprachen
Nationalfeiertage 27. 4. und 16. 12.
Währung 1 Rand (R) = 100 Cents (c)
Zeitzone MEZ +1 Std.

■ **Südafrika,** Republik im Süden des afrikanischen Kontinents. Von der Bevölkerung sind etwa 77 % Bantu (vor allem Zulu, Xhosa, Sotho und Tswana), 12 % Weiße, 8,5 % Mischlinge und 2,5 % Asiaten (meist Inder).
Landesnatur: Das Zentralgebiet ist ein muldenförmiges Hochland mit niedrigen Höhenrücken und vielen Einzelbergen. Es senkt sich nach Norden zur Kalahari. Randgebirge (z. B. im Osten die bis über 3 000 m hohen Drakensberge) trennen das innere Hochland von den meist nur schmalen Küstenstreifen. Im Nordosten liegt in 150 – 750 m Höhe der bekannte **Krüger-Nationalpark,** in dem Reste der einst reichen Tierwelt geschützt werden (Elefanten, Nilpferde, Nashörner, Antilopen, Leoparden, Geparde und andere Großtiere).
Das *Klima* ist subtropisch, im äußersten Süden mediterran mit Winterregen. Südafrika ist arm an Wald, im Innern herrscht Grassteppe vor.
Die bedeutende *Landwirtschaft* liefert vor allem Mais, Weizen, Kartoffeln, Ölfrüchte, Zuckerrohr, Baumwolle, Tabak, Obst und Wein sowie Schaf- und Ziegenwolle (Mohairwolle).
Wichtigster Wirtschaftszweig ist aber die *Industrie,* für die die reichen Bodenschätze eine wesentliche Grundlage sind: Gold, Vanadium, Chrom, Platin, Mangan, Diamanten und Lithium. Beachtlich sind auch die Kohlevorräte. Das Hauptindustriegebiet liegt um Johannesburg (vor allem Eisen- und Stahl- sowie chemische Industrie), weitere Indus-

triezentren sind die Hafenstädte Durban, Kapstadt, Port Elizabeth und East London.

Geschichte: Seit 1652 entstand in Südafrika die niederländische Kapkolonie, in der sich neben den schwarzen Einwohnern (Buschleute, Hottentotten, seit dem 16. Jahrh. auch Bantuvölker) auch als Viehzüchter nomadisch lebende »Treck-Buren« und sesshafte Weiße niederließen, die sich seit 1800 Afrikaander nannten. Die britische Eroberung 1806 löste die Auswanderung der Buren nach Norden aus (»Großer Treck«), was zu Kriegen mit den dort lebenden Stämmen und zur Gründung von Republiken führte. Zwischen 1852 und 1860 erkannte Großbritannien den Oranjefreistaat und die Südafrikanische Republik (heute Transvaal) an, die jedoch unter britische Oberhoheit gestellt wurden. Nach ihrer Niederlage im Burenkrieg (1899–1902) wurden die Republiken britische Kolonien und 1910 zum Dominion Südafrikanische Union vereint.

1912 gründeten schwarze Intellektuelle den Afrikanischen Nationalkongress (ANC), der gegen die Beschränkungen der politischen Rechte der Schwarzen kämpfte. 1948 bildete der radikale Flügel der National Party die Regierung, die die Politik der →Apartheid verstärkte: Rassentrennung und systematische Unterdrückung der schwarzen Bevölkerungsmehrheit bestimmten den Alltag. Dadurch geriet die Union in immer stärkeren Gegensatz zu Großbritannien und den übrigen Ländern des Commonwealth, aus dem das Land 1961 als unabhängige Republik Südafrika ausschied.

Im Rahmen der Apartheidspolitik waren schon 1913 Einheimischenreservate geschaffen worden, später folgten so genannte Heimatländer (Homelands), in denen verschiedenen Stämmen eine gewisse Selbstverwaltung gewährt wurde. 1976 erklärte Südafrika die Transkei, 1977 Bophuthatswana, 1979 Venda und 1981 Ciskei für unabhängig, jedoch wurden diese von keinem Staat anerkannt.

Nach gewalttätigen Auseinandersetzungen zwischen Schwarzen und Weißen (z. B. 1976 in Soweto) wurden 1977 die Organisationen der Schwarzen verboten. 1990 musste sich Südafrika dem internationalen Druck beugen und Namibia in die Unabhängigkeit entlassen.

Seit 1989 setzte sich Präsident Frederik Willem de Klerk für eine vorsichtige Lockerung der Apartheidspolitik ein. 1990 begnadigte er die führende Persönlichkeit des ANC, Nelson Mandela, der seit 1964 inhaftiert gewesen war; zugleich hob er das Verbot des ANC auf. 1991 wurden mit der Abschaffung der Gesetze über die Registrierung der Bevölkerung, über rassenmäßig getrennte Wohngebiete und über den Bodenbesitz wichtige Grundlagen der bisherigen Apartheidspolitik abgeschafft. Bei den Parlamentswahlen von 1994 gewann der ANC die absolute Mehrheit der Stimmen, noch im gleichen Jahr wurde Mandela zum ersten schwarzen Staatspräsidenten der Republik Südafrika gewählt; sein Nachfolger wurde 1999 Thabo Mbeki (*1942).

■ **Südamerika,** der viertgrößte Kontinent der Erde, der südliche Teil des Doppelkontinents Amerika, mit 17,6 Mio. km² und 313 Mio. Einwohnern. Er wird im Westen vom Pazifischen Ozean, im Süden von der Drakestraße, im Osten vom Atlantischen Ozean und im Norden vom Karibischen Meer umgeben. Über die Landbrücke von Mittelamerika ist der Kontinent mit Nordamerika verbunden.

Geographische Gliederung: Die Oberflächengestalt zeigt eine Grobgliederung in das Hochgebirge des Westens (Anden), das Tiefland in der Mitte und das Bergland im Osten. Die Anden ziehen sich über 7 000 km entlang der Westküste und erreichen im Aconcagua mit 6 959 m ihren höchsten Gipfel. Die Tiefländer der Mitte werden durch Orinoco, Amazonas und Rio de la Plata als Beckenlandschaften geprägt und zum Atlantik entwässert. Die Gebirge im Osten (Bergland von Guayana und Brasilianisches Bergland) bestehen aus Urgestein und erreichen Höhen von 3 000 m.

Klima und *Vegetation:* Klimatisch gehört der größte Teil des Kontinents zu den Tropen. Der Norden steht unter dem Einfluss der Passate, der Süden

Südamerika: Staatliche Gliederung

Staat	Fläche in km²	Einwohner in 1 000	Hauptstadt/ Hauptort
Argentinien	2 780 400	36 577	Buenos Aires
Bolivien	1 098 581	8 142	Sucre/La Paz
Brasilien	8 547 404	171 853	Brasília
Chile	756 626	15 019	Santiago de Chile
Ecuador	272 045 1)	12 562	Quito
Guyana	214 969	855	Georgetown
Kolumbien	1 141 748	41 564	Bogotá
Paraguay	406 752	5 360	Asunción
Peru	1 285 216	25 230	Lima
Surinam	163 820	416	Paramaribo
Uruguay	177 414	3 313	Montevideo
Venezuela	912 050	23 706	Caracas
abhängige Gebiete			
von Frankreich Französisch-Guayana	83 534	167	Cayenne
von Großbritannien Falklandinseln	12 173	3	Stanley

1) nach anderen Angaben 283 561 km²

Wörter, die man unter S vermisst, suche man unter Sch oder Z

Chiles und Westpatagonien liegen in der Westwindzone. Die mittlere Westküste weist (wie auch in Afrika) Wüstenklima auf. Das Klima im Bereich der Anden wird von der Höhenlage bestimmt.
Die Vegetation verzeichnet im Amazonasgebiet das größte Waldreservoir der Erde. Es geht nach Norden und Süden mit periodischen Trockenzeiten in Savannen über. Zu diesen gehören die »Llanos« (Flussebenen) des Orinoco, die Campos Zentralbrasiliens und der Gran Chaco. An diese Parklandschaft schließen sich die Grasfluren der Pampas an. Die noch trockenere Südspitze lässt nur noch Strauchsteppen mit Büschelgräsern zu. Die Westseite Südamerikas hat im Norden tropische Regenwälder, dann Halbwüste und Wüste, schließlich in Mittelchile Hartlaubgewächse wie in den europäischen Mittelmeerländern.
Südamerika verfügt über eine artenreiche *Tierwelt:*

Entdeckung und Erforschung Süd- und Mittelamerikas

Mittelamerika

1492	Kolumbus entdeckt eine der Bahamainseln, Kuba und Haiti, 1493–96 Puerto Rico und Jamaika, 1498–1500 Trinidad und den Nordosten Südamerikas (Pariahalbinsel); 1505–04 die Küste der heutigen Staaten Honduras, Nicaragua, Costa Rica und Panama
1513	V. N. de Balboa quert die Landenge von Panama
1518	J. de Grijalva umsegelt die Nordküste von Yucatán und gelangt bis in die Gegend von Veracruz; er berichtet von der Mayakultur und vom Reich der Azteken
1519–21	H. Cortés erobert Mexiko
1523–24	P. de Alvarado erobert Guatemala und El Salvador
1528–31	N. de Guzmán erreicht das Gebiet des heutigen mexikanischen Staats Sinola und gründet Culiacán

Südamerika

1498	Kolumbus entdeckt Südamerika während seiner dritten Reise
1499	A. de Hojeda erkundet (mit Amerigo Vespucci) die Nordküste Südamerikas
1500	V. Y. Pinzón entdeckt die Amazonasmündung
1500	P. A. Cabral gelangt an die Küste Brasiliens und nimmt das Land für Portugal in Besitz
1516	J. D. de Solís entdeckt die La-Plata-Mündung
1520	F. de Magalhães erreicht das südliche Ende des Kontinents
1526–30	S. Caboto fährt den Paraná und den Paraguay aufwärts und erreicht die Gegend des heutigen Asunción
1528–30	Erwerb des Küstengebiets Venezuelas durch die Welser und Erkundung des Landesinnern (G. Hohermuth, N. Federmann u. a.) auf der Suche nach dem Goldland (»Eldorado«)
1523–33	F. Pizarro erobert das Inkareich
1534–36	S. de Benalcázar erobert von Peru aus Ecuador und gründet Guayaquil
1535–37	D. de Almagro gelangt von Peru nach Chile
1536	P. de Mendoza gründet Buenos Aires
1537	P. de Ayolas gründet Asunción, quert den Gran Chaco und erreicht die Anden
1540–46	P. de Valdivia erobert Chile, 1549–53 Kämpfe gegen die Araukaner
1541–42	G. Pizarro quert von Quinto aus die Anden bis zum östlichen Amazonastiefland am Rio Napo
1541–42	F. de Orellana befährt von Peru aus erstmals den Amazonas bis zur Mündung
1547–48	D. M. de Irala erreicht von Asunción aus Bolivien (Gegend des heutigen Sucre)
1558	J. Ladrillero nimmt Teile der Westküste Patagoniens auf und durchfährt die Magellanstraße zum ersten Mal von West nach Ost
1616	J. Le Maire umsegelt den Feuerlandarchipel
1691	Pater S. Fritz zeichnet die erste genauere Karte des Amazonas
1735–43	C. M. de La Condamine und P. Bouguer im heutigen Ecuador zur Messung eines Meridiangrads
1793–1816	T. Haenke im zentralen andinen Südamerika
1799–1804	A. von Humboldts Forschungsreise
1838–42	J. J. von Tschudi in Peru, 1857–59 Forschungen in Brasilien, den La-Plata-Ländern, Querung der Anden, dann in Bolivien und Peru
1869–70	G. C. Musters erforscht das Innere Patagoniens
1876–82	J. N. Crevaux erforscht Amazonien und Guayana

Bei den Säugetieren sind Ameisenbär, Faultier, Jaguar, Tapir, Wasserschwein, Gürteltier und Guanako typisch, bei den Vögeln Hokkohühner, Kondore, Nandus und viele Kolibri- sowie Papageienarten. Krokodile sind mit mehreren Arten vertreten, bei den Süßwasserfischen zählen die Raubfische (Piranhas) zu den Besonderheiten.
Die *Bevölkerung* ist durch die neuzeitlichen Einwanderungen geprägt. Die indianische Urbevölkerung ist von Weißen und Schwarzen stark zurückgedrängt, nur in den Anden Boliviens, Perus und Ecuadors hat sie sich behaupten können. Spanier und Portugiesen haben Südamerika zu einem Gebiet romanischer Sprachen und Kulturen (»Lateinamerika«) gemacht. Die Sklavenhaltung für die Plantagenwirtschaft brachte besonders Brasilien einen hohen Anteil an Schwarzen. Das 19. Jahrh. führte starke europäische Einwandererströme vor allem nach Argentinien, Uruguay, Brasilien und Chile.
Die *Wirtschaft* zeigt eine starke Abhängigkeit der meisten südamerikanischen Länder von Rohstoffexporten. Kaffee ist das führende Anbau- und Exportprodukt, es folgen Kakao, Bananen, Zuckerrohr und Zitrusfrüchte. Bedeutung hat auch die Mais- und Weizenproduktion der Pampa Argentiniens, daneben Tabak, Soja und Baumwolle. Die umfangreich vorhandenen mineralischen Rohstoffe erbringen aufgrund steten Preisverfalls nicht die gewünschten Einnahmen, auch die Ölförderung (Venezuela, Brasilien, Argentinien) brachte nicht die erhofften Steigerungsraten.
Die Industrie zeigt eine sehr ungleiche Verteilung: So konzentrieren sich z. B. 80 % der Industrieproduktion Brasiliens auf das Städtedreieck São Paulo – Belo Horizonte – Rio de Janeiro; 75 % der Industrie Uruguays und Argentiniens ballen sich um Montevideo und die Region Buenos Aires. Mit groß angelegten Kolonisationsprojekten suchte man gegenzusteuern; deren ökologische Folgen (Waldvernichtung, Treibhauseffekt) sind heute unabsehbar.
Das *Verkehrswesen* ist geprägt von der Transatlantischen Straße an der Westküste (Panamericana), den großen Hafenstädten am Atlantik mit ihren Hinterlandverbindungen sowie die teilweise schiffbaren Stromsysteme. Zunehmende Bedeutung hat der Flugverkehr.
Geschichte: Die früheste Besiedlung Südamerikas ist für etwa 30 000 v. Chr. nachgewiesen. Es entwickelten sich regional unterschiedliche Kulturen; Ackerbau und Töpferei waren seit dem 3. Jahrtausend v. Chr. bekannt. Seit dem 1. Jahrtausend v. Chr. entstanden die ersten indianischen Hochkulturen in den Anden mit Städten, die von Monumentalbauten geprägt waren. Goldschmiedekunst und Töpferei waren hoch entwickelt. Im 3. Jahrh. n. Chr. entstanden in Bolivien und Peru Hochkulturen, die seit dem 10. Jahrh. zum Reich der →Inka gehörten. Seit dem 16. Jahrh. eroberten die Europäer Südamerika. Als erste gründeten die Spanier Kolonialreiche, so 1543 das Vizekönigreich Peru mit der Hauptstadt Lima, 1739 Neugranada, das die heutigen Länder Ecuador, Kolumbien, Panama und Venezuela umfasste, 1776 Rio de la Plata, das die heutigen Länder Argentinien, Uruguay, Paraguay und Bolivien verwaltete. Brasilien wurde von Portugiesen erobert. Die Unabhängigkeitsbestrebungen der einzelnen Länder setzten (mit Unterstützung der USA) im 19. Jahrh. ein.

Sudan
Fläche 2 505 813 km²
Einwohner 28,526 Mio.
Hauptstadt Khartoum
Amtssprache Arabisch
Nationalfeiertag 1. 1.
Währung 1 Sudanesisches Pfund (sud£) = 100 Piastres (PT.)
Zeitzone MEZ +1 Std.

Sudan

Flagge

Wappen

Sudan, Republik beiderseits des oberen Nil, in Nordostafrika, flächenmäßig der größte Staat Afrikas. Die Bevölkerung (Sudanesen) besteht aus einer Vielzahl von ethnischen Gruppen. Es herrscht ein Gegensatz zwischen den meist muslimischen Sudanarabern (rund 49 %) im Norden und den teils christlichen, teils animistischen Südsudanesen. Der Sudan ähnelt einem weiten Becken, das fast allseitig zu Gebirgen ansteigt; im Norden gibt es völlig regenlose Gebiete, im Süden regnet es neun Monate im Jahr. Angebaut werden vor allem. Baumwolle, Hirse, Weizen, Erdnüsse und Zuckerrohr. Das wichtigste Bewässerungsgebiet liegt zwischen Blauem und Weißem Nil. Von Nomaden wird Viehwirtschaft betrieben (Rinder, Schafe, Kamele, Ziegen). Bedeutend ist die Gewinnung von Gummiarabikum (80% der Weltproduktion). Die wenig entwickelte Industrie verarbeitet vorwiegend landwirtschaftliche Produkte und findet sich hauptsächlich bei Khartoum.

Geschichte: Das obere Niltal wurde von den Pharaonen kolonisiert. Von etwa 900 bis 300 v. Chr. bestand dort das Reich Kusch. Im 6. Jahrh. drang das Christentum aus Ägypten vor. Es entstanden eine Reihe christlich-nubischer Staaten (→Nubien). 1899 begann die englisch-ägyptische Herrschaft über den Sudan, der seit 1956 eine unabhängige Republik ist. Seit den 1980er-Jahren führten zunehmende Spannungen zwischen dem arabisch-islamischen Norden und dem christlich-schwarzafrikanischen Süden sowie die radikale Islamisierungspolitik der Regierung zu einem Bürgerkrieg, der bis heute andauert.

■ **Süden,** Himmelsrichtung, die durch den **Südpunkt,** den Schnittpunkt des Mittagskreises mit dem südlichen Gesichtskreis, festgelegt ist.

■ **Sudeten,** waldreiches Mittelgebirge mit vielen Gebirgsketten in der Tschechischen Republik, Polen und Deutschland (Sachsen); im Riesengebirge 1602 m hoch (Schneekoppe). In den Sudeten entspringen Elbe und Oder. Die Täler sind dicht besiedelt.

■ **Sudetendeutsche,** 1902 geprägte Bezeichnung für die deutschsprachige Bevölkerung in Böhmen und Mähren, die seit 1919/20 Bürger der neu gegründeten Tschechoslowakei waren. Ihr Siedlungsgebiet an den Rändern der Sudeten und im tschechischen Teil des Erzgebirges wurde seit den 1930er-Jahren allgemein **Sudetenland** genannt; Hauptort war Reichenberg. Die Nationalitätenprobleme in der Tschechoslowakei, die auch die Sudetendeutschen betrafen, benutzte Hitler für seine Zwecke; das Sudetenland wurde 1938 Deutschland einverleibt (Münchner Abkommen). Nach dem Zweiten Weltkrieg fiel das Gebiet an die Tschechoslowakei zurück, die Sudetendeutschen wurden fast vollständig vertrieben.

■ **Süd-Korea** →Korea (Süd-Korea).

■ **Südpol,** der südliche Schnittpunkt der gedachten Erdachse mit der Erdoberfläche, der am weitesten vom Äquator entfernt liegende Punkt der Südhalbkugel. – auch →Antarktis.

■ **Südsee,** Bezeichnung für die Teile des Pazifischen Ozeans, in denen die Inseln →Ozeaniens liegen.

■ **Südtirol** (italienisch Alto Adige, 1948–72 amtliche deutsche Bezeichnung: Tiroler Etschland), der südlich des Brenners gelegene Teil der ehemaligen Grafschaft Tirol, entspricht dem Gebiet der italienischen autonomen Provinz Bozen, die den Nordteil der italienischen autonomen Region Trentino-Südtirol bildet, mit 7400 km^2 und 423000 Einwohnern. In den Tälern von Etsch und Eisack werden Obst und Wein angebaut. Mit seinem milden Klima zieht Südtirol zahlreiche Touristen an. Bei der Volkszählung 1991 gaben 68% der Bevölkerung Deutsch, 28% Italienisch und 4% Ladinisch (ein Dialekt des Rätoromanischen) als Muttersprache an.

Geschichte: Nach dem Ersten Weltkrieg musste Österreich Südtirol, den südlichen Teil →Tirols, an Italien abtreten. Besonders während der Zeit des Faschismus wurde der Zuzug von Italienern in das deutschsprachige Gebiet gefördert; 1939 wurde mit Hitler ein Abkommen über die Umsiedlung der deutschsprachigen Tiroler nach Deutschland geschlossen (jedoch kaum verwirklicht). 1946 wurde die österreichische Forderung nach einer Rückgliederung des deutschsprachigen Teils an Österreich abgelehnt. Seit 1969 ist die Gleichstellung der deutsch und der italienisch sprechenden Bevölkerung garantiert, doch erst 1992 wurden alle praktischen Bestimmungen eines Autonomiestatuts gesetzlich verankert.

■ **Südwestafrika** →Namibia.

■ **Suezkanal** (Sueskanal), Seeschifffahrtskanal in Ägypten. Er verbindet das Mittelmeer mit dem Roten Meer und erspart damit die Umschiffung Afrikas auf dem Weg zwischen Europa und Asien. Der Suezkanal wurde 1869 mit einer Länge von 164 km eröffnet und später mehrmals ausgebaut. Seine Gesamtlänge beträgt heute 195 km, seine Breite 160 bis 190 m, seine Tiefe 19,5 bis 20 m.

Die Durchfahrt dauert rund 15 Stunden und erfolgt im Geleitzug von 20 und mehr Schiffen (täglich zweimal in südlicher und einmal in nördlicher Richtung). Der Kanal hat keine Schleusen. Ein Straßentunnel unter dem Suezkanal besteht seit 1980.

Der Kanal wurde 1859–69 von Ferdinand von Lesseps (1805–94) erbaut. 1956 (→Suezkrise) sowie vom Sechstagekrieg 1967 (→Nahostkonflikt) bis 1975 war er gesperrt. – Karte S. 238

■ **Suezkrise,** politisch-militärischer Konflikt, der durch die Verstaatlichung der Suezkanalgesellschaft durch Ägypten (Juli 1956) ausgelöst wurde. Die Suezkrise führte zum **Suezkrieg** (Oktober–November 1956), in dem britische und französische Truppen einen Luftlandeangriff unternahmen und israelische Streitkräfte die Halbinsel Sinai und den Gazastreifen besetzten. Der Suezkanal wurde geschlossen und erst nach Beendigung des Konflikts (Abzug aller fremden Truppen, Entsendung einer UN-Friedenstruppe) im April 1957 wieder geöffnet.

■ **Suffix** →Nachsilbe.

■ **Sufismus** *der,* mystische Richtung des Islam, benannt nach den mit einem Büßergewand aus Wolle (arabisch suf) bekleideten ersten Anhängern **(Sufis).** Der Sufismus, der erstmals in Mesopotamien Anfang des 8. Jahrh. nachweisbar ist, erstrebt eine Verinnerlichung des Islam; im Mittelpunkt steht der Gedanke der reinen Gottesliebe.

■ **Suggestion** [lat.] *die,* Beeinflussung eines Menschen (oder auch vieler als Massensuggestion) mit dem Ziel, ihn zu einem bestimmten Verhalten zu veranlassen. Besonders die Werbung bedient sich der Suggestion, indem sie den Kunden bestimmte Kaufinteressen (»Bedürfnisse«) **suggeriert** (»einredet«).

■ **Suite** [swit^{e}; frz., = Folge] *die,* mehrsätzige Instrumentalkomposition, die aus einer Folge von Tänzen oder tanzartigen Sätzen gegensätzlicher Art und Bewegung, aber meist gleicher Tonart besteht, vor allem aus Allemande, Courante, Sarabande und Gigue. Die Suite war eine wichtige instrumentale Gattung in der Musik des Barock.

■ **Suizid** [lat.] *der* oder *das,* der →Selbstmord.

■ **Sukkulenten** [lat., von sucus, = Saft], Pflanzen, die an sehr trockenen Standorten wachsen können. Um auch lange Dürreperioden zu überstehen, speichern sie in ihrem großzelligen Gewebe Wasser, vor allem in Blättern (Blattsukkulenz, z. B. bei Agaven), Wurzeln (Wurzelsukkulenz, bei einigen Pelargonienarten) und Sprossachsen (Stammsukkulenz, z. B. bei Kakteen).

■ **Sulawesi** →Celebes.

■ **Sulfate** [lat.], die Salze der Schwefelsäure (→Schwefel).

■ **Sulfide** [lat.], die Salze der Schwefelwasserstoffsäure (→Schwefel).

■ **Sulfite** [lat.], die Salze der schwefligen Säure (H_2SO_3), z. B. Na_2SO_3 (Natriumsulfit).

■ **Sulla,** Lucius Cornelius, römischer Feldherr und Staatsmann, *138 v. Chr., †bei Puteoli (heute Pozzuoli) 78 v. Chr. Während Sulla als Konsul den Kampf gegen die Parther führte, ließ sich sein Gegner Marius in Rom durch Volksbeschluss den Oberbefehl über das Heer übertragen. Nach dem Sieg über den parthischen König Mithridates VI. erschien Sulla 83 mit seinem Heer in Italien und besiegte die Anhänger des Marius. 82–79 war er Diktator.

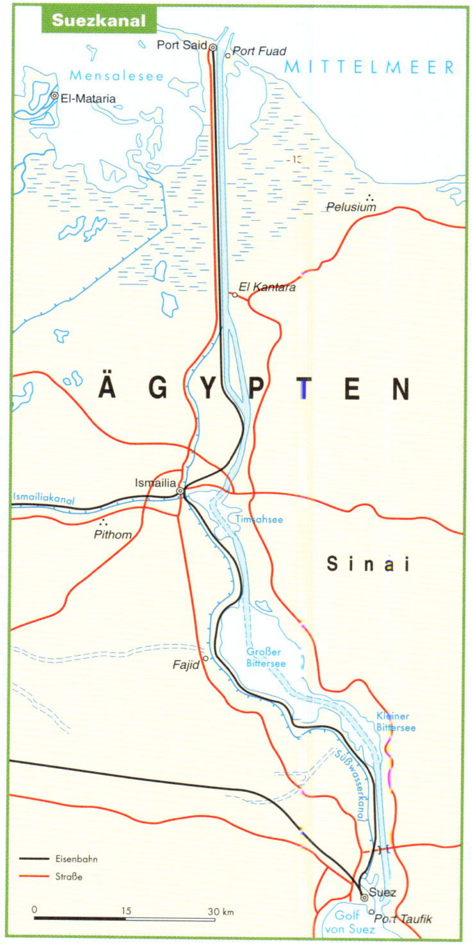

■ **Sultan** [arabisch] *der,* historischer Herrschertitel in islamischen Ländern, in der Türkei bis 1922 gebräuchlich.

■ **Sultaninen** →Rosinen.

■ **Sumatra** [auch: su...] (indonesisch Sumatera), Insel des Malaiischen Archipels, zweitgrößte der Großen Sundainseln, Indonesien, mit 425 000 km^2 und 41,19 Mio. Einwohnern (Indonesier und Chinesen). Entlang der Westküste ziehen sich hohe Gebirgsketten mit tätigen Vulkanen; hier liegen auch mehrere Häfen, während die Ostküste schwer zugänglich ist, da sie mit Mangrovenwäldern bedeckt ist, denen sich weite Sumpfgebiete anschließen. Die tropischen Regenwälder wurden bereits stark abgeholzt. Angebaut werden Reis, Tabak, Kautschukbäume, Tee, Kaffee, Sisal, Ölpalmen und Pfeffer. Aus Sumatra stammen mehr als 80% der indonesischen Erdölförderung. Außerdem wird Kohle abgebaut.

■ **Sumerer,** die Bewohner des Landes Sumer (Süd- und Mittelbabylonien), ein Volk unbekannter Herkunft, das seit Ende des 4. Jahrtausends v. Chr. nachweisbar ist. Die Sumerer gründeten Stadtstaaten (u. a. Uruk, Kisch, Ur, Lagasch und Umma) und waren maßgeblich an der Entwicklung der altorientalischen Hochkultur beteiligt. Von ihnen stammen die ältesten Zeugnisse einer Schrift (→Keilschrift). Die Sumerer entwickelten eine reiche Mythologie und schufen besonders im 3. Jahrtausend großartige Kunstwerke (Tempelbauten, Plastiken, Metallarbeiten).

■ **Summand** [lat.] *der,* bei der Addition die zu addierende Zahl.

■ **Sumpfdotterblume** →Dotterblumen.

■ **Sundainseln,** Inseln in Südostasien, im Malaiischen Archipel. Die vier **Großen Sundainseln** (Borneo, Sumatra, Celebes, Java) und die zahlreichen **Kleinen Sundainseln** östlich von Java (u. a. Bali) gehören mit Ausnahme des nördlichen Borneo zu Indonesien.

■ **Sünde,** die (bewusste) Verletzung oder Missachtung eines auf Gott, die Götter oder das Heilige zurückgeführten Gesetzes, Gebotes oder gebotenen Treueverhältnisses. Für die christliche Theologie entspringen die menschlichen Einzelsünden der »Ursünde« des Menschengeschlechts, der **Erbsünde,** dem durch die Sünde Adams und Evas ererbten Zustand der Ungnade vor Gott. Die katholische Theologie betont vor allem die Einzelsünden des Menschen unterschieden in lässliche und schwere Sünden, die evangelische Theologie eher seine grundsätzlich »sündhafte« Natur als Folge der ererbten Ursünde – auch →Beichte.

■ **Sunniten** [arabisch], die größere (etwa 90%) der beiden Hauptrichtungen des →Islam. Die Sunniten verstehen sich als die islamische Orthodoxie und erkannten im Gegensatz zu den →Schiiten auch die Kalifen als rechtmäßige Nachfolger Mohammeds an, die nicht seiner Nachkommenschaft entstammten (erstmals der 5. Kalif Moawija, 661–680). Grundlage ihres Glaubens ist, neben dem Koran, die **Sunna,** die Gesamtheit der von Mohammed überlieferten Worte, Entscheidungen und Taten, sowie die übereinstimmenden Meinungen der vier ersten Kalifen.

■ **Superlativ** →Adjektiv.

■ **Supernovae** →Sterne.

■ **Superriesenslalom** (Super-G), Disziplin des alpinen Skisports, eine Verbindung von →Abfahrtslauf und →Riesenslalom. Er wird in einem Durchgang entschieden. Die Rennstrecke enthält wie beim Abfahrtslauf Sprünge und Pflichttore, ist jedoch kürzer und flacher.

■ **Supraleitfähigkeit,** die praktisch unbegrenzte elektrische Leitfähigkeit bestimmter Materialien (Supraleiter) in der Nähe des absoluten Nullpunktes der Temperatur, bei der der elektrische Widerstand verschwindet. Bei einer von Stoff zu Stoff verschiedenen **Sprungtemperatur** nimmt der elektrische Widerstand sprunghaft auf unmessbar kleine Werte ab. Dadurch lässt sich Strom ohne Energieverlust leiten.

■ **Suprematismus** [lat.] *der,* Kunststil, bei dem man durch die Befreiung von jeglichem Gegenstandsbezug zu einem reinen bildnerischen Ausdruck zu gelangen suchte. Die Bilder zeichnen sich durch die Beschränkung auf einfachste geometrische Formen aus. Der Begriff Suprematismus wurde um 1913 von dem russischen Maler Kasimir Malewitsch (1878–1935) geprägt.

■ **Surfen** [sǫʳfen; engl.] *das,* Kurzbezeichnung für →Segelsurfen.

■ **Surfing** [sǫʳfing; engl.] *das* (Surfriding), →Wellenreiten.

■ **Surinam,** Republik an der Nordküste Südamerikas, bewohnt von Kreolen, Indern, Javanern, Afrikanern, Indianern (Aruak, Kariben), Chinesen sowie Europäern. Drei Viertel des Landes sind von tropischem Regenwald und Savanne bedeckt; nur ein 40–50 km breiter Küstenstreifen ist besiedelt;

Surinam
Fläche 163 820 km²
Einwohner 416 000
Hauptstadt Paramaribo
Amtssprache Niederländisch
Nationalfeiertag 25. 11.
Währung 1 Suriname-Gulden = 100 Cent
Zeitzone MEZ – 4 Std. und 30 Minuten

Surinam

Flagge

Wappen

Der **Surrealismus** macht die Bilder des Unbewussten sichtbar und mobilisiert so die Kräfte der Fantasie, die verschiedenen Möglichkeiten einer bestimmten Wahrnehmung zu verarbeiten; das hier abgebildete Gemälde schuf der belgische Maler René Magritte im Jahr 1928, es trägt den Titel »Die Liebenden«

dort werden Reis, Bananen und Zitrusfrüchte angebaut. Surinam hat reiche Bauxitvorkommen.

Geschichte: Das Gebiet war in niederländischem Besitz **(Niederländisch-Guayana),** bis es 1975 als Surinam unabhängig wurde.

■ **Surrealismus** [frz.] *der,* künstlerische Bewegung der Literatur und Malerei, die um 1920 in Paris entstand. Der stark von Sigmund Freud und der Psychoanalyse beeinflusste Surrealismus suchte das Surreale (»Überwirkliche«) im →Unbewussten; er versuchte deshalb, Träume, Bilder und Gedankenverknüpfungen der Fantasie möglichst unter Ausschaltung der verstandesmäßigen Kritik festzuhalten. Zu den Hauptvertretern des literarischen Surrealismus gehört u.a. André Breton (1896–1966), zu denen der Malerei Salvador Dalí, Max Ernst und René Magritte (1898–1967).

■ **Suspension** [lat.] *die,* die Aufschlämmung feinstverteilter fester Stoffe in einer Flüssigkeit.

■ **Süssmuth,** Rita, *Wuppertal 17. Februar 1937, deutsche Politikerin (CDU). Ursprünglich Professorin für Erziehungswissenschaften, war Süssmuth 1985–88 Bundesministerin für Jugend, Familie und Gesundheit (seit 1986 auch zuständig für Frauenfragen); 1988–98 war sie Präsidentin des Deutschen Bundestages.

■ **Süßwasser,** das nur geringe Mengen von Salzen (0,02%) enthaltende Wasser der Flüsse und Binnenseen.

■ **Suttner,** Bertha Freifrau von, geborene Gräfin Kinsky, österreichische Schriftstellerin, *Prag 9. Juni 1843, † Wien 21. Juni 1914. Ihr pazifistischer Roman »Die Waffen nieder!« (1889) gewann der Friedensidee weite Kreise. Sie regte die Stiftung des Friedensnobelpreises an, den sie 1905 selbst erhielt.

■ **Swasiland,** Königreich im südlichen Afrika, von der Republik Südafrika umgeben. Rund 90% der Bevölkerung sind Swasi, ein Bantuvolk. Die Wirtschaft umfasst Viehzucht und Ackerbau (Mais, Hirse, Zuckerrohr, Baumwolle und Zitrusfrüchte) sowie die Gewinnung von Asbest, Diamanten und Kohle.

Geschichte: Die Swasi wanderten um 1750 in das Gebiet des heutigen Swasiland ein; 1868 kamen die ersten Buren ins Land. Seit 1902 stand Swasiland unter britischer Oberhoheit, 1968 erlangte es die Unabhängigkeit.

■ **Sweben** (Sueben), Gruppe germanischer Völker, die im Gebiet der Elbe siedelten (in der Archäologie **Elbgermanen** genannt) und als Kultgemeinschaft in Erscheinung traten. Sie drangen unter ihrem Führer Ariovist nach Gallien vor, wurden aber 58 v. Chr. von den Römern zurückgeschlagen. Seit dem 1. Jahrh. zählte man zu ihnen die Langobarden, Semnonen, Hermunduren, Markomannen und Quaden. Ein Teilstamm der Sweben ließ sich am Neckar nieder; aus einer nach Südwestdeutschland vorgestoßenen Gruppe gingen die späteren →Ale-

»Gulliver löscht den Schlossbrand im Lande Liliput«; diese Illustration zu **Jonathan Swifts** Roman »Gullivers Reisen« stammt aus einer Jugendausgabe, die 1882 in Berlin erschienen ist

Swasiland
Fläche 17 364 km²
Einwohner 931 000
Hauptstadt Mbabane
Amtssprachen Swasi (SiSwati) und Englisch
Nationalfeiertag 6. 9.
Währung 1 Lilangeni (E, Plural: Emalangeni) = 100 Cents (c)
Zeitzone MEZ +1 Std.

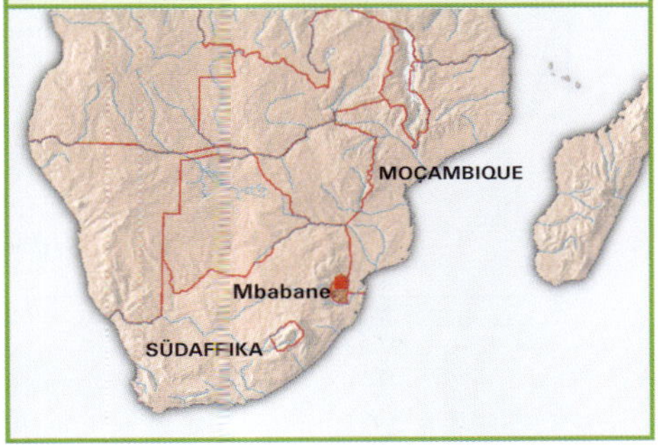

mannen hervor. Auch der Name »Schwaben« geht auf die Sweben zurück.
Ein Teil der in der Westslowakei siedelnden Sweben (ursprünglich Quaden) zog 406 mit Wandalen und Alanen bis nach Nordwestspanien und Portugal und gründete dort ein eigenes Königreich, das bis 585 bestand.

■ **Swift,** Jonathan, irischer Schriftsteller, *Dublin 30. November 1667, †ebenda 19. Oktober 1745. Swift publizierte zahlreiche satirische Schriften (u. a. »Die Tuchhändlerbriefe«, 1724), in denen er die Sache der Iren vertrat. Sein Roman »Gullivers Reisen« (1726), der in verkürzter Bearbeitung ein berühmtes Jugendbuch wurde, ist ein Meisterwerk der utopischen Satire.

■ **Swing** [engl.] *der,* ein Stil des →Jazz; auch Bezeichnung für die auf besondere Weise »schwingende« rhythmische Bewegungsart der Jazzmelodie, die vor allem durch die Anwendung der Offbeat-Technik entsteht.

■ **Sydney** [ßidni], größte Stadt sowie führendes Wirtschaftszentrum und wichtigster Hafen Australiens, an der Südostküste gelegen, mit 3,987 Mio. Einwohnern. In der Altstadt sind zahlreiche Bauten im viktorianischen Stil des 19. Jahrh. erhalten; Wahrzeichen ist das 1973 eröffnete Opernhaus. – Sidney wurde 1788 als Sträflingskolonie gegründet. – Im Jahr 2000 fanden in Sidney die Olympischen Sommerspiele statt.

■ **Sylt,** größte der Nordfriesischen Inseln (99 km²; 40 km lang, bis 13 km breit), in Schleswig-Holstein, an der Grenze zu Dänemark; Hauptort ist Westerland. Die Insel besteht aus Marsch und Geest mit hohen Dünen. Zu ihrem Erhalt sind umfangreiche Küstenschutzmaßnahmen gegen die Brandung erforderlich. Seit 1927 ist Sylt durch den Hindenburgdamm (Eisenbahn mit Autotransport, keine Straße) mit dem Festland verbunden.

■ **Symbiose** [griech.] *die,* das Zusammenleben artverschiedener, einander angepasster Organismen (Symbionten) zu gegenseitigem Nutzen. Es gibt Symbiosen zwischen Tier und Tier (z. B. Einsiedlerkrebs und Seerose), Tier und Pflanze (einzellige Grünalgen in Hohl- oder Weichtieren) sowie Pflanze und Pilz (bei →Flechten und zwischen Knöllchenbakterien und Schmetterlingsblütlern).

■ **Symbol** [griech.] *das,* ein wahrnehmbares Zeichen oder Sinnbild (Gegenstand, Handlung, Vorgang), das stellvertretend für etwas nicht Wahrnehmbares, einen Sinngehalt steht; im eingeschränkten Sinn jedes Schrift- oder Bildzeichen mit verabredeter oder unmittelbar einsichtiger Bedeutung, das zu einer verkürzten oder bildhaften Kennzeichnung und Darstellung eines Begriffs, Objekts, Sachverhalts u. a. verwendet wird. Ein Beispiel ist das Kreuz als Symbol für die christliche Erlösung. Wissenschaftliche Symbole sind z. B. die chemischen Symbole zur Bezeichnung der chemischen Elemente; Symbole des täglichen Lebens sind Piktogramme oder Verkehrszeichen.

■ **Symbolismus** [griech.] *der,* eine um 1860 in Frankreich entstandene literarische Strömung, die vor allem auf die europäische Lyrik wirkte. Der Symbolismus sucht nicht die Wirklichkeit darzustellen, sondern die geheimnisvollen Beziehungen zwischen den Ideen, Dingen und Menschen. Dazu wurde der Sinn dem Sprachklang untergeordnet. Symbolistische Züge finden sich bereits in der Lyrik von Charles Baudelaire (1821–67). Vollendet wurde der Symbolismus in der Lyrik von Arthur Rimbaud (1854–91), Paul Verlaine (1844–96) und Stéphane Mallarmé (1842–98).
In der *bildenden Kunst* steht Symbolismus als Gegenbewegung zu Realismus und Impressionismus. Jedes Ding wird als doppelsinnig, als Symbol für Gedanken und Stimmungen dargestellt. Frühe Vertreter waren u. a. Gustave Moreau (1826–98), Arnold Böcklin und Hans von Marées (1837–87), später zählen hierzu Odilon Redon (1840–1916), Ferdinand Hodler (1853–1918), Max Klinger (1857–1920) und James Ensor (1860–1949).

■ **Symmetrie** [griech.] *die,* Spiegelbildlichkeit, die Eigenschaft zweier Punkte, zweier Geraden oder

Swasiland

Flagge

Wappen

Mit ihrem Roman »Die Waffen nieder!« erklärte **Bertha von Suttner** dem Krieg den Krieg

zweier flächenhafter Figuren, die sich durch Spiegeln an einer Gerade, der Symmetrieachse **(Achsensymmetrie),** oder durch Drehung um einen Punkt, den Zentralpunkt **(Drehsymmetrie),** oder das Symmetriezentrum **(Punktsymmetrie)** zur Deckung bringen lassen. Auch zwei Körper können symmetrisch sein. Sie besitzen dann anstelle der Symmetrieachse eine Symmetrieebene. Als symmetrische Figuren bezeichnet man solche Figuren, die sich durch eine Achse in zwei zueinander spiegelbildliche (symmetrische) Teilfiguren gliedern lassen oder die durch Drehung um einen festen Punkt in sich selbst übergeführt werden können.

■ **Sympathie** [griech.] *die,* Zuneigung, Wohlgefallen; Gegensatz: Antipathie.

■ **Symptom** [griech.] *das,* Anzeichen, das auf das Bestehen einer Krankheit hinweist (z. B. Fieber, Müdigkeit, Entzündung). Eine Gruppe von Symptomen, die für eine bestimmte Krankheit kennzeichnend sind, bezeichnet man als **Syndrom.**

■ **Synagoge** [griech.] *die,* Versammlungsstätte der jüdischen Gemeinde zu Gebet und Auslegung der Schrift. Die Gebetsrichtung weist nach Jerusalem. Zur Einrichtung der Synagoge gehören ein erhöhter Platz mit dem Lehrpult und der Thoraschrein mit den heiligen Schriftrollen. Seit der Zerstörung des Tempels in Jerusalem (70 n. Chr.) und der Zerstreuung der Juden (Diaspora) sind die Synagogen Zentren des jüdischen religiösen und gesellschaftlichen Lebens.

Symmetrie: drehsymmetrische Figuren

■ **Synapse** [griech.] *die,* die Kontaktstelle im Nervensystem, die sich zwischen →Nervenzellen oder bestimmten Sinneszellen und anderen Nervenzellen oder einer Nervenzelle und Muskel- oder Drüsenzellen befindet. Sie ermöglicht die Erregungsübertragung von einer Zelle zur anderen. Im menschlichen Gehirn bildet im Durchschnitt jede Nervenzelle mehrere Hundert synaptische Kontakte mit anderen Nervenzellen aus. Die Erregungsübertragung erfolgt durch die Freisetzung von →Neurotransmittern. An den Synapsen wirken viele Arzneimittel, Drogen und Gifte.

Symmetrie: punktsymmetrische Figur

■ **Synästhesie** [griech.] *die,* die (Mit-)Erregung eines Sinnesorgans durch einen nichtspezifischen Reiz, die zu gleichzeitigem Erleben verschiedener Sinneseindrücke bei Reizung von nur einem Sinnesorgan führt. Häufigste Erscheinungen sind die optischen Synästhesien, bei denen vor allem durch akustische Eindrücke (Töne, Wörter) optische Erscheinungen (auch farbige: Farbenhören) mit erregt werden. Umgekehrt können auch optische Wahrnehmungen Hörerlebnisse, akustische Eindrücke oder Gefühlserlebnisse hervorrufen.

■ **synchron** [griech.], gleichzeitig, gleichlaufend, aufeinander abgestimmt.

■ **synchronisieren** [griech.], zwei oder mehrere Vorgänge aufeinander abstimmen. In der Filmtechnik z. B. das Abstimmen von Ton und Bild bei nachträglicher Vertonung oder bei Übertragung des Films in eine andere Sprache.

■ **Synchronschwimmen,** nur von Damen betriebene Wettkampfform des Schwimmsports, ausgetragen als Solo, Duett und in der Gruppe von vier bis acht Schwimmerinnen. Wichtig ist die Eleganz der Bewegungen und die Harmonie zwischen Musik und Bewegung.

■ **Syndikat** [griech.] *das,* **1)** Zusammenschluss

von selbstständig bleibenden Unternehmen, wobei das Syndikat den Absatz für die beteiligten Unternehmen übernimmt.
2) Bezeichnung für Verbrecherorganisationen in den USA, die als Geschäftsunternehmen getarnt sind.

■ **Syndrom** →Symptom.

■ **Synkope** [griech., = Abkürzung] *die,* **1)** [sünkop^{e}], *Sprache:* der Ausfall eines unbetonten Selbstlauts zwischen Mitlauten im Wortinnern, z. B. Abwickelung und Abwicklung; auch der Ausfall einer Senkung im Vers.
2) [sünkop^{e}], *Musik:* die rhythmische Verschiebung gegenüber der regulären Taktordnung, das heißt die Bindung eines unbetonten Taktwertes an den folgenden betonten über die Taktgrenze hinweg oder innerhalb des Taktes.

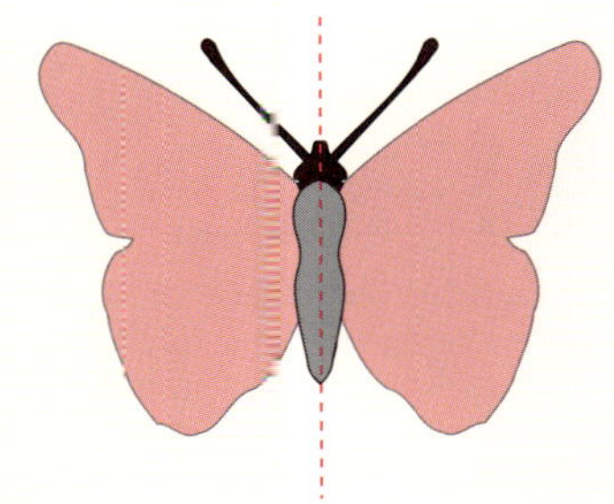

Symmetrie: achsensymmetrische Figur

■ **Synode** [griech., = Zusammenkunft] *die,* in der katholischen Kirche Versammlung der Bischöfe und anderer kirchlicher Amtsträger unter Leitung des Papstes, die theologische und kirchliche Fragen beraten und gegebenenfalls darüber Beschlüsse fassen; oft gleichbedeutend mit →Konzil. Daneben gibt es auch regional begrenzte Synoden.
In den evangelischen Kirchen die Versammlung von Geistlichen und gewählten Laien, das Organ der Selbstverwaltung (General-, Landes-, Kreissynode).

■ **Synonym** [griech.] *das,* ein Wort, das die gleiche Bedeutung hat wie ein anderes Wort der gleichen Sprache. Synonyme können (trotz gewisser Nebenbedeutungen sowie inhaltlicher oder stilistischer Unterschiede) gegeneinander ausgetauscht werden. Sie dienen sowohl dem Wechsel des Ausdrucks als auch zur Verdeutlichung, Erweiterung, Verstärkung und Abschwächung (z. B. Gesicht, Antlitz, Angesicht, Visage; Fabrik, Werk, Betrieb).

■ **Syntax** [griech., = Zusammenordnung] *die* (Satzlehre), der Teil der Grammatik, der Bau und Gliederung des Satzes behandelt.

■ **Synthese** [griech.] *die,* **1)** *allgemein:* die Zusammenfügung einzelner Teile zu einem Ganzen. So gelingt eine Synthese, wenn zwei Behauptungen durch eine neue gedankliche Wendung zu einer Einheit zusammengefasst wird (auch →Dialektik).
2) *Chemie:* der Aufbau eines Stoffes aus einfacheren Stoffen (aus chemischen Elementen, Rohstoffen, einfach gebauten organischen oder anorganischen Verbindungen).
3) *Philosophie:* das der Analyse entgegengesetzte Verfahren, von elementaren Begriffen zu komplexen Begriffen zu gelangen

■ **Synthesizer** [ßint^{e}ßais^{e}r; engl.] *der,* ein elektronisches Musikinstrument, das aus aufeinander abgestimmten elektronischen Bauelementen besteht, mit denen Töne, Klänge und Geräusche erzeugt werden können.

■ **Syphilis** [neulateinisch] *die,* eine gefährliche Geschlechtskrankheit, die durch Bakterien hervorgerufen und durch Geschlechtsverkehr übertragen wird. Als erstes Anzeichen bildet sich an der Ansteckungsstelle ein hartes Knötchen, das bald zerfällt. Später kommt es zu zerstörerischen Veränderungen an Haut, inneren Organen, Knochen, Gehirn und Rückenmark.

■ **Syrakus** (italienisch Siracusa), Stadt an der Südostküste von Sizilien, mit 126 700 Einwohnern. – Syrakus ist eine Gründung der Griechen und hatte vom 5. bis 3. Jahrh. v. Chr. seine Blütezeit. 212 v. Chr. wurde es von Rom erobert. Aus der Antike sind u. a. ein Theater aus dem 3. Jahrh. v. Chr. und eine Burg, wahrscheinlich aus dem 4./3. Jahrh. v. Chr., erhalten.

■ **Syrien,** Republik in Vorderasien. Die Bewohner sind mehrheitlich Arabisch sprechende Syrer, daneben leben u. a. Kurden (6,3 %) und Armenier (rund 4 %) im Land. Syrien erstreckt sich vom Mittelmeer bis in die Syrische Wüste im Südosten und nach Mesopotamien im Nordosten. Das Land besteht größtenteils aus wüsten- und halbwüstenhaften Ebenen, die von Gebirgen durchzogen sind. Die Hauptanbaugebiete liegen an der Mittelmeerküste, in Flussoasen sowie um Damaskus. Angebaut werden vor allem Weizen und Baumwolle (am Euphrat). Der zentrale Teil Syriens wird durch die Weidewirtschaft der Nomaden genutzt. Bedeutende Bodenschätze sind Erdöl, Erdgas und Phosphat. Es gibt Nahrungsmittel- und Textilindustrie, daneben Maschinen- und Fahrzeugbau sowie Zement- und Düngemittelproduktion.

Geschichte: Syrien war im Altertum die Bezeichnung für das Gebiet zwischen dem Mittelmeer im Westen und Arabien im Osten. Semitische Völker waren seit dem 3./2. Jahrtausend v. Chr. dort ansäs-

Syrien

Flagge

Wappen

sig und wurden nacheinander von den großen Reichen des Orients beherrscht (Ägypten, Hethiterreich, Assyrien, Babylonien, Persien). 333 v.Chr. wurde Syrien von Alexander dem Großen erobert, 195 v.Chr. kam es zum Seleukidenreich. 64 v.Chr. wurde die römische Provinz **Syria** eingerichtet.
Von tief greifender Wirkung war die Einnahme Syriens durch die Araber im 7.Jahrh. n.Chr.; 1517 wurde das Gebiet Teil des Osmanischen Reiches. 1920 wurde Syrien französisches Mandat, 1946 erhielt es die Unabhängigkeit.
1958–61 war Syrien mit Ägypten in der Vereinigten Arabischen Republik verbunden. An der Seite Ägyptens beteiligte es sich 1967 und 1973 an den arabisch-israelischen Kriegen (Besetzung der Golanhöhen durch Israel, das 1981 einen Teil davon annektierte). In einem Militärputsch gelangte 1970 Hafis al-Assad (1930–2000) an die Macht. Seit 1973 ist Syrien eine sozialistische Volksrepublik mit Präsidialsystem.

Syrien
Fläche 185 180 km²
Einwohner 15,335 Mio.
Hauptstadt Damaskus
Amtssprache Arabisch
Nationalfeiertag 17. 4.
Währung 1 Syrisches Pfund (syr£) = 100 Piastres (PS)
Zeitzone MEZ + 2 Std.

■ **System** [griech.] *das,* **1)** *allgemein:* eine Gesamtheit von Dingen, Vorgängen, Teilen, die sich gegenseitig beeinflussen oder steuern. Man unterscheidet natürliche Systeme (z.B. biologisches System, Ökosystem, physikalisches System) und vom Menschen geschaffene Systeme (z.B. technisches oder soziales System).
2) *Biologie:* in der zoologischen und botanischen →Systematik das hierarchisch gegliederte Ordnungsgefüge der Organismen. Die Biologen unterscheiden **künstliche Systeme,** die nach der Ähnlichkeit von Merkmalen oder nach praktischen Gesichtspunkten geordnet sind, und **natürliche Systeme (phylogenetische Systeme),** die nach der – zum Teil noch unbekannten – stammesgeschichtlichen Verwandtschaft der Lebewesen geordnet sind.
Die systematische Grundeinheit ist die **Art,** die als geschlossene Fortpflanzungsgemeinschaft sich miteinander fruchtbar fortpflanzender Individuen definiert ist. Die nächsthöhere Einheit ist die **Gattung,** in der mehrere Arten zusammengefasst werden. Mehrere Gattungen bilden eine **Familie,** mehrere Familien eine **Ordnung,** mehrere Ordnungen eine **Klasse** und mehrere Klassen eine **Abteilung** (in der botanischen Systematik) oder einen **Stamm** (in der zoologischen Systematik). Mehrere Abteilungen oder Stämme bilden ein **Reich.** Zur weiteren Gliederung sind noch Zwischenkategorien, z.B. Überfamilie oder Unterklasse eingefügt worden.

System: die systematischen Kategorien der Zoologie mit Beispielen (in Klammern die lateinischen Bezeichnungen)

systematische Kategorie	Beispiel
Reich (Regnum)	Tiere (Animalia)
Unterreich (Subregnum)	Vielzeller (Metazoa)
Stamm (Phylum)	Gliederfüßer (Arthropoda)
Klasse (Classis)	Insekten (Insecta)
Ordnung (Ordo)	Käfer (Coleoptera)
Familie (Familia)	Blatthornkäfer (Scarabaeoidea)
Gattung (Genus)	Maikäfer (Melolontha)
Art (Species)	Feldmaikäfer (Melolontha melolontha)

■ **Systematik** [griech.] *die,* **1)** *allgemein:* planmäßige Darstellung, Gliederung nach sachlichen und logischen Zusammenhängen.
2) *Biologie:* (Taxonomie), als Teilgebiet der speziellen Zoologie **(Tiersystematik)** und der speziellen Botanik **(Pflanzensystematik)** ein Fachgebiet der Biologie, das die Mannigfaltigkeit der Lebewesen beschreibt, gegeneinander abgrenzt und die so gewonnenen Gruppen (Taxa) in einem hierarchischen →System (Klassifikation) ordnet.
Zur Benennung der Lebewesen bedient sich die Systematik der von Carl von Linné eingeführten **Nomenklatur,** die alle Organismen mit zwei lateinischen/latinisierten Namen belegt, z.B. Allium cepa für die Küchenzwiebel, wobei Allium die Gattung Lauch benennt und cepa die Art Küchenzwiebel.
■ **Szene** [griech.] *die,* Gliederungseinheit vor allem von Drama, Oper und Film, meist die durch Auf- und Abtreten einer oder mehrerer Personen begrenzte kleinste Untereinheit des Aktes.

T

■ **T,** der 20. Buchstabe des deutschen Alphabets, ein Konsonant.

■ **t, 1)** Formelzeichen für die Temperatur (in °C). **2)** Formelzeichen für die Zeit. **3)** Einheitenzeichen für Tonne.

■ **Tabak** [spanisch] *der,* ein krautiges Nachtschattengewächs mit stiellosen Blättern und Kapselfrüchten. Die großen, ovalen Blätter enthalten wie alle anderen Pflanzenteile (außer den Samen) →Nikotin.
Tabak wird heute weltweit in den tropischen, subtropischen und gemäßigten Zonen angebaut, vor allem die Arten Virginischer Tabak und Bauerntabak.

■ **Tabernakel** [lat.] *das* oder *der,* in katholischen Kirchen ein kunstvoll gearbeitetes Gehäuse, in dem das eucharistische Brot (Allerheiligstes) aufbewahrt wird; sein Ort wird durch das »ewige Licht« angezeigt.

Tadschikistan
Fläche 143 100 km²
Einwohner 6,161 Mio.
Hauptstadt Duschanbe
Amtssprache Tadschikisch
Nationalfeiertag 9. 9.
Währung Tadschikistan-Rubel (TR)
Zeitzone MEZ + 4 Std.

■ **Tabu** [polynesisch] *das,* ein (religiöses) Verbot, das zwar im juristischen Sinne nicht Gesetz ist, in der Kultur einer Gesellschaft aber ebenso strikt eingehalten wird. Der Begriff, ursprünglich aus dem Polynesischen stammend, wurde zuerst von der Völkerkunde übernommen und bezeichnet hier vor allem religiöse Verbote in Kulturen, die keine schriftlichen Gesetzestexte haben. Es kann z. B. ein Tabu sein, bestimmte Gegenstände zu berühren, gewisse Speisen zu essen, bestimmte Orte zu betreten oder über bestimmte Dinge zu sprechen.
Diese Tabuvorstellungen beruhen meist auf dem Glauben an eine übernatürliche Kraft in bestimmten Dingen, Tieren oder Menschen. Die Übertretung eines Tabus hat nach diesem Glauben Unheil und Strafe zur Folge. Bisweilen wird derjenige, der ein Tabu bricht, geächtet. Sigmund Freud hat den Begriff des Tabus auch für Phänomene der westlichen Industriegesellschaften eingeführt, z. B. dafür, dass über bestimmte Themen (z. B. Sexualität) nicht geredet wird.

■ **Tachometer** [griech.] *das,* Geschwindigkeitsmesser an Fahrzeugen (mit einem Kilometerzähler verbunden); auch als Drehzahlmesser, z. B. an Zentrifugen.

■ **Tacitus,** Cornelius, römischer Geschichtsschreiber, *um 55 n. Chr., †nach 115. Er beschreibt in den »Annalen« und »Historien« die Geschichte Roms und der römischen Kaiser vom Tod des Augustus (14 n. Chr.) bis zum Tod Domitians (96). In seiner »Germania« schildert er Land, Sitten und Gebräuche der Germanen.

■ **Tadschikistan,** Republik im Südosten Mittelasiens, überwiegend bewohnt von muslimischen Tadschiken (65 %) und Usbeken (23 %). Das erdbebengefährdete Hochgebirgsland besitzt zahlreiche Bodenschätze (Erdöl, Braunkohle, Erze, Gold, Bauxit u. a.), Wirtschaftsgrundlage ist jedoch der Baumwollanbau. Neben Textilindustrie gibt es Nahrungsmittelindustrie, Hüttenwerke und Metallverarbeitung.

Der **Virginische Tabak** wächst mit seinen rosafarbenen, glockigen Blüten als Kraut, das eine Höhe von 3 m erreichen kann; 1720 wurde in Preußen die erste Tabakfabrik gegründet, aber erst im Jahr 1862 begann die Herstellung von Zigaretten und Zigarren

Tadschikistan

Flagge

Wappen

Geschichte: Das im Altertum zum Reich der Achaimeniden gehörende Gebiet wurde im 4. Jahrh. v. Chr. von Alexander dem Großen erobert. Mit dem Einfall der Araber im 7./8. Jahrh. begann die Islamisierung. Im 13. Jahrh. eroberten die Mongolen das Land, das seit dem 16. Jahrh. von den Usbeken beherrscht wurde. Von 1870 an stand der Norden Tadschikistans unter russischer Oberhoheit. Nach Gründung der Sowjetunion wurde Tadschikistan 1924 autonome Sowjetrepublik innerhalb der Unionsrepublik Usbekistan, 1929 selbstständige Unionsrepublik. 1991 erklärte sich das Land für unabhängig.

Ein Beispiel für Vollkommenheit in der Baukunst: der ganz in weißem Mamor gehaltene **Tadsch Mahal** in der indischen Stadt Agra

■ **Tadsch Mahal** (Taj Mahal), Mausoleum bei Agra (Indien), eine prunkvolle Grabanlage aus weißem Marmor mit Ornamenten aus Edel- und Schmucksteinen, die der Mogulkaiser Schah Dschahan (Shah Jahan, 1628–58 auf dem Thron) für seine Lieblingsfrau Mumtaz-Mahal (†1631) errichten ließ.

■ **Taekwondo** [tä...; koreanisch] *das,* aus alten koreanischen Selbstverteidigungssystemen entwickelte Zweikampfsportart, die auch Elemente anderer asiatischer Kampftechniken enthält. Die in Gewichtsklassen eingeteilten »Taekwondokas« stehen sich auf einer 9x9 m großen Matte gegenüber; erlaubt sind Tritte und Faustschläge, Letztere dürfen jedoch nicht den Kopf des Gegners treffen. – Seit 2000 ist Taekwondo olympische Disziplin.

■ **Tafelberg** (spanisch Mesa), ein isoliert stehender Berg mit tischebener Gipfelfläche.

■ **Tafelmalerei,** bildliche Darstellung auf flachem, festem Material wie Holz, Ton, Metall, Elfenbein oder versteiftem Malgrund (auf Holzrahmen gespannte Leinwand). Als Maltechnik dienen vorwiegend Temperamalerei und Ölmalerei (→Malerei).

■ **Tag, 1)** der Zeitraum zwischen Sonnenaufgang und -untergang im Gegensatz zur Nacht.
2) die Dauer einer Erdumdrehung.
Ein **Sonnentag** ist die Dauer zwischen zwei aufeinander folgenden unteren Kulminationen der Sonne, das heißt zwei aufeinander folgenden tiefsten Stellungen unter dem Horizont (Mitternacht).
Ein **Sterntag** ist die Dauer einer Umdrehung der Erde bezüglich des Fixsternhimmels.
Ein **Kalendertag** (Einheitenzeichen **d**) hat etwa die Dauer eines mittleren Sonnentags. Er umfasst 24 Stunden (h) zu 60 Minuten (min), die ihrerseits je 60 Sekunden (s) umfassen. Daher gilt:

$$1\,d = 24\,h = 1\,440\,min = 86\,400\,s.$$

■ **Tagebau,** Form des Bergbaus, bei dem die Bodenschätze von der Erdoberfläche aus gewonnen werden. Zunächst wird die über den Bodenschätzen liegende Erddecke (Deckgebirge) abgetragen. In Deutschland wird im Tagebau vorwiegend Braunkohle gewonnen.

■ **Tagebuch,** persönliche Aufzeichnungen, die man täglich oder in kurzen Abständen niederschreibt. Neben Tagebüchern von literarischem Rang (z. B. Goethes »Italienische Reise«) genießen oft auch Tagebücher z. B. von Prominenten (Politiker, Wissenschaftler, Schauspieler u. a.) als Zeitdokumente großes Interesse.

■ **Tagfalter** →Schmetterlinge.

■ **Tagundnachtgleiche** →Äquinoktium.

■ **Tahiti,** größte der Gesellschaftsinseln, Französisch-Polynesien, mit 1042 km² und 150 700 Einwohnern; der Hauptort ist Papeete. Die gebirgige, großenteils mit tropischem Regenwald bedeckte Insel besteht aus zwei Vulkaninseln, die durch eine schmale Landenge verbunden sind. Das dicht bewaldete Innere ist unbewohnt. Angebaut werden vor allem. Vanille, Zuckerrohr, Bananen und Kokospalmen. Bedeutend ist der Fremdenverkehr.

■ **Taifun** [chinesisch-engl.] *der,* tropischer Wirbelsturm im westlichen Pazifik. Die Taifune richten an den Küsten Ostasiens oft schwere Schäden an.

■ **Taiga** [russisch] *die,* Nadelwaldgürtel südlich der Tundra. Er erstreckt sich über 5 000 km Länge und 1 000 km Breite quer durch Sibirien bis Skandinavien. Die Walddecke wird von Sümpfen unterbrochen, zwei Drittel der Wälder stehen auf ständig gefrorenem Boden (Dauerfrostboden), der nur im Sommer an der Oberfläche auftaut.

■ **Taipeh** [auch ...pe], Hauptstadt von Taiwan, im Norden der Insel, mit 3,3 Mio. Einwohnern; größte Stadt und kulturelles Zentrum des Landes. Der Hafen für Taipeh ist Keelung.

Taiwan
Fläche 36 000 km²
Einwohner 22,775 Mio.
Hauptstadt Taipeh
Amtssprache Chinesisch
Nationalfeiertag 10. 10.
Währung 1 Neuer Taiwan-Dollar (NT$) = 100 Cents (¢)
Zeitzone MEZ + 7 Std.

■ **Taiwan** [auch ...wan] (Republik China), Republik auf der Insel Taiwan (früher Formosa) und einigen anderen Inseln vor der südostchinesischen Küste. Die Bevölkerung besteht überwiegend aus Chinesen, die vom Festland eingewandert sind. Im Gebirge siedeln Nachkommen der austronesischen Urbevölkerung (etwa 300 000 Menschen). Das dicht bewaldete Gebirgsland, das bis 3 997 m ansteigt, liefert Holz und Kampfer. An Bodenschätzen hat Taiwan Kohle, Erdöl, Erdgas und Gold. Hauptwirtschaftsgebiet ist das fruchtbare Küstenland. Die wichtigsten landwirtschaftlichen Erzeugnisse sind Reis, Rohrzucker, Spargel, Pilze, Bananen, Ananas und Tee. Taiwan gehört zu den wichtigsten Industriestaaten Ostasiens, vor allem durch seine Elektro- und Elektronikindustrie. Eine weitere Erwerbsquelle ist der Fischfang. Die Haupthäfen sind Keelung und Kaohsiung.

Geschichte: Taiwan wurde 1683 chinesisch, 1895 japanisch und 1945 erneut chinesisch. Nachdem die Kommunisten unter Mao Zedong sie im Bürgerkrieg vom Festland verdrängt hatten, floh die bürgerliche chinesische Regierung (→Kuomintang) 1949 nach Taiwan und gründete hier 1950 die unabhängige Republik Taiwan (**Nationalchina**) unter Staatspräsident Chiang Kai-shek.

Taiwan

Flagge

Wappen

■ **Taizé** [täse] Ort in Burgund, Frankreich, nach dem eine 1940 von Roger Schutz (*1915) dort gegründete evangelische Bruderschaft, die »Communauté Taizé«, benannt ist. Einfache Lebensweise, Spiritualität (Geistigkeit) und Weltoffenheit zeichnen die Gemeinschaft aus. In Taizé finden regelmäßig ökumenische Treffen mit Jugendlichen verschiedenster Nationen und Konfessionen statt.

■ **Tajo** [tacho] (portugiesisch Tejo) *der* mit einer Länge von 1 120 km (davon 1 007 km in Spanien) der längste Fluss der Iberischen Halbinsel. Er entspringt im Iberischen Randgebirge östlich von Madrid und mündet bei Lissabon in den Atlantischen Ozean. Für die künstliche Bewässerung spielt er eine große Rolle. Die Stromschnellen des Tajo werden für Wasserkraftwerke genutzt.

■ **Takt** [frz.] *der,* **1)** *Musik:* ein Maß- und Bezugssystem, an dem sich das harmonische, das melodische und das rhythmische Geschehen eines Stücks durchgängig bis in den Formaufbau orientiert. Der Hauptakzent fällt auf den Taktanfang.
2) *Literatur:* Gliederungseinheit von Versen (Einheit von Hebung und Senkung).

■ **Taktik** [griech.] *die,* planmäßiges, berechnendes Vorgehen, um ein bestimmtes Ziel zu erreichen. Im militärischen Bereich versteht man unter Taktik im Unterschied zur allgemeinen, umfassenden und langfristigen Strategie die unmittelbare Führung und zweckmäßige Verwendung von Truppen im Gefecht.

■ **Tal,** lang gestreckte Hohlform in der Erdoberfläche. Ein Tal ist von fließenden Gewässern (teilweise später von Gletschern überformt) durch die linienhaft einschneidende Kraft der Erosion gebildet.
Nach dem Querschnitt unterscheidet man zwischen dem v-förmigen **Kerbtal,** der **Klamm** mit senkrechten oder gar überhängenden Wänden von Felsgestein, dem **Canyon** (Cañon) mit nahezu waagerechten Gesteinsstufen, dem breiten **Sohlental,** dem u-förmigen **Trogtal** und dem äußerst flachen **Muldental.** – Bild S. 248

■ **Talar** [lat.] *der,* schwarzes, knöchellanges, weites Gewand, die Amtstracht von Geistlichen, Richtern und Rechtsanwälten.

■ **Taler** *der,* ehemalige deutsche Silbermünze, wichtige Handelsmünze des 16. und 17. Jahrhunderts. Der Taler wurde 1908 in Deutschland außer Kurs gesetzt.

■ **Talg,** körnig-feste Fettmasse, die aus dem Fettgewebe von Rindern, Hirschen, Ziegen und Schafen ausgeschmolzen und zur Herstellung von Seifen und Kerzen verwendet wird.

■ **Talisman** [arabisch] *der,* kleiner Gegenstand, von dem man sich eine zauberkräftige, Glück bringende Wirkung erhofft.

■ **Talk,** farbloses bis hellgrünes, fettglänzendes

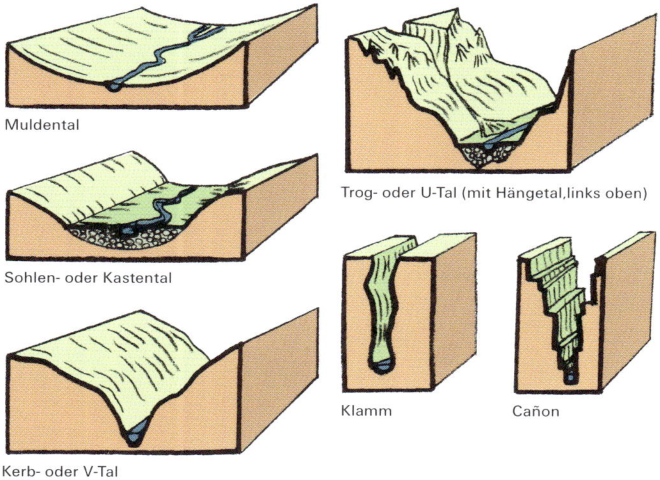

Das **Tal** kennt die verschiedensten Ausformungen, die in der Fachsprache nach ihrem Zuschnitt benannt werden

Mineral (Magnesiumsilikat). In gemahlener Form **(Talkum)** dient es u. a. als Rohstoff zur Herstellung feuerfester Geräte, als Füllstoff für Papier- und Kunststoffe sowie als Schneiderkreide.

■ **Talkshow** [tå̲kscho^{u}; engl.] *die,* Unterhaltungssendung im Fernsehen, bei der Gastgeber **(Talkmaster)** Gäste zu einem Gespräch über aktuelle Themen anregen.

■ **Talleyrand** [tалera̲ng], Charles Maurice de, Fürst von Benevent, Herzog von Talleyrand-Périgord, französischer Staatsmann, *Paris 2. Februar 1754, †ebenda 17. Mai 1838. Er war 1797–1807 Außenminister Frankreichs und unterstützte den Staatsstreich Napoleons I., lehnte aber dessen Eroberungspolitik ab. Nach Napoleons Niederlage setzte er sich für die Rückkehr der Bourbonen ein. Durch seine meisterhafte Politik auf dem →Wiener Kongress erreichte er die Wahrung Frankreichs als europäische Großmacht.

■ **Tạllinn** →Reval.

■ **Tạlmud** [hebräisch, = Lehre] *der,* neben der Thora das wichtigste Buch des Judentums; es enthält die Lehren der Rabbiner und die jüdischen Gesetze.

■ **Ta̲lsperre,** feste Stauanlage, die ein Flusstal durch Dämme oder Mauern (Staumauern) absperrt und damit einen Stauraum zur Wasserspeicherung **(Stausee)** schafft. Talsperren dienen zur Gewinnung elektrischer Energie (Wasserkraftwerke), zum Schutz vor Überschwemmungen (z. B. während der Zeit der Schneeschmelze), zur Regelung des Wasserstandes in schiffbaren Flüssen und zur Trinkwasserversorgung. Die größte deutsche Talsperre ist die Bleilochtalsperre der Saale (Fassungsvermögen: 215 Mio. m^3; Stauseefläche: 9,2 km^2).

■ **Tamarịsken** [lat.], vor allem im Mittelmeerraum und in Asien beheimatete Sträucher oder Bäume mit kleinen, schuppenförmigen Blättern und rosafarbenen Blüten, die in Trauben stehen. Rinde und Galläpfel mancher Arten enthalten Gerbmittel. Einige Tamarisken werden als Ziersträucher angepflanzt.

■ **Tami̲len,** dunkelhäutiges Volk in Südostindien (52 Mio.), Sri Lanka (2,8 Mio.), Ost- und Südafrika, Mauritius, Malaysia und Fidschi. Die Tamilen gehören verschiedenen Kasten an und sind vor allem Hindus; ihre Sprache ist das **Tamil.** Die Gegensätze zwischen Tamilen und Singhalesen auf →Sri Lanka steigerten sich seit 1983 zum Bürgerkrieg.

■ **Tạmpon** [frz.] *der,* ein Bausch aus weitmaschigem, dünnem Baumwollgewebe (Mull) oder Watte, der zum Stillen oder Aufsaugen von Blutungen

Juden studieren und diskutieren den **Talmud;** dieses im Jahr 1934 geschaffene Bild zeigt Talmudisten aus der polnischen Heimat des amerikanischen Malers Max Weber

(auch während der Menstruation), zum Ausstopfen von Wundhöhlen oder zum Heranbringen heilender Salben an schwer zugängliche Körperstellen dient.

■ **Tandem** [lat.] *das,* ein Fahrrad für zwei Personen mit zwei hintereinander liegenden Sitzen und zwei Tretkurbelpaaren.

Diese Art der **Tamarisken** zeigt ihre Blüten von Juni bis August

■ **Tang** (Seetang), derbe, im Meer lebende Rot- und Braunalgen. Tang wird u. a. als Ersatzfuttermittel, zur Füllung von Matratzen und Kissen und zur Gewinnung von Jod-, Kali- und Bromsalzen verwendet.

■ **Tanganjika** →Tansania.

■ **Tanganjikasee,** Süßwassersee im Zentralafrikanischen Graben, der zu Tansania, Burundi, Sambia und der Demokratischen Republik Kongo gehört; 34 000 km², 22–80 km breit, 670 km lang. Sein Wasserspiegel liegt 773 m über dem Meeresspiegel. Der Tanganjikasee ist bis 1 435 m tief.

■ **Tangens** [lat.] *der,* eine der →Winkelfunktionen.

■ **Tangente** [lat.] *die,* eine Gerade, die einen →Kreis, eine Kurve oder eine gekrümmte Fläche in nur einem Punkt berührt.

■ **Tanger,** Hafen- und Handelsstadt in Marokko, an der Straße von Gibraltar, mit 526 200 Einwohnern. Besondere Bedeutung hat der Fremdenverkehr. In der mauerumschlossenen Altstadt (Medina) stehen die Große Moschee (17. Jahrh.) und der ehemalige Sultanspalast (17. Jahrh. und später); nach 1906 entstand die Neustadt.

Tanger, das römische **Tingis,** war vom 15. bis zum 17. Jahrh. nacheinander portugiesisch, spanisch und britisch; 1684 brachte es der Sultan von Marokko unter seine Herrschaft. 1912 wurde die Stadt mit ihrem Umland internationale Zone (1940–45 war sie von Spanien besetzt), 1956 kam sie wieder an Marokko.

■ **Tango** [spanisch] *der,* südamerikanischer Tanz im $^2/_4$- oder $^4/_8$-Takt, der seit etwa 1910 als Gesellschaftstanz in Europa verbreitet ist. Typisch sind der Synkopenrhythmus (→Synkope) und der Figurenreichtum.

■ **Tanker** [engl.] *der* (Tankschiff), ein Schiff zum Transport von Flüssigkeiten (vor allem Erdöl) und verflüssigten Gasen (Flüssiggastanker). Der Schiffsrumpf von Öltankern ist in einzelne Tanks unterteilt, die durch Rohrleitungen auf dem Deck verbunden sind. Da die Transportkosten umso geringer sind, je größer das Fassungsvermögen des Tankers ist, werden Riesentanker mit einer Tragfähigkeit von bis zu 500 000 t gebaut. – Bild S. 250

■ **Tanne,** Gattung der Kieferngewächse mit rund 40 Arten; bis 80 m hohe immergrüne, meist pyramidenförmig wachsendeNadelbäume, vor allem auf der nördlichen Halbkugel. Die glatte Borke ist grau. Die Nadeln zeigen unten meist zwei weißliche, mit Wachs gefüllte Rinnen. Die Samenzapfen stehen aufrecht. Bei der Reife fallen die Schuppen ab. Das Holz gilt als wertvolles Bauholz.

■ **Tansania,** Republik in Ostafrika, bewohnt von etwa 120 ethnischen Gruppen der Bantu; rund 35 % sind Anhänger traditioneller Stammesreligionen, 34 % Christen, 30 % Muslime.

Tansania besteht aus den beiden Landesteilen **Tanganjika** (auf dem Festland) und **Sansibar** (gebildet aus den Inseln Sansibar und Pemba). Tanganjika steigt von der tropischen schmalen Küstenzone zu einer savannenbedeckten Hochebene auf, die von Gebirgen und Vulkanstöcken (→Kilimandscharo)

Tansania
Fläche 945 087 km²
Einwohner 32,189 Mio.
Hauptstadt Dodoma
Amtssprache Suaheli
Nationalfeiertag 26. 4.
Währung 1 Tansania-Schilling (T. Sh.) = 100 Cents (Ct.)
Zeitzone MEZ + 2 Std.

Tansania

Flagge

Wappen

überragt ist. Die Landwirtschaft ist der wichtigste Wirtschaftszweig: Es werden vor allem Kaffee, Baumwolle, Sisalagaven und Tee, an der Küste Zuckerrohr angebaut; 80 % des Weltbedarfs an Gewürznelken werden auf Sansibar und Pemba produziert; bedeutend ist die Viehzucht auf den Hochebenen (Rinder, Ziegen, Schafe). Die Bodenschätze (Kohle, Erze) werden bisher nur wenig genutzt; eine Ausnahme bildet die Diamantenförderung. Die Industrie ist kaum entwickelt. Wichtigster Hafen am Indischen Ozean und größte Stadt des Landes ist Daressalam, das damit die Hauptstadt Dodoma im Landesinnern übertrifft.

Geschichte: Die Küste Tansanias war seit der Antike für den Fernhandel von Bedeutung. Im 16. Jahrh. errichteten die Portugiesen Handelsniederlassungen, 1698 übernahmen Araber die Herrschaft. Tanganjika wurde 1885 deutsches Schutzgebiet (es bildete den Hauptteil von Deutsch-Ostafrika), 1919 britisches Mandatsgebiet und 1961 unabhängig. Sansibar, das seit dem Mittelalter arabisch war, wurde 1963 unabhängig und kurz darauf Volksrepublik. 1964 schlossen sich beide Staaten zur Vereinigten Republik von Tanganjika und Sansibar zusammen; als Staatenname wurde Tansania gewählt.

Tantal
chemisches Symbol: Ta
Ordnungszahl: 73
relative Atommasse: 180,95
Dichte (bei 25 °C): 16,4 g/cm³
Schmelzpunkt: 3 017 °C
Siedepunkt: 5 458 °C

■ **Tantal** [griech.; nach Tantalus] *das,* chemisches Element, ein hartes, zäh-elastisches, graues Schwermetall, das man bei genügender Reinheit schmieden und walzen kann. Wegen seines hohen Schmelzpunktes und seiner großen chemischen Widerstandsfähigkeit kann Tantal in vielen Fällen anstelle von Platin (das teurer ist) verwendet werden. Tantal ist relativ selten. Es kommt meistens zusammen mit dem ihm verwandten Niob vor, von dem es nicht leicht zu trennen ist.

■ **Tantalus,** Gestalt der griechischen Mythologie. Tantalus setzt den Göttern das Fleisch seines Sohnes zur Speise vor, um ihre Allwissenheit zu erproben. Diesen Frevel muss er in der Unterwelt auf ewig qualvoll büßen: In einem See stehend, über seinem Kopf köstliche Früchte, kann er Hunger und

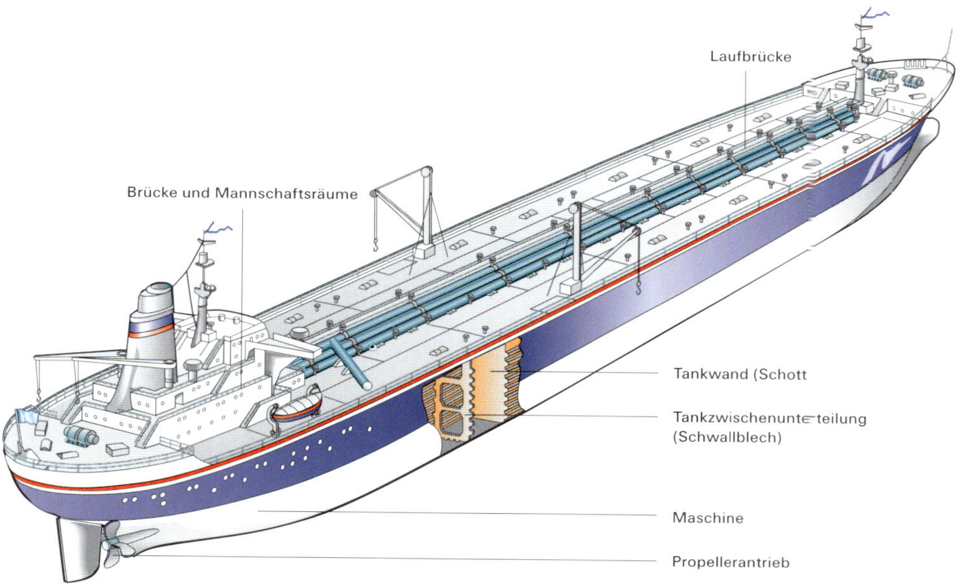

Entscheidend für die Stabilität eines **Tankers** ist die Konstruktion der Tanks: ihre Fläche darf nicht groß sein, weil bei Schlingerbewegungen das Hin- und Herfluten der Flüssigkeit das Schiff zum Kentern bringen würde; aus diesem Grund sind die Tanks durch Schotten unterteilt und mit Zwischenunterteilungen – Schwallblechen – versehen; die Zeichnung zeigt den Bau eines Erdöltankers

Durst niemals stillen, denn Wasser und Früchte weichen zurück, wenn er sie zu erreichen versucht.

■ **Tantiemen** [frz.], Gewinn- oder Umsatzbeteiligung, die Vorstands- und Aufsichtsratsmitgliedern sowie leitenden Angestellten eines Unternehmens gewährt wird. Urheber (z. B. Schriftsteller, Komponisten) beziehen Tantiemen aus den Verwertungen ihrer Werke, Dirigenten und Sänger gegebenenfalls aus ihren Tonträgeraufnahmen (→GEMA).

■ **Tanz,** von Musik begleitete rhythmische Körperbewegung. Der Tanz gehört zu den frühesten Formen menschlicher Kultur und war (oder ist bei manchen Völkern heute noch) mit religiösen Vorstellungen verknüpft, so z. B. Tier-, Liebes-, Fruchtbarkeits-, Masken-, Kriegstänze.

In Europa entwickelte sich, neben den weiterhin bestehenden Volkstänzen, ab dem 13. Jahrh. an den Fürstenhöfen eine vornehme Tanzkultur des Adels. Aus ihr gingen später die **Gesellschaftstänze** hervor. Diese unterteilen sich in fünf Standardtänze (Langsamer Walzer, Tango, Wiener Walzer, Slowfox, Quickstep) und fünf lateinamerikanische Tänze (Samba, Cha-Cha-Cha, Rumba, Paso doble, Jive) und Rock 'n' Roll. – auch →Ballett.

■ **Tanztheater** →Theater.

■ **Taoismus** *der* (Daoismus), auf Laotse zurückgehende philosophisch-religiöse Lehre. Ihr Ziel ist eine Übereinstimmung zwischen Mensch und Kosmos durch das **Tao** (Dao). Tao (= der Weg) gilt als die Natur, die – andauernd, ohne zu handeln – die Welt hervorbringt.

■ **Tapioka** →Maniok.

■ **Tapire** [indianisch], eine Familie der Unpaarhufer in Mittel- und Südamerika sowie in Südostasien. Tapire werden bis 1,2 m schulterhoch und 1,8–2,5 m lang. Ihr Körper ist plump und kurzbeinig. Nase und Oberlippe sind miteinander verwachsen und zu einem kurzen Rüssel ausgezogen. Tapire sind Dämmerungstiere, sie leben meist in Wäldern.

■ **Taranteln** [italienisch], bis etwa 5 cm lange Wolfsspinnen im Mittelmeergebiet, wo sie Erdröhren bewohnen. Nachts jagen sie Insekten, die sie mit ihrem giftigen Biss lähmen. Dieser ist für den Menschen schmerzhaft, aber ungefährlich.

■ **Tarif** [arabisch] *der,* Verzeichnis der Preis- oder Gebührensätze für bestimmte Lieferungen und Leistungen, z. B. Eisenbahn-, Zoll- und Lohntarif.

■ **Tarifvertrag,** schriftlicher Vertrag zwischen einem einzelnen Arbeitgeber oder einem Arbeitgeberverband und einer Gewerkschaft (Tarifvertragsparteien) zur Festlegung der Arbeits- und Wirtschaftsbedingungen. Gegenstand von Tarifverträgen ist die Höhe der Arbeitsentgelte **(Lohn-, Gehalts-** oder **Entgelttarifvertrag)** in den verschiedenen Tarifgruppen und die Regelung sonstiger Arbeitsbedingungen wie Arbeitszeit, Urlaub, Kündigung, Mehrarbeit **(Mantel- und Rahmentarifvertrag).** Während Manteltarifverträge oft für längere Zeit gelten, werden Entgelttarifverträge meist jährlich abgeschlossen.

Als **Tarifautonomie** bezeichnet man das Recht der Tarifvertragsparteien, ohne staatliche Beeinflussung Tarifverträge abzuschließen.

Der sich durch helle Färbung scharf abhebende Teil des Rückens und der Flanken bei bestimmten Tieren heißt in der Jägersprache »Schabracke«; dieser in Malakka und Sumatra lebende **Tapir** heißt deshalb Schabrackentapir; die Jungen des scheuen Einzelgängers mit den weißbekränzten Ohren tragen noch ein helles Fell mit frischlingsähnlicher Zeichnung

■ **Tarimbecken** [auch tarim..., tarim...], steppen- und wüstenhaftes Hochbecken (zwischen 780 und etwa 1 400 m über dem Meeresspiegel) im Westen Chinas. Den größten Teil nimmt die Sandwüste **Takla Makan** (rund 400 000 km²) ein. An ihrem Nordrand fließt der **Tarim,** ein Fluss von 2 179 km Länge, der im Sumpfgebiet um den Salzsee Lop Nor versiegt. In den Randgebieten des Tarimbeckens liegen Oasen (Ackerbau, Viehzucht). Durch diese Gebiete führen auch bedeutende Handelswege. Im Nordosten des Tarimbeckens gibt es Erdölfelder.

■ **Tarntracht,** eine Schutzanpassung vieler Tierarten, die diese weitgehend unsichtbar für ihre Feinde macht, z. B. das weiße Fell von Tieren, die in arktischen Gebieten leben (Schneehase, Polarfuchs, Eisbär) oder das gelbbraune Fell von Wüsten- und Steppenbewohnern (Löwe, Antilope). Andere Tiere ahmen mit ihrer Körperform und -farbe bestimmte Objekte nach (»Mimese«), wie das Wandelnde Blatt, eine Gespensterheuschrecke, die einem Blatt zum Verwechseln ähnlich sieht. Eine Sonderform der Tarntracht ist die →Mimikry. – Bilder S. 252

Die bekannteste Art der zu den Wolfsspinnen gehörenden **Taranteln** ist die hier abgebildete, im Mittelmeergebiet beheimatete Apulische Tarantel; das nachaktive Tier hält sich tagsüber in Erdröhren auf

Ein augenscheinliches Beispiel für die natürliche **Tarntracht** ist das weiße Winterfell des Polarfuchses;

in geradezu perfekter Tarnung breitet sich auch der Plattfisch, hier eine Scholle, auf einem Felsen aus

■ **Tarot** [taro; frz.] (italien. Tarock) *das* oder *der*, ein Kartenspiel mit 78 Karten, denen symbolische Bedeutung zukommt. Es wird als Wahrsagespiel und in der →Esoterik verwendet.

■ **Tarzan,** ein im Urwald aufgewachsener, stets siegreicher Dschungelheld, Hauptfigur von Abenteuerromanen des amerikanischen Schriftstellers Edgar Rice Burroughs (1875–1950) sowie zahlreicher, nach diesen Vorlagen entstandener Verfilmungen und Comics.

■ **Taschengeld,** finanzielle Mittel, die Kindern und Jugendlichen von ihren Eltern oder gesetzlichen Vertretern regelmäßig zur freien Verfügung gestellt werden. – auch →Geschäftsfähigkeit.

■ **Taschenrechner,** elektronisches Rechengerät in Taschenformat. Ein Taschenrechner besteht in der Regel aus einer Tastatur, einer Anzeige und dem eigentlichen Rechner. Manche Taschenrechner besitzen Speicher und/oder eine Schnittstelle für Drucker; meist sind sie programmierbar, sodass sie sich auch für sehr komplizierte Berechnungen eignen.

■ **Taschkent,** Hauptstadt von Usbekistan, mit 2,13 Mio. Einwohnern, in einer Oase gelegen. Die Altstadt hat teils orientalischen, teils russischen Charakter.

■ **Tasmanien,** Insel vor der Südostküste Australiens, mit waldreichen Gebirgen und Grashochländern. Der gleichnamige Gliedstaat Australiens umfasst die Insel Tasmanien (64 880 km^2) mit benachbarten Inseln, insgesamt 67 800 km^2 mit 471 100 Einwohnern; Hauptstadt ist Hobart.
Die Insel wurde 1642 von dem niederländischen Seefahrer Abel Janszoon Tasman (1603–59) entdeckt. 1901 trat Tasmanien dem Australischen Bund bei.

■ **Tastsinn,** die Fähigkeit, Berührungsreize aufzunehmen; diese werden meist über Tastsinnesorgane in der Haut wahrgenommen.

■ **Tataren,** ursprünglich ein Reitervolk, das sich im Mittelalter und in der frühen Neuzeit in der südrussischen und westsibirischen Steppe aus Mongolen, Turkvölkern, Ostslawen und Wolgafinnen gebildet hat. Heute leben die rund 6,6 Mio. Tataren an der Wolga, auf der Krim und in Sibirien.

■ **Tatform** (Aktiv) →Verb.

■ **Tätigkeitswort** →Verb.

■ **Tätowierung** [von tahitisch ta tatau, = schlagen] (eigentlich Tatauierung), Muster oder Zeichnung auf der Haut. Die Tätowierung wird mit Farbstoffen in die Haut eingeritzt (Stichtätowierung) oder durch Narben angebracht (Narbentätowierung). Sie ist bei vielen außereuropäischen Völkern (z. B. in Afrika und Asien) sehr beliebt und dient als Schmuck, Abzeichen oder religiöses Symbol. Die Stichtätowierung ist auch unter Seeleuten und als modischer Gag (→Tattoo) in den westlichen Industrieländern verbreitet.

■ **Tattoo** [tätu; engl.] *der* oder *das*, als Tätowierung oder (nur begrenzt haltbares) Abziehbild sowie durch kosmetische Farben auf die Haut aufgebrachter Körperschmuck in Form kleiner Bilder und Zeichnungen.

■ **Tau,** Niederschlag in Form von kleinen Tröpfchen, die sich bei nächtlicher Abkühlung der Luft in Bodennähe an Bäumen, Gräsern, Blumen u. a. bilden. – auch →Reif.

■ **Tauben,** eine Familie etwa 15–80 cm langer kräftiger Vögel mit rund 300 Arten, die vor allem in Wäldern und Baumsteppen leben. Tauben sind geschickte und schnelle Flieger. Ihr Nest bauen sie auf Bäumen oder in Höhlen. Die Jungen sind Nesthocker. Ihre erste Nahrung ist die Kropfmilch, die sich im Kropf der Eltern bildet.
Die aus der **Felsentaube** gezüchteten Rassen der **Haustauben** werden in Europa als Hobby (vor allem als →Brieftauben) und zur Fleischgewinnung

gehalten. Manche Haustaubenrassen sind wieder verwildert und haben sich mit Wildtauben vermischt. So sind die weltweit zu einer lästigen Plage gewordenen halb wilden Stadttauben entstanden. Weitere in Europa lebende Taubenarten sind die **Ringeltaube** mit weißen Flecken an den Halsseiten, die blaugraue **Hohltaube** sowie die **Turteltaube**. In Städten auf Bäumen lebt die **Türkentaube**.

■ **Täublinge**, Blätterpilze mit einer oft lebhaft gefärbten Hutoberseite. Die hellen Blätter (Lamellen) splittern beim Darüberstreichen. Die meisten einheimischen Arten sind essbar (u.a. der Fleischrote Speisetäubling), einige sind giftig (v.a. der Kirschrote Speitäubling).

■ **Taubnessel**, eine Gattung der Lippenblütler mit rund 40 Arten, Kräuter oder Stauden mit gestielten oder stiellosen, gesägten oder gekerbten, manchmal nesselähnlichen Blättern und weißen, gelben oder roten Blüten. Der Stängel ist hohl und an vier Kanten durch rippenartige Längsstränge versteift.

Einwanderer aus den Balkanländern: die mit einem schwarzen Nackenring geschmückten hellfarbenen **Türkentauben** sind inzwischen in Gärten und Parkanlagen in ganz Europa heimisch

■ **Taubstummheit**, angeborene oder früh erworbene Taubheit, die das Erlernen des Sprechens verhindert oder eine bereits vorhandene Sprechfähigkeit zurückbildet. Die Sprechorgane sind gesund, deshalb können Taubstumme bei intensiver Schulung durch Absehen vom Munde und Nachahmung der Artikulationsbewegungen bis zu einem gewissen Grade sprechen lernen. Überwiegend verständigen sie sich jedoch durch Zeichen der **Gebärdensprache**.

■ **Tauchen**, der Aufenthalt von Luft atmenden Lebewesen unter Wasser. Beim Menschen unterscheidet man Tauchen mit und Tauchen ohne Tauchgeräte. Ohne Gerät, also ohne künstliche Zufuhr von Luft oder Sauerstoff (aber mit Flossen und Maske) kann der Mensch etwa anderthalb, in Extremfällen (Perlentaucher) bis zu 3 Minuten lang und bis etwa 30 m tief tauchen (die Rekorde liegen allerdings höher). Mit Gerät kann die benötigte Luft durch Pumpen und Schläuche von der Oberfläche zugeführt oder in Stahlflaschen mitgeführt werden. Die Tauchzeit wird begrenzt durch die mitführbare Luft, die Tauchtiefe durch den Wasserdruck (je 10 m nimmt der Druck um 1 bar zu). Eine der Gefahren beim Tauchen in größere Tiefen ist die Anreicherung von Stickstoff in Körperflüssigkeiten. Beim Auftauchen muss das Gas allmählich über die Lunge ausgeatmet werden; deshalb ist langsames Auftauchen erforderlich.

■ **Tauchgeräte**, Geräte, die einen längeren Aufenthalt unter Wasser ermöglichen. Das einfachste Tauchgerät ist der →Schnorchel. Für leichte Unterwasserarbeiten, z.B. Schiffsbodenuntersuchungen, für das Rettungs- und Sporttauchen werden vor allem die schlauchlosen **Pressluftatmer** verwendet, bei denen der Atemluftvorrat unter Druck in Flaschen gespeichert mitgeführt wird. **Schlauchgeräte** versorgen den **Helmtaucher** mit Atemluft von der Wasseroberfläche aus; der mit Gewichten beschwerte Taucheranzug erlaubt größere Tauchtiefen. In Tiefen bis zu 200–300 m kann der **Panzertaucher** gelangen. Längere Aufenthalte, größere Tauchtiefen und mehr Sicherheit bieten **Tauchkammern** oder unterseebootartige **Tauchboote** für die Erforschung der Tiefsee.

■ **Tauern**, Gebirgszug der Ostalpen in Österreich, südlich der Täler von oberer Salzach und oberer Enns. Die Tauern bestehen aus den **Hohen Tauern** im Westen (mit vergletscherten Gipfeln, im Großglockner 3 797 m hoch) und aus den **Niederen Tauern** im Osten (im Hochgolling 2 863 m).
Über die Tauern führen die Großglockner-Hochalpenstraße sowie die Felber-Tauern-Straße (mit dem 5,6 km langen Felber-Tauern-Tunnel), die Tauernautobahn (mit dem 6,4 km langen Tauerntunnel und dem 5,4 km langen Katschbergtunnel) und die Tauernbahn (mit dem 8,6 km langen Tauerntunnel; Kraftfahrzeuge werden verladen). Der Karawankentunnel (7,8 km lang) wurde 1991 fertig gestellt.

■ **Taufe**, das allen christlichen Kirchen gemeinsame →Sakrament, durch das der Täufling (meist

Die der Brennnessel ähnlichen Blätter der **Taubnessel** haben, wie der Name sagt, keine Schmerzen verursachenden Brennhaare

schon als Säugling) in die Gemeinde aufgenommen wird. Im Urchristentum wurde der Erwachsene getauft, der durch Glaubensbekenntnis und Buße darauf vorbereitet war; heute ist die Erwachsenentaufe noch in vielen Freikirchen üblich.

■ **Täufer,** Angehörige einer Bewegung der →Reformation, die auf ehemalige Schüler Ulrich Zwinglis zurückgeht und um 1525 in Zürich entstand. Zwingli selbst lehnte die Täufer ab und nannte sie abschätzig **Wiedertäufer,** weil sie die Gemeinde nur durch die freiwillige Erwachsenentaufe begründet sahen. Das Täufertum breitete sich von der Schweiz über Oberdeutschland, Mähren und Norddeutschland aus, wurde jedoch bald unterdrückt. Das täuferische Gedankengut hat sich in einigen kirchlichen Gemeinschaften bis heute erhalten, so bei den Baptisten und den Mennoniten.

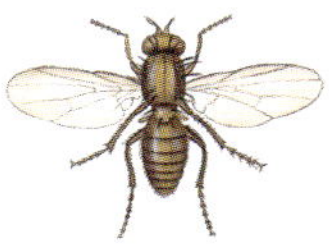

Die bekannteste Art der **Taufliegen,** die winzig kleine Drosophila melanogaster, ist als Versuchstier der Genforschung von allergrößter Bedeutung

■ **Taufliegen** (Fruchtfliegen, Essigfliegen), eine Familie bis 5 mm großer Fliegen, die sich sehr rasch auf faulendem Obst vermehren. Zu ihnen zählt u. a. eines der wichtigsten Versuchstiere der Genforscher, die 2,5 mm lange **Drosophila melanogaster,** auf deren Riesenchromosomen Gene bestimmten Merkmalen zugeordnet werden konnten.

■ **Taunus** *der,* der südöstliche Teil des Rheinischen Schiefergebirges. Der Taunus besteht aus einer etwa 400 m hohen, bewaldeten Hochfläche, die sich langsam nach Nordwesten abdacht, und einem höheren Quarzitrücken am Südrand, der steil zur Rhein-Main-Ebene abfällt. Die höchste Erhebung ist der **Große Feldberg** (880 m). Auf der Hochfläche wird Forst- und karge Landwirtschaft betrieben. An den dicht besiedelten Rändern liegen viele Badeorte (Wiesbaden, Bad Soden am Taunus, Bad Homburg v. d. Höhe, Bad Nauheim) und Industriestädte.

■ **Taurus** *der,* junges Faltengebirge am Südrand und im Osten von Kleinasien (Türkei) mit Gipfeln bis über 3 700 m Höhe. Der Osttaurus geht ins Hochland von Armenien über. Die stark beregneten Hänge tragen Laubwälder (Eichen, Platanen und Nussbäume). Der Westtaurus hat reiche Chromerzvorkommen.

■ **Tausendfüßer,** wenige Millimeter bis fast 30 cm lange, bodenbewohnende Klasse der Gliederfüßer mit mehr als 10 000 Arten. Der Kopf trägt ein Fühlerpaar, der Rumpf ist flügellos, lang gestreckt und in viele gleichförmige Ringe gegliedert, die je ein oder zwei Paar gegliederte Beine tragen (bis zu 340 Beinpaare). Als Laub zersetzende Bodentiere sind die Tausendfüßer am Nährstoffkreislauf beteiligt.

■ **Tausendundeine Nacht,** anonyme arabische Sammlung von über 300 Erzählungen (Märchen, Novellen, Fabeln, Abenteuer- und Liebesgeschichten), deren Anfänge bis ins 10. Jahrh. zurückgehen. Die meisten Geschichten sind persischen Ursprungs, beruhen aber auf einer indischen Vorlage. Am bekanntesten sind »Ali Baba und die 40 Räuber«, »Sindbad der Seefahrer« und »Aladins Wunderlampe«.

Zusammengehalten werden die Erzählungen von einer Rahmenhandlung: Die kluge **Scheherazade** unterhält mit ihren Geschichten ihren Mann, den Sultan, so gut, dass er von seinem Vorhaben ablässt, sie wie seine früheren Frauen töten zu lassen.

Vorhang auf für die Erzählungen aus **Tausendundeiner Nacht** – der prächtige Buchdeckel einer Ende des 19. Jahrhunderts erschienenen deutschen Ausgabe hält, was er verspricht

■ **Tautologie** [griech., = das Dasselbesagen] *die,* Bezeichnung einer Sache durch mehrere gleichbedeutende Ausdrücke, ähnlich dem →Pleonasmus.

■ **Teakbaum** [tik...; engl.], bis 50 m hoher Baum (Eisenkrautgewächs) mit bis 60 cm langen, elliptischen Blättern. Seine Heimat ist Südostasien; heute wird er in vielen tropischen Gebieten angepflanzt. Das sehr harte und dauerhafte **Teakholz** ist gelb bis dunkelgoldbraun (zum Teil streifig) und wird vor allem im Schiffbau und für Möbel verwendet.

■ **Team** [tim; engl.] *das,* Arbeitsgruppe, Mannschaft (im Sport). Die Gemeinschafts- oder Gruppenarbeit heißt **Teamwork.**

■ **Technetium** [griech.] *das,* ein radioaktives

chemisches Element. Das silberglänzende Schwermetall kommt in der Erdkruste in äußerst geringen Mengen als Zerfallsprodukt von Uran 238 vor, ansonsten ist es nur künstlich herstellbar.

> **Technetium**
> chemisches Symbol: Tc
> Ordnungszahl: 43
> relative Nuklidmasse: 97,9
> Dichte (geschätzt): 11,5 g/cm^3
> Schmelzpunkt: 2 157 °C
> Siedepunkt: 4 265 °C

■ **Technik** [griech.] *die,* das konstruktive Schaffen von Erzeugnissen, Vorrichtungen und Verfahren unter Benutzung der Stoffe und Kräfte der Natur. Die Technik umfasst alle Maßnahmen, Objekte (Werkzeuge, Maschinen) und Verfahren, die vom Menschen durch sinnvolle Ausnutzung der Naturgesetze und -prozesse sowie geeigneter Stoffe ergriffen, hergestellt oder angewendet werden. Nachteilige Begleit- und Folgeerscheinungen der Technik führten zur Forderung ihrer größtmöglichen Umweltverträglichkeit.
Wichtige Meilensteine in der Geschichte der Technik sind: die Dienstbarmachung des Feuers, die Erfindung des Rades, des Pfluges, des Schießpulvers und der Dampfmaschine, die Nutzbarmachung der elektrischen Energie, die Entdeckung der Kernenergie, die Entwicklung von Mikroprozessoren und die bemannte Raumfahrt.
Häufig wird der Begriff auch gleichbedeutend mit Technologie verwendet.

■ **technische Hochschule,** Abkürzung **TH,** eine wissenschaftliche Hochschule (heute oft technische Universität, Abkürzung TU), deren Schwergewicht auf den Ingenieur- und Naturwissenschaften (z.B. Mathematik, Physik, Chemie, Bau-, Maschinen-, Bergbau- und Hüttenwesen, Elektrotechnik, Architektur) liegt. Das Studium wird mit einem Diplom abgeschlossen (z.B. Diplomingenieur); danach ist die Promotion (z.B. zum Dr.-Ing., = Doktor der Ingenieurwissenschaften) möglich.

■ **Techno** [täkno; engl.] *das* oder *der,* Ende der 1980er-Jahre entstandene Jugendkultur, in deren Zentrum eine hoch technisierte, digital produzierte Tanzmusik steht, die in der Regel von den Discjockeys, die sie einsetzen, selbst erstellt wird. Zu den Kennzeichen gehören ein grellbuntes und fantasievolles Outfit, Marathonveranstaltungen zum »Abtanzen«, Partys (häufig auch thematisch ausgerichtet) in einer flexiblen, in Kellern und leer stehenden Fabrikhallen sich ausbreitenden Klubszene sowie Massenfestivals in der Art der seit 1989 jeden Sommer stattfindenden Berliner Love-Parade oder der alljährlich veranstalteten Maydays.
Wichtige Vertreter der in Deutschland auf Frankfurt am Main und Berlin konzentrierten Szene sind die Discjockeys Dr. Motte (Matthias Roeingh, *1960), Sven Väth (*1967), WestBam (Maximilian Lenz, *1965) und Marusha (Marusha Gleiss, *1967).
Techno gliederte sich im Lauf der Zeit in viele stilistische Unterkategorien auf, u.a. **Tekkno,** eine besonders harte, mechanische und aggressive Spielart, **Jungle,** Technomusik mit Rap- und Reggae-Einflüssen mit der Variante **Drum 'n' Bass,** bei der wuchtige Basslinien im Vordergrund stehen, **Gabber,** Techno mit mindestens 200 bpm (beats per minute; deutsch Schläge pro Minute) oder **Trance,** Techno mit sphärischen Computerklängen.

■ **Technologie** [griech.] *die,* **1)** Wissenschaft von der Umwandlung von Roh- und Werkstoffen in fertige Produkte unter Anwendung naturwissenschaftlicher und technischer Erkenntnisse.
2) Gesamtheit der zur Gewinnung oder Bearbeitung von Stoffen nötigen Prozesse und Arbeitsgänge, das technische Wissen eines Gebietes.

■ **Tee** [chinesisch], **1)** (echter Tee), die getrockneten, jungen Blätter und Blattknospen des **Teestrauchs.** Sie enthalten Koffein, Theobromin, Theophyllin, Gerbstoffe und ätherische (flüchtige) Öle. Beim Aufbrühen werden das Koffein und die Aromastoffe rasch, die Gerbstoffe, die auch die Bräunung bestimmen, erst nach und nach ausgezogen.
Bei der Herstellung des **schwarzen Tees** wird das Pflückgut nach dem Welken gerollt (um die Zellwände aufzubrechen) und dann in Gärkammern bei 35–40 °C über vier Stunden fermentiert. Das Trocknen geschieht bei 85–125 °C.
Beim **grünen Tee** unterbleibt die Fermentation. Durch kurzes Dämpfen über siedendem Wasser bleibt die grüne Farbe erhalten. Grüner Tee ist ebenso wie der halb fermentierte »gelbe« **Oolong-Tee** vor allem in China und Japan verbreitet.
In China wurde Tee schon lange vor unserer Zeitrechnung getrunken, in Europa ist das Getränk etwa seit Mitte des 17. Jahrh. verbreitet.– Bild S. 257
2) allgemeine Bezeichnung für ein Getränk aus Aufgüssen getrockneter Pflanzenteile, das teilweise als Arzneimittel benutzt wird, z.B. Kamillen-, Fenchel- oder Pfefferminztee.

Zweig eines blühenden **Teestrauchs**

■ **Teenager** [tine^{i}dsch^{er}; engl.] *der,* Mädchen oder Junge im Alter (engl. *age*) von dreizehn (»thir*teen*«) bis neunzehn (»nine*teen*«) Jahren.

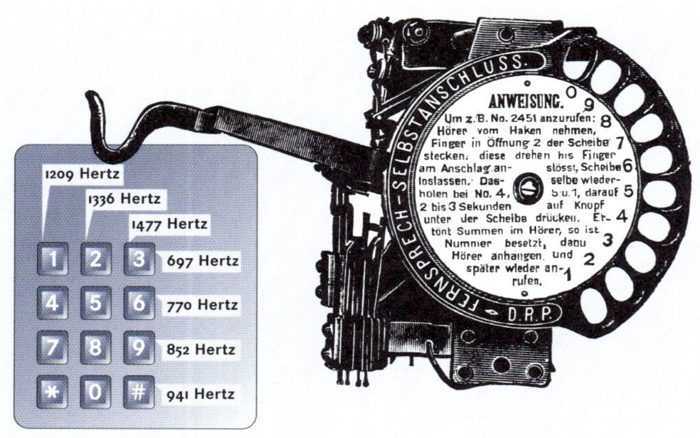

Der erste »Fernsprech-Selbstanschluss« mit einer penibel genauen Bedienungsanleitung auf der Nummernscheibe des **Telefons** stammt aus dem Jahr 1908; beim Tastenwahlblock des heutigen Telefons werden die gewählten Ziffern inzwischen meist als Tonkombination ausgesendet, wobei beim Drücken einer Taste kurz nacheinander der entsprechende Zeilen- und Spaltenwert der Frequenz ausgelöst wird

So sah das **Telefon** aus, das ab 1919 von der Reichstelegrafenverwaltung als Standardapparat angeboten wurde

■ **Teer,** eine braune bis tiefschwarze, flüssige bis zähflüssige Masse, die beim Erhitzen von Holz (Holzteer), Braunkohle (Braunkohlen- oder Schwelteer) oder Steinkohle (Steinkohlenteer) unter Luftabschluss entsteht. Die chemische Zusammensetzung ist je nach Herkunft sehr unterschiedlich und besteht im Wesentlichen aus Kohlenwasserstoffen. Teer wird durch fraktionierte Destillation getrennt. Die Teeröle werden für Heizzwecke, als Konservierungsmittel, für die Druckfarbenherstellung u.a., die halbfesten bis festen Bestandteile vor allem für den Straßenbau und Dachanstriche verwendet.

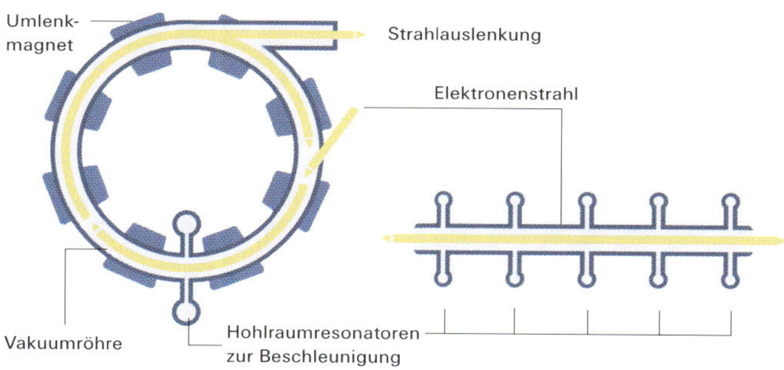

Teilchenbeschleuniger: Darstellung eines Kreisbeschleunigers und eines Linearbeschleunigers; im Kreisbeschleuniger werden die Elektronen auf einer annähernd kreisförmigen Bahn beschleunigt, die sie mehrmals durchlaufen; in einem Linearbeschleuniger werden die Elektronen beim Durchlaufen einer geraden Beschleunigungsstrecke in Hohlraumresonatoren beschleunigt

■ **Teheran,** Hauptstadt von Iran, am Südfuß des Elbursgebirges, mit 6,76 Mio. Einwohnern größte Stadt Vorderasiens. Sie ist der politische, wirtschaftliche und kulturelle Mittelpunkt des Landes mit vielen Moscheen (u.a. Khomeini-Moschee) und Museen (u.a. Golestanpalast) sowie mehreren Universitäten.

■ **Teilchenbeschleuniger** (Beschleuniger), Geräte und Anlagen zur Beschleunigung elektrisch geladener Teilchen (vor allem Elektronen, Protonen und deren Antiteilchen sowie Atomkerne und Ionen) auf hohe Energien (heute bis zu mehrere 1000 GeV). Mit ihrer Hilfe lassen sich Kern- und Elementarteilchenreaktionen auslösen sowie Bremsstrahlung (eine elektromagnetische Strahlung, die bei der Abbremsung und Ablenkung von schnellen geladenen Teilchen auftritt), Synchrotronstrahlung (eine elektromagnetische Strahlung, die von Teilchen ausgestrahlt wird, die sich mit annähernder Lichtgeschwindigkeit bewegen) oder zum Teil auch bestimmte Elementarteilchenstrahlen erzeugen. Die Beschleunigung erfolgt durch elektrische Felder, die auf die elektrische Ladung der Teilchen wirken.

Nach der Form der Teilchenbahnen unterscheidet man geradlinige **Linearbeschleuniger** und **Kreis-** oder **Ringbeschleuniger.** Zu den Beschleunigern gehören auch die als **Collider** bezeichneten Anlagen mit gegenläufigen Teilchenstrahlen, die zur Kollision gebracht werden.

Außer zur Grundlagenforschung auf den Gebieten der Kern- und Hochenergiephysik werden Teilchenbeschleuniger auch zur Herstellung bestimmter Radionuklide, in der Medizin zur Strahlentherapie und in der Technik zur zerstörungsfreien Werkstoffprüfung eingesetzt.

■ **Tektonik** [griech.] *die,* die Lehre vom Aufbau der Erdkruste und von den Bewegungsvorgängen, die sich darin abspielen.

■ **Tel Aviv-Jaffa** (hebräisch Tel Aviv-Yafo), zweitgrößte Stadt Israels, am Mittelmeer gelegen, mit 355 900 Einwohnern. – 1950 wurde die alte Hafenstadt **Jaffa** mit dem 1908 als Gartenvorstadt gegründeten **Tel Aviv** vereinigt.

■ **Telebanking** [...bängking; engl.] →Electronic Banking.

■ **Telefax** [griech.] *das,* ein Telekommunikationsdienst, bei dem Texte und Zeichnungen über Fernsprechanschlüsse mit Fernkopierer (Telefaxanschlüsse) übertragen werden. Auch die Fernkopie selbst wird als Telefax (oder »Fax«) bezeichnet.

■ **Telefon** [griech.] *das* (Fernsprecher), eine Einrichtung zur Übertragung von Sprache (auch von Daten und Signalen) mithilfe der Nachrichtentechnik. Durch die gesprochenen Worte entstehen Schallwellen, die in einem Mikrofon in elektrische Schwingungen umgewandelt werden. Über Kabel (Kupferkabel), drahtlos über Funk (→Mobilfunk) oder optisch über Glasfaserkabel werden sie bis zum Empfänger weitergeleitet. Im Telefonhörer des Empfängers werden die elektrischen Signale wieder in Schallwellen umgeformt.

Geschichte: Das erste Gerät zur elektrischen Tonübertragung konstruierte 1861 der deutsche Physiker Johann Philipp Reis (1834–74). Der Amerikaner Alexander Graham Bell (1847–1922) erfand 1876 das elektromagnetische Telefon, das im gleichen Jahr durch das Kohlemikrofon von Thomas Alva Edison entscheidend verbessert wurde.

■ **Telegrafie** [griech.] *die,* Nachrichtenübertragung mithilfe von besonderen Telegrafiezeichen (→Morsezeichen) oder von Buchstaben (→Fernschreiber). Beim Bildtelegrafen werden Bilder in Punkte zerlegt, deren Helligkeitswerte dem Empfänger übermittelt und dort wieder zu einem Bild zusammengesetzt werden.

■ **Telegramm** [griech.] *das,* durch Telegrafie übermittelte Nachricht.

■ **Telekinese** [griech.] *die* (Fernbewegung), die angebliche Bewegung und Ortsveränderung von Gegenständen allein durch den psychischen Einfluss eines Menschen, der die Gegenstände nicht berührt. Telekinese ist ein bisher wissenschaftlich nicht erklärbares Phänomen.

■ **Telekolleg** *das,* Weiterbildungseinrichtung in Form eines Medienverbundsystems aus Fernsehsendungen, schriftlichem Begleitmaterial und Gruppenunterricht.

■ **Telekom** →Deutsche Telekom AG.

■ **Telekommunikation** *die,* im Fernmelde- und Nachrichtenwesen die Zusammenfassung aller Formen der Nachrichtenübertragung mit den Mitteln der Nachrichtentechnik. Nach den verschiedenen Aspekten der Telekommunikation unterscheidet man:

Tee

In China wurde der Tee schon lange vor unserer Zeitrechnung verwendet, erst als Arznei-, später auch als Genussmittel. Für den Teestrauch, dessen Heimat Assam im Nordosten Indiens sein soll, finden sich in China bereits im 3. Jahrtausend v. Chr. Nachweise. Im 9. Jahrh. war die Teesteuer eine Haupteinnahmequelle des chinesischen Kaisers. Auch in Japan war Tee ursprünglich ein Heilmittel – zum Beispiel als Salbe gegen Rheuma. Ein erster Beleg für seine Verwendung als Genussmittel stammt aus dem Jahr 729.

Zum Volksgetränk wurde Tee im 14. Jahrhundert. Die klassische Teezeremonie entwickelte sich in Japan im Zusammenhang mit dem Zen-Buddhismus. Dabei wird in einem speziellen Teeraum, in den man sich durch eine etwa 1 m hohe Tür auf den Knien in Demutshaltung hineinbewegt, starker Tee mit würdevollen Bewegungen bereitet und serviert. Die geistigen und ästhetischen Forderungen der Teezeremonie (schlichte Umgebung, Harmonie und Stille) haben die japanische Lebensführung und auch die japanische Kunst wesentlich bestimmt.

▶ Die Miniatur zeigt die Wirtschaft einer chinesischen Teeplantage im 17. Jahrhundert: zwei europäische Teeeinkäufer finden sich bei einem chinesischen Großhändler zur Teeprobe ein

Durch Vermittlung der Araber gelangte der Tee im Mittelalter nach Europa, aber erst im 17. Jahrh. wurde er zu einer gefragten Handelsware. Die stärkste Verbreitung fand das Teetrinken in England. Im Laufe des 19. Jahrh. stieß diese Sitte dann auch in Deutschland auf Gegenliebe.

Die hier auf einem Holzschnitt dargestellte Szene des berühmten Apfelschusses spielt sich in der Schweiz zu Beginn des 14. Jahrhunderts ab: **Wilhelm Tell,** der dem habsburgischen Tyrannen Geßler die Freiheit seiner Persönlichkeit entgegensetzt, wird von diesem durch einen niederträchtigen Racheakt herausgefordert, der das Leben des Sohnes von der Treffsicherheit des Vaters abhängig macht

1) Telekommunikations- oder Fernmeldenetze (z. B. Fernsprechnetz, Fernschreibnetz, ISDN),
2) Telekommunikationsdienste wie der Fernsprechdienst (z. B. Ansagedienste am Telefon), Mobilfunkdienste (z. B. Autotelefon), Textdienste (z. B. Telex, Telefax), Datendienste (z. B. Internet) und Bildkommunikationsdienste (z. B. Videokonferenz) und
3) Endgeräte (z. B. Telefonapparat, Telefaxgerät, Personalcomputer).

Georg Philipp Telemann war zu seiner Zeit populärer als sein Freund Johann Sebastian Bach, später wurde er als Vielschreiber abgetan; heute ist nur noch ein kleiner Teil seiner reizvollen Werke zu hören

■ **Telemann,** Georg Philipp, deutscher Komponist, *Magdeburg 14. März 1681, †Hamburg 25. Juni 1767. Telemann ist neben Johann Sebastian Bach und Georg Friedrich Händel der bedeutendste Musiker des deutschen Spätbarock. Er schrieb Opern, Oratorien, Passionen, Messen, Kantaten, Lieder, Suiten, Konzerte, Kammer-, Klavier- und Orgelwerke.

■ **Teleobjektiv,** ein Linsensystem, das als Objektiv mit großer Brennweite die fotografische Aufnahme weit entfernter Gegenstände ermöglicht (→Fotografie).

■ **Telepathie** [griech.] *die,* die übersinnliche Wahrnehmung von seelischen Vorgängen, die sich in einem anderen Menschen abspielen (»Gedankenübertragung«). Die Telepathie ist wissenschaftlich nicht nachprüfbar.

■ **Teleskop** [griech.] *das,* im weiteren Sinn gleichbedeutend mit →Fernrohr; im engeren Sinn Bezeichnung für astronomische Beobachtungs- und Messgeräte, z. B. →Spiegelteleskop, →Radioteleskop und Röntgenteleskop.

■ **Television** [engl.] *die,* Abkürzung **TV,** aus dem Englischen übernommene Bezeichnung für →Fernsehen.

■ **Telex** *das,* Abkürzung für engl. **tel**eprinter **ex**change, ein Fernschreiben (→Fernschreiber).

■ **Tell,** Wilhelm, Gestalt der schweizerischen Sage und Schweizer Nationalheld. Er wird vom habsburgischen Landvogt Hermann Geßler, unter dessen Willkürherrschaft die Schweizer zu leiden haben, gezwungen, einen Apfel vom Kopf seines Sohnes zu schießen. Der Meisterschuss gelingt, aber bald danach tötet Tell den Tyrannen und gibt damit das Zeichen zum Volksaufstand gegen die Habsburger. Die Gestalt Wilhelm Tells wurde vor allem durch Schillers gleichnamiges Schauspiel (1804) bekannt.

■ **Tellur** [lat.] *das,* ein halbmetallisches chemisches Element, das in seinem chemischen Verhalten dem Selen gleicht. Das in geringen Mengen bei der Kupferreinigung gewonnene Tellur wird in der Eisen- und Nichteisenmetallurgie zur Verbesserung der Materialeigenschaften verwendet, in Form der Salze (Telluride) auch in der Halbleitertechnik.

Tellur
chemisches Symbol: Te
Ordnungszahl: 52
relative Atommasse: 127,6
Dichte (bei 20 °C): 6,24 g/cm³
Schmelzpunkt: 449,5±0,3 °C
Siedepunkt: 988 °C

■ **Tempel** [lat.] *der,* in vielen Kulturen ein abgegrenzter heiliger Bezirk und der einem Gott oder auch mehreren Göttern geweihte Kultbau. Die ältesten Tempel, ausgedehnte Anlagen, bei denen viele Räume um einen Hof gruppiert waren, entstanden im Alten Orient, vor allem in Mesopotamien, seit dem 5. Jahrtausend v. Chr. Der Tempel Salomos in Jerusalem (10. Jahrh. v. Chr.) war eine Rechteckanlage mit Vorhalle, Hauptraum und Allerheiligstem, in dem die Bundeslade aufbewahrt wurde.
In *Ägypten* waren die mit Tortürmen (Pylonen) geschmückten Tempel entlang einer Achse angelegt mit hintereinander liegenden Säulenhöfen und -sälen und dem Allerheiligsten für das Kultbild.
In *Indien* gibt es neben den buddhistischen Stupas verschiedene Bauformen, z. B. Tempel mit mehr-

Temperatur

Die höchsten jährlichen Temperaturschwankungen wurden in Werchojansk (Sibirien) gemessen. Sie lagen zwischen −68°C und +37°C.
Die tiefste Temperatur erreichte das Thermometer 1983 bei der Station Wostok in der Antarktis mit −89°C.
Die höchste Temperatur mit 57,8°C wurde 1922 in Azizia in der libyschen Wüste gemessen.
Als heißester Ort der Erde gilt Dallol in Äthiopien. Dort sind Jahresdurchschnittswerte von mehr als 37°C keine Seltenheit.

schiffigen Vorhallen, Höhlentempel, Tempeltürme und ganze Tempelstädte.
Die *chinesischen* und *japanischen Tempel* bestehen aus einer Folge von Hallen, die sich um Höfe gruppieren.
Die *südamerikanischen Tempel* waren Stufenpyramiden mit einem Holz- oder Steinhaus auf der Spitze.
Der *griechische Tempel* besteht aus einem lang gestreckten, fensterlosen Raum (Cella) auf einem dreistufigen Unterbau. Hier steht meist das Götterbild. Vor der Cella liegt an der einen Schmalseite eine Vorhalle. Ihr entspricht gelegentlich an der anderen Schmalseite eine rückseitige Vorhalle. Umgeben wird die Cella von einer Säulenreihe. Es gibt auch Tempel mit zwei Säulenreihen und solche, die nur an der Vorder- und an der Rückseite je eine Säulenreihe haben.
Der *römische Tempel* steht auf einem hohen Unterbau (Podium) und ist frontal angelegt, das heißt auf eine Vorderansicht hin. Eine Treppe führt an der Vorderseite zur Vorhalle.

■ **Temperamalerei,** die Malerei mit Farben, die aus anorganischen Pigmenten (z. B. Ocker, Zinnober) in Emulsionen aus nicht wässrigen Bindestoffen (z. B. Leinöl, Harz) und wässrigen Bindemitteln (z. B. Lösungen von Eigelb oder alkalisch aufgeschlossenem Kasein) bestehen. Die Temperamalerei wurde vor allem im Mittelalter gepflegt; im 14. Jahrh. wurde sie allmählich von der Ölmalerei verdrängt.

■ **Temperament** [lat.] *das,* die für eine Person typische, relativ konstante Art des Fühlens, Erlebens, Handelns und Reagierens. Nach dem griechischen Arzt Hippokrates unterscheidet man vier Temperamente:
Sanguiniker (lebhaft, heiter),
Choleriker (reizbar, unbeherrscht),
Melancholiker (schwermütig, trübsinnig) und
Phlegmatiker (schwerfällig, träge).
Die neuere Psychologie stellt dieser Einteilung Formen mit feineren Unterscheidungsmerkmalen entgegen.

Temperaturangaben in verschiedenen Temperaturskalen

°Celsius	Kelvin	°Fahrenheit
100	373,15	212
90	363,15	194
80	353,15	176
70	343,15	158
60	333,15	140
50	323,15	122
40	313,15	104
30	303,15	86
20	293,15	68
10	283,15	50
0	273,15	32

■ **Temperatur** [lat.] *die,* physikalische Größe, Formelzeichen T. Die Temperatur eines Körpers beruht auf der regellosen Bewegung seiner Moleküle bzw. Atome. Je größer deren Bewegungsenergie ist, desto höher ist seine Temperatur. Als absoluten Nullpunkt bezeichnet man die Temperatur, bei der sich die Moleküle bzw. Atome eines Körpers nicht mehr bewegen. Der absolute Nullpunkt ist also die tiefstmögliche Temperatur überhaupt.
Gemessen wird die Temperatur meist in Grad Celsius (°C) oder in Kelvin (K; auch →absolute Temperatur), in den USA in Grad Fahrenheit (°F). Fundamentalpunkte der Celsius-Skala (→Celsius) sind der Schmelzpunkt (0 °C) und der Siedepunkt (100 °C) des Wassers bei Normaldruck. Der absolute Nullpunkt liegt bei −273,15 °C. Zur Temperaturmessung dienen →Thermometer.

■ **Templerorden,** einer der großen geistlichen →Ritterorden, benannt nach seinem ursprünglichen Sitz auf dem Tempelberg in Jerusalem. Er wurde 1119 in Palästina von französischen Rittern zum Schutz christlicher Pilger gegründet. Seine Mitglieder, die **Templer** oder **Tempelherren,** trugen einen weißen Mantel mit achtspitzigem rotem Kreuz.
1291 wurde der Orden nach Zypern verlegt. Daneben war er vor allem in Frankreich verbreitet. Er geriet dort in wachsenden Gegensatz zum Königtum. Schwere Anschuldigungen, u. a. wegen angeblicher Ketzerei, führten 1307 zur Verhaftung zahlreicher Ordensangehöriger, schließlich zur Vernichtung

des Ordens durch König Philipp IV., den Schönen; 1312 hob der Papst den Templerorden auf.

■ **Tẹmpo** [italienisch] *das,* in der Musik das Zeitmaß, in dem ein Stück gespielt wird. Für die Tempoangabe werden in der Regel italienische Wörter benutzt, z. B. largo (sehr langsam), allegretto (etwas lebhaft), presto (schnell).

■ **Temporalsatz** → Umstandssatz.

■ **Tẹmpus** (Zeitform) → Verb.

■ **Tendẹnz** [lat.] *die,* Neigung, Entwicklung in eine bestimmte Richtung (z. B. kurzfristige Tendenz des Wetters); Betonung oder einseitige Wiedergabe einer Richtung (z. B. politische Tendenz eines Theaterstücks, einer Berichterstattung); **tendenziös** heißt parteilich, nicht objektiv.

■ **Tenerịffa** (spanisch Tenerife), die größte der → Kanarischen Inseln, mit 2055 km² und 677 500 Einwohnern; Hauptstadt ist Santa Cruz de Tenerife, höchste Erhebung der Pico de Teide mit 3718 m.

■ **Tẹnnis** [wohl von frz. tenir = halten] *das,* Rückschlagspiel für Damen und Herren, gespielt als Einzel, Doppel oder gemischtes Doppel (Mixed). Mit einem Schläger muss ein 56,7 bis 58,7 g schwerer Ball über ein Netz geschlagen werden. Wichtige Schlagarten sind der Drive und der Topspin (ein mit starkem Vorwärtsdrall geschlagener Ball), der Slice (mit starkem Rückwärtsdrall), der Flugball (Volley), der Halbflugball und der Stoppball, die jeweils mit der Vorhand (bei Rechtshändern rechts vom Körper) oder mit der Rückhand (bei Rechtshändern links vom Körper, auch beidhändig) geschlagen werden, sowie der Schmetterball (Smash), der hoch über den Gegner gespielte Lob und der Aufschlag (Service).

Vor Spielbeginn werden Spielfeldseite und Aufschlag ausgelost. Nach jedem Spiel wechselt der Aufschlag. Der Aufschläger muss den Ball, ohne dass dieser vorher den Boden berührt, über das Netz in das schräg gegenüberliegende Aufschlagfeld schlagen. Er erreicht einen Punkt, wenn es dem Gegner nicht gelingt, den Ball nach einmaligem Berühren des Bodens zurückzuspielen. Macht der Aufschläger beim Aufschlag einen Fehler (das heißt, der Ball geht ins Netz oder landet außerhalb des Aufschlagfeldes), darf er einen zweiten Ball aufschlagen; ist auch dieser fehlerhaft (Doppelfehler), zählt er als Punkt für den Rückschläger. Der Aufschlag wird wiederholt, wenn der Ball das Netz berührt hat, aber trotzdem ins richtige Feld gefallen ist (Netzball).

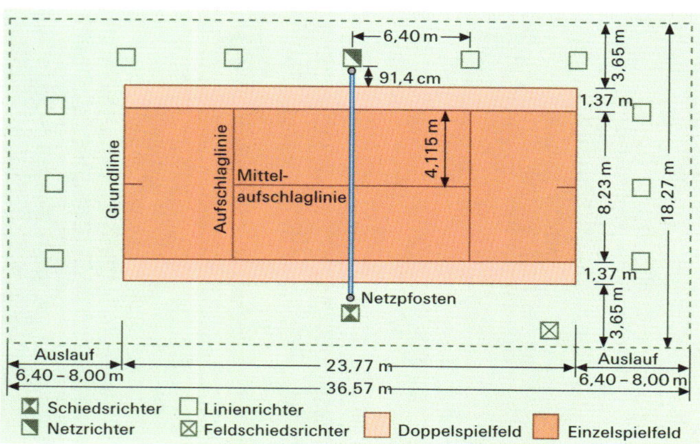

Tennis: Spielfeld

Tennis

Advantage (Vorteil) hat derjenige Spieler, der innerhalb eines Spiels beim Spielstand Deuce (Einstand) den nächsten Punkt gemacht hat. Gewinnt er auch den nächsten Ballwechsel, so hat er das Spiel gewonnen. Gewinnt der Gegner diesen Ballwechsel, so heißt es wieder Deuce.

Deuce (Einstand) heißt es innerhalb eines Spiels, wenn beide Spieler drei Punkte (»40 beide«) gewonnen haben. Gewinnt ein Spieler, der den nächsten Punkt macht und damit Advantage (Vorteil) hat, nicht auch den darauf folgenden Punkt und damit das Spiel, heißt es wieder Deuce.

Service: der Aufschlag zu Beginn jedes Ballwechsels.

Tie-Break: Zählweise, durch die ein 6 : 6 unentschieden stehender Satz schneller beendet wird. Hierbei wird auf bis zu sieben Punkte gespielt. Der Spieler, der diese als erster mit zwei Punkten Abstand erreicht, hat den Satz gewonnen. Steht es im Tie-Break 6:6, wird so lange gespielt, bis ein Spieler zwei Punkte Vorsprung hat und damit den Satz gewinnt.

Gewertet wird nach Punkten, Spielen und Sätzen. Die ersten drei gewonnenen Punkte werden mit 15, 30 und 40 gezählt, der vierte gewonnene Punkt bedeutet Spielgewinn. Haben beide Spieler je drei Punkte (40 : 40; Einstand), wird zum Spielgewinn so lange weitergespielt, bis einer der Spieler zwei Punkte Vorsprung hat. Sobald einer der Spieler sechs Spiele gewonnen hat und zwei Spiele Vorsprung gegenüber dem Gegner aufweist (also 6 : 4),

hat er einen Satz gewonnen. Steht es 5:5, wird so lange weitergespielt, bis einer der Spieler zwei Spiele Vorsprung hat (z. B. 7:5, 8:6). Meist kommt es jedoch beim Stand von 6:6 zum Tie-Break. Ein Match ist entschieden, wenn einer der Spieler je nach Vereinbarung zwei oder drei Sätze gewonnen hat.
Die vier bedeutendsten Turniere **(Grand Slam)** sind die offenen Meisterschaften von Australien (Melbourne), Frankreich (Paris), England (Wimbledon/London) und USA (Flushing Meadow/New York). International bedeutende Wettbewerbe für Ländermannschaften sind der Daviscup für Herren und der Federationcup für Damen.
Die Berufsspieler sind in der **A**ssociation of **T**ennis **P**rofessionals (ATP), die Spielerinnen in der **W**omen **T**ennis **A**ssociation (WTA) organisiert, die auch die Weltranglisten aufstellen.
Geschichte: Als Vorläufer des modernen Tennis gilt das in Frankreich entstandene, auch in England und später in Deutschland in Ballhäusern betriebene »Jeu de paume«, bei dem die Bälle wurden anfangs nur mit der Handfläche (frz. = paume) geschlagen wurden. Doch bereits im 14. Jahrh. kamen Schläger auf, zunächst ganz aus Holz, dann mit Pergament bespannt, schließlich (wohl im 16. Jahrh.) mit Saiten. In England entstand im 18. Jahrh. das »Fieldtennis«, später das »Lawntennis«, das im Freien auf Rasen gespielt wurde. Die ersten, 1874 aufgestellten und 1877 anlässlich der ersten (in Wimbledon veranstalteten) Meisterschaften ergänzten Regeln sind im Wesentlichen heute noch gültig.

■ **Tenno** [japanisch, = himmlischer Herrscher], der Titel des japanischen Kaisers.

■ **Tenor** [lat.] *der,* Sinn, Inhalt (z. B. eines Schriftstücks).

■ **Tenor** [italienisch] *der,* hohe Männerstimme. Je nach ihrem Klang werden Helden-, Charakter- und lyrischer Tenor unterschieden.

■ **Tenside** → Seifen.

■ **Tentakel** [lat.], **1)** *Botanik:* die bei Sonnentauarten auf der Blattoberfläche angeordneten haarähnlichen, berührungsempfindlichen Auswüchse des Blattes.
2) *Zoologie:* die meist in der Umgebung der Mundöffnung stehenden, unterschiedlich langen, sehr beweglichen Körperanhänge bei Nesseltieren, Kopffüßern (mit Saugnäpfen), Schnecken, Bartwürmern und Kranzfühlern. Sie sind mit Sinnesorganen versehen und dienen zum Aufspüren und Ergreifen der Beute.

■ **Teppich** [lat.] *der,* Bodenbelag oder Wandbekleidung aus Textilien. Die Technik der geknüpften oder gewirkten Teppiche entwickelte sich im Orient. Die Teppichkunst erreichte vor allem in Persien einen besonders hohen Stand.
Die verbreitetste Art des Orientteppichs ist der **Knüpfteppich**. Dieser mit der Hand geknüpfte Teppich wird an einem Knüpfstuhl gearbeitet. Zuerst werden die Längsfäden (Kettfäden) gespannt. Sie sind meist naturfarben (Schafwolle oder Baumwolle). Danach werden mithilfe einer Webernadel für den Teppichrand einige Reihen Querfäden »eingeschossen«; der einzelne Querfaden wird als Schuss bezeichnet. Der Faden wird hin- und hergeführt. Dann werden 2–5 cm lange, farbige Fäden in die Kettfäden eingeknotet (das farbige Muster des Teppichs). Die beiden Enden stehen nach oben und bilden den so genannten Flor. Wenn eine Reihe Knoten eingeknüpft ist, wird der Schuss durchgezogen und die Knotenreihe mit einem kammähnlichen Gerät fest niedergedrückt. Je dichter und enger die Knotenreihe ist, desto fester und wertvoller ist der Teppich. Ein grob geknüpfter Teppich hat pro Quadratmeter eine Knotenzahl von etwa 15000 Knoten, ein sehr fein geknüpfter etwa 200000 Knoten.
Der **Wirkteppich** ist bei uns unter dem Sammelnamen **Kelim** bekannt. Kennzeichnend erscheint bei ihm auf der Vorder- und Rückseite das gleiche Farb- und Musterbild.
Die in Europa hergestellten Teppiche sind maschinell angefertigt. Man unterscheidet meist Teppiche ohne Flor (Haargarn u.a.), Teppiche mit aufgeschnittenen Noppen, das heißt Knoten (Veloursteppich), und Teppiche mit unaufgeschnittenen Noppen.

Terbium
chemisches Symbol: Tb
Ordnungszahl: 65
relative Atommasse: 158,92
Dichte: 8,23 g/cm³
Schmelzpunkt: 1359 °C
Siedepunkt: 3221 °C

■ **Terbium** [benannt nach dem Fundort Ytterby, Schweden] *das,* ein metallisches chemisches Element. Das schmied- und schneidbare Metall hat bisher keine größere technische Bedeutung.

■ **Term** [frz.] *der,* in der Mathematik eine Zahl, eine Variable oder ein Rechenausdruck, in dem Zahlen und Variablen miteinander verknüpft sind, z. B.
$3x$ oder $(-3)\cdot x+7$ oder $(x+y)\cdot(x-y)$.

Terme lassen sich nur berechnen, wenn sie keine Variablen mehr enthalten, z. B.
$(-3) \cdot 4 + 7 = 12 + 7 = -5.$
Bei Termen mit Variablen ist die Angabe der Menge der Zahlen, die für die Variablen eingesetzt werden sollen, erforderlich. Diese Menge nennt man **Grundmenge.**
Terme mit Variablen treten auf den beiden Seiten von →Gleichungen und →Ungleichungen auf. Um Gleichungen zu lösen, müssen häufig Terme umgeformt werden. Dabei sind aber nur solche Umformungen erlaubt, bei denen der umgeformte Term gleichwertig zum Ausgangsterm ist.

■ **Terminal** [tö̩rmin^{e}l] *der* oder *das,* **1)** *Datenverarbeitung:* (Endgerät, Datenendstation), eine Bedienungsstation für den Benutzer eines Computers (z. B. beim Dialogbetrieb), die mindestens eine Eingabeeinheit (Tastatur, Lichtgriffel), eine Ausgabeeinheit (Bildschirm, Drucker) und eine Einheit für den Datenverkehr mit dem Computer besitzt. Manche Terminals sind zusätzlich mit einer Verarbeitungseinheit ausgerüstet, die Routinearbeiten bei der Gestaltung der Datenausgabe und eine teilweise Bearbeitung der Eingabedaten unabhängig vom Zentralrechner im Terminal selbst ausführen kann.
2) *Verkehrswesen:* Abfertigungsgebäude eines Flughafens für Fluggäste oder Fracht (Frachtterminal); auch Umschlaganlage für Container in Häfen und an Bahnanlagen (Containerterminal, Roll-on-roll-off-Terminal).

Diese **Termitenbauten** sind Bestandteil eines Nationalparks in Australien

■ **Termịten** [lat.], in den Tropen und Subtropen verbreitete Insekten mit rund 2000 farblos-weißen oder braunen Arten. Termiten leben meistens in hoch entwickelten Staaten, die von einem König, einer Königin und vielen Arbeitern und Soldaten gebildet werden. Zu bestimmten Zeiten entstehen geflügelte Geschlechtstiere, die sich auf einem Hochzeitsflug zu Paaren zusammenfinden. Anschließend werfen sie ihre Flügel ab und bauen eine Hochzeitskammer. Damit beginnt die Anlage eines Termitenbaus. Termitenbauten (bis 7 m Höhe) werden aus Erde und Sekret angelegt oder als gekammerte Räume in Holz. Termiten sind lichtscheu; sie ernähren sich von tierischen und pflanzlichen Stoffen und sind gefürchtet als Schädlinge an Nutzholz, besonders Bauholz.

■ **Terpentịn** [griech.] *das,* eine harzähnliche, honigfarbene Masse, die sich beim Anritzen von Kiefernarten an der Oberfläche abscheidet. Die Bestandteile sind zu 70–85 % fest **(Kolophonium)** und zu 15–30 % flüssig **(Terpentinöl).** Kolophonium wird für die Kautschukverarbeitung sowie die Klebstoff-, Lack- und Kaugummiherstellung verwendet. Terpentinöl ist ein wichtiges Lösungsmittel bei der Lack-, Wachs- und Schuhcremeherstellung.

■ **Terrakọtta** [italienisch, = gebrannte Erde] *die,* bei niedriger Temperatur gebrannte, ungla-

Termiten

Sobald in einem älteren Termitenbau genügend geflügelte, zur Paarung fähige Tiere herangewachsen sind, verlassen sie den Bau: Je ein Männchen und ein Weibchen steigen für kurze Zeit zum Hochzeitsflug auf. Jedes dieser Königspaare sucht dann einen geeigneten Platz zum Bau eines Nestes; in einer abgeschlossenen unterirdischen Kammer kommt es dann zur Paarung. Die Königin legt täglich mehrere Tausend Eier, die der König befruchtet. Der Nachwuchs schlüpft dann nach etwa drei Wochen aus. Die erste Brut wird vom Königspaar aufgezogen, später übernehmen die fortpflanzungsunfähigen, nicht geflügelten Arbeiter, die neun Zehntel des Termitenvolks ausmachen, die Aufzucht und den Ausbau des Nestes. Dessen Baumaterial besteht aus zerkautem Holz, mit Speichel vermischtem Sand beziehungsweise Erde oder Kotteilchen. Das Königspaar lebt bis zu zehn Jahre in der zuerst gebauten Hochzeitskammer.

▶ In den Savannen gehören die Termitenbauten zum Landschaftsbild; ihre Anlage ist ein verblüffendes Beispiel für die »Wunder der Natur«: die bizarren Bauten weisen mit ihrer Längsachse stets in Nord-Süd-Richtung – dadurch wird eine Überhitzung der Nester zur Mittagszeit vermieden

sierte Tonware von meist rötlicher Farbe, verwendet für Gefäße, Plastiken und als Baumaterial. Höhepunkte der Terrakottaplastik – mit meist kleinen, auch bemalten Figuren – waren die frühe und die nachklassische Kunst Griechenlands sowie die etruskische Kunst. Auch im Mittelalter gab es bedeutende Werke der Terrakottaplastik, ebenso in der frühen Renaissance.

■ **Terrarium** [lat.] *das,* Behälter zur Haltung besonders von Amphibien, Reptilien und kleineren Säugetieren. In der Regel besteht ein Terrarium aus einem Metallgestell mit Glas- oder Fliegengitterwänden und einem Deckel aus Maschendraht.

■ **Terrier** [engl.], Rassengruppe kleiner bis mittelgroßer, temperamentvoller Haushunde mit länglich-schmalem Kopf und meist kleinen Kippohren. Der Terrier wurde in England gezüchtet, z. B. der Schottische Terrier (Scotch-Terrier) mit Schnauzbart und Stehohren.

■ **Territorium** [lat.] *das,* Gebiet, Land; im Völkerrecht das Hoheitsgebiet eines Staates.

■ **Terror** [lat.] *der,* die Verbreitung von Angst und Schrecken durch Gewaltaktionen; Schreckens-, Gewaltherrschaft, Unterdrückung.

■ **Tertia** [lat. = die Dritte] *die,* früher die 4. (Untertertia) und 5. (Obertertia) Klasse eines Gymnasiums (rückwärts gezählt ab Prima ursprünglich die drittletzte Klasse); heute allgemein die 8. und 9. Klasse.

■ **Tertiär** → geologisches System (Übersicht).

■ **Tertiärbereich** [lat.], im öffentlichen Bildungswesen Bezeichnung für alle Hochschulen und Berufsausbildungsstätten, die auf Abschlüssen der Sekundarstufe II (vor allem Abitur, Fachhochschulreife) aufbauen.

■ **Terz** [lat.] *die,* der dritte Ton einer Tonleiter (also e der C-Dur-Tonleiter) sowie das Intervall aus erstem und drittem Ton. Die **große Terz** (Dur) besteht aus zwei Ganztönen (z. B. c–e), die **kleine Terz** (Moll) besteht aus Ganz- und Halbton (z. B. c–es).

■ **Terzett** [italienisch] *das,* Komposition für drei Singstimmen (meist mit Instrumentalbegleitung); auch Bezeichnung für die Ausführenden. – auch → Trio.

■ **Tessin** (italienisch Ticino), Kanton in der Südschweiz, mit 2812 km² und 306 200 Einwohnern; Hauptstadt ist Bellinzona. Die Bevölkerung spricht Italienisch. Den größten Teil nehmen die Tessiner Alpen ein; der Lago Maggiore und der Luganer See reichen in den Kanton hinein. Das Tessin hat große Bedeutung für den Nord-Süd-Verkehr über die Alpen nach Italien (Sankt-Gotthard-Pass und Sankt-Gotthard-Straßentunnel). In den Tälern werden Obst, Wein und Tabak angebaut. Bedeutend ist der Fremdenverkehr mit den Zentren Lugano, Locarno und Ascona.

■ **Test** [engl., = Probe, Prüfung] *der,* Prüfung bestimmter Eigenschaften oder Leistungen, z. B. Warentest, Alkoholtest, Leistungstest. In der Schule bezeichnet man oft eine kürzere schriftliche Arbeit als Test. Durch psychologische Tests will man z. B. herausfinden, wie intelligent (Intelligenztest) jemand ist oder für welche Tätigkeiten er sich eignet (Eignungstest, z. B. in der Berufsberatung).

■ **Testament** [lat.] *das,* **1)** *christliche Kirchen:* Bezeichnung für die beiden Teile der Bibel, → Altes Testament, → Neues Testament.

2) *Recht:* (letzter Wille), die Verfügung eines Menschen über seinen Nachlass, die Bestimmung der Erben seines Vermögens nach seinem Tod. Das Testament kann vom Erblasser eigenhändig geschrieben oder von einem Notar öffentlich errichtet werden und ist vor dem Tod des Erblassers jederzeit änderbar.

■ **Tetanus** [griech.] *der* (Wundstarrkrampf), eine schwere Infektionskrankheit, die durch das Eindringen von Tetanusbakterien in offene Wunden hervorgerufen wird. Sie äußert sich nach 4–14 Tagen mit Schmerzen im Bereich der Verletzung, dann in Krämpfen der Gesichtsmuskeln, in schweren Fällen auch der Atemmuskulatur, was zum Tod durch Ersticken führen kann. Einer Infektion sollte durch eine Tetanusschutzimpfung vorgebeugt werden.

■ **tetra..., Tetra...** [griech.], Vorsilbe mit der Bedeutung »vier« (z. B. Tetragon = Viereck).

■ **Tetraeder** [griech.] *das,* eine Pyramide mit dreieckiger Grundfläche. Ein regelmäßiges Tetraeder wird von vier gleichseitigen Dreiecken begrenzt.

■ **Teufel,** in der Bibel der Widersacher Gottes, dessen Ziel es ist, die Menschen zur Sünde zu verführen; Symbolfigur des Bösen, oft gedacht als Mischwesen aus Mensch und Tier. Der Teufelsglaube fand im Mittelalter und zur Zeit der Hexenverfolgungen seinen Höhepunkt. Der Teufel wird oft gleichgesetzt mit Satan oder Luzifer. – Bild S. 264

■ **Teufelskralle** (Rapunzel), in Europa heimische Gattung der Glockenblumengewächse mit rund 30 Arten. Es sind Stauden mit blauen, weißen, purpurfarbenen oder gelben Blüten, die in Ähren oder Köpfchen stehen. Einige Arten sind Gartenzierpflanzen.

■ **Teutoburger Wald,** schmaler, waldreicher Ausläufer des Weserberglandes, etwa 120 km lang

Ahnenfigur aus dem Grab einer etruskischen Familie; die aus **Terrakotta** gestaltete Sitzstatuette wurde im 7. Jahrhundert v. Chr. modelliert

Das Notenbeispiel zeigt im ersten Takt die große **Terz** von c nach e und im zweiten die kleine Terz von c nach es

Gern wurde im Mittelalter der **Teufel** als hässliches, abstoßendes Fabelwesen dargestellt; auf dieser Buchillustration aus dem 12. Jahrhundert versucht er, einen Priester in seinen Bann zu ziehen

und 7–15 km breit. Die höchste Erhebung ist der **Barnacken** (446 m).
Nach den »Annalen« des Tacitus fand 9 n. Chr. im »Teutoburgiensis Saltus« die berühmte Schlacht statt, in der Arminius die Römer unter Varus vernichtend schlug. Daran erinnert das bei Detmold gelegene, 1875 eingeweihte **Hermannsdenkmal** (eine 26 m hohe Figur auf einem 30,7 m hohen Rundtempel). Neuere archäologische Erkenntnisse lassen vermuten, dass die Schlacht 80 km nordwestlich vom Hermannsdenkmal, am Rande des Wiehengebirges bei →Kalkriese stattfand.
Nicht weit vom Denkmal befinden sich die **Externsteine,** die früher vielleicht ein germanisches Heiligtum waren.

■ **Teutonen,** germanisches Volk an der Westküste Jütlands und der Elbmündung, das sich auf dem Weg nach Süden den Kimbern anschloss und 102 v. Chr. von dem römischen Feldherrn Marius bei Aquae Sextiae (heute Aix-en-Provence, Südfrankreich) vernichtend geschlagen wurde.

■ **Texas,** Bundesstaat der USA mit 695 676 km² und 19,476 Mio. Einwohnern; die Hauptstadt ist Austin. Das Staatsgebiet erstreckt sich an der mexikanischen Grenze und am Golf von Mexiko, mit einer breiten Küstenebene, ausgedehnten Plateaus sowie den Ausläufern der Rocky Mountains im Westen; der größte Teil ist Prärieland. Texas ist in den USA der führende Staat in Baumwollanbau, Viehzucht (Rinder, Schafe) sowie Erdöl- und Erdgasgewinnung.
Texas gehörte bis 1836 zu Mexiko und war danach unabhängig. 1845 wurde es als 28. Staat Teil der USA.

■ **Textilien** [lat.], aus Natur- oder Chemiefasern hergestellte Waren für Bekleidungs-, Ausstattungs- und industrielle Zwecke. Die Textil- und Bekleidungsindustrie stellt Garne und Gewebe her und verarbeitet sie in Spinnereien und Webereien, in Textilveredelungsbetrieben (Färbereien und Druckereien), in Strickereien und Wirkereien sowie in Konfektionsbetrieben (→Konfektion).

■ **Textverarbeitung,** in der Datenverarbeitung die Erfassung, Aufbereitung und Vervielfältigung von Schriftgut aller Art mithilfe von Textverarbeitungsprogrammen, z. B. auf Personalcomputern oder Speicherschreibmaschinen. Die Texte werden an der Tastatur eines Bildschirmgerätes erfasst und für die weitere Bearbeitung auf einen Massenspeicher geschrieben. Sie können in Schrift und Form verändert und auf einem angeschlossenen Drucker ausgegeben werden. Neuere Textverarbeitungssysteme erstellen Inhaltsverzeichnisse und bieten selbstständig Trennhilfen und Rechtschreibfehlerkorrekturen an. – auch →Desktop-Publishing.

■ **TH,** Abkürzung für →technische Hochschule.

Thailand

Flagge

Wappen

■ **Thailand** (bis 1939 Siam), Königreich in Hinterindien, überwiegend bewohnt von Thaivölkern (außer den Thai im engeren Sinne vor allem Laoten); vorherrschende Religion ist der Buddhismus. Kernzone ist die Ebene des Menam, die durch ein Gebirge von dem großflächigen Sandsteinplateau

Thailand
Fläche 513 115 km²
Einwohner 60,609 Mio.
Hauptstadt Bangkok
Amtssprache Thai
Nationalfeiertag 5. 12.
Währung 1 Baht (B) = 100 Stangs (St., Stg.)
Zeitzone MEZ + 6 Std.

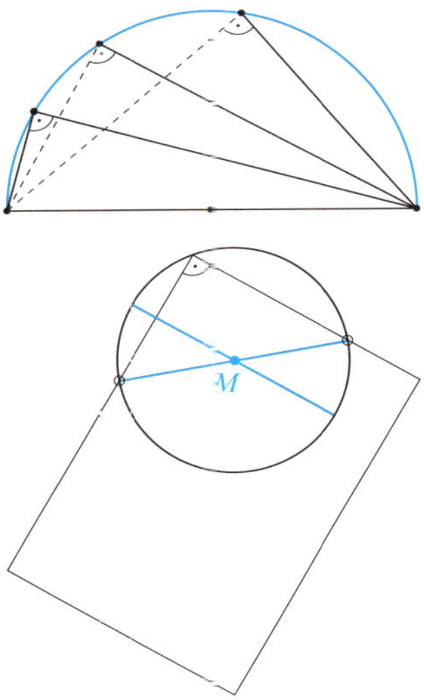

Die obere Abbildung demonstriert den nach **Thales von Milet** benannten Lehrsatz: jeder Winkel in einem Halbkreis ist ein rechter Winkel; darunter folgt dessen praktische Anwendung: um den Mittelpunkt eines Bierdeckels zu finden, braucht man nur einen rechten Winkel, zum Beispiel ein Blatt Papier

im Osten getrennt wird. Der Norden und Westen sind gebirgig. Es herrscht tropisches Monsunklima. Haupterwerbsquelle ist die Landwirtschaft, an deren Spitze der Reisanbau steht. Weitere Anbauprodukte sind u.a. Mais, Maniok, Zuckerrohr; ferner wird Kautschuk gewonnen. Rinder (besonders Büffel) werden meist nur als Arbeitstiere gehalten. Die Wälder liefern Edelhölzer (u.a. Teakholz). Wirtschaftlich bedeutend ist auch die Fischerei (besonders im Golf von Thailand). Im Bergbau werden Zinn- und Wolframerze sowie Braunkohle, Erdgas und Erdöl gefördert. Die Industrie verarbeitet Agrarerzeugnisse, daneben gibt es Textil-, Elektronik- und chemische Industrie. Wichtiger Devisenbringer ist der Fremdenverkehr.

Geschichte: Um 1240 gründeten Thaivölker im oberen Menambecken das Reich von Sukhothai, das seinen Machtbereich bis auf die Malaiische Halbinsel ausdehnte. Im 14.Jahrh. trat an seine Stelle das um die südlichen Thaifürstentümer und Kambodscha erweiterte Reich von Ayutthaya. Im 17.Jahrh. wurde Frankreich zeitweilig die Gründung von Handelsniederlassungen und ungehinderte Missionstätigkeit zugestanden. Nach der Zerstörung der Hauptstadt Ayutthaya (am unteren Menam) durch die Birmanen (1767) bestieg 1782 Rama I. aus dem Geschlecht der heute noch herrschenden Chakridynastie den Thron und verlegte die Residenz nach Bangkok. Thailand konnte in der Folge als einziges Land Südostasiens seine Unabhängigkeit bewahren. 1932 wurde die konstitutionelle Monarchie eingeführt. Das nach 1945 westlich orientierte Land wurde mehrfach von Militärregierungen beherrscht.

■ **Thales von Milet,** griechischer Philosoph, *Milet um 625 v.Chr., †um 547 v.Chr. Leben und Gestalt des Thales liegen im Dunkeln; Aristoteles nannte ihn den »Ahnherrn« der Philosophie, da er als Erster versucht habe, die Entstehung der Welt vernunftmäßig zu erklären. Der nach Thales benannte geometrische Lehrsatz **(Satz des Thales)** war bereits um 2000 v.Chr. den Babyloniern bekannt. Er besagt:

> **Jeder Winkel, dessen Scheitel auf einem Kreis (Thaleskreis) liegt und dessen Schenkel durch die Endpunkte eines Kreisdurchmessers gehen, ist ein rechter Winkel.**

■ **Thallium** [griech.] *das,* chemisches Element, ein Schwermetall mit begrenzter technischer Bedeutung als Legierungsbestandteil. Der Einsatz von Thalliumverbindungen als Schädlingsbekämpfungsmittel ist aufgrund der auch für den Menschen hohen Giftigkeit bedenklich.

Thallium
chemisches Symbol: Tl
Ordnungszahl: 81
relative Atommasse: 204,38
Dichte (bei 20 °C): 11,85 g/cm³
Schmelzpunkt: 304 °C
Siedepunkt: 1473 ± 10 °C

■ **Thatcher** [thätscher], Margaret Hilda, britische Politikerin (Konservative Partei), *Grantham (County Lincolnshire) 13. Oktober 1925. Sie war 1970–74 Ministerin für Erziehung und Wissenschaft, 1979–90 als erste Frau in der britischen Geschichte Premierministerin und 1975–90 Vorsitzende der Konservativen Partei.

■ **Theater** [griech., = Schaustätte] *das,* der Ort der Aufführung und die Gesamtheit aller darstellenden Künste, v.a. Schauspiel, Oper, Operette, Ballett, Musical. Die szenische Darstellung kann dabei sowohl mithilfe künstlicher Figuren (z.B. Puppenspiel, Schattentheater) als auch durch Menschen (Schauspieler, Sänger, Tänzer) erfolgen.

Geschichte: Das europäische Theater hat seinen

Auch in der chinesischen Kultur gehört die Maske ganz ursprünglich zum **Theater;** die hier abgebildeten Masken, die eine ein freundliches Menschengesicht, die andere abstrakt verfremdet, zeugen von einer Kultur, die rund tausend Jahre v.Chr. existiert hat

Theater – Ein Fest der Verwandlung

Die Freude am Spiel, das Vergnügen am Verkleiden und der Spaß, in eine andere Rolle zu schlüpfen, gehören zum Wesen des Menschen, das sich auch mit dem Älterwerden nicht unbedingt verliert.
Für die alten Griechen war das Theater eine heilige Kunst, die aus der Lebenskraft und dem Geist ihres höchsten Gottes entsprungen ist. Durch die Maske, das Spiel und eine kunstvolle Sprache verwandelten sich die griechischen Schauspieler in ihre Götter und beschworen sie so, am menschlichen Spiel teilzuhaben. Im Unterschied zum heutigen Theater war die Maske für das griechische Theater unabdingbar. Erst spielte man mit tierähnlichen Masken, später wurden vor allem menschliche Masken getragen. Das Theaterspielen war bei unseren griechischen Vorfahren auch in der Malerei – wie dieser Ausschnitt eines bemalten Trinkgefäßes zeigt – ein unerschöpfliches Thema: hier bereitet sich eine Gruppe von Schauspielern mit ihren Masken auf ihren Auftritt auf der Bühne vor.

Ursprung in religiösen Spielen, die im antiken Griechenland zu Ehren des Gottes Dionysos gefeiert wurden. Das griechische Theater lag unter freiem Himmel. Der flache, kreisrunde Tanzplatz (Orchestra) war der Spielplatz des Chors; er führte die Tänze zu Ehren des Dionysos auf. Thespis, ein griechischer Dichter des 6. Jahrh. v. Chr., stellte dem Chor den ersten Schauspieler gegenüber. Aischylos fügte später den zweiten, Sophokles einen dritten Schauspieler hinzu. Der Chor besang erläuternd das Bühnengeschehen. Die Schauspieler trugen Masken und Stiefel mit dicken Sohlen, so genannte Kothurne.
Um die Orchestra wurden Bänke als Zuschauerraum (Theatron) errichtet. Eine Seite war von Sitzbänken frei; hier befand sich die Skene, das hölzerne Bühnengebäude, vor dem die Schauspieler auftraten.
Im Mittelalter entwickelte sich aus der kirchlichen Liturgie (Gottesdienst, Prozessionen u. a.) das geistliche Spiel, das im Chorraum der Kirche aufgeführt wurde. Bevorzugtes Thema war die Heils- und Leidensgeschichte Jesu. Mit zunehmender Verweltlichung wurden die Kirchenspiele auf den Marktplatz verlegt, wo man besondere Theatergerüste aufbaute. Die Schauplätze der Handlung lagen nebeneinander und waren während der Aufführung immer sichtbar. Diese Art der Bühne nennt man **Simultanbühne.** Besonderer Beliebtheit erfreuten sich die Fastnachtsspiele, die sich durch Derbheit und Komik auszeichneten.
Seit dem 13. Jahrh. kannte man in England die **Wagenbühne,** bei der die einzelnen Szenen auf mehreren Wagen nebeneinander aufgebaut waren. Seit dem 16. Jahrh. setzte sich in England die **Shakespearebühne** durch, die drei Spielebenen hatte: ein rechteckiges, in den Zuschauerraum vorragendes Podium, eine schmale Hinterbühne und eine Ober- oder Balkonbühne.
Bei der **Guckkastenbühne** ist der Spielort durch den Bühnenhintergrund und die seitlichen Kulissen abgeschlossen, vom Zuschauerraum trennt sie ein Vorhang.
Das Theater der Moderne entwickelte sich bereits in der Renaissance. Neue szenische Möglichkeiten erschloss die **Kulissenbühne.** Durch besondere Beleuchtung, schnell verstellbare Kulissen und verschiedene Bühnenmaschinerien ließen sich neue Effekte erzielen.
Die modernen Bühnensysteme entstanden etwa seit der Mitte der 80er-Jahre des 19. Jahrhunderts. Über der Bühne befindet sich unter dem Dach der

so genannte Rollenboden (meist fälschlich als Schnürboden bezeichnet), ein Geschoss aus stählernen Trägern oder Fachwerken. In ihm sind alle oberhalb der Bühne liegenden maschinellen Einbauten untergebracht.
Häufig wird heute die **Drehbühne** verwendet, eine maschinell bewegbare, kreisförmige Fläche, die fächerartig mit den einzelnen Szenen bebaut ist. Die Ausschnitte, die für die jeweiligen Szenen benötigt werden, gelangen durch Drehung der Scheibe vor die Bühnenöffnung.
Bei der **Versenkbühne** wird die Verwandlung des Bühnenbildes durch maschinelles Heben oder Senken des Bühnenbodens erreicht. Die verschiedenen Bühnensysteme werden meistens kombiniert.
Während die Schauspieler in der Antike in hohem Ansehen standen, wurden sie im Mittelalter als Vagabunden verachtet, woran sich bis ins 18. Jahrh. nichts änderte. Vor allem Friederike Caroline Neuber und Gotthold Ephraim Lessing bemühten sich um eine Hebung der Schauspielkunst und des Ansehens der Schauspieler. Einigen hervorragenden Vertretern (z.B. in Deutschland August Wilhelm Iffland und Eduard Devrient) gelang es, für den ganzen Stand Wertschätzung zu erlangen.
Im 19. Jahrh. war das Theater Mittelpunkt des gesellschaftlichen Lebens. Einige bedeutende Bühnen prägten den Aufführungsstil von Theaterstücken entscheidend, so die Schauspielergruppe des Meininger Hoftheaters (zwischen 1874 und 1890), das vor allem um die historisch getreue Ausstattung bemüht war, oder das Wiener Burgtheater als eines der wegweisenden klassischen Theater. In dieser Zeit gewann der Regisseur und, in geringerem Maß, auch der Dramaturg immer größere Bedeutung.
Meister eines neuen Illusionstheaters zu Beginn des 20 Jahrh. war Max Reinhardt, der dabei auch die neuzeitliche Bühnen- und Beleuchtungstechnik nutzte. Andere Wege gingen nach dem Ersten Weltkrieg Regisseure wie Erwin Piscator (politisch-agitatorisches Theater), Leopold Jessner (dem Expressionismus nahe stehend) und die Künstler des russischen Revolutionstheaters. Nach dem Zweiten Weltkrieg gewann Bert Brecht großen Einfluss. Andere bekannte Regisseure waren Gustaf Gründgens, Jürgen Fehling und Fritz Kortner.
Das deutsche Theater der Gegenwart ist geprägt von der Auseinandersetzung mit Klassikern und deren Neuinterpretation durch Regisseure wie Hansgünther Heyme, Rudolf Noelte, Peter Stein, Peter Zadek, Claus Peymann, Dieter Dorn und Jürgen Flimm. Daneben stehen politisch-zeitkritische Stücke auf dem Programm: Viel gespielte Autoren sind u.a. Thomas Bernhard, Botho Strauß, Rolf Hochhuth und Heiner Müller.
Neben den traditionellen Spielformen haben sich heute neue Formen des Theaters entwickelt, u.a. durch die Gründung freier Theatergruppen und Straßentheater. Vielen dieser Formen ist gemeinsam, dass sie sich von den überlieferten Prinzipien des Illusionstheaters entfernen; man bevorzugt z.B. das Spiel in veränderbaren Räumen, die Einbeziehung des Publikums, die Auflösung des nach Akten gegliederten Dramenaufbaus (auch durch Neubearbeitung älterer Stücke), und man betont den körperlichen Ausdruck oft stärker als die schauspielerische Sprachgestaltung.

Im **Theater** werden auch die Zuschauer in das Spiel der Verwandlung hineingezogen; von der Liebe zu diesem Spiel zeugen auch die Bauten, die wir uns als Spielplatz gönnen; in Dresden hat der berühmte Architekt Gottfried Semper in den 1840er-Jahren mit seinem der italienischen Renaissance verpflichteten Opernhaus eine prachtvolle Spielstätte errichtet

Als eine eigene Form hat sich Mitte der 70er-Jahre das **Tanztheater** etabliert. Im Unterschied zum klassischen Ballett kommen hier soziale und politische Gesichtspunkte zum Tragen, außerdem Montage- und Verfremdungstechniken, die Einbeziehung anderer Gattungen der darstellenden Kunst (Text, Gesang) und die Verneinung tanztechnischer Traditionen. Bekannte Choreographen dieser Auffassung sind Pina Bausch, Reinhild Hoffmann, Johannes Kresnik und Gerhard Bohner.

■ **Theben, 1)** griechische Stadt in Böotien, nordwestlich von Athen, mit 19 500 Einwohnern. – Theben war im 4. Jahrh. v. Chr. vorübergehend die mächtigste Stadt Griechenlands.

Das Vermächtnis einer Hochkultur: die Wiedergabe des Fischfangs ist ein Beispiel der lebendigen Kunst, mit der die Toten im altägyptischen **Theben** auf Wandmalereien in den Gräbern verehrt wurden

Die Darstellung der Göttin Isis aus dem Tal der Könige im altägyptischen **Theben** ist seit gut 3 000 Jahren erhalten

2) ehemalige Stadt in Oberägypten, die auf dem rechten, östlichen Nilufer lag und ihre Hauptheiligtümer an der Stelle der heutigen Orte Karnak und Luxor hatte. Theben war zeitweise die Hauptstadt des Neuen Reiches und religiöser Mittelpunkt des Landes. Auf dem Westufer des Nils lag die Totenstadt (Nekropole), u. a. mit dem Totentempel Sethos' I., dem Terrassentempel der Königin Hatschepsut, dem berühmten Tal der Könige (u. a. Grab des Tutanchamun) und dem Tal der Königinnen. – Stadt und Nekropole wurden von der UNESCO zum Weltkulturerbe erklärt.

■ **Theiß** *die,* größter, linker Nebenfluss der Donau. Die 977 km lange Theiß entspringt in den Waldkarpaten (Ukraine), durchfließt das Ungarische Tiefland und mündet bei Belgrad in die Donau.

■ **Thema** [griech.] *das,* **1)** *allgemein:* Gegenstand, der in einem Vortrag, Aufsatz, Artikel usw. behandelt wird; Gesprächsstoff.

2) *Musik:* Grundgedanke, der einem Tonstück (z. B. einer Fuge) oder den Teilen eines Tonstückes (z. B. den Sätzen einer Sinfonie) zugrunde liegt.

■ **Themistokles,** athenischer Feldherr und Politiker, * Athen um 525 v. Chr., † Magnesia am Mäander (Kleinasien) kurz nach 460 v. Chr. Themistokles setzte den Bau einer großen Flotte durch. 480 v. Chr. besiegte er in der Seeschlacht von Salamis die Perser. Von den Athenern wegen seines Hochmuts und seiner Habgier verbannt, des Hochverrats beschuldigt und in Abwesenheit zum Tode verurteilt, trat er in die Dienste des Perserkönigs.

■ **Themse** *die* (engl. Thames), längster Fluss Großbritanniens. Die 338 km lange Themse entspringt in den Cotswold Hills bei Cirencester. Sie durchfließt fast ganz Südengland von Westen nach Osten und mündet unterhalb von London in die Nordsee. Bis London ist die Themse für Seeschiffe befahrbar.

■ **Theoderich** (Theoderich der Große), König der Ostgoten (seit 474), * um 453, † Ravenna 30. August 526. Theoderich führte mit Einverständnis des oströmischen Kaisers sein Volk aus dem Donauraum nach Italien. Dort besiegte er den Germanenkönig Odoaker, der damals in Italien herrschte, mehrmals, u. a. bei Verona (489), dessen deutscher Name im Mittelalter »Bern« lautete und Theoderich in der Sage den Namen → Dietrich von Bern eintrug. Drei Jahre lang belagerte Theoderich Odoaker in Ravenna und erschlug ihn nach der Übergabe der Stadt 493. In die Sage gingen die Kämpfe um Ravenna als »Rabenschlacht« ein. Von nun an war Theoderich Herr über Italien, das er unabhängig regierte, obwohl er die Oberhoheit des oströmischen Kaisers anerkannte.

Theoderich entfaltete in seiner Hauptstadt Ravenna eine rege Bautätigkeit. Wie ein römischer Tempel wirkt sein Grabmal, dessen Kuppel aus einem einzigen, 8000 Zentner schweren Steinblock besteht.

■ **Theodolit** *der,* ein Gerät mit kleinem Fernrohr für die Geländevermessung. Mit dem einfachen Theodoliten werden Horizontalwinkel gemessen, ein Universalgerät hat noch einen Höhenteilkreis zur Bestimmung von Höhenwinkeln.

■ **Theologie** [griech., = Rede, Lehre von Gott] *die,* wissenschaftliche Lehre und Entfaltung von religiösen Glaubensaussagen, deren Offenbarung, Überlieferung (Tradition) und Geschichte.

■ **Theorie** [griech.] *die,* **1)** System wissenschaftlich begründeter Aussagen zur Erklärung bestimmter Tatsachen oder Erscheinungen und der ihnen zugrunde liegenden Gesetzmäßigkeiten.

2) Lehre über die allgemeinen Begriffe, Gesetze eines bestimmten Bereichs der Wissenschaft, Kunst, Technik.

3) rein begriffliche, nicht anwendungsbezogene Erkenntnisse.

■ **Therapie** [griech.] *die,* Heilbehandlung.

■ **Therme** [griech.] *die* (Thermalquelle), warme Quelle (zu Trinkkuren und Bädern) mit einer Wassertemperatur zwischen 20 °C und 50 °C.

■ **Thermen** [griech.], öffentliche Badeanlagen der römischen Antike. Zuerst bestanden sie aus Wannensitzbad, Schwitzbad und Schwimmbecken, seit dem 1. Jahrh. v. Chr. verfügten sie über einen Umkleideraum (Apodyterium), ein lauwarmes Bad (Tepidarium), ein Warmbad (Caldarium), ein Kaltbad (Frigidarium) und ein Schwitzbad (Sudatorium).

In den Kaiserthermen gab es auch Ringkampfarenen (Palästren), ein Freibad (Natatio) sowie Massageräume, Gärten und Wandelhallen. Reste der römischen Badekultur finden sich in Deutschland z. B. in den Ruinen der Trierer Kaiserthermen.

■ **Thermik** [griech.] *die,* warme Aufwinde, die durch Erwärmung der Erdoberfläche infolge Sonneneinstrahlung hervorgerufen werden. Segelflieger nutzen die Thermik aus, um Höhe zu gewinnen.

■ **thermisch** [griech.], die Wärme betreffend, durch Wärme verursacht.

■ **Thermodynamik** [griech.] *die* (Wärmelehre), Teilgebiet der Physik und der Technik, das das Verhalten (physikalischer) Systeme allgemein bei Energieumsetzungen und speziell bei Wärmezu- oder abfuhr untersucht. Die Hauptsätze der Thermodynamik sind:

1) *Energiesatz:* Die innere Energie eines Systems kann nur durch Austausch mit der Umgebung verändert werden, sie kann weder erzeugt noch vernichtet werden: Es gibt keine Maschine, die aus dem Nichts Arbeit leistet (→Perpetuum mobile).

2) *Entropiesatz:* Die Umwandlung von Wärme in Arbeit bei einem periodischen Prozess (Maschine) ist nur möglich, wenn dabei Wärme von einem Reservoir höherer Temperatur in ein Reservoir niedrigerer Temperatur übergeht; dabei kann nicht die ganze verbrauchte Wärme in Arbeit umgewandelt werden.

3) *nernstscher Wärmesatz:* Der absolute Nullpunkt der Temperatur ist nicht erreichbar.

Als »nullter Hauptsatz« wird die Aussage bezeichnet, dass zwei Systeme, die mit einem dritten System im thermischen Gleichgewicht stehen, sich auch untereinander in diesem Gleichgewicht befinden.

■ **Thermometer** [griech.] *das,* ein Gerät zur Messung der →Temperatur eines Körpers. Das Thermometer wird mit der Messstelle in engen thermischen Kontakt gebracht (Berührungs- oder Kontaktthermometer).

Beim **Gasthermometer,** dem wichtigsten Thermometer zur Messung absoluter Temperaturen (3–1 400 K), misst man Druck und Volumen einer bestimmten Gasmenge (Wasserstoff, Stickstoff, Helium u. a.) und berechnet die Temperatur nach der therm. Zustandsgleichung für ideale Gase.

Flüssigkeitsthermometer bestehen aus einem kleinen Glaskolben zur Aufnahme der Thermometerflüssigkeit (Quecksilber, – 39 °C bis + 630 °C; Toluol, – 90 °C bis + 110 °C; Pentan, – 200 °C bis + 35 °C), die sich beim Erwärmen ausdehnt und beim Abkühlen sinkt. Die temperaturabhängige Änderung der Flüssigkeitsvolumen wird mithilfe einer Skala gemessen.

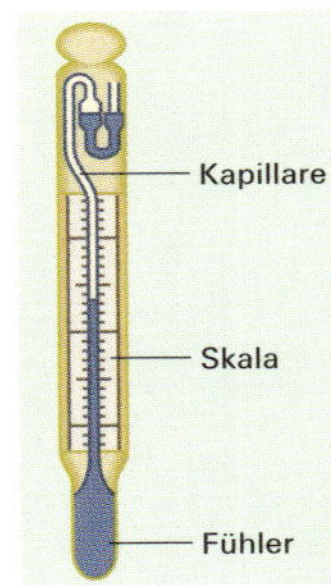

Die Grafik zeigt die Bestandteile eines **Flüssigkeitsthermometers**

Beim **Maximumthermometer** (z. B. Fieberthermometer) und dem **Minimumthermometer** lässt sich die Maximal- bzw. Minimaltemperatur bis zum Ablesen speichern. Das **Maximum-Minimum-Thermometer** dient zum Messen der höchsten und tiefsten Temperatur. Es ist ein u-förmig gebogenes Alkoholthermometer, in dessen Kapillare die Flüssigkeit durch einen Quecksilberfaden unterbrochen ist. Auf beiden Enden des Quecksilberfadens liegt je ein Eisenstäbchen, das mit dem Quecksilberfaden jeweils in Richtung maximaler oder minimaler Temperaturanzeige verschoben wird und nach dem Ablesen durch Lösen des festhaltenden Magneten auf die Quecksilbersäule zurückgebracht werden kann.

Beim **Bimetallthermometer** (Temperaturbereich von 0 °C bis 1 000 °C) wird zur Temperaturmessung die Verbiegung eines Bimetallstreifens verwendet (→Bimetall). Ein Hebelsystem überträgt die Verbiegung auf einen Zeiger, der die Temperatur auf einer Skala anzeigt.

Beim **elektrischen Widerstandsthermometer** ändert sich mit der Temperatur der Widerstand eines elektrischen Leiters. Digital anzeigende Thermometer sind durch die Mikroelektronik möglich geworden.

■ **Thermopylen,** 7 km langer Engpass in Mittelgriechenland, 40 km südöstlich von Lamia. Berühmt wurde er dadurch, dass hier der spartanische König Leonidas 480 v. Chr. mit seinen Kriegern das persische Heer unter Xerxes I. aufzuhalten versuchte, verraten wurde und zusammen mit 300 Spartanern und 700 Griechen aus Thespiai in Böotien fiel.

Thermopylen

»Wanderer, kommst du nach Sparta« ist ein häufig gebrauchtes Zitat, das sich auf einen Vers bezieht, der bei den Thermopylen angebracht gewesen sein soll. Die Thermopylen sind ein schmaler Küstenstreifen zwischen Meer und Gebirge, der in der Antike als Einfallstor nach Griechenland von größter militärischer Bedeutung war (heute ist die Landschaft völlig verändert). 480 v. Chr. verteidigte der Spartanerkönig Leonidas die Thermopylen erfolglos gegen die vordringenden Perser; Leonidas fiel mit allen seinen Soldaten.
Schiller bezieht sich in seinem Gedicht »Der Spaziergang« (1795) auf den dort zum Gedenken an die Gefallenen der Schlacht angebrachten Vers und übersetzt ihn: »Wanderer, kommst du nach Sparta, verkündige dorten, du habest Uns hier liegen gesehn, wie das Gesetz es befahl.«
Heinrich Böll gab einem 1950 erschienenen Band mit Erzählungen den Titel »Wanderer, kommst du nach Spa...«.

■ **Thermosflasche®,** ein Behälter zum Warm- oder Kühlhalten von Speisen und Getränken. Die Thermosflasche besteht aus einem doppelwandigen, innen verspiegelten Glasgefäß, das in einer mit Wärme isolierendem Stoff ausgekleideten Röhre steckt. Die Verspiegelung verhindert den Wärmeaustausch durch Wärmestrahlung. Der Raum zwischen den beiden Wänden des Glasgefäßes ist ein Vakuum, wodurch eine Wärmeleitung erschwert wird.

■ **Thermostat** [griech.] *der,* ein Steuergerät, mit dem eine einmal eingestellte Temperatur selbstständig aufrechterhalten wird. Der Thermostat besteht aus einem Temperaturfühler (Thermometer), der das Heiz- oder Kühlgerät je nach Bedarf selbstständig ein- oder ausschaltet. Thermostate werden u. a. in Kühlschränken, Bügeleisen und bei Raumheizungen verwendet.

■ **These** [griech.] *die,* Lehrsatz, Behauptung (die noch bewiesen werden muss). – auch →Dialektik.

■ **Theseus,** Gestalt der griechischen Mythologie: König von Athen, der zahlreiche Heldentaten vollbringt, u. a. tötet er den →Minotaurus.

■ **Thing** (Ding) *das,* germanische Volks-, Gerichts- und Heeresversammlung, auf der alle Rechtsangelegenheiten des Stammes, auch die Entscheidung über Krieg und Frieden, behandelt wurden. Alle Waffenfähigen mussten erscheinen. Die Entscheidung musste einstimmig sein.

■ **Thomas von Aquin,** mittelalterlicher Theologe und Philosoph, *Burg Roccasecca (bei Aquino) 1225 (1226?), †Fossanova 7. März 1274. Thomas von Aquin, der als Universitätslehrer in Paris, Köln, Bologna, Rom und Neapel wirkte, gilt als der bedeutendste Denker der Scholastik. In seiner Lehre unterscheidet er zwischen den übervernünftigen Offenbarungswahrheiten, wie z. B. Dreieinigkeit und Menschwerdung Gottes, die nicht beweisbar sind und in das Gebiet der Theologie gehören, und den der Philosophie zugehörenden, beweisbaren Wahrheiten, wie z. B. das Dasein Gottes und die Unsterblichkeit der Seele. Seine Lehre übt bis heute großen Einfluss auf die katholische Theologie aus. 1567 wurde er zum Kirchenlehrer erhoben.

■ **Thor,** bei den Nordgermanen Name für →Donar.

■ **Thora** [auch: tora; hebräisch, = Lehre] *die,* im Judentum Bezeichnung für die fünf Bücher Mose (Pentateuch), die als Gesetz Gottes das Kernstück jüdischen Glaubens sind.

■ **Thorium** [nach dem altgermanischen Gott Thor] *das,* ein radioaktives, zu den Schwermetallen zählendes chemisches Element. Die Halbwertszeit des langlebigsten Isotops ^{232}Th beträgt 14,1 Milliarden Jahre; es ist das Anfangsglied einer radioaktiven Zerfallsreihe (→Radioaktivität) und wird auf diesem Wege in das Bleiisotop ^{208}Pb umgewandelt. Thorium wird in der Kernreaktortechnik verwendet.

Thorium
chemisches Symbol: Th
Ordnungszahl: 90
relative Atommasse: 232,04
Dichte: 11,71 g/cm^3
Schmelzpunkt: 1 750 °C
Siedepunkt: 4 788 °C

■ **Thrombose** [griech.] *die,* die Bildung von Blutgerinnseln, die Blutgefäße verstopfen können. Erhöhte Thrombosegefahr besteht u. a. nach Operationen und Geburten. Besonders Krampfadern neigen zu Entzündungen und Thrombosebildung. Bei jeder Thromose besteht die Gefahr einer →Embolie.

■ **Thukydides,** griechischer Geschichtsschreiber, *Athen zwischen 460 und 455 v. Chr., †um 400 v. Chr. Mit seinem Bestreben, die geschichtlichen Ereignisse genau, unparteiisch und in ihrem inneren Zusammenhang darzustellen, wurde er zum Begründer der wissenschaftlichen Geschichtsschreibung. Er schrieb die »Geschichte des Peloponnesischen Krieges«.

Thulium
chemisches Symbol: Tm
Ordnungszahl: 69
relative Atommasse: 168,93
Dichte (bei 25 °C): 9,32 g/cm³
Schmelzpunkt: 1 545 °C
Siedepunkt: 1 946 °C

■ **Thulium** [griech., benannt nach der sagenhaften Insel Thule] *das,* ein metallisches chemisches Element. Das Thuliumisotop ^{170}Tm wird als Gammastrahlenquelle bei der zerstörungsfreien Werkstoffprüfung verwendet.

■ **Thunfische,** zusammenfassende Bezeichnung für verschiedene zu den Makrelen gehörende Gattungen. Der **Gewöhnliche Thunfisch** ist bis 4,5 m groß und 600 kg schwer und kommt vor allem im Atlantischen Ozean und in der Nordsee vor. Der

Gewöhnlicher Thunfisch

Rücken ist blauschwarz, die Körperseiten sind silbriggrau, der Bauch weiß. Der Thunfisch wandert in Schwärmen und ernährt sich von Kleinfischen. Zur Laichzeit wandert er ins Mittelmeer. Er ist ein wertvoller Speisefisch. Der **Weiße Thunfisch** ist besonders in Japan und in den USA von wirtschaftlicher Bedeutung, wird jedoch oft auch in der Biscaya gefangen; ebenso der **Echte Bonito,** der im Pazifischen Ozean viel häufiger vorkommt als im Atlantischen Ozean.

■ **Thurgau** *der,* schweizerischer Kanton am Südufer des Bodensees, mit 991 km² und 226 500 Einwohnern; die Hauptstadt ist Frauenfeld. Der Kanton wird von der **Thur,** einem linken Nebenfluss des Rheins, durchflossen. In der Landwirtschaft dominiert die Viehhaltung. Das thurgauische Bodenseeufer ist das wichtigste schweizerische Obstbaugebiet neben dem Wallis. Die Industrie umfasst Maschinen- und Fahrzeugbau, Textil-, Stickerei-, chemische und Nahrungsmittelindustrie. Von Bedeutung ist auch der Fremdenverkehr.
Geschichte: Die habsburgische Grafschaft Thurgau wurde 1460 von den Eidgenossen erobert und als gemeine Herrschaft verwaltet. 1803 wurde der Thurgau ein selbstständiger Kanton.

■ **Thüringen** (Freistaat Thüringen), Bundesland der Bundesrepublik Deutschland, mit 16 172 km² und 2,456 Mio. Einwohnern. Die Landeshauptstadt ist Erfurt. Kerngebiet ist das Thüringer Becken mit der Unstrut, südlich davon liegt der Thüringer Wald und anschließend die Werrasenke. Im Norden gehört noch der Unterharz zu Thüringen. Die fruchtbaren Böden des Thüringer Beckens, der Goldenen Aue, der Orlasenke und des Gebietes südlich von Altenburg erlauben den Anbau von Zuckerrüben, Weizen und Gerste; die Randbereiche werden für Kartoffeln und Roggen genutzt. In den Tälern von Saale und Weißer Elster wird Obst und Gemüse angebaut. Die Industrie umfasst Fahrzeug- und Maschinenbau, Textil-, chemische, elektronische und Nahrungsmittelindustrie. Bekannt sind auch die Glas- und Spielzeugindustrie.
Geschichte: Thüringen, einst eine Landgrafschaft, wurde seit dem späten Mittelalter vielfach geteilt und zersplittert. 1920 wurden die Einzelgebiete zum Land (Freistaat) Thüringen zusammengeschlossen (später noch erweitert). Nach kurzer amerikanischer Besetzung 1945 wurde Thüringen Teil der sowjetischen Besatzungszone, 1952 wurde es in die DDR-Bezirke Erfurt, Gera und Suhl aufgeteilt. 1990 wurde Thüringen Bundesland der Bundesrepublik Deutschland; Ministerpräsident ist seit 1992 Bernhard Vogel (* 1932, CDU).

■ **Thurn und Taxis,** deutsche Fürstenfamilie, die von 1615 bis 1867 im Besitz des Reichspostgeneralats war und sich um den Ausbau des Postwesens (→ Post) verdient gemacht hat.

■ **Tiara** → Krone.

■ **Tiber** (italienisch Tevere) *der,* größter Fluss Mittel- und Süditaliens, 405 km lang. Er entspringt im Etruskischen Apennin und mündet südwestlich von Rom ins Tyrrhenische Meer. Er ist nicht schiffbar.

■ **Tibet,** autonome Region im Westen Chinas, grenzt im Süden an den Himalaja. Tibet ist das größte Hochland der Erde, mit 1,228 Mio. km² und 2,4 Mio. Einwohnern. Die Hauptstadt ist Lhasa. Tibet liegt durchschnittlich in 4 500 m Höhe, ist in weiten Teilen sehr trocken und hat lange, sehr kalte Winter. Auf den spärlich bewachsenen Hochflächen weiden Schafe, Yaks, Pferde und Rinder. Viele der früheren Nomaden sind sesshaft geworden, sie betreiben nun außer der Viehzucht auch etwas Ackerbau. In jüngster Zeit entstanden einige Industriebetriebe.

Geschichte: Im 7. Jahrh. vereinigten sich die tibetischen Stämme zu einem Reich. Tibet nahm den Buddhismus an, entwickelte ihn zum Lamaismus und wurde im 14. Jahrh. ein Priesterstaat, in dem die Staatsgewalt in den Händen von Priestern lag. Seit dem 13. Jahrh. stand Tibet unter dem Einfluss der chinesischen Kultur; es geriet im 18. Jahrh. auch in politische Abhängigkeit von China, die erst 1912 wieder gelöst wurde.

1950 besetzten chinesische Truppen das Land; seitdem steht es – trotz der 1951 vertraglich errungenen inneren Autonomie – unter der Oberherrschaft Chinas. Der Dalai-Lama, oberster Priester und Staatsoberhaupt, flüchtete 1959 nach Aufständen gegen die chinesische Herrschaft nach Indien.

Den märchenhaften Erzähler **Ludwig Tieck** ehrte sein 40 Jahre jüngerer Kollege Friedrich Hebbel mit dem Titel »König der Romantik«; was Märchen für uns bedeuten, beschreibt der König der Romantik mit dem »wunderbaren Ton, der in uns anschlägt, wenn wir das Wort Mährchen hören«

■ **Tidenhub** →Gezeiten.

■ **Tie-Break** [taibre^{i}k; engl.] *der* oder *das*, →Tennis.

■ **Tieck,** Ludwig, deutscher Schriftsteller der Romantik, *Berlin 31. Mai 1773, †ebd. 28. April 1853. Er veröffentlichte unter dem Titel »Volksmärchen« (1797) die ersten Texte der frühen Romantik und wurde vor allem mit dem Briefroman »Geschichte des Herrn William Lovell« (1895/96), der Komödie »Der gestiefelte Kater« (1897) und dem Künstlerroman »Franz Sternbalds Wanderungen« (1798) bekannt. Daneben bearbeitete er mittelalterliche Volksbücher und wirkte an August Wilhelm Schlegels Shakespeare-Übersetzung mit.

■ **Tief** (Tiefdruckgebiet) *das*, ein Gebiet niedrigen Luftdrucks mit Zustrom von Luftmassen in die unteren Schichten. Die daraus folgende Aufwärtsbewegung im Bereich des Tiefs ist mit Wolkenbildung durch Abkühlen und Niederschlag verbunden. Die lang gestreckte Verbindung zweier Tiefdruckgebiete wird auch als Tiefdruckrinne bezeichnet.

■ **Tiefbau,** ein Teilgebiet des Bauwesens, das sich mit Bauten an oder unter der Erdoberfläche befasst (Straßenbau, Kanalisation usw.); Gegensatz: Hochbau.

■ **Tiefsee,** Bereich des Meeres von mehr als 1 000 m Tiefe. In der Tiefsee herrscht eine niedrige Temperatur von 1 bis 3 °C und ein hoher Wasserdruck. Wegen der Dunkelheit gibt es keine Pflanzen. Die Tierwelt zeigt oft sehr ausgefallene Formen. Fische kommen in bis zu 7 600 m Tiefe vor, Schwämme bis zu 8 660 m, manche Korallen, Faden- und Ringelwürmer bis über 10 000 m. Der Bereich der Tiefsee umfasst 80 % des Weltmeeres.

■ **Tiepolo,** Giovanni Battista, italienischer Maler, *Venedig 5. März 1696, †Madrid 27. März 1770. Mit Gemälden und Fresken in leuchtenden und zugleich durchscheinenden (durchlichteten) Farben führte Tiepolo die europäische Barockmalerei auf einen letzten Höhepunkt. Berühmt sind seine Fresken im Treppenhaus und im Kaisersaal der Würzburger Residenz (1750–53).

■ **Tiere,** weltweit verbreitete Lebewesen mit etwa 1,5 Mio. Arten, von denen rund 40 000 (jede vierte davon parasitisch lebend) in Mitteleuropa vorkommen. Tiere ernähren sich (im Gegensatz zu den Pflanzen) von organischen Stoffen. Man unterscheidet **einzellige Tiere** (→Einzeller; rund 27 000 Arten in sechs Stämmen) und **vielzellige Tiere** (Vielzeller; einschließlich Mensch); das Unterreich der Vielzeller unterteilt man in 25 Stämme.

Im Unterschied zu den Pflanzen ist das Wachstum der Tiere in der Regel zeitlich begrenzt. Tiere sind fast immer frei beweglich und mit Sinnesorganen zur Aufnahme von Reizen sowie einem Erregungsleitungssystem (→Nervensystem) ausgestattet. Die Zellen haben (im Unterschied zur Cellulosezellwand der Pflanzen) nur eine sehr dünne Zellmembran. Sie sind sehr anpassungsfähig und können so auch extreme Lebensräume besiedeln.

■ **Tierkreis,** die Himmelszone beiderseits der scheinbaren Sonnenbahn (→Ekliptik), in der die zwölf **Tierkreissternbilder** liegen und in der sich der Mond und die Planeten bewegen. Der Tierkreis wird von der Sonne einmal pro Jahr durchlaufen. Er wurde bereits im Altertum in zwölf gleiche Abschnitte von je 30°, die **Tierkreiszeichen,** eingeteilt, die in der Astronomie von magischer Bedeutung sind. Sie haben heute die gleichen Namen wie die Tierkreissternbilder, dürfen aber nicht mit diesen verwechselt werden (→Sternbilder). Die Tierkreiszeichen und die entsprechenden Ekliptikabschnitte fallen heute nicht mehr mit den Tierkreissternbildern gleichen Namens zusammen.

■ **Tiermedizin** (Veterinärmedizin, Tierheilkunde), die Wissenschaft vom gesunden und kranken Funktionszustand des tierischen Organismus sowie von den Ursachen, den Erscheinungsformen, der Vorbeugung und der Heilung von Krankheiten der Haus- und Nutztiere, der Laboratoriums- und Zootiere sowie der in freier Wildbahn lebenden Tiere. Zu ihren Aufgaben gehören ferner: Schutz des Menschen vor Tierkrankheiten, hygienische Überwachung der von Tieren stammenden Lebensmittel, Verhütung von Tierquälerei (→Tierschutz, →Tierversuche) sowie Tierseuchenbekämpfung und -verhütung.

■ **Tierschutz,** Schutz der Tiere gegen Quälereien und Schmerzen, aber auch allgemein gegen nicht artgemäße Tierhaltung und gegebenenfalls gegen wissenschaftliche Experimente an (lebenden) Tieren (→Tierversuche). In Deutschland ist durch das Tierschutzgesetz Tierquälerei verboten (und mit Strafe bedroht). Im **Deutschen Tierschutzbund** sind örtliche Tierschutzvereine zusammengeschlossen, die für die Errichtung und den Unterhalt von Tierheimen sorgen.

■ **Tierversuche,** Eingriffe oder Behandlungen an Tieren, die mit Leiden oder Schäden für die Tiere verbunden sein können. Nach dem Tierschutzgesetz von 1993 dürfen Tierversuche nur noch durchgeführt werden, wenn sie der medizinischen Forschung dienen. Nicht mehr (oder nur in Ausnahmefällen) erlaubt sind Tierversuche, die zur Erprobung von Kosmetika (z.B. Haarfärbemittel, Lippenstift) angestellt werden. Alle Tierversuche sind genehmigungspflichtig.

■ **Tiflis** (georgisch Tbilissi), Hauptstadt von Georgien, mit 1,25 Mio. Einwohnern, zwischen Großem und Kleinem Kaukasus gelegen. Neben einer großzügig angelegten Neustadt mit Prachtbauten hat die Stadt eine orientalisch geprägte Altstadt und kirchliche Bauten aus dem 6. und 7. Jahrhundert. – Tiflis wurde um 458 gegründet und war zunächst die Hauptstadt des ostgeorgischen Königsreiches Iberien. 1801 fiel es an Russland.

■ **Tiger** [persisch] *der,* blassgelbe bis leuchtend rotbraune Großkatze mit dunkler Streifenzeichnung. Der Tiger kann eine Körperlänge bis 2,8 m erreichen, der Schwanz kann bis 95 cm lang sein. Seine Lebenszeit beträgt bis zu 25 Jahren. Er lebt meist als Einzelgänger in Wäldern und Rohrdickichten. Tiger leben im winterkalten und schneereichen Ostasien **(Sibirischer Tiger),** im feuchtheißen Indien und Hinterindien **(Königstiger)** sowie auf Sumatra, Java und Bali **(Sundatiger).**

■ **Tigris** *der,* Fluss in Vorderasien, 1950 km lang. Er entspringt im Osttaurus (Türkei), durchfließt Irak und mündet gemeinsam mit dem Euphrat als **Schatt el-Arab** in den Persischen Golf. Der Tigris ist ab Bagdad, bei Hochwasser ab Mosul schiffbar.

■ **Till Eulenspiegel** →Eulenspiegel, Till.

■ **Tilly,** Johann Tserclaes Graf von (seit 1623), kaiserlicher Feldherr, *Schloss Tilly (Brabant) 1559, †Ingolstadt 30. April 1632. Als stellvertretender Oberbefehlshaber des Heeres der katholischen Liga und Bayerns siegte er im Dreißigjährigen Krieg 1620 in der Schlacht am Weißen Berge (bei Prag). Nach Wallensteins Sturz (1630) Oberbefehlshaber, eroberte er 1631 Magdeburg, wurde dann jedoch von den Schweden geschlagen und bei Rain am Lech tödlich verwundet.

■ **Timor,** die größte der Kleinen Sundainseln, Indonesien, durch die Timor-See von Australien getrennt, mit 33600 km^2 und rund 2 Mio. Einwohnern. Die natürliche Waldvegetation ist bis auf einige lichte, trockene Monsunwälder weitgehend vernichtet. Vorherrschend ist der Anbau von Mais, Trockenreis, Hirse, Maniok und Kaffee; an den Küsten gibt es Fischfang und Salzgewinnung.

Geschichte: 1520 landeten Portugiesen auf der Insel, die später auch unter niederländische, britische und japanische Herrschaft geriet. 1945 gelangte der westliche Teil (Niederländisch-Timor) an Indonesien, das 1976 auch den östlichen Teil (Ost-Timor) annektierte, der bis dahin portugiesische Überseeprovinz war. 1999 zog sich Indonesien aus Ost-Timor zurück.

■ **Tinktur** [lat.] *die,* flüssiger, meist alkoholischer Auszug von Arzneipflanzen.

■ **Tinte** [lat.] *die,* allgemeine Bezeichnung für Farbstofflösungen und Pigmentsuspensionen, die zum Schreiben verwendet werden. Wichtig ist vor allem die aus Eisensulfat und Tannin oder Gallus-

Der majestetisch wirkende **Tiger** ist ein Einzelgänger, der sich seiner Beute, meist Huftieren, durch lautloses Anschleichen bis auf kürzeste Entfernung nähert; der

Königstiger auf dem linken Bild ist in Indien zuhause und der daneben abgebildete Sibirische Tiger im asiatischen Teil Russlands

Tiere?
Amtsschimmel
Autoschlange
Bücherwurm
Bundesadler
Drehwurm
Dreckspatz
Fleischwolf
Kredithai
Landratte
Lustmolch
Neidhammel
Papiertiger
Pechvogel
Pleitegeier
Sparschwein
Steckenpferd
Sündenbock
Unglücksrabe
Wasserhahn
Zeitungsente

säure hergestellte Eisengallustinte für Urkunden. Heute werden meist synthetische organische Farbstoffe benutzt.

■ **Tintenfische,** umgangssprachliche Bezeichnung für die Tintenschnecken (→Kopffüßer)

■ **Tintoretto,** eigentlich Iacopo Rusti, italienischer Maler, *Venedig 1518, †ebenda 31. Mai 1594. Seine Gemälde zeigen mit starken Verkürzungen, dramatischer Beleuchtung, perspektivischen Illusionen und verschränkten Figuren Hauptmerkmale des Manierismus. Ihr dünner Farbauftrag lässt häufig die Leinwandstruktur hervortreten.

■ **Tirana,** Hauptstadt von Albanien, mit 427 000 Einwohnern. Die Altstadt mit ihren zahlreichen Moscheen ist orientalisch geprägt.

■ **Tirol, 1)** zusammenfassende Bezeichnung für 2) und →Südtirol.

2) österreichisches Bundesland, mit 12 647 km^2 und 661 900 Einwohnern. Die Hauptstadt ist Innsbruck. Tirol ist ein Gebirgsland in den Nördlichen Kalkalpen und in den Zentralalpen. Etwa zwei Drittel der Fläche sind Weide- und Waldland. Dementsprechend sind Viehzucht, Milch- und Forstwirtschaft wichtige Wirtschaftszweige. Im Inntal wird Ackerbau betrieben. Bedeutend ist der Fremdenverkehr. Tirol hat Eisen-, Glas-, Bekleidungs-, chemische und Nahrungsmittelindustrie.

Geschichte: Das von Kelten bewohnte Gebiet wurde 16/15 v. Chr. römisch. Slawen und Alemannen wurden im 6. Jahrh. von den Baiern (Bajuwaren) verdrängt; 788 kam Tirol zum Fränkischen Reich und 1363 in den Besitz der Habsburger. 1805 musste es an Bayern abgetreten werden. Gegen die französisch-bayerische Herrschaft erhoben sich die Tiroler 1809 unter Andreas Hofer. 1814 kam das Land wieder an Österreich. Nach dem Ersten Weltkrieg fiel Südtirol an Italien.

■ **Tischtennis,** Rückschlagspiel für zwei oder vier Spieler. Wettkampfmäßige Spiele finden nur in der Halle auf einem 152,5 cm breiten, 274,3 cm langen und 76,2 cm hohen Tisch statt, der in der Mitte durch ein 15,26 cm hohes Netz in zwei Hälften geteilt ist. Gespielt wird mit einem 2,7 g schweren Zelluloidball (Durchmesser 40 mm) und einem Schläger von beliebiger Größe, dessen Beläge verschiedenfarbig sein müssen und nur 4 mm Dicke besitzen dürfen.

Ziel des Spiels ist es, den Ball so auf die gegnerische Plattenhälfte zu spielen, dass es dem Gegner nicht gelingt, diesen regelgerecht zurückzuspielen. Jeder Fehler wird mit einem Punkt bewertet. Bei elf Punkten ist ein Satz beendet, bei 10 : 10 geht der Satz in die Verlängerung; es wird so lange weitergespielt, bis ein Spieler zwei Punkte Vorsprung hat. Der Aufschlag wechselt alle zwei Punkte, in der Verlängerung nach jedem Punkt. Gespielt wird über drei oder vier Gewinnsätze.

Gestützt auf eine Partisanenarmee, organisierte **Tito** – hier als Kommandeur der nationalen Freiheitsfront – während des Zweiten Weltkriegs den Widerstand gegen die deutsche und italienische Besatzungsmacht in Jugoslawien

■ **Titan** [griech.] *das,* ein chemisches Element, in reinem Zustand ein silberweißes, dehnbares Leichtmetall. Bei Rotglut verbrennt es zu Titandioxid, TiO_2, das als weiße Anstrichfarbe verwendet wird. – Titanlegierungen sind wichtig u. a. zur Herstellung mechanisch besonders widerstandsfähiger Turbinen- und Eisenbahnräder, seewasserfester Schiffsschrauben, als leichter, hochwarmfester Werkstoff für Überschallflugzeuge und Raketen sowie in der Medizin für Knochennägel und Prothesen.

Titan
chemisches Symbol: Ti
relative Atommasse: 47,88
Dichte (bei 20 °C): 4,5 g/cm^3
Schmelzpunkt: 1 668±10 °C
Siedepunkt: 3 287 °C

■ **Titanen,** in der griechischen Mythologie die sechs Söhne und sechs Töchter des Uranos und der Gaia (Gäa). Die Titanen wurden von den Kroniden

(Nachkommen des Kronos, angeführt von Zeus) im Kampf besiegt.

■ **Titanic** [engl. taɪˈtænɪk] *die,* britisches Passagierschiff, mit 46329 Bruttoregistertonnen das größte Schiff seiner Zeit. Bei der Jungfernfahrt von Southampton nach New York stieß die Titanic in der Nacht vom 14. zum 15. April 1912 in der Nähe der Großen Neufundlandbank mit einem Eisberg zusammen und sank in weniger als drei Stunden. Von den 1308 Passagieren und 898 Mann Besatzung konnten nur 703 gerettet werden.

■ **Titicacasee,** größter See Südamerikas und der größte Hochlandsee der Erde. Er liegt 3812 m über dem Meeresspiegel im Andenhochland zwischen Bolivien und Peru und ist bis zu 281 m tief. Mit rund 8300 km² ist er etwa 15mal so groß wie der Bodensee.

■ **Tito,** Josip, eigentlich Josip Broz, jugoslawischer Politiker, * Kumrovec (Kroatien) 25. Mai 1892, † Ljubljana 4. Mai 1980. Tito organisierte 1941 die kommunistische Partisanenbewegung im besetzten Jugoslawien und begann die politische Neuordnung seines Landes. 1945 begründete er die Föderative Volksrepublik Jugoslawien, deren Ministerpräsident er bis 1953 war; 1953 wurde er Staatspräsident. Zu den wichtigsten Merkmalen seiner Politik gehörten bei gleichzeitigem Festhalten an den Ideen des Kommunismus die weitgehende Lösung vom sowjetischen Einfluss (Blockfreiheit), die Einführung der Arbeiterselbstverwaltung in den Betrieben, die Durchsetzung marktwirtschaftlicher Tendenzen bei weiterbestehender Vormachtstellung der Partei sowie eine verhältnismäßig offene Kulturpolitik.

■ **Tizian,** eigentlich Tiziano Vecellio, italienischer Maler, * Pieve di Cadore (Provinz Belluno) um 1488, † Venedig 27. August 1576. Kennzeichnend für seine oft großformatigen Gemälde sind die blühenden, tief leuchtenden Farben, die (barocke Wirkungen vorwegnehmenden) reich bewegten Figuren sowie die eindringliche Menschenschilderung. Zu seinen Hauptwerken gehören u.a. »Himmlische und irdische Liebe«, »Dornenkrönung« sowie meisterhaft beobachtende Porträts (z.B. »Karl V. sitzend«).

■ **Tobago** → Trinidad und Tobago.

■ **Tod,** das Ende des Lebens. Altern und Tod sind, biologisch gesehen, die Folge von Abbau- und Abnutzungsvorgängen im Körper. So nimmt z.B. das Gewicht der Muskeln des Menschen zwischen dem 30. und 90. Lebensjahr um etwa 30 % ab, und die Zahl der Nervenfasern sowie das Gewicht des Gehirns verringern sich um etwa ein Viertel. Daneben verlieren im Alter die Körperzellen ihre Fähigkeit, sich zu teilen.

Die Grenze zwischen Leben und Tod liegt nicht eindeutig fest. Medizinisch wird zwischen klinischem Tod und biologischem Tod (Hirntod) unterschieden. Der **klinische Tod,** also der Stillstand von Atmung, Herz und Kreislauf, kann unter Umständen durch Wiederbelebungsmaßnahmen rückgängig gemacht werden. Ist jedoch die Sauerstoffversorgung des Gehirns zu lange unterbrochen, kommt es zum Absterben der Gehirnzellen, und der **Hirntod** oder **biologische Tod** tritt unwiderruflich ein.

Der **Tod** begleitet ganz real das Dasein des Menschen, doch die Frage, was nach dem Tod kommt, führt auf ein niemandem bekanntes Gebiet; deshalb ist der Tod auch ein fundamentales Thema der Dichter, Komponisten und darstellenden Künstler; der Maler Hans Baldung malte dieses Bild um das Jahr 1510 – der Tod hält das Symbol der Vergänglichkeit, die Sanduhr, über die junge Frau, die ihre Schönheit im Spiegel genießt und dabei weder das Alter, das neben ihr, noch den Tod, der hinter ihr steht im Blickfeld hat

In den *Religionen* wird der Tod meist nicht als ein unwiderrufliches, die menschliche Existenz vernichtendes Ereignis angesehen. Vorherrschend ist vielmehr der Glaube an ein Weiterleben nach dem Tod. Dabei kann es sich um eine Auferstehung handeln oder um eine Unsterblichkeit, die entweder mit der Erhaltung des Leibes verbunden ist oder die Seele nach ihrer Trennung vom Körper betrifft.

■ **Todesstrafe,** die schwerste aller Strafen. Sie wurde vor allem für Mord verhängt und vom Scharfrichter oder Henker ausgeführt. In den USA wird sie noch angewendet und meist durch den elektrischen Stuhl oder die Giftspritze vollzogen. In der Bundesrepublik Deutschland, in Österreich, der Schweiz und den meisten europäischen Ländern ist die Todesstrafe abgeschafft.

■ **Tofu** →Sojabohne.

■ **Toga** [lat.] *die,* das knöchellange Obergewand der freien römischen Bürger, ein Tuch, das so drapiert wurde, dass die rechte Schulter frei blieb; in der Kaiserzeit offizielles Staatsgewand.

Togo
Fläche 56 785 km²
Einwohner 4,434 Mio.
Hauptstadt Lomé
Amtssprache Französisch
Nationalfeiertag 27. 4.
Währung 1 CFA-Franc = 100 Centimes
Zeitzone MEZ −1 Std.

Togo

Flagge

Wappen

■ **Togo,** Republik in Westafrika. Die Bevölkerung umfasst über 40 ethnische Gruppen; im Norden ist Hausa allgemeine Verständigungssprache. Angebaut werden vor allem Hirse, Mais, Maniok, Baumwolle und Erdnüsse, in höheren Lagen Kaffee und Kakao. Wichtigstes Ausfuhrgut ist Phosphat. Es gibt Nahrungsmittel-, Textil- und Holz verarbeitende Industrie.

Geschichte: Im 15. Jahrh. wurde das Gebiet des heutigen Togo von den Portugiesen entdeckt. Hier gründeten französische Kaufleute im 17. und 18. Jahrh. Handelsniederlassungen. 1884 errichtete der deutsche Afrikaforscher Gustav Nachtigal (1834–85) im Auftrag der deutschen Regierung die deutsche Kolonie Togo, die nach dem Ersten Weltkrieg zwischen Frankreich und Großbritannien aufgeteilt wurde. Der (größere) französische Teil wurde 1960 als Republik Togo unabhängig, der britische gehört seit 1957 zu Ghana.

■ **Tokio,** Hauptstadt Japans, an der Ostküste der Insel Honshū, mit 7,83 Mio. Einwohnern (als Ballungsraum Groß-Tokio 11,8 Mio.). Im Zentrum liegen der Kaiserpalast und das Regierungsviertel, an der Küste wird die Stadt durch künstliche Aufschüttungen ständig vergrößert. Tokio besitzt mehr als 50 Universitäten und Hochschulen; es ist einer der wichtigsten internationalen Finanzplätze. Mit Yokohama bildet Tokio eine Hafengemeinschaft. Die Stadt wurde mehrfach durch Erdbeben völlig zerstört (zuletzt 1923) und schließlich im Zweiten Weltkrieg stark verwüstet, sodass nur wenige historische Bauten (u. a. buddhistische Tempelanlagen) original erhalten sind.

Geschichte: Bei einem Fischerdorf wurde 1457 die Burg **Edo** errichtet, um die sich die Stadt entwickelte. 1603–1867 war sie als Edo Sitz der Tokugawa-Schogune. Nach der Beseitigung des Schogunats wurde sie 1868 unter dem heutigen Namen Hauptstadt Japans und 1869 kaiserliche Residenz.

■ **Tokkata** (Toccata) [italienisch] *die,* Musikstück (ohne vorgeschriebene Form) für Tasteninstrumente (vor allem Orgel, Klavier, Cembalo). Kennzeichnend ist ein Wechsel zwischen Akkorden, Läufen und Figuren. Bei Johann Sebastian Bach erreichte die Entwicklung der Tokkata ihren Höhepunkt.

■ **Toledo,** Stadt in Spanien, am oberen Tajo, mit 67 000 Einwohnern. Sie hat bedeutende Bauten, u. a. eine gotische Kathedrale und einen Alkazar, der 1937 im Spanischen Bürgerkrieg teilweise zerstört wurde und heute (wieder hergestellt) ein Nationaldenkmal ist. Bekannt sind die Waffenherstellung und das Kunstgewerbe der Stadt.

Geschichte: Toledo war vom 6. Jahrh. bis 711 Hauptstadt des spanischen Westgotenreiches, danach bis 1085 Hauptstützpunkt der Mauren und von 1087 bis 1461 wiederum Hauptstadt und kulturelles Zentrum Kastiliens. Geprägt durch friedliches Zusammenleben von Christen, Muslimen und Juden, konnte sich in Toledo im Mittelalter eine kulturelle Blüte europäischen Ranges entfalten (Übersetzerschule, die dem Abendland über arabische Schriften die »heidnische« griechische und arabische Philosophie vermittelte).

■ **Toleranz** [lat.] *die,* **1)** *allgemein:* die Bereitschaft und die Fähigkeit, die religiösen, ethisch-sozialen, politischen und wissenschaftlich-philosophischen Überzeugungen, Normen und Wertesysteme anderer Menschen gelten zu lassen und zu achten; Gegensatz: Intoleranz.

2) *Messtechnik:* die zulässige Abweichung vom vorgeschriebenen Maß bei der Fertigung eines Werkstücks; im weiteren Sinne ein zugelassener maximaler Fehler.

■ **Tollkirsche,** ein bis 1,5 m hohes, giftiges Nachtschattengewächs, das hauptsächlich in Kahlschlägen von Laubwäldern wächst. Die Blüten sind bräunlich und glockenförmig, die Beerenfrüchte schwarz und glänzend. Die Früchte werden von Vögeln gefressen, denen das Gift nicht schadet. In kleinen Mengen wird das Gift **(Atropin)** der Tollkirsche in der Medizin verwendet. Es wirkt krampflösend und gefäßerweiternd.

■ **Tollwut,** eine Viruserkrankung des Gehirns und Rückenmarks, die mit dem Speichel erkrankter Tiere übertragen wird. Ohne Behandlung verläuft Tollwut bei warmblütigen Tieren und beim Menschen tödlich. Hauptüberträger für den Menschen sind Haustiere (Hund, Katze), die mit erkrankten Wildtieren (z. B. Fuchs, Hase) in Kontakt kommen. Krankheitszeichen sind Fieber, starke Erregung, Krämpfe, Schluckstörungen und schließlich Lähmungen. Als Vorsichtsmaßnahme werden bei Haustieren Schutzimpfungen empfohlen. Tote Tiere oder Tiere, die ein verändertes Verhalten zeigen, sollten nicht angefasst werden. Beim Menschen ist auch noch kurz nach der Infektion ein Schutz durch Impfung möglich.

Gar nicht tölpelhaft verhalten sich diese beiden **Basstölpel** beim Balzen

■ **Tölpel,** eine Familie bis 1 m langer Schwimmvögel, die an den Küsten aller Ozeane leben. Mit ihren Füßen, bei denen die Schwimmhaut den ganzen Fuß überspannt, schwimmen und tauchen sie sehr gewandt. An Land laufen sie unbeholfen (»tölpelhaft«). Tölpel brüten meist auf felsigen Inseln. Im Nordatlantik lebt der **Basstölpel,** der gelegentlich auch an der deutschen Nordsee- oder Ostseeküste zu sehen ist.

■ **Tolstoi,** Lew (Leo) Nikolajewitsch Graf, russischer Schriftsteller, *Landgut Jasnaja Poljana (südwestlich von Tula, Russland) 9. September 1828, †Astapowo (Gebiet Lipezk) 20. November 1910. In seinen Werken schildert Tolstoi gleichermaßen treffend die äußere Wirklichkeit und komplizierte seelische Vorgänge. Nach einer religiösen Krise wandte er sich vom Glauben der orthodoxen Kirche ab und versuchte, durch Unterstützung der Armen, durch die Predigt von Gewaltlosigkeit und Askese den Grundsätzen des Urchristentums nahe zu kommen. Er schrieb u. a. die Romane »Krieg und Frieden« (1868/69) und »Anna Karenina« (1878) sowie zahlreiche Novellen, u. a. »Die Kreutzersonate« (1891). – Bild S. 291

■ **Tomahawk** [tomahåk; indianisch] *der,* die Streitaxt nordamerikanischer Indianer, die geworfen und im Zweikampf verwendet wurde.

■ **Tomate** [mexikanisch] *die,* ein 0,3 bis 1,5 m hohes, gelb blühendes Nachtschattengewächs, das wahrscheinlich aus Peru und Ecuador stammt. Die Beerenfrüchte sind meist rot; sie enthalten Vitamin C sowie Vitamine der B-Gruppe. Tomaten werden in vielen Zuchtsorten angepflanzt.

Ende des 16. Jahrh. lernten die Spanier die Tomate in Mexiko und Peru kennen; in Europa verbreitete sie sich erst im 19. Jahrhundert.

Der Nährwert der vitaminreichen **Tomate** wurde in Deutschland erst zu Beginn des 20. Jahrhunderts erkannt

■ **Ton** [lat.] *der,* ein einfacher Schall, der durch eine sinusförmige mechanische Schwingung (harmonische Schwingung) hervorgerufen wird. Die **Tonhöhe** ist von der Häufigkeit (Frequenz) der Schwingung, die **Tonstärke** von der Weite der Schwingung (Amplitude) abhängig.

■ **Ton,** ein feinkörniges, wasserundurchlässiges Lockergestein (Sedimentgestein) aus Silikaten. Wasser führt bei Ton zur Quellung und macht ihn verformbar. Beim Brennen verliert er das Wasser und wird sehr hart. Aus Ton wird Haushaltsgeschirr (Steinzeug, Steingut) und Baumaterial (Klinker, Fliesen, Bausteine und Ziegel) hergestellt, aus sehr reinem Ton (→Kaolin) Porzellan.

■ **Tonalität** [frz.] *die,* in der Musik des 17., 18. und 19. Jahrh. die Bezogenheit von Tönen und Akkorden auf ein Zentrum sowie ihre Funktion und Rangordnung innerhalb dieses Bezugssystems. Tonalität prägt sich harmonisch durch ein gestuftes System von Akkordbeziehungen aus.

■ **Tonart,** Anordnung von Tönen, die in ihrer Gesamtheit auf eine **Tonika** bezogen sind, das heißt auf einen Grundton oder auf den Dreiklang über diesem Grundton. Jeder der zwölf Töne der chromatischen Tonleiter kann Grundton sein. Die Tonika kann in einem Dur- oder in einem Molldrei-

klang bestehen und bestimmt somit, ob es sich um eine Dur- oder Molltonart handelt.
Beispiel: Auf dem Grundton c mit dem Dreiklang c–e–g baut sich die Tonart C-Dur auf, auf c mit dem Dreiklang c–es–g die Tonart c-Moll.

Topas in Form eines geschliffenen Schmucksteins

■ **Tonbandgerät,** ein Gerät zur magnetischen Schallaufzeichnung und -wiedergabe. Tonträger ist ein Kunststoffband, auf das ein magnetisierbarer Belag (z. B. Eisenoxid) aufgetragen ist (Magnetband). Bei der Aufzeichnung wird der Schall zunächst über ein Mikrofon in elektrische Stromschwankungen umgewandelt. Diese rufen im Aufnahmekopf ein Magnetfeld wechselnder Stärke hervor, durch das ein daran vorbeibewegtes Tonband verschieden stark magnetisiert wird. Bei der Wiedergabe läuft das Tonband an einer Spule, dem Wiedergabekopf, vorbei. Durch die Magnetisierung des Bandes wird in der Spule ein dem aufgezeichneten Schall entsprechender Wechselstrom hervorgerufen. Dieser wird über einen Verstärker einem Lautsprecher zugeleitet, von dem er als Schall abgestrahlt wird. Zu digitalen Tonbändern →DAT und →DCC.

■ **Tonfilm,** ein Film, bei dem Bilder und der dazugehörige Ton aufgezeichnet sind. In der Regel wird für die Tonaufzeichnung eine optische Schallaufzeichnung verwendet. Der Schall wird zunächst in Helligkeitsschwankungen eines Lichtstrahls umgewandelt. Diese Helligkeitsschwankungen schwärzen ein schmales Stück am Rande des Films verschieden stark. Bei der Wiedergabe wird ein Lichtstrahl durch diesen verschieden stark geschwärzten Streifen auf eine →Photozelle gerichtet. Die Helligkeitsschwankungen werden dabei in Stromschwankungen umgewandelt. Diese werden über einen Verstärker einem Lautsprecher zugeleitet, der dann den ursprünglichen Schall wieder abstrahlt. Bei Schmalfilmen wird der Ton auch auf einem am Rande des Films befindlichen Magnetband (→Tonbandgerät) aufgezeichnet.

Tonga

Flagge

Wappen

■ **Tonga,** Königreich im südlichen Pazifischen Ozean. Die Bevölkerung besteht zu 98 % aus meist christlichen (methodistischen) Polynesiern. Das Königreich umfasst die **Tongainseln** (Freundschaftsinseln), eine Inselgruppe von rund 150 Vulkan- und Koralleninseln. Haupterzeugnisse sind Kopra, Bananen, Vanille und zunehmend Kaffee. Große Bedeutung hat der Fremdenverkehr.
Geschichte: Die Tongainseln wurden 1616 von Niederländern entdeckt. 1900–70 war Tonga britisches Protektorat, seitdem ist es unabhängig.

■ **Tonika** →Tonart.

■ **Tonleiter,** eine Stufenfolge von Tönen im Ganz- und Halbtonabstand innerhalb eines Tonsystems. Sie bildet die Grundlage für die Melodie- und Klangbildung eines Musikstücks und dessen Tonart. Grundlegend für die Musik des 17., 18. und 19. Jahrh. sind siebenstufige, **diatonische Tonleitern** mit Durtonleitern (z. B. c – d – e – f – g – a – h – c) und Molltonleitern (z. B. a – h – c – d – e – f – g – a). Die Abfolge aller zwölf Halbtöne heißt **chromatische Tonleiter** (c cis (des) d dis (es) e f fis (ges) g gis (as) a ais (b) h c).

■ **Tonne** [lat.], Einheitenzeichen **t**, gesetzliche Einheit der Masse:

1 t = 1 000 kg.

■ **Topas** [griech.] *der,* unterschiedlich gefärbtes Mineral in Form durchsichtiger Kristalle. Der klare und reinfarbige Edeltopas wird als Schmuckstein verwendet.

■ **Topographie** [griech.] *die,* Orts- und Lagebeschreibung.

■ **Torf,** ein Zersetzungsprodukt organischer Substanzen (besonders von Pflanzen), das in Mooren entsteht. Torf wird gestochen, getrocknet und als Brennstoff eingesetzt (heute nur noch in Irland, Russland und Skandinavien), mit Dünger angereichert zur Bodenverbesserung genutzt und in der Medizin für Packungen und Bäder (Moorbäder) verwendet.

■ **Torfmoos,** ein Laubmoos, das in dichten Polstern in Mooren und feuchten Wäldern wächst.

Tonga
Fläche 748 km²
Einwohner 99 000
Hauptstadt Nuku'alofa (auf Tongatapu)
Amtssprachen Tongaisch und Englisch
Nationalfeiertag 4. 6.
Währung 1 Pa'anga (T$) = 100 Senit (s)
Zeitzone MEZ +12 Std.

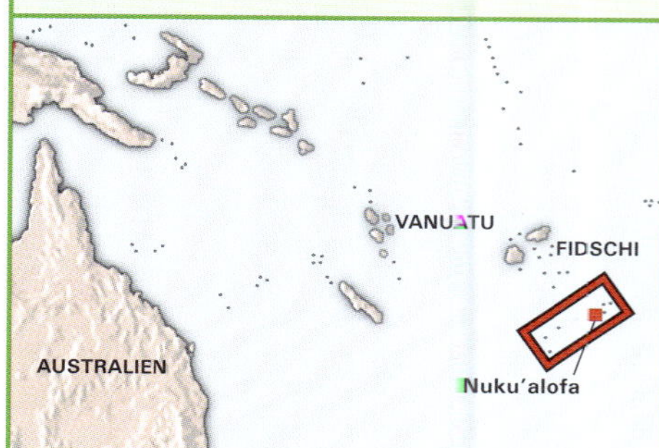

Blätter, Stängel und Zweige besitzen Wasser speichernde Zellen, die Niederschlagswasser bis zum 40fachen ihres Eigengewichtes festhalten können. Torfmoos ist der wichtigste Torfbildner.

Tornado

Tornados richten in den USA verheerende Zerstörungen an. Mit durchschnittlich 124 Tornados pro Jahr wird der Bundesstaat Texas von den meisten Tornados heimgesucht. Mit Durchmessern von einigen hundert Metern haben Tornados eine für Wirbelstürme relativ geringe Ausdehnung. Sie entstehen bei bodennaher schwül-heißer Luft und einer darüber liegenden kälteren Luftschicht aus Gewitterwolken heraus, von denen sich ein »Wolkenrüssel« zum Erdboden erstreckt. Auch in ihm gibt es, wie bei Hurrikanen und Taifunen, ein windstilles »Auge«, das die Achse bildet, um die sich die rasenden Wirbel drehen.

■ **Tornado** [spanischer] *der,* starker Wirbelsturm in Nordamerika.

■ **Toronto,** Stadt in Kanada, am Ontariosee, mit 635 700 Einwohnern (als städischer Ballungsraum 4,68 Mio.); Hauptstadt der Provinz Ontario sowie ein bedeutendes Wirtschaftszentrum Kanadas. – Die Stadt wurde 1793 von Engländern als York gegründet und 1834 in Toronto umbenannt.

■ **Torpedo** [lat.] *der,* zigarrenförmiges Unterwassergeschoss mit eigener Antriebsanlage, Steuerung und Gefechtskopf. Torpedos werden von Unterseebooten oder Überwasserkriegsschiffen aus mithilfe von Torpedorohren unter oder über Wasser ausgestoßen oder von Flugzeugen aus abgeworfen. Man unterscheidet mittels eines Drahtes ferngelenkte Torpedos und vorprogrammierbare Torpedos mit automatischer Zielsucheinrichtung.

■ **Torr** *das,* veraltete Einheit des Druckes:
1 Torr = 1,333224 mbar = 133,3224 Pa;
1 Pa = 0,0075 Torr.

■ **Torso** [italienisch] *der,* allgemein: Bruchstück, unvollendetes Werk; in der bildenden Kunst eine beschädigte oder unvollendete Statue (ohne Kopf und Gliedmaßen), die in der modernen Kunst auch selbstständigen Aussagewert hat.

■ **Toskana** (italienisch Toscana) *die,* Landschaft und Region in Mittelitalien, mit 22 997 km² und 3,529 Mio. Einwohnern; die Hauptstadt ist Florenz. Die Toskana erstreckt sich vom Toskanischen Apennin im Norden bis zum Bolsena- und Trasimenischen See im Süden, von der Westküste einschließlich Elba bis zum Oberlauf des Tiber.
Die Toskana ist über Jahrhunderte hinweg, vor allem im Spätmittelalter und in der Renaissance, ein blühendes Kulturzentrum in Europa gewesen. Zahlreiche historische Bauten, z. B. in Florenz, Pisa und Siena, zeugen davon.

■ **totalitär** [lat.], alles erfassend. Der **totalitäre Staat** verlangt nicht nur – wie die Diktatur – politische Unterwerfung, sondern sucht seinen Einfluss auf alle Lebensbereiche des Bürgers (Erziehung, Beruf, Freizeit, Familie u. a.) auszudehnen und seinem Verfügungsanspruch zu unterwerfen **(Totalitarismus).**
Träger dieser Ideologie ist eine politische Bewegung, eine Partei oder eine Person, die, im Rahmen eines »neuen Wertesystems« weltanschaulich begründet, durch Bevormundung der Bevölkerung und Terrormaßnahmen regiert.

■ **Totem** [indianisch] *das,* bei Naturvölkern ein Lebewesen oder ein Ding, das als Ahne oder Verwandter eines Menschen, einer Sippe oder einer sonstigen Gruppe gilt. Das Totem (meist ein Tier) wird als zauberischer Helfer verehrt und darf nicht getötet oder verletzt werden. Der **Totempfahl** (bei den Indianern Nordwestamerikas) ist ein geschnitzter Holzpfahl mit Bildern des Totemtiers und Darstellungen aus der Ahnenlegende der Sippe.

Totes Meer

Seinen Namen verdankt das Tote Meer der Tatsache, dass in seinem extrem salzigen Wasser weder Pflanzen noch Tiere leben können. Tatsächlich ist der Salzgehalt hier so hoch wie in keinem anderen Gewässer der Erde: Während er im Atlantischen, Pazifischen und Indischen Ozean bei etwa 3,5 % liegt, beträgt er im Toten Meer über 26 %. Insgesamt sind hier fast 44 Milliarden Tonnen Salze gelöst.

■ **Totes Meer,** abflussloser Salzsee mit 940 km² zwischen Israel und Jordanien, in den der Jordan mündet. Das Tote Meer ist bis etwa 400 m tief. Sein Wasserspiegel liegt bei etwa 400 m unter dem Meeresspiegel; durch Verdunstung sinkt der Wasserspiegel ständig. Das Wasser ist aufgrund der geringen Süßwasserzufuhr und der hohen Verdunstung extrem salzhaltig (Salzgehalt von über 26 %); es werden Kali-, Brom- und Magnesiumsalze gewonnen.

■ **Toto** [Kurzwort für **To**talisa**to**r] *das,* auch *der,* Einrichtung zur Entgegennahme von Wetten im

Fußball- und Pferdesport; auch Bezeichnung für die Wetten selbst.

■ **Touchscreen** [tạtschskrin; engl.] *der* (Berührungsbildschirm), ein berührungsempfindlicher Bildschirm. Tippt man den Schirm an einer markierten Stelle mit dem Finger oder einem Stift an, werden bestimmte Aktionen ausgelöst, etwa die Auswahl von Kommandos oder die Eingabe von angezeigten Daten aus einem Menü.

■ **Toulouse-Lautrec** [tuluslotrạk], Henri de, französischer Maler und Grafiker, *Albi (Département Tarn) 24. November 1864, †Schloss Malromé (Département Gironde) 9. September 1901. Bekannt wurde er durch seine Plakate, für die er Motive aus dem Pariser Nachtleben, aus Kabarett, Zirkus, Rennbahn u. a. verwendete. Die gleiche Umwelt schildert er auch in seinen Farblithographien und Gemälden.

Die Einheit von Schrift und Bild ist das Markenzeichen der Plakatkunst Toulouse-Lautrecs; das hier abgebildete Plakat wirbt für den bekannten Pariser Chansonnier Aristide Bruant

■ **Tour de France** [turd^{e}frangß; frz.] *die,* längstes Etappenradrennen für Berufsfahrer mit mehr als 20 Etappen über insgesamt 4000 bis 4600 km (bei jährlich wechselnden Routen) durch Frankreich. In jüngster Zeit führten jeweils einige Etappen auch durch die angrenzenden Länder, Zielort ist jedoch immer Paris. Seit 1903 (mit Ausnahme der Jahre 1915–18 und 1940–46) wird die Tour de France alljährlich ausgetragen.

■ **Touriṣmus** [tu...; engl., zu tour, = Ausflug] *der,* zusammenfassende Bezeichnung für alle Reisen, die Privatleute unternehmen, um sich zu erholen, neue Länder, fremde Kulturen und Landschaften kennen zu lernen und sich, z. B. anhand von Zeugnissen früherer Kulturen, zu bilden. In einer weiter gefassten Definition gehört zum Begriff des Tourismus auch die Dienstleistungsbranche, die das Reisen möglich und komfortabel macht.

Besonders in der Frühzeit des Tourismus im 18./19. Jahrh. war das Reisen ein Privileg der Adligen und der begüterten Bürger. Handwerker, Arbeiter und Bauern konnten sich bis weit ins 20. Jahrh. eine Urlaubsreise nicht leisten. Heute dagegen unternimmt ein Großteil der Bevölkerung in den Industriestaaten regelmäßig Reisen, viele auch ins Ausland, sogar in andere Erdteile. Der Wirtschaftsaufschwung nach dem Zweiten Weltkrieg, verbunden mit steigenden Einkommen und sozialer Sicherheit, dem Ausbau des Verkehrswesens und der Verbilligung der Reise- und Aufenthaltskosten hat den Tourismus zu einem Massenphänomen werden lassen. Diese Entwicklung zog den Ausbau von touristischen Infrastrukturen nach sich: Straßen, Flughäfen, Hotelanlagen, Campingplätze, Feriendörfer, Skilifte (in den Bergen), Strandanlagen (am Meer) usw. wurden gebaut. In vielen Regionen der Erde ist der Tourismus zum wichtigsten Wirtschaftszweig überhaupt angewachsen.

Als Folge des Massentourismus ist jedoch auch eine ganze Reihe von Problemen entstanden. Das gravierendste stellen die **Umweltschäden** dar. Sie ergeben sich u. a. dadurch, dass touristisch interessante Gebiete in aller Regel zuvor siedlungsarme und landwirtschaftlich uninteressante Gegenden und damit Schutzräume für eine artenreiche Flora und Fauna waren. Aufgrund der immer größeren Flächen, die der Tourismus in Anspruch nimmt, werden solche Gebiete zerstört. So ist z. B. das ökologische Gleichgewicht der Alpen, die zu den beliebtesten Touristenzielen Europas gehören, bereits nachhaltig gestört: 500 Mio. Übernachtungen werden hier jährlich gezählt, rund 40000 Seilbahnen und Lifte sowie 120000 Abfahrtspisten stehen dem Tourismus zur Verfügung.

Dabei sind die Schäden des Wintertourismus längst bekannt: Skikanten- und Schneeschubschäden, Störungen des Wildes mit der Folge großer Verbissschäden am Jungwuchs, Verschlechterung der Wasserspeicherfähigkeit und somit Erosionserscheinungen. Aber auch der Sommertourismus trägt mit seinen Infrastrukturanlagen und nicht zuletzt durch das unangemessene Verhalten der Besucher

(Verlassen der Wanderwege, Sammeln von Beeren, Pilzen und Blumen, Hinterlassen von Müll) zur Schädigung des Ökosystems bei.
Nicht weniger gravierend sind die Auswirkungen des Tourismus in anderen Gebieten: An den Meeresküsten, die ebenfalls zu den beliebtesten Urlaubszielen gehören, haben riesige Hotelanlagen, oft kilometerlang aneinander gereiht, die ursprüngliche landschaftliche Schönheit vielerorts zunichte gemacht. Dazu kommt häufig eine starke Verschmutzung des Meeres, vor allem wenn Kläranlagen unzureichend arbeiten oder gar gänzlich fehlen, die Schädigung oder Zerstörung von Strandbiotopen, die Gefährdung von Korallenriffen sowie nicht selten ein extrem hoher Wasserverbrauch, der vor Ort nicht mehr gedeckt werden kann.
Darüber hinaus führt der Tourismus häufig auch zu **sozialen Problemen:** Das Verhältnis von Einheimischen und Touristen ist meist durch die Armut auf der einen und den Reichtum auf der anderen Seite gekennzeichnet, wodurch nicht selten ein sozialer Neid in den Gastländern geschürt wird. Die Einheimischen können sich kaum als Gastgeber fühlen, sondern erleben ihre Situation oft als die einer missachteten Dienerschaft. Hinzu kommt, dass ein ein Großteil der Gewinne aus dem Tourismus in die Länder zurückfließt, aus denen die Besucher stammen. Denn die Erbauer der Hotelanlagen, zumal wenn diese Hotelketten angehören, aber auch die Anbieter von Konsumgütern und Lebensmitteln sind oft Unternehmen aus den Industriestaaten.
Um die Schäden, die durch den Tourismus verursacht werden, möglichst gering zu halten, hat in den letzten Jahren zumindest ansatzweise ein Prozess des Umdenkens eingesetzt. Reiseveranstalter, Fremdenverkehrsinstitutionen, Tourismusexperten, Naturschützer und Reisende haben gemeinsam unter dem Schlagwort **sanfter Tourismus** Konzepte entwickelt, wie der Tourismus in Zukunft gestaltet werden kann. Zu seinen Zielen gehören vor allem die Schonung der Umwelt, größtmögliche Sparsamkeit im Umgang mit Energien und Wasser, Müllvermeidung und nicht zuletzt die Achtung der einheimischen Bevölkerung und ihrer besonderen Kultur.

■ **Tower** [tau^er; engl., = Turm] *der* (Tower of London), Zitadelle im Osten der Altstadt von London am nördlichen Themseufer, oberhalb der **Towerbrücke** (erbaut 1886–94); das älteste Bauwerk Londons, von Wilhelm dem Eroberer 1077–97 angelegt, seitdem mehrfach erweitert. Der Tower, bis zu Karl II. (1660–85) gelegentlich Residenz der englischen Könige, später Staatsgefängnis, ist heute Arsenal und Kaserne.

■ **Toxine** [griech.], von Tieren, Pflanzen und Pilzen ausgeschiedene oder beim Zerfall von Bakterien freigesetzte Giftsstoffe.

■ **Trabant** [tschechisch] *der,* Himmelskörper, der als natürlicher Satellit einen Planeten umkreist, wie z. B. der Mond die Erde.

Die Folgen des **Tourismus** kann man für das obere Bild so beschreiben: Es war einmal ein Berg, daraus wurde ein »skigerechter Berg«: planiert, geschliffen, abgetragen, aufgeschüttet und weggebaggert; das darunter abgebildete Ferienzentrum La Grande-Motte an der Küste des Languedoc bei Montpellier wurde in den 1960er-Jahren nach Plänen des französischen Architekten Jean Marie Balladour eigens für den Massentourismus erbaut

■ **Trabantenstadt,** eine zur Entlastung einer Großstadt neu angelegte Siedlung, die überwiegend Wohngebiet (»Schlafstadt«) ist; meist mit Einkaufszentrum, Schule und anderen notwendigen Einrichtungen, aber isoliert vom eigentlichen städtischen Leben. Im Unterschied zur Trabantenstadt ist die **Satellitenstadt** auch Gewerbestandort.

■ **Tracheen** [griech.], **1)** *Botanik:* Wasserleitungsbahnen bei Pflanzen, hauptsächlich bei Bedecktsamern. Sie sind aus meist weiten, längeren toten Zellen zusammengesetzt, deren Querwände aufgelöst sind. Tracheen sind meist von lebenden Begleitzellen umhüllt.

2) *Zoologie:* Atmungsorgane bei Insekten, Spinnen und Tausendfüßern. Sie entstehen aus Einstülpungen der Haut und verzweigen sich im Körper. Bei Fluginsekten sind sie häufig zu Luftsäcken und Luftkammern erweitert.

■ **Trackball** [träkbål; engl.] *der,* ein Eingabegerät mit der gleichen Funktion wie die →Maus, bei dem die Signale zur Positionierung des Cursors durch Drehen einer oben aus dem Gerät herausragenden Kugel gegeben werden.

■ **Trackpad** [träkpäd; engl.] (Touchpad) *das,* ein Gerät bei →Notebooks, mit dem der Cursor gesteuert wird. Mit einem Finger übt man Druck auf eine spezielle Unterlage aus, und kann so die Zeigerbewegung exakt lenken.

■ **Tradition** [lat.] *die,* Übernahme und Weitergabe von Sitte, Brauch, Konvention, Lebenserfahrung und Institutionen vergangener Zeiten und Generationen.

■ **Tragflügelboot** (Tragflächenboot), Wasserfahrzeug, bei dem unter dem Rumpf kleinere Tragflügel angeordnet sind. Die Tragflügel geben ihm bei zunehmender Geschwindigkeit einen dynamischen Auftrieb, der es über das Wasser hebt. Der Widerstand wird dadurch gemindert. Mit verhältnismäßig geringer Antriebsleistung werden Geschwindigkeiten von etwa 30 bis 60 Knoten (50–110 km/h) erreicht. Tragflügelboote werden hauptsächlich zur Personenbeförderung eingesetzt.

■ **Trägheit,** die Eigenschaft aller Körper, im Zustand der Ruhe oder der geradlinigen, gleichförmigen Bewegung zu bleiben, wenn keine Kräfte von außen einwirken. Kommt ein bewegter Körper zur Ruhe, so hat eine Kraft, z. B. eine Reibungskraft, auf ihn gewirkt. Ein Autofahrer wird beim Auffahren auf ein Hindernis infolge der Trägheit nach vorn geschleudert, wenn er nicht durch einen Sicherheitsgurt in seinem Sitz gehalten wird.

■ **Tragik** [griech.] *die,* Gattungsmerkmal der Tragödie. Tragisch ist eine Situation für die literarische Figur, wenn keine der Entscheidungsmöglichkeiten in einem Konflikt einen Ausweg bietet; allgemein gebraucht für schweres, unverdientes, von Trauer und Mitempfinden begleitetes Leid.

■ **Tragikomödie** [griech.] *die,* ein Drama, in dem tragische und komische Elemente verbunden sind, sodass Grauen in Lachen und Lachen in Grauen umschlägt.

■ **Tragödie** [griech.] *die* (Trauerspiel), ein Drama, in dem sich ein Held in einer schicksalhaften, ausweglosen (»tragischen«) Situation befindet. Die Tragödie entwickelte sich aus kultischen Chorgesängen im antiken Griechenland; die bedeutendsten griechischen Vertreter waren Aischylos, Sophokles und Euripides. In der Neuzeit haben u. a. Shakespeare, Corneille, Racine, Schiller, Hebbel und Büchner die Form der Tragödie geprägt.

■ **Training** [träning; engl.] *das,* planmäßiges Üben zur Steigerung der physischen oder psychischen Leistung, als Vorbereitung auf einen sportlichen Wettkampf meist unter der Anleitung eines **Trainers,** der den Sportler oder die Mannschaft betreut.

■ **Trajan** (eigentlich Marcus Ulpius Traianus), römischer Kaiser (98–117), *Italica (beim heutigen Sevilla, Spanien) 18. September 53, †Selinus (Anatolien, Türkei) 8. August 117. Unter Trajan erreichte das Römische Reich seine größte Ausdehnung. Seine umfangreiche Bautätigkeit dokumentieren u. a. Trajanforum und Trajanthermen in Rom.

■ **Trampolin** [italienisch] *das,* stark gefedertes Sprungtuch für artistische Darbietungen, beim Sport ein mit Gummikabeln oder Stahlfedern gespanntes gummidurchwirktes oder geflochtenes Nylontuch. Es gibt Absprungtrampoline und Wettkampftrampoline (Länge 2,60–4,30 m, Breite 1,80–2,15 m, Höhe 1,00 m) für das Trampolinturnen. Wettbewerbe werden im Einzel und zu zweit als Synchronspringen auf zwei nebeneinander stehenden Trampolinen ausgetragen.

■ **Tran,** dickflüssiges Öl, das von Meeressäugetieren, hauptsächlich von Walen und Robben, sowie von Fischen gewonnen wird. Trane dienen als Rohstoff für Margarine und für Heilzwecke (z. B. Lebertran).

■ **Trance** [trangß(e); frz.] *die,* ein schlafähnlicher Bewusstseinszustand mit nachfolgender Erinnerungslosigkeit, z. B. bei Benommenheit, Hypnose, Schlafwandeln oder meditativer Entrückung.

■ **Tränendrüsen,** Tränenflüssigkeit absondernde Drüsen bei Reptilien (außer Schlangen), Vögeln und Säugetieren.

Beim Menschen liegen die Tränendrüsen als etwa bohnengroßer Drüsenkomplex jeweils hinter dem äußeren, oberen Rand der Augenhöhlen. Das Sekret (tägliche Menge etwa 1–3 ml) ist wässrig, schwach salzig (rund 660 mg Natriumchlorid je 100 ml) und in geringem Umfang eiweißhaltig. Es wird über

zahlreiche kleine Ausführgänge in die Bindehautfalte des oberen Augenlids ausgeschieden und dann mithilfe des Lidschlags über die Hornhaut des Auges (die dabei angefeuchtet und gereinigt wird) nach dem inneren Augenwinkel hin befördert. Von dort aus wird die Tränenflüssigkeit in die **Tränenkanälchen** geleitet. Diese führen in den **Tränensack**, der wiederum über den **Tränen-Nasen-Gang** mit der Nasenhöhle verbunden ist.
Die Absonderung der Tränenflüssigkeit wird von den Nerven gesteuert; sie kann unter psychischem Einfluss (Schmerz, Trauer, Freude) so stark werden, dass die Tränenflüssigkeit (beim Weinen) in Form von **Tränen** über die Lidränder abläuft.

■ **Tranquilizer** [trạngkwilais[er]; engl.] *der,* Arzneimittel aus der Gruppe der Psychopharmaka, die vor allem bei Angst, Unruhe, Spannungszuständen, Gereiztheit und Schlafstörungen wirken. Eine längere Anwendung kann zur Abhängigkeit führen.

■ **Transfẹr** [engl.] *der,* **1)** *Reise, Verkehr:* Überführung; Transport, z. B. im Reiseverkehr vom Flugzeug zum Hafen.
2) *Wirtschaft:* Wertübertragung (meist durch Umwandlung in eine fremde Währung) ins Ausland.

■ **Transformạtor** [lat.] *der* (Kurzform Trafo, Umspanner), ein Gerät, mit dessen Hilfe eine elektrische Wechselspannung bei gleich bleibender Frequenz erhöht oder verringert werden kann. Der Transformator besteht aus zwei auf einem geschlossenen Eisenkern sitzenden Spulen, zwischen denen keine leitende Verbindung besteht. Die an die Spannungsquelle angeschlossene Spule heißt Primärspule, die zweite heißt Sekundärspule. Fließt durch die Primärspule ein Wechselstrom, so wird durch elektromagnetische →Induktion in der Sekundärspule eine Induktionsspannung hervorgerufen. Will man eine höhere Spannung erzielen (herauftransformieren), muss die Windungszahl der Sekundärspule größer sein als die der Primärspule, beim Herabtransformieren muss sie dagegen geringer sein, z. B. beim Klingeltransformator.

■ **transgẹne Organịsmen,** Tiere und Pflanzen, deren Erbanlagen ein Gen enthalten, das aus einem anderen Organismus stammt. Dazu wird z. B. aus einem Zellkern des Spendertieres ein Stück DNS isoliert und anschließend in eine im Reagenzglas befruchtete Keimzelle des Empfängertieres übertragen, die in dessen Gebärmutter eingepflanzt wird. Das fremde Gen soll bestimmte Eigenschaften des betreffenden Organismus zum Nutzen des Menschen verändern (z. B. produziert ein transgenes Schaf in seiner Milch ein Medikament, transgene Kulturpflanzen können gegenüber bestimmten Krankheitserregern resistent sein). Die Züchtung transgener Organismen ist umstritten, da u. a. befürchtet wird, dass sich genetisch veränderte Pflanzen oder Tiere unkontrolliert verbreiten und das ökologische Gleichgewicht stören könnten.

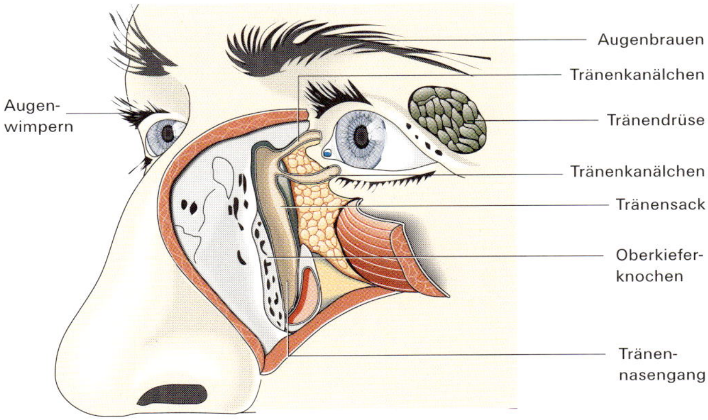

Schnittzeichnung der Augenhöhle, die die Funktion der **Tränendrüsen** darstellt

■ **Transịstor** [lat.-engl.] *der,* ein elektronisches Bauelement, das elektrische Ströme und Spannungen verstärkt und als Steuer- und Schaltelement dient. Ein Transistor besteht aus einem Halbleiterkristall (z. B. Silicium) mit Zonen unterschiedlicher Leitfähigkeit.
Der einfachste Transistor kann als Gegeneinanderschaltung von zwei Dioden aufgefasst werden und besitzt drei Elektroden. Die mittlere Schicht nennt man Basiszone, eine äußere Schicht Emitterzone und die andere Kollektorzone, die je nach Transistortyp der Anode oder Kathode entsprechen. Gegenüber den früher verwendeten Elektronenröhren haben Transistoren sehr viele Vorteile. Sie sind kleiner, robuster und benötigen weniger Energie und Kühlung. Die Verkleinerung der Transistoren führte zur Entwicklung von →Chips.

■ **trạnsitiv** →Verb.

■ **Transmissiọn** [lat.] *die,* in der Physik der Durchgang von Strahlen durch ein Medium ohne Frequenzänderung.

■ **transparẹnt** [frz.], durchscheinend, durchsichtig; im übertragenen Sinn: verstehbar, erkennbar.

■ **Transpiratiọn** [lat.] *die,* bei Pflanzen die Abgabe von Wasserdampf durch oberirdische Organe; bei Tieren und beim Menschen die Absonderung von Schweiß.

■ **Transplantation** [lat.] *die,* die Verpflanzung von lebendem Gewebe (z.B. Haut, Knochen, Sehnen, Hornhaut) zur Beseitigung eines Defekts oder von ganzen Organen (z.B. Herz, Niere, Leber) zur Funktionsübernahme. Haupthindernis dabei ist die körpereigene Immunreaktion gegen das körperfremde, übertragene Organ **(Transplantat),** das wegen Gewebsunverträglichkeit vom Empfänger abgestoßen werden kann. Das Spendergewebe muss deshalb bestimmte Voraussetzungen erfüllen.

■ **Transrapid** *der,* eine in Deutschland entwickelte →Magnetschwebebahn. Der Transrapid erreichte auf der Versuchsanlage im Emsland 1991 seine technische Einsatzreife. Sein tatsächlicher Einsatz ist jedoch wirtschaftlich und verkehrspolitisch umstritten.

■ **Transsexualität,** die Erscheinung, dass das psychische Geschlecht im Gegensatz zum körperlichen Geschlecht steht. Transsexuelle sind körperlich eindeutig männlich oder weiblich, fühlen sich psychisch aber dem anderen Geschlecht zugehörig. Das Gefühl, »im falschen Körper zu sein«, erzeugt oft schon in der Kindheit einen starken Leidensdruck, der häufig nur durch eine Geschlechtsangleichung gemindert werden kann. Transsexualität ist streng zu trennen von →Homosexualität (transsexuelle Menschen empfinden sich meist als heterosexuell) und →Transvestismus.

■ **Transsibirische Eisenbahn,** die 9289 km lange Eisenbahnverbindung zwischen Moskau und Wladiwostok, 1891–1916 erbaut. In engerem Sinne ist es der 7416 km lange Teil ab Tscheljabinsk.

■ **Transsilvanien** →Siebenbürgen.

■ **Transurane** [lat.-griech.], Sammelname für alle chemischen Elemente, die im Periodensystem der chemischen Elemente hinter dem Uran stehen, deren Ordnungszahl (= Kernladungszahl) also größer als 92 ist. Die Transurane (außer Neptunium und Plutonium) kommen in der Natur nicht vor, sie werden durch Beschuss natürlicher Elemente mit Elementarteilchen künstlich erzeugt. Sie sind sämtlich radioaktiv.

■ **Transversale** [lat.] *die,* eine Gerade, die eine ebene Figur schneidet.

■ **Transvestismus** [lat.] *der,* das Bedürfnis, die Rolle des anderen Geschlechts einzunehmen, meist mittels Kleidung, Schminke und Gestik. Transvestismus tritt überwiegend bei heterosexuell orientierten Männern auf, wobei die meisten **Transvestiten** im Unterschied zu den Transsexuellen (→Transsexualität) ihre angeborene Geschlechtszugehörigkeit akzeptieren. Die Transvestiten verfolgen nicht vorrangig sexuelle Ziele, sondern erleben in erster Linie die Verwandlung (die eigentliche **Transvestition**) als lustvoll.
In speziellen Shows und Filmen wird das Auftreten von Transvestiten oft als kreativer Ausdruck der Persönlichkeit anerkannt. Die ersten kommerziellen Transvestitenshows wurden im 19. Jahrh. in Paris aufgeführt; heute sind sie als »Travestieshows« populär geworden.

■ **transzendent** [lat.], **1)** *allgemein:* übersinnlich, übernatürlich, die Grenzen der Erfahrung überschreitend.
2) *Mathematik:* nicht algebraisch. Jede reelle Zahl, die keine algebraische Zahl ist, ist eine transzendente Zahl, z.B. die Kreiszahl π.

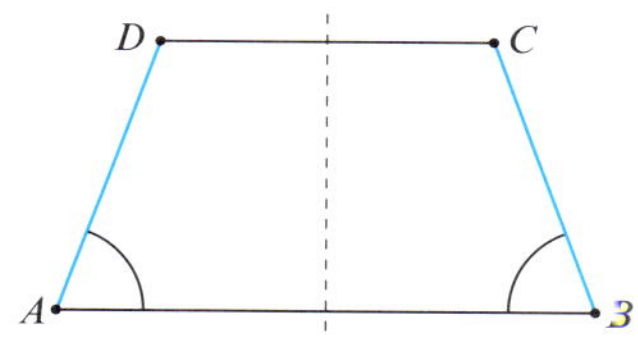

gleichschenkeliges Trapez

■ **Trapez** [griech.] *das,* ein Viereck mit zwei verschieden langen, parallelen Seiten (Grundlinien) und zwei nicht parallelen Seiten (Schenkeln). Die beiden an einem Schenkel gelegenen Trapezwinkel ergänzen sich zu 180°. Verbindet man die Mittelpunkte der beiden Schenkel, so erhält man die Mittellinie (m) des Trapezes. Sie verläuft parallel zu den beiden Grundlinien (a und b). Ihre Länge ist gleich dem arithmetischen Mittel der Grundlinien:

$$m = \frac{1}{2}(a+b)$$

Den Flächeninhalt F des Trapezes erhält man aus der Beziehung:

$$F = \frac{1}{2}h\,(a+b) = m \cdot h$$

(h = Höhe = Abstand der beiden parallelen Seiten). Ein spezielles Trapez ist das gleichschenklige Trapez; bei ihm sind die beiden nicht parallelen Seiten gleich lang, die an den Grundlinien gelegenen Trapezwinkel sind gleich groß.

■ **Trappen,** kräftige, scheue Laufvögel (Standhöhe 30–110 cm), die mit den Kranichen nahe verwandt sind. Sie ernähren sich von Knollen, Körnern und Knospen, aber auch von Insekten. Die Jungen sind Nestflüchter. Trappen leben vor allem in den Halbwüsten Eurasiens und Afrikas. In Europa brüten die **Großtrappe** und die **Zwergtrappe.**

■ **Trapper** [engl.] *der,* nordamerikanischer Pelztierjäger oder Fallensteller.

■ **Traubenzucker** (Glucose), der wichtigste Einfachzucker (Monosaccharid), der als Produkt der pflanzlichen Photosynthese vor allem in Früchten, Samen und Blättern enthalten ist. Traubenzucker ist am Aufbau der Zweifachzucker (Disaccharide), z. B. Rohrzucker, und der Polysaccharide, z. B. Stärke, beteiligt. Als einer der Energielieferanten des menschlichen Organismus kreist er, im Blut gelöst (Blutzucker), ständig durch den Körper oder wird in Form von →Glykogen als Reservestoff in der Leber gespeichert.

■ **Traum,** bildhafte oder auch akustische Erlebnisse und Vorstellungen während des Schlafs, die bei geringer Schlaftiefe mehrfach auftreten. Teilweise sind es Tageserlebnisse und/oder verdrängte Erlebnisse, die nachwirken. Der Traum vermag oft ein gestörtes seelisches Gleichgewicht wieder herzustellen. Die Traumdeutung spielt in der →Psychoanalyse eine wichtige Rolle.

■ **Trauma** [griech.] *das,* **1)** *Medizin:* Verletzung durch äußere Gewalteinwirkung (z. B. Schlag, Sturz, Schuss).

2) *Psychologie:* eine starke seelische Erschütterung, die (im Unterbewusstsein) noch lange wirksam ist.

Mit 18 kg Gewicht der schwerste Vogel Europas: die **Großtrappe**

■ **Trauung** →Ehe.

■ **Travestie** – Parodie.

■ **Treck** [niederdeutsch] *der,* Zug von Menschen, die mit ihrer auf Wagen geladenen Habe gemeinsam aus ihrer Heimat wegziehen, z. B. die Auswanderungszüge der Buren aus der Kapkolonie seit 1835 (»Großer Treck«), die nach Westen führenden Züge der nordamerikanischen Siedler oder die Flüchtlingszüge aus dem Osten Deutschlands am Ende des Zweiten Weltkriegs.

Traum

Man hat den Eindruck, dass man häufiger und intensiver träumt, wenn man tagsüber mal ein Nickerchen hält als nachts. Tatsächlich träumt man aber immer gleich viel. Der Unterschied liegt darin, dass man sich nach einem kurzen Schlaf besser an die Träume erinnern kann, denn im Schlaf sind die Funktionen der Langzeiterinnerung nahezu abgeschaltet. Je schneller man also nach einem Traum aufwacht, desto besser kann man sich an ihn erinnern.

■ **Treibgase,** in Sprays verwendete Gase zum Zerstäuben von Flüssigkeiten. Wegen ihrer Unbrennbarkeit und Ungiftigkeit wurden in der Vergangenheit bevorzugt die →Fluorchlorkohlenwasserstoffe verwendet. Da diese die Ozonhülle der Erde beeinträchtigen und zum Treibhauseffekt in der Atmosphäre beitragen, werden sie als Treibgase heute nur noch selten verwendet. Soweit nicht auf Pumpspraysysteme umgestellt wurde, werden heute vor allem die brennbaren Treibgase Propan/Butan oder Dimethyläther verwendet. Für Schlagsahne wird Lachgas als Treibgas verwendet.

■ **Treibhaus,** ein Gewächshaus, in dem vor allem durch künstliche Wärme und künstliches Licht Kulturpflanzen zu schnellerem Wachstum angeregt werden. Durch das Treibhaus ist es möglich, z. B. Salat, Küchenkräuter, Gemüse oder Obst viel früher zu ernten, als dies bei Feld- und Gartenanbau der Fall ist, sowie Blumen unabhängig von der Jahreszeit zum Blühen zu bringen.

■ **Treibhauseffekt** →Klima.

■ **Treibstoff,** Brennstoff für den Antrieb von Motoren, Turbinen oder Strahltriebwerken und Raketen. Man unterscheidet gasförmige Treibstoffe (Treibgas), flüssige (Benzin, Dieselöl) und feste (Kohlenstaub).

■ **Trend** [engl.] *der,* die Grundrichtung einer Entwicklung.

■ **Trial** [traiᵉl; engl.] *das,* Geschicklichkeitsprüfung auf Motorrädern. Eine schwierige Geländestrecke mit meist natürlichen Hindernissen ist möglichst ohne Strafpunkte zu absolvieren.

■ **Triangel** [lat.] *der,* Schlaginstrument: ein

Stahlstab, der zu einem oben offenen, gleichseitigen Dreieck gebogen ist und aufgehängt wird. Mit einem Metallstab geschlagen, gibt er einen durchdringend hellen Klang.

■ **Trias** →geologisches System (Übersicht).

■ **Triathlon** [griech., = Dreikampf] *der,* ohne Pause zu absolvierender Ausdauerwettkampf an einem Tag, bestehend aus Schwimmen, Radfahren und Langstreckenlauf. Sieger ist der Wettkämpfer mit der kürzesten Gesamtzeit.
Der Triathlon wird über unterschiedliche Distanzen ausgetragen: Der **Langtriathlon** (»Ironman«) umfasst 3,8 km Schwimmen, 180 km Radfahren und 42,195 km Laufen (Marathonlauf), der **olympische Triathlon** (Kurztriathlon) dagegen nur 1,5 km Schwimmen, 40 km Radfahren und einen 10-km-Lauf.

■ **Trichinen** [griech.], parasitische Fadenwürmer, die sich im Muskelfleisch von Schweinen und Wildtieren einkapseln und durch den Genuss von rohem oder ungenügend erhitztem Fleisch auf den Menschen übertragen werden können. Sie verursachen eine schwere Erkrankung (Trichinose) mit Fieber, Durchfall und Muskelschmerzen sowie später Lähmungen. Durch die gesetzlich vorgeschriebene Trichinen- oder Fleischbeschau bei Schlachtieren ist die Häufigkeit der Erkrankungen stark zurückgegangen.

■ **Trickskifahren,** Kunst- und Akrobatikskilauf (Freestyle), bestehend aus den Disziplinen Ballett, Springen und Buckelpistenfahren.

■ **Tridentinum,** das Konzil von →Trient.

■ **Trieb,** innerer Antrieb, der auf die Befriedigung starker, oft lebensnotwendiger Bedürfnisse zielt, z. B. der Nahrungstrieb, der dafür sorgt, dass ein Lebewesen genug isst, oder der Geschlechtstrieb, der gewährleistet, dass es sich fortpflanzt. Während die meisten Tiere dem Trieb uneingeschränkt folgen, ist es dem Menschen meist möglich, ihn durch den Willen zu regulieren.

■ **Triebwagen,** ein Schienenfahrzeug, bei dem Fahrgastraum und Antrieb in einem Wagen vereinigt sind. Man unterscheidet elektrisch angetriebene Triebwagen und Triebwagen, die von Dieselmotoren angetrieben werden. Triebwagen werden z. B. in S-Bahn-Zügen eingesetzt. Eine Weiterentwicklung sind die **Triebköpfe** von Hochgeschwindigkeitszügen (z. B. ICE), die mit Zwischenwagen zu einem festen Zugverband gekoppelt werden.

■ **Trient** (italienisch Trento), Stadt in Italien, an der Etsch, mit 104 200 Einwohnern. Zu ihren Sehenswürdigkeiten gehören der romanische Dom und die Burg (13.–16. Jahrh.).
Trient war 1545–63 Tagungsort des Trienter Konzils **(Tridentinum),** einer allgemeinen Kirchenversammlung zur Erneuerung der katholischen Kirche. Das Konzil legte die katholischen Glaubenssätze in ihrem Unterschied zu denen der Reformation fest und gab so den Anstoß zur Gegenreformation.

■ **Trier,** Stadt an der Mosel in Rheinland-Pfalz, mit 99 900 Einwohnern und zahlreichen Sehenswürdigkeiten: Aus römischer Zeit stammen die →Porta Nigra, die Basilika (nach Zerstörung im Zweiten Weltkrieg rekonstruiert) und die Kaiserthermen, aus dem Mittelalter der Dom und die Liebfrauenkirche (alle gehören zum UNESCO-Weltkulturerbe).
Trier wurde 16 v. Chr. als römische Kolonie **Augusta Treverorum** gegründet und entwickelte sich zu einer Weltstadt innerhalb des Römischen Reiches.

■ **Triest** (italienisch Trieste), Stadt in Oberitalien, an der Adria, mit 217 700 Einwohnern. Die Stadt besitzt Reste römischer Bauten, einen Dom und ein Schloss (1630 vollendet). – Triest gehörte mit seinem Territorium 1382–1918 zu Österreich, danach zu Italien. Der 1947 aus der Stadt und ihrem Hinterland unter Aufsicht der UN gebildete **Freistaat Triest** wurde 1954 zwischen Jugoslawien und Italien geteilt.

■ **Trigonometrie** [griech., = Dreiecksmessung] *die,* ein Teilgebiet der Geometrie, das sich mit den Dreiecken befasst. Die **ebene Trigonometrie** beschäftigt sich mit Dreiecken, die in einer Ebene liegen, die **sphärische Trigonometrie** dagegen mit Dreiecken, die auf Kugeloberflächen liegen. – auch →Winkelfunktionen.

■ **Trikolore** [frz.] *die,* dreifarbige Flagge, vor allem Bezeichnung für die französische Nationalflagge in den Farben Blau-Weiß-Rot (in senkrechten Streifen), die während der Französischen Revolution eingeführt wurde.

■ **Trikot** [...ko; frz.] *das,* eng anliegendes, aber nicht beengendes Kleidungsstück (vor allem für Sportler und Artisten) aus elastischer, maschinengestrickter Wirkware.

■ **Trilliarde** *die,* 1000 Trillionen, eine 1 mit 21 Nullen, als Potenz geschrieben 10^{21}.

■ **Trillion** [frz.] *die,* 1 Million Billionen, eine 1 mit 18 Nullen, als Potenz geschrieben 10^{18}.

■ **Trilobiten** [griech.] (Dreilapper), ausgestorbene, meerbewohnende Gliederfüßer mit gepanzerter Oberseite. Die Trilobiten, die während des Paläozoikums gelebt haben, sind wichtige Leitfossilien (→Fossilien).

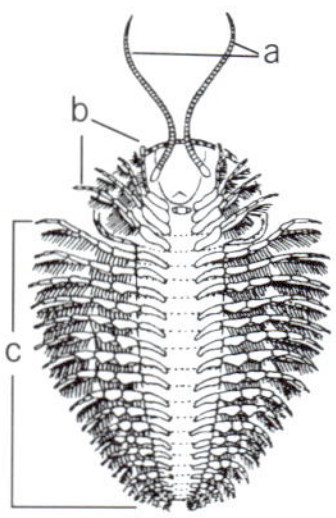

Die Zeichnung rekonstruiert die verschiedenen Organe der **Trilobiten:** a Fühler, b Mundfühler unter dem Kopfschild, c Spaltfüße unter den Rumpfsegmenten und dem Schwanzschild

■ **Trilogie** [griech.] *die,* dreiteiliges Werk der Literatur oder Musik (z.B. Schillers Dramentrilogie »Wallenstein«, die aus »Wallensteins Lager«, »Die Piccolomini« und »Wallensteins Tod« besteht).

Trinidad und Tobago
Fläche 5 128 km²
Einwohner 1,102 Mio.
Hauptstadt Port of Spain (auf Trinidad)
Amtssprache Englisch
Nationalfeiertag 31. 8.
Währung 1 Trinidad-Tobago-Dollar (TT$) = 100 Cents (cts)
Zeitzone MEZ −5 Std.

■ **Trinidad und Tobago,** aus zwei Hauptinseln und sechs kleineren Inseln bestehende Republik vor der Nordküste Südamerikas. Die Bewohner Tobagos sind vorwiegend afrikanischer Abstammung, diejenigen Trinidas dagegen von großer ethnischer Vielfalt (41 % Schwarze, 41 % Inder sowie Mulatten und andere Mischlinge). Führend in der Wirtschaft ist die Erdölförderung und -verarbeitung. Außerdem gibt es auf Trinidad den 40 ha großen Asphaltsee Pitch Lake, der das größte natürliche Asphaltvorkommen der Erde darstellt. Für den Export werden Zuckerrohr, Kakao, Bananen und Mais angebaut.
Geschichte: Beide Inseln wurden 1498 von Kolumbus entdeckt. Trinidad wurde 1797, Tobago 1814 britisch. 1962 wurden die Inseln unabhängig.

■ **Trinität** →Dreifaltigkeit.

■ **Trio** [italienisch] *das,* Musikstück für drei Instrumente, auch Bezeichnung für die Ausführenden; im 18. und 19. Jahrh. der Mittelteil eines Menuetts oder Scherzos.

■ **Tripolis,** Hauptstadt von Libyen, Hafenstadt am Mittelmeer, mit 1,7 Mio. Einwohnern. Einer ummauerten orientalischen Altstadt schließt sich die moderne Neustadt an. – Tripolis wurde im 7. Jahrh. v. Chr. als Oea von Phönikern gegründet.

■ **Tripper** *der* (Gonorrhö), häufigste der meldepflichtigen Geschlechtskrankheiten, die meist durch Geschlechtsverkehr übertragen wird. Befallen werden die Schleimhäute der Harnröhre und die Geschlechtsorgane. Anzeichen eines Trippers sind u.a. ein grünlich gelber, eitriger Ausfluss und Schmerzen beim Wasserlassen. Die Krankheit kann zur Unfruchtbarkeit führen. Erreger sind **Gonokokken,** kommaförmige Bakterien. Tripper wird mit Antibiotika behandelt.

■ **Triptychon** [griech.] *das,* in der bildenden Kunst das dreiteilige Tafelbild, besonders der dreiteilige Flügelaltar.

■ **Triumphbogen** (Ehrenbogen), antiker, frei stehender Torbau mit einem oder mehreren Durchgängen. In der römischen Republik wurde er vor allem für siegreiche Feldherren und Verstorbene, später für den Kaiser und seine Familie errichtet (gut erhalten z.B. Titus-, Severus- und Konstantinsbogen in Rom). Auch in der Renaissance und im 18./19. Jahrh. wurden solche Torbauten nach römischem Vorbild errichtet (Arc de Triomphe de l'Étoile in Paris, Siegestor in München).

■ **Triumvirat** [lat.] *das,* der Zusammenschluss dreier Männer zur politischen Herrschaft. – auch →römische Geschichte.

■ **trivial** [lat.], alltäglich, abgedroschen, seicht; unmittelbar einsichtig.

■ **Trizeps** →Bizeps.

■ **Trochäus** →Vers.

■ **Troja** (Ilion), von Homer überlieferter Name einer vorgeschichtlichen Stadt, die Schauplatz des →Trojanischen Krieges gewesen sein soll. Die Stätte Troja wurde nach geographischen Angaben Homers bereits früh an der Nordwestspitze Kleinasiens, 4,5 km von den Dardanellen entfernt, in dem rund 20 m hohen Ruinenhügel von Hissarlik (heute Türkei) vermutet.
Bei 1870 dort einsetzenden Ausgrabungen durch Heinrich Schliemann und spätere Archäologen wurden neun Schichten (Troja I–IX) von aufeinander folgenden Siedlungen freigelegt. In mehreren Schichten ließen sich Zerstörungen nachweisen, als deren Ursachen Brände, Erdbeben, aber auch Kriege denkbar sind. In Schicht II fanden sich reiche Gold- und Silberschätze aus der Zeit von etwa 2200 bis 2100 v. Chr. (»Schatz des Priamos«, heute im Moskauer Puschkin-Museum).

■ **Trojanischer Krieg,** nach der griechischen Sage der Belagerungskampf um die kleinasiatische Stadt Troja, ausgelöst durch die Entführung der Helena durch den trojanischen Prinzen Paris. Da es den Griechen, geführt von Agamemnon, nicht ge-

Trinidad und Tobago

Flagge

Wappen

Die Abbildung zeigt die Darstellung des **Trojanischen Pferds** auf einer griechischen Amphore, die heute im Museum der Stadt Mykonos aufbewahrt ist

lingt, die unter Leitung von Hektor verteidigte Stadt zu stürmen, greifen sie im zehnten Jahr der Belagerung zu einer List: Sie bauen auf den Rat des Odysseus hin ein gewaltiges hölzernes Pferd, in dem sich die tapfersten Griechen verbergen. Nach dem vorgetäuschten Abzug der Griechen holen die Trojaner trotz der Warnung durch Kassandra und Laokoon dieses **Trojanische Pferd** als Weihegeschenk an die Göttin Athene in die Stadt. In der Nacht steigen die Griechen aus dem Bauch des Pferdes, zerstören die Stadt und töten die meisten Trojaner. Nur Äneas entkommt mit einigen Gefährten. – Die Sage vom Krieg um Troja ist in Homers Epos »Ilias« überliefert.

Troja

Heinrich Schliemann gründete mit 25 Jahren in Sankt Petersburg ein Handelskontor, das ihm innerhalb von zehn Jahren ein Vermögen einbrachte. Statt weiter Geld zu scheffeln, unternahm er ab 1858 ausgedehnte Studienreisen rund um den Erdball, studierte Archäologie und promovierte sogar. Zwischen 1870 und 1890 machte er, vor allem in Troja und Mykene, äußerst erfolgreiche Ausgrabungen, bei denen er wissenschaftlich wegweisend vorging. Vor Grabungsbeginn wertete er zunächst systematisch literarische Quellen, einheimische Berichte und topographische Untersuchungen aus. Den von ihm gehobenen »Schatz des Priamos« schenkte er dem Berliner Museum für Vor- und Frühgeschichte, wo er bis zum Zweiten Weltkrieg ausgestellt war. Nach 1945 wurde er in die Sowjetunion verbracht.

■ **Trọmmel,** ein meist zylinderförmiges Schlaginstrument, das auf beiden Seiten mit Fell bespannt ist. Die Trommel wird mit Schlägeln, zum Teil auch mit Teilen der Hand (Finger, Handballen) geschlagen.

■ **Trọmmelfell,** ein kleines Häutchen im → Ohr, das den Gehörgang gegen das Mittelohr abgrenzt. Trifft ein Schall auf das Ohr, so beginnt das Trommelfell zu schwingen. Die Schwingungen werden auf die drei Gehörknöchelchen im Mittelohr übertragen, von wo sie über das Vorhoffenster und den Gehörgang zum Innenohr gelangen. Dort werden Sinneszellen gereizt, die im Gehirn Schallempfindungen hervorrufen.

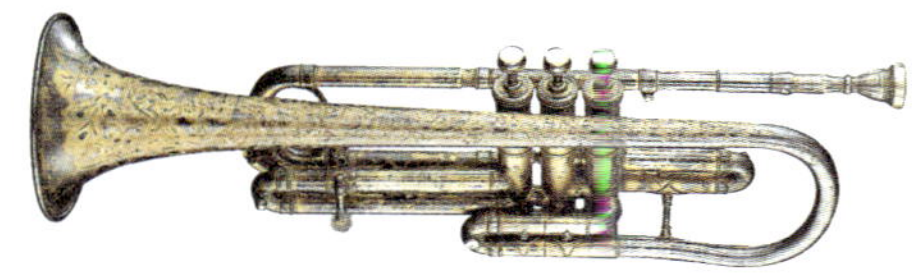

Trompete des Jazzmusiker Louis Armstrong; er gab ihr den Namen »Columbia«

■ **Trompe̱te** [frz.] *die,* hell klingendes Blechblasinstrument mit Kesselmundstück und überwiegend zylindrischer Röhre (meist aus Messing). Die Trompete hat eine Bügelform; neben einer länglichen, in sich geschlossenen Windung verläuft das gestreckte Schallstück. Die seit 1820 eingeführten drei Ventile ermöglichen es, alle Töne innerhalb des Tonumfangs zu spielen.

■ **Trọpen** [griech.], die Zone um den Äquator bis zu den Wendekreisen. Sie hat, außer in den Hochlagen, gleichmäßig heißes Klima, keine Jahreszeiten wie bei uns, dafür aber meist starke Temperaturschwankungen zwischen Tag und Nacht. Charakteristisch ist der Wechsel zwischen Regen- und Trockenzeiten.

In den **inneren Tropen,** nahe am Äquator, nehmen zwei Regenzeiten fast das ganze Jahr ein; hier breitet sich dichter, immergrüner Regenwald aus. Gegen die Wendekreise hin, in den **äußeren Tropen,** nehmen die Trockenzeiten zu. Hier ist das Gebiet der Savannen, Steppen und Halbwüsten (wüstenähnliche, nahezu vegetationslose Gebiete).

■ **Trọpfsteine,** in Höhlen auftretende, verschieden geformte Gebilde, die durch Kalkablagerungen von herabtropfendem Wasser entstehen. Von der Decke her entwickeln sich eiszapfenartige **Stalaktiten,** von der Sohle her stumpfe, turmar-

Die **Trommel** wird seit Urzeiten weltweit in allen Kulturen geschlagen und sie ist unschlagbar als Instrument, das für Rhythmus, Schwung und Bewegung zuständig ist, so, wie diese lebenssprühende Figur eines chinesischen Trommlers mit schier umwerfender, nicht zu überbietender Wirkung immer noch in Bewegung zu sein scheint; den in Stein gehauenen, clownähnlichen Musikanten hat ein unbekannter Meister vor etwa 1700 Jahren in die Welt gesetzt

tige **Stalagmiten**; beide können zu Säulen **(Stalagnaten)** zusammenwachsen.

■ **Trophäe** [griech.] *die,* Siegeszeichen, Beutestück (z. B. erbeutete Waffen, ein Geweih als Jagdtrophäe).

■ **Troposphäre** [griech.] *die,* die unterste Schicht der → Atmosphäre.

■ **Trotzki,** Leo (Lew) Dawidowitsch, eigentlich Leib Bronschtein, russischer Revolutionär und Politiker, *Iwanowka (Gouvernement Cherson) 7. November 1879, †(ermordet) Coyoacán (bei Mexiko City) 21. August 1940. Er war der engste Mitarbeiter Lenins und organisierte als Volkskommissar die Rote Armee. Im politischen Machtkampf nach Lenins Tod unterlag er Stalin und wurde 1929 des Landes verwiesen. Zuletzt lebte er in Mexiko, wo er schließlich von einem sowjetischen Agenten ermordet wurde.

■ **Troubadour** [trubadur, auch: ...dur; frz.] *der,* provenzalischer Dichter-Sänger des 12. und 13. Jahrhunderts. Die Troubadoure, meist ritterlichen Standes, schufen Texte und Weisen ihrer Lieder und trugen sie meist selbst an den Fürstenhöfen Südfrankreichs vor. Im Mittelpunkt der Troubadourdichtung, die stark auf die Dichtung der deutschsprachigen Minnesänger einwirkte, stand die Verehrung einer meist unerreichbaren Frau.

■ **Truchsess** *der,* im Mittelalter zunächst der Vorsteher der königlichen Hausverwaltung, dann derjenige, der mit der Aufsicht über die königliche Tafel betraut war.

■ **Trüffel** [frz.], eine Gattung der Schlauchpilze mit knolligen, unterirdischen Fruchtkörpern, die von einer rauen, dunklen Haut umgeben sind. Trüffel sind sehr geschätzte Würz- und Speisepilze. Sie werden meist mithilfe von Hunden und Schweinen aufgespürt.

In größeren Mengen wachsen die kostbaren, kartoffelähnlich aussehenden **Trüffel** zum Beispiel in Südfrankreich; man unterscheidet den hier abgebildeten schwarzbraunen, außen grobwarzigen und innen hellgelben Sommertrüffel von dem rotbraunen bis schwarzen Wintertrüffel

■ **Trust** [trast; engl.] *der,* Zusammenschluss mehrerer großer Handels- oder Industrieunternehmen unter einer Dachgesellschaft (Holdinggesellschaft), bei dem die Einzelunternehmen meist ihre rechtliche und wirtschaftliche Selbstständigkeit verlieren (→ Fusion). Ziele von Trusts sind Marktbeherrschung und innerbetriebliche Rationalisierung.

■ **Truthühner,** eine Unterfamilie der Hühnervögel, deren zwei Arten in den Wäldern Nord- und Mittelamerikas leben. Sie sind bis 1,3 m lang und leben in kleinen Gruppen. Schon die Azteken hielten das Wildtruthuhn als Haustier, aus dem sie das **Truthuhn (Pute)** züchteten. Kopf und Hals des Truthuhns sind nackt, rötlich violett und haben rote, lappenförmige Anhänge. Im 16. Jahrh. wurde das Truthuhn in Europa eingeführt.

■ **Tschad** [auch tschat], Republik in Zentralafrika. Das Binnenland liegt in der Wüste Sahara, im Sahel und in der Großlandschaft Sudan, bewohnt von einer Vielzahl von ethnischen Gruppen, darunter im Norden und in der Mitte Sudanaraber und andere islamische Gruppen (zusammen rund 40 % der Bevölkerung). Ackerbau ist nur im Süden

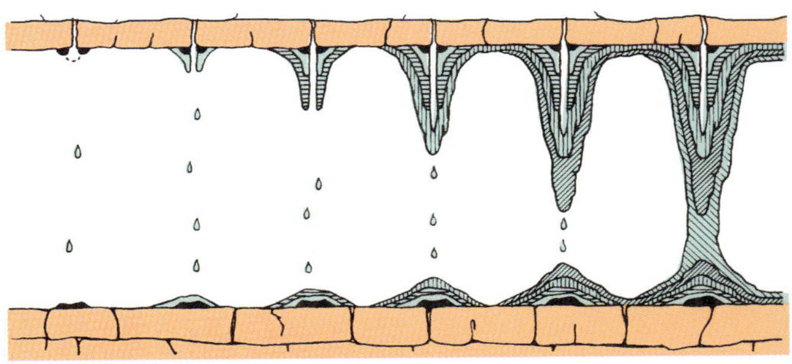

Die Zeichnung stellt die Entstehung einer Tropfsteinsäule dar: den von der Höhlendecke herunterwachsenden **Tropfsteinen** (Stalaktiten) streben die vom Höhlenboden hochwachsenden Tropfsteine (Stalagmiten) bis zur Vereinigung zum Stalagnaten entgegen

Tschad
Fläche 1 284 000 km²
Einwohner 6,892 Mio.
Hauptstadt N'Djamena
Amtssprachen Arabisch und Französisch
Nationalfeiertag 11. 8.
Währung 1 CFA-Franc = 100 Centimes (c)
Zeitzone MEZ

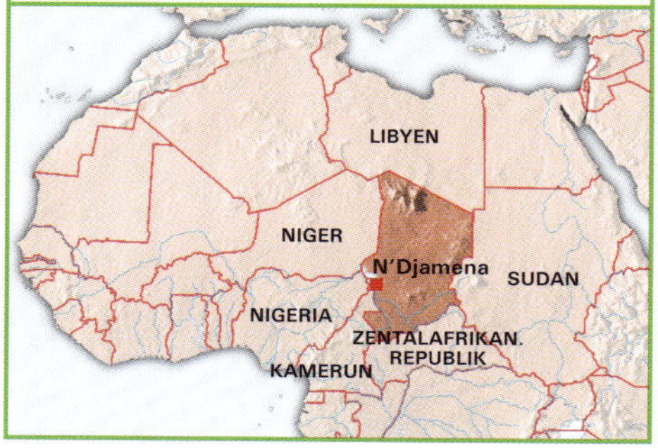

Tschad

Flagge

Wappen

möglich. Neben dem Baumwollanbau ist die Viehzucht von Bedeutung; Industrie ist kaum entwickelt.

Geschichte: Das Tschadbecken gehörte vor dem Eindringen der Europäer zu den alten islamischen Reichen Bagirmi (15.–19. Jahrh.), Kanem-Bornu (8.–14. Jahrh. als Kanem, im 11. Jahrh. islamisiert; 14.–19. Jahrh. als Bornu, Blütezeit im 16. Jahrh.) und Wadai (17. bis Anfang 20. Jahrh.). 1900 wurde der Tschad französisches Kolonialgebiet, 1960 unabhängig.

■ **Tschador** [persisch] *der,* langer, den Kopf und teilweise das Gesicht und den Körper bedeckender Schleier der persischen Frauen.

■ **Tschadsee,** seichter, inselreicher See in Zentralafrika. Je nach Trocken- oder Regenzeit schwankt die Ausdehnung zwischen 28facher (bei 1–3 m Tiefe) und 46facher (bei einer Tiefe bis zu 7 m) Größe des Bodensees; die offene Wasserfläche beträgt etwa 17 000 km². Die Ufer, ein weitläufiges Sumpfgebiet, sind reich an Schilf und Schwingrasen.

■ **Tschaikowski,** Peter (Pjotr Iljitsch), russischer Komponist, *Wotkinsk 7. Mai 1840, †Sankt Petersburg 6. November 1893. Ihm gelang eine Verschmelzung russischer Musik mit stilistischen und technischen Mitteln der westeuropäischen Musik. Er schrieb sechs Sinfonien (z. B. die »Pathétique«, 1893), Ballette (»Schwanensee« 1877, »Dornröschen« 1890, »Der Nussknacker« 1892), Opern (»Eugen Onegin«, 1879; »Pique Dame«, 1890) und Instrumentalkonzerte (z. B. die Orchesterfantasie »Romeo und Julia«, 1869).

■ **Tschechische Republik** (kurz Tschechien), Staat in Mitteleuropa, mehrheitlich bewohnt von den westslawischen Tschechen (94,9 %). Rund 40 % von ihnen gehören der katholischen Kirche an, rund 40 % sind nicht religiös gebunden; Minderheiten bilden die Tschechoslowakische Hussitische Kirche, die Evangelische Kirche der Böhmischen Brüder und die orthodoxe Kirche.
Zentraler Landesteil ist das Böhmische Becken, das an den Rändern von Mittelgebirgen (Böhmerwald, Erzgebirge, Sudeten) umgeben wird. Über die Böhmisch-Mährische Höhe schließt sich im Südosten die Marchsenke an. In der Landwirtschaft werden Weizen, Gerste, Zuckerrüben, Kartoffeln, Obst, Gemüse und Hopfen angebaut, daneben gibt es Viehwirtschaft. Schwerpunkte der Industrie bilden, basierend auf Stein- und Braunkohlevorkommen, die Schwerindustrie und der Maschinenbau, gefolgt von der chemischen Industrie. Weiter gibt es Baustoff-, elektrotechnische und Nahrungsmittelindustrie. Von Bedeutung sind mehrere Erholungsgebiete, u. a. das Bäderdreieck Karlsbad – Marienbad – Franzensbad.

Geschichte: Nach dem Zerfall Österreich-Ungarns wurden die Gebiete Böhmen und Mähren 1918 Teil der neu gegründeten →Tschechoslowakei, die 1969 durch Bildung einer »Tschechischen Sozialistischen Republik« und einer »Slowakischen So-

Tschechische Republik
Fläche 78 866 km²
Einwohner 10,282 Mio.
Hauptstadt Prag
Amtssprache Tschechisch
Nationalfeiertage 8. 5., 5. 7., 6. 7., 28. 10.
Währung 1 Tschechische Krone (Koruna, kč) = 100 Heller (Hálěrů)
Zeitzone MEZ

Tschechische Republik

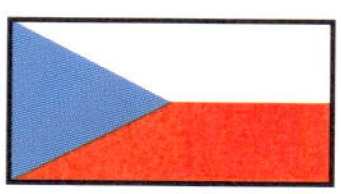
Flagge

Wappen

zialistischen Republik« in einen Bundesstaat der Tschechen und Slowaken umgewandelt wurde. 1990 wurde der Staat in »Tschechische und Slowakische Föderative Republik« (ČSFR) umbenannt. Seit 1993 ist Tschechien unabhängige Republik; erster Staatspräsident wurde Václav Havel.

An der Schwelle des 20. Jahrhunderts: Die von **Anton Tschechow** dargestellten Menschen besitzen nicht nur die Eigenschaft, aneinander vorbeizureden – sie schweigen sogar aneinander vorbei; die Fotografie aus dem Jahr 1901 zeigt den Schriftsteller links neben seinem Kollegen Lew Tolstoi sitzend

■ **Tschechoslowakei,** 1918–92 bestehender Staat in Mitteleuropa, mit 127 899 km² und (1992) 15,6 Mio. Einwohnern; Hauptstadt war Prag.
Geschichte: Nach lang dauernden, ab 1848 immer größere Kreise erfassenden tschechischen Unabhängigkeitsbestrebungen kam es 1918 zur Gründung der Tschechoslowakei (offiziell »Tschechoslowakische Republik«, **Č**eskoslovenská **R**epublika, Abkürzung ČSR) aus den österreichisch-ungarischen Gebieten Böhmen, Mähren, (Österreichisch-)Schlesien, Slowakei und einigen kleineren Territorien. Die Interessen der Minderheiten – vor allem der deutschsprachigen Bevölkerung, die großenteils im Nordwesten lebte, und der ungarischen Bevölkerung, die im Grenzgebiet zu Ungarn lebte – wurden kaum berücksichtigt. Im Münchner Abkommen erzwang Deutschland 1938 die Abtretung der von Deutschen bewohnten Randgebiete (Sudetenland); 1939 besetzten deutsche Truppen das Restgebiet (»Protektorat Böhmen und Mähren«); die Slowakei wurde unter deutschem Einfluss als »Schutzstaat« unabhängig. Damit war der tschechoslowakische Staat aufgelöst.
1945 wurde die Tschechoslowakei wieder hergestellt. Nach der Machtübernahme durch die Kommunisten (1948) folgten die Anlehnung an die Sowjetunion und die Umgestaltung des staatlichen und wirtschaftlichen Lebens nach sowjetischem Vorbild. 1949 wurde die Tschechoslowakei Mitglied des Rats für gegenseitige Wirtschaftshilfe, 1955 des Warschauer Pakts, 1960 wurde sie offiziell in »Tschechoslowakische Sozialistische Republik« (**Č**eskoslovenská **S**ocialistická **R**epublika, Abkürzung ČSSR) umbenannt.
Die 1968 einsetzende Liberalisierung (»Prager Frühling«) unter Führung des Parteichefs Alexander Dubček (1921–92) zog im August 1968 die Besetzung durch Truppen des Warschauer Pakts nach sich. 1989 erzwang die Bevölkerung durch Demonstrationen tief greifende gesellschaftliche Umgestaltungen, in deren Verlauf die Herrschaft der kommunistischen Partei endete und der Schriftsteller und Bürgerrechtler Václav Havel zum Staatspräsidenten gewählt wurde. 1990 in »Tschechische und Slowakische Föderative Republik« (**Č**eska a **S**lovenská **F**ederátivní **R**epublika, Abkürzung ČSFR) umbenannt, teilte sich die Tschechoslowakei zum 1. Januar 1993 in die beiden unabhängigen Staaten Tschechische Republik und →Slowakische Republik.

■ **Tschechow,** Anton Pawlowitsch, russischer Schriftsteller, *Taganrog 29. Januar 1860, †Badenweiler 15. Juli 1904; Arzt. Er lebte seit 1898, an Tuberkulose erkrankt, in Südrussland und westeuropäischen Kurorten. In seinen Werken schildert er besonders die Welt des damals neu entstehenden russischen Kleinbürgertums, der Intelligenz und des sich auflösenden Gutsadels. Zu seinen dramatischen Hauptwerken gehören die Stücke »Die Möve« (1896), »Onkel Wanja« (1897), »Drei Schwestern« (1901) und »Der Kirschgarten« (1904).

■ **Tschenstochau** (polnisch Częstochowa), Stadt in Polen, nördlich von Kattowitz, mit 258 200 Einwohnern; Wallfahrtsort und Mittelpunkt der Marienverehrung in Polen. Verehrt wird hier die **Schwarze Madonna von Tschenstochau,** ein Marienbild aus dem 14. Jahrh., das im Paulinerkloster Jasna Góra bei Tschenstochau aufbewahrt wird und als größtes polnisches Nationalheiligtum gilt. – Bild S. 293

■ **Tschernobyl** (ukrainisch Tschornobyl), Stadt im Gebiet Kiew, Ukraine, am Pripjet, nahe seiner Mündung in den Kiewer Stausee des Dnjepr. – Am

Peter Tschaikowski hat auch Märchenballette auf die Bühne gebracht: nach »Dornröschen« vertonte er im Jahr 1892 mit dem »Nussknacker« eine Erzählung des Dichters E.T.A. Hoffmann, in deren Mittelpunkt das Mädchen Klara steht, die den Nussknacker vor dem bedrohlichen Mäusekönig rettet

Die **Tuba** erkennt man an ihrem gerade nach oben gerichteten Schalltrichter; sie wird in verschiedenen Größen gebaut

Kurt Tucholsky aktivierte nach dem Ersten Weltkrieg mit seinen Chansons auch das Kabarett; er lebte 1924 und 1927–1929 in Paris, danach bis zu seinem Tod in Schweden; das Porträt stammt aus dem Jahr 1929

26. April 1986 ereignete sich im Kernkraftwerk von Tschernobyl der bislang folgenschwerste Reaktorunfall. Ein Reaktor wurde durch mehrere Explosionen und Brände völlig zerstört. Dabei wurden erhebliche Mengen radioaktiven Cäsiums freigesetzt. Aus der 30-km-Zone um den Reaktor mussten 135 000 Menschen evakuiert werden. In Weißrussland, Russland und der Ukraine wurde eine Fläche von 25 000 km^2 kontaminiert (vergiftet), und über 600 000 Menschen waren einer stärkeren Strahlenbelastung ausgesetzt. Auch in weiten Teilen des übrigen Europa führten radioaktive Niederschläge zu einer erhöhten Strahlenbelastung.

■ **Tschetschenien,** zu Russland gehörende Teilrepublik im Nordkaukasus, mit 16 000 km^2 und 781 000 überwiegend muslimischen Einwohnern; Hauptstadt ist Grosny.
1991 erklärte Tschetschenien einseitig seine Unabhängigkeit. Daraufhin kam es 1994 zu blutigen Auseinandersetzungen zwischen russischen und tschetschenischen Truppen, die erst 1996 durch einen Waffenstillstand beendet wurden. In dem 1997 unterzeichneten Friedensvertrag wurde die Frage der Unabhängigkeit des Landes ausgeklammert, ihre Lösung auf später verschoben.
Nach dem Rückzug der Russen wurde Aslan Maschadow (*1951) zum Staatspräsidenten gewählt. Nach dem Ausbruch schwerer Kämpfe zwischen russischem Militär und tschetschenischen Guerillakämpfern in der Nachbarrepublik Dagestan im Sommer 1999 sowie mehreren, tschetschenischen Terroristen zugeschriebenen Bombenanschlägen in Russland kam es auch in Tschetschenien zur Wiederaufnahme der Kriegshandlungen.

Tundra

Die vegetative Periode währt in der Tundra lediglich zwei oder drei Monate. Zudem pfeifen schneidende Winde über das Land, und es ist auch in der »warmen Jahreszeit« kalt. Diese ungünstigen Bedingungen sorgen dafür, dass die Pflanzen nur sehr langsam wachsen. Sträucher wie die Zwergweiden bilden nur zwei oder drei Blätter pro Saison. So hat man auf einer arktischen Insel einen mehr als 500 Jahre alten Zwergginster gefunden, der weniger als 1 m als Buschdurchmesser aufwies. Sobald aber nur ein minimaler Windschutz vorhanden ist, wird auch die Vegetation buschiger und höher. So sind die Täler und Vertiefungen ein günstiger Standort für Zwergweiden, Zwergbirken und kleine Erlen, die dort ein dichtes Gestrüpp bilden.

■ **Tschiang Kai-schek** →Chiang Kai-shek.

■ **Tsetsefliegen** [Bantusprache], etwa 1 cm große, Blut saugende Fliegen im tropischen Afrika. Beim Stechen können sie einzellige Mikroorganismen (Trypanosomen) übertragen, die u. a. bei Hausrindern die **Tsetsekrankheit** und bei Menschen die →Schlafkrankheit hervorrufen.

■ **Tsunami** [japanisch] *der,* eine durch Erdbeben oder Vulkanausbrüche unter der Meeresoberfläche erzeugte Welle, die mit einer Geschwindigkeit von bis zu 700 km/h wandert und beim Auflaufen auf die Küste bis über 30 m Höhe erreichen und schwere Schäden anrichten kann.

■ **Tuareg,** in der Sahara und im südlich anschließenden Sudan lebendes Nomadenvolk berberischen oder arabischen Ursprungs. Die Tuareg sind Muslime, haben aber ältere Glaubensvorstellungen und mutterrechtliche Elemente (eine starke Stellung der Frau) erhalten.

■ **Tuba** [lat.] *die, Musik:* 1. gerade Heerestrompete bei den Römern; 2. tiefes Blechblasinstrument mit becherförmigem Mundstück und drei bis fünf Ventilen.

■ **Tuberkulose** [lat.] *die,* Abkürzungen **Tb, Tbc, Tbk,** eine meldepflichtige ansteckende Krankheit, die durch Tuberkelbakterien hervorgerufen wird. Neben der Lunge können u. a. Knochen, Gelenke, Nieren und Haut befallen werden. Krankheitszeichen der **Lungentuberkulose** sind ständiges leichtes Fieber, Husten und Kräfteverfall (»Schwindsucht«). Infektionsquelle sind in der Regel erkrankte (tuberkulöse) Menschen. Eine Vorbeugung durch Schutzimpfungen und Isolierung der Kranken ist möglich. Tuberkulose wird mit Antibiotika behandelt.

■ **Tübingen,** Stadt in Baden-Württemberg, am Neckar, mit 80 900 Einwohnern. Sie hat eine Universität (gegründet 1477) und mehrere Forschungsinstitute. – Die Stadt geht auf ein alemannisches Dorf (Funde aus dem 7. Jahrh.) zurück. Erhalten sind u. a. das Renaissanceschloss (1507 begonnen), die spätgotische Stiftskirche (mit der Grablege der württembergischen Herzöge) und Fachwerkhäuser.

■ **Tucholsky,** Kurt, deutscher Journalist und Schriftsteller, *Berlin 9. Januar 1890, †Hindås (bei Göteborg) 21. Dezember 1935. In satirischen Artikeln und Gedichten (oft unter Pseudonym: Kaspar Hauser, Peter Panther u. a.) prangerte er die Schwächen der Weimarer Republik an (Militarismus, Nationalismus, Korruption). Daneben schrieb er auch heitere Skizzen wie »Rheinsberg. Ein Bilderbuch für Verliebte« (1912) und den Roman »Schloß Gripsholm« (1931). Tucholsky wurde 1933 von den Nationalsozialisten aus Deutschland ausgebürgert. Erschüttert über die politischen Verhältnisse in Deutschland, nahm er sich das Leben.

Die in Polen als Nationalheiligtum verehrte **Schwarze Madonna von Tschenstochau** war in den 1980er-Jahren auch eine Schutzpatronin der um Demokratie und Unabhängigkeit kämpfenden Gewerkschaft »Solidarität«; das Marienbild stammt aus dem 14. Jahrhundert

■ **Tudor** [tjud^{er}], englisches Königshaus, das 1485–1603 die Könige Heinrich VII., Heinrich VIII., Eduard VI., Maria I., die Katholische und Elisabeth I. stellte.

■ **Tuffe** [italienisch], verfestigte vulkanische Lockermassen (z.B. Bimsstein). Es gibt aber auch nicht vulkanische Tuffe, die durch Sedimentation von Calciumcarbonat entstandenen Kalktuffe (z.B. Travertin) und aus Kieselsäure gebildete Kieseltuffe.

■ **Tulpen** [persisch], eine Gattung der Liliengewächse mit rund 60 Arten. Sie sind Zwiebelpflanzen mit lanzenförmigen, stiellosen Blättern und aufrechten, glockigen oder fast trichterförmigen Blüten. Viele Arten sind Gartenzierpflanzen. – Die seit etwa 1000 Jahren in Vorderasien gezüchtete **Gartentulpe** wurde im 16. Jahrh. nach Europa eingeführt. – Infokasten S. 295

■ **Tumor** → Geschwulst.

■ **Tundra** [finnisch] *die*, artenarmer Vegetationstyp jenseits der polaren Baumgrenze, vor allem in den nördlichen Teilen Russlands und Sibiriens sowie Nordamerikas. In der Tundra gedeihen nur Sträucher, Gräser, Moose und Flechten, von denen sich die Rentiere ernähren.

■ **Tuner** [tjun^{er}; engl.] *der*, in der Hochfrequenztechnik eine auf die gewünschte Sendefrequenz abstimmbare Eingangsschaltung (z.B. in Rundfunkempfängern). Bei manchen Hi-Fi-Anlagen ist sie in einem vom Verstärker getrennten Gerät, das ebenfalls als Tuner bezeichnet wird, enthalten.

■ **Tunesien**, Republik in Nordafrika, die sich vom Mittelmeer bis in die Sahara erstreckt. Das Land ist mehrheitlich von muslimischen Arabern und arabisierten Berbern bewohnt. Es besteht aus Gebirge (im Norden), Wüste mit Oasen (im Süden), Steppe mit Salzseen (in der mittleren Zone) und einer fruchtbaren Küstenebene (im Osten). Anbauprodukte sind Getreide, Wein, Oliven, Datteln, Zitrusfrüchte und Baumwolle. In den Steppen wird nomadische Weidewirtschaft betrieben. Bedeutung hat die Förderung von Erdöl, Erdgas und Phosphat. Die Industrie umfasst vor allem Nahrungsmittel- und Textilwarenherstellung. Bedeutend ist das Kunsthandwerk (Teppiche, Keramik). Badeorte und historische Stätten (u.a. Karthago) sind Anziehungspunkte für den Fremdenverkehr.

Geschichte: Nach der Zerstörung Karthagos (146 v. Chr.) wurde das Gebiet römische Provinz. Seit dem 5. Jahrh. gehörte es zum Wandalenreich, seit

Tunesien
Fläche 163 610 km^2
Einwohner 9,497 Mio.
Hauptstadt Tunis
Amtssprache Arabisch
Nationalfeiertag 1. 6.
Währung 1 Tunesischer Dinar (tD) = 1 000 Millimes
Zeitzone MEZ

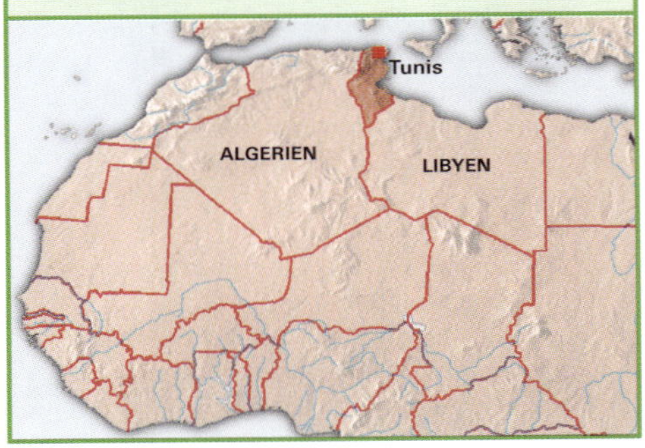

Tunesien

Flagge

Wappen

dem 6. Jahrh. stand es unter byzantinischer Herrschaft. Im 7. Jahrh. eroberten die Araber das Land. Es herrschten verschiedene islamische Dynastien. Seit 1574 stand Tunesien unter osmanischer Oberhoheit; die tunesische Seeräuberflotte, zugleich ein Teil der osmanischen Kriegsflotte, war im ganzen Mittelmeer gefürchtet. 1881 wurde Tunesien französisch, 1956 unabhängig.

■ **Tunika** [lat.] *die,* knielanges, aus zwei Teilen genähtes Gewand für Männer und Frauen im alten Rom.

■ **Tunis,** Hauptstadt Tunesiens, nahe der Nordküste, mit 674 100 Einwohnern (als städtischer Ballungsraum über 2 Mio.). An die orientalische Altstadt (Weltkkulturerbe der UNESCO) mit zahlreichen Moscheen (u. a. Große Moschee, 732 gegründet) und Palästen schließt sich eine moderne Neustadt an.

■ **Tunnel** [engl.] *der,* unterirdisch geführter Verkehrsweg für Straßen, Eisen- und Untergrundbahnen, aber auch für Fußgänger (»Unterführung«).

■ **Turban** [türkisch] *der,* die gewickelte Kopfbedeckung orientalischer Völker.

■ **Turbine** [lat.] *die,* eine Strömungsmaschine, bei der der Antrieb durch strömende Gase (Gasturbine), Wasserdampf (Dampfturbine) oder Flüssigkeiten (Wasserturbine) erfolgt. Die Turbine besitzt Schaufelräder, die durch die Gas- oder Flüssigkeitsströmung in Bewegung versetzt werden.
Turbinen haben einen gleichmäßigeren Lauf als Kolbenmaschinen, bei denen zunächst eine Hin- und Herbewegung entsteht, die dann in eine Drehbewegung umgewandelt werden muss. Die Verbindung einer Turbine mit einem elektrischen Generator zur Stromerzeugung bezeichnet man als **Turbogenerator**.

Tunnel

Vorläufer der heutigen Tunnel sind die unterirdischen Be- und Entwässerungskanäle der alten Griechen und Römer. Den mit 5,6 km längsten Tunnel dieser Art bauten die Römer, um einen See im Mittelitalien trockenzulegen. Zur Überwindung von Hindernissen bauten sie auch schon erste kurze Straßentunnels, die sie mit Hammer, Meißel und Hacke aus dem Gestein schlugen.
Im 19. Jahrhundert begann dann die Zeit der sehr viel längeren Tunnel. Eine technische Glanzleistung war der Bau eines Tunnels in London, der 1825–41 unter der Themse vorgetrieben wurde; noch heute durchfahren ihn die Untergrundbahnen.
Erstmals mit Dynamit arbeiteten die Mineure am Gotthard, wo sie 1880 den Durchstich unter dem Alpenhauptkamm schafften. Mit dem Bau des rund 50 km langen Eurotunnels wurde ein Projekt verwirklicht, das lange als nicht realisierbar galt; er liegt unter dem Ärmelkanal und verbindet Frankreich und England.
Durch den längsten Tunnel der Welt fließt Wasser: er ist 170 km lang und dient der Wasserversorgung der Stadt New York.

■ **Turbolader** (Abgasturbolader, Turbo), ein Gerät, das bei Verbrennungsmotoren die Frischluft unter Druck in die Zylinder presst und damit die Motorleistung steigert. Die ausströmenden Auspuffgase des Motors treiben eine kleine Turbine (Abgasturbine) an, auf deren Welle ein Gebläse (Aufladegebläse) sitzt, das die Druckluft zur Vorverdichtung (Aufladung) erzeugt. Der Turbolader bewirkt eine Leistungssteigerung von 40–70 % bei geringerem Brennstoffverbrauch.

■ **Turboproptriebwerk,** Kurzbezeichnung für das Turbinen-Propeller-Luftstrahltriebwerk, ein Flugzeugtriebwerk mit Luftschraube (Propeller), das von einer Gasturbine angetrieben wird. Die heißen Abgase strömen durch eine Düse und vergrößern dadurch die Antriebsleistung des Triebwerks (→Strahltriebwerk).

■ **Turbulenz** [lat.] *die,* Bewegungszustand von Flüssigkeiten oder Gasen, bei dem die mittlere Hauptbewegung von starken Wirbelbewegungen überlagert sind, die zu völlig unregelmäßigen Schwankungen von Druck und Geschwindigkeit in der Strömung führen. Dadurch wird der Reibungswiderstand an Flächen (z. B. Wänden, Leitungen, Kanälen, Tragflügelprofilen) wesentlich vergrößert. Die Theorie der Turbulenzen (turbulenter Strömungen) ist eine der Wurzeln der Chaostheorie.

■ **Turin** (italienisch Torino), Stadt in Italien, am oberen Po, mit 909 700 Einwohnern; Hauptstadt der Region Piemont mit bedeutender Industrie (Automobilwerk FIAT). Zu den Sehenswürdigkeiten gehören neben mehreren mittelalterlichen und barocken Kirchen der Dom (1492–98) und das ehemalige königliche Schloss (1646–58). Im Dom wird seit 1578 das **Turiner Grabtuch** aufbewahrt, ein als Grabtuch Christi verehrtes Leinentuch.

■ **Türkei,** Republik in Vorderasien und Südosteuropa. Rund 80 % der Bevölkerung sind Türken, im Südosten Anatoliens leben Kurden (etwa 12 Mio.), an der syrischen Grenze Araber; 98 % sind Muslime (überwiegend Sunniten).

Tulpe

1554 entdeckte Ogier Ghislain de Busbecq, der Gesandte des Kaisers Ferdinand I., in den Gärten Konstantinopels eine herrliche Blume, die »Tülbent« genannt wurde. Er erwarb für einen beachtlichen Preis einige Zwiebeln und sandte sie nach Wien. Später brachten auch venezianische Handelsschiffe Tulpenzwiebeln aus dem Orient mit. Die Niederlande, wo die Gartentulpe seit 1570 bekannt war, wurden zum Zentrum der Tulpenzucht. Für die damals seltene Blume flossen astronomische Summen nach Holland. Auf dem Höhepunkt des »Tulpenwahns« zwischen 1634 und 1637 zahlte ein unbekannter Käufer für eine einzige Zwiebel der Sorte »Viceroy« 4 Tonnen Weizen, 8 Tonnen Roggen, 4 Ochsen, 8 Schweine, 12 Schafe, 500 Liter Wein, 250 Liter Bier, 100 Kilo Butter, 500 Kilo Käse, ein Bett, ein Gewand und einen silbernen Trinkbecher.

► Waldtulpe und Gartentulpe

Die europäische Türkei, ein meist flaches Tafelland, ist durch Dardanellen, Marmarameer und Bosporus von der weitaus größeren asiatischen Türkei getrennt. Diese besteht aus dem Hochland Anatoliens (im Osten mit Teilen Armeniens und Kurdistans), aus hohen Gebirgen (Pontisches Gebirge im Norden, Taurus im Süden) sowie aus einer schmalen Küstenzone. Im Westen und Süden herrscht Mittelmeerklima, im Inneren ist das Klima trocken und winterkalt (Steppe, Halbwüste).

Türkei
Fläche 779452 km²
Einwohner 65,599 Mio.
Hauptstadt Ankara
Amtssprache Türkisch
Nationalfeiertag 29. 10.
Währung 1 Türkisches Pfund/Türkische Lira (TL.) = 100 Kuruş (krş.)
Zeitzone MEZ +1 Std.

Wichtigste landwirtschaftliche Produkte sind Baumwolle, Früchte, Haselnüsse und Tabak, an der Schwarzmeerküste wird Tee angebaut. Bedeutend sind auch Viehzucht (Schafe, Angoraziegen, Rinder) und Küstenfischerei. Die Türkei besitzt vielfältige Bodenschätze (Kupfer-, Chrom-, Uran- und andere Erze, Stein- und Braunkohle, Erdöl, Meerschaum und Schwefel). Die Industrie umfasst Textil- und Baustoffherstellung, Tabak- und Nahrungsmittelverarbeitung sowie Erdölraffinerien. Die Haupthäfen sind Istanbul und İzmir. Bedeutung hat der Tourismus; große Deviseneinkünfte stammen von den im Ausland arbeitenden Türken.

Geschichte: Osman I. (um 1300–26) begründete das **Osmanische Reich,** das zunächst aus einem kleinasiatischen Kleinstaat bestand, sich aber bald über ganz Kleinasien und unter seinen Nachfolgern rasch in Südeuropa ausbreitete. 1453 eroberte es Konstantinopel, das heutige Istanbul; 1517 unterwarf es Ägypten. Unter Sultan Suleiman I., dem Prächtigen, erlangte das Reich im 16. Jahrh. seine größte Ausdehnung: Es reichte bis nach Ungarn und ins westliche Nordafrika.

In den Kriegen mit Österreich und Ungarn, besonders nach der zweiten Belagerung Wiens (1683) im Großen Türkenkrieg (→Türkenkriege), setzte ein Machtzerfall ein, der die europäischen Besitzungen allmählich abbröckeln ließ. Schwere Gebietsverluste brachte vor allem der Russisch-Türkische

Türkei

Flagge

Wappen

Krieg 1877/78; auch die nordafrikanischen Besitzungen gingen während des 19. Jahrh. verloren. Trotz innerer Reformen nahm die Schwäche des Osmanischen Reiches weiter zu. 1908 kam es zum Putsch der »Jungtürken«, einer Gruppe von Politikern, die eine moderne Verfassung anstrebten.

Am Ersten Weltkrieg nahm das Osmanische Reich aufseiten Deutschlands und Österreichs teil. Die Niederlage 1918 besiegelte die Auflösung des Osmanischen Reiches; die Alliierten beschränkten das Herrschaftsgebiet des Sultans im Wesentlichen auf Mittel- und Nordanatolien sowie auf die Umgebung von Istanbul. Nationalistisch-republikanische Kräfte unter Mustafa Kemal Pascha (später →Kemal Atatürk genannt) forderten nun die Bildung eines souveränen türkischen Staates. 1920 berief Atatürk die erste Große Nationalversammlung nach Ankara ein; sie erkannte die Regierung des Sultans nicht mehr an, verabschiedete die ersten Reformgesetze und ernannte Atatürk zum Oberbefehlshaber der Armee. 1922 setzte die Große Nationalversammlung den Sultan ab, 1923 wurde die Türkei Republik. Atatürk strebte als deren erster Staatspräsident die Umgestaltung zu einem modernen Staat nach westeuropäischem Muster an (Trennung von Religion und Staat, Gleichstellung der Frau, Europäisierung von Bildung, Schrift und Kleidung).

Im Zweiten Weltkrieg blieb die Türkei neutral. Ihre inneren Verhältnisse waren danach lange Zeit durch die Vorherrschaft des Militärs geprägt. 1974 besetzte die Türkei den Nordteil von Zypern. Die immer instabilere innenpolitische Situation ab 1975 mit zum Teil bürgerkriegsähnlichen Zuständen beendete das Militär 1980 durch einen Putsch; das Parlament wurde aufgelöst und das Kriegsrecht verhängt, es kam zu willkürlichen Verhaftungen und Hinrichtungen. In der Folgezeit zog sich das Militär allmählich aus der Politik zurück

Seit der Auflösung der Sowjetunion bemühte sich die Türkei um Einfluss in den muslimisch geprägten früheren Sowjetrepubliken. Im 1. Golfkrieg 1991 beteiligte sie sich als Mitglied der NATO an der Seite der Alliierten. Die 1990er-Jahre waren überschattet von dem auch mit militärischen Mitteln geführten Kampf gegen die Kurden, die nach politischer und kultureller Gleichberechtigung streben und zum Teil in der Arbeiterpartei Kurdistans (PKK) organisiert sind. Im Konflikt um Zypern bemühen sich die Türkei und Griechenland seit 1998/99 verstärkt um eine Einigung.

■ **Türkenkriege,** die Kriege der christlichen Staaten Europas, vor allem Österreichs, Polens, Russlands und Venedigs, gegen das Vordringen des Osmanischen Reiches nach Südosteuropa (→Türkei, Geschichte). Höhepunkte der Türkenkriege des 16. Jahrh. waren die Eroberung Ungarns (1526) und die (erfolglose) Belagerung Wiens 1529 durch die Türken.

Der **Große Türkenkrieg** 1683–99 leitete die Vertreibung der Osmanen aus Europa ein. Er begann mit der für die Türken wiederum erfolglosen Belagerung Wiens 1683 und endete mit dem Frieden von Karlowitz 1699: Österreich erhielt u. a. den größten Teil Ungarns zurück, dazu Siebenbürgen

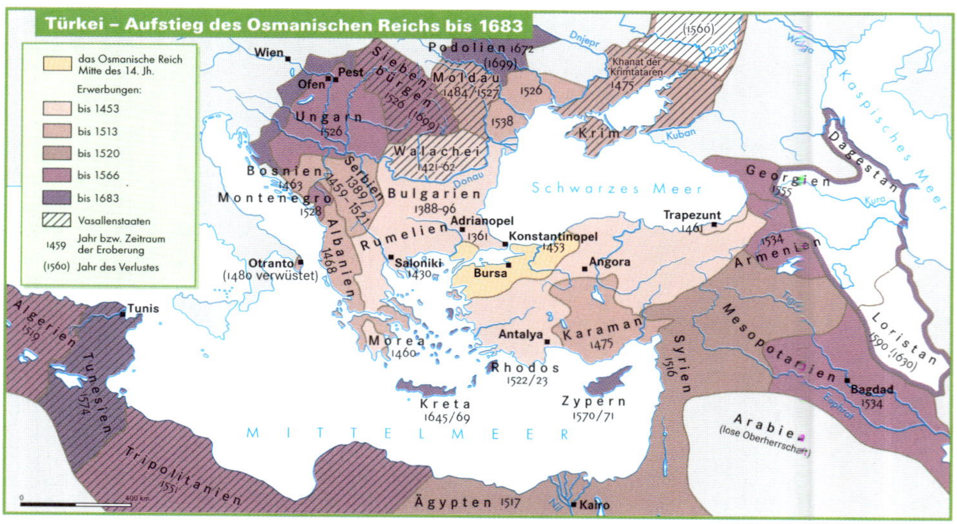

Türkei – Aufstieg des Osmanischen Reichs bis 1683

und den größten Teil Slawoniens (Ostteil Kroatiens), Venedig erhielt die Peloponnes und Teile Dalmatiens, Polen Podolien (historische Landschaft in der heutigen Ukraine).

■ **Türkis** [türkisch-frz.] *der,* sehr feinkörniges, wachsglänzendes, blaues, blaugrünes oder grünes Mineral (basisches Kupferaluminiumphosphat), das bevorzugt als Schmuckstein verwendet wird.

Turkmenistan
Fläche 488 100 km²
Einwohner 4,316 Mio.
Hauptstadt Aschchabad (turkmen. Ašgabad)
Amtssprache Turkmenisch
Nationalfeiertag 27. 10.
Währung 1 Turkmenistan-Manat (TMM) = 100 Tenge
Zeitzone MEZ + 3 Std.

■ **Turkmenistan,** Republik in Mittelasien. 73% der Bevölkerung sind sunnitisch-muslimische Turkmenen, 10% Russen, 9% Usbeken, 2% Kasachen. Den größten Teil des Landes nimmt die Sandwüste Karakum ein, nur 2% der Fläche werden ackerbaulich genutzt (Baumwollanbau und Viehwirtschaft, vor allem Karakulschafe). In der Industrie dominieren Erdgasgewinnung und Erdölförderung sowie Textilindustrie (Teppichherstellung).

Geschichte: 1877 begann die Unterwerfung einzelner Nomadenstämme durch Russland. 1924 wurde die Turkmenische Sowjetrepublik gebildet. Sie schloss sich 1925 der Sowjetunion an. 1991 erklärte Turkmenistan seine Unabhängigkeit.

■ **Turks- und Caicosinseln** [tö^{r}ks-, kaik^{e}s...], britische Kronkolonie im Bereich der Westindischen Inseln, zu der etwa 30 flache Koralleninseln (sechs unbewohnt) gehören, mit 430 km² und 17 000 Einwohnern (überwiegend Schwarze und Mulatten); Verwaltungssitz ist Grand Turk (Cockburn Town) auf der Insel Grand Turk. Die Caicos- und die Turksinseln sind durch eine 30 km breite Wasserstraße voneinander getrennt. Wirtschaftlich wichtig sind Fischerei und Fremdenverkehr. – Das Gebiet ist seit 1766 britisch und wurde 1793 Kronkolonie.

■ **Turkvölker,** Völkergruppe in Nord-, Mittel- und Westasien sowie Südosteuropa (Türkei), die Turksprachen spricht. Zu den Turkvölkern gehören u.a. Aserbaidschaner, Tataren, Turkmenen, Kirgisen, Kasachen, Usbeken und Türken. Die Angehörigen der Turkvölker, etwa 130 Mio., sind zumeist Muslime.

■ **Turnen,** ursprünglich von Friedrich Ludwig Jahn um 1810 geprägter Begriff für die Gesamtheit der von ihm entwickelten Körperübungen, seit der 2. Hälfte des 19. Jahrh. Bezeichnung für das Geräteturnen in der Halle an den seit Jahn weiterentwickelten Geräten wie z.B. Reck, Barren oder Pferd. Heute werden im weitesten Sinne alle im Deutschen Turnerbund ausgeübten Sportformen als Turnen bezeichnet (neben dem Geräteturnen, zu dem auch Rhönrad- und Trampolinturnen gehören, etwa Gymnastik oder Turnspiele).
Boden- und Geräteturnen ist als **Kunstturnen** olympische Sportart, in der es auch Welt- und Europameisterschaften gibt. Der Sechskampf für Herren umfasst je eine Kürübung in den Disziplinen Barren, Boden, Pferdsprung, Reck, Ringe und Pauschenpferd, der Vierkampf für Frauen je eine Kürübung in den Disziplinen Boden, Pferdsprung am quergestellten Langpferd, Schwebebalken und Stufenbarren.

■ **Turner** [törn^{er}], **1)** Tina, eigentlich Anna Mae Bullock, amerikanische Rock- und Popsängerin, *Nutbush (bei Brownsville, Tennessee) 26. November 1939 (nach anderen Angaben 1938 oder 1940). Ihr gelang zusammen mit ihrem damaligen Ehemann Ike Turner (*1931) Ende der 1960er-Jahre der internationale Durchbruch (»Bold blue sister«, 1970; »Nutbush city limits«, 1973). 1976 trennte sich Tina von Ike. Nach einer längeren Pause gelang ihr in den 80er-Jahren ein eindrucksvolles Comeback (Alben: »Private dancer«, 1984; »Break every rule«, 1986). Turner wirkte auch in Filmen mit (u.a. »Mad Max beyond thunderdome«, 1985).

2) William, englischer Maler, *London 23. April 1775, †ebenda 19. Dezember 1851. Turner entwickelte als Landschaftsmaler eine neue Darstellungsweise atmosphärischer Erscheinungen; vor allem in seinen späten Aquarellen gelangte er zu fast schon impressionistisch anmutenden Darstellungen, in denen es keine fest umrissenen Gegenstände mehr gibt, sondern die reinen, leuchtenden Farben

Türkis in Form eines geschliffenen Schmucksteins

Tina Turner

Turkmenistan

Flagge

Wappen

von Landschaft, Himmel und Gebäuden ineinander zu verschwimmen scheinen.

■ **Turnier** [frz.] *das,* **1)** *Rittertum:* im Mittelalter ein Reiterkampfspiel mit stumpfen oder scharfen Waffen. Der **Buhurt** war ein Massenkampf der Ritter zu Pferd, der ohne Waffen geführt und nur auf die Geschicklichkeit abgestellt wurde; der **Tjost** war der Zweikampf zu Pferd, der mit einer stumpfen Lanze ausgefochten wurde. Sieger war bei beiden Kampfarten jeweils der Ritter, der am Schluss als Letzter noch im Sattel saß.
2) *Sport:* von mehreren Sportlern oder Mannschaften ausgetragener Wettbewerb (z. B. im Fußball, Tennis, Pferdesport).

■ **Tusche** [frz.] *die,* eine wässrige Lösung oder Aufschwemmung von Farbstoffen zum Schreiben und Zeichnen, die im Vergleich zu Tinte größere Mengen an Bindemittel enthält und als feiner Film auftrocknet.

■ **Tutanchamun** [ägyptisch, = vollkommen an Leben ist Amun] (Tutenchamun, ursprünglich Tutanchaton), ägyptischer König der 18. Dynastie (um 1331–1322 v. Chr.). Er kam mit etwa neun Jahren auf den Thron, heiratete eine Tochter Echnatons, mit dem er wohl verwandt war, und starb mit etwa 18 Jahren. Unter ihm wurde der Kult der Sonnenscheibe Aton abgeschafft und der des Reichsgottes Amun erneuert, weswegen er seinen Namen änderte. Er verließ das mittelägyptische Amarna und machte Memphis im Norden zur neuen Residenz Ägyptens.
Sein Grab, das 1922 von dem britischen Archäologen Howard Carter (1873–1939) im Tal der Könige unweit von Theben entdeckt und geöffnet wurde, enthielt überaus reiche, für die Kenntnis der ägyptischen Kultur wichtige Schätze; es war das einzige Pharaonengrab, das nicht ausgeraubt gefunden wurde. – Bild Band 1 S. 20

Tuvalu

Flagge

Wappen

■ **Tuvalu,** Inselstaat im südwestlichen Pazifischen Ozean. Er umfasst die neun Atolle der Ellice-Inseln, 4 000 km nordöstlich von Australien. Das Klima ist tropisch-maritim; es wachsen vorwiegend Kokospalmen, ferner Brotfrucht- und Schraubenbäume. Die Bewohner sind Polynesier, überwiegend protestantische Christen, die ihre Haupteinnahmen (Devisen) durch den Verkauf von Kopra, Fischen und Briefmarken erzielen.
Geschichte: Die Ellice-Inseln waren seit 1892 britisches Protektoratsgebiet, ab 1916 Bestandteil der Kronkolonie Gilbert and Ellice Islands. Nach Volksabstimmung (1974) und Umbenennung in Tuvalu kam es 1976 zur Trennung von den Gilbertinseln (→Kiribati), 1978 zur Unabhängigkeit.

■ **Twain** [tweⁱn], Mark →Mark Twain.

Mit der geballten Kraft von Farbe und Pinselstrich bewirkt **William Turner** die Darstellung der soghaften Energie entfesselter Naturgewalt: das hier abgebildete, um das Jahr 1812 entstandene Gemälde trägt den Titel »Schneesturm: Hannibal und seine Armee überqueren die Alpen«

Tuvalu
Fläche 26 km²
Einwohner 10 000
Hauptstadt Fongafale (auf Funafuti)
Amtssprachen Englisch, Tuvalu
Nationalfeiertag 1. 10.
Währung 1 Austral. Dollar ($A) = 100 Cents
Zeitzone MEZ + 11 Std.

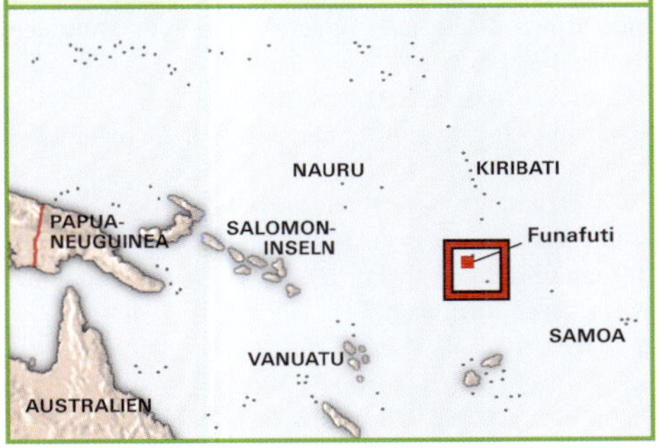

■ **Twen** [von engl. **twenty,** = zwanzig] *der,* englische Bezeichnung für junge Menschen zwischen 20 und 29 Jahren.

■ **Twist** [engl.] *der,* ein um 1960 in den USA entstandener, von Chubby Checker (*1941) kreierter Modetanz, der bald auch in Europa populär wurde. Er ist aus der Boogie-Woogie-Rhythmik hervorgegangen und wird im schnellen $^4/_4$-Takt ohne Partnerkontakt mit vom Becken ausgehenden Drehbewegungen getanzt, wobei Oberschenkel und Knie dieser Bewegung folgen, während der Oberkörper sich in der Regel nicht dreht.

■ **Tympanon** [griech.] *das,* beim griechischen Tempel das Giebelfeld, beim romanischen und gotischen Portal das Bogenfeld über dem Türsturz, das bildnerisch reich gestaltet ist.

■ **Typ** [griech.] *der,* durch bestimmte charakteristische Merkmale gekennzeichnete Art von Dingen oder Personen.

■ **Typhus** [griech.] *der,* eine seuchenartig auftretende, meldepflichtige Infektionskrankheit, die vor allem den Dünndarm befällt. Die Übertragung erfolgt gewöhnlich durch verunreinigte Nahrungsmittel, seltener durch Kontakt mit Kranken. Erreger sind die Typhusbakterien. Bei Reisen in Gebiete, in denen Typhus vorkommt, ist meist eine Schutzimpfung empfehlenswert.

■ **Tyrann** [griech.] *der,* im antiken Griechenland der unumschränkte Alleinherrscher, Inhaber der **Tyrannis,** die Aristoteles als Entartungsform der Monarchie ansah.

■ **Tyrrhenisches Meer,** der Teil des Mittelmeeres zwischen Italien und den Inseln Korsika und Sardinien.

U

■ **U 1)** der 21. Buchstabe des deutschen Alphabets, ein Konsonant.
2) chemisches Symbol für **U**ran.

■ **Übergewicht** →Körpergewicht.

■ **Überschallgeschwindigkeit,** die Geschwindigkeit von Körpern, die größer ist als die Schallgeschwindigkeit des umgebenden Mediums (in der Luft etwa 1 200 km pro Stunde). Um ein Flugzeug auf Überschallgeschwindigkeit zu bringen, bedarf es eines Strahltriebwerkes. Mit Erreichen der Schallgeschwindigkeit wird die →Schallmauer durchbrochen.
Der erste bemannte Flug mit Überschallgeschwindigkeit gelang 1947 mit dem raketengetriebenen Forschungsflugzeug Bell XS-1. Mehr als sechsfache Schallgeschwindigkeit erreichte 1967 die North American X-15. Die »Concorde«, das einzige Überschallverkehrsflugzeug im planmäßigen Linienpassagierflug, fliegt mit einer Reisegeschwindigkeit von rund 2 400 km/h. Sie wurde nach einem Absturz im Juli 2000 bei Paris (vorübergehend) aus dem Verkehr gezogen.

■ **Übersetzung, 1)** *allgemein:* die Übertragung eines Textes oder einer Rede aus einer Sprache in eine andere.
2) *Technik:* Kurzbezeichnung für »Übersetzungs-

verhältnis«, das Verhältnis der Drehzahlen von zwei miteinander (über ein Getriebe) verbundenen Wellen. Beim Auto kann man mithilfe der Gangschaltung das Übersetzungsverhältnis zwischen Motordrehzahl und der Drehzahl der angetriebenen Räder verändern, beim Fahrrad zwischen Tretkurbel und Nabe des Hinterrades.

■ **U-Boot,** Kurzwort für →Unterseeboot.

■ **UdSSR** *die,* Abkürzung für Union der Sozialistischen Sowjetrepubliken, die →Sowjetunion.

■ **UEFA** *die,* Abkürzung für Union Européenne de Football Association [frz., = Europäische Fußballunion], 1954 gegründete Organisation mit Sitz in Bern, die u.a. die Durchführung der Fußball-Europameisterschaft und die europäischen Fußball-Vereinswettbewerbe kontrolliert.

Der **UEFA-Pokal** ist ein seit der Saison 1979/71 ausgetragener Wettbewerb für europäische Vereinsmannschaften. Die Spiele (außer dem Finale) finden nach dem Pokalsystem im Hin- und Rückspiel statt.

■ **UFO** [Kurzwort aus engl. unidentified flying object, = nicht identifiziertes fliegendes Objekt] *das,* Bezeichnung für Flugobjekte unbekannter Art und Herkunft, die oft als zigarren- oder scheibenförmig (»fliegende Untertassen«) und als hell leuchtend und bewegt beschrieben werden. Ein außerirdischer Ursprung ließ sich bisher nicht nachweisen. Angebliche Beobachtungen von UFOs können meist auf bekannte Phänomene zurückgeführt werden, wie z.B. atmosphärische Leuchterscheinungen, Meteore, verglühender Weltraumschutt.

Uganda
Fläche 241 038 km²
Einwohner 21,318 Mio.
Hauptstadt Kampala
Amtssprachen Englisch, Suaheli
Nationalfeiertag 9. 10.
Währung 1 Uganda-Schilling (U. Sh.)
Zeitzone MEZ + 2 Std.

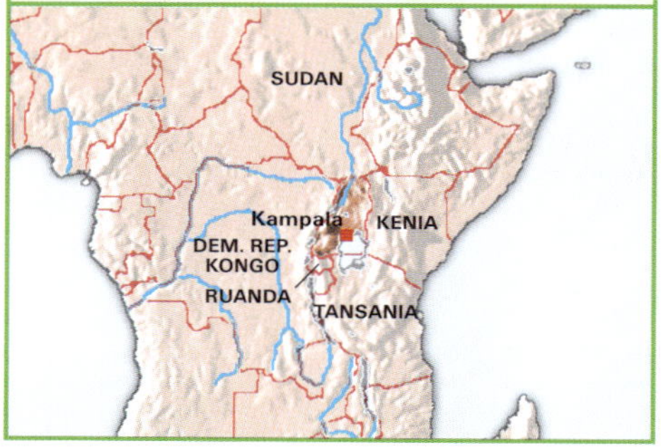

Uganda

Flagge

Wappen

■ **Uganda,** Republik im östlichen Afrika, nördlich des Victoriasees, ein vorwiegend mit Savanne bedecktes Hochland, im Westen vom Ruwenzorimassiv (5 109 m hoch), im Osten von Vulkanen (Mount Elgon) umrahmt. Uganda ist ein Agrarland; rund 80 % der Bevölkerung (rund 40 verschiedene Völker, $^2/_3$ Christen, etwa 8 % Muslime) leben von der Landwirtschaft. Angebaut werden vor allem Kaffee (wichtigstes Exportgut), Baumwolle, Tee, Tabak, Hirse, Mais und Hülsenfrüchte. Die Industrie umfasst Betriebe der Nahrungsmittel-, Textil-, Möbel- und Kunststoffherstellung.

Geschichte: Uganda war 1896–1962 britisches Protektorat und erlangte 1962 die Unabhängigkeit. 1971 errichtete der muslimische General Idi Amin Dada ein diktatorisches Regime und hielt sich mit Terror und Massenmorden, die Hunderttausende von Opfern forderten, bis 1979 an der Macht.

■ **Uhland,** Ludwig, deutscher Dichter der schwäbischen Romantik, * Tübingen 26. April 1787, † ebenda 13. November 1862. Er schrieb volkstümliche Gedichte, von denen etliche von J. Brahms, F. Schubert und R. Schumann vertont worden sind. Seine Balladen (»Schwäbische Kunde«, »Des Sängers Fluch« u.a.) und Romanzen entstanden aus der Beschäftigung mit altdeutschen Märchen und Sagen sowie aus der Kenntnis der mittelalterlichen Geschichte. Uhland war 1848 liberaler Abgeordneter der →Frankfurter Nationalversammlung.

Bei den **Uhus** mit den auffallend orangeroten Augen ist das Weibchen größer als das Männchen, seine Flügelspannweite beträgt etwa 1,50 m; zur Fortpflanzungszeit lässt das Männchen in regelmäßigen Abständen sein dumpfes »Uhu« ertönen

■ **Uhr,** ein Instrument zur Zeitmessung. Jeder gleichmäßig ablaufende Vorgang kann Grundlage für die Zeitmessung sein. Früher benutzte man dazu die Geschwindigkeit, mit der Wasser **(Wasseruhr)** oder Sand **(Sanduhr)** aus einem Gefäß strömt. Bei **Sonnenuhren** bestimmt man die Tageszeit aus der Richtung des Schattens eines Stabes. Bis heute verwendet man Uhren, bei denen die Schwingungen eines Pendels **(Pendeluhr)** oder eines mit einer Spiralfeder versehenen Rades (→Unruh; u.a. in der **Taschen-** oder **Armbanduhr**) die Grundlage der Zeitmessung bilden. Als Antrieb solcher Uhren wird ein Zuggewicht, die Spannung einer Spiralfeder oder ein Elektromotor verwendet. Bei **Quarzuhren** dient ein elektrischer Schwingkreis mit einem Quarzplättchen dazu, einen gleichmäßig sich wiederholenden Vorgang zu erzeugen, der zur Zeitanzeige benutzt wird. **Atomuhren** sind die genauesten Zeitmessgeräte. Sie bedienen sich der Eigenschwingungen von Gasatomen, die einen nahezu gleich bleibenden Frequenzwert besitzen. Bei **Digitaluhren** ersetzen Ziffernanzeigen die Zeiger (LED- oder LCD-Display), wobei bei **elektronischen Uhren** Teile des Räderwerkes durch elektronische Bausteine ersetzt wurden. **Funkuhren** werden über einen Zeitzeichensender gesteuert und zeigen eine hochgenaue, meist von einer Atomuhr ausgehende Zeit an.

Uhr

Die genaueste Uhr der Welt steht in der Physikalischen Bundesanstalt in Braunschweig. Sie basiert auf der Schwingung von Cäsiumatomen und weicht in einer Million Jahren nur um eine Sekunde ab. Die Verwendung einer solchen Uhr ist nur sinnvoll bei Satellitennavigationssystemen und für die physikalische Grundlagenforschung. Eine neue, nochmals verbesserte Uhr ist allerdings schon in Planung: Das Max-Planck-Institut für Quantenoptik will eine Atomuhr auf der Basis des Indiumions bauen. Die hätte dann eine Ganggenauigkeit von einer Sekunde in einer Milliarde Jahren.

Uhr

Dass die Zeiger unserer Uhren sich immer nach rechts bewegen, dürfte darauf zurückzuführen sein, dass sie in Anlehnung an die zuvor benutzten Sonnenuhren gebaut wurden. Die Sonnenuhr lässt aus der Lage des Schattens eines von der Sonne beschienenen Stabes die Zeit erkennen. In der nördlichen Hemisphäre wandert der Schatten in unserem Uhrzeigersinn. Die Zeiger auf unseren heutigen Uhren simulieren also den Lauf dieses Schattens. Wären Uhren in der südlichen Hemisphäre erfunden worden, so liefen sie wohl andersherum.

▶ Die erste Taschenuhr, eine tragbare **Uhr** in Dosenform, wurde im Jahr 1510 von dem Nürnberger Mechaniker Peter Henlein hergestellt

■ **U̱hu,** bis 70 cm großer Eulenvogel mit gelb- bis dunkelbraunem Gefieder mit dunkelbraunen bis schwarzen Flecken und Bändern. Die Augen sind orangerot, die Ohren tragen lange Federbüschel. Der Uhu ernährt sich vor allem von maus- bis hasengroßen Säugetieren. Er nistet in Felsnischen, Baumhöhlen und verlassenen Nestern. In Mitteleuropa war der Uhu fast ausgerottet und musste neu angesiedelt werden.

■ **Ukrai̱ne,** Republik in Osteuropa, in der Osteuropäischen Ebene. Die Bevölkerung besteht zu 72 % aus (mehrheitlich christlichen, vor allem orthodoxen) Ukrainern, daneben aus Russen und Weißrussen. Dank der fruchtbaren Schwarzerdeböden hat die Ukraine eine bedeutende Landwirtschaft; angebaut werden vor allem Weizen und Zuckerrüben, auch Viehzucht wird betrieben. Wirtschaftliche Bedeutung haben Kohle- und Erdölchemie, daneben gibt es Nahrungsmittel-, Textil- und Baustoffindustrie. Die Südküste der Krim ist ein wichtiges Erholungsgebiet. Im Osten liegt das an Industrie und Steinkohlenvorkommen reiche Donezbecken (Donbass).

Geschichte: Nach skythischer und griechischer Be-

Ukraine
Fläche 603 700 km²
Einwohner 50,106 Mio.
Hauptstadt Kiew (ukrainisch Kijiw)
Amtssprache Ukrainisch
Nationalfeiertage 24. 6. und 24. 8.
Währung 1 Hrywnja (Griwna, UAH) = 100 Kopijki
Zeitzone MEZ +1 Std.

Ukraine

Flagge

Wappen

siedlung ließen sich seit dem 3. Jahrh. v. Chr. iranische Sarmaten in dem Gebiet nieder. Im 9. Jahrh. entstand am mittleren Dnjepr, dem Kerngebiet ostslawischer Stämme, das Kiewer Reich, das von Byzanz aus christianisiert wurde. Dieses zerfiel im 12. Jahrh. in mehrere Fürstentümer, die 1239/40 unter die Herrschaft der Goldenen Horde gerieten. Im 14. Jahrh. fiel die Ukraine an Litauen, 1569 an Polen. Unter ihrem Heerführer (»Hetman«) Bogdan Chmelnizki (um 1595–1657) gründeten die Saporoger Kosaken 1648 in der Ukraine ein selbstständiges Staatswesen, erkannten jedoch 1654 Russland als Schutzmacht an; die Ukraine wurde russische Provinz.
Die 1918 entstandene Ukrainische Nationalrepublik wurde von den Bolschewiki zerschlagen. 1922 war die Ukraine Gründungsmitglied der Sowjetunion. 1991 erklärte sie ihre Unabhängigkeit, im selben Jahr wurde sie Mitglied der GUS.

■ **UKW,** Abkürzung für →Ultrakurzwellen.

■ **Ulan Bator,** Hauptstadt der Mongolei, mit 649 800 Einwohnern. Durch die Transmongolische Eisenbahn hat sie Anschluss an das russische Eisenbahnnetz. – Ulan Bator entstand 1639 als Klosterresidenz des Oberhaupts des mongolischen Lamaismus.

Walter Ulbricht war ein überzeugter Gefolgsmann der Sowjetunion und als solcher war er bis 1971 eine Schlüsselfigur der Deutschen Demokratischen Republik; Ulbricht übernahm auch die Verantwortung für den Bau der Berliner Mauer, die in der Sprache der sozialistischen Ideologen als »antifaschistischer Schutzwall« verklärt wurde

■ **Ụlbricht,** Walter, deutscher Politiker, *Leipzig 30. Juni 1893, † Berlin (Ost) 1. August 1973. Ulbricht war von 1928 bis zu seiner Emigration 1933 Mitglied des Reichstags für die KPD. Seit 1938 lebte er in der Sowjetunion. 1945 kehrte er nach Deutschland zurück und bereitete die kommunistische Machtergreifung in der späteren Sowjetischen Besatzungszone vor. 1946–50 war er stellvertretender Vorsitzender der SED und Mitglied des ZK, ab 1949 Mitglied des Politbüros, 1950–53 Generalsekretär, danach (bis 1971) 1. Sekretär der SED. 1960 wurde er Vorsitzender des Staatsrates der DDR. Ulbricht fügte die DDR fest in das politische und wirtschaftliche System des Ostblocks ein. Unter ihm wurde 1961 die Berliner Mauer gebaut.

■ **Ụllrich,** Jan, deutscher Radsportler, *Rostock 2. Dezember 1973. Ullrich, seit 1995 Profifahrer beim Team Deutsche Telekom, wurde 1997 als erster Deutscher Gesamtsieger bei der Tour de France sowie 1996, 1998 und 2001 jeweils Zweiter. 1997 war er Deutscher Sportler des Jahres.

■ **Ụlm,** Stadt in Baden-Württemberg, mit 115 800 Einwohnern, an der Donau am Ostfuß der Schwäbischen Alb gelegen. Das Stadtbild wird durch das Münster beherrscht, die größte gotische Pfarrkirche Deutschlands; ihr 161 m hoher Turm ist einer der höchsten Kirchtürme der Erde.
Im 9. Jahrh. erstmals erwähnt, war Ulm im Mittelalter eine bedeutende Reichsstadt (mit einem der größten reichsstädtischen Territorien); 1810 wurde es württembergisch.

■ **Ụlme** (Rüster), eine Gattung der Ulmengewächse, vorwiegend sommergrüne Bäume oder Sträucher. Die Früchte sind Nüsschen, umgeben von einem breiten, häutigen Saum, der zur Verbreitung durch den Wind dient. Ulmenholz wird als Möbel- und Werkholz verwendet. Einheimische Arten sind **Feldulme, Bergulme** und **Flatterulme.** Eine Ulme kann bis zu 500 Jahre alt werden.
Das **Ulmensterben** ist eine Erkrankung der Ulme mit vorzeitigem Blattfall, Absterben einzelner Zweige und schließlich der ganzen Bäume. Erreger ist ein Schlauchpilz, der durch den **Großen Ulmensplintkäfer** verbreitet wird.

■ **Ulster** [ạlst^{er}], historische Provinz im Norden Irlands, die das Gebiet des heutigen Nordirland und einen Teil der jetzigen Republik Irland umfasste. Bei der Loslösung Irlands von Großbritannien 1920/21 verblieben die sechs mehrheitlich von Protestanten bewohnten Grafschaften Ulsters als →Nordirland bei Großbritannien.

■ **Ultimatum** [lat.] *das,* die »letzte« Aufforderung (z. B. an einen Staat), innerhalb einer bestimmten Frist eine Bedingung zu erfüllen, meist unter Androhung harter Maßnahmen, falls der Aufforderung nicht entsprochen wird.

■ **ụltra..., Ụltra...** [lat.], Bestimmungswert von Zusammensetzungen mit der Bedeutung »äußerst«, »extrem«, z. B. ultrarechts (extrem rechts).

■ **Ụltrakurzwellen,** Abkürzung UKW, →Rundfunk.

■ **Ụltraleichtflugzeug,** ein- oder zweisitziges Flugsportgerät mit Motorantrieb. Es ist besonders leicht (bis 150 kg), einfach konstruiert (oft zusammenlegbar) mit geringer Fluggeschwindigkeit und Reichweite. Ultraleichtflugzeuge werden u. a. als motorisierte Hängegleiter oder Gleitschirme ausgeführt.

■ **Ultramarin** [mittellateinisch, = überseeisch] *das* (Lasurblau), leuchtend blaue, aber auch grüne, rote und violette Pigmente, die durch Zusammenschmelzen von Ton, Soda und Schwefel gewonnen werden. Sie zeichnen sich durch einen besonders reinen Farbton und eine hohe Lichtechtheit aus. Ultramarine Farbstoffe werden zum Färben von Gummi, Kunststoffen, Papier und Kosmetika sowie für die Herstellung von Farben verwendet.

■ **Ụltraschall,** Schallwellen mit Frequenzen von mehr als 20 kHz, die für das menschliche Ohr nicht mehr wahrnehmbar sind. Von verschiedenen Tieren weiß man, dass sie Ultraschall wahrnehmen können, so z. B. der Hund oder die Fledermaus, die sich nur mithilfe von Ultraschall orientieren kann. In der Technik spielt Ultraschall eine wichtige Rolle, z. B. bei der Werkstoffprüfung, aber auch in der Medizintechnik: In der Gynäkologie wird Ultraschall etwa eingesetzt, um bei Untersuchungen während der Schwangerschaft den Entwicklungsgrad des Fötus zu beobachten. Dazu werden die Ultraschallwellen mit einem speziellen Gerät in ein Bild umgewandelt.

■ **Ultrastrahlung** →kosmische Strahlung.

■ **Ultraviolettstrahlung,** Abkürzung **UV-Strahlung,** kurzwellige elektromagnetische Strahlung, die für Menschen – im Gegensatz z. B. zu Insekten und Vögeln – nicht sichtbar ist. Die Ultraviolettstrahlung grenzt im Bereich von Wellenlängen zwischen etwa 380 Nanometer und 10 Nanometer an die Farbe Violett des sichtbaren Teils des elektromagnetischen →Spektrums an. Sie wird von sehr heißen Körpern wie der Sonne und von besonderen UV-Lampen ausgestrahlt und in UV-A, UV-B und UV-C unterteilt. UV-A ist fluoreszenzanregend, UV-B regt in schwacher Dosierung Atmung, Stoffwechsel und Kreislauf an, rötet und bräunt die Haut; in stärkerer Konzentration ruft es Verbrennungen (Sonnenbrand) hervor. UV-C wird von der Ozonschicht der Atmosphäre absorbiert. Wegen deren Zerstörung (»Ozonloch«, →Ozon) trifft immer mehr schädliche UV-C-Strahlung auf die Erde auf. Eine der Folgen ist ein erhöhtes Risiko der Menschen, an Hautkrebs zu erkranken.

■ **Umformer,** eine elektrische Maschine zur Umwandlung elektrischer Energie von einer Form in eine andere. Mit Umformern kann z. B. Gleich- in Wechselstrom, Wechselstrom in Wechselstrom einer anderen Frequenz oder Gleichstrom niedriger Spannung in solchen höherer Spannung umgewandelt werden.

■ **Umgangssprache,** die im täglichen Leben im Umgang vor allem mit vertrauten Menschen verwendete Sprachform, die zwischen den Mundarten und der überregionalen Hochsprache (→Sprache) steht.

■ **Umkehrfilm,** ein fotografischer Film, bei dem nach der Entwicklung sofort ein Positiv, also ein Bild mit den Helligkeits- und Farbwerten des aufgenommenen Gegenstandes entsteht. Im Gegensatz dazu erhält man beim Negativfilm zunächst ein Negativ, von dem in einem zweiten Arbeitsgang ein Positiv hergestellt wird. Umkehrfilme werden vor allem bei der Farbfotografie verwendet. Sie liefern ein →Diapositiv. – auch →Fotografie.

■ **Umlaut,** in der deutschen Sprache die Veränderung von a, o, u, au zu ä, ö, ü, äu, z. B. stark – stärker, Dorf – Dörfer, Kunst – Künste, laufen – läuft. Der Umlaut spielt im Deutschen eine große Rolle bei der Wortbildung und -beugung. – auch →Ablaut.

■ **Umsatz,** der Wert der abgesetzten (verkauften) Erzeugnisse oder der erbrachten Leistungen in einem bestimmten Zeitraum.

■ **Umsatzsteuer** (Mehrwertsteuer), eine Steuer auf Lieferungen und sonstige Leistungen, auf den Eigenverbrauch eines Unternehmens sowie auf die Einfuhr von Gegenständen in das Zollgebiet. Dabei wird nur der durch das Unternehmen erarbeitete Wertzuwachs besteuert. Die in den Zahlungen für Vorleistungen anderer Unternehmen enthaltene Umsatzsteuer wird als Vorsteuer von der Steuerschuld abgezogen. Steuerträger ist letztlich immer der Endverbraucher. Seit 1998 beträgt der allgemeine Umsatzsteuersatz in Deutschland 16 %.

■ **Umstandsbestimmung** (adverbiale Bestimmung), →Satz.

■ **Umstandssatz** (Adverbialsatz), ein Nebensatz, der einen Umstand angibt. Folgende Umstandssätze werden unterschieden:
der Absicht **(Finalsatz),** z. B. »Er ließ ihn bewachen, *damit er nicht entfliehen konnte«;*
der Art und Weise **(Modalsatz),** z. B. »Er verabschiedete sich von mir, *indem er mir freundlich zunickte«;*
der Bedingung **(Konditionalsatz),** z. B. *»Falls die Straßen vereist sind,* fahre ich mit der Bahn«;
der Einräumung **(Konzessivsatz),** z. B. »Sie liebt ihn, *obwohl er sie betrogen hat«;*
der Folge **(Konsekutivsatz),** z. B. »Ich bin so glücklich, *dass ich weinen könnte«;*
des Grundes **(Kausalsatz),** z. B. »Er kann nicht kommen, *weil er krank ist«;*
der Zeit **(Temporalsatz),** z. B. *»Als er abfuhr,* begann es zu regnen«.

■ **Umstandswort** →Adverb.

■ **Umwelt,** im engeren (biologischen) Sinn die Gesamtheit der auf einen Organismus einwirkenden ökologischen und sozialen Faktoren (z. B. Temperatur, Feuchtigkeit, Licht, andere Lebewesen). Im weiteren Sinn versteht man unter Umwelt den vom Menschen an seine Lebensbedürfnisse angepassten Lebensraum, der vor allem durch die Technik und die wirtschaftlichen Unternehmungen stetig verändert wird.

■ **Umweltschutz,** alle Maßnahmen und Bemühungen, die darauf zielen, die Lebensgrundlagen des Menschen und der Natur insgesamt zu erhalten und vorhandene Umweltschäden zu beheben. Dabei steht – gegenüber der Beseitigung von Zerstö-

Die Blätter der **Ulme** sind meist doppelt gesägt; hier eine Flatterulme mit ihren Früchten in Form von Nüssen, die von einem durchsichtigen Flügelrand umgeben sind

rungen durch Naturgewalten – die Begrenzung der allein durch den Menschen verursachten Beeinträchtigungen im Vordergrund. Im Unterschied zum Tier- und Naturschutz konzentriert sich der Umweltschutz nicht auf ausgewählte Landschaften oder einzelne gefährdete Tier- und Pflanzenarten, sondern ist bemüht, die natürlichen Lebensgrundlagen aller Tiere und Pflanzen und damit auch des Menschen als Ganzes zu erhalten. Da der Mensch im Gegensatz zu Tieren und Pflanzen nicht eng an eine bestimmte Umgebung angepasst ist, sondern umgekehrt diese mithilfe der Technik weitgehend seinen Bedürfnissen anpasst, vermag er die naturgegebenen Lebensbedingungen zu verändern und damit auch das natürliche Gleichgewicht (auch →Ökologie) zu stören.

Die Anfänge der Umweltzerstörungen liegen weit zurück. Sie setzten ein, als vor mehr als 10 000 Jahren die Menschen im Vorderen Orient begannen, Ackerbau und Viehzucht zu betreiben: Das Unterholz vieler Wälder wurde von Haustieren kahlgefressen, und die Rodung der Wälder (als Voraussetzung für den Ackerbau) zog großflächige Bodenerosionen nach sich. Später, in der griechischen und römischen Antike, wurden zur Gewinnung von Brennstoff und Baumaterialien für den Schiffbau im Mittelmeerraum viele Berghänge abgeholzt. Die dadurch bewirkte Verkarstung weiter Landschaften ist noch heute sichtbar.

Der »Blaue Engel« ist das Zeichen des **Umweltschutzes**

Aber während diese frühen Umweltschäden weitgehend regional begrenzt blieben, besteht heute die Gefahr der weltweiten Zerstörung und damit auch der Vernichtung der menschlichen Lebensgrundlagen. Solche globalen Wirkungen sind z. B. der Treibhauseffekt, die Zerstörung der Ozonschicht (»Ozonloch«; →Klima), die Vernichtung des Regenwaldes und die Verschmutzung der Weltmeere. Nationale und regionale Folgen der Umweltzerstörung sind u. a. das Artensterben bei Tieren und Pflanzen, die Vergiftung der Böden, die Bodenerosion, der »Müllberg«, der steigende Schadstoffgehalt der Luft, die mit Schwermetallen und Pestiziden belastete Nahrung und der zunehmende Lärm.

Heutige Umweltprobleme haben sehr unterschiedliche Ursachen. Bei der industriellen Produktion werden Rohstoffe und Energie verbraucht, die bei der Herstellung anfallenden Abfallprodukte verseuchen Wasser, Luft und Boden. Die moderne Landwirtschaft verbraucht riesige Bodenflächen. Die für Düngung und Pflanzenschutz eingesetzte Chemie vergiftet Böden und Wasser. Das hohe Bevölkerungswachstum bedingt nicht nur Hunger und Elend, sondern auch Umweltzerstörungen, denn

Die »Umweltblume« wird als **Umweltgütezeichen** auf europäischer Ebene vergeben

Das Recycling ist ein wesentlicher Beitrag zum **Umweltschutz**; hier ein Beispiel: geschredderte Kunststoffabfälle werden bei einer Temperatur von 400 °C durch eine Sand-Wirbelschicht geschickt, wodurch die langen Molekülketten der Kunststoffe aufgebrochen werden; die dabei entstehenden gasförmigen Kohlenwasserstoffe werden gefiltert und kondensiert und bilden schließlich eine Substanz von wachsartiger Konsistenz, die wieder als Rohstoff für Raffinerien oder die petrochemische Industrie dient

mehr Menschen brauchen auch mehr Wohnraum und mehr Nahrungsmittel.

Dabei verursachen die Bewohner der hoch industrialisierten Länder ein Vielfaches der Umweltzerstörung im Vergleich zur Bevölkerung der armen Länder. Umweltbelastungen entstehen nicht nur bei der industriellen Produktion, sondern auch in den Privathaushalten, u. a. durch den Energieverbrauch, die Abgase von Heizungsanlagen sowie durch Müll und Chemikalien (vor allem in Putz- und Waschmitteln) sowie durch die Verschwendung von Trinkwasser. Ein besonders schwer zu lösendes Problem stellen Wasser- und Luftverschmutzung, Energie- und Flächenverbrauch sowie die Lärmbelastung durch den Verkehr dar. In der Dritten Welt ist die Umweltgefährdung oft durch ökonomischen Zwang bedingt: einerseits durch die Abholzung von großen Waldflächen für die Anlage von Weide- und Wirtschaftsland (das wiederum vor allem monokulturell bewirtschaftet wird), andererseits durch die Ansiedlung umweltschädigender Produktionen, die in den Industrieländern so oft gar nicht erlaubt sind.

Umweltschutzbewegung

Um das Jahr 1970 formierte sich in Deutschland die Umweltschutz- oder Ökologiebewegung, die im Laufe des folgenden Jahrzehnts eine wichtige gesellschaftliche und politische Rolle zu spielen begann. Es bildeten sich viele regionale und lokale Bürgerinitiativen. 1972 wurde der »Bundesverband Bürgerinitiativen Umweltschutz« (BBU) gegründet, 1975 der →BUND. 1980 gründete sich die deutsche

Sektion von →Greenpeace. Ein zentrales Thema der verschiedenen Gruppen war zunächst der Widerstand gegen den weiteren Bau von Atomkraftwerken. Er gipfelte in den Kämpfen um das Atomkraftwerk Brokdorf und die atomare Wiederaufbereitungsanlage in Wackersdorf (Oberpfalz) sowie im Widerstand gegen verschiedene Großprojekte, z. B. den Flughafenausbau durch die Startbahn West in Frankfurt am Main. Mit der Gründung der Partei »Die Grünen« im Jahr 1980 vollzogen Teile der Ökologiebewegung den Schritt von der außerparlamentarisch agierenden Bewegung zur Übernahme von politischer Verantwortung.

Zunehmend wurden in den letzten Jahren auch die Verbraucher als Verantwortliche von Umweltschäden erkannt, da die Industrie nur produziert, was Verbraucher kaufen. Die Aktionen der Umweltschutzinitiativen richten sich daher nicht mehr nur gegen die industrielle Produktion, sondern sie wenden sich auch an die Konsumenten, die durch verantwortungsvolles Handeln ihren Teil zum Umweltschutz beitragen sollen.

■ **UN,** Abkürzung für United Nations [engl., = Vereinte Nationen] (UNO, Abkürzung für engl. United Nations Organization), eine überparteiliche und überstaatliche Organisation zur Erhaltung des Weltfriedens und zur Förderung der internationalen Zusammenarbeit. Sie wurde 1945 in San Francisco als Nachfolgeorganisation des →Völkerbundes gegründet; ihr Sitz ist New York.

Grundlage der Arbeit der UN ist die 1945 in Kraft getretene **Charta der Vereinten Nationen,** in der u. a. der Verzicht auf Gewaltanwendung in den internationalen Beziehungen und der Schutz der Menschenrechte festgeschrieben wurde.

Im Jahr 2001 gehören 188 Mitgliedstaaten zu den UN. Diese entsenden ihre Vertreter zur Generalversammlung. Ein besonderes Organ, das ständig tagt,

Flagge der UN

Signet der UN

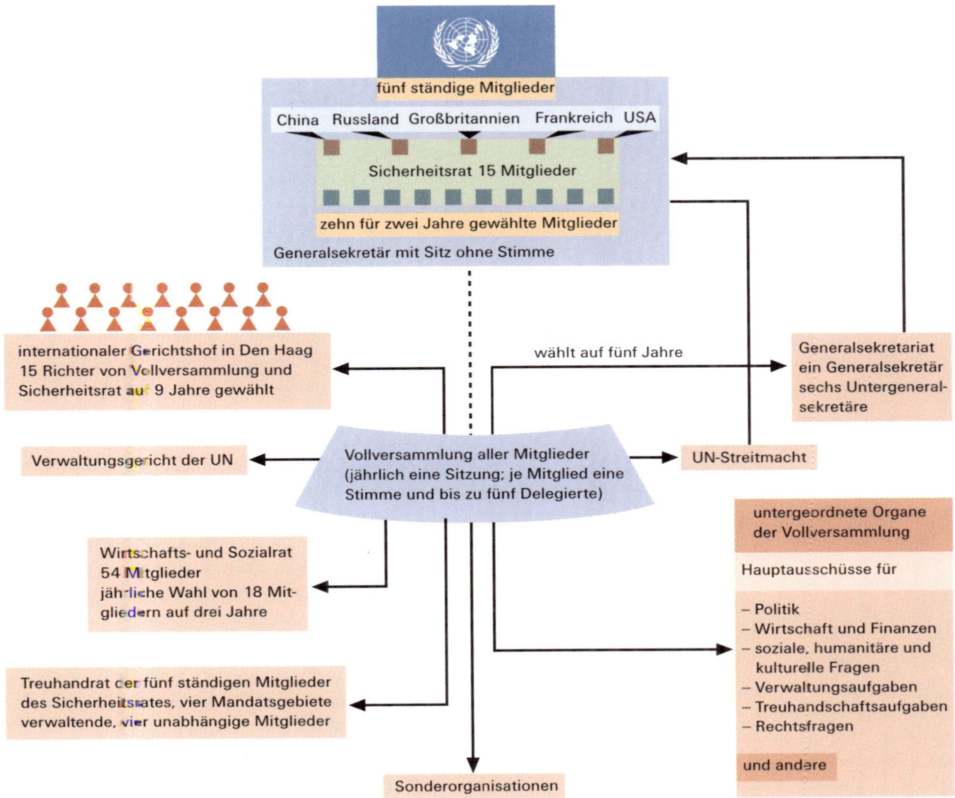

Die Grafik gibt die Organisationsstruktur der UN wieder

UN: Generalsekretäre

Trygve Halvdan Lie (Norwegen)	1946–52
Dag Hammarskjöld (Schweden)	1953–61
Sithu U Thant (Birma)	1961–71
Kurt Waldheim (Österreich)	1972–81
Javier Pérez de Cuéllar (Peru)	1982–91
Boutros Boutros-Ghali (Ägypten)	1992–96
Kofi Annan (Ghana)	seit 1997

ist der **Sicherheitsrat** mit (2001) fünf ständigen Mitgliedern (USA, Russland, Großbritannien, Frankreich, China) und zehn auf jeweils zwei Jahre gewählten Mitgliedern. Er soll auf die Beilegung von internationalen Streitigkeiten hinwirken und bei Bedrohung des Weltfriedens friedliche, notfalls auch militärische Sanktionen beschließen.
Ausführendes Organ der UN ist das ständige geschäftsführende Sekretariat, geleitet vom **Generalsekretär** (seit 1997 Kofi Annan). Hauptorgan der Rechtsprechung ist der **Internationale Gerichtshof** in Den Haag. Sonderorganisationen der UN sind u. a. GATT, UNESCO und UNICEF.

Signet der UNESCO

■ **Unabhängigkeitskrieg** →Nordamerikanischer Unabhängigkeitskrieg.

■ **unbestimmtes Fürwort** (Indefinitpronomen) →Pronomen.

■ **Unbewusstes** (Unterbewusstes, Unterbewusstsein), in der Psychologie Bezeichnung für diejenigen seelischen Vorgänge und Inhalte (z. B. Gefühle), die vom wachen Bewusstsein überdeckt werden, diesem nicht gegenwärtig sind und auch nicht verstandesmäßig gesteuert werden können. So können z. B. unangenehme und deshalb verdrängte Erlebnisse unbewusst fortbestehen und z. B. im Traum wieder auftauchen. Sie können auch das Verhalten eines Menschen in einzelnen Situationen bestimmen, ohne dass er sich der Gründe seines Verhaltens bewusst wird.

■ **uneheliche Kinder** →nichteheliche Kinder.

■ **unendlich,** Zeichen ∞, in der Mathematik die Aussage, dass eine Größe größer als jede endliche Zahl (auch $+\infty$) oder kleiner als jede beliebig kleine Zahl ($-\infty$) ist. Der Begriff der Unendlichkeit spielt in der →Differenzialrechnung zur Berechnung von Grenzwerten eine wichtige Rolle.

■ **UNESCO,** Abkürzung für United Nations Educational, Scientific and Cultural Organization [engl., = Organisation der Vereinten Nationen für Erziehung, Wissenschaft und Kultur], 1945 gegründete Organisation mit Sitz in Paris, zu deren Hauptaufgaben die Förderung der internationalen Zusammenarbeit auf den Gebieten der Erziehung, Wissenschaft und Information gehört sowie die Durchsetzung der Menschenrechte und die Hebung des Bildungsniveaus. Eine neuere Aufgabe der UNESCO ist der Schutz des →Welterbes und der Natur.

■ **Unfruchtbarkeit** (Sterilität), die Unfähigkeit, Nachkommen über eine Befruchtung zu erzeugen. Als natürliche Ursache gelten Krankheiten und Fehlbildungen der Geschlechtsorgane, Hormonstörungen, Mutationen, Unterschiede in den Chromosomen zwischen den Geschlechtern und Unverträglichkeiten zwischen Ei- und Samenzelle sowie beim Menschen auch seelische Störungen (→Impotenz). Durch eine →Sterilisation kann eine Unfruchtbarkeit auch künstlich herbeigeführt werden.

Ungarn

Flagge

Wappen

Ungarn
Fläche 93 030 km²
Einwohner 10,092 Mio.
Hauptstadt Budapest
Amtssprache Ungarisch
Nationalfeiertage 15. 3., 20. 8., 23. 10.
Währung 1 Forint (Ft) = 100 Filler (f)
Zeitzone MEZ

■ **Ungarn,** Republik im südöstlichen Mitteleuropa. Neben den Ungarn (Magyaren, rund 98 %) leben hier u. a. Ungarndeutsche, Slowaken, Kroaten und Roma. Das Land ist im Westen von Ausläufern der Alpen begrenzt, im Nordwesten liegt das Kleine Ungarische Tiefland, an das sich das Ungarische Mittelgebirge anschließt; östlich der Donau breitet sich das Große Ungarische Tiefland aus. Ungarn hat im Allgemeinen trocken-heiße Sommer und stürmisch-kalte Winter.
Bedeutend ist die Landwirtschaft: Anbau von Mais, Weizen, Zuckerrüben, Kartoffeln, Wein, Obst, Gemüse (Paprika) und Tabak, daneben auch Viehhaltung (Schweine, Rinder, Schafe, Enten, Gänse). Außer Bauxit können die Rohstoffe (Braun-, Steinkohle, Erdöl, Erdgas, Eisen- und Kupfererz) den Lan-

desbedarf nicht decken. Wichtige Industriezweige sind Maschinen- und Fahrzeugbau sowie Nahrungsmittel-, Textil-, chemische und Hüttenindustrie.

Geschichte: Im 5. Jahrh. war Ungarn Kerngebiet des Hunnenreiches, dann bis ins 8. Jahrh. des Reiches der Awaren. Um 900 wanderten Magyaren (die heutigen Ungarn) ein. Nach der Niederlage gegen Otto I., den Großen, auf dem Lechfeld bei Augsburg 955 stellten sie ihre Vorstöße nach Westen ein und wurden endgültig sesshaft. Unter König Stephan I., dem Heiligen, wurden die Ungarn christianisiert; im 11./12. Jahrh. festigte sich das Reich; es kam zu einer Personalunion mit Kroatien. 1241/42 besetzten die Mongolen das Land. Erst König Ludwig I., der Große, stellte im 14. Jahrh. die ungarische Machtstellung wieder her.

János Hunyadi, Reichsverweser für den minderjährigen Ladislaus V. Postumus, schlug 1456 die Türken zurück, König Matthias I. Corvinus behauptete sich gegen den Kaiser und gegen den König von Böhmen. 1526 unterlagen die Ungarn in der Schlacht bei Mohács gegen die Türken, der größte Teil Ungarns kam für 150 Jahre unter die Herrschaft des Osmanischen Reiches. Die übrigen Gebiete gelangten an die Habsburger; Siebenbürgen blieb selbstständig. Nach dem Großen Türkenkrieg 1683–99 wurde Ungarn österreichisches Kronland. In der Revolution von 1848 kämpften die Ungarn unter Lajos Kossuth um ihre Unabhängigkeit. Der Freiheitskampf wurde jedoch durch Österreich mit russischer Hilfe niedergeschlagen. 1867 gewann Ungarn im Rahmen der Doppelmonarchie →Österreich-Ungarn neben Österreich volle Gleichberechtigung.

Nach dem Ersten Weltkrieg wurde Ungarn um rund zwei Drittel seines Gebietes verringert und von Österreich abgetrennt. 1918 wurde die Republik Ungarn ausgerufen, aber schon 1920 wurde die Monarchie wieder eingeführt; Reichsverweser war 1920–44 Miklós Horthy.

Am Zweiten Weltkrieg nahm Ungarn auf deutscher Seite teil; 1944 wurde es von deutschen Truppen besetzt, da Deutschland den Abfall Ungarns befürchtete. 1944/45 besetzten sowjetische Truppen das Land, und 1948 übernahmen die Kommunisten die Regierung. 1949–89 war Ungarn eine Volksrepublik nach sowjetischem Muster. 1956 wurde ein Volksaufstand gegen die stalinistische Regierung von sowjetischen Truppen blutig niedergeschlagen.

Im Zuge der Umwälzungen in den osteuropäischen Staaten wandte sich Ungarn vom sozialistischen Regierungssystem ab: Im Sommer 1989 öffnete es als erster Ostblockstaat seine Grenzen zur freien Ausreise; im gleichen Jahr wurde das Land Republik nach westlichem Vorbild.

■ **Ungleichung,** in der Mathematik Bezeichnung für die Nichtgleichheit zweier Objekte. Zwei Größen sind sich entweder gleich ($a = b$) oder voneinander verschieden ($a \neq b$). Bei Größenvergleichen ist entweder a größer als b ($a>b$) oder a kleiner als b ($a<b$). Wird auch die Gleichheit zweier Größen zugelassen, schreibt man $a \leq b$ oder $b \geq a$.

■ **UNICEF,** Abkürzung für ursprünglich United Nations International Children's Emergency Fund [engl., = Fonds der Vereinten Nationen für internationale Kindernothilfe], seit 1953 offizielle Bezeichnung **United Nations Children's Fund** [engl., = Kinderhilfsfonds der Vereinten Nationen], 1946 gegründete Sonderorganisation der UN (Sitz: New York), deren Ziel es war, den vom Zweiten Weltkrieg betroffenen Kindern zu helfen. Seit etwa 1950 kümmert sich UNICEF vor allem um die Kinder in den Entwicklungsländern, besonders in den Bereichen Hygiene, Ernährung, Bildung und Nothilfe. 1965 erhielt die Organisation den Friedensnobelpreis.

Signet der UNICEF

■ **unierte Kirchen, 1)** Ostkirchen (aus der orthodoxen Kirche und anderen Gruppen), die sich unter Beibehaltung ihres eigenen Ritus der römisch-katholischen Kirche angeschlossen haben.

2) im protestantischen Bereich Bezeichnung für Kirchen, die im 19. Jahrh. durch Zusammenschluss

Dem lebendigen Geist ist dieses Bild verschrieben, das das rege Treiben in der Bibliothek der **Universität** Göttingen mit Blick auf ein großes, weltumsegelndes Schiff festhält; die Darstellung erinnert an die Gründung der Bibliothek im Jahr 1735, also zur Zeit der Aufklärung, deren Ziel es war , »die Cultur der Erde! aller Räume! Zeiten! Völker! Kräfte! Mischungen!« unter den »ehrwürdigen Theil der Menschen« zu bringen, »den wir Volk nennen«, so die Worte eines Büchermenschen aus dieser Zeit, Johann Gottfried Herder

von Kirchen verschiedener Bekenntnisse entstanden sind.

■ **Uniform** [frz.] *die,* eine in Farbe und Form einheitliche Dienstkleidung, wie sie besonders beim Militär und bei der Polizei üblich ist.

■ **Union** [lat.] *die,* Bund, Vereinigung, Zusammenschluss.

■ **Union Jack** [juni^{e}n dschäk; engl. jack, = (Schiffs)flagge] *der,* volkstümliche Bezeichnung für die Nationalflagge Großbritanniens.

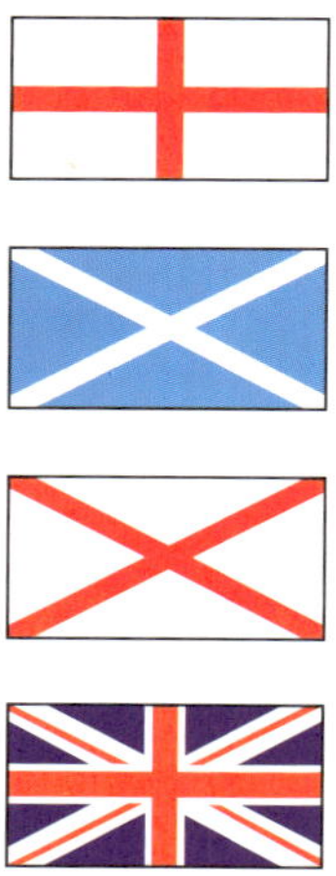

Der unten abgebildete **Union Jack** vereinigt das oben gezeigte englische Georgskreuz, das schottische Andreaskreuz und das irische Patrickskreuz

■ **universal** [lat.], allgemein, gesamt, umfassend, weltweit.

■ **Universität** [lat.], älteste und traditionell ranghöchste →Hochschule zur Pflege der Wissenschaften in Forschung, Lehre und Studium sowie zur wissenschaftlichen Ausbildung für die so genannten akademischen Berufe. Die Bezeichnung »Universität« ist vom lateinischen »universitas (litterarum, magistrorum, scolarium)« abgeleitet und bedeutet »Gesamtheit (der Wissenschaften, Lehrenden, Lernenden)«.

Die ersten europäischen Universitäten entstanden ab Mitte des 11. Jahrh.: Salerno (medizinische Schule, um 1050), Bologna (11./12. Jahrh.), Paris (12. Jahrh.), Prag (1348), Wien (1365), Heidelberg (1386), Köln (1388) und Leipzig (1409). Bis ins 18. Jahrh. wurde die Lehre an den Universitäten weitgehend durch kirchliche Dogmen und religiöse Orientierungen bestimmt; erst im Zuge der Aufklärung setzte sich ein davon losgelöster Wissenschaftsbegriff durch. Mit Gründung der Berliner Universität (1810) schließlich wurden die Ideen Wilhelm von Humboldts bestimmend: Einheit (und Freiheit) von Forschung und Lehre sowie Selbstständigkeit der Universitäten.

In den 1960er-Jahren begannen umfassende und tief greifende Reformen organisatorischer (z. B. Beteiligung aller Gruppen in Entscheidungsgremien), materieller (z. B. Ausbau und Neugründungen, Erhöhung der Zahl der Studierenden) und inhaltlicher (z. B. Studienreform) Art.

■ **Universum** →Weltall.

■ **Unken,** eine Gattung der Froschlurche, 3,5–7 cm groß, mit warziger Haut und vollständig angewachsener Zunge. In Mitteleuropa lebt die schwarzgraue **Rotbauchunke** mit roten und weißen Flecken an der Unterseite und die graue **Gelbbauchunke** mit orangegelben Flecken an der Unterseite .

■ **Unpaarhufer** (Unpaarzeher), eine Ordnung der Säugetiere (Gruppe Huftiere) mit einer ungeraden Anzahl von Zehen. Dabei ist die mittlere dritte Zehe häufig verstärkt oder allein vollständig entwickelt, die übrigen Zehen sind unterschiedlich stark zurückgebildet. Die Unpaarhufer sind nicht wiederkäuende Pflanzenfresser. Zu ihnen gehören Nashörner, Pferde und Tapire.

■ **Unruh,** kleines Rädchen in Uhren, das, mit einer Spiralfeder verbunden, Drehschwingungen ausführt und dabei den gleichmäßigen Lauf des Uhrwerkes steuert. Die Unruh entspricht dem Pendel bei Pendeluhren. – auch →Uhr.

■ **Untergrundbahn** (U-Bahn), eine elektrisch betriebene Schienenbahn zur Personenbeförderung in Großstädten, deren Streckenführung meist unter der Erdoberfläche in U-Bahn-Tunneln erfolgt. In Paris, Moskau und Budapest wird die Untergrundbahn als **Metro** bezeichnet. – Die erste Untergrundbahn, die Londoner »Tube«, wurde 1890 in Betrieb genommen.

■ **Unterhaltspflicht,** die auf Ehe oder Verwandtschaft (Großeltern, Eltern, Kinder) beruhende gesetzliche Verpflichtung, für den Unterhalt eines anderen zu sorgen. Voraussetzung ist, dass der Berechtigte außerstande ist, aus eigenem Einkommen und Vermögen den angemessenen Unterhalt zu bestreiten (Bedürftigkeit) und der Verpflichtete in der Lage ist, ohne Gefährdung seines eigenen angemessenen Unterhalts den Unterhalt zu gewähren (Leistungsfähigkeit). Im Verhältnis zu Kindern umfasst die Unterhaltspflicht der Eltern auch die Kosten für eine den Fähigkeiten des Kindes entsprechende Ausbildung. Der Unterhaltsanspruch erlischt jedoch, wenn die Regelstudienzeit erheblich überschritten wird. – auch →Regelunterhalt.

■ **Unterhaus** (engl. House of Commons, = Haus der Gemeinen), die britische Volksvertretung. Das Unterhaus (dem Bundestag vergleichbar) bildet zusammen mit dem →Oberhaus das britische Parlament. Die vom englischen Volk gewählten Abgeordneten besitzen ein entscheidendes Mitwirkungsrecht bei der Gesetzgebung. Die Mehrheitspartei des Unterhauses schlägt den Premierminister (Regierungschef) vor, das Kabinett ist dem Unterhaus verantwortlich.

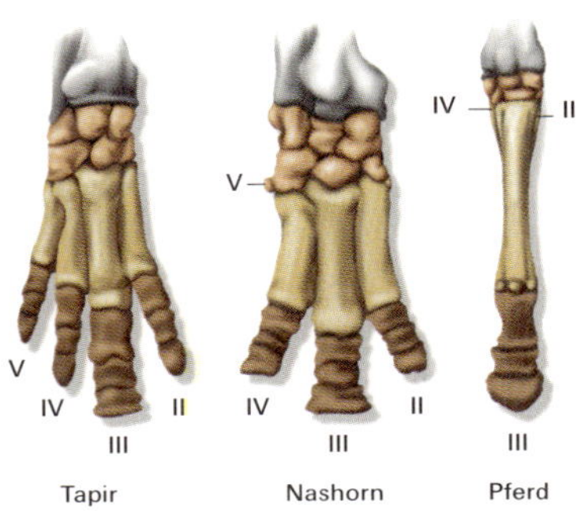

Wie bei den Paarhufern fehlt auch bei allen **Unpaarhufern** die erste Zehe; das Körpergewicht lastet hauptsächlich auf der dritten Zehe; bei den Pferden ist allein die dritte Zehe ausgebildet, die zweite und vierte sind nur in schmalen Griffelbeinen angedeutet

■ **Unternehmer,** jemand, der im Unterschied zum Arbeiter, Angestellten oder Beamten nicht in einem beruflichen Abhängigkeitsverhältnis steht, sondern selbstständig und auf eigenes Risiko eine Firma führt.

■ **Unterricht,** der Lehr- und Lernprozess, in dem Wissen, Fähigkeiten, Fertigkeiten, Handlungsweisen und Einstellungen durch Lehrer an Schüler in geplanter und institutionalisierter Form vermittelt werden. Älteste und immer noch wichtigste Form der Institutionalisierung ist die →Schule.

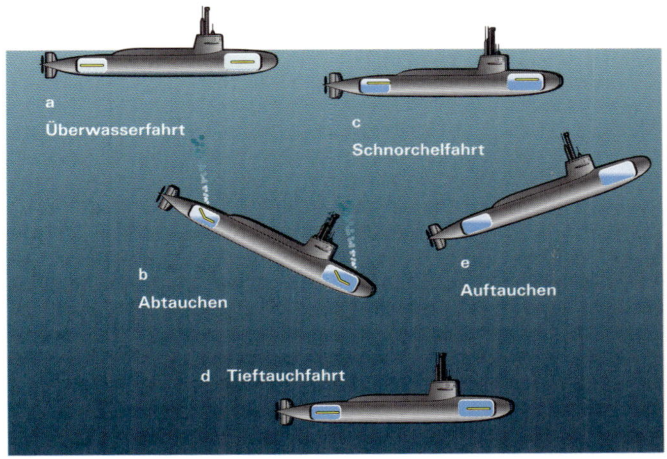

Tauchstufen eines **Unterseebootes**

■ **Unterseeboot** (U-Boot), zur Unterwasserfahrt geeignetes Kriegsschiff. Getaucht wird durch das Fluten der Tauchtanks. Durch das Einströmen des Wassers in die Tanks wird das U-Boot schwerer als das Gewicht der von ihm verdrängten Wassermenge. Zum Auftauchen wird das Wasser durch Pressluft aus den Tauchtanks herausgedrückt. Bei Unterwasserfahrt in geringer Tiefe erfolgt die Beobachtung der Wasseroberfläche und des Luftraums durch Periskope, die Belüftung durch einen Schnorchel. Bei Tauchfahrten in größerer Tiefe wird die verbrauchte Luft in besonderen Anlagen wieder aufbereitet. Der Antrieb erfolgt bei Überwasserfahrt durch Dieselmotoren, bei Unterwasserfahrt durch Elektromotoren. Die größten U-Boote besitzen Kernenergieantrieb. Bewaffnet sind U-Boote vorwiegend mit Torpedos und Raketen, die unter Wasser abgeschossen werden können.

Unwort des Jahres
1991 ausländerfrei
1992 ethnische Säuberung
1993 Überfremdung
1994 Peanuts
1995 Diätenanpassung
1996 Rentnerschwemme
1997 Wohlstandsmüll
1998 sozialverträgliches Frühableben
1999 Kollateralschaden
2000 national befreite Zone

Zu den Rohstoffen, aus denen der Spaltstoff **Uran** gewonnen wird, gehört die hier abgebildete Pechblende, die 50 bis 80 Prozent Uran enthält

■ **Unterwalden,** einer der drei →Urkantone der Schweiz, südlich des Vierwaldstätter Sees gelegen. Er besteht aus den Halbkantonen **Unterwalden nid dem Wald** (Kurzname Nidwalden): 276 km² und 37 300 Einwohner, Hauptort Stans, und **Unterwalden ob dem Wald** (Obwalden): 491 km² und 32 000 Einwohner, Hauptort Sarnen. – Nidwalden trat 1291, Obwalden etwas später dem Bund mit Uri und Schwyz bei.

■ **Unterwelt,** in der griechischen Mythologie das unter der Erde liegende, von Gewässern umflossene Totenreich (Hades), in das die Gestorbenen vom Fährmann Charon in einem Kahn übergesetzt werden.

■ **Unwort des Jahres,** von einer Jury an der Universität in Frankfurt am Main seit 1991 ausgewählter Begriff aus dem politisch-gesellschaftlichen Bereich, der als besonders anstößig angesehen wird. Er wird auf der Basis von Zuschriften aus der Bevölkerung bestimmt. – auch →Wort des Jahres.

■ **Update** [apdeᵗt; engl.] *das,* im weiteren Sinne jede Aktualisierung eines Informations- oder Datenträgers; im engeren Sinne die Neuveröffentlichung eines vorhandenen Softwareprodukts (Programms). Dabei fügt ein Update dem bisherigen Produkt zum Teil geringfügige neue Funktionen hinzu oder korrigiert Fehler, die nach der Veröffentlichung des Produkts entdeckt wurden.

■ **Uppsala,** schwedische Stadt nordwestlich von Stockholm, mit 188 500 Einwohnern. Die Stadt ist Sitz der ältesten Universität in Nordeuropa (1477 gegründet) mit einer berühmten Bibliothek (zahlreiche alte Handschriften). Der Dom (1435 geweiht) war Krönungsstätte vieler schwedischer Könige. – Uppsala war im 16./17. Jahrh. Residenz der schwedischen Könige.

■ **up to date** [aptᵉdeᵗt; engl.], zeitgemäß, auf dem neuesten Stand.

■ **Ur,** altorientalische Stadt der Sumerer in Südmesopotamien, heute der Ruinenhügel Tell Mukajir. Von der großen Machtentfaltung und Bautätigkeit der sumerischen Könige im 3. Jahrtausend v. Chr. zeugen riesige Tempel- und Grabanlagen (»Königsfriedhof« mit kostbaren Grabbeigaben aus Gold, Silber, Bronze, Bernstein u. a.), die 1919–34 durch Ausgrabungen freigelegt wurden. – Nach biblischer Überlieferung ist Ur die Heimat Abrahams.

■ **Ur** →Auerochse.

■ **Urabstimmung,** in verschiedenen Organisationen Abstimmung aller Mitglieder zur Entscheidung grundsätzlicher Fragen, insbesondere die Abstimmung von gewerkschaftlich organisierten Arbeitnehmern über die Einleitung und Durchführung sowie Beendigung eines →Streiks. Urabstimmungen finden in geheimer, unmittelbarer Wahl statt, wobei die erforderliche Mehrheit in der jeweiligen Satzung festgelegt ist.

■ **Ural** *der,* **1)** über 2 000 km langes Mittelgebirge zwischen der Osteuropäischen Ebene und dem Westsibirischen Tiefland, überwiegend in Russland, südliche Ausläufer in Kasachstan. Der bis zu 150 km breite Ural gilt als Grenze zwischen Europa und Asien. Höchste Erhebung ist die Narodnaja mit 1 895 m. Das Gebirge ist reich an Bodenschätzen, im mittleren und südlichen Teil vor allem Erze, Salze und Asbest, im westlichen Vorland auch Erdöl und Erdgas. Der Mittlere und Südliche Ural sind wichtige russische Schwerindustriegebiete.
2) Fluss in Russland, 2 428 km lang. Er entspringt im Südlichen Ural und mündet ins Kaspische Meer. Von Orsk an gilt er als Grenze zwischen Europa und Asien; ab Uralsk ist er schiffbar.

Uran
chemisches Symbol: U
Ordnungszahl: 92
relative Atommasse: 238,03
Dichte (bei 25 °C): 19,05 g/cm³
Schmelzpunkt: 1 135 °C
Siedepunkt: 4 131 °C

■ **Uran** [griech., benannt nach dem Planeten Uranus] *das,* ein radioaktives, metallisches chemisches Element. ^{238}U ist mit 99,27 % das häufigste Isotop und besitzt mit $4{,}46 \times 10^9$ Jahren die längste Halbwertszeit. ^{238}U und ^{235}U sind die Anfangsglieder von zwei natürlichen Zerfallsreihen, die beide mit einem stabilen Bleiisotop enden.
Als Kernbrennstoff (→Kernreaktoren) dienen meist Uranoxide oder -nitride, in denen der Gehalt des Isotops ^{235}U von 0,7 % auf 2–3 % angereichert wurde. Für →Kernwaffen muss eine Anreicherung auf etwa 60 % ^{235}U erfolgen. Für die Urangewinnung dient Uranpecherz (Pechblende). Uran wird auch in Wiederaufbereitungsanlagen aus verbrauchten Brennelementen zurückgewonnen.

■ **Uranus** [griech.] *der,* von der Sonne aus der siebte Planet (entdeckt 1781). Er ist unter günstigen Bedingungen mit bloßem Auge erkennbar. Seine ausgedehnte, undurchsichtige Atmosphäre (mittlere Temperatur bei –215 °C) besteht vor allem aus Wasserstoff und Helium. Uranus besitzt ein schwach ausgebildetes Ringsystem und 15 Monde, von denen sich die fünf Hauptmonde in seiner Äquatorebene bewegen.

■ **Uraufführung,** die erste öffentliche Aufführung eines Bühnenwerks, Musikstücks oder Films.

■ **Urchristentum,** die Anfänge des Christentums von der Loslösung vom Judentum (etwa 50 n. Chr.) bis zur Mitte des 2. Jahrhunderts.

■ **Urgeschichte** →Vorgeschichte.

■ **Urheberrecht,** das Recht, das das »geistige Eigentum« an einem Werk, z. B. an einem Buch, Gemälde oder Musikstück, sichert. Der Künstler als der Urheber besitzt die alleinigen Rechte an dem von ihm geschaffenen Werk; nur er darf dieses Recht vererben oder anderen übertragen. Das unberechtigte Nachdrucken von Büchern, die unberechtigte Verwendung von Bildern und Fotografien, die unerlaubte Aufführung von Musikstücken und Ähnlichem werden bestraft. Das Urheberrecht endet in Deutschland grundsätzlich mit Ablauf des 70. Jahres nach dem Tod des Urhebers. Der Vermerk →Copyright gilt (bis auf wenige Ausnahmen) in allen Ländern der Erde als Zeichen für die Inanspruchnahme des Urheberrechts.

■ **Uri,** Kanton in der Schweiz zwischen Sankt Gotthard und Vierwaldstätter See, mit 1 077 km² und 35 600 Einwohnern; Hauptort ist Altdorf (8 200 Einwohner; Tellspielhaus und -denkmal; nach der Tellsage Schauplatz des Apfelschusses). – Uri ist einer der →Urkantone der Schweiz.

■ **Urin** →Harn.

■ **Urkantone,** die drei »Waldstätte« genannten Bauerngemeinden (Talschaften) Schwyz, Uri und Unterwalden, die 1291 den »Ewigen Bund« schlossen (→Schweiz, Geschichte).

■ **Urknall** →Kosmologie.

■ **Urkunde,** ein Dokument oder Schriftstück, das einen rechtlich wichtigen Inhalt hat und geeignet ist, diesen zu beweisen (z. B. Testament, Vertrag, Ausweis, Zeugnis, aber auch Scheck oder Quittung). Wer Urkunden, deren Aussteller erkennbar sein muss, ändert oder falsche Urkunden herstellt oder verwendet, begeht Urkundenfälschung und wird bestraft. Bestimmte von staatlichen Stellen (z. B. von einem Notar) ausgestellte Urkunden nennt man öffentliche Urkunden.

Uranus

Zeichen: ♅
Äquatordurchmesser: 51 120 km
Poldurchmesser: 49 996 km
mittlere Entfernung von der Sonne: 2 872 Mio. km
Dauer eines Umlaufs um die Sonne: rund 84 Jahre
Rotationsdauer: 16 Stunden 50 Minuten
Masse: 8,662 · 10^{25} kg
mittlere Dichte: 1,3 g/cm³
größte Monde:
Titania
Oberon
Umbriel
Ariel
Miranda

■ **Urlaub,** die jedem Arbeitnehmer zustehende Anzahl von Tagen innerhalb eines Jahres, an denen er von den Berufspflichten befreit ist. Der Lohn wird während der Urlaubszeit weitergezahlt. Der Mindesturlaubsanspruch ist in Deutschland gesetzlich geregelt: Er umfasst 24 Werktage (für Jugendliche, die zu Beginn des Kalenderjahres noch nicht 16 Jahre alt sind, mindestens 30 Werktage, für die, die noch nicht 17 Jahre alt sind, mindestens 27 Werktage und für die, die noch nicht 18 Jahre alt sind, mindestens 25 Tage). Zusätzliche Urlaubstage erhalten Schwerbeschädigte. Tarifverträge enthalten meistens erweiterte Urlaubsansprüche.

■ **Urne** [lat.] *die,* **1)** geschlossenes Gefäß zur Aufnahme der Asche nach der Verbrennung des Toten (bei Feuerbestattung).

2) (Wahlurne), Behälter, in dem die Stimmzettel bei einer Wahl gesammelt werden.

■ **Urstromtal,** breites, flaches Tal, das im Eiszeitalter entstanden ist. Es bildete sich als Sammelrinne für das Schmelzwasser des Inlandeises vor dem Eisrand und leitete es ab.

■ **Urteil,** gerichtliche Entscheidung, die einen Prozess ganz oder teilweise beendet. Ein Urteil wird schriftlich abgefasst und besteht aus den Namen der Prozessbeteiligten, der Entscheidung des Gerichts (z. B. »Die Klage wird abgewiesen«), der Wiedergabe des Sachverhalts und der Begründung der Entscheidung mit den Unterschriften der Richter. Gegen das Urteil können Rechtsmittel (Berufung oder Revision) eingelegt werden; im Zivilprozess ist der Vergleich (bei dem sich die Gegner entgegenkommen) möglich.

■ **Uruguay** *der* (spanisch Río Uruguay), Grenzfluss zwischen Brasilien, Uruguay und Argentinien, 1 650 km lang. Er entspringt im Küstengebirge von Südbrasilien und mündet nördlich von Buenos Aires in den Río de la Plata.

■ **Uruguay,** Republik in Südamerika. Das von weiten Grasflächen bedeckte Hügelland geht im Süden und Südosten in die argentinischen Pampas über; 78 % des Landes sind Weidegebiete, auf denen riesige Rinder- und Schafherden gehalten werden. Viehzucht ist der Haupterwerbszweig des Landes;

Uruguay
Fläche 177 414 km^2
Einwohner 3,313 Mio.
Hauptstadt Montevideo
Amtssprache Spanisch
Nationalfeiertag 25. 8.
Währung 1 Uruguayischer Peso (urug$) = 100 Centésimos (cts)
Zeitzone MEZ –4 Std. (Sommerzeit: –3 Std.)

Uruguay

Flagge

Wappen

außerdem werden vor allem Weizen, Reis und Mais angebaut. Die Industrie verarbeitet hauptsächlich tierische und andere landwirtschaftliche Produkte. Ferner sind die chemische, Textil- und Zementindustrie von Bedeutung.

Geschichte: Bis zur Entdeckung durch die Spanier 1516 lebten in dem Gebiet von Uruguay Jäger- und Fischervölker. Am Ende des 17. Jahrh. entstanden spanische und portugiesische Siedlungen. 1777 wurde es spanische Kolonie. Nach der Erhebung gegen die spanische Kolonialherrschaft (1811) wurde Uruguay 1817 von Portugal annektiert und Brasilien angegliedert. 1825–28 erkämpfte sich das Land die Unabhängigkeit.

■ **Urwald,** ein urtümlicher Wald, der vom Menschen nicht oder nur wenig beeinflusst wächst und ein fast undurchdringliches Pflanzen- und Baumgewirr bildet. Man findet diesen Typ des Waldes jedoch kaum noch; bei den umgangssprachlich als Urwald bezeichneten Wäldern handelt es sich meist um tropischen Regenwald.

■ **USA** Abkürzung für engl. United States of America, →Vereinigte Staaten von Amerika.

■ **Usbekistan,** Republik in Mittelasien, mehrheitlich bewohnt von Usbeken (80 %). Usbekistan besteht größtenteils aus Wüste und Steppe, nur an den Gebirgshängen fallen reichere Niederschläge. Bedeutend sind die Baumwollerzeugung sowie die Karakulschaf- und Seidenraupenzucht (Textilindustrie). Auf den Bodenschätzen (vor allem Kohle, Erdöl und Erdgas) baut die Hütten- und die chemische Industrie auf. Von großer wirtschaftlicher Bedeutung sind auch Golderzeugung und Uranerzförderung.

Usbekistan

Flagge

Wappen

Geschichte: Das im 2. Jahrtausend v. Chr. von iranischen Völkern besiedelte Gebiet wurde im 4. Jahrh. v. Chr. von Alexander dem Großen erobert und gehörte nach dessen Tod zum Seleukidenreich. Seit dem 7. Jahrh. wurde es von Arabern beherrscht (Einführung des Islam). Im 15. Jahrh. wanderte das Turkvolk der Usbeken ein und vermischte sich mit der einheimischen Bevölkerung. 1864 begann die Eroberung usbekischer Gebiete durch Russland. 1924 wurde die Usbekische Sowjetrepublik gegründet. Usbekistan erklärte 1991 seine Unabhängigkeit.

■ **Usedom,** Ostseeinsel zwischen dem Stettiner Haff und der Pommerschen Bucht. Die stark gegliederte Insel umfasst 445 km^2; Hauptorte sind Swinemünde und die Stadt Usedom. Die Insel gehört überwiegend zu Mecklenburg-Vorpommern, der Ostzipfel (91 km^2) zu Polen. Usedom ist seit 1998 Nationalpark.

■ **User** ['juːs^{e}r; engl.] *der,* jemand, der einen →Computer nutzt.

■ **Uterus** →Gebärmutter.

■ **Utopie** [griech., = Nirgendwo] *die,* eine (vor allem politische, soziale oder wirtschaftliche) Idee, die in der Praxis nicht zu verwirklichen ist. Der Begriff geht auf den 1516 erschienenen Roman »Utopia« von Thomas Morus (1478 [?]–1535) zurück, in dem ein Idealstaat bzw. eine Idealgesellschaft be-

Usbekistan
Fläche 447 400 km^2
Einwohner 24,105 Mio.
Hauptstadt Taschkent
Amtssprache Usbekisch
Nationalfeiertag 31. 8.
Währung 1 U.-Sum (U.S.) = 100 Tijin
Zeitzone MEZ +4 Std.

schrieben wird, die es nicht gibt und wohl auch nie geben kann.

■ **Utrecht,** Stadt in den Niederlanden, am Amsterdam-Rhein-Kanal, mit 234200 Einwohnern; wichtiges Industrie- und Handelszentrum. Im Mittelpunkt der Altstadt steht der gotische Dom (1254 begonnen, 1674 teilweise zerstört) – Utrecht geht auf eine römische Gründung zurück. Es wurde schon 695 Bischoffssitz. – Der **Friede von Utrecht** 1713 beendete den Spanischen Erbfolgekrieg.

V

■ **V, 1)** der 22. Buchstabe des deutschen Alphabets, ein Konsonant.

2) römisches Zahlzeichen für fünf.

3) Einheitenzeichen für **V**olt.

4) Formelzeichen für **V**olumen.

5) Symbol für das Element **V**anadium.

■ **Vaduz** [fa...], Hauptstadt des Fürstentums Liechtenstein, mit 5000 Einwohnern. Die Stadt liegt im Tal des Alpenrheins und wird von der Residenz des Landesfürsten (Schloss Vaduz) überragt. In Vaduz gibt es eine berühmte Gemäldesammlung sowie ein Postmuseum.

■ **Vagina** [w...] →Scheide.

■ **vakant** [w...; lat.], frei, leer, offen.

■ **Vakuole** [w...; lat.] *die,* ein mit Flüssigkeit gefüllter Hohlraum in Zellen. Vakuolen in pflanzlichen Zellen können als Speicher für Farbstoffe oder Öle dienen oder bei der Regulation des osmotischen Drucks beteiligt sein. Vakuolen bei tierischen Einzellern haben Verdauungs- und Ausscheidungsfunktion.

■ **Vakuum** [w...; lat.] *das,* allgemein ein leerer, materiefreier Raum. In der Physik verwendet man die Bezeichnung Vakuum hauptsächlich für einen (»luftleeren«) Raum verminderter Gasdichte; ein absolutes Vakuum lässt sich technisch nicht herstellen. Die Qualität eines Vakuums wird durch den Druck des noch im Raum vorhandenen Gases bestimmt.

■ **Valencia** [w...], Hafenstadt in Spanien, am Golf von Valencia (Mittelmeer), mit 739400 Einwohnern. Die Stadt besitzt eine bedeutende Kathedrale (1262–1480, Ausstattung hauptsächlich Renaissance und Barock). – Die 138 v. Chr. von den Römern gegründete Stadt wurde 714 von den Mauren erobert und war unter ihnen Hauptstadt eines Königreichs. 1238 wurde sie von Aragonien erobert. Während des Spanischen Bürgerkrieges war Valencia 1936–39 Sitz der republikanischen Regierung.

■ **Valenz** [w...] →Wertigkeit.

■ **Valletta** [w...], Hauptstadt der Republik Malta, mit 7100 Einwohnern. Die als Festungsstadt planmäßig angelegte Stadt besitzt bedeutende Bauwerke aus dem 16. Jahrh., u. a. die Kirche San Giovanni, das Großmeisterhospital und Herbergen des Johanniterordens. Der Fremdenverkehr und die Häfen (mit Reparaturanlagen) sind die wichtigsten Erwerbsquellen. – Valletta wurde 1566 unter dem Großmeister des Johanniterordens, Jean Pansot de La Valette (1494–1568), als neue Hauptstadt der dem Orden übergebenen Insel gegründet.

■ **Vampir** [w...; slawisch] *der,* im südosteuropäischen Volksglauben ein Toter, der nachts (unverwest) das Grab verlässt, um Lebenden das Blut auszusaugen. – auch →Dracula.

Ein **Vampir** zeigt seine Zähne

■ **Vampire** [w...; slawisch], Blut saugende Fledermäuse Süd- und Mittelamerikas. Die Gefährlichkeit ihres Bisses wird meist übertrieben, sie verursachen an Menschen nur winzige Wunden. Gefährlich sind Vampire als Überträger von Krankheiten.

■ **Vanadium** [w...; nach dem Beinamen »Vanadis« der altnordischen Göttin Freya] *das,* ein chemisches Element. Das harte und spröde, in reinster

Vanadium
chemisches Symbol: V
Ordnungszahl: 23
relative Atommasse: 50,94
Dichte (bei 18,7 °C): 6,11 g/cm³
Schmelzpunkt: 1910 °C
Siedepunkt: 3407 °C

Form aber dehnbare und geschmeidige Metall wird nur von oxidierenden Säuren angegriffen. Die wichtigste Sauerstoffverbindung ist das Vanadiumpentoxid, ein orangegelbes bis rotes Pulver, das u.a. als Katalysator verwendet wird. Als Legierungszusatz erhöht Vanadium die Härte und Zähigkeit von Stahl. Vanadium zählt zu den für Säugetiere und Menschen lebenswichtigen Spurenelementen.

Die Azteken verwendeten die **Vanille** zum Würzen von Kakaobrei; die hier abgebildete Gewürzvanille wird auch unter dem Namen Echte Vanille gehandelt

■ **Vandalen** → Wandalen.

■ **van Dyck** → Dyck.

■ **Vanen** (Wanen), Göttergeschlecht der → germanischen Mythologie.

■ **van Eyck** → Eyck.

■ **van Gogh** → Gogh.

■ **Vanille** [wanil(j)^{e}; frz.-spanisch] *die,* eine tropische Orchideengattung mit rund 100 Arten, deren bekannteste Art, die **Gewürzvanille,** in Mexiko heimisch ist. Sie ist eine Liane mit elliptischen, etwa 25 cm langen fleischigen Blättern und duftenden gelblichweißen Blüten. Ihre bis 30 cm langen Früchte liefern die Vanillestangen, die als Gewürz verwendet werden.

Vanuatu

Flagge

Wappen

■ **Vanuatu** Republik im südwestlichen Pazifischen Ozean, westlich von Fidschi, umfasst die Inseln der Neuen Hebriden, die sich als zwei Inselketten von 12 Haupt- und 70 Nebeninseln über rund 800 km in nordwest-südöstlicher Richtung erstrecken; die meisten sind vulkanischen Ursprungs. Über 90 % der Bevölkerung sind Melanesier, mit mehr als 100 Sprachen und Dialekten. Hauptwirtschaftszweig ist die Kopragewinnung.
Geschichte: Die von Großbritannien und Frankreich gemeinsam verwaltete Kolonie **Neue Hebriden** wurde 1980 als Vanuatu selbstständig und ist Mitglied des Commonwealth.

■ **Varanasi** [w...] (früher Benares), Stadt in Indien, am mittleren Ganges, mit 926 000 Einwohnern; Sitz zweier Universitäten (darunter eine Hindu-Universität). Der bedeutende Wallfahrtsort mit rund 1 500 Tempeln (u.a. der Goldene Tempel) und zahlreichen Moscheen ist das religiöse Zentrum des Hinduismus. Große Freitreppen führen zum Ganges, dem heiligen Fluss der Hindus, hinab.

■ **Variable** [w...; lat.] *die,* eine mathematische Größe, deren Wert nicht festliegt; z.B. in der Gleichung $y = 2x$ ist y die **abhängige Variable** und x die **unabhängige Variable.**

■ **Variante** [w...; lat.] *die,* leicht veränderte Form von etwas, Abwandlung, Spielart; auch Bezeichnung für die Abweichungen im Text zweier oder mehrerer Fassungen eines literarischen Werks.

■ **Variation** [w... lat.] *die,* **1)** *allgemein:* Abwandlung, Abweichung.
2) *Biologie:* (Modifikation), Bezeichnung für eine im Erscheinungsbild zutage tretende Abweichung von der Norm, die der betreffenden Art eigen ist, z.B. die unterschiedliche Größe verschiedener Individuen einer Art.
3) *Musik:* die Veränderung einer ursprünglichen Melodie (auch Thema genannt) in melodischer, rhythmischer oder harmonischer Hinsicht.

■ **Varieté** [wari-ete; frz.] (Varietee) *das,* Form des Unterhaltungstheaters mit bunt wechselndem Programm: artistische Darbietungen sowie tänzerische und gesangliche Einlagen.

■ **Varus** [w...], Publius Quinctilius, römischer Statthalter und Oberbefehlshaber in Germanien (ab 7 n.Chr.), *um 46 v.Chr., †9 n.Chr. Seine Truppen wurden im Jahr 9 n.Chr. von den Germanen unter Arminius in einen Hinterhalt gelockt und geschlagen. Varus verlor drei Legionen und beging Selbstmord. Die **Varusschlacht,** früher meist »Schlacht im Teutoburger Wald« oder auch »Hermannsschlacht« genannt, fand nach neueren archäologischen Untersuchungen bei Kalkriese im Osnabrücker Land statt.

■ **Vasall** → Lehen.

■ **Vasco da Gama** → Gama, Vasco da.

■ **Vasektomie** → Sterilisation.

■ **Vatikan** [w...; lat.] *der,* Wohnsitz und Residenz des Papstes auf dem Mons Vaticanus am westlichen Ufer des Tiber in Rom. Im 15. und 16. Jahrh. wurde

Vanuatu
Fläche 12 190 km²
Einwohner 182 000
Hauptstadt Port Vila (auf Efate)
Amtssprachen Bislama (eine englisch-polynesische Mischsprache), Englisch und Französisch
Nationalfeiertag 30. 7.
Währung Vatu (VT)
Zeitzone MEZ +10 Std.

die Anlage zum größten Palast der Erde ausgebaut; er umfasst u. a. die Sixtinische Kapelle, die Vatikanischen Sammlungen, die Vatikanische Bibliothek und das Vatikanische Archiv.

Vatikanstadt
Fläche 0,44 km²
Einwohner 1000
Amtssprachen Latein, Italienisch
Nationalfeiertag 22. 10.
Währung Italienische Lira und eigene Geldzeichen
Zeitzone MEZ

■ **Vatikanstadt** [w...], das selbstständige päpstliche Staatsgebiet im Bereich von Rom. Es umfasst den Vatikan, die Peterskirche, die päpstlichen Gärten und den Petersplatz, ferner mehrere auf italienischem Staatsgebiet liegende, aber exterritoriale Kirchen sowie den päpstlichen Sommerpalast in Castel Gandolfo in den Albaner Bergen. Das Bürgerrecht ist in der Regel an den Wohnsitz im Vatikan und eine entsprechende Funktion gekoppelt.
Aufgrund der Lateranverträge, die Papst Pius XI. 1929 mit dem italienischen Staat abschloss, ist die Vatikanstadt eine Wahlmonarchie mit dem Papst als Staatsoberhaupt; dieser delegiert die meisten weltlichen Funktionen an einen Kardinalstaatssekretär. – Zur Geschichte →Kirchenstaat.

■ **Veda** →Weda.

■ **Vega Carpio**, Lope Félix de, Kurzform **Lope de Vega,** spanischer Schriftsteller, * Madrid 25. November 1562, † ebenda 27. August 1635. Von den 1500 Werken, die er verfasst haben soll, ist etwa ein Drittel erhalten. Dem spanischen Kunstdrama, der Comedia, gab er mit der Mischung ernster, oft tragischer Bestandteile und komischer Szenen, der Einteilung in drei (statt fünf oder vier) Akte, den Figuren der ihre Herrschaft parodierenden Diener und Dienerinnen das endgültige Gepräge. Er schrieb auch Lyrik (Romanzen) sowie Epen und Schäferromane nach italienischem Vorbild.

■ **Vegetarier** [w...; engl.] *der,* ein Mensch, der kein Fleisch isst, sondern nur pflanzliche Kost zu sich nimmt. Es gibt strenge Vegetarier, die alle tierischen Produkte ablehnen **(Veganer),** und gemäßigte Vegetarier, die Eier, Milch und Milcherzeugnisse verzehren. Begründet wird die Ablehnung von tierischer Kost teils mit gesundheitlichen, teils mit weltanschaulichen Motiven.

■ **Vegetation** [w...; lat.] *die,* die Gesamtheit aller Pflanzen, die die Erdoberfläche oder ein bestimmtes Gebiet bedecken. Maßgebend für die Zusammensetzung der Vegetation sind Bodenverhältnisse, Temperatur, Feuchtigkeit und Wind.

■ **vegetatives Nervensystem** [w...] (autonomes Nervensystem), der Teil des Nervensystems der Wirbeltiere (einschließlich Mensch), der nicht dem Willen unterworfen ist. Zu ihm gehören u. a. die Nerven, die die Tätigkeit des Herzens, der Eingeweide, Blutgefäße und Drüsen steuern. Es besteht aus dem Sympathikus und dem Parasympathikus.

■ **vegetative Vermehrung** [w...] (ungeschlechtliche Vermehrung), eine Vermehrungsweise vieler Lebewesen, bei der keine Keimzellen beteiligt sind. Die vegetative Vermehrung geht von Körperzellen durch Zellteilungen (ohne Reduktionsteilung) aus. Weit verbreitet ist diese Art der Vermehrung im Pflanzenreich, z. B. durch Ausbildung von Knollen, Zwiebeln, Ausläufern oder Brutknospen. Der Gärtner verwendet z. B. Ableger, um Pflanzen künstlich zu vermehren. Durch Ausbildung von Knospen und Abschnürung vom Mutterkörper vermehren sich z. B. viele Nesseltiere. Trennen sich Tochtertiere nicht völlig vom Mutterorganismus, so entstehen oft sehr große Tierstöcke. Einzeller werden durch einfache Teilung ihres Zellkörpers zu zwei neuen Einzellebewesen. Auch die Sporenbildung ist eine ungeschlechtliche Vermehrungsweise. Oft wechseln vegetative Vermehrung und geschlechtliche Vermehrung ab (→Generationswechsel).

■ **Veilchen** [lat.], eine Gattung der Veilchengewächse mit rund 450 Arten. Es sind meist Stauden mit blauen bis violetten, auch gelben, meist einzeln stehenden Blüten. Bei uns kommen z. B. Hunds-, Wald- und Märzveilchen vor. Das **Stiefmütterchen** ist aus der Kreuzung verschiedener Veilchenarten hervorgegangen. – weiteres Bild S. 316

■ **Vektor** [w...; lat., = Träger] *der,* in der Mathematik und Physik eine Größe, die durch ihre Richtung und ihren Betrag bestimmt ist. Sie kann geometrisch als gerichtete Strecke dargestellt werden.

Vatikanstadt

Flagge

Wappen

Das an Bächen und unter lichten Laubbäumen wachsende **Veilchen** mit den herzförmigen Blättern und den duftenden dunkelvioletten Blüten nennt man auch Märzveilchen; in der Antike wurden mit der zarten Pflanze Götterbilder geschmückt

Auch das Stiefmütterchen ist ein Veilchengewächs; das hier abgebildete Gartenstiefmütterchen ist eine Kreuzung aus dem wild wachsenden Stiefmütterchen und dem vor allem gelb- oder violettblütigen Veilchen

■ **Velázquez** [welathketh], Diego Rodríguez de Silva y, spanischer Maler, getauft Sevilla 6. Juni 1599, † Madrid 6. August 1660. Velázquez gilt als Hauptmeister des spanischen Barocks. Er war seit 1623 Hofmaler Philipps IV. in Madrid. Velázquez malte vor allem Einzel- und Gruppenporträts, hauptsächlich von Angehörigen des Madrider Hofes. Dabei entwickelte er eine völlig neuartige Darstellungsweise von Farb- und Lichterscheinungen, wie sie später z. B. im Impressionismus des 19. Jahrh. wieder aufgegriffen werden sollte.

■ **Venedig** [w...] (italienisch Venezia), Hafenstadt in Italien, am Golf von Venedig (Adria), Hauptstadt der Region Venetien mit 291 500 Einwohnern. Die Stadt ist inmitten der nördlich des Podeltas gelegenen Lagune auf mehr als 100 kleinen Inseln erbaut, die durch etwa 400 Brücken miteinander verbunden sind. Sie wird von 150 Kanälen durchzogen; am bekanntesten ist der Canal Grande (3,8 km lang) mit der Rialtobrücke. Hauptverkehrsmittel sind Motorboote und Gondeln. Mit dem 4 km entfernten Festland ist Venedig durch eine Straßen- und eine Eisenbahnbrücke verbunden. Auf einer vorgelagerten Insel liegt der als Seebad bekannte Stadtteil **Lido di Venezia**.

Im Zentrum der Stadt befindet sich der Markusplatz mit der Markuskirche (Baubeginn um 829, im Wesentlichen aber im 11. Jahrh. erbaut) sowie die Piazzetta mit dem Dogenpalast. Zahlreiche Paläste und Kirchen aus Gotik, Renaissance und Barock prägen das Bild der Stadt, die von der UNESCO zum Weltkulturerbe erklärt wurde.

Geschichte: Die Abwanderung der auf dem Festland wohnenden Veneter (nach denen Venedig benannt ist) auf die Laguneninseln setzte nach Invasionen der Westgoten, Hunnen und Ostgoten im 5. Jahrh. ein; zu einer dauerhaften Besiedlung kam es aber erst nach dem Einfall der Langobarden (568). Bis ins 9. Jahrh. stand das Gebiet unter der Oberherrschaft des byzantinischen Exarchen (Statthalters) von Ravenna. 828 wurden die Reliquien des heiligen Markus in Alexandria (Ägypten) geraubt und nach Venedig gebracht (daher die spätere Bezeichnung **Markusrepublik** oder **Republik von San Marco**).

Die Stadtrepublik, an deren Spitze der gewählte → Doge stand, entwickelte sich zur mächtigsten See- und Handelsstadt des östlichen Mittelmeers, mit Stützpunkten an allen Küsten, zeitweise auch mit ausgedehntem Festlandsbesitz. Seit dem 16. Jahrh. sank der Einfluss Venedigs; 1797–1866 gehörte es mit kurzen Unterbrechungen zu Österreich, seitdem zu Italien.

■ **Venen** [w...; lat.], bei Wirbeltieren (einschließlich Mensch), diejenigen Blutgefäße, die das Blut dem Herzen zuführen. Sie sind zum Teil mit Klappen versehen, die die Strömungsrichtung des Blutes steuern. – auch → Blutkreislauf.

Venezuela
Fläche 912 050 km²
Einwohner 23,706 Mio.
Hauptstadt Caracas
Amtssprache Spanisch
Nationalfeiertag 5. 7.
Währung 1 Bolívar (Bs., B.) = 100 Céntimos (c, cts)
Zeitzone MEZ −5 Std.

Venezuela

Flagge

Wappen

■ **Venezuela** [w...], Republik im Norden Südamerikas. Die meisten Bewohner sind Mischlinge, vor allem Mestizen, etwa 10 % Schwarze (im karibischen Küstengebiet), 21 % Weiße und nur noch 2 % Indianer.

Im Süden und Südosten erstreckt sich ein Bergland, das vom Orinoco umflossen wird. Im zentralen Tiefland (Orinocotiefland) dienen die großen Grassteppen als Rinderweiden, außerdem wird hier Erdöl gefördert. Das meiste Erdöl entstammt jedoch dem Maracaibosee (eine flache Lagune im Nordwesten des Landes) und aus dem Tiefland um den See, das eines der heißesten Gebiete Südamerikas ist. Zwischen diesem Gebiet und dem Orinocotiefland erstrecken sich Gebirgsketten der Anden, ebenso an der Nordküste Venezuelas. Es werden Reis, Baumwolle, Zuckerrohr, Maniok sowie tropische Früchte angebaut. Außer den reichen Erdölvorkommen, die die wirtschaftliche Grundlage des Landes bilden, besitzt Venezuela Eisenerze, Gold, Diamanten, Kohle und Bauxit. Wichtige Industriezweige sind Nahrungsmittel-, petrochemische, Stahl-, Aluminium- und Textilindustrie.

Geschichte: 1498 entdeckten die Spanier ein Gebiet, das sie Venezuela (»Klein-Venedig«) nannten, da die dortigen Pfahlbauten der Indianer sie an das Erscheinungsbild Venedigs erinnerten. 1528–46 war Venezuela Pfandbesitz der deutschen →Welser, danach spanische Kolonie. Nach einer Revolution 1810 erklärte Venezuela 1811 seine Unabhängigkeit, gehörte aber seit 1819 zu der von Simon Bolívar gegründeten Republik Großkolumbien; nach deren Zerfall 1929/30 wurde es selbstständig. Nach Erschließung der Erdölfelder 1918 setzte ein wirtschaftlicher Aufschwung ein. Außenpolitisch distanzierte sich Venezuela im 20. Jahrh. von den Militärdiktaturen Südamerikas.

■ **Ventil** [w...; lat.] *das,* eine Vorrichtung, mit der Flüssigkeits- oder Gasströme in Rohrleitungen freigegeben, gedrosselt oder abgesperrt werden können.

■ **Venus** [w...], die römische Göttin der Liebe; sie wurde der griechischen Göttin Aphrodite gleichgesetzt.

■ **Venus** [w...; lat.] *die,* der von der Sonne aus gezählt zweite Planet des Sonnensystems. Venus erscheint uns als hellster Stern am Himmel (als →Morgenstern und als →Abendstern). Sie ist der Erde bezüglich Masse, Dichte und Durchmesser sehr ähnlich.

Die dichte, undurchsichtige Atmosphäre besteht zu 96 % aus Kohlendioxid und zu 3,5 % aus Stickstoff. Der Atmosphärendruck am Boden ist etwa so groß wie auf der Erde der Wasserdruck in 1000 m Wassertiefe (100 bar). Kohlendioxid, Wasserdampf sowie feste und flüssige Schwefelpartikel in der Atmosphäre der Venus bewirken eine Aufheizung ihrer Oberfläche (Treibhauseffekt), sodass Temperaturen bis über 500 °C erreicht werden.

Die Venus wurde im Dezember 1962 als erster Planet von einer irdischen Sonde (Mariner 2) erkundet. Sie rotiert rückläufig, das heißt, ihr Drehsinn ist dem der Erde entgegengesetzt.

■ **Veränderliche** (veränderliche Sterne), Bezeichnung für alle Sterne, deren scheinbare Helligkeit zeitlich veränderlich ist, und zwar in Zeiträumen, die sehr klein sind im Vergleich mit den Zeiträumen der Sternentwicklung. Zu den Veränderlichen zählen auch die Novae und die Supernovae.

Venus

Zeichen: ♀
Durchmesser (keine Abplattung): 12 104 km
mittlere Entfernung von der Sonne: 108,2 Mio. km
Dauer eines Umlaufs um die Sonne: 224,7 Tage
Rotationsdauer: 243 Tage
Masse: $4{,}87 \cdot 10^{24}$ kg
mittlere Dichte: 5,24 g/cm³

■ **Verb** [w...; lat.] *das* (Zeitwort, Tätigkeitswort), eine Wortart, die ausdrückt, was sich ereignet hat oder was ist (z. B. der Vater *ruft*). Verben zeigen, außer in der Grundform, immer eine Person an (z. B. in der Endung: *du* ruf*st, sie* ruf*en*). Da sich alles Geschehen oder Sein im Erleben (der Gegenwart), in der Erinnerung (an die Vergangenheit) oder in der Erwartung (der Zukunft) vollzieht, sind auch diese Wörter nach den verschiedenen Zeiten veränderbar; man nennt sie daher auch Zeitwörter. Im Deutschen gibt es folgende **Zeiten** (Tempera, Einzahl Tempus):

Präsens (Gegenwart): ich *rufe*;
Präteritum (Imperfekt, Vergangenheit: ich *rief*;
Perfekt (vollendete Gegenwart): ich *habe gerufen*;
Plusquamperfekt (vollendete Vergangenheit): ich *hatte gerufen*;
1. Futur (Zukunft): ich *werde rufen*;
2. Futur (vollendete Zukunft): ich *werde gerufen haben*.

Es gibt starke und schwache Verben. Die **starken Verben** sind dadurch gekennzeichnet, dass sich in der Vergangenheitsform gegenüber der Gegenwartsform der Selbstlaut des Stammes ändert (z. B. r*u*fe, r*ie*f); **schwache Verben** bilden, bei gleich bleibendem Selbstlaut, die Vergangenheitsform mit t (z. B. lerne, lern*t*e).

Von der Verwendung im Satz her unterscheidet man **transitive** und **intransitive Verben** (zielende und nicht zielende Verben); transitive Verben beziehen sich auf ein Akkusativobjekt (z. B. ich *rufe den Hund*), intransitive dagegen nicht (z. B. laufen, blühen). – **Reflexive Verben** (rückbezügliche Verben) beziehen sich auf das Subjekt zurück (z. B. ich *entschließe mich;* es *ereignet sich*).

Stehen Verben im **Aktiv** (Tatform), bezeichnen sie innerhalb eines Satzes (z. B. ich rufe) das Subjekt (ich) als Urheber des Geschehens. Die Formen können aber auch, mit den entsprechenden Abwandlungen, im **Passiv** (Leideform) stehen: dann wirkt das Subjekt nicht tätig am Geschehen mit, sondern es geschieht etwas mit ihm (ich werde gerufen).

Verben werden auch nach der Aussageweise, dem **Modus,** unterschieden:

der **Infinitiv** (Nennform) ist die ungebeugte Grundform des Verbs *(rufen);*

der **Imperativ** (Befehlsform) fordert dazu auf, etwas zu tun *(rufe!);*

der **Indikativ** (Wirklichkeitsform) sagt aus, dass

etwas tatsächlich geschieht, geschah oder geschehen wird *(ich habe gerufen);*
der **Konjunktiv** (Möglichkeitsform) bezeichnet dagegen nur ein mögliches Geschehen *(ich hätte gerufen);*
gelegentlich wird der Konjunktiv durch den **Konditional** (Bedingungsform) ersetzt, die besagt, dass ein Geschehen unter bestimmten Bedingungen eintreten würde *(ich würde rufen, wenn ...).*
Die Abwandlung des Verbs durch sämtliche Formen oder durch eine Gruppe von Formen nennt man **Konjugation** (Beugung).
Je eine eigenständige Gruppe von Verben bildet das →Funktionsverb, das →Hilfsverb sowie das →Modalverb. Im Unterschied dazu zählt das →Partizip als selbstständige Wortart nicht zu den Verben.

■ **Verbrẹnnung, 1)** *Chemie:* unter Flammenbildung und Wärmeentwicklung ablaufende Reaktion (→Oxidation) von Stoffen mit Sauerstoff oder anderen Oxidationsmitteln nach Erreichen der jeweiligen Entzündungstemperatur. Die Verbrennungswärme wird in Kilojoule/Kilogramm (kJ/kg) oder Kilojoule/Mol (kJ/mol) angegeben.
Bei vollständiger Verbrennung von organischen Brennstoffen entstehen vorwiegend Kohlendioxid und Wasserdampf, bei unvollständiger Verbrennung Ruß und Kohlenmonoxid.
2) *Medizin:* eine Gewebeschädigung, die durch Hitzeeinwirkung hervorgerufen wurde. Nach der Intensität der Gewebeschädigung werden drei Grade unterschieden:
Verbrennung 1. Grades mit Hautrötung und leichter Schwellung;
Verbrennung 2. Grades mit Blasenbildung (Brandblase) und Gewebezerstörung der oberen Hautschicht (Brandwunde); eine volle, narbenfreie Regeneration ist möglich;
Verbrennung 3. Grades mit schwerer Schädigung (bis zur Verkohlung) der Haut, wobei auch die Lederhaut mit ihren Gefäßen und Nerven (verbrannte Partien zeigen stellenweise Gefühllosigkeit und ein verkohltes oder weißlich lederartiges Aussehen) betroffen ist. Die verbrannten Hautpartien werden abgestoßen und hinterlassen tiefe Narben.
Verbrennungen, die mehr als 15% der Körperoberfläche betreffen, sind lebensgefährlich. Der Protein- und Flüssigkeitsverlust bei der gestörten Wärmeregulation der Haut und die Giftwirkung der durch die Verbrennung veränderten Proteine führen u.a. zum Kreislaufversagen.

■ **Verbrẹnnungsmotoren,** Kraftmaschinen, bei denen durch Verbrennung eines Gas-Luft- oder (durch den →Vergaser aufbereiteten) Kraftstoff-Luft-Gemisches ein Kolben in Rotation versetzt oder – so in den meisten Verbrennungsmotoren – in Zylindern hin- und herbewegt wird, sodass die Wärmeenergie in mechanische Energie umgewandelt wird. In dem weiter gefassten Begriff der **Verbrennungskraftmaschinen** ist außerdem die →Gasturbine enthalten.
Im **Kolbenmotor** bilden Zylinder und Kolben den Brennraum, in dem ein verdichtetes Gemisch aus Luft und Kraftstoff entflammt wird, im →Ottomotor durch den elektrischen Funken einer Zündkerze, im →Dieselmotor durch Selbstentzündung. Die explosionsartige Druckkraft der Gase bewegt den Kolben, der dadurch Arbeit leistet.
Beim **Hubkolbenmotor** (Otto- und Dieselmotor) schiebt sich der Kolben im →Hubraum des Zylinders hin und her, während er sich beim **Kreiskolbenmotor** (→Wankelmotor) in einer Kammer um die anzutreibende Welle dreht. Beim Hubkolbenmotor wird die Kolbenbewegung über die →Pleuelstange auf die Kurbelwelle übertragen. Deren Drehbewegung bildet den Antrieb z. B. für die Fahrzeugräder.
Hubkolbenmotoren arbeiten als Vier- oder Zweitaktmotoren. Viertaktmotoren haben fast ausschließlich Ventile. Die einzelnen Takte des **Viertaktverfahrens** sind:
1. Ansaugen des Luft-Kraftstoff-Gemisches oder der Luft;
2. Verdichten des Zylinderinhalts;
3. Verbrennung und Ausdehnung (»Explosion«) mit Arbeitsleistung;
4. Ausschieben der verbrannten Gase (»Auspuff«).
Beim **Zweitaktverfahren** stellen nur Verdichten der Frischladung und Ausdehnung der Verbrennungsgase eigene Arbeitstakte dar. Der Ladungswechsel, also das Ansaugen und Ausschieben, wird meist über Schlitze im Zylinder gesteuert, die durch den hin- und hergehenden Kolben geöffnet und geschlossen werden. Zweitaktmotoren brauchen also keine Ventile.
Die abgegebene Leistung von Verbrennungsmotoren wird heute meist in Kilowatt (früher in PS) angegeben. Motoren mit nur einem Zylinder laufen ungleichmäßig und bringen nur geringe Leistungen. Daher haben die heutigen Automotoren üblicherweise mehrere (bis zu zwölf) Zylinder. Sie sind meist in Reihe (**Reihenmotor** stehend, liegend oder geneigt), in V-Form (**V-Motor** stehend) oder als Boxermotoren angeordnet.
Geschichtliches: Schon Leonardo da Vinci plante um 1506 einen atmosphärischen Schießpulvermotor, doch erst mit Ingenieuren wie Carl →Benz,

Gottlieb →Daimler, Rudolf Diesel (1858–1913) und Nicolaus August Otto (1832–91) begann die Zeit der brauchbaren Verbrennungsmotoren und des Kraftwagens. Der erste Kreiskolbenmotor von Felix Wankel lief 1957.

■ **Verbzusatz** [w...] →Vorsilbe.

■ **Verdampfung,** die Überführung einer Flüssigkeit in den gasförmigen →Aggregatzustand bei erhöhter Temperatur oder vermindertem Druck (auch →Verdunstung). Wenn ein fester Stoff unter Umgehung des flüssigen Zustands direkt in den gasförmigen Zustand »verdampft«, spricht man von **Sublimation.**

Der »Bauer von Roncole« – so nannte sich der Komponist **Giuseppe Verdi** selbst – schuf mit seinen Opern eine Musik, auf die kein Opernhaus der Welt verzichten mag; in Italien nimmt der allen bekannte Gefangenenchor »Va, pensiero, sull'ali dorate – Flieg, Gedanke, auf goldenen Flügeln« aus der Oper »Nabucco« den Rang einer Nationalhymne ein

■ **Verdauung,** der Abbau der in der Nahrung enthaltenen Grundnährstoffe (Proteine, Fette, Kohlenhydrate) im Verdauungskanal mithilfe von spezifischen Enzymen in kleinere, für den Körper (die Zellen) leicht verwertbare Bausteine.

Bei Wirbeltieren spielt sich die Verdauung folgendermaßen ab: Im Mund wird die Nahrung durch die Zähne mechanisch zerkleinert und durch Sekretausschüttung der Speicheldrüsen eingespeichelt. Kohlenhydrate werden durch das Enzym Ptyalin in Malzzucker gespalten. Der Speisebrei gelangt über die muskulöse Speiseröhre in den Magen. Dort bewirken die Salzsäure und das Enzym Pepsin die Proteinspaltung. Die durch den Magenausgang (Pförtner) abgegebenen kleinen Speisebreiportionen werden im sich anschließenden Zwölffingerdarm mit weiteren Verdauungssäften durchmischt, der saure Brei alkalisch gemacht. Gallensaft spaltet die emulgierten Fette in kleinste Tröpfchen, sodass sie von den fettverdauenden Enzymen angegriffen werden können. Die Enzyme der Bauchspeicheldrüse zersetzen die Grundnährstoffe weiter.

Im Dünndarm findet schließlich die Endverdauung statt, und die freigesetzten Verdauungsprodukte Zucker, Aminosäuren, Glycerin und Fettsäuren sowie Vitamine gelangen über die Darmzotten in das Blut, die Lymphe und damit in alle Körperzellen. Im Dickdarm werden den unverdaulichen Resten Wasser und Salze entzogen und dem Körper zugeführt. Die Bakterien des Dickdarms können durch ihren Stoffwechsel noch für den Körper wichtige Vitamine erzeugen (z.B. Vitamin B_{12}). Im Mastdarm werden die unverwertbaren Reste zu Kotballen geformt, die von Zeit zu Zeit über den After ausgeschieden werden.

■ **Verdi** [w...], Giuseppe, italienischer Opernkomponist, *Le Roncole (heute zu Busseto, Provinz Parma) 10. Oktober 1813, †Mailand 27. Januar 1901. Verdi schuf zahlreiche bedeutende Opern, die durch großartige Menschendarstellung, mitreißende Dramatik und melodischen Reichtum geprägt sind. Durch ausdrucksvolle Arien, lebendige Ensembles und wirksame Chöre führte er die Gattung Oper in Italien zu ihrem Höhepunkt im 19. Jahrhundert. Seine bekanntesten Opern sind: »Nabucco« (1842), »Rigoletto« (1851), »Der Troubadour« (1853), »La Traviata« (1853), »Ein Maskenball« (1859), »Aida« (1871; komponiert für die Eröffnung des Suezkanals) und »Otello« (1887).

■ **Verdun** [werdõ] (amtlich Verdun-sur-Meuse), Stadt in Lothringen, Frankreich, an der Maas, mit 20 700 Einwohnern. Die Stadt hat eine romanische Kathedrale und ein barockes Rathaus. – Verdun wurde nach 1870 zur Festung ausgebaut, die im Ersten Weltkrieg in der **Schlacht um Verdun** (1916) hart umkämpft wurde.

■ **Verdunstung,** der Übergang eines Stoffes vom flüssigen in den gasförmigen →Aggregatzustand bei Temperaturen unterhalb des Siedepunktes. Im Gegensatz zum Verdampfen erfolgt das Verdunsten nur an der Oberfläche einer Flüssigkeit.

■ **Veredelung,** eine Maßnahme, die zur Qualitätsverbesserung von Pflanzen (im Obst- und Weinbau sowie in der Gärtnerei, z. B. zur Rosenzucht) angewandt wird. Dabei wird der Spross einer wertvollen Sorte, das **Edelreis,** auf eine weniger wertvolle

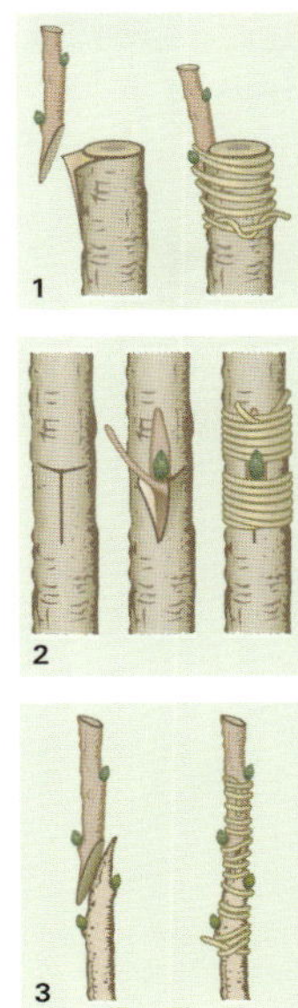

Die Zeichnungen geben die drei Hauptverfahren der **Veredelung** wieder: 1 Pfropfung, 2 Okulation, 3 Kopulation

Sorte, die **Unterlage,** übertragen. Die Stellen, an denen Edelreis und Unterlage zusammengefügt sind, werden bis zum Anwachsen mit Bast verbunden.

Man unterscheidet drei Hauptverfahren:

1. Pfropfung: Der abgeschnittene, Knospen tragende Teil der wertvollen Pflanze wird mit der weniger wertvollen an einer Wundstelle vereinigt;

2. Okulation (Augenveredelung): Die Rinde der Pflanze, die veredelt werden soll, wird T-förmig eingeschnitten und dahinter ein Rindenstückchen der edlen Pflanze mit Auge (Knospe) eingeschoben;

3. Kopulation: Edelreis und Unterlage werden über schräge, gleich lange Schnittflächen vereinigt.

■ **Verein,** freiwilliger Zusammenschluss von Personen zu einem bestimmten Zweck. Die Gründung eines Vereins geschieht durch Einigung der Gründer, die die Satzung mit Namen und Bestimmung des Vereins festsetzen. Die gesetzlich vorgeschriebenen Organe des Vereins sind die Mitgliederversammlung und der Vorstand. Werden keine wirtschaftlichen Ziele verfolgt, so kann der Verein beim zuständigen Amtsgericht in das Vereinsregister eingetragen werden. Er führt dann hinter seinem Namen den Zusatz e. V. (= **e**ingetragener **V**erein) und ist als →juristische Person rechtsfähig. Vereine mit wirtschaftlicher Zielsetzung bedürfen einer besonderen Konzession oder Rechtsform.

Vereinigte Arabische Emirate

Flagge

Wappen

■ **Vereinigte Arabische Emirate,** Abkürzung **VAE**, bundesstaatlicher Zusammenschluss von sieben autonomen Scheichtümern (Emiraten) auf der Arabischen Halbinsel. Die einzelnen Emirate sind: **Abu Dhabi** (73 548 km² mit 928 400 Einwohnern), **Dubai** (3 750 km² mit 674 100 Einwohnern), **Sharja** (Schardscha; 2 500 km² mit 400 300 Einwohnern), **Ras al-Khaima** (1 625 km² mit 144 400 Einwohnern), **Fujaira** (Fudschaira; 1 150 km² mit 76 300 Einwohnern), **Umm al-Kaiwain** (777 km² mit 35 200 Einwohnern) und **Ajman** (Adschman; 250 km² mit 118 800 Einwohnern).

Der Staat liegt an der Südküste des Persischen Golfs (»Piratenküste«). Wichtigster Wirtschaftszweig ist die Erdölförderung (vor allem in Abu Dhabi).

Geschichte: Im Bereich der Vereinigten Arabischen Emirate bestanden schon im 3. Jahrtausend v. Chr. wichtige Handelszentren. Die Islamisierung des Gebiets setzte bereits zu Mohammeds Lebzeiten ein. Seit 1760 stand es unter britischem Einfluss, seit 1853 als »Befriedetes Oman« unter britischer Oberhoheit. 1971 erlangten die Emirate die Unabhängigkeit und schlossen sich zu den Vereinigten Arabischen Emiraten zusammen.

Vereinigte Arabische Emirate
Fläche 83 600 km²
Einwohner 2,72 Mio. (nach anderen Angaben 2,44 Mio.)
Hauptstadt Abu Dhabi
Amtssprache Arabisch
Währung 1 Dirham (Dh.) = 100 Fils
Zeitzone MEZ + 3 Std.

■ **Vereinigte Staaten von Amerika** (amtlich englisch United States of America, Abkürzung USA), Staat in Nordamerika und im Pazifischen Ozean, eine Union von 50 Bundesstaaten und einem Bundesdistrikt. Die Bevölkerung besteht zu 82,8 % aus Weißen, 12,6 % Schwarzen (Afroamerikaner), 3,7 % Asiaten und Pazifikinsulanern und 0,9 % Ureinwohnern (Indianer, Eskimo, Aleuten); davon unabhängig bezeichnen sich 10,6 % als Hispanos (Einwanderer aus den spanischsprachigen Ländern Südamerikas). Mehr als ein Drittel der Bevölkerung ist auf die stark von der Industrie geprägten Staaten des Nordostens konzentriert. Auch das Gebiet um die Großen Seen sowie Texas und Kalifornien sind dicht besiedelt. Dünn besiedelt sind dagegen weite Teile des Westens und Alaska.

Geographische Gliederung: Zum Staatsgebiet gehören der südliche Teil des nordamerikanischen Festlands, Alaska, Hawaii sowie eine Reihe weiterer abhängiger Gebiete. Den Ostteil des Landes durchziehen von Nordosten nach Südwesten die Appalachen (bis 2 039 m hoch). Sie fallen nach Osten steil zur buchtenreichen, im Süden versumpften atlantischen Küstenebene ab. Die Ebene verbreitert sich südwärts zur Halbinsel Florida und geht über in die Golfküstenebene mit dem Mississippidelta. Nach Westen fallen die Appalachen in mehreren Stufen ab. Die Mitte der USA wird von Ebenen eingenommen, deren Längsachse der Mississippi bildet. Das flache Tiefland ist im Norden von den Gletschern der Eiszeiten überformt, im Süden von mächtigen Lössschichten bedeckt und reicht von den Großen

Vereinigte Staaten von Amerika
Fläche 9 809 155 km²
Einwohner 270,299 Mio.
Hauptstadt Washington (D.C.)
Amtssprache Englisch
Nationalfeiertag 4. 7.
Währung 1 US-Dollar (US-$) = 100 Cents (c, ¢)
Zeitzone MEZ (von O nach W) −6 bis −10 Std.

Seen bis zum Golf von Mexiko. Westlich des Mississippi steigt das Tiefland in den Great Plains bis zum Fuß der Rocky Mountains an.
Den Westen des Landes nimmt das Gebirgssystem der Kordilleren (in den pazifischen Küstengebirgen bis 4418 m hoch) ein. Sie gliedern sich nach Westen hin in die Rocky Mountains, das Kaskadengebirge mit im Süden anschließender Sierra Nevada und der Küstenkette. Zwischen den Rocky Mountains und der Sierra Nevada liegt die Beckenlandschaft des Großen Beckens, zwischen Sierra Nevada und Küstenkette das Kalifornische Längstal. Im Südosten des Gebirgssystems liegt das Coloradoplateau mit dem Grand Canyon.
Klima und Vegetation: Der größte Teil der USA liegt in der gemäßigten Zone und hat kontinentales Klima, da die Gebirge ein Übergreifen ozeanischer Luftmassen ins Innere hemmen. Westlich der Appalachen breitet sich die Prärie aus, die im äußersten Süden in Dornstrauchsteppe übergeht. Die Appalachen sind von Mischwäldern bedeckt, in der atlantischen Küstenebene wachsen Kiefernwälder, in den Rocky Mountains Nadelwälder. In den Tälern und Becken zwischen den Gebirgszügen der Kordilleren erstreckt sich oft Wüstensteppe; Florida und Gebietsteile im Südwesten haben subtropisches Klima, Kalifornien hat Mittelmeerklima.
Die *Landwirtschaft* der USA ist führend in der Welt; angebaut werden vor allem Getreide, Mais und Sojabohnen sowie Baumwolle, Tabak, Gemüse und Obst. Große Flächen werden künstlich bewässert. Bedeutend sind außerdem die Viehzucht sowie der Küsten- und Hochseefischfang.
Bodenschätze und Industrie: Die USA sind reich an Bodenschätzen. In der Förderung von Erdgas, Erdöl, Steinkohle, Kupfer und Blei nehmen sie die zweite Stelle, bei Silber und Gold die dritte Stelle und bei Eisenerz die fünfte Stelle in der Weltproduktion ein. Trotz vieler weiterer Bodenschätze (Braunkohle, zahlreiche Erze, Phosphat, Schwefel, Kalisalze) sind die USA auf zusätzliche Importe angewiesen (sie sind z. B. der größte Erdölverbraucher der Erde). Steinkohle wird vor allem in den Appalachen gefördert, Erdöl und Erdgas in vielen Gebieten (u. a. im Golf von Mexiko und in Alaska), Eisenerz am Oberen See, in den Appalachen (bei Birmingham) und im Westen der USA, Kupfererz in den Kordilleren.
Die USA sind der bedeutendste Industriestaat der Erde. Die Eisen- und Stahlindustrie hat ihre wichtigsten Standorte in Pennsylvania (vor allem in Pittsburgh), am Südufer der Großen Seen (vor allem in Chicago und Gary am Michigansee), an der Atlantikküste sowie in Texas (in Houston). Nichteisenmetalle werden meist in der Nähe von Lagerstätten oder von Kraftwerken verhüttet. Autos werden hauptsächlich in Detroit hergestellt. Die Flugzeug-, Raketen-, Raumfahrt- und Elektronikindustrie findet sich vor allem im Bereich des Golfs von Mexiko und in Kalifornien (Silicon Valley). Am unteren Mississippi erstreckt sich von Baton Rouge bis New Orleans (160 km) die größte Ansiedlung von chemischer Industrie der Erde. Im atlantischen Küstenbereich und in den Appalachen sind vor allem Chemiefaserherstellung, Textil-, Bekleidungs- und Lederindustrie vertreten, desgleichen Schiffbau sowie Papier- und Zelluloseherstellung. Große Schlachthäuser, Konservenfabriken, Getreidemühlen und Nahrungsmittelfabriken gibt es vor allem im mittleren Teil der USA.
Verkehr: Bei der Erschließung des Landesinnern spielte die Eisenbahn eine große Rolle; die ersten Strecken entstanden ab 1830. Heute wird der Verkehr überwiegend von Autos und Flugzeugen bewältigt. Wichtigste Binnenschifffahrtswege sind der Mississippi und der Sankt-Lorenz-Seeweg. Bedeutende Seehäfen an der Ostküste sind New York und Baltimore, am Golf von Mexiko New Orleans und Houston, an der Westküste San Francisco und Los Angeles.
Geschichte: Die USA entstanden aus den britischen Kolonien an der Ostküste Nordamerikas; die älteste war Virginia (1607 Gründung von Jamestown). Seit 1620 besiedelten englische Puritaner (→Pilgerväter) die Gebiete nördlich von Virginia

Vereinigte Staaten von Amerika

Flagge

Wappen

Vereinigte Staaten von Amerika: Verwaltungsgliederung

Bundesstaat bzw. -distrikt	Hauptstadt	Fläche in km²	Ew in 1 000
Alabama	Montgomery	133 775	4 319
Alaska	Juneau	1 700 138	609
Arizona	Phoenix	295 276	4 555
Arkansas	Little Rock	137 742	2 523
Colorado	Denver	269 618	3 893
Connecticut	Hartford	14 358	3 270
Delaware	Dover	6 448	732
District of Columbia	Washington	177	529
Florida	Tallahassee	170 314	14 654
Georgia	Atlanta	153 952	7 486
Hawaii	Honolulu	28 313	1 187
Idaho	Boise	216 456	1 210
Illinois	Springfield	150 007	11 896
Indiana	Indianapolis	94 328	5 864
Iowa	Des Moines	145 754	2 852
Kalifornien	Sacramento	424 002	32 268
Kansas	Topeka	213 111	2 595
Kentucky	Frankfort	104 665	3 908
Louisiana	Baton Rouge	134 275	4 352
Maine	Augusta	91 653	1 242
Maryland	Annapolis	32 134	5 094
Massachusetts	Boston	27 337	6 118
Michigan	Lansing	250 465	9 774
Minnnesota	Saint Paul	225 182	4 686
Mississippi	Jackson	125 443	2 731
Missouri	Jefferson City	180 546	5 402
Montana	Helena	380 850	879
Nebraska	Lincoln	200 358	1 657
Nevada	Carson City	286 367	1 677
New Hampshire	Concord	24 219	1 173
New Jersey	Trenton	22 590	8 053
New Mexico	Santa Fe	314 939	1 730
New York	Albany	141 080	18 137
North Carolina	Raleigh	139 397	7 425
North Dakota	Bismarck	183 123	641
Ohio	Columbus	116 103	11 186
Oklahoma	Oklahoma City	181 048	3 317
Oregon	Salem	254 819	3 243
Pennsylvania	Harrisburg	119 291	12 020
Rhode Island	Providence	4 002	987
South Carolina	Columbia	82 902	3 760
South Dakota	Pierre	199 744	738
Tennessee	Nashville	109 158	5 368
Texas	Austin	695 676	19 439
Utah	Salt Lake City	219 902	2 059
Vermont	Montpelier	24 903	589
Virginia	Richmond	110 792	6 734
Washington	Olympia	184 672	5 610
West Virginia	Charleston	62 759	1 816
Wisconsin	Madison	169 643	5 170
Wyoming	Cheyenne	253 349	480
Vereinigte Staaten	Washington (D. C.)	9 809 155	267 637

(→Neuengland). Eine weitere Ausbreitung nach Norden scheiterte zunächst an den französischen Kolonisten; Frankreich musste aber 1763, nach dem →Siebenjährigen Krieg, auf seine nordamerikanischen Kolonien verzichten.

1774 schlossen sich 13 britische Kolonien auf einem Kongress in Philadelphia zusammen; hier forderten sie vor allem, dass England keine Besteuerung einführen dürfe, ohne dafür die Zustimmung der Kolonien einzuholen.

Am 4. Juli 1776 erklärten die 13 Kolonien in Philadelphia ihre Unabhängigkeit und nannten sich fortan »Vereinigte Staaten von Amerika«. In dem darauf folgenden Krieg gegen das Mutterland (→Nordamerikanischer Unabhängigkeitskrieg) blieben die ehemaligen Kolonien siegreich. Im Frieden von Paris 1783 erlangten die USA die Unabhängigkeit und erweiterten ihr Gebiet um das gesamte Territorium zwischen Appalachen, Mississippi, den Großen Seen und dem zu Spanien gehörenden Florida. Durch die 1787 ausgearbeitete und 1788 ratifizierte Verfassung wurde aus dem lockeren Staatenbund ein Bundesstaat; erster Präsident war 1789–97 George Washington.

Mit dem Kauf des westlichen Louisiana (1803) von Frankreich begann die Ausdehnung der USA. In der Folgezeit schob sich die Siedlungsgrenze immer weiter nach Westen, verbunden mit der Vertreibung der →Indianer aus ihren angestammten Wohngebieten. Der Erwerb von Florida (1810/19), die Annexion von Texas (1845), die mexikanischen Gebietsabtretungen (1848) und -verkäufe (1849) sowie die Teilung des bis dahin britisch-amerikanischen Oregongebiets (1846) rundeten das Territorium der USA in wenigen Jahrzehnten nach Süden bis zum Golf von Mexiko und nach Westen bis zur Küste des Pazifischen Ozeans ab.

Mit dem Schlagwort »Amerika den Amerikanern« (Monroedoktrin 1823) lehnten die USA jede Einmischung außeramerikanischer Staaten in Angelegenheiten ihres Kontinents ab und zogen sich ihrerseits bis zum Ersten Weltkrieg aus Europa zurück. Die Spannungen zwischen den Nordstaaten (vor allem den Staaten im industrialisierten Nordosten) und den Südstaaten über die Sklaverei entluden sich nach dem Austritt von elf Südstaaten aus der Union im →Sezessionskrieg (1861–65).

1867 kauften die USA Alaska von Russland. 1897 wurden Hawaii und 1898 die Philippinen sowie Puerto Rico gewonnen. Militärische Erfolge, territoriale Zugewinne und die zügig fortschreitende Industrialisierung ebneten den USA den Aufstieg zur Weltmacht.

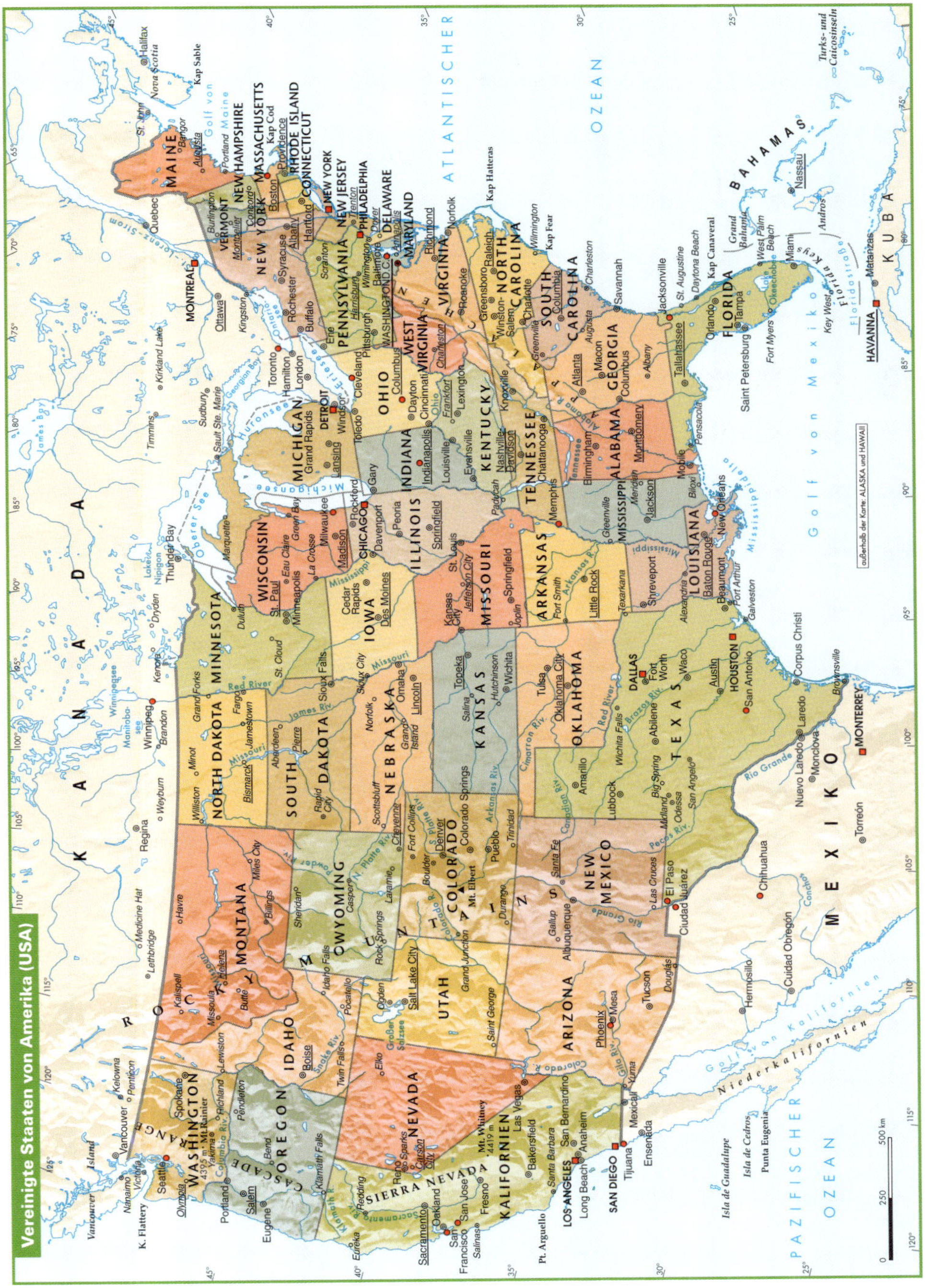

Wörter, die man unter V vermisst, suche man unter W

Die deutsche Erklärung des unbeschränkten U-Boot-Krieges führte 1917 zum kriegsentscheidenden Eintritt der USA in den Ersten Weltkrieg aufseiten der Westalliierten. Woodrow Wilson (Präsident 1913–21) konnte seine Friedenspläne (»Vierzehn Punkte«) 1918 aber nicht durchsetzen; der Kongress lehnte eine Annahme des Versailler Vertrags ebenso ab wie den Beitritt der USA zum Völkerbund. 1929 erlebten die USA eine schwere Wirtschaftskrise, die sich zu einer Weltwirtschaftskrise ausweitete. Präsident Franklin D. Roosevelt (1933–45) bekämpfte sie mit bis dahin in den USA ungewohnten staatlichen Eingriffen in die Wirtschaftsabläufe (New Deal).

Der japanische Überfall auf Pearl Harbor löste den Eintritt der USA in den Zweiten Weltkrieg aus, an dessen Ende Deutschland und Japan vor den von den USA geführten Westalliierten kapitulieren mussten. 1946 wurden die Philippinen in die Unabhängigkeit entlassen.

Nach 1945 zerbrach das Einvernehmen mit dem Kriegspartner Sowjetunion rasch (→Ost-West-Konflikt). Der neue Kurs von Präsident Harry S. Truman (1945–53) suchte durch militärische und wirtschaftliche Unterstützung der »freien Welt« der kommunistischen Expansion entgegenzuwirken. Das →Europäische Wiederaufbauprogramm (Marshallplan) 1948–52 sollte ein Europa schaffen, das für die USA ein bedeutender Bündnispartner im Widerstand gegen den Ostblock sein könnte; auch Griechenland und die Türkei erhielten besondere Unterstützung. 1949 schlossen die USA mit den westeuropäischen Ländern einen militärischen Bündnispakt, die NATO, 1954 ein Abkommen mit europäischen und südostasiatischen Ländern (SEATO; 1977 aufgelöst).

Die USA waren darauf bedacht, dass sich die Machtverhältnisse nicht zugunsten der Sowjetunion verschoben und gewährten ihren (schwächeren) Partnern Hilfe, um dieses Ziel wirksamer verfolgen zu können. Sie finanzierten 1948/49 die »Luftbrücke« (die Versorgung mittels Flugzeugen) nach Berlin, als die Sowjetunion versuchte, Berlin (West) verkehrsmäßig abzuschneiden.

Im Koreakrieg 1950–53 ermöglichten die USA die Ausführung des Beschlusses der UN (die USA sind Gründungsmitglied), gegen die von Nord-Korea aus nach Süd-Korea vorgedrungenen kommunistischen Truppen einzuschreiten. 1953 wurde der frühere General Dwight D. Eisenhower Präsident (bis 1961), der mit seinem Außenminister John F. Dulles (†1959) der eigentliche Vertreter einer »Politik der Stärke« wurde.

Während der Amtszeit John F. Kennedys (1961–63) löste die Sowjetunion 1962 durch die Errichtung von Raketenbasen auf Kuba, unmittelbar »vor der Haustür« der USA, die Kubakrise aus, in deren Verlauf es fast zu kriegerischen Auseinandersetzungen zwischen den beiden Supermächten gekommen wäre. Nach der Ermordung Kennedys wurde Vizepräsident Lyndon B. Johnson Präsident (1963–69). Die militärische Unterstützung Süd-Vietnams im Vietnamkrieg brachte nicht den gewünschten Erfolg; 1975 mussten die USA den Sieg kommunistischer Regime in Vietnam und den Nachbarstaaten Laos und Kambodscha hinnehmen.

Nachfolger Johnsons wurde 1969 Richard M. Nixon. Dieser erzielte zusammen mit Außenminister Henry A. Kissinger (*1923) Teilerfolge in der Entspannungspolitik gegenüber der Sowjetunion und China, vor allem durch Verhandlungen über die Abrüstung. Die mit seiner Wiederwahl (1972) zusammenhängende »Watergate-Affäre« (Mitarbeiter Nixons waren während des Wahlkampfs in das Hauptquartier des Gegenkandidaten in den Watergate-Appartements eingebrochen, um Abhörgeräte anzubringen) löste in den USA eine schwere innenpolitische Krise aus, Nixon musste 1974 zurücktreten. Auch unter seinem Nachfolger Gerald R. Ford (1974–77) wurden die Folgen dieser Krise und die innenpolitischen Nachwirkungen des verlorenen Vietnamkriegs nur teilweise überwunden.

Während der Präsidentschaft von James E. Carter (1977–81) wurde die Entspannungspolitik fortgesetzt, bis sie durch den sowjetischen Einmarsch in Afghanistan im Dezember 1979 in eine schwere Krise geriet. Die islamische Revolution in Iran 1979 brachte die USA, die das Schah-Regime gestützt hatten, in außenpolitische Verwicklungen, die im November 1979 in der Besetzung der Teheraner US-Botschaft und der Festsetzung von über 50 US-Bürgern als Geiseln gipfelten.

Unter Präsident Ronald W. Reagan (1981–89) rückte die Verteidigungs- und Rüstungspolitik in den Vordergrund mit dem Ziel der militärischen Überlegenheit gegenüber der Sowjetunion. 1981 wurden dennoch amerikanisch-sowjetische Abrüstungsverhandlungen aufgenommen und bis 1990 erfolgreich abgeschlossen. In Mittelamerika unterstützten die USA die Diktaturen in El Salvador, Honduras und Guatemala, marschierten 1983 in Grenada und 1989 in Panama ein.

Die Auflösung des Ost-West-Gegensatzes und das von Präsident George H. W. Bush (1989–93) verkündete Ende des Kalten Krieges führte im Weltsicherheitsrat der UN zu einer Kooperation zwischen der

Sowjetunion und den USA in der Auseinandersetzung um die Besetzung Kuwaits durch den Irak (→Golfkrieg 2). In diesem Konflikt konnten die USA ihre Weltmachtposition stärken und nach dem Zusammenbruch der Sowjetunion noch weiter ausbauen. Nach Bill Clinton (1993–2001) übernahm George W. Bush 2001 das Amt des Präsidenten.

■ **Vereinte Nationen** →UN.

■ **Vererbungslehre** →Genetik.

■ **Verfassung,** (Konstitution), die Grundordnung einer juristischen Person, besonders die eines Staates. Im Rechtssinn ist die Verfassung eines Staates der Inbegriff der geschriebenen oder ungeschriebenen grundlegenden Rechtssätze über Organisation und Funktionsweise der Staatsgewalt sowie über die Rechtsstellung des Einzelnen.
Geschriebene Verfassungen entstanden seit dem 18. Jahrh. aus politischen Kämpfen als Instrument zur Begrenzung der Staatsgewalt und zur Sicherung der Grundrechte.
Die Verfassung der Bundesrepublik Deutschland ist das **Grundgesetz**. Auch andere Gemeinschaften können sich eine Verfassung geben, in der Zweck, Einrichtung, Organe und Verwaltung geregelt sind.

■ **Verfassungsschutz,** alle Maßnahmen zum Schutz der verfassungsmäßigen Grundordnung. In der Bundesrepublik Deutschland bestehen **Verfassungsschutzämter** des Bundes und der Länder. Ihre Aufgabe ist die Sammlung und Auswertung von Material a) über Bestrebungen, die gegen die freiheitliche demokratische Grundordnung sowie den Bestand oder die Sicherheit des Bundes oder eines Landes gerichtet sind; b) über sicherheitsgefährdende oder geheimdienstliche Tätigkeiten für eine fremde Macht; c) über Bestrebungen, die durch Anwendung von Gewalt auswärtige Belange Deutschlands gefährden.

■ **Vergangenheit** (Präteritum, Imperfekt) →Verb.

■ **Vergaser,** eine Vorrichtung an Ottomotoren, die das zum Betrieb notwendige Kraftstoff-Luft-Gemisch aufbereitet. Zur restlosen Verbrennung von einem Gewichtsteil Benzin werden etwa 15 Gewichtsteile Luft benötigt. Wird mehr Luft beigemischt, so wird das Gemisch als **mager,** bei Luftmangel als **fett** bezeichnet. Beim Start (bei kaltem Motor) soll z. B. das Gemisch äußerst fett sein, da sich ein Teil des Kraftstoffs auf dem Weg bis zum Zylinder an den kalten Wandungen niederschlägt und das verbleibende Gemisch zündfähig sein muss. Spezielle Startvorrichtungen bewirken die extreme Gemischfettung, z. B. die drehbar am Eingang des Mischkanals sitzende **Starterklappe**. Sie wird von Hand (Choke) oder automatisch über eine Bimetallfeder (Startautomatik) betätigt.

■ **Vergewaltigung,** Geschlechtsverkehr, der durch Gewalt, Drohung oder das Ausnutzen einer hilflosen Lage des Opfers erzwungen wird. Die Vergewaltigung wird im deutschen Strafgesetzbuch als besonders schwerer Fall sexueller Nötigung erfasst. Die Vergewaltigung von Frauen ist sowohl innerhalb als auch außerhalb der Ehe strafbar. Außerdem kann wegen Vergewaltigung bestraft werden, wer einen Mann zu einer sexuellen Handlung zwingt, die ihn besonders erniedrigt. Die Vergewaltigung von Kindern und Jugendlichen wird als →sexueller Missbrauch geahndet.
Jährlich gehen rund 6300 Anzeigen wegen Vergewaltigung ein, doch rechnet das Bundeskriminalamt mit rund 200000 Fällen. Rund 70% der Täter kommen aus dem näheren Umfeld des Opfers und sind im Allgemeinen psychisch unauffällig. Neueren Umfragen zufolge kommt es in jeder fünften Ehe zu Vergewaltigungen. Viele Opfer scheuen jedoch eine Anzeige, da sie die psychische Belastung eines Prozesses, in dem ihre Glaubwürdigkeit mitunter angezweifelt oder ihnen gar eine Mitschuld angelastet wird, und das öffentliche Interesse nicht ertragen können.
Mädchen und Frauen, die eine Vergewaltigung erfahren haben, leiden meist jahrelang darunter und können ihre Ängste oft nur mit psychotherapeutischer Hilfe abbauen. Die Folgen reichen von sexuellen Störungen über schwere Beeinträchtigungen des Selbstwertgefühls bis hin zu Depressionen, Psychosen und Selbstmord.

■ **Vergiftung,** eine Erkrankung, die durch die Aufnahme von schädlichen Stoffen in den Körper (durch Atmungsluft, Speisen, Berührung oder auch durch direkten Eintritt in die Blutbahn, z. B. bei Verletzungen und offenen Wunden) hervorgerufen wird. Die Schwere einer Vergiftung hängt 1. von der Wirksamkeit des Giftes ab, 2. von dessen Menge und 3. von der Fähigkeit des betroffenen Organismus, die giftigen Stoffe unschädlich zu machen oder auszuscheiden.
Vergiftungen werden z. B. durch zu viele Tabletten oder zu viel Alkohol (Alkoholvergiftung), durch Verwechslung von Medikamenten, durch Gifttiere (Giftschlangen) und durch Giftpilze oder verdorbene Speisen (Lebensmittelvergiftung) verursacht.

■ **Vergil** [w...] (eigentlich Publius Vergilius Maro), römischer Dichter, * Andes (heute Pietole bei Mantua) 15. Oktober 70 v. Chr., † Brundisium (heute Brindisi) 21. September 19 v. Chr. In seinem Hauptwerk »Aeneis«, dem zwölf Bücher umfassenden

Epos von den Ursprüngen Roms, schildert Vergil die Irrfahrten des Äneas, der aus dem brennenden Troja flieht und nach Italien gelangt, wo er sich in Latium ansiedelt. Die Vereinigung von Trojanern und Latinern schuf die Voraussetzung für die Entstehung des Volks der Römer.

Eine fantastische Reise zum Mond: die Passagiere in **Jules Vernes** Roman »Von der Erde zum Mond« genießen im Jahr 1865 die Loslösung von der Schwerkraft irdischer Verhältnisse

Vergleichsformen → Adjektiv.

Verhaltensforschung (Ethologie), ein Teilgebiet der Biologie, das sich mit der Erforschung des Verhaltens von Tieren befasst. Zum Verhalten eines Tieres gehören alle Bewegungen, Körperhaltungen und Lautäußerungen, die der Verständigung mit Artgenossen dienen können wie auch Farbveränderungen zur Tarnung oder Warnung. Angeborenes Verhalten (Instinktverhalten, z. B. Nahrungserwerb, Balz, Brutpflege, Verhalten gegenüber Feinden oder Artgenossen) wird vererbt und entwickelt sich in einem Zusammenspiel von Anlagen und Umwelt. Als Begründer der modernen Verhaltensforschung gilt Konrad Lorenz.

Verhältniswort → Präposition.

Verjährung, durch Ablauf einer gesetzlich vorgeschriebenen Zeit, der Verjährungsfrist, erlöschender Anspruch. Die allgemeine Verjährungsfrist beträgt 30 Jahre, bei Geschäften des täglichen Lebens zwei Jahre, für Ansprüche aus unerlaubter Handlung drei Jahre. Mord und Völkermord verjähren nicht.

Verkehr, im weitesten Sinn alle Arten zwischenmenschlicher Kontakte, im engeren Sinn die Ortsveränderung von Personen oder Gütern, so z. B. in den Wortverbindungen Schienen-, Straßen-, Bus-, Auto- oder Flugverkehr, die den Verkehr nach seinen Wegen oder Mitteln bezeichnen, ferner der Nachrichtenverkehr (Postdienste, Telekommunikation). Der Verkehr in diesem Sinne ist eine grundlegende Voraussetzung für arbeitsteiliges Wirtschaften und wirtschaftliche Spezialisierung. Die Mobilität durch den Personenverkehr hat vielen Menschen beruflich (Auflösung der engen Beziehung zwischen Wohn- und Arbeitsort) wie privat (Ferienreisen) Vorteile und Freiheiten beschert. Doch hat die – nach dem Zweiten Weltkrieg einsetzende – Massenmotorisierung in den Industrieländern auch zahlreiche Probleme mit sich gebracht (Umweltzerstörung und Gesundheitsschäden der Menschen durch Auspuffgase, Lärmbelästigung, Verkehrsüberlastung der Städte, schwere Unfälle).

Jules Verne

Das Vorbild für die Figur des Phileas Fogg in Jules Vernes Roman »Reise um die Erde in 80 Tagen« war der amerikanische Kaufmann George Train (1829–1904). Der Abenteurer reiste 1870 von New York nach San Francisco, mit einem Segelschiff ging es dann weiter nach Japan, und von dort gelangte er über Hongkong, Saigon und Singapur durch den Suezkanal nach Marseille. In Lyon nahm er sich dann einen Privatzug zur Kanalküste, setzte nach Großbritannien über und erwischte in Liverpool gerade noch ein Schiff, das ihn wieder nach New York brachte. Noch drei weitere Male raste Train um die Erde. Im Jahr 1892 schaffte er es in 60 Tagen.

Verkehrszeichen, Zeichen zur Verkehrsregelung: Warn-, Gebots-, Verbots- und Hinweiszeichen durch Schilder, Ampeln und Zeichen von Polizeibeamten. Die Nichtbeachtung der Verkehrszeichen und der durch Verkehrseinrichtungen getroffenen Anordnungen gilt als Ordnungswidrigkeit.

Verklappen, das Einbringen von Abfallstoffen (vor allem Dünnsäuren, Klärschlämme) durch Schiffe ins Meer.

■ **Verlag,** ein wirtschaftliches Unternehmen, das Bücher, Zeitungen, Zeitschriften, Broschüren, Kunstblätter, Noten, Landkarten und Ähnliches herstellt und vertreibt. Der **Verleger** (eine Person oder auch eine Personengruppe) trifft im Allgemeinen die Entscheidung darüber, was verlegt wird. Er erwirbt (gegen Entgelt) vom Autor (Verfasser) des zu verlegenden Werkes oder von dessen Beauftragtem (eventuell auch von den Erben des Autors) das Recht, das Werk zu vervielfältigen und die Vervielfältigungen zu verkaufen.

■ **Verlies,** ein unterirdischer Kerker, besonders in Burgen (Burgverlies).

■ **Vermeer,** Jan (Johannes), genannt Vermeer van Delft, niederländischer Maler, getauft Delft 31. Oktober 1632, begraben ebenda 15. Dezember 1675. Von seinem Werk sind rund 40 sorgfältig ausgearbeitete Bilder bekannt. Es besteht vor allem aus Interieurs (Innenraumdarstellungen) mit wenigen Figuren; ihre Komposition ist ausgewogen mit klarer Lichtverteilung und konzentriert Farbgebung.

■ **Verne** [wern], Jules, französischer Schriftsteller, *Nantes 8. Februar 1828, †Amiens 24. März 1905. Verne schrieb zunächst für die Bühne, dann Abenteuer- und Zukunftsromane, die oft technische Erfindungen vorwegnahmen und am Beginn der Science-Fiction stehen. Zu seinen bekanntesten Büchern gehören: »Reise nach dem Mittelpunkt der Erde« (1864), »Von der Erde zum Mond« (1865), »20 000 Meilen unterm Meer« (1870), »Reise um die Erde in 80 Tagen« (1873).

■ **Verona** [w...], Stadt in Italien, östlich des Gardasees, mit 254 700 Einwohnern. Sie besitzt aus römischer Zeit u. a. ein Amphitheater (Arena), in dem jährliche Opernfestspiele stattfinden.

■ **Verrechnungsscheck** →Scheck.

■ **Vers** [lat.] *der,* eine rhythmische Einheit im Gedicht, Epos oder Drama, oft rhythmisch wiederum untergliedert, wobei der **Versfuß** (z. B. →Jambus, →Trochäus, →Daktylus, →Anapäst) die kleinste Einheit ist. Verse können – müssen aber nicht – mit einem Reim enden.

Im Deutschen ist der Vers akzentuierend (eine Einheit von betonten und unbetonten Silben), der antike Vers ist meist quantitierend (eine Einheit von Kürzen und Längen). Ganz andere Verse gibt es z. B. im Japanischen, wo eine feste Silbenzahl einen Vers ausmachen kann.

Die Lehre vom Vers heißt Metrik oder Verslehre (auch →Versmaß). – Vers kann auch die Bedeutung von Strophe haben, so häufig in der Umgangssprache und beim Kirchenlied. – Tabelle S. 328

■ **Versailler Vertrag** [werßaj^e^r -], der wichtigste der Pariser Vorortverträge, die 1919/20 den Ersten Weltkrieg auch völkerrechtlich beendeten. Er wurde am 28. Juni 1919 im Schloss von Versailles zwischen dem Deutschen Reich und den Siegerstaaten abgeschlossen und trat am 10. Januar 1920 in Kraft. Einige Länder ratifizierten ihn jedoch nicht oder beendeten den Kriegszustand mit dem Deutschen Reich durch besondere Verträge (so die USA 1921).

Durch den Versailler Vertrag kamen, zum Teil nach vorherigen Volksabstimmungen, Elsass-Lothringen an Frankreich, Moresnet (Provinz Lüttich) und Eupen-Malmedy (im deutsch-belgischen Grenzgebiet) an Belgien, fast ganz Westpreußen und Posen, der Kreis Soldau und Ostoberschlesien an Polen, Nordschleswig an Dänemark, das Hultschiner Ländchen (nordmährisch-oberschlesisches Waldgebiet zwischen den Flüssen Oder und Oppa) an die Tschechoslowakei. Das Memelland kam unter alliierte Verwaltung. Das Saargebiet wurde für 15 Jahre wirtschaftlich Frankreich angeschlossen, danach sollte eine Volksabstimmung über dessen Zugehörigkeit entscheiden. Das linke Rheinufer wurde von den Alliierten besetzt (teils für fünf, zehn und 15 Jahre). Deutschland verlor seine Kolonien. Das deutsche Heer wurde auf 100 000 Mann beschränkt. Deutschland wurde zur Zahlung von Reparationen (Kriegsentschädigungen) verpflichtet. Ihm wurde die alleinige Schuld am Krieg zugewiesen (Artikel 231). Die größten deutschen Flüsse wurden für den internationalen Verkehr freigegeben.

Bei aller materiellen und psychologischen Belastung beließen die Bedingungen des Vertragswerks dem Deutschen Reich dennoch den Status einer Großmacht. Die Forderung nach Abänderung des Vertrages (»Diktatfrieden«) galt in der deutschen öffentlichen Meinung fortan dennoch als grundsätzliches außenpolitisches Ziel; so fanden die antidemokratischen Kräfte von rechts wie links im »Diktat von Versailles« einen entscheidenden Ansatzpunkt für ihren Kampf gegen die Weimarer Republik.

■ **Versailles** [werßaj], Stadt in Frankreich, südwestlich von Paris, mit 87 800 Einwohnern. Die Stadt ist berühmt durch die Schloss- und Parkanlagen, die König Ludwig XIV. 1661–89 errichten ließ. In Versailles wurde am 18. Januar 1871 der preußische König Wilhelm I. zum deutschen Kaiser ausgerufen, am 26. Februar 1871 der Deutsch-Französische Krieg durch den **Vorfrieden von Versailles** beendet.

Nach dem Ersten Weltkrieg fanden in Versailles die Friedensverhandlungen zwischen Alliierten und dem Deutschen Reich statt, die in den →Versailler Vertrag mündeten.

■ **Versalien** [w...; lat.], die Großbuchstaben des Alphabets.

■ **Versetzungszeichen** (Vorzeichen), Zusatzzeichen vor den Noten, die die chromatische Erhöhung und Erniedrigung eines Tons (Stammtons) der Grundtonleiter oder die Wiederherstellung der ursprünglichen Tonhöhe anzeigen. Ein Versetzungszeichen gilt für den ganzen Takt. Das Kreuz (Diesis, ♯) erhöht um einen Halbton, das Doppelkreuz (𝄪) um zwei Halbtöne; B (♭) erniedrigt um einen Halbton, Doppel-B (𝄫) um zwei Halbtöne; das Auflösungszeichen (♮) hebt bisherige Erhöhung und Erniedrigung auf.

■ **Versicherung,** durch Vertrag mit einer Versicherungsgesellschaft erlangte Garantie, dass im Falle eines Schadens dieser ganz oder teilweise gedeckt (ersetzt) wird oder ein bestimmter Geldbetrag durch die Versicherungsgesellschaft gezahlt wird. Es gibt Versicherungen auf privater vertraglicher Grundlage und solche auf gesetzlicher Grundlage (→Sozialversicherung). Bei der privatrechtlichen Versicherung wird zwischen der Versicherungsgesellschaft und dem Versicherungsnehmer (dem Versicherten) ein Vertrag geschlossen, der den Versicherungsnehmer zur Zahlung der Prämie verpflichtet und die Versicherungsgesellschaft zur Leistung (das heißt zur Zahlung), wenn der Versicherungsfall (z. B. durch Feuer, Tod, Krankheit) eintritt.

■ **Version** [w...; lat.-frz.] *die,* Lesart, Fassung (z. B. einer Erzählung).

■ **Versmaß** (Metrum), die metrische Regel, die ein →Vers befolgt, z. B. Alexandriner, Hexameter, Pentameter und der im deutschen Drama der Klassik vorherrschende Blankvers.

■ **Verstaatlichung,** die Überführung von Privat- in Staatseigentum.

■ **Verstärker,** Schaltung oder Gerät zur Vergrößerung von elektrischen Spannungen, Strömen oder Leistungen. Elektronische Verstärker sind wichtige Bestandteile von Tonwiedergabe- und Fernsehgeräten. Sie arbeiten heute meist mit Transistoren. Leistungsmerkmale von Verstärkern sind die Nenn- oder Sinusleistung und bei Hi-Fi-Geräten

Verse und Versfüße

Name	Beschreibung	Beispiel
Alexandriner	ein zwölf- (oder 13-)silbiger Jambus mit betonter sechster und zwölfter Silbe und einem Pauseneinschnitt nach der sechsten Silbe	»Ich weiß nicht, was ich will, ich will nicht, was ich weiß« (Opitz)
Anapäst	dreiteiliger Versfuß, bei dem auf zwei kurze (unbetonte) Silben eine lange (betonte) folgt	beim Wort »Anapäst« oder in »Wie mein Glück, ist mein Lied« (Hölderlin)
Blankvers	reimloser Jambus mit fünf betonten und fünf unbetonten Silben	»Die Menschen fürchtet nur, wer sie nicht kennt« (Goethe)
Daktylus	dreiteiliger Versfuß, bei dem auf eine lange (betonte) Silbe zwei kurze (unbetonte) Silben folgen	in den Wörtern »Wasserfall« oder »Daktylus«
Distichon	Doppelvers, meist aus einem Hexameter und einem Pentameter	»Im Hexameter steigt des Springquells flüssige Säule. Im Pentameter drauf fällt sie melodisch herab« (Schiller)
Hexameter	ein Vers mit sechs Versfüßen (meist Daktylen) ohne Endreim	»Im Hexameter steigt des Springquells flüssige Säule.« (vgl. Distichon)
Jambus	Versfuß, der aus einer kurzen (unbetonten) und einer langen (betonten) Silbe besteht	»Befiehl du deine Wege«
Pentameter	ein aus fünf metrischen Einheiten bestehender Vers. Die häufigste Form des daktylischen Pentameters enthält, trotz ihres Namens (Pentameter = griechisch »Fünfmaß«), sechs Daktylen; im Griechischen zählte man wegen des Fehlens der dritten und sechsten Senkung nur fünf Längen	»Im Pentameter drauf fällt sie melodisch herab« (vgl. Distichon)
Trochäus	Versfuß, der aus einer kurzen (unbetonten) und einer langen (betonten) Silbe besteht	»Rückwärts, rückwärts, Don Rodrigo«

[_] Hebung (betonte Silbe), [‿] Senkung (unbetonte Silbe)

Wörter, die man unter V vermisst, suche man unter W

auch die höhere, aber nur kurzzeitig abgebbare Spitzen- oder Musikleistung. Komplexe mehrstufige Verstärker, die aus einer Vielzahl von Transistoren u. a. Bauelementen bestehen, können heute als integrierte Schaltung aufgebaut sein.

■ **Versteigerung** (Auktion), öffentlicher Verkauf eines Gegenstands an den Meistbietenden. Der Preis erhöht sich im Wechselspiel zwischen dem Versteigerer und den Kaufinteressenten durch Überbieten.

■ **Versteinerungen** →Fossilien.

■ **Versuch und Irrtum** (englisch trial and error), Problemlösungsverfahren, bei dem Teillösungen, wenn sie als falsch erkannt werden (Sackgassen), wieder zurückgenommen werden und das Verfahren erneut so lange wiederholt wird, bis entweder eine Lösung gefunden ist oder sich das Problem als unlösbar herausstellt.

■ **Verteidiger,** Fürsprecher, besonders vor Gericht. Der Verteidiger, meist ein Rechtsanwalt, nimmt im Strafverfahren die Rechte des Beschuldigten wahr und hebt im Prozess die Umstände hervor, die zu dessen Gunsten sprechen. Für bestimmte Beschuldigte, die selbst keinen Verteidiger gewählt haben, schreibt das Gesetz einen **Pflichtverteidiger** vor; dazu gehören taube, stumme oder solche Personen, denen eine schwere Tat, z. B. Raub, angelastet wird.

■ **Verteiler,** beim Ottomotor ein umlaufender Kontakt, der den von der Magnet- oder Batteriezündung erzeugten Hochspannungsimpuls auf die Zündkerzen der Zylinder in vorgeschriebener Folge verteilt **(Zündverteiler).**

■ **vertikal** [v...; lat.], senkrecht; Gegensatz: horizontal.

■ **Vertrag,** ein Rechtsgeschäft zwischen Personen, Firmen oder Staaten, das durch übereinstimmende Willenserklärungen, nämlich Antrag und Annahme, zustande kommt. Für die Gültigkeit eines Vertrags ist es unwichtig, ob er schriftlich oder mündlich abgeschlossen wurde. Nur für einige Verträge schreibt das Gesetz eine bestimmte Form vor, z. B. für Grundstückskaufverträge, die vor einem Notar geschlossen und beurkundet werden müssen. An einen gültigen Vertrag sind die Vertragspartner grundsätzlich gebunden. Sie können sich ihm nur unter bestimmten Voraussetzungen (z. B. durch Kündigung, Anfechtung, Widerruf) entziehen.

■ **Vertriebene,** allgemein Personen, die ihre Heimatgebiete zwangsweise verlassen mussten; im engeren Sinn deutsche Staatsangehörige oder deutsche Volkszugehörige, die ihren Wohnsitz in den ehemaligen deutschen Ostgebieten oder in den Gebieten außerhalb der Grenzen des Deutschen Reiches nach dem Gebietsstand vom 31. Dezember 1937 hatten und diesen im Zusammenhang mit den Ereignissen des Zweiten Weltkriegs infolge Vertreibung, insbesondere durch Ausweisung oder Flucht, verloren haben (1950 in der Bundesrepublik Deutschland und der DDR etwa 12,3 Mio.).

Aussiedler werden diejenigen deutschen Staats- oder Volkszugehörigen genannt, die nach Abschluss der allgemeinen Vertreibungsmaßnahmen vor dem 1. Juli 1990 oder danach im Wege des Aufnahmeverfahrens vor dem 1. Januar 1993 die ehemaligen deutschen Ostgebiete, Danzig, Estland, Lettland, Litauen, die ehemalige Sowjetunion, Polen, die ehemalige Tschechoslowakei, Ungarn, Rumänien, Bulgarien, Jugoslawien, Albanien oder China verlassen haben. Das Bundesvertriebenengesetz bezeichnet die seit dem 1. Januar 1993 gekommenen Aussiedler als **Spätaussiedler.**

■ **Verwarnung,** im Jugendstrafrecht ein Zuchtmittel, das dem Jugendlichen das Unrecht seiner Straftat klarmachen soll. Kleine Ordnungswidrigkeiten, z. B. im Straßenverkehr, werden an Ort und Stelle durch eine Verwarnung (im Volksmund »Protokoll« genannt) geahndet.

■ **Verwerfungen,** Brüche der Gesteinskruste in einzelne Schollen; am auffälligsten treten sie bei Erdbeben in Erscheinung. Wird eine Scholle gehoben, spricht man von einem Horst (so ist z. B. der Harz entstanden), sinkt sie, entsteht ein Graben (z. B. der Oberrheingraben). Die Ränder der Horste und Gräben sind durch Verwerfungslinien gekennzeichnet.

Verwerfungen können als Gebirgshänge gut sichtbar sein, oft sind sie aber bereits eingeebnet. Auch waagerechte Verschiebungen übereinander sind häufig (Alpen). An den Bruchflächen bilden sich im Gefolge von heraufdrängenden Magmamassen Erzgänge und Heilquellen.

■ **Verwesung,** der Abbau von organischen Substanzen durch die Stoffwechseltätigkeit von Bakterien und Pilzen zu einfachen anorganischen Verbindungen wie Kohlendioxid, Wasser, Ammoniak und Schwefelwasserstoff. Die Gegenwart von Luft (Sauerstoff) ist die Voraussetzung für eine Verwesung, die ansonsten in Fäulnis übergeht.

■ **Verwitterung** *die,* der durch äußere Einflüsse bewirkte Zerfall der Gesteinskruste an der Erdoberfläche. Verwitterung ist die Voraussetzung für die Bodenbildung. Man unterscheidet drei Verwitterungsformen:

1. physikalische (mechanische) Verwitterung: Sie wirkt in den gemäßigten Breiten vorwiegend als Frostsprengung, vor allem in felsigen Gebirgen. Dabei gefriert Regenwasser, das sich z. B. in Felsspalten niedergeschlagen hat, und das Eis reißt infolge seiner Ausdehnung das Gestein auseinander. In Wüsten beruht die physikalische Verwitterung auf dem Wechsel von starker Sonneneinstrahlung (die Gesteinsoberfläche dehnt sich aus) und nächtlicher Abkühlung. Die unterschiedliche Ausdehnung von Gesteinsoberfläche und tiefer liegenden Schichten führt zu Spannungen innerhalb des Gesteins, sodass es reißt.

2. chemische Verwitterung: Sie beruht auf der Lösungsfähigkeit des Wassers und führt zu Korrosion.

3. biogene Verwitterung: Sie wird durch Pflanzen und Tiere verursacht, z. B. durch die Sprengwirkung von Wurzeln oder durch die grabende Tätigkeit vieler Organismen.

■ **Vesper** [lat., = Abend] *die,* in der christlichen Liturgie das Stundengebet am Abend, besonders in der katholischen und orthodoxen Kirche; auch allgemeine Bezeichnung für einen Abendgottesdienst.

■ **Vespucci** [wesputschi], Amerigo, italienischer Seefahrer in spanischen und portugiesischen Diensten, *Florenz 9. März 1451, †Sevilla 22. Februar 1512. Er unternahm Reisen an die Küsten Mittel- und Südamerikas. Nach seinem Vornamen wurde der von Kolumbus entdeckte Kontinent 1507 von dem deutschen Kartographen Martin Waldseemüller »Amerika« benannt.

■ **Vesuv** [w...] *der,* aktiver Vulkan südlich von Neapel in Italien. Der Vesuv ist 1 281 m hoch, sein Krater 400–600 m breit und 200–300 m tief. Bei jedem Ausbruch des Vulkans ändern sich Kraterbreite und -höhe. An der Westseite befindet sich in 608 m Höhe eine Beobachtungsstation für Wettervorgänge und Vulkantätigkeit.
Der Vesuv galt im Altertum als erloschen, doch 79 n. Chr. kam es zu einem gewaltigen Ausbruch, der u. a. Pompeji vernichtete. Der letzte größere Ausbruch war 1944.

■ **Veterinärmedizin** → Tiermedizin.

■ **Veto** [w...; lat., = ich verbiete] *das,* offizieller Einspruch, durch den das Zustandekommen oder die Ausführung eines Beschlusses verhindert oder verzögert wird.

■ **Viadukt** [w...; lat.] *der,* auch *das,* über ein Tal oder eine Schlucht führender Brückenbau, dessen Tragwerk meist aus mehreren Bogen besteht.

■ **Vibraphon** [w...; lat.-griech.] *das,* Schlaginstrument aus klaviermäßig angeordneten Metallstäben oder -platten (Tonumfang f–f³), die mit Schlägeln angeschlagen werden. Unter den Klangplatten sind senkrecht Resonanzröhren angebracht, die sich während des Spiels durch elektrischen Antrieb öffnen und schließen und so das typische Vibrato bewirken; seit den 1920er-Jahren besonders in der Jazz- und Unterhaltungsmusik verwendet.

■ **Vibration** [w...; lat.] *die,* Schwingung, Erschütterung, Beben.

■ **Vibrato** [w...; italienisch] *das,* leichtes Beben des Tones durch rasche Wiederholung von geringen Tonhöhenschwankungen beim Gesang sowie beim Spiel auf Blas- und Streichinstrumenten.

■ **Victoria,** britische Königin, → Viktoria.

■ **Victoria** [w...] (Viktoria), die römische Siegesgöttin. Sie galt als die jungfräuliche Hüterin des Reiches und wurde mit dem ausgehenden Altertum zum umkämpften Sinnbild des Heidentums; bei den Griechen entsprach ihr die Nike.

Victoria

Die römische Siegesgöttin Victoria, die der griechischen Göttin Nike entsprach, besaß seit 294 v. Chr. auf dem Palatin in Rom einen eigenen Tempel. Sie galt als die jungfräuliche Hüterin des Römischen Reiches. Augustus errichtete ihr einen Altar in der Senatskurie, der Ende des 4. Jahrh. zum erbittert umkämpften Symbol des Heidentums gegen das erstarkende Christentum wurde.
In der bildenden Kunst ist die stets geflügelte Victoria mit der Personifikation des Friedens, lateinisch Pax, so eng verschmolzen, dass ihr auch Attribute des Friedens wie Füllhorn und Früchteschale zugeordnet werden. In der Kunst der Neuzeit erscheint sie wieder als allgemeines Sinnbild des Sieges.

■ **Victoriafälle** [w...], Wasserfälle, die der Sambesi an der Grenze von Sambia und Simbabwe bildet. Der Sambesi stürzt auf einer Breite von 1 700 m in fünf Teilfällen in eine 110 m tiefe Schlucht. Im April sind die stürzenden Wassermassen am stärksten, in einer Sekunde stürzen 5 400 m³ in die Tiefe. In der Umgebung der Fälle gedeiht durch den Niederschlag des Sprühwassers eine reiche, immergrüne Vegetation.

■ **Victoriasee** [w...], größter See Afrikas (mit 68 000 km² fast so groß wie Bayern); er liegt 1 134 m über dem Meeresspiegel und ist bis 85 m tief. Der Victoriasee gehört zu Kenia, Uganda und Tansania.

Auf dem See, in dem im Norden zahlreiche kleinere, im Süden einige größere Inseln liegen, herrscht reger Schiffsverkehr (Warentransport der Anliegerstaaten, Passagierverkehr). Der Victoriasee ist reich an Fischen.

■ **Videoband** [w...], ein Kunststoffband mit einer magnetisierbaren Eisenoxid- oder Chromdioxidschicht als Speichermedium für Fernsehbilder und den dazugehörigen Ton.

■ **Videokamera** [w...], eine elektronische Fernsehkamera zur magnetischen Aufzeichnung von Bild- und Toninformationen. – auch →Camcorder.

■ **Videoplatte** [w...] →Bildplatte.

■ **Videorekorder** [w...], ein Gerät zur Aufzeichnung von Fernsehsendungen oder Videokameraaufnahmen und zur Wiedergabe von bespielten Videokassetten über ein Fernsehgerät. Videorekorder für den Heimgebrauch arbeiten mit dem so genannten Schrägspurverfahren. Das $^1/_2$ Zoll = 12,7 mm breite Magnetband enthält auf schräg liegenden Spuren die Videosignale. Die Unterschiede der verschiedenen europäischen (VCR-System, Abkürzung für Video-Cassetten-Recorder; Video 2000) und japanischen Videorekorder-Systeme (VHS, Abkürzung für Video-Homesystem; Betamax) beruhen u.a. auf unterschiedlichen Aufnahme- bzw. Bandgeschwindigkeiten und auf der unterschiedlichen Art der Bandführung. Der herkömmliche Videorekorder soll in den nächsten Jahren von DVD-Rekordern abgelöst werden.

■ **Videospiele** [w...] (Bildschirmspiele), Spiele, die mithilfe eines an einen Fernsehempfänger anschließbaren Zusatzgerätes oder mithilfe eines Computers auf dem Bildschirm gespielt werden können. Die Spieler steuern ihre Aktivitäten nach bestimmten Spielregeln und benutzen zur Eingabe Tastatur, Maus oder Joystick. Neben einfachen Spielen (z.B. Autorennen oder Tennis) bieten andere Videospiele kompliziertere Möglichkeiten (z.B. Schach oder Flugsimulation). Die Spielprogramme übernehmen die Rolle des Gegners oder simulieren z.B. zu überfliegende Landschaften, Wetterlagen oder Cockpits von Flugzeugen.

■ **Videotext** [w...], ein Informationssystem von Rundfunkanstalten zur Übermittlung von Texten und Grafiken in verschlüsselter (codierter) Form. Videotext kann mit dem Fernsehsignal zusätzlich zum regulären TV-Programm gesendet werden. Ein spezieller Videotextdecoder entschlüsselt (decodiert) die immer wieder gesendete Folge von Textseiten, speichert die gewünschte Seite und stellt sie als stehendes Bild beliebig lange dar.

■ **Vielfraß** [von norwegisch fjeldfross, = Bergkater] *der,* eine Gattung der Marder mit nur einer Art in Nordeuropa, Nordasien und Nordamerika. Vielfraße erreichen eine Schulterhöhe bis 45 cm und sind 65 bis 85 cm lang. Ihr dichtes, langes Fell ist braun mit einem breiten, gelblichen Streifen an den Seiten.

■ **Vielseitigkeit** →Military.

■ **Vientiane** →Laos.

■ **Viertaktmotor** →Verbrennungsmotoren.

■ **Vierte Welt** →Entwicklungsländer.

■ **Vierwaldstätter See,** stark gegliederter See am Nordrand der Alpen in der Schweiz, von Bergen umgeben. Er liegt 434 m über dem Meeresspiegel, ist bis 214 m tief und 114 km² groß. An seinen Ufern gibt es viele Fremdenverkehrsorte.

■ **Vietnam** [wi-ätnạm], Staat in Südostasien, an der Ostküste Hinterindiens. Vietnam ist ein vorwiegend dünn besiedeltes, gebirgiges Land (bis 3142 m hoch). Die Bevölkerung (87 % Vietnamesen, mehr als 50 % Buddhisten) lebt eng zusammengedrängt im Delta des Roten Flusses (im Norden) und im Delta des Mekong (im Süden). Das Hauptanbauprodukt und Hauptnahrungsmittel ist Reis. Ausgeführt werden Kautschuk, Tee, Kaffee, Zuckerrohr und Baumwolle. Die Kohle wie die anderen Bodenschätze (Erze) finden sich im Norden des Landes, wo es auch Schwerindustrie gibt. Die übrige Industrie stellt vor allem Nahrungsmittel und Textilien her.

Geschichte: Im Delta des Roten Flusses entstand um 210 v. Chr. der erste geschichtliche Staat, Au Lac, der 179 v. Chr. von dem 207 v. Chr. im südchinesi-

Vietnam
Fläche 331 114 km²
Einwohner 77,896 Mio.
Hauptstadt Hanoi
Amtssprache Vietnamesisch
Nationalfeiertag 2. 9.
Währung 1 Dong (D) = 10 Hào = 100 Xu
Zeitzone MEZ + 7 Std.

Vietnam

Flagge

Wappen

schen Raum gegründeten **Nam Viet** erobert wurde. Dieses wurde 111 v. Chr. für ein Jahrtausend chinesische Provinz. Seit 679 n. Chr. wurden Teile des heutigen Annam (der mittlere und größte Teil Vietnams) und Tongking (der nördliche Teil) als Generalprotektorat Annam von China verwaltet. 939 gelang den Vietnamesen die Vertreibung der Chinesen; das neue vietnamesische Reich Dai Co Viet entstand. Es wurde in der 2. Hälfte des 10. Jahrh. zum Kaiserreich unter dem bis 1804 offiziellen Namen **Dai Viet** (= Groß-Vietnam).
Unter der Ledynastie (1428–1788) dehnte sich das Reich aus. 1620 errichtete die Feudalfamilie Nguyen in Süd-Vietnam ein eigenes Herrschaftsgebiet, das bis 1778 bestand. Nach der Wiedervereinigung des Landes Ende des 18. Jahrh. besiegte Nguyen Anh aus der Nguyen-Familie mit französischer Hilfe die kurzzeitig regierende Dynastie Tay Son und bestieg als Kaiser Gia Long (bis 1820) den Thron. Unter seiner Herrschaft wurde das Land in **Viet Nam** umbenannt. 1862 kamen Teile Süd-Vietnams zu Frankreich, und ab 1887 gehörte Vietnam zum französischen Kolonialgebiet Indochina.
Im Zweiten Weltkrieg war das Land von Japan besetzt. In dieser Zeit bildete sich eine kommunistische Befreiungsbewegung (Vietminh) unter Führung von Ho Chi Minh, der 1945 die Republik ausrief und Staatspräsident wurde. 1945 kehrten die Franzosen nach Vietnam zurück; der daraufhin ausbrechende, verlustreiche »Indochinakrieg« endete 1954 nach der vernichtenden Niederlage des französischen Expeditionskorps in Dien Biên Phu. Auf einer Indochina-Konferenz wurde Vietnam in das kommunistische **Nord-Vietnam** und das den westlichen Ländern nahe stehende **Süd-Vietnam** aufgeteilt.
Seit 1957/58 entwickelte sich zwischen Süd-Vietnam und den südvietnamesischen Kommunisten (Vietcong) ein Bürgerkrieg, der schließlich in den **Vietnamkrieg** mündete. Der Vietcong fand Unterstützung durch Nord-Vietnam, China und die Sowjetunion, Süd-Vietnam wurde von den USA, Australien und Thailand unterstützt. Nach verlustreichen, letztlich aber erfolglosen Kämpfen zogen sich die USA seit 1972 schrittweise zurück; 1975 eroberten die Kommunisten die südvietnamesische Hauptstadt Saigon (heute Ho-Chi-Minh-Stadt) und übernahmen die Macht. 1976 vereinigten sich beide Landesteile zur Sozialistischen Republik Vietnam. 1977 begannen kriegerische Auseinandersetzungen mit Kambodscha, Vietnam besetzte weite Teile des Landes und zog sich erst auf internationalen Druck 1989 vollständig zurück.
Unter dem Eindruck der weltpolitischen Veränderungen seit 1989/90 begann Vietnam, einen Weg zur »sozialistischen Marktwirtschaft« (neue Verfassung von 1992) zu suchen.

■ **Vignette** [winjät^{e}; frz.] *die,* **1)** *Buchkunst:* Weinrankenornament in mittelalterlichen Handschriften, nach Erfindung des Buchdrucks kleines Zierbild in Büchern.
2) *Steuerrecht:* Gebührenmarke für die Autobahnbenutzung, die sichtbar am Auto anzubringen ist, z. B. in der Schweiz.

■ **Vikar** [w...; lat.] *der,* **1)** *evangelische Kirche:* ein Theologe oder eine Theologin (Vikarin) in der zweiten Ausbildungsphase zum Pfarramt.
2) *katholische Kirche:* der Vertreter eines Amtsträgers, z. B. Pfarrvikar.

■ **Viktoria,** römische Göttin, → Victoria.

Viktoria, die letzte Monarchin aus dem Hause Hannover, trug über sechs Jahrzehnte die Krone des britischen Kolonialreichs und führte seit 1876 auch den Titel Kaiserin von Indien; die Verheiratungen ihrer neun Kinder brachten ihr zudem den Namen »Großmutter Europas« ein – auch der deutsche Kaiser Wilhelm II. gehörte zum Kreis ihrer Enkel

■ **Viktoria** (engl. Victoria), Königin von Großbritannien und Irland (1837–1901), Kaiserin von Indien (1876–1901), *Kensington Palace (in London) 24. Mai 1819, †Osborne House (bei Coves, Isle of Wight) 22. Januar 1901. Sie bestieg mit 18 Jahren den Thron und wurde in ihrer 64-jährigen Regierungszeit sehr volkstümlich. Nach ihr nannte man die Blütezeit der bürgerlichen Kultur in England **Viktorianisches Zeitalter.**

Viktoria war seit 1840 mit dem deutschen Herzog Albert von Sachsen-Coburg-Gotha (1819–61) verheiratet, der als Ratgeber Einfluss auf die Königin und die Minister ausübte.

■ **Vikụnja** →Kamele.

■ **Vịlnius** →Wilna.

■ **Vịnci,** Leonardo da →Leonardo da Vinci.

■ **Viola** [w...; italienisch] *die,* früher Bezeichnung für eine Gruppe von Streichinstrumenten, zu denen die Gambe gehörte; heute noch Bezeichnung für die →Bratsche.

■ **Violine** [w...; italienisch] *die* (Geige), ein Streichinstrument mit hellem Klang. Die Violine hat vier Saiten, die in Quinten ($g\,d^1\,a^1\,e^2$) gestimmt sind. Die Form stand spätestens um 1560 fest. Der Geigenbau erreichte seine höchste Vollendung im 17. und 18. Jahrh. in Oberitalien (Cremona) und Tirol; bedeutende Werkstätten betrieben die Familien Amati, Stradivari und Guarneri. – Bild S. 334

■ **Violoncẹllo** [w...; italienisch] (Cello) *das,* Streichinstrument, das Tenor-Bass-Instrument der Violinfamilie. Es wird mit einem Stachel auf den Boden aufgesetzt und beim Spielen zwischen den Knien gehalten. Das Violincello ist mit vier Saiten bespannt, gestimmt: C, G, d, a.

■ **Vipern** [w...] (Ottern), eine Familie der Giftschlangen in Afrika, Asien und wärmeren Gegenden Europas. Vipern werden 0,3–1,8 m lang. Ihr Körper ist meist gedrungen mit kurzem Schwanz und breitem, deutlich vom Hals abgesetzten Kopf. Die beiden röhrenförmigen Giftzähne im vorderen Oberkiefer können in Ruhestellung nach hinten geklappt und in eine Hautfalte gelegt werden. Zu den Vipern gehören u.a. Hornviper, Aspisviper, Puffotter, Sandotter und Kreuzotter.

■ **Virchow** [wịrcho], Rudolf, deutscher Arzt und Politiker, *Schivelbein (Pommern) 13. Oktober 1821, †Berlin 5. September 1902. Für Virchow waren Medizin und Politik gleichermaßen ein Dienst am Menschen. Er wirkte bahnbrechend auf dem Gebiet der Geschwulstforschung und der Hygiene (Desinfektion, Kanalisation u.a.). Als Politiker war er ein Gegner Bismarck; er prägte den Begriff »Kulturkampf« für die Auseinandersetzung (1870–78) zwischen Staat und katholischer Kirche. 1880–93 war er Mitglied des Reichstages.

■ **Viren** [w...; lat.], **1)** *Biologie:* winzige Gebilde, die nur aus einem Nukleinsäurefaden (DNS oder RNS) und einer Kapsel aus Proteinen unterschiedlicher Form bestehen. Sie sind nur im Elektronenmikroskop sichtbar. Viren besitzen keinen eigenen Stoffwechsel und müssen zu ihrer Vermehrung lebende Zellen befallen und deren Stoffwechsel auf Virenproduktion umstellen. Nach der Zerstörung der Zelle werden dann bis zu mehreren Hundert neue Viren frei.
Viren sind Krankheitserreger bei Pflanzen (z.B. zerstört der Tabakmosaikvirus Tabakpflanzen), Tieren und Menschen (z.B. als Erreger von Aids, Grippe und Masern).
2) *Informatik:* →Computerviren.

Viren

In den Naturwissenschaften ist lange darüber gestritten worden, ob Viren Lebewesen seien oder nicht, denn einerseits haben Viren Eigenschaften, die sie eindeutig als Nicht-Lebewesen ausweisen: Sie bestehen nicht aus Zellen, sie haben keinen eigenen Stoffwechsel, und sie sind zur Vermehrung auf andere Lebewesen bzw. Zellen angewiesen. Andererseits aber verfügen sie mit ihrer DNS oder RNS über Nukleinsäuren und Proteine, die es sonst nur in der belebten Natur gibt. Trotz dieser einzigartigen Zwitterstellung hat man sich inzwischen darauf geeinigt, dass Viren keine Lebewesen sind.

■ **Virginia** [wirdschinia, englisch wö^{r}dschinj^e], Abkürzung **Va.**, Bundesstaat im Südosten der USA, mit 110792 km^2 und 6,79 Mio. Einwohnern (19,5 % Schwarze); Hauptstadt ist Richmond. Virginia reicht von der buchtenreichen, sandigen Küstenebene bis in die südöstlichen Appalachen. In der Landwirtschaft sind Milchviehhaltung sowie Tabak-, Mais- und Erdnussanbau bedeutend. Neben Bergbau (Kohle, Natursteine) und Industrie (Schiffbau, elektrotechnische, chemische, Tabak verarbeitende Industrie) sind die zivilen und militärischen Behörden in Arlington (Pentagon) und Hampton wichtige Wirtschaftsfaktoren, ferner der Fremdenverkehr.
Geschichte: Virginia wurde 1607 (Gründung von Jamestown) erste englische Kolonie in Nordamerika. Die Kronkolonie (seit 1624) spielte in der Unabhängigkeitsbewegung eine führende Rolle; hier wirkten u.a. Thomas Jefferson und George Washington. Die »Virginia Bill of Rights«, die vom Konvent von Virginia am 12. Juni 1776 angenommene Menschenrechtserklärung, diente als Vorbild für die ersten Sätze der Unabhängigkeitserklärung, mit der sich die 13 amerikanischen Kolonien von Großbritannien lösten.

■ **virtuẹlle Realität** [w...] (engl. Virtual Reality, Cyberspace), mittels Computer simulierte drei-

Diese in Europa heimische **Viper,** eine Wiesenotter, wird rund 50 cm lang

dimensionale Räume, in denen sich der Benutzer mithilfe elektronischer Geräte (z.B. Monitorbrille, Datenhandschuh) und umfangreicher Software (u.a. für die Spracherkennung und Geräuschsynthese) bewegt. Die in die Brille auf zwei kleine Bildschirme stereoskopisch eingespielten Bilder vermitteln den Eindruck, selbst Teil der künstlichen Welt zu sein. Bewegungen der Person werden in Echtzeit von Sensoren erfasst und Bildausschnitt und -perspektive laufend angepasst. Über den ebenfalls mit Sensoren ausgestatteten Datenhandschuh kann der Träger aktiv auf die modellhafte Umwelt einwirken. Techniken, die mit der virtuellen Realität arbeiten, bieten viele Anwendungsmöglichkeiten, insbesondere zur Simulation von Flügen, Gebäuden und technischen Systemen sowie in der Medizin und Unterhaltungselektronik.

■ **Virtuose** [w...; italienisch] *der,* ein Künstler (vor allem Musiker), der seine Kunst technisch vollendet ausübt, z.B. Klaviervirtuose.

■ **Visconti** [wisk...], Luchino, italienischer Filmregisseur, *Mailand 2. November 1906, †Rom 17. März 1976. Visconti war als Meister der dramatisch zugespitzten Endspiele ein Souverän der Literaturverfilmung. Er drehte u.a. »Rocco und seine Brüder« (1960), »Der Leopard« (1963), »Der Tod in Venedig« (1970), »Ludwig II.« (1972).

■ **Vishnu** [w...] → Wischnu.

■ **Visier** [w...; frz.] *das,* an Schusswaffen ein Hilfsmittel zum Zielen. Bei Handfeuerwaffen besteht das Visier aus der am hinteren Ende des Laufes befindlichen Kimme (oft v-förmige Einkerbung) und dem auf der Laufmündung angebrachten Korn. Beim Zielen sind Auge, Kimme, Korn und Ziel durch eine Linie (Visierlinie) verbunden.

■ **Vision** [w...; lat., = das Sehen, Erscheinung, Schau] *die,* eine »übernatürliche« Erscheinung als religiöse Erfahrung, die (z.B. bei den Propheten des Alten Testaments) prophetischen Charakter haben kann. Visionen sind oft vom Traum nicht klar abgehoben und liegen nahe an der Halluzination.

Im übertragenen Sinn auch Bezeichnung für zukunftweisende Vorstellungen oder Bilder, die jemand entwirft (z.B. Vision von einer besseren Welt).

■ **Viskose** [w...; lat.] *die,* aus chemisch aufbereiteter Zellulose hergestellte Kunstseide.

■ **Viskosität** [w...; lat.] *die,* die Zähigkeit von Flüssigkeiten. Besonders große Viskosität besitzen beispielsweise Sirup und Honig, besonders gering ist sie bei Wasser, Alkohol und Äther.

■ **visuell** [w...; lat.], den Gesichtssinn, das Sehen betreffend.

■ **Visum** [w...; lat.] *das,* Vermerk im Reisepass, den man zur Einreise in bestimmte Staaten benötigt. Visa werden durch die betreffende Botschaft oder direkt bei der Einreise erteilt.

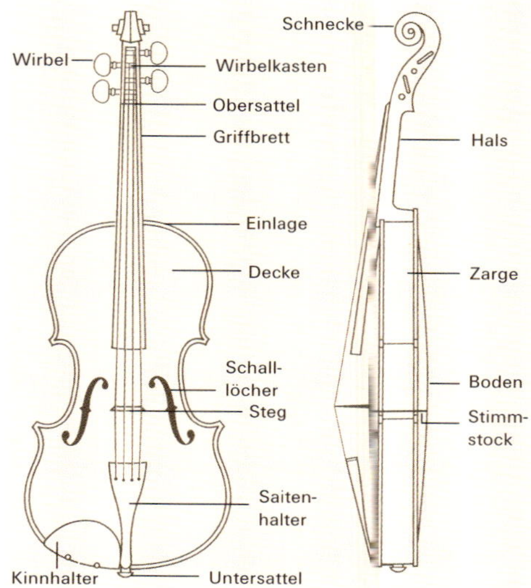

Die Zeichnung demonstriert den Bau der **Violine** samt den Benennungen der Bauteile in Frontal- und Seitenansicht

■ **Vitamine** [w...; Kunstwort], eine Gruppe chemisch sehr unterschiedlicher Stoffe, die für den Stoffwechsel der meisten Tiere und des Menschen unentbehrlich sind. Sie werden vor allem von Pflanzen und Bakterien gebildet und müssen dem tierischen und menschlichen Körper ständig zugeführt werden, da er selbst keine Vitamine bilden kann. Nur aus bestimmten biologischen Vorstufen, den Provitaminen, können in einem letzten Syntheseschritt Vitamine im Körper hergestellt werden. Ein Mangel an Vitaminen führt zu schweren Krankheiten (Avitaminosen).

Nach ihrer Löslichkeit werden die Vitamine in die **fettlöslichen Vitamine** (Vitamin A, D, E, K) und die **wasserlöslichen Vitamine** (Vitamine der B-Gruppe, Vitamin C, Nikotinsäure, Panthothensäure, Biotin, Folsäure) eingeteilt. Durch langes Lagern oder durch Kochen der Lebensmittel werden viele Vitamine zerstört. Ein Zuviel an fettlöslichen Vitaminen (vor allem A und D) kann jedoch auch schädlich sein.

Die wichtigsten Vitamine sind:

Vitamin A, Vorkommen z.B. in Lebertran, Karotten, Tomaten, Eigelb, Milch und Butter; Mangel verursacht Nachtblindheit und Schäden der Haut, besonders der Schleimhäute;

Vitamin B_1, Vorkommen in Hefe, Weizenkeimlingen, Reis und Schweinefleisch; Mangel verursacht Appetitlosigkeit, Müdigkeit und Herzrhythmusstörungen;
Vitamin B_2, Vorkommen vor allem in Hefe, Leber, Fleischextrakt, Nieren und Kartoffeln; Mangel verursacht Hauterkrankungen und Bindehautentzündungen, bei Kindern Wachstumsstörungen;
Vitamin B_6, Vorkommen in Hefe, Getreidekeimlingen, Bananen und Gemüse; Mangel verursacht Hautveränderungen und Krämpfe;
Vitamin B_{12}, enthalten in Leber, Nieren und Rindfleisch; Mangel verursacht eine perniziöse Anämie, das heißt eine Blutarmut durch die Abnahme der Zahl der roten Blutkörperchen;
Vitamin C (Ascorbinsäure) kommt besonders in Orangen, Zitronen, Johannisbeeren und Paprikafrüchten vor; Mangel verursacht →Skorbut;
Vitamin-D-Gruppe, Vorkommen in Lebertran, Eigelb und Butter; Mangel verursacht Rachitis, wobei die Knochen ungenügend verkalken, sodass sie weich bleiben und sich verbiegen;
Vitamin E, erhalten in Weizenkeimöl, Baumwollsamenöl und Palmkernöl; Mangelerscheinungen sind nicht sicher nachgewiesen;
Vitamin K, Vorkommen vor allem in Kohl und Spinat; Mangel verursacht eine Störung der Blutgerinnung: auftretende Blutungen sind schwer stillbar;
Biotin, Vorkommen in Hefe, Nüssen und Eigelb; Mangel verursacht Haarausfall, Hautkrankheiten und Appetitlosigkeit;
Pantothensäure, enthalten in Hefe, Getreidekeimen, Leber, Eigelb, Knollen, Wurzeln und Milch; wichtig für den normalen Zellenaufbau;
Folsäure, kommt in Blattgemüse sowie in Leber und Hefen vor; Mangelerscheinungen sind Blutbildungsstörungen sowie Haut- und Schleimhautveränderungen;
Nicotinsäure, kommt in Hefe, Weizen, Gemüse, Leber, Niere, Muskeln und Milch vor; bei Mangel können Hautkrankheiten auftreten.

■ **Vivaldi** [wiw...], Antonio, italienischer Komponist und Geiger, *Venedig 4. März 1678, †Wien 28. Juli 1741. Vivaldi, einer der bedeutendsten Violinisten seiner Zeit, schuf über 340 Solokonzerte (für eine oder mehrere Geigen, für Flöte, Oboe, Fagott), darunter der Zyklus »Die vier Jahreszeiten« (1725), sowie Sonaten, Kantaten und Opern. Er hat wesentlich zur Entwicklung des Konzerts beigetragen. – Bilder S. 336

■ **Vivisektion** [wiw...; lat.] *die,* ein operativer Eingriff an lebenden, meist betäubten Tieren zu Zwecken der medizinischen und zoologischen Forschung. Vivisektionen unterliegen den Bestimmungen des Tierschutzgesetzes.

■ **Vize...** [lat.], Bestimmungswort von Zusammensetzungen mit der Bedeutung »anstelle von ..., stellvertretend« (z. B. Vizepräsident).

■ **VKSE** →Abrüstung.

■ **Vögel,** von den Reptilien abstammende, heute mit rund 8600 Arten weltweit verbreitete Klasse warmblütiger, meist flugfähiger Wirbeltiere, deren

Vitamine

Bis Ende des 19. Jahrh. wusste man nichts von der Existenz von Vitaminen. Den Grundstein für die Vitaminforschung legte der niederländische Hygieniker Christiaan Eijkman (1858–1930), als er erkannte, dass die vor allem in Ostasien vorkommende Nervenkrankheit Beriberi, darauf zurückzuführen ist, dass sich die Menschen dort von geschältem Reis ernähren. Die Schale, die nicht mitgegessen wird, musste also eine lebenswichtige Substanz enthalten, nach der er nun suchte. So entdeckte er im Jahr 1897 das zunächst Antiberiberifaktor genannte Vitamin B_1.
Da es sich bei diesem Stoff um einen Vertreter der Amine, also der organischen Basen, handelt, schlug der polnisch-amerikanische Biochemiker Casimir Funk (1884–1967) für ihn den Begriff »Vitamin« vor, das er aus lateinisch vita »Leben« und Amine gebildet hatte.

Es stellte sich jedoch heraus, dass es zahlreiche Vitamine gibt, die keine Amine, sondern Neutralstoffe oder Säuren sind. Trotzdem wurde die Sammelbezeichnung Vitamine beibehalten. Bis etwa 1930 waren die wichtigsten Vitamine entdeckt. Zuletzt wurde 1948 das Vitamin B_{12} gefunden.

Vordergliedmaßen (unter starker Rückbildung der fünf Finger) zu Flügeln umgebildet sind. Ihre Haut hat keine Schweißdrüsen. Ihre Lunge ist relativ klein und wenig dehnbar, weist jedoch zum Teil blasebalgartig wirkende Luftsäcke auf, die bis in die Flügelknochen reichen. Augen und Gehör sind besonders gut entwickelt, der Geruchssinn dagegen ist nur schwach ausgebildet. Das Federkleid, das als Wärmeisolierung dient, wächst regelmäßig nach (→Mauser).

Männchen und Weibchen können gleich gefärbt sein, häufig sind die Männchen jedoch bunter. Das unauffällige Gefieder der brütenden Weibchen und der Jungen ist eine Schutzfärbung. Vögel pflanzen sich stets durch Eier fort. Oft geht der Paarung ein »Liebesspiel« (→Balz) voraus.

Man unterscheidet Vögel danach, ob sie sich von Körnern oder Insekten ernähren, nach dem Bau des Stimmapparats (→Singvögel), ob sie →Nestflüchter oder →Nesthocker sind und ob sie als Standvögel, Strichvögel oder →Zugvögel leben.

■ **Vogelfluglinie,** Fernverkehrsstrecke zwischen der Ostküste Schleswig-Holsteins und Südschweden, die nach der Route, der die Zugvögel folgen, benannt ist. Sie verbindet Großenbrode (auf dem schleswig-holsteinischen Festland) und die Insel Fehmarn durch die 963 m lange Fehmarnsundbrücke. Fährhäfen befinden sich in Puttgarden (Nordfehmarn) und Rødbyhavn (Südlolland).

Dieses Porträt wurde zu einer Zeit gemalt, als **Vivaldi** bereits auf die Fünfzig zuging

Die Konzerte von **Antonio Vivaldi** kennt heute jedes Kind – doch erst im Jahr 1926 wurde ein Großteil seiner Hinterlassenschaft entdeckt; von dem Komponisten gibt es neben einem einzigen geschönten Porträt – hier auf dem Rand – nur diese Karikatur aus dem Jahr 1723

■ **vogelfrei,** besonders im mittelalterlichen Recht zugelassener Zustand völliger Rechtlosigkeit. Jemand, der vogelfrei war, durfte von jedermann getötet werden, ohne dass der Mörder bestraft wurde. – auch →Acht.

■ **Vogelspinnen,** 0,6–10 cm lange Spinnen in tropischen und subtropischen Ländern. Sie sind meist rot- bis schwarzbraun und lang behaart. Sie weben keine Fangnetze, sondern überwältigen ihre Beute im Sprung. Der Biss ist für den Menschen schmerzhaft, die Giftwirkung meist jedoch gering.

■ **Vogelwarte,** ein Institut für Vogelforschung, besonders für die Erforschung des Vogelzugs. Um festzustellen, welchen Weg die Vögel nehmen, werden regelmäßig Vögel eingefangen und mit Fuß- oder Flügelringen versehen, auf denen eine Nummer und der Name der Vogelwarte stehen; danach werden die Tiere wieder freigelassen. Bei erneutem Fang kann man ihre Herkunft feststellen. Vogelwarten in Deutschland gibt es auf Helgoland, in Radolfzell am Bodensee und auf der Insel Hiddensee (vor der Südwestküste von Rügen).

■ **Vogelzug,** die Wanderung vieler Vogelarten, der →Zugvögel, zwischen Brut- und Winterquartier. Man unterscheidet den Frühjahrszug, bei dem die Vögel nach Norden ins Brutgebiet zurückkehren, und den Herbstzug, bei dem die Vögel zur Überwinterung in den Süden ziehen.

Die Fähigkeit zur Orientierung und das Wissen um den richtigen Zeitpunkt des Aufbruchs sind meist angeboren. Die am Tag fliegenden Vögel orientieren sich u. a. nach Meeresküsten, Flusstälern, Bergrücken und dem Sonnenstand, die Nachtflieger häufig nach dem Sternenhimmel und am Magnetfeld der Erde. Die Vögel fliegen einzeln oder in Scharen und verständigen sich durch Rufe.

■ **Vogesen** [w...] (frz. Vosges), waldreiches Mittelgebirge in Ostfrankreich, westlich des Oberrheinischen Tieflandes, gegenüber dem Schwarzwald. Im **Großen Belchen** sind sie 1 423 m hoch.

■ **Vokal** [w...] →Selbstlaut.

■ **Vokalmusik** [w...; lat.-griech.], Musik für eine oder mehrere Singstimmen (mit oder ohne Instrumentenbegleitung).

■ **Vokativ** [w...; lat.] (Anredefall) der, allmählich durch den Nominativ verdrängter Fall vor allem in älteren indogermanischen Sprachen (Latein, Griechisch u. a.), der dem direkten dient und oft mit einer Interjektion verbunden ist (z. B. *o Herr!*).

■ **Volk, 1)** *allgemein:* durch gemeinsame Herkunft, Geschichte, Kultur und meist auch Sprache verbundene Gesamtheit von Menschen. Der Begriff wird oft gleichbedeutend mit →Nation gebraucht.

In einer Demokratie gilt das **Staatsvolk** als Träger der Staatsgewalt.
2) *Biologie:* in großen Gruppen lebende Insekten, z. B. Bienenvolk.

■ **Völkerbund,** die erste weltweite Organisation zur Erhaltung des Weltfriedens. Sie wurde 1919 auf der Versailler Friedenskonferenz auf Anregung des amerikanischen Präsidenten Woodrow Wilson gegründet. Obwohl der Völkerbund die Beachtung der Regeln des →Völkerrechts und die Friedenssicherung zu seinen Hauptanliegen machte, vermochte er in den 1930er-Jahren der Expansionspolitik des faschistischen Italien, des nationalsozialistischen Deutschland (Mitglied 1926–33) sowie Japans nicht hinreichend entgegenzuwirken und konnte den Zweiten Weltkrieg nicht verhindern. Nach der Gründung der →UN beschloss der Völkerbund 1946 seine Auflösung.

Vogelzug

Langstreckenflieger wie Wildenten und Wildgänse fliegen in V-Formation, weil jeder Vogel durch die von seinem Vordermann erzeugte Luftströmung Kraft spart. Die Ausdauer der Gruppe erhöht sich dadurch um über 70 %. Während der langen Flüge wird der Vogel an der Spitze, der ja von der Luftströmung nicht profitieren kann, regelmäßig abgelöst.

■ **Völkerkunde** (Ethnologie), wissenschaftliche Disziplin, die Unterschiede und Übereinstimmungen in der Lebensweise menschlicher Gemeinschaften beschreibt und zu erklären versucht. Im Wesentlichen beschränkt sie sich dabei auf außereuropäische Kulturen, schriftlose Völker und Gruppen »geringer Naturbeherrschung« (Naturvölker).

■ **Völkerrecht,** das Recht, das die Beziehungen selbstständiger Staaten und internationaler Organisationen untereinander regelt. Es beruht auf Rechtsgewohnheiten oder auf ausdrücklichen Verträgen (z. B. →Genfer Konvention) und betrifft vor allem Grenzziehungen, die Rechte der Gesandten, das Seerecht, das Kriegsrecht, das Recht der Neutralität, das Menschenrecht, das Weltraumrecht und das Recht der internationalen Organisationen.

■ **Völkerwanderung,** im weiteren Sinn alle durch Landnot, Klimawechsel, Naturkatastrophen, Kriege oder Armut hervorgerufenen Wanderungsbewegungen ganzer Völker und Stämme; im engeren Sinn Bezeichnung für die Wanderungen germanischer Stämme in der Zeit vom 3. bis zum 6. Jahrhundert. Erste Bewegungen gab es bereits vor der Zeitenwende, so der Zug der Kimbern und Teutonen im 2. Jahrh. v. Chr. in das Römische Reich. Bedeutender waren im 2./3. Jahrh. die Wanderungen von Teilen der Goten, Gepiden und Wandalen zum Schwarzmeerraum und die Vorstöße von Markomannen, Alemannen und Franken über Donau und Rhein, die um 260 zum Fall des Limes führten.
Die eigentliche Völkerwanderung wurde durch den Einbruch der Hunnen nach Südrussland (375/376 Unterwerfung der Ostgoten) ausgelöst. Aber erst in den folgenden Jahrzehnten kam es nach und nach zur Abwanderung auch geschlossener Volksstämme, von denen sich einige zu »Wanderbünden« zusammentaten (so 406 Wandalen und Sweben, denen sich die iranischen Alanen anschlossen). Auf dem Boden des Römischen Reiches entstanden in der Folge mehrere Germanenstaaten: in Norditalien nacheinander das Reich Odoakers, das Reich der Ostgoten (→Goten) und das Reich der →Langobarden, in Südwestgallien und Spanien das Reich der Westgoten und kurzzeitig auch das der →Sweben, in Nordafrika das Reich der →Wandalen. Nach Britannien wanderten Angeln, Sachsen und Jüten ein (→Angelsachsen). In Savoyen entstand das Reich der →Burgunder.
Zu den Ergebnissen der germanischen Völkerwanderung gehören die tief greifenden Bevölkerungsumgruppierungen, die mitverantwortlich für das Ende des Römischen Reiches 476 waren. – Karte S. 338

■ **Volksabstimmung** →Volksentscheid.

■ **Volksbegehren** →Volksentscheid.

■ **Volksdemokratie,** Bezeichnung für eine Regierungsform in den ost- und mitteleuropäischen Ländern des sowjetischen Einflussbereiches unmittelbar nach dem Zweiten Weltkrieg, in der so genannten Übergangsetappe zwischen Kapitalismus und Sozialismus, die durch ein Mehrparteiensystem und verschiedene Eigentumsformen gekennzeichnet war. Nach 1947 kam es zu einer Umorientierung, aufgrund derer die Volksdemokratie als eine Variante der Diktatur des Proletariats verstanden wurde. In zahlreichen kommunistischen Staaten Mittel- und Osteuropas garantierte das Blocksystem (→Blockparteien) bei formalem Weiterbestehen des Parteienpluralismus das Führungsmonopol der kommunistischen Partei bis 1989/90.

■ **volkseigener Betrieb,** Abkürzung **VEB,** Bezeichnung für die in staatlichem Besitz befindlichen Betriebe in der DDR.

■ **Volkseinkommen** →Sozialprodukt.

■ **Volksentscheid** (Volksabstimmung, Plebis-

Wörter, die man unter V vermisst, suche man unter W

zit), eine Form der direkten Demokratie, bei der alle stimmberechtigten Bürger aufgerufen sind, über politische Pläne der Regierung abzustimmen. In der Bundesrepublik Deutschland sieht das Grundgesetz den Volksentscheid nicht vor (eine Ausnahme bilden Fragen nach der Neugliederung des Bundesgebietes); dagegen ist der Volksentscheid auf Landes- und Gemeindeebene zum Teil zugelassen.
Das **Volksbegehren** ist der von einem Teil des Volkes (der Wahlberechtigten) ausgehende Antrag, im Weg eines Volksentscheids dem Parlament einen Gesetzesentwurf zur Beschlussfassung vorzulegen oder vom Parlament die Ausarbeitung eines Gesetzes zu verlangen (in einigen Landesverfassungen vorgesehen). In einem **Referendum** wird den Stimmberechtigten eine Sachfrage (z. B. ein Gesetzesentwurf) zur Entscheidung vorgelegt.
In der Schweiz spielt der Volksentscheid eine tragende Rolle: Jede Verfassungsänderung tritt hier erst dann in Kraft, wenn sie von einer Mehrheit der Bürger oder Kantone angenommen worden ist (obligatorisches Referendum). Bundesgesetze oder allgemein verbindliche Bundesbeschlüsse sind auf Verlangen von 50 000 Stimmberechtigten oder von acht Kantonen dem Volk vorzulegen (fakultatives Referendum). Eine bestimmte Anzahl (bei die Bundesverfassung betreffenden Angelegenheiten mindestens 100 000 Stimmberechtigten von Stimmbürgern besitzt das Recht, durch Antrag ein Gesetzgebungsverfahren in Gang zu setzen (Volksinitiative).

■ **Volkshochschule,** eine öffentliche, nicht auf politische oder religiöse Grundsätze festgelegte Bildungseinrichtung im Bereich der Erwachsenen- und der Weiterbildung. Träger von Volkshochschulen sind vor allem Städte und Gemeinden. – Das Volkshochschulwesen entwickelte sich seit Mitte des 19. Jahrh. Name und Idee der Volkshochschule stammen von dem dänischen Theologen Nicolai Frederik Severin Grundtvig (1783–1872).

■ **Volkskunde,** eine Wissenschaft, die die Kultur- und Lebensformen der »Alltagswelt« eines Volkes untersucht, z. B. Bräuche und Volkskunst sowie Trachten, Hausrat und Arbeitsgerät.

■ **Volkslied,** ein einfaches, gereimtes Lied, das in der Regel ohne Instrumentalbegleitung gesungen wird. Die Verfasser von Volksliedern sind meist unbekannt; der Text wird von Generation zu Generation mit Änderungen und Erweiterungen mündlich überliefert. Eine berühmte Sammlung von Volksliedern ist »Des Knaben Wunderhorn« (1806–08 von Achim von Arnim und Clemens Brentano herausgegeben).

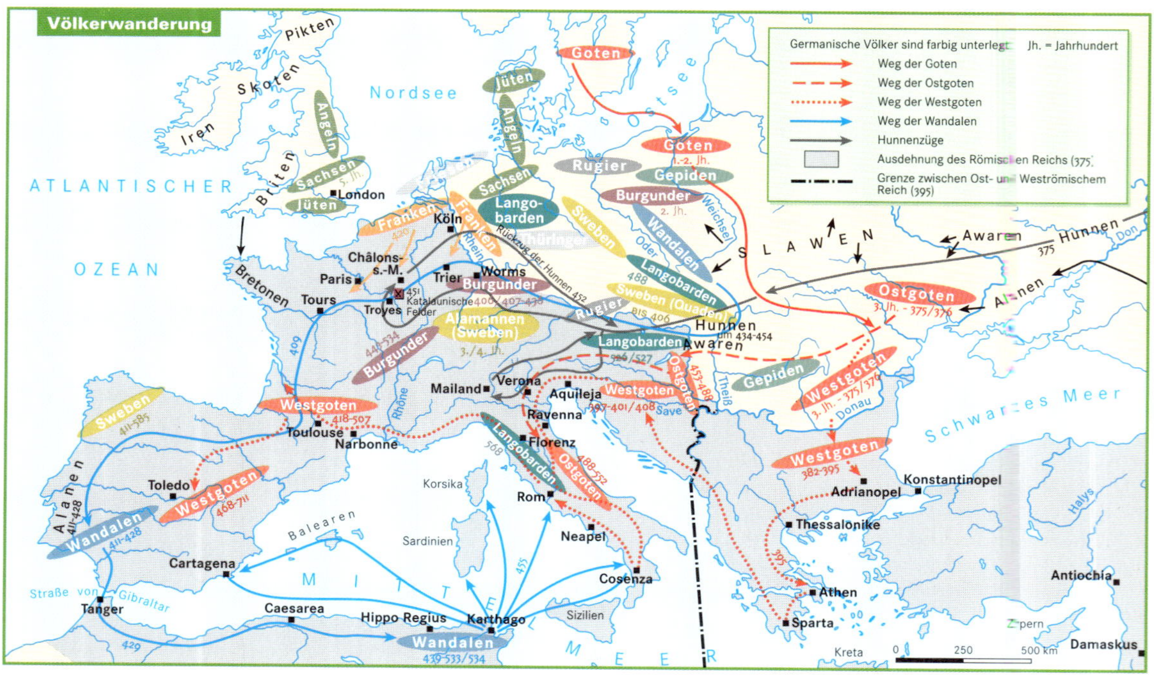

■ **Volksrepublik,** Abkürzung VR, nach dem Zweiten Weltkrieg Bezeichnung von Volksdemokratien innerhalb des kommunistischen Staatensystems und von sozialistisch orientierten Staaten in Asien und Afrika.

■ **Volkswirtschaft** (Nationalökonomie), die Gesamtheit des wirtschaftlichen Zusammenwirkens aller privaten und öffentlichen Wirtschaftssubjekte in einem durch staatliche Grenzen festgelegten Raum mit einheitlicher Währung und gleichem Wirtschaftssystem.

■ **Volkszählung,** eine umfassende statistische Erhebung der Bevölkerungszahl in einem Staatsgebiet oder einem Teil davon. Volkszählungen finden im Allgemeinen alle zehn Jahre statt (in der Bundesrepublik Deutschland zuletzt 1987). Gefragt wird u.a. nach Name, Vorname, Geschlecht, Alter, Familienstand, Berufs- und Wohnverhältnissen. Volkszählungen gab es schon im alten China und im alten Rom (dort als **Zensus** bezeichnet).

■ **vollendete Gegenwart** (Perfekt) → Verb.

■ **vollendete Vergangenheit** (Plusquamperfekt) → Verb.

■ **vollendete Zukunft** (2. Futur) → Verb.

■ **Volleyball** [woli...; engl.], Rückschlagspiel für zwei Mannschaften zu je sechs Spielern und sechs Auswechselspielern auf einem 18 m langen und 9 m breiten Spielfeld. Das Feld wird in der Mitte durch ein Netz (für Männer 2,43 m, für Frauen 2,24 m hoch) in zwei Hälften geteilt.

Ziel des Spiels ist es, den 250–270 g schweren Ball so ins gegnerische Feld zu spielen, dass er dort den Boden berührt oder vom Gegner nicht regelgerecht zurückgeschlagen werden kann. Innerhalb einer Mannschaft darf der Ball bis zu zweimal zugespielt werden, mit der dritten Ballberührung (mit Ausnahme beim Block) muss der Ball ins gegnerische Feld gespielt werden. Nur die Mannschaft mit Aufgaberecht kann Punkte erzielen; sie verliert dieses Recht, sobald sie einen Fehler macht. Gespielt wird auf drei Gewinnsätze; ein Satz endet mit Erreichen von 15 Punkten und zwei Punkten Abstand zum Gegner.

■ **Volljährigkeit** (Mündigkeit), das Alter, in dem ein Mensch vor dem Gesetz als Erwachsener gilt und für sein Handeln allein verantwortlich ist sowie die unbeschränkte → Geschäftsfähigkeit genießt. In Deutschland und in der Schweiz erlangt man die Volljährigkeit mit Vollendung des 18., in Österreich des 19. Lebensjahres. – auch → Recht.

■ **Vollmacht,** das Recht, einen anderen bei Geschäften oder in Rechtsangelegenheiten zu vertreten. – auch → Prokura.

■ **Vollverb,** ein Verb, das (im Unterschied zum Hilfsverb) allein die Funktion der Satzaussage übernehmen kann.

Im Namen der Religionsfreiheit verbreitete **Voltaire** – hier ein Porträt des Dreißigjährigen – aus dem englischen Exil in 25 »Philosophischen Briefen« seine Überzeugung, eine Religion bedeute Despotismus, zwei Religionen den Bürgerkrieg, aber mit 30 Konfessionen könne man glücklich und zufrieden leben; die Briefe wurden vom Pariser Parlament (dem obersten französischen Gericht) als »anstößig und der Religion, den guten Sitten und der Achtung vor der Obrigkeit zuwiderlaufend« verurteilt und verbrannt

■ **Volt** [w...; nach A. Graf Volta] *das,* Einheitenzeichen V, die gesetzliche Einheit für die elektrische → Spannung:

$$1\,V = 1\,W/A$$

(W = Watt, A = Ampere).

■ **Volta** [w...], Alessandro Graf, italienischer Physiker, *Como 18. Februar 1745, †ebenda 5. März 1827. Volta leistete bahnbrechende Arbeit auf dem Gebiet der Elektrizitätslehre; u.a. konstruierte er die voltasche Säule (eine Batterie), die die erste brauchbare elektrische Stromquelle darstellte. Nach ihm wurde das → Volt benannt.

■ **Volta** [w...] *der,* größter Fluss Ghanas, der durch den Zusammenfluss von **Schwarzem** und **Weißem Volta** entsteht (rund 1800 km lang); er mündet bei Ada in den Golf von Guinea. Bei Akosombo wurde er zum **Voltasee** gestaut (mit zwei Kraftwerken).

■ **Voltaire** [woltär], eigentlich François Marie Arouet, französischer Philosoph und Schriftsteller, *Paris 21. November 1694, †ebenda 30. Mai 1778. Voltaire ist ein bedeutender Vertreter der Aufklärung. Kritik am Feudalismus und am Klerus sowie das Eintreten für mehr Gerechtigkeit und Toleranz kennzeichnen seine Werke zur Geschichte, Wissenschaft und Philosophie. Neben Theaterstücken schrieb er auch auch Satiren; am bekanntesten ist der Roman »Candide« (1759). Einige Jahre lebte er im Exil in England, drei Jahre war er Gast am Hofe Friedrichs II., des Großen..

■ **Voltmeter** [w...] *das,* ein Gerät zur Messung der elektrischen →Spannung.

■ **Volumen** [w...; lat.] *das,* Formelzeichen V, der Rauminhalt eines Körpers.

■ **Vorarlberg,** das westlichste Bundesland Österreichs, mit 2601 km² und 345300 Einwohnern. Die Hauptstadt ist Bregenz. Von der Rheinebene im Westen abgesehen, ist Vorarlberg überwiegend ein Gebirgsland, das sich bis »vor den Arlberg« erstreckt. In der Ebene wird Obst- und Ackerbau betrieben, im Gebirge (über 50 % der gesamten Fläche sind Grünland) Milch- und Viehwirtschaft. In der Industrie überwiegen Textilindustrie und Energieerzeugung. Daneben gibt es Metall-, Nahrungsmittel- und Elektroindustrie. Ein bedeutender Faktor ist der Fremdenverkehr.

Vorarlberg war seit dem 6. Jahrh. Teil des Herzogtums Schwaben. Es zerfiel später in kleinere Gebiete, die im 14.–16. Jahrh. an die Habsburger kamen.

■ **Vorderasien,** der südwestliche Teil Asiens. Vorderasien umfasst den asiatischen Teil der Türkei, Zypern, Arabien, Israel, Libanon, Jordanien, Syrien, Irak und Iran.

■ **Vorderindien,** die Halbinsel und Landschaft in Südasien erstreckt sich vom Indischen Ozean bis zum Himalaja und umfasst im Wesentlichen Indien, Pakistan, Bangladesh und Sri Lanka.

■ **Vorgeschichte** (Urgeschichte), die früheste Phase der Menschheitsgeschichte, von den Anfängen (vor rund 2 Mio. Jahren) bis zum Einsetzen schriftlicher Quellen (Geschichte). Nach den Rohstoffen, aus denen die wichtigsten Werkzeuge (und Waffen) hergestellt wurden, unterscheidet man die →Steinzeit, die →Bronzezeit und die →Eisenzeit.

Aus der **Steinzeit** stammen so genannte Faustkeile (behauene Steine, die als primitive Werkzeuge oder Waffen in der Hand lagen). Auch die Neandertaler benutzten vor über 150000 Jahren noch Faustkeile, daneben aber auch schon Schaber und einfache Messer. Ihnen folgten nach Ende der letzten Eiszeit seit etwa 40000 Jahren Menschen, die sich äußerlich kaum noch von den heutigen unterschieden. Sie hinterließen bis heute erhaltene Höhlenmalereien (u. a. in Südfrankreich und Spanien).

Während der **Jungsteinzeit** begann man, Haustiere (z. B. Hunde, Schafe, Ziegen) zu halten und Pflanzen (z. B. Gerste, Weizen, wahrscheinlich auch Hirse und Hülsenfrüchte) anzubauen. Es entstanden Wohnhäuser, Dörfer und Städte. Steinbeile und -äxte wurden zugeschliffen und nicht wie bisher geschlagen. Pfeil und Bogen – wahrscheinlich schon vor mehr als 10000 Jahren erfunden – dienten als Waffe für Jagd und Krieg. Im 4. Jahrtausend v. Chr. wurden in Vorderasien das Wagenrad und der Pflug erfunden, den gezähmte Rinder zogen. Um dieselbe Zeit wurde Kupfer als erstes Metall bearbeitet. In Vorderasien und in Ägypten bildeten sich Staaten. Aus der Zeit um 3000 v. Chr. sind bei Sumerern und Ägyptern die ersten Schriftzeugnisse bekannt. Für sie setzt damit der Übergang von der Vorgeschichte zur Geschichte ein.

Ausbruch des **Vulkans** Kilauea auf der Insel Hawaii; seit seinem letzten Ausbruch im Januar 1983 ist der Vulkan weiterhin tätig

Währenddessen waren die weiterhin schriftlosen Stämme bis nach Mitteleuropa vorgedrungen; nach den bänderartigen Verzierungen ihrer Tongefäße werden die ältesten dieser jungsteinzeitlichen Stämme Bandkeramiker genannt. In den Jahrhunderten um 2000 v. Chr. lernte man, das weiche Kupfer durch Beimischung anderer Metalle (vor allem Zinn) zu härten. Die Bronze wurde für mehr als 1000 Jahre der wichtigste Rohstoff für den Guss von Werkzeugen, Schmuck und Waffen.

Seit 1200 v. Chr. wurden im Bereich des östlichen Mittelmeeres und seit dem 8. Jahrh. v. Chr. in Mitteleuropa immer mehr Werkzeuge und Waffen aus Eisen hergestellt. Eisen war leichter zu finden, konnte aber noch nicht gegossen, sondern musste durch Schmieden geformt und gehärtet werden. Mit den

Eroberungen der Römer kamen immer größere Teile Europas in den unmittelbaren Bereich der Geschichte.

■ **Vormund,** der vom Amtsgericht bestellte und beaufsichtigte Betreuer und gesetzliche Vertreter für eine Person (**Mündel**), der die volle Geschäftsfähigkeit fehlt (Minderjähriger). Eine Vormundschaft über Volljährige gibt es seit 1992 nicht mehr; an ihre Stelle ist die »Betreuung« getreten.
Ein Minderjähriger erhält einen Vormund, wenn er nicht unter elterlicher Sorge steht, das heißt, wenn er keine Eltern mehr hat oder diese nicht zur Ausübung der elterlichen Sorge berechtigt sind. Von der Pflegschaft unterscheidet sich die Aufgabe des Vormunds durch den Umfang der Schutzbedürftigkeit des Mündels, die alle Lebensbereiche umfasst.

■ **Vorpommern,** 1532 vom übrigen Pommern abgetrennter Landesteil, der 1815–1945 den Westteil der preußischen Provinz Pommern und seit 1990 den Ostteil des Landes Mecklenburg-Vorpommern bildet.

■ **vorschulische Erziehung,** die Förderung von Kindern von drei bis sechs Jahren durch öffentliche Erziehungseinrichtungen (Kindergärten).

■ **Vorsilbe** (Präfix), eine vor dem Wortstamm stehende Silbe, die als selbstständiges Wort nicht vorkommt, z. B. be-, ent-, un- in: *be*stellen, *ent*lassen, *un*höflich, oder ein Wort, das vor ein anderes gesetzt wird und in dieser Verbindung in seiner eigentlichen Bedeutung verblasst oder eine allgemeinere Bedeutung annimmt (Halbpräfix), z. B. *Riesen*hunger = *sehr großer* Hunger; *über*heizt = *zu viel* geheizt. Die trennbaren Vorsilben bei Verben werden auch **Verbzusatz** genannt, z. B. *fest* stehen, es steht *fest*. – auch →Nachsilbe.

■ **Vorzeichen** →Versetzungszeichen.

■ **Votum** [w...; lat., = Gelübde] *das,* Urteil, Gutachten; auch Wahlstimme.

■ **vulgär** [w...; lat.], gewöhnlich, gemein.

■ **Vulgärlatein** →Latein.

■ **Vulgata** [w...; lat.] *die,* die auf den Kirchenlehrer Hieronymus (um 347–419/420) zurückgehende lateinische Bibelübersetzung, die von der katholischen Kirche offiziell (seit 1546) anerkannt und benutzt wird.

■ **Vulkan** [w...; lat.] *der,* eine Stelle der Erdoberfläche, an der Magma zutage tritt; im engeren Sinne ein dabei entstandener Berg. Tätige Vulkane kommen an den Schwächezonen der Erdkruste vor. Bei Vulkanausbrüchen steigt das Magma durch einen Schlot auf, dessen oberes Ende sich zu einem trichterförmigen Krater öffnet. Das ausgestoßene Material besteht u. a. aus Lava, Asche und Gasen. Neben solchen **Schlotvulkanen** gibt es **Spaltenvulkane,** bei denen Lava aus Spalten aufdringt und sich flächenhaft ausbreitet. Der größte der rund 480 tätigen Vulkane ist der Mauna Loa (4 169 m) auf Hawaii. Tätige Vulkane Europas sind der Ätna, der Vesuv, der Stromboli (er bildet die italienische Insel Stromboli der Liparischen Inseln) und die Hekla auf Island.

■ **Vulkanisieren** [w...; lat.], die Umwandlung von Roh- oder Synthesekautschuk in Gummi mithilfe geeigneter Chemikalien (meist Schwefel), z. B. bei der Reifenherstellung.

W

■ **W, 1)** der 23. Buchstabe des deutschen Alphabets, ein Konsonant.
2) Abkürzung für Westen.
3) Einheitenzeichen für Watt.

■ **Waadt** *die* (Waadtland; frz. Vaud), Kanton in der Westschweiz, mit 3212 km^2 und 611 600 Einwohnern, zwischen dem Neuenburger und dem Genfer See gelegen. Die Hauptstadt ist Lausanne. Die Waadt hat im Westen Anteil am Jura (Holzwirtschaft, Viehzucht; Uhren- und feinmechanische Industrie), im Osten am Schweizer Mittelland (Obst- und Weinbau; Fremdenverkehr) und im Südosten an den Berner Alpen (Viehzucht; Fremdenverkehr). – 1803 wurde die Waadt als Kanton Mitglied der Eidgenossenschaft.

■ **Waage, 1)** *Astronomie:* zum Tierkreis gehörendes, unauffälliges Sternbild der Äquatorzone, das bei uns im Frühjahr am Abendhimmel sichtbar ist.

Wörter, die man unter V vermisst, suche man unter W

2) *Messwesen:* ein Messgerät zur Bestimmung von Massen. Nach Wirkungsweise und Messprinzip können Waagen in folgende Hauptgruppen unterteilt werden:
Bei **Hebelwaagen** wird die unbekannte Masse (Last) durch den Ausgleich der Hebeldrehmomente mit der bekannten Masse (Gewichtsstück) direkt verglichen.
Eine besondere Form der Hebelwaage ist die **Dezimalwaage** mit unterschiedlichen Hebeln, die so bemessen sind, dass das aufzulegende Gegengewicht gerade ein Zehntel der Last beträgt.
Bei **Feder-** und **Torsionswaagen** wird die Masse der Last durch Formänderung (Dehnung von Federn, Verdrillung von Drähten oder Bändern) bestimmt.
Bei **hydraulischen Waagen** ergibt sich die Masse der Last aus der Größe des Druckes, den die Last mit einem Kolben auf eine Flüssigkeit in einem Behälter ausübt.

Dieser Zweig des **Wacholders** gehört dem einheimischen Heidewacholder, den man an den stechenden, in dreizähligen Quirlen wachsenden Nadeln und den dunkelblauen Wacholderbeeren erkennt

■ **Wabe,** Bauteil des Bienenstocks, den die Bienen aus dem Wachs bauen, das sie aus Drüsen auf der Bauchseite des Hinterleibes ausscheiden. In den Waben werden Pollen und Nektar gespeichert. In ihren Zellen entwickeln sich auch die Eier über das Larven- und Puppenstadium bis zur fertigen Biene.

■ **Wachau** *die,* Durchbruchstal der Donau zwischen Melk und Krems in Niederösterreich, etwa 30 km lang. Die Wachau ist berühmt wegen ihrer Burgruinen (z. B. Dürnstein), romantischen alten Städte (Stein, Mautern, Spitz), Klosterbauten (Melk) und der landschaftlichen Schönheit.

■ **Wacholder,** eine Gattung der Zypressengewächse mit etwa 60 Arten. Die Pflanzen sind immergrüne, säulenförmige Sträucher oder Bäume (bis 12 m hoch) mit nadelartigen Blättern, die auf sehr kargem Boden gedeihen. Die drei obersten Fruchtblätter an den Zapfen verwachsen und bilden eine schwarzblaue Scheinbeere, die erst im zweiten Jahr reift. Die Beeren werden als Gewürz oder zur Herstellung von Schnaps (z. B. Gin) verwendet.

■ **Wachse,** eine Gruppe von Gemischen chemisch sehr unterschiedlicher Art, die ungefähr bei 40 °C ohne Zersetzung schmelzen und meist aus einem Gemisch von Kohlenwasserstoffen, Estern oder organischen Säuren bestehen. Zu den natürlichen Wachsen zählen die pflanzlichen Wachse (z. B. Karnaubawachs), die tierischen Wachse (z. B. Bienenwachs, Schellack, Lanolin) und die Mineralölwachse (Erdölwachse). Weiterhin gibt es chemisch veränderte und synthetische Wachse (Kunstwachse).

■ **Wachtel,** der einzige Zugvogel unter den →Hühnervögeln. Die nur etwa die Größe der Drosseln erreichenden Wachteln fliegen in Scharen; ihr Bestand ist gefährdet.

■ **Wadi** [arabisch] *das,* ein meist tief eingeschnittenes, ausgetrocknetes Bett eines Wüstenflusses; es führt nur nach plötzlichen, heftigen Regenfällen Wasser.

■ **Wagner,** Richard, deutscher Komponist, *Leipzig 22. Mai 1813, †Venedig 13. Februar 1883. Nach der Uraufführung seiner Opern »Rienzi« (1842) und »Der Fliegende Holländer« (1843) ließ sich Wagner in Dresden nieder, wo er bald zum Königlichen Hofkapellmeister ernannt wurde. Auch mit »Tannhäuser« (1845) hatte er durchschlagenden Erfolg. Die Beteiligung an der Revolution 1848/49 zwang ihn zur Flucht in die Schweiz. 1864 rief ihn König Ludwig II. von Bayern nach München (Uraufführungen von »Tristan und Isolde«, 1865,

Wahlen: Einführung des allgemeinen Wahlrechts

	für Männer	für Frauen
Australien	1903	1908
Belgien	1919	1948
Dänemark	1915/18	1918
Deutschland	1867/71	1919
Finnland	1906	1906
Frankreich	1848	1946
Griechenland	1877	1952
Großbritannien	1918	1928
Irland	1918/22	1918/22
Island	1915	1915
Italien	1912/18	1946
Japan	1925	1947
Kanada	1920	1920
Luxemburg	1918/19	1919
Neuseeland	1889	1893
Niederlande	1917	1919
Norwegen	1897	1913
Österreich	1907	1918
Polen	1918	1918
Portugal	1911	1974
Rumänien	1918	1918
Russland[1]	1917	1917
Schweden	1921	1921
Schweiz	1848/79	1971[2]
Spanien	1869/1907	1869/1931
Ungarn[3]	1918	1918
USA	1788[2, 4]	1920[2]

1) 1936 bestätigt. – 2) auf Bundesebene. – 3) 1945 bestätigt. – 4) 1870 ohne Einschränkung aufgrund von Rasse, Hautfarbe oder dem vorherigen Status als Sklave

und »Die Meistersinger von Nürnberg«, 1868) und ermöglichte ihm die Errichtung des Festspielhauses in Bayreuth, das 1876 mit dem »Ring des Nibelungen« (»Das Rheingold«, »Die Walküre«, »Siegfried«, »Götterdämmerung«) eröffnet wurde und auch die Uraufführung von Wagners letztem Werk »Parsifal« (1882) erlebte.
Wagner war sein eigener Textdichter; die Stoffe entnahm er meist der germanischen Sagenwelt. Schon mit dem »Lohengrin« (1850) hatte er sich weitgehend von der traditionellen Opernform gelöst. Im »Musikdrama« (seit »Das Rheingold«, 1854) sollen sich alle Einzelkünste, vor allem Dichtung und Musik, zu einem »Gesamtkunstwerk« verbinden. Wiederkehrende »Leitmotive« werden zur Charakterisierung von Personen, Gegenständen und Situationen eingesetzt.

Mit der Uraufführung von **Richard Wagners** letztem Musikdrama »Parsifal« im Sommer 1882 fanden zum zweiten Mal die Bayreuther Festspiele statt; das Gemälde, das der Maler Franz von Lenbach knapp 30 Jahre nach Wagners Tod schuf, zeigt den Komponisten in seinem Bayreuther Haus »Wahnfried« mit seinen Operngestalten, allen voran Lohengrin, vereint

■ **Wahl,** Verfahren in Staaten, Körperschaften oder Organisationen zur Einsetzung einer Person in ein Amt mittels Abstimmung und Mehrheitsentscheidung. Parlamentswahlen dienen dazu, Staatsorgane zu bestellen und eine im Parlament mehrheitsfähige Regierung zu bilden, die durch die unterlegenen Parteien, die Opposition, kontrolliert und bei der nächsten Wahl unter Umständen abgelöst wird. Die Interessen der gesellschaftlichen Gruppen eines Volkes werden durch Wahlen deutlich gemacht und im Idealfall auch durch die Regierung in politische Entscheidungen umgesetzt.
Demokratische Wahlen setzten sich in Westeuropa erst seit dem 19. Jahrh. allmählich durch. Vorher galten andere Herrschaftsformen, etwa die gewaltsame Machtübernahme, das Losverfahren, die Selbstergänzung oder Erbfolge.
Im Lauf der Jahrhunderte haben sich bestimmte Wahlgrundsätze herausgebildet, die heute die allgemeine, unmittelbare, gleiche und geheime Wahl umfassen. Im Zentrum der demokratischen Wahl steht die »Freiheit der Wahl«, zu der folgende Voraussetzungen gehören:
1. Freiheit der Auswahl: Der Wähler muss sich zwischen mehreren (mindestens zwei) Wahlvorschlägen entscheiden können, wobei Meinungs- und Informationsfreiheit ebenso gewährleistet sein müssen wie Parteibildungsfreiheit und gleiche Wettbewerbschancen für die Parteien.
2. Freiheit im Angebot: Ohne Alternativen verlöre die Freiheit der Auswahl ihren Sinn. Konkurrenz ist deshalb geradezu eine Voraussetzung.
3. Freiheit zur Überprüfung der Stimmabgabe: Die Wahl muss als Entscheidung auf Zeit verstanden werden. Die Volksvertreter müssen sich in regelmäßigen, vorher festgelegten Abständen dem Votum der Wähler stellen, sodass die Möglichkeit des Missbrauchs durch die Regierenden eingeschränkt und die wiederholte Einflussnahme des Wählers gesichert ist.
Ein Grundprinzip der demokratischen Ordnung ist die »Herrschaft auf Zeit«. Der Verlierer einer Wahl muss seine Niederlage und die daraus resultierende, befristete Herrschaft des Siegers akzeptieren.
In Demokratien gibt es unterschiedliche Wahlsysteme: die Mehrheitswahl und die Verhältniswahl.
Gängiges Beispiel für die **Mehrheitswahl** ist der Einerwahlkreis; dabei wird das gesamte Wahlgebiet in so viele Wahlkreise unterteilt, wie es Mandate gibt. Gewählt ist, wer in einem Wahlkreis die meisten Stimmen auf sich vereinigt (relative Mehrheitswahl). Ist eine absolute Mehrheit erforderlich (mehr als 50% der abgegebenen Stimmen; absolute Mehrheitswahl) und wird diese im ersten Wahlgang nicht erreicht, so ist ein zweiter Wahlgang erforderlich, in dem dann die relative Mehrheit für den Wahlsieg genügt. Diejenigen Stimmen, die nicht auf den Sieger im Wahlkreis, sondern auf andere Kandidaten entfallen, werden bei der Mandatsverteilung gemäß Mehrheitsprinzip nicht berücksichtigt. Die relative Mehrheitswahl wird in den USA, Kanada und Großbritannien, die absolute Mehrheitswahl in Frankreich und Australien angewandt.
Die **Verhältniswahl** strebt dagegen die Übereinstimmung von Stimmen- und Mandatsanteil an. Die Parteien stellen für das ganze Land (Einheitswahlkreis) Listen mit Kandidaten auf; die Mandate

werden über diese Listen im Verhältnis der für die Parteien jeweils abgegebenen Stimmen verteilt.

Wahlen zum Deutschen Bundestag

In der Bundesrepublik Deutschland gilt ein nur unwesentlich eingeschränktes Verhältniswahlrecht. Die Abgeordneten zum Deutschen Bundestag werden in allgemeiner, unmittelbarer, freier, gleicher und geheimer Wahl gewählt. Wahlberechtigt (mit aktivem Wahlrecht) und wählbar (mit passivem Wahlrecht) ist, wer das 18. Lebensjahr vollendet hat. Jeder Wähler verfügt über zwei Stimmen: Mit seiner Erststimme votiert er für Kandidaten in seinem Wahlkreis nach dem relativen Mehrheitswahlrecht (»Direktmandat«); die Zweitstimme ist für die Landesliste mit mehreren Kandidaten einer bestimmten Partei bestimmt. Nach einem Auszählverfahren werden einer Partei so viele Mandate zugesprochen, wie viele sie nach dem Verhältnis der auf sie abgegebenen Zweitstimmen errungen hat. Die Mandate werden auf die Landeslisten dieser Partei verteilt, wobei die in den Wahlkreisen direkt errungenen Mandate abgezogen werden. Die übrigen, noch verbleibenden Mandate werden an die Kandidaten entsprechend der Reihenfolge auf der Landesliste verteilt. Somit handelt es sich bei diesem Wahlsystem entgegen weit verbreiteter Überzeugung nicht um ein »Mischwahlrecht«, sondern eindeutig um ein Verhältniswahlrecht, da für die Sitzverteilung im Deutschen Bundestag allein die Zweitstimme maßgebend ist.

Eingeschränkt wird diese Verhältniswahl lediglich durch die Fünfprozentklausel und mögliche Überhangmandate. Denn eine Partei, die weniger als 5% der Stimmen erhält oder nicht mindestens drei Direktmandate erringt, wird bei der Mandatsvergabe nicht berücksichtigt. Ihre Wählerstimmen verfallen und kommen indirekt den im Bundestag vertretenen Parteien zugute. Dadurch soll die Zersplitterung des Parteiensystems verhindert und die Funktionsfähigkeit des Parlaments gesichert werden.

Überhangmandate entstehen dann, wenn eine Partei in einem Bundesland mehr Direktmandate erringt, als ihr nach ihrem Zweitstimmenanteil zustehen; sie gehen ihr nicht verloren.

Der hier abgebildete Anthroposoph Rudolf Steiner hat die Konzeption der **Waldorfschule** entworfen; die erste »Freie Waldorfschule« wurde im Jahr 1919 in Stuttgart von der Waldorf-Astoria-Fabrik für die Kinder ihrer Arbeiter und Angestellten eingerichtet

■ **Währung,** im weiteren Sinn die gesetzliche Ordnung des Geldwesens eines Staates, besonders die Festlegung des Münzsystems, die Bestimmung der gesetzlichen Zahlungsmittel und die Festlegung ihres Austauschverhältnisses (Wechselkurs) gegenüber ausländischen Währungen (Währungsparität).

Im engeren Sinn bezeichnet Währung die Geldeinheit, das gesetzliche Zahlungsmittel eines Landes.

■ **Währungsreform,** allgemein die Neuordnung des Geldwesens durch gesetzliche Maßnahmen. In der neueren deutschen Geschichte gab es nach beiden Weltkriegen Währungsreformen. Bei der Währungsreform 1948 in den westlichen Besatzungszonen und in Berlin (West) wurde die Reichsmark (RM) auf die Deutsche Mark (DM) umgestellt. Dabei erhielt jede Privatperson im Umtausch gegen Altgeld ein »Kopfgeld« von 40 DM; den Inhabern von Altgeldguthaben wurden für 10 RM 1 DM gutgeschrieben.

■ **Wal** → Wale.

■ **Walachei** *die,* historisches Gebiet in Rumänien, zwischen dem Kamm der Südkarpaten und der Donau, durch den Alt in **Kleine Walachei** (im Westen) und **Große Walachei** geteilt.

■ **Wald,** eine natürliche Lebensgemeinschaft und Ökosystem von dicht stehenden Bäumen mit einer bestimmten Tier- und Pflanzenwelt sowie mit besonderen Klima- und Bodenbedingungen. Man unterscheidet zwischen dem natürlichen Wald **(Urwald),** dem nach menschlichen Eingriffen (z. B. Rodung) natürlich nachwachsenden **Sekundärwald** und dem vom Menschen angelegten **Wirtschaftswald.**

Die Wälder der Erde unterscheiden sich wesentlich durch ihren Baumbestand. Der **tropische Wald** (Regenwald) in niederschlagsreichen Gebieten ist durch üppiges Wachstum und Artenreichtum charakterisiert. In den Subtropen erscheinen mit zunehmender Trockenheit Hartlaubgehölze. Die gemäßigte Region ist durch **sommergrüne Laubwälder,** in Gebirgslagen besonders durch **Nadelwälder** gekennzeichnet. Auf der Nordhalbkugel gehen die Laubwälder in einen breiten Nadelwaldgürtel über.

Über seine Funktion als Holzlieferant und Lebensstätte des Wildes hinaus kommen dem Wald auch wichtige landeskulturelle und soziale Funktionen zu, z. B. als Schutzwald und als Erholungsraum. Doch sind diese Funktionen in den europäischen Wäldern durch das so genannte → Waldsterben gefährdet.

■ **Waldhorn** → Horn.

■ **Waldorfschulen,** Privatschulen mit zwölfjährigem Ausbildungsgang; Lehrplan und Unterricht basieren auf den pädagogischen Grundsätzen der → Anthroposophie. Die Waldorfschulen suchen bevorzugt die individuellen Begabungen zu fördern. Gleichberechtigt neben den traditionellen Fächern stehen deshalb künstlerische (z. B. Musik, Schauspiel, Eurhythmie) und handwerkliche (z. B. Gartenbau, Metall- und Holzbearbeitung, Landwirtschaft)

Wale

Im Tierreich brechen die Wale alle Größenrekorde! Die größten Wale sind die Blauwale. Sie erreichen 30 m Länge und können bis zu 130 t wiegen. Ihre Mundhöhle ist etwa 6 m lang. Ihr Herz, das so groß ist wie ein Kleinwagen, pumpt täglich rund 10 000 l Blut durch die Gefäße. Ein Blauwal nimmt jeden Tag zwischen 4 und 8 Tonnen Nahrung zu sich. Wenn man bedenkt, dass ein Kleinwagen rund eine Tonne wiegt, dann sind das ganz üppige Portionen.
Wale sind auch ausgezeichnete Schwimmer und Taucher: Pottwale zum Beispiel können bis zu 2 000 m tief und länger als eine Stunde tauchen.

▶ Bei den **Walen** besorgt die mächtige, waagerecht angesetzte Schwanzflosse die Fortbewegung: der Leib wird wie von einer Schiffsschraube vorangetrieben; dieser Blauwal erreicht eine Schwimmgeschwindigkeit von mehr als dreißig Stundenkilometern

Unterrichtsfächer. Die einzelnen Fächer werden nicht laufend, sondern in drei- bis vierwöchigen Kursen unterrichtet. Nach zwölf Jahren, die nach den Prinzipien der Waldorfpädagogik gestaltet sind, bieten die Waldorfschulen ein zusätzliches, freiwilliges 13. Schuljahr an, das mit dem staatlich anerkannten Abitur abschließt.

■ **Waldsterben,** das großflächige Absterben von Nadel- und Laubbäumen. Seine Ursachen sind noch nicht eindeutig geklärt, jedoch scheinen mehrere Faktoren zusammenzuwirken. Als Schadfaktoren gelten der →saure Regen, die durch Kraftfahrzeuge, Haushalte, Industrie und Landwirtschaft erzeugten Stickstoffoxide, Schwermetalle, Ozon und Ammoniak. Auch extreme Witterungsereignisse, waldbauliche Fehler, Pilze, Bakterien und Schadinsekten können Schäden verursachen.
Die geschädigten Bäume zeigen zunächst eine Verfärbung der Nadeln oder Blätter, die sie schließlich abwerfen, bis ihre Baumkronen deutlich verlichten. Auch das Feinwurzelsystem wird geschädigt, wodurch die Wasser- und Nährstoffaufnahme vermindert wird.

■ **Wale,** in Meeren lebende, mit rund 90 Arten weltweit verbreitete Ordnung der Säugetiere mit etwa 1,25–30 m Länge und 25 kg bis über 130 t Gewicht. Der Körper ist torpedoförmig und weist gut ausgebildete Flossen auf; die Schwanzflosse ist waagerecht gestellt. Das Haarkleid ist bis auf wenige Borsten am Kopf rückgebildet. Äußere Ohren fehlen, die Augen sind sehr klein. Das jeweils einzige Junge wird im Wasser geboren und von der Mutter gesäugt. Die Körpertemperatur der Wale ist fast so hoch wie beim Menschen; eine bis 40 cm dicke Fettschicht schützt vor Wärmeverlust. Das Skelett weist Schulterblätter, 15–16 Rippenpaare und Reste des Beckengürtels auf. Wale haben auch Lunge und Zwerchfell.
Das riesige Maul der **Bartenwale** ist zahnlos; in mehreren hundert Hornplatten, den Barten, bleiben kleine Krebse und Weichtiere hängen. Das mit der Nahrung aufgenommene Wasser wird durch die Mundspalten herausgepresst. Unter den Bartenwalen ist der **Blauwal** mit etwa 30 m Länge ein Riese der Meere. Er übertrifft an Körperlänge und Gewicht (bis über 130 t) alle anderen Tiere. Das Junge

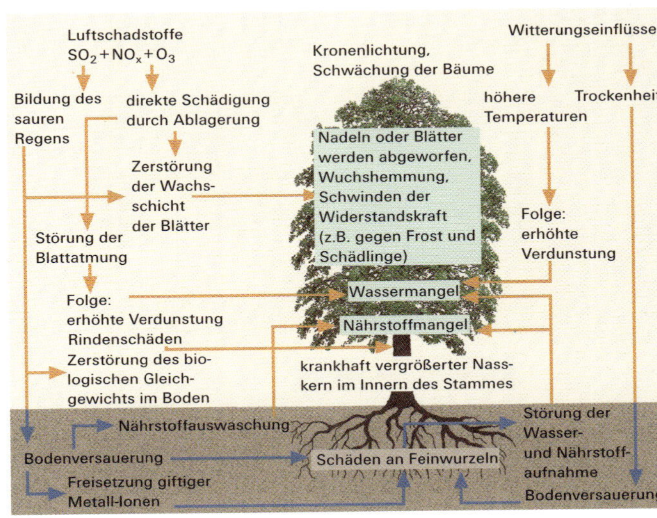

Die Ursachen des **Waldsterbens** sind noch nicht eindeutig geklärt; ein Zusammenwirken verschiedener Auslöser ist jedoch nicht von der Hand zu weisen

ist bei der Geburt bereits über 7 m lang und etwa 2 t schwer. Das beim Ausatmen mit hochgeschleuderte Meerwasser ist weithin sichtbar.

Die **Zahnwale** halten mit gleichförmigen Zähnen Fische und Tintenfische fest und zerkleinern sie. Unter den Zahnwalen ist der 20 m lange **Pottwal** der größte. Er kann bis in 2 000 m Tiefe tauchen. Zu den Zahnwalen gehören auch die →Delphine. Zahlreiche Walarten sind durch übermäßigen Walfang vom Aussterben bedroht.

■ **Wales** [ue̯ils], Landesteil von Großbritannien, 20 779 km², mit 2,9 Mio. Einwohnern (Waliser). Wales umfasst den westlichen Teil der Insel Großbritannien zwischen der Irischen See und dem Bristolkanal, einschließlich der Insel Anglesey. Die Hauptstadt ist Cardiff. Im Bergland werden vor allem Schaf- und Rinderzucht betrieben; im Süden gibt es bedeutende Eisenerz- und Kohlelager mit Metall verarbeitender Industrie (Cardiff, Rhondda, Swansea); ein entsprechendes Industriegebiet liegt im Nordosten bei Wrexham.

Geschichte: Das von Kelten besiedelte Wales stand vom 1. bis 5. Jahrh. unter römischer, seit 1066 unter normannischer Herrschaft. Im späten 13. Jahrh. wurde es vom englischen König Eduard I. unterworfen; seit 1301 führen die englischen Thronfolger den Titel »Prince of Wales«.

■ **Wałęsa** [wauängßa], Leszek (»Lech«), polnischer Gewerkschafter und Politiker, *Popowo (bei Bromberg) 29. September 1943. Wałęsa war als Elektromonteur 1970 und erneut 1980 Streikführer der Werftarbeiter in der Danziger Bucht. Er setzte die Zulassung freier Gewerkschaften in Polen durch und war 1980–90 Vorsitzender in deren Dachverband »Solidarność« (Solidarität). 1981/82 interniert, erhielt er 1983 den Friedensnobelpreis. 1990–95 war er polnischer Staatspräsident.

■ **Walhall** →germanische Mythologie.

■ **Walkie-Talkie** [uåkitåki; engl.] *das,* ein tragbares →Funksprechgerät.

■ **Walkman** [uåkmen; engl.] *der,* kleiner, netzunabhängiger Kassettenrekorder mit Kopfhörern.

■ **Walküren,** Kampfjungfrauen der →germanischen Mythologie.

■ **Wallenstein** (Waldstein), Albrecht Wenzel Eusebius von, Herzog von Friedland (seit 1625), Herzog von Mecklenburg (seit 1627/29), Fürst von Sagan (seit 1627/28), genannt »der Friedländer«, kaiserlicher Heerführer im Dreißigjährigen Krieg, *Hermanitz (heute Heřmanice, Tschechische Republik) 24. September 1583, †(ermordet) Eger 25. Februar 1634. Wallenstein stand seit 1604 in habsburgischen Diensten und erwarb große Besitzungen, die Kaiser Ferdinand II. 1624 zum Herzogtum Friedland erhob. Er stellte 1625 dem Kaiser ein eigenes Söldnerheer zur Verfügung und erhielt den Oberbefehl über alle kaiserlichen Truppen im Reich. Trotz zahlreicher militärischer Erfolge (Vorstoß bis Jütland) wurde er 1630 auf den Druck politischer Gegner hin entlassen.

Doch die Eroberung nahezu ganz Deutschlands führte dazu, dass er 1632 erneut den Oberbefehl erhielt mit unbeschränkter Vollmacht für Kriegführung und Friedensverhandlungen. Als er 1633 mit Schweden, Sachsen und Brandenburgern über einen allgemeinen Reichsfrieden verhandelte, geriet er in Gegensatz zum Kaiser und wurde 1634 abgesetzt und geächtet. Wallenstein und mehrere seiner Generäle (Terzka, Ilow, Kinský) wurden in Eger von kaisertreuen Offizieren ermordet. – Schiller hat diese Geschichte in dem Drama »Wallenstein« (1800) verarbeitet.

■ **Wallfahrt** (Pilgerfahrt), aus religiösen Motiven unternommene Wanderung oder Fahrt zu einem heiligen Ort. Im alten Israel war die Wallfahrt zum Jerusalemer Tempel üblich. Der Islam schreibt den Gläubigen die Pilgerfahrt (»Hadsch«) nach Mekka vor (mindestens einmal im Leben). Bedeutende katholische Wallfahrtsorte sind u. a. Rom, Lourdes, Fátima und Santiago de Compostela.

■ **Wallis** *das* (frz. Valais), Kanton in der Südwestschweiz, mit 5 224 km² und 274 500 Einwohnern. Der Hauptort ist Sitten (frz. Sion). Das Wallis ist ein Hochalpenland, es umfasst den Südabfall der Berner Alpen, das obere Rhonetal und die Walliser Alpen (mit dem Monte Rosa und dem Matterhorn). Es gibt Almwirtschaft, in günstigen Lagen (Rhonetal) Obst-, Wein- und Gemüsebau. Neben dem Fremdenverkehr ist auch die Industrie (Metall-, Chemie-, Holz- und Nahrungsmittelindustrie) von Bedeutung. – Seit 1814 ist das Wallis Kanton der Eidgenossenschaft.

■ **Wallonen,** die Wallonisch (eine französische Mundart) sprechende Bevölkerung Belgiens.

■ **Wall Street** [uålstrit; engl.] *die,* Banken- und Börsenstraße im Süden des New Yorker Stadtteils Manhattan, das amerikanische Geld- und Finanzzentrum.

■ **Walnuss,** eine Gattung der Walnussgewächse mit etwa 15 Arten in Südosteuropa, im gemäßigten Asien, in Nordamerika und den nördlichen Anden. Die Wand der Steinfrucht besteht aus einer grünen, fleischigen Hülle und einer harten Schale. Die essbaren Samen sind von einer Samenhaut umgeben und bestehen aus einem kleinen Keimling und zwei großen, mehrfach gelappten, nährstoffreichen

Keimblättern. Aus Walnüssen wird auch Speiseöl gewonnen.

■ **Walpurgisnacht,** die Nacht vor dem 1. Mai (dem Fest der heiligen Walburga). Nach dem Volksglauben sollen in der Walpurgisnacht Hexen auf Besen zu ihrem Tanzplatz auf dem »Blocksberg« (oft mit dem Brocken im Harz gleichgesetzt) reiten und dort ein ausgelassenes Fest feiern.

■ **Walross,** die Küsten und Meere des hohen Nordens bewohnende, etwa 3 bis 3,8 m lange Robbe. Die oberen Eckzähne (vor allem bei den Männchen zu gewaltigen Hauern ausgebildet) liefern Elfenbein, weshalb das Walross stark bejagt wurde. Heute ist die Jagd auf Walrosse eingeschränkt.

Die Miniatur zeigt Walther von der Vogelweide wie er sich in einer berühmten Selbstbeschreibung vorgeführt hat; hier eine neuhochdeutsche Übersetzung: »Ich saß auf einem Stein und schlug ein Bein über das andere. Darauf stützte ich den Ellenbogen. Ich hatte in meine Hand geschmiegt das Kinn und meine eine Wange ...«; das Porträt stammt aus einer Handschrift des frühen 14. Jahrhunderts – der Manessischen Handschrift

■ **Walser, 1)** Martin, deutscher Schriftsteller, *Wasserburg (Bodensee) 24. März 1927; einer der erfolgreichsten deutschen Autoren, der zahlreiche Romane (u.a. »Die Verteidigung der Kindheit«, 1991), Erzählungen, Essays, Theaterstücke und Gedichte veröffentlicht hat. Hauptthema seines Gesamtwerks sind die Verletzungen der Identität des Einzelnen.

2) Robert, schweizerischer Schriftsteller, *Biel 15. April 1878, †Herisau 25. Dezember 1956. Er schildert in seinen autobiografisch gefärbten Romanen »Geschwister Tanner« (1907), »Der Gehülfe« (1908) und »Jakob von Gunten« (1909) sowie in zahreichen, zum Teil sehr kurzen Erzählungen das Innenleben von skurrilen Außenseitern.

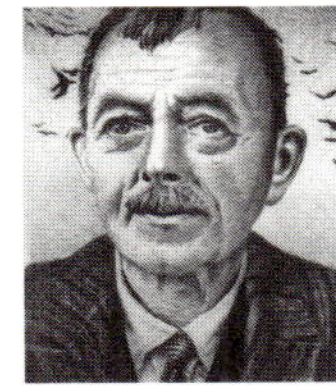

Mit seiner Neigung, einen Vorgang bis in seine Winzigkeiten zu beschreiben, erfand Robert Walser wortspielreiche Minigeschichten, die vor Witz sprühen; ein Teil von ihnen ist unter dem Buchtitel »Die Rose« veröffentlicht

■ **Walther von der Vogelweide,** mittelhochdeutscher Dichter, *um 1170, †1230. Sein Lebensweg ist nur lückenhaft bekannt: Er lebte zuerst am Hof in Wien, führte danach ein unstetes Wanderleben als »fahrender Ritter«, war u.a. auf der Wartburg, trat in die Dienste Kaiser Ottos IV. und Kaiser Friedrichs II., der ihm um 1220 ein Lehen in oder bei Würzburg verlieh.

Walther von der Vogelweide ist der bedeutendste Dichter mittelhochdeutscher Lyrik; er ist der Vollender des Minnesangs, den er mit neuer Erlebniskraft und Wärme des Gefühls erfüllte. In seiner Spruchdichtung, die er als Erster zu einer scharfen und treffsicheren politischen Waffe machte, verteidigte er die Ordnung des staufischen Reiches gegen die Machtansprüche Roms.

■ **Walzer,** Paartanz im Dreivierteltakt. Er erlebte seine Blüte in Wien unter Joseph Lanner (1801–43) und Johann Strauß, Vater und Sohn **(Wiener Walzer).** Der Walzer fand auch in die Kunstmusik Eingang.

■ **Wandalen** (Vandalen), ostgermanisches Volk, das mit seinen bedeutendsten Teilstämmen der Hasdingen und Silingen (nach ihnen ist Schlesien benannt) im 1. Jahrh. v. Chr. im Oder-Warthe-Gebiet und Ende des 2. Jahrh. an der oberen Theiß siedelte. 406/407 n. Chr. zogen die Wandalen mit anderen Völkerschaften über den Rhein, durch Gallien und über die Pyrenäen nach Spanien, wo sie als römische Bundesgenossen (Föderaten) Landzuweisungen erhielten. 929 überquerten sie unter Führung des Hasdingers Geiserich (um 390–1477) das Meer und ließen sich in Nordafrika nieder, wo sie das erste germanische Reich auf römischem Boden gründeten; die Hauptstadt war Karthago. Von dort aus beherrschten sie das westliche Mittelmeer. Auf ihren Kriegszügen plünderten sie im Jahr 455 Rom. Das Wandalenreich wurde 534/535 durch den oströmischen Feldherrn Belisar vernichtet.

■ **Wandelsterne,** veraltete Bezeichnung für →Planeten.

■ **Wanderheuschrecken** →Heuschrecken.

■ **Wandervogel** →Jugendbewegung.

■ **Wandlung,** in der katholischen Kirche Bezeichnung für die **Transsubstantiation**, die Verwandlung von Brot und Wein unter Wahrung ihrer äußeren Gestalt in Leib und Blut Christi bei der Eucharistiefeier.

■ **Wandmalerei,** Malerei an Wänden, auf Decken und Gewölben. Wandmalerei ist eine uralte

Kunst und wurde schon in der Frühzeit des Menschen angewandt (→Felsbilder). Techniken sind **Seccomalerei** [italienisch secco = trocken] auf trockenem Ton- und Gipsputz und →Freskomalerei, außerdem das **Sgraffito (Graffito)**, eine Ritztechnik zur dekorativen Fassadengestaltung; dabei wird vom farblich anders gestalteten Kratzgrund der darauf aufgetragene Kratzputz in der gewünschten Darstellung abgeschabt.

Andy Warhol

■ **Wankelmotor** (Kreiskolbenmotor), von Felix Wankel (1902–88) erfundener →Verbrennungsmotor, der, im Unterschied zum Otto- oder Dieselmotor, mit einem sich drehenden Kolben arbeitet. Der Kolben hat im Querschnitt die Form eines Dreiecks mit konvexen Seiten; er läuft in einem Gehäuse um, wobei er sich um seinen Mittelpunkt dreht, der seinerseits eine Kreisbewegung ausführt. Durch die spezielle Form des Gehäuses entstehen drei Arbeitsräume, die durch die Kanten des Kolbens mit ihren Dichtleisten gasdicht voneinander getrennt sind und sich beim Kolbenumlauf in ihrer Größe ständig verändern. In ihnen spielt sich der nach dem Viertaktverfahren ablaufende Arbeitsprozess des Motors ab.

■ **Wanzen,** eine Ordnung der Insekten mit stechend-saugenden Mundwerkzeugen, die weltweit mit fast 40 000 Arten (davon etwa 800 einheimisch) verbreitet sind. Die Wanzen besitzen oft Stinkdrüsen, ihr Körper ist meist stark abgeflacht, die Vorderflügel sind teilweise ledrig. Man unterscheidet Landwanzen (zu ihnen gehört die übel riechende **Bettwanze,** 5–6 mm groß, die sich tagsüber versteckt, nachts Blut saugt und für den Menschen gefährliche Krankheiten übertragen kann) und Wasserwanzen.

Unter den Wanzen ist die hier abgebildete Ritterwanze mit ihren etwa 11 Millimetern die größte einheimische Landwanze, die gesellig in trockenem Laub lebt

■ **Wappenkunde** (Heraldik), eine der historischen Hilfswissenschaften. **Wappen** waren seit dem 12. Jahrh. zur Unterscheidung der Kämpfenden auf dem Schild eines Ritters angebracht. Später waren sie dann in der Form eines bildlichen Abzeichens einer Person oder Familie zugeordnet und wurden erblich. Wichtigster Teil des Wappens ist der Schild; seine Gesamtfläche wird Feld genannt. Zierlinien (heraldische Schnitte) teilen das Feld in verschiedene Plätze; dadurch entstehen Heroldsbilder, die, mit gemeinen Figuren (Wappenzeichen) kombiniert, die Wappenfigur ergeben. Große Bedeutung kommt den heraldischen Farben zu.

■ **Waräger** →Normannen.

■ **Warane** [arabisch], eine Familie etwa 20 cm bis über 3 m langer Echsen in Afrika, Südasien und Australien. Es sind tagaktive, räuberisch lebende Tiere mit kräftigen, scharf bekrallten Beinen und langem Schwanz. Die Zunge ist lang und sehr tief gespalten. Der bekannteste Waran ist der etwa 3 m lange, grauschwarze **Komodowaran**.

■ **Warhol** [^{u}å^{r}hol], Andy, eigentlich Andrew Warhol, amerikanischer Maler, *Pittsburgh 6. August 1927, †New York 22. Februar 1987; führender Vertreter der →Pop-Art. Typisch sind seine Siebdruckserien, in denen er Werbeklischees und Bilder der amerikanischen Massenkultur aneinander reihte.

■ **Warmblüter** (homöotherme Tiere), Säugetiere (einschließlich Mensch) und Vögel, die ihre Körpertemperatur in engen Grenzen konstant halten können. Dies geschieht durch Wärmeregulatoren (z. B. Schweißdrüsen), die die Außentemperatur oder auch eine höhere Wärmebildung im Körper (z. B. durch körperliche Anstrengung) auszugleichen vermögen. Warmblütige Tiere, die Winterschlaf halten, können in dieser Zeit ihre Körpertemperatur absenken.

■ **Wärme, 1)** *allgemein:* eine Empfindung, die aufgrund äußerer Reize physikalischer Art durch besondere Sinnesorgane hervorgerufen wird (Temperatursinn).

2) *Physik:* eine Energieform der Materie, die auf der regellosen Bewegung der Atome oder Moleküle eines Körpers beruht (Wärmeenergie, thermische Energie). Sie breitet sich von selbst nur von Orten höherer Temperatur zu Orten niederer Temperatur aus. Die Wärme ist eine physikalische Größe, Formelzeichen Q. Ihre gesetzliche Einheit ist das Joule (J). Daneben wird insbesondere in der Ernährungswissenschaft auch noch die Kalorie verwendet.

Als **spezifische Wärme** eines Stoffs bezeichnet man die Wärmemenge, die erforderlich ist, um die Temperatur einer Masse von 1 kg dieses Stoffs um 1 °C zu erhöhen.

Die **Schmelzwärme** ist die Wärmemenge, die erforderlich ist, um 1 kg eines Stoffs ohne Temperaturerhöhung vom festen in den flüssigen Aggregat-

Dieser Komodowaran lebt ausschließlich auf den indonesischen Inseln Komodo, Rindja und Padar, die 1980 zum Nationalpark erklärt wurden; heute leben etwa 2 000 Warane im Komodo-Nationalpark

zustand zu überführen. Für Eis beträgt sie 333,5 kJ/kg. Die Schmelzwärme wird beim Erstarren eines Stoffs frei.
Als **Verdampfungswärme** bezeichnet man die Wärmemenge, die erforderlich ist, um 1 kg eines Stoffs ohne Temperaturerhöhung vom flüssigen in den gasförmigen Aggregatzustand zu überführen. Sie beträgt für Wasser 2 257,1 kJ/kg.
Beim Kondensieren aus dem gasförmigen Zustand in den flüssigen wird sie wieder frei. Andere Energieformen können vollständig in Wärme umgewandelt werden, Wärme selber kann dagegen nur unvollständig in mechanische und elektrische Energie umgewandelt werden.

■ **Wärmekraftwerk** →Kraftwerk.

■ **Wärmelehre** →Thermodynamik.

■ **Wärmepumpe,** eine Anlage, mit der unter Aufwendung mechanischer bzw. elektrischer Energie einem Wärmespeicher (z. B. dem Erdboden) Wärme entnommen und einem schon auf höherer Temperatur befindlichen Körper oder Raum zu Heizzwecken zugeführt wird. Die Arbeitsweise der Wärmepumpe ist ähnlich der eines Kühlschranks, der die Wärme den zu kühlenden Lebensmitteln entzieht und sie (an der Rückseite) an die Umgebungsluft abgibt, diese also zusätzlich erwärmt.

■ **Warschau** (polnisch Warszawa), Hauptstadt Polens, an der Weichsel gelegen, mit 1,625 Mio. Einwohnern. Die Stadt besitzt eine Universität und andere Hochschulen, Bibliotheken, Theater und Museen. Sie ist ein wichtiges Industrie- und Handelszentrum. Das Stadtbild beherrscht der im sowjetischen »Zuckerbäckerstil« errichtete Palast für Kultur und Wissenschaft (erbaut 1952–55; Höhe 227 m).
Geschichte: Warschau, erstmals 1241 genannt, erhielt vermutlich vor 1339 Stadtrecht. 1596 wurde es polnische Residenz. 1807–15 war Warschau Hauptstadt des gleichnamigen Herzogtums, dann des in Personalunion mit Russland vereinigten Königreichs Polen, seit 1918 ist es Hauptstadt Polens.
Im Zweiten Weltkrieg kapitulierte die Stadt nach dreiwöchiger Belagerung am 28. September 1939 vor den deutschen Truppen. 1940 errichtete die deutsche Besatzungsmacht das **Warschauer Getto,** in dem etwa 500 000 polnische Juden zusammengetrieben wurden. Von ihnen starben in eineinhalb Jahren 100 000 Menschen, etwa 300 000 wurden bis 1943 in nationalsozialistischen Vernichtungslagern (vor allem in Treblinka) ermordet. Auf Befehl Hitlers wurden 1943 (Erhebung der Juden des Warschauer Gettos) das Getto vernichtet und 1944 (Aufstand der polnischen Untergrundarmee) die Stadt fast völlig zerstört.

■ **Warschauer Pakt,** Militärbündnis, das am 14. Mai 1955 in Warschau mit dem »Vertrag über Freundschaft, Zusammenarbeit und gegenseitigen Beistand« (Warschauer Vertrag) sowie mit dem Beschluss über die Bildung eines »Vereinten Kommandos der Streitkräfte« gegründet wurde. Mitglieder waren Albanien (Austritt 1968), Bulgarien, DDR (Austritt 24. September 1990), Polen, Rumänien, ČSSR, Sowjetunion und Ungarn. Die Sowjetunion sah in diesem Bündnis vor allem ein Gegengewicht zur NATO, eine Möglichkeit, die Streitkräfte der europäischen sozialistischen Staaten einheitlich zusammenzufassen und diese Staaten möglichst eng an sich zu binden. Nach den revolutionären Umbrüchen in Osteuropa 1989/90 löste sich der Warschauer Pakt 1991 auf (als Militärpakt zum 1. April, als politische Organisation zum 1. Juli 1991).

Dieses Bild über das Ende der Erhebung der Juden im **Warschauer Getto** bedarf keiner Worte

■ **Wartburg,** mittelalterliche Burg in Thüringen bei Eisenach. Sie wurde angeblich 1067 gegründet; ihre erste Nennung datiert in das Jahr 1080. Anfang des 13. Jahrh. soll hier der sagenhafte Sängerkrieg stattgefunden haben, ein Wettstreit berühmter Dichter wie Wolfram von Eschenbach, Walther von der Vogelweide u. a. (den Richard Wagner in seiner Oper »Tannhäuser« künstlerisch gestaltete).
1521/22 war die Wartburg der Zufluchtsort Martin Luthers, der hier das Neue Testament aus dem Griechischen übersetzte.
1817 trafen sich auf der Wartburg zur Erinnerung an die Völkerschlacht bei Leipzig (1813) und an das Reformationsfest (1517) studentische Burschenschaften **(Wartburgfest),** um für die Einheit Deutschlands zu demonstrieren.

■ **Warthe** *die,* rechter und größter Nebenfluss der Oder, 808 km lang. Sie durchfließt das polnische Tiefland und mündet bei Küstrin.

■ **Warze,** eine gutartige Wucherung der Haut,

die mit vermehrter Hornbildung einhergeht. Sie wird meist von einem Virus verursacht.

■ **Waschbären,** eine Gattung der Kleinbären mit sieben Arten in Nord-, Mittel- und Südamerika; Länge rund 40–70 cm, mit langem Schwanz. Waschbären reiben ihre Nahrung mit waschenden Bewegungen zwischen den Pfoten. Das langhaarige, meist graue Fell wird zu Pelzkleidung verarbeitet. 1934 wurde im Gebiet des Edersees der **Nordamerikanische Waschbär** ausgesetzt, der sich seitdem über ganz Mitteleuropa verbreitet hat.

Nach seiner Aussetzung ist der anpassungsfähige **Nordamerikanische Waschbär** auch nach und nach in die waldreichen Gebiete Deutschlands eingezogen

■ **Washington** [ᵘåschingtᵉn], George, erster Präsident der USA (1789–97), *Wakefield (Westmoreland County, Virginia) 22. Februar 1732, †Mount Vernon (Virginia) 14. Dezember 1799. Washington war im Unabhängigkeitskrieg der nordamerikanischen Kolonien Oberbefehlshaber der amerikanischen Armee und zwang nach wechselvoller Kriegführung 1781 die britischen Truppen zur Kapitulation. 1787 leitete er die Beratungen der verfassunggebenden Bundesversammlung, 1789 wurde er einstimmig zum Präsidenten der USA gewählt (Wiederwahl 1792). Auf eine ihm angetragene dritte Amtszeit verzichtete er 1796 in seiner berühmten Abschiedsbotschaft. Washington festigte den neuen Staat, er wird als »Vater der amerikanischen Union« verehrt. Die Bundeshauptstadt Washington (D. C.) wurde nach ihm benannt.

■ **Washington** [ᵘåschingtᵉn], **1)** (Washington, D. C.), Bundeshauptstadt der USA, zugleich Bundesdistrikt (District of Columbia), am unteren Potomac River gelegen, mit 177 km² und 529 000 Einwohnern. Die Stadt ist Sitz des amerikanischen Präsidenten (Weißes Haus) und des Kongresses der USA (Kapitol). Neben sechs Universitäten gibt es zahlreiche wissenschaftliche Institute, Museen, Bibliotheken, Theater, Kirchen und Denkmäler (Jefferson Memorial, Lincoln Memorial, Washington Monument). – Washington wurde 1790 als Hauptstadt der USA gegründet.

Den Unabhängigkeitskrieg gegen Großbritannien organisierte der Oberbefehlshaber der aufständischen Kolonien, **George Washington,** mit Unterstützung europäischer Berufsoffiziere wie dem Franzosen M. J. M. de la Fayette und dem Deutschen Friedrich Wilhelm von Steuben; das hier abgebildete Gemälde zeigt den späteren Präsidenten mit seinen Verbündeten bei der Entgegennahme der Kapitulation der ehemaligen Kolonialherren im Jahr 1781

2) Bundesstaat im Nordwesten der USA, am Pazifik, an der Grenze zu Kanada gelegen, mit 184 672 km² und 5,689 Mio. Einwohnern. Hauptstadt ist Olympia; größte Stadt und Industriezentrum mit bedeutendem Hafen ist Seattle (520 900 Einwohner).

■ **Wasser,** die auf der Erde am häufigsten vorkommende Flüssigkeit, eine Wasserstoff-Sauerstoff-Verbindung der Zusammensetzung H_2O (Wasserstoffoxid). Reines Wasser bildet eine farb-, geschmack- und geruchlose Flüssigkeit; der Schmelzpunkt liegt bei 0 °C, der Siedepunkt bei 100 °C (bei 1013,25 mbar). Diese beiden Umwandlungstemperaturen sind die Fundamentalpunkte der Celsius-Skala für die Temperaturmessung.

Wasser zeigt bezüglich der Dichte ein ungewöhnliches Verhalten (Anomalie des Wassers genannt): Wasser von 0 °C besitzt eine Dichte von 0,9998 g/cm³, beim Erwärmen steigt die Dichte an, bei 4 °C wird das Dichtemaximum von 1,0000 g/cm³ erreicht, bei weiterem Erwärmen nimmt die Dichte

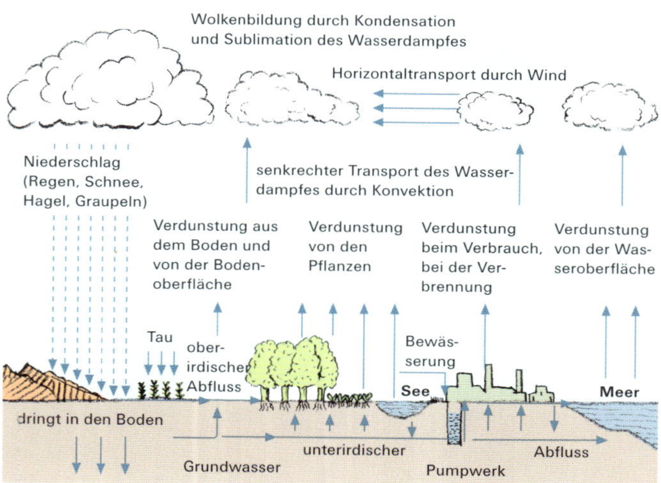

Die Zeichnung dokumentiert den natürlichen Kreislauf des **Wassers** auf der Erde zwischen Meer, Atmosphäre und Festland

wieder ab (bei 20 °C 0,998 g/cm³). Beim Übergang vom flüssigen in den festen Zustand tritt ebenfalls eine Erniedrigung der Dichte (infolge Volumenvergrößerung) ein: Eis von 0 °C besitzt eine Dichte von 0,9168 g/cm³, deshalb schwimmt Eis auf Wasser. Wegen des Dichtemaximums bei 4 °C sinkt bei der Abkühlung von Flüssen und Seen das spezifisch schwerere Wasser nach unten, während das leichtere nach oben steigt: Wasser gefriert daher stets von der Oberfläche her. Wegen der schlechten Wärmeleitfähigkeit von Eis gefrieren tiefere Gewässer nicht bis zum Grunde (wichtig für die Lebewesen des Wassers). Die Volumenvergrößerung von etwa 9 % beim Gefrieren von Wasser bewirkt u.a. das Platzen von Wasserleitungen und Gefäßen bei Frost sowie die Verwitterung von Gesteinen.
Ohne Wasser wäre kein Leben auf der Erde möglich. Mensch und Tier bestehen bis zu 60–70 % aus Wasser, Pflanzen sogar bis zu 98 %. Der Mensch kann in äußersten Notfällen bis zu einem Monat lang hungern, während beim Fehlen jeglicher Wasseraufnahme der Tod bereits nach wenigen Tagen eintritt. Die Erdoberfläche ist zu 71 % mit Wasser bedeckt, das sich in einem Kreislauf von Verdunstung, Niederschlag, Fluss- und Grundwasser (Süßwasser) und Meerwasser (Salzwasser) befindet. Das für Trinkwasser gebrauchte Wasser wird aus Quellen, Tiefbrunnen oder Gewässern entnommen und aufbereitet. In manchen Regionen wird auch Meerwasser nach einer Entsalzung verwendet.

■ **Wasserball,** Ballspiel für zwei Mannschaften zu je sieben Spielern (dazu je sechs Auswechselspieler) in einem 30 × 20 m großen Schwimmbecken. Ziel ist es, den 400–450 g schweren Ball möglichst oft ins 3 m breite und 90 cm hohe gegnerische Tor zu werfen. Der Ball darf nicht mit der Faust geschlagen und nicht unter Wasser gespielt werden. Die Spielzeit beträgt 4 × 7 Minuten.

■ **Wasserfall,** der senkrechte Absturz eines Flusses über eine aus hartem Gestein bestehende Stufe im Flussbett. Mehrere Stufen hintereinander bilden eine **Kaskade,** eine Wasserfalltreppe. Der höchste Wasserfall der Erde ist mit einer Fallhöhe von 979 m der Angelfall (spanisch Salto Ángel) in Venezuela.

■ **Wasserflöhe,** in pflanzenreichen Gewässern massenhaft auftretende, durchsichtige Krebstiere (über 400 Arten). Der Rumpf der etwa 0,4–6 mm langen Wasserflöhe steckt in einer zweiklappigen Chitinschale. Die verbreiterten Beinpaare erzeugen einen Wasserstrom, dem die Wasserflöhe Nahrung und Sauerstoff entnehmen. Die Ruderantennen bewegen die Tiere ruckartig »hüpfend« durchs Wasser. Wasserflöhe sind eine wichtige Nahrungsquelle für Fische.

■ **Wasserflugzeug** →Flugzeug.

■ **Wasserkraftwerk** →Kraftwerk.

■ **Wassermann,** zum Tierkreis gehörendes Sternbild der Äquatorzone; bei uns im Herbst am Abendhimmel sichtbar.

■ **Wasserscheide,** die Grenze zwischen Abflussgebieten, meist ein Höhenzug oder Gebirge, von dem Flüsse und Bäche in verschiedene Richtungen abfließen. Eine Wasserscheide ist z.B. die Schwäbische Alb: Nach Norden fließen die Gewässer dem Rhein, nach Süden der Donau zu. Da diese Flüsse in verschiedene Meere münden, spricht man hier von einer **Hauptwasserscheide.**

berühmte Wasserfälle

Name	Fallhöhe in m
Salto Ángel, Venezuela	979
Yosemite Fall, Kalifornien (USA), drei Stufen	739
Sutherland Falls, Neuseeland, drei Stufen	580
Gavarniefälle, Frankreich, Grande Cascade (bei schwacher Wasserführung, zwei Stufen)	422
Krimmler Wasserfälle, Österreich, drei Stufen	380
Giessbachfälle, Schweiz; 7–15 Einzelfälle (je nach Wasserstand)	300
Triberger Wasserfälle, Deutschland, sieben Stufen	162
Yellowstonefälle, Wyoming (USA), zwei Fälle	127
Victoriafälle, Simbabwe/Sambia, fünf Fälle	110
Teveronefälle, Italien	108
Niagarafälle, USA/Kanada, American Falls	51
Rheinfall, Schweiz, Hauptfall 19 m, insgesamt	24

■ **Wasserskilaufen,** Wassersportart, die auf einem Ski (Monoski), zwei Skiern oder barfuß ausgeübt wird. Die Skier haben vorn aufgebogene Spitzen, an der Unterseite eine Hohlkehle und einen stabilisierenden Kiel zur besseren Führung. Beim Wasserski gleitet man im Schlepp eines Motorboots oder am Lift über das Wasser.

■ **Wasserstoff,** das leichteste aller chemischen Elemente, ein farb- und geruchloses, ungiftiges, brennbares Gas. Seine →Atome bestehen nur aus einem Proton als Kern und einem Elektron als Hülle. Neben diesem leichten, bei weitem häufigsten Isotop gibt es zwei weitere Isotope, die in ihren Kernen neben dem Proton ein oder zwei Neutronen enthalten und Deuterium bzw. Tritium heißen.
Chemisch lässt sich Wasserstoff weder den metallähnlichen noch den nichtmetallischen Elementen zuordnen, da er in Verbindungen einerseits Metallatome ersetzen kann (z.B. wird aus einem Salz eine Säure), anderseits auch mit Metallen so genannte

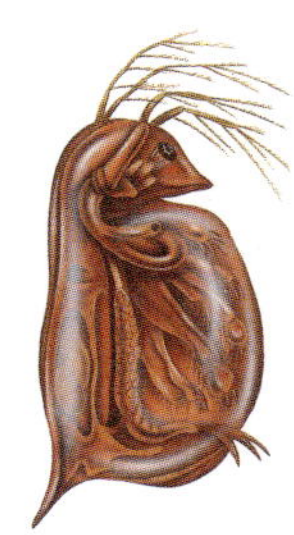

Die Zeichnung zeigt einen stark vergrößerten **Wasserfloh**

Hydride bildet (z.B. Calciumhydrid, CaH_2) sowie in organischen Verbindungen (z.B. →Kohlenwasserstoffen) enthalten ist.
Technisch wird Wasserstoff, an dem in der Industrie hoher Bedarf besteht, durch →Elektrolyse von Wasser gewonnen, wobei neben gasförmigem Wasserstoff gasförmiger Sauerstoff entsteht. Eine andere Möglichkeit ist die Wasserstoffgewinnung aus Kohle, Erdöl oder Erdgas. Wasserstoff reagiert mit Sauerstoff unter Energiefreisetzung zu Wasser. Diese Reaktion wird in Brennstoffzellen zur Energiegewinnung, gegebenenfalls direkt für Antriebe genutzt. Die Erzeugung von Wasserstoff aus Wasser (z.B. in Sonnenkraftwerken), die Speicherung, der Transport und die Nutzung von Wasserstoff für die Energiegewinnung werden zusammenfassend als **Wasserstoffenergietechnik** (Wasserstofftechnologie) bezeichnet.

Wasserstoff
chemisches Symbol: H (von lat. Hydrogenium)
Ordnungszahl: 1
relative Atommasse: 1
Dichte (bei 0 °C und 1,013 bar): 0,089 g/l
Schmelzpunkt: −259 °C
Siedepunkt: −253 °C

■ **Wasserstoffbombe** (H-Bombe), durch eine kleine Atombombe (Kernspaltungsbombe) gezündete Bombe, deren Wirkungsweise darauf beruht, dass durch die Verschmelzung von Atomkernen des schweren Wasserstoffs (Deuterium) zu Heliumkernen ein Teil der ursprünglich vorhandenen Masse in Energie umgewandelt wird. Die Wasserstoffbombe ist ein zu den →Kernwaffen zählendes Massenvernichtungsmittel.

■ **Wasserstoffperoxid** (früher Wasserstoffsuperoxid) *das,* Oxidationsmittel der Formel H_2O_2. Die flüssige, farblose, wasserlösliche, in konzentrierter Form hochexplosive Verbindung wird wegen ihrer oxidierenden Wirkung als Bleich- und Desinfektionsmittel verwendet. Bekannt ist die Verwendung des Wasserstoffperoxids als Blondiermittel. In der Industrie findet Wasserstoffperoxid überaus vielfältige Anwendung, die fast durchweg auf seiner Oxidationsfähigkeit beruht. Wasserstoffperoxid dient auch zur Entgiftung und Desodorierung von Trinkwasser, Abwasser und Abluft sowie als Raketentreibstoff.

■ **Wasserverdrängung,** Maß für die Größe eines Schiffes. Es gibt an, wie viel Tonnen Wasser vom Schiff verdrängt wird. Das Gewicht der verdrängten Wassermasse ist nach dem archimedischen Prinzip gleich dem Gewicht des Schiffes. – auch →Raumzahl.

■ **Wasserwaage** (Setzwaage), ein hauptsächlich im Bauwesen verwendetes Gerät, mit dem überprüft werden kann, ob eine ebene Fläche genau waagerecht oder genau senkrecht verläuft. Die Wasserwaage besteht aus einer Holz- oder Metallschiene, in die eine Libelle eingelassen ist, die das eigentliche Prüfgerät ist. Die Libelle ist eine leicht gekrümmte Glasröhre oder eine Glasdose mit leicht kugeligem Deckel, die bis auf eine kleine Gasblase mit Alkohol gefüllt ist.

■ **Watergate-Affäre** [^{u}åt^{e}ge^{i}t], der Einbruch von Beauftragten des republikanischen »Komitees für die Wiederwahl des Präsidenten« in das Hauptquartier der Demokratischen Partei (Watergate Apartments, Washington, D. C., im Juni 1972) und seine Folgen. Die Mitwisserschaft des republikanischen Präsidenten Nixon und sein Versuch, sie zu verschleiern, führten zu einem Amtsenthebungsverfahren gegen ihn. Unter dem Druck der Öffentlichkeit trat er am 9. August 1974 als erster Präsident der USA zurück.

■ **Watt** [^{u}åt], James, britischer Ingenieur und Erfinder, *Greenock (Schottland) 19. Januar 1736, †Heathfield (heute zu Birmingham) 19. August 1819. Watt konstruierte im Jahr 1765 die erste brauchbare Dampfmaschine.

■ **Watt** [nach James Watt] *das,* Einheitenzeichen **W,** gesetzliche Einheit der →Leistung:

1 W = 1 J/s = 1 Nm/s.

■ **Watt** [niederdeutsch] *das,* der Meeresboden flacher Küsten mit Ebbe und Flut. Er besteht aus Sand und Schlick, wird bei Flut überspült **(Wattenmeer)** und fällt bei Ebbe trocken. Watten erstrecken sich als bis 30 km breiter Saum an der deutschen und niederländischen Nordseeküste.

■ **Watvögel,** eine Unterordnung der Vögel mit rund 200 Arten; Sumpfvögel mit langem Hals und langen Beinen. Watvögel sind u.a. der Regenpfeifer und die Schnepfenvögel.

■ **Watzmann** *der,* Gebirgsstock in den Berchtesgadener Alpen, westlich des Königssees, mit 2713 m Höhe der zweithöchste Berg Deutschlands.

■ **Weber,** Carl Maria von, deutscher Komponist, *Eutin 18. oder 19. November 1786, †London 5. Juni 1826. Weber wurde mit seinem »Freischütz« (1821) zum Schöpfer der deutschen romantischen Oper. Ferner komponierte er u.a. die Opern »Euryanthe« (1823) und »Oberon« (1826) sowie Bühnenmusiken, Klavierwerke und Kammermusik.

■ **Weberknechte,** bis über 2 cm lange Spinnentiere ohne Gift- und Spinndrüsen. Dem Kopf-Brust-Stück sitzt bei ihnen ein gegliederter Hinterleib breit an. Ihre Kiefer enden in Scheren. Die Weberknechte stelzen auf sehr langen Beinen einher, die leicht abbrechen.

■ **Webern,** Anton von, österreichischer Komponist, *Wien 3. Dezember 1883, †Mittersill (Salzburg) 15. September 1945. Webern, ein Schüler von Arnold Schönberg, gilt als Vater der seriellen Musik. Er komponierte Lieder und Chorwerke, Orchester- und Kammermusik.

■ **Webervögel,** 10–20 cm lange, gesellig lebende Singvögel (rund 150 Arten) mit meist kegelförmigem Schnabel, die heute weltweit verbreitet sind. Die meisten Webervögel bauen kunstvolle, beutelförmige, hängende Nester, in denen die Brut mit Insekten aufgezogen wird, während sonst Körner und Samen als Nahrung überwiegen. – Einziger einheimischer Vertreter ist der →Sperling.

Carl Maria von Webers letzte Oper »Oberon« war eine Auftragsarbeit des berühmten Londoner Covent Garden Theatre; kurz vor seinem Tod dirigierte der Komponist dort am 12. April 1826 die Uraufführung seines Werkes

■ **Wechsel,** ein schriftliches, unbedingtes Zahlungsversprechen; eine Urkunde, in der sich der Aussteller verpflichtet, zu einem bestimmten Zeitpunkt demjenigen, der den Wechsel dann vorlegt, unbedingt den darin genannten Betrag zu zahlen. Wenn der Inhaber des Wechsels schon vor dem im Wechsel genannten Zahlungstermin über das Geld verfügen möchte, kann er den Wechsel bei einer Bank einlösen. Die Bank übernimmt den Wechsel und zahlt den Betrag an den Wechselinhaber, nachdem sie einen bestimmten Zinssatz (den **Diskont**) für sich abgezogen hat. Wenn der Wechsel fällig wird, muss der Aussteller an die Bank zahlen. Für die zwangsweise Einziehung der Wechselsumme gibt es ein vereinfachtes Gerichtsverfahren.

Anton Webern war wie sein Freund Alban Berg ein dem Lehrer Arnold Schönberg ebenbürtiger Schüler; Webern, der noch vor 1933 erkannt hatte, dass die Nationalsozialisten seine Musik ebenso wie die der Freunde »erschießen« würden, wurde im Herbst 1945 durch einen irrtümlichen Schuss eines amerikanischen Soldaten getötet

■ **Wechseljahre** (Klimakterium), die Zeitspanne, in der bei der Frau die Eierstöcke allmählich die Produktion reifer Eizellen einstellen. In diesen Zeitraum, der heute meist zwischen dem 45. und dem 55. Lebensjahr, selten wesentlich früher oder später liegt, fällt auch das Auftreten der letzten Monatsblutung **(Menopause)** und damit das Ende der Fruchtbarkeit. Als letzte Monatsblutung wird im Allgemeinen jene bezeichnet, auf die innerhalb eines Jahres keine weitere Blutung mehr gefolgt ist.

■ **Wechselkurs** (Devisenkurs), der in inländischer Währung ausgedrückte Preis für eine feststehende ausländische Währungseinheit, z. B. der Preis für 1 US-$, ausgedrückt in Euro.

■ **Wechselstrom,** ein elektrischer Strom, dessen Stärke und Richtung sich im Gegensatz zum →Gleichstrom periodisch mit der Zeit ändern. Er wächst von null auf einen Höchstwert an, sinkt dann wieder auf null zurück, ändert seine Richtung, erreicht in dieser entgegengesetzten Richtung einen höchsten Wert und geht dann wieder auf null zurück. Darauf beginnt der Vorgang von vorn (→Periode, →Welle.

In Deutschland beträgt die Frequenz 50 Hz. Beim Wechselstrom vollführen die Ladungsträger (Elektronen, Ionen) eine Schwingungsbewegung um ihre Ruhelage. Der Wechselstrom hat den Gleichstrom in der elektrischen Energietechnik weitgehend verdrängt. Hauptgrund dafür war die Tatsache, dass man die den Wechselstrom verursachende Wechselspannung mithilfe eines →Transformators beliebig vergrößern oder verkleinern kann. Dadurch ist es beispielsweise möglich, elektrische Energie über weite Strecken zu übertragen. Dabei treten infolge der Erwärmung des Drahtes durch den Stromfluss Verluste auf. Diese sind um so größer, je größer die Stromstärke ist.

Die elektrische Leistung (P) ist gleich dem Produkt aus einer elektrischen Spannung (U) und der Stromstärke (I):

$$P = U \cdot I.$$

Je höher die Spannung ist, um so geringer braucht, bei gleicher Leistung, die Stromstärke zu sein. Deshalb wird bei der elektrischen Energieübertragung eine sehr hohe Spannung gewählt. Die Stromstärke und damit auch die Energieverluste sind dadurch sehr gering. Beim Energieverbraucher wird die Wechselspannung wieder heruntertransformiert. Die Verkettung dreier gegeneinander jeweils um ein Drittel Periode verschobener Wechselströme bezeichnet man als **Drehstrom**.

■ **Wechselwarme** (Kaltblüter), Tiere, die ihre Körpertemperatur nicht oder nur sehr unvollkommen regulieren können, sodass ihre Körpertemperatur der Umgebung weitgehend entspricht. Zu den Wechselwarmen zählen alle Tiere, ausgenommen Vögel und Säugetiere.

■ **Weda** [Sanskrit, = Wissen] (Veda) *der,* die älteste religiöse Literatursammlung der Inder, deren früheste Schriften aus der Zeit vor dem 1. Jahrtausend v. Chr. stammen. Der Weda zählt zu den heiligen Schriften des →Hinduismus.

Mit dem erst im Jahr 1906 uraufgeführten Theaterstück »Frühlings Erwachen« hat **Frank Wedekind** eine »Kindertragödie« geschrieben, in deren Mittelpunkt das Schicksal der vierzehnjährigen Wendla Bergmann und das ihres gleichaltrigen Freundes Melchior Gabor steht

■ **Wedekind,** Frank, deutscher Schriftsteller, *Hannover 24. Juli 1864, †München 9. März 1918. Wedekind wandte sich in seinen Dramen (»Frühlings Erwachen«, 1891; »Der Erdgeist«, 1895; »Die Büchse der Pandora«, 1904) und seinen satirisch gefärbten Balladen gegen die vernichtenden Moralvorstellungen des ausgehenden 19. Jahrhunderts.

■ **Wegerich,** zur Gattung der Wegerichgewächse gehörende, mit etwa 260 Arten weltweit verbreitete Kräuter oder Halbsträucher mit oft in Rosetten stehenden Blättern. Die Wegeriche haben tief gehende Pfahlwurzeln, ganzrandige Blätter und einfache Blüten in Köpfchen oder Ähren.

Der **Spitzwegerich** hat schmale, lanzettliche Blätter. Die elliptischen Blätter des **Mittleren Wegerichs** sind kurz gestielt. Dagegen laufen die breiten Blattflächen des **Breitwegerichs** in einen langen Blattstiel aus. Der Wegerich ist eine alte Heilpflanze mit antibiotischer Wirkung.

■ **Wehen** →Geburt.

■ **Wehner,** Herbert, deutscher Politiker, *Dresden 11. Juli 1906, †Bonn-Bad Godesberg 19. Januar 1990. Wehner, der seit 1927 Mitglied der KPD war, wurde während der Emigration (u. a. in Moskau) aus der Partei ausgeschlossen. Nach seinem Bruch mit dem Kommunismus trat er 1946 der SPD bei, deren Bundestagsfraktionsführer er 1969–83 war. Wehner war entscheidend an der Umwandlung der SPD in eine linke Volkspartei (Godesberger Programm, 1959) und an der Bildung der großen Koalition (1966–69) beteiligt.

■ **Wehrbeauftragter,** ein auf fünf Jahre gewählter Beauftragter des Deutschen Bundestages, der die Wahrung der Grundrechte und der Grundsätze des demokratischen Aufbaus der Bundeswehr überwachen soll. An ihn können sich Soldaten mit Beschwerden wenden.

■ **Wehrdienst,** aufgrund der →Wehrpflicht zu leistender Dienst des Soldaten in den Streitkräften (Militärdienst).

■ **Wehrpflicht,** gesetzlich festgelegte Verpflichtung von Staatsbürgern zum Wehrdienst. Diese Verpflichtung betrifft in der Regel die (männlichen) Angehörigen einer bestimmten Altersgruppe; da sie prinzipiell ohne Ausnahme gilt, spricht man von **allgemeiner Wehrpflicht.**

In der Bundesrepublik Deutschland unterliegen der Wehrpflicht die Männer vom 18. bis zum 45. Lebensjahr; sie umfasst den zehnmonatigen Grundwehrdienst (ab 2002 nur noch neun Monate), die Teilnahme an daran anschließenden Wehrübungen und im Verteidigungsfall den unbefristeten Wehrdienst. Vom Wehrdienst ausgenommen sind körperlich oder geistig Wehrdienstunfähige, etwa Schwerbehinderte. Befreit sind u. a. auch Geistliche und in bestimmter Weise Vorbestrafte. Freigestellt werden Wehrpflichtige, die sich auf mindestens acht Jahre als Helfer im Zivil- oder Katastrophenschutz oder zur Leistung eines mindestens zweijährigen Entwicklungsdienstes verpflichtet haben.

Nicht zum Wehrdienst herangezogen werden taugliche Wehrpflichtige, die anerkannte Kriegsdienstverweigerer sind (→Zivildienst) und solche, die mindestens zwei Jahre im Vollzugsdienst des Bundesgrenzschutzes oder drei Jahre im Vollzugsdienst der Polizei gedient haben. In manchen Staaten, z. B. in Israel, gibt es auch eine Wehrpflicht für Frauen.

■ **Weichsel** *die,* längster Fluss zur Ostsee, 1047 km lang. Die Weichsel entspringt in den Westbeskiden (Karpaten), durchfließt in großem Bogen ganz Polen und mündet mit großem Delta in die Danziger Bucht. Einer der Mündungsarme, die **Nogat,** mündet in das Frische Haff.

■ **Weichtiere** (Mollusken), ein Tierstamm mit heute rund 125 000 Arten, zu dem u. a. Schnecken, Muscheln und Tintenfische gehören. Die meisten Weichtiere sind Meeresbewohner. Ihr Körper ist wenig gegliedert und von einer drüsenreichen Haut bedeckt, die den Mantel bildet. Dieser scheidet die Schalen (bei Muscheln zweiklappig, bei Schnecken gewunden, bei Nacktschnecken und Tintenfischen als innere Schalenreste) ab. Der an der Bauchseite gelegene Fuß ist sohlenartig (Schnecken), beilförmig (Muscheln) oder als Trichter ausgebildet (Tintenfische). Das Nervensystem besteht aus paarigen, miteinander durch Nervenstränge verbundenen Nervenknoten. Die Weichtiere sind getrenntgeschlechtlich oder zwittrig. Lungenschnecken und Tintenfische entwickeln sich direkt, Kiemenschnecken und Muscheln über ein Larvenstadium.

■ **Weiden,** eine Gattung der Weidengewächse mit etwa 300 Arten, von denen 30 heimisch sind (Sal-, Weiß-, Korbweide). Es sind niedriger Baum oder Strauch an meist feuchten Standorten. Ihre Zweige sind biegsam und werden zu Korbgeflechten verarbeitet. Die Weiden sind zweihäusig; die Blüten, meist in Kätzchen, besitzen jeweils zwei gelbe Staubblätter und eine Honigdrüse. In den Blüten der Stempelkätzchen finden sich ein Fruchtknoten und ebenfalls eine Honigdrüse.

■ **Weihnachten,** das Fest der Geburt Christi. Es wird seit dem 4. Jahrh. – erstmals 336 in Rom – am 25. Dezember (dem damaligen Festtag des römischen Sonnengottes) gefeiert, obwohl das genaue Datum der Geburt Christi nicht bekannt ist. Die zahlreichen **Weihnachtsbräuche** (Lichter, Geschenke, Sternsingen u. a.) gehen vielfach auf römisches und germanisches Brauchtum zurück oder stammen aus nachmittelalterlicher Zeit. Das Schmücken eines Weihnachtsbaums (Christbaums) ist in Europa seit dem 19. Jahrh. weit verbreitet.

■ **Weihrauch,** eine Mischung verschiedener Harze (z. B. Myrrhe) und anderer pflanzlicher Stoffe (z. B. Lavendelblüten), die beim Verbrennen einen aromatischen Duft verströmen. Weihrauch wird seit dem Altertum bei religiösen Feiern verwendet (heute noch in der katholischen, altkatholischen und orthodoxen Kirche).

■ **Weihwasser,** in der katholischen Kirche vom Priester geweihtes Wasser, das bei vielen liturgischen Segnungen sowie bei der Bekreuzigung verwendet wird.

■ **Weill,** Kurt, deutscher Komponist, *Dessau 2. März 1900, † New York 3. April 1950. Weltbekannt wurden seine Songs für Stücke von Bert Brecht, so für die »Dreigroschenoper« (1928) und den »Aufstieg und Fall der Stadt Mahagonny« (1930). 1933 musste er emigrieren und lebte ab 1935 in den USA, wo er für den Broadway arbeitete und auch Filmmusiken schrieb.

■ **Weimar,** Stadt in Thüringen, mit 62 500 Einwohnern, an der Ilm gelegen, die »Kulturstadt Europas 1999«. Weimar war zur Zeit Goethes Mittelpunkt des deutschen Geisteslebens; hier wirkten Goethe, Schiller, Herder und Wieland. Daran erinnern zahlreiche Bauten (heute teils Museen), so das Goethehaus am Frauenplan, Goethes Gartenhaus im Park an der Ilm, das Schillerhaus, die Fürstengruft (mit den Gräbern Goethes und Schillers) und die Stadtpfarrkirche (»Herderkirche«). Von den ehemals herzoglichen Gebäuden sind zu nennen: das Neue Schloss, das Wittumspalais und die Schlösser Tiefurt und Belvedere.

1919–25 war Weimar Sitz des Bauhauses. Die Bauhaus-Erinnerungsstätten gehören seit 1996, das »klassische Weimar« seit 1998 zum UNESCO-Weltkulturerbe. – Auf dem Ettersberg nördlich von Weimar liegt die Mahn- und Gedenkstätte →Buchenwald.

Weimar war 1573–1918 Hauptstadt des Herzogtums (ab 1815 Großherzogtums) Sachsen-Weimar. 1919 tagte hier die Nationalversammlung, die die Verfassung der Weimarer Republik erarbeitete.

■ **Weimarer Republik,** häufig gebrauchter Name für das Deutsche Reich in der Zeit von 1919 bis 1933. Die Weimarer Republik gründete in ihrer Staats- und Regierungsform auf der von der Nationalversammlung 1919 in Weimar verabschiedeten Verfassung (»Weimarer Verfassung«). Sie war ein parlamentarisch-demokratischer Bundesstaat, der das 1871 von Bismarck auf monarchischer Basis gegründete Reich fortsetzte. Staatsoberhaupt war der vom Volk gewählte Reichspräsident (1919–25 Friedrich Ebert, seit 1925 Paul von Hindenburg). Die 1929 einsetzende Weltwirtschaftskrise (6 Mio. Arbeitslose in Deutschland) entwickelte sich zu einer Krise des Staates; radikale Strömungen (Kommunisten, Nationalsozialisten) gewannen stark an Boden. Mit der Ernennung Hitlers zum Reichskanzler (1933) und der Errichtung einer nationalsozialistischen Diktatur brach die Weimarer Republik zusammen. – auch →deutsche Geschichte.

■ **Wein,** ein Getränk, das durch alkoholische Gärung aus dem frischen Beerensaft oder der Maische der Weinrebe hergestellt wird. Es gibt Weiß-, Rot- und Roséwein (die Rotfärbung entsteht durch die farb- und gerbstoffhaltigen Fruchtschalen blauer oder roter Beeren). Die Hauptweinernte (Weinlese) findet in Deutschland von September bis Anfang November statt.

Der Weinbau wurde von den Römern in den von ihnen eroberten Gebieten Europas verbreitet. – Bild S. 357

■ **Weinstock** (Echte Weinrebe), ein Lianengewächs aus der Familie der Weinrebengewächse, ein licht- und wärmebedürftiger Strauch, dessen Heimat wahrscheinlich das östliche Mittelmeergebiet ist. Die tief wurzelnde Pflanze (bis 20 m) hält sich oberirdisch mit Sprossranken an Stützen fest. Die unscheinbaren Blüten stehen in Rispen (keine Traube!). Die Beeren, die bis zu vier Samen enthalten können, werden zu Rosinen getrocknet oder nach Vergären des Presssaftes zu →Wein verarbeitet.

Die Musik **Kurt Weills** ist eng mit dem Auftreten seiner Frau, der Chansonsängerin und Schauspielerin Lotte Lenya, verbunden: als unverwechselbare Interpretin seiner Songs erwarb sie sich auch im amerikanischen Exil einen legendären Ruf

■ **Weinstraße,** Bezeichnung für Straßen, die durch sehenswerte Teile von Weinanbaugebieten führen. Die älteste Weinstraße in Deutschland ist die **Deutsche Weinstraße** am Fuß der Haardt, dem östlichen Teil des Pfälzer Waldes (Rheinland-Pfalz), wo das milde Klima den Wein- und Obstbau begünstigt. Bekannte Wein- und Fremdenverkehrsorte sind u. a. Bad Dürkheim, Deidesheim, Wachenheim und Edenkoben.

■ **Weisheitszahn** →Gebiss.

■ **Weiss,** Peter, deutscher Schriftsteller, Maler und Grafiker, *Nowawes (heute zu Potsdam) 8. November 1916, †Stockholm 10. Mai 1982. Weiss emigrierte 1939 über die Schweiz nach Schweden (seit 1946 schwedischer Staatsbürger). Er schrieb politisch engagierte Dokumentationsstücke, u. a. »Die Verfolgung und Ermordung Jean Paul Marats ...« (1964, revidierte Fassung 1965). Sein Hauptwerk ist der Roman »Die Ästhetik des Widerstands« (1975–81).

■ **Weiße Rose,** studentische Widerstandsgruppe an der Universität München, die 1942/43 mit Flugblättern gegen das nationalsozialistische Regime auftrat. Zu ihr gehörten die Geschwister →Scholl.

■ **Weißes Haus** (engl. White House), seit 1902 amtlicher Name des Amts- und Wohnsitzes der amerikanischen Präsidenten in Washington (D. C.). Es wurde 1792 in klassizistischem Stil erbaut und 1814 weiß verputzt.

■ **Weiße Zwerge,** Sterne, die ungefähr die Größe der Erde, aber ungefähr die Masse der Sonne haben, das heißt, von sehr großer Dichte sind (etwa 1 000 kg/cm^3). Sie sind eines der möglichen Endstadien der Sternentwicklung.

■ **Weißfische,** allgemeinsprachliche Bezeichnung für silberglänzende kleinere, etwa 15–20 cm lange Süßwasserfische; als Speisefische meist wenig geschätzt. Sie gehören meist zu den Karpfenfischen: Weißfisch (Ukelei), Plötze, Rotfeder und Elritze.

Weißrussland

Flagge

Wappen

■ **Weißrussland** (Belorussland, weißrussisch: Belarus), Staat in Osteuropa, westlich von Russland, überwiegend bewohnt von russisch-orthodoxen Weißrussen. Weißrussland ist eine flachwellige Moränenlandschaft im Bereich der Osteuropäischen Ebene. Die Landwirtschaft ist auf Viehzucht (Rinder, Schweine) ausgerichtet; angebaut werden vor allem Futterpflanzen, Kartoffeln und Flachs. Etwa ein Drittel der Fläche ist bewaldet. Bodenschätze sind Kalisalze, Steinsalz, Torf, Erdöl und Erdgas. Traditionell sind Textil- und Holzindustrie. Daneben gibt es Fahrzeugbau, elektrotechnische, optische und chemische Industrie.

Weißrussland
Fläche 207 595 km^2
Einwohner 10,402 Mio.
Hauptstadt Minsk
Amtssprache Weißrussisch
Nationalfeiertag 27. 7.
Währung 1 Belarus-Rubel (BYR) = 100 Kopeken
Zeitzone MEZ + 1 Std.

Geschichte: Seit Beginn des 13. Jahrh. dehnten die Großfürsten von Litauen ihre Herrschaft auf Weißrussland aus. 1795 kam der größte Teil Weißrusslands zu Russland. Nach der Proklamation der Weißrussischen Sowjetrepublik 1918 gehörte Weißrussland 1922 zu den Gründungsmitgliedern der Sowjetunion. Die 1919 im Versailler Vertrag an Polen abgetretenen westlichen Teile wurden 1939 als Folge des Hitler-Stalin-Paktes wieder der Sowjetunion angeschlossen. Weißrussland erklärte 1991 seine Unabhängigkeit. Nach der Verfassung von 1994 ist es eine präsidiale Republik

■ **Weitsichtigkeit,** Erschwerung des Nahsehens, die durch einen zu kurzen Bau des Augapfels (→Auge) oder eine zu flache Augenlinse bedingt ist: Parallele Lichtstrahlen werden nicht auf der Netzhaut, sondern in einem Punkt hinter ihr vereinigt. Eine besondere Form der Weitsichtigkeit ist die **Altersweitsichtigkeit,** die dadurch zustande kommt, dass die Augenlinse unelastisch wird und sich nicht mehr scharf auf nahe Gegenstände einstellen kann. Weitsichtigkeit kann durch eine Brille (mit Sammellinsen) korrigiert werden.

■ **Weitsprung,** leichtathletische Disziplin, bei der nach einem mindestens 45 m langen Anlauf von einem in den Boden eingelassenen Sprungbalken abgesprungen wird. Der Sprungbalken darf dabei nicht übertreten werden. Die Weite wird gemessen zwischen der Absprunglinie und dem ihr am nächsten liegenden Eindruck des Springers in der sandgefüllten Sprunggrube.

■ **Weizen,** eine Gattung der Süßgräser. Als Getreide wird Saatweizen angebaut, der wohl aus Afghanistan stammt. Er verlangt mehr Wärme als der Roggen und tonig-lehmigen Boden. Hauptanbaugebiete sind Kanada, die USA, Argentinien und Australien, in Europa Frankreich und die Ukraine. Es gibt mehrere Arten: ohne Grannen der **Kolbenweizen,** mit Grannen der **Bartweizen.** Beim winterharten **Dinkel** stehen die Einzelährchen weiter auseinander. Seine unreif geernteten und gedörrten Körner liefern Grünkern. **Emmer** wird nur selten angebaut, vor allem für die Graupen- und Stärkegewinnung. Selten ist heute auch das **Einkorn.**

■ **Weizsäcker, 1)** Carl Friedrich Freiherr von, deutscher Physiker und Philosoph, *Kiel 28. Juni 1912; Bruder von 2). Seine Arbeiten betreffen u. a. die theoretische Kernphysik, die Astrophysik, die Kosmogonie und die Naturphilosophie. Daneben bezog Weizsäcker wiederholt Stellung zur Verantwortung des Naturwissenschaftlers in der heutigen Welt.

2) Richard Freiherr von, deutscher Politiker (CDU), *Stuttgart 15. April 1920; Bruder von 1). Weizsäcker war 1964–70 und 1971–81 Präsident des Deutschen Evangelischen Kirchentages, 1969–84 Mitglied des Rates der Evangelischen Kirche in Deutschland, 1981–84 Regierender Bürgermeister von Berlin und 1984–94 Bundespräsident.

■ **Welfen,** fränkisches Adelsgeschlecht, nachweisbar seit dem 8. Jahrhundert. Die burgundische Linie gelangte 888 zur Königsherrschaft in Hochburgund; sie starb 1032 aus. Aus dem schwäbischen Zweig (ältere Linie 1055 erloschen) entstammten mit der Linie Welf-Este im 11./12. Jahrh. Herzöge von Bayern und Sachsen (u. a. Heinrich der Löwe); ihre Macht wurde jedoch von den Staufern zerschlagen. 1235 entstand das welfische Herzogtum Braunschweig-Lüneburg, dessen Teillinie Calenberg nach dem Aufstieg zum Kurfürstentum Hannover 1692 europäische Bedeutung (1714–1901 Könige in Großbritannien) erlangte.

■ **Welle, 1)** *Maschinenbau:* ein zylinderförmiger Stab zur Übertragung von Drehbewegungen, z. B. die Welle zwischen Schiffsmaschine und Schiffsschraube.

2) *Physik:* Zustandsänderung (Schwingung) in einem kontinuierlichen →Medium, die sich mit der Zeit einsinnig örtlich verlagert, ohne das Medium selbst dauerhaft zu verschieben. Beispiele sind elastische Wellen (darunter auch Schall- und Erdbebenwellen), die Wellen der elektromagnetischen Strahlung und Meereswellen. Ist die in einer Welle schwingende Größe gerichtet (z. B. eine Feldstärke oder eine Auslenkung aus der Ruhelage), dann wird danach unterschieden, ob diese Größe in der Ausbreitungsrichtung liegt **(Longitudinalwelle,** Längswelle, z. B. Schall in Flüssigkeiten und Gasen) oder senkrecht dazu **(Transversalwelle,** Querwelle, z. B. Licht). Im Gegensatz zu Longitudinalwellen können Transversalwellen polarisiert sein: Dann liegt ihre Schwingungsebene fest. Gewöhnliches Licht ist normalerweise nicht oder nur schwach polarisert. Eine räumlich konzentrierte Welle wird als Wellengruppe oder Wellenpaket bezeichnet.

Die **Wellenlänge** l ist bei regelmäßigen, periodischen Wellen der Abstand zwischen zwei benachbarten Wellenbergen, Wellentälern oder ganz allgemein zwei benachbarten Punkten im gleichen Schwingungszustand (in der gleichen **Phase**), ihre **Frequenz** f ist die Anzahl von Schwingungen pro Sekunde. Die **Phasengeschwindigkeit** c einer periodischen Welle, das heißt die Geschwindigkeit, mit der sich jede ihrer Phasen ausbreitet, ist das Produkt aus ihrer Wellenlänge und ihrer Frequenz, $c = l \cdot f$. Die **Amplitude** einer Welle ist ihre größte Schwingungsweite in einer Richtung.

In einer Welle ist mit einem Energietransport kein Massetransport verbunden. Treffen gleichartige Wellen aufeinander, so überlagern sie sich zu einer Gesamtwelle (Interferenz). Wenn zwei Wellen, die

Repräsentierte als Bundespräsident 1984 bis 1994 in zwei Amtszeiten die Bundesrepublik Deutschland: **Richard von Weizsäcker**

Den Anbau von **Wein** kennt der Mensch seit Tausenden von Jahren; diese gut über dreitausend Jahre alte Wandmalerei aus einem Grab in Theben zeigt Ägypter bei der Lese der kostbaren Trauben

sich überlagern, gleiche Richtung, gleiche Frequenz, gleiche Amplitude und außerdem einen Phasenunterschied von einer halben Wellenlänge haben, dann löschen sie sich gegenseitig aus. Trifft eine Welle bei ihrer Ausbreitung auf eine Unstetigkeit, so wird sie zu einem mehr oder weniger großen Teil zurückgeworfen (reflektiert). Wenn eine einlaufende Welle vollständig reflektiert wird, kann es durch Überlagerung der einlaufenden Welle mit der reflektierten zur Ausbildung einer **stehenden Welle** kommen. Bei einer stehenden Welle sind die Schwingungsphasen ortsfest, ein Energietransport findet nicht statt. Wichtige mit Wellen verbundene Erscheinungen sind neben der Polarisation und der Interferenz die →Beugung und die →Brechung.

■ **Wẹllenreiten** (Surfing, Surfriding), Wassersportart, bei der man mithilfe eines an der Unterseite leicht gewölbten, 1,8–2 m langen und 4–10 kg schweren Brettes (Surfboard) versucht, möglichst lange auf Brandungswellen zu gleiten.

■ **Wẹllensittich,** ein fast 20 cm langer Papageienvogel aus der Gruppe der Sittiche, der vor allem in buschreichen Landschaften Australiens lebt. Der Schnabel ist stark gebogen, die Nasenlöcher sind von einer aufgetriebenen Wachshaut umgeben. Aus der grünen Wildform wurden gelbe, blaue und weiße Formen gezüchtet. Der Wellensittich ist ein beliebter Stubenvogel.

Die Fotografie ist ein Symbol für die Nichtswürdigkeit des Krieges; hier ein Soldatenfriedhof im nordfranzösischen Romagne-sous-Montfacon, auf dem amerikanische Soldaten, die im **Ersten Weltkrieg** gefallen sind, begraben liegen

■ **Welles** [^{u}ẹls], Orson, amerikanischer Filmschauspieler und Regisseur, *Kenosha (Wisconsin) 6. Mai 1915, †Los Angeles 10. Oktober 1985. Seine Filme, u.a. »Citizen Kane« (1941), »Der dritte Mann« (1949), »Im Zeichen des Bösen« (1958), »Der Prozess« (1963), sind Bestandteil der internationalen Filmgeschichte.

■ **Wẹls** (Waller, Flusswels), der größte einheimische Süßwasserfisch, der bis 2,50 m lang und bis 300 kg schwer ist. Der schuppenlose Knochenfisch lebt am Grunde ruhiger, tiefer Gewässer und ist ein nachtaktiver Räuber. An der Oberseite des abgeplatteten Kopfes liegen kleine Augen. Das breite Maul ist von sechs Bartfäden umgeben, die als Tast- und Geschmackssinnesorgane dienen. Der Wels wird als Speisefisch geschätzt.

■ **Wẹlser,** seit etwa 1240 in Augsburg nachweisbares Patriziergeschlecht, das mit seinen Kontakten, die bis nach Indien und Südamerika reichten, im europäischen Großhandel zu großem Reichtum gelangte. Bartholomäus Welser (1484–1561) war neben den Fuggern der wichtigste Bankier Kaiser Karls V.; er erhielt 1528 das Recht zur Kolonisation Südamerikas.

■ **Wẹlt,** im allgemeinen Sprachgebrauch oft gleichbedeutend mit Erde, vor allem in Zusammensetzungen (z. B. Weltbevölkerung, Weltgeschichte); in der Philosophie der griechischen Antike ist Welt die Gesamtheit alles Seienden, des Erlebens (Erlebniswelt) oder der Handlungsmaximen (moralische Welt).

■ **Wẹltall** (Kosmos, Universum), die Welt als Ganzes, das heißt die Erde und die Gesamtheit der am Himmel beobachtbaren oder durch Instrumente messbaren Objekte und der durch diese geprägte Raum (→Weltraum). Das Weltall ist der Inbegriff all dessen, was mit naturwissenschaftlichen Methoden erforschbar ist. – auch →Kosmologie.

■ **Wẹltbank** (amtlich Internationale Bank für Wiederaufbau und Entwicklung), 1945 gegründete Sonderorganisation der UN (Sitz: Washington D. C.) zur Förderung der wirtschaftlichen Entwicklung ihrer Mitgliedstaaten durch Vergabe von Krediten .

■ **Wẹlterbe,** Bezeichnung für die von der UNESCO als besonders schutzwürdig erklärte Stätten. Welterbe sind sowohl Weltkulturgüter **(Weltkulturerbe)** als auch Naturdenkmäler und Naturgüter **(Weltnaturerbe)**.

■ **Wẹltgesundheitsorganisation** →WHO.

■ **Wẹlthandelsorganisation** →WTO.

■ **Wẹltkrieg,** militärische Auseinandersetzung, die durch die Beteiligung vieler Staaten weltweite Ausmaße annimmt. Im engeren Sinne bezeichnet man als Weltkrieg die beiden Kriege, die Deutschland und seine Verbündeten in der ersten Hälfte des 20. Jahrh. im Wesentlichen gegen Frankreich, Großbritannien, Russland und die USA führten, als den Ersten und den Zweiten Weltkrieg.

Der **Erste Weltkrieg (1914–18** wurde ausgelöst durch die Ermordung des österreichischen Thronfolgers in Sarajevo am 28. Juni 1914. Die Ursachen lagen zum Teil in der weltweit ausgetragenen Konkurrenz der europäischen Großmächte (deutsche Flottenpolitik, durch die Großbritannien seine Weltmachtstellung bedroht sah), zum Teil in überlieferten Gegensätzen (Deutschland – Frankreich), sind aber auch im Streben der kleineren Völker Ostmitteleuropas nach nationaler Unabhängigkeit zu suchen.

Nachdem Österreich-Ungarn Serbien den Krieg erklärt hatte (28. Juli 1914), versetzte Russland seine gesamten Streitkräfte in Kriegsbereitschaft. Deutschland, das mit Österreich-Ungarn verbündet war, erklärte Russland am 1. August 1914 den Krieg, ebenso dem mit Russland verbündeten Frankreich am 3. August 1914. Als deutsche Truppen das neutrale Belgien besetzten, trat auch Großbritannien in den Krieg ein.

Nach anfänglichen deutschen Erfolgen erstarrte der Bewegungskrieg im Westen Ende 1914 zum Stellungskrieg; im Osten hatten sich die deutschen Truppen nur auf die Verteidigung beschränkt und schlugen nach anfänglichen Niederlagen die vorgedrungenen russischen Truppen bei Tannenberg (westliches Masuren, heute Polen). In Osteuropa kamen deutsche Truppen der von den Russen hart bedrängten österreichisch-ungarischen Armee zu Hilfe; schließlich erstarrten auch im Osten die Fronten zum Stellungskrieg. Bereits Ende Oktober 1914 war die Türkei aufseiten der Mittelmächte (Deutschland und Österreich) in den Krieg eingetreten; ein Jahr später folgte Bulgarien. Am 23. Mai 1915 erklärte der ehemalige Bundesgenosse Italien Österreich und am 28. August 1916 Deutschland den Krieg.

Das österreichische Heer behauptete sich von 1915 bis 1917 in den Schlachten am (slowenisch-italienischen Fluss) Isonzo und drängte mit deutscher Unterstützung 1917 die Italiener bis zur Piave (Fluss in Norditalien) zurück. Das Kriegsgeschehen im Westen war gekennzeichnet durch den deutschen Angriff auf Verdun (seit Februar 1916), der sich nach Anfangserfolgen ebenso wie auch der britisch-französische Angriff an der Somme festlief.

Seit 1917 wurde die wirtschaftliche Lage der Mittelmächte immer bedrohlicher, da infolge der britischen Seeblockade ein erheblicher Mangel an Rohstoffen und Lebensmitteln eintrat; innenpolitische Schwierigkeiten verschärften die Lage. Nach der bolschewistischen Oktoberrevolution 1917 schied Russland aus dem Krieg aus und schloss am 3. März 1918 in Brest-Litowsk (Weißrussland) mit den Mittelmächten einen Sonderfrieden.

Nach der abgebrochenen Seeschlacht am Skagerrak (31. Mai/1. Juni 1916) beschränkte sich die britische Flotte auf die Blockade an den Nordseezugängen. Der uneingeschränkte U-Boot-Krieg Deutschlands führte zum Kriegseintritt der USA (6. April 1917). Bevor das amerikanische Eingreifen wirksam werden konnte, suchte das deutsche Heer von März bis Juli 1918 durch groß angelegte Angriffe an der Westfront die Entscheidung zu erzwingen. Gegenstöße der Alliierten, zum Teil unter Einsatz von »Tanks« (Panzern), zwangen aber zur Rückverlegung der deutschen Front. Nachdem seine Verbündeten aus dem Krieg ausgeschieden waren, schloss das Deutsche Reich am 11. November Waffenstillstand.

Seinen Abschluss fand der Erste Weltkrieg im →Versailler Vertrag. Zu den Kriegsfolgen zählten die Abschaffung der Monarchie im Deutschen Reich (→Novemberrevolution), in Russland, im Osmanischen Reich und in Österreich-Ungarn, die Auflösung der beiden letzteren in eine Vielzahl von Einzelstaaten, die wirtschaftliche Vormachtstellung der USA in der Welt sowie die Entstehung der Sowjetunion.

Zum **Zweiten Weltkrieg (1939–45)** kam es durch die verbrecherische Ausdehnungspolitik Hitlers, die auf die Beseitigung des »Diktats von Versailles« und auf die Gewinnung von »Lebensraum im Osten« ausgerichtet war. Die Verbündeten Deutschlands waren Italien und Japan (»Achse« Berlin–Rom–Tokio; daher »Achsenmächte«). Im März 1938 erfolgte der »Anschluss« Österreichs an das Deutsche Reich; im Münchner Abkommen (1938) erhielt Deutschland das Sudetenland zugesprochen, besetzte aber trotzdem im März 1939 die Tschechoslowakei. Dieser Bruch vertraglicher Abmachungen veranlasste England und Frankreich, zweiseitige Verträge mit dem bedrohten Polen zu schließen.

Am 23. August 1939 schloss Hitler mit Stalin einen geheimen Nichtangriffspakt; am 1. September begann Deutschland den Angriff auf Polen, was am 3. September die Kriegserklärung Großbritanniens und Frankreichs nach sich zog. Am 17. September griff die Sowjetunion Polen von Osten her an. Polens Verteidigung brach rasch zusammen: am 27. September kapitulierte Warschau, am 6. Oktober erlosch der letzte militärische Widerstand.

Am 9. April 1940 besetzten deutsche Truppen die neutralen Staaten Dänemark und Norwegen, um die Zufuhr schwedischer Erze zu sichern. Im Westfeldzug, der am 10. Mai 1940 begann, drangen die deutschen Truppen in die Niederlande und in Belgien ein und umgingen so die Verteidigungswerke an der französischen Ostgrenze (Maginotlinie); bei Dünkirchen wurden die in Frankreich eingesetzten britischen Truppen eingekesselt, konnten sich aber nach Großbritannien retten.

Am 22. Juni 1940 unterzeichnete Frankreich den Waffenstillstandsvertrag; der größte Teil des Landes wurde besetzt, nur im Süden behielt eine französische Regierung (mit Sitz in Vichy) unter Marschall Philippe Pétain (1856–1951) beschränkte Regierungsgewalt.

Italien trat am 10. Juni 1940 auf deutscher Seite in den Krieg ein, erlitt aber gegen britische Truppen in Nordafrika schwere Niederlagen. Dies machte den Einsatz des deutschen Afrikakorps (unter Generalfeldmarschall Erwin Rommel, 1891–1944) notwendig, das bis zur ägyptischen Grenze vorstieß.

Nach einem gescheiterten italienischen Angriff auf Griechenland eroberten deutsche Truppen im Bal-

Judentum
Siebenarmiger Leuchter

Christentum
Lamm Gottes

Islam
Glaubensbekenntnis

Hinduismus
Aum- oder Omzeichen

Buddhismus
Rad des Gesetzes

Symbole der verschiedenen **Weltreligionen**

kanfeldzug Jugoslawien und Griechenland; Kreta wurde von Fallschirmjägern besetzt. Am 22. Juni 1941 überfielen Hitlers Truppen die Sowjetunion und zerschlugen in verschiedenen Kesselschlachten große Teile der Roten Armee; erst kurz vor Moskau kam der deutsche Vorstoß durch Gegenangriffe zum Stehen und brach in der Kälte des russischen Winters zusammen.

In dieser Zeit griffen die Japaner den amerikanischen Stützpunkt Pearl Harbor an (7. Dezember 1941) Die deutsche und die italienische Kriegserklärung an die USA erfolgte am 11. Dezember 1941. Die Japaner eroberten weite Teile des ostasiatischen und pazifischen Raums, die erst nach der japanischen Niederlage in der Seeschlacht bei den Midwayinseln (4.–7. Juni 1942) von den amerikanischen Truppen zurückerobert werden konnten.

Die Wende an der Ostfront brachte die Schlacht um Stalingrad (seit August 1942 bis 2. Februar 1943), in der die 6. deutsche Armee (rund 280 000 Mann) vernichtend geschlagen wurde. Angesichts der nun nach Westen vorrückenden sowjetischen Truppen brach am 1. August 1944 ein polnischer Aufstand in Warschau aus, der aber mangels sowjetischer Unterstützung scheiterte.

Inzwischen waren die Alliierten in Marokko und Algerien gelandet und setzten nach der Eroberung Nordafrikas nach Sizilien über. Daraufhin schied Italien am 8. September 1943 aus dem Krieg aus und wurde danach von deutschen Truppen besetzt. Am 6. Juni 1944 landeten die Alliierten in der Normandie und am 15. August in Südfrankreich; sie drängten die deutschen Truppen aus Frankreich zurück, eine deutsche Gegenoffensive am 16. Dezember 1944 in den Ardennen blieb stecken.

Der deutsche militärische Widerstand brach nun an allen Fronten zusammen; die Alliierten überschritten am 24. März 1945 den Rhein, Berlin (wo Hitler am 30. April Selbstmord begangen hatte) kapitulierte am 2. Mai. Am 9. Mai trat der Waffenstillstand in Kraft. Nach dem Abwurf der ersten amerikanischen Atombomben auf Hiroshima und Nagasaki endete der Zweite Weltkrieg auch im Fernen Osten mit der Kapitulation Japans am 2. September 1945. Er hatte insgesamt über 55 Mio. Menschen das Leben gekostet.

Folge des Krieges war die Aufteilung der Welt in zwei Blöcke unter Führung der USA und der Sowjetunion und damit auch die Aufteilung Europas, besonders Deutschlands (bis 1989/90; →Ost-West-Konflikt).

■ **Weltkulturerbe** →Welterbe.

■ **Weltliteratur,** der Begriff bezeichnet die Gesamtheit der über alle Zeiten gültigen Werke der Literatur und Dichtung aller Völker und Kulturen, z. B. die Werke der »Klassiker« Dante, Cervantes, Shakespeare, Goethe, Kafka, Musil oder Joyce. Der von Johann Gottfried Herder und Goethe geprägte Begriff fasst auch den geistigen Austausch der Völker und deren wechselseitige Beeinflussung, durch die die Literatur ein »Gemeingut der Menschheit« geworden ist.

■ **Weltraum,** der Raum außerhalb der Erdatmosphäre. Wenn man von ihm als leerem Raum spricht, meint man damit meist den Raum zwischen den großen Himmelskörpern. Dieser ist aber nicht wirklich leer, sondern zumindest von Strahlung und in den Sternsystemen (Galaxien) an vielen Stellen auch von Gas- und Staubwolken erfüllt.

■ **Weltreligionen,** Religionen, die mit ihrer Botschaft allgemeine Geltung beanspruchen, weltweite Mission betreiben und/oder einen größeren Teil der Weltbevölkerung erfassen. Weltreligionen im engeren Sinne sind der →Buddhismus, das →Christentum und der →Islam, im weiteren Sinne nach seinem Anteil an der Weltbevölkerung auch der →Hinduismus und nach seiner weltweiten Verbreitung das →Judentum.

■ **Weltsprachen,** Sprachen, die zur Überwindung von Sprachschranken weltweit genutzt und deshalb von vielen Menschen als Zweitsprache gelernt werden, im Altertum z. B. Griechisch, dann bis ins Mittelalter Latein, heute vor allem Englisch.

■ **Weltwirtschaftskrise,** allgemein die Bezeichnung für eine Wirtschaftskrise (Störungen im Kreislauf von Produktion und Konsum), die weltweit zumindest die wichtigsten Wirtschaftsmächte erfasst; im engeren Sinne Bezeichnung für die Wirtschaftskrise, die sich nach dem New Yorker Börsenkrach am schwarzen Freitag des 25. Oktober 1929 weltweit ausbreitete. Auf ihrem Höhepunkt waren rund 30 Mio. Menschen arbeitslos.

■ **Weltwunder** →sieben Weltwunder.

■ **Weltzeit,** Abkürzung **WZ,** die Ortszeit des durch Greenwich (Stadtteil von London) verlaufenden Längengrades (0°). Ihr entspricht die westeuropäische Zeit (WEZ). Jeder 15. weitere Längengrad hat eine um eine Stunde verschobene Ortszeit und bildet so eine Zeitzone. Zwischen weiter entfernten Orten besteht also eine Zeitverschiebung, die durch die Drehung der Erde um die Sonne zustande kommt. So ist etwa dann, wenn es in Greenwich 12 Uhr ist, in Tokio 21 Uhr und in New York 7 Uhr. In Deutschland gilt die →mitteleuropäische Zeit.

■ **Wemfall** (Dativ) →Fälle.

■ **Wendekreise,** die beiden am weitesten vom

Erdäquator entfernten Breitenkreise, über denen die Sonne senkrecht am Himmel (im Zenit) stehen kann; sie liegen auf 23° 27′ nördlicher beziehungsweise südlicher Breite. Die Sonne erreicht diese Stände jeweils zum Zeitpunkt der →Sonnenwende: über dem nördlichen Wendekreis, dem **Wendekreis des Krebses**, am 21./22. Juni (Sommeranfang auf der Nordhalbkugel), über dem südlichen Wendekreis, **Wendekreis des Steinbocks**, am 21./22. Dezember (Winteranfang auf der Nordhalbkugel). – Auf der Südhalbkugel vertauschen Sommer und Winter gegenüber der Nordhalbkugel ihre Rollen.

■ **Wẹnden,** deutschsprachige Sammelbezeichnung für die Slawen in Deutschland und im Ostalpenraum; im engeren Sinn frühere Bezeichnung für die →Sorben.

■ **Wẹnders,** Wim, deutscher Filmregisseur, *Düsseldorf 14. August 1945; Seine kunstvollen Filme schildern oft (psychische) Reisen als Prozess der Selbstfindung, z. B. »Paris, Texas« (1984), »Der Himmel über Berlin« (1987), »In weiter Ferne, so nah« (1993).

■ **Wẹnfall** (Akkusativ) →Fälle.

■ **Wẹrbung,** absichtliche und zwangfreie Form der Beeinflussung menschlicher Willensentschließung und Meinungsbildung durch den Einsatz von Werbemitteln (z. B. Anzeigen, Prospekte) und Werbeträgern (z. B. Radio, Fernsehen). Wirtschaftswerbung hat das Ziel, dass sich möglichst viele Menschen im Sinne des werbenden Unternehmens verhalten, z. B. ein bestimmtes Produkt kaufen oder eine bestimmte Veranstaltung besuchen. Bezieht sich die Werbung auf politische, kulturelle und religiöse Ziele, spricht man von →Propaganda.

■ **Wẹrfall** (Nominativ) →Fälle.

■ **Wẹrfel,** Franz, österreichischer Schriftsteller, *Prag 10. September 1890, †Beverly Hills (Kalifornien) 26. August 1945. Werfel musste vor den Nationalsozialisten nach Frankreich, dann in die USA fliehen. Er schrieb u. a. die Romane »Die 40 Tage des Musa Dagh« (1933), »Der veruntreute Himmel« (1939), »Das Lied von Bernadette« (1941) und die Komödie »Jacobowsky und der Oberst« (1944).

■ **Wẹrmut** ein Korbblütler in Trockengebieten Eurasiens, ein bis 1 m hoher Halbstrauch. Die Pflanze enthält ätherische Öle, die sehr bitter schmecken, aber als Tee oder Tropfen in Magen- und Gallenmittel verwendet werden.

■ **Wẹrra** *die,* Hauptquellfluss der Weser, 293 km lang. Die Werra entspringt im Südwesten des Thüringer Waldes und vereinigt sich bei Hann. Münden mit der Fulda zur Weser.

■ **Wẹrtigkeit** (Valenz), die Anzahl derjenigen Bindungen, die ein Atom mit dem Wasserstoff eingehen kann. Damit steht die Wertigkeit auch für die Anzahl an Wasserstoffatomen, die das Atom in einem Molekül ersetzen kann. Auch Atomgruppierungen, Ionen und Komplexen schreibt man eine Wertigkeit zu. Die Wertigkeit ist abhängig von der Anzahl der Elektronen, die ein Atom für die Bildung von Bindungen zur Verfügung stellen oder aufnehmen kann. Die Atome eines chemischen Elements haben meist die Wertigkeit, die durch die Hauptgruppe innerhalb des Periodensystems der chemischen Elemente angegeben wird. So ist z. B. Natrium einwertig, Magnesium zweiwertig und Aluminium dreiwertig. Die Atome können jedoch auch mehrere Wertigkeiten besitzen.

■ **Wẹrtpapiere,** alle Urkunden, in denen ein privates Recht verbrieft ist. Zur Ausübung des Rechts ist der Besitz der Urkunde erforderlich. Zu den Wertpapieren zählen u. a. Scheck, Wechsel, Aktie, Sparbuch und Lotterielos.
Bei **Namenspapieren** wird der Berechtigte namentlich genannt, die verbrieften Rechte können nur von ihm oder seinem Rechtsnachfolger geltend gemacht werden.
Bei **Orderpapieren** können zusätzlich Berechtigte vom Benannten beauftragt werden (»per Order«).
Bei **Inhaberpapieren** kann der jeweilige Inhaber die Rechte aus ihnen geltend machen.

■ **Wẹrwolf** [althochdeutsch wer, = Mann], im Volksglauben ein Mensch, der zeitweilig (vor allem nachts) Wolfsgestalt annimmt und Untaten verübt. Die Vorstellung wurzelt in der nordgermanischen Vorstellung, dass die Seele den schlafenden Menschen verlässt und Wolfs- oder Bärengestalt annimmt.

■ **Wẹser** *die,* schiffbarer Fluss in Norddeutschland, 440 km lang. Er entsteht bei Hannoversch Münden (Niedersachsen) aus Werra und Fulda, durchfließt bis zur Westfälischen Pforte das Weserbergland, tritt dann ins Norddeutsche Tiefland ein und mündet bei Bremerhaven in die Nordsee.

■ **Wẹsfall** (Genitiv) →Fälle.

■ **Wesịr** [arabisch] *der,* Staatsminister in islamischen Monarchien. **Großwesir** war ursprünglich im Osmanischen Reich der Titel für den Vertreter des Sultans, dann für den Ministerpräsidenten der Türkei (bis 1922).

■ **Wẹspen,** Hautflügler, die im Gegensatz zu den Bienen und Hummeln kaum behaart sind und weder Saugrüssel noch Sammelbeine besitzen. Sie nähren sich und ihre Larven von anderen Insekten, die sie durch einen Stich mit dem Giftstachel töten,

Diese **Werbung** der »Fabbrica Italiana di Automobili Torino«, kurz F.I.A.T., stammt aus dem Jahr 1899

Die **Deutsche Wespe** verspritzt bei Gefahr aus ihrer Giftdrüse einen speziellen Stoff, der die Nestgenossen zum sofortigen Angriff alarmiert

benagen aber mit ihren gezackten Oberkiefern auch reifes Obst. Die Staaten bildenden Wespen, wie die bis 2 cm lange **Deutsche Wespe,** bauen ihre Nester aus Holz- und Rindenteilchen. Sie leben nur einen Sommer zusammen. Auch →Hornisse.

■ **Westen,** Himmelsrichtung, die nach dem **Westpunkt** festgelegt ist, das heißt nach dem Punkt am Horizont, an dem die Sonne am Tag des Frühlings- und Herbstanfangs (→Äquinoktium) scheinbar untergeht.

■ **Western** [engl.] *der,* Roman oder Film über die amerikanischen Grenzgebiete, den Wilden Westen, der zur Zeit der Besiedlung vor allem im 19. Jahrh. spielt und Motive wie Goldrausch, Eisenbahnbau, Bürgerkrieg, Kampf gegen Gesetzlose und Indianer, Trecks nach Westen gestaltet.

■ **Westerwald,** Teil des Rheinischen Schiefergebirges zwischen Rhein, Sieg, Dill und Lahn. Die höchste Erhebung ist der Fuchskauten (657 m).

■ **Westeuropäische Union** →WEU.

■ **Westfalen,** der Nordostteil von Nordrhein-Westfalen. Er umfasst die **Westfälische Bucht,** das nordwestliche Weserbergland und das Sauerland.

■ **Westfälische Pforte** (lateinisch Porta Westfalica), Durchbruchstal der Weser südlich von Minden (Nordrhein-Westfalen) zwischen Wiehen- und Wesergebirge; eine wichtige Verkehrsleitlinie.

■ **Westfälischer Frieden,** die 1648 von Kaiser und Reich mit Frankreich in Münster, mit Schweden in Osnabrück abgeschlossenen Verträge, die den →Dreißigjährigen Krieg beendeten. Schweden erhielt Vorpommern, Wismar und die Herzogtümer Bremen und Verden, Frankreich die österreichischen Gebiete im Elsass und die Bistümer Metz, Toul und Verdun. An Brandenburg kamen u. a. Minden, Halberstadt und Hinterpommern. Die Schweiz und die heutigen Niederlande schieden aus dem Verband des Reiches aus. Die Reichsstände erhielten volle Landeshoheit für ihre Territorien. Der Augsburger Religionsfrieden (→Reformation) und der kirchliche Besitz- und Bekenntnisstand nach dem Normaljahr 1624 wurden wiederhergestellt; das Luthertum und auch das Bekenntnis der refor-

mierten Kirche wurden anerkannt, die Religion des Landesherrn wurde für die Untertanen bestimmend.

■ **Westfriesische Inseln** →Friesische Inseln.

■ **Westgoten** →Goten.

■ **Westindische Inseln** (Westindien, Karibische Inseln), der mittelamerikanische Inselbogen der Bahamainseln sowie der Großen und Kleinen Antillen, die das Karibische Meer und den Golf von Mexiko vom Atlantischen Ozean abtrennen. Der Name stammt von Kolumbus, der bei seiner Landung auf einer dieser Inseln glaubte, sie gehöre zu Indien.

■ **Westjordanland** (engl. West Bank), Gebiet in Vorderasien westlich des unteren Jordan und des nördlichen Toten Meeres, etwa 5 878 km², mit rund 1,61 Mio. Einwohnern (ohne die jüdischen Siedler). Das Westjordanland wurde im Teilungsplan der UN 1947 den Palästinensern zugesprochen, 1950 Jordanien angegliedert und 1967 von Israel besetzt. Jordanien verzichtete 1974 zugunsten der Palästinenser auf das Gebiet, das 1988 an die PLO übergeben wurde und bis 1999 stufenweise in palästinensische Selbstverwaltung übergehen sollte. Bisher sind die Verhandlungen aber immer wieder gescheitert (u. a. in Camp David im Juli 2000).

■ **Westpreußen,** bis 1918 preußische Provinz beiderseits der unteren Weichsel. Nachdem aufgrund des →Versailler Vertrags der größte Teil an Polen gelangt war, wurden die restlichen Teile den angrenzenden preußischen Provinzen angegliedert. Die Zugehörigkeit von ganz Westpreußen zu Polen (seit 1945) wurde 1991 völkerrechtlich anerkannt.

■ **Weströmisches Reich,** Bezeichnung für die Westhälfte des Römischen Reiches nach der Teilung 395 durch Theodosius I. (→römische Geschichte).

■ **Westsahara,** von Marokko besetztes (seit 1979) Gebiet in Nordwestafrika, mit 252 120 km² und 273 000 Einwohnern. Hauptstadt ist El-Aaiún. Im Norden gibt es Phosphatvorkommen, die im Tagebau abgebaut werden. In dem ehemals spanischen Gebiet kämpfte die Befreiungsorganisation Frente Polisario mit algerischer Unterstützung um die Errichtung eines unabhängigen Staates. 1991 trat ein Waffenstillstand in Kraft, in dem eine Volksabstimmung über die politische Zukunft des Landes unter UN-Aufsicht vereinbart wurde, die jedoch schon mehrfach verschoben wurde.

■ **Westsamoa,** bis 1997 Name von →Samoa.

■ **Wetter,** der Zustand der unteren Atmosphärenschichten zu einem bestimmten Zeitpunkt und an einem bestimmten Ort, geprägt durch das Zusammenwirken von Temperatur, Luftdruck, Luftfeuchtigkeit, Wind, Bewölkung und Niederschlägen. Die Wissenschaft vom Wetter und seinen Erscheinungen heißt **Meteorologie.** Die wichtigen Wetterdaten werden laufend gemessen (Wetterstationen, Wetterballons, →Wettersatelliten u. a.). Daraus werden mithilfe physikalischer Modelle Wettervorhersagen abgeleitet. Aufgrund der vielfältigen und komplexen Vorgänge in der Atmosphäre können diese Vorhersagen nicht ohne gewisse Unsicherheiten getroffen werden, die mit der Länge des Vorhersagezeitraums zunehmen. Zur Darstellung der aktuellen Wetterlage und deren vorhergesagter Entwicklung dienen besondere Wetterkarten, in die mit speziellen Symbolen die Wetterelemente, z. B. Hoch- und Tiefdruckgebiete (→Hoch, →Tief), Windströmungen, Temperaturfronten und Niederschlagsgebiete, eingetragen werden. – auch →Klima.

■ **Wetterau,** nördliche Fortsetzung des Oberrheintals, die sich zwischen Vogelsberg und Taunus erstreckt. Auf fruchtbaren Löss- und Lehmböden wird eine ertragreiche Landwirtschaft betrieben (Weizen, Zuckerrüben).

■ **Wetterleuchten,** der nächtliche Widerschein von Gewitterblitzen, die so weit entfernt sind, dass der Donner nicht mehr zu hören ist.

■ **Wettersatelliten** (meteorologische Satelliten), für meteorologische Beobachtungen mit Fernsehkameras und Strahlungsmessgeräten ausgestattete →Satelliten. Wettersatelliten kreisen so um die Erde, dass sie jeden Ort an jedem Tag zur gleichen Zeit passieren und so innerhalb von 24 Stunden eine vollständige Aufnahme der gesamten Erdoberfläche liefern können, oder sie sondieren stets das gleiche Drittel der Erdkugel von einer geostationären Umlaufbahn. Die gesammelten Daten werden in regelmäßigen Abständen zur Erde übermittelt, wo sie in großen Rechenzentren weiterverarbeitet werden. Für Europa brachte die →ESA seit 1977 mehrere Wettersatelliten unter der Bezeichnung »Meteosat« in ihre geostationären Positionen.

■ **Wettersteingebirge,** Teil der Tirolisch-Bayerischen Kalkalpen, zwischen der Loisach und der Isar gelegen. Höchste Erhebung ist die Zugspitze (2 962 m).

■ **WEU** (Westeuropäische Union), Nachfolgeorganisation des 1948 abgeschlossenen Brüsseler Pakts zwischen Belgien, Frankreich, Großbritannien, Luxemburg und den Niederlanden. 1954 wurde der Brüsseler Pakt im Rahmen der Pariser Verträge mit dem Beitritt der Bundesrepublik Deutschland und Italiens in die WEU umgewandelt; 1989 wurden Portugal und Spanien, 1992 Griechenland aufgenommen.

Ziel der WEU ist die Förderung der Sicherheit der Partner durch bedingungslosen Beistand gegen jede Aggression und eine Zusammenarbeit auf militärischem und politischem Gebiet. Seit 1992 konzentrieren sich die Aufgaben der WEU vor allem auf humanitäre Hilfe, Rettungseinsätze, friedenserhaltende Maßnahmen sowie auf Kampfeinsätze zur Krisenbewältigung einschließlich der Herbeiführung des Friedens. Der erste Einsatz erfolgte 1987–89 während des 1. Golfkriegs (Marinestreitkräfte, Minenräumung).

Signet der **WHO**

■ **Whisky** [ᵘịski; engl. aus gälisch, »Lebenswasser«, in Schottland und Kanada übliche Schreibung] *der* (in Irland und den USA Whiskey), eine Spirituose, die aus Getreidemaische (Malz) nach speziellen Verfahren hergestellt wird (Alkoholgehalt mindestens 40 Vol.-%). **Malt-Whisky** wird aus über Torffeuer gedarrtem Gerstenmalz hergestellt. Für **Grain-Whisky** wird Mais oder Roggen verwendet. **Scotch Whisky** ist ein Verschnitt von Malt- und Grain-Whisky. **Irish Whiskey** wird ausschließlich aus gemalzter und ungemalzter irischer Gerste gebrannt. Für den **amerikanischen Whiskey** wird überwiegend Mais und Roggen (im Fall des **Bourbon**) oder überwiegend Roggen (Rye) oder nur Mais (Corn) verwendet, während **kanadischer Whisky** aus Weizen gebrannt wird.

■ **WHO** (Abkürzung für **W**orld **H**ealth **O**rganisation) [engl., = Weltgesundheitsorganisation] *die*, 1948 gegründete Sonderorganisation der UN mit Sitz in Genf. Ziel der WHO ist es, den besten erreichbaren Gesundheitszustand aller Völker herbeizuführen. Dabei meint Gesundheit nicht nur Freisein von Krankheit, sondern vollständiges körperliches, geistiges und soziales Wohlbefinden. Die WHO ist vor allem in Entwicklungsländern tätig.

Im Kampf gegen die Verelendung der Großstadtjugend gründete **Johann Hinrich Wichern** im Jahr 1833 in Hamburg eine soziale Einrichtung, die Jugendlichen, denen der soziale und seelische Halt genommen war, eine Zukunft bot: im »Rauhen Haus« lernten die entwurzelten Jungen in familienähnlichen Gruppen ihr Leben selbstverantwortlich aufzubauen

■ **Wịchern,** Johann Hinrich, deutscher evangelischer Theologe, *Hamburg 21. April 1808, †ebenda 7. April 1881. Wichern begründete angesichts der Not von Kindern 1833 das »Rauhe Haus« in Hamburg-Horn, eine Einrichtung zur Fürsorgeerziehung, in der gefährdete Jungen in Gruppen betreut und ausgebildet wurden. Er gilt als maßgeblicher Wegbereiter der modernen evangelischen Sozialarbeit.

■ **Wịchte** (spezifisches Gewicht), das Verhältnis von Gewicht und dem Volumen eines Körpers. Die Wichte ist im Gegensatz zur →Dichte eine ortsabhängige Größe und daher meist durch die Dichte zu ersetzen.

■ **Wịckler,** Obst- und Rebenschädlinge, die zu den Kleinschmetterlingen gehören. Der **Apfelwickler** legt seine winzigen Eier an jungen Apfel- oder Birnenfrüchten ab. Die ausschlüpfende Larve, die »Obstmade«, dringt in die Frucht ein und ernährt sich von den unreifen Samen. An einem Spinnfaden lässt sie sich zur Erde herab und verpuppt sich. In Zwetschen und Pflaumen lebt die Raupe des **Pflaumenwicklers.**

■ **Wịdder,** das männliche Schaf.

■ **Wịderstand, 1)** *Elektrizitätslehre:* (elektrischer Widerstand), Formelzeichen R, das Verhältnis der an den Enden eines Leiters liegenden elektrischen →Spannung U zu der elektrischen Stromstärke I des durch den Leiter fließenden elektrischen Stroms

$$R = U/I.$$

Die gesetzliche Einheit des elektrischen Widerstands ist das Ohm (Ω). Ein Leiter hat den Widerstand 1 Ω, wenn bei einer Spannung von 1 Volt zwischen seinen Enden ein Strom von 1 Ampere durch ihn fließt. Der elektrische Widerstand ist vom Material des Leiters abhängig.

Als **spezifischen elektrischen Widerstand** (Formelzeichen ϱ) bezeichnet man den Widerstand eines Drahts von 1 m Länge und 1 mm^2 Querschnitt. Er wird gemessen in $\Omega \cdot mm^2/m$. Je größer der spezifische Widerstand ist, um so schlechter leitet der betreffende Stoff den elektrischen Strom.

Außer vom Material ist der elektrische Widerstand eines Leiters von dessen Länge l und seiner Querschnittsfläche q abhängig, gemäß der Formel:

$$R = \varrho \cdot \frac{l}{q}$$

Bei Metallen nimmt der Widerstand mit wachsender Temperatur zu, bei Kohle und Halbleitern dagegen ab. In Wechselstromkreisen treten außer dem eben beschriebenen Widerstand **(ohmscher Widerstand)** andere, frequenzabhängige Widerstände auf, und zwar der Widerstand von Kondensatoren **(kapazitiver Widerstand)** und Spulen **(induktiver Widerstand).**

Als Widerstand bezeichnet man auch ein elektrisches Schaltungselement vor allem zur Verminderung der Stromstärke in einem Leiter. Durch Schiebewiderstände (z. B. Dimmer), deren Widerstandswert sich stufenlos verändern lässt, kann man Lampen langsam aufleuchten und erlöschen lassen.

2) *Mechanik:* jede Kraft, die die Bewegung eines Körpers zu hindern bestrebt ist. In den meisten Fällen ist die Ursache des Widerstands ein Reibungsvorgang, durch den ein Teil der Bewegungsenergie in Wärmeenergie (→Energie) umgewandelt wird.

■ **Widerstandsbewegung,** gemeinschaftlich organisierte Auflehnung gegen eine diktatorische Herrschaft oder gegen eine Besatzungsmacht. Sie kann aus ethnisch-nationalen, sozialrevolutionären, ideologischen, religiösen oder ethnischen Motiven entstehen, die oft eng miteinander verflochten sind.

Unter Widerstandsbewegung insbesondere die Opposition gegen den Faschismus und den Nationalsozialismus in Europa zwischen 1922 und 1945, vor allem gegen die deutsche Besatzungsmacht in vielen Staaten Europas (z. B. die »Résistance« in Frankreich).

In Deutschland selbst gehörten ihr u. a. Vertreter der politischen Linken (Kommunisten, Sozialdemokraten, Gewerkschaften), der evangelischen (»Bekennende Kirche«) und katholischen Kirche, der Kreisauer Kreis, die → Weiße Rose und der Bund Deutscher Offiziere an. Die Widerstandsbewegung gegen die nationalsozialistische Herrschaft gipfelte im missglückten Attentat auf Hitler vom 20. Juli 1944 (→ Zwanzigster Juli 1944).

Als Brutstätte bevorzugt der **Wiedehopf** faulende Baumstämme; in der arabischen Dichtung wird der schöne Vogel als Liebesbote besungen

■ **Wiedehopf,** ein fast 30 cm langer Rackenvogel, der in Afrika und im südlichen und gemäßigten Eurasien lebt. Der hellbraune Wiedehopf, dessen Flügel und Schwanz schwarz-weiß gebändert sind, trägt auf dem Kopf ein Federbüschel mit schwarzen Spitzen, das er wie einen Fächer entfalten kann. Mit dem Schnabel durchsucht er den Dung der Weidetiere und den Boden nach Insekten und Insektenlarven. Der Wiedehopf ist ein Zugvogel.

■ **Wiederaufarbeitung,** in der Kerntechnik die Zerlegung ausgedienter Brennelemente aus Kernreaktoren in ihre Bestandteile, die dazu dient, daraus spaltbares Material (vor allem ^{235}Uran und ^{239}Plutonium) zurückzugewinnen und die bei der Kernspaltung entstandenen, hochradioaktiven Spaltprodukte abzutrennen. Dazu sind spezielle Anlagen erforderlich, die in der Regel vollautomatisch und fernbedient betrieben werden und aus denen keine radioaktive Strahlung nach außen gelangen darf. Bau und Betrieb von Wiederaufarbeitungsanlagen werden einerseits wegen befürchteter Unfälle abgelehnt, andererseits als Teil einer nuklearen → Entsorgung angesehen.

■ **Wiederbelebung** → Reanimation.

■ **Wiedergeburt** → Reinkarnation.

■ **Wiederkäuer,** eine weltweit verbreitete Unterordnung der Paarhufer, zu der u. a. die Rinder, die Hirsche, die Schafe, die Ziegen und die Giraffen gehören. Die männlichen Tiere, bei manchen Arten auch die Weibchen, tragen Hörner oder jährlich sich erneuernde Geweihe.

Der **Magen** der Wiederkäuer, mit dem sie ihre schwer verdauliche und nährstoffarme pflanzliche Nahrung (Gras, Blätter) gut verdauen und auswerten können, besteht aus vier Abschnitten: Pansen, Netzmagen, Blättermagen und Labmagen. Im **Pansen** wird die Nahrung durchgeknetet und durch Bakterien teilweise abgebaut. Anschließend wird sie zur Zerkleinerung und Durchmischung zwischen Pansen und **Netzmagen** hin- und hergeschleudert. Der Netzmagen befördert die Nahrung portionsweise durch rückläufige Bewegungen der Speiseröhre wieder in die Mundhöhle. Hier wird sie beim »Wiederkäuen« (das z. B. beim Rind täglich 5–7 Stunden dauert) mit Speichel vermischt und erneut geschluckt. Der Nahrungsbrei gelangt nun in den **Blättermagen,** wo er zerrieben und eingedickt wird, und schließlich in den **Labmagen,** wo die eigentliche Verdauung erfolgt, die im sehr langen Darm beendet wird.

■ **Wiedertäufer** → Täufer.

■ **Wieland,** Christoph Martin, deutscher Dichter, *Oberholzheim (heute zu Achstetten, Landkreis Biberach) 5. September 1733, † Weimar 20. Januar 1813. Wieland ist ein bedeutender Dichter der deutschen Aufklärung. Mit der »Geschichte des Agathon« (1766/67) verfasste er den ersten Bildungsroman. Seine Spätwerke (u. a. »Die Abderiten«, 1794) setzen sich heiter und ironisch mit dem damaligen Zeitgeist auseinander.

■ **Wien,** Bundeshauptstadt und kleinstes Bundesland Österreichs, 415 km², mit 1,61 Mio. Einwohnern. Die Stadt liegt an der Donau. Sie besitzt mehrere Universitäten sowie zahlreiche Museen und Theater. Weltbekannt sind die Staatsoper, das Burgtheater, das Theater in der Josefstadt, die Wiener Philharmoniker und die Wiener Sängerknaben. Wien ist Sitz mehrerer internationaler Organisationen (u.a. OPEC).

Der für Prinz Eugen erbaute barocke Sommersitz in **Wien,** das Belvedere, beherbergt heute die großartige Kunstsammlung der österreichischen Galerie des 19. und 20. Jahrhunderts

Der Kern der Stadt ist vor allem durch barocke Bauten geprägt, obwohl es mittelalterliche Schwerpunkte gibt, wie den weitgehend gotischen Stephansdom (ein Wahrzeichen der Stadt, mit 136 m hohem Südturm). Zu den vielen barocken Kirchen Wiens gehören die Kapuzinerkirche mit der Kapuzinergruft (in der Maria Theresia und andere habsburgische Herrscher beigesetzt sind) und die Karlskirche. Die Hofburg, deren Teile aus dem 13. bis 19. Jahrh. stammen, ist das ehemalige kaiserliche Schloss; zu ihren Sehenswürdigkeiten gehören die Geistliche und die Weltliche Schatzkammer, die Spanische Reitschule (Lipizzaner) und die Österreichische Nationalbibliothek. Ebenfalls aus der Barockzeit stammt das Schloss Belvedere. Von den zahlreichen Parks der Stadt hat der Prater u.a. durch das über 64 m hohe Riesenrad internationale Berühmtheit erlangt.

Geschichte: Wien entstand an der Stelle des römischen Militärlagers **Vindobona.** Im 12. Jahrh. wurde es Residenz der österreichischen Herzöge, 1276 habsburgisch. 1529 und 1683 versuchten die Türken (vergeblich), Wien durch Belagerung einzunehmen. 1814/15 war die Stadt Tagungsort des →Wiener Kongresses. Im 18. Jahrh. wurde die Stadt großzügig als Kaiserresidenz ausgebaut; damit begann ihre Entwicklung zu einem europäischen Kulturmittelpunkt.

■ **Wiener Klassik,** der Begriff bezeichnet das Schaffen Haydns, Mozarts und Beethovens. In Anlehnung an den Begriff »Weimarer →Klassik« besagt er, dass in dieser Zeit zeitlos gültige, vollendete Werke geschaffen wurden, vor allem durch die Einführung der Sonatensatzform in der Sonate, der Sinfonie und dem Streichquartett.

■ **Wiener Kongress,** Versammlung europäischer Monarchen und Staatsmänner 1814/15 in Wien unter der Leitung Fürst von Metternichs, deren Ziel es war, Europa nach dem Sturz Napoleons I. neu zu ordnen (u.a. Schaffung des Deutschen Bundes, Wiederherstellung des Kirchenstaates und der Schweiz, Gebietszuwächse für Russland, Preußen, die Niederlande). Dabei waren starke Bestrebungen wirksam, die politischen Zustände der Zeit vor der Französischen Revolution wieder herzustellen (Restauration). Auf dem Wiener Kongress wurde die →Heilige Allianz vorbereitet.

■ **Wiesbaden,** Landeshauptstadt von Hessen, im südlichen Vorland des Taunus, mit 267 600 Einwohnern. Das Stadtbild wird vor allem von Bauten aus dem 19. und 20. Jahrh. geprägt, darunter das Schloss (1837–41, heute Sitz des Hessischen Landtags) und das Kurhaus (1904–06); sehenswert ist auch das Barockschloss in Wiesbaden-Biebrich (1698–1721). Die Bedeutung der Stadt als Heilbad beruht auf 27 Mineralquellen (davon 26 Thermen, das heißt heiße Quellen bis zu 67 °C), die bereits in der antiken Literatur erwähnt werden.

■ **Wiesel,** eine Gattung der Marder mit mehr als zehn Arten. Mit dolchartigen Eck- und Reißzähnen kann das Wiesel, das sich hauptsächlich von Mäusen ernährt, Tiere bis zur Größe eines Feldhasen erlegen. Das Fell des bis 23 cm langen **Mauswiesels** ist oberseits braun (keine schwarze Schwanzspitze wie beim Hermelin). Bei Gefahr entleert das Wiesel die Stinkdrüsen.

■ **Wigwam** [indianisch] *der,* ursprünglich die Bezeichnung für die kuppelförmige Hütte einiger Stämme (Algonkin), dann von den Europäern für alle Behausungen der nordamerikanischen Indianer übernommen.

■ **Wikinger,** Bezeichnung für die Bewohner Nordeuropas im 9.–11. Jahrh. **(Wikingerzeit),** die in Europa als Kaufleute, räuberische Kriegerscharen und Landnehmer auftraten. Im Westen und in Sizilien waren sie auch als →Normannen bekann, im Osten als **Waräger**. Ihre Züge führten sie nach England (Ende 8. Jahrh.), Island (um 870), Grönland (982 entdeckt) und Nordamerika (um 1000); andere Gruppen besetzten Friesland und setzten sich 911 in der Normandie fest. Die Wikinger erreichten Spanien, das Mittelmeergebiet und Russland. Dank der Überlegenheit ihrer Schiffe (Wikingerschiffe), die sowohl für die Hochseefahrt als auch für Flussfahrten geeignet waren, beherrschten sie seit dem 9. Jahrh. die Handelswege weiter Teile Europas; im Zuge ihrer Handelstätigkeit entstanden Handelsstädte an der Ostsee.

■ **Wild,** Bezeichnung für alle jagdbaren Säugetiere (z. B. Reh, Hirsch, Hase und Wildschwein) und Vögel (z. B. Fasan, Rebhuhn und Wachtel).

■ **Wilde** [^{u}aild], Oscar [Fingal(l) O'Flahertie Wills], englischer Schriftsteller irischer Herkunft, *Dublin 16. Oktober 1854, †Paris 30. November

Von der englischen Gesellschaft geächtet: nach einer Zuchthausstrafe – wegen seiner Liebe auch zu Männern – verbrachte **Oscar Wilde** den Rest seines Lebens unter dem Decknamen »Melmoth« in Frankreich und Italien; die Fotografie zeigt den (im Sessel sitzenden) Schriftsteller mit einem Freund

1900. Neben seinen berühmten Märchen und Erzählungen schrieb er einen einzigen, ebenfalls weltberühmten Roman: »Das Bildnis des Dorian Gray« (1890). Seine Tragödie »Salome« (1891) wurde von Richard Strauss als Oper (1905) vertont.

Die hier abgebildete Gruppe von **Wildschweinen** zeigt Muttertiere mit ihren Frischlingen beim Abendessen; die Väter zeigen keinen Familiensinn – sie ziehen sich nach der Paarungszeit als Einzelgänger zurück

■ **Wilder** [^{u}aild^{e}r], Thornton, amerikanischer Schriftsteller, *Madison (Wisconsin) 17. April 1897, †Hamden (bei New Haven, Connecticut) 7. Dezember 1975. Sein Werk ist von weltanschaulichen (zum Teil religiösen) Fragestellungen bestimmt. Er schrieb u. a. die Romane »Dem Himmel bin ich auserkoren« (1934) und »Die Iden des März« (1948), die Dramen »Eine kleine Stadt« (1938) und »Wir sind noch einmal davongekommen« (1942).

■ **Wildschwein,** in feuchten Wäldern und Waldgebieten lebende Gattung der Schweine mit vier Arten. Das in Europa, Asien und Nordafrika verbreitete **Eurasische Wildschwein** ist schlanker als das Hausschwein, Beine und Rücken sind höher, der Schädel ist länger, der Schwanz nicht geringelt. Der Körper ist dicht mit braunschwarzen bis hellgrauen Borsten bedeckt. Es ist 1–1,8 m lang (Schulterhöhe 0,55–1,1 m) und rund 200 kg schwer. Die Eckzähne sind verlängert, die des Oberkiefers nach oben gekrümmt. Die Jungen (Frischlinge) haben ein kurzhaariges, gelb-braun gestreiftes Fell. Vor allem in der Dämmerung durchpflügt das Wildschwein die Erde auf der Suche nach Nahrung (Wurzeln, Knollen, Würmer, Engerlinge, Raupen, Insektenpuppen).

■ **Wilhelm I.,** König von Preußen (seit 1861) und Deutscher Kaiser (seit 1871), *Berlin 22. März 1797, †ebenda 9. März 1888. Wilhelm I., der »Kartätschenprinz«, führte 1849 die blutige Niederschlagung des pfälzisch-badischen Aufstandes an. 1858–61 Regent für seinen erkrankten Bruder Friedrich Wilhelm IV., leitete er als König die liberale »Neue Ära« ein, geriet aber ab 1859 mit der Landtagsmehrheit in Konflikt über die Heeresreform (preußischer Verfassungskonflikt). Als Wilhelm I. an Abdankung dachte, setzte die Militärpartei 1862 Bismarck als Ministerpräsidenten durch, hinter dem Wilhelm I. in der Folgezeit meist zurücktrat. 1867 übernahm Wilhelm I. das Präsidium des Norddeutschen Bundes, am 18. Januar 1871 wurde er in Versailles zum Deutschen Kaiser ausgerufen. Wilhelm I., der allseits große Achtung genoss, trug zur Festigung der Reichseinheit bei.

■ **Wịlhelm II.,** Deutscher Kaiser und König von Preußen (1888–1918), *Berlin 27. Januar 1859, †Schloss Doorn (Provinz Utrecht) 4. Juni 1941. Die Machtansprüche (»persönliches Regiment«) Wilhelms, der nach dem Tod seines Vaters, Friedrichs III. (1888), frühzeitig auf den Thron gelangte, führten rasch zum Gegensatz zu Bismarck und 1890 zu dessen Entlassung. In seiner Unbedachtheit (Daily-Telegraph-Affäre 1908) und seiner durch eine körperliche Behinderung mitgeprägten inneren Unausgeglichenheit, die durch forsches Auftreten (Säbelrasseln) und äußeren Pomp überspielt wurde, spiegelte Wilhelm II. Grundzüge der deutschen Gesellschaft des nach außen glanzvollen **Wilhelminischen Zeitalters** wider, die im Innern von Spannungen überlagert wurden.
Nach dem Ausbruch des Ersten Weltkriegs, der durch seine Politik mitverursacht wurde (u. a. durch das Flottenwettrüsten mit Großbritannien), trat Wilhelm II. gegenüber der militärischen und politischen Reichsleitung völlig in den Hintergrund. Nach der deutschen Novemberrevolution von 1918 dankte er ab und ging in die Niederlande.

■ **Wịlhelm I., der Erọberer,** Herzog der Normandie (seit 1035), König von England (seit 1066), *Falaise (Département Calvados) um 1027, †Rouen 9. September 1087. Er landete 1066 bei Hastings an der englischen Küste. Mit seinem Sieg über die Angelsachsen begründete er die Herrschaft der Normannen in England, das er bis 1071 völlig eroberte. Er organisierte das Land, das bis dahin nach Skandinavien ausgerichtet war, auf französischer Grundlage neu (u. a. Einführung des kontinentalen Lehnswesens, angelsächsischer Landbesitz für die normannische Oberschicht).

■ **Wịlhelm I. von Orạnien,** Statthalter von Holland, Seeland und Utrecht, *Dillenburg 24. April 1533, †(ermordet) Delft 10. Juli 1584; aus dem Grafenhaus Nassau-Dillenburg. 1959 vom spanischen König Philipp II. zum Statthalter ernannt, führte er seit 1561 mit den Grafen →Egmont und Hoorn die Adelsopposition gegen die spanische Herrschaft in den Niederlanden und kämpfte seit 1568 erfolglos gegen das Heer Herzog Albas. 1576 konnte er zunächst alle niederländischen Provinzen vereinigen, bevor sich 1579 die südlichen, überwiegend katholischen Provinzen auf die Seite Spaniens stellten. Wilhelm I. legte die Grundlage zur niederländischen Unabhängigkeit und gilt als einer der Retter des Protestantismus vor der Gegenreformation.

Das Weltfriedensprogramm des amerikanischen Präsidenten **Woodrow Wilson** war gezielt gegen die Politik Lenins, die Welt dem Kommunismus untertan zu machen, formuliert: es sollte die Unabhängigkeit und territoriale Unversehrtheit der Staaten garantieren

■ **Wilhelmshaven** [...haf^{e}n], Stadt am Jadebusen, in Niedersachsen, mit 88 200 Einwohnern; der bedeutendste Erdölumschlaghafen und einzige Tiefwasserhafen der deutschen Küste. Die Stadt verdankt ihr Entstehen dem seit 1856 angelegten preußischen Kriegshafen.

■ **Wịlle** (Wollen), die Fähigkeit des Menschen, sich aus bewusster, eigener Verantwortung für oder gegen etwas zu entscheiden.

■ **Wịlna** (litauisch Vilnius), Hauptstadt von Litauen mit 578 400 Einwohnern. Die alte Universitätsstadt besitzt eine städtebaulich bemerkenswerte Altstadt mit teilweise erhaltenem Mauerring von 1503–22. Spätgotische Backsteinkirchen und Bauten des »Wilnaer Barock« zählen zu den Sehenswürdigkeiten. Viele Gebäude (Opernhaus, Parlamentsgebäude u. a.) wurden nach dem Zweiten Weltkrieg errichtet. – Zwischen den Weltkriegen war das Gebiet um Wilna zwischen Polen und Litauen umstritten (Wilna-Frage).

■ **Wilson** [^{u}ịlß^{e}n], Woodrow, 28. Präsident der

USA (1913–21). *Staunton (Virginia) 28. Dezember 1856, †Washington (D. C.) 3. Februar 1924. Unter seiner Präsidentschaft traten die USA in den Ersten Weltkrieg ein. Nach Kriegsende setzte er die Errichtung des →Völkerbundes durch, nicht jedoch sein Programm des Weltfriedens (»Vierzehn Punkte«). 1919 erhielt Wilson den Friedensnobelpreis.

■ **Wịmbledon** [^{u}ịmb^{e}ld^{e}n], ehemals selbstständige Stadt, die heute zu London gehört. Seit 1877 ist Wimbledon Austragungsort der »All England Championships«, eines der vier Grand-Slam-Turniere des Tennissports.

■ **Wịmpertierchen** (Ciliata), eine Klasse der Einzeller (Protozoen). Der Körper der Wimperntierchen besitzt für jede Lebenstätigkeit ein spezielles Organell, z. B. ein Nahrungsbläschen zur Verdauung oder pulsierende Bläschen zur Wasserausscheidung. Bei frei beweglichen Wimperntierchen (z. B. Pantoffeltierchen) dienen die Wimpern auf ihrer Zelloberfläche vor allem der Fortbewegung, bei festsitzenden Wimperntierchen (z. B. Glockentierchen) dem Herbeistrudeln der Nahrung.

■ **Wịnckelmann,** Johann Joachim, deutscher Archäologe, *Stendal 9. Dezember 1717, †(ermordet) Triest 8. Juni 1768. Winckelmann ordnete die antiken Kunstwerke in Rom in ihren geschichtlichen Zusammenhang ein. Damit begründete er die neuere Archäologie und vergleichende Kunstgeschichte. Seine Auffassung vom Wesen der griechischen Kunst als »edle Einfalt und stille Größe« wurde bestimmend für die deutsche →Klassik.

■ **Wịnd,** eine Luftströmung, die entsteht, wenn zwischen zwei Orten ein Luftdruckunterschied besteht. Die Luft strömt dabei stets zu dem Ort des geringeren Drucks (Tiefdruckzone). Die Strömung erfolgt nicht geradlinig, infolge der Erdumdrehung tritt eine seitliche Ablenkung auf.

■ **Wịnde,** Sammelbezeichnung für verschiedene Fördermittel zum Heben oder Heranziehen von Lasten. Die einfachste Winde ist die **Seilwinde.** Bei ihr hängt die Last an einem Seil, das auf eine Trommel aufgewickelt wird. Seilwinden werden bei Kränen verwendet. Bei der **Schraubenwinde** wird die Last durch eine Schraubenspindel bewegt, die sich in einer Mutter dreht. **Zahnstangenwinden** bestehen aus einer Zahnstange, in die ein kleines Zahnrad eingreift. Die meisten Wagenheber sind als Schrauben- oder Zahnstangenwinde gebaut. Die **hydraulische Winde** arbeitet nach demselben Prinzip wie eine hydraulische Presse.

■ **Wịndhuk** (Afrikaans Windhoek), Hauptstadt von Namibia, im Zentrum des Landes gelegen, mit 200 000 Einwohnern. Die Gebäude aus der deutschen Kolonialzeit sind u. a. im Jugendstil und in einem eigenen Verandenstil gebaut.
1840 wurde das Gebiet von Hottentotten besiedelt, 1890 eine Garnisonsfestung für die deutschen Schutztruppen angelegt; 1891–1919 war Windhuk die Hauptstadt von Deutsch-Südwestafrika.

■ **Wịndkanal,** eine Versuchsanlage zur Untersuchung der aerodynamischen Eigenschaften von Körpern und der Druckverteilung auf ihrer Oberfläche in einer Luftströmung. Ein Windkanal besteht im Prinzip aus einem Gebläse in einem weiten Rohr, das sich in der Blasrichtung ein wenig verengt und in dem sich der zu testende Körper befindet. Zur Untersuchung von Modellen oder Teilen von Flugzeugen, Autos, Brücken und Häusern hat man Windkanäle gebaut, die mehrere Meter Durchmesser haben und in denen die Luft in einem geschlossenen Kreis geführt wird. Die Erkenntnisse dieser Messungen und Beobachtungen haben großen Einfluss auf die Formgebung des betreffenden Geräts oder Bauwerks.

■ **Wịndkraftwerk** →Kraftwerk.

■ **Wịndmühle,** eine Mühle, die die Windkraft als Antrieb für ein Mahlwerk (Getreidemühle) ausnutzt. Die Windmühle besitzt ein Flügelrad, das sich meist selbstständig schräg zur Windrichtung einstellt. Die Wirkungsweise ist umgekehrt wie die eines →Propellers.

■ **Windows** [^{u}ịndo^{u}s; engl., = Fenster], Ausschnitte, in die der Bildschirm eines Computers aufgeteilt wird, um verschiedene Anwenderprogramme (z. B. Texte, Grafiken) gleichzeitig ausgeben zu können. Jedes Window kann vom Benutzer selbst festgelegt und verändert werden.
Die Bezeichnung Windows wird auch oftmals als Kurzform für Betriebssysteme der Firma Microsoft (z. B. Windows 98) verwendet, die auf der Window-Technik beruhen.

■ **Wịndpocken,** durch Herpesviren hervorgerufene, ansteckende, fiebrige Infektionskrankheit, bei der ein Hautausschlag in Form von flüssigkeitsgefüllten Bläschen auftritt. Die Übertragung erfolgt meist durch Tröpfcheninfektion (ansteckend bis zum Abfall der letzten Kruste). Windpocken zählen zu den Kinderkrankheiten.

■ **Wịndrose** (Kompassrose), ein Kreis, auf dem die vier Haupthimmelsrichtungen und die dazwischenliegenden Teilungen angegeben sind, vor allem auf dem →Kompass.

■ **Windsor** [^{u}ịns^{er}] (New Windsor), Stadt in England, an der Themse westlich von London, mit 28 300 Einwohnern. Hier befindet sich die königliche Sommerresidenz **Windsor Castle** (um 1070

Wörter, die man unter W vermisst, suche man unter Ou oder V

durch Wilhelm den Eroberer begonnen; An- und Umbauten bis ins 19. Jahrh.; 1992 zum Teil durch Brand zerstört, wieder restauriert).

■ **Windstärke,** Stärke des Windes, die nach der 1806 von dem britischen Admiral Sir Francis Beaufort (1774–1857) aufgestellten Skala **(Beaufort-Skala)** in zwölf Stufen, entsprechend den Windwirkungen, geschätzt wird. Beim Orkan unterscheidet man nach der Windgeschwindigkeit zum Teil die Stufen 12 bis 17.

■ **Windsurfing** →Segelsurfen.

■ **Winkel,** der Richtungsunterschied zwischen

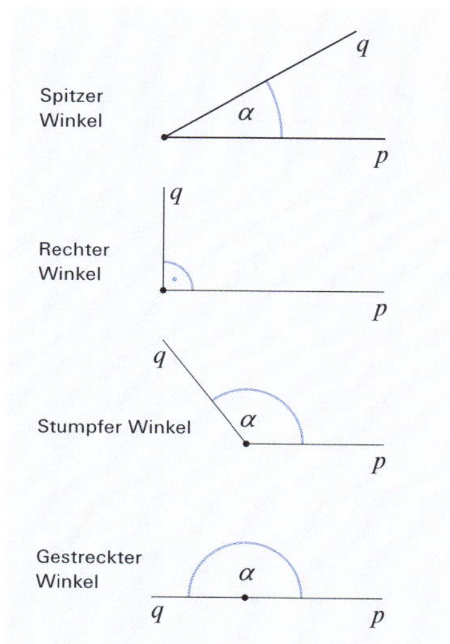

Einteilung der **Winkel** nach ihrer Größe

zwei von einem Punkt *S* (Scheitelpunkt des Winkels) ausgehenden Strahlen *a, b* (Schenkel des Winkels). Winkel bezeichnet man meist mit kleinen griechischen Buchstaben (α, β, γ usw.). Gemessen wird der Winkel im Winkelmaß in →Grad oder im Bogenmaß in **Radiant** (Einheitenzeichen: rad). Einer vollen Umdrehung entspricht ein Gradmaß von 360°. Da einem Winkel von 360° bezogen auf den Einheitskreis (Radius = 1) eine Bogenlänge von 2π entspricht, beträgt das Bogenmaß eines Winkels von 1°:

$$\frac{2\pi}{360}\,\text{rad} = \frac{\pi}{180}\,\text{rad}.$$

Mithin gilt folgende Umrechnungsbeziehung zwischen Gradmaß und Bogenmaß:

$$a\,[\text{in}^\circ] \mathrel{\hat{=}} \frac{\pi}{180^\circ} \cdot \alpha\,\text{rad}.$$

Zur Kennzeichnung der Winkel benutzt man folgende Bezeichnungen:

spitzer Winkel: $0° < \alpha < 90°$

rechter Winkel: $\alpha = 90°$

stumpfer Winkel: $90° < \alpha < 180°$

gestreckter Winkel: $\alpha = 180°$

überstumpfer Winkel: $180° < \alpha < 360°$

Vollwinkel: $\alpha = 360°$.

Als **Nebenwinkel** bezeichnet man zwei Winkel, die einen gemeinsamen Schenkel besitzen und deren weiterer Schenkel eine Gerade bilden. Nebenwinkel ergänzen sich infolgedessen zu 180°. **Komplementwinkel** nennt man zwei Winkel, deren Summe 90° beträgt, **Supplementwinkel** nennt man zwei Winkel, deren Summe 180° beträgt.

■ **Winkelfunktionen** (trigonometrische Funktionen), Sammelbezeichnung für alle Funktionen, die eine Beziehung zwischen einem Winkel und zwei Seiten im rechtwinkligen Dreieck zum Ausdruck bringen. Bezeichnet man die dem Winkel α anliegende Kathete als Ankathete, die ihm gegenüberliegende Kathete als Gegenkathete, so sind die Winkelfunktionen folgendermaßen definiert:

$$\text{Sinus } \alpha \ (\sin \alpha) = \frac{\text{Gegenkathete}}{\text{Hypotenuse}}$$

$$\text{Kosinus } \alpha \ (\cos \alpha) = \frac{\text{Ankathete}}{\text{Hypotenuse}}$$

$$\text{Tangens } \alpha \ (\tan \alpha) = \frac{\text{Gegenkathete}}{\text{Ankathete}}$$

$$\text{Kotangens } \alpha \ (\cot \alpha) = \frac{\text{Ankathete}}{\text{Gegenkathete}}$$

$$\text{Sekans } \alpha \ (\sec \alpha) = \frac{\text{Hypotenuse}}{\text{Ankathete}}$$

$$\text{Kosekans } \alpha \ (\text{cosec } \alpha) = \frac{\text{Hypotenuse}}{\text{Gegenkathete}}$$

Diese Definition gilt nur für Winkel, die kleiner oder die gleich 90° sind (α ≦ 90°).
Für größere Winkel werden die Winkelfunktionen am Einheitskreis (Radius = 1) definiert. Zwischen den Winkelfunktionen bestehen u. a. folgende Beziehungen:

$$\sin^2 \alpha + \cos^2 \alpha = 1$$

$$\tan \alpha \cdot \cot \alpha = 1$$

$$\tan \alpha = \frac{\sin \alpha}{\cos \alpha} = \frac{1}{\cot \alpha}$$

$$\cot \alpha = \frac{\cos \alpha}{\sin \alpha} = \frac{1}{\tan \alpha}$$

$$\sec \alpha = \frac{1}{\cos \alpha}$$

$$\text{cosec } \alpha = \frac{1}{\sin \alpha}.$$

Winkelfunktionen spielen u.a. eine wichtige Rolle bei der Berechnung von Dreiecken, insbesondere bei der Landvermessung, sowie bei vielen technischen Berechnungen.

■ **Winkelmesser,** ein Gerät zur Messung von Winkeln, bestehend aus einem Halbkreis, dessen Umfang in 180 gleiche Abschnitte eingeteilt ist, von denen jeder einem Winkelgrad entspricht.

■ **Winter** →Jahreszeiten.

■ **Winterschlaf,** ein schlafähnlicher Ruhezustand bei manchen Säugetieren, vor allem der gemäßigten und kalten Zonen. Der Winterschlaf wird zum Teil durch Hormone gesteuert und durch geringe Außentemperaturen und eine bestimmte minimale tägliche Lichtmenge ausgelöst. Dabei sinkt die Körpertemperatur auf wenige Grad über null ab, Herztätigkeit und Atmung sind verlangsamt. Von den Säugetieren halten u.a. Murmeltiere, Siebenschläfer, Feldhamster, Fledermäuse, Igel und Dachse einen Winterschlaf. Wechselwarme (Amphibien, Reptilien, Wirbellose) verfallen in nahezu völlige Kältestarre **(Winterstarre).**

■ **Wintersport,** Sammelbezeichnung für alle Freizeit- und Wettkampfsportarten, deren Ausübung an Schnee und Eis gebunden ist: alpiner Skisport, Biathlon, Bobsport, Eishockey, Eiskunstlauf, Eisschnelllauf, nordischer Skisport und Rodelsport.

■ **Wirbellose,** alle Tiere, die im Unterschied zu den Wirbeltieren keine stützende Wirbelsäule haben. Den Wirbellosen fehlt in der Regel ein Innenskelett, dagegen ist oft ein Außenskelett ausgebildet. Zu den Wirbellosen gehören alle Einzeller, die Hohltiere (z.B. Quallen), die Weichtiere (z.B. Schnecken, Muscheln, Tintenfische), die Würmer, die Stachelhäuter (z.B. Seestern), Gliederfüßer (z.B. Spinnen, Insekten) und die Schwämme. Die Wirbellosen umfassen etwa 95% aller bekannten Tierarten.

■ **Wirbelsäule** (Rückgrat), bei den Wirbeltieren die knorpelige oder (meist) knöcherne Achse des →Skeletts. Sie besteht aus zahlreichen einzelnen Knochen, den **Wirbeln**. Da zwischen je zwei Wirbeln die **Bandscheibe,** eine elastische Knorpelscheibe mit gallertigem Kern, liegt, ist die Wirbelsäule insgesamt biegsam. Rückenwärts weisen die Wirbelkörper einen Knochenring mit Fortsätzen auf. Sämtliche Wirbelringe bilden einen Kanal, in dem das Rückenmark geborgen ist.

Die Wirbelsäule des Menschen besteht aus sieben Hals-, zwölf rippentragenden Brust-, fünf Lenden-, fünf verwachsenen Kreuzbein- und vier bis fünf Steißbeinwirbeln.

Skala der Windstärke nach Beaufort

Beaufortgrad	Bezeichnung	Geschwindigkeit in 10 m Höhe über offenem, flachem Gelände in km/h	Auswirkungen des Windes
0	Windstille	<1	Rauch steigt senkrecht empor
1	leiser Zug	1–5	Rauch zeigt Ablenkung
2	leichte Brise	6–11	Wind am Gesicht fühlbar; Blätter säuseln; Windfahnen bewegt
3	schwache Brise	12–19	Blätter und dünne Zweige in dauernder Bewegung
4	mäßige Brise	20–28	hebt Staub und loses Papier, bewegt dünne Äste
5	frische Brise	29–38	kleine Laubbäume beginnen zu schwanken; auf Seen bilden sich Schaumkämme
6	starker Wind	39–49	starke Äste in Bewegung; Regenschirme schwierig zu benutzen
7	steifer Wind	50–61	ganze Bäume in Bewegung; fühlbare Hemmung beim Gehen gegen den Wind
8	stürmischer Wind	62–74	bricht Zweige von den Bäumen; erschwert erheblich das Gehen
9	Sturm	75–88	kleinere Schäden an Häusern (Dachziegel werden heruntergeworfen)
10	schwerer Sturm	89–102	(im Binnenland selten) Bäume werden entwurzelt; bedeutende Schäden an Häusern
11	orkanartiger Sturm	103–117	(im Binnenland sehr selten) verbreitete Sturmschäden
12	Orkan	>117	Verwüstungen

Wörter, die man unter W vermisst, suche man unter Ou oder V

■ **Wirbelstürme,** große Luftwirbel, in denen die Luft fast kreisförmig um ein Zentrum mit extrem niedrigem Luftdruck wirbelt. Die tropischen Wirbelstürme (Hurrikan, Taifun) haben einen Durchmesser von einigen Hundert Kilometern, das Zentrum des Wirbelsturms, das »Auge« von 20 bis 30 Kilometer. Die Windgeschwindigkeiten können rund um das Auge bis etwa 200 km/h betragen, während es im Auge nahezu windstill ist.
Wirbelstürme bilden sich über tropischen Meeren, deren Wassertemperatur etwa 27°C beträgt. Sie bewegen sich mit einer Geschwindigkeit von 30 bis 60 km/h zunächst in westlicher Richtung und werden dann durch die Erdrehung immer mehr nach Norden abgelenkt. Sie können mehrere 1000 km zurücklegen. Trifft ein Wirbelsturm auf eine Küste, richtet er infolge seiner orkanartigen Stärke und der damit verbundenen Sturmflut sowie heftigen Regengüssen meist große Schäden an.

Wischnu in Gestalt eines Ebers; diese indische Skulptur aus dem 5. Jahrhundert n. Chr. ist das früheste Beispiel einer Darstellung des Gottes in reiner Tierform; die Körperoberfläche ist mit kleinen Figuren übersät

■ **Wirbeltiere,** Tiere mit einem knorpeligen oder knöchernen Innenskelett und einer gegliederten Wirbelsäule. Der Körper ist in Kopf, Rumpf, zwei Gliedmaßenpaare und (zum Teil) Schwanz gegliedert. Rückenwärts von der Wirbelsäule liegt im Wirbelkanal das Rückenmark, das zum Gehirn überleitet und mit diesem das Zentralnervensystem bildet, bauchwärts der Darm und die Hauptblutgefäße. In dem stets geschlossenen Blutgefäßsystem wird das Blut durch das in zwei bis vier Kammern geteilte Herz bewegt. Der Ausscheidung dienen paarige Nieren. Die Körperhaut besteht aus mehreren Schichten. Dem gut entwickelten Gehirn entsprechen hoch entwickelte Sinnesorgane. Alle Wirbeltiere pflanzen sich geschlechtlich fort; die meisten sind lebend gebärend, fast alle anderen legen Eier. Zu den Wirbeltieren gehören Knorpelfische, Knochenfische, Amphibien, Reptilien, Vögel und Säugetiere.

■ **Wirklichkeitsform** (Indikativ) →Verb.

■ **Wirkungsgrad,** das Verhältnis der von einer Maschine nutzbar abgegebenen Energie (Nutzenergie) zu der für ihren Betrieb aufgewendeten Energie (Antriebsenergie). Da in jeder Maschine Reibungsvorgänge auftreten, bei denen ein Teil der zugeführten Energie in nutzlose Wärmeenergie umgewandelt wird, ist die Nutzenergie stets kleiner als die Antriebsenergie.

■ **Wirt,** in der Biologie ein Lebewesen, das einem bestimmten Parasiten als Lebensstätte dient und ihn ernährt.

■ **Wirtschaft,** alle Einrichtungen und Maßnahmen, die sich auf die Herstellung (Produktion) und den Verbrauch (Konsum) von Gütern beziehen. Zu den Gütern im wirtschaftlichen Sinne gehören auch die →Dienstleistungen. – auch →Marktwirtschaft, →Planwirtschaft.

■ **Wirtschaftswunder,** Schlagwort für die rasche wirtschaftliche Entwicklung der Bundesrepublik Deutschland nach der Währungsreform (1948). Als »Vater des deutschen Wirtschaftswunders« gilt Ludwig Erhard.

■ **Wischnu** [Sanskrit] (Vishnu), einer der drei Hauptgötter des Hinduismus; er verkörpert das Prinzip der Erhaltung der Welt und ist der Garant der sie tragenden Ordnung. Er erscheint in unterschiedlicher Gestalt auf der Erde, um die Welt von Dämonen zu befreien und die alles tragende Ordnung zu bewahren. Auf der Schlange Schescha (Shesha) liegend, träumt er die Welt; seiner Zehe entspringt der Ganges.

■ **Wisent,** ein schwarzbraunes Wildrind, das mit dem →Bison verwandt ist. Es wird bis 3 m lang, erreicht eine Schulterhöhe von 2 m und ein Höchstgewicht von 1000 kg. Einst lebte der Wisent in großen Herden unter Führung eines weiblichen Leittieres in europäischen, asiatischen und nordafrikanischen Wäldern. Zu Beginn des 20. Jahrh. war er fast ausgerottet. Heute gibt es kleine geschützte Bestände, die in Gehegen gezüchtet wurden und zum Teil wieder in freier Wildbahn leben.

■ **Wismut** (fachsprachlich Bismut) *das,* ein metallisches chemisches Element. Es ist ein Metall, das durch Verunreinigungen mit anderen Elementen meist recht spröde und schlecht zu bearbeiten ist. Mit zunehmender Reinheit wird das Metall zunehmend dehn- und verformbarer. Das relativ seltene Element wird hauptsächlich als Bestandteil für niedrigschmelzende →Legierungen verwendet.

Wismut
chemisches Symbol: Bi
Ordnungszahl: 83
relative Atommasse: 208,98
Dichte (bei 25 °C): 9,79 g/cm³
Schmelzpunkt: 271 °C
Siedepunkt: 1 564 ± 5 °C

■ **Wissenschaft,** der Inbegriff menschlichen Wissens einer Epoche, das systematisch gesammelt, aufbewahrt, gelehrt und überliefert wird; auch die Erkenntnisarbeit, die zur Gewinnung dieses Wissens führt sowie ihr institutioneller Rahmen in Forschung und Lehre.
Die Wissenschaft ist in zahlreiche Einzelwissenschaften unterteilt. Sie können unterschieden werden nach dem Gegenstand, den sie untersuchen (vor allem **Naturwissenschaften** und **Geisteswissenschaften**) und/oder der Methode, nach der sie ihre Erkenntnisse gewinnen (z. B. exakte Wissenschaften wie die Physik, Chemie, Astronomie oder Geologie, die die »Welt« mithilfe möglichst mathematisch fassbarer Gesetze zu *erklären* versuchen, und hermeneutisch-interpretative Wissenschaften wie die Philologien oder die Geschichtswissenschaft, die die geistigen, künstlerischen und politischen Leistungen der Menschen in ihren Zusammenhängen *verstehen* wollen).

■ **Wittelsbacher,** deutsches Fürstengeschlecht, benannt nach der Burg Wittelsbach bei Aichach in Oberbayern. Die Wittelsbacher wurden 1180 Herzöge von Bayern, 1214 erhielten sie auch die Rheinpfalz. 1255 teilte sich das Geschlecht in zwei Hauptlinien: in eine bayerische (1777 erloschen) und in eine pfälzische. 1806 bis 1918 waren die Wittelsbacher Könige von Bayern.

■ **Wittenberg** (Lutherstadt Wittenberg), Stadt an der mittleren Elbe, Sachsen-Anhalt, mit 49 800 Einwohnern. Zu den Sehenswürdigkeiten dieser Stadt, in der Luther lebte und wirkte, gehören u. a. die gotische Stadtkirche und das spätgotische Schloss mit der Schlosskirche (mit den Gräbern Luthers und Melanchthons). Sie wurde mit Luther- und Melanchthonhaus zum UNESCO-Weltkulturerbe erklärt. Die Universität, von der 1517 die Reformation ausging, wurde 1815 mit der Universität von Halle (Saale) vereinigt.

■ **Wladiwostok,** größte Stadt Russlands am Pazifischen Ozean, mit 613 100 Einwohnern; Endpunkt der →Transsibirischen Eisenbahn. – 1860 gegründet, wurde Wladiwostok ab 1872 zum Hauptstützpunkt der russischen Pazifikflotte ausgebaut.

■ **Woche,** Zeitraum von sieben Tagen. Die Woche beginnt aus weltlicher Sicht seit einer internationalen Vereinbarung von 1976 am Montag und aus christlicher Sicht (in Erinnerung an den Auferstehungstag Christi) am Sonntag.

■ **Wodan** (Wotan, nordgermanisch Odin) →germanische Mythologie.

■ **Wohlfahrtspflege,** Maßnahmen zur Unterstützung notleidender und sozial gefährdeter Personen. Die **freie Wohlfahrtspflege** wird von privaten und kirchlichen Einrichtungen (freien Wohlfahrtsverbänden) geleistet, die **öffentliche Wohlfahrtspflege** von →Sozialhilfe und →Kinder- und Jugendhilfe.

■ **Wohlfahrtsstaat,** Staat, der durch entsprechende Gesetzgebung und umfassende Maßnahmen (Hilfeleistungen in sozialen Notfällen, Sozialversicherung, Arbeitsschutz u. a.) für die soziale Sicherheit der Allgemeinheit sorgt.

■ **Woiwode** [polnisch] *der,* ursprünglich slawische Bezeichnung für einen gewählten Heerführer; in Polen ab 1918 oberster Beamter eines Verwaltungsbezirks **(Woiwodschaft).**

■ **Wolf,** ein Raubtier aus der Familie der Hundeartigen. Die Größe der Tiere ist je nach Verbreitungsgebiet sehr unterschiedlich: Die Länge beträgt rund 100–140 cm, die Schulterhöhe 65 bis 90 cm und der Schwanz ist etwa 30 bis 50 cm lang.
Ihr Höchstgewicht beträgt bis zu 75 kg, wobei die Männchen größer und stärker sind als die Weibchen. Auch die Färbung ist sehr verschieden. Das Fell kann von hellgraubraun bis dunkelockerfarben gefärbt sein. Wölfe leben die meiste Zeit in Rudeln mit einer bestimmten Rangordnung, an deren Spitze der stärkste Wolf (Leitwolf) steht. Er zeigt durch Imponieren (Knurren, aufgestellter Schwanz) den Rangniederen seine Stellung. Diese antworten mit Demutsgebärden (Winseln, Schwanz einziehen). Mit Urin markieren die Wölfe ihr Revier, wo die männlichen Tiere eines Rudels in Jagdgemeinschaften auf Beutesuche sind.
Der Wolf gilt als der Stammvater aller unserer Haushunderassen, der wahrscheinlich vor mehr als 10 000 Jahren von den Steinzeitmenschen zum ersten Mal gezähmt und als Haustier gehalten wurde. Wölfe leben heute vor allem im asiatischen Teil von

Entgegen seinem Ruf ist der **Wolf** scheu und wenig aggressiv; auf seinen Wanderungen verweilt er – inzwischen oft als Einzelgänger – tagsüber in Verstecken und bricht erst im Schutz der Abenddämmerung auf

Russland, Alaska und Kanada. In Europa wurden sie bis ins 19. Jahrh. weitgehend ausgerottet. Restbestände finden sich noch in den Pyrenäen, in Italien, Skandinavien und Polen. Von dort aus sind in den letzten Jahrzehnten einzelne Tiere nach Ostdeutschland, in die Lüneburger Heide und ins schweizerische Graubünden gezogen.

Ihr Name ist aufs engste mit dem literarischen Leben in der DDR verknüpft; gleichzeitig fand **Christa Wolf** eine Leserschaft weit über die Grenzen der ehemaligen DDR hinaus

■ **Wolf, 1)** Christa, deutsche Schriftstellerin, *Landsberg (Warthe) 18. März 1929. Sie gehörte zu den exponierten Schriftstellern der DDR. Ihre von Bert Brecht und Anna Seghers beeinflussten Romane und Erzählwerke sind im Einzelnen kritisch, bejahen aber grundsätzlich den Sozialismus. Sie schrieb u.a. die Romane »Der geteilte Himmel« (1963), »Nachdenken über Christa T.« (1968), »Kindheitsmuster« (1977) und »Medea. Stimmen« (1996) sowie die Erzählungen »Kassandra« (1983), »Was bleibt« (entstanden 1979, gedruckt 1990) und »Hierzulande – Andernorts« (1999).

2) Hugo, österreichischer Komponist, *Windischgraz (heute Slovenj Gradec, Slowenien) 13. März 1860, †Wien 22. Februar 1903. Er schrieb vor allem Lieder (»Spanisches Liederbuch«, 1891; »Italienisches Liederbuch«, 1896; Lieder nach Texten von Eichendorff, Goethe, Mörike u.a.), ferner Chorwerke, die Oper »Der Corregidor« (1896) und Kammermusik.

■ **Wolfgangsee** (Sankt-Wolfgang-See, Abersee), See im Salzkammergut, 13,5 km² groß, mit beliebten Badeorten (Sankt Wolfgang, Sankt Gilgen).

■ **Wolfram** *das,* chemisches Element, ein weiß glänzendes Schwermetall. Es ist in reinem Zustand ein leicht zu verarbeitendes Metall, meist jedoch verunreinigt (oft mit Kohlenstoff) und dann recht hart und spröde. Wolfram hat von allen Metallen die höchste Schmelztemperatur. Es wird vorwiegend als Legierungsbestandteil besonders für Werkzeugstähle genutzt, die gegen Säuren und gegen mechanische Beanspruchung beständig sein sollen. Eine Wolframcarbid-Kobalt-Legierung (Widia) erreicht nahezu die Härte von Stahl.

■ **Wolfram von Eschenbach,** deutscher Dichter, *Eschenbach (heute Wolframs-Eschenbach, Landkreis Ansbach) um 1170/80, †ebenda um 1220. Er war wahrscheinlich ritterlichen Standes, aber unbegütert und daher wie viele mittelalterliche Dichter auf Gönner angewiesen. Neben seinem Hauptwerk, dem Epos »Parzival« (um 1200–10), schrieb er das unvollendet gebliebene Epos »Willehalm« sowie Minnelieder. Wolfram von Eschenbach ist der selbstständigste und eigenwilligste der mittelhochdeutschen Dichter; ungewöhnlich für die damalige Zeit ist seine subjektive Erzählweise.

■ **Wolfsburg,** Stadt an der Aller und am Mittellandkanal, in Niedersachsen, mit 122 600 Einwohnern. Die Stadt (1938 aus mehreren Gemeinden gebildet) wird wirtschaftlich durch das Volkswagenwerk geprägt.

■ **Wolga** *die,* der mit 3 531 km längste und wasserreichste Strom Europas. Die Wolga entspringt in Russland in den Waldaihöhen und mündet mit breitem Delta (rund 150 km) ins Kaspische Meer. Sie ist der wichtigste Großschifffahrtsweg Russlands und durch Kanäle mit der Ostsee, dem Weißen Meer, dem Schwarzen Meer sowie mit Moskau verbun-

Wolfram
chemisches Symbol: W
Ordnungszahl: 74
relative Atommasse: 183,85
Dichte (bei 20 °C): 19,3 g/cm³
Schmelzpunkt: 3 422 ± 20 °C
Siedepunkt: 5 555 °C

den. An ihrem Lauf befinden sich zahlreiche Stauseen mit Großkraftwerken.

■ **Wolgograd** (1589–1925 Zarizyn, 1925–61 Stalingrad), Stadt in Russland, an der unteren Wolga, mit 1 Mio. Einwohnern; wichtiger Verkehrsknotenpunkt (bedeutender Wolgahafen seit dem 18. Jahrh.) und Industriezentrum. – Die **Schlacht von Stalingrad** 1942/43, in der die 6. deutsche Armee vernichtend geschlagen wurde, bedeutete die Wende des Zweiten Weltkriegs an der deutschen Ostfront.

Im »Parzival« äußert sich der Dichter **Wolfram von Eschenbach** mit folgenden Worten zu seiner eigenen Person: »ich bin Wolfram von Eschenbach/ und verstehe mich ziemlich auf meine Kunst.«; die Miniatur aus einer berühmten Sammlung mittelalterlicher Liederhandschriften, die unter dem Namen »Manessische Handschrift« weltberühmt ist, stellt das Porträt des selbstbewussten Dichters als Ritter vor, der sein Wappen in Form von zwei Äxten auch als Helmzier trägt

■ **Wolken,** eine Ansammlung von sehr kleinen, schwebenden Wassertröpfchen oder Eiskristallen in der Atmosphäre der Erde. Auf der Erdoberfläche aufsitzende Wolken bezeichnet man als Nebel. Wolken entstehen immer dann, wenn feuchte Luft sich so weit abkühlt, dass ein Teil des in ihr enthaltenen Wasserdampfs zu Wassertröpfchen oder Eiskristallen kondensiert (→Kondensation, →Luftfeuchtigkeit). Die Abkühlung erfolgt dadurch, dass eine Warmluftfront auf kalte Luftmassen trifft oder dass die am Erdboden erwärmte Luft aufsteigt und sich in größeren Höhen abkühlt.

■ **Wolle,** verspinnbare Wollhaare des Hausschafes (Schafwolle). Sie werden durch Schur gewonnen und sind durch Kräuselung, Dehnbarkeit u. a. gekennzeichnet. Man unterscheidet **Schurwolle** (von lebenden Tieren; die beste Qualität), **Haut-** oder **Schlachtwolle** (von geschlachteten, gesunden Tieren; etwas geringere Qualität) und **Sterblingswolle** (von verendeten Tieren; mindere Qualität). – Wolle ist auch die ungenaue Bezeichnung für alle verspinnbaren tierischen Haare, z. B. von Angorakaninchen, Angora- und Kaschmirziegen sowie Kamelen.

■ **Workshop** [ᵘö̤ʳkschop; engl., = Werkstatt] *der,* Veranstaltung (Kurs, Seminar u. a.), in der in freier Diskussion bestimmte Themen erarbeitet werden und ein Erfahrungsaustausch stattfindet.

■ **Workstation** [ᵘö̤ʳksteⁱschᵉn; engl.], hochwertige Arbeitsplatzrechner, die meist Teil eines lokalen →Netzwerks sind. Workstations haben eine hohe Speicherkapazität, Rechenleistung und Bildschirmauflösung und sind mit anderen Systemen vernetzbar (z. B. Massenspeicher).

■ **World-Music** [ᵘö̤ʳld mju̱sik, engl.] (Weltmusik), eine im Musikgeschäft gebräuchliche Bezeichnung für Musikformen aus den Ländern der Dritten Welt. Das Spektrum der Musikstile reicht von den populären Musikformen jener Regionen bis hin zu Musik, die direkt von der westlichen Popmusik beeinflusst ist, und der Musik der in den westlichen Industrieländern lebenden ethnischen Minderheiten. Das erste kommerziell erfolgreiche Album, das zur World-Music gezählt wird, war »Graceland« von Paul Simon (* 1941); er spielte es zusammen mit der südafrikanischen Gruppe Ladys mit Black Mambazo ein.

■ **World Wide Fund for Nature** [ᵘö̤ʳld ᵘa̱id fa̱nd fo̱r ne̱ⁱtschᵉr; engl.] (bis 1987: World Wildlife Fund), Abkürzung **WWF,** 1961 gegründete, unabhängige, größte private Naturschutzorganisation der Welt mit Sitz (seit 1979) in Gland (Schweiz). Ziel des WWF (Symbol: Großer Panda) ist die weltweite Erhaltung der natürlichen Umwelt.

■ **World Wide Web** [ᵘö̤ʳld ᵘa̱id ᵘeb; engl. »weltweites Netz«], Abkürzung **Web** oder **WWW,** ein Dienst des →Internets, der Informationsressourcen unterschiedlichster Art und Herkunft zur Verfügung stellt. Neben einer Internetzugangsberechtigung ist dazu ein →Browser notwendig, mit dem weltweit auf die Informationsangebote zugegriffen werden kann. Der Suche von Dokumenteninhalten und nach in ihnen verwendeten Begriffen dienen Suchmaschinen. Alle Dokumente im WWW, die Webseiten, müssen in einem speziellen Format ge-

Der Bund von Dichtung und Musik: 53 Mörike-Lieder, 51 Goethe-Lieder und 20 Eichendorff-Lieder sowie Lieder von Shakespeare, Gottfried Keller und Heinrich Heine; von außergewöhnlicher Bedeutung ist **Hugo Wolf** als Komponist von Klavierliedern, die weltweit zum Programm aller großen Liedinterpreten gehören

Symbol des **World Wide Fund for Nature**

speichert sein, aus dem der Browser die Bildschirmdarstellung der Information erzeugt. Sie sind nach dem Konzept von →Hypertext netzartig miteinander verknüpft.

Die erste Seite eines WWW-Dokuments ist die Homepage (»Heimatseite«), mit der sich der Anbieter vorstellt. Zu den Homepages gelangt man über Adressen, die nach einem bestimmten Schema strukturiert sind: http://www.<Firma oder Institution>.<Ländercode oder ein anderer Code> (z.B. findet man die Homepage der Firma Bibliographisches Institut & F. A. Brockhaus AG unter http://www.brockhaus.de). Die Webseiten können sowohl Texte als auch Grafiken, Videodateien, Klänge oder Programme enthalten, die einfache Animationen ausführen. – Das WWW wurd 1989 für das europäische Kernforschungszentrum CERN entwickelt.

■ **Wọrms,** Stadt am Oberrhein, in Rheinland-Pfalz, mit 80500 Einwohnern. Die Stadt hat bedeutende Kirchenbauten, darunter den Dom (1120–1220). Die Synagoge (1034) wurde in alter Form neu erbaut (1959–61).

Worms war ab 413 Mittelpunkt des Burgunderreiches und gilt daher als Schauplatz vieler Geschehnisse aus der Nibelungensage. Vom 8. bis ins 16. Jahrh. fanden in Worms zahlreiche Reichstage statt, u.a. der Reichstag von 1521, auf dem Luther seine Lehre zu vertreten hatte und auf dem mit dem **Wormser Edikt** die Reichsacht über Luther und seine Anhänger verhängt wurde. In Worms gab es seit dem 10. Jahrh. eine bedeutende jüdische Gemeinde.

Wort: die Wortarten

Name	Beispiel
Verb (Tätigkeitswort, Zeitwort)	gehen, lachen
Substantiv (Hauptwort)	Haus, Tisch, Baum
Adjektiv (Eigenschaftswort)	schön, kalt
Artikel (Geschlechtswort)	der, die, das
Pronomen (Fürwort)	ich, du, mein, dein
Adverb (Umstandswort)	gern, oft
Präposition (Verhältniswort)	auf, unter, in
Konjunktion (Bindewort)	und, oder
Interjektion (Ausrufewort)	ach!

■ **Wọrt,** kleinste selbstständige sprachliche Einheit mit einer unterscheidbaren Lautform, einer grammatischen Funktion und einer Bedeutung. Nach ihrer Funktion im Satz werden die Wörter in Wortarten eingeteilt.

■ **Wọrt des Jahres,** ein Begriff, der die politisch-gesellschaftliche Diskussion in einem Jahr besonders geprägt hat. Er wird seit 1977 von der Gesellschaft für deutsche Sprache in Wiesbaden ausgewählt. Die Jury stützt sich dabei vor allem auf Belege aus den Medien. – auch →Unwort des Jahres.

■ **Wọrterbuch,** Nachschlagewerk, das den Wortschatz einer Sprache nach bestimmten Gesichtspunkten auswählt, anordnet und erklärt. Man unterscheidet z.B. orthographische, historische, fachsprachliche und Mundartwörterbücher sowie zwei- oder mehrsprachige Wörterbücher (z.B. deutsch-englisches Wörterbuch).

■ **Wọrther See,** See in Kärnten, westlich von Klagenfurt, mit beliebten Badeorten, 19,3 km² groß und bis 86 m tief.

■ **Wọrtschatz,** die Gesamtheit der Wörter einer Sprache. Der Wortschatz stellt ein offenes System dar, das ständig dem Wandel unterliegt und jederzeit erweiterungsfähig ist. Der deutsche Wortschatz wird heute auf rund 500000 Wörter geschätzt, wobei die Substantive anteilig an erster Stelle stehen; es folgen die Verben und die Adjektive. Im Vergleich dazu schätzt man den Wortschatz der französischen Sprache auf 100000, den der englischen auf 600000–800000 Wörter.

Der **aktive Wortschatz** (vom Sprecher oder Schreiber tatsächlich eingesetzte Wörter) eines deutschen Durchschnittssprechers liegt schätzungsweise bei 12000 bis 16000 Wörtern, davon sind etwa 3500 Fremdwörter. Der **passive Wortschatz** (das heißt die vom Leser oder Hörer verstanden, aber nicht selbst verwendeten Wörter) umfasst etwa 25000–40000 Wörter. Luther verwendete etwa 8000, Goethe hingegen etwa 80000 Wörter.

■ **Wright** [rait], die Brüder **Wilbur** (1867 bis 1912) und **Orville** (1871–1948), amerikanische Flugpioniere. Gemeinsam führten sie Modellflugversuche und Gleitflüge durch. 1903 gelang ihnen der erste Motorflug mit einem Doppeldecker.

■ **WTO** (Abkürzung für World Trade Organisation) [engl., = Welthandelsorganisation] *die,* 1994 gegründete Sonderorganisation der UN mit Sitz in Genf, die zum 1. Januar 1996 das →GATT abgelöst hat. Ziel der WTO ist es, die weltweite wirtschaftliche Zusammenarbeit zu erleichtern. Hierzu schafft sie umfassende Rahmenbedingungen für globale Handelsbeziehungen, die vor allem einen freien Welthandel gewährleisten sollen (z.B. durch die Verpflichtung der Mitgliedsstaaten zum Abbau von Zöllen).

■ **Wụcher,** die Ausbeutung einer Notlage, des Leichtsinns oder der Unerfahrenheit eines anderen, um sich ohne angemessene Gegenleistung Vermögensvorteile zu verschaffen (z. B. wenn unverhältnismäßig hohe Zinsen für einen Kredit erhoben werden). Wucher ist strafbar.

■ **Wụ̈hlmäuse,** eine Unterfamilie der Wühler, die dem Leben in der Erde angepasst ist. Der Körper (10–40 cm lang) ist gedrungener, der Kopf kürzer und dicker als bei der Hausmaus, der Schwanz behaart und höchstens von halber Rumpflänge. Die bekannteste und häufigste Vertreterin ist die 9–12 cm lange gelbbraune **Feldmaus,** die von Zeit zu Zeit in Massen auftritt und die Getreideernte bedroht.

■ **Wụnde,** meist gewaltsame Durchtrennung der Haut oder Schleimhaut und des darunterliegenden Gewebes (auch von inneren Organen). Dabei kommt es durch Eröffnung von Blutgefäßen zu Blutungen und durch die Reizung freier Nervenendigungen zu Schmerzen. Neben dem Blutverlust besteht die Gefahr der Wundinfektion, des Eindringens von Krankheitserregern, die Entzündungen und Eiterungen verursachen. Eine Wunde ist auch die Eintrittspforte für den Erreger des →Tetanus. Die Wundheilung erfolgt von den Wundrändern her, die neue Zellen bilden. Wegen der Infektionsgefahr sollte als »Erste-Hilfe-Maßnahme« eine Wunde möglichst keimfrei abgedeckt werden. Stark blutende Wunden erhalten einen Druckverband.

■ **Wụndstarrkrampf** →Tetanus.

■ **Wụ̈rfel,** 1) *Mathematik:* (Kubus, regelmäßiges Hexaeder) ein von sechs gleichen Quadraten begrenzter regelmäßiger Körper. Die Quadrate stoßen in zwölf gleich langen Kanten aneinander, die Kanten treffen sich in acht Ecken, in jeder Ecke stoßen jeweils drei Kanten rechtwinklig aufeinander. Jede Fläche des Würfels steht senkrecht zu jeder ihrer Nachbarflächen.

Ein Würfel mit der Kantenlänge a hat

das Volumen $V = a^3$,

die Oberfläche $O = 6a^2$,

die Flächendiagonale $d = a\sqrt{2}$,

die Raumdiagonale $D = a\sqrt{3}$.

2) *Spiele:* (Knobel), ein sechsseitiger, zum Würfelspiel benutzter Körper aus verschiedenen Materialien (z. B. Stein, Holz), auf dessen Seiten die Zahlen 1 bis 6 in Punkten (»Augen«) so angegeben sind, dass die Augen der einander gegenüberliegenden Seiten zusammen jeweils 7 ergeben.

■ **Wụ̈rger,** eine Familie bis 30 cm langer, gut fliegender Singvögel. Kennzeichnend für die Würger ist der hakig gebogene Oberschnabel und ein kräftiger Hornzahn dahinter. Der **Neuntöter,** etwas größer als der Buchfink, mit rotbraunem Rücken und blaugrauem Oberkopf, spießt erbeutete Tiere (Insekten, Eidechsen, Frösche, Mäuse u. a.), die er nicht sogleich verzehrt, an Dornen von Schlehen oder Weißdorn auf.

Unter den **Würgern** erkennt man den Neuntöter an seiner schwarzen Maske im weißen Gesicht

■ **Wụ̈rmer,** volkstümliche Sammelbezeichnung für lang gestreckte Wirbellose, die systematisch zu nicht näher verwandten Kategorien gehören; u. a. →Plattwürmer, →Fadenwürmer und →Ringelwürmer.

■ **Wụrt** (Wurte, Warf, Warft) *die,* zum Schutz vor Hochwasser aufgeschütteter Erdhügel, der ein Gehöft oder eine Gruppensiedlung trägt (im norddeutsch-niederländischen Marschengebiet und auf den Halligen).

■ **Wụ̈rttemberg,** östlicher Teil von Baden-Württemberg, der vom Bodensee bis zu Jagst und Tauber reicht sowie vom Schwarzwald und Kraichgau bis zur Frankenhöhe und zum Ries. Den nördlichen Teil nimmt das Schwäbische Stufenland ein, südlich der Schwäbischen Alb und der Donau schließt sich das oberschwäbische Hügelland an. Die Hauptstadt des Landes Württemberg war Stuttgart, das im 19. Jahrh. die bedeutendste württembergische Industriestadt wurde, wie sich überhaupt die Industrie von Württemberg vorwiegend im Nordteil angesiedelt hat (Maschinen-, Textil-, Elektrowaren-, Uhren-, Autoindustrie). Die Hochflächen des Schwäbischen Stufenlandes sind sehr fruchtbar, aber auch in Oberschwaben werden Ackerbau, Viehzucht und Milchwirtschaft betrieben.

Geschichte: Württemberg entstand aus den Besitzungen der Grafen von Württemberg (Stammsitz Wirtenberg bei Untertürkheim) im mittleren Neckartal und im Remstal. Die Grafen konnten 1268 in Schwaben beträchtliche Gebiete erwerben. 1495 wurde Württemberg Herzogtum (Württemberg und Teck), 1520–34 vorübergehend habsburgischer Besitz. 1803 erhielt Württemberg den Rang eines Kurfürstentums, 1806 wurde es unter Verdoppelung des Gebietes Königreich. Seit 1871 gehörte Württemberg zunächst als Königreich, seit 1918 als Freistaat zum Deutschen Reich. Seit 1949 ist Württemberg Teil der Bundesrepublik Deutschland (seit 1952 als Teil Baden-Württembergs).

■ **Wụ̈rzburg,** bayerische Stadt in Unterfranken, am Main, mit 126 000 Einwohnern. Die Universitätsstadt hat zahlreiche bedeutende Baudenkmäler, so den Dom (11.–13. Jahrh.), die Festung Marienberg (12. Jahrh. und 3.–18. Jahrh.), die Marienkapelle (14.–15. Jahrh.), das Neumünster (13. Jahrh., im Barock umgestaltet), die figurenreiche Alte Mainbrü-

Wort des Jahres

1977 Szene
1978 konspirative Wohnung
1979 Holocaust
1980 Rasterfahndung
1981 Nulllösung
1982 Ellenbogengesellschaft
1983 heißer Herbst
1984 Umweltauto
1985 Glykol
1986 Tschernobyl
1987 Aids, Kondom
1988 Gesundheitsreform
1989 Reisefreiheit
1990 die neuen Bundesländer
1991 Besserwessi
1992 Politverdrossenheit
1993 Sozialabbau
1994 Superwahljahr
1995 Multimedia
1996 Sparpaket
1997 Reformstau
1998 Rot-Grün
1999 Millennium
2000 Schwarzgeldaffäre

cke (15.–16. Jahrh.) und das Käppele (eine Wallfahrtskirche aus dem 18. Jahrh.). Ein Hauptwerk des deutschen Barock ist die ehemalige fürstbischöfliche Residenz mit ihrem berühmten Treppenhaus.

Wüste

Wüsten sind Landstriche, in denen im Jahr weniger als 200 mm Niederschlag fallen. Das können neben heißen Gebieten auch kalte sein. Kalte Wüsten gibt es in Russland, auf Grönland und in der Antarktis. In der Atacama-Wüste im nördlichen Chile hat es seit Menschengedenken nicht geregnet. Andere Wüsten sind über Jahre hinweg trocken, aber dann kann ein einziger Regen das in ihnen schlummernde pflanzliche Leben erwecken. Dieses Erwachen zeigte Walt Disney in unvergleichlicher Weise in seinem Dokumentarfilm »Die Wüste lebt« (1953).

■ **Wurzel, 1)** *Biologie:* neben Sprossachse und Blatt eines der drei Grundorgane der Sprosspflanzen, das der Verankerung im Boden, der Aufnahme von Wasser und darin gelöster Nährsalze und als Speicherorgan für Reservestoffe dient. Wie der Spross bildet die Wurzel seitliche Verzweigungen, die Nebenwurzeln, die an der Spitze feine Härchen tragen.
2) *Mathematik:* Bezeichnung für die Lösung x einer Gleichung der Form $x^n = a$, wobei n eine positive ganze Zahl und a eine beliebige vorgegebene Zahl ist. Man schreibt $x = \sqrt[n]{a}$ (gelesen: x gleich n-te Wurzel aus a), z. B. $\sqrt[5]{32}$ (fünfte Wurzel aus 32).
Die unter dem Wurzelzeichen stehende Größe (a) ist der **Radikand,** n der **Wurzelexponent.** Die Rechenoperation, die den Wert der Wurzel liefert, nennt man Wurzelziehen oder Radizieren.
Die zweite Wurzel ($n = 2$) bezeichnet man als **Quadratwurzel** (sie wird meist ohne Wurzelexponent geschrieben), die dritte Wurzel als **Kubikwurzel.**
Beispiele:

$\sqrt{9} = 3$, denn $3^2 = 3 \cdot 3 = 9$;

$\sqrt[3]{125} = 5$, denn $5^3 = 5 \cdot 5 \cdot 5 = 125$;

$\sqrt[5]{32} = 2$, denn $2^5 = 2 \cdot 2 \cdot 2 \cdot 2 \cdot 2 = 32$.

3) *Medizin:* (Zahnwurzel), der in den Zahnfächern der Kieferknochen steckende Teil des Zahns.

■ **Wüste,** durch Wasser- oder Wärmemangel vegetationsloses (zumindest sehr vegetationsarmes) Gebiet. Zu unterscheiden sind die Hitzewüsten der Tropen und Subtropen, die Kältewüsten im Hochgebirge und den polnahen Bereichen der Erde sowie die völlig von Eis und Schnee bedeckten Eiswüsten.

■ **WWF,** Abkürzung für →World Wide Fund for Nature.

■ **WWW,** Abkürzung für →World Wide Web.

X

■ **X, 1)** der 24. Buchstabe des deutschen Alphabets, ein Konsonant.
2) römisches Zahlzeichen für 10.

■ **Xanten,** Stadt am Niederrhein, in Nordrhein-Westfalen, mit 19 300 Einwohnern. Sehenswert ist u. a. der gotische Dom. – Xanten, eine römische Gründung, erhielt 1228 Stadtrecht.

■ **Xanthippe,** Frau des Sokrates. Ihr Ruf als zank- und streitsüchtige Ehefrau geht wohl auf Verleumdungen zurück.

■ **Xenon** [griech.] *das,* ein chemisches Element aus der Gruppe der Edelgase. Das farb- und geruchlose Gas ist wie alle Edelgase sehr reaktionsträge, es gibt jedoch einige Xenonverbindungen (z. B. Xenonfluoride). Xenon wird bei der Verflüssigung der Luft

Xenon
chemisches Symbol: Xe
Ordnungszahl: 54
relative Atommasse: 131,29
Dichte (bei 0 °C): 5,89 g/l
Schmelzpunkt: −111,75 °C
Siedepunkt: −108 °C

gewonnen und dient als Füllgas in Leuchtröhren und Glühlampen.

■ **Xerographie** →Kopierverfahren.

■ **Xẹrxes I.** (im Alten Testament Ahasver genannt), König von Persien (seit 486 v. Chr.), *um 519 v. Chr., † Susa 465 v. Chr. Er warf Aufstände in Ägypten und Babylonien nieder, doch sein Versuch, Griechenland zu erobern, schlug fehl (→Perserkriege. Xerxes wurde von dem Anführer seiner Leibwache ermordet.

■ **Xylophon** [griech.] *das,* ein Schlaginstrument. Es besteht aus tonleitermäßig abgestimmten Holzstäben, die auf einem Holzrahmen befestigt sind und mit zwei Holzschlägeln geschlagen werden. Das X. hat einen Tonumfang von bis zu vier Oktaven.

Y

■ **Y,** der 25. Buchstabe des deutschen Alphabets, ein Konsonant.

■ **Yạk** [tibetisch] (Jak) *der,* ein langhaariges Rind im zentralasiatischen Hochland. Aus dem über 2 m hohen, braunschwarzen Wildyak wurde der kleinere Hausyak gezüchtet, das Hausrind der Tibeter. Auch dieser trägt ein langes, dichtes Haarkleid, das grau, rötlich, braun oder gescheckt ist.

■ **Yamoussoukro** [jamussukrọ], seit 1984 Hauptstadt der Elfenbeinküste, im zentralen Süden des Landes gelegen, mit 110 000 Einwohnern. 1987–90 wurde hier nach dem Vorbild des Petersdoms in Rom die Basilika Notre-Dame-de-la-Paix gebaut, die (als größte Kirche Afrikas) 18 000 Menschen Platz bietet.

■ **Yankee** [ängki; engl.] *der,* Spitzname für US-Amerikaner, ursprünglich wohl nur für die niederländischen Siedler in Nordamerika (nach dem niederländischen Vornamen Jan), während des Sezessionskrieges Schimpfwort für die Nordstaatler.

■ **Yaoundé** [jaundẹ], Hauptstadt von Kamerun, mit 800 000 Einwohnern, im bewaldeten Hügelland im Südwesten des Landes gelegen. – Yaoundé wurde 1889 als deutsche Militärstation gegründet.

■ **Yạrd** [j...; engl.] *das,* Einheitenzeichen **yd,** angelsächsisches Längenmaß:

1 yd = 0,9144 m.

■ **Yellowstone-Nationalpark** [jäloustoun-], das älteste (seit 1872) unter Naturschutz gestellte Gebiet der USA, 8 953 km², in den Rocky Mountains gelegen. Der Yellowstone-Nationalpark ist bekannt durch seine heißen Quellen, die Schlammvulkane und vor allem seine vielen Geysire. Der berühmteste Geysir ist der »Old Faithfull«, aus dem etwa alle 80 Minuten ein Wasserstrahl bis zu einer Höhe von über 30 m (maximal 60 m) aufsteigt. Im Park leben Bisons, Elche und Bären sowie über 200 Vogelarten. Der **Yellowstone River,** ein Nebenfluss des Missouri (1 080 km lang), fließt im Yellowstone-Nationalpark in einem 300 m tiefen Canyon.

■ **Yen** [jän] *der,* die japanische Währung: 1 Yen (¥) = 100 Sen.

■ **Yẹti** [tibetisch] *der* (Schneemensch), ein legendäres affen- oder menschenähnliches Wesen, das in den Höhen des Himalaja leben soll. Man will Fußspuren und Haare von ihm gefunden haben; es gibt sogar Berichte über Begegnungen mit ihm. Ein Beweis, dass der Yeti wirklich existiert, konnte jedoch bisher nicht geliefert werden.

■ **Yijing** [idsching; chinesisch, = Buch der Wandlungen] (I-ching, I Ging), chinesisches Wahrsage- und Weisheitsbuch, das in seinen Anfängen bis auf die Wende vom 2. zum 1. Jahrtausend zurückgeht. Grundlage des Buches und seines Orakelsystems bildet die Vorstellung von 64 Grundsituationen (später durch 64 Hexagramme dargestellt), die nicht als starr, sondern als sich wandelnd aufgefasst wurden.

■ **Yin und Yang** [ịn - jạng], in der chinesischen Naturphilosophie zwei Grundkräfte, aus deren Wechselspiel die Dinge und alles Geschehen im Universum entstehen und bestimmt sind. Ihre Erscheinungen sind Erde und Himmel. Dem Yin entsprechen das Weibliche, Dunkle, Passive, Empfangende, die Farbe Schwarz und die geraden Zah-

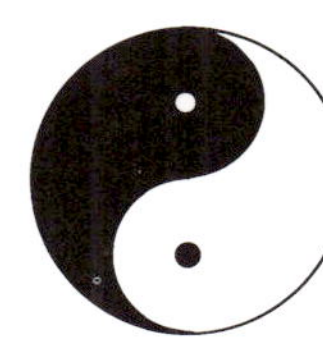

Yin und Yang

len, dem Yang das Männliche, Helle, Aktive, Schöpferische, die Farbe Rot und die ungeraden Zahlen.

Ytterbium
chemisches Symbol: Yb
Ordnungszahl: 70
relative Atommasse: 173,04
Dichte (bei 20 °C): 6,90 g/cm^3
Schmelzpunkt: 824 °C
Siedepunkt: 1 194 °C

■ **Yoga** [Sanskrit, = Anschirren (der Seele an Gott)] (Joga) *der* oder *das,* in der indischen Kultur verwurzelte Lehre (und darauf beruhende Methode) der Vervollkommnung des Menschen und der Gotterkenntnis. Yoga wird bereits im Weda erwähnt. Sein Ziel besteht in der Selbstvervollkommnung, die durch eine Harmonisierung von Leib, Seele und Geist erreicht werden soll. Der Lernende **(Yogi)** hat verschiedene Stufen des Yoga zu durchlaufen: die Einhaltung bestimmter Gebote wie z. B. das Nichtverletzen von Lebewesen, Keuschheit, Wahrhaftigkeit sowie die Beachtung von Reinheitsvorschriften, das Erlernen von bestimmten Körperhaltungen, die Beherrschung des Atems und das Einüben verschiedener Meditationstechniken.

■ **Youngplan** [jang...; nach dem amerikanischen Finanzmann und Politiker Owen D. Young, *1874, †1962], internationales Abkommen über die Zahlung deutscher Wiedergutmachungsleistungen (Reparationen) nach dem Ersten Weltkrieg. Der Youngplan, der 1929 in Ablösung des Dawesplanes (1924) 1929 angenommen wurde, setzte die Reparationsschuld auf 34,9 Milliarden Goldmark fest, die in 59 Jahresraten (bis 1988) zahlbar sein sollten. Ab 1930 gültig, wurde er (praktisch nur bis 1931 in Kraft) bereits 1932 aufgehoben.

■ **Ytterbium** *das,* ein chemisches Element aus der Gruppe der Lanthanoide. Ytterbium ist ein silberglänzendes, weiches Metall, das technisch kaum Bedeutung hat.

■ **Yttrium** *das,* ein chemisches Element, in reiner Form ein silberweißes Leichtmetall, das sich leicht zu Blechen verformen und zu Rohren ziehen lässt. Es wird in der Reaktortechnik und als Zusatz zu Aluminiumlegierungen verwendet; die Isotope ^{87}Y (Gammastrahler) und ^{90}Y (Betastrahler) werden in der Strahlentherapie genutzt.

Yttrium
chemisches Symbol: Y
Ordnungszahl: 39
relative Atommasse: 88,91
Dichte (bei 25 °C): 4,47 g/cm^3
Schmelzpunkt: 1 526 °C
Siedepunkt: 3 336 °C

■ **Yucatán** [jukatan], Halbinsel im nördlichen Zentralamerika, die größtenteils zu Mexiko, im Süden und Südosten zu Guatemala und Belize gehört. – Yucatán war in vorkolumbischer Zeit das Gebiet der Hochkultur der Maya. Ihre Nachkommen bilden noch heute einen großen Teil der Bevölkerung.

■ **Yuppie** [jupi, engl. japi] *der,* umgangssprachliche Bezeichnung für junge, beruflich erfolgreiche Großstädter (von engl. **y**oung **u**rban **p**rofessionals).

Z

■ **Z,** der 26. Buchstabe des deutschen Alphabets, ein Konsonant.

■ **Zagreb** [sagräb] (früher deutsch Agram), Hauptstadt von Kroatien, an der oberen Save, mit 726 800 Einwohnern. Die Altstadt besitzt gotische und barocke Kirchen. – Zagreb, eine römische Gründung, war 1718–1918 Hauptstadt des Königsreichs Kroatien.

■ **Zahl,** ein grundlegender mathematischer Begriff. Mit den **natürlichen Zahlen** $\mathbb{N} = \{1, 2, 3, \ldots\}$ wird angegeben, wie viele Elemente (Glieder) eine Menge enthält. Addiert man zwei natürliche Zah-

Wörter, die man unter Z vermisst, suche man unter C, S oder Sch

len, so erhält man wiederum eine natürliche Zahl. Im Bereich der natürlichen Zahlen kann also unbeschränkt addiert werden. Dagegen gibt es aber Substraktionsaufgaben, die im Bereich der natürlichen Zahlen nicht lösbar sind, z. B. die Aufgaben:
$5-6=\ ;3-3=\ ;7-121=\ .$
Um sie ebenfalls lösen zu können, hat man die **negativen Zahlen** und die Zahl **Null** eingeführt:
$0, -1, -2, -3, -4, \ldots$
Diesen erweiterten Zahlenbereich bezeichnet man als Bereich der **ganzen Zahlen** $\mathbb{Z}$. Im Bereich der ganzen Zahlen kann unbeschränkt addiert, subtrahiert und multipliziert werden. Die Lösung einer solchen Aufgabe ist stets wieder eine ganze Zahl, z. B.
$2+5=7; 3-9=-6; 2\cdot 4=8.$
Nicht lösbar im Bereich der ganzen Zahlen sind Divisionsaufgaben, z. B.
$3:4=\ ;(-13):17=\ .$
Um so geartete Aufgaben lösen zu können, wurden die Brüche eingeführt:
$\frac{1}{2}; \frac{7}{4}; \frac{15}{19}; \ldots$
Die ganzen Zahlen und die Brüche bilden zusammen die **rationalen Zahlen** $\mathbb{Q}$. Im Bereich der rationalen Zahlen ist somit jede Additions-, Subtraktions-, Multiplikations- und Divisionsaufgabe lösbar. Jede dieser Rechenarten führt wieder auf eine rationale Zahl. Alle rationalen Zahlen lassen sich als gemeine Brüche, als endliche oder unendliche periodische Dezimalbrüche schreiben.
Auf eine neue Zahlenart führen Aufgaben wie z. B. *2* = (→Wurzel). Diese Aufgabe ist im Bereich der rationalen Zahlen nicht lösbar; es gibt keine rationalen Zahlen, deren Quadrat gleich 2 ist. Die Lösung der Aufgabe *2* stellt einen unendlichen, nicht periodische Dezimalbruchdar.SolcheZahlen heißen **irrationale Zahlen**.
Ein weiteres Beispiel für eine irrationale Zahl ist die Kreiszahl π. Die rationalen und irrationalen Zahlen werden unter dem Begriff **reelle Zahlen** $\mathbb{R}$ zusammengefasst.
Eine nochmalige Erweiterung des Zahlenbereiches ergibt sich aus der Aufgabe *-1*. Diese Aufgabe hat im Bereich der reellen ZahlenkeineLösung, da es keine reelle Zahl gibt, deren Quadrat gleich -1 ist. Man führt eine neue Zahlenart ein, die **imaginären Zahlen**, die Vielfache der imaginären Einheit i = *-1* sind.
Die Gesamtheit aller so erhaltenen Zahlen bezeichnet man als **komplexe Zahlen** $\mathbb{C}$. Im Bereich der komplexen Zahlen kann nun unbeschränkt addiert, subtrahiert, multipliziert, dividiert und radiziert (= Wurzelziehen) werden. Zeichnerisch dargestellt werden die reellen Zahlen als Punkte auf der Zahlengeraden, die komplexen Zahlen als Punkte auf der Zahlenebene. – Tabelle S. 382

■ **Zahlungsbilanz,** zusammengefasste Gegenüberstellung der Werte aller Transaktionen zwischen dem In- und Ausland in einem bestimmten Zeitabschnitt. Die Zahlungsbilanz gibt Auskunft über die internationalen Verflechtungen einer Volkswirtschaft. Sie umfasst die Leistungsbilanz (Handels-, Dienstleistungs- und Übertragungsbilanz), die Kapitalbilanz und die Devisenbilanz.

■ **Zahlwort** (Numerale), Wort, das eine Zahl oder eine zahlenmäßig ausgedrückte Mengenangabe bezeichnet, z. B. eins, zweiter, vierfach, viertel, einmal.

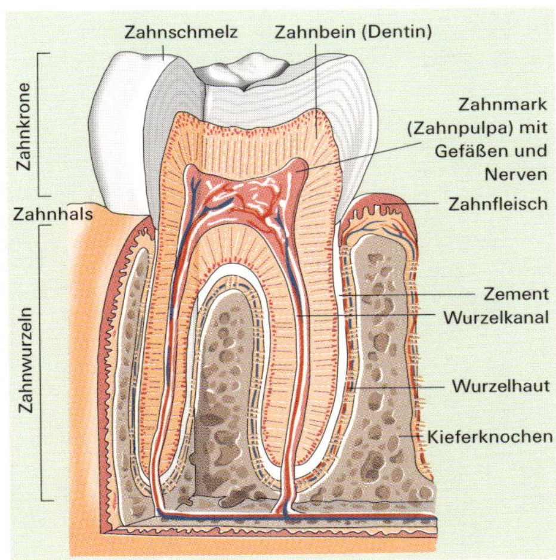

Die Zeichnung zeigt am Beispiel eines Backenzahns den Bau und die Verankerung der menschlichen **Zähne**

■ **Zähne,** harte Gebilde in der Mundhöhle der meisten Wirbeltiere, die man in der Gesamtheit als →Gebiss bezeichnet. In ihrer Form entsprechen sie ihrer Aufgabe, z. B. Reißzähne bei den Raubtieren oder Nagezähne bei Nagetieren. Beim Menschen unterscheidet man nach Form und Aufgabe Schneide-, Eck- und Mahlzähne (Backenzähne). Äußerlich gliedern sich die Zähne in Zahnkrone, Zahnhals und Zahnwurzel.

■ **Zahnrad,** ein Rad, dessen Umfang gleichmäßig mit Zähnen versehen ist, die in die entsprechend geformten Zähne eines zweiten Zahnrades oder einer Zahnstange eingreifen. Mit Zahnrädern werden Kräfte und Bewegungen von einer Welle auf eine andere übertragen.

■ **Zahnradbahn,** eine Bergbahn zur Personenbeförderung für Steigungen im Gelände bis etwa 25%. Unter der Lokomotive, die meist auf der Talseite der Wagen fährt, befindet sich ein elektrisch angetriebenes Zahnrad. Während der Fahrt greift es in die Zahnstange ein, die zwischen den Schienen verlegt ist, und bewirkt so die Fortbewegung.

■ **Zahnwale** →Wale.

■ **Zaire** [sair^{e}] →Kongo (Demokratische Republik).

■ **Zambos** →Mischlinge.

■ **Zander** (Schill), ein gefräßiger, schnellwüchsiger Raubfisch, meist 40–50 cm lang, mit zwei Rückenflossen. Der Kopf ist relativ klein, die Ober- und Körperseiten sind graugrün bis bleigrau mit dunklen Querbinden. Der Zander, ein geschätzter Speisefisch, lebt in Süß- und Brackgewässern Europas.

■ **Zar** [slawisch] *der,* ehemaliger Herrschertitel bei Bulgaren, Serben und Russen. **Zarewitsch** war der Titel für den russischen Kronprinzen.

Zahl: die großen Zahlen

1	eins	10^{0}
10	zehn	10^{1}
100	hundert	10^{2}
1 000	tausend	10^{3}
10 000	zehntausend	10^{4}
100 000	hunderttausend	10^{5}
1 000 000	eine Million	10^{6}
10 000 000	zehn Millionen	10^{7}
100 000 000	hundert Millionen	10^{8}
1 000 000 000	eine Milliarde	10^{9}
10 000 000 000	zehn Milliarden	10^{10}
100 000 000 000	hundert Milliarden	10^{11}
1 000 000 000 000	eine Billion	10^{12}
10 000 000 000 000	zehn Billionen	10^{13}
100 000 000 000 000	hundert Billionen	10^{14}
1 000 000 000 000 000	eine Billiarde	10^{15}
10 000 000 000 000 000	zehn Billarden	10^{16}
100 000 000 000 000 000	hundert Billiarden	10^{17}
1 000 000 000 000 000 000	eine Trillion	10^{18}
(ein)tausend Trillionen	eine Trilliarde	10^{21}
1 Million Trillionen	eine Quadrillion	10^{24}
1 Million Quadrillionen	eine Quintillion	10^{30}
1 Million Quintillionen	eine Sextillion	10^{36}
1 Million Sextillionen	eine Septillion	10^{42}
1 Million Septillionen	eine Oktillion	10^{48}
1 Million Oktillionen	eine Nonillion	10^{54}
10 000 Septillionen Nonillionen	eine Googol	10^{100}

Wie viele Nullen die Zahl Tausend oder die Million hat, weiß man. Aber die Billiarde? Die Tabelle gibt einen Überblick. Rechts ist die wissenschaftliche Potenzschreibweise angegeben, bei der die hochgestellte Zahl die Anzahl der Nullen angibt, die nach der 1 folgen.

■ **Zaragoza** →Saragossa.

■ **Zarathustra** (Zoroaster), persischer Prophet und Religionsstifter, der vermutlich von etwa 628 v. Chr. bis 552 v. Chr. lebte, Begründer des Parsismus. Er lehrte, dass zwei entgegengesetzte Mächte um die Welt und den Menschen ringen: der gute Gott Ahura Masda (später Ormuzd genannt) und der böse Geist Angra Mainyu. Der Mensch muss sich zwischen beiden entscheiden. Nach einem großen Endkampf wird alles Böse vernichtet werden.

■ **Zäsium** →Cäsium.

■ **Zäsur** [lat.] *die,* Einschnitt, Unterbrechung, besonders im Vers oder in einem Musikstück.

■ **Zauber,** im Volksglauben geheimnisvolle Zeichen (z. B. ein →Amulett) oder magische Handlungen (→Magie), durch die Dämonen vertrieben oder gute Geister angelockt werden sollen. Durch einen Zauber sucht man auch auf andere Menschen einzuwirken (z. B. Liebeszauber) oder z. B. Ernte und Jagd zu beeinflussen (Wetter- und Jagdzauber).

■ **Zaunkönig,** eine Familie der Singvögel in Amerika und Eurasien. Der heimische **Europäische Zaunkönig** ist bis 10 cm lang. Sein Gefieder ist braun mit heller Zeichnung. Das Männchen baut vor allem in Hecken oder Baumstümpfen mehrere kugelförmige Nester mit seitlichem Einschlupf. In einem brütet das Weibchen, die anderen dienen als Schlafnester.

■ **ZDF,** Abkürzung für Zweites Deutsches Fernsehen, durch Staatsvertrag gegründete öffentlich-rechtliche Fernsehanstalt mit Sitz in Mainz, die seit 1963 Programme ausstrahlt. – auch →Fernsehen.

■ **Zebaoth** [hebräisch, = (Herr der) Heerscharen], im Alten Testament eine alte Bezeichnung Jahwes, des Gottes Israels.

■ **Zebras** [afrikanisch], zur Familie der Pferdeartigen gehörende Unpaarhufer, von denen die drei Arten (Berg-, Grévy- und Steppenzebra) nur in der afrikanischen Savanne südlich der Sahara vorkommen. Die in Herden lebenden Zebras haben ein Fell mit dunkler bis schwarzer Querstreifung auf weißem bis bräunlichen Grund (daher auch Tigerpferde genannt); die Nackenmähne ist steif aufgerichtet, die Ohren sind eselartig lang.

■ **Zebu** [tibetisch] *der* oder *das* (Buckelochse), ein Hausrind in Südasien und großen Teilen Afrikas. In Indien dient der Zebu als Zug- und Reittier, in Afrika zusätzlich als Fleisch- und Milchtier. Er trägt meist einen buckelartigen Schulterhöcker und hat eine starke, vom Hals herabhängende Hautfalte.

■ **Zecken,** eine Gruppe Blut saugender Milben, u. a. der **Holzbock.** Zecken leben am Boden in Grä-

Zebras

Das auffällige Streifenmuster der Zebras dient als Tarnung. Wenn Zebras, die in Herden leben, dicht beisammen stehen oder laufen, ist es infolge der optisch verwirrenden Schraffierung schwer, die Umrisse eines einzelnen Tieres auszumachen. So können Raubtiere in der Herde kein bestimmtes Einzelopfer anvisieren. Vor ihren Augen schillern eine unübersichtliche Anzahl schwarzweißer Streifen in allen Schattierungen.

sern und Kräutern sowie in niedrigen Büschen. Von ihrem Geruchssinn geleitet, klammern sie sich an vorbeistreichenden Tieren und Menschen fest und saugen mittels ihres Stechrüssels Blut. Dabei schwillt der Hinterleib bis zur Größe einer Erbse an. Durch den Biss der Zecken können auf Menschen und Haustiere gefährliche Krankheiten übertragen werden, vor allem die Frühjahrs- und Sommerenzephalitis (Hirnhautentzündung) und die Borreliose, eine durch Bakterien hervorgerufene Krankheit, die Nervensystem, Gelenke und Haut befällt (→Lyme-Borreliose). – Infokasten S. 385

Der **Zebu**, hier mit abgebrochenen Hörnern, ist ein domestizierter Verwandter des Auerochsen

■ **Zeder** [griech.], eine Gattung der Kieferngewächse mit vier Arten in Nordafrika und Vorderasien. Im Bau und in der Anordnung der Nadeln ähneln die Zedern der Lärche, doch werfen sie die Nadeln nicht ab. Als Zier- und Parkbäume angepflanzt, wachsen die Libanon- und die Himalajazedern zu stattlichen Bäumen mit ausladender Krone heran und erreichen ein hohes Alter.

■ **Zehn Gebote** (griechisch Dekalog), die im Alten Testament überlieferten Gebote, die Gott dem Volk Israel durch Moses gab.

■ **Zehnkampf,** leichtathletischer Mehrkampf für Männer, mit zehn Übungen an zwei aufeinander folgenden Tagen. Am ersten Tag werden nacheinander ausgetragen: 100-m-Lauf, Weitsprung, Kugelstoßen, Hochsprung und 400-m-Lauf; am zweiten Tag: 110-m-Hürdenlauf, Diskuswerfen, Stabhochsprung, Speerwerfen und 1500-m-Lauf.

■ **Zehnt,** seit dem 5. Jahrh. die Abgabe des zehnten Teils der landwirtschaftlichen Erträge an die Kirche zum Unterhalt des Klerus. Nach 818/819 erhielten zum Teil auch weltliche Grundherren den Zehnten, der unter 10% des Gesamtertrages erreichte. Im 18. und 19. Jahrh. wurde der Zehnt abgeschafft bzw. durch andere Formen der Abgabe ersetzt.

■ **Zeichensetzung** (Interpunktion), die Anwendung von →Satzzeichen nach bestimmten Regeln, um einen Text in Sinnabschnitte zu gliedern.

■ **Zeichentrickfilm** →Film.

■ **Zeichnung,** bildliche Darstellung, die vor allem an die (gezeichnete) Linie gebunden ist, im Gegensatz zur Malerei, wo Fläche und Farbe dominieren. Als Zeichenfläche dient heute meist Papier. Nach dem Zeichenmittel unterscheidet man Bleistift- (eigentlich Graphitstift-), Silberstift-, Kohle-, Kreide-, Rötel- (mit Roteisenstein getönter Ton oder getönte Kreide) und Federzeichnung. Bei der Arbeit mit Pastell (→Pastellmalerei) und mit dem Pinsel ist der Übergang zur Malerei fließend; bei lavierten Zeichnungen (mit Wasserfarben farbig »ergänzt«) und bei gehöhten Zeichnungen (mit weißer Farbe sind Stellen hervorgehoben) wird die Nähe zur Malerei deutlich.

Zeichnungen sind oft Vorarbeiten (Studien, Entwürfe, Vorzeichnungen, Skizzen) für Werke anderer Gattungen (Gemälde, Skulptur, Architektur).

Bis ins Mittelalter dienten Zeichnungen als künstlerisches Hilfsmittel (z. B. für Buchillustrationen),

Wenn der kleine **Zaunkönig** Grund zur Aufregung hat, stellt er seinen Schwanz steil auf

Zecken gehören zu den zähen Lebewesen: wenn sie keinen Wirt zum Blutsaugen finden, können sie ohne weiteres ein gutes Jahr hungern

entwickelten sich aber seit der Frührenaissance (z. B. für das Natur- und Perspektivstudium) auch zur eigenständigen Kunstform. Handzeichnungen zählt man zur →Grafik.

Die Zeichnung ist die älteste Kunstausübung überhaupt. Gezeichnete und eingeritzte Darstellungen (z. B. Feld- und Höhlenzeichnungen) waren seit der Altsteinzeit Vorstufe der Malerei.

Zeisige beim Flirten?; sei es wie es sei – bei den hier abgebildeten Birkenzeisigen ist es Brauch, dass das Männchen mit der roten Kopfplatte das Weibchen füttert

■ **Zeisige,** zusammenfassende Bezeichnung für mehrere Arten (aus unterschiedlichen Gattungen) der Finkenvögel in Eurasien sowie in Nord- und Südamerika. Es sind kleine, häufig in Schwärmen umherziehende Singvögel. In Mitteleuropa lebt neben dem **Birkenzeisig,** 13 cm lang, oberseits bräunlich, mit roter Kopfplatte, vor allem der **Erlenzeisig.** Er ist 11 cm lang, das Männchen oberseits vorwiegend grünlich mit schwarzem Scheitel, unterseits gelb und weiß, mit schwarzem Kehlfleck.

■ **Zeit,** physikalischer Grundbegriff, der zur Charakterisierung des Nacheinanders verschiedener Vorgänge dient, die in Zeit und Raum ablaufen. Die Zeitmessung ist aus der Astronomie hervorgegangen und später durch die Entwicklung der →Uhr verbessert worden.

Die wichtigsten **Zeiteinheiten** wurden der durch die Dauer einer ganzen Umdrehung der Erde um ihre Achse festgelegte Tag und das durch einen Umlauf der Erde um die Sonne festgelegte Jahr. Der Tag wurde in 24 Stunden, die Stunde in 60 Minuten, die Minute in 60 Sekunden unterteilt.

Die Lehre von der Zeit ist die Chronologie. Jeder Ort auf der Erde hat seine bestimmte Ortszeit. Deshalb wurde die Erde in 24 Zeitzonen eingeteilt (→Weltzeit). – auch →Kalender.

■ **Zeitgeschichte,** die geschichtliche Epoche, die der Gegenwart unmittelbar vorangeht, die »jüngste Phase der Neuzeit«. In Deutschland versteht man darunter im Allgemeinen die Geschichte seit dem Eintritt der USA in den Ersten Weltkrieg und der russischen Oktoberrevolution 1917.

■ **Zeitlupe** (Zeitdehnung), ein Aufnahmeverfahren, mit dem schnell ablaufende Vorgänge, z. B. ein scharfer Schuss in einem Fußballspiel, mit hoher Bildzahl je Sekunde aufgenommen werden. Beim Abspielen läuft der Film jedoch mit der normalen Geschwindigkeit ab, sodass der in Wirklichkeit kurze Vorgang zeitlich gedehnt erscheint.

■ **Zeitraffer,** ein Aufnahmeverfahren zum Sichtbarmachen besonders langsam ablaufender Vorgänge, z. B. Pflanzenwachstum. Eine mit einer Schaltuhr versehene Filmkamera nimmt in regelmäßigen Abständen jeweils nur ein Bild auf. Lässt man den Film mit normaler Geschwindigkeit ablaufen, erscheint der Vorgang zeitlich stark gerafft.

■ **Zeitrechnung,** die Zählung der Jahre und Jahrhunderte von einem bestimmten historischen

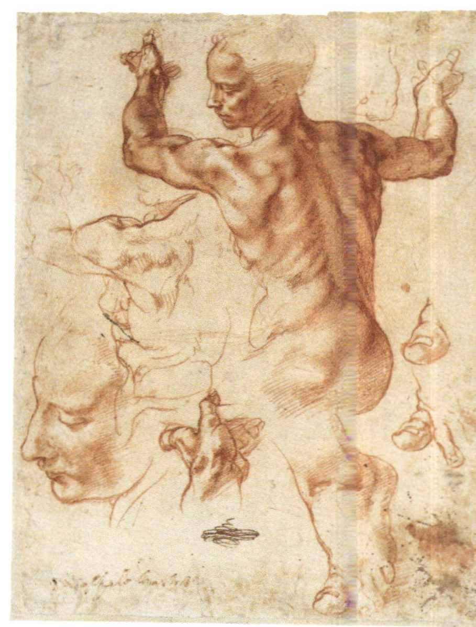

Wie viele großen Künstler – im 20. Jahrhundert zum Beispiel Picasso – hinterließ Leonardo da Vinci eine Unmenge von **Zeichnungen,** die als Studienblätter dem Entwurf bestimmter Werke dienten; diese Rötelzeichnung zeigt die detailreiche Studie für eine Skulptur

Zeitung

Erste Wochenzeitungen gab es in Deutschland schon vor 1609 in Straßburg (»Straßburger Relation«) und in Wolfenbüttel (»Aviso«), in Frankreich und England 1620 und in Italien 1636. Als erste Tageszeitung erschien 1650 die »Einkommende Zeitung« in Leipzig. Die frühen Zeitungen umfassten nicht mehr als vier bis acht Seiten bei einer Auflage von etwa 300–400 Exemplaren. Bis zum 18. Jahrh. enthielten sie fast nur politisch-militärische Meldungen, erst später kamen ein Lokal- und Feuilletonteil und Ende des 19. Jahrh. ein Wirtschafts- und ein Sportteil dazu. Heute stellen viele Tageszeitungen ihre Informationen zusätzlich online zur Verfügung.

Zeitpunkt an. So wird z. B. im jüdischen Kalender der Beginn der Zeitrechnung auf das Jahr 3761 v. Chr. datiert (laut biblischer Tradition die Erschaffung der Welt), während die islamische Zeitrechnung mit Mohammeds Auswanderung nach Medina am 15./16. Juli 622 beginnt. – auch →Kalender.

■ **Zeitung,** Druckerzeugnis, das einen breiten Leserkreis in regelmäßiger Folge über allgemeine Tagesfragen unterrichtet und diese mit Kommentaren versieht (in Leitartikeln, Reportagen, Berichten, Kritiken u. a.). Der Vielseitigkeit des Inhalts entsprechen in der Zeitungsredaktion zahlreiche Ressorts: Politik, Wirtschaft, Kultur und Unterhaltung (Feuilleton), Lokales (Nachrichten aus der Stadt, in der die Zeitung erscheint, und aus der näheren Umgebung) und Sport. Zeitungen sind nach Stil, Aufmachung und Umfang sehr verschieden; so gibt es z. B. die überregionale politische Zeitung, die kleinere Heimatzeitung und das in großen Auflagen erscheinende, billige Massenblatt, das vor allem Sensationsnachrichten, Klatsch und vereinfachende Stellungnahmen zu schwierigen Sachverhalten bietet. – auch →Massenmedien, →Journalismus.

■ **Zeitwort** →Verb.

■ **Zellbiologie** →Molekularbiologie.

■ **Zelle** [lat. cella, = kleiner Wohnraum] *die,* die kleinste lebensfähige Grundeinheit aller Lebewesen. Während →Einzeller nur aus einer Zelle bestehen, ist der Körper von Vielzellern aus vielen unterschiedlichen Zellen aufgebaut. In ihnen findet der Auf- und Abbau von Proteinen, Fetten, Kohlenhydraten und anderen Stoffen statt. In speziellen Zellen kann die in den Stoffen gespeicherte chemische Energie in andere Energieformen umgewandelt werden, z. B. in Bewegungsenergie bei Muskelzellen oder in elektrische Energie bei Sinnes- und Nervenzellen.

Mit Ausnahme der Zellen der →Prokaryonten besteht eine Zelle aus einem von einer **Zellmembran** umschlossenen flüssigkeitsgefüllten Raum, dem **Protoplasma.** Dieses gliedert sich in das **Zellplasma (Zytoplasma)** und einen **Zellkern.** Dieser ist von einer Doppelmembran **(Kernmembran)** umgeben und enthält die Erbinformation in Form von mehreren Molekülen der →Desoxyribonukleinsäure (DNS), die in das **Kernplasma** eingebettet sind. Meistens ist die DNS unter einem starken Lichtmikroskop spiralisiert und verknäult als →Chromosomen sichtbar. Durch die Poren der Kernmembran gelangen Ribonukleinsäuremoleküle, die nach einem Umschreibeprozess **(Transkription)** an einem Chromosomenabschnitt (Gen) entstanden sind, als Erbinformationsüberträger ins Zellplasma zu den nukleinsäurehaltigen **Ribosomen,** den Orten der Proteinbiosynthese. Hier werden den Ribonukleinsäureeinheiten (Nukleotiden) bestimmten Aminosäuren zugeordnet **(Translation)** und aus diesen die Proteine zusammengesetzt. So entstehen z. B. die Enzyme, die in den gesamten Stoffwechsel der Zelle regulierend eingreifen.

Das Zellplasma enthält in der wässrigen Grundsubstanz neben gelösten Stoffen (Salze, Proteine, Aminosäuren, Kohlenhydrate u. a.) auch membranumschlossene Strukturen mit speziellen Aufgaben, die **Zellorganellen.** Sie können von zwei Membranen (Doppelmembran) oder nur von einer Membran umgeben sein. Von einer Doppelmembran umgeben ist der Zellkern, die **Mitochondrien,** die für die Energiebereitstellung durch Zellatmung (→Atmung) verantwortlich sind, und die nur in Pflanzenzellen vorkommenden **Plastiden.** Enthalten Plastiden den grünen Farbstoff Chlorophyll, werden sie **Chloroplasten** genannt und sind zur →Photo-

Zecken

Wer eine Zecke an sich, jemand anderem oder einem Haustier entdeckt, darf sie keinesfalls einfach herausziehen, weil sonst der Vorderleib abreißt und in der Haut stecken bleibt. Die Zecke muss – am besten mit einer Zeckenzange – vorsichtig herausgedreht werden. Auf keinen Fall darf man die Zecke vor dem Herausdrehen mit Öl bestreichen, da sie dann erst recht mögliche Erreger ins Blut abgibt.

synthese befähigt. Nur eine einfache Membran haben z. B. das weit verzweigte Kanalsystem des **endoplasmatischen Retikulums** (Abkürzung ER), das den Transport von Proteinen durch die Zelle übernimmt, der mit dem ER verbundene **Golgi-Apparat,** der sekretgefüllte Bläschen (Vesikel) abschnürt und somit die Abgabe von Hormonen u. a. aus der Zelle einleitet, oder die für die Verdauung notwendigen **Lysosomen.**

Pflanzen besitzen im Gegensatz zu tierischen Zellen eine **Zellwand** aus Zellulose, die der Zellmembran aufliegt, und eine als Speicherorgan dienende, mit Zellsaft gefüllte **Vakuole.** Diese übt durch den Prozess der →Osmose Druck auf die Zellwand aus und trägt so zur Stabilität des Pflanzenkörpers bei. Zellen vermehren sich durch →Zellteilung.

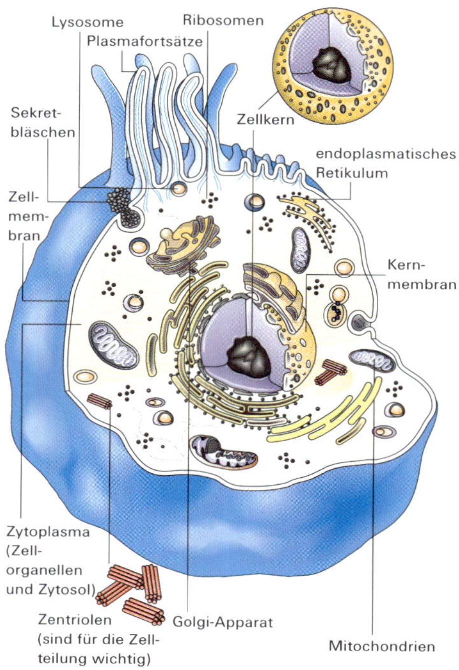

Grundaufbau einer **Zelle**

■ **Zellenlehre** →Zytologie.

■ **Zellstoff** →Zellulose.

■ **Zellteilung,** die mit einer **Kernteilung** verbundene, Tochterzellen erzeugende Querteilung von →Zellen. Für die Vermehrung einzelliger Organismen und den Aufbau vielzelliger Organismen aus einer Spore oder aus einer Zygote findet die Zellteilung ohne Verminderung der Chromosomenanzahl im Zellkern statt **(Mitose)**: Zellen mit einem einfachen Chromosomensatz (haploide Zelle) erzeugen wieder haploide, Zellen mit doppeltem Chromosomensatz (diploide Zellen) wieder diploide Zellen. Dies erfordert eine Verdoppelung (identische Reduplikation) der Chromosomen in der Phase vor der Mitose.

Für die Bildung von Geschlechtszellen (Samen- und Eizelle) findet die Zellteilung unter Halbierung der Chromosomenzahl statt; in der Regel werden aus diploiden Körperzellen haploide Geschlechtszellen **(Meiose, Reduktionsteilung, Reifeteilung),** damit nach der Verschmelzung der Geschlechtszellen im Zuge der Befruchtung wieder die ursprüngliche Chromosomenzahl vorliegt.

■ **Zelluloid** [lat.-griech.] (Celluloid, Zellhorn) *das,* ein glasartige, feste Lösung von →Nitrozellulose in →Kampfer. Der feste, elastische Stoff wird bei 80 °C verformbar und kann so (zumal er auch beliebig färbbar ist) durch Pressen, Ziehen oder Blasen zu allen möglichen Gegenständen (Kämme, Spielzeug) verarbeitet werden. Filme werden heute nicht mehr aus dem leicht entflammbaren Zelluloid hergestellt.

■ **Zellulose** [neulateinisch] (Cellulose) *die,* zu den →Kohlenhydraten gehörender Stoff, der im Wesentlichen das Gerüst der Zellwände von Pflanzen bildet. Während Baumwolle aus fast reiner Zellulose besteht, muss die Zellulose aus Holz oder Stroh durch besondere chemische Verfahren gewonnen werden, bei denen die anderen Stoffe entfernt werden. Das Halbfabrikat wird **Zellstoff** genannt und dient zur Herstellung von Papier, Zellwolle, Vliesstoffen sowie chemisch abgewandelt für die Herstellung von Kunstseide und Sprengstoffen (→Nitrozellulose). Um das Abholzen der Wälder einzuschränken, ist man bemüht, Zellulose aus Abfallpapier wiederzugewinnen.

■ **Zellwolle,** besondere Form der aus →Zellulose gewonnenen Chemiespinnfasern. Zellwolle wird oft zusammen mit Schaf- und Baumwolle versponnen.

■ **Zement** [lat.] *der,* ein mehlförmiger Baustoff, der aus Kalkstein, Ton, Aluminiumoxiden, Eisenoxiden und Hochofenschlacke durch Brennen und Mahlen hergestellt wird. Portlandzement enthält z. B. ungefähr 58–60 % Calciumoxid, 18–20 % Siliciumoxid, 4–12 % Aluminiumoxid und 2–5 % Eisenoxid. Mit Sand und Wasser vermischt, erhält man den Zementmörtel, der durch Wasseraufnahme erhärtet. Er wird im Gegensatz zu Kalkmörtel, der zum Abbinden Kohlendioxid benötigt, auch ohne Gegenwart von Luft hart.

■ **Zenit** [arabisch] *der* (Scheitelpunkt), der genau

senkrecht über dem Beobachtungsort gelegene höchste Punkt am →Himmel. Er ist somit genau 90 Winkelgrade vom Horizont entfernt. Der dem Zenit gegenüberliegende Punkt unterhalb des Horizontes heißt **Nadir**.

■ **Zensur** [lat.] *die,* **1)** *Schule:* die Note, mit der eine Leistung bewertet wird, wobei Zahlen die Grundlage des Bewertungssystems bilden. Der Umfang der Notenskala ist in den einzelnen Ländern unterschiedlich (z. B. Deutschland: 1 bis 6; Niederlande: 1 bis 10; Frankreich: 0 bis 20).
Die Zensurengebung ist in einigen Bundesländern in der Grundschule (1.–3. Jahr) durch Umschreibung der Fähigkeiten und in der gymnasialen Oberstufe durch Punktewertung (0 bis 15) abgelöst worden.
2) *Publizistik:* die Aufsicht, die staatliche Behörden oder von ihr ermächtigte Institutionen über Bücher, Zeitungen und Zeitschriften, Filme oder Theaterstücke ausüben, verbunden mit der Macht, deren Erscheinen (Aufführung) zu verhindern oder den Wortlaut zu verändern (Vorzensur) oder sie nach Erscheinen (Aufführung) einzuziehen oder zu verbieten (Nachzensur). In freiheitlich-demokratischen Staaten ist die Zensur abgeschafft; so steht im Grundgesetz der Bundesrepublik Deutschland (Artikel 5): »Eine Zensur findet nicht statt«. – auch →Pressefreiheit.

■ **Zentauren** [griech.] (Kentauren), Fabelwesen der griechischen Mythologie, halb Mensch, halb Tier. Sie haben einen männlichen Oberkörper mit Kopf und Armen und einen Pferdeleib mit Pferdebeinen.

■ **Zentner** [lat.] *der,* alte, gesetzlich nicht mehr zulässige Masseneinheit:
1 Zentner = 50 kg;
1 Doppelzentner (Einheitenzeichen: dz) = 100 kg.

■ **Zentralafrikanische Republik,** Staat in Innerafrika. Der größte Teil des Landes ist mit Feuchtsavanne bedeckt; im Süden und an den Flüssen wachsen tropische Wälder. Haupterwerbszweig der Bevölkerung (überwiegend Sudanvölker, Anhänger traditioneller Naturreligionen) ist die Landwirtschaft. Ausfuhrgüter sind Kaffee, Diamanten, Holz, Baumwolle und Tabak.
Geschichte: Das Land war ab dem Ende des 19. Jahrh. unter dem Namen **Ubangi-Schari** französische Kolonie. 1960 wurde es eine unabhängige Republik, 1976–79 war es ein Kaiserreich, seitdem ist es wieder Republik.

■ **Zentralamerika,** der festländische Teil →Mittelamerikas, der sich als Festlandbrücke zwischen Nord- und Südamerika vom Isthmus von Tehuantepec in Südmexiko bis zum Westrand Venezuelas erstreckt. Im engeren Sinne werden nur die Staaten Guatemala, Belize, El Salvador, Honduras, Nicaragua, Costa Rica und Panama zu Zentralamerika gezählt.
Kennzeichnend für Zentralamerika ist ein kleinräumiger Wechsel von Oberflächengestalt, Vegetation und Böden. Die Gebirgszüge der Kordilleren werden von Küstentiefländern umrahmt. Besonders landschaftsprägend erweist sich die von Guatemala bis Costa Rica reichende Vulkanachse im pazifischen Bereich. Häufige Erdbeben und Vulkanausbrüche verursachen hier oft Zerstörungen von Siedlungen und Agrarland. Die höchsten Berge sind die Vulkane Tajumulco (4 210 m) und Tacaná (4 064 m).
In Zentralamerika überwiegt die indianisch-weiße Mischbevölkerung (Mestizen), der die verschiedenen Gruppen der Ureinwohner (Indianer), der zugewanderten Schwarzen, Asiaten und Europäer gegenüberstehen. Nur in Costa Rica gibt es eine mehrheitlich weiße Bevölkerung. Schwarze und Mischlinge bestimmen weitgehend das Bevölkerungsbild der karibischen Küstenstaaten.

■ **Zentralbank** →Notenbank.

■ **Zentralbau,** Bauwerk mit annähernd gleichen Hauptachsen, dessen Teilräume um einen beherrschenden mittleren Raum angeordnet sind. Die Bezeichnung wird auch für größere Achteck- und Rundbauten verwendet, die keine Teilräume besitzen. Als Grundrissfiguren des Hauptraums kommen Kreis, Quadrat oder gleichmäßige Vielecke,

Zentralafrikanische Republik
Fläche 622 984 km²
Einwohner 3,489 Mio.
Hauptstadt Bangui
Amtssprache Französisch; nationale Verkehrssprache: Sango
Nationalfeiertag 13. 8. und 1. 12.
Währung 1 CFA-Franc = 100 Centimes
Zeitzone MEZ

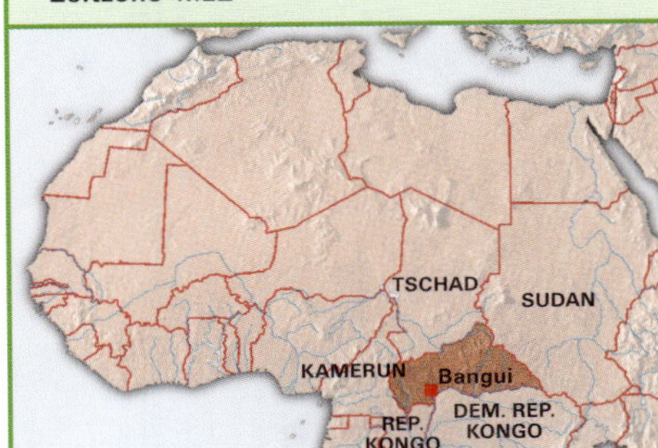

Zentralafrikanische Republik

Flagge

Wappen

seltener Ellipsen sowie einige komplizierte Formen, z. B. Kreuzkuppelbauten, vor. Der Zentralbau ist meistens durch eine Kuppel überwölbt.

■ **Zentralismus** [lat.] *der,* in Staaten oder gesellschaftlichen Verbänden der Grundsatz, nur eine oder wenige Stellen mit Entscheidungen zu betrauen; besonders das Bestreben, die Selbstständigkeit von Gliedstaaten (Ländern) zugunsten einer zentralen Staatslenkung einzuschränken (im Gegensatz zum →Föderalismus).

■ **Zentralkomitee,** Abkürzung ZK, in kommunistischen Parteien das höchste Organ.

■ **Zentralnervensystem,** Abkürzung **ZNS**, aus Gehirn und Rückenmark bestehender Teil des Nervensystems (bei Wirbeltieren einschließlich Mensch).

■ **Zentrifugalkraft** (Fliehkraft), eine auf der Erscheinung der →Trägheit beruhende Kraft, die der Richtungsänderung eines bewegten Körpers entgegenwirkt (z. B. bei der Drehbewegung). Die Zentrifugalkraft ist dem Betrag nach gleich der **Zentripetalkraft,** die den Körper auf seiner Bahn hält, jedoch dieser genau entgegengesetzt. Für die Größe *Z* der Zentrifugal- und Zentripetalkraft gilt die Beziehung:

$$Z = \frac{m \cdot v^2}{r} = m r \omega^2,$$

wobei *m* die Masse des bewegten Körpers, *v* die Bahngeschwindigkeit, *r* der Abstand des bewegten Körpers vom Mittelpunkt der Bahn und *ω* die Winkelgeschwindigkeit ist.

■ **Zentrifuge** [lat.] *die* (Trennschleuder), eine auf der Erscheinung der →Zentrifugalkraft beruhende Vorrichtung zur Trennung von Stoffgemischen, deren Bestandteile verschiedene spezifische Gewichte besitzen. Das Gemisch wird in einen Behälter gegeben, der sich mit hoher Geschwindigkeit dreht. Da die Größe der Zentrifugalkraft von der Masse abhängig ist, sammeln sich die spezifisch schweren Bestandteile des Gemischs am Rande, die spezifisch leichteren in der Mitte des Behälters. Zentrifugen werden u. a. zur Trennung des Rahms von der Milch (Milchzentrifuge) und zur Wäschetrocknung (Wäscheschleuder) verwendet.

■ **Zentripetalkraft** →Zentrifugalkraft.

■ **Zentrum** [lat.] *das,* **1)** *allgemein:* Mitte, Mittelpunkt; auch: Innenstadt.

2) *Politik:* seit der Mitte des 19. Jahrh. Bezeichnung für die Abgeordneten und politischen Kräfte, die im Parlament die Plätze zwischen der Rechten und der Linken einnehmen und eine mittlere politische Linie vertreten. Durch den Zusammenschluss katholischer Abgeordneter im preußischen Landtag und im Reichstag entstand 1870/71 die **Deutsche Zentrumspartei,** die sich zum Kern der Opposition der katholischen Minderheit gegen die kleindeutsch-preußische Staatsstruktur entwickelte, jedoch nach 1890 eine parlamentarische Schlüsselstellung erlangte. In der Weimarer Republik bis 1932 in allen Reichsregierungen vertreten, stellte das Zentrum mehrere Reichskanzler (zuletzt Brüning). 1933 zwangsweise selbstaufgelöst, hatte die Neugründung 1945 nur regionale Erfolge.

■ **Zenturie** […ri^e; lat., = Hundertschaft] *die,* die kleinste Einheit im römischen Heer mit 100, später meist 80 Mann unter Führung eines **Zenturios**. Zwei Zenturien machten eine Manipel, 60 eine →Legion aus.

■ **Zeolithe** [griech.], wasserhaltige Silikatminerale, die heute auch künstlich hergestellt werden. Zeolithe können in Hohlräumen Metallionen einlagern. In der Natur haben die Zeolithe durch ihr Adsorptionsvermögen für Kalium- und Ammoniumsalze (Düngemittel) ebenso eine große Bedeutung wie in der Industrie als Ionenaustauscher und in Waschmitteln als Wasserenthärter.

■ **Zeppelin,** Name der nach Ferdinand Graf von Zeppelin (1838–1917) benannten →Luftschiffe.

Das **Zepter** geht auf ein uraltes indogermanisches und orientalisches Brauchtum zurück; auf dem hier abgebildeten Mosaik aus dem 12. Jahrhundert gehört das Zeichen der Herrscherwürde dem keltischen König Artus, der mit seinen Rittern im Mittelpunkt einer berühmten Sage steht

■ **Zepter** [griech.] *das,* Herrscherstab, zu den Krönungsinsignien gehörendes sinnbildliches Zeichen der Macht und Würde, vor allem bei Kaisern und Königen.

■ **Zerberus** (Kerberos), in der griechischen Mythologie der dreiköpfige Höllenhund, der den Eingang zur Unterwelt bewacht. Er lässt jeden hinein, aber niemanden wieder hinaus.

■ **zerebral** [lat.], das Gehirn betreffend.

■ **Zeremonie** [auch: ...moniᵉ; lat.] *die,* feierliche, meist durch Überlieferungen geregelte Handlung. Das **Zeremoniell** ist die Gesamtheit der Vorschriften, die bei höfischen, staatlichen oder kirchlichen Feierlichkeiten zu beachten sind.

■ **Zerfall** →Radioaktivität.

■ **Zeuge,** Person, die in einem gerichtlichen (nicht sie selber betreffenden) Verfahren zur Aufklärung des Sachverhalts vernommen wird. Der Zeuge hat die Pflicht, auf Vorladung hin zu erscheinen und wahrheitsgemäße Aussagen zu machen **(Zeugnispflicht),** gegebenenfalls unter Eid. Jedoch haben Verwandte, Ehegatten und Verlobte des Angeklagten sowie Personen, die durch ihren Beruf zur Geheimhaltung bestimmter Tatsachen verpflichtet sind (z. B. Geistliche und Ärzte) das Recht, die Aussage zu verweigern **(Zeugnisverweigerungsrecht).** Auch wer sich selbst schaden würde, darf die Aussage verweigern.
Als Zeuge bezeichnet man auch die Person, die bei bestimmten Rechtshandlungen anwesend sein muss, wenn diese gültig sein sollen, z. B. Trauzeuge.

■ **Zeugen Jehovas,** 1874 von dem Amerikaner Charles Taze Russell (1852–1916) gegründete religiöse Gemeinschaft, die sich auf die Bibel stützt und diese in ihrem Sinn auslegt. Die Zeugen Jehovas glauben, dass das Ende der gegenwärtigen, alten Welt bereits begonnen habe. In der kommenden »Schlacht von Harmagedon«, dem biblischen Entscheidungskampf der Endzeit, werde Jehova (Gott) alle Feinde vernichten, die Zeugen Jehovas jedoch als auserwählte Gemeinde erretten. Als Aufnahmeritus in ihre Gemeinschaft vollziehen die Zeugen Jehovas die Erwachsenentaufe. Sie betreiben eine rege Missionstätigkeit, u. a. mit ihrer Zeitschrift »Der Wachtturm«. Während der Zeit des Nationalsozialismus wurden sie verfolgt.

■ **Zeughaus,** Gebäude in Residenzstädten des 18. und 19. Jahrh., in dem Waffen und andere Ausrüstungsgegenstände aufbewahrt wurden.

■ **Zeugnis,** Beurkundung des Leistungsstandes eines Schülers aufgrund der Beurteilung durch die Lehrkräfte; auch die bei Beendigung eines Dienst- oder Arbeitsverhältnisses vom Arbeitgeber dem Arbeitnehmer auszustellende schriftliche Bescheinigung über Art und Dauer der Beschäftigung sowie, auf Verlangen des Arbeitnehmers, auch über seine Führung und Leistung.

■ **Zeus,** in der griechischen Mythologie der höchste Gott (»Göttervater«), Sohn des Titanen Kronos und Gemahl der Hera. Zeus ist der Gott des Donners und des Blitzes; er gilt als Hüter des Rechts, als Schützer von Haus und Familie, von Freundschaft und Gastrecht.

■ **Ziegen,** mit den Schafen eng verwandte kleinere paarhufige Wiederkäuer. Die männlichen Tiere der vier wild lebenden Arten tragen meist mächtige, kantige Hörner, die weiblichen Tiere (Geißen) sind meist hornlos. In Südeuropa werden verschiedene Rassen der Hausziege wegen der Milch, des Fleisches und des Fells in Herden gehalten.

■ **Ziegenpeter** →Mumps.

■ **Ziehharmonika** →Akkordeon.

■ **Ziffern** [arabisch], Zeichen zur schriftlichen Darstellung von Zahlen. Heute sind die zehn arabischen Ziffern des Dezimalsystems allgemein üblich. Sie wurden von den Indern erfunden und kamen im 12. Jahrh. über die Araber nach Europa. In Deutschland setzten sich die arabischen Ziffern im Geschäftsverkehr erst im 15. Jahrh. durch. – auch →römische Ziffern.

■ **Zigeuner,** im deutschen Sprachgebrauch vorherrschende Gesamtbezeichnung für die Angehörigen von weltweit (mit Ausnahme von Südost- und Ostasien), vor allem jedoch in Europa verbreiteten ethnischen Minderheitsgruppen indischer Herkunft. Von einigen dieser Gruppen wird die Bezeichnung Zigeuner als diskriminierend abgelehnt. Wohl zwischen 800 und 1000 n. Chr. wurden die Zigeuner aus Indien vertrieben, später auch aus anderen Ländern. Auf ihre Herkunft aus Indien weist ihre Sprache, das Romani, hin. Die große Mehrzahl der Vorfahren der heutigen Zigeuner ließ sich zwischen dem 11. und 14. Jahrh. auf dem Balkan, im Mittleren Osten und in Osteuropa nieder. Von dort aus erreichten kleinere Wanderzüge zwischen 1400 und 1500 Mittel- und Westeuropa. Hier wurden sie, wie andere soziale Gruppen (z. B. fahrende Händler, Handwerker ohne feste Anstellung, Schausteller) aus der von Ständen und Zünften bestimmten Gesellschaft ausgegrenzt, später auch unterdrückt, verfolgt und aus vielen Gebieten vertrieben.
Ihren Höhepunkt erreichten die Verfolgungen während des Nationalsozialismus in Deutschland, wo die Zigeuner, wie die jüdische Bevölkerung, seit 1935 nicht mehr als Reichsbürger galten; viele von ihnen wurden in Konzentrationslagern ermordet; etwa 500 000 Zigeuner wurden damals in Europa umgebracht. Auch nach 1945 wurden sie vielfach diskriminiert.
Seit 1982 sind die Interessenverbände der Zigeuner im »Zentralrat Deutscher Sinti und Roma« (Sitz: Heidelberg) zusammengeschlossen. – auch →Sinti und Roma.

Die Zeichnung zeigt eine mitteleuropäische **Zikade,** die Bergzikade

■ **Zikaden** [lat.], mit rund 35 000 Arten weltweit verbreitete Unterordnung 0,1–18 cm spannender Insekten der Ordnung Gleichflügler, von denen 400 Arten einheimisch sind. Die Zikaden sind Pflanzensauger. Die in Mitteleuropa vorkommenden Arten sind klein und meist grünbräunlich oder schwarz gefärbt. Nur die Männchen zirpen.
Nördlich der Alpen kommen **Singzikaden** nur in besonders warmen Gegenden vor (vor allem im Wiener Becken, Würzburger Raum, Mainfranken, Rhein-Main-Gebiet). Im Frühling lässt die Larve der **Schaumzikade** an Wiesenpflanzen in Körperausscheidungen die verbrauchte Atemluft aus den Tracheen einperlen. Dabei entsteht ein blasiger Schaum, der die Larve einhüllt.

Den Berliner Zeichner **Heinrich Zille** verband mit vielen Künstlerkollegen herzliche Freundschaft: so mit Käthe Kollwitz, Max Liebermann und Ernst Barlach; der deutsche Kaiser Wilhelm II. hingegen nannte ihn einen »Rinnsteinkünstler«

■ **Zille,** Heinrich, deutscher Zeichner, *Radeburg 10. Januar 1858, †Berlin 9. August 1929. Er zeichnete mit viel Humor und Sinn für Komik, aber auch mit bissiger Ironie und Sozialkritik Szenen aus seinem »Milljöh«, das heißt der Welt der Berliner Arbeiter um die Jahrhundertwende.

■ **Zimt** [semitisch-griech.] *der,* als Gewürz für Süßspeisen, Glühwein u.a. verwendete Rinde des Ceylonzimtbaums. Die Rinde kleiner Zweige wird abgeschält und getrocknet und kommt in Stangen oder gemahlen in den Handel.

■ **Zink,** ein chemisches Element, ein stark glänzendes, weiches Schwermetall, das nach Silber, Kupfer, Gold und Aluminium zu den besten elektrischen Leitern gehört. Von großem technischem Interesse ist die Tatsache, dass es sich an feuchter Luft mit einer Schutzschicht überzieht. Zink wird deshalb hauptsächlich für die Herstellung von Rost abweisenden Zinküberzügen auf Stahl und anderen Metallen (Verzinkung) genutzt. Daneben wird es zur Produktion von →Messing und von galvanischen Elementen (→Batterie) verwendet.
Die beiden wichtigsten Zinkminerale sind die Zinkblende (Zinksulfid, ZnS) und der Galmei (Zinkcarbonat, $ZnCO_3$). Mit geringen Zusätzen (z.B. Kupfer) vermischtes Zinksulfid phosphoresziert (→Phosphoreszenz), wenn die Moleküle durch Strahlung angeregt werden. Es wird zur Herstellung von Leuchtschirmen eingesetzt.

Unverwechselbar **Heinrich Zille:** das Berliner Milieu, sprich berlinerisch »Milljö«; hier die Zeichnung »Sonntag nachmittag im Sonnenbad« aus dem Jahr 1909

Zink
chemisches Symbol: Zn
Ordnungszahl: 30
relative Atommasse: 65,39
Dichte: (bei 20 °C): 7,14 g/cm^3
Schmelzpunkt: 419,5 °C
Siedepunkt: 907 °C

■ **Zinn,** ein chemisches Element, das bei normaler Temperatur ein sehr weiches, gut walzbares Schwermetall ist. Früher wurde es in großen Mengen zu →Stanniol verarbeitet. Unterhalb von 13,2 °C geht Zinn in eine graue, pulvrige Modifikation über (α-Zinn), was man häufig an Zinngeschirr beobachten kann (Zinnpest). In der Natur kommt Zinn hauptsächlich in Form seines Oxides SnO_2 (Zinnstein) vor, woraus es durch →Reduktion mit Kohle gewonnen wird.
Zinn ist chemisch widerstandsfähig. Da es von den in vielen Nahrungsmitteln vorkommenden Säuren nicht oder kaum angegriffen wird, verwendet man es zur Herstellung von Konservendosen (Weißblechdosen, mit Zinnüberzug) und dünnen Folien. Ansonsten wird das Metall als Bestandteil von →Bronze und anderen Legierungen verwendet. – Bilder S. 393

■ **Zinnober** [persisch] *der,* Quecksilbersulfid, ein rotes (auch braunrotes oder schwarzes), stark glänzendes Mineral. Der Zinnober ist das wichtigste Mineral für die Gewinnung von Quecksilber und diente früher wegen seiner schönen roten Färbung als Malerfarbe.

■ **Zinsen** [lat.], Preis für die zeitweilige Überlassung von Kapital (Geld). Im Bankwesen unterscheidet man die vom Kunden für Kredite zu zahlenden

Sollzinsen und die von der Bank an die Kunden für ihr Guthaben zu zahlenden Habenzinsen. Werden die Habenzinsen in bestimmten Zeitabschnitten zum Kapital geschlagen und im folgenden Zeitabschnitt mitverzinst, spricht man von **Zinseszinsen**.

Die Berechnung eines Zinses Z geschieht nach der Zinsformel:

$$Z = K \cdot (t/360) \cdot (p/100)$$

(K = Kapital, t = Tage, p = Zinsfuß [z. B. 6 bei einer Zinshöhe von 6 % pro Jahr; das Zinsjahr hat eine Dauer von 360 Tagen]).

■ **Zion,** im Alten Testament ursprünglich Name des Südosthügels von Jerusalem, später auch des angrenzenden Tempelbergs. In den prophetischen Büchern ist Zion gleichbedeutend mit Jerusalem.

■ **Zionismus** *der,* von Theodor Herzl (1860 bis 1904) begründete Bewegung innerhalb des Judentums, die u. a. die Rückführung der Juden nach Palästina (in das »Land Israel« mit dem Mittelpunkt Zion) und die Gründung eines jüdischen Staates zum Ziel hatte. Mit der Gründung des Staates →Israel 1948 erreichten die Zionisten ihr Ziel.

Zinn
chemisches Symbol: Sn (von lat. Stannum)
Ordnungszahl: 50
relative Atommasse: 118,71
Dichte (β-Zinn bei 20 °C): 7,31 g/cm³
Schmelzpunkt: 232 °C
Siedepunkt: 2 602 °C

■ **Zirkel** [lat.] *der,* ein Gerät zum Zeichnen von Kreisen, das aus zwei Schenkeln besteht, die mit einem Scharnier verbunden sind. Der eine Schenkel trägt eine Spitze, der zweite eine Schreibvorrichtung (Bleistiftmine oder Reißfeder). Stechzirkel besitzen an beiden Schenkeln Spitzen. Sie dienen zum Abgreifen, Abtragen und Messen von Strecken.

■ **Zirkonium** (Zirconium) *das,* ein metallisches chemisches Element. Die wichtigsten Zirkoniumminerale sind der Zirkon ($ZrSiO_4$) und die Zirkonerde (Baddeleyit, ZrO_2). Das stahlähnlich aussehende Metall ist beständig gegen zahlreiche Säuren und lässt sich mit vielen Metallen legieren.

Zirkonium
chemisches Symbol: Zr
Ordnungszahl: 40
relative Atommasse: 91,22
Dichte (bei 25 °C): 6,52 g/cm³
Schmelzpunkt: 1 855±2 °C
Siedepunkt: 4 409 °C

■ **Zirkulation** [lat.] *die,* Kreislauf, Umlauf, z. B. der Luftmassen in der Atmosphäre.

Zinn

Neben seinen nützlichen Eigenschaften hält das silbrig weiße Metall auch einige merkwürdige Überraschungen bereit. Biegt man Zinnstangen, so knirschen sie vernehmlich: Sie stoßen das so genannte »Zinngeschrei« aus, welches von aneinander reibenden Kristallen herrührt. Unterhalb von 13 °C bekommt dass Metall gar die Zinnpest: Es verwandelt sich in graues Pulver und zerbröselt gleichsam im Laufe der Zeit, was schon viele Kunstgegenstände zerstört hat.

■ **Zirkus** [lat.] *der,* **1)** in altrömischer Zeit eine lang gestreckte Arena mit ansteigenden Sitzreihen für die Zuschauer. Der Zirkus war Austragungsort der zirzensischen Spiele (vor allem Wagen- und Pferderennen, Gladiatorenkämpfe).

Der größte Zirkus des Altertums, der **Circus maximus** in Rom, war etwa 600 m lang und 150 m breit; er fasste rund 60 000 Zuschauer.

2) großes Zelt oder Gebäude mit Manege, in der Tierdressuren, artistische Kunststücke und Ähnliches vorgeführt werden; auch Bezeichnung für das ganze Unternehmen. – Bild S. 392

■ **Zirrhose** [griech.] *die,* der Umbau eines Organs nach einer Entzündung oder dem Absterben von Gewebsteilen (Nekrose). Sie ist verbunden mit Bindegewebewucherungen und nachfolgender narbiger Schrumpfung des Organs. Beispiel für eine Zirrhose ist die **Leberzirrhose** nach einer →Hepatitis.

■ **Zisterne** [griech.] *die,* ein unterirdischer Behälter, in dem Regenwasser aufgefangen und gespeichert wird.

■ **Zisterzienser,** 1098 in Cîteaux (in Burgund) gegründeter Orden, der unter dem Abt Bernhard von Clairvaux rasch großen Aufschwung nahm. Die Zisterzienser betonten Innerlichkeit und Einfachheit, das Studium der Bibel und legten großen Wert auf die praktische Arbeit (Landkultivierung). Die schlichte Baukunst der Zisterzienser im Mittelalter verzichtete weitgehend auf ausschmückende Elemente (selbst auf Kirchtürme), betonte aber die handwerklich sorgfältige Bearbeitung.

■ **Zitadelle** [italienisch] *die,* starkes Befesti-

Zinnober

gungswerk am Rand älterer Festungen, in der Regel deren letzter Rückhalt.

Zitat [lat.] *das*, wörtlich angeführte Stelle aus einem Buch, einem Schriftstück oder einer Rede.

Zither [griech.] *die*, Zupfinstrument mit kastenförmigem Schallkörper, das beim Spielen auf einen Tisch gelegt wird. Von den bis zu 42 Saiten liegen fünf über einem Griffbrett und werden zum Melodiespiel mit einem Stahlring angerissen; die übrigen sind Bass- und Begleitsaiten und werden mit den Fingern gespielt.

Zitrone [lat.] *die*, gelbe, sauer schmeckende Frucht (mit hohem Gehalt an Vitamin C) des aus dem südlichen Himalaja stammenden Zitronenbaums, der heute vor allem in Italien (besonders Sizilien) und in den USA (besonders Kalifornien) in großen Kulturen gepflanzt wird. Der etwa 3–7 m hohe dornige Zitronenbaum hat hellgrüne, ovale Blätter und rosafarbene bis weiße Blüten.

Zitrone: der Zitronenbaum – hier ein einzelner Zweig – blüht und fruchtet übers ganze Jahr

Zitronensäurezyklus (Citratcyclus, Krebs-Zyklus), ein wichtiger Teilprozess der Energiegewinnung bei der Zellatmung (→Atmung), der sich in den →Mitochondrien abspielt. In den Zitronensäurezyklus münden die Abbauwege aller Energie liefernden Nährstoffe (Aminosäuren der Proteine, Fettsäuren der Fette, Kohlenhydrate). Die Nährstoffe werden an verschiedenen Stellen des Zitronensäurezyklusses eingeschleust und dort unter Abspaltung von Wasserstoffatomen und Kohlendioxid abgebaut. Ein Teil der in den Stoffen enthaltenen Energie wird in Form von Guanosintriphosphat (GTP) frei. Die an Trägermoleküle gebundenen Wasserstoffatome werden in der **Atmungskette** zu Wasser oxidiert, wobei die in diesem Prozess frei werdende Energie in Form von Adenosintriphosphat (ATP) gespeichert wird. Ebenso gehen vom Zitronensäurezyklus Synthesewege für den Aufbau von Aminosäuren, Fettsäuren und Glucose aus.

Zitruspflanzen, Gattung der Rautengewächse mit rund 60 Arten. Sie stammen aus China und Südostasien, werden heute jedoch in allen subtropischen und tropischen Gebieten der Erde angebaut. Die häufigsten Arten wachsen als Sträucher oder Bäume und haben weiße oder rosafarbene, angenehm duftende Blüten und meist wohlschmeckende Früchte (Zitrusfrüchte), die reich an Vitaminen (vor allem Vitamin C) und Mineralstoffen (vor allem Kalium) sind: Pampelmusen, Grapefruits, Zitronen, Mandarinen, Pomeranzen und Orangen.

Zitterfische (elektrische Fische), Fische verschiedener Gattungen, die aus Muskulatur oder Haut hervorgegangene elektrische Organe besitzen. Damit betäuben sie ihre Beute oder orientieren sich nach Art der Radarpeilung. Zu den Zitterfischen gehört u. a. der südamerikanische Zitteraal, der afrikanische Zitterwels und der Zitterrochen, der in den warmen und gemäßigten Meeren lebt.

Das wunderbar schräge Leben des Zirkus hält der deutsche Maler Karl Hofer in einem Gemälde aus dem Jahr 1921 fest; vor dem Zirkuszelt mit seinen Treppchen, Podesten, Zielscheiben, Kletterstangen und Sonstigem zeigen sich der Clown, der Athlet und die Tänzerin als eine in die Tiefe blickende Einheit

Zivildienst, der Ersatzdienst, den taugliche Wehrpflichtige als anerkannte Kriegsdienstverweigerer zu leisten haben. Im Zivildienst sind Aufgaben, die dem Allgemeinwohl dienen (vorrangig im pflegerischen und sozialen Bereich) zu erfüllen. Die Dauer des Zivildienstes beträgt (2001) 13 Monate.

Zivilisation [lat.] *die*, die Gesamtheit der durch den Fortschritt von Wissenschaft und Technik verbesserten Lebensumstände einer Gesellschaft (im Unterschied zu einem ungeformten Naturzustand menschlichen Zusammenlebens).

ZK, Abkürzung für →Zentralkomitee.

Zobel [slawisch] *der*, ein gedrungener, spitzschnauziger Marder im nördlichen Asien, 40–60 cm lang, mit 10–20 cm langem buschigem Schwanz. Das langhaarige, weiche braungelbe oder dunkelbraune, manchmal auch fast schwarze Fell liefert einen sehr kostbaren Pelz. Zobel werden inzwischen meistens in großen Farmen gezüchtet.

Zola [sola], Émile, französischer Schriftsteller, *Paris 2. April 1840, †ebenda 29. September 1902. Zola gilt als Hauptvertreter des Naturalismus. Sein Romanzyklus »Die Rougon-Macquart« (20 Bände, darunter »Nana«, 1880, und »Germinal«, 1885, über das Leben der Bergarbeiter) vermittelt ein umfassendes Zeitbild der französischen Gesellschaft.

Zölibat [lat.] *der,* auch *das,* in manchen Religionen die von Priestern und Ordensleuten geübte Ehelosigkeit und sexuelle Enthaltsamkeit. In der katholischen Kirche sind alle Priester (auch die Kandidaten des Diakonats) »als Zeichen des ungeteilten Dienstes für Gott und die Menschen« zum Zölibat verpflichtet; der Zölibat beruht hier auf einem 1139 erlassenen kirchlichen Gesetz.

Zoll vom Staat erhobene Abgabe auf eine Ware, die über die Staatsgrenze ins Land gebracht wird (früher gab es auch Ausfuhrzölle). Man unterscheidet im Wesentlichen Finanzzölle, die, ähnlich der Steuer, dem Staat Einnahmen bringen sollen, und Schutzzölle, die die eigene Wirtschaft vor billigerer ausländischer Ware schützen sollen.

Zoll *der,* altes Längenmaß unterschiedlicher Größe (2,3 bis 3 cm). In einigen Gebieten der Technik (Gewindemaße von Wasserleitungsrohren, Reifengrößen u. a.) wird der englische Zoll (Inch; Einheitenzeichen ") verwendet: 1" = 2,54 cm.

Zone [griech.] *die,* **1)** *allgemein:* Teilgebiet, vor allem eines nicht souveränen Staates (z. B. die Besatzungszonen nach dem Zweiten Weltkrieg).

2) *Geographie:* Erdgürtel; man unterscheidet die **tropische Zone** (beiderseits des Äquators), die **gemäßigten Zonen** (zwischen den Wende- und den Polarkreisen) und die **Polarzonen** (nördlich des nördlichen Polarkreises und südlich des südlichen Polarkreises).

Zoologie [griech.] *die,* die Lehre von den Tieren, die Tierkunde (ein Fachgebiet der Biologie).

zoologischer Garten (Zoo, Tiergarten), öffentliche oder private, meist wissenschaftlich geleitete, tierärztlich versorgte Einrichtung zur Haltung einheimischer und fremdländischer (exotischer) Tierarten in Käfigen, Volieren und Freigehegen sowie in (entsprechend klimatisierten) Gebäuden, die in eine gärtnerisch, häufig parkartig gestaltete Gesamtanlage eingefügt sind.

Als Vorbild für den neuzeitlichen zoologischen Garten gilt die erstmals von Carl Hagenbeck (1844–1913) praktizierte Haltung der Tiere in Artengruppen, die der natürlichen Population eines bestimmten Lebensraums entsprechen, wobei auch der jeweilige Lebensraum möglichst naturgetreu nachgestaltet wird (z. B. Felsen-, Steppen-, Eislandschaften, Tropenvegetation). Statt störender Absperrgitter werden seit Hagenbeck häufig Trocken- oder Wassergräben mit steiler Begrenzungswand angelegt.

Beim **Kinderzoo** können die Kinder unmittelbaren Kontakt mit Tieren, vor allem Jungtieren, aufnehmen. Der **Themenzoo** beschränkt sich auf relativ wenige, unter einem besonderen Gesichtspunkt zusammengestellte Tierarten, wie z. B. beim Alpenzoo, Heimatzoo, Wildpark oder Vogelpark.

Zoomobjektiv [sum...; engl.] (Varioobjektiv), ein Objektiv für Fotoapparate, Video- oder Filmkameras mit stufenlos veränderlicher Brennweite. Die Brennweitenveränderung bei gleich bleibender Schärfe und Lichtstärke wird durch Verschiebung der Linsenglieder im Objektiv bewirkt. Die Einstellung erfolgt von Hand oder elektromotorisch. Je nach Ausführung decken Zoomobjektive

Auch dieser Affe ist eine aus **Zinn** gegossene Figur; sie steht im Germanischen Museum in Nürnberg

Das vielseitige **Zinn** gab vor 200 Jahren auch einem Kinderspielzeug seinen Namen: den Zinnfiguren, allen voran den Zinnsoldaten, die aus Zinnlegierungen gegossen und dann bemalt wurden; später war das eigens für Jungen gedachte Spielzeug als Figurensammlung bei Liebhabern jeden Alters heiß begehrt; die hier abgebildeten Tunierritter sind heute im Münchner Stadtmuseum zu bewundern

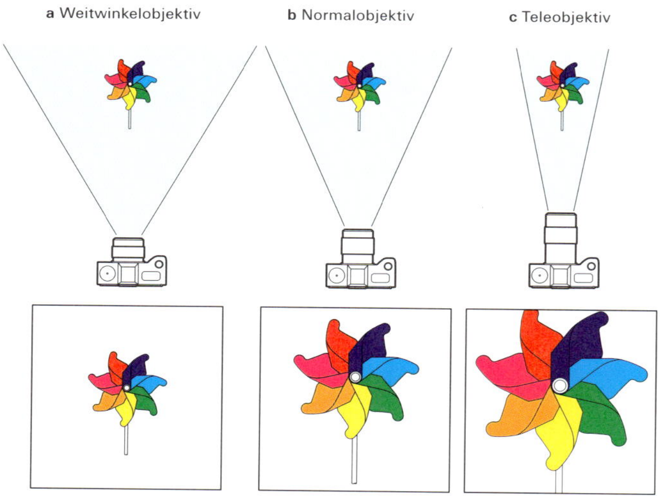

Zoomobjektiv: Aufnahmewinkel und Bildgröße bei verschiedenen Brennweiten

Brennweitenbereiche vom Weitwinkel- bis zum Teleobjektiv ab.

■ **Zoroaster** →Zarathustra.

■ **Zotten,** fransenartige Gewebsausstülpungen, z. B. an der inneren Dünndarmwand (Darmzotten) zur Flächenvergrößerung und zum Aufsaugen der Nährstoffe oder in der Gebärmutter (Zottenhaut).

■ **Züchtung,** die mit den Erkenntnissen der →Genetik planmäßig durchgeführte Verbesserung der Eigenschaften von Pflanzen und Tieren. Die Züchtung erfolgt durch Auslese oder Kreuzung besonders geeigneter Organismen. Die Veränderung von Erbmerkmalen (Mutation) erzielt man mithilfe von erbgutverändernden Maßnahmen (Röntgenstrahlen, Behandlung mit chemischen Stoffen, Mutagenen), heute gezielt mit der →Gentechnologie.

■ **Zucker,** allgemeinsprachliche Bezeichnung für Rohr- oder Rübenzucker (Saccharose). In der chemischen Fachsprache versteht man unter Zucker eine Gruppe von organischen Verbindungen, die jeweils mehrere Hydroxygruppen und in der Kettenform eine Aldehyd- oder Ketogruppe enthalten. Unter Bildung einer Halbacetalgruppierung (–C–O–C(OH)–) schließt sich die Kette zu einem Ring. Abgeleitet vom Namen Saccharose bezeichnet man die Zucker und ihre hochmolekularen Abkömmlinge auch als **Saccharide.**
Einfachzucker (Monosaccharide) sind der Traubenzucker (Glucose) und der Fruchtzucker (Fructose). Die Saccharose ist ein Disaccharid aus Glucose und Fructose. Ein weiteres Disaccharid ist der aus zwei Glucosemolekülen bestehende Malzzucker (Maltose). Die Kette aus zwei Zuckermolekülen entsteht unter Bildung einer (Voll-)Acetalgruppierung (–C–O–C–O–C–) und lässt sich beliebig verlängern. Man erhält so die als Speicher- und als Gerüstsubstanzen in Pflanzen und Tieren dienenden, im engeren Sinne nicht mehr zu den Zuckern zählenden Polysaccharide. Polysaccharide aus Glucoseeinheiten sind →Glykogen, →Stärke und →Zellulose. Zucker und Polysaccharide bilden zusammen die Gruppe der →Kohlenhydrate.

■ **Zuckerkrankheit** →Diabetes mellitus.

■ **Zuckerrohr,** in tropischen Ländern angebautes, zu den Süßgräsern zählendes schilf- bis bambusartiges Gewächs, das wegen seines hohen Gehaltes an Zucker angebaut wird. Die Zuckerrohrpflanzen erreichen eine Höhe von bis zu 7 m und haben 2–7 cm dicke Halme, die von einem weichen, weißen Mark erfüllt sind.

■ **Zuckerrübe,** Kulturform der Runkelrübe, bei der es gelungen ist, den Zuckergehalt von knapp 2 % auf bis zu 21 % zu steigern. Sie wird in Ländern mit gemäßigtem Klima zur Gewinnung von Zucker angebaut. Das oberirdische, kaum zuckerhaltige Kraut ist ein wertvolles Viehfutter.

■ **Zuckmayer,** Carl, deutscher Schriftsteller, *Nackenheim (Landkreis Mainz-Bingen) 27. Dezember 1896, † Visp (Kanton Wallis, Schweiz) 18. Januar 1977. Zuckmayer emigrierte 1938 in die Schweiz und 1939in die USA, wo er bis 1946 lebte, 1958 zog er nach Saa-Fee in der Schweiz. Mit »Des Teufels General« (1946) schrieb er das erfolgreichste Theaterstück der Nachkriegszeit, das auch ebenso wie »Der fröhliche Weinberg« (1926), »Schinderhannes« (1927) und »Der Hauptmann von Köpenick« (1931) verfilmt worden ist.

■ **Zug,** Kanton der Schweiz mit 239 km² und 96 500 Einwohnern, um den Zuger See gelegen. Die Hauptstadt Zug hat 21 700 Einwohner. Neben Viehhaltung, Acker- und Obstbau gibt es Metallverarbeitung, Nahrungsmittelindustrie sowie an den Seen Fremdenverkehr. – Der Kanton entstand 1803 in den Grenzen des alten Territoriums der Stadt Zug.

■ **Zugspitze,** der höchste Berg Deutschlands, im Wettersteingebirge an der Grenze zu Österreich (Tirol) gelegen, 2 962 m hoch. Vom Gipfel bietet sich ein Rundblick auf Berge in Deutschland, Österreich, Italien und der Schweiz. Auf der Zugspitze befinden sich das Münchner Haus mit der Wetterwarte, die Gipfelstationen der Zugspitzbahnen sowie wissenschaftliche Beobachtungsstationen. Am Südhang des Zugspitzmassivs steht das Schneefernerhaus

(2 650 m) am Zugspitzplatt. Auf dem Zugspitzplatt erstreckt sich der Schneeferner (Gletscher), ein Skigelände mit Skiliften.

■ **Zugvögel,** Vögel, die alljährlich in artspezifische Winter- und Brutquartiere ziehen. Die meisten der Insekten fressenden Vögel ziehen am Ende des Sommers in wärmere Länder. Viele Arten fliegen in großen Schwärmen in einer bestimmten Flugordnung. Auf dem Flug legen sie etwa 40–80 km in der Stunde zurück. Dabei folgen sie bestimmten Flugstraßen (→Vogelzug) und legen mehrstündige bis mehrtägige Futter- und Ruhepausen ein. – Bei manchen Arten (Star, Storch, Kuckuck u. a.) ziehen die Jungvögel vor ihren Eltern und finden trotzdem das angestammte Winterquartier.

■ **Zuidersee** →IJsselmeer.

■ **Zukunft** (Futur) →Verb.

■ **Zulu** [s...], zu den Bantu gehörendes Volk in der Republik Südafrika. Die in alter Tradition lebenden Zulu sind vor allem Ackerbauern, Viehzüchter und Wanderarbeiter.

■ **Zündkerze,** Teil der Zündanlage eines →Ottomotors, mit dem das Kraftstoff-Luft-Gemisch im Zylinder zur Explosion gebracht (gezündet) wird. Die Zündkerze besteht aus einem Porzellankörper mit zwei voneinander isolierten →Elektroden, zwischen denen ein elektrischer Funke überspringt.

■ **Zunft,** im Hochmittelalter entstandene Organisation von Handwerkern zur Regelung ihrer wirtschaftlichen und sozialen Verhältnisse. Meister und Gesellen waren zum Beitritt verpflichtet **(Zunftzwang).** Die Zünfte legten die Preise der handwerklichen Erzeugnisse fest und überwachten deren Qualität, daneben auch die Ausbildung der Lehrlinge **(Zunftordnung).** Ursprünglich zum Schutz des Handwerks gegründet, wurden sie schließlich immer mehr zu Hemmnissen für dessen Fortschritt und für die Gewerbefreiheit. Als im 17. und 18. Jahrh. die Industrie ihren Aufschwung nahm, verloren mit dem Handwerk auch die Zünfte an Bedeutung. 1791 wurden sie in Frankreich, im 19. Jahrh. im übrigen Europa aufgehoben. Die organisatorischen Aufgaben der verschiedenen Handwerkszweige übernehmen heute die →Innungen und die →Handwerkskammern.

■ **Zunge,** ein häufig muskulös ausgebildetes, bewegliches Organ am Boden der Mundhöhle bei den meisten Wirbeltieren. Ihre Schleimhaut ist am Zungenrücken mit den Sehnenfasern der quergestreiften Zungenmuskulatur unverschieblich verbunden. Die Zunge der Säugetiere (einschließlich Mensch) ist mit vielen Drüsen ausgestattet, die Verdauungssäfte abscheiden (→Verdauung). Die Geschmackspapillen ermöglichen im Zusammenspiel mit den Riechzellen in der Nase das Schmecken (→Geschmackssinn). Ihre vielen freien Nervenendigungen machen sie zu einem empfindlichen Tastorgan. Die Zunge fungiert daneben als Hilfsapparat für das Kauen, Schlucken und für die Körperpflege und wirkt bei Lautäußerungen mit.

■ **Zupfinstrumente,** Saiteninstrumente, die durch Zupfen oder Anreißen der Saiten mit den Fingern oder einem Plektron zum Klingen gebracht werden, z. B. Harfe, Zither, Gitarre, Mandoline, Laute, Balalaika und Banjo

■ **Zürich, 1)** Kanton in der Nordschweiz, mit 1 729 km² und 1,187 Mio. Einwohnern, ein Teil des Schweizer Mittellandes mit breiten, dem Rhein zustrebenden Tälern. Die Industrie umfasst Maschinenbau, Elektro-, Textil-, Möbel- und Uhrenindustrie. Landwirtschaft und Weinbau nehmen ab. – Der Kanton entstand 1803 aus dem stadtstaatlichen Untertanengebiet der Stadt Zürich.

2) Hauptstadt von 1), mit 336 800 Einwohnern, am Zürichsee und an der Limmat. Zürich ist der bedeutendste Handels- und Bankplatz der Schweiz mit Messen, einer Börse und vielen Banken. Als Kulturzentrum besitzt es eine Universität und andere Hochschulen, Theater, bedeutende Museen, Bibliotheken und Verlage. – Bedeutende Kirchenbauten sind das Großmünster (vor allem 12./13. Jahrh.), das romanisch-gotische Fraumünster und die spätgotische Wasserkirche.

1351 trat Zürich in den Ewigen Bund mit den Schweizer →Urkantonen ein. Im 16. Jahrh. wurde die Stadt geistiges Zentrum der von Zwingli ausgehenden Reformation.

Jede **Zunft** hatte auch ein eigenes Wappen; hier ein süddeutsches Zunftschild der Zimmerleute: ein Engel hält das Wappen mit den Handwerksgeräten eines Zimmermanns

■ **ZVS,** Abkürzung für Zentralstelle für die Vergabe von Studienplätzen, 1973 in Dortmund errichtete Behörde, die Studienplätze in zulassungsbeschränkten Studiengängen vergibt.

■ **Zwangsvollstreckung,** ein Verfahren, mit dem durch staatlichen Zwang Ansprüche einer berechtigten Person durchgesetzt werden, z. B. durch →Pfändung eines Gegenstandes.

■ **Zwanzigster Juli 1944,** Datum des Attentats auf Hitler durch die deutschen →Widerstandsbewegung. Eine Verschwörung unter Claus Graf Schenk von →Stauffenberg plante, nach der Ermordung Hitlers eine vom Widerstand gebildete Staatsführung an die Macht zu bringen. Hitler überlebte (nur leicht verletzt). Etwa 1 000 Menschen wurden verhaftet und davon wurden etwa 200 sofort hingerichtet.

■ **Zweiflügler,** mit rund 90 000 Arten weltweit verbreitete Ordnung 1–60 mm langer Insekten, von denen rund 6 500 Arten einheimisch sind. Zweiflügler haben meist nur ein (meist durchsichtiges) Vorderflügelpaar, das hintere Flügelpaar ist zurückgebildet. Die Mundwerkzeuge sind stechend-saugend (vor allem bei den Mücken) oder leckend-saugend (bei Fliegen).

■ **Zweig,** Stefan, österreichischer Schriftsteller, *Wien 28. November 1881, †(Selbstmord) Petrópolis (Brasilien) 23. Februar 1942. Zweig, einer der meistgelesenen Autoren seiner Zeit, schrieb u.a. von den Erkenntnissen der Psychoanalyse beeinflusste Novellen (u.a. »Schachnovelle«, 1941) sowie biografische Romane und Erzählungen (u.a. »Sternstunden der Menschheit«, 1927).

■ **zweihäusig** nennt man Blütenpflanzen, bei denen weibliche und männliche Blüten auf verschiedene Pflanzen einer Art verteilt sind (z.B. bei Eibe und Weiden); Gegensatz: einhäusig.

■ **zweikeimblättrige Pflanzen** (Zweikeimblättrige, Dikotyledonen), eine Klasse der Bedecktsamer mit etwa 174 000 Arten, die bis auf wenige Ausnahmen zwei Keimblätter aufweisen. Die Hauptwurzel bleibt bei den meisten zweikeimblättrigen Pflanzen zeitlebens erhalten. Die Blätter sind meist deutlich gestielt und netzadrig; charakteristisch sind vier- oder fünfzählige Blüten. – Zu den zweikeimblättrigen Pflanzen gehören der überwiegende Teil der Samenpflanzen, u.a. (mit Ausnahme der Palmen) alle Holzgewächse.

■ **Zwei-plus-vier-Vertrag,** Vertrag vom 12. September 1990, der die am 5. Mai 1990 begonnenen Verhandlungen der vier Siegermächte des Zweiten Weltkriegs (Frankreich, Großbritannien, Sowjetunion, USA) und der beiden deutschen Staaten über die Fragen der deutschen Einheit abschloss. Der Vertrag stellte die volle Souveränität Deutschlands über seine inneren und äußeren Angelegenheiten wieder her. Ferner wurden darin das Staatsgebiet des vereinten Deutschland (→Oder-Neiße-Linie), die Personalstärke der Bundeswehr, der Aufenthalt und Abzug der sowjetischen Streitkräfte auf deutschem Territorium und die Bündniszugehörigkeit festgelegt.

■ **Zweistromland** →Mesopotamien.

■ **Zweitaktmotor** →Verbrennungsmotoren.

■ **zweiter Bildungsweg,** Ausbildung, die es Berufstätigen ermöglicht, Schulabschlüsse bis zur Hochschulreife nachzuholen. Institutionen des zweiten Bildungswegs sind Volkshochschulen, Berufsaufbauschulen, Fachoberschulen sowie Funk- und Telekollegs. Der Unterricht erfolgt entweder zusätzlich zur Berufstätigkeit (z.B. Abendgymnasium), in Tagesschulen oder als Fernunterricht.

■ **Zweiter Weltkrieg** →Weltkrieg.

■ **Zwerchfell,** die Scheidewand, die bei den Säugetieren (einschließlich Mensch) die Brusthöhle von der Bauchhöhle trennt. Es ist ein kuppelförmiges, muskulöses Organ, das bei der Atmung eine große Rolle spielt: Beim Abflachen des Zwerchfells wird die Brusthöhle erweitert und Luft angesaugt. Gleichzeitig drückt das Zwerchfell die Eingeweide nach unten und vorn, sodass die Bauchdecke sich wölbt (Bauchatmung). Durch sein ruckartiges Zusammenziehen entsteht der **Schluckauf.**

■ **Zwerge,** im Volksglauben kleine, geisterhafte Wesen, vor allem Erdgeister (Gnomen), geschickte Schmiede und Bergleute, oft Besitzer großer Schätze.

■ **Zwergsterne** (Zwerge), Klasse von Sternen mit kleinem Durchmesser (im Gegensatz zu den →Riesensternen). Die Zwergsterne, zu denen auch unsere Sonne zählt, sind die bei weitem häufigsten Sterne; sie machen etwa 90% der 100 Milliarden Sterne des Milchstraßensystems aus.

■ **Zwetsche** (Zwetschge), eine Zuchtform der →Pflaume.

■ **Zwiebel, 1)** der unterirdische Sprossteil zahlreicher Pflanzen, der von fleischigen, Reservestoffe enthaltenden Blättern umgeben ist. Der Vermehrung dienen die in den Achseln dieser Zwiebelschalen oder -schuppen entstehenden Brutzwiebeln.
2) dem Lauch verwandtes Liliengewächs (Küchen- oder Speisezwiebel), das ein häufig verwendetes Küchengewürz liefert.

■ **Zwillinge,** zwei Geschwister, die sich gleichzeitig im Mutterleib entwickelt haben und kurz nacheinander geboren werden. Man unterscheidet eineiige und zweieiige Zwillinge.
Eineiige Zwillinge stammen aus der Verschmelzung einer Samenzelle mit einer Eizelle, die sich in einem sehr frühen Entwicklungsstadium in zwei Hälften teilt, sodass zwei erbgleiche und gleichgeschlechtliche Lebewesen daraus hervorgehen. Werden bei einem Eisprung zufällig zwei befruchtungsfähige Eizellen ausgestoßen (häufig nach Hormonbehandlung) und befruchtet, so entwickeln sich daraus **zweieiige Zwillinge,** die nicht erbgleich sind und unterschiedlichen Geschlechts sein können. Sie ähneln sich nicht mehr als normale Geschwister.

■ **Zwinger, 1)** *Befestigungswesen:* der Bereich zwischen Vor- und Hauptmauer einer mittelalterlichen Burg oder Stadtbefestigung.
Der für Hoffestlichkeiten bestimmte **Dresdner Zwinger** (von Matthäus Daniel Pöppelmann 1711–28 geschaffenes barockes Schloss mit pracht-

voller Gartenanlage) wurde so genannt, weil er in einem ehemaligen Zwingergarten erbaut wurde.

2) *Zoologie:* 1. ein eingezäunter Raum oder Käfig für Hunde oder Raubtiere; 2. ein Zuchtbetrieb für Rassehunde, der vom Zuchtverband zugelassen ist.

■ **Zwingli,** Ulrich, schweizerischer Reformator, *Wildhaus (Kanton Sankt Gallen) 1. Januar 1484, †bei Kappel am Albis 11. Oktober 1531. Er führte unter dem Einfluss Luthers 1523 in Zürich die Reformation ein, die bei ihm strenge Züge annahm (Abschaffung von Orgel, Kirchengesang und Altären) und zum Aufbau einer obrigkeitlich gelenkten Volkskirche führte (Ehe- und Sittengerichts). Die Täufer, die auf ihn zurückgehen, trennten sich 1525 von ihm; auch mit Luther geriet er, vor allem wegen der Lehre vom Abendmahl, in Streit (Marburger Religionsgespräch 1529).

Der Gegensatz zwischen den reformierten Kantonen und den katholisch gebliebenen Orten führte 1529 zum ersten und 1531 zum zweiten Kappeler Krieg, in dem Zwingli als Feldprediger fiel.

■ **Zwischenlagerung,** allgemein die zeitlich begrenzte Lagerung von Abfällen bis zu deren Verwertung, Behandlung oder Endlagerung; in der Kerntechnik ein Teil der nuklearen →Entsorgung. Die abgebrannten Brennelemente werden nach ihrer Entnahme aus dem Reaktorkern in so genannten Abklingbecken innerhalb der Kernkraftwerke gelagert.

Bei der **Nasslagerung** werden die Brennelemente aus den Transportbehältern entladen und in ein Lagerbecken gestellt. Das Beckenwasser führt die Nachzerfallswärme ab und schirmt gleichzeitig die radioaktive Strahlung ab.

Bei der **Trockenlagerung** bleiben die Brennelemente im Transportbehälter (Transportbehälterlager), der mit Kühlrippen ausgestattet ist, sodass durch die Luftströmung die Nachwärme abgeführt wird. Diese Art der Lagerung erfordert im Gegensatz zur Nasslagerung keine aktiven Kühlsysteme und ist frühestens ein Jahr nach der Entnahme der Brennelemente aus dem Reaktor möglich.

■ **Zwischenwirt,** der Organismus, auf dem ein →Parasit sein jugendliches Entwicklungsstadium durchmacht (im Gegensatz zum Hauptwirt).

■ **Zwitter,** ein Organismus, bei dem sowohl männliche als auch weibliche Geschlechtsorgane ausgebildet sind. Im Tierreich kommen Zwitter vor allem bei den niederen Tieren, z. B. bei Schnecken und Bandwürmern vor. Bei zwittrigen Pflanzen hat die Blüte sowohl Fruchtknoten als auch Staubbeutel.

■ **Zwölftafelgesetz,** das älteste bekannte römische Gesetzgebungswerk, das etwa 451/450 v. Chr. geschaffen und auf zwölf Bronzetafeln auf dem Forum Romanum in Rom ausgestellt wurde. Die Tafeln wurden wahrscheinlich 386 vernichtet, zahlreiche Bruchstücke des Texts sind jedoch überliefert.

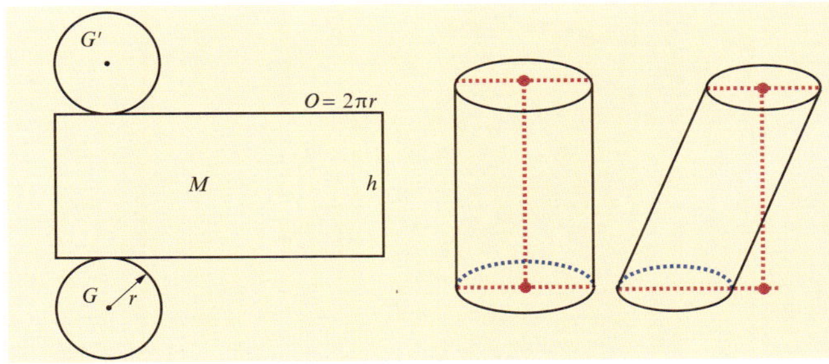

Gar nicht langweilig ist es, die Eigenschaften eines **Zylinders** zu entdecken: den Mantel eines geraden Kreiszylinders kann man in die Ebene abrollen; *G* ist der Flächeninhalt der Grundfläche und *h* die Höhe des Zylinders; die rechte Grafik zeigt einen geraden und einen schiefen Kreiszylinder

■ **Zwölftontechnik,** eine vor allem von Arnold Schönberg um 1920 entwickelte Methode, alle zwölf Töne der chromatischen Tonleiter gleichberechtigt aufeinander zu beziehen, um für tonalitätsfreie (grundtonlose) Musik ein Ordnungsgesetz zu schaffen. Ein Werk in Zwölftontechnik basiert auf einer zwölftönigen Reihe, die, prinzipiell gleich bleibend, jedoch in vielfachen Abwandlungen, den melodischen und harmonischen Verlauf der Komposition regelt.

■ **Zyankali** [griech.] *das,* das Kaliumcyanid (→Cyanide).

■ **Zygote** [griech.] *die,* die aus einer →Befruchtung der Eizelle durch eine Samenzelle hervorgehende Zelle.

■ **Zyklon** [griech.] *der,* heftiger Wirbelsturm in tropischen Gebieten; besonders über dem Indischen Ozean im Golf von Bengalen.

■ **Zyklotron** [griech.] *das,* ein →Teilchenbeschleuniger, besonders zur Beschleunigung von Protonen und leichten Atomkernen.

■ **Zyklus** [griech.] *der,* **1)** *allgemein:* Kreislauf regelmäßig wiederkehrender Ereignisse; auch: eine Reihe von zusammengehörigen literarischen oder musikalischen Werken (z. B. Gedicht- oder Liederzyklus), Vorträgen und Ähnlichem.

2) *Medizin:* der Zeitraum vom Eintritt einer Menstruation bis zum Beginn der nächsten.

■ **Zylinder** [griech.] *der,* **1)** *Maschinenbau:* ein röhrenförmiger Hohlkörper, in dem sich gleitend

Die bekannteste Art der **Zypressen** ist die hier abgebildete Echte Zypresse; der im gesamten Mittelmeerraum verbreitete Baum kann eine Höhe von 25 m erreichen

Zypern

Flagge

Wappen

Zypern
Fläche 9 251 km
Einwohner 776 000
Hauptstadt Nikosia
Amtssprache Neugriechisch bzw. Türkisch
Nationalfeiertag 1. 10.
Währung 1 Zypernpfund (Z£) = 100 Cents (c); im türkisch besetzten Teil: 1 Türkisches Pfund/ Türkische Lira (TL.) = 100 Kuruş (krş.)
Zeitzone MEZ + 1 Std.

ein Kolben bewegt, z. B. bei Dampf- und Verbrennungskraftmaschinen.
2) *Mathematik:* ein geometrischer Körper, der von zwei deckungsgleichen, krummlinig begrenzten Flächen (Grundflächen) und einer darum gelegten Mantelfläche (Zylindermantel) begrenzt wird. Steht die Mantelfläche senkrecht auf den Grundflächen, spricht man von einem geraden Zylinder, andernfalls von einem schiefen Zylinder. Beim Kreiszylinder sind die beiden Grundflächen deckungsgleiche Kreise. Die Mantelfläche des geraden Kreiszylinders stellt ein zusammengerolltes Rechteck dar.

Für den Rauminhalt *V* des geraden Kreiszylinders gilt die Beziehung:

$$V=\pi r^2 h.$$

Für die Oberfläche *O* gilt:

$$O=2\pi r^2+2\pi rh=2\pi r\cdot(r+h).$$

Dabei ist r der Radius der Grundkreise und h der Abstand der Grundflächen (Höhe des Zylinders). – Bild S. 397
3) *Mode:* ein hoher, steifer Herrenhut mit fester Krempe aus schwarzer Seide, bisweilen auch farbig und aus Filz. Der Zylinder kam Ende des 18. Jahrh. in England auf. Er wird heute noch bei feierlichen Anlässen, zur traditionellen Berufstracht, z. B. von Schornsteinfegern, sowie von Dressurreitern getragen.

■ **zynisch** [griech.], verletzend-spöttisch.

■ **Zypern,** Inselstaat im östlichen Mittelmeer. Zwischen zwei Gebirgsketten, die die Insel der Länge nach durchziehen, liegt eine fruchtbare Schwemmlandebene, wo Getreide, Wein, Oliven und Zitrusfrüchte angebaut werden. In den Bergen werden Schafe und Ziegen gehalten, an der Küste wird Fischerei betrieben. Hauptwirtschaftszweig ist die Industrie mit Textil-, Schuh- und Nahrungsmittelherstellung und einer Erdölraffinerie. Die Bevölkerung Zyperns besteht zu rund 80 % aus Griechen und zu etwa 18 % aus Türken.
Geschichte: Im Altertum war Zypern von Griechen und Phönikern besiedelt, im Jahre 58 v. Chr. eroberten es die Römer. 1193 wurde die Insel ein selbstständiges Königreich, kam aber, nachdem sie fast ein Jahrhundert lang zu Venedig gehört hatte, 1571 unter türkische und 1878 unter britische Herrschaft. Seit 1925 war Zypern britische Kronkolonie. Nach heftigen Unruhen wurde es 1960 unabhängige Republik, Staatspräsident war 1960–77 Erzbischof Makarios.
Auseinandersetzungen zwischen der griechischen und der türkischen Volksgruppe erschütterten das Land in diesen Jahren. Ein von der Militärdiktatur in Griechenland unterstützter Putsch gegen Makarios führte 1974 zur Besetzung des Nordteils der Insel durch türkische Truppen. Die türkischen Zyprer riefen dort 1975 den »Türkischen Föderationsstaat von Zypern« aus, 1985 die Türkische Republik Nordzypern; die international anerkannte zyprische Regierung übt die Herrschaft nur noch über den Südteil Zyperns aus. Gespräche über eine Lösung des Konflikts und die Wiederherstellung der staatlichen Einheit blieben bisher ergebnislos.

■ **Zypresse** [griech.-lat.] *die,* eine Nadelbaumgattung mit 15–20 Arten. Die Äste der immergrünen Bäume stehen unregelmäßig. Die im zweiten Jahr reifenden, verholzenden Zapfen sind kugelig. – Bild S. 397

■ **Zyste** [griech.] *die,* ein blasenartiger, mit Flüssigkeit gefüllter Hohlraum in einem Gewebe oder Organ.

■ **Zytologie** [griech.] *die* (Zellenlehre), ein Teilgebiet der Biologie, das sich mit dem Bau und den Funktionen der Zelle und ihrer Organellen beschäftigt. Im Gegensatz zu den neu entstandenen Richtungen der Biochemie, Zellbiologie und Molekularbiologie hat die Zytologie heute zunehmend ihre Schwerpunkte in strukturellen Aspekten.

■ **Zytoplasma** (Zellplasma) → Zelle.

Bildquellenverzeichnis

ADAC, München **2:** *65*
Agence photographique de la Réunion des musées nationaux, Paris **2:** *224*
Allard Pierson Museum, Amsterdam **1:** *282*
T. Angermayer, Holzkirchen **2:** *43*
Archäologisches Landesmuseum Mecklenburg-Vorpommern, Lübstorf **1:** *153*
ARCHITEKTUR-BILDERSERVICE KANDULA/Dr. Drechsel, Witten **2:** *162*
Archiv Dr. Karkosch, Inh. M. Kube, Gilching **1:** *311;* **2:** *222*
Archiv für Kunst und Geschichte, Berlin **1:** *16, 26, 29, 90 f., 108, 115, 128, 147 f., 154, 157, 172, 174 f., 186, 199 f., 202 f., 224, 226, 228, 230 f., 241, 245, 264, 276, 298, 303 f., 326, 328, 331, 336–338, 346, 349, 352, 381 f., 386 f., 400;* **2:** *9 f., 18, 22, 24, 31, 33, 40, 54, 61, 106, 112, 114, 126 f., 153, 176, 192, 205, 209, 213, 228, 233, 236, 244, 251, 257, 260, 264, 268, 277, 283, 287, 290, 299, 307, 315, 318, 334, 349, 352, 368, 383;* **3:** *5, 12, 14, 16, 21, 35 f., 39, 44, 49, 52, 59, 79 f., 82, 89, 94, 98, 104, 106, 117, 132, 136, 146, 149, 151, 176, 184, 191, 193, 217, 220, 225, 228 f., 240, 254, 258, 267 f., 274 f., 280, 288, 298, 301, 319, 336, 339, 343, 347, 350, 353, 357, 367, 375, 388*
ARDEA, London **2:** *18*
BMG Ariola Musik, München und Hamburg **3:** *26*
Tierbildarchiv B. Arndt, Lübeck **2:** *192*
A R S, New York **3:** *21*
theartarchive, London **3:** *78*
Artothek, J. Hinrichs, Peissenberg **1:** *15;* **2:** *71, 339;* **3:** *142, 223, 240*
artur, Köln **3:** *24*
The Associated Press, Frankfurt am Main **2:** *109, 148*
Astrofoto Bildagentur, Sörth **2:** *258;* **3:** *13, 17, 222*
Atelier Archiv Attersee, Wien **1:** *13*
Augustinermuseum, Freiburg im Breisgau **2:** *113*
BAVARIA Bildagentur, Gauting **1:** *42;* **2:** *28, 106, 175;* **3:** *205, 335*
BBC worldwide **2:** *240*
Bergakademie der Technischen Universität, Freiberg, Sachsen **3:** *310*
Berliner Missionswerk **1:** *121*
Bibliographisches Institut & F. A. Brockhaus, Mannheim **1:** *46, 107, 169, 171, 222, 245, 301;* **2:** *80, 129, 305, 318, 327, 393;* **3:** *62, 71, 119, 128, 138, 176, 241, 265, 268, 288, 289, 297*
Bibliothèque Nationale de France, Paris **3:** *47, 368*
Bildarchiv Preußischer Kulturbesitz, Berlin **1:** *183, 235, 238, 308, 363, 399;* **2:** *35, 77, 261, 278, 330, 338, 393;* **3:** *45, 139, 179, 291, 349*
W. Volz/Bilderberg **1:** *185*
Bilderberg, Archiv der Fotografen, Hamburg **3:** *72*
M. Billeb, Berlin **2:** *220*
The Bridgeman Art Library, London **2:** *188*
J. Brüdern, Braunschweig **2:** *36*
Carlsen Verlag, Hamburg **3:** *96*
I. Collignon, München **1:** *31;* **2:** *198*
B. Colman, New York **3:** *135*
DaimlerChrysler Konzernarchiv, Stuttgart **3:** *84*
DB Museum im Verkehrsmuseum, Nürnberg **3:** *256*
Superman is a trademark of DC Comics (c) 2000. All rights reserved. Used with permission. **1:** *299*
Deutsche Aerospace, München **3:** *57*
Deutsche Luftbild, W. Seelmann & Co., Hamburg **2:** *52*
Deutsches Museum, München **1:** *138, 297;* **2:** *274;* **3:** *218*
Deutsches Theatermuseum, München **1:** *107*
dpa Bildarchiv, Frankfurt am Main und Stuttgart **1:** *45, 106 f., 115, 129, 165, 167, 187, 239, 276, 360, 386, 389, 394;* **2:** *31, 39, 44, 58, 103, 108, 139, 160, 221, 227, 230, 243, 250, 280, 317, 363;* **3:** *38 f., 86, 95, 120, 148, 151, 216, 225, 229, 297, 344*
U. Edelmann, Frankfurt am Main **2:** *32*
Eigentum der Bundesrepublik Deutschland, Oberfinanzdirektion München **3:** *208*
C. Elsler, Historisches Farbarchiv, Norderney **2:** *57*
Emanuel Hoffmann-Stiftung/Depositum im Kunstmuseum Basel, Foto: Öffentliche Kunstsammlung/M. Bühler **2:** *291*
ESOC – European Space Operations Centre, Darmstadt **2:** *85*
Fackelträger-Verlag, Hannover **3:** *390*
Prof. Dr. G. Fellenberg, Wolfsburg **1:** *316*
Photo- und Presseagentur FOCUS, Hamburg **1:** *18, 185;* **2:** *177, 378;* **3:** *262, 304*
Photo- und Presseagentur Focus, Hamburg/ M. Yamashita **1:** *262*
Franklin D. Roosevelt Library, Hyde Park, New York **3:** *94*
Freie Demokratische Partei, Bonn **1:** *303*
Freud Museum, London **3:** *34*
B. Friedrich, Köln **1:** *266*
Gamma, Studio X, Limours **1:** *206, 234;* **2:** *253;* **3:** *374*
Germanisches Nationalmuseum, Nürnberg **3:** *393*
Dr. G. Gerster, Zumikon, Schweiz **3:** *88*
Gesellschaft für ökologische Forschung/ W. Zängel, München **3:** *281*
Photographie Giraudon, Paris **1:** *382;* **3:** *264*
Gleimhaus, Halberstadt **2:** *215*
The Granger Collection, New York **1:** *193*
Graphikbüro Formgeber, Nußloch **1:** *299*
D. N. Green **2:** *364*
H. Gunnelin, Krylbo, Schweden **3:** *292*
Gutenberg-Museum, Mainz **2:** *15*
Bildarchiv Hansmann, München **1:** *26, 38, 56, 243, 352;* **2:** *104, 187;* **3:** *82 f., 115, 205, 272, 361, 393, 395*
Harenberg Kommunikation Verlags- und Mediengesellschaft, Dortmund **1:** *310*
K. Hartmann, Sobernheim **1:** *219*
Verlag Jürgen Häusser, Darmstadt **2:** *103*
G. Heil, Berlin **3:** *372*
Heinrich-und-Thomas-Mann-Zentrum, Lübeck **2:** *252*
Henry Ford Museum, Edison Institute, Dearborn, Michigan **1:** *244*
Hirmer Verlag, München **1:** *390*
Dr. R. Hochleitner, München **1:** *41;* **2:** *180, 195, 358;* **3:** *43, 278*
IFA-Bilderteam, Taufkirchen **1:** *237, 245;* **2:** *5, 123, 203, 207, 232;* **3:** *40, 129, 163, 168, 273*
Interfoto/Bridgeman Art Library, London **1:** *26, 32, 112, 173, 207, 219, 387;* **2:** *92, 163, 199, 254, 324;* **3:** *33, 41*
Interfoto Pressebild-Agentur Bildarchiv, München **1:** *11, 22, 35 f., 51, 56, 96, 99, 101, 104, 106, 111, 114, 129–131, 139, 141–143, 145, 151, 153, 165, 168, 170, 175, 181, 192, 194, 196, 201 f., 204, 219, 233, 237–239, 242, 244, 246, 267, 274, 277, 282, 297, 299, 317, 322 f., 337, 342, 351, 364, 376, 378, 385, 394, 399 f.;* **2:** *5, 11, 14, 20 f., 29, 32, 37 f., 41–43, 45, 47, 49, 52, 62, 68, 79, 83, 89, 104 f., 118, 126, 135, 140, 142, 148, 161, 175, 179, 181, 184, 186, 199, 201, 204, 212 f., 217, 219–223, 230, 232, 238, 253, 267, 275, 279, 281, 303, 305 f., 315, 338, 352, 360, 373, 384, 396;* **3:** *5, 21, 41, 43, 45, 50, 57, 69, 71, 80, 109, 140, 142, 149, 153, 156, 162, 164, 177, 179, 182, 189, 214, 226–228, 241, 258, 291, 293, 302, 332, 353, 355, 357, 364, 375, 391 f.*
The Jewish Museum, New York **3:** *248*
Dr. G. Joppig/W. Pulfer, München **1:** *94, 97, 296, 349, 380;* **2:** *350;* **3:** *292*
Institut für wissenschaftliche Fotografie, M. Kage, Weißenstein **1:** *78*
Karl-May-Museum, Radebeul **2:** *267*
Lichtbildarchiv Keil, Neckargemünd **3:** *224*
Keystone Pressedienst, Hamburg **1:** *57, 140, 223, 239, 249;* **2:** *24, 99, 334;* **3:** *11*
Keystone Pressedienst, Zürich **1:** *229, 387, 389;* **2:** *63, 65, 119, 185, 309;* **3:** *354*
B. Kirtz, Duisburg **3:** *173*
Kommission für Glaziologie der Bayerischen Akademie der Wissenschaften, München **1:** *37*
H. Köster, Berlin **1:** *107*
Kunsthistorisches Museum, Wien **1:** *63;* **2:** *255*
Kunstmuseum Bern **2:** *284*
Helga Lade Fotoagentur, Frankfurt am Main **1:** *183;* **2:** *183, 231, 288, 353;* **3:** *20, 92, 281*
Lavendelfoto Pflanzenarchiv, Hamburg **2:** *25;* **3:** *51*